6/9

UTB
FÜR WISSEN SCHAFT

Eine Arbeitsgemeinschaft der Verlage

Wilhelm Fink Verlag München
A. Francke Verlag Tübingen und Basel
Paul Haupt Verlag Bern · Stuttgart · Wien
Hüthig Fachverlage Heidelberg
Verlag Leske + Budrich GmbH Opladen
Lucius & Lucius Verlagsgesellschaft Stuttgart
Mohr Siebeck Tübingen
Quelle & Meyer Verlag Wiesbaden
Ernst Reinhardt Verlag München und Basel
Schäffer-Poeschel Verlag Stuttgart
Ferdinand Schöningh Verlag Paderborn · München · Wien · Zürich
Eugen Ulmer Verlag Stuttgart
Vandenhoeck & Ruprecht in Göttingen und Zürich

Handbuch der Dogmen- und Theologiegeschichte

Unter Mitarbeit von
Gustav Adolf Benrath, Wilhelm Dantine, Günther Gaßmann,
Gottfried Hornig, Eric Hultsch, Bernhard Lohse,
Ekkehard Mühlenberg, Wilhelm Neuser, Adolf Martin Ritter,
Martin Anton Schmidt, Reinhard Slenczka und Klaus Wessel

herausgegeben von Carl Andresen
und Adolf Martin Ritter

Band 2:

Die Lehrentwicklung im Rahmen
der Konfessionalität

V&R

Vandenhoeck & Ruprecht in Göttingen

Die Lehrentwicklung im Rahmen der Konfessionalität

Von Bernhard Lohse, Wilhelm Neuser,
Günther Gaßmann, Wilhelm Dantine,
Reinhard Slenczka, Gustav Adolf Benrath

2., überarbeitete und ergänzte Auflage

V&R

Vandenhoeck & Ruprecht in Göttingen

Die Deutsche Bibliothek – CIP-Einheitsaufnahme

Handbuch der Dogmen- und Theologiegeschichte / unter Mitarb. von
Gustav Adolf Benrath ... Hrsg. von Carl Andresen und Adolf Martin Ritter.
Göttingen: Vandenhoeck und Ruprecht

Bd. 2. Die Lehrentwicklung im Rahmen der Konfessionalität / von
Bernhard Lohse ... – 2., überarb. und erg. Aufl. – 1998
(UTB für Wissenschaft: Uni-Taschenbücher; 8161)
ISBN 3-8252-8161-2 (UTB)
ISBN 3-525-03295-1 (Vandenhoeck & Ruprecht)

Bei Abnahme der Bände 1–3:
ISBN 3-8252-8039-X (UTB)
ISBN 3-525-03269-2 (Vandenhoeck & Ruprecht)

ISBN 3-525-03295-1
Printed in Germany
Herstellung: Gulde-Druck, Tübingen

ISBN 3-8252-8161-2 (**UTB-Bestellnummer**)

Inhalt

Erster Teil

Dogma und Bekenntnis in der Reformation: Von Luther bis zum Konkordienbuch

von Bernhard Lohse

Zweiter Teil

Dogma und Bekenntnis in der Reformation: Von Zwingli und Calvin bis zur Synode von Westminster

von Wilhelm Neuser

DRITTER TEIL

Die Lehrentwicklung im Anglikanismus: Von Heinrich VIII. bis zu William Temple

von Günther Gaßmann

VIERTER TEIL

Das Dogma im tridentinischen Katholizismus

von Wilhelm Dantine

FÜNFTER TEIL

Lehre und Bekenntnis der Orthodoxen Kirche: Vom 16. Jahrhundert bis zur Gegenwart

von Reinhard Slenczka

SECHSTER TEIL

Die Lehre außerhalb der Konfessionskirchen

von Gustav Adolf Benrath

Editorial

Erfreulicherweise ist nach etwa anderthalb Jahrzehnten die Erstauflage dieses dogmengeschichtlichen Handbuches, auch und gerade in der verbilligten Studienausgabe (innerhalb der UTB), vergriffen und die Frage einer Neuauflage spruchreif geworden. Konsultationen des Verlages mit noch lebenden Mitarbeitern an der Erstauflage – der Herausgeber, C. Andresen, ist bereits im Juni 1985 verstorben, nachdem er mit letzter Kraft und längeren, krankheitsbedingten Unterbrechungen die redaktionellen Arbeiten am letzten (3.) Band noch hatte beenden und die Vollendung des Gesamtwerkes noch hatte erleben können – führten rasch zum Ergebnis, daß ein unveränderter Nachdruck nicht in Frage komme. Vielmehr solle den Mitarbeitern Gelegenheit gegeben werden, ihre Texte durchzusehen und die ihnen als unumgänglich erscheinenden Korrekturen und Aktualisierungen vorzunehmen.

Von dieser Möglichkeit ist in dem vorliegenden, zweiten Band in unterschiedlicher Weise Gebrauch gemacht worden. Aus Gründen, die weder der Verlag noch der unterzeichnende Mitherausgeber dieser Neuauflage zu verantworten haben, wird der noch von dem am im Mai 1981 verstorbenen Wiener Systematiker und Konfessionskundler W. Dantine fertiggestellte Text über das „Dogma im tridentinischen Katholizismus" (Teil IV) unverändert in diese Neuauflage übernommen; er dürfte freilich noch immer, weil vor nicht allzu langer Zeit von kompetenter Feder verfaßt, zur Kenntnis genommen zu werden verdienen. Alle übrigen Beiträge konnten von ihren Verfassern durchgesehen, ergänzt und aktualisiert werden, wo immer das als erforderlich und unter Schonung des Seitenumbruchs möglich erschien. Umfangreichere Literaturergänzungen mußten dem Anhang vorbehalten bleiben, worauf jeweils an Ort und Stelle verwiesen wird. Besonders erfreulich ist, daß der Autor des von den Benutzern der Erstauflage mit am meisten geschätzten Beitrages, B. Lohse (Teil I), seine Änderungswünsche noch dem Verlag hat rechtzeitig mitteilen können, bevor er am 29. März 1997, ganz überraschend, starb. So läßt sich guten Gewissens sagen, daß dieser Band annähernd aktuelle Information und Kriterien zur eigenen Urteilsbildung bietet, wie man das von einem (vor allem auf die Bedürfnisse von Studierenden zugeschnittenen) Handbuch auch erwartet.

Das etwas verkleinerte Format tut der Lesbarkeit dieser überarbeiteten Neuauflage, wie wir hoffen, keinen entscheidenden Abbruch. Daß die Bände einzeln erworben werden können, entspricht einem vielfach geäußerten Wunsch. Um dies zu ermöglichen, enthält jeder Band ein eigenes Sach- und Namenregister und ein spezifiziertes Abkürzungsverzeichnis.

Zum Schluß ist es mir ein Bedürfnis, namens aller Mitarbeiter auch an dieser Stelle Frau Ingeborg Andresen für ihr Einverständnis mit dem Projekt und dem Verlag herzlich dafür zu danken, daß er das Risiko einer überarbeiteten und ergänzten Neuauflage auf sich genommen hat, und das bei einem *dogmenge-*

schichtlichen Handbuch. Das ist, wie jedermann weiß, gerade in heutiger Zeit alles andere als eine Selbstverständlichkeit. Gedankt sei speziell Frau Reinhilde Ruprecht, der für dieses Projekt zuständigen Verlegerin, und Frau Renate Hartog von der Herstellung für reibungslose und anregende Zusammenarbeit. Gedankt sei ferner meiner Sekretärin, Frau Elke Langbrandtner, und meiner studentischen Hilfskraft, Frau Bettina Klink, für unersetzliche Mithilfe bei der Erstellung der Druckvorlagen und der Überarbeitung der Register.

Adolf Martin Ritter

ERSTER TEIL

Dogma und Bekenntnis in der Reformation: Von Luther bis zum Konkordienbuch

Von BERNHARD LOHSE

Kapitel I: Die Anfänge von Luthers reformatorischer Theologie

§ 1 Die theologischen Quellen Luthers und die Eigenart seines theologischen Ansatzes

Literatur: Zu Luthers Werdegang: J. KÖSTLIN, Martin Luther. Sein Leben u. seine Schriften, I.II, Berlin 1903[5], hg. v. G. KAWERAU (umfassendste Biogr.; völlige Neubearbeitung in Vorbereitung); O. SCHEEL, Martin Luther, I.II, Tübingen 1921/30[3.4]; H. BOEHMER, Der junge Luther, Stuttgart 1971[6]; H. BORNKAMM, Luther I. Leben u. Schriften, RGG 4, 1960, 480–495; F. LAU, Luther, Berlin 1966[2]; R. FRIEDENTHAL, Luther. Sein Leben u. seine Zeit, München 1967; H. BORNKAMM, Martin Luther in der Mitte seines Lebens, Göttingen 1979. – *Gesamtdarstellungen von Luthers Theologie:* TH. HARNACK, Luthers Theol. mit bes. Beziehung auf seine Versöhnungs- u. Erlösungslehre, I.II, 1862/86, Neudr. München 1927; J. KÖSTLIN, Luthers Theol. in ihrer geschichtl. Entwicklung u. ihrem inneren Zusammenhange, I.II, Stuttgart 1901[2], Neudr. Darmstadt 1968; HOLL I; ELERT, ML I; SEEBERG, DG IV,1, Leipzig 1933[4], Neudr. Darmstadt 1953 u.ö.; E. SEEBERG, Luthers Theologie. Motive u. Ideen, I: Die Gottesanschauung, Göttingen 1929, II: Christus. Wirklichkeit u. Urbild, Stuttgart 1937; DERS., Luthers Theol. in ihren Grundzügen, Stuttgart 1940, Neudr. 1950; PH. S. WATSON, Um Gottes Gottheit. Eine Einführung in Luthers Theologie, übers. v. G. GLOEGE, Berlin 1952, 1967[2]; E. HIRSCH, Lutherstudien, I.II, Gütersloh 1954; R. PRENTER, Spiritus Creator. Studien zu Luthers Theologie, FGLP 10, VI, München 1954; R. HERMANN, Ges. Studien zur Theol. Luthers u. der Reformation, Göttingen 1960; G. EBELING, Luther II. Theologie, RGG 4, 1960, 495–520; E. WOLF, Peregrinatio. Studien zur reformator. Theol. u. zum Kirchenproblem, München 1962[2], Peregrinatio II. Studien zur reformator. Theol., zum Kirchenrecht u. zur Sozialethik, München 1965; P. ALTHAUS, Die Theol. Martin Luthers, Gütersloh 1962, 1975[4]; DERS., Die Ethik Martin Luthers, Gütersloh 1965; L. PINOMAA, Sieg des Glaubens. Grundlinien der Theol. Luthers, bearb. v. H. BEINTKER, Göttingen 1964; G. EBELING, Luther. Einführung in sein Denken, Tübingen 1964, 1974[2]; K. O. NILSSON, Simul. Das Miteinander von Göttlichem u. Menschlichem in Luthers Theologie, FKDG 17, Göttingen 1966; F. GOGARTEN, Luthers Theologie, Tübingen 1967; R. HERMANN, Luthers Theologie. Ges. u. nachgelassene Werke I, Göttingen 1967; G. EBELING, Lutherstudien I, II/1, Tübingen 1971, 1977; M. LIENHARD, Luther Témoin de Jésus-Christ, Paris 1973; H. J. IWAND, Luthers Theologie. Nachgelassene Werke 5, München 1974; E. ISERLOH, Luther u. die Reformation, Aschaffenburg 1974; R. WEIER, Das Theologieverständnis Martin Luthers, KKTS 36, Paderborn 1976; B. LOHSE, Luthers Theologie in ihrer hist. Entwicklung und in ihrem systemat. Zusammenhang, Göttingen 1995. – *Zu den theol. Anfängen Luthers:* A. HAMEL, Der junge Luther u. Augustin, I.II, Gütersloh 1934–35; P. VIGNAUX, Luther. Commentateur des Sentences, EPhM 21, Paris 1935; J. v. WALTER, Mystik u. Rechtfertigung beim jungen Luther, Gütersloh 1937; E. VOGELSANG, Luther u. die Mystik, LuJ 19, 1937, 32–54; P. VIGNAUX, Sur Luther et Ockham, FS 32, 1950, 21–30; L. MEIER, Research that has been made and is yet to be made on the Ockhamism of Martin Luther at Erfurt, AFH 43, 1950, 56–67; B. LOHSE, Ratio u. Fides. Eine Unters. über die ratio in der Theol. Luthers. FKDG 8, Göttingen 1958; A. RÜHL, Der Einfluß der Mystik auf Denken u. Entwicklung des jungen Luther, Diss. theol. Marburg 1960; R. SCHWARZ, Fides, Spes u. Caritas beim jungen Luther, unter bes. Berücksichtigung der mittelalterl. Tradition, AKG 34, Berlin 1962; B. LOHSE, Mönchtum u. Reformation. Luthers Auseinandersetzung mit dem Mönchsideal des Mittelalters, FKDG 12, Göttingen 1963; H. OBERMAN, Simul gemitus et raptus: Luther u. die Mystik, in: Kirche, Mystik, Heiligung u. das Natürliche bei Luther. Vorträge des 3. Internat. Kongresses für Lutherforschung (1966), hg. v. I. ASHEIM, Göttingen 1967, 20–59; E. ISERLOH, Luther u. die Mystik, ebd. 60–83; H. JUNGHANS, Ockham im Lichte der neueren Forschung, Berlin-Hamburg 1968; R. SCHWARZ, Vorgeschichte der reformator. Bußtheologie, AKG 41, Berlin 1968; D.C. STEINMETZ, Misericordia Dei. The Theology of Johannes von Staupitz in its late medieval setting, SMRT 4, Leiden 1968; ST. E. OZMENT, Homo Spiritualis. A comparative study of the anthropology of Johannes Tauler, Jean Gerson and Martin Luther (1509–16), in the context of their theological thought, SMRT 6, Leiden 1969; H. JUNGHANS, Der Einfluß des Humanismus auf Luthers Entwicklung bis 1518, LuJ 37, 1970, 37–101; M. GROSSMANN, Humanismus in Wittenberg, 1486–1517, LuJ 39, 1972, 11–30; DIES., Humanism in Wittenberg 1485–1517, Nieuwkoop 1975; K.-H. ZUR MÜHLEN, Nos extra nos. Luther Theol. zwischen Mystik u. Scholastik, BhistTh 46, Tübingen 1972; L. GRANE, Modus loquendi theologicus. Luthers Kampf um die Erneuerung der Theologie (1515–1518), Acta Theologica Danica XII, Leiden 1975.

Die Reformation hat die bis dahin im großen und ganzen gewahrte Einheit der Kirche zerstört. Zwar blieben die von der alten Kirche getroffenen Entscheidungen in der Trinitätslehre und der Christologie auch für fast alle der im 16. Jahrhundert neu entstehenden Konfessionen verbindlich; aber an der damals im Zentrum stehenden Frage der Rechtfertigung schieden sich die Kirchen, und von ihr aus kam es auch im Bereich der überlieferten Lehre zu teilweise erheblichen Differenzen. So groß die Bedeutung Luthers für diese Entwicklung ohne jeden Zweifel ist, so sollten die Ursachen für seine neue Theologie doch weniger in seiner Person als vielmehr in seiner theologischen Auseinandersetzung mit der Tradition und in der Neuorientierung an Paulus gesucht werden.

Die Kindheit und Jugend Luthers weist, an den Maßstäben der Zeit gemessen, keine besonderen Züge auf, die seinen späteren Weg erklären könnten[1]. Die Begegnung mit den Brüdern vom gemeinsamen Leben, die Luther während seiner Zeit in Magdeburg gehabt hat[2], mag wohl auf seine Frömmigkeit Einfluß gehabt haben; aber für seinen Weg zur Reformation kommt ihr keine entscheidende Bedeutung zu. Von großem Gewicht ist freilich der Entschluß des jungen Magister artium, Mönch zu werden (2. 7. 1505); aber weder dieser Entschluß als solcher noch auch die Begleitumstände stellten damals etwas Besonderes dar[3]. Wichtiger als die im einzelnen schwer zu bestimmenden persönlichen Besonderheiten ist der Ausbildungsgang, den Luther an der Universität Erfurt (1501–1505) sowie in dem Unterricht im Kloster und schließlich bei dem Theologiestudium erhielt, zu dem Luther nach seiner Priesterweihe (wohl am 27. 2. 1507) bestimmt wurde. Ohne diesen Auftrag, Theologie zu studieren, „hätte Luther schwerlich den Weg ins Freie gefunden"[4].

[1] Die bisherigen Versuche, Luthers Weg psychoanalytisch zu deuten, dürften als gescheitert anzusehen sein, da sie der Geistesrichtung der damaligen Welt nicht genügend Rechnung tragen und in Ermangelung des nötigen Materials in unzulässiger Weise auch Legenden heranziehen. Dies gilt insbesondere für E. H. ERIKSON, Der junge Mann Luther, München 1964. Zu Erikson s. vor allem H. BORNKAMM, Luther. Gestalt u. Wirkungen. Ges. Aufsätze, SVRG 188, Gütersloh 1975, 11–32; Psychohistory and Religion: The Case of Young man Luther, hg. von R. A. JOHNSON, Philadelphia 1977.

[2] S. hierzu O. SCHEEL, Martin Luther, I, 1921³, 60–97.

[3] S. O. SCHEEL, ebd. 235–262.

[4] H. BORNKAMM, RGG 4, 1960, 481.

Die in Erfurt damals vorherrschende Geistesrichtung war der *Ockhamismus*, der vornehmlich in der teilweise gemilderten Fassung durch Gabriel Biel begegnete[5]. Er betraf vor allem die Erkenntnistheorie, wobei zwar nicht die Theorie von der doppelten Wahrheit vertreten wurde[6], aber doch streng zwischen den verschiedenen Wissensbereichen in Philosophie und Theologie unterschieden wurde; von hier aus ergab sich eine kritische Haltung gegenüber der Rolle der aristotelischen Philosophie innerhalb der Theologie. Weiter zeigt sich der ockhamistische Einfluß besonders in der Sünden- und Gnadenlehre. Die strenge Unterscheidung zwischen Gottes „absoluter" und seiner „geordneten Macht" (potentia Dei absoluta, potentia Dei ordinata) hatte hier zu einem Nebeneinander von Gnadenlehre und Pelagianismus geführt, ohne daß theologisch ein Ausgleich gelungen wäre. Die Gefahr, im Rahmen der „absoluten Macht" Gott als willkürlich vorzustellen, war nicht gebannt. Neben den Sentenzenkommentaren Ockhams und Biels wurden in Erfurt die großen kirchlichen Autoritäten studiert, allen voran Augustin und Petrus Lombardus; allerdings las man sie mit ockhamistischer Brille.

Der Humanismus hatte damals in Erfurt noch keinen bestimmenden Einfluß. Zwar gab es in Erfurt im Grunde seit der Universitätsgründung 1389 die Richtung des *Frühhumanismus*, die jedoch etwa bis 1505 ohne Kontroversen neben der Scholastik vertreten wurde. Erst danach kam es zu Auseinandersetzungen zwischen beiden; Luther hatte jedoch offensichtlich keine Verbindung zum Erfurter Humanismus[7]. Auch die deutsche Mystik hat nicht entscheidenden Einfluß auf Luther ausgeübt, obwohl manche ihrer Vorstellungen später für Luther bei der Entfaltung und Darstellung seiner Theologie hilfreich wurden[8]. Neben dem Ockhamismus hat die bei weitem größte Bedeutung für den jungen Luther sein Ordensvater *Augustin* gehabt. Luther selbst hat erklärt, daß er die Hochschätzung Augustins nicht seinem Orden, sondern seinem eigenen Studium verdanke[9]. Augustin blieb für Luther die größte kirchliche Autorität, obwohl die von ihm weithin selbständig entwickelte Schriftexegese im Laufe der Zeit den Einfluß Augustins zurücktreten ließ.

Einen näheren Einblick in Luthers frühes theologisches Denken gestatten zuerst die Randbemerkungen zu Augustin und *Petrus Lombardus 1509/10*, die er bei der Vorbereitung von Vorlesungen, welche er in Erfurt zu halten hatte, in sein Handexemplar eintrug. Frühere Versuche, bei Luther schon zu dieser Zeit

---

[5] Zu Gabriel Biel s. H. A. Oberman, Spätscholastik u. Reformation I. Der Herbst der mittelalterlichen Theologie, Zürich 1965; ders, Werden und Wertung der Reformation. Vom Wegestreit zum Glaubenskampf, Tübingen 1977; W. Ernst, Gott u. Mensch am Vorabend der Reformation. Eine Unters. zur Moralphilosophie u. -theologie bei Gabriel Biel, Erfurter theol. Studien 28, Leipzig 1972. Wichtig ist, daß Ockhams kirchenpolitische Schriften, insbesondere seine Kritik am Papsttum, im Erfurter Ockhamismus keine Bedeutung haben.

[6] B. Hägglund, Theol. u. Philos. bei Luther u. in der occamistischen Tradition. Luthers Stellung zur Theorie von der doppelten Wahrheit, LUÅ NF Avd. 1 Bd. 51,4, Lund 1955.

[7] S. die umfassende Darstellung bei E. Kleineidam, Universitas Studii Erffordensis. Überblick über die Geschichte der Universität Erfurt im Mittelalter 1392–1521, I.II, Leipzig 1964–69, bes. II 39, 183, 225.

[8] S. hierzu vor allem K.-H. zur Mühlen, Nos extra nos, BhistTh 46, 1972.

[9] WAB 1 Nr. 27, 19–24 vom 19. 10. 1516 an Spalatin. Zu Luthers Augustinrezeption s. L. Grane, Modus loquendi theologicus, 1975.

gewisse Grundgedanken seiner Rechtfertigungslehre zu finden, sind in der neueren Forschung aufgegeben worden. Eine grundsätzliche Abkehr von der Scholastik begegnet, trotz scharfer Kritik im einzelnen an manchen spätmittelalterlichen Theologen, bei Luther hier noch nicht. Wohl aber zeigen sich eine beginnende Abkehr vom Ockhamismus und erste Schritte in die Richtung der reformatorischen Theologie.

Neue Ansätze finden sich insofern, als der Bereich der natürlichen Kräfte von Luther geringer veranschlagt wird als in der Scholastik. Die Formel von den „natürlichen Kräften" dürfte nicht zufällig fehlen[10]. Was den Sündenbegriff angeht, so begegnen Ansätze, die „concupiscentia" als Ichwillen zu verstehen[11]. Zudem ist Luther „nicht mehr so sehr an einem durch die Sünde gegebenen physischen Sosein orientiert, als vielmehr an einem ‚unter dem göttlichen Urteil Stehen'"[12]. In entsprechender Weise zeigt sich bei Luther auch „ein Bemühen, ... die Gnadentugend aus einer ruhenden Qualität des Menschen zu einer inneren Bewegung umzuformen"[13]. Unter den drei theologischen Tugenden gewinnt die *fides* die wesentliche Bedeutung. „Indem der Glaube von dem in Christus verborgenen Heil Kenntnis nimmt und gibt, wirkt er selber Leben und Auferstehung im Menschen. Zugleich führt der Glaube die Hoffnung mit sich, weil Christus sein Reich der Verborgenheit einst dem Vater übergeben wird und weil Christus, der gegenwärtig in seiner Menschheit unser Leben ist, uns das ewige Leben schenken wird, wenn er uns den Heiligen Geist in der Gemeinschaft mit dem Vater und dem Sohne geben wird."[14]

Neben diesen ersten Neuansätzen sind freilich auch solche Vorstellungskomplexe wichtig, die für die Frömmigkeitswelt des ausgehenden Mittelalters charakteristisch waren, die aber von Luther in dieser Frühzeit wie auch in den exegetischen Vorlesungen der folgenden Jahre mit Schweigen übergangen werden. So begegnet bei Luther z.B. nicht die Ansicht, das Mönchsgelübde sei gleichsam eine zweite Taufe[15]. Luther erwähnt diese Vorstellung erst viel später, als er sich kritisch mit ihr auseinandersetzt.

§ 2 Die erste Psalmenvorlesung

Literatur: E. Vogelsang, Die Anfänge von Luthers Christologie nach der 1. Psalmenvorlesung, AKG 15, Berlin-Leipzig 1929; G. Ebeling, Evangelische Evangelienauslegung. Eine Untersuchung zu Luthers Hermeneutik, FGLP 10, I, München 1942, Darmstadt 1962²; Ders., Die Anfänge von Luthers Hermeneutik (1951), in (Ders.): Lutherstudien I, München 1971, 1–68; W. Jetter, Die Taufe beim jungen Luther, BhistTh 18, Tübingen 1954; H. Fagerberg, Die Kirche in Luthers Psalmenvorlesungen 1513–1515, Gedenkschrift W. Elert, hg. v. F. Hübner, Berlin 1955, 109–118; W. Maurer, Kirche u. Geschichte nach Luthers Dictata super Psalterium, in: Lutherforschung Heute. Referate u. Berichte des 1. Internat. Lutherforschungskongresses (1956), hg. v. V. Vajta, Berlin 1958, 85–101; F. E. Cranz, An Essay on the Development of Luther's Thought on Justice, Law and

[10] B. Lohse, Ratio u. Fides, 1958, 27.
[11] B. Lohse, Mönchtum u. Reformation, 1963, 215–217.
[12] K.-H. zur Mühlen, ebd. 10.
[13] R. Schwarz, Fides, Spes u. Caritas beim jungen Luther, 1962, 40.
[14] R. Schwarz, ebd. 71f., im Anschluß an WA 9,23,28ff.39,29ff.17,9ff.
[15] B. Lohse, Mönchtum u. Reformation, 1963, 225.

Society, Harvard Theological Studies 19, Cambridge, Mass.-London 1959; A. BRANDENBURG, Gericht u. Evangelium. Zur Worttheologie in Luthers 1. Psalmenvorlesung, Paderborn 1960; R. PRENTER, Der barmherzige Richter. Iustitia dei passiva in Luthers Dictata super Psalterium 1513–1515, Acta Jutlandica XXXIII, 2, Kopenhagen 1961; S. RAEDER, Das Hebräische bei Luther untersucht bis zum Ende der 1. Psalmenvorlesung, BhistTh 31, Tübingen 1961; DERS, Die Benutzung des masoretischen Textes bei Luther in der Zeit zwischen der 1. u. 2. Psalmenvorlesung (1515–1518), BhistTh 38, Tübingen 1967; DERS., Grammatica Theologica. Studien zu Luthers Operationes in Psalmos, BhistTh 51, Tübingen 1977; G. MÜLLER, Ekklesiologie u. Kirchenkritik beim jungen Luther, NZSTh 7, 1965, 100–128; U. MAUSER, Der junge Luther u. die Häresie, SVRG 184, Gütersloh 1968; F. MANN, Das Abendmahl beim jungen Luther, Beitr. zur ökum. Theol. 5, München 1971; H. JUNGHANS, Das Wort Gottes bei Luther während seiner 1. Psalmenvorlesung, ThLZ 100, 1975, 161–174.

Die 1. Psalmenvorlesung ist das umfangreichste und wichtigste, aber auch das am schwersten zu interpretierende Dokument für das Werden von Luthers reformatorischer Theologie. Noch behält Luther, wie auch in den folgenden Vorlesungen bis 1518, die schwerfällige Form der Kommentierung des biblischen Textes durch Zeilen- und Randglossen sowie durch Scholien bei. Auch in hermeneutischer Hinsicht hat Luther noch nicht mit der überkommenen Methode des vierfachen Schriftsinnes gebrochen. Andererseits gewinnt die Unterscheidung zwischen „Geist“ und „Buchstabe“ an Gewicht. So liegt hier „ein hermeneutischer Synkretismus“ verschiedener Auslegungsmethoden bei Luther vor[1]. Gleichwohl begegnet doch in dieser Vorlesung sowohl in hermeneutischer Hinsicht als auch bei zahlreichen theologischen Vorstellungen eine Akzentverschiebung gegenüber der Tradition. Ohne sich theologisch vom Boden der katholischen Kirche zu entfernen, nimmt Luther doch an vielen Stellen eine theologische Neubesinnung vor, die im Lichte der späteren Entwicklung bereits als das Fundament seiner reformatorischen Theologie angesehen werden muß.

Das Neue besteht in hermeneutischer Hinsicht darin, daß die *christologische Auslegung der Psalmen* mit allen Konsequenzen durchgeführt wird. Der vierfache Schriftsinn wird der christologischen Auslegung dienstbar gemacht. Die Gegenüberstellung von „Geist“ und „Buchstabe“ führt schon zu der Unterscheidung von „coram Deo“ und „coram mundo“. Die Kategorie „Geistlich“ meint aber zugleich auch die Verborgenheit und Unverfügbarkeit, während die Kategorie des „Buchstaben“ die Eigenmächtigkeit des Menschen und zugleich den Zorn Gottes bedeutet. Luther trennt jedoch nicht „Geist“ und „Buchstabe“ voneinander. Vielmehr ist „der Geist im Buchstaben verborgen“[2]. Ein und dasselbe Wort kann also „Buchstabe“ und damit göttliches Gericht sein; es kann aber auch, wenn es „geistlich“ verstanden wird, Wort der Gnade sein. „Wenn aber das Wort Gottes in dieser Weise durch die Schrift begegnet, dann entscheidet es sich offenbar am Verstehen der Schrift, ob sie einem litera oder spiritus wird.“[3] Die Bedeutung der Schrift kommt dabei besonders in folgendem Wort Luthers zum Ausdruck: *„Dies ist die Kraft der Schrift, nicht daß sie sich in den verwandelt, der sie studiert, sondern den, der sie verehrt, in sich und ihre Kraft*

---

[1] G. EBELING, Lutherstudien I, 1971, 58.

[2] WA 3,256,28 f. (Sch.Ps 44,2). Hier und im folgenden wird die Vulgata-Zählung zugrunde gelegt). „Spiritus enim latet in litera, que est verbum non bonum, quia lex ire. Sed spiritus est verbum bonum, quia verbum gratie.“

[3] G. EBELING, ebd. 36.

verwandelt... Denn nicht wirst du mich in dich verwandeln, ... sondern du wirst in mich verwandelt werden.“[4]

Die Eigenart von Luthers christologischer Auslegung des Psalters offenbart sich schon in der „Vorrede“. War es früher üblich, in einer Vorrede Fragen der Einleitung und der Hermeneutik zu erörtern, so heißt es bei Luther: „Vorrede Jesu Christi“, worauf eine Reihe von Schriftzitaten folgt, die Christus als den alleinigen Schlüssel zum Psalter hinstellen[5]. Daß Luther weiter den Grundsatz aufstellt, die Psalmen seien „prophetisch“ und insofern auf Christus zu deuten, entspricht an sich nur der Tradition. Freilich geht Luther in der Art der Durchführung dieses Grundsatzes eigene Wege. Die Vorstellung, daß Gott „verborgen unter dem Gegenteil“ handelt und daß darum Gericht und Gerechtigkeit die beiden Seiten des einen göttlichen Wirkens sind, gipfelt in dem Verständnis des Kreuzes Christi. So kann Luther auch die Worte über die Gottverlassenheit (Ps 22) christologisch auslegen, ohne deswegen die Aussagen des christologischen Dogmas in Frage stellen zu wollen. Die tropologische Auslegungsmethode gestattet ihm dabei zugleich die stete Bezugnahme und Anwendung auf den Gläubigen. Folgt Luther hierbei an sich traditionellen Anschauungen, so gewinnt doch bei ihm die „fides Christi“ eine gegenüber der Tradition verstärkte Bedeutung[6]. „Fides“ meint freilich nicht nur den Glauben, sondern ist zugleich auch identisch mit der noch stark monastisch gefaßten „Demut“.

Allerdings muß vor einer Systematisierung bestimmter Vorstellungen, die Luther in der 1. Psalmenvorlesung vorträgt, gewarnt werden. Das gilt insbesondere für den Versuch E. Vogelsangs, die Gleichsetzung von Christus und „Werk Gottes“ als eine Lehre anzusehen, die dazu noch von Luther stufenweise im Verlaufe des Kollegs weiter entwickelt worden sei[7]. Nicht selten begegnen vielmehr bei Luther aufgrund der verschiedenen Bibeltexte, die er auslegt, Aussagen, die in der einen oder anderen Richtung besonders zugespitzt sind. Wenn bei Luther auch sicher schon in dieser Frühzeit eine im wesentlichen entfaltete Theologie vorhanden ist, so ist es doch nicht leicht, Traditionelles und Neues voneinander zu trennen. Nur so erklären sich die erheblichen Differenzen in der Forschung angesichts der Frage, ob Luther bereits während der 1. Psalmenvorlesung zu seiner reformatorischen Erkenntnis gelangt sei oder nicht. Eine klare Antwort auf diese Frage wird im Blick auf Luthers gesamte Theologie zu dieser Zeit schwer möglich sein. Wichtiger ist vielleicht auch die Aufgabe, Luthers theologische Entwicklung nachzuzeichnen.

Kein Zweifel kann daran bestehen, daß Luther die Sündenvorstellung gegenüber den „Randbemerkungen“ verschärft hat. Besonders aufschlußreich ist hierfür Luthers Auslegung von Ps 51. Luther stellt hier vier Thesen auf: „1. Alle Menschen sind in Sünden vor Gott und sündigen, d.h. sie sind wahrhaft Sünder. 2. Eben dies hat Gott durch die Propheten bezeugt und zuletzt dasselbe durch das Leiden Christi bekräftigt; denn wegen der Sünden der Menschen ließ er ihn

---

[4] WA 3,397,9–11.15f. (Sch. Ps 67,14): „Scripture virtus est hec, quod non mutatur in eum, qui eam studet, sed transmutat suum amatorem in sese ac suas virtutes... Quia non tu me mutabis in te..., sed tu mutaberis in me.“ S. hierzu G. Ebeling, ebd. 3.

[5] WA 55 I 1,6–10; s. G. Ebeling, ebd. 109–131, bes. 111.

[6] A. Brandenburg, Gericht u. Evangelium, 1960, 57.

[7] E. Vogelsang, Die Anfänge von Luthers Christologie, 1929, 52, u.ö.

leiden und sterben. 3. Gott wird nicht in sich selbst gerechtfertigt, sondern in seinen Worten und in uns. 4. Dann erst werden wir Sünder, wenn wir erkennen, daß wir so sind, wie wir vor Gott sind."[8] Das Psalmwort „An dir allein habe ich gesündigt" bedeutet also für Luther, daß die eigentliche Sünde des Menschen geistlich ist, nicht aber in der Übertretung ritueller Vorschriften besteht. Die eigentliche, verborgene Sünde ist für Luther zugleich identisch mit der Erbsünde. Gerade angesichts des Leidens Christi erkennt der Mensch seine Sündhaftigkeit. Diese Erkenntnis kann aber nicht anders denn als Anerkenntnis gewonnen werden: sie äußert sich in der *Confessio*[9]. Zugleich aber „rechtfertigen" das Anerkennen und das Bekennen der Sünde Gott, d.h. sie geben ihm recht, „auf daß Gott gerecht sei und sie selbst durch ihn gerechtfertigt werden"[10]. Wer dagegen seine Sünde leugnet oder nicht bekennt oder sich vor Gott selbst rechtfertigt, versagt Gott die Rechtfertigung und die Ehre[11]. „Deshalb wird Gott nur von dem gerechtfertigt, der sich selbst anklagt und verurteilt und richtet."[12]

Diese Aussagen über Selbstrechtfertigung und Selbstanklage sowie über Gericht und Gerechtigkeit Gottes gehören zu dem Grundthema von Luthers 1. Psalmenvorlesung. Luther kann die Entsprechung, die zwischen diesen Begriffspaaren besteht, sogar in die Form einer Proportion bringen: „Je mehr wir uns selbst verurteilen und verwünschen und verfluchen, desto reichlicher fließt die Gnade Gottes in uns."[13] Aber so sehr Luther bei solchen Aussagen noch von monastischen Vorstellungen der Selbstkasteiung geprägt ist, so wird doch daraus bei ihm keine Methode. Im Gegenteil, die Warnung vor verborgenem Hochmut schließt ein solches Rechnen aus; das Bekennen der eigenen Sünde entspricht zudem lediglich dem wahren Zustand des Menschen. Auch die Aussage, daß Glaube und Gnade nur aufgrund des „testamentum et pactum" Gottes mit uns rechtfertigen[14], ist zwar aus der spätfranziskanischen Tradition übernommen; aber Luther meint doch damit nicht mehr „eine allgemeine, hinter der kirchlichen Wirklichkeit verschwindende heilsgeschichtliche Anordnung Gottes"[15]. Zudem sprengt die Vorstellung, daß der Mensch Sünder bleibt, den franziskanischen Rahmen.

Eigentümlich ist, daß in der 1. Psalmenvorlesung manche Vorstellungen, die in der spätmittelalterlichen Kirche und Theologie von erheblichem Gewicht waren, fast ganz zurücktreten. Dies gilt vor allem für die Sakramentslehre. Offenbar ist zu dieser Zeit „Luthers Interesse am Sakrament ... schwach geblieben"[16]. Was die *Taufe* betrifft, so findet sich nichts grundsätzlich Neues bei Luther. Wichtig ist freilich, daß auch Luthers Erwägungen über die Taufe hineingenommen sind in die zentrale Thematik von Gericht und Evangelium: „Nicht das Gesetz und seine Taufen können mich reinwaschen, sondern nur du allein." Der Mensch hat nichts, womit er die Reinwaschung verdienen kann. Ihm bleibt nur die Anerkennung und das Bekenntnis seiner Sünde[17]. Luther denkt also an die

---

[8] WA 3,287,32–288,7 (Sch.Ps 50,6 eig. Übers.). Zur Interpretation s. R. SCHWARZ, Vorgeschichte der reform. Bußtheologie, 1968, 230–254.
[9] WA 3,284,15–18 (ZGl. Ps 50,5).
[10] WA 3,289,20 (Sch. Ps 50,7 eig. Übers.).
[11] WA 3,288,27–29 (Sch. Ps 50,6).
[12] Ebd. Z. 30f. (eig. Übers.).
[13] WA 55 II 1,36,28–30 (Sch. Ps 1,5 eig. Übers.).
[14] WA 3,289,1–5 (Sch. Ps 50,7).
[15] R. SCHWARZ, ebd. 252.
[16] W. JETTER, Die Taufe beim jungen Luther, 1954, 175.
[17] WA 3,284,13–17 (ZGl. Ps 50,4f.).

geistliche Reinigung durch Gott selbst. Die Taufe ist darum nicht bedeutungslos, aber entscheidend ist die innere Erneuerung, wie sie durch die Übereinstimmung mit Gott bewirkt wird. Von daher ist es nicht erstaunlich, wenn Luther in der 1. Psalmenvorlesung nur sehr selten auf die sündentilgende Wirkung der Taufe eingeht[18], zumal Luther ja schon der Überzeugung war, daß Erbsünde und Aktualsünde nicht eigentlich voneinander getrennt werden können. Nur vereinzelt findet sich bereits der Ansatz seines späteren reformatorischen Sakramentsverständnisses[19].

Auch die Aussagen über das *Abendmahl* deuten vorsichtig eine neue Richtung an. Zu dem Wort Ps 111,4 „Er hat ein Gedächtnis gestiftet seiner Wunder" sagt Luther: „Diese Wunder sind wurzelhaft und ursächlich in Christi Leiden geschehen, dessen Vorbild alle gleichgestaltet werden müssen. Daher ist das Sakrament der Eucharistie das Gedächtnis (memoria) seines Leidens, d.h. seiner Wunder. In diesem werden die, die ihn fürchten, wiederhergestellt, und in diesem essen sie."[20] Entscheidend ist für Luther auch hier der „geistliche" Charakter des Sakraments. Wie wenig das Abendmahl eine besondere Bedeutung hat, ergibt sich aus der folgenden Erläuterung: „Aber dieses Essen und dieses Gedächtnis ist ein zweifaches, nämlich sakramental und geistlich. Geistlich ist es eben die Verkündigung von Christus und das Evangelium."[21] Viele der herkömmlicherweise beim Abendmahl erörterten Fragen werden von Luther überhaupt nicht gestreift. Was die Unterscheidung zwischen dem „opus operantis" und dem „opus operatum" – d.h. dem durch Gottes Wirken kräftigen Sakrament und dem aufgrund des Vollzugs kräftigen Sakrament – betrifft, so erwähnt Luther sie nur ein einziges Mal, wobei er sich zudem gegen die übliche Vorstellung vom „opus operatum" ausspricht[22].

Die Neubesinnung in der Sakramentslehre, die doch nirgends den Boden der katholischen Lehre verläßt und auch die Siebenzahl der Sakramente nicht antastet, ist auch für Luthers Verständnis des Mönchtums, insbesondere der *Mönchsgelübde*, von Bedeutung. Die Vermutung, die Sakramente seien in der 1. Psalmenvorlesung für Luther deswegen von geringerem Gewicht, weil für ihn seine eigene monastische Existenz wichtiger gewesen sei[23], scheitert daran, daß Luther dem monastischen Weg nirgends eine Eigenbedeutung zuschreibt. Vielmehr findet sich auch hinsichtlich des Mönchtums bei Luther schon in Ansätzen eine neue Auffassung[24]. Das Wort Ps 76,12 „Gelobet und haltet's", das seit langem als biblischer Beleg für die Mönchsgelübde galt, wird von Luther auf die Taufgelübde bezogen. An keiner einzigen Stelle erblickt Luther im Mönchsgelübde eine Erneuerung des Taufgelübdes. Statt dessen liegt der Akzent darauf, „daß es im Christenleben entscheidend auf Gericht und Evangelium ankommt, wie sie in Christus ergangen sind und wie sie von dem Gläubigen nachzuvollziehen sind... Der Blickpunkt, der für den Weg des Mönchs anvisiert wird, ist nicht

---

[18] W. Jetter, ebd. 237.
[19] W. Jetter, ebd. 178 Anm. 1.
[20] WA 4,243,7.14–17 (Sch. Ps 110,4 eig. Übers.).
[21] WA 4,243,18f. (eig. Übers.).
[22] WA 3,280,26–37 (RGl. Ps 49,23); dazu W. Jetter, ebd. 202f.
[23] W. Jetter, ebd. 128–130.
[24] B. Lohse, Mönchtum u. Reformation, 1963, bes. 277f.

die zu erlangende Vollkommenheit, nicht die Leistung, sondern der Vollzug des am Kreuz ergangenen Gerichts."[25]

So sehr die Sakramente in Luthers 1. Psalmenvorlesung zurücktreten, so ist doch die Ekklesiologie hier von nicht geringer Bedeutung. Allein schon die Anwendung des vierfachen Schriftsinnes ließ die Bezugnahme auf die Kirche immer wieder geboten erscheinen, wollte Luther doch die Aussagen, die buchstäblich auf Jesus Christus zu beziehen seien, allegorisch auf die Kirche und tropologisch auf den geistlichen und inneren Menschen beziehen[26]. Aber auch sachlich ist die Ekklesiologie für den jungen Luther wichtig. Jedenfalls sind die zentralen Gedanken der 1. Psalmenvorlesung auch für die Ekklesiologie fruchtbar gemacht worden.

Hatte K. Holl in der 1. Psalmenvorlesung bereits denjenigen Kirchenbegriff finden wollen, „den Luther zeitlebens vertreten hat"[27], so hat H. Fagerberg gezeigt, daß Luther doch in stärkerem Maße von der Tradition abhängig ist. Nach Fagerberg begegnen in der 1. Psalmenvorlesung zwei ekklesiologische Grundgedanken, einmal die *Kirche als „corpus Christi"*, zum anderen als *„populus fidelis"*[28]. Die traditionellen Vorstellungen, daß die Kirche „Gottes Tempel" oder das „neue Jerusalem" oder die „Mutter der Gläubigen" sei, finden sich nicht nur beim jungen Luther, sondern der Sache nach auch später. Was die Hierarchie betrifft, so ist Luther noch der selbstverständlichen Überzeugung, daß die Bischöfe die Nachfolger der Apostel sind[29]. Auch das Papsttum wird von ihm noch akzeptiert[30]. Ohne hierarchische Organe kann Luther sich die Kirche offenkundig nicht vorstellen, aber er sieht die Amtsträger eigentlich nur als Prediger[31]. Das ändert freilich nichts daran, daß es nur der Kirche zukommt, die Wege Christi zu lehren[32].

Zentral ist freilich auch in Luthers Ekklesiologie in der 1. Psalmenvorlesung die Gegenüberstellung von „Geistlich" und „Weltlich" oder von „Spiritus" und „littera". Angewendet auf die Kirche, bedeutet das die Unterscheidung zwischen Sichtbarkeit im Sinne der äußeren Vorfindlichkeit und Verborgenheit als Existenzweise der wahren Kirche, wie sie „coram deo" lebt[33]. Wie Augustin, so meint auch Luther, daß diese wahre Kirche nicht äußerlich konstituiert werden kann. Im Gegenteil, gerade die Häretiker versuchen, eine Gemeinschaft der Gerechten herzustellen[34].

---

[25] B. Lohse, ebd. 252f.

[26] WA 55 I 1,8,8–11: „Quicquid de domino Ihesu Christo in persona sua ad literam dicitur. hoc ipsum allegorice: de adiutorio sibi simili et ecclesia sibi in omnibus conformi debet intelligi. Idemque simul tropologice debet intelligi. de quolibet spirituali et interiori homine."

[27] Holl I, 298f.

[28] H. Fagerberg, Gedenkschrift W. Elert, 1955, 109–118, s. auch J. Vercruysse, Fidelis populus, Veröffentlichungen des Instituts für europ. Geschichte Mainz 48, Wiesbaden 1968.

[29] WA 3,395,12 (Sch. Ps 67,13).

[30] WA 4,345,24f. (Sch. Ps 118,79).

[31] W. Wagner, Die Kirche als Corpus Christi mysticum beim jungen Luther, ZKTh 61, 1937, 48f. 73.

[32] WA 3,286,27f. (RGl. Ps 50,15).

[33] WA 4,81,12–14 (Sch. Ps 91,7): „opera et factura Christi Ecclesia non apparet aliquid esse foris, sed omnis structura eius est intus coram deo invisibilis. Et ita non oculis carnalibus, sed spiritualibus in intellectu et fide cognoscuntur."

[34] WA 4,239,17–30 (Sch. Ps 110,1).

Freilich findet sich in der 1. Psalmenvorlesung bereits eine scharfe *Kritik an der Kirche*[35]. Diese Kritik betrifft kaum äußere Mißstände, sondern die Verfehlung der Aufgabe der Kirche, wie sie nach Luthers Überzeugung weithin eingerissen ist. „Friede" und „Sicherheit" sind die eigentlichen Gefahren, nachdem die Kirche über Häretiker und andere Gegner äußerlich gesiegt hat[36]. Der Glaube ist nicht mehr kräftig, und die Ursache dafür besteht in der Werkgerechtigkeit[37]. Irrlehre ist darum nicht so sehr ein feststellbares Abweichen von der rechten Lehre, obwohl Luther auch in diesem Sinne von Häresie weiß[38], als das Streben nach Eigengerechtigkeit.

So begegnen in der 1. Psalmenvorlesung die Grundlagen für die wichtigsten Themen von Luthers reformatorischer Theologie sowie für seine Kritik an Rom.

§ 3 Die Paulus-Exegese

Literatur: Zur Römerbriefvorlesung s. die Einleitung von J. Ficker, Anfänge reformatorischer Bibelauslegung I, Leipzig 1908, XLVI–CII (Die Auslegung), sowie in WA 56; zur Galater- und Hebräerbriefvorlesung die Einleitungen in WA 57. E. Vogelsang, Die Bedeutung der neu veröffentl. Hebr-Vorlesung Luthers von 1517/18, Tübingen 1930; R. Hermann, Luthers These „Gerecht u. Sünder zugleich", Gütersloh 1930, Darmstadt 1960²; H. Thimme, Christi Bedeutung für Luthers Glauben. Unter Zugrundelegung des Röm-, des Hebr-, des Gal-Kommentars von 1531 und der Disputationen, Gütersloh 1933; P. Althaus, Paulus u. Luther über den Menschen. Ein Vergleich, Gütersloh (1938) 1963⁴; A. Gyllenkrok, Rechtfertigung u. Heiligung in der frühen evangelischen Theologie Luthers, UUÅ 1952, 2, Uppsala-Wiesbaden 1952; W. Joest, Paulus u. das Luthersche Simul Iustus et Peccator, KuD 1, 1955, 269–320; E. Bizer, Die Entdeckung des Sakraments durch Luther, EvTh 17, 1957, 64–90; Ders., Fides ex auditu. Eine Untersuchung über die Entdeckung der Gerechtigkeit Gottes durch Martin Luther, Neukirchen (1958), 1966³; W. Grundmann, Der Römerbrief des Apostels Paulus u. seine Auslegung durch Luther, Weimar 1964; D. Demmer, Lutherus Interpres. Der theologische Neuansatz in seiner Röm-Exegese unter bes. Berücksichtigung Augustins, Witten 1968; M. Kroeger, Rechtfertigung u. Gesetz. Studien zur Entwicklung der Rechtfertigungslehre beim jungen Luther, FKDG 20, Göttingen 1968; O. Bayer, Promissio. Geschichte der reformatorischen Wende in Luthers Theologie, FKDG 24, Göttingen 1971; K.-H. zur Mühlen, Nos extra nos. Luthers Theologie zwischen Mystik u. Scholastik, BhistTh 46, Tübingen 1972; Ders., Zur Rezeption der Augustinischen Sakramentsformel „Accedit verbum ad elementum, et fit sacramentum" in der Theologie Luthers, ZThK 70, 1973, 50–76; L. Grane, Augustins „Expositio quarundam propositionum ex ep. ad Rom." in Luthers Röm-Vorlesung, ZThK 69, 1972, 304–330; Ders., Divus Paulus et S. Augustinus, Interpres Eius Fidelissimus. Über Luthers Verhältnis zu Augustin, Festschrift E. Fuchs, hg. v. G. Ebeling, E. Jüngel u. G. Schunack, Tübingen 1973, 133–146; Ders., Modus loquendi theologicus. Luthers Kampf um die Erneuerung der Theologie (1515–1518), Acta Theologica Danica XII, Leiden 1975.

Daß Luther nach der 1. Psalmenvorlesung exegetische Kollegs über die Paulusbriefe an die Römer (1515/16), Galater (1516/17) und den Hebräerbrief (1517/18) hielt, kennzeichnet Luthers frühe reformatorische Theologie. Insbe-

[35] S. G. Müller, Ekklesiologie u. Kirchenkritik beim jungen Luther, NZSTh 7, 1965, 100–128; zur Kritik am Mönchtum s. B. Lohse, Mönchtum u. Reformation, 1963, 267–272.

[36] U. Mauser, Der junge Luther u. die Häresie, 1968, 106, betont sehr stark, daß Luther „nicht an der objektiv-dogmatischen Seite des Ketzertums interessiert (sei), sondern an der subjektiv-existentialen". In späteren Jahren gewinnt freilich die ‚objektive Seite' wieder erheblich an Gewicht bei Luther.

[37] S. z.B. WA 3,355,1–10 (Sch. Ps 61,3); Mauser, ebd. 76–86.

[38] S. z.B. Luthers Kritik an den Böhmen (o. Anm. 30).

sondere die Wahl des Römerbriefes als Vorlesungsthema macht deutlich, daß die Fragen von Sünde, Rechtfertigung und Gottesgerechtigkeit im Zentrum seines Denkens stehen. Der Fortschritt gegenüber der 1. Psalmenvorlesung tritt dabei schon in der exegetischen Methode zutage. Zwar behält Luther in diesen Jahren noch die schwerfällige Form der Kommentierung durch Glossen und Scholien bei. Aber die Verwendung des vierfachen Schriftsinnes tritt zurück. Statt dessen interpretiert Luther den Text überwiegend grammatisch-historisch und „pneumatisch". Auf die Allegorie verzichtet er weithin, obwohl er sie in Predigten, wenn auch in geringerem Maße, noch verwendete. Außerdem wird der Urtext für seine exegetische und theologische Arbeit von größerer Bedeutung. Hatte er in der 1. Psalmenvorlesung immerhin schon gewisse Grundkenntnisse im Hebräischen gehabt und vor allem die Eigenart wichtiger Aussagen im Hebräischen erfaßt[1], so zieht er schon im Römerbriefkolleg von Anfang an den Urtext heran. Sobald die Ausgabe des griechischen Neuen Testamentes von Erasmus erschienen war, hat er diesen Text benutzt, nämlich von Röm 9,10 an. Hinsichtlich seiner philologisch-exegetischen Methode ist Luther erheblich selbständiger als in der 1. Psalmenvorsung.

Was die *Theologie der Römerbriefvorlesung* betrifft, so begegnen auf der einen Seite selbstverständlich die zentralen Themen der 1. Psalmenvorlesung, auf der anderen Seite ist in manchen entscheidenden Fragen ein beträchtlicher Fortschritt erkennbar. Die Ausführungen der 1. Psalmenvorlesung über Sünde, Gericht und Selbstanklage finden sich auch in der Römerbriefvorlesung als ein zentrales Thema. Gleich zu Beginn der Scholien heißt es: *„Die Summe dieses Briefes ist es, zu zerstören, auszurotten und zu vernichten alle Weisheit und Gerechtigkeit des Fleisches (wie groß auch immer sie in den Augen der Menschen, auch bei uns selbst, ist), wie sehr sie auch von Herzen und mit Aufrichtigkeit geübt werden mag, und einzupflanzen, aufzurichten und großzumachen die Sünde (wie gering sie auch sein mag oder auch angesehen werden mag)."*[2] Auch die Demut wird von Luther nachdrücklich hervorgehoben: „Was anderes lehrt die ganze Schrift als Demut?"[3]

Freilich betont Luther von Anfang an zugleich, daß die Schrift uns durch die „Aufrichtung der Sünde" auf die Gnade, ja die Gerechtigkeit Gottes hinweist. Überraschend ist dabei, daß Luther ebenfalls gleich zu Beginn seines Römerbriefkollegs diese Gerechtigkeit als die von außen kommende bezeichnet: anders als in der 1. Psalmenvorlesung steht für Luther das *„extra nos"* der Gerechtigkeit fest[4]. Was die Herkunft dieser Formel betrifft, so dürfte Luther von der Mystik Anregungen empfangen haben, insbesondere von den Vorstellungen des „raptus" und des „amor exstaticus". Freilich ist Luthers Gebrauch der Formel „extra nos" nicht mystisch. Vielmehr bedient sich Luther „zur Veranschaulichung seiner Rechtfertigungslehre ... mystischer Sprache"[5]. Diese Tatsache läßt

---

[1] S. RAEDER, Das Hebräische bei Luther untersucht bis zum Ende der 1. Psalmenvorlesung, BhistTh 31, Tübingen 1961, bes. 36–42.

[2] WA 56,157,2–6 (Sch. Röm 1,1 eig. Übers.). [3] WA 56,199,30 (Sch. Röm 2,11 eig. Übers.).

[4] WA 56,158,10–14 (Sch. Röm 1,1): „Deus enim nos non per domesticam, Sed per extraneam Iustitiam et sapientiam vult salvare, Non que veniat et nascatur ex nobis, Sed que aliunde veniat in nos, Non que in terra nostra oritur, Sed que de celo venit. Igitur omnino Externa et aliena Iustitia oportet erudiri. Quare primum oportet propriam et domesticam evelli."

[5] K.-H. ZUR MÜHLEN, Nos extra nos, 1972, 95; s. auch O. BAYER, Promissio, 1971, 59f.

darum die Frage offen, ob Luther über die Ausdrucksweise hinaus auch in der Sache selbst der Mystik Wesentliches bei der Gewinnung seiner reformatorischen Auffassung von der Gerechtigkeit Gottes und der Rechtfertigung verdankt. Hier dürfte es nach wie vor wahrscheinlich sein, daß Luther durch die Begegnung mit dem paulinischen Text die entscheidende Hilfe erfahren hat. Die Vorstellung, daß die „äußere Gerechtigkeit" zugleich die „fremde" ist, scheint ohne Vorbild in der Tradition zu sein. In der 1. Psalmenvorlesung war die Anschauung über die „äußere" und „fremde" Gerechtigkeit bereits vorbereitet durch den Gedanken, daß der Mensch „coram Deo" steht sowie durch die Überwindung des habitualen Gnadenverständnisses.

Gegenüber der 1. Psalmenvorlesung nehmen die Ausführungen im Römerbriefkolleg über die „*Gerechtigkeit Gottes*" einen sehr viel breiteren Raum ein. Gewiß gab der Text des Römerbriefs hierfür den unmittelbaren Anlaß. Aber es ist doch kein Zweifel, daß Luther selbst in dieser Hinsicht auch theologisch Fortschritte gemacht hat. Unter den zahlreichen Stellen, wo Luther sich über die „Iustitia Dei" äußert, verdient diejenige zu Röm 1,17 besonderes Interesse, da Luther nach seinem späteren Zeugnis seine reformatorische Auffassung von der Gottesgerechtigkeit an diesem Text gewonnen hat. Luther stellt auch hier, wie in der 1. Psalmenvorlesung, menschliche und göttliche Gerechtigkeit einander gegenüber, hebt aber hervor, daß Gottes Gerechtigkeit allein im Evangelium geoffenbart wird: „In menschlichen Lehren wird die Gerechtigkeit der Menschen geoffenbart und gelehrt, d.h. wer und auf welche Weise jemand vor sich selbst und den Menschen gerecht ist und wird. Dagegen wird allein im Evangelium die Gerechtigkeit Gottes geoffenbart (d.h. wer und auf welche Weise jemand vor Gott gerecht ist und wird), nämlich allein durch den Glauben, mit welchem man dem Wort Gottes glaubt. Wie es am Schluß des Markusevangeliums heißt: ‚Wer glaubt und getauft wird, wird selig werden. Wer aber nicht glaubt, wird verdammt werden.'"[6] Ferner wird die Gottesgerechtigkeit als die „Ursache des Heils" (causa salutis) bezeichnet. Noch einmal betont Luther dann, daß es sich bei der Gerechtigkeit Gottes nicht um diejenige handelt, „durch welche er selbst in sich selbst gerecht ist, sondern durch welche wir von ihm her gerechtfertigt werden (iustificamur), was durch den Glauben an das Evangelium geschieht". Weiter verweist Luther darauf, daß Augustin in „De spiritu et littera" die Gerechtigkeit Gottes ebenso versteht[7].

Es ist in der Forschung umstritten, ob die Deutung der Gerechtigkeit Gottes im Römerbriefkolleg reformatorisch zu verstehen sei oder nicht. E. Bizer, der den reformatorischen Durchbruch erst auf 1518 ansetzt, gibt zwar zu, daß hier „der passive Charakter der Gottesgerechtigkeit stark hervorgehoben" werde, verweist aber darauf, daß über die Beziehung zwischen Gerechtigkeit und Glaube nur sehr wenig gesagt werde, sowie daß vor allem Gesetz und Evangelium hier noch nicht „geschieden" seien[8]. Dagegen ist aber doch mit H. Bornkamm[9] hervorzuheben, daß Luther, wenn auch knapp, den Glauben hinlänglich

---

[6] WA 56,171,27–172,3 (Sch. Röm 1,17 eig. Übers.).

[7] WA 56,172,3–8.

[8] E. Bizer, Fides ex auditu, 1966³, 33.

[9] H. Bornkamm, Zur Frage der Iustitia Dei beim jungen Luther, ARG 53, 1962, 1f. (= Der Durchbruch der reformatorischen Erkenntnis bei Luther, hg. v. B. Lohse, Darmstadt 1968, 306–308.

als Heilsglauben bestimmt. Die Auffassung, der Glaube sei hier im Grunde nur der Anfang der Rechtfertigung oder Gerechtmachung, wird Luthers Aussagen nicht gerecht. Luther unterscheidet im Römerbriefkolleg deutlich zwischen dem göttlichen Gerichts- und Gnadenwort; der Glaube richtet sich auf das eine wie das andere[10]. Mag Luther später auch die Sündenvergebung und den Heilsglauben stärker betont haben, so ist diese *Doppelung von Gericht und Gnade* doch ein bleibender Bestandteil seiner Theologie gewesen.

Neu ist in der Römerbriefvorlesung auch, daß Luther die Formel „für gerecht erklären/halten" (iustum reputare) gebraucht. Die wichtigste Stelle, an welcher sich zugleich in neuem Sinne die Vorstellung von der göttlichen Verheißung findet, ist das *Scholion zu Röm 4,7*: „Es ist wie mit einem Kranken, der dem Arzt, welcher ihm aufs gewisseste die Gesundheit verspricht (promittenti), glaubt und in der Hoffnung auf die versprochene Genesung seinem Gebot gehorcht und sich inzwischen dessen, was ihm verboten ist, enthält, damit er nicht die versprochene Genesung gefährdet und die Krankheit vermehrt, bis der Arzt erfüllt, was er versprochen hat. Ist nun dieser Kranke gesund? Nein, vielmehr ist er zugleich krank und gesund. Krank in Wirklichkeit, gesund aber aufgrund der gewissen Verheißung (promissio) des Arztes, dem er glaubt, der ihn schon für gesund hält (sanum reputat), weil er gewiß ist, daß er ihn heilen wird; denn er hat begonnen, ihn zu heilen, und er hat darum ihm die Krankheit nicht zum Tode angerechnet. In gleicher Weise hat auch unser Samariter Christus den halbtoten Menschen, seinen Kranken, zur Pflege in die Herberge aufgenommen und begonnen, ihn zu heilen, nachdem er ihm völlige Gesundheit zum ewigen Leben versprochen hat. Er rechnet ihm die Sünde, d.h. die Begierden, nicht zum Tode an (non imputans), sondern verwehrt ihm nur inzwischen, in der Hoffnung auf die versprochene Genesung das zu tun und zu lassen, wodurch jene Genesung verhindert und die Sünde, d.h. die Begierde, vermehrt wird. Ist er also etwa vollkommen gerecht? Nein, sondern zugleich ein Sünder und ein Gerechter (simul peccator et iustus); Sünder in Wirklichkeit, aber gerecht aufgrund der Zurechnung und gewissen Verheißung Gottes (ex reputatione et promissione Dei certa), daß er ihn von der Sünde erlösen werde, bis er ihn völlig heilt."[11]

Im Kontext begegnen auch hier Aussagen, die noch nicht die Schärfe und Klarheit zeigen, über welche Luther später bei der Entfaltung seiner Rechtfertigungslehre verfügte; so etwa, wenn es heißt, daß dieser Kranke oder Sünder „den Beginn der Gerechtigkeit besitzt, auf daß er immer weiter suche, immer in dem Wissen, ungerecht zu sein"[12]. Solche Äußerungen können jedoch nicht das Vorhandensein anderer, offenkundig weiterführender Aussagen in Frage stellen. Darüber hinaus muß bei der Interpretation von Luthers frühen Vorlesungen beachtet werden, daß seine gesamte Theologie sich in einer vielfältigen Bewegung befindet, die nicht durch Gewinnung bestimmter Formeln, sondern durch intensive Reflexion über die zentralen Fragen des Glaubens charakterisiert ist; diese Reflexion vollzieht sich in kritischer Auseinandersetzung mit der Tradition.

So ist es begreiflich, daß Neues und Überkommenes in der Römerbriefvorle-

---

[10] WA 56, 228, 18–21 (Sch. Röm 3,5). [11] WA 56,272,3–19 (Sch. Röm 4,7 eig. Übers.).
[12] WA 56,272,19–21 (eig. Übers.).

sung nicht selten nebeneinanderstehen. Allerdings ist beachtlich, wie nachdrücklich Luther immer wieder Gesetzesgerechtigkeit und Glaubensgerechtigkeit konfrontiert[13]. Freilich hat Luther in den folgenden Vorlesungen über den Galater- und Hebräerbrief manche Themen zugespitzter und fundierter behandeln können. Zu Gal 2,16 („Weil wir wissen, daß der Mensch nicht durch des Gesetzes Werke gerecht wird, sondern durch den Glauben an Jesus Christus"): „Eine wunderbare und neue Definition der Gerechtigkeit, obwohl diese gewöhnlich so beschrieben wird: ‚Gerechtigkeit ist die Tugend, die einem jeden das ihm Zukommende gibt.'"[14] Damit grenzt Luther die paulinische Auffassung von der Gerechtigkeit klar von der aristotelischen und scholastischen ab. Im ganzen sind es jedoch eher Fortschritte im einzelnen, die Luther in der Zeit seiner Paulus-Exegese macht, als entscheidende Durchbrüche[15]. Am stärksten ist Luther wohl in der *Frage der Heilsgewißheit* weitergekommen. Während in der Römerbriefvorlesung eine eigentliche Heilsgewißheit noch nicht begegnet, findet sie sich durchaus in der Hebräerbriefvorlesung; aber damals fand bereits die Auseinandersetzung um den Ablaß statt[16].

Verglichen mit der 1. Psalmenvorlesung, nehmen die Ausführungen über die Sakramente in Luthers Paulus-Exegese einen größeren Raum ein[17]. Das hat seinen Grund zunächst darin, daß die von Luther kommentierten Texte dazu Anlaß gaben, insbesondere etwa Röm 6. Luther ist aber auch sachlich in der Richtung weitergegangen, die sich bereits in der 1. Psalmenvorlesung zeigte. Was die *Taufe* betrifft, so betont Luther, fast immer unter Berufung auf Augustin, daß sie den Schuldcharakter der Sünde vergibt, daß aber die „Schwäche" als Neigung zur Sünde gleichwohl bleibt[18]. Zu Röm 6 unterscheidet Luther neben dem zeitlichen Tod einen doppelten ewigen Tod, nämlich einmal als Tod der Sünde und Tod des Todes, sodann als Tod der Verdammten[19]. Die Taufe dient dazu, uns zu dem Tod des Todes zu verhelfen; das aber hat bei den Getauften erst begonnen[20]. So ist es für Luther also die geistliche Bedeutung der Taufe, die im Zentrum steht. Neu gegenüber weiten Bereichen der Tradition ist dabei der Blickwinkel, sofern nämlich Luther nicht die in der Taufe gewährte Gnade, sondern den Taufgebrauch als Verwirklichung der in der Taufe gegebenen Verheißung betont. Es geht um die Befreiung von der „Verkehrtheit" (perversitas) und „Verkrümmtheit" (curvitas), wie sie nur durch die Gnade bewirkt werden kann[21]. Vom Menschen wird, um die Wirkung der Taufe zu erlangen, die freudige Bejahung des Sterbens erwartet[22].

Unter den anderen Sakramenten nimmt die *Eucharistie* selbstverständlich einen besonderen Rang ein. Mit ihr hat Luther sich hauptsächlich in seiner He-

---

[13] S. z.B. WA 56,414,21–29 (Sch. Röm 10,6).

[14] WA 57 II, 69,15–17 (Sch. Gal 2,16 eig. Übers.).

[15] Anders M. KROEGER, Rechtfertigung und Gesetz, 1968, 164–198, der in dem Scholion zu Hebr 5,1 die entscheidende Wende findet; cf. nächste Anm.

[16] WA 57 III, 169,10f. (Sch. Hebr 5,1): „Notandum, quod non satis est Christiano credere Christum esse constitutum pro hominibus, nisi credat et se esse unum illorum."

[17] S. W. JETTER, Die Taufe beim jungen Luther, 1954, 175 Anm. 1; 257 Anm. 1.

[18] WA 56,70,24–71, 5 (RGl. Röm 7,18); 72,23–25 (RGl. Röm 7,20); 351,3–10 (Sch. Röm 7,17).

[19] WA 56,322,11–323,9 (Sch. Röm 6,3).

[20] WA 56,324,17–23 (Sch. Röm 6,4).

[21] WA 56,325,8f. (Sch. Röm 6,6).

[22] WA 56,324,24–32 (Sch. Röm 6,4).

bräerbriefvorlesung, veranlaßt durch die Aussagen über den „Bund“ (testamentum), befaßt. Es ist also nicht sowohl die aus der franziskanischen Theologie herrührende Vorstellung über den „Pakt“ oder das „Testament“, die aufgrund der göttlichen Stiftung den Heilscharakter der Sakramente ausmachen[23] als vielmehr der aus der Vulgata stammende Begriff „testamentum“, der in Verbindung mit den Aussagen des Hebräerbriefs über Christi Opfertod zentrale Bedeutung für Luthers Abendmahlsauffassung gewinnt, nicht jedoch schon für seine gesamte Sakramentslehre. Zu Hebr 9,17 („Denn ein Testament wird durch den Tod bekräftigt“) sagt Luther: „Diese Apostelstelle eröffnet weit das allegorische Verständnis des Gesetzes Moses, wodurch wir erkennen, daß alles in jenem Gesetz auf Christus und in Christus verheißen und vorgebildet ist und daß deshalb ... mit dem Namen ‚Testament‘ und ‚Verheißung‘ einst dessen Tod bestimmt ist, der wahrer Gott und wahrer Mensch sein sollte.“[24] Weiter bestimmt Luther im Anschluß an Chrysostomos die verschiedenen Kennzeichen eines Testaments, um dann auf die Einsetzungsworte des Abendmahls einzugehen. Was Christus durch sein Testament hinterläßt, sind nicht irdische Güter, sondern Vergebung der Sünden und Besitz des künftigen Reiches[25]. Dieses Opfer Christi ist einmalig. Luther behält zwar noch den Begriff „Opfer“ für die Eucharistie bei, interpretiert ihn jedoch im Sinne des Gedächtnisses. Ganz in Übereinstimmung mit der katholischen Meßopfertheologie spricht er von dem Selbstopfer des Christen und der Kirche. Nicht nur unsere Sünden treten uns dabei immer wieder neu vor Augen, sondern auch die Sündenvergebung. So vollzieht sich der mystische „Transitus“ von der Sünde zur künftigen Herrlichkeit[26]. Vom Empfänger wird der volle Heilsglaube verlangt: „Ein gutes, reines, ruhiges, fröhliches Gewissen ist nichts anderes als der Glaube an die Vergebung der Sünden, die man nur in Gottes Wort empfangen kann, welches uns predigt, daß Christi Blut vergossen sei zur Vergebung der Sünden... Ja, auch dies ist nicht genug zu glauben, es sei vergossen zur Vergebung der Sünden, wenn man nicht glaubt, daß es zur Vergebung der eigenen Sünden vergossen sei.“[27]

In der Zeit der Paulus-Exegese ist die *Ekklesiologie*, verglichen mit der 1. Psalmenvorlesung, von geringerer Bedeutung[28]. Das dürfte damit zusammenhängen, daß die allegorische Auslegungsmethode, die Luther noch nicht ganz preisgibt[29], im ganzen doch schon zurücktritt. Immerhin findet sich manches Neue, oder es werden doch bestimmte Gedanken klarer und zugespitzter geäußert. Daß nur durch ordentliche „vocatio“ Berufene ein Amt in der Kirche übernehmen dürfen, ist Luthers Überzeugung zu allen Zeiten gewesen, wird von ihm aber bereits hier gegen falsche Apostel und Häretiker betont[30]. Die Vorstellung vom Priestertum aller Gläubigen klingt bereits einmal an[31]. Wichtig ist, daß

---

[23] S. H. A. OBERMAN, Spätscholastik u. Reformation, I, 1965, 253–256; K. HAGEN, A Theology of Testament in the Young Luther. The Lectures on Hebrews, SMRT 12, 1974.

[24] WA 57 III, 211,16–20 (Sch. Hebr 9,17 eig. Übers.).

[25] WA 57 III, 212,13–15. [26] WA 57 III, 217,25–218,15 (Sch. Hebr 9,24).

[27] WA 57 III, 208,23–209,2 (Sch. Hebr 9,14 eig. Übers.).

[28] G. MÜLLER, Ekklesiologie u. Kirchenkritik beim jungen Luther, NZSTh 7, 1965, 113.

[29] S. vor allem WA 57 II, 95,22–96,25 (Sch. Gal 4,24).

[30] WA 56,162,30–163,21 (Sch. Röm 1,1).

[31] WA 56,251,25f. (Sch. Röm 3,22): „omne verbum, quod ex ore prelati Ecclesie procedit Vel boni et sancti viri, Christi verbum est, qui dicit: ‚Qui vos audit, me audit.‘“

Luther im Zusammenhang mit seinen Ausführungen über das „simul peccator et iustus" die Kirche als ein Krankenhaus für Kranke und zu Heilende bezeichnet; erst der Himmel ist der Palast für die Gesunden und Gerechten[32]. Somit zeigt sich hier, daß die neue Auffassung von Gerechtigkeit und Rechtfertigung auch für andere theologische Probleme Bedeutung gewinnt.

Auch die Kritik an den Zuständen in der Kirche ist derjenigen in der 1. Psalmenvorlesung zwar ähnlich, zuweilen jedoch schärfer zugespitzt. Luther wirft vor, daß das Evangelium weithin nur aus Gewinnsucht oder um eitlen Ruhmes willen verkündigt wird statt aus Gehorsam gegen Gott und wegen des Heils der Hörer[33]. Rom sei zu den früheren heidnischen Sitten zurückgekehrt und verleite beinahe den ganzen Erdkreis, seinem Beispiel zu folgen[34]. An der Kurie herrscht „schmutzige Verkommenheit, scheußlicher Unrat von Schwelgereien aller Art, von Prunk, Geiz, Intrigen und Religionsfrevel"[35]. Aus dem Gottesdienst und der Frömmigkeit hat man geradezu einen Jahrmarkt gemacht[36]. Luther hat demgegenüber den Eindruck, daß die weltlichen Gewalten gegenwärtig ihr Amt besser wahrnehmen als die kirchlichen; von daher wäre es vielleicht sicherer, wenn die weltlichen Angelegenheiten der Kleriker der weltlichen Gewalt unterstellt wären[37].

Neben der gewissen Umformung des überkommenen Kirchenbegriffs ist die verstärkte *Abkehr von der Scholastik* von Bedeutung. Daß der freie Wille außerhalb der Gnade keine Fähigkeit hat, die Gerechtigkeit zu erlangen, hebt Luther unter Berufung auf Augustin hervor[38]. Gegen die scholastische Vorstellung, daß die Erfüllung der Gebote erst dann einen Wert habe, wenn sie durch die Liebe „geformt" sei, polemisiert Luther auf das schärfste: „Verflucht sei jenes Wort ‚formatum', welches den Eindruck erwecken will, der Mensch (animam) sei vor und nach dem Geschenk der Liebe derselbe und könne allein dadurch, daß eine ‚Form' in der Handlung hinzukommt, (scil. Gutes) wirken, wo der Mensch doch vielmehr sterben und ein anderer werden muß, ehe er die Liebe ‚anzieht' und (scil. Gutes) wirken kann."[39]

Die Konsequenzen des theologischen Neuansatzes zeigen sich besonders deutlich bei Luthers *Stellung zum Mönchtum*. Die Kritik an der Selbstgerechtigkeit vieler Mönche ist im Römerbriefkolleg womöglich noch schärfer als in der 1. Psalmenvorlesung. Luther hat offenbar selbst empfunden, daß seine Kritik am Mönchtum dieses selbst aufzuheben drohte; denn bei seiner Auslegung von Röm 14,1 („Den Schwachen im Glauben nehmt auf und verwirrt die Gewissen nicht") erörtert er die Frage, ob es gegenwärtig gut sei, Mönch zu werden[40]. Luther antwortet, daß an sich alle Dinge frei seien, daß man sich aber aus Liebe zu Gott durch ein Gelübde zu diesem oder jenem verpflichten könne. Ein geleistetes Gelübde müsse auf jeden Fall eingehalten werden. Wer meint, nur dann das Heil zu erlangen, wenn er Mönch wird, soll nicht ins Kloster gehen[41]. Nicht

---

32 WA 56,275,26–28 (Sch. Röm 4,7). 33 WA 56,424,2–4 (Sch. Röm 10,15).
34 WA 56,489,11–13 (Sch. Röm 13,13). 35 WA 56,480,10–12 (Sch. Röm 13,1 eig. Übers.).
36 WA 56,458,3 (Sch. Röm 12,8). 37 WA 56,478,26–32 (Sch. Röm 13,1).
38 WA 57 I, 197,13–17 (Sch. Röm 8,38). 39 WA 56,337,18–21 (Sch. Röm 7,6 eig. Übers.).
40 WA 56,497,18–498,12 (Sch. Röm 14,1). Nach WA 57 I, 227f. (Sch. Röm 14,1) dürfte Luther diese Erwägungen in seiner Vorlesung nicht vorgetragen haben. Zu dieser Stelle s. B. LOHSE, Mönchtum u. Reformation, 1963, 302–309.
41 WA 56,497,19–21: „Si aliter salutem te habere non putas, nisi religiosus fias, ne ingrediaris.

aus Verzweiflung, sondern aus Liebe sollte man Mönch werden, nämlich um im Blick auf die eigenen schweren Sünden Gott aus Liebe etwas Großes darzubringen, indem man freiwillig seiner Freiheit entsagt, dieses „törichte" Gewand anlegt und sich niedrigen Pflichten unterzieht[42]. So sei es gegenwärtig besser, Mönch zu werden, als in den vergangenen zweihundert Jahren. Die Mönche seien nämlich verhaßt, und so könnten sie lernen, das Kreuz zu tragen. Für Luther – dies ergibt sich aus dem Kontext – gehören die Mönchsgelübde letztlich auf die Seite des Gesetzes; andererseits kann allein die christliche Freiheit das rechte Motiv sein, aus dem heraus man sich entschließt, Mönch zu werden. Mit dieser Auffassung hat Luther zwar durchaus noch nicht den Boden der katholischen Kirche verlassen. Gleichwohl stellte diese Neubestimmung eine so wesentliche Veränderung gegenüber der damals herrschenden Auffassung dar, daß es bis zum Bruch mit Rom nicht mehr weit war.

§ 4 Der reformatorische Durchbruch

Literatur: E. STRACKE, Luthers großes Selbstzeugnis über seine Entwicklung zum Reformator, hist.-krit. unters., SVRG 140, Leipzig 1926; E. VOGELSANG, Die Anfänge von Luthers Christologie nach der 1. Psalmenvorlesung, AKG 15, Berlin-Leipzig 1929; H. WENDORF, Der Durchbruch der neuen Erkenntnis Luthers im Lichte der handschriftl. Überlieferung, HV 27, 1932, 134–144. 285–327; H. BORNKAMM, Luthers Bericht über seine Entdeckung der iustitia dei, ARG 37, 1940, 117–128; DERS., Iustitia dei in der Scholastik u. bei Luther, ARG 39, 1942, 1–46; E. BIZER, Fides ex auditu. Eine Untersuchung über die Entdeckung der Gerechtigkeit Gottes durch Martin Luther, Neukirchen (1958), 1966³; R. PRENTER, Der barmherzige Richter. Iustitia dei passiva in Luthers Dictata super Psalterium 1513–1515, Acta Jutlandica XXXIII, 2, Kopenhagen 1961; H. BORNKAMM, Zur Frage der Iustitia Dei beim jungen Luther, ARG 52, 1961, 15–29. 53, 1962, 1–59; K. ALAND, Der Weg zur Reformation. Zeitpunkt u. Charakter des reformatorischen Erlebnisses Martin Luthers, ThEx NF 123, München 1965; B. LOHSE, Die Bedeutung Augustins für den jungen Luther, KuD 11, 1965, 116–135; O. H. PESCH, Zur Frage nach Luthers reformatorischer Wende. Ergebnisse u. Probleme der Diskussion um Ernst Bizer, Fides ex auditu, Catholica 20, 1966, 216–243. 264–280; B. LOHSE, Luthers Auslegung von Ps 71(72), 1 u. 2 in der 1. Psalmenvorlesung, in: Vierhundertfünfzig Jahre lutherische Reformation 1517–1967. Festschrift Franz Lau, Göttingen 1967, 191–203; DERS. (Hg.), Der Durchbruch der reformatorischen Erkenntnis bei Luther, Wege der Forschung 123, Darmstadt 1968 (ausgewählte Texte zur Geschichte der Forschung); M. KROEGER, Rechtfertigung u. Gesetz. Studien zur Entwicklung der Rechtfertigungslehre beim jungen Luther, FKDG 20, Göttingen 1968; O. MODALSLI, Luthers Turmerlebnis 1515, StTh 22, 1968, 51–91; R. SCHÄFER, Zur Datierung von Luthers reformatorischer Erkenntnis, ZThK 66, 1969, 151–170; O. BAYER, Promissio. Geschichte der reformatorischen Wende in Luthers Theologie, FKDG 24, Göttingen 1971; R. SCHINZER, Die doppelte Verdienstlehre des Spätmittelalters u. Luthers reformatorische Entdeckung, ThEx NF 168, München 1971; R. SCHWARZ, Beschreibung der Dresdner Scholien-Handschrift von Luthers 1. Psalmenvorlesung, ZKG 82, 1971, 65–93; M. BRECHT, Iustitia Christi. Die Entdeckung Martin Luthers, ZThK 74, 1977, 179–223. – Zum Verhältnis zwischen Luthers reformatorischer Entdeckung u. der Tradition s. außerdem H. DENIFLE, Luther u. Luthertum, I, 2, Mainz 1905² (Quellenbelege); HOLL III, 171–188; ST. PFÜRTNER, Luther u. Thomas im Gespräch. Unser Heil zwischen Gewißheit u. Gefährdung, Heidelberg 1961; O. H. PESCH, Theologie der Rechtfertigung bei Martin Luther u. Thomas von Aquin. Versuch eines systematisch-theologischen Dialogs, Mainz, 1967; G. MÜLLER, Die Rechtfertigungslehre. Geschichte u. Probleme, Gütersloh 1977. – Die wichtigsten autobiographischen Aussagen Luthers: O. SCHEEL (Hg.), Dokumente zu Luthers Entwicklung, SQS NF 2, Tübingen 1929².

Sic enim verum est proverbium: ‚Desperatio facit monachum', immo non monachum, sed diabolum."

[42] WA 56,497,21–26.

In der Frage, wann der *reformatorische Durchbruch* bei Luther stattgefunden hat, hat die Forschung bis heute keine einhellige Ansicht gewinnen können. Die wichtigsten Datierungsvorschläge, die gemacht werden, umfassen die Zeit von 1514 bis 1518, obwohl vereinzelt auch noch andere Termine genannt werden, die entweder bis in die Zeit vor der 1. Psalmenvorlesung, also vor 1513, zurückreichen oder auch noch die Jahre 1519 und 1520 betreffen. Auch wird teilweise die Auffassung vertreten, der reformatorische Durchbruch sei nicht im Sinne eines bestimmten, datierbaren Ereignisses zu verstehen, sondern meine lediglich das sich über mehrere Jahre erstreckende Heranreifen neuer theologischer Anschauungen, das von dem alten Luther erst in der Rückschau zu einem einmaligen Geschehen verdichtet worden sei. Man kann dann die reformatorische Erkenntnis gewissermaßen als die Vorbedingung der theologischen Arbeit Luthers etwa seit Beginn der Auseinandersetzung mit Rom bezeichnen, verzichtet jedoch auf jeden Versuch einer Datierung für irgendeinen entscheidenden Durchbruch, weil es einen solchen nicht gegeben haben soll[1].

Es gibt freilich Gründe für die Ansicht, daß es sich bei dem reformatorischen Durchbruch um ein bestimmtes, datierbares Ereignis handelt. 1. Die Aussagen des alten Luther, wie schwer sie auch zu interpretieren sein mögen, weisen eindeutig auf einen punktuellen Durchbruch hin. Die wichtigste Äußerung des alten Luther ist sein »Selbstzeugnis«, nämlich die Vorrede zum 1. Band der Gesamtausgabe der lateinischen Schriften Luthers[2]. 2. Nach diesen Aussagen des alten Luther betrifft der Durchbruch einmal die rechte Interpretation von Röm 1,17, zum anderen im Zusammenhang damit die wesentliche Hilfe angesichts von Luthers Anfechtungen. Irgendwann muß Luther seine neue Erkenntnis gewonnen haben.

Darüber hinaus müssen zwei Probleme bedacht werden. 1. Bei Luther lassen sich vor allem in den Jahren von 1513 bis 1518 erhebliche theologische Fortschritte feststellen, die fast sämtliche Themen der Theologie betreffen. Gibt es hier ein Zentrum, von dem her diese Fortschritte wenigstens zu einem beträchtlichen Teil gedeutet werden können, und ist dieses Zentrum mit dem Durchbruch identisch, von dem der alte Luther spricht? 2. Keine Deutung Luthers und der Reformationsgeschichte kann der Frage ausweichen, was denn nun das spezifisch Reformatorische im Unterschied zum spezifisch Katholischen damals gewesen ist. Soviel ist auf jeden Fall sicher, daß die Frage des Ablasses, um die es zunächst zum Streit kam, sekundär ist, ja daß auch viele andere Kontroversfragen, um die in den folgenden Jahren gerungen wurde, wenigstens aus der Sicht Luthers zweitrangig waren[3]. Wo liegt aber dann die entscheidende Differenz zwischen Luther und der katholischen Kirche seiner Zeit? Von wann ab kann man sagen, daß Luther den Boden der katholischen Kirche verlassen hat?

Der reformatorische Durchbruch hat also eine theologische und eine existentielle Seite. Allerdings darf er nicht im Sinne eines Bekehrungserlebnisses verstanden werden. Die Redeweise von dem „Turmerlebnis" gibt dem persönli-

---

[1] So vor allem H. OBERMAN, „Iustitia Christi" und „Iustitia Dei". Luther u. die scholastischen Lehren von der Rechtfertigung, in: B. LOHSE (Hg.), Der Durchbruch..., 1968, 413–444.

[2] WA 54,179–187 = O. SCHEEL (Hg.), Dokumente..., 1929², 186–193.

[3] Luther begrüßte es, daß Erasmus mit seiner Diatribe de libero arbitrio (1524) endlich das zentrale Problem erörterte (WA 18,786,26–32).

chen Aspekt des Durchbruchs zuviel Gewicht und ist darum mißverständlich. Ursache der Kirchentrennung des 16. Jahrhunderts sind nicht Luthers persönliche Erfahrungen, sondern seine reformatorische Theologie.

Freilich wird in der Forschung nicht nur die Frage nach dem Zeitpunkt, sondern auch die nach dem *Inhalt der reformatorischen Erkenntnis* verschieden beantwortet. Nach den Aussagen des alten Luther betraf die Erkenntnis die „iustitia Dei passiva"[4] oder den Unterschied zwischen Gesetz und Evangelium[5]. Andere Äußerungen des alten Luther über seine reformatorische Erkenntnis haben doch im ganzen den gleichen Tenor wie diese beiden. Freilich kommt dem „Selbstzeugnis" aufgrund seines autobiographischen Berichts über Luthers Frühzeit bei weitem die größte Bedeutung zu. Gegen die Aussagen des Selbstzeugnisses kann jedenfalls der Inhalt der reformatorischen Erkenntnis nicht bestimmt werden. Aus diesem Grund ist E. Bizers Auffassung, die Erkenntnis habe zum Inhalt, daß „das Wort ... das Mittel (scil. sei), wodurch Gott den Menschen rechtfertigt, weil es den Glauben weckt", abzulehnen[6]. Zuzugeben ist allerdings, daß das „Selbstzeugnis" der Deutung manche Schwierigkeiten aufgibt, und zwar nicht nur hinsichtlich der von Luther dort ins Auge gefaßten Datierung, sondern in gewisser Weise auch im Blick auf den Inhalt der neuen Erkenntnis.

Die wichtigsten Aussagen des „Selbstzeugnisses" lauten: „*Inzwischen war ich in diesem Jahr (scil. 1519) zum Psalter zurückgekehrt, um ihn erneut auszulegen, im Vertrauen darauf, daß ich geübter sein würde, nachdem ich die Briefe des hl. Paulus an die Römer, an die Galater und den, der an die Hebräer gerichtet ist, in Vorlesungen behandelt hatte. Von einem wunderbaren Eifer war ich gewiß ergriffen gewesen, Paulus im Brief an die Römer kennenzulernen; aber es hatte bis dahin im Wege gestanden nicht die Kälte meines Herzens, sondern das einzige Wort im 1. Kapitel (Röm 1,17): ‚Die Gerechtigkeit Gottes wird in jenem (scil. dem Evangelium) geoffenbart.' Denn ich haßte dieses Wort ‚Gerechtigkeit Gottes', welches ich nach der üblichen Gewohnheit aller Doktoren gelehrt worden war, philosophisch von der sog. formalen oder aktiven Gerechtigkeit zu verstehen, durch die Gott gerecht ist und Sünder wie Ungerechte straft. Ich aber liebte den gerechten und die Sünder strafenden Gott nicht, haßte ihn vielmehr; denn obwohl ich als Mönch untadelig lebte, fühlte ich mich vor Gott als Sünder und unruhig in meinem Gewissen und konnte nicht hoffen, daß ich durch meine Genugtuung versöhnt sei. Ich war unmutig gegen Gott, wenn nicht mit heimlicher Lästerung, so doch mit gewaltigem Murren, indem ich sprach: als ob es nicht genug ist, daß die elenden, durch die Ursünde ewig verdammten Sünder von vielfältigem Unheil bedrückt sind durch das Gesetz des Dekalogs! Muß Gott durch das Evangelium Leid auf Leid fügen und uns auch durch das Evangelium seine Gerechtigkeit und seinen Zorn androhen? So raste ich in meinem verwirrten Gewissen, pochte aber trotzdem ungestüm an dieser Stelle bei Paulus an, indem ich vor Durst brannte zu wissen, was der hl. Paulus wollte. Da erbarmte Gott sich meiner. Unablässig sann ich Tag und Nacht, bis ich auf den*

---

[4] WA 54,186,3–8 = O. Scheel, Dokumente, 192, 9–14.
[5] WATR 5 Nr. 5518, 6–16 = O. Scheel, Dokumente, 172, 8–18.
[6] E. Bizer, Fides ex auditu, 1966^3, 167.

Zusammenhang der Worte achtete, nämlich: ‚Die Gerechtigkeit Gottes wird in jenem (scil. dem Evangelium) geoffenbart, wie geschrieben steht: Der Gerechte lebt aus dem Glauben.' Da begann ich die Gerechtigkeit Gottes als diejenige zu verstehen, durch welche der Gerechte als durch Gottes Geschenk lebt, nämlich aus dem Glauben, und (scil. erkannte), daß dies die Meinung sei, daß durch das Evangelium die Gerechtigkeit Gottes geoffenbart wird, nämlich die passive, durch welche uns der barmherzige Gott durch den Glauben rechtfertigt, wie geschrieben steht: ‚Der Gerechte lebt aus dem Glauben.' Hier meinte ich geradezu, ich sei wiedergeboren, die Türen hätten sich geöffnet, und ich sei in das Paradies selbst eingetreten."[7]

Luther entdeckt also neu den rechten Sinn des paulinischen Wortes von der Gerechtigkeit Gottes. Der Anstoß bei dem Verständnis der „iustitia Dei" hatte für ihn darin bestanden, daß die im Evangelium geoffenbarte Gerechtigkeit Gottes vermeintlich die fordernde Gerechtigkeit nur bestätigt und so Schmerz auf Schmerz häuft. Nun erkennt er, daß im Evangelium die schenkende Gerechtigkeit offenbar wird: im Glauben empfängt der Mensch die Gerechtigkeit Gottes. Für Luther erschließt sich von diesem Verständnis her der Inhalt der ganzen Schrift in neuer Weise[8]. Zugleich erhält er für sich persönlich die entscheidende Hilfe in seinen Anfechtungen.

Die Angaben im „Selbstzeugnis" über den Zeitpunkt[9] der neu gewonnenen Erkenntnis lassen sich schwer eindeutig interpretieren. Sicher dürfte sein: 1. Im Kontext spricht Luther von den Ereignissen des Jahres 1519. 2. Der Beginn der 2. Psalmenvorlesung ist allerdings wahrscheinlich auf Mai 1518 anzusetzen[10]. 3. Mit dem doppelten Plusquamperfekt – „miro certe ardore captus fueram" – greift Luther jedoch vermutlich auf die Zeit vor Beginn der 2. Psalmenvorlesung zurück, ohne dann einen näheren Termin zu nennen. 4. Im „Selbstzeugnis" äußert Luther auch, daß er nach seiner Entdeckung Augustins Schrift „De spiritu et littera" gelesen und dort wider Erwarten gefunden habe, daß Augustin die Gerechtigkeit Gottes ähnlich versteht[11]. Die Kenntnis dieser Schrift und die Bezugnahme auf die im „Selbstzeugnis" erwähnte Auffassung von der Gerechtigkeit Gottes begegnen mit Sicherheit von Anfang des Römerbriefkollegs an[12].

Von daher dürfte als *Zeitpunkt* für den reformatorischen Durchbruch kein Termin in Betracht kommen, der später als der Beginn der Römerbriefvorlesung liegt. Darüber hinaus hat der zuerst von E. Vogelsang gemachte Vorschlag[13]

---

[7] WA 54,185,12–186,9 = O. Scheel, Dokumente, 191, 28–192, 15 (eig. Übers.).

[8] WA 54,186,9–13 = O. Scheel, Dokumente, 192, 15–20.

[9] Zu den verschiedenen Deutungen s. H. Bornkamm, Zur Frage der Iustitia Dei..., in: B. Lohse (Hg.), Der Durchbruch..., Darmstadt 1968, 351f.; B. Köster, Bemerkungen zum zeitlichen Ansatz des reformatorischen Durchbruchs bei Martin Luther, ZKG 86, 1975, 208–214.

[10] E. Vogelsang, Unbekannte Fragmente aus Luthers 2. Psalmenvorlesung 1518, AKG 27, 1940, 13f.

[11] WA 54,186,16–20 = O. Scheel, Dokumente, 192, 23–27.

[12] S. B. Lohse, Die Bedeutung Augustins für den jungen Luther, KuD 11, 1965, 116–135; G. de Ru, De Rechtvaardiding bij Augustinus, vergeleken met de leer der iustificatio bij Luther en Calvijn, Wageningen 1966; Ch. Boyer, Luther et le ‚De spiritu et littera' de St. Augustin, Doctor Communis 21, 1968, 167–187.

[13] E. Vogelsang, Die Anfänge von Luthers Christologie, AKG 15, 1929, 40–61; B. Lohse, Luthers Auslegung von Ps 71 (72), 1 u. 2..., Festschrift Franz Lau, 1967, 191–203; K.-H. zur Mühlen, Nos extra nos, 1972, 35–39.

auch heute noch die größte Wahrscheinlichkeit für sich, daß Luthers Auslegung von Ps 71 (72) in der 1. Psalmenvorlesung der erste Niederschlag der neuen Erkenntnis ist; diese Auslegung ist auf Herbst 1514 anzusetzen.

Die neue Erkenntnis ist freilich nicht im Sinne einer fertigen Formel zu verstehen, die jedesmal bei Ausführungen über die Gerechtigkeit Gottes begegnen müßte, sondern als eine theologische Sachaussage, die durchaus noch näherer Klärung und Entfaltung bedurfte und deren Bedeutung für die gesamte Theologie von Luther erst im Verlauf mehrerer Jahre herausgearbeitet werden mußte.

Inwiefern ist diese Auffassung Luthers von der *Gerechtigkeit Gottes* neu, und mußte sie kirchentrennend sein? Was die traditionelle Auffassung von der „iustitia Dei" betrifft, so hat H. Denifle bereits aus der altkirchlichen und mittelalterlichen Auslegung viele Beispiele für ein ähnliches Verständnis von Röm 1,17 beigebracht. Tatsächlich kann Luthers Deutung nicht als grundsätzlich neu betrachtet werden. Freilich ist doch in der systematischen Theologie vor Luther dieser exegetischen Bedeutung von Röm 1,17 kaum Rechnung getragen worden[14]. Hinzu kommt, daß das Gewicht des Glaubens von Luther hier wesentlich stärker betont wird. Der Sache nach richtet sich Luthers Verständnis von Gottesgerechtigkeit und Glaube spätestens seit Beginn der Römerbriefvorlesung gegen die scholastische habituale Gnadenlehre. Wenn aus heutiger Sicht auch zwischen Luthers reformatorischer Erkenntnis und einer recht verstandenen katholischen Tradition nicht notwendig ein Gegensatz besteht[15], so war doch im 16. Jahrhundert der Bruch im Grunde unvermeidlich[16]. Die Neuentdeckung der paulinischen Theologie konnte in den spätmittelalterlichen Katholizismus nicht integriert werden. Die Frage, ob Luther mit seiner reformatorischen Erkenntnis bereits den Boden der katholischen Kirche verlassen habe, hängt somit davon ab, welchen Begriff von »katholisch« man hier nimmt: im Sinne des damaligen Katholizismus ist dies zu bejahen, im Sinne eines an Augustin oder Thomas orientierten Katholizismus jedoch nicht unbedingt.

Kapitel II: Die Entfaltung von Luthers reformatorischer Theologie

§ 1 Die Auseinandersetzung mit Rom

Literatur: Zu den Streitigkeiten 1517ff.: W. Borth, Die Luthersache (Causa Lutheri) 1517–1524. Die Anfänge der Reformation als Frage von Politik u. Recht, Historische Studien H. 414, Lübeck 1970; K.-V. Selge, Normen der Christenheit im Streit um Ablaß u. Kirchenautorität 1518–1521 (I), Theol.-Habil.-Schr. Heidelberg 1968/69 (Masch.); H. A. Oberman, Wittenbergs Zweifrontenkrieg gegen Prierias u. Eck. Hintergrund u. Entscheidungen des Jahres 1518, ZKG 80, 1969, 331–358; C. Lindberg, Prierias and his Significance for Luther's Development, The Sixteenth Century Journal 3, 1972, 45–64. Zum Ablaß u. zu den 95 Thesen: N. Paulus, Johannes Tetzel, der Ablaßprediger, Mainz 1899; Ders., Geschichte des Ablasses im Mittelalter vom Ursprung bis zur Mitte des 14. Jh.s, I–III, Paderborn 1922–23; W. Köhler, Dokumente zum Ablaßstreit von 1517,

---

[14] Holl III, 171–188; H. Bornkamm, Iustitia dei in der Scholastik u. bei Luther, ARG 39, 1942, 1–46.

[15] S. St. Pfürtner, Luther u. Thomas im Gespräch, 1961; O. H. Pesch, Theologie der Rechtfertigung bei Martin Luther u. Thomas von Aquin, 1967.

[16] B. Lohse, Warum hat man Luther nicht verstanden? Concilium 12, 1976, 474–477.

SQS II, 3, Tübingen 1934²; Ders., Luthers 95 Thesen samt seinen Resolutionen sowie den Gegenschriften von Wimpina-Tetzel, Eck und Prierias und den Antworten Luthers darauf, Leipzig 1903; E. Kähler, Die 95 Thesen. Inhalt u. Bedeutung, Luther. Zschr. der Luther-Ges. 38, 1967, 114–124; E. Schott, Die theol. Bedeutung der 95 Thesen, in: 450 Jahre Reformation, hg. v. L. Stern u. M. Steinmetz, Berlin 1967, 70–88. *Zur Heidelberger Disputation:* H. Junghans, Die probationes zu den philos. Thesen der Heidelberger Disputation Luthers im Jahre 1518, LuJ 46, 1979, 10–59; Ders., Martin Luther Studienausgabe Bd. 1, (Ost-)Berlin 1979, 186–218 (neue Anordnung des Textes); E. Schlink, Weisheit u. Torheit, KuD 1, 1955, 1–22; H. Bornkamm, Die theologischen Thesen der Heidelberger Disputation, in: Reformation u. Humanismus. Festschrift R. Stupperich, hg. v. M. Greschat u. J. F. G. Goeters, Witten 1969, 58–66; J. E. Vercruysse, „Disputatio Heidelbergae habita...“: de structuur van Luthers Heidelberger Disputatio (1518), Bijdragen 35, Zevenaar 1974, 17–48. *Zu Luther und Cajetan:* G. Hennig, Cajetan u. Luther. Ein historischer Beitrag zur Begegnung von Thomismus u. Reformation, Stuttgart 1966; K.-V. Selge, Die Augsburger Begegnung von Luther u. Kardinal Cajetan im Oktober 1518. Ein erster Wendepunkt auf dem Weg zur Reformation, Jahrb. der hess. kirchengeschichtl. Vereinigung 20, 1969, 37–54; O. H. Pesch, „Das heißt eine neue Kirche bauen“. Luther u. Cajetan in Augsburg, in: Begegnung. Beiträge zu einer Hermeneutik des theol. Gesprächs, hg. v. M. Seckler, O. H. Pesch, J. Brosseder u. W. Pannenberg, Graz-Wien-Köln 1972, 645–661; J. Wicks, Thomism between Renaissance and Reformation: The Case of Cajetan, ARG 68, 1977, 9–32. *Zur Leipziger Disputation:* Text: O. Seitz, Der authentische Text der Leipziger Disputation (1519), Berlin 1903; E. Kähler, Beobachtungen zum Problem von Schrift u. Tradition in der Leipziger Disputation von 1519, in: Hören u. Handeln. Festschrift E. Wolf, hg. v. H. Gollwitzer u. H. Traub, München 1962, 214–229; K.-V. Selge, Der Weg zur Leipziger Disputation zwischen Luther u. Eck im Jahr 1519, in: Bleibendes im Wandel der Kirchengeschichte. Kirchenhistorische Studien, hg. v. B. Moeller u. G. Ruhbach, Tübingen 1973, 169–210; Ders., Die Leipziger Disputation zwischen Luther u. Eck, ZKG 86, 1975, 26–40. *Zu Luther und dem Papsttum:* E. Bizer, Luther u. der Papst, ThEx NF 69, München 1958; F. Rickers, Das Petrusbild Luthers. Ein Beitrag zu seiner Auseinandersetzung mit dem Papsttum, Diss. theol. Heidelberg 1967; H.-G. Leder, Ausgleich mit dem Papst? Luthers Haltung in den Verhandlungen mit Miltitz 1520, Stuttgart 1969; R. Bäumer, Martin Luther u. der Papst, Kath. Leben u. Kirchenreform im Zeitalter der Glaubensspaltung 30, Münster 1971²; G. Müller, Martin Luther u. das Papsttum, in: Das Papsttum in der Diskussion, hg. v. G. Denzler, Regensburg 1974, 73–101; B. Lohse, Die Einheit der Kirche bei Luther, Luther. Zschr. der Luther-Ges. 50, 1979, 10–24. G. Hammer (Hg.), Militia Franciscana seu militia Christi. Das neugefundene Protokoll einer Disputation der sächsischen Franziskaner mit Vertretern der Wittenberger theologischen Fakultät am 3. u. 4. 10. 1519, ARG 69, 1978, 51–81. 70, 1979, 59–105. *Zu Luther in Worms:* B. Lohse, Luthers Antwort in Worms, Luther. Mitteilungen der Luther-Ges. 29, 1958, 124–134; K.-V. Selge, Capta conscientia in verbis Dei. Luthers Widerrufsverweigerung in Worms, in: Der Reichstag zu Worms 1521. Reichspolitik u. Luthersache, hg. v. F. Reuter, Worms 1971, 180–207.

Seit 1516 wandte Luther sich mit seiner neuen Theologie in Disputationen an die akademische Öffentlichkeit. Dabei wurde er von einem Kreis Gleichgesinnter unterstützt. Schon 1516 ist Luther wegen seiner Vorlesungen von Anhängern der alten Schultheologie angegriffen worden. Um sich gegen solche Gegner zur Wehr zu setzen, erörterte unter Luthers Vorsitz Bartholomäus Bernhardi aus Feldkirchen anläßlich seiner Promotion zum Sententiarius am 25. 9. 1516 einige Thesen über die natürlichen Kräfte und den Willen des Menschen ohne die Gnade. Bernhardi hat hier Luthers Gedanken treffend zusammengefaßt. Fleisch und Geist werden hier im Sinne des Paulus scharf gegenübergestellt. „Der Wille des Menschen ohne die Gnade ist nicht frei, sondern Sklave, obwohl nicht gegen seinen Willen.“[1] Für die schroffe Sünden- und Gnadenlehre wird wiederholt auf Augustin als Autorität Bezug genommen.

Schärfer und bedeutsamer sind die Thesen für die *Disputation gegen die scho-*

[1] WA 1,147,38f. (eig. Übers.).

lastische Theologie, welche Franz Günther verteidigen sollte, um die Würde eines Baccalaureus biblicus zu erwerben; die Disputation fand am 4. 9. 1517 unter Luthers Vorsitz statt. Die Thesen waren im Grunde eine Kriegserklärung an die gesamte Theologie der Spätscholastik. Auch hier wird die augustinische Gnadenlehre nachdrücklich gegen den Pelagianismus herausgestellt. Darüber hinaus findet sich eine scharfe Kritik an dem Einfluß der aristotelischen Philosophie auf die Theologie: „43. Es ist ein Irrtum zu sagen: ohne Aristoteles wird man kein Theologe... 44. Vielmehr wird man ein Theologe nur ohne Aristoteles."[2] Bei den Thesen ist jeweils angegeben, gegen wen sie sich richten, nämlich insbesondere gegen Gabriel Biel, Ockham, Duns Scotus, aber auch „gegen viele Doktoren" oder gegen eine allgemein verbreitete Anschauung oder gegen die Scholastiker schlechthin. Diese Abgrenzung ist im ganzen durchaus überlegt und unter Berücksichtigung der verschiedenen Schulrichtungen vorgenommen[3]. Luther stand mit diesen Anschauungen in Wittenberg nicht allein, sondern war Sprecher einer Gruppe von Theologen und Freunden, die ebenfalls für eine an Augustin und Paulus erneuerte Theologie eintraten[4]. Beachtlich ist aber auch, daß unter den Thesen gegen die scholastische Theologie die Worte stehen: „In diesen (scil. Thesen) wollen wir nichts sagen und meinen auch nichts gesagt zu haben, was mit der katholischen Kirche und den Kirchenlehrern nicht übereinstimmt."[5]

Verglichen mit den früheren Disputationsthesen, sind Luthers *95 Thesen über den Ablaß* vom 31. 10. 1517 keineswegs besonders radikal. Die Kritik am Ablaß sowie an den mit ihm verbundenen Mißbräuchen hält sich in gewissen Grenzen, sofern Luther den Ablaß für Strafen, die von der Kirche auferlegt sind, noch gelten läßt und sich hauptsächlich gegen die falsche Heilssicherheit wendet. Neu ist vielmehr zunächst, daß Luther die von Jesus verkündete Buße nicht auf das Bußsakrament eingrenzt, sondern auf das ganze Leben der Christen bezieht[6]. Das ist gewiß noch nicht im Sinne einer Kritik am Bußsakrament gemeint, wohl aber zeigt sich hier die Konsequenz von Luthers neu von der Schrift her entfalteter Theologie. Nicht minder bedeutsam ist die Kritik an der Lehre von dem Schatz der Kirche, der aus den überschüssigen Verdiensten Christi und der Heiligen entstanden sein soll und der dann für die Gewährung des Ablasses an die Gläubigen diente. Gegen diese Lehre sagt Luther: „62. Der wahre Schatz der Kirche ist das hochheilige Evangelium der Ehre und Gnade Gottes."[7] Schließlich steht aber hinter den 95 Thesen bereits eine neue Auffassung von der Kirche sowie von der päpstlichen und priesterlichen Amtsvollmacht. „6. Der Papst kann keine Schuld anders erlassen, als indem er (scil. nachträglich) erklärt und bestätigt, daß sie von Gott (scil. bereits) erlassen ist."[8] Aber auch in anderen Thesen zeigt sich ein neues Verständnis des Papsttums, so wenn Luther äußert, der Papst bewerte Werke der Barmherzigkeit höher als den Kauf von Ablässen (42), ihm

[2] WA 1,226,14–16 (eig. Übers.).

[3] L. Grane, Contra Gabrielem. Luthers Auseinandersetzung mit Gabriel Biel in der Disputatio Contra Scholasticam Theologiam 1517, Acta Theologica Danica IV, Gyldendal 1962.

[4] K. Bauer, Die Wittenberger Universitätstheologie u. die Anfänge der deutschen Reformation, Tübingen 1928.

[5] WA 1,228,34–36 (eig. Übers.).

[6] WA 1,233,10–13.

[7] WA 1,236,22f. (eig. Übers.).

[8] WA 1,233,20f. (eig. Übers.).

sei mehr an dem Gebet der Christen als an ihrem Geld gelegen (48) oder ihm seien die Praktiken der Ablaßprediger ganz unbekannt (50).

Luther hat im Ablaßstreit darauf hingewiesen, daß es sich um Disputationsthesen handle[9]. Formal gesehen ist das richtig. Gleichwohl reicht die Bedeutung der Thesen sehr viel weiter. Viele Thesen beginnen mit den Worten „Lehren muß man die Christen, daß..." (42–51). Vor allem die letzten Thesen, in denen Luther gegen alle falsche Heilssicherheit Kreuz und Nachfolge betont, haben geradezu den Charakter eines Aufrufs[10]; dieser Aufruf soll die Autorität Christi in der Kirche wieder voll zur Geltung bringen[11].

Die *Heidelberger Disputation* vom April 1518, für welche Luther theologische und philosophische Thesen aufgestellt hat, ist zwar die bis dahin schärfste Zusammenfassung seiner neuen reformatorischen Theologie, aber doch von den Tagesereignissen jener Jahre nicht beeinflußt. Ähnlich wie schon in der Römerbriefvorlesung oder in der Disputation gegen die scholastische Theologie stellt Luther hier Sünde und Gnade, Unfreiheit des natürlichen Menschen und Gottes Liebe, Torheit und Weisheit sowie nicht zuletzt die „theologia gloriae" und die „theologia crucis"[12] einander gegenüber. Insofern zeigt die Heidelberger Disputation erneut, daß die Lehre von Sünde, Gnade und Rechtfertigung für Luther im Zentrum steht und daß die hier begegnenden Differenzen Ursache des Bruchs zwischen ihm und der katholischen Kirche wurden.

Freilich waren es in den folgenden Monaten und Jahren doch zuerst die Konsequenzen aus Luthers reformatorischer Theologie, die strittig wurden. Bei dem Gespräch zwischen *Cajetan und Luther in Augsburg* im Oktober 1518 ging es zwar zunächst um die Lehre von dem Schatz der Kirche, aber die Auseinandersetzung betraf doch sehr schnell die Autorität des Papstes sowie das Verhältnis von Schrift und Amt. Cajetan, der als gelehrter Thomist für Luthers Kritik am Ablaß nicht ohne Verständnis war, hob doch die Autorität des Papstes nachdrücklich hervor[13]. Für Luther hingegen gab es „diese prästabilierte Harmonie zwischen Schrift und Amt nicht"[14]; darum lehnte er die Unterwerfung ab. Sodann stritten Cajetan und Luther um Luthers Satz, daß der heilbringende Empfang des (Buß-)Sakraments vom Glauben abhängig sei[15]. Cajetan und Luther haben hier aneinander vorbeigeredet. Von seiner thomistischen Position aus, allerdings ohne Berücksichtigung der von Thomas vertretenen „Hoffnungsgewißheit"[16], konnte Cajetan die Notwendigkeit des persönlichen Heilsglaubens als Bedingung der Vergebung nicht akzeptieren, weil er darin eine Gewißheit des Gnadenstandes erblickte, wie sie nur aufgrund besonderer Offenbarung möglich sei; Luther hingegen sah in Cajetans Haltung nur eine „Fabel des Tho-

[9] S. bes. WA 1,528,22–35.

[10] E. KÄHLER, Die 95 Thesen..., Luther 38, 1967, 123.

[11] B. LOHSE, Luthers Christologie im Ablaßstreit, LuJ 27, 1960, 51–63.

[12] WA 1,354,21–28; ungefähr gleichzeitig auch in den Resolutiones disputationum de indulgentiarum virtute, WA 1,613,21–28.

[13] G. HENNIG, Cajetan u. Luther, 1966. Zu Cajetan s. auch U. HORST, Der Streit um die Hl. Schrift zwischen Kardinal Cajetan u. Ambrosius Catharinus, in: Wahrheit u. Verkündigung. Festschrift Michael Schmaus, I, München-Paderborn-Wien 1967, 551–577.

[14] O. H. PESCH, „Das heißt eine neue Kirche bauen"..., 1972, 652.

[15] WA 2,13,6–25.

[16] ST. PFÜRTNER, Luther u. Thomas im Gespräch, 1961; dazu die Korrektur bei O. H. PESCH, Theologie der Rechtfertigung, 1967, 755f.

mas"[17]. Zu einer wirklichen Begegnung zwischen einem echten Thomismus und der Reformation ist es damals in diesem Punkt nicht gekommen. Der Sache nach spitzte sich der Streit auf die Differenz in der Ekklesiologie zu. In einem seiner Traktate, die er zur Vorbereitung des Gesprächs mit Luther abfaßte, hat Cajetan den Verdacht ausgesprochen, Luthers Position bedeute den Versuch, „eine neue Kirche zu bauen"[18]. Cajetan ordnete die Kirche als objektive Größe in jedem Fall der subjektiven Gewißheit des einzelnen vor. Für Luther hingegen war christlicher Glaube ohne Heilsgewißheit eine Unmöglichkeit. In seinem Nachwort zu den Acta Augustana betont Luther: „Die göttliche Wahrheit ist Herr auch über den Papst."[19]

Am 28. 11. 1518 appellierte Luther vom Papst an ein allgemeines Konzil. Die These, daß Luther zu dieser Zeit Konziliarist gewesen sei oder diese Appellation gar nur ein Manöver darstelle[20], scheitert freilich daran, daß Luther schon damals das Papsttum, aber auch jede Autorität in der Kirche lediglich als menschlichen Rechtes ansah[21]. In einem Brief vom 18. 12. 1518 an Wenzel Link äußert Luther zum ersten Mal die Vermutung, daß in der römischen Kurie der Antichrist regiere[22]. Wenig später fragt er gar, ob nicht der Papst selbst der Antichrist sei[23].

In diesen Fragen führte die *Leipziger Disputation* im Juli 1519 zwischen Luther und Eck weiter. Daß vorher Eck und Karlstadt über die Bedeutung des menschlichen Willens gegenüber der Gnade sowie über die Sünde im Gerechtfertigten stritten, zeigt wieder, wo die eigentlichen theologischen Differenzen lagen. Freilich ließ sich erst beim Kirchenbegriff die Frage beantworten, ob Luther noch auf dem Boden der katholischen Kirche sei. Eck, der an sich einen maßvollen Konziliarismus vertrat, freilich schon vor der Disputation mehr und mehr die päpstliche Autorität hervorhob[24], stellte gleich zu Beginn heraus, daß der Prinzipat eines Einzelnen in der Kirche göttlichen Rechtes und von Christus eingesetzt sei und daß die „ecclesia militans" nach dem Bild der „ecclesia triumphans" gestaltet sei[25]. Auch Luther erklärte zwar, daß die Kirche eine „monarchia" sei, betonte aber, daß sie keinen Menschen, sondern Christus selbst als Haupt habe, und zwar aufgrund göttlichen Rechtes[26]: Es kann also keine Stellvertretung Christi geben. So spitzte sich die Disputation auf die Frage nach der Autorität in der Kirche zu. In diesem Zusammenhang bestritt Luther die Unfehlbarkeit von Konzilsentscheidungen; insbesondere äußerte er, daß einige zu

[17] WA 2,8,9; 16,32. cf. WA 2,458,29 (Gal-komm. 1519).

[18] Cajetan, Opuscula Omnia, Lyon 1575, 111, 3 (zit. nach PESCH, „Das heißt eine neue Kirche bauen"..., 647).

[19] WA 2,18,2f. (eig. Übers.).

[20] So vor allem R. BÄUMER, Martin Luther u. der Papst, Münster 1971², 43. 38.

[21] Cf. J. HECKEL, Initia iuris ecclesiastici Protestantium, SAM phil.-hist. Kl. 1949, 5, 1950, 76; Chr. TECKLENBURG JOHNS, Luthers Konzilsidee in ihrer historischen Bedingtheit u. ihrem reformatorischen Neuansatz, Berlin 1966, 135–143. Die Tatsache, daß Prierias in seiner Entgegnung auf Luthers 95 Thesen bereits betont, daß ein wahres Konzil nicht irren kann, wobei er den Papst als Haupt des Konzils einschließt, zeigt deutlich, welche ekklesiologischen Implikationen Luthers Thesen bereits hatten; s. H. A. OBERMAN, ZKG 80, 1969, 336f.

[22] WAB 1 Nr. 121, 11–14.

[23] WAB 1 Nr. 161, 29–31 (Brief an Spalatin vom 13. 3. 1519).

[24] S. H. A. OBERMAN, ebd. 346.

[25] WA 2,255,25–33; Seitz 56f.

[26] WA 2,257,9f.; Seitz 58.

Konstanz verurteilte Artikel von Huß gut evangelisch seien[27]. Damit trat für Luther die Autorität der Schrift gegen die Autorität der Kirche. Freilich handelte es sich für ihn nicht um ein „Schriftprinzip", sondern um die *Autorität Jesu Christi* selbst, wie sie in dem Zeugnis der Schrift zum Ausdruck kommt. Dabei hat Luther damals wie später die Schriftautorität nicht gesetzlich verstanden. Wohl aber darf keine Lehre in der Kirche mit dem Anspruch auf verbindliche Autorität vertreten werden, die nicht in der Schrift begründet ist[28]. Luther hat sich für diese Auffassung u. a. auf Gerson berufen, aber auch auf Augustin[29]. Tatsächlich konnte Luther meinen, hier eine gut katholische Ansicht zu vertreten; aber die Entwicklung der päpstlichen Autorität seit dem hohen und späten Mittelalter machte es unwahrscheinlich, daß diese Ansicht akzeptiert werden würde[30].

Konnte Eck sich rühmen, Luther zu Konsequenzen gedrängt zu haben, die dieser bislang noch nicht zu ziehen gewagt hatte, so mußte die Konfrontation zwischen der Autorität Christi, wie Luther sie behauptete, und der Autorität des Papstes Luther zu weiteren Folgerungen veranlassen. Die Kluft zur Kurie vertiefte sich erheblich, auch wenn Luther noch den Versuch des Karl von Miltitz, den Streit beizulegen, unterstützte[31]. Luther ist im Herbst des Jahres 1520 endgültig zu der Erkenntnis gekommen, daß der Papst der Antichrist sei[32]. Dabei ist Luthers Antichrist-Vorstellung im wesentlichen nicht endzeitlich-apokalyptisch bestimmt. Vielmehr hält Luther es für das Wesen des Antichristen, daß er sich allein das Recht der Schriftauslegung anmaßt[33]. Der Antichrist tritt deshalb an diejenige Stelle, die allein Jesu Christus zukommt, und begegnet insofern in der Kirche. Interessant ist, daß Luther den Begriff „Leviathan" mit „additamentum" (Zusatz) gleichsetzt und damit dem Papsttum die Eigenschaft zuschreibt, daß es an die Stelle des „Allein aus Glauben" oder „Allein aus Gnaden" stets ein „Sowohl als auch" setzt[34].

War die Verschärfung von Luthers *Urteil über das Papsttum* durch den sich zuspitzenden Konflikt bedingt, so führte die von Luther im Verlaufe dieses Streites schroff formulierte Autorität der Schrift zu weiteren bedeutsamen Folgerungen. Die von Luther 1518 und 1519 in deutscher Sprache verfaßten Sakramentssermone brachten zwar eine Vertiefung gegenüber der damals verbreiteten Sakramentslehre, bedeuteten aber noch keinen Bruch mit der offiziellen Kirchenlehre[35]. Erst in „De Captivitate Babylonica Ecclesiae" (1520) griff Luther die

---

[27] WA 2,279,11–17; Seitz 87.

[28] WA 2,279,23 f.; Seitz 87: „Nec potest fidelis Christianus cogi ultra sacram scripturam, quae est proprie ius divinum, nisi accesserit nova et probata revelatio."

[29] WA 2,279,24–32; Seitz 87. Luthers Interpretation wird freilich der Intention bei Augustin und Gerson nicht voll gerecht.

[30] Wie offen die Situation zwischen Konziliarismus und Papalismus im frühen 16. Jh. noch war, zeigt R. Bäumer, Nachwirkungen des konziliaren Gedankens in der Theologie und Kanonistik des frühen 16. Jh.s, RGST 100, Münster 1971; aber auch bei dem Problem von Schrift und Tradition gab es vor dem Trienter Konzil im Grunde keinen Lehrentscheid.

[31] S. H.-G. Leder, Ausgleich mit dem Papst? 1969.

[32] WAB 2 Nr. 341, 22f. (Brief an Spalatin vom 11. 10. 1520).

[33] WA 5,339,14 (Oper. in Ps zu 10,8): „Primum Antichristus soli sibi ius interpretandae scripturae arrogabit."

[34] S. E. Wolf, Leviathan. Eine patristische Notiz zu Luthers Kritik des Papsttums, in: Ders., Peregrinatio, München 1962², 146–182.

[35] J. Lortz, Sakramentales Denken beim jungen Luther, LuJ 36, 1969, 9–40.

Siebenzahl der Sakramente an. Konstitutiv für ein Sakrament seien „Verheißung" und „Zeichen"; wo das Zeichen fehle, könne man nicht von einem Sakrament sprechen[36]. Ließ Luther zu Beginn dieser Schrift noch drei Sakramente gelten – nämlich Taufe, Abendmahl und Buße[37] –, so erkannte er zum Schluß nur noch Taufe und Abendmahl als Sakramente an und bestritt der Buße wegen des fehlenden Zeichens den Charakter als Sakrament; zudem sei die Buße nur eine „Rückkehr zur Taufe" (reditus ad baptismum)[38].

Kurz vor der „Babylonica" hatte Luther in der Schrift „An den christlichen Adel deutscher Nation" (1520) die „drei Mauern der Romanisten" angegriffen, nämlich daß geistliche Gewalt höher stehe als weltliche, daß nur der Papst die Schrift auslegen dürfe und daß nur der Papst ein Konzil berufen dürfe[39]. Gegen diese Grundsätze stellt Luther das allgemeine Priestertum aller Getauften heraus: „Dan was ausz der tauff krochen ist, das mag sich rumen, das es schon priester, Bischoff und Bapst geweyhet sey, ob wol nit einem yglichen zympt, solch ampt zu uben."[40] Hatte Luther die wesentlichen Momente seines Kirchenbegriffs schon in den frühen Vorlesungen entfaltet, so ist er doch auch hier zu der polemischen Zuspitzung erst durch den Konflikt seit 1517 gekommen.

Das Jahr 1521 brachte schließlich Luthers Kritik an den Mönchsgelübden[41] und im Zusammenhang damit die Entfaltung seiner Auffassung vom weltlichen Beruf, der mit dem geistlichen gleichrangig ist; die mittelalterliche Zweistufenethik war damit überwunden[42].

§ 2 Die Auseinandersetzung mit den „Schwärmern"

Literatur: Allgemein: HOLL I, 420–467; W. MAURER, Luther u. die Schwärmer, SThKAB 6, Berlin 1952; K. G. STECK, Luther u. die Schwärmer, ThSt(B) 44, Zürich 1955; W. H. NEUSER, Die Abendmahlslehre Melanchthons in ihrer geschichtl. Entwicklung (1519–1530), Neukirchen-Vluyn 1968, 114–228; B. LOHSE, Die Stellung der „Schwärmer" und Täufer in der Reformationsgeschichte, ARG 60, 1969, 5–26; H. JUNGHANS, Freiheit u. Ordnung bei Luther während der Wittenberger Bewegung u. der Visitationen, ThLZ 97, 1972, 95–104; M. U. EDWARDS Jr., Luther and the False Brethren, Stanford 1975; B. LOHSE, Luther u. der Radikalismus, LuJ 44, 1977, 7–27. *Zu Gesetz und Evangelium:* D. LÖFGREN, Die Theologie der Schöpfung bei Luther, FKDG 10, Göttingen 1960; H. GERDES, Luthers Streit mit den Schwärmern um das rechte Verständnis des Gesetzes Mose, Göttingen 1955; R. BRING, Gesetz u. Evangelium u. der dritte Gebrauch des Gesetzes in der luth. Theol., Helsinki 1943; W. JOEST, Gesetz u. Freiheit. Das Problem des tertius usus legis bei Luther u. die nt. Paränese, Göttingen (1951), 1968[4]; L. HAIKOLA, Usus legis, Uppsala-Wiesbaden 1958; G. HEINTZE, Luthers Predigt von Gesetz u. Evangelium, FGLP 10, XI, München 1958; O. MODALSLI, Das Gericht nach den Werken. Ein Beitrag zu Luthers Lehre vom Gesetz, FKDG 13, Göttingen 1963. *Zur Zwei-Reiche-Lehre:* F. LAU, „Äußerliche Ordnung" und „Weltlich Ding" in Luthers Theologie, Göttingen 1933; Ha. DIEM, Luthers Lehre von den zwei Reichen, BEvTheol 5, München 1938; G. TÖRNVALL, Geistl. u. weltl. Regiment bei Luther, FGLP 10, II, München 1947; He. DIEM, Luthers Predigt in den zwei Reichen, ThEx NF 6, München 1947; F. LAU, Luthers Lehre von den beiden Reichen, Berlin 1953; J. HECKEL, Lex charitatis. Eine jurist. Unters. über das Recht in der Theol.

---

[36] WA 6,572,10–12. [37] WA 6,501,33f. [38] WA 6,572,12–17.

[39] WA 6,406,21–407,3. [40] WA 6,408,11–13.

[41] B. LOHSE, Mönchtum u. Reformation, 1963, 344–370; R.H. ESNAULT, Luther et le Monachisme aujourd'hui. Lecture actuelle du De votis monasticis judicium, Genf 1964.

[42] HOLL III, 189–219; G. WINGREN, Luthers Lehre vom Beruf, FGLP 10, III, München 1952.

M. Luthers, SAM phil.-hist. Kl. NF 36, 1953 (dazu F. LAU, KuD 2, 1956, 76–89), Köln 1973²; P. ALTHAUS, Luthers Lehre von den beiden Reichen im Feuer der Kritik, LuJ 24, 1957, 40–68; J. HECKEL, Im Irrgarten der Zwei-Reiche-Lehre, ThEx NF 55, München 1957; H. BORNKAMM, Luthers Lehre von den zwei Reichen im Zusammenhang seiner Theologie, Gütersloh (1958), 1969³; G. FORCK, Die Königsherrschaft Jesu Christi bei Luther, ThA 12, Berlin 1959; F. BEISSER, Zur Deutung von Luthers Zwei-Reiche-Lehre, KuD 16, 1970, 229–241; G. WOLF (Hg.), Luther u. die Obrigkeit, Wege der Forschung 85, Darmstadt 1972; G. SAUTER (Hg.), Zur Zwei-Reiche-Lehre Luthers, ThB 49, München 1973; H. KUNST, Evangelischer Glaube und politische Verantwortung. Martin Luther als Berater seiner Landesherrn und seine Teilnahme an den Fragen des öffentlichen Lebens, Stuttgart 1976; E. WOLGAST, Die Wittenberger Theologie u. die Politik der evangelischen Stände. Studien zu Luthers Gutachten in politischen Fragen, QFRG 47, Gütersloh 1977. *Zur Betonung der altkirchlichen Lehrentscheidungen:* J. KOOPMANS, Das altkirchliche Dogma in der Reformation, BEvTheol 22, München 1955; A. PETERS, Die Trinitätslehre in der reformatorischen Christenheit, ThLZ 94, 1969, 561–570; D. VORLÄNDER, Deus Incarnatus. Die Zweinaturenchristologie Luthers bis 1521, Unters. zur KG 8, Witten 1974; R. JANSEN, Studien zu Luthers Trinitätslehre, Basler u. Berner Studien zur hist. u. syst. Theol. 26, Bern-Frankfurt 1976.

Als Luther in der Zeit nach dem Wormser Reichstag von Mai 1521 bis März 1522 aus Sicherheitsgründen auf der Wartburg weilte, wurde offenkundig, wie stark die reformatorische Bewegung bereits geworden war. Obwohl diese ihres Führers beraubt zu sein schien, machte sie doch weitere Fortschritte. In Wittenberg selbst stand im Zentrum der Kreis, der schon die Universitätsreform mit getragen hatte[1], also vor allem Karlstadt und Melanchthon. Freilich zeigte sich nun auch, daß es innerhalb der reformatorischen Bewegung verschiedene Kräfte gab. Traten in Wittenberg selbst schon gewisse Unterschiede zutage, so ist es um so weniger überraschend, wenn anderswo die Differenzen zu Luther größer waren. Gewiß, Luther war für sehr viele der berufene Sprecher und Führer der Reformation. Auch gab es in der reformatorischen Bewegung kaum jemanden, der Luther nicht Wesentliches verdankte. Gleichwohl wäre es weit gefehlt, in Luthers zahlreichen Mitstreitern einfach seine Schüler zu sehen, die, kaum daß der Meister fort war, weithin eigene Wege gingen. Vielmehr hatten sie meist selbständig andere Traditionen aufgenommen. Karlstadt, Luthers älterer Fakultätskollege und einstiger Promotor, war stärker als Luther von Augustins Unterscheidung zwischen Buchstaben und Geist bestimmt, die bei Karlstadt zu einem selbst für die Gesetzeslehre wichtigen hermeneutischen Prinzip wurde[2]. Melanchthon war nach wie vor einer der bedeutendsten Humanisten, auch wenn er gerade in den 1521 erschienenen „Loci communes" der reformatorischen Theologie scharfen Ausdruck verlieh[3]. Bei anderen waren, obwohl in unterschiedlicher Weise, mystische Überlieferungen von Bedeutung; das gilt sowohl für Thomas Müntzer[4] wie auch für die Spiritualisten.

Daß diese gewisse *Mannigfaltigkeit der reformatorischen Bewegung* lange

---

[1] S. K. ALAND, Die Theol. Fak. Wittenberg u. ihre Stellung im Gesamtzusammenhang der Leucorea während des 16. Jh.s, in: DERS., Kirchengeschichtl. Entwürfe, Gütersloh 1960, 283–394.

[2] S. Fr. KRIECHBAUM, Grundzüge der Theol. Karlstadts, Hamburg-Bergstedt 1967; R. J. SIDER, Andreas Bodenstein von Karlstadt. The Development of his Thought 1517–1525, SMRT 11, Leiden 1974; B. LOHSE, LuJ 44, 1977, 7–27.

[3] S. A. SPERL, Melanchthon zwischen Humanismus u. Reformation, FGLP 10, XV, München 1959; W. MAURER, Lex spiritualis bei Melanchthon bis 1521, Melanchthon-Studien, SVRG 181, Gütersloh 1964, 103–136.

[4] S. u. a. St. E. OZMENT, Mysticism and Dissent. Religious Ideology and Social Protest in the Sixteenth Century, New Haven-London 1973, 61–97.

Zeit nicht hinreichend gesehen worden ist, liegt einmal an der Tatsache, daß aufs Ganze gesehen Luther sich in den späteren Jahren dank der obrigkeitlichen Unterstützung durchsetzen konnte, sodann aber sicher auch an der Geschlossenheit und Tiefe seiner Theologie. Trotz der Unterschiede war man sich freilich in der reformatorischen Bewegung in dem Gegensatz zu Rom und dem Papsttum einig. Allerdings wurden schon in der Rechtfertigungslehre die Akzente unterschiedlich gesetzt, so daß hier selbst Luthers engste Mitarbeiter in Wittenberg nicht einfach die Position des Reformators übernahmen; erst recht war das Verständnis des Gesetzes, aber auch das der Obrigkeit mindestens in Nuancen verschieden. Als Luther auf der Wartburg weilte und andere die Führung in Wittenberg übernahmen, mußten diese Unterschiede hervortreten. Luther selbst ist dadurch veranlaßt worden, seine Gedanken weiter auszubilden: vor allem seine Auffassung von Gesetz und Evangelium sowie von der Obrigkeit sind von ihm jetzt entfaltet worden.

Luther hatte in seinen reformatorischen Hauptschriften von 1520 zahlreiche Reformforderungen sowohl für den kirchlichen als auch für den weltlichen Bereich gestellt; aber er hatte bislang noch keine Schritte unternommen, um diese Forderungen zu verwirklichen. In seiner Abwesenheit führten nun seine Wittenberger Anhänger manche Neuerungen ein. Als erstes wurde die Frage der Mönchsgelübde akut. In der Ablehnung des absolut verpflichtenden Charakters der Gelübde war man sich einig. Aber Melanchthon argumentierte, daß ein Mönch, der sein Gelübde nicht halten könne, es brechen dürfe; Karlstadt stimmte dem zu, sprach hier jedoch von einer Sünde, die allerdings leichter wiege als der innere Widerstand gegen das Keuschheitsgelübde[5]. Luther hingegen äußerte, daß ewig bindende Mönchsgelübde der in der Taufe verliehenen evangelischen Freiheit widerstreiten[6].

Weiter begann man in Wittenberg das Abendmahl unter beiderlei Gestalt zu feiern. Oder, schon 1520 hatte Karlstadt die Autorität des Kanons in biblizistisch-gesetzlichem Sinne verteidigt[7], wohingegen Luther freimütig „Sachkritik" etwa am Jakobusbrief üben konnte[8]. Von da aus zog Karlstadt die Konsequenz, daß die Bilder aus den Kirchen entfernt werden müßten[9]: Es ging also um die Frage der *Autorität des Gesetzes*. Besonders wichtig wurde jedoch, daß unter Karlstadts Führung der Rat der Stadt Wittenberg am 24. 1. 1522 eine neue Ordnung erließ, die u. a. jede Form von Betteln sowie alle Bilder und Altäre bis auf drei in der Kirche verbot und eine neue Meßordnung einführte.

Luther war zunächst, auch während eines heimlichen Besuches in Wittenberg Anfang Dezember 1521, mit dem, was getan wurde, ganz einverstanden[10]; freilich distanzierte er sich von tumultuarischen Begleiterscheinungen[11]. Scharf

[5] B. LOHSE, Die Kritik am Mönchtum bei Luther u. Melanchthon, in: Luther u. Melanchthon, Referate des 2. Intern. Kongresses für Lutherforschung, hg. v. V. VAJTA, Göttingen 1961, 129–145.

[6] B. LOHSE, Luthers Kritik am Mönchtum, EvTh 20, 1960, 413–432.

[7] S. bes. seine Schrift De Canonicis Scripturis libellus, Wittenberg 1520; Fr. KRIECHBAUM, ebd. 14–20.

[8] Schon 1519: WA 2,425,10–13; 1522 dann die Vorreden zum Septembertestament, WADB 7, bes. 384.

[9] S. bes. Von Abtuhung der Bilder und das keyn Bedtler unther den Christen seyn sollen (1522), KlT 74, Bonn 1911.

[10] WAB 2 Nr. 443, 18 (ca. 5. 12. 1521).

[11] WAB 2 Nr. 438, 16–35 (11. 11. 1521).

reagierte er jedoch einmal auf die Gefahr des Aufruhrs, sodann aber auch auf die neue Ordnung: Er fürchtete, daß hier lediglich die päpstliche Ordnung durch eine andere ersetzt sei, daß aber, wie aus der mangelnden Rücksicht auf die Schwachen deutlich werde, gerade nicht die evangelische Freiheit bewahrt werde, aus dieser vielmehr ein neues Gesetz gemacht werde.

Bis zu diesen Auseinandersetzungen hatte Luther das Gesetz fast ausschließlich im paulinischen Sinne verstanden, nämlich im Gegenüber zur Gnade. Nun aber sah Luther sich veranlaßt, die *Bedeutung des Gesetzes auch im weltlichen Bereich* hervorzuheben. Zudem bedurfte der Satz des Paulus, daß Christus das Ende des Gesetzes sei (Röm 10,4), der Erläuterung. Luther lehnte die Verbindlichkeit des Zeremonialgesetzes für Christen ab. Überhaupt sei das Gesetz der Juden „Sachsenspiegel". Selbst der Dekalog ist Autorität nicht als Gesetz des Mose, sondern als Zusammenfassung der „lex naturalis", wie sie jeden Menschen im Gewissen trifft. 1521/22 findet sich bei Luther zuerst die Formel vom „duplex usus legis"[12], d.h. daß das Gesetz einmal theologischen Sinn hat, sofern es die Sünde aufweist, zum anderen aber zur Aufrechterhaltung irdischer Ordnung dient. Es handelt sich dabei nicht um zwei verschiedene Gesetze, sondern um die unterschiedliche Anwendung ein und desselben Gesetzes. So sehr der Mensch vor Gott am Gesetz scheitert, so kann er im Rahmen des „usus politicus" doch zu einer „iustitia civilis" gelangen. Somit hat Luther seine Lehre vom Gesetz und damit zugleich die Dialektik von Gesetz und Evangelium erst im Zusammenhang der innerreformatorischen Kontroverse zu Ende gedacht.

Auch die Zwei-Reiche-Lehre ist von Luther, freilich ebenfalls unter konsequenter Fortführung früherer Gedanken, in der Zeit nach dem Wormser Reichstag voll entfaltet worden, wobei hier auch der Gegensatz zu katholischen Obrigkeiten von Bedeutung war. Bereits in der Römerbriefvorlesung hatte Luther zu Röm 13 gesagt: „Hier belehrt der Apostel das Volk Christi, wie es sich gegen die Außenstehenden und die Machthaber (potestates) verhalten soll. Im Gegensatz zur jüdischen Meinung lehrt er, man müsse auch den Bösen und den Ungläubigen untertan sein."[13] Ordnung und Gewalt auch der Bösen und Ungläubigen seien von Gott; darin bestehe kein Unterschied zwischen weltlicher und kirchlicher Ordnung.

Gerüchte über Zusammenrottungen und über einen etwaigen Pfaffenmord, die Luther bei seinem Wittenberger Besuch im Dezember 1521 gehört hatte, veranlaßten ihn, die Schrift „Eine treue Vermahnung zu allen Christen, sich zu hüten vor Aufruhr und Empörung" (1522)[14] abzufassen. So sehr Luther innerkirchlich das Recht, ja die Pflicht zum Widerstand für sich beanspruchte, so warnte er hier davor, die Sache des Evangeliums mit weltlichem Aufruhr in Verbindung zu bringen. Änderungen dürfen nur von der Obrigkeit vorgenommen werden; „den was durch ordenliche gewalt geschicht, ist nit fur auffruhr tzu halten"[15]. Damit hatte er im Grunde schon die Weichen für die spätere Durchführung der Reformation durch weltliche Obrigkeiten gestellt.

Auch die Schrift „Von weltlicher Obrigkeit, wie weit man ihr Gehorsam schuldig sei" (1523) ist aus konkretem Anlaß entstanden, nämlich vor allem

---

[12] WA 10 I,1,454,8–455,23 (Kirchenpostille).

[13] WA 56,123,16–18 (RGl. Röm 13 eig. Übers.). [14] WA 8,676–687. [15] WA 8,679,26f.

deswegen, weil Herzog Georg von Sachsen Luthers Übersetzung des Neuen Testaments in seinem Gebiet verbot und die Auslieferung aller Exemplare verlangte. Luther betonte hier die Grenze, die der weltlichen Gewalt gesetzt ist: Sie darf nicht über die Seelen regieren. Zu diesem Ergebnis gelangt Luther aber auf dem Hintergrund seiner Unterscheidung der zwei Reiche in der Menschheit. *„Hie müssen wyr Adams kinder und alle menschen teylen ynn zwey teyll: die ersten zum reych Gottis, die andern zum reych der welt. Die zum reych Gottis gehören, das sind alle recht glewbigen ynn Christo unnd unter Christo. Denn Christus ist der könig unnd herr ym reych Gottis."*[16] *„Zum reych der wellt oder unter das gesetz gehören alle, die nicht Christen sind. Denn syntemal wenig glewben und das weniger teyl sich hellt nach Christlicher art."*[17] Freilich wäre es gefehlt, die beiden Reiche auf zwei Bereiche zu verteilen. Neben die Unterscheidung zweier Reiche tritt diejenige zweier Regimente. Damit meint Luther die doppelte Herrschaftsweise, mit welcher Gott die Kirche wie die Welt regiert. Kein Regiment ist ohne das andere „genug": ohne das geistliche Regiment kann niemand „frum werden fur got", ohne das weltliche wird „der boßheyt der zaum loß"[18].

Bei der *Zwei-Reiche-Lehre* handelt es sich also „nicht um eine Zerreißung der Welt in zwei voneinander starr getrennte Gebiete..., sondern um perspektivische Zusammenhänge, um die gleiche Welt, nur von den zwei verschiedenen Blickpunkten ‚für mich – für andere' gesehen, zwischen denen sich der Christ immer von neuem lebendig zu entscheiden hat"[19]. Verglichen mit älteren Entwürfen einer Zwei-Reiche-Lehre, vor allem mit demjenigen Augustins, ist das Reich der Welt bei Luther wesentlich positiver gesehen. Weder ist das Reich der Welt für Luther letztlich der civitas diaboli, noch ist es der kirchlichen Autorität untergeordnet, vielmehr ist es ein eigenständiger – nicht eigengesetzlicher – Bereich, in welchem Christen wie Nichtchristen sich nach dem Maße ihrer vernünftigen Einsicht zu bewähren haben. Im Reich der Welt herrschen darum Vernunft und Gesetz, im Reich des Glaubens hingegen darf es keinen Zwang geben. Die Gefahr der Vermischung der beiden Reiche ist ebenso groß wie diejenige der Vermischung von Gesetz und Evangelium.

Obwohl an sich jeder Christ in beiden Ordnungen lebt, so ist doch vor allem der Fürst gefordert, sich sowohl als Christ wie als Vertreter des weltlichen Reiches zu bewähren. Im dritten Teil der Obrigkeits-Schrift, dem „Fürstenspiegel", mahnt Luther, die Fürsten sollten rechtes Gottvertrauen haben und ihr Amt als einen Dienst für die Untertanen verstehen. Die Untertanen seien zum Gehorsam verpflichtet. Lediglich bei offenbar ungerechten Maßnahmen, insbesondere bei einem ungerechten Krieg, dürfen die Untertanen den Gehorsam verweigern.

Diese Anschauungen Luthers setzten sich in den Jahren seit seiner Rückkehr von der Wartburg, vor allem aber seit dem Bauernkrieg, im Bereich der deutschen Reformation durch. Die verschiedenen Versuche auf dem „linken Flügel" der Reformation, von dem neuen theologischen Ansatz her zu einer mehr oder weniger radikalen Umgestaltung auch der politischen Verhältnisse zu gelangen, scheiterten (vgl. unten S. 561ff.).

Auch in lehrmäßiger Hinsicht zeigte sich in der Zeit seit 1520 der im ganzen

---

[16] WA 11,249,24–27. [17] WA 11,251,1–3. [18] WA 11,252,12–23.
[19] H. Bornkamm, Luthers Lehre von den zwei Reichen, 13.

konservative Charakter von Luthers Reformation. Von den frühen Vorlesungen sowie von den Streitschriften her hätte man vielleicht schließen können, daß das überlieferte Dogma für Luther nicht von besonderem Gewicht gewesen sei. Freilich machte bereits die Schrift „Eine kurze Form der zehn Gebote, eine kurze Form des Glaubens, eine kurze Form des Vaterunsers“ (1520) deutlich, daß die Trinitätslehre bzw. der Glaube an den dreieinigen Gott für Luther das „heubtstück“ ist[20], obwohl Luther selbstverständlich auch hier die Notwendigkeit des persönlichen Heilsglaubens hervorhebt. Bei den Auseinandersetzungen der Jahre nach 1521 hat Luther verschiedentlich gerade gegenüber anderen Richtungen innerhalb der Reformation die *Bedeutung des altkirchlichen Dogmas* betont. Gegenüber den in Böhmen und Mähren lebenden Brüdern formuliert er frei die überkommene Trinitätslehre und Christologie und bestätigt, daß die böhmischen Brüder hier von Gott ‚recht halten‘[21]: Die drei Artikel seien die Hauptstücke des christlichen Glaubens, welche zur Not genug sind zur Seligkeit und ohne welche niemand selig werden kann[22]. Ähnlich hat Luther sich später in der Schrift „Vom Abendmahl Christi. Bekenntnis“ zu den „hohen artickel(n) der göttlichen maiestet“ bekannt[23]. Lediglich weil Trinitätslehre und Christologie zwischen Luther und Rom nicht umstritten waren, sind sie von Luther nicht ausführlicher behandelt worden. Die gelegentlichen kritischen Äußerungen Luthers über die traditionelle Terminologie[24] ändern nichts an Luthers Bejahung der altkirchlichen Lehrentscheidungen. Das Dogma hat freilich für Luther zu keiner Zeit den Sinn einer „Mysterientheologie“[25] gehabt, die dann von Luther mit Hilfe seiner Rechtfertigungslehre neu interpretiert worden wäre. Luther hat die altkirchlichen Dogmen nicht deswegen anerkannt, weil sie von Konzilien beschlossen worden sind, sondern weil er in ihnen einen sachgemäßen Ausdruck des Evangeliums fand, der darum auch mit der reformatorischen Rechtfertigungslehre voll und ganz übereinstimmte. Insofern haben die altkirchlichen Dogmen für Luther und die lutherische Reformation eine kaum zu überschätzende Autorität gehabt.

Wie die altkirchlichen Dogmen, so haben auch die *Sakramente* bei der innerreformatorischen Auseinandersetzung verstärkt Bedeutung gewonnen. Das gilt vor allem für das Abendmahl (s.u. Kap. III), aber auch für die Taufe. In beiden Fällen wurde für Luther der Stiftungscharakter wichtig, beim Abendmahl darüber hinaus die Realpräsenz.

Luther selbst hat die durch die innerreformatorische Kontroverse bedingte Akzentverschiebung zu Beginn seines „Sermon von dem Sakrament des Leibes und Blutes Christi wider die Schwarmgeister“ (1526) klar ausgesprochen, wenn er darauf hinweist, daß im Sakrament des Altars zu unterscheiden sei zwischen dem objectum fidei, das man glaubt, und dem Glauben oder Brauch desselben, und dann zugibt, daß er bislang von dem ersten nicht viel gepredigt habe, sondern „alleine das andere, wilchs auch das beste ist, gehandelt“ habe[26]. Die stär-

[20] WA 7,214,25. [21] WA 11,450,27–30. [22] WA 11,451,18–20.

[23] WA 26,500,27–506,9.

[24] J. KOOPMANS, Das altkirchl. Dogma in der Reformation, 1955, 51–54; cf. auch R. JANSEN, Studien zu Luthers Trinitätslehre, Bern-Frankfurt 1976.

[25] W. MAURER, Von der Freiheit eines Christenmenschen. Zwei Untersuchungen zu Luthers Reformationsschriften 1520/21, Göttingen 1949, 37. 55.

[26] WA 19,482,15–483,19.

kere Betonung des objektiv-lehrhaften Momentes ist bei Luther fortan beigeblieben. Sie zeigt sich später insbesondere in den akademischen Disputationen, und zwar sowohl in der Wahl der Themen als auch in der Durchführung. Luther selbst hat dabei in keiner Weise das Gefühl eines Bruches gehabt. In der Tat sollte der Unterschied zwischen dem jungen und dem alten Luther nicht überbetont werden. Es dürfte eher angemessen scin, für den jungen Luther das Gewicht des lehrhaften Momentes im Sinne einer stillschweigend gemachten Voraussetzung hoch zu veranschlagen.

§ 3 Die Auseinandersetzung mit Erasmus

Literatur: Zitiert wird Erasmus, De libero arbitrio Diatribe sive Collatio (= dla) in der Ausgabe von W. Lesowsky (mit Übers.), Erasmus, Ausgew. Schriften 4, Darmstadt 1969; Luther, De servo arbitrio (= dsa), WA 18,600–787. *Zu Erasmus:* E.-W. Kohls, Die Theologie des Erasmus, I.II, Basel 1966; Ders., Die theol. Position u. d. Traditionszusammenhang des Erasmus mit dem Mittelalter in „dla", in: Humanitas-Christianitas. Festschrift W. v. Loewenich, Witten 1968, 32–46; Ders., Luther oder Erasmus, I.II, Basel 1972–1978; O. Mehl, Erasmus' Streitschrift gegen Luther: Hyperaspistes, ZRGG 12, 1960, 137–146; Ders., Erasmus contra Luther, LuJ 29, 1962, 52–64; H. Holeczek, Die Haltung des Erasmus zu Luther nach dem Scheitern seiner Vermittlungspolitik 1520/21, ARG 64, 1973, 85–112. *Zu Luther und der Auseinandersetzung:* K. Zickendrath, Der Streit zwischen Erasmus u. Luther über die Willensfreiheit, Leipzig 1909; M. Schüler, Luthers Gottesbegriff nach seiner Schrift dsa, ZKG 55, 1936, 532–593; M. Doerne, Gottes Ehre am gebundenen Willen. Evangelische Grundlagen u. theol. Spitzensätze, LuJ 20, 1938, 45–92; R. Hermann, Von der Klarheit der Hl. Schrift. Untersuchungen u. Erörterungen über Luthers Lehre von der Schrift in dsa, Berlin 1958; H. Bandt, Luthers Lehre vom verborgenen Gott, ThA 8, Berlin 1958 (dazu E. Kinder, ThLZ 84, 1959, 617–620); H. Vorster, Das Freiheitsverständnis bei Thomas von Aquin u. Martin Luther, Kirche und Konfession 8, Göttingen 1965; F. Beisser, Claritas scripturae bei Martin Luther, FKDG 18, Göttingen 1966; E. Wolf, Über „Klarheit der Hl. Schrift" nach Luthers dsa, ThLZ 92, 1967, 721–730; H. J. McSorley, Luthers Lehre vom unfreien Willen nach seiner Hauptschrift dsa im Lichte der biblischen u. kirchlichen Tradition, Beiträge zur ökum. Theol. 1, München 1967; B. Lohse, Luther u. Erasmus, in (Ders.), Lutherdeutung heute, Göttingen 1968, 47–60; H. Dörries, Erasmus oder Luther. Eine kirchengeschichtl. Einführung, in: Kerygma und Melos. Festschrift Chr. Mahrenholz, Kassel 1970, 533–570; Kl. Schwarzwäller, Sibboleth. Die Interpretation von Luthers Schrift dsa seit Th. Harnack. Ein systematisch-kritischer Überblick, ThEx NF 153, München 1969; Ders., Theologia crucis. Luthers Lehre von Prädestination nach dsa 1525, FGLP 10, XXXIX, München 1970; W. Maurer, Offenbarung u. Skepsis. Ein Thema aus dem Streit zwischen Luther u. Erasmus, in: Ders., Kirche und Geschichte, Bd. 2: Beiträge zu Grundsatzfragen u. zur Frömmigkeitsgeschichte, Göttingen 1970, 366–402; H. Rückert, Luthers Anschauung von der Verborgenheit Gottes, in: Ders., Vorträge u. Aufsätze zur historischen Theologie, Tübingen 1972, 96–107; E. Jüngel, Quae supra nos, nihil ad nos. Eine Kurzformel der Lehre vom verborgenen Gott – im Anschluß an Luther interpretiert, EvTh 32, 1972, 197–240; B. A. Gerrish, „To the unknown God". Luther and Calvin on the hiddenness of God, JR 53, 1973, 263–292; J. W. O'Malley, Erasmus and Luther. Continuity and Discontinuity as key to their Conflict, The Sixteenth Century Journal 5, 1974, 47–65; B. Lohse, Marginalien zum Streit zwischen Erasmus und Luther, Luther. Zschr. der Luther-Gesellsch. 46, 1975, 5–24; F. Brosché, Luther on Predestination. The Antinomy and the Unity Between Love and Wrath in Luther's Concept of God, AUU SDCU 18, 1978.

Ähnlich wie die Auseinandersetzungen innerhalb der reformatorischen Bewegung, so führte auch der Streit zwischen Erasmus und Luther einerseits zu einer Vertiefung der Kluft gegenüber der katholischen Kirche, andererseits veranlaßte er Luther zu äußerster Zuspitzung seiner reformatorischen Theologie gerade in ihren zentralen Aussagen; denn so bedeutsam die Streitigkeiten seit 1517 gewesen waren, so blieb es doch Erasmus vorbehalten, alle zweitrangigen Fragen beiseite zu lassen und ausschließlich das Problem von Gnade und Willensfreiheit zu erörtern, von dem auch Luther der Meinung war, daß es sich hier um den Kern der Dinge handle[1]. Im Zusammenhang mit dieser Thematik wurde auch um die Gottesauffassung, die Prädestination, die Heilsgewißheit sowie nicht zuletzt um das Schriftverständnis gerungen.

Das Bild von Erasmus und seiner Stellung zur katholischen Kirche, ja zum Christentum überhaupt, schwankt noch immer. Nach neueren Untersuchungen[2] dürfte es freilich nicht mehr angehen, den theologischen Charakter seines Lebenswerkes zu übersehen, wie er sich besonders deutlich in den Editionen des griechischen NT und zahlreicher Kirchenväter sowie in seinen Bibelkommentaren[3] äußert. Sicher ist aber auch die Kritik des Erasmus an der Kirche seiner Zeit von kaum zu überbietender Schärfe, wobei die ironische Art, in der er sie vorbrachte, im Grunde verletzender wirkte als Luthers leidenschaftliche Polemik. Daneben stehen Schriften wie der „Ecclesiastes" (1535), die Erasmus als Anhänger kirchlicher Lehre und Frömmigkeit zeigen[4]. Man kann wohl fragen, ob Erasmus ein berufener Sprecher für die katholische Kirche gegen Luther gewesen ist. Freilich sollte man auch zwischen Humanismus und Reformation nicht zu scharf unterscheiden. Abgesehen davon, daß damals auf beiden Seiten viele Theologen vom Humanismus geprägt waren, muß auch das Menschenbild in Humanismus und Renaissance differenzierter gesehen werden, als es früher geschah. Neben pelagianisierenden Tendenzen gab es durchaus ein tiefes Empfinden für die Unfreiheit des Menschen, ja geradezu eine deterministische Anschauung[5]. Nicht zufällig hat Luther in dsa sich u.a. auf Laurentius Valla als Gewährsmann berufen[6]. Daß Erasmus im ganzen in dla nicht einmal die Tiefe der humanistischen Anthropologie erreichte, hat die Kontroverse mit Luther unnötig verschärft.

Daß es zwischen Luther und Erasmus zum Bruch kam, war nicht zufällig. Luther hatte schon 1516 in einem Brief an Spalatin kritisiert, daß Erasmus bei seiner Paulusdeutung unter der Eigen- oder Werkgerechtigkeit lediglich die Einhaltung zeremonieller Vorschriften verstehe, und daß er auch in seinem Sündenverständnis hinter dem antipelagianischen Augustin zurückbleibe[7]. Trotz mancher freundlichen Worte, die in den folgenden Jahren von beiden Seiten fielen,

---

[1] WA 18,721,25; 786,26–29.

[2] S. bes. die Arbeiten von Kohls (s. o.), aber auch M. Hoffmann, Erkenntnis und Verwirklichung der wahren Theologie nach Erasmus von Rotterdam, BhistTh 44, Tübingen 1972.

[3] S. auch R. H. Bainton, The Paraphrases of Erasmus, ARG 57, 1966, 67–76.

[4] G. Gebhardt, Die Stellung des Erasmus von Rotterdam zur röm. Kirche, Marburg 1966, 335, wendet sich gegen eine Überbewertung von Erasmus' Kirchenkritik.

[5] S. u. a. L. W. Spitz, Man on this Isthmus, in: C. S. Meyer (Hg.), Luther for an Ecumenical Age, Saint Louis-London 1967, 23–66; Ch. Trinkaus, The Problem of Free Will in the Renaissance and the Reformation, Renaissance Essays, hg. v. P.-O. Kristeller u. Ph. P. Wiener, New York-Evanston 1968, 187–198.

[6] WA 18,640,8f. Luther nennt hier außerdem Wyclif und Augustin. Auf Wyclif und Valla hatte freilich schon Erasmus hingewiesen, dla Ib2 (p. 24); cf. IIIa9 (p. 104), IV12 (p. 178).

[7] WAB 1 Nr. 27, 4–16 (Brief vom 19. 10. 1516). Man kann aber nicht mit Kohls, Luther oder Erasmus, I, 1972, 29, folgern, daß dieser Brief für Erasmus bei der Wahl der Thematik in dla eine „nicht geringe Rolle" gespielt habe.

und trotz mancher Gemeinsamkeit hinsichtlich der Autorität der Schrift, der Bedeutung der Sprachen sowie der Kritik an der Scholastik und den mancherlei Mißständen ist es doch zu keiner Zeit zu einer wirklichen Annäherung gekommen. Beide sahen die gravierenden Verschiedenheiten der Standpunkte. Wenn Erasmus nach langem Zögern gegen Luther öffentlich Stellung bezog, so tat er das nur unter dem Druck, der von seiten des Papstes sowie katholischer Fürsten auf ihn ausgeübt wurde. Daß Heinrich VIII. ihm vorgeschlagen hätte, die Frage des freien Willens zu erörtern[8], läßt sich nicht erweisen[9]. Erasmus dürfte das Thema von dla vielmehr selbständig gewählt haben, zumal er schon 1523 Luthers Lehre vom servum arbitrium zu Luthers drei Hauptirrtümern rechnete[10].

Erasmus, der die Frage der Willensfreiheit zu den größten Schwierigkeiten rechnete, welche in der Hl. Schrift begegnen, gibt selbst folgende Definition: „Unter dem freien Willen verstehen wir die Kraft des menschlichen Willens, mit welcher der Mensch sich demjenigen, was zum ewigen Heil führt, zuwenden oder von ihm abwenden kann.“[11] Da sowohl in der Schrift als auch bei Alten und bei Neueren die Ansichten über den freien Willen auseinandergehen, muß man vor allem bedenken, daß, falls Luther mit seiner Bestreitung der Willensfreiheit recht hätte, der Gottlosigkeit Tür und Tor geöffnet würde[12]. Der im NT verheißene Lohn schließt zudem eine reine Notwendigkeit aus[13]. Vor allem wäre die Auffassung widersinnig, daß Gott das Herz eines Menschen verhärten soll[14]. Erasmus läßt es offen, ob Gott als primäre Ursache allen Geschehens einiges nur durch sekundäre Ursachen wirkt oder ob er allwirksam ist[15]. Auch die in der Scholastik üblich gewordene Unterscheidung zwischen unbedingter und bedingter Notwendigkeit (necessitas consequentis/necessitas consequentiae) bestätigt, daß es eine gewisse Freiheit des menschlichen Willens gibt[16]. Wichtig ist, daß wir Gott „das ganze Werk verdanken, ohne den wir nichts vermögen, und daß, was der freie Wille an Wirkung vermag, überaus gering und eben göttliches Geschenk ist“[17]. So erblickt Erasmus in der Gnade Gottes die Erstursache und in dem Willen des Menschen die Zweitursache bei der Erlangung des Heils[18].

Was die dem Erasmus häufig vorgeworfene *Skepsis* in Glaubensfragen betrifft, so hat er in der Tat zu Beginn von dla gesagt: „Ich habe so wenig Freude an festen Behauptungen (assertiones), daß ich leicht geneigt bin, mich auf die Seite der Skeptiker zu begeben, wo immer es durch die unverletzliche Autorität der Hl. Schrift und die Entscheidungen der Kirche erlaubt ist, denen ich meine Überzeugung überall gern unterwerfe, ob ich nun verstehe, was sie vorschreibt, oder ob ich es nicht verstehe.“[19] Diese sehr ungeschützte Aussage, die von Luther in

[8] So R. H. Bainton, Erasmus, Reformer zwischen den Fronten, Göttingen 1972, 169, unter Berufung auf den Brief des Erasmus an Campegio vom ca. 8. 2. 1524 (V 1415,55 Allen).

[9] Erasmus sagt ebd. (54f.) lediglich: „Et tamen quoniam urgent principes, praesertim Rex Angliae, aedam librum adversus illum (scil. Luther) De libero arbitrio.“ Das „Drängen“ schließt nicht notwendig ein, daß Heinrich VIII. das Thema suggeriert hat. Den Plan, gegen Luther zu schreiben, hatte Erasmus zuerst im August 1521 gefaßt. S. G. Krodel, Luther, Erasmus and Henry VIII., ARG 53, 1962, 77.

[10] Brief an Zwingli vom 31. 8. 1523 (V 1384,9–13 Allen).

[11] dla Ib10 (p. 36 eig. Übers.).

[12] dla Ia10 (p. 18).

[13] dla IIb2 (p. 74/6).

[14] dla IIIa2 (p. 92).

[15] dla IIIa8 (p. 100).

[16] dla IIIa9 (p. 102).

[17] dla IV7 (p. 170 eig. Übers.).

[18] dla IV8 (p. 172).

[19] dla Ia4 (p. 6 eig. Übers.).

dsa scharf angegriffen wurde[20], ist von Erasmus in seiner Entgegnung auf dsa, dem „Hyperaspistes", mit Recht dahin präzisiert worden, seine „Skepsis" meine nicht Indifferenz, sondern Zurückhaltung gegenüber vorschnellen Festlegungen, so wie auch die alte Kirche lange überlegt habe, bevor sie Definitionen getroffen habe etwa in der Lehre vom Hl. Geist[21]. „Ich will keine Skepsis in der Hl. Schrift gelten lassen, sooft der Sinn klar ist; ebenso auch nicht in den Entscheidungen der katholischen Kirche."[22]

Freilich, eine eigentliche Auseinandersetzung mit Luthers Position ist Erasmus in dla nicht gelungen, da er weder für Luthers an Paulus gewonnene Anschauung von Sünde, Gnade und Rechtfertigung noch für seine Auffassung von der Heilsgewißheit Verständnis hat. Worum es ihm ging, das war die Zurückweisung des Necessitarismus, wie ihn seiner Ansicht nach Luther vertrat. Allerdings ist das Verständnis, das Luther für Erasmus aufgebracht hat, auch gering gewesen. Luther hat sich vielmehr die Gelegenheit nicht entgehen lassen, die Schwächen in der Argumentation seines Kontrahenten unbarmherzig aufzudecken. Freilich hat er zugleich seine reformatorische Theologie auf einen unüberbietbar scharfen Ausdruck gebracht. Manche der von Luther hier vorgetragenen Gedanken sind von ihm später nur in Andeutungen wieder vertreten worden.

Luthers Schrift dsa hat sich die unterschiedlichsten Interpretationen und Kritiken gefallen lassen müssen[23]. Wird einerseits der Vorwurf erhoben, die Unterscheidung zwischen „Deus absconditus" und „Deus revelatus" sei von der spätscholastischen Differenzierung zwischen „potentia Dei absoluta" und „potentia Dei ordinata" abhängig[24] und führe im Grunde zu einer Spaltung des Gottesbegriffes, so wird andererseits der genuin reformatorische Charakter sämtlicher Gedankengänge verteidigt[25]. Für eine angemessene Würdigung muß freilich vor allem der kontroverstheologische Charakter der Schrift als Entgegnung an Erasmus berücksichtigt werden. Dabei kommt besonderes Gewicht schon der Frage nach der Grundlage zu, auf welcher Luther argumentiert[26]. Ganz offenbar hat Luther nicht auf der gleichen Ebene, auf der Erasmus seinen Angriff vorgetragen hatte, geantwortet. Hatte Erasmus allen Wert darauf gelegt, daß ohne eine gewisse Willensfreiheit der Mensch Gott gegenüber nicht mehr als verantwortlich angesehen werden kann, so nimmt Luther seinen Ausgang bei der *Gewißheit des Glaubens*. Der Schlußabschnitt mit seiner Klimax ist hier aufschlußreich: „*Wenn wir glauben, daß es wahr ist, daß Gott alles vorher weiß und vorher ordnet, dann kann er in seiner Präscienz und Prädestination sich nicht täuschen noch kann er daran gehindert werden; dann kann auch nichts geschehen, es sei denn nach seinem Willen. Das muß selbst die Vernunft zugeben, indem sie bezeugt, daß kein freier Wille im Menschen oder in einem Engel oder in irgend-*

---

[20] dsa WA 18,603,1–605,34 mit dem Höhepunkt p. 605,32 Spiritus sanctus non est Scepticus.

[21] Hyp. I (p. 252).

[22] Ebd. (p. 272 eig. Übers.).

[23] S. den Überblick bei Kl. SCHWARZWÄLLER, Sibboleth..., 1969.

[24] So u. a. A. RITSCHL, Th. HARNACK, A. v. HARNACK, was SCHWARZWÄLLER, ebd., nicht erwähnt. M. SCHÜLER, ZKG 55, 1936, 586, ist sogar der Meinung, Luthers eigentlicher Gottesbegriff in dsa sei der „Deus absconditus".

[25] H. J. IWAND, bes. in seinem Kommentar zur dt. Übers., MARTIN LUTHER, Ausgew. Werke, Erg.-Bd. 1, München 1954; Kl. SCHWARZWÄLLER, ebd.

[26] S. bes. Kl. SCHWARZWÄLLER, Theologia crucis..., 1970.

einer Kreatur sein kann. So, wenn wir glauben, daß Satan der Fürst dieser Welt ist, indem er dem Reich Christi mit allen Kräften ständig nachstellt und gegen es kämpft, um die gefangenen Menschen nicht freizulassen, falls er nicht durch die göttliche Kraft des Geistes zurückgedrängt wird, so ist es wiederum offenbar, daß es keinen freien Willen geben kann... Aber im ganzen, wenn wir glauben, daß Christus die Menschen durch sein Blut erlöst hat, so werden wir gezwungen zuzugeben, daß der ganze Mensch verloren gewesen ist; anderenfalls werden wir Christus entweder überflüssig oder zum Erlöser des geringsten Teiles des Menschen machen, was gotteslästerlich und frevlerisch ist."[27] Luther legt in dsa demnach auf der Grundlage des Glaubens an die Erlösung durch Jesus Christus einen anthropologischen Entwurf vor, der notwendigerweise verzerrt wird, wenn man ihn auf die Ebene philosophischer Argumentation transponiert.

Unter diesem Gesichtspunkt ist es nur konsequent, wenn Luther gegen Erasmus die Notwendigkeit verteidigt, Behauptungen (assertiones) aufzustellen, und Erasmus wegen dessen Zurückhaltung gegenüber theologischen Sätzen kritisiert: „Eine Behauptung nenne ich, um nicht mit Worten zu spielen, unwandelbar an etwas festhalten, bekräftigen, bekennen und unüberwindlich bei etwas fest verharren."[28] Ebenfalls folgerichtig im Rahmen seines Ansatzes ist es, wenn Luther gegen Erasmus die *Klarheit der Hl. Schrift* in den wesentlichen Fragen herausstellt. „Ich gebe allerdings zu, daß viele Stellen in der Schrift dunkel und verworren sind. Aber das kommt nicht von der Erhabenheit der Dinge, sondern wegen der Unkenntnis der Worte und der Grammatik, die jedoch keinesfalls das Verständnis aller Dinge in der Schrift verhindern kann. Denn was kann an Erhabenerem in der Schrift verborgen sein, nachdem die Siegel zerbrochen sind (Apk 6,1) und der Stein von des Grabes Tür gewälzt ist, nachdem jenes höchste Geheimnis offenbart ist: Christus, der Sohn Gottes, ist Mensch geworden, Gott ist dreifaltig und doch einer, Christus hat für uns gelitten und wird ewig herrschen?... Nimm Christus aus der Schrift, was wirst du noch weiter in ihr finden?"[29] Auch hier wird Luther freilich Erasmus nicht wirklich gerecht. Erasmus verstand unter der Klarheit der Schrift nicht „die logisch-systematische Übereinstimmung der einzelnen Aussagen und Stellen" der Schrift[30]. Vielmehr war auch er der Überzeugung, daß die Schrift in den wesentlichen Fragen durchaus klar sei, und das traf für ihn auch im Blick auf die gewisse, obschon eng begrenzte Freiheit des Willens zu.

Luther hingegen lehnt eine *Freiheit des Willens ab*. An sich sei es das beste, diesen Begriff ganz zu vermeiden, auf jeden Fall könne man aber nur in bezug auf Dinge reden, die nicht „über, sondern die unter dem Menschen liegen"[31], obwohl auch hier die freie Entscheidung des Menschen durch Gottes freie Entscheidung gelenkt wird[32]. Jede Auffassung, die dies bestreitet, würde Gottes Gottheit antasten. Luther nimmt dabei die Definition der Willensfreiheit auf, die Erasmus gegeben hatte, macht aber geltend, daß Willensfreiheit in diesem Sinne nur Gott selbst zukommt: der Mensch mag in göttlichen Dingen wohl „arbitrium" haben, nicht aber ein „‚liberum' arbitrium"[33]. Die Unfreiheit des Willens

[27] WA 18,786,3–20 (eig. Übers.); s. B. Lohse, Luther. Zschr. Luthergesellsch. 46, 1975, 5–24.
[28] WA 18,603,12f. (eig. Übers.).
[29] WA 18,606,22–29 (eig. Übers.).
[30] H. J. Iwand, ebd. 271.
[31] WA 18,638,4–6 (eig. Übers.).
[32] WA 18,638,6–9.
[33] WA 18,661,29–662,7.

geht dabei nicht erst auf den Sündenfall zurück, sondern liegt in der Geschöpflichkeit des Menschen begründet. Darin geht Luther über die gesamte Tradition, Augustin eingeschlossen, hinaus. Luther vergleicht in Aufnahme und Abwandlung eines alten Bildes[34] den menschlichen Willen mit einem Lasttier: „*Wenn Gott darauf sitzt, will es und geht es, wohin Gott will... Wenn Satan darauf sitzt, will es und geht es, wohin Satan will, und es liegt nicht in seiner freien Wahl, zu einem von beiden Reitern zu laufen oder ihn zu suchen, sondern die Reiter selbst kämpfen darum, es festzuhalten und in Besitz zu nehmen.*“[35]

In diesem Zusammenhang lehnt Luther die scholastische Unterscheidung zwischen „necessitas consequentis“ und „necessitas consequentiae“ scharf ab. Er meint, damit würden nur Unkundige hinters Licht geführt, sachlich trage diese Differenzierung nichts aus und widerstreite der göttlichen Alleinwirksamkeit[36]. Freilich wird Luther der Intention dieser scholastischen Distinktion nicht wirklich gerecht, sofern hier nämlich einerseits die Alleinwirksamkeit Gottes, andererseits die von Gott gewollte bedingte menschliche Entscheidungsfreiheit festgehalten werden sollten[37]. Allerdings wahrt Luther in dsa durchgehend die Grenze zu einem absoluten Determinismus sowie zu einer Leugnung der Verantwortlichkeit des menschlichen Handelns. Bei dem damals schon lange erörterten Paradigma des Verrats Jesu durch Judas sagt er: »Wir disputieren nicht, ob Judas ohne Willen oder mit Willen zum Verräter geworden ist, sondern, ob, nachdem die Zeit von Gott vorher festgesetzt war, es unfehlbar geschehen mußte, daß Judas mit Willen Christus verriet.“[38] Die Auffassung des Erasmus, unter dem Gesichtspunkt von Gottes unfehlbarem Vorherwissen habe Judas notwendig ein Verräter werden müssen, gleichwohl habe Judas seinen Willen jedoch ändern können, wird von Luther zu Recht als widersprüchlich abgelehnt. Luther hält also in gleicher Weise an Gottes Alleinwirksamkeit wie auch daran fest, daß Gott „nicht ohne uns wirkt“[39], daß also der Mensch zwar keinen freien Willen hat, aber doch willentlich sündigt.

Ihre schärfste Zuspitzung erhalten Luthers Gedanken in der Unterscheidung zwischen dem „*Deus absconditus*“ und dem „*Deus revelatus*“. Auch diese Thematik war bei Erasmus in dla angeklungen. Daß Gott unerforschlich ist, hat Erasmus wiederholt hervorgehoben. Angesichts der zahllosen leiblichen und seelischen Gebrechen, unter denen viele Menschen leiden, sei es unmöglich, auf rationale Weise Gottes Gerechtigkeit und Barmherzigkeit zu erweisen[40]. Erasmus verzichtet auf jeden Versuch einer Erklärung und beugt sich unter Gottes unerforschlichen Ratschluß, hält aber an Gottes Güte fest.

Luther hingegen trifft seine Unterscheidung zwischen dem „Deus absconditus“ und dem „Deus revelatus“ bei der Auslegung von Ez 18,31f. („Ich will nicht den Tod des Sünders“); diesen Text hatte Erasmus als Beleg für die begrenzte Willensfreiheit des Menschen herangezogen. Luthers Unterscheidung muß also primär in diesem exegetischen Zusammenhang gesehen werden: He-

[34] S. A. Adam, Die Herkunft des Lutherwortes vom menschl. Willen als Reittier Gottes, LuJ 29, 1962, 25–34; H. J. McSorley, Luthers Lehre vom unfreien Willen, 1967, 309–313.

[35] WA 18,635,17–22 (eig. Übers.).

[36] WA 18,719,4–35.

[37] Hierauf hat McSorley, ebd., nachdrücklich hingewiesen.

[38] WA 18,721,1–4 (eig. Übers.).

[39] WA 18,753,36–754,17.

[40] Erasmus, dla IV13 (p. 180/182).

sekiel spreche „von der gepredigten und angebotenen Barmherzigkeit Gottes, nicht von jenem verborgenen und furchtbaren Willen Gottes, der es nach seinem Ratschluß ordnet, wer und welcher Art die sind, die nach seinem Willen für die gepredigte und angebotene Barmherzigkeit empfänglich sein und an ihr teilhaben sollen“[41]. Gekünstelt ist freilich Luthers Versuch, seine Unterscheidung exegetisch aus 2 Thess 2,4 zu begründen[42]. In einigen „Spitzensätzen“ (Doerne) droht zudem die Spaltung des Gottesbegriffes: „Das betreibt der gepredigte Gott, daß Sünde und Tod beseitigt und wir gerettet werden... Dagegen der in seiner Majestät verborgene Gott beklagt weder den Tod noch hebt er ihn auf, sondern wirkt Leben, Tod und alles in allem. Denn da hat er sich durch sein Wort nicht ‚definiert‘, sondern hat sich selbst die Freiheit über alles vorbehalten.“[43] Im folgenden scheint Luther jedoch ein mögliches Mißverständnis dieser Worte selbst verhindern zu wollen, sofern er die Unterscheidung zwischen gepredigtem und verborgenem Gott interpretiert als den Unterschied zwischen dem Wort Gottes und Gott selbst, um dann hervorzuheben: „Gott tut vieles, was er uns durch sein Wort nicht zeigt. Auch will er vieles, von dem er uns durch sein Wort nicht zeigt, daß er es will.“[44] Obendrein betont Luther nachdrücklich, daß man sich nicht mit Gottes verborgenem Willen befassen soll, sondern mit dem „Deus incarnatus“ oder dem gekreuzigten Christus[45]. Schließlich ist zu bedenken, daß Luther in späteren Schriften nur selten auf die Unterscheidung zwischen verborgenem und offenbarem Gott zurückkommt; interessanterweise hat er dabei gelegentlich die Brücke zur überkommenen Trinitätslehre zu schlagen versucht[46]. Nicht die Unterscheidung zwischen „Deus absconditus“ und „Deus revelatus“ als solche, wohl aber manche extremen Äußerungen in dsa weisen auf Gefahren einer zu radikalen reformatorischen Theologie hin. Aber die leitenden Gedanken von dsa sind im ganzen doch die notwendigerweise zugespitzte Anwendung der paulinischen Sünden- und Gnadenlehre auf die Auseinandersetzung mit einer weithin semipelagianisch oder gar pelagianisch gewordenen Theologie.

§ 4 Die Auseinandersetzung mit den Antinomern

Literatur: Quellen: C. E. FÖRSTEMANN, Neues Urkundenbuch zur Geschichte der evangelischen Kirchen-Reformation, I, Hamburg 1842; G. KAWERAU, Briefe u. Urkunden zur Geschichte des antinomistischen Streites, ZKG 4, 1881, 299–324, cf. WAB 12 Nr. 4269a; s. ferner bei J. ROGGE (s. u.). *Darstellungen:* G. KAWERAU, Johann Agricola von Eisleben, Berlin 1881; DERS., RE I,249–253; 585–592; J. WERNER, Der erste antinomistische Streit, NkZ 15, 1904, 801–824. 860–873; RITSCHL II, 242. 399ff.; H. EBELING, Der Streitpunkt zwischen Luther u. Agrikola, ZKG 56, 1937, 361–366; R. BRING, Gesetz u. Evangelium u. der dritte Gebrauch des Gesetzes in der luth. Theol., Schriften der Luther-Agricola-Ges. in Finnland 4, Helsinki 1943, 43–97; DERS., Das Verhältnis von

[41] WA 18,684,34–37 (eig. Übers.).

[42] WA 18,685,7–14; cf. jedoch schon WA 5,330,38–331,6 (Operat. in Psalmos 1519–21).

[43] WA 18,685,19–24. Der letzte Satz: „Neque enim tum verbo suo definivit sese, sed liberum sese reservavit super omnia.“

[44] WA 18,685,27f. (eig. Übers.). [45] WA 18,689,22–24.

[46] S. B. LOHSE, Luther als Disputator, Luther. Zschr. der Luther-Gesellschaft 34, 1963, 108.

Glauben u. Werken in der luth. Theol., FGLP 10, VII, München 1955; W. ELERT, Zwischen Gnade und Ungnade. Abwandlungen des Themas: Gesetz u. Evangelium, München 1948; W. JOEST, Gesetz u. Freiheit. Das Problem des tertius usus legis bei Luther u. die nt. Paränese, Göttingen (1951) 1968[4]; G. HAMMANN, Nomismus u. Antinomismus innerhalb der Wittenberger Theologie von 1524–1530, Diss. ev. theol. Bonn, Masch. 1952; H. GERDES, Luthers Streit mit den Schwärmern um das rechte Verständnis des Gesetzes Mose, Göttingen 1955; R. HERMANN, Zum Streit um die Überwindung des Gesetzes. Erörterungen zu Luthers Antinomerthesen, Weimar 1958; G. ROSENBERGER, Gesetz u. Evangelium in Luthers Antinomerdisputationen, Diss. ev. theol. Mainz, Masch. 1958; J. ROGGE, Johann Agricolas Lutherverständnis unter bes. Berücksichtigung des Antinomismus, ThA 14, Berlin 1960 (grundlegend); M. SCHLOEMANN, Natürl. u. gepredigtes Gesetz bei Luther. Eine Studie zur Frage nach der Einheit der Gesetzesauffassung Luthers mit bes. Berücksichtigung seiner Auseinandersetzung mit den Antinomern, Berlin 1961; W. H. NEUSER, Luther u. Melanchthon. Einheit im Gegensatz, ThEx NF 91, München 1961; R. STUPPERICH, Die Rechtfertigungslehre bei Luther u. Melanchthon 1530–1536, in: Luther u. Melanchthon, Referate u. Berichte des 2. Internat. Kongresses für Lutherforschung (Münster 1960), hg. v. V. VAJTA, Göttingen 1961, 73–88; M. GRESCHAT, Melanchthon neben Luther. Studien zur Gestalt der Rechtfertigungslehre zwischen 1528 und 1537, Untersuchungen zur KG 1, Witten 1965; M. JOSUTTIS, Die Predigt des Gesetzes nach Luther, EvTh 25, 1965, 586–604; J. ROGGE, Art. Agricola, TRE 2, 1978, 110–118.

Die Abgrenzung, die Luther nach seiner Rückkehr von der Wartburg gegenüber Karlstadt vorgenommen hatte, sowie die Verwerfung von Müntzers revolutionärer Geistmystik konnten nicht verhindern, daß es erneut innerhalb der reformatorischen Bewegung zu Auseinandersetzungen über das Gesetz kam. War bei dem Streit mit den „Schwärmern" die Auffassung vom Geist sowie vom Gesetz strittig, so betrafen die Differenzen zwischen Luther und den Antinomern, deren Wortführer Agricola war, das Geistverständnis nur am Rande; stattdessen ging es hier um die Geltung des Gesetzes für Christen, im Zusammenhang damit aber auch um das Verständnis des Evangeliums und der Rechtfertigung. Der Streit zwischen Luther und den Antinomern machte erneut deutlich, daß die reformatorische Bewegung recht unterschiedliche Richtungen in sich vereinigte, die zwar durch den Gegensatz zu Rom verbunden waren, aber doch bis in den Kern reformatorischer Theologie Differenzen aufwiesen. Darüber hinaus waren manche Besonderheiten der Theologie Melanchthons, auf die weder dieser noch Luther aufmerksam geworden waren, eine wesentliche Ursache für die antinomistische Bewegung, die ihrerseits das zentrale Anliegen des frühen Luther zu vertreten meinte.

Melanchthon ist zweifellos sowohl in seinen „Loci communes" von 1521 als auch in den von ihm verfaßten Bekenntnissen ein berufener Sprecher der Reformation gewesen[1]. Allerdings zeigen sich doch schon in den „Loci communes" manche Akzentverschiebungen gegenüber Luther, die freilich erst seit den 30er Jahren des 16. Jahrhunderts stärker hervortreten sollten. Diese *Akzentverschiebungen* betrafen vor allem die Lehre von Gesetz und Evangelium, aber auch den Ansatz der Ethik. Melanchthon war nicht wie Luther unter schweren Anfechtungen zur reformatorischen Erkenntnis der Gerechtigkeit Gottes und der Rechtfertigung des Menschen gelangt. Ihn hatte vielmehr ein geradliniger Weg

---

[1] Dies wird im Blick auf den jungen Melanchthon sehr nachdrücklich betont von E. BIZER, Theol. d. Verheißung. Studien zur theologischen Entwicklung des jungen Melanchthon 1519–1524, Neukirchen-Vluyn 1964. Andere Forscher bemühen sich, die Ansätze der später voll entwickelten eigenen Theologie Melanchthons schon in dessen Frühzeit aufzuzeigen; s. bes. A. SPERL, Mel. zwischen Humanismus u. Reformation, FGLP 10, XV, München 1959.

vom Humanismus zur Reformation geführt. Hierin mag eine Ursache dafür liegen, daß Melanchthon schon früh ein Meister der Formulierung für die reformatorische Theologie war. Die Formeln, die er dabei prägte, brachten aber doch auch die Gefahr mit sich, daß die Sache, welche mit ihnen ausgedrückt werden sollte, rationalisiert wurde. Wenn Melanchthon in den Loci sagte: „Das Gesetz zeigt die Sünde, das Evangelium die Gnade“[2], so entspricht das zwar an sich Luthers Auffassung, bleibt jedoch gegenüber Luthers dynamischer Auffassung, für welche „Gesetz“ vor allem Forderung und Gericht sowie „Evangelium“ Zuwendung Gottes ist, eigentümlich blaß. Den Heilsprozeß sieht Melanchthon in drei aufeinanderfolgenden Stufen, die gekennzeichnet sind durch das Gesetz, das Evangelium und die Erneuerung durch den Hl. Geist zu guten Werken[3].

In der Front gegen Karlstadts wie Müntzers Gesetzesverständnis, das je in ganz verschiedener Weise von ihrer Geistauffassung bestimmt war, waren Luther und Melanchthon ganz einig gewesen. Freilich hatte Luther im Unterschied zu Melanchthon das Verhältnis von Gesetz und Evangelium in einer Weise bestimmt, die jede Schematisierung vermied. Luther hatte stets, wenn er von dem überführenden Charakter des Gesetzes sprach, hinzugefügt, daß das Gesetz Furcht und Zorn wirkt und insofern zur Verzweiflung führt[4]. Er hatte aber auch sagen können, daß die wahre Buße erst mit der Liebe zur Gerechtigkeit beginnt[5]. Selbst in der Schrift „Von der babylonischen Gefangenschaft der Kirche“ heißt es einmal: „Deshalb soll vor allen Dingen der Glaube gelehrt und geweckt werden; wenn man aber den Glauben erlangt hat, dann werden Reue und Trost in unvermeidlicher Folge von selbst kommen“[6]; oder noch schärfer: Der Glaube wirkt Reue und Schmerz des Herzens[7]. Diese Aussagen haben nachweislich die antinomistische Theologie Agricolas beeinflußt[8]. Freilich hat Luther mit solchen Äußerungen doch niemals einen antinomistischen Sinn verbunden. Vielmehr stand ihm fraglos fest, daß das Gesetz Gottes Wort ist und daß es auch für den Christen im Sinne der „lex accusans“ von Bedeutung ist.

Schon 1524 kam es zu einem *Vorspiel* des späteren antinomistischen Streites (s. unten S. 43 ff.). Der frühere sächsische, damals aber in Böhmen lebende Edelmann Wolf von Salhausen hatte den ehemaligen Dominikaner Dominicus Beyer, der ein Anhänger Luthers war, 1522 als Prediger berufen. Beyer verkündete, die Gesetzespredigt müsse der Predigt des Evangeliums voraufgehen; denen, die fleischlich ohne Gesetz lebten, nütze das Evangelium nichts. Gegen Beyers Betonung des Gesetzes regte sich (durch Martin Becker) antinomistischer Widerspruch: das Gesetz sei nur den Juden gegeben, nicht uns „Heiden“; zudem lehre der Glaube, was wir tun und lassen sollten. Christus habe ja gesagt: Predigt das Evangelium, nicht aber: Predigt das Gesetz. Wolf von Salhausen berichtete Luther brieflich von der Kontroverse[9]. In seiner Antwort gab Luther Beyer recht: „Die prediger, so da leren, man solle nicht das gesetz, sonder das Evangelium predigen etc., Feylen und yrren weyt weyt: wenn man da hynauss wolt, must man auch das Evangelion nicht predigen.“[10] Gäbe es nur Christen, so bedürfte

[2] Studienausgabe (= StA), hg. R. Stupperich, II, 1,66,17 (eig. Übers.).
[3] Cf. ebd. 28,4–29,30.
[4] Cf. z.B. WA 1,363,16–30 (Heid. Disp. 1518).
[5] WA 1,525,4–14.
[6] WA 6,545,6–8 (eig. Übers.).
[7] WA 6,544,30f.
[8] J. Rogge, Joh. Agricolas Lutherverständnis, 1960, 107.
[9] S. zum ganzen Vorgang WA 15,222–229,39.
[10] WA 15,228,4–8.

es weder des Gesetzes noch des Evangeliums, sondern allein des Lebens im Glauben. Da aber nur Gott weiß, wer ein rechter Christ ist, geht es nicht ohne das Gesetz. „*Und summa, Gottis gesetz ist notiger zu predigen und zu treyben denn das Evangelion, darumb das viel böse sind, die durchs gesetzs zwang mussen gehalden werden, Aber der frummen sind wenig, und Gott bekand, die das Evangelion fassen. Wenn die welt christen were, so hette es wol eynen syn, das man keyn gesetz prediget.*“[11] Die theologische Fakultät Wittenberg stellte sich hinter Luther. Damals sah Agricola (1499–1566, seit 1515/16 Schüler und Freund Luthers, 1525 Schulmeister in Eisleben, 1536 wieder in Wittenberg, 1540 Hofprediger in Berlin und Generalsuperintendent der Mark Brandenburg) sich jedoch nicht veranlaßt, selbst in die Auseinandersetzung einzugreifen, obwohl Ansätze einer antinomistischen Theologie bei ihm schon zu dieser Zeit begegnen[12]. Freilich hat Agricola diese Ansätze erst durch den Gegensatz zu Thomas Müntzer konsequent weiterentwickelt, um die Gefahren einer alttestamentlich-nomistischen Theologie zu vermeiden[13].

Zu einem Streit zwischen Agricola und Melanchthon kam es im Zusammenhang mit der *kursächsischen Visitation 1527*. In einem Entwurf hatte Melanchthon „Articuli, de quibus egerunt per visitatores in regione Saxoniae“ zusammengestellt, die ohne sein Wissen gedruckt wurden[14]. Hier hatte Melanchthon u. a. ausgeführt, daß die Predigt des Glaubens unverständlich sei, wenn nicht vorher die Buße geweckt worden sei. Die Predigt müsse darum zunächst das Gesetz verkündigen, um den Menschen zur Buße zu bringen; aber auch für die tägliche Heiligung sei das Gesetz notwendig. Melanchthon wollte damit dem Mißbrauch wehren, der nicht selten mit der reformatorischen Rechtfertigungsbotschaft getrieben wurde. Agricola, der sich auch in persönlicher Hinsicht von Melanchthon enttäuscht fühlte[15], griff diese Artikel an. Äußerten andere die Befürchtung, Melanchthon könne zur katholischen Kirche zurückkehren, so bestritt Agricola in seiner nicht erhaltenen „censura“ die Vorordnung der Buße vor dem Evangelium. Dabei berief sich Agricola darauf, daß auch Luther gelehrt habe, daß die Buße mit der Liebe zur Gerechtigkeit beginnen müsse[16]. Zudem heiße es beim Propheten Jona: „Sie glaubten und taten Buße.“[17] Ebenfalls von Luther übernahm Agricola die These, das Gesetz sei der Juden Sachsenspiegel und gehe den Christen nichts mehr an[18]. Agricola erblickte in dem Gesetz sogar den verfehlten Versuch Gottes, durch Drohung die Menschen zu leiten.

Es war das erste Mal, daß in der Reformation sich jemand auf den jungen Luther gegen die inzwischen rezipierte Lehrweise berief. Agricolas Zitate stimmten durchaus, und doch hat er Luthers Ansicht verkürzt. Vor allem hat Agricola diese frühen Äußerungen Luthers nicht aus der Frontstellung gegen Rom heraus interpretiert und darum übersehen, daß Luther sich nunmehr gegen die Abwertung des Gesetzes wehren wollte. Luther selbst nahm die Kontroverse

---

[11] WA 15,228,17–21.

[12] J. Rogge, ebd. 19–28.

[13] J. Rogge, ebd. 53.77.

[14] CR 26,9–28; 1,919.

[15] Eine neue Professur, auf die man Agricola Aussicht gemacht hatte, war Melanchthon verliehen worden; Agricola mußte sich hier von Melanchthon hintergangen fühlen.

[16] CR 1,915f.

[17] CR 1,916 (eig. Übers.).

[18] WA 16,378,11; 18,81,14f. S. Agricola, 130 gemeiner Fragestücke für die jg. Kinder, gedr. 1528.

zwischen Melanchthon und Agricola damals nicht schwer[19]. Am Hof des sächsischen Kurfürsten hatte man jedoch aufgehorcht. So fand vom 26.–29. 11. 1527 in Torgau ein Konvent zwischen Luther, Bugenhagen, Melanchthon und Agricola statt. Luther konnte die Gegensätze überbrücken durch die Unterscheidung zwischen der „fides generalis", die es noch mit den „terrores" zu tun habe und die richtiger als „poenitentia" zu bezeichnen sei, und dem rechtfertigenden Glauben, der unter den Schrecken des Gewissens die Gnade ergreift[20]. Eine gemeinsam verabschiedete Formulierung wurde alsdann in den „Unterricht der Visitatoren" aufgenommen[21]. Agricola freilich erblickte in dem Torgauer Ergebnis einen Sieg seiner Sache[22].

Wirklich beigelegt waren die Differenzen damals nicht. Insbesondere hat Agricola sich nicht veranlaßt gesehen, irgendeine seiner Anschauungen preiszugeben. Der Gegensatz schwelte unter der Oberfläche weiter, und früher oder später mußte es erneut zum Eklat kommen. Wichtig war dabei, daß Agricola, der von 1525 bis 1536 als Schulrektor in Eisleben wirkte, durch den Gegensatz zu dem seit 1533 dort tätigen Pfarrer Witzel in seiner antinomistischen Richtung bestärkt wurde; Witzel war zur katholischen Kirche zurückgekehrt. Aber erst als Agricola seit 1536 erneut in Wittenberg war, traten die Spannungen zu Luther hervor. Die Tatsache, daß Agricola zu Luthers frühesten Mitarbeitern gehörte und von daher lange Zeit ein besonderes Vertrauensverhältnis zwischen beiden bestanden hatte, gab der Auseinandersetzung auf beiden Seiten eine bittere persönliche Note.

Wie schon 1527, so war Agricola auch jetzt der Meinung, daß die Gesetzespredigt nicht der Evangeliumsverkündigung vorangehen soll. Nunmehr erhob Agricola aber den Vorwurf, daß Luther selbst seiner ursprünglichen Auffassung nicht treu geblieben sei. Dabei hat Agricola „niemals wirklich verstanden, daß Luther die zwei Lehren, Gesetz und Gnade, als unlösbar ineinander verkettet betrachtete"[23]. Nach Agricola verdunkelt die Lehre von Gesetz und Evangelium den Gnadenzuspruch. Seinerseits redete Agricola von der „doppelten Offenbarung". Insofern kam auch er nicht umhin, den durch die Beseitigung der Verbindlichkeit des Gesetzes freigewordenen Platz anderweitig auszufüllen. Allerdings scheint Agricola selbst hier nicht zu voller Klarheit gelangt zu sein. Entweder sagte er, das Evangelium predige, daß die Sündenvergebung denen, die glauben, durch Christus ohne Werke geschenkt werde. Oder es heißt, daß das Evangelium zu einer besseren bürgerlichen Zucht führe. Oder er betonte, Gott schreibe uns durch sein Wort (scil. das Evangelium) vor, wie wir sein müssen; oder gar, Christus sei gekommen, um neue Gesetze zu erlassen. Dabei ist Agricola der Meinung, daß das Evangelium, sofern es auch Gesetz ist, allen anderen Gesetzen und Philosophien weit überlegen sei. Das liegt nicht zuletzt daran, daß es den Zorn Gottes offenbart[24]. Was die Buße betrifft, so kann sie am Kreuz Christi entstehen; die eigentliche Verfehlung besteht nicht in der „Verletzung des Gesetzes" (violatio legis), sondern in der „violatio filii"[25]. Das Gesetz, in dem Agricola nur einen verfehlten Versuch erblickte, der Sünde zu wehren, kann

---

[19] WAB 4 Nr. 1162,15f. (Brief an Mel. vom 27. 10. 1527).
[20] CR 1,916.
[21] StA 1,221f.
[22] J. Rogge, ebd. 117.
[23] J. Rogge, ebd. 144.
[24] Belege bei J. Rogge, ebd. 79f.
[25] J. Rogge, ebd. 81.

höchstens insofern positive Bedeutung haben, als es von der Zukunft des Gerechten zeugt[26].

Manche Vorwürfe, die gegen Agricola damals erhoben wurden, sind unberechtigt. Der ihm angelastete Libertinismus findet sich *nicht*, auch nicht unter seinen Anhängern[27]. Der ihm untergeschobene Satz „Decalogus gehort auff das Ratthaus, nicht auff den Predigtstuel"[28] begegnet in seinen Schriften *nicht* und dürfte nicht von ihm stammen, mag aber unter seinen Anhängern vertreten worden sein[29]. Was diesen Anhängerkreis betrifft, so dürfte er nicht gering gewesen sein. Die 18 Thesen, die man Agricola zuschrieb, deren Verfasserschaft er jedoch wohl mit Recht abstritt[30], stammen vermutlich aus diesem Anhängerkreis in Wittenberg selbst. Auf dem Höhepunkt des Konflikts mit Luther haben Freunde versucht, Agricola zum Dekan der philosophischen Fakultät in Wittenberg zu wählen[31]. Nur selten wird ein Name aus diesem Anhängerkreis genannt: die meisten wagten sich offenbar wegen der übermächtigen Autorität Luthers nicht offen hervor. Groß war auch der Kreis derer, die Luthers Vorgehen als zu hart empfanden, hatte dieser doch Agricola die „venia legendi" entziehen lassen. Auf jeden Fall dürfte die Feststellung berechtigt sein, daß Agricola nach 1537 derjenige Gegner in der lutherischen Reformation war, „den Luther am ernstesten nahm"[32].

Luther hat seine Lehre von Gesetz und Evangelium gegenüber dem Antinomismus in mehreren *Disputationen 1537–1540* und in verschiedenen Schriften dieser Jahre verteidigt und teilweise noch weiterentwickelt. Mit Nachdruck hielt Luther vor allem an der Zusammengehörigkeit von Gesetz und Evangelium fest: *„Wer das Gesetz aufhebt, hebt auch das Evangelium auf."*[33] Luther gibt zu: „Das Gesetz ist nicht notwendig zur Rechtfertigung, sondern unnütz und unfähig."[34] Daraus ergibt sich jedoch keinesfalls die Verwerfung des Gesetzes; Luther betonte vielmehr den „überführenden Brauch des Gesetzes", der für die Christen notwendig ist, sofern sie noch Sünder sind. Agricola lehnte in der Tat das reformatorische „simul iustus et peccator" ab[35]. Nur wenn man das Gesetz in seinem richtenden und verurteilenden Charakter ernst nimmt, wird nach Luther deutlich, wer Christus als Erfüller des Gesetzes ist. Die Predigt des göttlichen Zornes „ex violatione filii" ist der Sache nach Gesetzespredigt. Überhaupt dürfen nach Luther Gesetz und Evangelium nicht einfach auf Altes und Neues Testament verteilt werden. Mag auch im AT überwiegend Gesetz und im NT hauptsächlich Evangelium begegnen, so findet sich doch im AT auch schon Evangelium und im NT Gesetz: das 1. Gebot ist mit der Zusage, daß Gott „dein" Gott ist, Evangelium, und Jesus hat auch das Gesetz ausgelegt und verschärft. Seinen Charakter als „lex accusans" behält dabei das Gesetz solange und soweit, wie die Christen noch Sünder sind. Das Gesetz ist Voraussetzung für die Rechtfertigung, zwar nicht im Sinne einer „causa efficiens", wohl aber „materialiter"[36]. Freilich gilt auch: „Den Gerechten ist kein Gesetz gegeben."[37]

---

[26] J. ROGGE, ebd. 222. [27] ROGGE, ebd. 160f.201. [28] WA 39 I 344,30.
[29] ROGGE, ebd. 154f. [30] WA 39 I 342,8–343,25; ROGGE, ebd. 144f.
[31] ROGGE, ebd. 202. [32] ROGGE, ebd. 5.
[33] WATR 3 Nr. 3650c, 30f. (21. 12. 1537): „qui tollit legem, et evangelium tollit."
[34] WA 39 I 382,2f. (eig. Übers.). [35] ROGGE, ebd. 80.
[36] WA 39 I 469,13–470,12. [37] WA 39 I 479,3 (eig. Übers.).

Was die *Buße* betrifft, so hält Luther daran fest, daß sie zunächst durch die Predigt des Gesetzes hervorgerufen wird. In vollem Sinne wirkt aber erst der Glaube die Buße. Nur der Glaube erkennt, daß die Predigt des Gesetzes nötig war, um den Menschen zu schrecken und zu verdammen und dadurch die Reue über die Sünde in ihm zu wecken[38]; diese Erkenntnis ist nicht schon dem unter dem Gesetz Stehenden möglich: „Daß wir aber sagen, die Verzweiflung sei nützlich, das geschieht nicht durch den Dienst (beneficium) des Gesetzes, sondern den des Hl. Geistes.“[39] Würde der Glaube nicht hinzukommen, so würde der Mensch in Verzweiflung fallen; außerdem könnte er nicht den „guten Vorsatz“ hervorbringen. Zudem wäre es ein Mißverständnis, die Buße auf das Gesetz oder das Evangelium einzugrenzen. „Die Buße schließt beides ein, Gesetz und Evangelium.“[40]

Die einzige Stelle bei Luther, an welcher sich eine Erwähnung des *dreifachen Brauchs des Gesetzes* findet[41], ist eine nachträgliche Interpolation durch einen Melanchthon-Schüler[42]. Die hier begegnende Aussage, daß das Gesetz neben seinen Aufgaben für die äußere Zucht sowie für den Aufweis der Sünde die „Heiligen“ belehren solle, „welche Werke Gott fordert, in denen sie den Gehorsam gegen Gott üben können“[43], kann also nicht als Luthers Ansicht gelten. Aber an der bleibenden, für die Christen jedoch veränderten Geltung des Gesetzes hat Luther festgehalten: „Das Gesetz ist abgetan als Ankläger und Forderer vor Gott und rechtfertigt so nicht und verurteilt auch nicht, ebenso ist es abgetan mit Bezug auf die Verdammung, nicht jedoch hinsichtlich der Verbindlichkeit.“[44]

Agricola hat sich durch Luthers Argumente im Grunde nicht überzeugen lassen. 1540 wurde er in Berlin Hofprediger und Generalsuperintendent und konnte allen ihm in Wittenberg drohenden Gefahren entrinnen. Geändert hat er seine Ansichten jedoch nicht. Der antinomistische Streit machte somit deutlich, daß es selbst im engen Mitarbeiterkreis Luthers beträchtliche Unterschiede gab, die dank Luthers überragender Autorität zwar zurückgedrängt wurden, die aber auf die Dauer wieder hervortreten mußten. Nur war es später die melanchthonische Lehre von dem dreifachen Brauch des Gesetzes, die im Mittelpunkt der Kontroversen stand.

---

[38] WA 39 I 444,14–446,5.
[39] WA 39 I 445,11f. (eig. Übers.).
[40] WA 39 I 414,11f. (eig. Übers.).
[41] WA 39 I 485,16–24 (Ende der 2. Antinomer-Disp.). Der Ausdruck „triplex usus legis“ begegnet hier nicht, wohl aber die Sache. In WA 10 I 1,456,8–18 ist zwar die Rede von „dreyerley brauch des gesetzs“, sachlich aber etwas anderes gemeint (vgl. u. S. 117ff.).
[42] S. W. Elert, ZRGG 1, 1948, 168–170; G. Ebeling, Zur Lehre vom triplex usus legis in der reform. Theol. (1950), Wort und Glaube, Tübingen 1962², 50–68.
[43] WA 39 I 485,22–24.
[44] WAB 12 Nr. 4259a Beilage I, 8–10 (eig. Übers.).

Kapitel III: Der Streit um das Abendmahl

§ 1 Die Entwicklung von Luthers Auffassung vom Abendmahl bis 1525

Literatur: E. ROTH, Sakrament nach Luther, Berlin 1952; H. GRASS, Die Abendmahlslehre bei Luther u. Calvin, BFChrTh II, 47, Gütersloh 1954²; E. ISERLOH, Der Kampf um die Messe in den ersten Jahren der Auseinandersetzung mit Luther, Kath. Leben u. Kämpfen im Zeitalter der Glaubensspaltung 10, Münster 1952; E. BIZER, Die Entdeckung des Sakraments durch Luther, EvTh 17, 1957, 64–90; V. VAJTA, Die Theologie des Gottesdienstes bei Luther, FKDG 1, Göttingen 1958³; P. MEINHOLD/E. ISERLOH, Abendmahl u. Opfer, Stuttgart 1960; H. B. MEYER, Luther u. die Messe. Eine liturgiewissenschaftl. Unters. über das Verhältnis Luthers zum Meßwesen des späten Mittelalters, Paderborn 1965; S. HAUSAMMANN, Realpräsenz in Luthers Abendmahlslehre, Studien zur Geschichte u. Theologie der Reformation. Festschrift E. BIZER, Neukirchen-Vluyn 1969, 157–173; C. Fr. WISLØFF, Abendmahl u. Messe. Die Kritik Luthers am Meßopfer, Berlin-Hamburg 1969; F. PRATZNER, Messe u. Kreuzesopfer. Die Krise der sakramentalen Idee bei Luther u. in der mittelalterl. Scholastik, Wien 1970; H. HILGENFELD, Mittelalterlich-traditionelle Elemente in Luthers Abendmahlsschriften, SDGSTh 29, 1971; F. MANN, Das Abendmahl beim jungen Luther, Beiträge zur ökum. Theol. 5, München 1971; M. BRECHT, Herkunft u. Eigenart der Taufanschauung der Züricher Täufer, ARG 64, 1973, 147–165; J. M. KITTELSON, Martin Bucer and the Sacramentarian Controversy. The Origin of his Policy of Concord, ARG 64, 1973, 166–183; J. STAEDTKE, Art. Abendmahl III/3. Reformationszeit, TRE 1, 1977, 106–122.

Der Kampf um das Abendmahl ist in theologisch-dogmatischer Hinsicht die bei weitem bedeutendste Auseinandersetzung innerhalb der Reformation gewesen. Die Streitigkeiten in Kursachsen seit Luthers Rückkehr von der Wartburg hatten zwar die anfangs bestehende Einheitlichkeit der reformatorischen Bewegung bereits erschüttert und zu Abgrenzungen in der Auffassung von Gesetz und Geist geführt, die bis in den Bereich politischer Ethik von erheblichem Gewicht waren; aber erst in dem Abendmahlsstreit zwischen Luther und Zwingli, der später zwischen deutschen Lutheranern und Calvin erneut aufgenommen wurde, kam es zu verschiedenen Kirchbildungen innerhalb der Reformation. Das hat seine Ursache darin, daß mit dem Abendmahl zugleich andere zentrale Stücke des Glaubens strittig waren, nämlich vor allem die Christologie und die Lehre von den Gnadenmitteln. Der Abendmahlsstreit machte aber auch deutlich, daß Luther und seine Anhänger mehr mit der katholischen Kirche gemein hatten, als man in der Hitze des Streites zugeben wollte, während umgekehrt für Zwingli Luther in manchen wichtigen Fragen den katholischen Standpunkt noch nicht überwunden zu haben schien. Insofern muß im Zusammenhang mit den verschiedenen theologischen Problemen stets auch die Auseinandersetzung darüber gesehen werden, wie weit die Reformation zu gehen hat und was als katholischer Rest gelten sollte.

Luther hatte in seinen frühen Vorlesungen eine Neubesinnung auf das Sakrament vorgenommen, die zwar nicht zu einer Abkehr von der mittelalterlichen Sakramentslehre, wohl aber zu einer verstärkten Betonung des geistlichen Momentes sowie des Glaubens führte. Die Gegenwart Gottes bzw. Christi im Sakrament des Altars stand ihm fest. Auf die Transsubstantiationslehre hat Luther in den frühen Vorlesungen keinen direkten Bezug genommen. In der 1. Psalmenvorlesung äußert Luther einmal, daß Gott am verborgensten im Sakrament der Eucharistie sei und daß man dies auch von der Inkarnation Christi verstehen könne[1]. Deutlicher heißt es in der Römerbriefvorlesung, daß man, wenn man Christus in einer einzigen Hostie leugnet, ihn auch in allen leugnet[2].

Eine *eigene* Sakraments- und Abendmahlslehre hat Luther zuerst 1518/19 entfaltet. Wichtig ist zunächst die Definition, die Luther für „Sakrament" gibt. Zum Sakrament gehören Zeichen, Bedeutung und Glaube[3]. „Zeichen" ist hierbei in augustinischem Sinne als „äußerliches Zeichen" verstanden[4], nicht jedoch im Gegensatz zur Realpräsenz. Neu gegenüber der Tradition ist, daß der Glaube in die Definition des Sakraments aufgenommen ist. Die zunächst kritisch gegen die spätmittelalterliche Buß- und Ablaßlehre formulierte These, daß nicht das Sakrament, sondern der Glaube rechtfertige[5], ist damit für die Sakramentslehre im ganzen fruchtbar gemacht worden. Die Realpräsenz, ja auch die Wandlungslehre, wurde von Luther zu dieser Zeit auch vertreten, aber doch nur ganz beiläufig[6] und zudem mit eigener Akzentsetzung: „*Dan zu gleych als das brot yn seynen warhafftigen naturlichen leychnam und der weyn yn seyn naturlich warhafftig blut vorwandelt wirt, alßo warhafftig werden auch wir yn den geystlichen leyp, das ist yn die gemeynschafft Christi und aller heyligenn getzogen und vorwandelt, und durch diß sacrament yn alle tugende und gnad Christi und seyner heyligen gesetzt.*"[7]

Der *Gemeinschaftsgedanke* steht also ganz im Zentrum von Luthers damaliger Abendmahlslehre. „Die bedeutung odder das werck dißes sacraments ist gemeynschafft aller heyligen: drumb nennet man es auch mit seynem teglichen namen Synaxis oder Comunio, das ist gemeynschafft, und Comunicare auff latein heyst diß gemeynschafft empfahen."[8] Als Bild dieser Gemeinschaft erscheint die Geschlossenheit eines Stadt-Volkes, wo einer gewissermaßen des anderen Gliedmaß ist[9]. Die Gemeinschaft des Abendmahls bewirkt, „das Christus und seyne heyligen fur unß treten fur gott, das unß die sund nit werde gerechnet nach dem gestrengen urteyll gottis"[10]. Luther versteht dabei das Abendmahl durchaus schon als *Trost in der Anfechtung* oder als Angebot der Sündenvergebung[11]. Aber umgriffen ist diese Deutung stets von dem Gemeinschaftsgedanken. Die Tatsache, daß Luther in seinem Taufsermon die Taufe als gnädigen tröstlichen Bund versteht[12], zeigt, wie geschlossen und durchdacht Luthers Sakramentslehre damals war. Auf die Einsetzungsworte nahm Luther jedoch nur gelegentlich kurz Bezug, jedoch ebenfalls unter dem Aspekt der Gemeinschaft[13]. An den Messen seiner Zeit kritisiert Luther, daß sie „vill mal die gemeynschafft zustören und alles vorkeren"[14]; aber auch die Vorstellung vom opus operatum wird von Luther angegriffen[15].

---

[1] WA 55 II 1,139,1f. (Sch.Ps 17,12). [2] WA 56,252,15f. (Sch.Röm 3,22).

[3] WA 2,715,21–39 (Sermon von der Buße); WA 2,727,20–29 (Sermon von der Taufe); WA 2,742,5–14 (Sermon von dem hochwürd. Sakr. des Leichnams Christi). [4] WA 2,742,15.

[5] WA 1,544,39–41 (Resoll. disp. de indulg. virt. 1518). Der Glaube ist freilich nicht als „subjektive Wirkkraft" verstanden im Unterschied zur Objektivität der Heilsgabe; s. W. Joest, Ontologie der Person bei Luther, Göttingen 1967, 405.

[6] WA 1,332,13–19 (Sermo de digna praeparatione 1518): Warnung vor leichtfertigem Sakramentsempfang; WA 2,749,7–10; cf. ebd. 749,36–750,3.

[7] WA 2,749,10–15. [8] WA 2,743,7–10. [9] Ebd. Z. 12f.

[10] WA 2,744,23–25. [11] WA 2,744,25–30; 745,1–5 u.ö.

[12] WA 2,730,22. [13] Wa 2,745,36–746,5. [14] WA 2,747,11f.

[15] WA 2,751,20f. „... als sie sagen, Opus gratum opere operati, das ist, eyn solch werck, das von yhm selb gott wollgefellet."

Die *zweite Stufe* in Luthers Abendmahlslehre begegnet 1520, insbesondere in dem „Sermon von dem neuen Testament“ sowie in der Schrift „Von der babylonischen Gefangenschaft der Kirche“. Luther setzt in dem „Sermon“ nicht mehr mit einer Definition des Sakraments ein, sondern mit den Einsetzungsworten, die von nun an für sein Abendmahlsverständnis bestimmend bleiben. Sie sind das „Hauptstück“ der Messe[16]. Die Auslegung steht alsdann unter den Leitbegriffen der Verheißung oder Zusagung, des Glaubens und des Testaments[17]. „Wen der mensch soll mit gott zu werck kummen und von yhm ettwas empfahen, ßo muß es also zugehen, das nit der mensch anheb und den ersten steyn lege, sondern gott allein on alles ersuchen und begeren des menschen muß zuvor kummen und yhm ein zusagung thun.“[18] Unter dem Begriff des Testamentes deutet Luther sogar das Alte Testament[19]. Im Blick auf das Abendmahl gelingt es Luther, mit Hilfe dieses Begriffes die Zusammengehörigkeit von Christi stellvertretendem Kreuzestod und den Abendmahlselementen auszusagen: „Und ist alßo das klein wörtlein ‚Testament‘ ein kurtzer begriff aller wunder und gnaden gottis durch Christum erfüllet.“[20]

Der Verheißung oder dem Wort ist das Zeichen beigegeben „zu mehrer sicherung oder sterck unßers glaubens“[21]. Freilich, wenn Luther die Abendmahlselemente als Zeichen ansieht, so war das auch jetzt nicht in dem Sinne gemeint, wie Zwingli es später sich vorstellte. Das gilt trotz der zugespitzten Aussage: „Nu als vil mehr ligt an dem testament den an dem sacrament, also ligt vil mehr an den worten den an den tzeychen, dan die tzeychen mügen wol nit sein, das dennoch der mensch die wort habe, und also on sacrament, doch nit an testament selig werde.“[22] An manchen Stellen setzt Luther deutlich die Realpräsenz voraus: „... gottis wort oder zusagung und ein heyliges zeychen des brotes und weynß, darunder Christus fleysch und blut warhafftig ist.“[23] Findet sich hier somit schon jenes für Luther später so zentrale Stück des Abendmahls, so ist auf der anderen Seite der von ihm früher betonte Gemeinschaftsgedanke hineingenommen in den neuen hermeneutischen Ansatz. Er begegnet nur noch am Rande, ebenso auch der Vergleich mit einer Stadt, und zwar im Zusammenhang mit der Anschauung, daß wir uns Christus zum Lob und Dank geistlich opfern sollen[24]. Auch später hat Luther den Gemeinschaftsgedanken noch vertreten, obwohl er ihm zu keiner Zeit mehr zentrale Bedeutung beimaß.

Vor allem in der „Babylonica“ hat Luther scharfe *Kritik an der katholischen Abendmahlslehre* und -praxis geübt. Es sind drei schwere Vorwürfe, die Luther hier erhebt. 1. Der Entzug des Laienkelchs. Nach Luther sündigen diejenigen, die nur eine Gestalt „gebrauchen“, nicht; aber die Kirche hat kein Recht, an der Einsetzung Christi etwas zu ändern. 2. Die Transsubstantiationslehre. Luther ist hierbei nicht abhängig von der teilweise schon im Spätmittelalter geäußerten Kritik, vielmehr argumentiert er von den Einsetzungsworten her: sie müssen in ihrer klaren Bedeutung genommen werden, nicht aber darf man ihnen irgend Gewalt antun. Dabei ergibt sich für Luther, daß auch nach der Konsekration Brot und Wein da sind; die Transsubstantiationslehre ist dagegen nur ein

---

[16] WA 6,355,21–356,2. [17] WA 6,356,3–358,13. [18] WA 6,356,3–6.
[19] WA 6,357,32f. [20] WA 6,357,25–27. [21] WA 6,358,35–37.
[22] WA 6,363,6–9; cf. 6,518,12–23 u.ö. [23] WA 6,365,15–17; cf. 6,510,21–24.
[24] WA 6,368,1–25; cf. 6,354,18–28 („Volk“).

„menschliches Fündlein“[25]. Freilich hält Luther an der Gegenwart von Leib und Blut Christi fest. 3. Die Auffassung, die Messe sei ein Werk.

In den folgenden Jahren rückte in Luthers Abendmahlsverständnis die *Realpräsenz* mehr und mehr in den Vordergrund. Das war bedingt einmal durch den Gedankenaustausch mit den böhmischen Brüdern, zum anderen durch die Abgrenzung gegen die signifikative Abendmahlslehre des Niederländers Cornelius Honius (s. u. III § 2). Die Brüder lehnten die scholastische Wandlungslehre und darum auch die Anbetung Christi in den Abendmahlselementen ab[26]; allerdings hielten sie an der Gegenwart von Christi Leib und Blut im Abendmahl fest, sprachen sogar von „Christi wahrem Leib“, deuteten diese Gegenwart jedoch „geistlich“ in der Weise einer „anderen Existenz“. Luther hatte gegen diese Anschauung zwar manche Bedenken, machte aber doch durchaus einen Unterschied zwischen der Abendmahlslehre der Brüder und derjenigen Karlstadts, die ihm bereits verdächtig erschien, sowie derjenigen der „Signifikatisten“.

In der Schrift „Von Anbeten des Sakraments des hl. Leichnams Christi“ (1523) setzte Luther sich mit der Ansicht der Böhmen und des Honius (zu ihm: s. S. 53f.) auseinander. Ausgangspunkt sind dabei für ihn nach wie vor die Einsetzungsworte: „An dißen wortten ligt es gantz und gar.“[27] Noch immer heißt es, daß „an dißen wortten (scil. weit mehr) gelegen ist denn an dem sacrament selbs“[28]. Man solle diese Worte „fur eyn lebendig ewig almechtig wort“ halten[29]. Daraus aber folgert Luther nun, daß dieses Wort „bringe mit sich alles, was es deuttet, nemlich Christum mit seym fleysch und blutt und alles was er ist und hatt. Denn es ist eyn solch wort, das solchs alles vermag und thutt“[30]. Hatte Luther bis dahin fast ausschließlich die Worte „Für euch“ betont, so wird ihm nun das Wort „Ist“ zentral. Gegen Honius richtet sich der Satz: „Wo man solchen frevel an eynem ortt zu liesse, das man on grund der schrifft möcht sagen, das wortlin ‚Ist‘ heysse ßo viel als das wortlin ‚Bedeut‘, ßo kund mans auch an keynen andern ortt weren, unnd wurde die gantze schrifft zu nichte, syntemal keyn ursach were, warumb solcher frevel an eynem ortt gullte und nicht an allen örtten. Szo möcht man denn sagen: Das Maria ist Jungfraw und gottis mutter, sey ßo viel gesagt: Maria bedeutt ein jungfraw und gottis mutter. Item: Christus ist gott und mensch, das ist, Christus bedeutt gott unnd mensch.“[31] Die rechte Interpretation des „Ist“ ist für Luther also von entscheidender Bedeutung für die Gültigkeit und Objektivität von Glaubensaussagen schlechthin. Luther hat damit lange vor dem Streit mit Zwingli eine Position bezogen, die eine Einigung als unmöglich erscheinen lassen mußte. Hinzu kommt, daß Luther es bereits 1520 abgelehnt hatte, den neutestamentlichen Text, auf den sich später Zwingli vornehmlich stützte, nämlich Joh. 6, auf das Abendmahl zu beziehen[32].

Der von Luther 1519 in den Vordergrund gerückte Gemeinschaftsgedanke findet sich auch jetzt noch. Allerdings bedingte die Tatsache, daß Honius die Worte „Das ist mein Leib“ nur im Sinne der Gemeinschaft des Leibes ver-

---

[25] WA 6,509,8–21 (eig. Übers.).

[26] S. J. Pelikan, Obedient Rebels. Catholic Substance and Protestant Principle in Luther's Reformation, London 1964.

[27] WA 11,432,19. [28] WA 11,432,25f. [29] WA 11,433,25f.

[30] WA 11,433,27–29. [31] WA 11,434,30–435,3. [32] WA 6,502,7–13.

stand[33], daß Luther den Gemeinschaftsgedanken mit größerer Vorsicht vertrat: er spricht von der „sacramentlichen gemeynschafft"[34] oder von dem Leib Christi: „Szo ists nu war, das wyr Christen der geystlich leyb Christi sind und alle sampt eyn brott, eyn tranck, eyn geyst sind. Das macht alles Christus, der durch seynen eynigen leyb uns alle eynen geystlichen leyb macht, das wyr alle seynes leybs gleych teylhafftig werden und alßo unternander auch gleych und eyns sind."[35]

Bezeichnet die Schrift „Von Anbeten des Sakraments" die Wende zur Betonung der Realpräsenz in Luthers Abendmahlslehre, so hat Luther in seiner *Auseinandersetzung mit Karlstadt* in der Schrift „Wider die himmlischen Propheten" (1525) nicht nur die Realpräsenz verteidigt, sondern das Abendmahl als Gnadenmittel überhaupt. Karlstadt hatte zuvor in verschiedenen Schriften eine spiritualistische Abendmahlslehre vertreten. Danach ist die äußere Abendmahlsfeier nicht glaubenwirkend. Wohl wußte auch Karlstadt von einem segensreichen Genuß des Leibes und Blutes Christi, aber er band ihn nicht an das Abendmahl, sondern verstand ihn unter Berufung auf Joh. 6 im Sinne des „Christum annemen". Die äußere Abendmahlsfeier war ihm lediglich Bekenntnis und Zeugnis vor der Gemeinde sowie Gedächtnis Christi. Entscheidend war ihm jedoch die geistliche Gemeinschaft sowie der geistliche Genuß[36].

Luther erblickte in Karlstadts Bestreitung des Abendmahls als Gnadenmittel eine neue ‚Werkerei'[37], während es Karlstadt im Grunde doch primär um die Heiligung ging[38]. Luther betonte nunmehr stärker als früher das Vorgegebensein der Gnade: man müsse unterscheiden zwischen der Vergebung, wie sie erworben ist, und wie sie jeweils ausgeteilt werde; die Erwerbung sei einmalig geschehen, die Austeilung werde ständig wiederholt[39]. Im Gegensatz zu Karlstadt erhielt die Realpräsenz für Luther größere Bedeutung. Bestätigten Leib und Blut Christi früher „nachträglich als Zeichen der Verheißung die Sündenvergebung, die sie am Kreuz erworben haben", so teilen sie sie jetzt selbst aus[40]. Luther ging bei seiner Betonung der Objektivität der Sakramente nicht soweit, daß er sie abgelöst von dem heilsamen Empfang verstand. Insofern bleibt das „Für euch" auch jetzt der Zielpunkt, auf den alles zuläuft. Nur wird die Realpräsenz zur „conditio, sine qua non" für den Empfang der Sündenvergebung im Abendmahl.

Für den Streit mit Zwingli und die Frontbildung in der süddeutschen Reformation war es wichtig, daß Luther durch seine Sermone von 1519 und die Abendmahlsschriften von 1520 einen weitreichenden Einfluß ausgeübt hat. Bucer hat in seinen Äußerungen zum Abendmahl in den Jahren 1523/24 teilweise wörtlich die zentralen Gedanken Luthers über das Testament bzw. den Testator[41] oder über die Gemeinschaft[42] aufgenommen und dabei den Bundesgedanken, wie ihn Luther in seinem Taufsermon vertreten hatte, in sein Abendmahls-

---

[33] WA 11,437,27–438,9. [34] WA 11,440,10. [35] WA 11,440,34–441,3.

[36] Fr. KRIECHBAUM, Grundzüge der Theol. Karlstadts, 1967, 103.

[37] WA 18,138,18 u.ö.

[38] R. J. SIDER, Karlstadt's Orlamünde Theology: A Theology of Regeneration, The Mennonite Quarterly Review 45, 1971, 191–218; der Begriff der „Wiedergeburt" ist freilich problematisch, weil er zu stark pietistische Anklänge hat.

[39] WA 18,203,28–38. [40] H. GRASS, Die Abendmahlslehre..., 34.

[41] M. BUCER, Deutsche Schriften 1,117,5–30. [42] Ebd. 242,12–19.

verständnis einbezogen[43]. Allerdings dürfte er dabei auch von Erasmus geprägt worden sein[44]. Bucer hat seine frühe Abendmahlslehre jedoch später selbständig weiterentwickelt und die Realpräsenz nicht wie Luther ins Zentrum gerückt. Während Zwingli in seiner Frühzeit in seiner Sakramentslehre ebenfalls an einigen Punkten von Luther beeinflußt wurde (s. u. III § 2), haben die Züricher Täufer, die aus seinem engsten Anhängerkreis hervorgegangen waren, zentrale Gedanken Luthers nicht nur aus seiner Tauftheologie der Jahre 1519/20[45], sondern offenbar auch aus seiner Abendmahlslehre übernommen. Der Gemeinschaftsgedanke sowie der Testamentsbegriff sind auch für sie zentral, obwohl bei ihnen daneben andere, Luther fremde Gedanken begegnen[46]. Eine so breite Wirkung hat Luther mit seinen späteren Abendmahlsschriften nicht mehr ausgeübt.

§ 2 Die Entwicklung von Zwinglis Auffassung vom Abendmahl bis 1525

Literatur: W. Köhler, Zwingli u. Luther. Ihr Streit über das Abendmahl nach seinen polit. u. relig. Beziehungen. I Die rel. u. pol. Entwicklung bis zum Marburger Religionsgespräch, QFRG 6, Leipzig 1924; E. Seeberg, Der Gegensatz zwischen Zwingli, Schwenckfeld u. Luther, Reinhold-Seeberg-Festschrift 1, Leipzig 1929, 43–80; G. Schrenk, Zwinglis Hauptmotive in der Abendmahlslehre u. das NT, Zwingliana 5, 1929–33, 176–185; F. Blanke, Zwinglis Sakramentsanschauung, ThBl 10, 1931, 283–290; H. Gollwitzer, Zur Auslegung von Joh 6 bei Luther u. Zwingli, In Memoriam E. Lohmeyer, hg. v. W. Schmauch, Stuttgart 1951, 143–168; G. W. Locher, Die Theologie Huldrych Zwinglis im Lichte seiner Christologie, 1. Die Gotteslehre, Zürich 1952; J. Schweizer, Reformierte Abendmahlsgestaltung in der Schau Zwinglis, Basel 1954; J. Staedtke, Voraussetzungen der Schweizer Abendmahlslehre, ThZ 16, 1960, 19–32; J. Courvoisier, Vom Abendmahl bei Zwingli, Zwingliana 11, 1959–63, 415–426; Chr. Gestrich, Zwingli als Theologe. Glaube u. Geist beim Zürcher Reformator, Zürich-Stuttgart 1967; F. Schmidt-Clausing, Die Entdeckung des echten Zwingli, ThLZ 93, 1968, 169–172; G. W. Locher, Huldrych Zwingli in neuer Sicht. Zehn Beiträge zur Theologie der Zürcher Reformation, Zürich-Stuttgart 1969; ders., Streit unter Gästen. Die Lehre aus der Abendmahlsdebatte der Reformatoren für das Verständnis und die Feier des Abendmahles heute, ThSt (B) 110, Zürich 1972.

Die Abendmahlslehre Zwinglis in der Zeit bis 1525 ist in der Forschung stärker umstritten als diejenige Luthers. Neuerdings wird mit Recht gefordert[1], Zwingli nicht so sehr von Erasmus oder im Gegenüber zu Luther, sondern als einen eigenständigen Reformator von seinen besonderen theologischen Voraussetzungen her zu verstehen. Das hindert nicht festzustellen, daß Zwingli beiden viel verdankt; aber es führt zu einer Verzeichnung, wenn Zwinglis Abendmahlslehre allein unter dem Aspekt der Realpräsenz gewürdigt wird.

Die erste ausführlichere Äußerung Zwinglis zum Abendmahl findet sich in seiner *Auslegung der 18. Schlußrede* (im Frühjahr 1523 abgefaßt). Die 18. Schlußrede „Von der meß" selbst lautete: „Daß Christus sich selbs einest (= einmal) uffgeopfert, in die ewigheit ein wärend und bezalend opfer ist für aller

---

[43] S. J. M. Kittelson, ARG 64, 1973, 176f. [44] Ebd. 183.
[45] M. Brecht, ARG 64, 1973, 153–162.
[46] K. Grebel u. Genossen an Th. Müntzer (5. 9. 1524), Th. Müntzer, Schriften u. Briefe, hg. v. G. Franz, QFRG 33, Gütersloh 1968, 440, 5–35.
[1] So bes. G. W. Locher in seinen verschiedenen Arbeiten.

gloubigen sünd; darus ermessen würt, die meß nit ein opfer, sunder des opfers ein widergedechtnuß sin und sichrung der erlösung, die Christus unß bewisen hatt."[2] In der Auslegung betont Zwingli, daß Christus der einzige oberste Priester sei, der sich einmal für uns geopfert habe, und daß die Messe deswegen keinen Opfercharakter habe[3]. Seinerseits sieht Zwingli in der Messe ein „Wiedergedächtnis"; dieser Begriff begegnet hier bei ihm zum ersten Mal. „Wiedergedächtnis" hat hier allerdings noch nicht den späteren, gegen die Behauptung einer Realpräsenz gerichteten Sinn. Vielmehr meint Zwingli, es handle sich um „des Opfers ein Widergedächtnus ... und Sicherung der Erlösung, die Christus uns bewisen hat"[4]. Die Frage einer Verwandlung tut Zwingli ab: „Das die theologi von der verwandlung des wins und brotes erdichtet habend, laß ich mich nit kümmeren. Ich hab gnug, daß ich vestenklich durch den glouben weiß, daß er min erlösung ist und spyß und trost der seel."[5] Die Aussage, daß „man hie nit strytet, ob der fronlychnam und bluot Christi geessen und trunccken werde (dann daran zwyflet dheinem Christen)"[6], macht deutlich, daß Zwingli den Gedanken der Realpräsenz noch nicht kritisiert, ändert aber nichts an der Betonung des geistlichen Charakters.

Freilich, eines Gegensatzes zu Luther war Zwingli sich damals nicht bewußt. Im Gegenteil, Zwingli bekennt, daß er die Betonung des „testamentum" beim Abendmahl von Luther übernommen habe. Erste Unterschiede deuten sich jedoch insofern an, als nach Zwingli Luther die Natur und Eigenschaft, er selbst aber den „bruch und verhandlung" im Auge habe[7]. Für Zwingli war damals nicht sowohl der Gemeinschaftsgedanke wie beim jungen Luther als vielmehr der Bundesgedanke zentral „als die fundamentale Realität..., die den gesamten Glauben und das Leben des Volkes Gottes bestimmt"[8]. Die eigene Akzentuierung der Abendmahlslehre rechtfertigt Zwinglis Feststellung, daß er „die leer Christi nit vom Luter gelernt hab, sunder uß dem selbswort (eigenen Wort) gottes"[9].

In dem Brief an seinen früheren Baseler Lehrer Thomas Wyttenbach vom 15. 6. 1523 hat Zwingli zuerst die Transsubstantiationslehre angegriffen, weil sie in sich widersprüchlich sei und die Unterscheidung zwischen Substanz und Materie nicht viel austrage[10]. Bedeutsam ist hier die *Betonung des Glaubens*: „Ich meine, die Eucharistie werde dort gegessen, wo der Glaube ist."[11] Unter der Voraussetzung des Glaubens kann die Eucharistie allerdings wohl im Sinne Zwinglis noch als Gnadengabe verstanden werden, soll doch der Kommunikant wissen, daß „sie die Schwachheit des Glaubens stärkt"[12]. Freilich, die Glaubensgewißheit ist für Zwingli so zentral, daß ein wirklicher Glaube bei der Taufe im Grunde das Untertauchen nicht nötig hat[13]. In ähnlicher Weise relativiert Zwingli auch das Abendmahl als äußerliche Handlung. Brot und Wein werden vergeblich gegessen, „wenn nicht der Essende fest glaubt, daß dies allein eine Speise der Seele sei, wenn er gewiß ist, daß der Leib Christi, für uns gegeben und geschlachtet, uns von aller Tyrannei des Teufels, der Sünde und des Todes be-

[2] CR 88,460,6–10. [3] CR 89,112–119. [4] Ebd. 119,26–28.
[5] Ebd. 144,13–16. [6] Ebd. 128,9–11. [7] Ebd. 137,32–138,2.
[8] G. W. Locher, Zwingli in neuer Sicht, 1969, 256 Anm. 340.
[9] CR 89,149,34–36. [10] CR 95,85,26–34. [11] Ebd. 85,10 (eig. Übers.).
[12] Ebd. 85,14–16 (eig. Übers.). [13] Ebd. 85,37–86,3.

freit hat"[14]. Was die Frage der Realpräsenz betrifft, so nähert sich Zwingli der symbolischen Deutung. Er sagt, daß man das Brot Brot und den Wein Wein, daß man aber auch, wenn es beliebt, das Brot Leib und den Wein Blut nennen könne[15]; bedeutsamer ist jedoch, daß zwischen den Abendmahlselementen und dem, was Christus mit seinem Leib und Blut erwirkt hat, kein Zusammenhang besteht[16]. Vorbereitet ist die symbolische Deutung auch insofern, als Zwingli hervorhebt, Christus sitze entweder im Himmel zur Rechten Gottes oder auf Erden in den Herzen der Gläubigen[17].

Freilich, ihre eigentliche Zuspitzung hat Zwinglis Abendmahlslehre erst unter dem *Einfluß von Cornelius Honius* (Hoen) erhalten. Honius war seinerseits durch den Traktat „De sacramento Eucharistiae" des Wessel Gansfort († 1489), aber auch durch Erasmus angeregt, vertrat aber im übrigen eine in den Niederlanden damals verbreitete Auffassung[18]. Honius' wohl 1522 verfaßter Brief war zunächst Luther überbracht worden, der sich jedoch in der Schrift „Von Anbeten des Sakraments" (s. o. 49f.) gegen Honius' signifikative Deutung wandte, allerdings ohne dessen Namen zu erwähnen. Zwingli dürfte Honius' Brief nach Abfassung seines eigenen Briefes an Wyttenbach, also noch 1523, oder vor seinem Brief an Matthäus Alber vom 16. 11. 1524 kennengelernt haben. Nach seinem eigenen Zeugnis hat Zwingli die signifikative Deutung von Honius übernommen[19].

Honius, der sich seinerseits in verschiedenen Anspielungen, allerdings ohne Namensnennung gegen Luthers Abendmahlslehre von 1520 wandte, stimmte mit Luther doch insofern überein, als er im Abendmahl ein Unterpfand erblickte, welches der Verheißung hinzugefügt war[20]. Auch die Betonung, der Kommunikant müsse fest glauben, Christus sei schon sein[21], ist als solche nicht gegen Luther gerichtet, wohl aber in der Zuspitzung, daß dieser Glaube bereits das Essen und Trinken von Christi Leib und Blut sei. Gegen die Anbetung des geweihten Brotes, wie sie Luther noch gegenüber den Böhmen verteidigte, beruft sich Honius auf Mt 24,23: Man soll denen nicht glauben, die sagen, hier oder dort sei Christus[22]. Scharf wendet sich Honius gegen die Vorstellung einer „impanatio" (Einbrotung); dem widerspreche schon, daß Christus „nur einmal" Fleisch geworden sei[23]. Von daher ist für Honius nicht nur die Transsubstantiationslehre ausgeschlossen, sondern auch die Vorstellung einer Realpräsenz. Das „est" der Einsetzungsworte muß vielmehr im Sinne eines „significat" verstanden werden[24]. Daß eine solche Deutung möglich sei, sucht Honius durch andere biblische Stellen zu belegen, die später in der Kontroverse zwischen Luther und Zwingli von beiden Seiten geltend gemacht wurden. Insbesondere könne der Satz des Paulus, Christus sei der Fels gewesen (1. Kor 10,4), nur in dem Sinne, daß er Christus repräsentierte (repraesentabat Christum), aufgefaßt werden[25]. Wenn das „est" nur ein „significat" besage, so solle man doch vom Abendmahl nicht gering denken; denn die Einsetzungsworte seien, wenn man sie recht be-

---

[14] Ebd. 86,5–9 (eig. Übers.). [15] Ebd. 86,21–24.
[16] So mit Recht W. KÖHLER, Zwingli u. Luther, I, 1924, 24f.
[17] CR 95,87,4f. [18] s. J. STAEDTKE, ThZ 16, 1960, 27.
[19] CR 92,738,3–739,1 (Amica exegesis 1527).
[20] CR 91,512,10–12. [21] Ebd. 512,17. [22] Ebd. 512,35–513,4.
[23] Ebd. 513,26–32. [24] Ebd. 514,13–515,11. [25] Ebd. 513,38–41.

trachte, ein großer Trost (magna consolatio)[26]. Zudem zeige der, der das Abendmahl empfängt, daß für ihn Christus da ist[27].

Zwingli hat im Sommer 1525 diesen Brief Honius' veröffentlicht. In seinen Begleitworten betont Zwingli, daß der Mensch nicht vom Brot allein lebt, sondern von jedem Wort, das aus dem Mund Gottes hervorgeht (Mt 4,4)[28]. Doch schon früher hat Zwingli seine durch Honius' Einfluß veränderte Abendmahlslehre in dem Brief an Matthäus Alber vom 16. 11. 1524 vorgetragen[29]. Hier handelt es sich um Zwinglis *erste, selbständige Erörterung* der evangelischen Abendmahlslehre. Im Mittelpunkt steht nicht mehr die Kritik an der Transsubstantiationslehre oder an der Opfervorstellung, sondern die Bestimmung des eigenen Standortes innerhalb der evangelischen Bewegung. Notwendig geworden war diese Präzisierung durch die Entwicklung von Luthers Abendmahlslehre in der Zwischenzeit, aber auch durch die Abendmahlslehre Karlstadts, der eine Realpräsenz verwarf. Dabei grenzte Zwingli sich von Luther ab, ohne dessen Namen zu nennen, aber doch für jeden Kundigen unmißverständlich, während er die Auseinandersetzung mit Karlstadt offen führte.

Nach einer kurzen, wohlwollenden Kritik an Karlstadt setzt Zwingli mit einer Erörterung von Joh 6,26–65 ein. Dieser Text, der schon früher von Zwingli gelegentlich im Zusammenhang der Abendmahlslehre herangezogen worden war, von Luther aber bereits 1520 als nicht zur Sache gehörig hingestellt worden war (s. o. 49), weist für Zwingli auf den *geistlichen Charakter des Essens*. Joh 6 ist ihm sogar der für die Abendmahlslehre wichtigste Text[30]: schon dies mußte von Luther als Affront angesehen werden. Das galt besonders auch von folgendem Satz: „Christi Fleisch ist Speise und Hoffnung des menschlichen Geistes nur in der Weise, in der er selbst für uns getötet worden ist."[31] Oder: „Wer also an Christus als für ihn gestorben glaubt, der wird schon innerlich mit seinem Leib und Blut gestärkt."[32] Damit läuft alles auf die „geistliche Speisung" (spiritualis manducatio) hinaus, die mit dem Glauben als solchem gleichgesetzt ist. Konsequent lehnt Zwingli darum auch eine Realpräsenz ab und trägt statt dessen die Deutung des „est" im Sinne eines „significat" vor[33]. Durch zahlreiche biblische Beispiele sowie patristische Belege soll dargetan werden, daß das „significat" „erinnern an, in die Erinnerung rufen" besagt: „Nehmt und eßt! Denn das, was ich euch jetzt zu tun befehle, wird euch bedeuten oder in die Erinnerung rufen meinen Leib, welcher jetzt gleich für euch hingegeben wird."[34] Gegen die katholische, aber auch gegen die lutherische Abendmahlslehre war schließlich die schroffe Feststellung gerichtet: „Ich glaube, daß es niemals jemanden gegeben hat, der glaubte, daß er Christus leiblich und wesensmäßig in diesem Sakrament esse; obwohl alle fleißig (scil. so) entweder gelehrt oder geheuchelt haben."[35]

[26] Ebd. 517,11–19. [27] Ebd. 517,37–518,3. [28] Ebd. 518,14f.

[29] S. jedoch schon Zwinglis Christliche Antwort Zürichs an Bischof Hugo vom August 1524, wo sich die Deutung findet (CR 90,227f.), das Abendmahl sei „1. Gemeinschaftsmahl, 2. Verpflichtungszeichen, 3. Gedächtnismahl, 4. Bekenntnismahl vor Menschen und Gott" (G. W. Locher, Zwingli in neuer Sicht, 1969, 259 Anm. 354).

[30] CR 90,336,19–23. [31] Ebd. 338,23–25 (eig. Übers.). [32] Ebd. 339,18f. (eig. Übers.).

[33] Ebd. 344,1–345,3.

[34] Ebd. 345,27–29: „Accipite et comedite! hoc enim, quod nunc facere iubeo, significabit vobis aut rememorabit corpus meum, quod iamiam pro vobis traditur."

[35] Ebd. 350,6–9: „Neque enim unquam puto fuisse, qui crederet, se Christum corporaliter et essentialiter in hoc sacramento edere; tametsi omnes strenue vel docuerint vel simulaverint."

Obwohl Zwingli sich in diesem Brief mehrfach gegen Karlstadt aussprach, war die Kritik an ihm doch sehr milde. Hatte Karlstadt die Einsetzungsworte dahin interpretiert, daß Christus bei den Worten „Dies ist..." auf sich selbst gezeigt habe, so lehnte Zwingli das ab; die Leugnung der Realpräsenz teilte er jedoch mit ihm. Im Grunde war die Auseinandersetzung mit Karlstadt für Zwingli nicht sonderlich wichtig. Man wird darum auch den Einfluß Karlstadts auf die Ausbildung von Zwinglis Abendmahlslehre nur für beträchtlich geringer halten können als denjenigen von Honius, der freilich auch nur schon vorhandene Ansätze weiter entwickeln half. Immerhin ist es begreiflich, daß Luther später Zwingli stets an der Seite Karlstadts sah und auch dessen Geistchristentum bei Zwingli vermutete.

Noch schärfer äußerte Zwingli sich in seinem *„De vera et falsa religione Commentarius"* (verfaßt Ende 1524/Anfang 1525). Hier polemisierte er schon gegen die Redeweise von Sakramenten überhaupt, da dieser Begriff für das vulgäre Verständnis einschließe, daß das Sakrament durch seine Kraft das Gewissen von der Sünde befreie[36]. Für Zwingli jedoch kann „sacramentum" nichts anderes als „initiatio" oder öffentliche Bestätigung (publica consignatio) sein; der Glaube ist dabei also vorausgesetzt. Aber das Sakrament kann auf keinen Fall Gnade mitteilen[37]. Was das Abendmahl betrifft, so hebt Zwingli über die früheren Ausführungen hinaus jetzt hervor, daß man hier gegen die alt eingesessene Meinung angehen und anders als die bisherigen Theologen lehren müsse[38]. Wenn Jesus in Joh 6 vom Brot und vom Essen rede, so meine er damit lediglich das Evangelium und den Glauben[39]. Nach Jesu Wort (Joh 6,63) sei das Fleisch nichts nütze; das gelte aber von dem gegessenen Fleisch[40]. Realpräsenz und Wandlung werden von Zwingli ohne Differenzierung abgelehnt[41]. Diejenigen, die meinen, im Abendmahl werde Christi Leib gegessen, müssen es sich gefallen lassen, von Zwingli als Menschenfresser oder Fleischfresser bezeichnet zu werden[42]. Mit dem Glauben an den unsichtbaren Gott verträgt sich kein sinnlicher Glaubensgegenstand[43]. Die Deutung der Einsetzungsworte im Sinne des „significat" wird allein schon aus Joh 6 als zwingend hingestellt[44]. Im übrigen behält Zwingli zwar den Begriff „testamentum" für seine Deutung bei, versteht ihn aber jetzt im Gegensatz zu Luther als „Zeichen" oder „Symbol des Testaments"[45]. Positiv versteht Zwingli die *Eucharistie als „commemoratio"*, „durch welche diejenigen, die fest glauben, daß sie durch Christi Tod und Blut mit dem Vater versöhnt sind, diesen lebenspendenden Tod verkünden"[46]. Es kommt aber hinzu, daß alle, die das „symbolische Brot oder Fleisch" essen, schuldig sind, gemäß Christi Gebot zu leben; denn Christus hat denen, die an ihn glauben, ein Beispiel gegeben[47]. So kann man wohl sagen, daß die Christen für Zwingli, indem sie die Eucharistie feiern und Jesu Tod verkünden, gleichsam eine christliche Eidgenossenschaft werden, verbunden durch den gemeinsamen Glauben und die gemeinsame Nachfolge.

---

[36] Ebd. 757,10–13.
[37] Ebd. 759,18–21.
[38] Ebd. 789,15f.; 786,1–4.
[39] Ebd. 779,22–25.
[40] Ebd. 782,30f.
[41] Ebd. 819,5–820,17.
[42] Ebd. 789,3f.; 794,23.
[43] Ebd. 798,16f.
[44] Ebd. 801,19–28.
[45] Ebd. 800,3–9.
[46] Ebd. 807,11–14 (eig. Übers.).
[47] Ebd. 807,20–24.

§ 3 Die Auseinandersetzungen von 1525–1529

Literatur: W. KÖHLER, Zwingli u. Luther. Ihr Streit über das Abendmahl nach seinen politischen und religiösen Beziehungen. I, QFRG 6, Leipzig 1924; P. W. GENNRICH, Die Christologie Luthers im Abendmahlsstreit 1524–1529, Königsberg 1929; E. SOMMERLATH, Der Sinn des Abendmahls nach Luthers Gedanken über das Abendmahl 1527–1529, Leipzig 1930; F. HILDEBRANDT, Est. Das lutherische Prinzip, Göttingen 1931; H. GOLLWITZER, Coena Domini. Die altlutherische Abendmahlslehre in ihrer Auseinandersetzung mit dem Calvinismus, dargestellt an der luth. Frühorthodoxie, München 1937; E. METZKE, Sakrament u. Metaphysik, Stuttgart 1948; H. GRASS, Die Abendmahlslehre bei Luther u. Calvin, BFChrTh II, 47, Gütersloh 1954²; E. KINDER, „Realpräsenz" und „Repräsentation". Feststellungen zu Luthers Abendmahlslehre, ThLZ 84, 1959, 881–894; J. PELIKAN, Luther the Expositor, in: Luther's Works. Companion Volume to the American Edition of Luther's Works, St. Louis 1959; H. SASSE, This is my body. Luther's Contention for the Real Presence in the Sacrament of the Altar, Minneapolis 1959; A. PETERS, Realpräsenz. Luthers Zeugnis von Christi Gegenwart im Abendmahl, Berlin 1966²; F. W. KANTZENBACH, Johannes Brenz u. der Kampf um das Abendmahl, ThLZ 89, 1964, 561–580; W. H. NEUSER, Die Abendmahlslehre Melanchthons in ihrer geschichtl. Entwicklung (1519–1530), Neukirchen-Vluyn 1968; M. JENNY, Die Einheit des Abendmahlsgottesdienstes bei den elsässischen u. schweizerischen Reformatoren, Zürich 1968; G. W. LOCHER, Huldrych Zwingli in neuer Sicht, Zürich-Stuttgart 1969; G. HOFFMANN, Sententiae Patrum. Das patristische Argument in der Abendmahlskontroverse zwischen Oekolampad, Zwingli, Luther u. Melanchthon, Diss. theol. Heidelberg 1971; M. LIENHARD, Luther Témoin de Jésus-Christ, Paris 1973, 197–251.

Zwingli war es gewesen, der mit seinem im März 1525 publizierten Brief an Alber die Auseinandersetzung mit Luther begann. Die Tatsache, daß er trotz mancher Differenzen an Karlstadt anknüpfte, belastete die Kontroverse mit Luther unnötig schwer. Der literarische Streit wurde zunächst hauptsächlich zwischen Ökolampad und Bucer für die symbolische Deutung sowie von Brenz und Bugenhagen für die Behauptung der Realpräsenz ausgetragen. 1526 setzte die literarische Fehde zwischen Luther und Zwingli ein. Anfang Oktober 1526 erschien Luthers „Sermon von dem Sakrament des Leibes und Blutes Christi wider die Schwarmgeister". Zwingli veröffentlichte Februar 1527 die „Amica Exegesis"; darauf erschien Luthers Schrift „Daß diese Worte ‚Das ist mein Leib' noch fest stehen, wider die Schwarmgeister" April 1527; Zwingli entgegnete „Daß diese Worte … ewiglich den alten Sinn haben werden" Juni 1527; es folgte Luthers Schrift „Vom Abendmahl Christi. Bekenntnis" März 1528. Auch auf dem Höhepunkt des Streites griffen andere Theologen ein. Im folgenden können nur die wichtigsten Gedanken Luthers und Zwinglis entfaltet werden.

Luther konnte in der Kontroverse nicht dabei stehenbleiben, daß er die Realpräsenz betonte und die Heranziehung von Joh 6 für die Lehre vom Abendmahl bestritt. Da die Realpräsenz für ihn keineswegs bloß die Personalpräsenz Christi, sondern vielmehr die Gegenwart von Christi geopfertem und erhöhtem Leib und Blut in sich schloß, sah Luther sich gezwungen, die Möglichkeit einer solchen Gegenwart zu beweisen. Er tat das durch die Ausbildung der Ubiquitätslehre. Noch 1523 hatte Luther geäußert: „Es haben sich auch viel hie bekummert, wie die seele und der geyst Christi, darnach die gottheyt, der vater und der heylige geyst ym sacrament sei… Das sind alles gedancken müssiger seelen unnd lediger hertzen, die ynn dißem sacrament der wortt und werck gottis vergessen unnd begeben sich auff yhre gedancken und wortt. Yhe eynfeltiger du an den wortten bliebest, yhe besser dyrs were… Da iß und trinck und neere deynen glawben… Und sprich: myr ist nicht befolen tzu forschen noch tzu wissen, wie gott vater, son, heyliger geyst oder Christus seel ym sacrament sey..."[1] 1526 vertrat Luther zuerst die Ubiquität: „*Wir glewben, das Jhesus Christus nach der menscheit sey gesetzt uber alle creaturen und alle ding erfulle... Ist nicht allein nach der Gottheit sondern auch nach der menscheit ein Herr aller ding, hat alles ynn der hand und ist uberal gegenwertig.*"[2] Die kritischen Einwände, denen Luther entgegnen wollte, betrafen die Frage, wieso Christus seit der Himmelfahrt an einem bestimmten Ort des Himmels sei und dann zugleich nach seiner menschlichen Natur an vielen Orten sein könne.

Luther machte sich die Erwägungen Ockhams[3] und Biels[4] zunutze, die bereits unterschieden hatten zwischen einem „circumscriptive esse in loco" (räumliche Anwesenheit eines Objektes) und einem „definitive esse in loco" (etwa die Gegenwart der Seele im Körper); Biel hatte darüber hinaus als Möglichkeit eine Anwesenheit „repletive" erwogen (Anwesenheit des Objektes auch außerhalb des Gegenstandes), wobei er an die allgemeine Ubiquität Gottes dachte. Anders als die Tradition stellte sich Luther die „rechte Hand Gottes" nicht als einen bestimmten himmlischen Ort vor: „... das Christus leib allenthalben sey, weil er ist zur rechten Gotts, die allenthalben ist, wie wol wir nicht wissen, wie das zugehet, Denn wir auch nicht wissen, wie es zugehet, das Gottes rechte allenthalben ist."[5] Sodann aber greift Luther die Unterscheidung zwischen den verschiedenen Weisen von Anwesenheit auf. Die Gegenwart „repletive" ist „ubernatürlich, das ist, wenn etwas zu gleych gantz und gar an allen örten ist und alle örte fullet und doch von keinem ort abgemessen und begriffen wird nach dem raum des orts, da es ist. Diese weise wird allein Gotte zu geeigent"[6]. Einen eigentlichen Beweis will Luther freilich nicht antreten: „Solchs alles habe ich darumb erzelet, das man sehe, das wol mehr weise sind, ein ding etwo zu sein denn die einige begreiffliche leibliche weise, darauff die schwermer stehen."[7]

Die *Ubiquitätslehre* hat eine Konsequenz, die Luther an sich wohl zu keiner Zeit wirklich ziehen wollte: die Realpräsenz war von ihm als durch die Einsetzungsworte konstituiert angesehen; wenn Christi Leib und Blut aber ohnehin allgegenwärtig sind, könnten die Einsetzungsworte lediglich den verborgen Gegenwärtigen offenbaren. In anderer Hinsicht hat Luther freilich nicht davor zurückgescheut, aus seiner Betonung der Realpräsenz nicht nur die „Speisung der Gottlosen" (manducatio impiorum) zu folgern, sondern auch leibliche Konsequenzen des Abendmahlsgenusses zu behaupten[8]: „Weil aber der mund des hertzens gliedmas ist, mus er endlich auch ynn ewigkeit leben, umb des hertzen willen, welchs durchs wort ewiglich lebt, weil er hie auch leiblich isset die selbige ewige speyse, die sein hertz mit yhm geistlich isset."[9] Mit solchen Aussagen nimmt Luther die alte Vorstellung auf, das Abendmahl sei ein „Heilmittel zur

---

[1] WA 11,449,34–450,13 (Von Anbeten des Sakraments). Luther hat hier freilich primär die Frage der Konkomitanz im Auge.

[2] WA 19,491,17–20 (Sermon ... wider die Schwarmgeister 1526).

[3] s. E. ISERLOH, Gnade u. Eucharistie in der philos. Theol. des Wilhelm von Ockham: Ihre Bedeutung für die Ursachen der Reformation, Veröffentlichungen des Instituts für europäische Geschichte Mainz 8, Wiesbaden 1956, 174. 197ff. 253–266.

[4] H. A. OBERMAN, Spätscholastik u. Reformation, I Der Herbst der mittelalterl. Theol., Zürich 1965, 256–258.

[5] WA 26,325,26–29. [6] WA 26,329,27–30. [7] WA 26,329,34–36.

[8] s. A. PETERS, Realpräsenz, 1966², 140–153. [9] WA 23,181,11–15.

Unsterblichkeit" (s. Ignatius von Antiochien, Eph. 20,2). Aufs Ganze gesehen, dürfen diese Äußerungen jedoch nicht überbetont werden. Sie rechtfertigen nicht die Feststellung, daß das Abendmahl eine andere oder höhere Gnadengabe austeile als die Wortverkündigung: nicht das Was, sondern das Wie der Gegenwart Christi ist im Abendmahl anders als im Wort.

Zugrunde liegt bei Luther eine *ganzheitliche Personvorstellung*, die also nicht eine Abwertung der leiblich-materiellen Sphäre gestattet und die insbesondere gegen einen möglichen Subjektivismus die Transsubjektivität des Sakramentsgeschehens festhält[10]. In der Christologie folgte Luther der alexandrinischen Betonung der Personeinheit und hielt gegen Zwingli daran fest, daß Christi Leib nicht „fleischlich", sondern „geistlich" sei. Zwischen den Elementen sowie Christi Leib und Blut besteht darum eine „sacramentliche Einigkeit", so daß man geradezu von einem „fleischssbrod odder leibsbrod" sprechen kann[11]. Der Begriff „Konsubstantiation", der von Luther selbst *nicht* gebraucht worden ist, vielmehr wohl erst in der antignesiolutherischen Streittheologie ca. 1555–1560 aufgekommen ist[12], eignet sich nicht als Bezeichnung für Luthers Abendmahlslehre, weil Luther an sich jede Theorie über die Art und Weise der Gegenwart von Christi Leib und Blut vermeiden und statt dessen bei dem einfachen Wortlaut der Einsetzungsworte bleiben wollte. Eben dieser Wortlaut machte es für ihn zweifelsfrei, daß das Abendmahl Heilsgabe ist, also vor allem die Sündenvergebung schenkt. Daß Zwingli das Abendmahl nicht als Gnadenmittel verstand, machte für Luther die Trennung unüberwindlich.

Zwingli hat seinerseits die von ihm vertretene Abendmahlslehre in dem Streit ebenfalls konsequent zu Ende gedacht. Der dabei immer wieder gegen ihn erhobene Vorwurf des Rationalismus, meist verbunden mit einer Bewunderung für Luthers tiefe Frömmigkeit, wird Zwingli nicht gerecht. Zweifellos ist Zwingli in seiner Abendmahlslehre nicht nur von Honius, sondern auch von Erasmus, also vom Humanismus, geprägt; eine gewisse Abwertung der Leiblichkeit ist bei ihm unverkennbar. Aber es sollte doch nicht bestritten werden, daß Zwingli sich letztlich von theologischen Erwägungen hat leiten lassen, die es verdienen, ernst genommen zu werden.

Wichtiger als die Deutung des „est" im Sinne von „significat" war für Zwingli der Hinweis eines Unbekannten, der ihm in einem Traum zuteil wurde, daß das Abendmahl das *Passamahl des neuen Bundes* sei. Bei dem Text Ex 12,11 „Es ist ein Passa, d.h. ein Vorübergang des Herrn" könne das „est" nicht im Sinne von „wesentlich" (substantive) verstanden werden; vielmehr sei das geschlachtete Lamm für alle Zeiten ein Symbol dafür, daß die Väter der Juden übergangen wurden. Analog sei derselbe Tropus auch im Abendmahl vorhanden: im Abendmahl hat Christus, bevor er getötet wurde, ein Symbol seiner Tötung eingesetzt[13]. „Christus ist das wahre Passalamm, durch welches für alle Zeiten die

[10] s. vor allem E. Metzke, Sakrament u. Metaphysik, Stuttgart 1948; W. Joest, Ontologie der Person bei Luther, Göttingen 1967; M. Lienhard, Luther témoin de Jésus-Christ, Paris 1973, 240–245.

[11] WA 26,442,20–445,17.

[12] s. H. Hilgenfeld, Mittelalterlich-traditionelle Elemente in Luthers Abendmahlslehre, SDGSTh 29, 1971, 468.

[13] CR 91,483,12ff. (Subsidium sive coronis de eucharistia, August 1525); cf. die Einleitung von W. Köhler, ebd. 448ff.

Geheiligten vollendet werden, d.h. durch welches die Glaubenden, von der Knechtschaft der Sünde befreit, in den Himmel gebracht werden."[14]

Ist für Luther wie für die kirchliche Tradition Christus der im Abendmahl eigentlich Handelnde, so ist nach Zwingli die Gemeinde Subjekt der Abendmahlsfeier. Zwingli betont dabei vor allem die Worte *„Das tut zu meinem Gedächtnis"*. Die unterschiedliche Betonung verschiedener Teile der Einsetzungsworte „dürfte an wirklicher Bedeutung den ganzen Streit um die Elemente weit übertreffen"[15]. Dabei darf der Begriff der „Erinnerung" bzw. des Gedächtnisses nicht mißverstanden werden. Für Zwingli, „den humanistisch platonisierenden Augustinschüler (scil. heißt) ‚memoria', ‚Erinnerung', nicht Rückschau..., sondern Ver-gegenwärtigung, gültige Gegenwart des Leidens des Herrn"[16]. Dabei bleibt für Zwingli, wie schon in der Zeit seiner Polemik gegen Rom, grundlegend, daß Christi Kreuzestod ein für allemal die Erlösung bewirkt hat. Wichtiger als die humanistischen Momente in Zwinglis Theologie ist seine Sorge, die Gefahr einer Wiederholung zu vermeiden. „Erinnerung" meint darum nicht das Gedenken an etwas längst Vergangenes, sondern die bis in die Gegenwart hineinreichende Wirkung des einmaligen Kreuzesopfers Jesu Christi. Schon 1523 hatte Zwingli gesagt: „Das thuond zuo gedächtnus min, das ist: Übend das under üch, also, das ir essind und trinckind min lychnam und bluott zuo einer gedächtnus min, das ist: das ir ernüwrind mit widergedencken die guothat, die ich üch bewisen hab."[17] Im „Commentarius" von 1525 heißt es: *„Christus ist unser Heil, sofern er vom Himmel herabgekommen ist, nicht sofern er aus der freilich unbefleckten Jungfrau geboren ist, obgleich er dementsprechend leiden und sterben mußte; aber wenn der, der starb, nicht zugleich Gott gewesen wäre, hätte er nicht für die ganze Welt das Heil sein können... Christus ist nur insoweit für uns das Heil, als er für uns geopfert worden ist; aber nur gemäß seinem Fleisch konnte er geopfert werden und nur nach seiner Gottheit unser Heil sein."*[18]

Hatte Luther zur Stützung seiner Auffassung von der Realpräsenz die Ubiquitätslehre entwickelt, um die Einheit von Christi göttlicher und menschlicher Natur auch bei der Allgegenwart festzuhalten, so hat Zwingli sich der antiochenischen Tradition angeschlossen und die *Unterschiede zwischen den Naturen* betont. In der Lehre von der „communicatio idiomatum" (Mitteilung der Eigenschaften der einen Natur Christi an die andere) erblickte er eine Allöosis (Gegenwechsel). Für Luther bedeutete dies, daß Zwingli in der „communicatio idiomatum" eine bloße Redefigur sah. Es fehlt auch nicht an Stellen, die ein solches Verständnis nahelegen[19]. Es finden sich durchaus Belege, wo der Begriff „Allöosis" von Zwingli mit „communicatio idiomatum" gleichgesetzt wird[20]. Dabei hielt Zwingli grundsätzlich nicht anders als Luther an der Personeinheit Christi fest, wollte aber daneben die Besonderheit beider Naturen Christi unbedingt wahren. Bei Luther fand er die Besonderheiten der Naturen verwischt; da-

---

[14] CR 91,484,23–25 (eig. Übers.).
[15] G. W. Locher, H. Zwingli in neuer Sicht, 1969, 260.
[16] G. W. Locher, Streit unter Gästen, 1972, 10f.
[17] CR 89,136,23–26.
[18] CR 90,779,18–22.34–36 (eig. Übers.).
[19] Z.B. CR 92,680,1–681,12 (Amica Exegesis 1527).
[20] Ebd. 681,13f.; s. auch den Kommentar ebd., 679–683.

durch schien ihm die Glaubensaussage gefährdet zu sein, daß Christus nur als Gottes Sohn unser Heil ist.

Daß Christus nach seiner göttlichen Natur allgegenwärtig ist, hat Zwingli niemals bestritten. Eine „spiritualis praesentia" Christi im Abendmahl gestand er durchaus zu[21]. Dagegen äußerte Luther: *„Nein geselle, wo du mir Gott hinsetzest, da mustu mir die menscheit mit hin setzen, Sie lassen sich nicht sondern und von einander trennen, Es ist eine person worden und scheidet die menscheit nicht so von sich, wie meister Hans seinen rock aus zeucht und von sich legt, wenn er schlaffen gehet."*[22] Darüber hinaus blieb kontrovers, ob die Gegenwart Christi gebunden sei an die vergegenwärtigende Kraft des Glaubens (contemplatio fidei), wie Zwingli meinte, oder ob sie stets vorgegeben sei und lediglich ihre Heilswirkung den Glauben voraussetze. Schließlich aber lag Luther Entscheidendes an dem Gabe-Charakter des Abendmahls. Für einen Gabe-Charakter des Abendmahls ist jedoch bei Zwingli, auch wenn man seinen theologischen Motiven Rechnung trägt, im Grunde kein Raum[23], weil für ihn äußerlich-leibliche Dinge für die Seele oder den Glauben keine Bedeutung haben können. Mochte Zwingli dabei auch die reine Geistigkeit des Glaubens im Auge haben, so war hier doch auch eine unbiblische, humanistisch geprägte Abwertung des dinglich-materiellen Bereichs maßgebend. Daß für Luther das Abendmahl wirklich die Sündenvergebung austeilt und Hilfe in der Anfechtung ist, blieb für Zwingli unbegreiflich und nicht nachvollziehbar.

§ 4 Das Marburger Religionsgespräch 1529

Literatur: Texte: F. W. Schirrmacher (Hg.), Briefe u. Acten zu der Geschichte des Religionsgespräches zu Marburg 1529 u. des Reichstages zu Augsburg 1530, Gotha 1876, Neudr. Amsterdam 1968; WA 30 III, 92–171, dazu Revisionsnachtrag 1970 (s. vor allem die Brenz-Berichte 35–40; ebd. 13–22 ein neuer Text der Schwabacher Artikel); W. Köhler, Das Marburger Religionsgespräch 1529. Versuch einer Rekonstruktion, SVRG 148, Leipzig 1929; G. May, Das Marburger Religionsgespräch 1529, Texte zur Kirchen- u. Theologiegeschichte 13, Gütersloh 1970; J. Köstlin, Die Marburger Artikel über das Verhältnis von Taufe und Glauben, ThStKr 39, 1866, 347–355; Th. Kolde, Art. Marburger Religionsgespräch, RE 12, 248–255; W. Köhler, Zwingli u. Luther. Ihr Streit über das Abendmahl nach seinen politischen u. religiösen Beziehungen. II Vom Beginn der Marburger Verhandlungen 1529 bis zum Abschluß der Wittenberger Konkordie von 1536, QFRG 7, Gütersloh 1953; ders., Das Religionsgespräch zu Marburg 1529, Tübingen 1929; ders., Warum sind Luther u. Zwingli 1529 in Marburg nicht einig geworden? NAKG NS 22, 1929, 73–90; ders., Das Religionsgespräch zu Marburg 1529, Zwingliana 5, 1929–33, 81–102; W. Menzel, Das Religionsgespräch zu Marburg 1529 u. seine theol. Bedeutung für die Abendmahlsauffassung, Diss. theol. Breslau 1931; E. Bizer, Studien zur Geschichte des Abendmahlsstreits im 16. Jh., BFChrTh II, 46, Gütersloh 1940, Neudr. Darmstadt 1962, 1972; H. Grass, Die Abendmahlslehre bei Luther u. Calvin, BFChrTh II, 47, Gütersloh 1954²; H. Köditz, Die gesellschaftlichen Ursachen des Scheiterns des Marburger Religionsgespräches vom 1.–4. Okt. 1529, Zschr. f. Geschichtswissenschaft 2, 1954, 37–70; W. H. Neuser, Eine unbekannte Unionsformel Melanchthons vom Marburger Religionsgespräch, ThZ 21, 1965, 181–199; ders., Die Abendmahlslehre Melanchthons in ihrer geschichtl. Entwicklung (1519–1530), Neukirchen-Vluyn 1968; S. Hausammann, Die Marburger Artikel – eine echte Konkordie? ZKG 77, 1966, 288–321; G. Hoffmann,

[21] CR 92,587,15–20 (Amica Exegesis).
[22] WA 26,333,6–10 (Vom Abendmahl Christi).
[23] Gegen G. W. Locher, H. Zwingli in neuer Sicht, 1969, der gar meint (261): „Mit all dem wird schließlich doch in aller Klarheit der Gabe-Charakter des Abendmahls ausgesprochen."

Marburg 1529 – Eine verpaßte Gelegenheit? Zur Interpretation der letzten Sitzung des Marburger Gesprächs durch W. KÖHLER, Oberurseler Hefte, Studien u. Beiträge für Theologie u. Gemeinde H. 1, o.J. (1974).

Kaum war der Abendmahlsstreit ausgebrochen, hatte es auch schon Pläne für ein Religionsgespräch gegeben, um die Differenzen zu überwinden. Die theologischen Unterschiede und Einigungsbemühungen müssen dabei in engem Zusammenhang mit den politischen Bündnisplänen gesehen werden. Zunächst ging es bei jeder der streitenden Parteien darum, sich fester zusammenzuschließen. Bald aber setzten auch Versuche ein, die Kluft zwischen Luther und Zwingli sowie den Straßburgern zu überbrücken. Schon im April 1525 wies Johannes Ökolampad in Basel auf die Notwendigkeit eines Religionsgespräches hin[1]. Auch im Zusammenhang der von Straßburg ausgehenden Vermittlungsversuche tauchte der Gedanke an eine persönliche Zusammenkunft auf (1526). Konkretere Gestalt erhielten solche zunächst von theologischer Seite ausgehenden Erwägungen jedoch erst, als Landgraf Philipp von Hessen sich ihrer annahm. Philipp war dabei auch beeinflußt von Herzog Ulrich von Württemberg, der seines Herzogtums verlustig gegangen war, nun aber hoffte, mit Philipps Hilfe es wieder zu erlangen, und von daher an einer Überwindung der Gegensätze zwischen Wittenberg, Straßburg, Basel und Zürich interessiert war; seit Februar 1527 vertrat Ulrich in diesem Sinne die Interessen der Schweizer bei Philipp. Luther lehnte jedoch 1527 die Teilnahme an einem Religionsgespräch ab. Da der Landgraf jedoch weiter drängte, erklärte Luther sich im Juli 1528 zu einem Gespräch mit Ökolampad bereit. Doch stellten sich immer wieder neue Schwierigkeiten ein. Die Schweizer und die Oberdeutschen waren eher gesprächsbereit als Luther. Erst die Zuspitzung der politischen Lage der protestantischen Territorien auf dem zweiten Speyrer Reichstag 1529 und die Notwendigkeit eines evangelischen Bündnisses führten zu einer nachdrücklichen Verstärkung der Einigungsbemühungen. Dem Landgrafen gelang es schließlich, von allen Beteiligten die Zustimmung zu einem Religionsgespräch zu erlangen. Das Marburger Religionsgespräch ist also *„eine politische Aktion“* gewesen[2], nicht nur ein kirchlich-theologischer Einigungsversuch. Gerade die Lutheraner verlangten für ein politisches Bündnis die theologische Verständigung, während andererseits Philipp, die Straßburger und die Züricher auch ohne theologische Einigung zu einem politischen Zusammengehen bereit waren.

Freilich waren die Aussichten für ein Gelingen der Einigungsbemühungen nicht günstig. Zu irgendeinem Kompromiß war Luther nicht bereit; die leibliche Realpräsenz von Christi Leib und Blut in den Elementen war ihm unaufgebbar. Zwingli andererseits dachte nicht daran, sich auf Luthers Standpunkt zu begeben. Im Grunde zogen beide Seiten in der festen Gewißheit, Recht zu haben, nach Marburg. Jeder wollte seine Position darlegen und konnte es sich nicht anders vorstellen, als daß die Gegenseite von den eigenen, überzeugenden Argumenten widerlegt werden würde. War deshalb ein Ergebnis im Sinne des Landgrafen nicht zu erwarten, so zeigen die Verhandlungen doch eine überraschende „Bewegung in der Diskussion“[3], und auch die Marburger Artikel konnten eine

---

[1] W. KÖHLER, Zwingli u. Luther, II, 1953, 1f.
[2] W. KÖHLER, ebd. 62.
[3] W. KÖHLER, ebd. 73.

relativ *weitreichende Übereinstimmung* zwischen den Parteien feststellen. Insofern gilt das Marburger Religionsgespräch zu Recht als einer der Höhepunkte der Reformationsgeschichte.

Die Verhandlungen fanden vom 1.–4. 10. 1529 statt. Am 1. 10. begann man mit Sondergesprächen einerseits zwischen Luther und Ökolampad, andererseits zwischen Melanchthon und Zwingli. Die Hauptgespräche wurden am 2. und 3. 10. geführt. Am 4. 10. wurden die Marburger Artikel aufgestellt.

Bei den Sondergesprächen konnten manche anderen Streitfragen geklärt und entschärft werden wie in der Trinitätlehre, der Zwei-Naturen-Lehre, der Lehre von der Erbsünde. So konnte man sich in den Hauptgesprächen, an denen sich außer Luther und Zwingli vor allem noch Ökolampad beteiligte, auf die Abendmahlsfrage konzentrieren. Eine gewisse Chance zu einer Einigung bestand am 3. 10. nachmittags. Da gestand Luther zu, daß man das Sakrament Zeichen einer heiligen Sache nennen könne und daß es im Abendmahl heilige Symbole gebe. Es sei kindisch, beim Anblick des Brotes zu sagen, man habe den Herrn gesehen. Luther fügte jedoch hinzu, es handle sich nicht um ein „reines Zeichen"[4]. Ökolampad seinerseits gab zu, es handle sich nicht nur um ein Zeichen, sondern da sei durch den Glauben der wahre Leib[5]. Aber keiner der beiden nutzte die Chance, die sich hier bot, um vielleicht den Zeichen- oder Symbolbegriff näher zu klären. Im Gegenteil, es kam an demselben Nachmittag zu Luthers scharfer Abgrenzung von Bucer, dem er vorhielt, sie hätten in Straßburg einen anderen Geist[6]. Auch die persönlichen Bemühungen des Landgrafen um eine Einigung fruchteten nichts. Auf seine Initiative hin faßte Luther jedoch unter Benutzung der Schwabacher Artikel (s. u. 83f.) die Marburger Artikel ab, die nach Einarbeitung einiger von den Schweizern gewünschten Änderungen von allen Gesprächsteilnehmern unterzeichnet wurden.

Die *Marburger Artikel* erörtern die Trinitätslehre, die Christologie, die Erbsünde (4), die Erlösung, den Glauben, das äußerliche Wort, die Taufe, die guten Werke, die Beichte, die Obrigkeit, menschliche Traditionen, die Kindertaufe (14) sowie das Abendmahl (15). Wichtig ist zunächst die *Lehre von der Erbsünde*. Hatte der 4. Schwabacher Artikel sich gegen die Bezeichnung der Erbsünde als „Fehl oder Gebrechen" und damit gegen Zwingli gewandt[7], so konnte man, da „prästen" für Zwingli „unheilbaren Bruch" bedeutet[8], leicht eine gemeinsame Aussage finden, die beide Seiten voll akzeptierten; die Fortlassung der Schwabacher Formulierung, daß die Erbsünde „ein rechte wahrhaftige Sunde" sei, ist möglicherweise ein Entgegenkommen gegenüber den Schweizern in der Formulierung, nicht jedoch in der Sache[9]. Auch in anderen Artikeln finden sich bestimmte Zugeständnisse, die zuweilen auch sachlicher Natur waren[10].

---

[4] G. May, Das Marburger Religionsgespräch 1529, 1970, 28: „Lutherus admittit, ut vocetur sacramentum sacrae rei signum, concedit sancta symbola esse et sic, ut amplius aliquid significent et intellectui repraesentent. Puerile est, si quis dicat videndo panem: Dominum vidi; oportet ergo erigere intellectum. Qui autem purum signum esse dicit, hoc grave est mihi admittere." S. hierzu G. Hoffmann, Marburg 1529, Oberurseler Hefte 1, o. J. (1974).

[5] Ebd.: „Oecolampadius concedit non tantum signum esse, sed ibi per fidem esse verum corpus."

[6] Ebd. 56f.

[7] BSLK 53,24f.

[8] G. W. Locher, H. Zwingli in neuer Sicht, 1969, 239f.

[9] W. Köhler, Zwingli u. Luther, II, 1953, 120.

[10] Besonders im 8. Artikel: „Zum achten, daß der heilig Geist, ordentlich zu reden, niemands sol-

Besonders wichtig war natürlich der 15. Artikel „Vom Sakrament des Leibs und Bluts Christi“: *„Zum 15. gläuben und halten wir alle von dem Nachtmahle unsers lieben Herrn Jesu Christi, daß man bede Gestalt nach der Insatzung Christi prauchen solle (= 1), daß auch die Messe nicht ein Werk ist, damit einer dem andern tot oder lebendig Gnad erlange (= 2), daß auch das Sakrament des Altars sei ein Sakrament des wahren Leibs und Pluts Jesu Christi (= 3), und die geistliche Nießung desselbigen Leibs und Pluts einem jeden Christen furnehmblich von notten (= 4). Desgleichen, der Brauch des Sakraments, wie das Wort von Gott, dem Allmächtigen, gegeben und geordnet sei, damit die schwachen Gewissen zu Glauben zu bewegen durch den heiligen Geist (= 5), und wiewohl aber wir uns, ob der wahr Leib und Plut Christi leiblich im Brot und Wein sei, dieser Zeit nit vergleicht haben, so soll doch ein Teil jegen dem andern christliche Liebe, so fer jedes Gewissen immer leiden kann, erzeigen, und bede Teil Gott, den Allmächtigen, fleißig bitten, daß er uns durch seinen Geist den rechten Verstand bestätigen wolle.“*[11]

In fünf Punkten ist hier eine Gemeinsamkeit festgestellt. Dabei haben beide Seiten Zugeständnisse gemacht: Zwingli mit der Redeweise vom Sakrament, Luther mit der Betonung der geistlichen Nießung. Beide haben damit ihre früheren Positionen nicht preisgegeben, wohl aber das Gemeinsame, das in der Kontroverse ganz zurückgetreten war, wieder herausgestellt. Daß das Sakrament des Altars die schwachen Gewissen trösten soll, ist ein bedeutsames Entgegenkommen Zwinglis: hier wird der Gabe- und Gnadenmittelcharakter des Abendmahls betont. Der bleibende Dissensus ist lediglich in einem Nebensatz erwähnt. Er betrifft ausschließlich die Frage der Realpräsenz von Christi Leib und Blut in Brot und Wein. Dabei wird die Hoffnung angedeutet, daß ein Vergleich später möglich sei; zudem soll, soweit das Gewissen es zuläßt, Liebe gegeneinander bewiesen werden.

Sind die Marburger Artikel eine Konkordie (W. KÖHLER) oder nicht (S. HAUSAMMANN)? Die Alternative scheint unglücklich gestellt zu sein. Die Artikel haben in verschiedenen Streitfragen zur Verständigung geführt, beide Seiten haben Zugeständnisse gemacht, selbst in der Lehre vom Abendmahl ist eine beträchtliche Annäherung erreicht. Formal kann man die Marburger Artikel als *gemeinsames Bekenntnis* bezeichnen; alle am Religionsgespräch teilnehmenden Theologen haben ihre Unterschrift geleistet. Daß Luther die Artikel abgefaßt hat, kann nicht gegen ihren Charakter als Konkordie angeführt werden[12], da die Gegenseite Änderungen durchzusetzen vermochte. Freilich, zu einer echten Konkordie ist man doch nicht gekommen: der bedeutsame Streitpunkt konnte nicht ausgeräumt werden. Immerhin war das Mißtrauen zwischen den Streitenden weithin abgebaut; die heftige literarische Kontroverse wurde durch das Marburger Gespräch beendet.

---

chen Glauben oder seine Gabe gibt, ohn vorgehend Predigt oder mundlich Wort oder Euangelion Christi, sonder durch und mit solchem mundlichen Wort wirkt er und schafft den Glauben, wo und in welchem er will. Ro. 10.“ Die Worte „ordentlich zu reden“ finden sich in dem entsprechenden 6. Schwabacher Artikel nicht; sie nehmen Rücksicht auf Zwinglis Auffassung von Wort und Geist. Cf. KÖHLER, ebd. 122.

[11] BSLK 65,14–26.

[12] Gegen S. HAUSAMMANN, ZKG 77, 1966, 303.

Ihren Zweck, die theologische Übereinstimmung als Voraussetzung für ein politisches Bündnis, haben die Marburger Artikel allerdings nicht erreicht. Von Dauer ist die Annäherung auch nicht gewesen. Die veränderte politische Lage des Jahres 1530 führte bei den Lutheranern wieder zu einer schärferen Betonung der Unterschiede zu Zwingli (s. u. 89). Luther hat die Marburger Artikel selbst nicht als Konkordie verstanden, und Zwingli konnte in einem Entgegenkommen gegenüber Luther keinen Sinn erblicken.

Kapitel IV: Die Bildung von Bekenntnissen

§ 1 Reformatio und Confessio

Literatur: Die fränkischen Bekenntnisse. Eine Vorstufe der Augsburgischen Konfession, hg. v. W. F. SCHMIDT u. K. SCHORNBAUM, München 1930; P. TSCHACKERT, Die Entstehung der luther. u. der reform. Kirchenlehre samt ihren innerprotestant. Gegensätzen, Göttingen 1910; E. VOGELSANG, Der confessio-Begriff des jungen Luther (1513–1522), LuJ 12, 1930, 91–108; K. G. STECK, Lehre und Kirche bei Luther, FGLP 10, XXVII, München 1963; W. MAURER, Zu Entstehung u. Textgeschichte der Schwabacher Artikel, in: Theologie in Geschichte und Kunst. Festschrift W. Elliger, Witten 1968, 134–151; DERS., Motive der evangelischen Bekenntnisbildung bei Luther u. Melanchthon, in: Reformation und Humanismus. Festschrift R. Stupperich, Witten 1969, 9–43.

Daß es auf dem Boden der Reformation zur Bildung von Bekenntnissen kam, lag vordergründig an der Notwendigkeit, für das im Entstehen begriffene evangelische Kirchenwesen lehrhafte Richtlinien oder Normen zu besitzen sowie an der Aufgabe, sich vor Kaiser und Reich gegen den Vorwurf häretischer Neuerung zu wehren und die eigene wesentliche Übereinstimmung mit der Lehre der alten Kirche zu erweisen. Im Grunde ist jedoch das innere Motiv bedeutsamer gewesen, das vor allem bei Luther, aber auch bei Melanchthon und vielen anderen Reformatoren vom theologischen Ansatz her zu verbindlichen Formulierungen des Glaubens führte, ohne daß es äußerer Anlässe bedurfte.

Begriffe wie „Bekennen" haben vornehmlich im Psalter und in den Evangelien, aber auch in der Briefliteratur des NT Bedeutung. Sie wurden in der Kirchengeschichte immer wieder Anlaß zu eigener Besinnung. Besonders tief und auch einflußreich wurde Augustins Verständnis von „confessio". Seine „Konfessionen" sind in gleicher Weise Bekenntnis der Sünde wie Lobpreis. Nicht zuletzt war die „confessio" im Rahmen des Bußsakraments im täglichen Leben der Kirche von erheblichem Gewicht.

Wenn Luther schon in der 1. Psalmenvorlesung die *„confessio"* so stark betonte, dann war das also nicht grundlegend neu. Gleichwohl sind das Ausmaß, in dem die Begriffe „confessio" und „confiteri" begegnen, und in gewisser Weise auch der Inhalt neu. Mit dem Bekennen meint Luther sowohl das Loben als auch das Danken. „Gib Gott Ehre (gloria) und Lob (confessio), und diese Ehre wird deine Zierde sein, das Lob Gottes wird deine Schönheit sein."[1] „Gott allein wird Lob (laus) und Ehre (honor) geschuldet, den Menschen aber nichts als Verwirrung und kein Lob. Denn Gott beansprucht für sich das ganze Lob ... Wir kön-

---

[1] WA 4,110,24f. (Sch. Ps 95,6, eig. Übers.).

nen also Gott nur das Opfer des Bekenntnisses (sacrificium confessionis) bringen. Denn er fordert nicht Dinge von uns, sondern uns selbst. Das Opfer des Bekenntnisses besagt aber, anerkennen und bekennen, daß alles von Gott empfangen ist, und sich selbst wiederum bereitwillig von ganzem Herzen darbringen."[2] Für Luther gilt also: „Es gibt kein herrlicheres Lobbekenntnis Gottes als das Bekenntnis unserer Sünde und Schwachheit. Zweierlei verschiedenes Bekenntnis gibt es also im Grunde gar nicht; es sind nur zwei Seiten derselben Sache: Bekennen heißt einfach zum Bewußtsein, zur Erkenntnis, zur Anerkenntnis des wahren Verhältnisses zwischen Gott und Mensch kommen: Gott der Alleinheilige, der Mensch Sünder vor ihm."[3] Dabei ist wichtig, daß das Bekenntnis des Menschen nicht „Werk", sondern Tat ist, die zur Voraussetzung hat, daß Gott uns „ansieht": „Er sieht uns an: deshalb bewirkt er, daß er von uns angesehen wird."[4]

Der Charakter des Bekenntnisses als Sündenbekenntnis ist in den folgenden Jahren von Luther nicht zurückgenommen worden. Gleichwohl gewinnen seine Aussagen über das Bekenntnis im Laufe der Jahre einen froheren, bejahenden Klang. In der Hebräerbriefvorlesung sagt Luther: „All unser Tun ist Bekennen."[5] Im Magnificat heißt es 1521: „Das zugleich der gantz leyp und alles leben, und alle gelid gern reden wolten; das heyst recht ausz dem geist und in der warheit got loben."[6] 1522 sagt Luther in der Vorrede zum Septembertestament: *„Ja wo der glawbe ist, kan er sich nit halten, er beweyßet sich, bricht eraus, unnd bekennet und leret solch Evangelion fur den leutten und waget seyn leben dran, Unnd alles was er lebet und thutt, das richtet er zu des nehisten nutz, yhm zu helffen... wie er sihet, das yhm Christus than hat, und folget dem exempel Christi nach."*[7] Aber daß „das Bekenntnis das vornehmste Werk des Glaubens" ist[8], steht dem jungen wie dem alten Luther in gleicher Weise fest.

Daß es bei Luther von daher immer wieder zu besonderen Formulierungen seines Glaubens kam, hatte freilich auch äußere Ursachen. Luther hat die auf den damaligen Universitäten übliche Schulung in Disputationen für nützlich gehalten und später selbst gefördert. Disputationen aber zwingen zu knapper, scharfer Formulierung. Sodann haben die wiederholten Gespräche und Verhöre Luther veranlaßt, sich über seine Anschauungen sowie über den Dissensus mit Rom Rechenschaft abzulegen. Vor allem die Vorladung vor den Reichstag nach Worms nötigte Luther zu einem „Bekenntnis". Ferner war bedeutsam die Notwendigkeit, katechismusartig wichtige Stücke des christlichen Glaubens zu erörtern[9]. Schließlich zwangen die theologischen Auseinandersetzungen mit den „Schwärmern", mit Erasmus und mit Zwingli zu stets neuer Rechenschaft.

Dabei ist zu beachten, daß das Bekenntnis für Luther, auch wenn es mitten in

---

[2] WA 3,280,23–29 (RGl. Ps 49,23, eig. Übers.).

[3] E. VOGELSANG, LuJ 12, 1930, 94.

[4] WA 4,112,5–8 (Sch. Ps 95,6): „Quia conspectus dei passivus, unde oritur confessio et pulchritudo, primum fit ex conspectu eius activo. Quia enim nos conspicit: ideo conspici se facit a nobis."

[5] WA 57 III, 137,5 (Sch. Hebr 3,1): „tota nostra operacio confessio est."

[6] WA 7,572,16–18.

[7] WADB 6,8,29–34.

[8] WA 56,419,21 (Sch. Röm 10,10, eig. Übers.).

[9] S. z.B. Eine kurze Erklärung der 10 Gebote (1518); Verschiedene Vaterunser-Erklärungen (1519); Eine kurze Form der 10 Gebote, eine kurze Form des Glaubens, eine kurze Form des Vaterunsers (1520) usw.

polemischen Auseinandersetzungen erfolgt, in erster Linie Bekenntnis im Angesicht Gottes ist. Das Bekenntnis ist also seiner Intention nach nicht zuerst Lehraussage, obwohl es das natürlich immer auch ist, sondern *Entscheidung für die Wahrheit*. Mit seinem Bekenntnis sagt der Bekennende zugleich, worauf er im Gericht seine Zuversicht gründet. Besonders deutlich wird dies bei Luthers Auseinandersetzung mit Erasmus. Für Luther gehört das „Aufstellen theologischer Behauptungen" (asserere) untrennbar zum Glauben hinzu. Dabei kommt der Frage, ob dem freien Willen eine Mitwirkung bei der Erlangung des Heils zugeschrieben werden kann, wesentliche Bedeutung zu. Für Luther ist es unverständlich, daß Erasmus der Klärung dieser Frage kein großes Gewicht beimißt. Daß Erasmus seinerseits in Luthers Betonung des „asserere" Fanatismus erblickt, zeigt, wie weit beide Kontrahenten voneinander entfernt waren.

Freilich haben neben den inneren Motiven auch äußere Faktoren die Entstehung von Bekenntnissen herbeigeführt. Die frühesten reformatorischen Bekenntnisse sind die *fränkischen Bekenntnisse*, die z. T. in das Jahr 1524 zurückgehen und unter denen dem „Ansbacher evangelischen Ratschlag" vom 30. 9. 1524 besondere Bedeutung zukommt. Damals war von dem dritten Nürnberger Reichstag die „gemeine versammlung Teutscher nation" ausgeschrieben worden, die im November 1524 in Speyer zusammentreten sollte, die aber wegen des kaiserlichen Verbotes nicht zustande kam; auf diesem Nationalkonzil sollte jeder Stand einen „Auszug aller neuen Lehre und Bücher" zur Hand haben[10]. Bei den im Juli und August 1524 stattfindenden Verhandlungen der Stände des fränkischen Kreises zu Windsheim wurden entsprechende Vorbereitungen getroffen. Da Altgläubige und Anhänger der Reformation nicht gemeinsame Gutachten anfertigen konnten, kam es zu getrennten Voten. Normative Geltung haben die fränkischen Bekenntnisse nicht gewonnen. Als frühes Zeugnis reformatorischer Bekenntnisbildung sind sie gleichwohl bedeutsam.

Der „*Ansbacher evangelische Ratschlag*" hat einen ganz anderen Aufbau als die späteren reformatorischen Bekenntnisse. In lockerer Folge werden in 23 Hauptartikeln und in 169 Punkten zahlreiche Kontroversfragen behandelt. Dabei wird im 1. Hauptartikel die Ekklesiologie erörtert. Die Kirche ist „ein versammlung oder gemain", sie ist die Zahl der Erwählten oder „die menge oder versamlung aller christgläubigen, so in einigkeit des geists, glaubens, hoffnung und lieb leben und noch leben werden, von welcher ainigkeit die glaubigen haissen ein gemein der heiligen"[11]. Von der Kirche heißt es, daß sie nicht irren kann[12]. Der römischen Kirche wird hingegen bestritten, daß sie die „gemelt gemein christlich kirch sei"[13]. Auch die Konzilien seien nicht die Kirche. Im übrigen sei die Kirche nicht auf Petrus und die Päpste erbaut. Bemerkenswert ist, daß in der Abendmahlslehre sowohl Luthers als auch Zwinglis Einfluß zu finden ist. Das Abendmahl ist „ein erinnerung und widergedechtnus der bezalung und nachlassung unser sund, so ein mal im leiden und sterben unser hern Jesu Christi geschen ist"[14]. Zeigt sich hier Zwinglis frühe Abendmahlslehre, so wird doch

---

[10] Die fränk. Bek., 9ff.; s. ferner vor allem M. BRECHT, Die gemeinsame Politik der Reichsstädte und die Reformation, ZSavRG kan. Abt. 94 (LXIII), 1977, 180–263.

[11] Die fränk. Bek., 187. [12] Ebd. 188. [13] Ebd. 189.

[14] Ebd. 233.

andererseits von Luther der Gedanke übernommen, daß das Abendmahl „testamentum“ sei, allerdings in Konfrontation mit dem Opfergedanken[15].

Aber zur Zeit der Abfassung des Ratschlags war es ja noch nicht zum Streit zwischen Luther und Zwingli gekommen, so daß die Autoren sich die verschiedene Intention der Abendmahlslehre bei beiden Reformatoren schwerlich vergegenwärtigt haben. Für die Bestimmung des theologischen Standorts der Autoren ist auch die Betonung des Bilderverbots wichtig, das man im AT und im NT findet[16]. Aber auch hier können daraus keine weiterreichenden Schlüsse gezogen werden: noch waren die Grenzen zwischen den verschiedenen Richtungen innerhalb der reformatorischen Bewegung fließend. Im ganzen ist für den „Ansbacher evangelischen Ratschlag“ kennzeichnend die der gesamten Reformation eigene strikte Gegenüberstellung von Gotteswort und Menschenwort. Dabei wird in engerer Weise als von Luther jeweils gefragt, ob für einen Ritus oder eine Lehre ein Befehl Gottes vorliegt oder nicht. Im „Beschluß“ wird die Bereitschaft erklärt, „wo uns jemand in heiliger gottlicher schrift in einem oder mer artikeln bessers unterrichten könnt und wolt, uns den oder dieselben weisen zulassen und also in alweg bei heiliger gottlicher schrift zupleiben“[17].

Sind die fränkischen Bekenntnisse nirgends rezipiert worden, so führt *Melanchthons „Unterricht* der Visitatoren an die Pfarrherrn im Kurfürstentum zu Sachsen“ (verfaßt 1527, gedr. 1528) bereits näher an die Entstehung der lutherischen Bekenntnisschriften heran. Melanchthon hat später sogar bei Abfassung der CA auf den „Unterricht“ als Vorlage zurückgegriffen[18], obwohl der Aufbau des „Unterrichts“ ganz anders ist als derjenige der CA. Der „Unterricht“ ist entstanden im Zusammenhang der kursächsischen Kirchen- und Schulvisitation, die bereits 1524 von N. Hausmann angeregt, aber erst 1527–1529 durch besondere Kommissionen vorgenommen wurde; Ziel der Visitation war der Aufbau des reformatorischen Kirchenwesens sowie die Herstellung geordneter Zustände in Kirche und Schule aufgrund der Reformation sowie nach der Katastrophe des Bauernkrieges. Melanchthon, der selbst an der Visitation teilnahm, hat zunächst lateinische Artikel für die Visitation entworfen[19], dann aber die größere Schrift „Unterricht der Visitatoren“[20] verfaßt. Sie wurde dem Kurfürsten eingereicht, von Luther geprüft und an verschiedenen Stellen geändert[21]. Auf die lateinischen Artikel hin hatte J. Agricola bereits Melanchthons Gesetzesverständnis angegriffen, so daß der Beginn der antinomistischen Streitigkeiten mit der Entstehung des „Unterrichts“ zusammengehört[22]. Auf kurfürstliche Anordnung hin schrieb Luther die Vorrede zu dem „Unterricht“[23].

Der *Aufbau des „Unterrichts“* ist, verglichen mit dem „Ansbacher evangelischen Ratschlag“, sehr viel stärker systematisch und sowohl im Hinblick auf Lehrfragen als auch für das Kirchenregiment ziemlich umfassend. Behandelt werden vor allem die Lehre, die Gebote, das Gebet, die Sakramente, die menschliche Kirchenordnung, Ehefragen, der freie Wille, die christliche Freiheit, die Frage des Bannes, das Amt des Superattendenten sowie Probleme der Schulen.

---

[15] Ebd. 233; 265. [16] Ebd. 314. [17] Ebd. 321.
[18] G. HOFFMANN, Zur Entstehungsgeschichte der Augustana..., ZsystTh 15, 1938, 419–490.
[19] CR 26,9–28. [20] CR 26,49–96; WA 26,195–240; Mel., StA 1,216–271.
[21] WA 26,176. [22] S. o. Kap. III, 4.
[23] WAB 4 Nr. 1200 (Brief des Kurfürsten Johann von Sachsen an Luther vom 3. 1. 1528).

Die für Melanchthon insgesamt charakteristische Betonung der Ethik sowie die in gewisser Weise intellektualistische Fassung der reformatorischen Theologie zeigen sich auch hier: „Nu befinden wir an der Lere unter andern fürnemlich diesen feyl, das wiewol etlich vom glauben, dadurch wir gerecht werden sollen, predigen, doch nicht genugsam angezeigt wird, wie man zu dem glauben komen sol, und fast alle ein stück Christlicher Lere unterlassen, on welchs auch niemand verstehen mag, Was Glauben ist odder heisset."[24] Als die beiden ersten Stücke des christlichen Lebens erscheinen „Busse, odder Rew und leyd, und Glauben, dadurch wir erlangen vergebung der sunde und gerecht werden für Gott"[25]. „Das dritte stück Christlichs lebens ist gute werck thun, Als keuscheyt, den nechtsten lieben, yhm helffen, nicht liegen, nicht betriegen, nicht stelen, nicht todschlagen, nicht rachgirig sein, nicht mit eygen gewalt rechen etce."[26] Vom Abendmahl heißt es, „das sie glewben, das ym brot der warhafftige leib Christi und ym weyn das ware blut Christi ist"[27]. Mit der Einrichtung von „Superattendenten" wird Sorge getragen für ein kirchenleitendes Amt[28]: „Dieser Pfarherr sol superattendens sein, auff alle andere Priester, so ym Ampt odder Refir des orts sitzen..., vleissig auffmercken haben, das ynn den obbestimpten Pfarhen recht und Christlich geleret, und das wort Gottes, und das heilige Euangelion rein und treulich gepredigget, und die leute mit den heiligen Sacramenten, nach aussatzung Christi, seliglich versehen werden, Das sie auch ein gut leben füren, damit sich das gemeine volck bessere und kein ergernis empfahe, und nicht Gottes wort zu entgegen, odder das zu auffrhur widder die öbrickeit dienstlich, predigen odder leren."[29]

Als Richtschnur für die Lehre hat der „Unterricht der Visitatoren" eine Bedeutung gehabt, die ihn über den Rang einer Privatschrift weit hinaushebt. Gerade in den Werdejahren des reformatorischen Kirchenwesens, als noch viele Fragen offen zu sein schienen, hat er zur Festigung und Einheitlichkeit der lutherischen Lehre und Predigt erheblich beigetragen. Diese Bedeutung des „Unterrichts" wird auch dadurch nicht allzusehr gemindert, daß 1530 die CA entstand und bald zur Richtschnur für das Luthertum wurde; denn etliche Grundgedanken des „Unterrichts" sind von Melanchthon auch in die CA aufgenommen worden.

Auf dem Wege zur Entstehung von Bekenntnisschriften sind schließlich die beiden *Katechismen Luthers* von Bedeutung, die später sogar selbst in die BSLK aufgenommen worden sind. Wie Melanchthons „Unterricht", so sind auch die Katechismen im Zusammenhang der kursächsischen Kirchen- und Schulvisitation entstanden. Der große Katechismus wurde vorbereitet durch drei Reihen von Predigten, die Luther 1528 in Vertretung des Wittenberger Stadtpfarrers Bugenhagen über die fünf Hauptstücke des traditionellen Katechismus hielt. Aus seinen Aufzeichnungen und aus Nachschriften arbeitete Luther den Großen Katechismus aus, der im April 1529 erschien. Gleichzeitig verfaßte Luther den Kleinen Katechismus, dessen einzelne Stücke ursprünglich in Plakatform ge-

[24] StA 1,221,8–13. [25] Ebd. 223,35–37. [26] Ebd. 224,1–4.
[27] Ebd. 237,16f.
[28] s. B. LOHSE, Das Verständnis des leitenden Amtes in luth. Kirchen in Deutschland von 1517 bis 1918, in: Kirchenpräsident oder Bischof? Hg. v. I. ASHEIM u. V. R. GOLD, Göttingen 1968, 55–74.
[29] StA 1,264,20–30.

druckt wurden, um in Kirchen und Schulen an die Wand gehängt werden zu können. Der Kleine Katechismus ist nicht ein Auszug aus dem Großen, vielmehr hat Luther beide Katechismen selbständig nebeneinander angefertigt.

Beide Katechismen haben Jahrhunderte hindurch einen unvergleichlichen Einfluß auf Lehre und Predigt in der lutherischen Kirche ausgeübt. Die Tatsache, daß Luther hier ohne Fachausdrücke in einer leicht verständlichen Weise den reformatorischen Glauben knapp und einprägsam ausdrücken konnte, hatte zur Folge, daß die Katechismen an Einfluß wohl alle anderen Bekenntnisschriften weit übertroffen haben, auch wenn man für bestimmte Kontroversfragen in der Theologie selbstverständlich auf die CA, die AC und später auch die FC zurückgriff. Die Erklärung des zweiten Glaubensartikels im Kleinen Katechismus hat man nicht mit Unrecht den vollkommensten deutschen Satz genannt.

Der *Große Katechismus* kann als die beste Zusammenfassung von Luthers Theologie aus der Feder des Reformators selbst gelten. Die ganz auf das Zentrale drängende Auslegung kommt gleich in den Erläuterungen zum 1. Gebot unübersehbar zum Ausdruck: „*‚Du sollt nicht andere Gotter haben.‘ Das ist, Du sollt mich alleine fur Deinen Gott halten. Was ist das gesagt und wie verstehet man's? Was heißt ein Gott haben oder was ist Gott? Antwort: Ein Gott heißet das, dazu man sich versehen soll alles Guten und Zuflucht haben in allen Nöten. Also daß ein Gott haben nichts anders ist, denn ihm von Herzen trauen und gläuben, wie ich oft gesagt habe, daß alleine das Trauen und Gläuben des Herzens machet beide Gott und Abegott. Ist der Glaube und Vertrauen recht, so ist auch Dein Gott recht, und wiederümb, wo das Vertrauen falsch und unrecht ist, da ist auch der rechte Gott nicht. Denn die zwei gehören zuhaufe, Glaube und Gott. Worauf Du nu (sage ich) Dein Herz hängest und verlässest, das ist eigentlich Dein Gott.*“[30] D. h., daß die Frage nach dem Sein Gottes für Luther niemals unabhängig von der nach dem Haben Gottes gestellt werden kann[31]. Es hat sehr lange gedauert, bis sich diese tiefe Erkenntnis Luthers in der gesamten Theologie durchgesetzt hat.

§ 2 Grundzüge der Theologie Melanchthons

Werke: CR 1–28, 1834–60; Epistolae, iudicia, consilia, testimonia etc., ed. H. E. Bindseil, Halle 1874; Supplementa Melanchthoniana I/1, 1910; II/1, 1911; V/1.2, 1915–29; VI/1, 1926; Studienausg. (= StA), hg. v. R. Stupperich, 1951 ff.

Literatur: G. Buttler, Das Melanchthonbild der neueren Forschung, MPTh 49, 1960, 129–137; P. Fraenkel u. M. Greschat, Zwanzig Jahre Melanchthonstudium. 6 Literaturberichte (1945–1965), Travaux d'Humanisme et Renaissance 93, Genf 1967; W. Hammer, Die Melanchthonforschung im Wandel der Jahrhunderte. Ein beschreibendes Verzeichnis, I.II QFRG 35/36, Gütersloh 1967–68; C. L. Manschreck, Melanchthon. The Quiet Reformer, New York-Nashville 1958; G. A. Herrlinger, Die Theologie Melanchthons, Gotha 1879; K. Hartfelder, Ph. Melanchthon als Praeceptor Germaniae, Monumenta Germaniae Paedagogica 7, Berlin 1889, Neudr. Nieuwkoop 1964; Seeberg, DG IV, 2; W. Maurer, Art. Melanchthon, RGG 4, 1960, 834–841; P.

---

30 Großer Kat. 1. Gebot, 1–3, BSLK 560,5–24.

31 S. hierzu G. Ebeling, Luther. Einführung in sein Denken, Tübingen 1964, 280–309 (Luthers Reden von Gott).

MEINHOLD, Ph. Melanchthon, der Lehrer der Kirche, Berlin 1960; R. STUPPERICH, Melanchthon, SG 1190, Berlin 1960; DERS., Der unbekannte Melanchthon. Wirken u. Denken des Praeceptor Germaniae in neuer Sicht, Stuttgart 1961; B. LOHSE, Ph. Melanchthon, Die Großen der Weltgeschichte 4, Zürich 1973, 1000–1013; P. JOACHIMSEN, Loci Communes. Eine Untersuchung zur Geistesgeschichte des Humanismus u. der Reformation, LuJ 8, 1926, 27–97; P. SCHWARZENAU, Der Wandel im theol. Ansatz bei Melanchthon von 1525–1535, Gütersloh 1956; H. ENGELLAND, Melanchthon. Glauben und Handeln, FGLP 4, I, München 1931; F. HÜBNER, Natürliche Theologie u. theokratische Schwärmerei bei Melanchthon, Gütersloh 1936; W. H. NEUSER, Der Ansatz der Theologie Ph. Melanchthons, Beiträge zur Geschichte u. Lehre der Reformierten Kirche 9, Neukirchen 1957; H. SICK, Melanchthon als Ausleger des ATs, BGH 2, Tübingen 1959; W. H. NEUSER, Luther u. Melanchthon. Einheit im Gegensatz, ThEx NF 91, 1961; W. MAURER, Zur Komposition der Loci Melanchthons von 1521, LuJ 25, 1958, 146–180; DERS., Melanchthons Loci Communes als wissenschaftl. Programmschrift. Ein Beitrag zur Hermeneutik der Reformationszeit, LuJ 27, 1960, 1–50; A. SPERL, Melanchthon zwischen Humanismus u. Reformation, FGLP 10, XV, München 1959; A. BRÜLS, Die Entwicklung der Gotteslehre beim jungen Melanchthon 1518–1535, Bielefeld 1975; Luther u. Melanchthon. Referate u. Berichte des 2. Internat. Kongresses für Lutherforschung Münster 1960, hg. v. V. VAJTA, Göttingen 1961; Ph. Melanchthon. Forschungsbeiträge zur 400. Wiederkehr seines Todestages dargeboten in Wittenberg 1960, hg. v. W. ELLIGER, Göttingen 1961; P. FRAENKEL, Testimonia Patrum. The Function of the Patristic Argument in the Theology of Ph. Melanchthon, Travaux d'Humanisme et Renaissance 46, Genf 1961; R. SCHÄFER, Christologie u. Sittlichkeit in Melanchthons frühen Loci, BhistTh 29, Tübingen 1961; E. WOLF, Ph. Melanchthon. Evangelischer Humanismus, Göttinger Universitätsreden 30, Göttingen 1961; E. BIZER, Theologie der Verheißung. Studien zur theol. Entwicklung des jungen Melanchthon (1519–24), Neukirchen-Vluyn 1964; W. MAURER, Melanchthon-Studien, SVRG 181, Gütersloh 1964; DERS., Der junge Melanchthon, I.II, Göttingen 1967–69; G. WEBER, Grundlagen u. Normen politischer Ethik bei Melanchthon, ThEx NF 96, 1962; H.-G. GEYER, Von der Geburt des wahren Menschen. Probleme aus den Anfängen der Theologie Melanchthons, Neukirchen-Vluyn 1965; M. GRESCHAT, Melanchthon neben Luther. Studien zur Gestalt der Rechtfertigungslehre zwischen 1528 u. 1537, Witten 1965; A. SCHIRMER, Das Paulusverständnis Melanchthons 1518–1522, Veröffentlichungen des Instituts für europäische Geschichte Mainz 44, Wiesbaden 1967; Kl. HAENDLER, Wort u. Glaube bei Melanchthon. Eine Untersuchung über die Voraussetzungen u. Grundlagen des melanchthonischen Kirchenbegriffes, QFRG 37, Gütersloh 1968; R. B. HUSCHKE, Melanchthons Lehre vom Ordo politicus. Ein Beitrag zum Verhältnis von Glauben u. politischem Handeln bei Melanchthon, Gütersloh 1968; W. H. NEUSER, Die Abendmahlslehre Melanchthons in ihrer geschichtl. Entwicklung (1519–1530), Beiträge zur Geschichte u. Lehre der Reformierten Kirche 26, Neukirchen-Vluyn 1968.

Außer Luther hat kein anderer einen so großen Einfluß auf die lutherische Reformation, ja auf die Reformation überhaupt, ausgeübt wie Melanchthon. In gewisser Hinsicht hat der Einfluß Melanchthons sogar denjenigen Luthers übertroffen. Das gilt zwar weder hinsichtlich der Anfänge der Reformation noch auch im Blick auf die tiefe theologische Durchdringung der Kontroversfragen. Aber Melanchthon ist doch der Verfasser der bedeutendsten lutherischen Bekenntnisschrift, der CA, und hat dazu durch seine vielfältigen theologischen Werke, insbesondere durch die „Loci“, einen großen Einfluß besessen. Die theologische Entwicklung seit der Mitte des 16. Jahrhunderts hat zudem bei fast allen Richtungen weniger an Luther als vielmehr an den alten Melanchthon angeknüpft: in gewisser Weise hat Melanchthon das Zeitalter der Orthodoxie eingeleitet, mindestens aber vorbereitet. Bei alledem ist es wichtig, daß Melanchthon „Laie“ war.

Melanchthon unterscheidet sich von Luther schon durch seine Herkunft, erst recht aber durch seinen *Werdegang*. War Luther Mönch geworden und theologisch in der Gedankenwelt der Spätscholastik ausgebildet worden, so ist Melanchthon, vor allem dank dem Einfluß seines Großoheims Johannes Reuchlin, schon früh in humanistischem Geist erzogen worden. Reuchlin war es auch, der die gräzisierte Form des Familiennamens (Schwarzerdt=Melanchthon) erfand und seinem jungen Großneffen damit gleichsam die Taufe der Gelehrsamkeit erteilte. Auch auf den von ihm besuchten Universitäten Heidelberg und Tübingen kam Melanchthon mit der Bewegung des Humanismus in nahen Kontakt. Er hatte zu keiner Zeit die Absicht, Geistlicher zu werden. Vielmehr erstrebte er eine umfassende Gelehrsamkeit. So widmete er sich in Tübingen u.a. dem Studium der Rechte, der Mathematik, der Astronomie sowie nicht zuletzt der Theologie. Die spätscholastische Theologie und Philosophie vermochte ihn schon damals nicht zu befriedigen. Wichtiger als der akademische Lehrbetrieb war ihm die intensive Verbindung mit Professoren und Freunden, die ebenfalls vom Geist des Humanismus ergriffen waren. Dabei hat sich Melanchthon nicht einer bestimmten Richtung verschrieben; insbesondere kann er weder in seiner Tübinger Zeit noch auch irgendwann später als ein Schüler des Erasmus gelten[1], obwohl er zeitlebens Wert auf gute Beziehungen zu dem Führer der Humanisten legte und dieser bereits 1515 den Scharfsinn und die Klarheit von Melanchthons Stil lobte[2]. In philosophischer Hinsicht war Melanchthon vom Platonismus der Renaissance bestimmt, der ihm durch Reuchlin und Ficino vermittelt worden war[3].

Es wurde sowohl für Melanchthon als auch für die im Entstehen begriffene reformatorische Bewegung von der größten Bedeutung, daß Melanchthon 1518 den Ruf auf die damals neu errichtete Professur für Griechisch an der Universität Wittenberg annahm. Luther hätte an sich lieber einen anderen Humanisten auf diesem Lehrstuhl gesehen; aber dank der Empfehlung Reuchlins hatte Melanchthon den Ruf erhalten. Bei dieser Empfehlung wie auch bei Melanchthons Annahme des Rufes spielte der Streit um Luther keine Rolle. Reuchlin hat später, als Melanchthon sich auf Luthers Seite gestellt hatte, mit seinem Großneffen gebrochen, und Melanchthon hatte selbst keine genaue Kenntnis, worum es eigentlich bei der noch jungen, aber schon äußerst heftigen Auseinandersetzung um den Wittenberger Augustinermönch und Theologieprofessor ging. Gleichwohl sollte die Übersiedlung nach Wittenberg bald zu einer Wende in Melanchthons Leben und Denken führen.

Die *Antrittsvorlesung*, die Melanchthon in Wittenberg am 29. 8. 1518 über die Reform der Studien hielt[4], zeigt noch keinen Einfluß der Reformation, obwohl sie doch Anknüpfungspunkte für ein Zusammenwirken mit den Wittenberger Theologen enthielt. Wie andere Humanisten, so beklagte auch Melanchthon hier den Verfall der Wissenschaften, der auch vor der Theologie nicht halt gemacht habe, so daß die Lage der Kirche nicht besser als die der Wissenschaften sei; wäre der Verfall nur in einem der beiden Bereiche eingetreten, hätte er sich leichter ertragen lassen, weil dann der noch intakte Bereich dem anderen, von der Verderbnis befallenen hätte helfen können[5]. Melanchthon wendet hier also die spätmittelalterliche Auffassung, daß notfalls weltliche und geistliche Gewalt je die Aufgaben des anderen Partners stellvertretend wahrnehmen sollen, auf das Verhältnis von Kirche bzw. Theologie und Wissenschaft an. Als we-

[1] W. Maurer, Der jg. Mel., I, 1967, 171. [2] Ders., ebd. 179. 241 Anm. 17.
[3] Ders., ebd. 88. 98; zu Ficino s. EKL IV, 433; zu Reuchlin ebd. III 636.
[4] StA 3,30–42. [5] Ebd. 33,19–26.

sentliche Ursache des Verfalls in beiden Bereichen erscheint dem jungen Professor die Verachtung des Griechischen. Damit ist zugleich die ursprüngliche Frömmigkeit verlorengegangen, und an ihre Stelle sind menschliche Überlieferungen und Dekrete getreten[6]. Besonders kritisch ist Melanchthon also gegenüber dem mittelalterlichen Kirchenrecht. Die Polemik gegen die „Menschensatzungen“[7] mag dabei ein erster Einfluß reformatorischer Theologie sein. 800 Jahre soll dieser Verfall gedauert haben[8], wobei die letzten drei Jahrhunderte die schlimmsten seien.

Besserung erhofft sich Melanchthon sowohl für die Wissenschaften als auch für Kirche und Theologie von einer Erneuerung der Sprachstudien, wobei außer dem Lateinischen und Griechischen[9] auch das Hebräische wichtig ist. Damit machte sich Melanchthon die Ziele der in Wittenberg schon eingeleiteten Universitätsreform zu eigen. Ihre besondere Note hatte seine Ansicht jedoch darin, daß er die Erneuerung einfach von dem Studium der antiken heidnischen wie christlichen Quellen erwartete. Wie Melanchthon hier ankündigte[10], las er bald über Homer und, obwohl er nicht Mitglied der theologischen Fakultät war, auch über den Titusbrief. Aber von der reformatorischen Theologie zeigt sich in der Antrittsrede nichts. Andererseits zieht sich durch die Antrittsvorlesung als Leitgedanke der Wunsch, die verderbten „Sitten“ sollten wieder erneuert werden[11]. In der Widmung des Erstdruckes heißt es, nichts sei geeigneter, den Sinn und die Sitten der Menschen zu ändern, als die Wissenschaften[12]. Damit ist kein flacher Moralismus intendiert, sondern das *humanistische Bildungsideal* als Grundlage und Norm des Lebens verstanden, wie es aus den „reinen Quellen“ immer wieder erneuert werden muß. Dies meint Melanchthon auch mit dem fast aufklärerisch klingenden Appell: „Wagt es, weise zu sein!“[13] Dieses Bildungsideal ist von Melanchthon auch später vertreten worden; aber die Begegnung mit Luther führte bei ihm zu einer tieferen Begründung.

Die Zuspitzung der Auseinandersetzung zwischen Luther und der katholischen Kirche wirkte sich auf Melanchthons Denken aus. Bedeutsamer jedoch war der Einfluß, der von Luthers Person und Theologie auf ihn ausging. Zwischen beiden Männern kam es trotz des beträchtlichen Altersunterschieds von 14 Jahren und trotz aller Unterschiede zu einer engen Freundschaft und Zusammenarbeit. Unter Luthers Kanzel hörte Melanchthon die reformatorische Botschaft und begann, sie sich anzueignen. Besonders wichtig wurde für Melanchthon selbst wie für seine öffentliche Stellung zur Reformation die Leipziger Disputation 1519. Melanchthon gehörte nicht zu den offiziellen Disputatoren, sondern war nur Gast[14]. Gleichwohl hat er die Wittenberger Disputatoren tatkräftig unterstützt und sich dadurch Ecks Feindschaft zugezogen. Auch wenn seine Theologie damals noch alles andere als fertig war, stand Melanchthon von nun an fest auf seiten der Reformation. Sein Denken befand sich dabei noch für einige Jahre in einem starken Umbruch.

---

[6] Ebd. 33,26–29.

[7] Dieser Begriff begegnet auch ebd. 41,5f.

[8] Ebd. 31,18–22.

[9] Ebd. 31,12–14.

[10] Ebd. 41,35–37.

[11] Cf. ebd. 33,19–26.

[12] Ebd. 29 ...: „nihil efficacius est ad mutanda ingenia moresque hominum litteris.“

[13] Ebd. 42,5. „Sapere audete.“

[14] W. Maurer, Der jg. Mel., II, 1969, 55.

Einen ersten Meilenstein auf dem Wege zu einer eigenen Entfaltung der reformatorischen Theologie stellen Melanchthons *Baccalaureatsthesen* dar, über die er für die Erlangung des Grades eines Baccalaureus biblicus am 9. 9. 1519 disputierte. Eine eigene Note zeigt sich hier insofern, als Melanchthon sagt: „Christi Wohltat (beneficium) ist die Gerechtigkeit."[15] Überraschend ist, daß Melanchthon weiter äußert: „Unsere ganze Gerechtigkeit ist die gnädige Zurechnung (imputatio) Gottes"[16]; denn der Begriff der „imputatio" ist von Melanchthon zu dieser Zeit sonst noch nicht vertreten. Scharf ist die Kritik an der katholischen Kirche: „Es ist nicht notwendig, daß ein Katholik außer den Artikeln, die die Schrift bezeugt, andere glaubt. Die Autorität der Konzilien steht unter der Autorität der Schrift. Also unterliegt es nicht dem Vorwurf der Häresie, nicht an den ‚Charakter', an die Transsubstantiation u.a.m. zu glauben."[17] Luther hatte damals die Transsubstantiationslehre noch nicht bestritten. Auch das Schriftprinzip ist hier von Melanchthon schärfer formuliert worden, als Luther es damals getan hat. Der Grund für diese zugespitztere Formulierung dürfte darin zu sehen sein, daß Melanchthon die Streitfragen mehr intellektuell-rational behandelte, während Luther in hohem Maße gerade bei seiner Kritik an der katholischen Kirche auch existentiell engagiert war. Die Formulierung des Schriftprinzips in diesen Thesen verrät zudem Melanchthons inzwischen abgewandeltes Traditionsverständnis.

Was die Gewinnung seiner *vollen reformatorischen Position* betrifft, so dürfte Melanchthon die wesentlichen Erkenntnisse im Frühjahr 1520 gewonnen haben. Allerdings sind Art und Inhalt dieser reformatorischen Auffassung in der Forschung umstritten. Nach A. Sperl ist „die umstürzende reformatorische Neuentdeckung ... (scil. bei Melanchthon) nicht die Gewißheit der Sündenvergebung, sondern die Ermöglichung der wahren Tugend"[18]. Dagegen hat vor allem E. Bizer betont, daß Melanchthon, ähnlich wie Luther, zu einer Theologie der Verheißung gefunden habe, von der aus er dann alle theologischen Fragen angegangen habe[19]. Es ist allerdings die Frage, ob diese Deutungen sich unbedingt ausschließen. Auf jeden Fall sollte man vermeiden, den reformatorischen Durchbruch bei Luther und Melanchthon parallel zu sehen[20]. Dazu sind die Voraussetzungen bei ihnen zu verschieden. Melanchthon hat keine Anfechtungen durchgemacht; die theologischen Bedingungen sind bei ihm durchaus andere als bei Luther, sofern die Ablehnung der Scholastik bei ihm im Grunde intellektuell begründet ist; zudem hat er von Luther die von diesem in schwerem Ringen gewonnenen Ergebnisse übernommen und sie mit seiner eigenen Wis-

---

[15] Th. 9; StA 1,24,17 (eig. Übers.).

[16] Th. 10; ebd. 24,18f. (eig. Übers.). Der Versuch, die Thesen 1–11 Melanchthon abzusprechen, wie er noch von W. Maurer, Der jg. Mel., II, 102, unternommen worden ist, dürfte daran scheitern, daß die Formel von der Imputation bei Melanchthon damals auch sonst gelegentlich begegnet; s. A. Sperl, Mel. zw. Humanismus u. Reformation, 1959, 110 Anm. 59. Sperls Ansicht, in der 10. These mache Melanchthon den Versuch, durch die Disputation weitere Klarheit zu erlangen, wie dies auch sonst in Disputationen üblich sei, kann darum nicht überzeugen, weil dann ein Gleiches von allen Baccalaureatsthesen Melanchthons gelten müßte; das aber wäre offenkundig sinnlos. Wahrscheinlicher dürfte es sein, daß Melanchthon hier, wie er es auch sonst zuweilen getan hat, einen Gedanken Luthers aufnahm, den er sich jedoch selbst noch nicht voll angeeignet hatte.

[17] Th. 16–18; ebd. 24,29–25,2 (eig. Übers.).

[18] A. Sperl, ebd. 111.

[19] E. Bizer, Theol. d. Verheißung, 1964, 44. 123–126.

[20] So E. Bizer, ebd. 125, der bei Luther und Melanchthon einen analogen Bruch annimmt.

senschaftsanschauung verbunden, ohne deshalb auch nur nachträglich Luthers Anfechtungserfahrungen mit zu vollziehen. Darum ist das Resultat des reformatorischen Durchbruchs bei Melanchthon eine gedanklich klare Fassung der lutherischen Lehre von der Rechtfertigung sowie von Gesetz und Evangelium, jedoch verbunden mit dem von Melanchthon vorher und später propagierten ethischen Bildungsideal. Insofern liegt es in der Eigenart von Melanchthons 1520 gewonnener reformatorischer Theologie begründet, wenn er später sowohl hinsichtlich der Rechtfertigungslehre als auch bei der Auffassung vom Gesetz zu bestimmten Abweichungen von Luther gelangte.

Ganz offenbar hat *Luthers Osterpredigt* vom 8. 4. 1520 für Melanchthons reformatorische Erkenntnis eine erhebliche Rolle gespielt[21]. Luther hat hier ausgeführt, daß Gott dem Wort der Verheißung äußere Zeichen hinzugefügt hat. Es waren die Vorstellungskomplexe von „testamentum" und „promissio", die für Melanchthon entscheidend wurden und deren Einfluß sich in verschiedenen Schriften Melanchthons 1520 nachweisen läßt. Besonders deutlich ist dieser Einfluß in *Melanchthons Matthäusauslegung* von 1519/20 (gedr. 1523). Freilich zeigt sich hier auch, daß Melanchthon doch schon vor jener Lutherpredigt wesentliche Stücke der reformatorischen Theologie selbständig rezipiert hatte[22].

In der „Praefatio" dieser Auslegung formuliert Melanchthon den Unterschied von Gesetz und Evangelium scharf: „Es ist das Evangelium die Rede, durch welche Christus als Erlöser angekündigt wird, d.h.: durch welche unsere Vergehen als durch Christus getilgt und beseitigt den Glaubenden verkündet werden und der Geist als der, der uns rechtfertigt, gepredigt wird. Das Gesetz sagt: bezahle, was du schuldest! Das Evangelium: glaube Christus, und die Schuld ist getilgt. Das Gesetz befiehlt, was du nicht kannst. Das Evangelium stellt dir Christus vor Augen; wenn du ihn, nach Gerechtigkeit verlangend, anrufst, so hast du schon den reinigenden Geist, der die neuen Affekte schenkt."[23] Die *„Theologie der Verheißung"* findet sich sodann in der Erläuterung zu Mt 26 klar und deutlich: „Erstens steht hinreichend fest, daß der Glaube die Hauptsache (caput) unserer Rechtfertigung ist. Es ist aber der Glaube das Aufsteigen (ascensus), durch welches der menschliche Geist die göttliche Verheißung ergreift. In der Theologie müssen also besonders die Begriffe für die Verheißungen beachtet werden: Testament, Bund, Vertrag, Verheißung; durch diese Wörter werden die göttlichen Verheißungen bezeichnet."[24] Weiter versteht Melanchthon unter der „Verheißung" Gottes Handeln in der Heilsgeschichte von den Zeiten Noas und Abrahams an. Der Glaube ist dabei das „principium iustificationis"[25]. Verheißung und Glaube sind hier in der Tat Zentralbegriffe bei Melanchthon geworden[26].

Es entspricht der besonderen Fassung, die die reformatorische Theologie bei Melanchthon erhalten hat, daß aus seiner Feder das erste große systematische

---

[21] W. Maurer, LuJ 25, 1958, 165; E. Bizer, ebd. 127f. Die Lutherpredigt (Pr. 97) findet sich WA 9,445–449.

[22] Cf. z.B. StA 4,166,14–28, wo bereits der Begriff der Verheißung in gefülltem Sinne begegnet; 170,7–16, wo von dem für die Gewissen der Glaubenden verheißenen Frieden die Rede ist. Wenn E. Bizer, ebd. 121, äußert, an solchen Stellen sei „die promissio ihm irgendwie wichtig", so dürfte damit Melanchthons bereits erreichte Position nicht hinreichend wiedergegeben sein.

[23] StA 4,136,3–10 (eig. Übers.). [24] Ebd. 206,9–14 (eig. Übers.). [25] Ebd. 206,15.

[26] Ebd. 207,20f.: „Fidei vocabulum est correlativum ad promissiones Christi."

Werk der Reformation stammt, nämlich die „*Loci communes*“ von 1521. Entstanden sind die „Loci“ aus Vorlesungen über den Römerbrief, die Melanchthon einmal im Sommer und (?) Herbst 1519, sodann vom Frühjahr 1520 bis Frühjahr 1521 hielt. Aus der ersten Vorlesung war die „Theologica Institutio“ hervorgegangen, aus der zweiten die „Rerum theologicarum capita“[27], die ihrerseits dann Vorarbeiten für die „Loci“ darstellten[28]. Die Ansicht, die „Loci“ stellten „die erste evangelische Dogmatik“ dar[29], wird der ersten Auflage nicht gerecht. Die „Loci“ waren für Melanchthon, wie er aus Cicero gelernt und der Sache nach in seiner Rhetorik von 1519[30] ausgeführt hat, „nicht allgemeine systematische Grundbegriffe, sondern sie bilden den Kern, das Gerippe des biblischen Textes“[31]. Sie sind also eine Art Leitfaden zum Studium der Schrift, gewonnen aus intensiver Beschäftigung mit dem Römerbrief. Vollständigkeit in der Darbietung des dogmatischen Stoffes ist von Melanchthon jedoch in der ersten Auflage keineswegs intendiert. Wenn er auf Trinitätslehre und Christologie nicht eingeht[32], so hat das darum seinen Grund nicht in einer Reserve gegenüber diesen Dogmen, sondern in der Absicht, unter dem Aspekt der Soteriologie einige Kernbegriffe zu erörtern. Wichtig ist darüber hinaus jedoch, daß Melanchthon, allerdings ohne namentliche Erwähnung, in den „Loci“ eine Auseinandersetzung mit Erasmus führt, von dem Melanchthon sich jetzt weit entfernt hat[33].

Ganz offenbar hat Melanchthon während der Abfassung der „Loci“ noch eine nicht unerhebliche *theologische Entwicklung* durchgemacht. In den „Loci“ finden sich manche Umbrüche[34]. Zunächst hatte Melanchthon erklärt, er wolle über Gesetz, Sünde und Gnade handeln[35], und war auch entsprechend vorgegangen, obwohl er die beiden ersten Themen vertauschte; zu Beginn des Abschnitts über das Evangelium sagt er jedoch, daß die gesamte Schrift in die beiden Teile „Gesetz und Evangelium“ eingeteilt werden müsse[36]: von nun an ist dies das beherrschende Thema. Von dieser neuen Thematik her ergeben sich eine Reihe kleinerer Umstellungen und Veränderungen im Aufbau gegenüber dem ursprünglichen Plan, wobei auch sachlich Gewichtsverlagerungen begegnen. Wichtig ist schließlich, daß sich gegen Schluß der „Loci“ ein Einfluß von Luthers inzwischen erschienenem Freiheitstraktat bemerkbar macht. Wie sehr Melanchthon noch erst auf dem Wege ist, die reformatorische Theologie selbst zu entfalten, zeigt sich in seinem Eingeständnis, er habe wohl gerade die Lehre von Gesetz und Evangelium noch nicht angemessen dargelegt; was die Frage von Buchstaben und Geist betrifft, so gibt er selbst den Rat, man möge sich lieber bei Augustin oder Luther Rat holen als bei ihm[37]. Die „Loci communes“ von

---

27 P. F. Barton, StA 4,10.

28 Näheres bei W. Maurer, LuJ 25, 1958, 146–180; A. Sperl, aaO. 79 Anm. 45.

29 So der Hg. H. Engelland, StA II 1,1.

30 Hierzu s. A. Sperl, aaO. 32–37.

31 W. Maurer, LuJ 27, 1960, 5.

32 StA II 1,6,16f.: „Mysteria divinitatis rectius adoraverimus quam vestigaverimus“; 7,10–12: „hoc est Christum cognoscere beneficia eius cognoscere, non, quod isti docent, eius naturas, modos incarnationis contueri“.

33 W. Maurer, LuJ 27, 1960, 32–37; ders., Mel.-Studien, 1964, 151–162; ders., Der jg. Mel., II, 87–89.

34 s. W. Maurer, LuJ 25, 1958, 152–154.

35 StA II 1,7,29f.

36 Ebd. 66,13–17.

37 Ebd. 140,1–20.

1521 sind also mitten in dem Ringen um die sachgemäße Rezeption von Luthers reformatorischer Theologie entstanden und bieten noch kein abgewogenes Ergebnis. Man darf auch nicht vergessen, daß Melanchthon bei Erscheinen des Werkes erst 24 Jahre alt war.

Melanchthon behandelt in den „Loci“ nacheinander die Kräfte des Menschen sowie besonders den freien Willen, die Sünde, das Gesetz, das Evangelium, die Gnade, Rechtfertigung und Glauben, den Unterschied zwischen Altem und Neuem Testament sowie die Abschaffung des Gesetzes, die Zeichen, die Liebe, die Obrigkeit (magistratus) sowie das Ärgernis. In dem ersten, anthropologischen Teil zeigt sich *Melanchthons Eigenart* besonders deutlich. Melanchthon unterscheidet beim Menschen die Kraft des Erkennens sowie die Kraft, mit der man das Erkannte verfolgt oder flieht. In diesem Zusammenhang sind die Affekte von besonderer Bedeutung. „Die Kraft, aus welcher die Affekte entstehen, ist es, durch die wir das Erkannte bekämpfen oder verfolgen.“[38] Die Affekte sind also die Kräfte des Willens, der Wille gewissermaßen ihr „Tyrann“[39]. Hunger, Durst, Haß, Hoffnung, Furcht, Traurigkeit usw. sind die Affekte, in denen sich der Wille kundtut. Gegen diese Affekte ist der Mensch im Grunde machtlos: „Ich räume nicht ein, daß es einen Willen gibt, der den Affekten ernsthaft widerstreiten kann.“[40] Die Affekte sind also unwiderstehlich. Der Mensch gibt den Affekten auch dann nach, wenn er der Meinung ist oder den Anschein erweckt, er widerstehe den Affekten. Diese Affektenlehre, die in bestimmter Weise sowohl von Thomas als auch von Duns Scotus abhängig ist, wobei auch Einflüsse von Gerson und Ficino nachgewiesen sind[41], ist zunächst ganz an der Erfahrung gewonnen. Sie ist aber von Melanchthon verbunden worden mit einer aus dem Römerbrief gewonnenen Anthropologie. Die Bedeutung dieser Affektenlehre kann für Melanchthon sowohl in der Frühzeit als auch später kaum überschätzt werden. In den „Loci“ von 1521 ergibt sich für Melanchthon aus dieser empirischen und biblischen Anthropologie, daß der Mensch keine Willensfreiheit hat. „Wenn alles, was geschieht, notwendig gemäß der göttlichen Vorherbestimmung geschieht, so gibt es keine Freiheit unseres Willens.“[42] Mit dieser Auffassung zeigt sich erneut, daß Melanchthon Entscheidendes von Luther gelernt hat. Aber die Unfreiheit des menschlichen Willens war für Luther ein strikt theologischer Satz; für Melanchthon ist dieser Satz jedoch ebenso aus der Erfahrung gewonnen und ist darum im Sinne eines philosophischen Determinismus zu verstehen. Dieser Satz stand darum in Spannung zu dem von Melanchthon damals wie später festgehaltenen ethischen Programm und sollte deshalb von ihm bald genug aufgegeben werden.

Auch die Sünde, aber ebenso das Wirken des Hl. Geistes im Menschen werden von Melanchthon im Rahmen seiner Affektenlehre verstanden: *„Die Sünde ist ein Affekt gegen das Gesetz Gottes. Weil wir als Söhne des Zornes geboren werden, geschieht es, daß wir ohne den Geist Gottes geboren werden. Da der Geist Gottes nicht im Menschen ist, weiß, liebt und sucht der Mensch nur Fleischliches. Darum ist im Menschen Verachtung und Unkenntnis Gottes und das, was der 13. Psalm über die Fehler schreibt: ‚Der Tor sagt in seinem Herzen, es ist*

---

[38] Ebd. 9,12f. (eig. Übers.). [39] Ebd. 9,24–29. [40] Ebd. 16,3–5 (eig. Übers.).
[41] W. Maurer, Der jg. Mel., II, 245–261; zu Gerson vgl. EKL I, 1531f.
[42] StA II 1,10,11–13 (eig. Übers.).

kein Gott.' So geschieht es, daß der Mensch durch die natürlichen Kräfte nichts als sündigen kann."[43]

Eine *weitere Eigenart* haben die „Loci" von 1521 darin, daß Melanchthon nicht mehr wie 1518 einfach von dem Studium der alten Sprachen eine Erneuerung der Wissenschaften wie der Kirche erwartet. Vielmehr ist er gegenüber aller menschlichen Weisheit und damit auch gegenüber der Philosophie äußerst kritisch: „Aber was lehren die Philosophen anderes als äußere Werke, wenn sie von den Tugenden handeln, oder beziehen sie nicht alles auf die äußeren Werke und jene erdichteten hervorgebrachten Akte? Aber sie sind Blinde und Führer von Blinden. Deshalb ist zu wünschen, daß Gott unsere Sinne von dem Urteil der menschlichen Vernunft und der Philosophie zum geistlichen Urteil hinlenke."[44] Die „Tugend" bleibt also zentral, nur der Weg zu ihr scheint ihm jetzt ein anderer zu sein. Auch hier hat Melanchthon bald die scharfe Entgegensetzung von Theologie und Philosophie aufgegeben.

Ebenfalls bei der *Auffassung vom Gesetz* sowie vom Geist hat Melanchthon in den „Loci" von 1521 eine Position vertreten, die bei ihm weder vorher noch später begegnet. Auch hier gibt es gewisse Spannungen innerhalb der „Loci" selbst. In den ersten Abschnitten vor dem ersten Umbruch unterscheidet Melanchthon zwischen natürlichen und göttlichen Gesetzen, um sodann auch auf die „Räte" (consilia) einzugehen. Hier gelangt er zu dem mißverständlichen, fast schwärmerisch anmutenden Satz: „Es ist die sehr verderbliche Meinung aufgekommen, daß die öffentlichen Dinge nicht nach dem Evangelium verwaltet werden können."[45] Wendet sich Melanchthon damit auch zunächst gegen die Unterscheidung zwischen Geboten und Räten sowie gegen die daraus abgeleitete Zweistufenethik für gewöhnliche Christen und Mönche, so kommt diesem Satz mit seinem im Grunde schwärmerischen Biblizismus für Melanchthon damals doch programmatische Bedeutung zu; die hier ausgedrückte Ansicht erklärt Melanchthons unsicheres Verhalten bei der Entwicklung in Wittenberg während Luthers Aufenthalt auf der Wartburg. Seine volle Schärfe gewinnt dieser Satz erst, wenn man hinzunimmt, daß Melanchthon betont, daß das Gesetz abgetan ist[46]. Bezeichnend ist, daß Melanchthon von daher auch die Mönchsgelübde ablehnt: das Evangelium sei eine Freiheit des Geistes, und die Gelübde seien eine Knechtschaft des Gesetzes[47].

Nachdem Melanchthon die Thematik von Gesetz und Evangelium in das Zentrum gerückt hatte, ist er noch einmal eigens auf die „Abschaffung des Gesetzes" eingegangen. Die Predigt des Gesetzes ist abgetan, seit Christus als der Sohn Gottes verkündigt wird: „Wenn das Evangelium nichts anderes verkündigt, als daß Christus der Sohn ist, so folgt, daß die Gerechtigkeit des Gesetzes, die Werke, nicht gefordert wird und daß nichts anderes geboten wird, als daß wir jenen Sohn lieben."[48] Die tiefe Dialektik, die für Luther zwischen Gesetz und

---

[43] Ebd. 38,27–36 (eig. Übers.). [44] Ebd. 38,7–13 (eig. Übers.).

[45] Ebd. 51,19–21 ...: „recepta est pestilentissima opinio non posse res publicas administrari iuxta evangelium..."

[46] So der Sache nach schon 28,7–18.

[47] Ebd. 52,20–54,17; dazu B. LOHSE, Die Kritik am Mönchtum bei Luther u. Melanchthon, in: Luther und Melanchthon. Referate u. Berichte des 2. Internat. Kongresses für Lutherforschung Münster 1960, hg. v. V. VAJTA, Göttingen 1961, 129–145.

[48] StA II 1,128,13–16 (eig. Übers.).

Evangelium bestand, ist hier in Gefahr, einseitig aufgelöst zu werden. An der Notwendigkeit der Obrigkeit hat Melanchthon nicht gezweifelt. Aber zwischen der Gesetzeslehre und der Forderung des Gehorsams gegenüber der Obrigkeit besteht in den „Loci" keine theologische Verbindung. „Es kann kaum einen Zweifel geben: Melanchthon war Ende 1520 und Anfang 1521 davon überzeugt, daß die Gesetze der Schrift zur Bewältigung der Wirklichkeit ausreichen, sofern Gesetze überhaupt noch nötig sind."[49]

Die Betonung des Geistes und der durch den Geist geschenkten Freiheit steht ziemlich unverbunden neben den Gedanken über die göttliche Verheißung, so daß W. Maurer mit Recht feststellt: Melanchthon „hat die Christologie ersetzt durch die Pneumatologie, das Zeugnis des Geistes grundsätzlich von Christus und dem Christuswort gelöst und den Wortglauben mit dem Geistglauben unorganisch verbunden"[50]. Die mangelnde Begründung des Gedankens der evangelischen Freiheit enthielt latent die Gefahr in sich, daß dieses Programm eines Geistchristentums in sein Gegenteil umschlug und durch Betonung von Überlieferung und Ordnung in Kirche und Welt ersetzt wurde.

In der *Lehre von der Rechtfertigung* zeigt sich 1521 noch nicht die spätere Eigenart eines rein forensischen Verständnisses, obwohl auch hier gewisse Akzentunterschiede gegenüber Luther zu beobachten sind. „Wir werden also gerechtfertigt, wenn wir, durch das Gesetz getötet, durch das Wort der Gnade wieder erweckt werden, welche in Christus verheißen ist, oder wenn wir, indem das Evangelium die Sünden vergibt, ihm im Glauben anhängen, keineswegs zweifelnd, daß Christi Gerechtigkeit unsere Gerechtigkeit ist, daß Christi Genugtuung die Sühne für uns ist, daß Christi Auferstehung die unsrige ist."[51] Das „sola fide" steht ihm fest[52]; ebenso bezeichnet er den Glauben als die Gerechtigkeit[53]. Auch das hat Melanchthon hier mit Luther gemeinsam, daß er in diesem Abschnitt ausführlich das Verhältnis von promissio und fides erörtert. Melanchthon scheint bei der Ausarbeitung dieses Abschnittes Luthers Freiheitstraktat zum ersten Mal kennengelernt zu haben[54]. Aber die Melanchthon eigentümliche Note im Verhältnis des Glaubens fehlt doch nicht: „*Was also ist der Glaube? Beständig jedem Wort Gottes zustimmen. Das geschieht nur durch den Geist Gottes, der unsere Herzen erneuert und erleuchtet.*"[55] Dabei hebt Melanchthon hervor, daß zum Wort Gottes Gesetz und Evangelium gehören. Die „Zustimmung" fehlt gewiß nicht einfach in Luthers Glaubensverständnis, aber bei Melanchthon wird sie zentral. So gewinnt der Glaube einen intellektualistischen Zug. Zwischen dem Glauben als Zustimmung und dem Glauben als Vertrauen auf die in Christus verheißene göttliche Barmherzigkeit hat Melanchthon theologisch keine Verbindung herzustellen vermocht.

Bedeutsam ist schließlich die *Sakramentslehre*. Melanchthon handelt zunächst allgemein von den „Zeichen": „Wir sagten, daß das Evangelium Verheißung der Gnade sei. Weiter haben die Zeichen den nächsten Platz bei den Verheißungen. Denn in der Schrift werden Zeichen anstelle eines Siegels den Verheißungen hinzugefügt, welche ebenso an die Verheißungen ermahnen sollen,

[49] A. Sperl, Mel. zw. Hum. u. Ref., 1959, 95.
[50] W. Maurer, Der jg. Mel., II, 381.
[51] StA II 1,88,9–14 (eig. Übers.).
[52] Ebd. 88,18; 107,25f.; 141,9.
[53] Ebd. 88,31f.
[54] Ebd. 94,13–15.
[55] Ebd. 92,14–16 (eig. Übers.).

wie sie Zeichen des göttlichen Willens gegen uns sein und bezeugen sollen, daß wir gewiß empfangen werden, was Gott verheißen hat."[56] An sich sind die Zeichen nichts. So kann man ohne Zeichen gerechtfertigt werden, wenn man nur glaubt[57]. Trotzdem wird unsere Schwachheit durch die Zeichen aufgerichtet, so daß sie nicht inmitten der Anfeindungen der Sünde an der Barmherzigkeit Gottes verzweifelt. Nur Taufe und Abendmahl gelten Melanchthon als von Christus eingesetzte Zeichen[58].

Wie in der Sakramentslehre im allgemeinen, so ist Melanchthon auch bei seinen Ausführungen über Taufe und Abendmahl von Luthers Sakramentsschriften des Jahres 1520 sowie vor allem von Luthers Osterpredigt 1520 beeinflußt und zeigt doch gewisse Besonderheiten. Das gilt im Blick auf die Taufe insofern, als diese zwar nicht rechtfertigen, wohl aber gewiß machen (certificare) soll[59]. Über das Abendmahl heißt es: *„Es ist also kein Opfer, wenn es dazu überliefert ist, daß es gewiß nur an das verheißene Evangelium gemahnen soll. Nicht die Teilnahme am Tisch beseitigt die Sünde, sondern der Glaube beseitigt sie; dieser aber wird durch das Zeichen bekräftigt.*"[60] Damit lassen sich auch in der Abendmahlslehre bei Melanchthon schon in dieser Frühzeit gewisse Eigentümlichkeiten gegenüber Luther feststellen, die erst später zu voller Auswirkung gelangen sollten. Melanchthon hielt zwar an der Realpräsenz fest[61], obwohl diese damals für ihn ebenso wie für Luther nicht im Mittelpunkt stand; aber Begriffe wie „admonere" und „certificare" zeigen die Richtung an, in der Melanchthon später weiterdenken sollte, während für Luther die Korrelation von Wort und Glaube damals entscheidend war und es auch bei der Ausbildung seiner konsequenten Realpräsenz-Lehre blieb. Darüber hinaus hat Melanchthon die von Luther übernommene Sakramentslehre *systematisiert*. Luther ging es stets um das einzelne Sakrament; an einer allgemeinen Sakramentslehre war er nicht interessiert. In Melanchthons Sakramentsbegriff hingegen zeigt „sich die allgemein in seiner Theologie zu beobachtende Versachlichung und Rationalisierung"[62].

In den auf die erste Veröffentlichung der „Loci" folgenden Jahren hat Melanchthons Theologie verschiedene bedeutsame Wandlungen durchgemacht. Die bei weitem wichtigste Ursache hierfür bestand in der Entwicklung in Wittenberg 1521–22 während Luthers Aufenthalt auf der Wartburg sowie in der schmerzlichen Erfahrung, daß Melanchthon von seinem in den „Loci" entfalteten Programm her nicht in der Lage war, zu den schwärmerischen Anschauungen der Zwickauer Propheten sowie zu Karlstadts spiritualistischer Theologie s. unten S. 574 ff.) eine begründete und durchdachte eigene Position zu beziehen.

---

[56] Ebd. 140,25–141,4 (eig. Übers.). [57] Ebd. 143,10f. [58] Ebd. 144,9f.

[59] Ebd. 148,35f. Gleichwohl behandelt Melanchthon nach der Taufe die Buße sowie die Privatbeichte.

[60] Ebd. 156,8–12: „Non est igitur sacrificium, siquidem in hoc est traditum, ut certo admoneat tantum promissi evangelii. Nec delet peccatum participatio mensae, sed fides delet; ea vero hoc signo confirmatur." Zur Abendmahlslehre Melanchthons zu dieser Zeit s. W. H. NEUSER, Die Abendmahlslehre Mel.s, 1968, 57–113.

[61] Bezeichnend ist freilich der Satz ebd. 144,29f.: „Res signum est, verba promissio gratiae." Mit „res" sind offenbar Leib und Blut Christi gemeint. „Der Ort der Realpräsenz ist das Zeichen" (NEUSER, aaO. 67).

[62] W. H. NEUSER, aaO. 68.

So wirkte Melanchthon einerseits bei den in Wittenberg getroffenen Maßnahmen mit, andererseits fragte er immer wieder Luther brieflich um Rat und ersehnte schließlich dessen Rückkehr. Die bedeutsamsten *Änderungen in seinem Denken* seit dem Frühjahr 1522 sind die folgenden:

1. Melanchthon sieht die Notwendigkeit weltlicher Obrigkeit und weltlicher Gesetze. In der Thesenreihe vom 25. 7. 1522 findet sich bereits die Formel: „Zwiefach ist die Regierung (regimen), geistlich und leiblich."[63] Die kirchlichen Überlieferungen gehören zu den bürgerlichen Gesetzen und sind eine „paedagogia", die nichts mit der geistlichen Regierung zu tun hat[64].

2. Der Traditionalismus bei Melanchthon wird stärker. Zugleich gewinnt der Humanismus neu an Gewicht und Bedeutung. War der Humanismus noch kurz zuvor für Melanchthon das Movens bei seinem Reformprogramm, so wirkt er nun „als Schutz des Bestehenden, als Macht der Beharrung"[65].

3. Ebenfalls schon 1522, nämlich bereits in der 2. Auflage der „Loci", erhält die Philosophie, die Melanchthon eben noch scharf abgelehnt hatte, wieder einen eigenen Platz neben der Theologie[66]. Dies ist symptomatisch dafür, daß das Bildungsprogramm neu an Gewicht gewinnt: es ist freilich ein durch die reformatorische Theologie geläuterter und vertiefter Humanismus, wobei allerdings der Humanismus seinerseits nicht ohne manche tiefen Rückwirkungen auf die reformatorische Theologie bleibt.

4. Es bleibt, wenn auch ebenfalls in vertiefter Weise, das Programm, „die Sitten zu verbessern". Bezeichnend ist Melanchthons Äußerung 1525: „Ich bin mir bewußt, aus keinem anderen Grund Theologie getrieben zu haben, als um das Leben zu verbessern."[67] Sowohl seine Auffassung vom göttlichen Gesetz als auch die von der Rechtfertigung sollen dabei das Fundament für die Erneuerung des Menschen geben.

5. Melanchthon betont, besonders aufgrund der Erfahrungen bei der Visitation, die Buße mit Nachdruck. In diesem Zusammenhang war es zu den Auseinandersetzungen mit Agricola gekommen[68].

6. In der Abendmahlslehre gibt es nur ein einziges Zeugnis aus dem Jahr 1527, wo Melanchthon ohne Einschränkung sagt, daß der wahre Leib Christi im Brot und das wahre Blut Christi im Kelch sei[69]. Aufs Ganze gesehen, rückt Melanchthon jedoch von Luthers Verständnis der Realpräsenz ab. Die Gründe sind einmal die Zeugnisse der Kirchenväter, die Luthers Ansicht nicht stützen, zum anderen die Sorge vor der „Einbrotung" (impanatio). Melanchthon hält an der Realpräsenz fest, bezieht diese jedoch auf das gesamte Abendmahl, nicht speziell auf die Elemente, und betont die geistliche Nießung.

7. Auch in der Frage der Willensfreiheit hat Melanchthon den Determinismus der Erstauflage der „Loci" preisgegeben. 1527 rückt er öffentlich von seiner früheren Ansicht ab und bezieht eine mittlere Position zwischen Luther und

---

[63] StA 1,168,1 (eig. Übers.).
[64] Ebd. 169,31–33.
[65] W. Maurer, RGG 4,836. Zum Traditionsverständnis bei Melanchthon s. P. Fraenkel, Testimonia Patrum, 1961.
[66] s. W. H. Neuser, Der Ansatz der Theol. Ph. Mel.s, Neukirchen 1957, 114–120.
[67] CR 1,722 (Brief an Joachim Camerarius vom 22. 1. 1525, eig. Übers.).
[68] S. o. 42f.
[69] CR 26,7. s. W. H. Neuser, Die Abendmahlslehre Mel.s, 268.

Erasmus[70]. Zuerst in den Loci von 1535 spricht er von den drei Ursachen, die bei der Bekehrung zusammenwirken, nämlich dem Wort, dem Hl. Geist sowie dem Willen, der nicht müßig ist, sondern gegen seine eigene Schwachheit ankämpft[71]. Seit 1548 verwendete er auch die erasmische Formel, die Freiheit sei die „Fähigkeit, sich zu der Gnade hinzuwenden“ (facultas se applicandi ad gratiam)[72].

Es konnte nicht ausbleiben, daß es bei aller Freundschaft und Zusammenarbeit zwischen Luther und Melanchthon zu manchen Spannungen kam. Diese Spannungen sind zwar zwischen beiden Reformatoren immer wieder überwunden worden, allerdings mehr in persönlicher als in sachlicher Hinsicht. So haben die unterschiedlich akzentuierten Anschauungen auch in die lutherischen Bekenntnisschriften Eingang gefunden; vor allem haben sie zu einem beträchtlichen Teil die theologischen Streitigkeiten nach Luthers Tod hervorgerufen.

§ 3 Die Confessio Augustana und die Apologie

Literatur: BSLK, Göttingen 1930, 1976[7]. *Zur Theologie der BSLK insgesamt:* E. SCHLINK, Theol. der luth. Bekenntnisschriften, München 1940, 1948[3]; F. BRUNSTÄD, Theol. der luth. Bekenntnisschriften, Gütersloh 1951; E. SCHOTT, Die zeitliche u. die ewige Gerechtigkeit. Eine kontroverstheol. Unters. zum Konkordienbuch, Berlin 1955; H. FAGERBERG, Die Theol. der luth. Bekenntnisschriften von 1529 bis 1537, Göttingen 1965. *Zum Augsburger Reichstag 1530:* V. v. TETLEBEN, Protokoll des Augsburger Reichstages 1530, hg. v. H. GRUNDMANN, SVRG 177, 1958; K. E. FÖRSTEMANN, Urkundenbuch zu der Gesch. des Reichstages zu Augsburg im Jahre 1530, I.II, Halle 1833–35, Neudr. Osnabrück 1966; H. v. SCHUBERT, Bündnis u. Bekenntnis 1529–30, SVRG 98, 1908; DERS., Bekenntnisbildung u. Religionspolitik 1529–30, Gotha 1910; J. v. WALTER, Der Reichstag zu Augsburg 1530, LuJ 12, 1930, 1–90; H. v. SCHUBERT, Luther auf der Koburg, LuJ 12, 1930, 109–161; G. MÜLLER, Die römische Kurie u. die Reformation 1523–1534. Kirche u. Politik während des Pontifikates Clemens' VII., OFRG 38, Gütersloh 1969; DERS., Johann Eck u. die CA, QFIAB 38, 1958, 205–242; DERS., Duldung des deutschen Luthertums? Erwägungen Kardinal Lorenzo Campeggios vom September 1530, ARG 68, 1977, 158–172; Kl. RISCHAR, Johann Eck auf dem Reichstag zu Augsburg 1530, RGST 97, 1968; E. HONÉE, Zur Vorgeschichte des 1. Augsburger Reichsabschieds..., NAKG 54, 1973/74, 1–63; W. STEGLICH, Die Stellung der evangelischen Reichsstände u. Reichsstädte zu Karl V. zwischen Protestation u. Konfession 1529/30. Ein Beitrag zur Vorgeschichte des Augsburgischen Glaubensbekenntnisses, ARG 62, 1971, 161–192. *Zur CA: zum Text:* H. BORNKAMM, Der authentische lat. Text der CA (1530), SAH 1956, 2; G. GASSMANN (Hg.), Das Augsburger Bekenntnis deutsch 1530–1980, Göttingen [4]1980. *Zur CA speziell:* G. L. PLITT, Einleitung in die Augustana, I.II, Erlangen 1867f.; W. GUSSMANN, Quellen u. Forschungen zur Geschichte des Augsburgischen Glaubensbekenntnisses, I 1.2 Leipzig-Berlin 1911; II Kassel 1930; B. MOELLER, Augustana-Studien, ARG 57, 1966, 76–95; L. GRANE, Die CA, Göttingen 1970; W. MAURER, Historischer Kommentar zur CA, I.II, Gütersloh 1976–1978; W. E. NAGEL, Luthers Anteil an der CA, BFChrTh 34,1, Gütersloh 1930; G. HOFFMANN, Zur Entstehungsgeschichte der Augustana. Der „Unterricht der Visitatoren“ als Vorlage des Bekenntnisses, ZsystTh 15, 1938, 419–490; W. MAURER, Studien über Melanchthons Anteil an der Entstehung der CA, ARG 51, 1960, 158–207; R. HERMANN, Zur theol. Würdigung der Augustana, LuJ 12, 1930, 162–214 (= DERS., Ges. Studien zur Theol. Luthers u. der Reformation, Göttingen 1960, 89–126); V. PFNÜR, Einig in der Rechtfertigungslehre? Die Rechtsfertigungslehre der CA (1530) u. die Stellungnahme der kath. Kontroverstheologie zwischen 1530 u. 1555, Veröffentlichungen des Instituts für europäische Geschichte Mainz 60, Wiesbaden 1970; B. MOELLER, Das Innocentianum von 1215 in der CA, ZKG 75, 1964, 156–158; W. MAURER, Zum geschichtl. Verständnis der Abendmahlsarti-

[70] s. W. MAURER, RGG 4,837. [71] CR 21,376 u. ö.
[72] Cf. StA II 1,245,29–33 (Loci 1559).

kel in der CA, Festschrift G. Ritter, Tübingen 1950, 161–209; E. BIZER-W. KRECK, Die Abendmahlslehre in den reformatorischen Bekenntnisschriften, ThEx NF 47, München 1959; W. H. NEUSER, Die Abendmahlslehre Melanchthons in ihrer geschichtl. Entwicklung (1519–1530), Neukirchen-Vluyn 1968; G. MÜLLER, Um die Einheit der Kirche. Zu den Verhandlungen über den Laienkelch während des Augsburger Reichstages 1530, in: Reformata Reformanda. Festgabe H. Jedin, Münster 1965, I, 393–427; E. HONÉE, Die theol. Diskussion über den Laienkelch auf dem Augsburger Reichstag 1530, NAKG 53, 1972/73, 1–96; R. PRENTER, Das Augsburg. Bek. u. die römische Meßopferlehre, KuD 1, 1955, 42–58; W. MAURER, Die Entstehung u. erste Auswirkung von Art. 28 der CA, Volk Gottes, Festschrift J. Höfer, Freiburg 1967, 361–394; H. IMMENKÖTTER, Um die Einheit im Glauben. Die Unionsverhandlungen des Augsburger Reichstages im August u. September 1530, Kath. Leben u. Kirchenreform im Zeitalter der Glaubensspaltung 33, Münster 1973; H. FRIES, E. ISERLOH, G. KRETSCHMAR, W. LOHFF, P. MANNS, H. MEYER, W. PANNENBERG, P.-W. SCHEELE, H. SCHÜTTE, Confessio Augustana – Hindernis oder Hilfe? Regensburg 1979; B. LOHSE, Art. Augsburger Bekenntnis (CA), TRE 4, 1979, 616–628; DERS., Die Entstehung der CA und ihr Weg durch die Geschichte, in: L. MOHAUPT (Hg.), Wir glauben und bekennen. Zugänge zum Augsburger Bekenntnis, Göttingen 1980, 9–24.

So sehr die reformatorische Theologie in ihrem innersten Kern wichtige Motive für die Bildung von Bekenntnissen enthielt, so ist es doch nur durch die Entwicklung der allgemeinen politischen und kirchlichen Verhältnisse zu der Abfassung der CA und ihrer besonderen Eigenart gekommen. Dabei waren vielfältige Faktoren von Bedeutung. Der Kaiser und viele der Stände bemühten sich um das Zustandekommen eines Konzils, das der Reform der Kirche und der Beilegung der Religionsstreitigkeiten dienen sollte. Die Kurie war jedoch aus verschiedenen Gründen nicht bereit, die Forderung nach dem Konzil zu erfüllen[1]. Protestantischerseits trat man zwar teilweise auch für ein Konzil ein, war jedoch aufgrund des reformatorischen Schrift- und Kirchenverständnisses nicht bereit, sich bedingungslos den zu erwartenden Konzilsentscheidungen zu unterwerfen. Für Philipp von Hessen hatte der Plan eines protestantischen Bündnisses gegen das mächtige Haus Habsburg nach wie vor erhebliches Gewicht. Andererseits war der Kaiser, dem wie kaum einem anderen an einer wirklichen Erneuerung der katholischen Kirche gelegen war, allein schon wegen der von den Türken drohenden Gefahr auf die Unterstützung auch der Protestanten angewiesen.

So faßte der Kaiser den Plan, die Religionsfrage auf dem Reichstag zu Augsburg zu behandeln. Das Ausschreiben für diesen Reichstag wurde vom Kaiser am 21. 1. 1530 in Bologna ausgefertigt, als er mit dem Papst in demselben Palast wohnte; der Papst hat dagegen keinen Einspruch erhoben[2]. In dem überraschend milden Text dieses Ausschreibens erklärte der Kaiser, „der irrung und zwispalt halben in dem hailigen glauben und der Christlichen Religion... vleis anzukeren, alle ains yeglichen gutbeduncken, opinion und maynung zwischen uns selbs in liebe und gutligkait zuhoren, zuverstehen und zuerwegen, ... alles so zu baiden tailen nit recht ist ausgelegt oder gehandelt abzuthun“[3]. Man konnte also protestantischerseits hoffen, der Kaiser werde als ein unparteiischer Schiedsrichter um einen ehrlichen Kompromiß bemüht sein. In den Kreisen um Karl V. gab es jedoch verschiedene Richtungen. Karls Bruder Ferdinand wollte von eigentlichen Zugeständnissen an die Protestanten damals noch nichts wissen. Der Papst hatte gegen eine etwaige Übereinkunft zwischen dem Kaiser und

[1] H. JEDIN, Geschichte des Konzils von Trient, I, Freiburg 1951².
[2] G. MÜLLER, Die röm. Kurie, 1969, 93 Anm. 9.
[3] K. E. FÖRSTEMANN, Urkundenbuch, I, 7f.

den Protestanten insofern Bedenken, als er eine Schädigung der päpstlichen Interessen befürchtete. Nicht zuletzt mußte Karl V. auf die katholischen deutschen Stände Rücksicht nehmen.

Gleichwohl erklärt das milde Ausschreiben das Vorgehen der Protestanten. Sie bereiteten sich zunächst nicht darauf vor, Lehrfragen zu behandeln. Auch fehlte es anfangs an gemeinsamem Vorgehen. Für Kursachsen hätte das Zusammengehen mit dem radikaleren Philipp von Hessen gefährlich sein können. Die in Marburg erreichte weitgehende Einigung blieb darum ohne Einfluß auf die Vorbereitungen, vielmehr ging Kursachsen zunächst eigene Wege. Der sächsische Kurfürst forderte von den Wittenberger Theologen am 14. 3. 1530 ein Gutachten, in welchem Fragen der Lehre und der Kirchenbräuche behandelt werden sollten. Das daraufhin erstellte Gutachten, die sog. *Torgauer Artikel*[4], befaßte sich nur mit Kirchenbräuchen; offenbar waren die Wittenberger der Ansicht, für Lehrfragen seien die Schwabacher Artikel zureichend. Bei den abschließenden Beratungen der Torgauer Artikel war Luther wohl nicht anwesend. Melanchthon dürfte den wesentlichen Anteil bei ihrer Abfassung gehabt haben. Die Torgauer Artikel haben für CA 21–28 als Vorbild gedient.

Die *Schwabacher Artikel*, die von Luther bei der Abfassung der Marburger Artikel herangezogen waren, waren bereits im Sommer 1529 als Bekenntnis der Wittenberger verfaßt worden. Dieses Bekenntnis war in der Zeit vom 3.–7. 10. 1529 in Schleiz von Kursachsen und Brandenburg-Ansbach angenommen worden. Bei Verhandlungen in Schwabach am 16. 10. 1529 und am 2./3. 12. 1529 in Schmalkalden hatten sich Kursachsen, Brandenburg-Ansbach und Nürnberg von Hessen, Ulm und Straßburg geschieden. Die Notwendigkeit eines protestantischen Bündnisses stand hier deutlich im Hintergrund. Eigentlicher Verfasser der Schwabacher Artikel dürfte Melanchthon gewesen sein[5]. Der theologische Charakter der Artikel verrät deutlich seine Hand[6]. Die Tatsache, daß Luther bei der Ausarbeitung der Marburger Artikel die Schwabacher Artikel benutzte, sollte freilich davor warnen, den zweifellos vorhandenen Unterschied zwischen beiden Reformatoren für die damalige Zeit zu hoch zu veranschlagen. Zudem hat Melanchthon für die Schwabacher Artikel in starkem Maße auf Luthers Bekenntnis in seiner Schrift „Vom Abendmahl Christi. Bekenntnis" (1528), aber auch auf Luthers Katechismen zurückgegriffen[7]. Wie die Marburger, so haben auch die Schwabacher Artikel für CA 1–20 als Vorbild gedient.

Noch auf dem Wege zum Augsburger Reichstag hatten die Kursachsen nicht den Plan, ein Bekenntnis abzufassen. Einerseits entwarf Melanchthon während des Aufenthalts auf der Koburg Mitte April 1530 das Schreiben an den Kaiser, das der „Apologie", d.h. der Verteidigung der Kirchenbräuche, vorangestellt werden sollte. Andererseits befand sich bereits seit Ende März 1530 der kur-

---

[4] S. BSLK XVI; W. H. Neuser, Die Abendmahlslehre Mel.s, 1968, 423–426.

[5] So u.a. M. Greschat, Mel. neben Luther, 1965, 21–23. W. Maurer, Festschr. W. Elliger, 1968, 138, möchte in Melanchthon lediglich einen Mitverfasser sehen, auch Luther habe sie mit verfaßt. Luther hat jedoch selbst gesagt: „War ists, das ich solche Artickel hab stellen helffen (Denn sie sind nicht von mir allein gestellet)" (WA 30 III, 194,19f.). Der genaue Umfang von Luthers Mitwirkung bei den Schwabacher Artikeln muß offen bleiben; diese Mitwirkung dürfte weniger im Sinne einer Mit-Abfassung als einer „Mit-Verantwortlichkeit" zu verstehen sein (M. Greschat, ebd.).

[6] M. Greschat, ebd. 23–33.

[7] W. Maurer, Festschr. W. Elliger, 1968, 136–139.

sächsische Marschall Hans von Dolzig auf dem Wege zum Kaiser, um ihm deutlich zu machen, daß die Evangelischen mit den „Schwärmern" nichts zu tun haben. Um den gut katholischen Charakter der kurfürstlichen Religionspolitik zu belegen, hatte Dolzig die Schwabacher Artikel, allerdings in einer schlechten lateinischen Übersetzung, sowie den „Unterricht der Visitatoren" bei sich. Die Dolzig-Aktion war jedoch nicht von Erfolg gekrönt.

Bei der Ankunft der Protestanten in Augsburg am 2. 5. 1530 war die Situation gegenüber dem kaiserlichen Ausschreiben auch dadurch verändert, daß soeben die *„404 Artikel" Ecks* erschienen waren, in denen dieser 380 häretische Sätze aus den Schriften der Reformatoren und 24 eigene Thesen zusammengestellt hatte[8]. Die Protestanten konnten nun nicht mehr mit freundlichem Gehör rechnen, sondern sahen sich sofort in die Rolle des Angeklagten versetzt, und zwar wegen der reformatorischen Lehre. Das aber bedeutete, daß sich die bisherigen Vorbereitungen als unzureichend herausstellten. Da Luther als Gebannter und Geächteter auf der Koburg bleiben mußte, fiel die Last der Ausarbeitung der „Apologie" auf Melanchthon. Melanchthon griff dabei auf die Schwabacher, Marburger und Torgauer Artikel zurück, vereinzelt auch auf den „Unterricht der Visitatoren" sowie Luthers „Bekenntnis"[9]. Im Laufe der Zeit verstärkte sich jedoch die Mitarbeit anderer und, im Zusammenhang mit dem Bemühen, aus der kursächsischen Apologie ein von vielen Protestanten getragenes Bekenntnis zu machen, auch der Einfluß einiger Fürsten und Stände. Die schließlich zustande gekommene CA weist darum in vielen Punkten durchaus spezifisch melanchthonische Züge auf, ist aber in anderen durchaus nicht melanchthonisch. Indirekt hat auch Luther in einem gewissen Umfang auf den Inhalt und den Text der CA eingewirkt, einmal durch seine Schriften, soweit sie für die Formulierung herangezogen wurden, zum anderen durch seine Briefe. Allerdings hat er nach Lektüre einer Vorform der CA geschrieben: *„Ich hab M. Philipsen Apologia uberlesen, die gefellet mir fast (= sehr) wol, und weis nichts dran zu bessern noch endern, Wurde sich auch nicht schicken; Denn ich so sanfft und leise nicht tretten kan."*[10] Diese Äußerung enthält freilich neben der Kritik auch Anerkennung, obwohl Luther später noch einmal von dem „Leisetreten" gesprochen hat[11]. Dabei hat Luther, wie er hervorhebt, die Tatsache im Auge, daß in der CA die Fragen des Fegefeuers, des Heiligenkultes sowie vor allem des Papstes als Antichristen übergangen sind.

Neben der Ausarbeitung der CA fanden Sonderverhandlungen statt, die Melanchthon „im Namen der protestantischen Fürsten oder zumindest mit Wissen des kursächsischen Hofes" mit den kaiserlichen Sekretären sowie mit Campeggio, dem päpstlichen Legaten, führte[12]. Bei diesen Verhandlungen standen die

[8] s. Kl. RISCHAR, Eck auf d. Reichstag zu Augsburg 1530, 1968, 18–23. Die bayerischen Herzöge hatten an sich den Auftrag erteilt, den „häretischen Charakter der protestantischen Lehren von ihrem ersten Entstehen bis zum gegenwärtigen Zeitpunkt" nachzuweisen (RISCHAR, ebd. 17). Eck stellte statt dessen Sätze und Thesen zusammen, wodurch er zu einer erheblichen Verschärfung beitrug. Zudem verurteilte er auch jetzt noch den Humanisten Pirckheimer, obwohl dieser sich inzwischen längst von der Reformation abgewandt hatte.

[9] s. G. HOFFMANN, ZsystTh 15, 1938, 419–490.

[10] WAB 5 Nr. 1568,5–8 (Brief an Kurfürst Johann v. Sachsen vom 15. 5. 1530. s. W. E. NAGEL, Luthers Anteil an der CA, 1930.

[11] WAB 5 Nr. 1657,6–9 (Brief an Justus Jonas vom 21. 7. 1530).

[12] G. MÜLLER, Die röm. Kurie, 97.

Gewährung des Laienkelches, die Abschaffung des Zölibates, die Änderung des Meßkanons sowie die Beseitigung mancher Zeremonien und schließlich die Abhaltung eines allgemeinen Konzils im Mittelpunkt. Eine Zeitlang schien es allen Ernstes, als könne man sich einigen. Dann wäre eine Apologie oder Confessio überflüssig geworden[13]. Erst das Scheitern dieser Sonderverhandlungen machte die *Fertigstellung der CA* zu einer Notwendigkeit. Vor allem dank den Bemühungen des hessischen Landgrafen Philipp wurde das Bekenntnis zu einer von vielen evangelischen Ständen getragenen „Confessio". Man ließ jedoch die Oberdeutschen und Zwingli die CA nicht mit unterschreiben, hauptsächlich wegen der Differenz in der Abendmahlslehre. Straßburg, Konstanz, Lindau und Memmingen legten am 9. 7. 1530 ein eigenes Bekenntnis, die Confessio Tetrapolitana, vor. Am Tage zuvor war Zwinglis Schrift „Fidei Ratio ad Carolum Imperatorem" dem Kaiser überreicht worden. Nur die CA konnte in ihrer deutschen Fassung vor dem Kaiser verlesen werden (25. 6. 1530). Aus der Tatsache, daß die deutsche Version vorgetragen wurde, läßt sich jedoch nicht deren Priorität vor der lateinischen Fassung ableiten: der deutsche und der lateinische Text sind beide als offiziell anzusehen[14]. In den Fällen, wo der deutsche und der lateinische Text inhaltlich divergieren, kann der Dissensus von den Texten der CA her nicht behoben werden.

Die CA umfaßt 28 Artikel. Der *erste Teil*, 1–21, behandelt „Articuli fidei praecipui"/„Artikel des Glaubens und der Lehre". Am Ende dieses Teils sucht Melanchthon den Eindruck zu erwecken, daß in der Lehre „bei uns" keine Abweichung von der Schrift oder von der katholischen Kirche oder von der römischen Kirche festzustellen sei; der ganze Streit betreffe einige wenige Mißbräuche, und es würde der Milde der Bischöfe wohl anstehen, wenn sie die „Unsrigen" dulden würden[15]. Der *zweite Teil*, 22–28, enthält „Articuli in quibus recensentur abusus mutati"/„Artikel von welchen Zwiespalt ist, da erzählet werden die Mißbräuch, so geändert seind". Die kurz vor der Übergabe der CA von dem kursächsischen Kanzler Gregor Brück verfaßte Vorrede ist, vor allem im Vergleich mit Melanchthons früheren Entwürfen, „ein diplomatisches Meisterstück"[16]: hier kommt die soeben erreichte Übereinstimmung vieler evangelischer Stände zum Ausdruck; zudem stellt Brück unter Bezugnahme auf das kaiserliche Ausschreiben die Streitenden als Religionsparteien innerhalb der Kirche hin und hält schließlich mit der Ankündigung einer Konzilsappellation für den Fall des Scheiterns der Augsburger Verhandlungen alle Wege offen.

Es entspricht freilich nicht nur der politischen Situation, sondern dem Selbstverständnis der Reformation, wenn in CA 1–3 die wichtigsten dogmatischen Entscheidungen der alten Kirche über die Trinitätslehre, die Erbsünde sowie den Sohn Gottes aufgenommen werden. Unmittelbarer Anlaß für den Artikel über die Trinität war die Tatsache, daß Eck in seinen 404 Artikeln erneut den Vorwurf erhoben hatte, Luther bestreite die Wesenseinheit des Vaters und des Sohnes. Hatte es in den Schwabacher Artikeln geheißen, „daß allein ein einiger

---

13 G. MÜLLER, ebd. 99.

14 Gegen W. MAURER, Zum gesch. Verständnis..., Festschr. G. Ritter, 1950, 194, für den der deutsche „der offizielle, diplomatische Text (scil. ist), der die Unterzeichner rechtlich dem Reich gegenüber bindet".

15 BSLK 83c,7–83d,2.

16 B. MOELLER, ARG 57, 1966, 81.

wahrhaftiger Gott sei, Schopfer Himmels und der Erden, also daß in dem einigen, wahrhaftigen, gottlichen Wesen drei unterschiedenlich Personen seind"[17], so ist in CA 1 mit der Aussage (lat. Text) über die Einheit des göttlichen „Wesens" (essentia) und über die drei Personen eine knappe, präzisere Formulierung gefunden; auch wird der Personbegriff dahin bestimmt, daß nicht ein Teil oder eine Eigenschaft in einem anderen gemeint sei, sondern „das, was selbst besteht" (quod proprie subsistit). Ausdrücklich werden hier wie auch sonst in der CA die Verwerfungen von Irrlehrern aufgenommen.

Nicht unproblematisch, auf jeden Fall typisch melanchthonisch ist die Ausdrucksweise von CA 1, daß man den Beschluß (decretum) der nicänischen Synode – gemeint ist das Nicaeno-Constantinopolitanum von 381 – glauben müsse. Diese Ausdrucksweise entspricht Melanchthons Traditionalismus und „kann nur als Fehlgriff bezeichnet werden"[18]. Nicht ohne Grund haben die katholischen Kontrahenten CA 1 zugestimmt, dabei aber von der „norma fidei" sowie von der Übereinstimmung mit der römischen Kirche gesprochen[19]. Allerdings hat sich Melanchthon in CA 28 gegen die Vermischung von weltlicher und geistlicher Gewalt gewandt; die Kritik an der irdischen potestas der Bischöfe und an der Einführung neuer Gottesdienste[20] schließt ein unbiblisches Verständnis kirchlicher Autorität aus.

In CA 2 gibt Melanchthon eine meisterhafte Definition der *„Ursünde"* (peccatum originis; dt. Erbsünde), nämlich daß die Menschen „geboren werden mit der Sünde, d.h. ohne Furcht Gottes, ohne Vertrauen gegen Gott und mit Konkupiszenz" und daß diese Ur-Verfehlung sich jetzt als verderbenbringend erweist, es sei denn, daß die Menschen durch Taufe und Hl. Geist wiedergeboren werden. Damit ist Luthers Verständnis der Erbsünde als Personsünde klar zum Ausdruck gekommen. In CA 3 wird die *Christologie*, wieder in engem Anschluß an das altkirchliche Dogma, entfaltet. Wenn es heißt, daß Christus gelitten habe, „damit er uns den Vater versöhne und ein Opfer sei nicht nur für die Ur-Schuld (culpa originis), sondern auch für die Tatsünden der Menschen" (lat. Text), so klingt hier zwar die anselmsche Satisfaktionstheorie an; aber diese Worte lehnen, ohne alle Polemik, die damals verbreitete Meßopferlehre ab. Ferner wird in CA 3 das Königtum Christi betont: „... daß er zur Rechten des Vaters sitze und beständig regiere und herrsche über alle Kreaturen und die an ihn Glaubenden heilige, nachdem der Hl. Geist in ihre Herzen geschickt ist, der sie lenken, trösten und lebendig machen und gegen die Gewalt des Teufels sowie die Macht der Sünde verteidigen soll" (lat. Text).

Von zentraler Bedeutung ist selbstverständlich CA 4. Von der *Rechtfertigung* heißt es hier (lat. Text): „Ebenso lehren sie, daß die Menschen vor Gott nicht durch eigene Kräfte, Verdienste oder Werke gerechtfertigt werden, sondern umsonst gerechtfertigt werden um Christi willen durch den Glauben, wenn sie glauben, daß sie in Gnaden angenommen und die Sünden vergeben werden um Christi willen, der durch seinen Tod für unsere Sünden Genugtuung geleistet

---

[17] BSLK 52,4–8.

[18] ELERT, ML I, 178.

[19] Ed. J. FICKER, Die Konfutation des Augsburg. Bek. Ihre erste Gestalt u. ihre Geschichte, Leipzig 1891, 4,12f.; Th. KOLDE, Die Augsburgische Konfession, Göttingen 1911², 148; ed. H. IMMENKÖTTER, Die Confutatio der CA vom 3. August 1530, CCath 33, Münster 1979, 79, 4.

[20] BSLK 120,6–13.

hat. Diesen Glauben rechnet Gott zur Gerechtigkeit vor sich selbst an."[21] Diese Formulierung ist sehr vorsichtig; sie vermeidet das „sola fide"[22], der Sache nach vertritt sie es jedoch durchaus. Die Ablehnung „eigener Kräfte, Verdienste oder Werke" als Grund der Rechtfertigung vor Gott und die Betonung des „gratis" sowie des „um Christi willen" geben in der Melanchthon eigenen, ruhigen Sprache lehrhaft den Kern des reformatorischen Rechtfertigungsverständnisses wieder. Für das rechte Verständnis der Rechtfertigungslehre in der CA sind auch die in anderen Artikeln begegnenden ähnlichen Aussagen heranzuziehen[23]. In CA 18 betont Melanchthon, daß der Mensch insofern einen freien Willen hat, als er „die bürgerliche Gerechtigkeit erfüllen" kann. Die Unfreiheit des Willens, wie sie in CA 2 und 4 vertreten wird, gilt also ausschließlich für das Verhältnis des Menschen zu Gott. Die „Werke" haben theologisch ihren Ort allein auf der Erde, nicht vor Gott. Daß nur der Glaube rechtfertigt, besagt nicht, daß die Stelle, die bei der von der CA verworfenen Meinung die Werke haben, nunmehr von dem Glauben eingenommen wird: das würde lediglich eine Ermäßigung der dem Menschen gestellten Forderungen bedeuten. Vielmehr ist die Anschauung, daß der Mensch in größerem oder geringerem Maße auf seine Werke vor Gott angewiesen ist, hier im Ansatz ausgeschlossen. Vor Gott ist der Mensch nichts anderes als Sünder; darum kann er vor Gott nur als Empfangender stehen. Der Rechtfertigungsglaube ist somit für CA 4 ganz wie für Luther nichts anderes als Christusglaube; er ist seinem Wesen nach Heilszuversicht. Die Worte „um Christi willen durch den Glauben" dürfen dabei nicht rationalisierend verstanden werden, als ob zwischen „propter" und „per" eine bestimmte Relation der Bedingung gegeben sei. Auch in dem Satz „... sie werden gerechtfertigt, wenn sie glauben..." ist der Glaube nicht etwa die Voraussetzung, auf die hin das Geschenk der Rechtfertigung zuteil wird. Vielmehr kann die reformatorisch verstandene Rechtfertigung nur „im Glauben" empfangen werden. Wort und Glaube sind nur in Beziehung zueinander zu verstehen.

Die Definition in CA 4 bedeutet nicht, daß zwischen imputativer und effektiver Rechtfertigung geschieden würde[24]. Parallelbegriffe zu „Gerechtfertigt werden" sind „In Gnaden angenommen werden" oder „Vergebung der Sünden erhalten". In CA 5 wird „iustificare" im dt. Text durch „einen gnädigen Gott haben" wiedergegeben. Damit ist in umfassender Weise das neue Gottesverhältnis gemeint, das durch Christus herbeigeführt ist. Nach CA 5 ist „das Amt, das Evangelium zu verkündigen und die Sakramente auszuteilen, eingesetzt, damit wir diesen Glauben erlangen". Gerade in CA 5 kann darum die Rechtfertigung nicht punktuell, auch nicht im Sinne einer bloßen „Zurechnung" verstanden werden. Etwa in CA 12 ist die Rechtfertigung jedoch als einmaliger Akt verstanden worden, wenn es dort heißt: „Sie (scil. unsere Kirchen) verwerfen die Wiedertäufer, die leugnen, daß die einmal Gerechtfertigten (semel iustificatos) den Hl. Geist verlieren können."[25] Aber auch hier handelt es sich „um ein punktuel-

---

[21] BSLK 56,2–10 (eig. Übers.).
[22] Eine frühere Fassung des dt. Textes hatte das „sola" gehabt: BSLK 56, zu 3/8 (Sp); im fertigen Text findet es sich nur in einem Zitat p. 60,14f.
[23] Zusammengestellt bei V. PFNÜR, Einig in der Rechtfertigungslehre? 1970, 140–143.
[24] s. SEEBERG DG IV, 2, 401–403; M. GRESCHAT, Melanchthon neben Luther, 1965, 110.
[25] BSLK 67,12–14 (eig. Übers.).

les Ereignis, das eine fortdauernde Zuständlichkeit begründet, die solange währt, bis man wieder ‚fällt' und so von neuem gerechtgemacht und wieder neu-geboren werden muß"[26]. Es geht Melanchthon in der CA noch nicht um die Abgrenzung zwischen forensischer und effektiver Rechtfertigungslehre, sondern um die Herausstellung des „gratis".

Die Verbindung zwischen Rechtfertigung und Leben kommt auch in CA 6 zum Ausdruck: „Ebenso lehren sie, daß jener Glaube gute Früchte hervorbringen muß (debeat) und daß man die von Gott gebotenen guten Werke tun muß wegen des Willens Gottes, nicht damit wir vertrauen, durch diese Werke die Rechtfertigung vor Gott zu verdienen" (lat. Text). Nicht unproblematisch ist das „debeat". Hatte Luther stets betont, daß der Glaube, wenn er rechter Glaube ist, von selbst Werke hervorbringt, so bahnt sich in CA 6 die von Melanchthon später entfaltete Lehre vom „tertius usus legis" an. Sowohl in den Schwabacher als auch in den Marburger Artikeln hingegen war der Zusammenhang zwischen Glaube und Werken theologisch angemessen ausgedrückt worden[27]. Die Auffassung vom Glauben als solche ist jedoch in der CA reformatorisch. R. HERMANN gibt sie treffend so wieder: „Glauben heißt ... sich durch Christi Werk von Gott sagen und bestimmen lassen, wer man selber ist, und somit fürder nicht etwas für sich allein sein wollen."[28]

Auch die Artikel 5–8 über das kirchliche Amt und die Kirche sind an dem Artikel über die Rechtfertigung orientiert. Wenn zunächst vom Amt gesprochen wird, so wird dieses damit der Kirche nicht vorgeordnet; vielmehr ist es die Aufgabe des Amtes, durch Wort und Sakrament den rechtfertigenden Glauben zu bewirken. Die Bindung des Geistes an das äußere Wort sowie die Betonung, daß Wort und Sakramente „Instrumente" des Hl. Geistes sind, beschreibt genau die lutherische Position gegenüber Rom, den „Schwärmern", aber auch gegenüber Zwingli und Bucer. Dabei ist die göttliche Einsetzung des Amtes wichtig. Alle anderen Unterschiede zwischen verschiedenen Ämtern sind demgegenüber menschlichen Rechtes[29]. Die Bischöfe haben im Grunde den gleichen Auftrag wie die Pfarrer: sie sollen das Evangelium verkündigen, Sünden vergeben und behalten sowie die Sakramente austeilen[30]; aber sie sollen ihr Amt „nicht mit menschlicher Gewalt, sondern durch das Wort" ausüben[31]. Für die CA ist somit das geistliche Amt zwar heilsnotwendig, aber es ist ganz von seiner Funktion her verstanden.

CA 7 definiert die *Kirche*: *„Die Kirche ist die Versammlung der Heiligen (dt.: ‚Glaubigen'), in welcher das Evangelium rein gelehrt und die Sakramente recht verwaltet werden. Zur wahren Einheit der Kirche ist es genug, daß man in der Lehre des Evangeliums und in der Verwaltung der Sakramente übereinstimmt...*" (lat. Text). Der Artikel hat deutlich eine apologetische Abzweckung, sofern die Evangelischen gegen den Vorwurf der Kirchenspaltung verteidigt werden[32]. Zugleich aber ist das hier vertretene Verständnis von Kircheneinheit

---

[26] V. PFNÜR, ebd. 160f.
[27] Schwab. Art. 6; Marb. Art. 10 (BSLK 59f.).
[28] R. HERMANN, Ges. Studien, 1960, 110.
[29] Darauf weist u.a. hin H. FAGERBERG, Die Theol., 1965, 249.
[30] CA 28,5 (BSLK 121,12–17).
[31] CA 28,21 (BSLK 124,3–9, eig. Übers.).
[32] So mit Recht u.a. R. HERMANN, ebd. 123.

gegenüber der gesamten Tradition etwas Neues, sofern diese Einheit allein von Wort und Sakrament her gedacht ist. Die Begriffe „sichtbar" oder „unsichtbar" reichen nicht zu, um die Kirche, wie CA 7 sie versteht, zu umschreiben. Vielmehr existiert die reformatorisch verstandene Kirche durchaus leibhaftig, und doch ist das „Eigentliche", nämlich Wort und Glaube, etwas Innerliches und darum verborgen. Wird mit der Definition der Kirche durch Wortverkündigung und Sakramentsspendung das Moment der Aktualität betont, so heben die Worte „Es gibt eine heilige Kirche, die beständig bleiben wird" die Kontinuität hervor, die für die Reformation auch gegenüber der mittelalterlichen Kirche gegeben ist. Die Abwehr des donatistischen Kirchenbegriffs, wie sie sich in CA 8 findet, richtet sich nicht nur gegen den von Katholiken erhobenen Vorwurf des Perfektionismus, sondern entspricht dem ekklesiologischen Ansatz der Reformation.

Die *Sakramentslehre* wird in CA 9–13 erörtert, in denen nacheinander Taufe, Abendmahl, Beichte, Buße sowie der „Gebrauch der Sakramente" behandelt werden. Es werden also drei Sakramente gelehrt, entgegen der früher auch von Melanchthon geteilten Auffassung Luthers, nur Taufe und Abendmahl seien als Sakramente anzuerkennen[33]. Besondere Bedeutung hat der Abendmahlsartikel, nicht zuletzt auch im Blick auf die späteren innerprotestantischen Auseinandersetzungen. Zwischen der lat. und der dt. Fassung bestehen einige gravierende Differenzen. Lat.: „Vom Herrenmahl lehren sie, daß Leib und Blut Christi wahrhaft gegenwärtig sind und denen, welche (scil. sie) im Herrenmahl genießen, ausgeteilt werden; und sie lehnen diejenigen ab, die anders lehren."[34] Dt.: „Von dem Abendmahl des Herren wird also gelehrt, daß wahrer Leib und Blut Christi wahrhaftiglich unter der Gestalt des Brots und Weins im Abendmahl gegenwärtig sei und da ausgeteilt und genommen werde. Derhalben wird auch die Gegenlehre verworfen." Die wichtigsten Unterschiede sind: 1. Die Gegenwart von Leib und Blut Christi ist nach dem lat. Text allgemein „im Abendmahl", nach dem dt. Text „unter der Gestalt des Brots und Weins". Der dt. Text betont dabei: „Wahrer" Leib und Blut. 2. Der dt. Text sagt nicht nur, daß Leib und Blut Christi ausgeteilt, sondern auch daß sie „genommen" werden. Es wird also die „manducatio impiorum" ausgesagt. 3. Der dt. Text spricht eine förmliche Verwerfung der „Gegenlehr" aus, die sich nach Lage der Dinge nur gegen Zwingli, vielleicht gegen Bucer, sicher aber auch gegen „Schwärmer" wie Karlstadt richten kann; der lat. Text begnügt sich mit dem nur hier verwendeten vorsichtigen Ausdruck „ablehnen".

Für das rechte Verständnis von CA 10 ist wichtig, daß Melanchthon offenbar, wohl aus apologetischen Gründen, in manchem an das sog. „Innocentianum", also das Dogma von 1215, anknüpft[35], das auch für einige andere Artikel einflußreich gewesen ist[36]: er vermied den offenen Bruch mit Lehrentscheidungen. Sodann, ein Vorrang der einen Version vor der anderen besteht nicht; beide Fassungen haben als gleich gewichtig zu gelten. Weiter, die Tatsache, daß beide Versionen von den evangelischen Ständen verabschiedet worden sind, schließt

[33] s. Mel., StA 1,131,4–9 (Didymi Faventini..., 1521); II 1,144,9f. (Loci 1521).

[34] CA 10 lat.: „De coena Domini docent, quod corpus et sanguis Christi vere adsint et distribuantur vescentibus in coena Domini; et improbant secus docentes."

[35] s. W. MAURER, Festschr. G. Ritter, 1950, 163. 196. 209.

[36] s. W. MAURER, ARG 51, 1960, 200f.; B. MOELLER, ZKG 75, 1964, 156–158.

ein, daß man die beiden Fassungen nicht als gegensätzlich empfand. In der Tat ist es möglich, die weitere lat. Fassung in Übereinstimmung mit der dt. zu interpretieren. Schließlich, trotzdem besteht zwischen beiden Fassungen nicht nur eine Spannung[37], sondern „ein theologischer Gegensatz"[38]. Der dt. Text, dessen Präzisierungen gegenüber dem lat. möglicherweise auf Johann Agricola zurückgehen[39], gibt Luthers Abendmahlslehre treffend wieder; er grenzt sich schroff von Zwingli ab und betont die Gemeinsamkeit mit der katholischen Abendmahlslehre. Der lat. Text vermeidet eine Aussage über die „manducatio oralis", vertritt also faktisch die „manducatio spiritualis" und gibt damit die Abendmahlslehre Melanchthons wieder, wie sie sich damals schon herauszubilden begann[40]. Auf jeden Fall bedeuten sachlich beide Fassungen von CA 10 eine Abweichung von dem in Marburg 1529 mit Zwingli erreichten, recht weitgehenden Kompromiß: die Differenzen mit den Schweizern wurden, veranlaßt durch die bedrohliche politische Situation auf dem Augsburger Reichstag, verschärft.

So treffend die CA weithin die evangelische Lehre zusammengefaßt hat, so hat sie doch manche wichtigen Streitfragen mit Schweigen übergangen. Von den Fragen, deren Erörterung Luther in der CA vermißte[41], ist am bedeutendsten diejenige des Papsttums, die unbedingt hätte behandelt werden müssen. Aber auch etwa die reformatorische Auffassung vom allgemeinen Priestertum ist in der CA mit keinem Wort erwähnt worden. H. Bornkamm hat darum mit Recht festgestellt: „Das Augsburgische Bekenntnis allein kann ... nicht als ausreichende Darstellung der reformatorischen Lehre angesehen werden."[42] Freilich haben andere Probleme wie etwa die Frage der apostolischen Sukzession, die in späterer Zeit heftig umstritten wurden, damals noch kaum Beachtung gefunden; hierzu sich zu äußern, bestand also kein Anlaß.

So sehr die Überreichung der CA auf dem Augsburger Reichstag einen Einschnitt markierte, so wurden doch die *Sonderverhandlungen* auch nach dem 25. 6. 1530 in verschiedener Form fortgesetzt. In seiner durchaus nicht unbegründeten Sorge um die Zukunft des deutschen Protestantismus schrieb Melanchthon am 4. 7. 1530 dem päpstlichen Legaten Campeggio einen Brief, in dem es u. a. hieß: „Wir haben kein Dogma, das von der römischen Kirche abweicht ... Wir sind bereit, der römischen Kirche zu gehorchen, wenn sie nur in ihrer Milde, wie sie sie gegenüber allen Völkern geübt hat, einige Kleinigkeiten (pauca quaedam), die wir, selbst wenn wir wollten, nicht mehr ändern können, entweder übersieht oder duldet... Die Autorität des römischen Papstes und die gesamte Kirchenleitung verehren wir ehrerbietig, wenn uns nur der römische Papst nicht verwirft."[43] Aber die Gespräche zwischen Campeggio und Melanchthon am 5. und 8. 7. 1530 führten zu keinem Resultat.

---

[37] So W. Maurer, Festschr. G. Ritter, 1950, 166.

[38] W. H. Neuser, Die Abendmahlslehre Mel.s, 1968, 449f.

[39] W. H. Neuser, ebd. 463f.

[40] Umfassender Nachweis bei W. H. Neuser, ebd. 447ff. Zur unterschiedlichen „Verwerfung" der Gegenlehre im dt. u. lat. Text. s. H.-W. Gensichen, Damnamus. Die Verwerfung von Irrlehre bei Luther u. im Luthertum des 16. Jh.s, Berlin 1955, 75f.

[41] S.o. bei Anm. 11.

[42] RGG I, 735.

[43] CR 2,169; StA VII, 2 Nr. 175,21–34 (eig. Übers.). Cf. WAB 13,156 zu 447,4. J. v. Walter, LuJ 12, 1930, 68 erblickt in diesem Brief „eine Verleugnung des Evangeliums". Bei der Unterredung am 5. 7. 1530 forderte Melanchthon lediglich Laienkelch, Priesterehe und Reform des Meßkanons. Melanchthons Nachgiebigkeit führte freilich bei der Gegenseite zu einer Verhärtung.

Da der Papst damals auf keinen Fall bereit war, ein Konzil abzuhalten, bestand die einzige, allerdings geringe Chance zu einer Regelung der Religionsstreitigkeiten in Sonderverhandlungen. Solche Sonderverhandlungen sind auch noch im August 1530 nach der Überreichung der katholischen „Confutatio" nacheinander in zwei verschiedenen Ausschüssen geführt worden. Auch jetzt hatte es zuweilen den Anschein, als wäre eine Einigung erreichbar. Aber vor allem die Kurie scheute vor verbindlichen Zugeständnissen zurück[44]. Zudem wurden die konfessionellen Streitfragen teilweise durch politische Differenzen überlagert, ja vielleicht sind letztere sogar für das Scheitern aller Kompromißversuche ausschlaggebend gewesen[45].

Die katholische „*Confutatio*" der CA war vom Kaiser in Auftrag gegeben. Ein erster Entwurf, den eine Kommission unter Führung von Johann Eck dem Kaiser vorlegte, wurde von diesem als zu umfangreich und zu polemisch abgelehnt. Die daraufhin von Eck überarbeitete Fassung wurde am 3. 8. 1530 in deutscher Fassung vor dem Reichstag verlesen. Ein Glanzstück war die „Confutatio" nicht[46]. Immerhin muß berücksichtigt werden, daß Eck ebenso wie Campeggio gegenüber der auf Ausgleich bedachten CA die Lehrdifferenzen scharf herausarbeiten wollte; von daher erklärt sich die nicht selten polemische Tendenz der „Confutatio". In dem ersten Entwurf mußten die Protestanten es sich gefallen lassen, als „solarii theologi" verspottet zu werden, weil sie das reformatorische „sola fide" vertreten[47]. Die reformatorische Auffassung von der Rechtfertigung wurde in mehrfacher Hinsicht verzeichnet, so daß sie dann in der karikierten Form um so leichter „widerlegt" werden konnte[48].

Nach der Verlesung der „Confutatio" verlangte der Kaiser die Annahme derselben durch die Protestanten. Als diese jedoch eine Abschrift der „Confutatio" erbaten, wurden ihnen Bedingungen auferlegt, die einer Ablehnung der Bitte gleichkamen. Da jedoch manche Protestanten bei der Verlesung der „Confutatio" sich Notizen gemacht hatten, begab sich Melanchthon, von einigen anderen unterstützt[49], an die Ausarbeitung der Apologie der CA. Diese „Apologia" (= AC) ist im Aufbau der CA gleich, jedoch insgesamt erheblich umfangreicher und vor allem in manchen Artikeln wesentlich ausführlicher. Dabei stellt die gedruckte Fassung gegenüber der in Augsburg ausgearbeiteten Version eine erweiterte Form dar.

Bei weitem der *bedeutendste Artikel der AC* ist derjenige über die *Rechtfertigung*: er ist im Grunde eine eigene Abhandlung. Manche Aspekte, die bei der knappen Formulierung von CA 4 offen geblieben waren, sind nun ausführlich behandelt. Zudem hat Melanchthon hier in großem Umfang Schriftstellen her-

---

[44] S. vor allem G. MÜLLER, Die röm. Kurie, 1969, 92–113; DERS., Kardinal Lorenzo Campeggio, die röm. Kurie u. der Augsburger Reichstag von 1530, NAKG 52, 1972, 133–152; V. PFNÜR, Einig in der Rechtfertigungslehre? 1970, 251–271.

[45] So H. IMMENKÖTTER, Um die Einheit im Glauben, 1973.

[46] Zur Confutatio s. vor allem V. PFNÜR, ebd. 222–250.

[47] So in der Erstfassung: J. FICKER (Hg.), Die Konfutation des Augsb. Bek...., 1891, 48, 23f.; anders der endgültige Text der Confutatio: CR 27,1–243; Th. KOLDE, Die Augsb. Konf...., 1911²; ed. H. IMMENKÖTTER, 110,7–11.

[48] S. etwa die Entstellung von Luthers Ansicht in der Erstfassung der „Confutatio", hg. FICKER, 29,11–30,4, im Vergleich mit Luthers tatsächlicher Äußerung WA 7,61,26–30; zum endgültigen Text der Confutatio IMMENKÖTTER, 89ff.

[49] BSLK 142,28–34.

angezogen, aber auch Werke von Kirchenvätern, insbesondere von Augustin; andererseits findet sich hier eine gründliche Auseinandersetzung mit spätscholastischen Ansichten. Allerdings ist die Deutung von AC 4 umstritten. F. Loofs hatte 1884 zuerst darauf aufmerksam gemacht, daß in AC 4 die Rechtfertigung zuweilen „forensisch" (als richterlicher Freispruch), zuweilen jedoch effektiv verstanden werde[50]. Bis heute werden ganz verschiedene Versuche unternommen, diese beiden Auffassungen von der Rechtfertigung miteinander zu verbinden. 1. Man sieht die effektive Gerechtmachung als Voraussetzung für die Rechtfertigung im forensischen Sinne an[51]. 2. Oder man erblickt umgekehrt in der forensischen Rechtfertigung die Voraussetzung und Ermöglichung der realen Gerechtmachung[52]. 3. Oder man unterscheidet das Gerechtgemachtwerden durch den Glauben von dem Für-gerecht-erklärt-Werden wegen des Glaubens[53].

Freilich muß vor einer Rationalisierung des Verhältnisses zwischen „iustum effici" und „iustum reputari" gewarnt werden. Melanchthon geht es in AC 4 weniger darum, das Verhältnis zwischen diesen beiden Aspekten der Rechtfertigung in einer an die Scholastik erinnernden Weise zu bestimmen, als vielmehr den „gratis"-Charakter der Rechtfertigung sowie das reformatorische „sola fide" herauszustellen[54]. Eine habituelle Gnadenvorstellung liegt Melanchthon ganz fern. Statt dessen betont er, daß die Rechtfertigung durch das Wort geschieht und daß dieses Wort nur im Glauben ergriffen wird[55]. Gleichbedeutend mit „Rechtfertigung" ist häufig „Sündenvergebung"; auch die Korrelation von Verheißung/Glaube ist in AC 4 wichtig. Die Redeweise von der Gerechterklärung überwiegt diejenige von der Gerechtmachtung bei weitem. Trotzdem schließt der umfassende Charakter der Sündenvergebung zugleich auch die Gerechtmachung ein. Deshalb wird jedoch die Rechtfertigung nicht als ein Prozeß verstanden, in dessen Verlauf der Mensch mehr und mehr gerecht wird, um dann schließlich im „analytischen" Sinne von Gott für gerecht erklärt werden zu können. Von diesem Gesamtzusammenhang her sind umstrittene Aussagen wie diese zu deuten: „Weil Gerechtfertigtwerden heißt, daß aus Ungerechten Gerechte gemacht oder wiedergeboren werden, darum heißt es auch, daß sie für gerecht erklärt oder gehalten werden. Die Schrift redet nämlich in diesem doppelten Sinne. Deshalb wollen wir dies zeigen, daß allein der Glaube aus einem Ungerechten einen Gerechten macht, das heißt, daß er (scil. allein der Glaube) die Vergebung der Sünden empfängt."[56] Wenn Melanchthon gelegentlich Gerechtmachung und Gerechterklärung scharf differenziert[57], so handelt es sich

[50] F. Loofs, Die Bedeutung der Rechtfertigungslehre der Apologie für die Symbolik der luth. Kirchen, ThStKr 57 I, 1884, 613–688.

[51] So u.a. H. Fagerberg, Die Theol., 1965, 158.

[52] So u.a. E. Schlink, Die Theol. der luth. Bek., 1948³, 141; ähnlich M. Greschat, Mel. neben Luther, 1965, 125f.

[53] So u.a. V. Pfnür, ebd. 180.

[54] So mit Recht schon H. Engelland, Mel. Glauben und Handeln, München 1931, bes. 565.

[55] AC 4,67 (BSLK 173,26–34).

[56] AC 4,72 (BSLK 174,37–44): „quia iustificari significat ex iniustis iustos effici seu regenerari, significat et iustos pronuntiari seu reputari. Utroque enim modo loquitur scriptura. Ideo primum volumus hoc ostendere, quod sola fides ex iniusto iustum efficiat, hoc est, accipiat remissionem peccatorum."

[57] AC 4,252 (BSLK 209,32–34).

dabei um eine exegetische Bemerkung. Trotz der starken Betonung des forensischen Charakters der Rechtfertigung ist somit in der AC deren zugleich effektiver Charakter nicht bestritten, sondern voll beibehalten[58]. Die „Werke" sind also nicht Voraussetzung der Rechtfertigung, sondern Früchte des Glaubens. Wenn die Schrift Werke fordert, „so darf man darunter nicht nur äußere Werke verstehen, sondern auch den Glauben des Herzens"[59].

Sodann sind die Ausführungen der AC zur *Sakramentslehre* besonders wichtig. Betreffs der Zahl der Sakramente äußert Melanchthon, daß es drei eigentliche Sakramente gibt, nämlich Taufe, Abendmahl und „Absolution, welche das Sakrament der Buße ist"[60]. Hinsichtlich der Ordination äußert sich Melanchthon kompromißbereit: „Wenn aber die Ordination (ordo) vom Dienst des Wortes verstanden wird, so wollen wir sie nicht ungern ein Sakrament nennen."[61] Freilich bleibt die Apologie dabei, daß Konfirmation und letzte Ölung nicht als Sakramente anzusehen sind, da sie keinen „Befehl Gottes" haben und infolgedessen nicht heilsnotwendig sind[62].

Kompromißbereitschaft zeigt sich auch in AC 10. Melanchthon stellt fest, daß CA 10 auf katholischer Seite keine Kritik gefunden hat. Hier redet Melanchthon sogar davon, daß „das Brot nicht nur Bild ist, sondern wahrhaftig in das Fleisch verwandelt wird"[63]. Solche Formulierungen haben nicht der Klarheit gedient.

CA und AC sind bei weitem die bedeutendsten Bekenntnisschriften der lutherischen Reformation, wobei die CA naturgemäß das größere Gewicht hat als die AC, die doch eher den Charakter eines Kommentars zur CA besitzt. Freilich hat sich die Bedeutung der CA schon früh gewandelt. Anfangs als Verteidigungsschrift geplant, wurde die CA zum Bekenntnis. Durch die Unterschrift von Fürsten und Ständen sowie durch die Übergabe an den Kaiser erhielt die CA nahezu den Charakter einer Staatsschrift[64]. Melanchthon erblickte in ihr jedoch nach wie vor ein Privatwerk, an dem er bei Neuauflagen ohne Bedenken Änderungen vornahm. Bald erhielt die CA aber auch als Lehrgrundlage Bedeutung. Zwar dürfte der Wittenberger theologische Doktoreid, der angeblich 1533 eingeführt worden ist und eine Verpflichtung auf die CA und die ökumenischen Symbole vorsieht, erst nach Luthers Tode eingeführt worden sein[65]. „Es ist charakteristisch, daß die zu Luthers Lebzeiten erlassenen Kirchenordnungen oder Universitätsstatuten für die Ordinationen oder akademischen Eide auch keine Verpflichtungen auf die alten Bekenntnisse enthalten. Auch auf die CA wird noch keine eigentliche Verpflichtung gefordert, sondern es wird nur auf sie ebenso wie auf andere Schriften ... als Norm der geltenden und innezuhaltenden Lehre verwiesen."[66] Allerdings setzten schon in den 30er Jahren Versuche ein, die CA zur Lehrnorm zu erheben, nämlich in der Homberger Kirchenordnung für Hes-

---

58 Etwas anders E. ISERLOH, Handb. der Kirchengeschichte IV, hg. H. JEDIN, 1967, 274.
59 AC 4,371 (BSLK 230,17–23, eig. Übers.).
60 AC 13,4 (BSLK 292,24–27); cf. AC 12,41 (ebd. 259,17–20).
61 AC 13,11 (ebd. 293,42–44, eig. Übers.); cf. ebd. 12.
62 AC 13,6.
63 AC 10,2 (ebd. 248,19–21): „... panem non tantum figuram esse, sed vere in carnem mutari."
64 P. TSCHACKERT, Die Entstehung der luth. u. der ref. Kirchenlehre, Göttingen 1910, 375.
65 RITSCHL I 212–239; H. BORNKAMM, RGG I 736.
66 H. BORNKAMM, Das Jahrhundert der Reformation, Göttingen 1961, 221.

sen 1532[67] und in der Pommerschen Kirchenordnung 1535[68]. Daß die altkirchlichen Symbole verbindliche Richtschnur blieben, verstand sich im Grunde von selbst. Mit der Festsetzung einer Lehrnorm verfestigte sich die lutherische Reformation erheblich; zugleich entstand die Gefahr weiterer Auseinandersetzungen, zumal die CA nicht frei von beträchtlichen Spannungen war.

§ 4 Die Schmalkaldischen Artikel und der „Tractatus de potestate et primatu papae"

Literatur: Zur Situation nach dem Augsb. Reichstag 1530: E. FABIAN, Die Entstehung des Schmalkald. Bundes u. seiner Verfassung, Tübingen 1962²; DERS., Die Schmalkald. Bundesabschiede 1530–32, Tübingen 1958. *Texte:* BSLK. *Zur Wittenberger Konkordie:* Text: WAB 12 Nr. 4261 Beil. I, 200–212; E. BIZER, Studien zur Gesch. des Abendmahlsstreits im 16. Jh., Gütersloh 1940, Neudr. 1962, 1972; W. KÖHLER, Zwingli u. Luther, II, Gütersloh 1953; G. MÜLLER, Die Kasseler Vereinbarung über das Abendmahl von 1534, Jahrb. d. Hess. kirchengeschichtl. Vereinigung 18, 1967, 125–134. *Zu den Schmalkald. Art.:* H. VOLZ (Hg.), Urkunden u. Aktenstücke zur Geschichte von M. Luthers Schm. Art. (1536–1574), KlT 179, Berlin 1957; H. VOLZ, Luthers Schmalkald. Art. u. Melanchthons Tractatus de potestate papae. Ihre Geschichte von der Entstehung bis zum Ende des 16. Jh.s, Gotha 1931; O. CLEMEN, Luther in Schmalkalden, 1537, ARG 31, 1934, 252–263; E. BIZER, Die Wittenberger Theologen u. das Konzil 1537, ARG 47, 1956, 77–101; DERS., Zum gesch. Verständnis von Luthers Schm. Art., ZKG 67, 1955/56, 61–92; H. VOLZ, Luthers Schm. Art., ZKG 68, 1957, 259–286; E. BIZER, Noch einmal: Die Schm. Art., ZKG 68, 1957, 287–294; E. SCHOTT, Christus u. die Rechtfertigung allein durch den Glauben in Luthers Schm. Art., ZsystTh 22, 1953, 192–217; W. R. BOUMAN, The Gospel and the Smalcald Articles, Concordia Theol. Monthly 40, 1969, 407–418. *Zur CA variata:* Text: Melanchthon, StA 6,12–79; W. MAURER, CA Variata, ARG 53, 1962, 97–151.

Auch die weitere Lehrentwicklung in der deutschen Reformation stand in engem Zusammenhang mit der politischen Entwicklung im Reich sowie in Europa. Der Augsburger Reichstag von 1530 hatte in seinem Abschied die Durchführung des Wormser Ediktes beschlossen und obendrein die Wiederherstellung des gesamten Kirchengutes gefordert, widrigenfalls gerichtliche Verfolgung durch das Reichskammergericht drohte. Die Kontroversfragen konnten darum nicht nur kirchlich-theologisch behandelt werden, sondern waren unlösbar mit politischen und auch militärischen Fragen verbunden. Umgekehrt legte die bedrohliche politisch-militärische Lage der reformatorischen Stände ein Bündnis nahe, das zudem, sollte es wirksam dem gemeinsamen Schutz dienen, eine möglichst große Mitgliederzahl haben mußte. Noch 1530 begannen die Vorbereitungen für den *Schmalkaldischen Bund*, der am 27. 2. 1531 förmlich abgeschlossen wurde. Trotz seiner schwerfälligen Organisation war dieser Bund eine vergleichsweise große Macht, gegen die der Kaiser militärisch nichts ausrichten konnte. An eine Durchführung der Augsburger Reichstagsbeschlüsse war von daher nicht zu denken. Dies gilt umso mehr, als der Schmalkaldische Bund auch Verbindung mit Frankreich und England aufnahm. In bestimmten Fragen gingen die Bündnispartner auch mit katholischen deutschen Territorien zusam-

[67] s. H. BORNKAMM, ebd.

[68] s. P. TSCHACKERT, ebd. 376; neben der CA wurde in der hessischen wie der pommerschen Kirchenordnung auch die AC genannt.

men, da nicht selten die territorialen Interessen den konfessionellen voranstanden. Vor allem aber konnte der Schmalkaldische Bund, der stets ein reines Verteidigungsbündnis war, den nötigen politisch-militärischen Rückhalt gewähren, wenn irgendwo die Möglichkeit sich eröffnete, in einem weiteren Territorium die Reformation durchzuführen.

Luther und Melanchthon hatten nur mit schweren Bedenken einem solchen protestantischen Bündnis ihre Zustimmung gegeben[1]. Sie hatten an sich ein aktives Widerstandsrecht der Stände gegen den Kaiser verneint, hatten sich aber schließlich durch Juristen überzeugen lassen, daß der Kaiser gegenüber den Fürsten nicht einfach als „Obrigkeit" anzusehen sei. Sodann machte aber auch die Bekenntnisverschiedenheit, die 1529 den Abschluß eines Bündnisses verhindert hatte, noch immer ernste Schwierigkeiten. Solange Kursachsen gehofft hatte, vom Kaiser als rechtgläubig anerkannt zu werden, hatte es jede Gemeinsamkeit mit den Oberdeutschen und natürlich vollends mit Zwingli vermieden. Aufgrund des harten Reichstagsabschiedes 1530 kam es zu einer Annäherung zwischen Kursachsen und den Oberdeutschen, die allerdings der intensiven theologischen Aufarbeitung bedurfte. Ende März 1531 wurde Straßburg in den Schmalkaldischen Bund aufgenommen. Der *Schmalkaldische Vertrag* erkannte die CA an, wobei jedoch die „Confessio Tetrapolitana" (s. oben S. 85) als mit ihr übereinstimmend galt. Die CA war also der „Confessio Tetrapolitana" übergeordnet[2]. Nach Zwinglis Tod 1531 lehnten sich die Oberdeutschen stärker an die sächsischen Lutheraner an. Es ist aber doch hauptsächlich den intensiven Bemühungen des Straßburger Reformators Martin Bucer (s. unten S. 216f.) zu danken, wenn es zu einem gewissen Lehrausgleich kam. In den Jahren ihrer stärksten politischen Kraft erreichte die deutsche Reformation so auch ihre größte lehrmäßige Einigung, die dann erst in der Zeit nach Luthers Tod aufgrund neuer Kontroversen durch eine zunehmende Lehrverfestigung abgelöst wurde.

Für *Bucers Bemühungen um eine Konkordie* wurden die Vorgänge in Württemberg wichtig. Das Herzogtum Württemberg war nach der Vertreibung von Herzog Ulrich 1519 österreichischer Verwaltung unterstellt und auf dem Augsburger Reichstag Erzherzog Ferdinand als kaiserliches Lehen übertragen worden. Mit Hilfe französischer Gelder konnte Philipp von Hessen, bei dem Ulrich Zuflucht gefunden hatte, ein österreichisches Heer bei Lauffen am Neckar 1534 besiegen. Herzog Ulrich erhielt Württemberg, offiziell als österreichisches Afterlehen, zurück; mittelbar wurde ihm sogar die Einführung des neuen Kirchenwesens gestattet.

Die in Württemberg nun eingeführte Reformation war zwar lutherisch, wahrte aber doch einen eigenen Charakter. Schon von der geographischen Lage her ergab sich die Notwendigkeit eines Ausgleichs zwischen der Wittenberger und der Straßburger Reformation. Bucer, der selbst nicht so sehr von Erasmus

---

[1] Die wichtigsten Texte bei H. SCHEIBLE (Hg.), Das Widerstandsrecht als Problem der dt. Protestanten 1523–1546, Texte zur Kirchen- u. Theol.gesch. 10, Gütersloh 1969; Lit.: H. DÖRRIES, Wort und Stunde III, Göttingen 1970, 195–270 (Luther u. das Widerstandsrecht); G. WOLF (Hg.), Luther u. die Obrigkeit, Wege der Forschung 85, Darmstadt 1972; E. WOLGAST, Die Wittenberger Theologie u. die Politik der ev. Stände, QFRG 47, Gütersloh 1977.

[2] W. KÖHLER, Zwingli u. Luther, II, 1953, 290.

herkam[3], sondern im Grunde zeitlebens beim Abendmahl den Gemeinschaftsgedanken des jungen Luther ins Zentrum rückte[4], konnte in der Abendmahlsfrage einen Kompromiß herbeiführen: die sog. Stuttgarter Konkordie von 1534[5]. Die entscheidenden Worte lauteten, daß der Leib und das Blut Christi „warhaftiklich hoc est essentialiter et substantive, non autem qualitative vel quantitative vel localiter im nachtmal gegenwirtig siend und geben werdind"[6]. Diese Formel war seinerzeit von den Lutheranern bei dem Marburger Religionsgespräch (s. oben S. 61–64) als Vermittlungstext vorgeschlagen, aber von Zwingli und Ökolampad abgelehnt worden[7].

Bucer setzte seine Einigungsbemühungen fort, indem er mit Melanchthon Verbindung aufnahm. Ende Dezember 1534 trafen beide sich in Kassel und erzielten eine Vereinbarung über das Abendmahl[8]. Luther war an sich sehr zurückhaltend gegenüber diesen Bemühungen um eine Konkordie und hielt es im Grunde für besser, wenn jede Seite klar ihre Ansicht vertreten würde – die anderen die von dem Zeichen, die Wittenberger die von der Realpräsenz[9]. Aber in der *Kasseler Vereinbarung* hatte Bucer erklärt, daß „die predicanten ... vom Sacrament und andern artikeln ‚der Confessio und Apologia gemes ... leren'"[10]. Das verfehlte nicht ganz seinen Eindruck auf Luther, obwohl er ein gewisses Mißtrauen gegenüber der Ehrlichkeit dieser Aussage nicht überwinden konnte und die Befürchtung hegte, daß aus einer unzureichenden „concordia" nur um so ärgere „discordia" entstehen könnte[11]. Trotzdem kommt der Kasseler Vereinbarung als Vorbereitung für die Wittenberger Konkordie erhebliche Bedeutung zu.

Es hängt allerdings mit Luthers fortbestehendem Mißtrauen zusammen, daß nun nicht mehr lediglich die Frage der Realpräsenz von Christi Leib und Blut strittig war, sondern die Frage der „Speisung der Gottlosen" (manducatio impiorum) in das Zentrum der Verhandlungen rückte. Die *Wittenberger Konkordienverhandlungen* fanden vom 22.–29. 5. 1536 statt. Versuche, auch die Schweizer zu beteiligen, waren gescheitert. Von den Oberdeutschen betrachtete aber auch Konstanz die geplante Konkordie mit großer Reserve. Immerhin erlangte man in Wittenberg eine Übereinkunft. Die Wittenberger Konkordie enthielt auch Abschnitte über die Taufe und die Absolution[12]; ungleich wichtiger aber war der Abendmahlsartikel, dessen Formulierung von Melanchthon

---

[3] F. Krüger, Bucer u. Erasmus. Eine Untersuchung zum Einfluß des Erasmus auf die Theologie M. Bucers..., Veröffentlichungen des Instituts für europ. Gesch. Mainz 57, Wiesbaden 1970.

[4] So mit Recht J. M. Kittelson, Martin Bucer and the Sacramentarian Controversy: The Origins of his Policy of Concord, ARG 64, 166–183. Wichtig ist der Hinweis, daß der Gemeinschaftsgedanke in Zwinglis Abendmahlslehre zu keiner Zeit von besonderem Gewicht gewesen ist (S. 180).

[5] U. S. 217; s. W. Köhler, Zwingli u. Luther, II, 1953, 320–358; auch E. Bizer, Studien zur Gesch. des Abendmahlsstreits im 16. Jh., 1962, 65–69.

[6] Text bei W. Köhler, ebd. 337.

[7] W. Köhler, ebd. 113f. 337. Text bei G. May (Hg.), Das Marburger Religionsgespräch 1529, 1970, 66. E. Iserloh, Handb. der Kirchengesch., IV, 1967, 281, meint, daß hier wie bei den späteren Konkordienverhandlungen der Begriff der „sakramentlichen Einigkeit" „eine bewußt hingenommene Vieldeutigkeit" enthalte. Dagegen ist jedoch zu sagen, daß Luther selbst diesen Begriff u.a. in seiner Schrift „Vom Abendmahl Christi. Bekenntnis" (1528) verwendet hatte: z.B. WA 26,445,8f.

[8] S. u. S. 218; Texte in WAB 12 Nr. 4251–4253; s. ferner W. Köhler, ebd. 375–380; G. Müller, Jahrb. d. hess. kirchengesch. Vereinigung 18, 1967, 125–134.

[9] WAB 12 Nr. 4251, 8–11.

[10] WAB 12 Nr. 4253,2f. (p. 167).

[11] WAB 12 Nr. 4253, 19 (p. 169).

[12] Die Texte WAB 12 Nr. 4261 Beil. I.

stammt. Die Konkordie nimmt zunächst Bezug auf die Unterscheidung des Irenäus zwischen einem himmlischen und einem irdischen Ding im Abendmahl, lehnt sodann die Transsubstantiationslehre, aber auch die Auffassung von einer räumlichen Einschließung des Leibes und Blutes Christi in den Elementen ab, und sagt, *„das mit dem brot und wein warhafftig und wesentlich zugegen sey und dargereicht und empfangen werde der leib und das blut Christi"; „das durch Sacramentliche einigkeit das brot sey der leib Christi, das..., so das brot dargereicht wird, das als denn zugleich gegenwertig sey und warhafftig dargereicht werde der leib Christi"*[13]. Außerhalb der „Nießung" sei Christi Leib nicht zugegen. Hinsichtlich der umstrittenen „manducatio impiorum" hatte man sich im Anschluß an 1.Kor 11,27 auf die Kompromißformel geeinigt, „das auch den unwirdigen warhafftig dargereicht werde der leib und das blut Christi und die unwirdigen warhafftig dasselb empfahen, so man des herrn Christi einsetzung und befelh hellt"[14] – nur eben zum Gericht.

Welche Bedeutung hatte die *Wittenberger Konkordie*? E. Bizer war der Meinung, daß das Konkordienwerk nicht auf einem Mißverständnis beruhte, vielmehr „eine Einigung bei klar gesehenen Differenzen" darstellte[15]. W. Köhler hat dagegen zu Recht betont: „Die Konkordie mit den Oberländern war Schein, die Interpretation war hüben und drüben verschieden."[16] Einerseits ist insofern tatsächlich eine Einigung erzielt worden, als Luther sich mit der Behauptung der „manducatio indignorum" begnügte: er hielt zwar an seiner Ansicht fest, wollte aber doch hier nicht über das Zeugnis der Schrift hinausgehen. Luther sah die erreichte Übereinstimmung für so weitgehend an, daß es, anders als in Marburg, nunmehr zur Abendmahlsgemeinschaft auch mit Bucer kam[17]. Andererseits muß aber hervorgehoben werden, daß die Konkordie formal keine Konkordie war, sondern „eine von den Wittenbergern nur als Zeugen mitunterschriebene Erklärung der oberdeutschen Theologen über Abendmahl, Taufe und Absolution"[18]. Sie war also kein beiderseitiges Bekenntnis. Luther erblickte in ihr eine vorläufige Abmachung. Zu einer endgültigen Einigung ist es allerdings nicht mehr gekommen. Immerhin hat die Wittenberger Konkordie später für den Bereich des deutschen Luthertums insofern eine amtliche Bedeutung gewonnen, als die FC den Abschnitt über das Abendmahl aus der Konkordie aufgenommen und als gültig anerkannt hat[19]. Aber die gewisse Sonderentwicklung der Oberdeutschen ist auch dadurch nicht verhindert worden, war für sie die FC doch im ganzen nicht annehmbar.

Während so die Lehrentwicklung im protestantischen Bereich weitere Fortschritte machte, schien es eine Zeitlang, als würde das seit langem erwartete Konzil endlich zusammentreten. Papst Paul III. schrieb am 2. 6. 1536 das Generalkonzil für Mai 1537 nach Mantua aus. Die notwendige Vorbereitung für das Konzil veranlaßte bei den Protestanten intensive Erörterungen. Nicht einheitlich war die Haltung zu der Frage, ob man das Konzil überhaupt beschicken solle[20]. Aus der Vorbereitung für das Konzil, zugleich aber auch als sein persönli-

[13] Ebd. 5–13.
[14] Ebd. 21–23.
[15] E. Bizer, Studien z. Gesch. d. Abendmahlsstreits..., 127.
[16] W. Köhler, ebd. 453.
[17] S. W. Köhler, ebd. 451.
[18] H. Volz u. E. Wolgast in WAB 12,202.
[19] FC, SD 7,12–16.
[20] S. E. Bizer, ARG 47, 1956, 77–101.

ches Testament[21] sind Luthers *Schmalkaldische Artikel* entstanden. Kurfürst Johann Friedrich der Großmütige hatte zunächst im Juli und August 1536 von den Wittenberger Theologen zwei Gutachten im Blick auf das geplante Konzil angefordert. Am 11. 12. 1536 hatte dann jedoch Luther einen Sonderauftrag erhalten, aufgrund dessen er die Schmalkaldischen Artikel ausarbeitete. Entsprechend den Wünschen der kursächsischen Regierung[22] hat Luther nacheinander Artikel behandelt, bei denen mit den Katholiken Gemeinsamkeit besteht, sodann Artikel, die Amt und Werk Jesu Christi oder unsere Erlösung betreffen, und schließlich Artikel, über welche Gespräche mit der Gegenseite möglich sind. Im Unterschied zu CA und AC sind die Schmalkaldischen Artikel also stärker kontroverstheologisch orientiert. Freilich zeigt sich bei Luther neben mancher Gesprächsbereitschaft auch eine erschreckende Schärfe gegenüber Rom.

Im *ersten Teil* handelt Luther „von den hohen Artikeln der gottlichen Majestät“[23]. Er räumt zwar ein, daß diese Artikel nicht umstritten sind, gesteht aber der Gegenseite lediglich zu, daß sie sich zur Trinitätslehre bekennt, nicht aber daß sie sie auch glaubt[24]. Im *zweiten Teil* ist „der erste und Häuptartikel“ derjenige von Jesus Christus: „Daß Jesus Christus, unser Gott und Herr, sei ‚umb unser Sunde willen gestorben und umb unser Gerechtigkeit willen auferstanden‘, Ro. 4… Dieweil nu solchs muß gegläubt werden und sonst mit keinem Werk, Gesetze noch Verdienst mag erlanget … werden, so ist es klar und gewiß, daß allein … solcher Glaube uns gerecht mache… Von diesem Artikel kann man nichts weichen oder nachgeben, es falle Himmel und Erden oder was nicht bleiben will; denn es ‚ist kein ander Name, dadurch wir konnen selig werden‘, spricht S. Petrus Act. 4. ‚Und durch seine Wunden sind wir geheilet.‘ Und auf diesem Artikel stehet alles, das wir wider den Bapst, Teufel und Welt lehren und leben. Darum mussen wir des gar gewiß sein und nicht zweifeln. Sonst ist’s alles verlorn, und behält Bapst und Teufel und alles wider uns den Sieg und Recht.“[25] Sodann wendet Luther sich auf das schärfste *gegen die Messe*, „als die stracks und gewaltiglich wider diesen Häuptartikel strebt und doch uber und fur allen andern bäpstlichen Abgottereien die hohest und schonest gewest ist“[26]. Wegen des Zusammenhanges, der nach Luther zwischen Messe und Werkgerechtigkeit besteht, lehnt Luther die Vorstellung vom Fegefeuer samt Totenmessen, aber auch Wallfahrten, Bruderschaften und Klöster, den Ablaß sowie das Anrufen der Heiligen ab: all diese Dinge sind nach Luther aus der Messe entstanden, die somit das Herzstück Roms ist. Drittens wendet Luther sich ausdrücklich noch einmal gegen Stifte und Klöster, da sie „als etwas Bessers denn der gemein Christenstand und von Gott gestifte Ämpter und Orden (= Berufe) gehalten werden“[27]. Viertens argumentiert Luther *gegen das Papsttum*: „Daß der Bapst nicht sei jure divino oder aus Gottes Wort das Häupt der ganzen Christenheit (denn das gehoret einem allein zu, der heißt Jesus Christus), sondern allein Bischof oder Pfarrherr der Kirchen zu Rom und derjenigen, so sich williglich oder durch menschliche Kreatur (das ist weltliche Oberkeit) zu ihm begeben haben, nicht

[21] Nachweis bei H. Volz, ZKG 68, 1957, 259–286.

[22] S. H. Volz (Hg.), Urkunden u. Aktenstücke…, 1957, Nr. 3, 27–39 (Brück, 3. 9. 1536); Nr. 4, 11–41 (Joh. Friedr., Anfang Dez. 1536); Nr. 5, 20–46 (Joh. Friedr., 11. 12. 1536).

[23] BSLK 414,10f.

[24] Ebd. 415,1–3.

[25] Ebd. 415,6–416,6.

[26] Ebd. 416,8–11.

[27] Ebd. 426,19–427,1.

unter ihm als einem Herren, sondern neben ihm als Bruder."[28] Sollte der kaum denkbare Fall eintreten, daß der Papst den Anspruch auf göttliches Recht aufgeben würde, so „wäre damit der Christenheit nichts geholfen, und wurden viel mehr Rotten werden denn zuvor; denn weil man solchem Häupt nicht mußte untertan sein aus Gottes Befehl, sondern aus menschlichem guten Willen, wurde es gar leichtlich und bald veracht"[29]. „Darumb kann die Kirche nimmermehr baß regiert und erhalten werden, denn daß wir alle unter einem Häupt Christo leben und die Bischofe alle gleich nach dem Ampt (ob sie wohl ungleich nach den Gaben) fleißig zusammen halten in einträchtiger Lehre, Glauben, Sakramenten, Gebeten und Werken der Liebe etc."[30]

Im *dritten Teil* nennt Luther als Artikel, über die man mit gelehrten, vernünftigen Männern der Gegenseite sprechen kann, so bedeutsame wie die Sünde, das Gesetz, die Buße, das Evangelium, die Taufe, die Kindertaufe, das Abendmahl, die Schlüssel, die Beichte, den Bann, Weihe und Vokation, Priesterehe, die Kirche, „Wie man fur Gott gerecht wird und von guten Werken"[31] – ein Zeichen dafür, daß es Luther in der Tat um den ‚ersten und Hauptartikel' ging und daß die Rechtfertigungslehre nur in der Beziehung zu Christologie und Soteriologie gesehen werden darf. An Kompromisse hat Luther bei diesen Artikeln durchaus nicht gedacht; aber es ging ihm nicht um Formeln, sondern um die Sache.

Bei der Aussage über das Abendmahl hatte Luther zunächst geschrieben, daß „unter Brot und Wein ... sei der wahrhaftige Leib und Blut Christi ... und werde nicht allein gereicht und empfangen von frommen, sondern auch von bosen Christen", dann aber das Wort „unter" gestrichen, so daß Brot und Wein im Abendmahl unmittelbar als der wahrhaftige Leib und Blut Christi bezeichnet werden[32]. Es ist zwar richtig, daß auch das ursprüngliche „unter" für Bucer und die Oberdeutschen wegen der naheliegenden Vorstellung einer räumlichen „inclusio" kaum akzeptabel war. Trotzdem dürfte es nicht angehen, in der Streichung des „unter" eine beabsichtigte Milderung gegenüber Bucer zu sehen[33], vielmehr handelt es sich offenbar um eine Verschärfung[34]. Auf jeden Fall hat Luther nicht den Wortlaut der Wittenberger Konkordie hier aufgenommen: in der Frage der Realpräsenz ging Luther von seiner Meinung nicht ab.

Der sächsische Kurfürst hatte offenbar die Absicht, auf dem Schmalkaldischen Bundestag im Februar 1537 Luthers Schmalkaldische Artikel annehmen zu lassen. Doch hatte der hessische Landgraf wegen der Aussage über das Abendmahl Bedenken. Obendrein empfand Melanchthon die Ausführungen über das Papsttum als zu scharf und unterschrieb nur mit Vorbehalt[35]. Vollends hatten die Oberdeutschen Bedenken gegen ein neues Bekenntnis. Darum veröffentlichte Luther die Schmalkaldischen Artikel 1538 als Privatarbeit. Erst im

---

[28] Ebd. 427,7–13.
[29] Ebd. 429,8–430,1.
[30] Ebd. 430,5–10.
[31] Ebd. 460,6–461,6.
[32] Ebd. 450,13–451,2.
[33] So E. BIZER (u. W. KRECK), Die Abendmahlslehre in den reform. Bekenntnisschriften, München 1959, 34–37.
[34] So u.a. H. FAGERBERG, Die Theol. der luth. Bekenntnisschriften von 1529 bis 1537, 1965, 200.
[35] BSLK 463,10–464,4: „Ich Philippus Melanthon halt diese obgestallte Artikel auch fur recht und christlich, vom Bapst aber halt ich, so er das Evangelium wollte zulassen, daß ihm umb Friedens und gemeiner Einigkeit willen derjenigen Christen, so auch unter ihm sind und kunftig sein möchten, sein Superiorität uber die Bischofe, die er hat jure humano, auch von uns zuzulassen ... sei."

Verlauf der theologischen Auseinandersetzungen nach Luthers Tod setzten sich die Schmalkaldischen Artikel nach und nach als Bekenntnisschrift durch.

Derselbe Schmalkaldische Bundestag beschloß im Blick auf das geplante Konzil, die in CA und AC nicht behandelte Frage der päpstlichen Autorität erörtern zu lassen. Mit der Ausführung wurde Melanchthon betraut. So entstand sein Traktat „*De potestate et primatu papae*" als Ergänzung zur CA. Melanchthon hat hier nicht seine z. T. etwas abweichenden eigenen Ansichten wiedergegeben, sondern die Auffassung der überwiegenden Mehrheit der Theologen und Stände im Schmalkaldischen Bund.

Nach dem Traktat erhebt der Papst drei unrechtmäßige Ansprüche: daß er göttlichen Rechtes sei, daß er nach göttlichem Recht beide Schwerter habe und somit Reiche übertragen könne und daß man dies beides als „heilsnotwendig" glauben müsse[36]. Gegen den ersten Anspruch betont Melanchthon, daß Christus nicht die „dominatio" oder „superioritas" eines Apostels begründet, sondern alle gleich zum „ministerium evangelii" gesandt habe[37]. Auch sei Paulus nicht von Petrus ordiniert oder bestätigt; ja Paulus habe Petrus nicht als einen solchen angesehen, von dem man eine Bestätigung einholen müsse[38]. Das Konzil zu Nicäa habe die Bischöfe von Alexandrien und Rom gleichgestellt[39]. „Die Kirche ist nicht auf die Autorität eines Menschen erbaut, sondern auf das Amt jenes Bekenntnisses (ministerium professionis illius), das Petrus ausgeübt hatte, in welchem er verkündigt, daß Jesus der Christus sei, der Sohn Gottes."[40] Was den zweiten Anspruch des Papstes betrifft, so hat Christus, wie Melanchthon hervorhebt, den Aposteln allein geistliche Gewalt gegeben, nämlich das Evangelium zu predigen, Vergebung der Sünden zu verkündigen, die Sakramente zu verwalten und Gottlose zu exkommunizieren, jedoch ohne leibliche Gewalt[41]. Hinsichtlich des dritten Anspruches des Papstes sagt Melanchthon: „Selbst wenn der römische Bischof nach göttlichem Recht den Primat und die Superiorität hätte, so schuldet man trotzdem denjenigen Päpsten keinen Gehorsam, die gottlose Kulte, Götzendienst und Lehre, welche dem Evangelium widerstreitet, verteidigen."[42] Besonders problematisch ist, daß der Papst sich weder von der Kirche noch von sonst jemandem richten lassen will[43]. Im übrigen ist das Papsttum nach Melanchthon nicht nur schuld an zahllosen weltlichen Verwicklungen, sondern auch an gravierenden Irrtümern in der Lehre.

In dem Abschnitt „Über die Gewalt und Jurisdiktion der Bischöfe" führt Melanchthon zum Verhältnis von Bischöfen und Pfarrern aus, daß nach Hieronymus die Differenzierung zwischen diesen Ämtern nicht auf Jesus, sondern auf die Kirche zurückgeht[44]. Auch für die hierarchische Struktur kann also kein göttliches Recht beansprucht werden. Da sich die katholischen Bischöfe weigern, reformatorischen Pfarrern die Ordination zu erteilen, sind die Kirchen

[36] Tract. 1–3; BSLK 471,5–11.
[37] Ebd. 7f.; ebd. 472,30–473,11.
[38] Ebd. 10; ebd. 473,35–38.
[39] Ebd. 12; ebd. 474,40–44.
[40] Ebd. 25; ebd. 479,15–19 (eig. Übers.).
[41] Ebd. 31; ebd. 480,30–481,3.
[42] Ebd. 38; ebd. 483,34–39 (eig. Übers.). Cf. 57; ebd. 488,42–489,2.
[43] Ebd. 40; ebd. 484,37–39.
[44] Ebd. 62–65; ebd. 489,43–490,40. Zu den Bischofswahlen und -ordinationen in der alexandrinischen alten Kirche s. J. B. LIGHTFOOT, Saint Paul's Epistle to the Philippians, London 1888⁸, 181–269 („The Christian Ministry"); HUBERT MÜLLER, Zum Verhältnis zwischen Episkopat u. Presbyterat im 2. Vatik. Konzil..., Wien 1971, 325–328.

nach göttlichem Recht verpflichtet, selbst Pfarrer und Diener (pastores et ministros) zu ordinieren[45]. Eine Jurisdiktion der Bischöfe nach göttlichem Recht gibt es nach Melanchthon nicht; eine begrenzte Jurisdiktion, etwa in Ehesachen, ist lediglich menschlichen Rechtes[46].

Melanchthon hatte den „Tractatus" noch während der Tagung des Schmalkaldischen Bundes im Februar 1537 ausgearbeitet. So konnte der „Tractatus" noch im Februar unterzeichnet werden; außerdem wurde er im Abschied der Bundesversammlung vom 6. 3. 1537 erwähnt. Er hat sich somit außerordentlich schnell als protestantisches Bekenntnis durchgesetzt.

Im Blick auf das geplante Konzil bedeutete die Annahme des „Tractatus", daß die Protestanten sich nicht beteiligen würden. Die CA war zudem in einem wichtigen Punkt ergänzt worden. Aber auch sonst empfand man teilweise das Bedürfnis, daß die CA den insbesondere durch die Wittenberger Konkordie veränderten Verhältnissen angepaßt werden müsse. So kam es zur *Entstehung der CA „variata"*.

Melanchthon hatte in der CA, obwohl sie durch die Übergabe an den Kaiser einen offiziellen Charakter erhalten hatte, immer doch seine eigene Arbeit gesehen, an der er bei Neuauflagen ändern dürfe. So finden sich bei Neudrucken der CA schon früh manche Abweichungen vom Wortlaut von 1530. Die „CA variata" von 1540, die wegen ihrer Änderungen bald eine fragwürdige Berühmtheit erlangte, kann allerdings im wesentlichen nicht als Melanchthons Privatarbeit angesehen werden. Vielmehr hatte sie offiziellen Charakter: nachdem der Frankfurter Anstand vom April 1539 eine Art Waffenstillstand gebracht hatte und ein Religionsgespräch zwischen Katholiken und Protestanten ins Auge gefaßt war, hat Melanchthon im Zusammenhang mit der Religionspolitik des Schmalkaldischen Bundes[47] wohl im September 1540[48] die CA überarbeitet. Der Schmalkaldische Bund hat sie sich faktisch zu eigen gemacht, so daß die CA variata „sowohl reichsrechtlich wie bundesrechtlich an die Stelle der CA von 1530 getreten" ist[49]. Allerdings hat Melanchthon etwa beim Abendmahlsartikel nicht nur die Formulierung der Wittenberger Konkordie berücksichtigt, vielmehr auch auf die AC[50] zurückgegriffen sowie natürlich seine eigene Anschauung, wie sie sich inzwischen gewandelt hatte, mit einfließen lassen.

Von den etlichen *Änderungen* in der „CA variata" ist keine so wichtig und folgenreich geworden wie diejenige im 10. Artikel über das Abendmahl. Jetzt heißt es noch knapper als 1530: „Vom Herrenmahl lehren sie, daß mit Brot und Wein wahrhaft Leib und Blut Christi denen dargeboten werden, die (scil. sie) genießen."[51] Gegenüber der „CA invariata" ist das „improbant" fortgefallen, aber auch die Aussage über die wahrhafte Gegenwart und Austeilung aufgege-

---

45 Ebd. 72; ebd. 492,19–493,1.

46 Ebd. 77; ebd. 494,19–29.

47 S. W. MAURER, Confessio Augustana Variata, ARG 53, 1962, 97–151, bes. 101–110.

48 MAURER, ebd. 137.

49 MAURER, ebd. 142f.

50 Schon in der AC findet sich das „cum" = Miteinander von Elementen sowie von Leib und Blut Christi: AC 10,1; BSLK 247,45–248,4: „Decimus articulus approbatus est, in quo confitemur nos sentire, quod in coena Domini vere et substantialiter adsint corpus et sanguis Christi et vere exhibeantur cum illis rebus, quae videntur, pane et vino, his qui sacramentum accipiunt."

51 CA var 10; BSLK 65,45f.: „De coena domini docent, quod cum pane et vino vere exhibeantur corpus et sanguis Christi vescentibus in coena domini."

ben. Statt dessen wird nur von der „Darbietung" gesprochen. Die Realpräsenz ist hier nicht ausgesagt; sie kann allenfalls in den Text hineingelesen werden. Zu der strittigen Frage der Speisung der Gottlosen oder Unwürdigen schweigt Melanchthon.

Zwischen den Fassungen der CA von 1530 und 1540 hat man zunächst keinen Gegensatz gesehen. Erst im Verlauf der Auseinandersetzungen nach Luthers Tod geriet die „CA variata" ins Zwielicht. Seit der Verabschiedung des Konkordienbuchs 1580 ist sie als Lehrgrundlage im Luthertum nicht mehr anerkannt.

Kapitel V: Innerprotestantische Lehrstreitigkeiten

§ 1 Wiedervereinigungsversuche zwischen Katholiken und Protestanten

Literatur: Texte zu den Religionsgesprächen 1540/41: W. H. Neuser (Hg.), Die Vorbereitung der Religionsgespräche von Worms und Regensburg 1540/41, Texte z. Gesch. der evang. Theol. 4, Neukirchen 1974; M. Lenz (Hg.), Briefwechsel Landgraf Philipp's des Großmüthigen von Hessen mit Bucer, III, Leipzig 1891; CR 4, 190–238 (Regensburger Buch); G. Pfeilschifter (Hg.), Acta Reformationis Catholicae Ecclesiam Germaniae Concernentia saeculi XVI, III, Regensburg 1968; VI, 1974, 24–88 (krit. Ausg. des Regensburger Buches). Darstellungen: R. Moses, Die Religionsverhandlungen in Hagenau u. Worms, Jena 1889; P. Vetter, Die Religionsverhandlungen auf dem Reichstage zu Regensburg 1541, Jena 1889; R. Stupperich, Der Humanismus u. die Wiedervereinigung der Konfessionen, SVRG 160, Leipzig 1936; ders., Der Ursprung des Regensburger Buches, ARG 36, 1939, 88–116; P. Fraenkel, Einigungsbestrebungen in der Reformationszeit, Institut für europ. Gesch. Mainz, Vorträge Nr. 41, Wiesbaden 1965; W. Lipgens, Kardinal J. Gropper 1503–1559 u. die Anfänge der kath. Reform in Deutschland, RGST 75, Münster 1951; H. Jedin, An welchen Gegensätzen sind die vortridentinischen Religionsgespräche zwischen Katholiken und Protestanten gescheitert? ThGl 48, 1958, 50–55; C. Augustijn, De Godsdienstgesprekken tussen Rooms-Katholieken en Protestanten van 1538 tot 1541, Haarlem 1967; W. H. Neuser, Calvins Beitrag zu den Religionsgesprächen von Hagenau, Worms u. Regensburg (1540/41), Festschrift E. Bizer, 1968, 213–237; H. Mackensen, Contarini's Theological Role at Ratisbon in 1541, ARG 51, 1960, 36–57; P. Matheson, Cardinal Contarini at Regensburg, Oxford 1972; R. Braunisch, Die „Artikell" der „Warhafftigen Antwort" (1545) des Joh. Gropper. Zur Verfasserfrage des Worms-Regensburger Buches (1540/41), in: Von Konstanz nach Trient, Festgabe für A. Franzen, München-Paderborn-Wien 1972, 519–545; ders., Die Theologie der Rechtfertigung im „Enchiridion" (1538) des Joh. Gropper. Sein kritischer Dialog mit Ph. Melanchthon, RGST 109, Münster 1974; W. v. Loewenich, Duplex Iustitia. Luthers Stellung zu einer Unionsformel des 16. Jh.s, Veröffentlichungen des Instituts für europ. Gesch. Mainz 68, Wiesbaden 1972; R. Braunisch, Joh. Gropper zwischen Humanismus u. Reformation. Zur Bestimmung seines geistigen Standorts bis 1543, RQ 69, 1974, 192–209; G. Müller, Landgraf Philipp von Hessen u. das Regensburger Buch, in: Bucer und seine Zeit. Forschungsbeiträge und Bibliographie, hg. M. de Kroon/F. Krüger, Wiesbaden 1976, 102–116. Zum Interim: J. E. Bieck, Das dreyfache Interim, Leipzig 1721; J. Mehlhausen (Hg.), Das Augsburger Interim von 1548, Neukirchen-Vluyn 1970 (dazu J. Herrmann, LuJ 39, 1972, 108f.); CR 7,258–264 (Das Leipziger Interim); CR 7,426–428 (Das kleine Interim); G. Pfeilschifter (Hg.), Acta Reformationis Catholicae…, V, 1973 (zum „geharnischten Reichstag"); VI, 1974 (zum Interim); J. Herrmann, Augsburg-Leipzig-Passau. Das Leipziger Interim nach Akten des Landeshauptarchivs Dresden 1547–1552, Diss. theol. Leipzig 1962 (Masch.); N. Müller, Zur Geschichte des Interims, JBrKG 5, 1908, 51–171; F. Lau, Georg III. von Anhalt (1507–1553), erster evang. „Bischof" von Merseburg. Seine Theol. u. seine Bedeutung für die Geschichte der Reformation in Deutschland, WZ Karl-Marx-Universität Leipzig, Ges. sprachwiss. Reihe 3, 1953/54, 139–152; H. Rabe, Reichsbund u. Interim. Die Verfassungs- und Religionspolitik Karls V. und der Reichstag von Augsburg 1547–48, Köln-Wien 1971.

Noch gab es bei Protestanten wie bei Katholiken kein konfessionelles Sonderbewußtsein. Theologisch und politisch ging man davon aus, daß es *eine* Kirche gibt – reichsrechtlich sogar bis zum Westfälischen Frieden. Man sprach nicht von zwei Kirchen, sondern von der „Spaltung" (dissidium), der strittigen Religion u. ä. Der anderen Seite sprach man die volle Glaubenswahrheit ab. Gerade das noch ungetrübte Bewußtsein der Kircheneinheit macht die Härte der Auseinandersetzungen begreiflich, aber auch die immer neuen Bemühungen um die Wiederherstellung der Einheit. Von seiten Roms waren ernsthafte Versuche zu einer Verständigung, die die Revision bestimmter eingebürgerter Lehren hätte einschließen müssen, nicht zu erwarten; das Konzil lag noch in weiter Ferne. Der einzige, der mit einiger Aussicht auf Erfolg Verhandlungen einleiten konnte, war der Kaiser. Seine Bemühungen waren aber belastet nicht nur durch die großen sachlichen Probleme, um die man sich stritt, sondern auch durch sein gespanntes Verhältnis zum Papst sowie nicht zuletzt durch die Verquickung der Religionsstreitigkeiten mit den Gegensätzen zwischen kaiserlichem Zentralismus und fürstlicher Libertät und dem Widerstand in Europa gegen ein Übergewicht der Habsburger.

Das vom Frankfurter Anstand (s. KGesch.K 104ff.) für August 1539 in Nürnberg vorgesehene *Religionsgespräch* kam nicht zustande. Die Kurie war mißtrauisch, weil keine päpstliche Beteiligung vorgesehen war, und wollte ohnehin von den kaiserlichen Unionsversuchen nichts wissen. Karl V. gestand dann jedoch die Beteiligung eines päpstlichen Legaten zu. Das alsdann für Juni 1540 in Speyer vorgesehene Gespräch mußte wegen einer Seuche nach *Hagenau* verlegt werden. Hier waren die Wittenberger nur durch Cruciger, Myconius (Friedrich s. EKL 4,674) und Menius vertreten; Melanchthon konnte krankheitshalber nicht dabeisein. Von Straßburg war außer Bucer und Capito (s. unten S. 205ff.) auch Calvin gekommen. Die katholische Seite war u. a. durch v. Pflug, Gropper und Eck (s. oben S. 25f.) repräsentiert. König Ferdinand leitete selbst die Verhandlungen. Allerdings konnte man sich nicht einmal über den „modus procedendi" einigen. Ferdinand wollte nur über diejenigen Artikel verhandeln, über die man sich bei den Vergleichsverhandlungen in Augsburg 1530 nicht geeinigt hatte. Die Protestanten lehnten das ab und bestanden darauf, daß die CA Grundlage der Gespräche sein müsse. Strittig war aber auch die Norm, an die man sich zu halten hatte. Die Protestanten wollten nur die Autorität der Schrift, nicht aber auch die der Kirchenväter und Konzilien als maßgebend anerkennen. Die Tatsache, daß sie nicht nachgaben, wirft ein Schlaglicht auf die gegenüber 1530 veränderte Lage: politisch wie kirchlich hatte sich der Protestantismus in dem zurückliegenden Jahrzehnt gefestigt. Da man sich nicht einigen konnte, vertagte der König am 16. 7. 1540 das Religionsgespräch auf einen anderen Konvent.

Dieser Konvent fand November 1540 bis Januar 1541 *in Worms* statt. Auch hier gab es große Schwierigkeiten schon bei Verfahrensfragen, erst recht aber bei den Sachgesprächen. Als Grundlage einigte man sich auf die CA. Da aber konnte Eck auf den Unterschied im Abendmahlsartikel zwischen der CA „invariata" und der CA „variata" hinweisen. Sehr viel wichtiger und auch erfolgreicher als die Verhandlungen in dem großen Kreis waren jedoch die Geheimgespräche. An ihnen nahmen einerseits Johannes Gropper und Gerhard Veltwyk, andererseits

Martin Bucer und Wolfgang Capito teil. Die eigentlichen Gesprächsführer waren jedoch Gropper und Bucer. Beide konnten, im wesentlichen auf einer durch Gropper geschaffenen Grundlage, am 31. 12. 1540 einen Vergleichsentwurf fertigstellen, der die Urform des „Regensburger Buches" darstellt. Der Kaiser konnte damit seinen Plan einer Union auf dem nächsten Reichstag in Regensburg weiterverfolgen. In der Zwischenzeit suchten der kaiserliche Minister Granvella sowie der kaiserliche Rat Veltwyk die Zustimmung möglichst vieler Fürsten einzuholen. Philipp von Hessen, durch seine Doppelehe politisch gelähmt, akzeptierte den Vergleichsentwurf. Kurfürst Joachim II. von Brandenburg war begeistert. Luther war jedoch skeptisch[1].

Auf dem *Reichstag zu Regensburg* wurden desungeachtet am 27. 4. 1541 die Verhandlungen über den Vergleich eröffnet. Über die ersten vier Artikel über Urstand, freien Willen, Ursache der Sünde und Ursünde wurde man schnell einig. Schwierig wurden die Verhandlungen über den fünften Artikel über die Rechtfertigung. Trotzdem gelang es am 2. 5. 1541[2], auch hier eine gemeinsame Formel zu finden. Schon hegte man die kühnsten Hoffnungen. Da zeigte sich jedoch, daß bei anderen Fragen nach wie vor eine unüberbrückbare Distanz vorhanden war. Bei Artikel 14 (Eucharistie) bestand die katholische Seite auf dem Terminus „Transsubstantiation"; die Evangelischen lehnten diesen ab[3]. Auch bei Artikel 19 (Hierarchische Ordnung der Kirche) und 20 (Messe, Heiligenverehrung) gelang die Verständigung nicht. Am 31. 5. 1541 übergaben die Protestanten dem Kaiser eine Zusammenstellung derjenigen Artikel, wo sie anderer Meinung waren, nämlich über Kirche, Abendmahl und Buße[4]. Daß die Unionspolitik des Kaisers gescheitert war, wurde vollends offenkundig, als es nicht einmal gelang, die Artikel, über die man sich verständigt hatte, zu verabschieden.

Trotzdem bleibt es denkwürdig, daß man sich über die Rechtfertigung verständigt hatte. Dieser Tatbestand ist in der Forschung verschieden bewertet worden. R. Stupperich[5] war der Meinung, Gropper wie Bucer seien im wesentlichen von Erasmus geprägt worden, wie überhaupt die gesamte Unionspolitik von erasmischem Geist bestimmt gewesen sei. Dagegen ist jedoch festzuhalten, daß die im Regensburger Buch begegnende Auffassung von der doppelten Gerechtigkeit „altes Traditionsgut"[6] darstellt, das letztlich auf Augustin zurückgeht; diese Auffassung braucht also nicht auf Erasmus zurückgeführt zu wer-

---

[1] WAB 9 Nr. 3578, 3–5 (Brief Luthers an Kurfürst Joachim II. vom 21. 2. 1541): „Ich habe die schriefft mit vleiß uberlesen, und auf E. F. G. begeren sage ich dis mein bedencken dazu, daß es diese Leute, wer sie auch sind, seere gut meinen. Aber es sind unmugliche furschlege..." 12f.: „es ist vergebens, das man solche mittel und vergleichung furnympt."

[2] Die Datierung schwankt. Teils wird der 2., teils der 3. 5. 1541 genannt. K.-H. zur MÜHLEN (Die Einigung über den Rechtfertigungsartikel auf dem Regensburger Religionsgespräch von 1541 – eine verpaßte Chance? ZThK 76, 1979, 331–359) nennt den 2. (340); hier auch eine theologische Würdigung.

[3] J. MEHLHAUSEN, Die Abendmahlsformel des Regensburger Buches, in: Studien zur Geschichte u. Theologie der Reformation. Festschrift E. Bizer, Neukirchen-Vluyn 1969, 189–211; PFEILSCHIFTER, Acta, VI, 69.

[4] CR 4 Nr. 2254.

[5] R. STUPPERICH, Der Humanismus u. die Wiedervereinigung der Konfessionen, 1936, passim; ähnlich auch noch F. W. KANTZENBACH, Das Ringen um die Einheit der Kirche im Jh. der Reformation, Stuttgart 1957.

[6] So selbst STUPPERICH, ebd. 10 Anm. 4.

den. Sodann aber läßt sich bei Gropper, dem eigentlichen Verfasser des Regensburger Buches[7], spezifisch erasmischer Einfluß nicht nachweisen[8]. Gegen vorschnelle Einordnungen muß festgestellt werden, daß eine „gültige Analyse der Regensburger Kompromißlehre“ noch aussteht[9].

In dem „verglichenen“ Artikel über die Rechtfertigung heißt es, daß „der Sünder durch den lebendigen und wirksamen Glauben gerechtfertigt wird“; dabei wird sogar von der „Zurechnung der Gerechtigkeit“ (imputatio iustitiae) gesprochen[10]. „Der rechtfertigende Glaube ist jener Glaube, der durch die Liebe wirksam ist.“[11] Sodann wird aber auch von der „anhaftenden Gerechtigkeit“ (iustitia inhaerens) gesprochen. Aber sein Vertrauen soll man allein auf die geschenkte Gerechtigkeit setzen: „Obwohl der, der gerechtfertigt wird, die Gerechtigkeit, auch die anhaftende, durch Christus empfängt und hat,... so hält sich doch die gläubige Seele nicht an diese, sondern an die uns geschenkte Gerechtigkeit Christi.“[12]

Der Terminus „doppelte Gerechtigkeit“ begegnet nicht, wohl aber die Sache. Dabei sind die zugerechnete und die anhaftende Gerechtigkeit als die erste Rechtfertigung zu verstehen, wobei der Mensch jedoch allein auf die imputierte Gerechtigkeit vertrauen soll. Die zweite Rechtfertigung besteht in dem Tun der aufgetragenen guten Werke[13]. Im Blick auf das „sola fide“ heißt es: „Die aber sagen, daß wir allein durch den Glauben gerechtfertigt werden, müssen zugleich die Lehre über die Buße, über die Furcht Gottes, über das Gericht Gottes, über die guten Werke überliefern.“[14]

Die *Beurteilung des Regensburger Kompromisses* war unterschiedlich. Luther lehnte ihn, trotz gelegentlicher milderer Äußerungen, im ganzen ab[15]; Calvin akzeptierte ihn[16]. Bei den Evangelischen dürfte die Mehrheit eher dem Kompromiß zugeneigt haben, respektierte jedoch Luthers Urteil. Katholischerseits lehnte die Kurie den Kompromiß ab, so daß, selbst wenn man sich in Regensburg über alle Artikel geeinigt hätte, der kaiserliche Unionsplan gescheitert wäre. In der modernen Forschung hat H. Rückert von einem „eigenartig verschwommene(n), widerspruchsvolle(n) Charakter des liber Ratisbonensis“ gesprochen[17]. Nach H. Jedin[18] ist die Formel trotz ihrer späteren Ablehnung durch das Trienter Konzil im Grunde katholisch. J. Lortz hingegen hat in dem Regensburger Gespräch den „optimale(n) Fall“ einer Reunion der getrennten Religionsparteien erblickt, wobei der Rechtfertigungsartikel als ein echter Ver-

7 Dieses Ergebnis von Stupperich ist allgemein anerkannt; Bucer hat den von Gropper entworfenen Text an einigen Stellen überarbeitet.

8 So R. Braunisch, Die Theol. der Rechtfertigung ... des J. Gropper, 1974, 31f. u. ö.

9 R. Braunisch, ebd. 25.

10 CR 4,199; Pfeilschifter, VI, 53,17–21.

11 Ebd. 200; Pfeilschifter 53,29f. (eig. Übers.).

12 Ebd.; Pfeilschifter 53,35–54,2 (eig. Übers.).

13 Erst Braunisch, ebd. 422 Anm. 260, hat sorgfältig zwischen doppelter Gerechtigkeit und doppelter Rechtfertigung unterschieden.

14 CR 4,201; Pfeilschifter 54,33f. (eig. Übers.).

15 WAB 9 Nr. 3616, 7f.: „... das die notel der vergleichung Ein weitleufftig und geflickt ding ist“; Nr. 3637, 4 ... „papistische Teuscherey“.

16 W. H. Neuser, Calvins Urteil über den Rechtfertigungsartikel des Regensb. Buches, Festschrift R. Stupperich, 1969, 176–194.

17 H. Rückert, Die theol. Entwicklung Gasparo Contarinis, AKG 6, Bonn 1926, 80 Anm. 2.

18 H. Jedin, Gesch. d. Konzils von Trient, I, 1951², 308f.

gleich erscheint[19]. W. H. Neuser hat demgegenüber betont, daß in dem Rechtfertigungsartikel immer eine katholische und eine evangelische Aussage miteinander verbunden werden, so daß oft gegensätzliche Behauptungen unmittelbar hintereinander stünden[20]. Die Regensburger Formel hat somit das Schicksal vieler Unionsversuche geteilt, bei denen beide Seiten meinten, nicht voll auf ihre Kosten zu kommen. Trotzdem bleibt es denkwürdig, daß damals bei aller Härte der Auseinandersetzungen beinahe ein Ausgleich gelungen wäre. Zugleich zeigt sich hier, daß die tiefste Differenz zwischen Protestanten und Katholiken in der Auffassung von der Kirche lag.

Nachdem der Versuch des Kaisers, auf friedlichem Wege die Gegensätze zu überwinden, gescheitert war, blieb nur noch der Weg der Gewalt. Karl V. hatte schon verschiedentlich daran gedacht, ihn zu beschreiten. Durch die Affäre der Doppelehe des hessischen Landgrafen war der Schmalkaldische Bund in seiner politischen Aktivität wesentlich geschwächt; das zeigte sich vollends bei dem klevischen Krieg 1543. Nachdem Karl 1544 Frankreich besiegt hatte und 1545 einen Waffenstillstand mit den Türken geschlossen hatte, konnte er sich gegen die Schmalkaldener wenden. Offiziell handelte es sich bei dem *Schmalkaldischen Krieg* 1546/47 nicht um einen Religionskrieg; insgeheim aber gab der Kaiser zu, daß es darum gehe, die Protestanten in die katholische Kirche zurückzubringen. Der Sieg, den der Kaiser erst in Süddeutschland und dann am 24. 4. 1547 in der Schlacht bei Mühlberg an der Elbe erringen konnte, sowie die Kapitulation der führenden Fürsten des Schmalkaldischen Bundes brachte den Kaiser der Verwirklichung seiner Jahrzehnte hindurch verfolgten Ziele nahe.

An sich wollte der Kaiser nach dem militärischen Sieg die Protestanten zur Teilnahme am Konzil veranlassen[21]. Das *Trienter Konzil* hatte 1545 zu tagen begonnen. Am 11. 3. 1547 war das Konzil aus dem kaiserlichen Trient nach Bologna in das Gebiet des Kirchenstaates verlegt worden. Ohne die Verlegung des Konzils hätte die deutsche Glaubensspaltung möglicherweise eine andere Wendung genommen[22]. Man konnte die Protestanten offenkundig auf keinen Fall dazu bringen, ein Konzil im Kirchenstaat zu besuchen. So sah sich der Kaiser nach dem Sieg um die Möglichkeit gebracht, zusammen mit dem Papst die Kircheneinheit wiederherzustellen. Andererseits war man an der Kurie jetzt weniger denn je bereit, dem Kaiser entgegenzukommen, da man das politische Übergewicht der habsburgischen Weltmacht fürchtete. Da der Kaiser eine Rückverlegung des Konzils nach Trient wünschte, der Papst diese jedoch ablehnte, wurde im Februar 1548 das Konzil vertagt. Der Kaiser mußte, wenn er seine Ziele überhaupt noch verfolgen wollte, ohne den Papst vorgehen. Er tat dies in dem sog. „*Interim*", einer vorläufigen Lösung. Sie wurde auf dem „geharnischten" Reichstag zu Augsburg 1547/48 vorbereitet und am 15. 5. 1548 veröffentlicht als „Der römisch-kaiserlichen Majestät Erklärung, wie es der Religion halben im Heiligen Reich bis zum Austrag des gemeinen Concilii gehalten werden

---

[19] J. Lortz, in: Um Reform u. Reformation, hg. A. Franzen, Kath. Leben u. Kirchenreform im Zeitalter der Glaubensspaltung 27/28, Münster 1968, 27f.

[20] W. H. Neuser, Calvins Urteil..., Festschrift R. Stupperich, 187f.

[21] S. R. Stupperich, ARG 47, 1956, 20–63; H. Meyer, Die deutschen Protestanten an der zweiten Tagungsperiode des Konzils von Trient, ARG 56, 1965, 166–209.

[22] So H. Jedin, Gesch. des Konzils von Trient, II, 1957, 376.

soll“[23]. Der Ausschuß, der das „Interim“ an sich ausarbeiten sollte, hatte sich seiner Aufgabe nicht gewachsen gezeigt. Darum hatte Karl J. v. Pflug, M. Helding sowie die Spanier D. de Soto und P. Malvenda das Interim ausarbeiten lassen. Der einzige protestantische Theologe, der sich beteiligt hatte, war J. Agricola. Das „Interim“ muß trotz der Härte, mit welcher es durchgeführt wurde, doch als Fortsetzung der kaiserlichen Unionspolitik gesehen werden. Es ist gewissermaßen ein „Sonderbekenntnis“ des Kaisers, „eine neue Augsburgische Konfession“[24]. Offenbar hatte der Kaiser ursprünglich die Absicht, beide Religionsparteien im Reich auf das „Interim“ zu verpflichten[25]. Tatsächlich aber wurde das „Interim“ dann doch nur den Protestanten auferlegt.

Besonders wichtig ist Artikel 4 über die *Rechtfertigung*. Zwar wird die Rechtfertigung mit der Sündenvergebung gleichgesetzt, zugleich aber auch mit der Erneuerung durch den Hl. Geist, durch welche der Mensch aus einem Ungerechten zu einem Gerechten wird[26]. Die göttliche Rechtfertigung bedeute nämlich, daß der Mensch auch erneuert wird, so daß er das Gute und Rechte begehrt. Eben dies sei die Weise der anhaftenden Gerechtigkeit (iustitiae inhaerentis ratio)[27]. Allerdings finde sich auch bei denen, die diese Gnade erhalten haben, noch die „Concupiscentia“, die dem Geist widerstrebt. „Also kommen zusammen Christi Verdienst und die anhaftende Gerechtigkeit, zu welcher wir erneuert werden durch das Geschenk der Liebe (caritas).“[28] Das Verdienst Christi ist die Ursache der uns anhaftenden Gerechtigkeit. Die hier entfaltete Rechtfertigungslehre steht der reformatorischen ferner als diejenige des Regensburger Buches. Das wird besonders deutlich, wenn in Artikel 7 von „überschüssigen Werken“ (opera supererogationis) gesprochen wird[29]. Von der Kirche heißt es, daß sie den Kanon der Schrift festgesetzt hat[30]. Wenn sich zweifelhafte Fragen erheben, hat die Kirche die Vollmacht, sie durch ein im Hl. Geist versammeltes Konzil zu entscheiden[31]. Was das Meßopfer betrifft, so ist es von Christus eingesetzt und dient als Gedächtnis (memoria) seines Kreuzesopfers[32]. Christi Kreuzesopfer und das Meßopfer sind der „Substanz“ nach identisch, jedoch in der Weise des Opferns ganz verschieden[33].

Die einzige Konzession, die den Protestanten gewährt wurde, waren Priesterehe und Laienkelch – aber auch sie nur bis zur Entscheidung des Konzils[34]. Im übrigen sollten die überkommenen Zeremonien beibehalten bzw. wieder eingeführt werden. Allerdings sollten sie dem Volk erklärt werden, so daß dem Aberglauben gewehrt würde. In der Praxis kam gerade die Wiedereinführung der Riten einer fast völligen Rekatholisierung gleich. Um jedoch im Bereich der katholischen Stände eine Kirchenreform herbeizuführen, erließ der Kaiser für sie die „Formula Reformationis“[35].

---

[23] Ed. J. Mehlhausen, 1970, 16.
[24] P. Joachimsen, Die Reformation als Epoche der dt. Geschichte, München 1951, 258.
[25] So neuerdings auch H. Rabe, Reichsbund u. Interim, Köln-Wien 1971, 431f.
[26] Ed. J. Mehlhausen, 42f.
[27] Ebd. 46f. Im deutschen Text ist von „eingegebner Gerechtigkeit“ die Rede.
[28] Ebd. lat. Text: Concurrunt quidem Christi meritum et iustitia inhaerens, ad quam renovamur per donum caritatis.
[29] Art. 7; ebd. 56f.
[30] Art. 11; ebd. 66f.
[31] Ebd. 68f.
[32] Art. 22; ebd. 112f.
[33] Ebd. 118f.
[34] Art. 26; ebd. 142f.
[35] Ed. Pfeilschifter, Acta, VI, 348–380.

Das Ziel, nämlich die Wiederherstellung der Kircheneinheit, vermochte das Interim nicht zu erreichen. Die Mehrzahl der protestantischen Pfarrer war nicht bereit, sich dem „Interim" zu beugen. Die fehlende Absprache mit Papst und Konzil ließ das Interim auch katholischerseits scheitern. Um so größer wurde die *Bedeutung des Augsburger „Interims"* für die weitere innenpolitische Entwicklung des Reiches, aber auch für den deutschen Protestantismus.

Der Kaiser hatte im Schmalkaldischen Krieg den Sieg nur mit Hilfe Herzog Moritz' von Sachsen (s. KGesch K 145ff.) erringen können, der um den Preis der sächsischen Kurwürde die protestantische Sache verraten hatte. Wegen des Widerstandes der Theologen und der Landstände gegen das Augsburger Interim, aber auch unter Berufung auf kaiserliche Zusagen betreffs Religionsfreiheit verweigerte Moritz die Einführung des Augsburger Interims in seinem Territorium. Die Kritik der Theologen richtete sich vor allem gegen den Rechtfertigungsartikel des Augsburger Interims, gegen den Kirchenbegriff, die Meßopferlehre sowie die Anrufung der Heiligen. So wurde für Sachsen ein eigenes Interim, das Leipziger Interim, ausgearbeitet. Melanchthon hat sich dabei beteiligt. Stärkeren Anteil an dem Leipziger Interim hatte jedoch Georg III. von Anhalt[36].

Im ganzen läßt sich über das Leipziger Interim sagen, daß es in der Lehre evangelisch, in den Riten katholisch war. Nach dem Nachweis von F. Lau muß aber der in gewisser Weise altkirchliche oder auch „anglikanische" Charakter dieses Interims betont werden. Man kann im Leipziger Interim nicht lediglich ein Nachgeben gegenüber kaiserlichem Drängen sehen. Das hindert nicht, daß das Leipziger Interim seine besondere Problematik hatte, die zu umfangreichen Streitigkeiten führte. Da das Leipziger Interim trotz seiner Verabschiedung auf einem Leipziger Landtag am 28. 12. 1548 auf Bedenken stieß, ließ Moritz am 4. 7. 1549 nur einen Auszug, das „kleine Interim", veröffentlichen; auf dieses wurden die Pfarrer verpflichtet. Die Tatsache, daß Melanchthon und die gesamte theologische Fakultät Wittenberg das Leipziger Interim deckten, ließ dieses sogar im Vergleich mit dem Augsburger Interim als noch weniger erträglich erscheinen.

§ 2 Der interimistische Streit

Literatur: C. Schlüsselburg, Catalogus Haereticorum, Bd. XIII, Frankfurt 1599; F. H. R. Frank, Die Theologie der Concordienformel historisch-dogmatisch entwickelt u. beleuchtet, Bd. 4, Erlangen 1865, 1–120; P. Tschackert, Die Entstehung der luth. u. der reform. Kirchenlehre samt ihren innerprotestantischen Gegensätzen, Göttingen 1910, 505–511; Ritschl II, bes. 328–334. 344–351. 372–376; W. Preger, Matthias Flacius Illyricus u. seine Zeit, I.II, Erlangen 1859–61, Neudr. Hildesheim-Nieuwkoop 1964; E. Hirsch, Melanchthon u. das Interim, ARG 17, 1920, 62–66; H. Chr. v. Hase, Die Gestalt der Kirche Luthers. Der casus confessionis im Kampf des Matthias Flacius gegen das Interim von 1548, Göttingen 1940; W. v. Loewenich, Das Interim von 1548, in: ders., Von Augustin zu Luther, Beiträge zur Kirchengeschichte, Witten 1959, 391–406; L. Haikola, Gesetz u. Evangelium bei Matthias Flacius Illyricus, Lund 1952; O. K. Olson, The ‚Missa Illyrica' and the liturgical Thought of Flacius Illyricus, Diss. theol. Hamburg 1966, 28–50; H. Voit, Nikolaus Gallus und das Interim. Eine anonyme Druckschrift aus dem Jahr 1548, ARG 65, 1974, 277–285; R. Kolb, Nikolaus von Amsdorf (1483–1565): popular polemics in the preservation of Luther's legacy, Bibliotheca humanistica et reformatorica 24, Nieuwkoop 1978; J. Rogge, Art. Amsdorff, TRE 2, 1978, 487–497.

[36] S. F. Lau, WZ Karl-Marx-Univ. Leipzig, Ges.-sprachwiss. Reihe 3, 1953/54, 139–152.

Die Probleme, die sich mit dem „Interim“ stellten, führten zu der bis dahin *größten Krise* im deutschen Protestantismus. Zugleich leitete der Streit um das Verhalten insbesondere der Wittenberger die Epoche der Auseinandersetzungen um fast alle wichtigen theologischen Fragen ein, die erst mit der Schaffung der FC einen gewissen Abschluß fand. Dabei ging es vornehmlich um die Reinerhaltung des reformatorischen Ansatzes, also um das Erbe Luthers. Die Fragen, denen man sich konfrontiert sah, ließen sich nicht unmittelbar von bestimmten Äußerungen Luthers her beantworten. Tatsächlich erwiesen sich, wenn auch in geringerem oder stärkerem Maße, die verschiedenen Theologen als Schüler Luthers. Zugleich aber lassen sich bei allen gewisse Abweichungen von Luther feststellen. Die unvergleichliche Autorität, die Luther genoß, sowie die gewissen Abweichungen bei Melanchthon und seinen Gegnern mußten die Streitigkeiten erheblich verschärfen.

Die Situation, wie sie durch das Augsburger und das Leipziger „Interim“ gegeben war (s. o. S. 106ff.), wurde verschieden beurteilt. Luther hatte sich, was die Beibehaltung katholischer Riten betrifft, wiederholt sehr großzügig geäußert. Die Schonung der Schwachen ließ ihn 1522 die Karlstadtschen Reformen weithin rückgängig machen. Als bei der Einführung der Reformation in der Mark Brandenburg viele katholische Riten beibehalten wurden, äußerte Luther: „solche stück, wenn nur Abusus davon bleibet, geben oder nemen dem Evangelio gar nichts, doch das nur nicht eine not zur Seligkeit, und das Gewissen damit zuverbinden, daraus gemacht werden.“[1] Was das Augsburger „Interim“ betrifft, so hat Agricola immerhin erreicht, daß die Aussagen über die Rechtfertigung einen für die Reformation anstößigen Abschnitt nicht enthalten; im übrigen hat er die Absichten Karls V. nicht durchschaut[2]. In der Tat war es unmöglich, die Rechtfertigungslehre des Interims „im Sinne der alten ‚Werkgerechtigkeit‘“ zu interpretieren, wie man sie früher attackiert hatte[3]. Vollends das Leipziger „Interim“ bot, was seine Lehraussagen betrifft, im ganzen wenig Angriffsflächen.

Andererseits war die *Wiedereinführung* inzwischen abgeschaffter *katholischer Riten* außerordentlich gravierend. Dazu zählten u. a. die sieben Sakramente, die Messe mit fast dem gesamten Ritus, die Bilderverehrung oder das Fronleichnamsfest. Gewiß war zuweilen eine erträgliche evangelische Deutung beigegeben worden. So sollten die Bilder als „Erinnerungen“ dienen. Besonders problematisch war jedoch auch die Anerkennung der bischöflichen Jurisdiktion; dem obersten Bischof sollte man wie den anderen, die ihr Amt nach Gottes Befehl ausüben und dasselbe zur Erbauung, nicht zur Zerstörung gebrauchen, „unterworfen und gehorsam“ sein[4]. In Süddeutschland konnte der Kaiser das Augsburger „Interim“ weithin mit Druck oder Gewalt einführen[5]. In Nord-

---

[1] WAB 8 Nr. 3421, 34–36 (Brief an G. Buchholzer vom 4. 12. 1539). Zu Gedanken Luthers, die zugunsten des Interims angeführt wurden, s. M. Stupperich, ARG 64, 1973, 232 Anm. 29.

[2] J. Rogge, Johann Agricolas Lutherverständnis, Berlin 1960, 248f.

[3] W.-D. Hauschild, Zum Kampf gegen das Augsburger Interim in norddeutschen Hansestädten, ZKG 84, 1973, 73f.

[4] CR 7,260.

[5] Konstanz etwa wurde wegen seines Widerstandes gegen das Interim in die Acht getan, erobert und seiner Reichsfreiheit beraubt. Zu den Vorgängen in Nürnberg, die auch für die weiteren theologischen Streitigkeiten wichtig sind, s. G. Pfeiffer, Die Stellungnahme der Nürnberger Theologen zur Einführung des Interims 1548, Humanitas-Christianitas. Festschrift W. v. Löwenich, Witten

deutschland jedoch erhob sich starker Widerspruch gegen die Einführung des Augsburger „Interims", so daß hier im Kirchenwesen kaum etwas geändert wurde. Zentren des Widerstandes waren die Hansestädte[6] sowie vor allem Magdeburg, „des Herrgotts Kanzlei". Verglichen mit dem mannhaften Widerstand vieler Territorien und den schweren Leiden der Evangelischen in Oberdeutschland, besonders in den Familien der Pfarrer, wirkte das Verhalten Melanchthons und der sächsischen Theologen wie Verrat. Dabei muß freilich zugegeben werden, daß die lutherische Reformation durch die Probleme des „Interims" an einer wunden Stelle getroffen wurde. In CA und AC hatte man sich zwar von Zwingli und dem „linken Flügel" distanziert, aber den Anschein erweckt, als sei man von Rom nur durch dessen „Mißbräuche" getrennt.

Die Seele des Widerstandes gegen die Vertreter des „Interims" wurde *Matthias Flacius Illyricus* (1520–1575). Aus Albona in Istrien stammend, war Flacius schon früh nach Deutschland gekommen. 1544 (?) wurde er Professor der hebräischen Sprache in Wittenberg. Wegen des Interims kam es zwischen ihm und Melanchthon zum Bruch. 1549 verließ Flacius Wittenberg und ging nach Magdeburg. Von dort führte er einen gewaltigen literarischen Kampf gegen das Interim. 1548–1552 hat er zahllose Schriften deutsch oder lateinisch gegen das Interim selbst verfaßt oder doch mit einer Vorrede versehen herausgegeben[7]. Von beiden Seiten wurde die Fehde mit größter Härte ausgefochten; dazu gehörten auch Verunglimpfungen des Gegners. Es traten aber auch die sachlichen Gegensätze scharf hervor.

Die *Argumente des Flacius* waren die folgenden. Zunächst warf er Melanchthon und den Wittenbergern die Verfälschung der lutherischen Rechtfertigungslehre vor, die schon in der Preisgabe des „sola (fide)" ihren Ausdruck finde. Auch in der Lehre von der Erbsünde, vom freien Willen und von der Buße sei die reformatorische Position preisgegeben. Was die Riten betrifft, zu deren Wiedereinführung man sich bereit gefunden hatte[8], so gab Flacius durchaus zu, daß es sich hier an sich um „Adiaphora" – d. h. Mitteldinge, die weder geboten noch verboten sind – handle[9]. Freilich könnten auch die „Adiaphora" zum Zeugnis für oder gegen das Evangelium werden. Die Umstände, unter denen „Adiaphora" eingeführt werden, könnten also dazu führen, daß diese nicht mehr als Adiaphora anzusehen seien. „Im Falle des Bekenntnisses und des Ärgernisses gibt es kein Adiaphoron."[10] Ein solcher Bekenntnisfall liege jetzt vor, da der Kaiser mit den Riten das ganze katholische Kirchenwesen wieder errichten wolle und da bei den Wittenbergern Furcht und Unglauben Motiv für die Zu-

---

1968, 111–133; G. SEEBASS, Das reformatorische Werk des Andreas Osiander, Nürnberg 1967, 101–110.

[6] S. H. H. HARMS, Aus den Tagen des Augsburger Interims, Mensch und Menschensohn. Festschrift K. Witte, Hamburg 1963, 99–118; HAUSCHILD, ebd.

[7] S. W. PREGER, Matthias Flacius Illyricus, bes. II, 541–550 (Bibliographie); ferner I 108–204; H. Chr. v. HASE, Die Gestalt der Kirche Luthers, 1940, 97.

[8] Allerdings waren Fegefeuer- und Ablaßlehre im Augsburger Interim stillschweigend übergangen worden.

[9] Zu dem Aufkommen des Begriffs der Adiaphora/Mitteldinge in der deutschen Reformation s. v. HASE, ebd. 47–52; ferner F. LAU, RGG 1,93–96. Melanchthon hatte schon seit 1530 von Mitteldingen gesprochen.

[10] „Nihil est adiáphoron in casu confessionis et scandali", Liber de veris et falsis Adiaphoris 1549. Belege bei PREGER, ebd. I 159–168; v. HASE, ebd. 61f.

stimmung zu den Adiaphora seien. Im Volk würden die wiedereingeführten Riten als Beginn der Wiederherstellung der päpstlichen Autorität verstanden werden müssen. Damit aber werde die Bekenntnispflicht verletzt, obendrein handle man gegen besseres Wissen und Gewissen. In seinen Schriften zum „Interim" verwies Flacius auf zahlreiche biblische Beispiele dafür, daß „Adiaphora" faktisch nicht mehr Adiaphora sind, sondern daß sich an deren Beobachtung rechtes und falsches Bekenntnis scheiden. Unterstützung fand Flacius bei seinem Kampf gegen das Interim vor allem bei Nikolaus v. Amsdorf.

Die *Gegengründe Melanchthons* gegen die Vorwürfe des Flacius waren vor allem folgende. Melanchthon schied säuberlich zwischen den Bereichen des Glaubens und der „Adiaphora". In den eigentlichen Lehrfragen habe man im Leipziger „Interim" der katholischen Seite nichts nachgegeben. Die „Adiaphora" hingegen würden von Bekenntnis und Lehre nicht berührt. Dabei erscheint das Bekenntnis als feste „summa doctrinae", an der nichts zu ändern ist, der aber auch nichts hinzugefügt werden darf. Was in dieser „summa doctrinae" nicht vorkommt, hat demnach auch mit dem Bekenntnis nichts zu tun. Nichts fürchtete Melanchthon mehr, als daß Predigt und Lehre auf Kanzeln und Kathedern aufhören würden. Um sie beizubehalten, seien Kompromisse im Bereich der Riten durchaus tragbar. Solange die rechte Lehre da sei, seien keine schlimmen Konsequenzen zu befürchten. Das Bekenntnis betreffe die notwendigen Dinge, die Riten hingegen die nicht notwendigen. Wichtig war für Melanchthon auch die Tatsache, daß die Obrigkeit die Einführung der „Adiaphora" forderte. Wenn die Lehre hier keinen Widerspruch biete, könne und solle man der Obrigkeit gehorchen. Gewiß handle es sich dabei um eine „Knechtschaft" (servitus); aber die müsse man ertragen[11].

Die Zweiteilung zwischen Lehre und äußeren Dingen wurde von Melanchthon auf verschiedenen Ebenen durchgeführt. Zunächst ergab sich, daß über die Lehre Christus, über die Kirchenordnung aber die Obrigkeit bestimmt[12]. Sodann, die christliche Freiheit soll sich nur auf das Gottesverhältnis beziehen, das nicht durch andere vermittelt ist, also auf die Sündenvergebung. Die äußeren Dinge auch des kirchlichen Lebens sind von der Vernunft zu regeln. Von der christlichen Freiheit her kann hier demnach nicht argumentiert werden. Melanchthon war dabei insofern konsequent, als er der Obrigkeit die Aufgabe zuschrieb, für Religion und Kirche zu sorgen; diese Aufgabe gehöre zu der umfassenden Pflicht des Staates, Hüter des Gesetzes zu sein. Unter dem Gesetz versteht Melanchthon ausdrücklich beide Tafeln der Gebote. Deshalb soll der Staat auch für die rechte Gottesverehrung Sorge tragen. Eine Einschränkung gibt es hier nur insofern, als es sich staatlicherseits nur um die Sorge für die Einhaltung der äußeren Disziplin handeln kann. Diese Aufgabe kommt dem Staat schon vom Naturrecht her zu[13]. Hatte Luther in der Sorge der weltlichen Obrigkeiten für die Reformation einen „Liebesdienst" und in den Fürsten „Notbischöfe" erblickt, so sah Melanchthon hier eine Pflicht des Staates. Die Inhaber des obrig-

---

[11] CR 7,314: „In aliis rebus adiaphoris servitutem quamlibet duram tolerabimus" (Brief an Spangenberg vom 23. 1. 1549, Nr. 4469).

[12] v. Hase, ebd. 54.

[13] So in den Loci bereits seit 1535, bes. ausführlich in der Ausgabe von 1559: StA II, 2,726,19–728,22.

keitlichen Amtes erscheinen ihm als „hervorragende Glieder" (praecipua membra) der Kirche[14].

Ohne Frage waren Melanchthons Argumente die schwächeren. Hinzu kommt, daß Melanchthon von Anfang an gegen das Interim schwere Bedenken gehabt und im Grunde wider besseres Wissen gehandelt hatte. Unter den zahlreichen Gutachten, die zur Frage der Adiaphora herausgebracht wurden, ragt das kritische, von Aepin verfaßte Schreiben der Hamburger Geistlichkeit vom 16. 4. 1549 hervor[15]. Manche Theologen nahmen wegen ihrer Haltung gegen das „Interim" schwere Leiden auf sich. So wurde Antonius Corvinus (1501–1553), Reformator in Calenberg-Göttingen, wegen seines tapferen Widerstandes gegen das „Interim" drei Jahre inhaftiert; an den Folgen der Haft starb er als Märtyrer der evangelischen Sache. Gegenüber diesem Bekenner- und Opfermut wirkte die Haltung eines Melanchthon oder Bugenhagen kümmerlich. Die Verteidigung der Wittenberger gegen die Kritik konnte nicht überzeugen[16]. Melanchthon wurde sehr bald des Streites überdrüssig, obwohl auch er mit gehässiger Polemik nicht sparte. In der Sache konnte er schließlich nicht umhin, den Gegnern halbwegs recht zu geben. Auch bedauerte er seine Mitwirkung am Leipziger „Interim"[17]. Andererseits hielt er grundsätzlich an seiner Position fest. Auch war er nicht zu dem öffentlichen Eingeständnis bereit, schwere Irrtümer in der Kirche verbreitet zu haben. Die Tatsache, daß das „Interim" nur kurze Zeit in Kraft war und mit dem Passauer Vertrag von 1552 ungültig wurde, änderte an der Heftigkeit des Streites nichts.

Die Auseinandersetzungen um das „Interim" führten zu einer *Spaltung innerhalb der lutherischen Theologie*. Auf der einen Seite standen die „Gnesiolutheraner" (die echten Lutheraner)[18]. Zu ihnen zählten insbesondere Flacius, Amsdorf, Gallus, Wigand, Judex, Aquila, Mörlin, Kirchner und Heßhusen. Später zeigte sich freilich, daß es auch hier noch Divergenzen gab, die weitere Spaltungen mit sich brachten. Von den Gegnern wurde diese Gruppe als Flacianer apostrophiert. Auf der anderen Seite waren die Philippisten. Zu ihnen[19] gehörten außer Melanchthon vor allem Major, Menius, Pfeffinger, Cruciger, Strigel, Pezel, Stössel. In vielen theologischen Fragen standen beide Seiten sich im Grunde sehr nahe; gewisse Akzentverschiebungen gegenüber Luther lassen sich bei Gnesiolutheranern wie Philippisten beobachten. Unterschiedlich war jedoch – abgesehen von den Adiaphora, über deren Geltung es zum Bruch gekommen war – die Haltung zur Tradition und zum Humanismus sowie die Auffassung von dem Amt der Obrigkeit. Dem Traditionalismus der Melanchthon-Schule stand bei den Gnesiolutheranern eine rigorose Betonung der Autorität des

---

[14] CR 16,89 (Philosophiae Moralis Epitome 1538 bzw. 1546).

[15] CR 7,367–382.

[16] Die Zustimmung zum Fronleichnamsfest begründete man damit, daß an diesem Tage das Volk über den rechten Gebrauch des Abendmahls belehrt werden solle.

[17] CR 8,839–844 (Brief an Flacius vom 5. 9. 1556, Nr. 6067).

[18] Zur Entstehung dieses Namens s. W. H. Neuser, Luther u. Melanchthon, München 1961, 9; zu den nachstehenden Personen s. EKL 1,1298ff. (Flacius); 1,102f. (Amsdorff); LThK 4,508 (Gallus, Nikolaus); EKL 3,1816 (Wigand); 4,557 (Judex); RE 1,759f. (Aquila, Kaspar); LThK 7,638 (Mörlin); EKL 4,573 (Kirchner); 2,137 (Heßhusen).

[19] Zu Major und Menius s. ff. § 3; zu Pfeffinger und Strigel s. unten § 5; zu Cruciger d. Älteren s. EKL 4,383 u. RE 4,343f.; zu Pezel s. EKL 3,144f. u. Lit. § 7; zu Stössel s. RE 19,59ff.

Evangeliums gegenüber. Schließlich waren die Philippisten auch gegenüber Calvin um Ausgleich bemüht, während die Gnesiolutheraner in der Abendmahlslehre kompromißlos Luthers Auffassung gegenüber Zwingli auch gegen Calvin geltend machten. Aber Melanchthons Stellung im deutschen Protestantismus war durch sein Verhalten im „Interim"-Streit derart kompromittiert, daß das Mißtrauen sich gegen alle Besonderheiten seiner Theologie richtete.

§ 3 Der majoristische Streit

Literatur: C. SCHLÜSSELBURG, Catalogus Haereticorum, Bd. VII, Frankfurt 1599; F. H. R. FRANK, Die Theol. der Concordienformel hist.-dogm. entwickelt u. beleuchtet, Bd. 2, Erlangen 1861, 148–242; W. PREGER, Matthias Flacius Illyricus u. seine Zeit, I, Erlangen 1859, Neudr. Hildesheim-Nieuwkoop 1964, 354–417; G. KAWERAU, Art. Major, RE 12,85–91; P. TSCHACKERT, Die Entstehung der luth. u. der reform. Kirchenlehre samt ihren innerprotestant. Gegensätzen, Göttingen 1910, 514–520; RITSCHL II, 375–398; W. H. NEUSER, Luther u. Melanchthon. Einheit im Gegensatz, ThEx NF 91, München 1961; M. GRESCHAT, Melanchthon neben Luther. Studien zur Gestalt der Rechtfertigungslehre zwischen 1528 und 1537, Witten 1965; G. MOLDAENKE, Schriftverständnis und Schriftdeutung im Zeitalter der Reformation, I: Matthias Flacius Illyricus, Stuttgart 1936; L. HAIKOLA, Gesetz und Evangelium bei Matthias Flacius Illyricus, Studia Theologica Lundensia I, Lund 1952; DERS., Usus Legis, UUÅ 1958, 3, Uppsala-Wiesbaden 1958; R. BRING, Das Verhältnis von Glauben u. Werken in der luth. Theologie, FGLP 10, VII, München 1955; R. KOLB, Georg Major as Controversialist: Polemics in the Late Reformation, ChH 45, 1976, 455–468; DERS., Nikolaus von Amsdorf (1483–1565): popular polemics in the preservation of Luther's legacy, Bibliotheca humanistica et reformatorica 24, Nieuwkoop 1978.

Luther und Melanchthon hatten das *Verhältnis von Glauben und Werken* zwar im Kern gleich, aber mit verschiedener Blickrichtung bestimmt. Für Luther war der schroffe Gegensatz gegen jegliche Werkgerechtigkeit sowie das umfassende Verständnis von Rechtfertigung im Sinne der Sündenvergebung oder des neuen Lebens kennzeichnend gewesen. In seiner antirömischen Polemik hatte Luther zuweilen die „Werke" für die Stellung des Menschen vor Gott geradezu als schädlich bezeichnen können[1]. Melanchthon hatte in CA 6 (s. o. 88) gesagt, daß der Glaube gute Früchte hervorbringen muß, hatte allerdings diesen Werken keinen verdienstlichen Charakter zugeschrieben. In den Jahren nach 1530 hatten beide Reformatoren an der Entfaltung der Rechtfertigungslehre weiter gearbeitet, wobei der forensische Charakter stärker betont wurde; dabei ist Luther auch von Melanchthon in gewissem Sinne beeinflußt worden[2].

Die trotzdem bestehenden Unterschiede kamen in dem sog. *Cordatus-Streit* 1536 zu einem ersten Austrag. Damals hatte der Melanchthon nahestehende Wittenberger Theologieprofessor Caspar Cruciger (1504–48; Professor seit 1528) in einer Vorlesung geäußert, Christus sei allein die Ursache der Rechtfertigung (causa iustificationis); trotzdem müßten auch wir etwas tun, nämlich Reue haben und durch das Wort Gottes das Gewissen erregen, um den Glauben zu erlangen. „So sind unsere Reue und unser Bemühen die Ursachen der Recht-

---

[1] S. etwa WA 7,59,21–23 (Tractatus de libertate christiana 1520): „Haec dicta sint de interiore homine, de eius libertate et de principe iustitia fidei, quae nec legibus nec operibus bonis indiget, quin noxia ei sunt, si quis per ea praesumat iustificari"; cf. auch WA 10 III, 387,12–15.

[2] S. M. GRESCHAT, Melanchthon neben Luther, 1965, passim.

fertigung, ohne die diese nicht möglich ist" (causae iustificationis sine quibus non)[3]. Konrad Cordatus, damals Pfarrer in Niemegk, griff im August und September 1536 Cruciger dieser Äußerung wegen an, da er die Redeweise von der „causa sine qua non" für die Reue als Rückfall in den Katholizismus ansah. Der Streit spitzte sich zu, als Cruciger einräumte, der umstrittene Satz stamme im Grunde von Melanchthon[4]. Darauf führte Cordatus Klage bei Luther und Bugenhagen gegen Melanchthon und Cruciger. Kurz vorher hatte Nikolaus von Amsdorf (1483–1565), einer der treuesten und streitbarsten Anhänger des Reformators, von Magdeburg aus Luther darauf hingewiesen, daß in Wittenberg Widersprüchliches gelehrt werde; Melanchthon habe gesagt, daß die Werke zum ewigen Leben notwendig seien[5]. Offenbar war der Vorstoß von Cordatus, Amsdorf und auch Michael Stiefel „eine geplante Aktion"[6]. Luther, über dessen Reaktion im einzelnen nicht volle Klarheit besteht, hat die Disputation am 10. 10. 1536 „de iustificatione" dazu benutzt, zu den strittigen Fragen Stellung zu nehmen[7]. Luther hat hier u. a. betont, daß der Glaube von dem Beginn der neuen Schöpfung begleitet wird[8], daß die Werke zwar notwendig sind zum Heil, daß sie aber das Heil nicht verursachen[9]. Selbstverständlich hält Luther voll und ganz am „sola fide" fest. Was die Reue betrifft, so sagt Luther: „Ohne die Reue gibt es keine Vergebung der Sünden, also ist sie notwendig."[10] Gegen die Behauptung, die Reue sei „causa sine qua non", hat Luther offenbar nicht polemisiert, obwohl diese Redeweise schwerlich seinem Verständnis ganz entsprach. Was Melanchthon betrifft, so verteidigte dieser in einem Brief vom 1. 11. 1536 bei aller Bereitschaft zum Frieden seine Auffassung. Er habe seit der AC den forensischen Charakter der Rechtfertigung aus keinem anderen Grunde herausgestellt, als um das „sola fide" im reformatorischen Sinne zu wahren. Es werde eben seit der AC die Frage erörtert, wie sich der neue Gehorsam zur göttlichen Annahme aus Barmherzigkeit verhalte. Er lobe die Werke, erkläre aber das ewige Leben weder für eine Bezahlung noch für ein Verdienst[11]. Mit dieser Erklärung Melanchthons konnte der Streit beigelegt werden. Luther mahnte Cordatus zum Frieden. Etwas später hat Luther allerdings in einer Disputation am 1. 6. 1537 geäußert, daß die „disciplina" zwar notwendig sei, nicht jedoch zum Heil, da die Redeweise „notwendig zum Heil" sofort ein Verdienst einschließe[12].

Der durch das Vorgehen von Cordatus entstandene Streit flammte jedoch im Zusammenhang mit dem Streit um das Leipziger „Interim" erneut auf. *Georg*

---

[3] CR 3,159 (cf. 350): „Tantum Christus est causa propter quem; interim tamen verum est, homines agere aliquid oportere, nos habere contritionem, et debere verbo erigere conscientiam, ut fidem concipiamus. Ita nostra contritio et noster conatus sunt causae iustificationis sine quibus non."

[4] CR 3,162 Anm.

[5] WAB 7 Nr. 3081,5–11 (Brief Amsdorfs an Luther vom 14. 9. 1536).

[6] W. H. Neuser, Luther u. Melanchthon, 1961, 9.

[7] Zur Datierung s. Neuser, ebd. 9f.; Greschat, aaO. 219.

[8] WA 39 I, 83,39f.

[9] WA 39 I, 96,6–8: „Opera sunt necessaria ad salutem, sed non causant salutem, quia fides sola dat vitam." Ebd. Z. 23 sagt Luther sogar: „Opera sunt necessaria, ut testentur nos esse iustos." Cf. ebd. 121,27–29: „Necessaria sunt multa ad salutem, non quod causae sint, sed quia pertineant ad eam, ut homo peccator."

[10] WA 39 I, 102,22–24 (eig. Übers.).

[11] CR 3,180.

[12] WA 39 I, 256,15–257,7.

Major (1502–74) hatte im Interim ganz auf Melanchthons Seite gestanden und sich auch wie dieser um ein evangelisches Verständnis der Tradition bemüht. Seit 1545 Theologieprofessor in Wittenberg, war Major für kurze Zeit 1552/53 Superintendent in Eisleben, konnte sich dort aber wegen verschiedener Anfeindungen nicht halten. Ende 1551 warf Nikolaus v. Amsdorf ihm in der Schrift „Daß D. Pommer und D. Major Ärgernis und Verwirrung angerichtet" vor, er habe einmal gesagt, daß er über das „Sola" nicht streiten wolle; außerdem habe er geäußert, daß der Glaube vornehmlich selig mache, daß aber auch gute Werke zur Seligkeit nötig seien. Major entgegnete mit seiner Schrift „Antwort auf des ehrwürdigen Herrn Nikolaus v. Amsdorf Schrift" (1552), er habe immer an dem „Sola" festgehalten, er sage aber auch: „*Das bekenne ich aber, das ich also vormals geleret, und noch lere und förder alle meine lebetag also leren will, das gute werck zur seligkeit nötig sind, und sage öffentlichen und mit klaren und deutlichen worten, das niemands durch böse werck selig werde, und das auch niemands one gute werck selig werde, und sage mehr, das, wer anders leret, auch ein Engel vom Himel, der sey verflucht.*"[13] Gegen diese Ansicht wandten sich Flacius, Amsdorf, Gallus und andere mit verschiedenen Veröffentlichungen.

Der Streit wurde mit großer Schärfe ausgefochten. Dabei unterstellte man dem Gegner jeweils Konsequenzen, die dieser an sich nicht ziehen wollte, wies damit aber doch auf bestimmte Schwächen der anderen Position hin. In der Hitze des Kampfes fehlte es auch nicht an einseitigen Zuspitzungen. Worum es Major ging, das war die Sorge vor libertinistischen Konsequenzen aus dem reformatorischen Sola fide, an dem er jedoch voll und ganz festhielt. Im Sinne von CA 6 verstand er die guten Werke nicht als Verdienst, sondern als notwendige Frucht des Glaubens; denn wer glaubt und gerecht ist, der ist bei Verlust seiner Gerechtigkeit und Seligkeit verpflichtet, Gott als seinem Vater gehorsam zu sein. Daran hielt Major fest, auch wenn er wegen des möglichen Mißverständnisses 1558 sich bereit erklärte, die Werke nicht mehr als notwendig zur Seligkeit zu bezeichnen[14].

Flacius hingegen betrachtete die Werke ausschließlich unter dem Aspekt der Rechtfertigung und der Heilsgewißheit. Majors Satz sei auch allein deswegen problematisch, weil die Worte Seligkeit und Sündenvergebung oft synonym gebraucht würden; von daher sei die Formel im Grunde katholisch. Vor allem aber betonte Flacius, daß Majors Satz angefochtene Gewissen belasten müsse[15]. Allerdings muß man es als unglücklich ansehen, daß in diesem Streit Auffassungen, die für Luther eng zusammengehörten, einseitig gegeneinander gekehrt wurden. Bei Flacius drohte die Betonung der Heilsgewißheit zur Ichzentriertheit zu werden, ohne daß die Beziehung zum Nächsten noch in den Blick kam; aber auch Majors Verengung der ursprünglichen reformatorischen Auffassung von der Rechtfertigung war problematisch.

Freilich übertraf *Amsdorf* (s. o. S. 111) alle anderen an extremer Einseitigkeit, wenn er 1559 einen Traktat mit dem Titel herausgab „Daß diese Propositio

[13] Major, aaO. Cvf (zit. nach Ritschl II, 377).

[14] „Bekenntnis von dem Artikel der Justifikation", Wittenberg 1558.

[15] Flacius hatte 1549 in seiner Schrift „De vocabulo fidei" selbst unser Bemühen, Gott gehorsam zu sein, eine „causa sine qua non" genannt, revidierte aber nach Ausbruch des majoristischen Streits schnell seine Ansicht. S. F. H. R. Frank, Die Theol. der Concordienformel, Bd. 2, 1861, 151–153. 217f.

‚gute Werke sind zur Seligkeit schädlich' eine rechte, wahre, christliche Propositio sei, durch die Heiligen Paulum und Lutherum gelehrt und gepredigt". Schon 1552 hatte Amsdorf jeden Vertreter der These, daß gute Werke zur Seligkeit nötig seien, als „Pelagianer, Mammeluck ... und zwiefältigen Papisten" bezeichnet[16]. Es versteht sich, daß Amsdorf seine These auf die Stellung des Menschen vor Gott bezog und daß er auch vereinzelte Äußerungen Luthers für sich geltend machen konnte; aber es war doch nur noch eine Karikatur, in der hier Luthers Theologie begegnete.

An die Seite Majors trat vor allem *Justus Menius* (1499–1558), seit 1547 Superintendent in Gotha. Menius hatte sich gegen das „Interim" gewandt, hatte aber nicht wie die Gnesiolutheraner die Wittenberger angegriffen. 1554 suchte er in der Schrift „Über die Frage, ob gute Werke zum Heil notwendig sind"[17], Major vorsichtig in Schutz zu nehmen. Diese Veröffentlichung trug ihm manche Angriffe ein, bot aber noch nicht genug Material für eine Anklage. In der Schrift „Von der Bereitung zum seligen Sterben" (1556) sowie in einer Predigt äußerte Menius jedoch, daß der Anfang des neuen Lebens, den der Hl. Geist in den Gläubigen wirkt, notwendig zur Seligkeit sei. Das Kesseltreiben, das Flacius u. a. gegen ihn einleitete, führte zu seiner Suspendierung. Vor einer Synode zu Eisenach 1556 konnte er sich jedoch bei dem Verhör durch Viktorin Strigel (s. u. S. 117 f.) gegen Amsdorf verteidigen. Die von dieser Synode verabschiedeten Sätze, die auch Menius unterschrieb, stellten u. a. fest: 1. der Satz, gute Werke seien notwendig zum Heil, sei zwar in der Lehre vom Gesetz „abstractive et de idea" erträglich, trotzdem aus vielen Gründen zu vermeiden; 2. für die Artikel von der Rechtfertigung und Erlösung (salvatio) sei er abzulehnen; 3. beim neuen Gehorsam nach der Versöhnung seien gute Werke nicht zum Heil, sondern aus anderen Gründen notwendig; 4. allein der Glaube rechtfertige und mache selig zu Beginn, in der Mitte und am Ende; 5. gute Werke seien auch nicht notwendig, um das Heil zu bewahren[18]. Da Menius weiterhin angegriffen wurde, nahm er einen Ruf an die Thomaskirche in Leipzig an. Die endlosen Streitigkeiten hatten nicht zuletzt die Folge, daß eine Zensur eingeführt wurde, die die jeweils erfolgreiche Partei in ihrem Interesse handhaben konnte. Die Beschlüsse der Eisenacher Synode konnten zudem vor allem wegen des ersten Satzes auch die Gnesiolutheraner nicht befriedigen; sie sollten noch in anderen Auseinandersetzungen eine Rolle spielen.

Zu einem gewissen Abschluß gelangten die Auseinandersetzungen nur durch den Tod der Beteiligten. Flacius hat bei aller Polemik vielleicht noch am ehesten den reformatorischen Ansatz beibehalten; er hat Amsdorf wegen dessen über-

---

[16] Ein kurzer Unterricht auf..., 1552, BvC (zit. nach RITSCHL II, 377).

[17] „De quaestione, an bona opera sint necessaria ad salutem", Nov. 1554.

[18] Die 7 Propositionen lauten (PREGER, Flacius, I, 383 Anm.): *„I. Etsi haec oratio, Bona opera sunt necessaria ad salutem, in doctrina legis abstractive et de idea tolerari potest, tamen multae sunt graves causae, propter quas vitanda et fugienda est, non minus quam illa: Christus est creatura. II. In foro iustificationis et salvationis haec propositio: bona opera etc. nullo modo ferenda est. III. In foro novae oboedientiae post reconciliationem nequaquam bona opera ad salutem, sed propter alias causas necessaria sunt. IV. Sola fides iustificat et salvat in principio, medio et fine. V. Bona opera non sunt necessaria ad retinendam salutem. VI. Synonyma sunt et aequipollentia seu termini convertibiles Iustificatio et Salvatio, nec ulla ratione distrahi aut possunt aut debent. VII. Explodatur ergo ex Ecclesia cothurnus papisticus propter scandala multiplicia et dissensiones innumerabiles et alias causas, de quibus Apostoli Act 15 loquuntur."*

triebener These preisgegeben. Die Philippisten ihrerseits haben ihre Ansicht nicht geändert. Merkwürdigerweise wurde Melanchthon, auf den Majors Satz letztlich zurückging, in diesem Streit nicht direkt angegriffen. Er hielt zwar Majors Satz für ungeschickt, war aber mit ihm sonst einverstanden. Wer den neuen Gehorsam in den Bekehrten nicht für notwendig hielt, erschien ihm als ein Antinomer und Feind Gottes[19]. Die Überspitzungen, zu denen es im majoristischen Streit kam, sind einmal Symptom der durch das „Interim" vergifteten Atmosphäre; sodann aber zeigen sie deutlich den Beginn des konfessionalistischen Zeitalters an.

§ 4 Der antinomistische Streit

Literatur: C. Schlüsselburg, Catalogus Haereticorum, Bd. IV, Frankfurt 1597; F. H. R. Frank, Die Theol. der Concordienformel hist.-dogm. entwickelt u. beleuchtet, Bd. 2, Erlangen 1861, 243–405; W. Preger, Matthias Flacius Illyricus u. seine Zeit, Bd. 2, Erlangen 1861, Neudr. Hildesheim-Nieuwkoop 1964, 251–255; J. Seehawer, Zur Lehre vom Brauch des Gesetzes und zur Geschichte des späteren Antinomismus, Diss. theol. Rostock 1887; G. Kawerau, Art. Antinomistische Streitigkeiten, RE 1,585–592; P. Tschackert, Die Entstehung der luth. u. der reform. Kirchenlehre samt ihren innerprotestantischen Gegensätzen, Göttingen 1910, 483–489; Ritschl II, 399–422; H. E. Weber, Reformation, Orthodoxie und Rationalismus, II, 1, Gütersloh 1940, Neudr. 1966, 30–45; R. Bring, Gesetz und Evangelium und der dritte Gebrauch des Gesetzes in der lutherischen Theologie, Schriften der Luther-Agricola-Gesellschaft in Finnland 4, Helsinki 1943, 43–97; ders., Das Verhältnis von Glauben und Werken in der luth. Theologie, FGLP 10, VII, München 1955; W. Joest, Gesetz und Freiheit. Das Problem des Tertius usus legis bei Luther und die nt. Paränese, Göttingen 1968⁴; L. Haikola, Usus Legis, UUÅ 1958, 3, Uppsala-Wiesbaden 1958; E. Koch, Nicht nur ein Streit um Worte. Die Auseinandersetzung um den Tertius usus legis in Frankfurt/Oder als Teil der Vorgeschichte der Artikel IV bis VI der Konkordienformel, in: Bekenntnis zur Wahrheit. Aufsätze über die Konkordienformel, hg. von J. Schöne, Erlangen 1978, 65–79; E. Koch, Anton Otho. Weg u. Werk eines Lutherschülers, in: Herbergen der Christenheit 13, 1981/82, 67–92.

Der antinomistische Streit, in dem es hauptsächlich um den *„dritten Brauch" des Gesetzes* ging, hängt auf das engste mit dem majoristischen zusammen. Nicht nur die Streitenden waren teilweise die gleichen, sondern der sachliche und zeitliche Zusammenhang zwischen beiden – für den synergistischen Streit (s. u. S. 121 ff.) gilt das gleiche – bedingt, daß man eigentlich von verschiedenen Phasen oder Fronten innerhalb der Auseinandersetzungen um den Philippismus sprechen muß.

Auch für den antinomistischen Streit ist die Theologie Melanchthons letztlich die Ursache gewesen. Zwar haben die sog. Antinomer der späten 50er und 60er Jahre des 16. Jahrhunderts mit Johann Agricola (s. o. 39 ff.) an sich nichts gemein. Immerhin haben beide sich doch an der Theologie Melanchthons gestoßen. Hatte Agricola Melanchthons These abgelehnt, daß die Bußpredigt stets der Evangeliumsverkündigung vorangehen müsse, so war es jetzt die Auffassung vom Gesetz, speziell von dessen drittem Brauch, die zur Auseinandersetzung führte.

Unmittelbarer Anlaß des antinomistischen Streites wurde die Aussage der Eisenacher Synode von 1556 (s. o. S. 116), daß der Satz, gute Werke seien notwendig zum Heil, zwar in der Lehre vom Gesetz „abstractive et de idea" erträglich,

---

[19] CR 9,552.

trotzdem aus vielen Gründen zu vermeiden sei. Amsdorf hatte bei dem Streit mit Menius dieser Formel zugestimmt, später aber seine Zustimmung bereut. Noch trat Amsdorf mit seiner extremen Ansicht, daß gute Werke zur Seligkeit schädlich seien (s. o. S. 115 f.), nicht hervor. Aber Amsdorf hatte doch bald nach der Eisenacher Synode Bedenken wegen der Unterscheidung zwischen „abstrakt" und „konkret"; denn das Wort Gottes sage ohne alle Abschwächung, daß wir ohne Werke des Gesetzes, umsonst und allein aus Gnaden durch den Glauben selig werden, und das Gesetz fordere nicht „abstrakt", sondern „konkret" Werke[1]. Es ist also die Auffassung, daß das Gesetz konkret der Sünde zu überführen und den Zorn Gottes aufzuzeigen hat. Flacius hingegen, aber auch Wigand (s. o. S. 112 Anm. 18) verteidigten den Beschluß der Eisenacher Synode. Es zeigte sich, daß es selbst unter den Gnesiolutheranern Meinungsverschiedenheiten gab. Flacius und Wigand begründeten den ersten Satz der Eisenacher Synode damit, daß sie dem Gesetz zwei „voces aut sententias" zuschrieben, nämlich einmal das Gebot der Liebe zu Gott und zum Nächsten, sodann das Urteil, daß niemand dieses Gebot erfüllen kann; das erste sei der Obersatz, also gleichsam „abstrakt", das zweite der Untersatz, nämlich die konkrete Folgerung. Amsdorf hingegen betonte, daß, wenn man in der Lehre vom Gesetz gute Werke als zur Seligkeit notwendig hinstellt, man dann auch die Verdienstlichkeit dieser Werke lehren müsse. Amsdorf wollte keineswegs die Notwendigkeit guter Werke bestreiten; nur müsse man diese Notwendigkeit nicht mit der Seligkeit, sondern anders begründen.

Hatte mit dieser Auseinandersetzung der antinomistische Streit seinen Auftakt erhalten, so kam er vollends in Gang durch die Beiträge von *Andreas Poach* (1515–1585, seit 1550 Pfarrer in Erfurt), *Anton Otto* (Otho, ca. 1505–1583, Pfarrer in Nordhausen), *Michael Neander* (1525–1595) und *Andreas Musculus* (1514–1581)[2]. Im ganzen haben diese Männer den gleichen Standpunkt vertreten wie Amsdorf. Dabei hat insbesondere Poach es verstanden, die Streitfragen von höherer Warte aus zu erörtern. Freilich wurden auch dieses Mal die Auseinandersetzungen weithin äußerst polemisch geführt. Poachs Gegner war *Joachim Mörlin* (1514–1571, 1544 Superintendent in Göttingen, von dort wegen seines Widerstandes gegen das „Interim" vertrieben, 1550 Domherr in Königsberg, 1553 Superintendent in Braunschweig, 1568 Bischof in Samland).

Poach hatte einen an sich klar durchdachten Ausgangspunkt, von dem her er gegen die Notwendigkeit von Werken zum Heil polemisierte. Daß der doppelte Brauch des Gesetzes, also der politische und der überführende, zu verkündigen sei, stand ihm fest. Aber worum es ihm wie auch seinen Mitstreitern ging, das war die Erkenntnis, daß „das Evangelium ... auf einer anderen und höheren Ebene (scil. liegt) als der der gesetzlichen Rechtsordnung"[3]. Selbst wenn der Mensch das ganze Gesetz erfüllen würde, so hätte er damit doch keinen Anspruch auf das Heil erworben. Jedoch ist eine vollkommene Gesetzeserfüllung dem Menschen überhaupt nicht möglich. Hinzu kommt, daß Christus nicht ein „Schuldner des Gesetzes" ist. Es darf also das Verständnis des Evangeliums

[1] Belege bei Ritschl II 403f.

[2] Zu den Personen s. EKL 4,725 (Poach); 4,699 (Otho); LThK 7,856 (Neander, Michael); 7,698f. (Musculus, Andreas).

[3] W. Joest, Gesetz u. Freiheit, 1968^4, 50; cf. L. Haikola, Usus Legis, 1958, 65–73.

nicht von dem des Gesetzes her entworfen werden[4]. Vielmehr ist das Heil, nämlich die Vergebung der Sünden oder die Rechtfertigung, außerhalb des Gesetzes und diesem ganz fremd. Das Evangelium darf also nicht in ein „vorgegebenes Rechtsschema“ eingeordnet werden[5]. Freilich hat Poach daran festgehalten, daß das Evangelium auch lehre, den Glauben zu üben und durch gute Werke zu beweisen[6]. Nur handelt es sich hierbei nicht mehr um eine Forderung des Gesetzes.

Auch *Otto* hielt an dem doppelten Brauch des Gesetzes fest. Er hob unter scharfer Abgrenzung gegenüber Agricola sogar hervor, daß das Gesetz sein „überführendes“ Amt bleibend auch für den Christen hat, sofern dieser noch Sünder ist. Sind manche Thesen Otto zu Unrecht zugeschrieben worden[7], so hat er doch folgenden Satz vertreten: „Höchste Kunst der Christen ist es, das Gesetz nicht zu kennen.“[8] Aber es handelt sich hier um einen aus Luthers großem Galaterkommentar übernommenen Satz[9], ebenso wie Otto auch sonst häufig Formulierungen Luthers aufgenommen hat. 1565 hat Otto dann den dritten Brauch des Gesetzes ausdrücklich abgelehnt, ist damit jedoch selbst bei Flacius auf Widerspruch gestoßen[10]. Allerdings war der Unterschied zwischen denjenigen Gnesiolutheranern, die den dritten Brauch des Gesetzes verwarfen, und denen, die ihn akzeptierten, nicht sehr erheblich: er bestand im Grunde nur in dem etwas unterschiedlichen Verständnis des Wiedergeborenen. Betonte man abstrakt den neuen Menschen, kam der dritte Brauch des Gesetzes nicht in Frage; hob man jedoch mehr die konkrete Existenz der Christen hervor, konnte das Gesetz seine wegweisende Bedeutung behalten.

Ähnlich wie Otto lehnte auch *Neander* den dritten Brauch des Gesetzes ab, ohne deswegen den ersten und zweiten Brauch zu bestreiten. Das Gesetz sei nicht mehr „über uns“, sondern „unter uns“; für den „Gerechten“ habe es keine Bedeutung mehr. Allerdings hielt auch Neander daran fest, daß der Christ, sofern er noch Sünder ist, durch das Gesetz im überführenden Sinne betroffen wird. In ähnlicher Weise hat schließlich auch Musculus sich dagegen gewehrt, daß man die Christen vom Gesetz her zu guten Werken ermahnt; das Gesetz sei für sie auf den usus elenchticus beschränkt, habe aber keine positive, belehrende

[4] Poach in seinem Brief an Joachim Westphal vom 20. 1. 1557 (SCHLÜSSELBURG, Bd. IV, 343): „Lex docet, omnia opera mandata in lege, esse necessaria ad solutionem: sicut servus debitor decem millium talentorum, per rationes postulatur ad solutionem debiti. Ita omnes homines debitores Dei, per praedicationem legis postulantur ad praestandam oboedientiam debitam ... Evangelium docet remissionem culpae et poenae esse necessariam ad salutem: sicut rex misertus servi iam prostrati et supplicantis, remittit debitum, et dimittit servum. Ita Deus misertus nostri, si agnoscimus et confitemur debita nostra, remittit debita, et donat nos libertate.“

[5] W. JOEST, ebd. 50.

[6] Poach ebd. (SCHLÜSSELBURG, ebd. 344): „Evangelion docet fidem exercendam et ostendendam esse bonis operibus. Sicut servus post dimissum debitum et donatam libertatem, debuit esse gratus, facere quae placent regi, alios afficere gaudio, exercere similem misericordiam erga conservos. Ita nos post impetratam gratiam, et acceptam remissionem peccatorum iustificationem et salutem, desinamus male agere, incipiamus obedire Deo, praesimus aliis bonis exemplis.“ Diese Gedanken sind von denjenigen Melanchthons gar nicht weit entfernt.

[7] Hierzu s. J. SEEHAWER, Zur Lehre vom Brauch des Gesetzes ..., 1887, 29ff. 97ff.; RITSCHL II, 416f.

[8] Summa ars est Christianorum, nescire legem. CR 9, 176. 218. 371.

[9] WA 40 I, 43,25f.: „Summa igitur ars et sapientia Christianorum est, nescire legem, ignorare opera et totam iustitiam activam...“

[10] S. W. PREGER, Flacius, II, 253f.

Aufgabe ihnen gegenüber. Gelegentlich hat Musculus jedoch bei seiner Ablehnung des dritten Brauchs des Gesetzes sich nahezu antinomistisch geäußert[11].

Was die Gegenseite betrifft, die den dritten Brauch des Gesetzes verteidigte, so hat *Flacius* geltend gemacht, daß auch der neue Mensch von dem Gesetz in Anspruch genommen werde; anderenfalls müsse man ja die Konsequenz ziehen, daß der neue Mensch nicht mehr um Vergebung seiner Schuld bitten müsse, also das Evangelium und Christus nicht mehr nötig habe[12]. Im übrigen war es vor allem *Joachim Mörlin*, der um eine tiefere theologische Widerlegung der Gegner bemüht war. Dabei griff Mörlin den theologischen Ausgangspunkt von Poach an, daß nämlich das Evangelium auf einer höheren Ebene liege als das Gesetz. Hiergegen äußerte Mörlin von der Versöhnungslehre her, daß Jesu stellvertretender Kreuzestod in Beziehung zum Gesetz verstanden werden müsse. Indem Jesus stellvertretend das Gesetz erfülle, zeige sich, daß das Gesetz Gottes Wille sei, dem Gehorsam geleistet werden müsse. Gesetz und Evangelium gehören also gerade unter dem Aspekt des Kreuzes Christi untrennbar und bleibend zusammen. Das Evangelium bedeute nicht die Außerkraftsetzung, sondern die Aufrichtung des Gesetzes[13]. Im übrigen stützte Mörlin sich für seine Verteidigung des dritten Brauchs des Gesetzes einfach auf zahlreiche Stellen in den Evangelien, in denen der Gehorsam gegen die Gebote als Voraussetzung für den Eingang ins Himmelreich gefordert wird[14].

Bei den immer neuen Auseinandersetzungen über das Gesetz geriet schließlich die gesamte Melanchthon-Schule in den Verdacht des Antinomismus, allen voran der Meister selbst. Dabei stieß man sich an Aussagen Melanchthons, nach denen die Predigt der Buße zum Evangelium gehöre, also nicht zum Gesetz – Äußerungen, die einst schon Agricola angegriffen hatte. In der AC hatte Melanchthon bereits gesagt, daß das Evangelium alle Menschen der Sünde überführt, also eine Predigt der Buße sei[15]. In der CA variata von 1540 hatte Melanchthon dann zugespitzt formuliert: „Christus hat das Amt der Verkündigung des Evangeliums eingesetzt, welches die Buße und die Vergebung der Sünden verkündigt.“[16] In der deutschen Schrift Examen ordinandorum von 1552 hatte Melanchthon diesen Gedanken noch einmal mit näheren Erläuterungen ausgeführt[17]. Manche Schüler Melanchthons gingen in ihren Aussagen noch weiter, daß nämlich das eigentliche Geheimnis der Sünde, die „violatio filii“, erst durch das Evangelium aufgedeckt werde[18]. Hiergegen ließ sich in der Tat der Vorwurf erheben, daß die Lehre von Gesetz und Evangelium durch solche Behauptungen durcheinander gebracht würde. So äußerte sich insbesondere Johann Wigand in seiner Schrift „De antinomia veteri et nova“ 1571.

Der immer weiter um sich greifende Streit erst um die Frage der Notwendigkeit der guten Werke und dann um das Problem des dritten Brauchs des Gesetzes

---

[11] Ritschl II, 419; Musculus war mit Joh. Agricola verschwägert und befreundet (s. ebd.).

[12] S. W. Preger, Flacius, II, 254.

[13] E. Roth, Ein Braunschweiger Theologe des 16. Jahrhunderts: Mörlin und seine Rechtfertigungslehre, JGNKG 50, 1952, 59–81.

[14] Ritschl II, 408.

[15] AC 4,62; BSLK 172,32–39.

[16] CA variata 5; BSLK 59: „Itaque instituit Christus ministerium docendi evangelii, quod praedicat poenitentiam et remissionem peccatorum. Estque utraque praedicatio universalis.“

[17] StA 6,186,31–187,11.

[18] Belege bei G. Kawerau, RE 1,591,36–49; P. Tschackert, Die Entstehung..., 487.

machte je länger um so mehr deutlich, in wie hohem Maße auf allen Seiten, also bei Philippisten wie bei Gnesiolutheranern, der reformatorische Ansatz *rationalistisch verengt* war. Darin liegt auch ein bedeutsamer Unterschied zwischen der Weiterbildung der Rechtfertigungslehre in den 30er Jahren des 16. Jahrhunderts bei Melanchthon und Luther[19] einerseits und den Streitigkeiten nach Luthers Tod andererseits. Die häufige Verwendung der Begriffe „abstrakt" und „konkret" ist symptomatisch. Der *rein forensischen* Fassung der Rechtfertigung vornehmlich bei den Philippisten, aber auch bei Flacius oder Amsdorf entspricht die im Grunde sterile Diskussion über „den" Gerechten oder „den" Wiedergeborenen[20]. Das hindert freilich nicht, daß bei nicht wenigen der Streitenden teilweise auch tiefe theologische Erwägungen begegnen, die durchaus als genuin reformatorisch anzusehen sind.

§ 5 Der synergistische Streit

Literatur: C. SCHLÜSSELBURG, Catalogus Haereticorum, Bd. V. Frankfurt 1598; F. H. R. FRANK, Die Theol. der Concordienformel hist.-dogm. entwickelt u. beleuchtet, Bd. 1, Erlangen 1858, 50–240; W. PREGER, Matthias Flacius Illyricus u. seine Zeit, Bd. 2, Erlangen 1861, Neudr. Hildesheim-Nieuwkoop 1964, 114–227; G. KAWERAU, Art. Flacius, RE 6,82–92; DERS., Art. Strigel, RE 19,97–102; DERS., Art. Synergismus, Synergistischer Streit, ebd. 229–235; P. TSCHACKERT, Die Entstehung der luth. u. der reform. Kirchenlehre samt ihren innerprotestantischen Gegensätzen, Göttingen 1910, 520–525; RITSCHL II, 423–454; K. D. SCHMIDT, Der Göttinger Bekehrungsstreit 1566–1570, ZGNKG 34/35, 1929, 66–121; H. E. WEBER, Reformation, Orthodoxie u. Rationalismus, I, 1, Gütersloh 1937, Neudr. 1966, 151–166; R. BRING, Das Verhältnis von Glauben und Werken in der luth. Theologie, FGLP 10, VII, München 1955, 75–92; L. HAIKOLA, Gesetz u. Evangelium bei Matthias Flacius Illyricus, Studia Theologica Lundensia I, Lund 1952, 48–164; DERS., Usus Legis, UUÅ 1958, 3, Uppsala-Wiesbaden 1958; K. HEUSSI, Geschichte der Theologischen Fakultät zu Jena, Weimar 1954.

Im synergistischen Streit ging es um Fragen, die auf das engste mit den anderen Auseinandersetzungen jener Zeit zusammenhängen, insbesondere mit dem majoristischen Streit; auch hier war es letztlich wieder die Theologie des späteren Melanchthon, die zu dem Streit führte. *Luther* hatte zeitlebens, wenn auch nicht immer so schroff wie in „De servo arbitrio", herausgestellt, daß Gott alles in allem wirkt, daß der Glaube nicht menschliche Leistung, sondern göttliche Gabe ist und daß deshalb die Bekehrung des Menschen allein Gottes Werk ist. Das radikale Sündenverständnis schloß für Luther die Vorstellung einer menschlichen Mitwirkung aus, obwohl Luther die Beteiligung des Menschen, sofern dieser eben dabei sein muß, und in genau eingegrenztem Sinne auch ein Zusammenwirken zwischen Gott und Mensch durchaus vertreten hat[1]. Melanchthon war Luther zunächst auch in diesem Punkt gefolgt. Später hatte er jedoch den Determinismus der Loci von 1521 ermäßigt und seine Auffassung von den drei „causae" vertreten, die bei der Bekehrung des Menschen zusammenwirken (s. o. 81). Die Bewertung dieser *Wandlung bei Melanchthon* ist ver-

[19] S. M. GRESCHAT, Melanchthon neben Luther, Witten 1965; cf. o. 113 f.
[20] S. vor allem H. E. WEBER, Reformation, Orthodoxie und Rationalismus I, 1, Gütersloh 1937, Neudr. 1966, 110–124.
[1] S. M. SEILS, Der Gedanke vom Zusammenwirken Gottes und des Menschen in Luthers Theologie, BFChTh 50, 1962.

schieden. Teilweise wird betont, daß dieser Synergismus „psychologisch" zu verstehen sei, sofern Melanchthon den psychologischen Vorgang bei der Bekehrung im Auge habe[2]. Teils hält man diesen Synergismus wenigstens für „verdächtig"[3], wo nicht gar im Grunde für römisch[4]. Andererseits ist zu bedenken, daß Luther, der von dieser Ansicht seines Freundes gewußt hat, ihn gewähren ließ[5]. Schließlich muß aber der Unterschied zwischen dem Synergismus bei Melanchthon und bei damaligen katholischen Theologen hervorgehoben werden: Melanchthon hielt an der Verderbtheit der menschlichen Natur durch die Sünde fest, ebenso an dem „sola fide"; zudem bestritt er den verdienstlichen Charakter der Mitwirkung des menschlichen Willens bei der Bekehrung[6]. Was Melanchthon bei seiner Ansicht vor allem bestimmte, war die Sorge, die sittliche Verantwortung könne bei dem ungeschützt vorgetragenen Gedanken der göttlichen Alleinwirksamkeit Schaden nehmen.

Auch bei dieser Frage stellte das *Leipziger „Interim"* (s. o. S. 108) den entscheidenden Einschnitt dar. Bis dahin war die Auffassung von den *drei „causae"* Melanchthons private Ansicht gewesen. Im Leipziger „Interim" jedoch wurde der wesentliche Gehalt dieser Ansicht des späten Melanchthon aufgenommen[7]; eine Sonderlehre Melanchthons sollte „die Bedeutung eines Bekenntnisses der sächsischen Kirche gewinnen"[8]. Infolgedessen hat Flacius schon bei seiner Kritik am Leipziger „Interim" auch die Auffassung angegriffen, Gott handle mit dem Menschen nicht wie mit einem Block: das sei zwar richtig, aber der Mensch hasse von Natur aus Gott[9].

Zu offenem Ausbruch kam der synergistische Streit jedoch erst durch Äußerungen von *Johannes Pfeffinger* (1493–1573, 1541 erster evang. Superintendent von Leipzig, 1544 ebd. Theologieprofessor), der als Anhänger eines hochkirchlichen Luthertums am Leipziger Interim mitgewirkt hatte. 1555 veröffentlichte Pfeffinger zwei Disputationen[10], in welchen er die Auffassung Melanchthons und des Leipziger „Interims" über die Beteiligung des menschlichen Willens bei der Bekehrung vertrat. Höchstens die Form und der systematische Zusammenhang, in welchem diese Gedanken vertreten wurden, waren neu. Wäre der Wille ganz passiv, so gäbe es nach Pfeffinger keinen Unterschied zwischen fromm und gottlos. Worauf Pfeffinger hinaus wollte, war die Feststellung,

---

[2] RITSCHL II, 232; R. BRING, Das Verhältnis..., 86.

[3] H. E. WEBER, Reformation..., I, 1,166.

[4] F. H. R. FRANK, Theol. der FC, Bd. 1, 134.

[5] So schon G. J. PLANCK, Geschichte der Entstehung, der Veränderungen und der Bildung unseres protest. Lehrbegriffs vom Anfang der Reformation bis zu der Einführung der Konkordienformel, Bd. 4, Leipzig 1796, 560f. Melanchthon selbst hielt daran fest, daß er mit Luther übereinstimme; er habe lediglich, „was die Prädestination, die Zustimmung des Willens, die Notwendigkeit unseres Gehorsams und die Todsünde betrifft, manches etwas weniger grob (minus horride)" gesagt. CR 3,383 (Brief an Veit Dietrich vom 22. 6. 1537, Nr. 1588).

[6] G. KAWERAU, RE 19,230,56–58.

[7] Leipziger Interim, CR 7,51. Cf. 260: „Wiewohl Gott den Menschen nicht gerecht macht durch Verdienst eigener Werk, die der Mensch thut, sondern aus Barmherzigkeit, umsonst, ohne unser Verdienst, daß der Ruhm nicht unser sey sondern Christi, durch welches Verdienst allein werden wir von Sünden erlöset und gerecht gemacht: gleichwohl wirket der barmherzige Gott nicht also mit den Menschen, wie mit einem Block, sondern zeucht ihn also, daß sein Wille auch mitwirket, so er in verständigen Jahren ist."

[8] W. PREGER, Flacius, II, 191. [9] PREGER, ebd. 191f.

[10] „De libertate voluntatis humanae quaestiones quinque; Propositiones de libero arbitrio."

daß die Ursache für Annahme oder Ablehnung der Gnade auch bei den Menschen selbst zu suchen ist.

Schon im Januar 1556 verwarfen die thüringischen Theologen Amsdorf, Erhard Schnepff (1495–1558) und auch *Viktorin Strigel* (1524–1569, 1548 einer der beiden ersten Theologieprofessoren in Jena) Pfeffingers Aussagen. Die öffentliche Polemik gegen Pfeffinger begann jedoch erst Amsdorf 1558, bald gefolgt von Flacius. Amsdorf gab Pfeffingers Lehre in entstellter Form wieder, als hätte dieser gelehrt, daß der Mensch sich aus natürlichen Kräften zur Gnade bereiten könne. Den Vorwurf, ganz ‚wie die gottlosen Sophisten Thomas, Skotus und deren Schüler' zu lehren, wies Pfeffinger mit Entrüstung zurück. Flacius belegte die Adiaphoristen mit dem neuen Scheltwort „Synergisten".

Zwei Gründe führten zu einer Ausweitung sowie zu einer Wende in diesem Streit. Der eine war der Versuch, die Synergisten zu verdammen; der andere hängt mit der Gründung der Universität Jena zusammen. Was das Erste betrifft, so suchte Flacius im ernestinischen Sachsen zu erreichen, daß durch eine neue Bekenntnisschrift alle unlutherische Lehre verboten würde (*Weimarer Konfutationsbuch* 1559)[11]. In dem „Konfutationsbuch" wurde gegen Pfeffinger betont, daß der natürliche Mensch für alles Göttliche tot sei und ein steinernes Herz habe. Wie bereits Augustin gelehrt habe, mache Gott aus dem nicht-wollenden einen wollenden Willen. Erst nach der Wiedergeburt werde der Mensch ein „Mitarbeiter" Gottes kraft des neuen guten Willens, den der Hl. Geist in ihm gewirkt hat. Melanchthon, gegen den sich diese Sätze richteten, betonte das seelsorgerliche Anliegen, das ihn bei seiner Ansicht von den drei causae geleitet habe, und lehnte es ab, daß Gott auf den Willen einen Zwang ausüben solle.

Was das Zweite betrifft, so hatte der im Schmalkaldischen Krieg unterlegene sächsische Kurfürst Johann Friedrich (Ernestiner) die Kurwürde sowie den Kurkreis samt Wittenberg an Herzog Moritz (Albertiner) abtreten müssen; seine verbliebenen ernestinischen Lande mußte er seinen Söhnen übergeben. Als Ersatz für die verloren gegangene Universität Wittenberg wurde die *Universität Jena* 1548 eröffnet. Einer ihrer ersten Lehrer war Strigel[12]. 1556/57 wurde Flacius Professor für Neues Testament in Jena. Offenbar spielten hier persönliche Differenzen in den Streit mit hinein; jedenfalls hatte der jüngere, geachtete, aber auch maßvollere Strigel Sorge, daß der Vorkämpfer der Orthodoxen, Flacius, ihn überflügeln würde. Strigel begann, im Kolleg heftig gegen Flacius zu polemisieren. Außerdem wandte Strigel sich gegen die Verabschiedung des Konfutationsbuches, ja er verteidigte Melanchthon. Die letzten Gründe, weshalb Strigel sich auf die Seite der Philippisten begab, sind noch nicht wirklich geklärt[13]. Flacius entgegnete auf das schärfste. Er konnte sich mit seinem Konfutationsbuch fürs erste durchsetzen. Strigel, wie auch der Superintendent von Jena, Hügel, wurde 1559 für mehrere Monate inhaftiert. Das Vorgehen des sächsischen Herzogs stieß jedoch weithin auf Ablehnung.

Sodann versuchte der Herzog, den Streit zwischen Flacius und Strigel durch

---

[11] „Illustrissimi Principis ... Jo. Friderici secundi ... solida et ex verbo Dei sumpta confutatio et condemnatio praecipuarum corruptelarum, sectarum et errorum hoc tempore grassantium", Jena 1559.

[12] S. K. Heussi, Gesch. der Theol. Fak. Jena, 1954, 13–39.

[13] Ritschl II, 424f. Anm. 5.

ein Kolloquium beizulegen: im August 1560 fand die *Weimarer Disputation* statt. Von den vorgesehenen Themen wurde nur das erste, über den freien Willen, erörtert[14]. Flacius suchte, seinen Gegenspieler durch scharf gestellte Fragen in die Enge zu treiben; Strigel hingegen wollte seine Auffassung im Zusammenhang darlegen. Erschwerend kam die verschiedene Interpretation wichtiger Begriffe hinzu. Strigel verteidigte den Synergismus, den er mit dem Bild erläuterte, daß ein Magnet, der mit Zwiebelsaft bestrichen werde, seine Anziehungskraft verliere; wenn er aber dann mit Bocksblut bestrichen werde, erhalte er die Anziehungskraft wieder. So sei die Substanz des Menschen, nämlich Vernunft und Wille, durch die Sünde wesentlich geschwächt; der Geist Gottes müsse diese Kräfte erst wieder erwecken. Aber die Sünde sei nicht Substanz, sondern Akzidens. Der Mensch müsse, wenn er nicht sein Menschsein verlieren solle, mit seinem Willen dabeisein, und zwar in der Weise, daß der Wille mit tätig ist. Flacius hingegen bestritt nicht, daß der Wille beteiligt ist; aber für ihn ist der Sünder zum Guten erstorben, und der Wille kann erst nach der Bekehrung mit dem göttlichen Willen zusammenwirken. Im übrigen stellte Flacius gegen Strigel die äußerst zugespitzte These, die Erbsünde sei die Substanz des Menschen[15]. Flacius unterschied dabei allerdings zwischen „substantia materialis", die auch bei dem Sünder noch Träger von etwas Gutem sei, und „forma substantialis", die zum Träger des Bösen geworden sei. Bei dieser „forma substantialis" dachte er nicht an die Seele als Sitz der rationalen und voluntativen Kräfte des Menschen, sondern an ihren „besten Teil". Obendrein hat Flacius die Äußerung, die Erbsünde sei die Substanz, nur gelegentlich in der Disputation getan und sie dadurch abgeschwächt, daß er der Erbsünde keine eigene Subsistenz zuschrieb.

Der Herzog ließ die Disputation abbrechen, ohne daß es zu einem klaren Ergebnis gekommen wäre. Die Polemik beider Seiten setzte sich fort. Dabei hatte man jedoch am Hof des Herzogs den deutlichen Eindruck gewonnen, Strigel sei nicht eigentlich ein Häretiker; Flacius hingegen verlor an Einfluß. Aufgrund des starken Widerstandes gegen die Bezeichnung der Erbsünde als Substanz, aber auch wegen seines allzu selbstherrlichen Vorgehens verlor Flacius 1561 seine Professur und mußte längere Zeit bittere Not leiden; dabei war er nach wie vor auch als Wissenschaftler wohl der bedeutendste Gelehrte im ganzen protestantischen Bereich[16]. Strigel wurde 1562 zwar rehabilitiert, war aber froh, einen Ruf nach Leipzig 1563 annehmen zu können.

Mehr noch als in den anderen Auseinandersetzungen gelangten im synergistischen Streit beide Seiten zu *unmöglichen Einseitigkeiten*. Strigel war weder Pelagianer noch Semipelagianer, wollte vielmehr die Verantwortlichkeit des Menschen betonen, tat das aber in einer für reformatorische Theologie problematischen Weise. Flacius war kein Manichäer, wollte vielmehr die Lehre von der Rechtfertigung allein aus Gnaden festhalten, gefährdete dabei jedoch die volle

---

[14] „Disputatio de originali peccato et libero arbitrio inter Matth. Flacium Illy. et Victorinum Strigelium 1560", Eisleben 1563. S. dazu W. KROPATSCHEK, Das Problem der theol. Anthropologie auf dem Weimarer Gespräch zwischen M. Flacius Illyricus und V. Strigel, Diss. theol. Göttingen 1943.

[15] Näheres s. bei L. HAIKOLA, Gesetz u. Evangelium bei Flacius, 1952, 97–164, bes. 112.

[16] Hervorgehoben seien sein Clavis Scripturae Sacrae, 1567 (Bibelwörterbuch; ausführliche Hermeneutik) sowie die von ihm herausgeg. Magdeburger Centurien; dazu H. SCHEIBLE, Die Entstehung der Magdeburger Zenturien, SVRG 183, Gütersloh 1966.

Menschlichkeit des Menschen. Die harte Polemik machte beide Seiten blind für die Notwendigkeit klarer Begrifflichkeit: unter Substanz, Akzidens, Bekehrung verstand man hüben und drüben nicht das gleiche, legte sich jedoch darüber keine Rechenschaft ab[17]. Die starke Akzentuierung der Bekehrung, dazu noch weithin unter dem Aspekt der Erfahrung, schuf eine wichtige Voraussetzung für die Rolle, welche die Erfahrung im Pietismus gewinnen sollte.

§ 6 Der osiandrische Streit

Literatur: Bibliographia Osiandrica. Bibliographie der gedr. Schriften Andreas Osianders d. Ä. (1496–1552), bearb. v. G. SEEBASS, Nieuwkoop 1971; Andreas OSIANDER d. Ä., Gesamtausgabe Bd. 1ff., Gütersloh 1975ff.; C. SCHLÜSSELBURG, Catalogus Haereticorum, Bd. VI, Frankfurt 1598; W. PREGER, M. Flacius Illyricus u. seine Zeit, I, Erlangen 1859, Neudr. Hildesheim-Nieuwkoop 1964, 205–297; F. H. R. FRANK, Die Theol. der Concordienformel hist.-dogm. entwickelt u. beleuchtet, Bd. 2, Erlangen 1861, 1–147; P. TSCHACKERT, Die Entstehung der luth. u. der reform. Kirchenlehre samt ihren innerprotestantischen Gegensätzen, Göttingen 1910, 489–496; RITSCHL II, 455–484; E. HIRSCH, Die Theologie des A. Osiander u. ihre gesch. Voraussetzungen, Göttingen 1919; H. E. WEBER, Reformation, Orthodoxie u. Rationalismus, I, 1, Gütersloh 1937, Neudr. 1966, 257–321; E. ROTH, Herzog Albrecht v. Preußen als Osiandrist, ThLZ 78, 1953, 55–64, abgedr. in: Wirkungen der deutschen Reformation bis 1555, hg. v. W. HUBATSCH, Darmstadt 1967 (= Wege der Forschung 203), 286–304; DERS., Die unbekannte Urform der Konfession Albrechts v. Preußen, ZKG 66, 1954/55, 272–293; DERS., Ein Braunschweiger Theologe des 16. Jahrhunderts. Mörlin u. seine Rechtfertigungslehre, JGNKG 59, 1952, 59–81; L. HEIN, Francesco Stancaro. Sein Auftritt in Polen u. die Antastung der altkirchl. Lehrgrundlagen, Kyrios 7, 1967, 137–178; G. SEEBASS, Das reformatorische Werk des A. Osiander, Einzelarbeiten aus der KG Bayerns 44, Nürnberg 1967; W. HUBATSCH, Geschichte der evang. Kirche Ostpreußens, Bd. 1, Göttingen 1968, 79–86. 491f.; J. R. FLIGGE, Herzog Albrecht von Preußen u. der Osiandrismus 1522–1568, Diss. phil. Bonn 1972; DERS., Zur Interpretation der osiandrischen Theologie Herzog Albrechts v. Preußen, ARG 64, 1973, 245–280; M. STUPPERICH, Osiander in Preußen 1549–1552, AKG 44, Berlin-New York 1973; DERS., Das Augsburger Interim als apokalyptisches Geschehnis nach den Königsberger Schriften A. Osianders, ARG 64, 1973, 225–245.

In gewisser Weise der bedeutendste Streit bei den Auseinandersetzungen nach Luthers Tod war der osiandrische. In ihm ging es um das Zentrum der reformatorischen Theologie, nämlich um die Auffassung von der *Gerechtigkeit Gottes* und von der *Rechtfertigung des Menschen*. Nach dem Stand der heutigen Forschung[1] muß dabei festgestellt werden, daß hier noch einmal die Mannigfaltigkeit der theologischen Kräfte innerhalb der lutherischen Reformation hervortrat. Zugleich zeigte sich, daß sich eigentlich alle theologischen Richtungen in manchen Punkten von Luther unterschieden. Hervorgerufen wurde dieser Streit durch die Theologie des Andreas Osiander.

Osiander (1498–1552) war nach dem Studium in Ingolstadt seit 1522 Prediger an St. Lorenz in Nürnberg. In den folgenden Jahren entwickelte er sich zum

[17] L. HAIKOLA, Gesetz u. Evang. bei Flacius, 1952, 164, meint sogar: „Der Gegensatz in dem großen Erbsündenstreit war letztlich terminologischer Art"; cf. 130. Immerhin verdient Beachtung, daß Flacius an sich Bedenken gegen die Verwendung der Begriffe „substantia", „accidens" hatte. S. W. PREGER, Flacius, II, 199; HAIKOLA, ebd. 113f.

[1] Grundlegend sind die Untersuchungen von G. SEEBASS und M. STUPPERICH; die für die Forschung lange Zeit maßgebende Darstellung von E. HIRSCH kann heute nur noch partiell herangezogen werden. Eine umfassende Darstellung der Theologie Osianders bleibt vorerst noch Desiderat.

bedeutendsten Theologen in Nürnberg. Bei der Reformation Nürnbergs (1525) hatte er maßgebenden Einfluß. Darüber hinaus hat er von Nürnberg aus an zahlreichen wichtigen Ereignissen teilgenommen, wie etwa an dem Marburger Religionsgespräch 1529. Für den Reichstag zu Augsburg 1530 hat er eine Verteidigungsschrift verfaßt[2]. An der brandenburgisch-nürnbergischen Kirchenordnung von 1533 hat er maßgeblich mitgewirkt und den Text zusammen mit Johannes Brenz redigiert[3]. Bei den Auseinandersetzungen mit der katholischen Kirche, den „Schwärmern" sowie bei den verschiedenen theologischen Streitigkeiten in Nürnberg kam ihm große Bedeutung zu. Allerdings zeigte sich schon in der Nürnberger Zeit die besondere persönliche Schärfe, verbunden mit großer Empfindlichkeit, die Osiander eigen war. Seit 1533 hatte Osiander öfter scharfe Auseinandersetzungen mit dem Nürnberger Rat[4]. Auf dem Wormser Religionsgespräch 1541 geriet Osiander mit Melanchthon und den anderen protestantischen Unterhändlern heftig aneinander[5]. Dabei ging es noch nicht um die später strittigen theologischen Fragen.

Als der Nürnberger Rat 1548 das „Interim" annahm[6], ging Osiander nach Königsberg. Herzog Albrecht von Preußen[7], schon seit 1522 mit Osiander bekannt und von diesem für die Sache der Reformation gewonnen, berief Osiander als Pfarrer und ersten Professor der theologischen Fakultät. Für den bald beginnenden Streit muß folgendes beachtet werden. 1. Die seit 1544[8] bestehende Universität Königsberg hatte mancherlei Auseinandersetzungen, nicht zuletzt mit dem eigenwillig in die Universität hineinregierenden Herzog[9]. Die Anstellung Osianders, der keinen akademischen Grad besaß, wurde von der Universität als Affront empfunden; sie „war eine der entscheidenden Voraussetzungen für das Entstehen des Osiandrischen Streits"[10]. 2. Osiander empfand schon seit einiger Zeit Mißtrauen gegen die hervorragende Rolle Wittenbergs im Reich, ausgenommen allerdings Luther[11]; durch das Verhalten der Wittenberger im „Interim" erhielt dieses Mißtrauen neue Nahrung. 3. Osiander kam mit der Erwartung nach Königsberg, er werde dort eine ähnlich zentrale Rolle spielen wie in Nürnberg, und nutzte seine Freundschaft mit dem Herzog aus, um sich sowohl an der Universität als auch in der Kirchenleitung den maßgebenden Einfluß zu sichern.

Nach seiner Ankunft in Königsberg hielt Osiander am 5. 4. 1549 eine Disputation über Gesetz und Evangelium, die den Ansatz seiner Theologie bereits deutlich hervortreten ließ, aber noch nicht zu schwerwiegenden Auseinandersetzungen führte[12]. Zu diesen kam es vielmehr erst im Anschluß an Osianders zweite Disputation vom 24. 10. 1550 über die Rechtfertigung[13]. Hier wandte

[2] Gedr. W. Gussmann, Quellen u. Forschungen zur Gesch. des Augsb. Glaubensbekenntnisses, I, 1, Leipzig-Berlin 1911, 297–312.

[3] G. Seebass, Das ref. Werk, 1967, 228–231.

[4] Seebass, 254ff. 274.

[5] Seebass, 147–151.

[6] S.G. Pfeiffer, Die Stellungnahme der Nürnberger Theologen zur Einführung des Interims 1548, Humanitas-Christianitas, Festschrift W. v. Loewenich, Witten 1968, 111–133.

[7] W. Hubatsch, Albrecht von Brandenburg-Ansbach. Deutschordens-Hochmeister u. Herzog in Preußen, 1490–1568. Studien zur Gesch. Preußens 8, Heidelberg 1960.

[8] Als Vorstufe der Universität war 1542 eine Partikularschule gegründet worden.

[9] S. M. Stupperich, Osiander in Preußen, 1973, 13–23.

[10] Stupperich, ebd. 33.

[11] Stupperich, ebd. 103.

[12] Stupperich, ebd. 36ff.

[13] „Disputationes duae. Una de lege et evangelio..., altera de iustificatione", Königsberg 1550.

sich Osiander scharf gegen Melanchthons Auffassung von der „imputatio" der Gerechtigkeit: wir werden nach Osiander nicht allein wegen der Sündenvergebung für gerecht geachtet, sondern vor allem wegen der Gerechtigkeit Christi, die durch den Glauben in uns wohnt. Osiander unterscheidet scharf zwischen der Erlösung bzw. Sündenvergebung, wie sie durch Christi Leiden vor langer Zeit geschehen ist, einerseits und der je neu geschehenen Versöhnung bzw. Rechtfertigung andererseits. Osianders Opponenten bei der Disputation, Melchior Isinder und Martin Chemnitz (s. u. S. 140), griffen hier an. Osiander hielt ihnen gegenüber zwar an dem Begriff der „imputatio" fest, verstand darunter aber etwas ganz anderes als die Wittenberger, nämlich die Feststellung Gottes, daß Christi göttliche Natur wirklich im Menschen Wohnung genommen hat, sowie die Anerkennung des Menschen als gerechtfertigt.

In dem folgenden Streit hat Osiander seine Auffassung in einer Fülle kleinerer und einiger größerer Werke dargelegt. Unter ihnen ragen hervor „Ob der Sohn Gottes Mensch geworden, wenn die Sünde nicht in die Welt gekommen wäre, und über das Ebenbild Gottes"[14], „Von dem Einigen Mittler Jhesu Christo und Rechtfertigung des Glaubens. Bekantnus"[15] sowie die polemische Schrift „Schmeckbier"[16]. Erschwert wurde der Streit dadurch, daß Osiander sich lange nicht darüber im klaren war, wogegen sich die Kritik seiner Gegner richtete; seine Vermutung, es gehe um die Einwohnung Gottes im Menschen, traf so nicht zu[17]. Kontrovers war vielmehr die Auffassung von Gerechtigkeit und Rechtfertigung, im Hintergrund sogar die Gotteslehre als solche.

Osiander war in starkem Maße von Reuchlin sowie von Pico della Mirandola († 1494), dem italienischen Humanisten, und der „Kabbala" des mittelalterlich-chassidischen Judentums, zu denen er über Reuchlin vorgestoßen war, beeinflußt worden[18], und zwar vermutlich schon in seiner Studienzeit[19]. Darüber hinaus dürfte auch ein gewisser Einfluß Augustins[20] und der Scholastik[21] mindestens in Osianders Gottesvorstellung vorliegen.

Im Zentrum von Osianders Theologie steht letztlich weder die Auffassung von der *effektiven Rechtfertigung*[22] noch die von der Einwohnung der göttlichen Gerechtigkeit Christi in dem Gläubigen, sondern „ein bestimmtes Verständnis des Trinitätsdogmas zu Lasten des christologischen Dogmas"[23]. Ohne daß er in pantheistische Vorstellungen verfällt, versteht Osiander Gott als „ein einziges, vollkommenes, unzertrennliches Wesen", für welches der Satz gilt, daß es bei ihm kein Akzidens gibt[24]. Gottes Gottheit im Sinne der absoluten Göttlichkeit und Unteilbarkeit ist also Grund und Mitte der osiandrischen Theolo-

---

[14] „An filius Dei fuerit incarnandus, si peccatum non introivisset in mundum. Item de imagine Dei, quid sit", Königsberg 1550.

[15] Königsberg 1551. [16] Königsberg 1552. [17] STUPPERICH, aaO. 151. 159.

[18] Dies nachgewiesen zu haben, ist das bleibende Verdienst der Arbeit von E. HIRSCH, 1919, 27–40. 152–172.

[19] So mit Recht G. SEEBASS, Das ref. Werk, 1967, 80f., gegen HIRSCH, 162f., der erst für die Zeit nach 1533 von einem Einfluß Picos sprechen will.

[20] So FLIGGE mit Bezug auf den Herzog (ARG 64, 1973, 276).

[21] FLIGGE, ebd. 277, mit Bezug auf den Herzog.

[22] So E. HIRSCH, passim, der von daher Osiander „weit mehr Luthers als Reuchlins Schüler" nannte (40).

[23] M. STUPPERICH, ebd. 213. [24] STUPPERICH, ebd. 200ff. (in Deum non cadit accidens).

gie. Eine bloße Imputation in der Rechtfertigung, wie sie die Wittenberger vertreten, würde Gottes Gottheit Abbruch tun. Vielmehr muß der Mensch vergöttlicht werden, wenn er von Gott angenommen werden soll. Diese Vergöttlichung kann aber nur durch die Einwohnung von Christi göttlicher Natur geschehen, mit der zugleich die ganze Gottheit im Menschen anwesend ist. Osiander rückt also an die Stelle einer bloßen „iustitia formalis" die „iustitia essentialis". Mystische Gedanken spielen dabei keine Rolle; eher knüpft Osiander an scholastische Spekulationen an[25].

Besonders angreifbar waren manche Konsequenzen, die Osiander zog. So äußerte er[26], daß Christus auch abgesehen vom Sündenfall hätte Mensch werden müssen. Oder er konnte, nachdem er zunächst bei der Entfaltung seiner Rechtfertigungslehre Christi Leiden und Sterben vollkommen übergangen hatte[27], äußern, man könne Christi Leiden und Sterben nicht als unsere Gerechtigkeit bezeichnen, da Gott Vater, Sohn und Hl. Geist selbst die Gerechtigkeit sei[28]. Oder er sagte, gerecht mache nicht der Glaube, sondern Christi essentielle Gerechtigkeit[29]. Was die Schriftgrundlage betrifft, so stützte Osiander sich hauptsächlich auf die johanneischen Schriften. Im übrigen betonte Osiander, daß er seine Theologie schon seit dreißig Jahren in dieser Weise vorgetragen habe[30].

Nach der zweiten Disputation (s. o. S. 126f.) erfuhr Osiander lebhaften *Widerspruch*. Der Streit wurde sogar auf Kanzel und Katheder, teilweise in äußerster Schärfe, geführt. Gegen Osiander standen Philippisten und Gnesiolutheraner zusammen; Unterstützung erhielt Osiander nur vereinzelt, aber dank der Hilfe des Herzogs konnte er seine Stellung halten. J. Mörlin (s. o. S. 112), der zunächst noch um Vermittlung bemüht war[31], kritisierte, daß Osiander Christi Leiden und Sterben im Zusammenhang der Rechtfertigung nicht erwähnt. Nicht die „iustitia essentialis" sei unsere Gerechtigkeit, sondern die „iustitia formalis" (die äußerliche Gerechtigkeit)[32]. In der Tat war bei Osiander für das reformatorische „extra nos" kein Platz. Melanchthon, den Osiander ja vor allem angegriffen hatte, bemühte sich ebenfalls zunächst um einen gütlichen Ausgleich[33], veröffentlichte aber 1552 seine „Antwort auff das Buch Herrn Andreae Osiandri von der Rechtfertigung des Menschen". Hier betonte er, daß „der gantze Christus Mittler und Erlöser" ist[34]. Gewiß müsse es bei dem Menschen durch den Glauben zu einer Veränderung kommen. Wie Mörlin, so hielt auch Melanchthon an dem Gedanken der göttlichen Einwohnung fest[35]. Trotzdem sei ein „unterscheid zwischen den heiligen nach der aufferstehung und heiligen in diesem jetzigen leben": in uns sei noch große Unreinigkeit[36]. Gegen Osianders Verständnis der Gerechtigkeit stellte Melanchthon fest: „Wir nennen gerechtigkeit den Herrn Christum, dadurch wir haben vergebung der sünden und einen gnedigen Gott, und dazu in uns Göttliche gegenwertigkeit."[37] Auch Flacius nahm

---

[25] STUPPERICH, ebd. 203 Anm. 44; 201.
[26] S. o. Anm. 14.
[27] STUPPERICH, ebd. 138.
[28] STUPPERICH, ebd. 147.
[29] STUPPERICH, ebd. 111.
[30] „Beweisung, Das ich nun uber die dreißig jar, alweg einerley Lehr, Von der Gerechtigkeit des Glaubens gehalten, und gelehret hab...", Königsberg 1552.
[31] STUPPERICH, ebd. 114–136.
[32] Belege bei STUPPERICH, ebd. 145; cf. Th. MAHLMANN, Das neue Dogma der lutherischen Christologie, Gütersloh 1969, 102.
[33] Cf. CR 7,775f.
[34] StA 6,455,19f.
[35] Ebd. 455,26–29; 456,10f.
[36] Ebd. 456,18–29.
[37] Ebd. 458,25–28.

gegen Osiander Stellung; dabei zeigte er auch die Einseitigkeit auf, mit welcher Osiander bestimmte Lutherstellen für sich anführte[38].

Auch die von dem Herzog angeforderten auswärtigen *Gutachten* waren fast alle ablehnend. Lediglich das württembergische, hauptsächlich von Johannes Brenz (1499–1570) verfaßte Gutachten[39] suchte zu vermitteln: im Grunde redeten beide Seiten aneinander vorbei, so daß hier ein bloßer Wortstreit (bellum grammaticale) vorliege. Osiander schließe die Vergebung der Sünden nicht aus, die Gegenpartei wolle aber auch an der Erneuerung festhalten. Angesichts der vorhandenen Differenzen, die vielleicht Brenz nicht voll bekannt waren, konnte dieses Votum nur eine „unzulässige Verharmlosung" sein[40].

In Ostpreußen suchte *Franciscus Stancarus* (ca. 1501–1574) Osiander dadurch zu widerlegen, daß er als Gegenthese behauptete, Christus sei unsere Gerechtigkeit nicht nach seiner göttlichen, sondern nach seiner menschlichen Natur. Freilich verfehlte Stancarus damit das eigentliche Thema des Streites. Problematisch bei seiner These war nicht nur die Gefahr der Auflösung der Zweinaturenlehre, sondern vor allem die Ausschließung der göttlichen Natur Christi von dem Mittleramt[41].

Am 17. 10. 1552 starb Osiander. Doch der Streit ging weiter; der Herzog blieb seinem väterlichen Freunde über dessen Tod hinaus treu. Die ganze ostpreußische Landeskirche wurde durch die Auseinandersetzungen aufgewühlt; mit den theologischen verbanden sich politische und soziale Aspekte. Der Hofprediger Funck, ein Anhänger Osianders und im Laufe der Zeit vornehmlich politischer Ratgeber des Herzogs, wurde auf Anstiften des Adels durch ein Königsberger Sondergericht zum Tode verurteilt und 1566 enthauptet. Damit war der osiandrische Einfluß in Ostpreußen endgültig abgewehrt und der Sieg der Wittenberger Theologie gesichert. Besonders negativ wirkte sich der osiandrische Streit auf die Sache der Reformation in Polen aus[42].

§ 7 Auseinandersetzungen um die Abendmahlslehre und die Christologie

Literatur: A. W. DIECKHOFF, Die evang. Abendmahlslehre im Reformationszeitalter geschichtlich dargestellt, Bd. 1, Göttingen 1854; F. H. R. FRANK, Die Theol. der Concordienformel hist.-dogm. entwickelt u. beleuchtet, Bd. 3, Erlangen 1863, 1–396; RITSCHL IV, 1–192; W. FRIEDENSBURG, Geschichte der Universität Wittenberg, Halle 1917, 250–345; H. GOLLWITZER, Coena Domini. Die altlutherische Abendmahlslehre in ihrer Auseinandersetzung mit dem Calvinismus dargestellt an der luth. Frühorthodoxie, München 1937; E. BIZER, Studien zur Gesch. des Abendmahlsstreites im 16. Jh., Gütersloh 1940, Neudr. Darmstadt 1962, 1972; H. E. WEBER, Reformation, Orthodoxie und Rationalismus, I, 2, Gütersloh 1940, Neudr. 1966, 150–174. 197–234; J. MOLTMANN, Chri-

---

38 W. PREGER, Flacius, I, 205–297.

39 Das württembergische Gutachten vom 1. 6. 1552 ist gedruckt bei Albrecht von Preußen, „Ausschreiben an unsere alle liebe getreuen und landschaften...", Königsberg 1553. Brenz' weitere Äußerungen s. vor allem in den Anecdota Brentiana. Ungedruckte Briefe und Bedenken, hg. v. Th. PRESSEL, Tübingen 1868, bes. Nr. CLXXXIII; CLXXXIV; CXCII; CXCIII.

40 W. HUBATSCH, Gesch. d. evang. Kirche Ostpreußens, Bd. 1, 1968, 83.

41 F. H. R. FRANK, Die Theol. der Concordienformel, Bd. 2, 1861, 111 Anm. 83. Zu Stancarus s. außer der o. gen. Lit. Th. WOTSCHKE, Francesco Stancaro, Altpreußische Monatsschrift 47, 1910, 465–498. 570–613; M. STUPPERICH, ebd. 166–171.

42 M. STUPPERICH, ebd. 325–328.

stoph Pezel (1539–1604) u. der Calvinismus in Bremen, Hospitium Ecclesiae. Forschungen zur bremischen Kirchengeschichte 2, Bremen 1958; Th. MAHLMANN, Das neue Dogma der luth. Christologie. Problem u. Geschichte seiner Begründung, Gütersloh 1969; P. F. BARTON, Um Luthers Erbe. Studien u. Texte zur Spätreformation. Tilemann Heshusius (1527–1559), Witten 1972; Th. MAHLMANN, Personeinheit Jesu mit Gott, Blätter für württ. KG 70, 1970, 176–265.

Der sog. zweite Abendmahlsstreit (s. u. S. 272ff.), der zur Entfremdung zwischen Calvin und den Lutheranern führte, hat doch auch im deutschen Protestantismus schwerwiegende Auseinandersetzungen und manche zugespitzte Lehrbildung hervorgerufen. Vor allem aber war es erst der zweite Abendmahlsstreit, der für den Philippismus der 50er und 60er Jahre des 16. Jahrhunderts auch in politischer Hinsicht die Krisis brachte. Andererseits ermöglichte erst diese politische Krisis des Philippismus das Einigungswerk, das in der FC wenigstens einen beträchtlichen Teil des deutschen Luthertums zu einigen vermochte.

Verschiedene Gründe führten zu den Auseinandersetzungen um Abendmahl und Christologie. Abgesehen von dem „Consensus Tigurinus" von 1549 (s. unten S. 272ff.) und seinen Auswirkungen auf die Beziehungen zwischen deutschen und schweizerischen Protestanten, war die Entwicklung der Abendmahlslehre auch im deutschen Bereich nicht zu einem Abschluß gelangt. Die Wittenberger Konkordie von 1536 (s. o. 96f.) hatte neue Möglichkeiten der Gemeinschaft eröffnet, aber sie war nicht verbindlich geworden. Melanchthons Formulierung der Abendmahlslehre in CA variata (s. o. 101f.) hatte der Entwicklung Rechnung zu tragen gesucht, aber sie wurde zunächst nicht weiter beachtet. Melanchthons gegenüber Luther unterschiedlich akzentuierte Abendmahlslehre mußte spätestens in dem Augenblick Mißtrauen erregen, wo durch die interimistischen Streitigkeiten seine Autorität ohnehin fragwürdig wurde. Dabei hat Melanchthon sich mehr und mehr von dem „Brotkult" (ἀρτολατρεία) mancher Lutheraner distanziert, allerdings meist nur in Briefen[1]. Auch in der Christologie wich Melanchthon von Luther ab, sofern er sich gegen Luthers Ubiquitätslehre wandte und den erhöhten Leib Christi an einem bestimmten Platz des Himmels lokalisiert dachte[2].

Die christologischen Auseinandersetzungen dieser Zeit sind freilich nicht einfach aus dem Abendmahlsstreit hervorgegangen, vielmehr ist für beide der *„Geist der werdenden Orthodoxie"*[3] ebenfalls von Bedeutung gewesen. In der theologischen Arbeit konzentrierte man sich jedenfalls nicht mehr auf die entscheidenden Glaubenswahrheiten, sondern zeigte eine gewisse Vorliebe für Konsequenzen, die Luther noch im Streit mit Zwingli im ganzen vermieden hatte.

---

[1] S. z. B. CR 8,362 (Brief an Calvin vom 14. 10. 1554); CR 8,524 (Brief an Hardenberg vom 21. 7. 1555); CR 9,138 (Brief an Hardenberg vom 18. 4. 1557); CR 9,154 (Brief an Hardenberg vom 9. 5. 1557); CR 9,1030 (Brief an Hardenberg vom 12. 1. 1560).

[2] CR 7,780 (Warnung davor, die Göttlichkeit der Menschheit Christi so sehr zu betonen, daß seine wahre Leiblichkeit zerstört wird; Hinweis, daß die alte Kirche die Ubiquität des Leibes Christi nicht gelehrt habe. 1551); CR 2,824 (Warnung vor Einführung eines neuen Dogmas. 1535); CR 9,470: „Diese Reden (scil. daß Christi Leib an allen Orten sei) sind neu in der Christenheit... Denn diese propositio ist wahr: Christus est ubique communicatione idiomatum, wie er spricht: ego in eis. Item: in medio eorum sum. Dieses hat einen anderen Verstand denn diese Rede: Corpus est ubique" (1558).

[3] H. E. WEBER, Reformation..., I, 2,202.

Nicht zuletzt war aber auch die Entwicklung im politisch-kirchlichen Bereich im großen für die neuen Auseinandersetzungen wichtig. In der Zeit der sich zuspitzenden Konfessionskämpfe, nicht zuletzt in Frankreich und den Niederlanden, schien der Calvinismus größere Härte und Entschiedenheit verleihen zu können. Manche dachten, daß auf die Reformation der Lehre, wie sie Luther gebracht habe, nun eine *zweite Reformation*, nämlich des Lebens, folgen müsse[4]. Von hier aus erklären sich die in verschiedenen Territorien begegnenden Hinwendungen vom Luthertum zum Calvinismus, von denen die Kurpfalz (1559ff.; 1583ff.)[5] und Brandenburg (1613)[6] besonders bedeutend waren.

Eine Weiterentwicklung von Abendmahlslehre und Christologie findet sich zunächst bei *Johannes Brenz* (1499–1570), dem schwäbischen Reformator. Ursprünglich hatte Brenz der Abendmahlslehre Ökolampads nahegestanden[7], hatte dann aber in dem von ihm verfaßten „Syngramma Suevicum" 1525 sich gegen die tropische Auslegung der Einsetzungsworte gewendet und eine bei aller Abhängigkeit von Luther doch eigenständige Abendmahlstheologie entfaltet, für die „die Objektivität des evangelischen Worts" im Mittelpunkt stand[8]. Im „Syngramma" zeigte sich aber auch schon der Ansatz einer Ubiquitätslehre: Brenz unterscheidet zwischen einer Gegenwart Gottes, mit der Gott alle Dinge erfüllt, und einer Gegenwart durch das Wort im Glauben[9]. Brenz gibt im „Syngramma" aber auch „eine Art ontologischer Beweis für die Realpräsenz"[10].

Im Alter hat nun Brenz seine Christologie weiterentwickelt. Brenz, der seit dem Marburger Religionsgespräch zu den bewährtesten und geachtetsten Führern der Reformation gehörte, wollte eine durchschlagende *Begründung für die Realpräsenz* von Christi Leib im Abendmahl finden[11]. Nach Peucer hat Brenz[12] zum ersten Mal auf einem Religionsgespräch mit Johannes Laski 1556 in Stuttgart seine neue Ubiquitätslehre vertreten; 1557 hat er sie in Publikationen vorgetragen[13] und dann vor allem in den Schriften „De personali unione duarum naturarum" (1561) und „De maiestate Domini nostri Jesu Christi ad dextram Dei patris et de vera praesentia corporis et sanguinis eius in coena" (1562) entfaltet. Hier hat Brenz Luthers Ubiquitätslehre dahin weiter entwickelt, daß die Personeinheit der beiden Naturen in Christus die absolute Allgegenwart des

[4] S. J. MOLTMANN, Pezel, 1958, 76–105; Th. KLEIN, Der Kampf um die zweite Reformation in Kursachsen 1586–1591, Mitteldeutsche Forschungen 25, Köln-Graz 1962, 4f.; F. LAU, Die zweite Reformation in Kursachsen. Neue Forschungen zum sog. sächsischen Kryptocalvinismus, in: Verantwortung. Untersuchungen über Fragen aus Theologie u. Geschichte, Festschrift G. Noth, Berlin 1964, 137–154.

[5] W. HOLLWEG, Der Augsburger Reichstag von 1566 u. seine Bedeutung für die Entstehung der Reformierten Kirche u. ihres Bekenntnisses, Beiträge zur Gesch. u. Lehre der reform. Kirche 17, Neukirchen 1964; V. PRESS, Calvinismus u. Territorialstaat. Regierung u. Zentralbehörden der Kurpfalz 1559–1619, Kieler Historische Studien 7, Stuttgart 1970, passim.

[6] R. KOSER, Gesch. der brandenburg. Politik bis zum Westfälischen Frieden von 1648, Stuttgart-Berlin 1913; R. v. THADDEN, Die brandenburgisch-preußischen Hofprediger im 17. u. 18. Jh. Ein Beitrag zur Geschichte der absolutistischen Staatsgesellschaft in Brandenburg-Preußen, AKG 32, Berlin 1959.

[7] M. BRECHT, Die frühe Theol. des Joh. Brenz, BHTh 36, Tübingen 1966, 67f.

[8] BRECHT, ebd. 86.

[9] Joh. Brenz, Frühschriften, T. 1, 1970, 259, 1–6.

[10] So O. FRICKE, Die Christologie des Joh. Brenz im Zusammenhang mit der Lehre vom Abendmahl und der Rechtfertigung, München 1927, 44 im Anschluß an W. Köhler.

[11] Th. MAHLMANN, Das neue Dogma, 1969, 165.

[12] RITSCHL IV, 71.

[13] MAHLMANN, ebd. 135; zu Laski s. u. S. 276.

Leibes Christi einschließt. Ging Luther bei seiner Ubiquitätslehre davon aus, daß Christus, freilich nicht in räumlichem Sinne, zur Rechten des Vaters sitzt, so hat Brenz seinen Ausgangspunkt in der weiter entfalteten Lehre von der „communicatio idiomatum“[14]. Dabei meint er, daß die Rede von der Inkarnation einschließt, daß Christi menschliche Natur zur Majestät Gottes aufgefahren und insofern göttlich geworden sei. Inkarnation und Erhöhung fallen also für Brenz zusammen. Obwohl Brenz diese Auffassung nicht anderen aufoktroyieren wollte[15], erregte seine Ubiquitätslehre doch nicht nur bei Melanchthon, sondern auch bei etlichen Gnesiolutheranern Widerspruch. Tatsächlich meinte Brenz, die Realpräsenz allein aus der Christologie abgeleitet zu haben; für diesen „Beweis“ hatte er die Einsetzungsworte des Abendmahls jedoch nicht nötig.

Dem Zweck der Abgrenzung von Täufern und Schwenckfeldianern sowie der Distanzierung von dem Übergang der Pfalz zum Calvinismus diente die *Stuttgarter Synode* von 1559. Das von Brenz verfaßte Bekenntnis dieser Synode[16] hat, ohne das Wort „Ubiquität“ zu verwenden, noch einmal die Realpräsenz von Christi Leib und Blut sowie die Speisung auch der Ungläubigen oder Gottlosen bekräftigt. Dabei wird die Realpräsenz damit begründet, daß der erhöhte Christus nicht an einem bestimmten Ort des Himmels sei, sondern in die Majestät und Herrlichkeit eingegangen sei und mit seiner Gottheit wie mit seiner Menschheit alles erfülle.

Die Aussagen dieser Synode erregten nicht nur bei Melanchthon[17], sondern selbst bei *Martin Chemnitz* (s. u. S. 140) Widerspruch. Veranlaßt zunächst durch den Hardenbergschen Streit (s. u. 284), aber auch durch die Ubiquitätslehre der Württemberger, hat Chemnitz die Realpräsenz von Christi Leib und Blut im Abendmahl nicht aus der Christologie, sondern aus den Einsetzungsworten begründet[18]. Eine gewisse Weiterentwicklung der Christologie findet sich freilich auch bei ihm, sofern Chemnitz über den „Möglichkeitsgrund der Realpräsenz“ reflektiert[19]. Dabei betont Chemnitz anders als Brenz, daß die Eigentümlichkeiten der menschlichen Natur nicht akzidentiell, sondern essentiell sind und also nicht durch göttliche Attribute ersetzt werden können. Die göttliche Majestät wohnt in Christus nicht als Substanz, sondern als Energie; die menschliche Natur ist dabei das selbsttätige Organ des Logos. Für das Abendmahl ergibt sich von daher die Multivolipräsenz[20]: der Gottessohn kann mit seiner angenommenen menschlichen Natur kraft der hypostatischen Union anwesend sein, wo immer, wann immer und auf welche Weise immer er will.

Melanchthon jedoch verblieb bis zu seinem Tode 1560 bei seiner Ablehnung der Ubiquität. Als es in Heidelberg zwischen dem streng lutherischen Professor

[14] MAHLMANN, ebd. 169.

[15] S. sein Verhalten gegenüber Matthäus Alber, J. BRENZ, Anecdota Brentiana. Ungedruckte Briefe u. Bedenken, ed. Th. PRESSEL, Tübingen 1868, Nr. CCLXIX S. 470.

[16] Über die Drucke s. W. KÖHLER, Bibliographia Brentiana, Berlin 1904, Neudr. Nieuwkoop 1963, Nr. 368–370; ferner H. HERMELINK, Art. Stuttgarter Synode, RE 19,116–119.

[17] CR 9,1034. 1046.

[18] „Repetitio sanae doctrinae de vera praesentia corporis et sanguinis Domini in coena“, Leipzig 1561; „Anatome propositionum Alberti Hardenbergii de coena Domini...“, Eisleben s. a. (1561); „De duabus naturis in Christo, de hypostatica earum unione, de communicatione idiomatum et de aliis quaestionibus...“, Jena 1570.

[19] MAHLMANN, ebd. 226.

[20] Zu diesem Begriff s. MAHLMANN, ebd. 220ff. Anm. 71; cf. ebd. 25 Anm. 31.

und Generalsuperintendenten Tilemann Heßhusen (1527–1588; s. u. S. 275) und seinem den Reformierten zuneigenden Diakon Wilhelm Klebitz zu harten Auseinandersetzungen kam, gebot Kurfürst Friedrich III. beiden Schweigen; Melanchthon, der um ein Gutachten gebeten war, billigte das Vorgehen des Kurfürsten[21]. Dadurch zog er sich noch mehr als bei den früheren Streitigkeiten die Gegnerschaft der Gnesiolutheraner zu. Andererseits suchten die verschiedenen Parteien im zweiten Abendmahlsstreit (s. u. 284), Melanchthon je für sich in Anspruch zu nehmen.

Die nach dem Augsburger Religionsfrieden (1555) unternommenen Einigungsbemühungen von seiten der Fürsten brachten den Philippismus in eine schwierige Lage. Der Frankfurter Rezeß (1558; s. S. 139) hatte im ganzen Melanchthons Autorität bestätigt, in der Frage des Abendmahls aber keine klare Entscheidung getroffen. Auf dem Naumburger Fürstentag 1561 jedoch kam der Unterschied zwischen der CA „invariata" und der CA „variata" zur Sprache: einige bestätigten nur die erstere, andere daneben auch die letztere. Die norddeutschen Gnesiolutheraner polemisierten weiter gegen die Philippisten.

In Wittenberg setzte sich nach Melanchthons Tod der Philippismus ganz durch. Melanchthons Schwiegersohn, der kurfürstliche Leibarzt *Kaspar Peucer* (1525–1602), suchte den Philippismus lehrmäßig abzusichern und hatte dafür eine Zeitlang die Unterstützung des Kurfürsten. Eigentlicher Wortführer war der Theologe *Christoph Pezel* (1539–1604), seit 1567 Theologieprofessor in Wittenberg (s. u. S. 292ff.). Die als „Kryptocalvinisten" Verdächtigten waren doch eher „Kryptophilippisten"[22]. Ihre Anhänger waren „nicht selten reformhumanistische Spiritualisten, die unter dem Druck der lutherischen Orthodoxie zu diesem Kreise stießen und sich Formeln anschlossen, die zwar nicht die eigenen waren, wohl aber ein gewisses Verständnis offen ließen", also Männer, „die ihr freies Denken über Religion und Leben im Mantel des Philippismus bargen und in seinem Schutz verbreiteten"[23]. Pezel war Verfasser des lateinischen „Wittenbergischen Katechismus" (1571), der „Wittenberger Fragstücke" (1571) und der Apologie „Von der Person und Menschwerdung unseres Herrn Jesu Christi der wahren christlichen Kirchen Grundfest wider die neuen Marcioniten, Samosatener, Sabellianer, Arianer, Eutychianer und Monotheleten unter dem flacianischen Haufen" (1572)[24]. Zum Skandal kam es, als im Frühjahr 1574 anonym die „Exegesis perspicua et ferme integra controversiae de sacra coena" erschien. Wie sich bald herausstellte, war ihr Verfasser der 1573 verstorbene Arzt *Joachim Curaeus*. In diesem Werk wurde die Ubiquitätslehre als monophysitische Häresie verworfen und auch Luthers Abendmahlslehre kritisiert; der Leib Christi sei seit der Himmelfahrt an einem bestimmten Ort des Himmels. Die noch vorhandenen papistischen Reste, die Luther nicht überwunden habe, müßten beseitigt werden. Allerdings wird an der von Melanchthon stets vertretenen Wirksamkeit des „substantialiter" gegenwärtigen Christus festgehalten[25]; aber die Realpräsenz von Christi erhöhtem menschlichem Leib ist preisgegeben. Infolgedessen ist in der „Exegesis" auch die „Speisung der Un-

---

[21] StA 6,483–486.
[22] S. Ritschl IV, 55f.; J. Moltmann, Pezel, 9f. 60–75.
[23] Moltmann, ebd. 11.
[24] Moltmann, ebd. 62f.
[25] H. E. Weber, Reformation..., I, 2,226.

würdigen" aufgegeben. Schließlich fordert die „Exegesis" Toleranz auch gegenüber den Schweizern: man müsse lernen, zum Frieden zu kommen.

Der an sich streng lutherische Kurfürst August I. (1526–86, Kurfürst seit 1553), der bislang die Lehrabweichungen nicht bemerkt hatte, fühlte sich von seinen Theologen hintergangen. Peucer und andere führende „Kryptocalvinisten" wie Cracow, der Hofprediger Schütz, der Superintendent Stössel wurden inhaftiert; Pezel wurde ausgewiesen und setzte sich nun in anderen Gegenden für eine Verständigung zwischen Luthertum und Calvinismus ein[26]. In Kursachsen jedoch wurde das *Torgauer Bekenntnis vom Abendmahl* 1574 verabschiedet. Hier heißt es, daß durch die „unio sacramentalis" das Brot der Leib Christi und der Wein das Blut Christi sei; darum sei Christi Leib „wahrhaftig und wesentlich" da und werde auch den Unwürdigen gereicht.

Ein kurzes Nachspiel hat der Kryptocalvinismus noch unter Kurfürst Christian I. (1586–91) gehabt[27]; sein Kanzler *Nikolaus Krell* wurde 1591 eingekerkert und nach einem zehnjährigen Prozeß 1601 auf dem Marktplatz zu Dresden enthauptet. Die Niederlage des „Kryptocalvinismus" brachte die endgültige Krisis des Philippismus, ermöglichte aber gerade dadurch die Einigung etlicher Lutheraner in der FC.

§ 8 Der Streit über die Prädestination

Literatur: F. H. R. Frank, Die Theol. der Concordienformel hist.-dogm. entwickelt u. beleuchtet, Bd. 4, Erlangen 1865, 121–344; P. Grünberg, Art. Joh. Marbach, RE 12,245–248; J. Ficker, Art. Hieron. Zanchi, RE 21,607–611; P. Tschackert, Die Entstehung der luth. u. der reform. Kirchenlehre samt ihren innerprotestantischen Gegensätzen, Göttingen 1910, 559–564; Ritschl IV, 106–156; H. E. Weber, Reformation, Orthodoxie u. Rationalismus, I, 2, Gütersloh 1940, Neudr. 1966, 80–104; J. Moltmann, Prädestination u. Perseveranz, Beiträge zur Gesch. u. Lehre der reformierten Kirche 12, Neukirchen 1961; O. Gründler, Die Gotteslehre Girolamo Zanchis u. ihre Bedeutung für seine Lehre von der Prädestination, Beiträge zur Gesch. u. Lehre der reformierten Kirche 20, Neukirchen-Vluyn 1965.

Größere Bedeutung hat, abgesehen von manchen kleineren Auseinandersetzungen, schließlich der Streit über die Prädestination erhalten. Dieser Streit schloß sich in manchen Gegenden unmittelbar an die Auseinandersetzungen über Abendmahl und Christologie an. Auch hier stellte Melanchthons Theologie eine wesentliche Ursache dar; zugleich zeigten sich in dem Streit über die Prädestination deutlich die Unterschiede zwischen lutherischer und reformierter Theologie.

Luther hatte vor allem in „De servo arbitrio" einerseits vor der Beschäftigung mit den Geheimnissen der Gottheit gewarnt, andererseits jedoch eine schroffe Prädestinationslehre vertreten, die sich allerdings wesentlich von einem philosophischen Determinismus unterschied (s. o. 33 ff.). Später hatte Luther, oh

---

[26] S. R. Calinich, Kampf u. Untergang des Melanchthonismus in Kursachsen 1570–1574, Leipzig 1866; A. Kluckhohn, Der Sturz der Kryptocalvinisten in Sachsen 1574, HZ 18, 1867, 77–127; K. Aland, Die Theol. Fak. Wittenberg u. ihre Stellung im Gesamtzusammenhang der Leucorea während des 16. Jh.s, in: ders., Kirchengeschichtliche Entwürfe, Gütersloh 1960, 332–391.

[27] S. Th. Klein, Der Kampf um die zweite Reformation in Kursachsen 1586–1591, 1962.

in dem Kern seiner Anschauungen etwas zu ändern, die Fragen der Prädestination deutlicher von der Christologie her in Angriff genommen[1]. In einer undatierbaren Äußerung hat Luther sogar gesagt, daß jeder, der glaubt, von Gott zum Heil vorherbestimmt sei, und die Prädestination von Gottes Präscienz her verstanden[2]. Auf jeden Fall hat Luthers nicht ganz einheitliche Behandlung der Prädestinationslehre mit zu den späteren Differenzen beigetragen[3].

Melanchthon hatte in seinen „Loci communes" von 1521 einen scharfen Determinismus vertreten, gegen den er jedoch später Bedenken bekam (s. o. 80f.). So behauptete er später eine gewisse Freiheit des menschlichen Willens auch hinsichtlich der Annahme des Heils (s. o. 121f.). In der CA hatte er es absichtlich vermieden, auf die Frage der Prädestination einzugehen. Er habe lieber so reden wollen, als folge die Prädestination unserem Glauben und den Werken. Maßgebend für diese Zurückhaltung war einmal das „pädagogische" Motiv, die Gewissen nicht in Verwirrung zu bringen[4], zum anderen aber doch auch ein etwas anderer Gottesbegriff. Melanchthon lehnte eine konsequente Prädestinationslehre als stoischen Fatalismus ab, wollte es aber doch wegen Differenzen in diesem Lehrstück nicht zum Bruch mit Calvin kommen lassen[5].

Die *anderen frühen Reformatoren* waren unterschiedlicher Meinung. Bugenhagen dachte ähnlich wie Luther, äußerte sich aber behutsam und betonte stets das seelsorgerliche Moment[6]. Brenz hielt an der doppelten Prädestination fest, konnte diese aber nicht recht mit der Christologie und der Unterscheidung zwischen verborgenem und offenbarem Gott verbinden[7]. Auch in der Mitte des 16. Jahrhunderts finden sich verschiedene Auffassungen von der Prädestination: Flacius trat für die doppelte Prädestination ein; Wigand hingegen lehrte ähnlich universalistisch wie Melanchthon. Im ganzen hielt man sich im lutherischen Bereich mit Aussagen über die Verwerfung zurück.

Inzwischen hatte jedoch *Calvin* die Prädestination scharf vertreten. In der „Institutio" von 1536 wird die Prädestination im Zusammenhang der Ekklesiologie und der Sache nach von der Christologie her entfaltet[8]. Auch später ist die Prädestinationslehre bei Calvin weder der Ausgangspunkt noch das Zentrum der Theologie[9]. Allerdings hat Calvins Prädestinationslehre ihre Spitze in der Lehre von der Perseveranz, die jedoch von der Treue Gottes her verstanden ist[10]; weiteres u. S. 253ff.

---

[1] H. Bandt, Luthers Lehre vom verborgenen Gott, ThA 8, Berlin 1958, 180–203; G. Rost, Der Prädestinationsgedanke in der Theologie M. Luthers, Berlin 1966.

[2] WA 48,637,1ff. (= WA TR 5886a); WA TR 5 Nr. 5886; cf. WAB 12 Nr. 4314. S. F. H. R. Frank, Theol. d. FC, Bd. 4, 252–254.

[3] Ritschl IV, 106.

[4] CR 2,547 (Brief vom 30. 9. 1531 an Brenz. Nr. 1010): „in tota Apologia fugi illam longam et inexplicabilem disputationem de praedestinatione. Ubique sic loquor, quasi praedestinatio sequatur nostram fidem et opera. Ac facio hoc certo consilio; non enim volo conscientias perturbare illis inexplicabilibus labyrinthis." Wenn W. Elert, ML I, 114, bei Melanchthon pädagogischen Opportunismus finden will, dürfte er ihm nicht gerecht werden.

[5] Ritschl IV, 114.

[6] Ritschl IV, 108; H. H. Holfelder, Tentatio et Consolatio. Studien zu Bugenhagens ‚Interpretatio in Librum Psalmorum', AKG 45, Berlin-New York 1974.

[7] M. Brecht, Die frühe Theol. des Joh. Brenz, BHTh 36, Tübingen 1966, 169ff.

[8] Calvin, Opera Selecta, I, München 1926, Neudr. 1963, 86–89.

[9] S. W. Niesel, Die Theol. Calvins, München 1957², 161–182.

[10] J. Moltmann, Prädestination u. Perseveranz, 1961, 31–71.

Es war nicht zufällig, daß es in *Straßburg* zum Streit über die Prädestination kam. Hier begegneten sich die Einflüsse von Wittenberg und Zürich; Bucer hatte eine Vermittlerrolle gespielt, und die Wittenberger Konkordie war in Straßburg angenommen worden. Nachdem die Wirren des Interims vorüber waren, hatte der Augsburgische Religionsfrieden den Anhängern der CA Duldung gebracht und damit zugleich den Prozeß der Konfessionsbildung verstärkt.

Zu dem Konflikt über die Prädestination kam es zwischen Johannes Marbach (1521–81) und Hieronymus Zanchi (1516–90). *Marbach* hatte in Wittenberg unter Luther studiert, war dort 1543 zum Dr. theol. promoviert worden[11] und wirkte seit 1545 in Straßburg, zunächst als Pfarrer, seit 1549 als Professor ordinarius und nach dem Tode Hedios (1552) als Leiter des Straßburger Kirchenwesens. Im Verlauf seiner langen Tätigkeit gelang es ihm, die Lutheranisierung Straßburgs zu betreiben. Solange Bucer in Straßburg weilte, traten die Differenzen zu den Reformierten noch nicht offen hervor; aber nach dessen Fortgang nach Cambridge (1549) nahmen die Spannungen zu. *Zanchi*, zunächst Augustiner-Chorherr in Bergamo, allmählich für die Reformation gewonnen, floh 1551 aus Italien, hielt sich einige Zeit in Genf auf und wurde 1553 Professor für Altes Testament in Straßburg. Zanchi war ein gewissenhafter Gelehrter, der bei allem Respekt doch auch gegenüber Calvin seine Selbständigkeit wahrte. Gewisse Spannungen hatte es schon wiederholt wegen Zanchi gegeben; sie wurden jedoch beigelegt, und man legte Wert darauf, Zanchi in Straßburg zu halten.

Bei dem Streit zwischen Marbach und Zanchi, der 1561 ausbrach, ging es auch noch um das Abendmahl, vor allem jedoch um die Prädestination und hierbei insbesondere um die Perseveranz. Bereits bei Calvin hatte die schroffe Lehre von der doppelten Prädestination ihre Spitze in der Auffassung, daß bei den Erwählten der Glaube nicht ganz verlorengehen kann[12]. Calvin intendierte dabei keine falsche Sicherheit, sondern die Gewißheit des Heils inmitten der Anfechtungen[13]. Luther hat eine solche Lehre der Perseveranz nicht vertreten[14], so daß hier eine nicht unerhebliche Differenz vorlag. *Zanchi* berief sich nun zwar für seine Prädestinationslehre auch auf Luther, vor allem auf dessen Schrift „De servo arbitrio", aber auch auf Bucer[15]. In der Frage der Perseveranz folgte er jedoch Calvin: die Erwählten können den ihnen durch den Hl. Geist verliehenen Glauben nicht ganz verlieren. Allerdings läßt sich in Zanchis Gottesbegriff, anders als bei Calvin, aristotelisch-scholastisches Erbe beobachten, so daß er trotz formaler Ähnlichkeit sich doch auch von Calvin unterschied[16].

Marbach stand hinsichtlich der Prädestinationslehre als solcher Zanchi gar nicht so fern, aber er lehnte die Behauptung der Perseveranz der Erwählten ab; wenigstens dürfe diese nicht unmittelbar aus Gottes ewigem Ratschluß abgeleitet werden. Kontrovers war also nicht die Prädestinationslehre als solche, sondern die Frage, wie der Mensch Gewißheit über die eigene Prädestination und die des Nächsten gewinnen könne[17]. Freilich wurde auch hier noch unterschieden: wenn es auch eine Erwählungsgewißheit a priori, d.h. aus Gottes verbor-

---

[11] S. WA 39 II, 204–232; Lit. s. LThK 6,1372; 10,1309f. [12] Inst. (1559) 3,2,12.
[13] MOLTMANN, ebd. 50–58. [14] MOLTMANN, ebd. 59. [15] MOLTMANN, ebd. 72–74.
[16] S. O. GRÜNDLER, Die Gotteslehre Girolamo Zanchis und ihre Bedeutung für seine Lehre von der Prädestination, 1965, bes. 28–34. 56f. (habituale Gnadenvorstellung).
[17] MOLTMANN, ebd. 85.

genem Ratschluß, nach Marbach nicht gibt, so doch a posteriori, d. h. aus Gottes offenbarem Willen, wie er durch Wort und Sakrament allen angeboten wird. Zanchi hingegen wollte die Lehre von der Perseveranz keineswegs spekulativ entfalten. Er unterschied zwischen der Frage nach der eigenen Gnadenwahl und derjenigen nach der Erwählung anderer: für diese sei nur ein Urteil a posteriori möglich, für jene aber auch a priori; hierbei dachte er jedoch nicht an die Entscheidung des verborgenen Gottes, sondern an die ewige Liebe Gottes gegen uns und den Hl. Geist selbst[18].

Nachdem zahlreiche auswärtige Gutachten eingeholt waren[19], gelang es schließlich mit Hilfe auswärtiger Schiedsrichter[20], in der *Straßburger Vergleichsformel* 1563[21] einen Consensus herzustellen. Hinsichtlich der strittigen Abendmahlslehre griff man auf die Wittenberger Konkordie von 1536 (s. o. 96f.) zurück. Weiter lehrte die Formel das umfassende Vorherwissen und die ewige Prädestination Gottes vor Grundlegung der Welt. Jedoch ist dieses ewige Dekret in dem Wort des Evangeliums geoffenbart. Wer an Christus glaubt, der für die Sünden der ganzen Welt gelitten hat, erlangt die Gnade Gottes und das ewige Leben[22]. Die Gnade wird an sich allen angeboten; warum aber der Glaube von Gott nicht allen geschenkt wird, ist ein Geheimnis und nur Gott bekannt[23]. Demnach wird also das Heil nur aus Gnaden geschenkt, nicht durch den freien Willen erworben. Keiner soll aus seinen Sünden schließen, er sei ein Gefäß des Zornes, sondern soll sich vielmehr reinigen. Andererseits soll niemand sich wegen der Gnade der Erwählung einer falschen Sicherheit hingeben.

Die Straßburger Formel hat den eigentlichen Streit nicht entschieden, sondern eher umgangen. Sie tritt für eine partikulare Prädestination, zugleich aber für die Universalität des Werkes Christi und der Berufung durch Gott ein. Die Spannung zwischen diesen beiden Aussagen ist nicht ausgeglichen. Dafür ist der seelsorgerliche Aspekt in den Vordergrund gerückt. Die Straßburger Vergleichsformel war somit „lutherisch" im Sinne der Theologie des alten Melanchthon. Mit ihr hatte das Luthertum hinsichtlich der Prädestinationslehre zum ersten Mal eine Entscheidung gefällt.

Zanchi hat nach langem Zögern die Vergleichsformel unterschrieben, allerdings mit dem doppelsinnigen Zusatz, daß er diese Formel, wie oder soweit er sie als fromm erkenne, akzeptiere[24]. Bald folgte Zanchi einem Ruf als Prediger nach Chiavenna (November 1563) und ging so weiteren Auseinandersetzungen aus dem Wege. Was Straßburg betrifft, so setzte sich dort im Zusammenhang mit den Streitigkeiten um die Prädestination die CA endgültig durch. Schon durch

---

18 Belege bei MOLTMANN, ebd. 85–88.

19 S. MOLTMANN, ebd. 97–109.

20 Vor allem Jakob Andreä.

21 Text bei V. E. LÖSCHER, „Ausführliche Historia Motuum...", Bd. 2, Frankfurt-Leipzig 1708, 286ff.

22 Ed. LÖSCHER, aaO. 287: „Est autem in verbo Evangelii revelatum Dei aeternum decretum, sicut universum humanum genus per peccatum iram Dei et indignationem eius incurrit: Ita quotquot in Christum filium Dei et hominis pro peccatis totius mundi passum credunt, gratiam Dei et vitam aeternam consequantur."

23 Ed. LÖSCHER, ebd. 287: „... oblatam hanc gratiam universaliter omnibus..."; 288: „Quod autem haec gratia sive hoc donum fidei non omnibus a Deo datur, cum omnes ad se vocat, et quidem pro sua infinita bonitate serio vocet, venite ad nuptias, omnia parata sunt, arcanum est, soli Deo notum, nulla ratione humana pervestigabile mysterium tremendum et adorandum."

24 „Hanc doctrinae formam, ut piam cognosco, ita eam recipio." LÖSCHER, ebd. 290.

Bucers Fortgang und die Bestimmungen des Augsburger Religionsfriedens, wonach es Toleranz nur für Anhänger der CA gab, war die Annäherung Straßburgs an das Luthertum gefördert worden. Mit dem Prädestinationsstreit und der Vergleichsformel verlor Straßburg vollends seine Sonderstellung im deutschen Protestantismus. Die CA galt nun auch als das Straßburger Bekenntnis.

Ein Nachspiel haben die Auseinandersetzungen über die Prädestination noch in späterer Zeit gehabt[25].

Kapitel VI: Das Konkordienbuch

§ 1 Die Entstehung der Konkordienformel

Literatur: BSLK XXXII–XLIV, 738,1220–1225 (E. Wolf; Lit.); H. HEPPE, Geschichte des deutschen Protestantismus in den Jahren 1555–1581, 4 Bde., Marburg 1852–59, 1865–66² (s. bes. Beilagen); DERS., Der Text der Bergischen Concordien-Formel, verglichen mit dem Text der schwäbischen Concordie, der schwäbisch-sächsischen Concordie und des Torgischen Buches, Marburg 1857; F. H. R. FRANK, Die Theol. der Concordienformel hist.-dogm. entwickelt u. beleuchtet, 4 Bde., Erlangen 1858–65; W. PREGER, Matthias Flacius Illyricus u. seine Zeit, II, Erlangen 1861, Neudr. Hildesheim-Nieuwkoop 1964, 1–103; P. TSCHACKERT, Die Entstehung der luth. u. der reform. Kirchenlehre samt ihren innerprotestantischen Gegensätzen, Göttingen 1910, 564–572; R. STREISAND, Theologie u. Kirchenpolitik bei Jakob Andreä bis zum Jahre 1568, Diss. theol. Göttingen 1952, Teildruck: R. MÜLLER-STREISAND, Theol. u. Kirchenpolitik..., BWKG 60/61, 1960/61, 244–394; H.-W. GENSICHEN, Damnamus. Die Verwerfung von Irrlehre bei Luther und im Luthertum des 16. Jh.s, Berlin 1955; E. WOLF, Art. Konkordienformel, RGG 3,1777–1779; M. BRECHT, Art. Andreae, Jakob, TRE 2, 1978, 672–680; J. EBEL, Jacob Andreae (1528–1590) als Verfasser der Konkordienformel, ZKG 89, 1978, 78–119.

Bereits mitten während der Auseinandersetzungen im deutschen Protestantismus setzten Bemühungen ein, die Gegensätze zu überwinden. Notwendig waren solche Bemühungen einmal deswegen, weil der Augsburger Religionsfriede nur den Verwandten der Augsburgischen Konfession Toleranz gewährte, so daß die Frage, wer oder wer nicht auf dem Boden der CA stünde, zugleich zu einer Existenzfrage wurde, sodann aber auch wegen der noch immer offenen Frage der abendländischen Kircheneinheit überhaupt. Zwar gab es auch in der Mitte des 16. Jahrhunderts noch kein eigentliches konfessionelles Sonderbewußtsein; wohl aber hatten schon 1540 die Wittenberger Reformatoren äußern können, „das solche spaltung Gott wol gefall“[1]. Andererseits dauerte das Trienter Konzil noch an. Im Reich wurden noch immer Versuche unternommen, eine Verständigung zwischen Katholiken und Protestanten herbeizuführen.

Von den protestantischen Theologen allein war eine Lösung der Streitfragen nicht zu erwarten[2]. Die theologischen Einigungsbemühungen scheiterten nicht zuletzt daran, daß Flacius und seine Freunde darauf bestanden, daß die Zugeständnisse des Leipziger Interims als falsche Adiaphora verworfen werden sollten, Melanchthon und seine Anhänger hier jedoch begreiflicherweise nicht mit-

[25] S. G. ADAM, Der Streit um die Prädestination im ausgehenden 16. Jh. Eine Untersuchung zu den Entwürfen von Samuel Huber und Aegidius Hunnius, Beiträge zur Gesch. u. Lehre der reform. Kirche 30, Neukirchen-Vluyn 1970.

[1] WAB 9 Nr. 3436, 36 (Gutachten vom 18. 1. 1540).

[2] S. W. PREGER, Flacius, II, 1–62.

machen wollten (s. o. S. 108 ff.). Als Norm eines Consensus schwebten den Flacianern CA, AC und Luthers Schmalkaldische Artikel vor – letztere vor allem wegen ihrer betont antizwinglischen Abendmahlslehre.

Die Differenzen im deutschen Protestantismus wurden für jedermann sichtbar, als auf dem Wormser Religionsgespräch 1557 zwischen Katholiken und Protestanten, das auf Beschluß des Reichstages zu Regensburg (1557) stattfand, die herzoglich sächsischen Theologen, also die Flacianer, den Philippisten das Recht bestritten, sich auf die CA zu berufen. Die Katholiken sahen sich somit zwei evangelischen Parteien gegenüber; das Religionsgespräch konnte nicht stattfinden.

In den folgenden Jahren fanden Einigungsbemühungen innerhalb des Protestantismus jeweils von den beiden rivalisierenden Parteien aus statt; dabei nahmen die Fürsten die Entwicklung unter ihre Kontrolle. 1558 beschlossen die protestantischen Fürsten, durch den *Frankfurter Rezeß* den Frieden wiederherzustellen[3]. Zugrunde lag ein Gutachten Melanchthons, nach welchem „die wahre Lehre“ in den drei altkirchlichen Glaubensbekenntnissen sowie in CA und AC enthalten sei; die Abendmahlslehre war melanchthonisch. Im übrigen empfahl Melanchthon die Einführung einer Zensur. Hier zeigte sich schon, daß die andauernden Auseinandersetzungen die Tendenzen zum Staatskirchentum verstärkten. Die Gegenseite wehrte sich zwar gegen eine solche Zensur, war aber in der Wahl ihrer Mittel auch nicht vorsichtig. Die Flacianer antworteten mit dem *Weimarer Konfutationsbuch* 1559, in dem der Philippismus scharf verworfen wurde. Die literarische Fehde zwischen beiden Parteien setzte sich unvermindert fort. Der *Fürstentag zu Naumburg* 1561[4] führte auch nicht weiter, im Gegenteil, die Fronten wurden nun verworren: man bestätigte den Frankfurter Rezeß, ließ den offenkundig schon calvinistischen Kurfürsten Friedrich III. von der Pfalz an den Verhandlungen gleichberechtigt mitwirken und verstärkte so die Besorgnis vieler, daß sich der deutsche Protestantismus mehr und mehr dem Einfluß der Genfer Reformation öffne. Die protestantischen Fürsten wollten einer Stellungnahme in der Abendmahlskontroverse sichtlich ausweichen. Es zeigte sich aber auch, daß die CA, wie auch die AC, nicht ausreichte, um die Streitfragen zu lösen. Trotz der Bemühungen des Herzogs Johann Friedrich von Sachsen wurden auf dem Naumburger Fürstentag die Schmalkaldischen Artikel nicht als Lehrgrundlage angenommen.

Da auch die Fürsten mit den Schwierigkeiten nicht fertigwerden konnten, verstärkte sich die Entwicklung, die schon mit dem Frankfurter Rezeß eingesetzt hatte, zur Bildung von „Corpora Doctrinae“[5] für einzelne Landeskirchen, wie denn das Landeskirchentum im deutschen Protestantismus sich überhaupt als das eigentliche Moment der Kontinuität zu allen Zeiten erwiesen hat. Das Weimarer Konfutationsbuch war 1559 bereits im Herzogtum Sachsen als Lehrnorm angenommen. Größere Bedeutung erlangte jedoch das *„Corpus Doctrinae Christianae“*[6], das Melanchthon 1560 für Kursachsen zusammenstellte. Es enthielt in der deutschen bzw. der lateinischen Fassung die drei ökumenischen Symbole sowie nur Schriften von Melanchthon, nämlich die CA (deutscher Text

[3] CR 9,489ff.

[4] S. K. Schornbaum, Zum Tage von Naumburg 1561, ARG 8, 1911, 181–214.

[5] S. (H. Heppe u.) G. Kawerau, Art. Corpus doctrinae, RE 4,293–298.

[6] StA 6.

von 1533, lateinischer von 1542), die AC, die sog. „Confessio Saxonica“, die „Loci theologici“ von 1556, das „Examen ordinandorum“, die „Responsio ad articulos Bavaricae inquisitionis“, die „Refutatio Serveti“ sowie die „Responsio de controversia Stancari“. 1561 wurde dieses Corpus in Pommern, 1566 in Kursachsen offiziell anerkannt; für viele andere Kirchen hatte es faktisch Autorität, nämlich u. a. Hessen, Nürnberg, Schleswig-Holstein und Dänemark. Auf der anderen Seite kam es auch bei den antiphilippistischen Lutheranern zur offiziellen Anerkennung von Lehrnormen. In Württemberg wurde die *„Confessio Wirtembergica“*, die von Johannes Brenz 1551 verfaßt, von den Theologen Württembergs unterschrieben und im Januar 1552 dem Trienter Konzil übergeben worden war, in die Große Kirchenordnung von 1559 aufgenommen. Die norddeutschen Städte waren schon lange ein Hort des Gnesioluthertums. In Lübeck wurde 1560 die *„Formula Consensus de Doctrina Evangelii“* verabschiedet, welche außer CA und AC auch die Schmalkaldischen Artikel als verpflichtend ansah. Auf der Versammlung der Gesandten der niedersächsischen Städte in Lüneburg im Juli 1561 akzeptierte man die von Mörlin verfaßten *Lüneburger Artikel*, in denen u. a. ebenfalls die Schmalkaldischen Artikel, aber auch der Katechismus Luthers genannt waren. In Hamburg wurde 1560 eine Sammlung von Bekenntnissen zusammengestellt. Das *Braunschweiger* „Corpus Doctrinae“ von 1563 kann als das erste streng lutherische Bekenntniswerk gelten. In Pommern, wo zunächst Melanchthons Corpus angenommen worden war, führte man 1564 zusätzlich das *„Corpus Pomeranicum“* ein, das u. a. die Schmalkaldischen Artikel enthielt.

Diese „Corpora Doctrinae“ führten zwar zu einer gewissen Beruhigung innerhalb der Territorien, für welche sie jeweils galten; sie konnten jedoch die Gegensätze im großen nicht überwinden. Die Tatsache, daß die Pfalz sich dem reformierten Bekenntnis anschloß und daß in Kursachsen der sog. Kryptocalvinismus vorherrschte, machte vorerst einen Einigungsversuch in größerem Rahmen unmöglich. Die Bemühungen, die trotzdem einsetzten, gingen zunächst von einzelnen aus. Sie waren allerdings erst dann von Erfolg gekrönt, als die Hauptkämpen auf beiden Seiten abgetreten waren und der Kryptocalvinismus gestürzt wurde.

Das Hauptverdienst für das Zustandekommen der FC hat *Jakob Andreä* (1528–90). Seit 1561 Propst, Professor und Universitätskanzler in Tübingen, theologisch ein Schüler von Brenz, hat Andreä sich um eine Vermittlung bemüht; 1557 hat er sogar mit Beza und Farel verhandelt. Hatte er schon im Südwesten bei der Reformation einiger Gebiete mitgewirkt, so holte ihn Herzog Julius von Braunschweig-Wolfenbüttel 1568 für einige Zeit in sein Land, um bei der Reformation und der Aufstellung einer evangelischen Kirchenordnung mitzuwirken. Hier lernte Andreä Martin Chemnitz (1522–86) kennen, der seit 1567 Superintendent von Braunschweig war. Beide haben fortan zusammengewirkt; das württembergische und das niedersächsische Luthertum haben so den Hauptbeitrag für das Zustandekommen der FC geleistet.

Andreä hatte schon 1567 im Auftrag Herzogs Christoph von Württemberg ein „Bekenntnis und kurze Erklärung etlicher zwiespaltiger Artikel, nach welcher eine christliche Einigkeit in den Kirchen, der Augsburgischen Konfession zugetan, getroffen und die ärgerliche langwierige Spaltung hingelegt werden möchte" verfaßt, in dem er in fünf Artikeln die Rechtfertigung, die guten Werke, den freien Willen, die Adiaphora sowie das Abendmahl behandelte; Andreä hatte dabei nur eine sachliche Darlegung gegeben, persönliche Polemik jedoch vermieden. Aber dieser erste Konkordienversuch scheiterte. Als Andreä 1569 nach Sachsen reiste, lehnten sowohl die Jenenser als auch die Wittenberger seine Bemühungen ab.

Erst die erneuten Anstrengungen Andreäs seit 1573 führten zum Erfolg. Dabei wurde auf die Einbeziehung der Philippisten in das Konkordienwerk verzichtet. Hierbei wirkte insbesondere auch *Nikolaus Selnecker* (1530–92) mit. Zunächst Schüler Melanchthons, dann aber als Hofprediger in Dresden (seit 1558) von den Philippisten verdrängt und von 1565–68 Professor in dem gnesiolutherischen Jena, wo er jedoch als Philippist abgesetzt wurde, darauf mit Unterbrechungen als Professor in Leipzig, war Selnecker 1572/73 bei dem Aufbau und der Ordnung der Kirche in Braunschweig leitend tätig. 1573 erschien seine „Institutio Religionis Christianae", die er Herzog Ludwig von Württemberg gewidmet hatte. Dadurch angeregt, veröffentlichte Andreä 1573 „Sechs Christliche Predigten von den Spaltungen, so sich zwischen den Theologen Augsburgischer Konfession von Anno 1548 bis auf dies 1573. Jahr nach und nach erhoben, wie sich ein einfältiger Pfarrer und gemeiner christlicher Laie, so dadurch möchte verärgert sein worden, aus seinem Katechismo darein schicken soll". Um ein erneutes Mißverständnis seiner Einigungsbemühungen zu vermeiden, nahm Andreä hier entschiedener als in seinem „Bekenntnis" zu den Streitfragen Stellung und ging auch auf weitere, von ihm im „Bekenntnis" nicht erörterte Fragen ein, wie insbesondere auf die Lehre von der Person Christi oder auf den dritten Brauch des Gesetzes. Er widmete die Schrift Herzog Julius von Braunschweig-Wolfenbüttel.

Die Lehrpredigten Andreäs fanden im ganzen eine gute Aufnahme. Allerdings war die Form von Predigten nicht geeignet, die Streitfragen zu entscheiden; darauf wies Chemnitz Andreä hin. So arbeitete Andreä die Predigten zu der *Schwäbischen Konkordie* (SC) um (fertiggestellt im November 1573). Die SC handelte „von der Erbsünde, vom freien Willen, von der Gerechtigkeit des Glaubens, von guten Werken, von Notwendigkeit und Freiwilligkeit der guten Werke, vom Gesetz und Evangelio, vom dritten Brauch des Gesetzes Gottes, von Kirchengebräuchen, so man Adiaphora oder Mitteldinge nennt, vom hl. Abendmahl, von der Person Christi, von der ewigen Vorsehung und Wahl Gottes, von andern Rotten und Sekten, so sich niemals zur augsburgischen Konfession bekennet". Der Aufbau und der Inhalt ähneln schon in vielem der späteren FC.

Die SC wurde von den Theologen in Tübingen und dem Konsistorium in Stuttgart unterschrieben und dann von Andreä am 22. 3. 1574 Herzog Julius zugeschickt, in der Hoffnung, daß andere Kirchen die SC akzeptieren würden. Nach Einholung verschiedener Gutachten, vorwiegend aus dem niedersächsischen Raum, wurde vor allem durch Chemnitz die *Schwäbisch-Sächsische Konkordie* (SSC) ausgearbeitet und am 5. 9. 1575 an Andreä zurückgeschickt. In SSC waren insbesondere die Artikel über den freien Willen und über das Abendmahl umgearbeitet worden; aber auch bei der Lehre von der „Communicatio idiomatum" hatte man auf Bedenken der Pfarrerschaft in Hamburg und Lüneburg Rücksicht nehmen müssen. Andreä war mit der SSC einverstanden.

Der Sturz des kryptocalvinistischen Philippismus in Kursachsen (s. o. 133f.) eröffnete dem Konkordienwerk neue Aussichten, vor allem in Kursachsen. Der sich als streng lutherisch verstehende sächsische Kurfürst August nahm mit dem brandenburgischen Kurfürsten Johann Georg 1575 Verbindung mit dem Ziel einer umfassenden Lehreinigung auf der Grundlage der CA auf; man wollte auch an andere Fürsten und Städte herantreten. Etwas früher hatten sich in Süddeutschland Graf Georg Ernst von Henneberg, Herzog Ludwig von Württemberg und Markgraf Karl von Baden zusammengetan. Auf ihre Anregung arbeiteten der württembergische Hofprediger Lukas Osiander und der Stuttgarter Propst Balthasar Bidembach, zusammen mit einigen anderen Theologen, die sog. *Maulbronner Formel* (FM) aus (Januar 1576). Zwischen den verschiedenen Konkordienbemühungen kam es nun zu einer Gemeinsamkeit. Damit entschied sich, daß nicht eines der vorhandenen „Corpora Doctrinae", wenn auch gegebenenfalls in veränderter Form, sondern eine neue Konkordienschrift die Lehreinheit dokumentieren würde.

Nach Einholung etlicher weiterer Gutachten fand 1576 in Torgau ein Konvent von Theologen statt, an dem außer Andreä, Chemnitz und Selnecker u.a. auch Andreas Musculus (s. o. S. 118ff.), der brandenburgischen Generalsuperintendent, teilnahm. Hier wurde die FM in die SSC eingearbeitet, so daß nunmehr das „*Torgische Buch*" (TB; Juni 1576) entstand; neu war der Abschnitt über die Höllenfahrt. Der Aufbau von TB ist bereits derjenige der FC. Dies TB wurde versandt; wieder holte man Gutachten ein. Schließlich formte man auf einer Tagung in Kloster Bergen bei Magdeburg im Mai 1577 das TB zum *Bergischen Buch* um, das bereits mit der „Solida Declaratio" (SD) der FC identisch ist. Neben SD billigte man die „Epitome" (Epit.), d.h. einen Auszug oder eine knappe Zusammenfassung, die Andreä schon auf dem Konvent zu Torgau hergestellt hatte.

Ursprünglich hatte man den Plan gehabt, die FC auf einer lutherischen Generalsynode im Oktober 1577 annehmen zu lassen. Wegen der möglichen Gefahren, die dabei auftreten könnten, gab man diesen Plan jedoch auf. Statt dessen leiteten die Kurfürsten von Sachsen und Brandenburg eine Werbeaktion ein, um möglichst viele Unterschriften zu gewinnen. Man begann bei denjenigen, deren Zustimmung sicher war. Allerdings fehlte es auch nicht an Widerspruch. U.a. lehnten Hessen, Anhalt, die Kurpfalz, Pommern, Bremen, Nürnberg, Holstein ab; in Dänemark wurde die Veröffentlichung der FC durch Verordnung von König Friedrich II. bei Todesstrafe verboten.

In den einzelnen Territorien wurden, häufig unter Druck, Pfarrer und Universitätslehrer zur Unterschrift unter die FC veranlaßt. In Wittenberg etwa erhielten Ende Januar 1581 alle besoldeten Professoren die Aufforderung, die FC – es handelte sich hier schon um das Konkordienbuch – zu unterschreiben. Die Mehrzahl fügte sich, obwohl die Opposition an sich nicht gering war. Diejenigen, welche die Unterschrift verweigerten – es waren zwei Mediziner, zwei Juristen und ein Mathematiker[7] –, wurden entlassen.

Gravierender war der *Widerstand*, den Königin Elisabeth I. von England ge-

[7] W. Friedensburg, Geschichte der Universität Wittenberg, Halle 1917, 316; cf. K. Aland, Die Theol. Fak. Wittenberg u. ihre Stellung im Gesamtzusammenhang der Leucorea während des 16. Jh.s, in: ders., Kirchengeschichtliche Entwürfe, Gütersloh 1960, bes. 375–380.

gen das Konkordienwerk der deutschen Lutheraner leistete. Elisabeth I. befürchtete, zumal angesichts der harten Konfessionskämpfe in Westeuropa, eine Schwächung des Gesamtprotestantismus; es würde durch die deutschen Lutheraner einseitig eine Trennung von den anderen protestantischen Kirchen vollzogen. Schon zu dem Naumburger Fürstentag 1561 hatte sie einen Gesandten geschickt, um die Evangelischen zu einem engeren Zusammenschluß aufzufordern. Die bevorstehende Verabschiedung der FC suchte sie durch einen Gesandten sowie brieflich[8] zu verhindern.

Folgenreich war die FC aber schließlich, und zwar auch schon vor ihrer Fertigstellung, für die deutschen Calvinisten. Insbesondere der pfälzische Kurfürst mußte fürchten, daß ihm die Toleranz des Augsburger Religionsfriedens entzogen werden könnte. Der Kampf gegen die in Arbeit befindliche FC war für die Anhänger Calvins „ein Daseinskampf im wahrsten Sinne des Wortes"[9]. Gegen die Verabschiedung der FC suchte der reformierte Pfalzgraf Johann Casimir[10] eine Vereinigung aller Reformierten auf einem Konvent zu Frankfurt 1577 herbeizuführen. Zwar kam es in Frankfurt nicht zur Annahme eines gemeinsamen reformierten Bekenntnisses, aber es zeigte sich doch die enge Verbindung der deutschen und der ausländischen Reformierten.

Obwohl Kurfürst Ludwig von der Pfalz, aber auch Herzog Julius noch auf Änderungen drängten – besonders strittig waren Abendmahlslehre und Christologie, aber auch die Frage, ob nur die CA von 1530 anerkannt werden sollte –, konnte man sich dazu nicht mehr verstehen, zumal der Text der FC inzwischen schon von etlichen Ständen unterzeichnet worden war. Lediglich durch die Fassung der Vorrede, die von Andreä entworfen war, sollte den Bedenken Rechnung getragen werden. In der Tat konnte man auf diese Weise die Unterschrift Ludwigs von der Pfalz bekommen. Nach weiteren Verhandlungen wurde als Appendix zur FC der „Catalogus Testimoniorum" zur Christologie angenommen (1580).

§ 2 Die Formula Concordiae

Literatur: Ausg. BSLK 1976⁷. Zur Theologie: E. SCHLINK, Theologie der luth. Bekenntnisschriften, München 1948³; F. BRUNSTÄD, Theol. d. luth. Bekenntnisschriften, Gütersloh 1951; E. SCHOTT, Die zeitl. u. die ewige Gerechtigkeit. Eine kontroverstheol. Untersuchung zum Konkordienbuch, Berlin 1955; F. H. R. FRANK, Die Theol. der Concordienformel hist.-dogm. entwickelt u. beleuchtet, 4 Bde., Erlangen 1858–65; P. TSCHACKERT, Die Entstehung der luth. u. der reform. Kirchenlehre samt ihren innerprotestantischen Gegensätzen, Göttingen 1910; RITSCHL I–IV; SEEBERG, DG IV, 2,530–550; H. E. WEBER, Reformation, Orthodoxie u. Rationalismus, I, 1, Gütersloh 1937; I, 2, ebd. 1940; II, ebd. 1951, Neudr. 1966; K. F. NÖSGEN, Die Lehre der lutherischen Symbole von der Hl. Schrift, NKZ 6, 1895, 887–921; F. H. R. FRANK, Rechtfertigung u. Wiedergeburt, NKZ 3, 1892, 846–879; F. LOOFS, Die Rechtfertigung nach den lutherischen Gedanken in den Bekenntnisschriften des Konkordienbuches, ThStKr 94, 1922, 307–382; H.-W. GENSICHEN, Damnamus. Die Verwerfung von Irrlehre bei Luther u. im Luthertum des 16. Jh.s, Berlin 1955; E. VOGELSANG, Luthers Torgauer Predigt von Jesu Christo vom Jahre 1532, LuJ 13, 1931, 114–130; DERS., Weltbild u. Kreuzestheologie in den Höllenfahrtsstreitigkeiten der Reformationszeit, ARG 38, 1941, 90–132; G. HOFFMANN, Luther u. Melanchthon. Melanchthons Stellung in der Theol. des Luthertums,

[8] K. THEMEL, Dokumente von der Entstehung der Konkordienformel, ARG 64, 1973, 287–313.

[9] H. LEUBE, Kalvinismus u. Luthertum im Zeitalter der Orthodoxie, I, Leipzig 1928, Neudr. Aalen 1966, 22.

[10] Zu der Entwicklung in der Pfalz s. V. PRESS, Calvinismus u. Territorialstaat. Regierung u. Zentralbehörden der Kurpfalz 1559–1619, Kieler Historische Studien 7, Stuttgart 1970 (zur FC 287ff.).

ZSTh 15, 1938, 81–135; L. C. GREEN, The Influence of Erasmus upon Melanchthon, Luther and the Formula of Concord in the Doctrine of Justification, ChH 43, 1974, 183–200; W. v. LOEWENICH, Luthers Erbe in der Konkordienformel, Luther. Zschr. der Lutherges. 48, 1977, 53–75; W. LOHFF-L. W. SPITZ (Hg.), Widerspruch, Dialog und Einigung. Studien zur Konkordienformel der Lutherischen Reformation, Stuttgart 1977; B. LOHSE, Lehrentscheidungen ohne Lehramt – Die Konkordienformel als Modell theologischer Konfliktbewältigung, KuD 26, 1980; J. EBEL, Wort u. Geist bei den Verfassern der Konkordienformel, in: BevTh 89, München 1981; I. MAGER, Jacob Andreaes lat. Unionsartikel von 1568, in: ZKG 98, 1987, 70–86; H. CHR. BRANDY, Jacob Andreaes Fünf Artikel von 1568/69, in: ZKG 98, 1987, 338–351; I. MAGER, Die Konkordienformel im Fürstentum Braunschweig-Wolfenbüttel. Entstehungsbeitrag – Rezeption – Geltung, Göttingen 1993.

„Epitome" (= Epit) wie „Solida Declaratio" (= SD) sind im *Aufbau* gleich. Zunächst handeln sie „Von dem summarischen Begriff, (SD: Grund,) Regel und Richtschnur", dann in lockerem systematischen Aufbau 1. von der Erbsünde, 2. vom freien Willen, 3. von der Gerechtigkeit des Glaubens vor Gott, 4. von guten Werken, 5. vom Gesetz und Evangelio, 6. vom dritten Brauch des Gesetzes, 7. vom hl. Abendmahl (Epit.: Christi), 8. von der Person Christi, 9. von der Höllenfahrt Christi, 10. von Kirchengebräuchen, 11. von der ewigen Vorsehung und Wahl Gottes und 12. von andern Rotten und Sekten. Die Epit. geht dabei im ganzen so vor, daß sie zunächst den Status controversiae schildert, dann die Affirmativa, also die positive Lehre, entfaltet und schließlich in den Negativa die Gegenlehre verdammt – in der Regel ohne Namensnennung. Die SD hingegen bietet jeweils größere Abhandlungen, in welche die Affirmativa und Negativa eingebettet sind.

In den einleitenden Ausführungen kommen *Intention* und Selbstverständnis der FC deutlich zum Ausdruck. „*Weil zu gründlicher beständiger Einigkeit in der Kirchen vor allen Dingen vonnöten ist, daß man ein summarischen, einhelligen Begriff und Form habe, darin die allgemeine summarische Lehre, darzu die Kirchen, so der wahrhaftigen christlichen Religion sind, sich bekennen, ... so haben wir uns gegeneinander mit Herzen und Munde erkläret, daß wir kein sunderliche oder neue Bekenntnis unsers Glaubens machen oder annehmen wollen, sondern uns zu den öffentlichen, allgemeinen Schriften bekennen, so für solche Symbola oder gemeine Bekenntnussen, in allen Kirchen der Augsburgischen Konfession je und allwege, eh denn die Zweispalt unter denen, so sich zur Augsburgischen Konfession bekannt, entstanden.*"[1] In diesem Sinne bekennt man sich zum AT und NT, zu den ökumenischen Symbolen, zur CA „invariata"[2], zur AC, zu den Schmalkaldischen Artikeln sowie zu den beiden Katechismen Luthers. Die FC unterstellt sich also der Autorität der früheren Bekenntnisschriften: „*Wie wir Gottes Wort als die ewige Wahrheit zum Grund legen, also auch diese Schriften (scil. die genannten früheren Bekenntnisschriften) zum Zeugnus der Wahrheit, und für den einhelligen rechten Vorstand (= Verstand) unserer Vorfahren, so bei der reinen Lehr standhaftig gehalten, einführen und anziehen.*"[3] Angesichts der zahlreichen Streitigkeiten, die unter etlichen Theologen der CA entstanden sind, ist es die Absicht der Väter der FC, „bei der einmal übergebnen Augsburgischen Confession und in einhelligem, christlichen Vorstande derselben ... uns finden zu lassen und darbei durch Gottes Gnade standhaftig und beständig wider alle eingefallene Vorfälschungen zu vorharren"[4].

[1] BSLK 833,9–834,9. [2] Ebd. 835,5ff. [3] Ebd. 838,43–839,4. [4] Ebd. 842,20–26.

In der zeitlich etwas späteren *Vorrede* sind die Akzente womöglich noch schärfer gesetzt. Hier wird mehrfach hervorgehoben, daß man von der CA nicht im geringsten abweichen wolle[5], daß die Konkordie weiter nichts als eine „Wiederholung unsers christlichen Glaubens und Bekanntnus" sein solle[6], daß man also „durch dieses Concordienwerk nichts neues ... machen noch von der einmal von unsern gottseligen Vorfahren und uns erkannten und bekannten göttlichen Wahrheit, wie die in prophetischer und apostolischer Schrift gegründet und in den dreien Symbolis, auch der Augsburgischen Confession, Anno etc. 30 ... begriffen ist, gar nicht, weder in rebus noch in phrasibus" abweichen wolle[7]. Auf der anderen Seite grenzt sich die Vorrede scharf ab von allen denjenigen, die die CA „variata" von 1540 dazu benutzen, eine unlutherische Abendmahlslehre zu vertreten. Interessant ist jedoch, daß die Väter der FC die CA „variata" als solche nicht kritisieren, vielmehr betonen, daß sie selbst die Variata stets im Sinne der „Invariata" verstanden hätten. Auch wolle man andere nützliche Schriften Melanchthons, Brenz', Urbanus Rhegius' oder Bugenhagens, soweit sie mit dieser Norm, welche in dem Konkordienbuch ausgedrückt ist, in allem übereinstimmen, nicht verdammt wissen[8]. Gegenüber Luther hat man eine solche Äußerung nicht gewagt! Bei alledem ist es kein Wunder, daß nicht nur Visitationen, sondern auch eine Druckzensur „und andere heilsame Mittel" eingesetzt werden sollen, um die Geltung des Konkordienwerkes zu erhalten[9]. Das Wichtige ist dabei, daß die weltliche Obrigkeit das Recht wie auch die Pflicht zur Leitung der Kirche und zur Abwehr von Irrlehre hat. Die Fürsten und Stände haben sich ihres *„von Gott befohlenen und tragenden Ampts erinnert und nicht unterlassen..., unsern Fleiß dahin anzuwenden, damit in unsern Landen und Gebieten denselben darin eingeführten und je länger je mehr einschleichenden falschen vorführischen Lehren gesteuret und unsere Untertanen auf rechter Bahn der einmal erkannten und bekannten göttlichen Wahrheit erhalten und nicht davon abgeführet werden möchten"*[10]. Es handelt sich also nicht mehr um einen „Liebesdienst", den die Obrigkeit der Kirche, da die kirchlichen Leitungsorgane versagen, erweist, auch nicht mehr nur um eine Aufgabe der Fürsten als „hervorragender Glieder der Kirche" (praecipua membra ecclesiae); vielmehr gehört für die Unterzeichner der FC die Sorge um das Seelenheil der Untertanen zu den obrigkeitlichen Aufgaben. Dabei sieht man es als selbstverständlich gegeben an, daß die Obrigkeit nur im Sinne der Schrift und der ursprünglichen Reformation handelt.

Im ersten Artikel über die *Erbsünde* sucht die FC die Mitte zwischen den Extremen in dem Streit um Flacius (s. o. S. 123f.) zu wahren. Die Epit. formuliert scharf die Frage: „Ob die Erbsünde sei eigentlich und ohne allen Unterschied des Menschen verderbte Natur, Substanz und Wesen, oder ja das fürnehmenste und beste Teil seines Wesens, als die vornünftige Seele selbst in ihren höchsten Grad und Kräften? Oder ob zwischen des Menschen Substanz, Natur, Wesen, Leib,

---

[5] Ebd. 749,34. [6] Ebd. 750,5–7. [7] Ebd. 760,37–761,14.

[8] Ebd. 751,37–752,27. Der letzte Satz lautet im lat. Text: „Nec etiam alia scripta utilia D. Philippi Melanchthonis neque Brentii, Urbani Regii, Pomerani et similium repudianda ac damnanda esse iudicamus, quatenus cum ea norma, quae Concordiae Libro expressa est, per omnia consentiunt."

[9] Ebd. 761,36ff. [10] Ebd. 743,39–49.

Seele auch nach dem Fall und der Erbsünde ein Unterschied sei also, daß ein anders die Natur und ein anders die Erbsünde sei, welche in der vorderbten Natur steckt und die Natur vorderbet?"[11] Die FC antwortet auf diese Frage, indem sie von dem Schöpfungsglauben ausgeht und deutlich zwischen der Natur des Menschen und der Erbsünde unterscheidet[12]. Auch nach dem Sündenfall ist die Natur als solche Gottes Schöpfung und darum gut. Der Versuch, nicht zwischen Natur und Sünde zu unterscheiden, verstoße gegen „die Hauptartikel unsers christlichen Glaubens von der Erschaffung, Erlösung, Heiligung und Auferstehung unsers Fleischs"[13], weil einmal sonst die Natur zum Teufelswerk degradiert würde und weil sodann geleugnet würde, daß Christus unser Fleisch angenommen hat, und weil schließlich das Ziel der Erlösung, nämlich die neue Schöpfung, sonst in Frage gestellt würde. Zudem würde sonst die „creatio continua", d.h. das fortgehende Schöpfungswerk Gottes, geleugnet[14].

Auf der anderen Seite betont die FC die Radikalität der Erbsünde: es gibt nichts Gesundes oder Unverderbtes an Leib und Seele des Menschen sowie seinen innerlichen und äußerlichen Kräften[15]. Auch wird klar zwischen der Erbsünde und den Tatsünden unterschieden. Die Erbsünde haftet der „Substanz" des Menschen an, ohne mit ihr identisch zu sein[16]. Die SD vergleicht die Erbsünde mit einem geistlichen Aussatz[17]. Dabei greift die FC Luthers Äußerung in den Schmalkaldischen Artikeln auf, daß die Erbsünde nicht von der Vernunft, sondern nur aus der Offenbarung der Schrift gelernt und geglaubt werden kann[18]. Auch Luthers Aussagen über die Erbsünde als Natursünde, Personsünde und wesentliche Sünde werden aufgenommen[19]. Freilich war es Luther, wenn er die Erbsünde als Personsünde bezeichnete, nicht darum gegangen, zwischen Natur und Sünde zu unterscheiden, sondern vielmehr die Totalität der Sünde zum Ausdruck zu bringen. Auch in anderer Hinsicht hat die FC fast unmerklich die Akzente anders gesetzt. Der zuweilen auch bei Luther begegnende Gedanke, daß die Erbsünde durch die Zeugung fortgepflanzt wird, hat in der FC größeres Gewicht: „Nach dem Fall wird die menschliche Natur nicht erstlich rein und gut geschaffen und darnach allererst durch die Erbsünde verderbet, sondern im ersten Augenblick unser Empfängnus ist der Same, daraus der Mensch formieret wird, sündig und verderbt."[20]

Was die Begriffe „substantia" und „accidens" in der Erbsündenlehre betrifft, so warnt die FC davor, diese Termini vor dem gemeinen Volk und in Predigten zu verwenden, weil sie unverständlich oder mißverständlich sein könnten. Unter Gelehrten könnten diese Termini, recht verstanden, jedoch weiterhin gebraucht werden, da man auf diese Weise den Unterschied zwischen Gottes und des Teufels Werk zum Ausdruck bringen könne. Die FC beruft sich darauf, daß Luther selbst gelegentlich diese Begriffe verwendet hat[21], übersieht dabei jedoch, daß der Kontext bei Luther ein anderer war[22].

---

[11] Ebd. 770,6–18. [12] Ebd. 770,26ff. [13] Ebd. 771,6–10.

[14] Ebd. 847,29–36. [15] Ebd. 772,10–16.

[16] Ebd. 774,35–38: „Peccatum enim originis non est quoddam delictum, quod actu perpetratur, sed intime inhaeret infixum ipsi naturae, substantiae et essentiae hominis."

[17] Ebd. 847,4f. [18] Ebd. 847,37–41. [19] Ebd. 774,24–26.

[20] Ebd. 853,8–14. [21] Ebd. 865,20–866,11.

[22] Ebd. 861,5ff.; cf. die ebd. Anm. 1 genannten Stellen bei Luther.

Mit ihrer Erbsündenlehre hat die FC in dem Streit zwischen Flacius und Strigel (s. o. S. 123f.) vorsichtig eine mittlere Position bezogen. Die in FC 1 verworfenen Anschauungen sind freilich im Grunde von niemandem vertreten worden: sowohl Flacius als auch Strigel hatten sich im ganzen differenzierter ausgesprochen, als es aus der FC ersichtlich ist[23].

Die Frage der *Willensfreiheit*, die ebenfalls zwischen Flacius und Strigel kontrovers gewesen war, wird in FC 2 erörtert. Die FC unterscheidet vier verschiedene „status" des Menschen und dementsprechend auch vier unterschiedliche Fragen bei dem Problem der Willensfreiheit, nämlich vor dem Fall, nach dem Fall, nach der Wiedergeburt sowie nach der Auferstehung des Fleisches[24]. Der Streit betreffe nicht die Frage, was der Mensch in äußeren Dingen des zeitlichen Lebens vermöge oder was er in geistlichen Sachen nach der Wiedergeburt sowie unter der Leitung des Hl. Geistes tun könne. „Sunder die Häuptfrage ist einig und allein, was des unwiedergebornen Menschen Verstand und Wille in seiner Bekehrung und Wiedergeburt aus eignen und nach dem Fall übergebliebnen Kräften vermöge, wann das Wort Gottes gepredigt und uns die Gnade Gottes angeboten wird, ob er sich zu sollicher Gnad bereiten, dieselbige annehmen und das Jawort darzu sagen könnte?"[25] Genau genommen, geht es um des Menschen Verstand und Willen[26]. Das Problem ist damit äußerst eingegrenzt. Kritisch ist zu fragen, ob sich derart abstrakt über den unwiedergeborenen sowie über den wiedergeborenen Menschen reden läßt, wobei noch hinzuzunehmen wäre, ob der Mensch, dem die Gnade angeboten wird, noch derselbe ist, der er vorher war; zudem hat die FC den Begriff der Bekehrung nicht näher definiert[27].

Die Antwort der FC auf die von ihr formulierte Frage lautet, *„daß des Menschen Vorstand und Vornunft, in geistlichen Sachen blind, nichts vorstehe aus seinen eigenen Kräften... Desgleichen gläuben, lehren und bekennen wir, daß des Menschen unwiedergeborner Wille nicht allein von Gott abgewendet, sondern auch ein Feind Gottes worden, daß er nur Lust und Willen hat zum Bösen und was Gott zuwider ist... Ja, sowenig ein toter Leib sich selbest lebendigmachen kann zum leiblichen irdischen Leben, sowenig mag der Mensch, so durch die Sünde geistlich tot ist, sich selbest zum geistlichen Leben aufrichten"*[28]. Vielmehr wird die Bekehrung ausschließlich von Gott gewirkt, allerdings nicht ohne Mittel, nämlich durch die Predigt und das Hören auf das Wort Gottes[29].

Noch das Torgische Buch (s. o. S. 142) hatte eher im Sinne Melanchthons gesagt: „Also kommen in diesem innerlichen neuen Gehorsam in dem Bekehrten zu wirken drei Ursachen zusammen. Die erste und fürnehmbste ist Gott Vater, Sohn und Heiliger Geist, welcher durch sein Wort in uns kräftig und tätig ist, ohne den wir nichts tun können. Die ander ist Gottes Wort... Die dritte ist des Menschen Verstand, so durch den Heiligen Geist erleuchtet, welcher Gottes Befehl betrachtet und vorstehet, und unser neuer und wiedergeborner Wille, der vom Heiligen Geist regieret wird und nun herzlich gern und willig, wiewohl in

---

[23] S. F. H. R. Frank, Theol. d. Concordienformel, I, 1858, 60. 64.
[24] BSLK 776,12–16.
[25] Ebd. 871,11–20.
[26] Cf. ebd. 776,33ff.
[27] Cf. E. Schott, Die zeitl. u. die ewige Gerechtigkeit, 1955, 33f.
[28] BSLK 776,34–777,21.
[29] Ebd. 777,31–36.

großer Schwachheit begehrt Gottes Wort und Willen untertänig und gehorsam zu sein."[30]

Die FC hat diesen Gedanken der „drei Ursachen" nicht übernommen, sondern den Menschen aufgefordert, zu Gott zu beten, damit so der Glaube bewahrt werde[31]. Im übrigen räumt die FC ein, daß der Mensch auch nach dem Fall in seiner Vernunft „noch wohl ein tunkel Fünklein des Erkenntnus, daß ein Gott sei" hat[32]. Aber damit ist eben noch nicht gesagt, daß dieser Rest an Gotteserkenntnis auch geistliche Kräfte einschließt. Vielmehr kann nach der FC der Mensch zu seiner eigenen Bekehrung nichts beitragen. Daß der Mensch mit seinen geringen Kräften versucht, sich dem Wort zu öffnen, wird nicht als Werk verstanden. Immerhin spricht die FC hier noch von einer Mitwirkung: Sobald „der Heilige Geist ... durchs Wort und heilige Sakrament solch sein Werk der Wiedergeburt und Erneuerung in uns angefangen hat, so ist es gewiß, daß wir durch die Kraft des Heiligen Geists mitwirken können und sollen, wiewohl noch in großer Schwachheit"[33]. Die FC betont dies, damit der Bekehrungsakt nicht als erzwungen erscheint.

Von daher lehnt die FC die Behauptung des Flacius ab, der Mensch verhalte sich gegenüber dem Wort Gottes wie ein Stein oder ein Block. Verworfen werden der stoische Determinismus, der Pelagianismus, aber auch die „Enthusiasten", für die Gott ohne äußere Mittel Menschen selig macht[34].

In ihrem *3. Artikel* hat die FC zu den Fragen aus dem osiandrischen Streit (s. o. S. 125 ff.) Stellung genommen. Sowohl gegen Osiander als auch gegen Stancarus lehrt sie, „daß Christus unser Gerechtigkeit weder nach der göttlichen Natur alleine, noch auch nach der menschlichen Natur alleine, sondern der ganze Christus nach beiden Naturen, allein in seinem Gehorsamb, sei, den er als Gott und Mensch dem Vater bis in Tod geleistet und uns damit Vorgebung der Sünden und das ewige Leben vordienet hab"[35]. Damit wird der Gefahr einer Auseinanderreißung der beiden Naturen gewehrt.

Allerdings haben die Väter der FC doch nicht die *Rechtfertigung* in dem umfassenden Sinne verstanden, wie er bei Luther und auch noch in CA und AC begegnete. Die Rechtfertigung wird vielmehr im wesentlichen nur forensisch, nicht jedoch auch effektiv angesehen. Dies zeigt sich besonders daran, daß die Rechtfertigung in der FC sorgfältig von anderen Begriffen abgehoben wird, nämlich von der Bekehrung, von der Wiedergeburt und von der Lebendigmachung. Es muß darauf geachtet werden, *„wenn der Artikel der Rechtfertigung rein bleiben soll, daß nicht dasjenige, was für dem Glauben hergehet und was demselbigen nachfolget, zugleich mit in den Artikel der Rechtfertigung, als darzu nötig und gehörig, eingemenget oder eingeschoben werde, weil nicht eins oder gleich ist von der Bekehrung und von der Rechtfertigung zu reden"*[36]. Die Folge von Bekehrung und Rechtfertigung kann wohl nicht nur sachlich, sondern muß auch zeitlich verstanden werden[37]. Die Wiedergeburt meint sodann zwar gelegentlich das gleiche wie die Rechtfertigung, aber meist doch die „Verneuerung, so der

---

[30] Ebd. 900; zu Melanchthons Auffassung von den „drei Ursachen" s. o. 121 ff. Cf. FRANK, aaO., I, 153. 214f.
[31] BSLK 877,30–44. [32] Ebd. 874,34–37. [33] Ebd. 897,37–44.
[34] Ebd. 896,22–897,6; 778,16–779,32. [35] Ebd. 782,16–23.
[36] Ebd. 922,18–27. [37] Gegen E. SCHOTT, aaO., 47.

Rechtfertigung des Glaubens nachfolget, nicht mit der Rechtfertigung des Glaubens vormenget, sondern eigentlich voneinander unterschieden" wird[38]. Die Lebendigmachung schließlich kann zwar ebenfalls zuweilen verschiedene Bedeutungen haben, folgt jedoch im eigentlichen Sinne der Gerechtigkeit des Glaubens nach[39].

Auf diese Weise wird die Rechtfertigung nicht nur nach allen Seiten hin abgegrenzt, sondern damit zugleich auf ein momentanes Ereignis, nämlich das der Sündenvergebung, beschränkt. Bei dieser Bestimmung verschiedener, aufeinander folgender Akte droht freilich der innere Zusammenhang mit dem Leben verlorenzugehen. Außerdem haben die Väter der FC das Wahrheitsmoment, das die osiandrische Theologie hatte, übersehen. Es ist zwar richtig, wenn die FC davor warnt, die Heilszuversicht auf die bereits begonnene Gerechtmachung zu setzen[40]; denn die Gewißheit des Heils gründet sich nicht auf den Glauben als Tugend oder auf bescheidene neue Anfänge, sondern allein auf das Wort der Verheißung. Die Verengung in den Aussagen über die Rechtfertigung wird jedoch besonders deutlich durch einen Vergleich mit Luthers Schmalkaldischen Artikeln[41]. Andererseits hat die FC freilich noch nicht wie die spätere Orthodoxie eine Lehre von dem „ordo salutis" entfaltet.

Zu den Fragen des majoristischen Streites (s. o. S. 113 ff.) nimmt die FC im *4. Artikel* Stellung. Die wichtigsten Entscheidungen der FC lauten hier: 1. Gute Werke sind notwendig. Strittig ist dabei allerdings der Begriff der Notwendigkeit (s. u. 149 f.). 2. Wo es um den Artikel der Rechtfertigung vor Gott geht, da sind die Werke gänzlich ausgeschlossen[42]. Von daher ist der Satz abzulehnen, „daß den Gläubigen gute Werk zur Seligkeit vonnöten sein, also daß es unmüglich sei, ohne gute Werk selig werden"[43]. 3. Auch die Meinung, „daß unsere guete Werk die Seligkeit erhalten, oder daß die entpfangene Gerechtigkeit des Glaubens oder auch der Glaube selbst durch unsere Werk entweder gänzlich oder ja zum Teil erhalten und bewahret werden"[44], wird abgelehnt. Zwar gilt: „Der Glaub ... bleibet nicht in denen, die sündlich Leben führen, den Heiligen Geist verlieren, die Buße von sich stoßen."[45] Aber abgewehrt wird die Auffassung, daß der Glaube allein im Anfang die Gerechtigkeit und Seligkeit ergreife, danach aber sein Amt den Werken übergebe[46]. 4. Während die FC sich von Major vorsichtig abgrenzt, wird Amsdorfs überspitzte Ansicht, gute Werke seien schädlich zur Seligkeit, scharf verworfen[47].

Was den Begriff der *Notwendigkeit* angeht, so versteht die FC hierunter „Gottes Wille, Ordnung und Befelch..., daß die Gläubigen in guten Werken wandeln sollen". Wichtig ist dabei, daß das Urteil darüber, welche Werke gut sind, nicht dem einzelnen überlassen bleibt, auch nicht auf Menschensatzung beruht, sondern Gott allein zusteht: nur die Werke, die Gott wirklich gebietet, sind gut[48]. Im übrigen sei nicht strittig, daß die guten Werke der Gläubigen noch unrein und unvollkommen und nur um Christi willen sowie durch den Glauben Gott wohlgefällig und angenehm sind, also nur darum, weil die Person des Menschen Gott angenehm ist. Hingegen seien die Werke, die nicht aus dem Glauben

[38] BSLK 920,5–14. [39] Ebd. 920,35–921,18. [40] Ebd. 931,25–932,18.
[41] Ebd. 460,6–461,6. [42] Ebd. 787,19–39. [43] Ebd. 945,1–8.
[44] Ebd. 949,10–22. [45] Ebd. 948,20–22. [46] Ebd. 948,24–27.
[47] Ebd. 949,39–950,41. [48] Ebd. 940,3–19.

kommen, vor Gott Sünde[49]. Die Notwendigkeit der guten Werke meint also die Notwendigkeit der Ordnung, des Gebotes und des Willens Christi, nicht aber eine Notwendigkeit des Zwanges[50].

Auch hier stellen sich gegenüber der FC Fragen vom reformatorischen Ansatz her. Einmal, die Differenzierung zwischen den verschiedenen Werken, die entweder nicht vollkommen sind[51] oder bei bösem Vorsatz gar den Verlust der Gerechtigkeit und Seligkeit zur Folge haben[52], führt im Grunde wieder in die Nähe der katholischen Unterscheidung zwischen läßlichen Sünden und Todsünden, ohne daß hierüber reflektiert wird. Sodann, man vermißt hier eine Bezugnahme auf die Auffassung, daß der Christ „zugleich Sünder und Gerechter" ist[53]. Daß solche Fragen sich gegenüber der FC erheben, dürfte seine Ursache in der Verengung der Rechtfertigungslehre haben.

Die Fragen um die *Lehre von Gesetz und Evangelium* (s. o. S. 117ff.) werden in FC 5 und 6 erörtert. Die FC enfaltet dabei zunächst allgemein das Verhältnis von Gesetz und Evangelium. Strittig ist hier, „*ob die Predigt des heiligen Evangelii eigentlich sei nicht allein ein Gnadenpredigt, die Vorgebung der Sünden verkündiget, sonder auch ein Buß- und Strafpredigt, welche den Unglauben strafet, der im Gesetz nicht gestraft, sondern allein durch das Evangelium gestraft werde*"[54]. In ihrer Antwort auf diese Frage äußert die FC, daß alles, was die Sünde straft, zur Predigt des Gesetzes gehöre, wohingegen das Evangelium eine solche Lehre sei, „die da lehret, was der Mensch glauben soll, der das Gesetz nicht gehalten und durch dasselbige verdambt (scil. ist), daß Christus alle Sünde gebüßet und bezahlet..."[55].

Dabei räumt die FC ein, daß das Wort Evangelium auch in einem weiteren Sinne gebraucht wird, so daß unter ihm die ganze Lehre Christi verstanden wird, also „die Erklärung des Gesetzes und Verkündigung der Hulde und Gnade Gottes, seines himmlischen Vaters". Für diesen Sprachgebrauch beruft sich die FC auf Mc 1,1.4 und Mc 16,15. Hier sei das Wort Evangelium außerhalb des eigentlichen Unterschiedes von Gesetz und Evangeluim verwendet. In diesem weiten Sinne sei die Definition zutreffend, „das Evangelium sei ein Predigt von der Buß und Vergebung der Sünden"[56]. Aber in seinem eigentlichen Sinne sei das Evangelium allein die Predigt von der Gnade Gottes; hierfür beruft sich die FC auf den Sprachgebrauch in Mc 1,15[57].

Auch bei der Buße unterscheidet die FC einen zweifachen Sprachgebrauch. Einmal werde im NT unter der Buße die ganze Bekehrung des Menschen verstanden; zum anderen sei aber mit Buße die Reue über die Sünde gemeint, wobei die Erkenntnis der Sünde aus dem Gesetz komme[58].

In sachlicher Übereinstimmung mit Luther lehrt die FC, daß die Predigt des Gesetzes, ohne Christus, entweder zu Vermessenheit oder zu Verzweiflung führe. Darum „nimbt Christus das Gesetz in seine Hände und legt dasselbe geistlich aus ... und offenbaret also seinen ‚Zorn vom Himmel' herab über alle Sünder"[59]. Wie Christus somit auch das Gesetz gelehrt hat, gehören in der Predigt der Kirche Gesetz und Evangelium zusammen, wobei zugleich stets der Unter-

[49] Ebd. 940,20–941,3.
[50] Ebd. 943,10–19.
[51] Ebd. 788,38–789,3.
[52] Ebd. 947,11–17.
[53] Cf. E. SCHOTT, Die zeitl. u. die ewige Gerechtigkeit, 1955, 63f.
[54] BSLK 790,10–16.
[55] Ebd. 790,35–40.
[56] Ebd. 953,3–43.
[57] Ebd. 954,1–8.
[58] Ebd. 954,9–39.
[59] Ebd. 954,40–955,7.

schied zwischen beiden zu beobachten ist: das Gesetz bleibt der Zuchtmeister auf Christus hin, im Evangelium wird Christus als des Gesetzes Ende verkündigt[60]. Von daher verwirft die FC diejenigen, welche in dem Evangelium eine Buß- oder Strafpredigt sehen[61].

Im 6. Artikel geht die FC auf den *dritten Brauch des Gesetzes* (s. S. 117ff.) ein. Zunächst wird konstatiert, daß das Gesetz gegeben sei erstens zur Aufrechterhaltung äußerer Zucht, zweitens zur Überführung der Sünde, drittens als „eine gewisse Regel" für die Wiedergeborenen. Die Streitfrage betreffe den dritten Brauch, ob also das Gesetz „auch bei den wiedergebornen Christen ... zu treiben sei oder nicht"[62]?

Auch hier betont die FC, daß die guten Werke der Gläubigen nicht vollkommen sind, daß sie vielmehr nur darum Gott angenehm und wohlgefällig sind, weil Gott die Person der Glaubenden annimmt[63]. Das Gesetz zeigt hierbei wie in einem Spiegel, daß auch die Glaubenden noch unvollkommen und unrein sind. Das Gesetz stellt dabei Gottes unwandelbaren Willen dar. Von daher betont die FC die Einheit des Gesetzes: „Also ist und bleibet das Gesetz beides, bei den Bußfertigen und Unbußfertigen, bei wiedergebornen und nicht wiedergebornen Menschen ein einziges Gesetz, nämblich der unwandelbar Wille Gottes, und ist der Unterscheid, soviel den Gehorsamb belanget, allein an den Menschen."[64]

Was nun die Streitfrage betrifft, so sei zwar den Gerechten an sich kein Gesetz gegeben. Aber das sei doch nicht so zu verstehen, „daß die Gerechten ohne Gesetz leben sollen. Dann das Gesetz Gottes (scil. ist) ihnen in das Herze geschrieben"[65]. Wären die Gläubigen schon vollkommen erneuert, so bedürften sie keines Gesetzes, sondern täten für sich selbst und freiwillig, ohne alle Lehre, Ermahnung oder Treiben des Gesetzes, was sie nach Gottes Willen zu tun schuldig sind[66]. Da die Glaubenden aber noch unvollkommen sind, bedürfen sie noch der Gesetzespredigt[67]; insofern kann man den dritten Brauch des Gesetzes als einen Spezialfall des zweiten Brauches bezeichnen. Daneben findet sich aber noch eine andere Begründung für den tertius usus legis, wonach die Gläubigen als Wiedergeborene durch das Gesetz über ihr Verhalten belehrt werden müssen: „*Darnach brauchet der Heilige Geist das Gesetz darzu, daß er aus demselben die Wiedergeborne lehret und in den Zehen Geboten ihnen zeiget und weiset, welchs da sei der ‚wohlgefällige Wille Gottes'..., in welchen guten Werken sie ‚wandeln sollen'*."[68] Zwar weiß die FC, daß der neue Mensch, soviel er neugeboren ist, freiwillig den Willen Gottes tut; aber die FC hebt doch hervor, daß auch der Wiedergeborene den Gehorsam aus dem Gesetz lernt[69].

Zusammenfassend heißt es, daß die Glaubenden niemals ohne das Gesetz, jedoch nicht unter dem Gesetz, sondern in dem Gesetz sind und insofern dem Gesetz des Herrn gemäß leben und wandeln und doch die guten Werke nicht aufgrund der Forderung des Gesetzes tun[70].

---

[60] Ebd. 960,22–961,8. [61] Ebd. 792,34ff. [62] Ebd. 793,9–26.
[63] Ebd. 968,40–969,15. [64] Ebd. 795,9–15. [65] Ebd. 963,37–42.
[66] Ebd. 964,11–29. [67] Ebd. 794,13–34. [68] Ebd. 966,2–7.
[69] Ebd. 962,8–963,20.
[70] Ebd. 967,32–37: „Unde fit, ut nunquam quidem sine lege, et tamen non sub lege, sed in lege sint, secundum legem Domini vivant et ambulent, et tamen bona opera non ex coactione legis faciant."

Die *Beurteilung* dieser Aussagen in der Forschung ist unterschiedlich. BRUNSTÄD[71] meint eine sachliche Übereinstimmung zwischen Luther und FC 6 feststellen zu können. ELERT interpretiert FC 6 ganz im Sinne Luthers, übergeht dabei aber die Tatsache, daß nach FC 6 der dritte Brauch des Gesetzes auch der positiven Belehrung über das zu Leistende dient[72]. SCHOTT[73] kritisiert an FC 6, daß im Blick auf den „tertius usus" der Christ schon in einem Sein oder Gewordensein verstanden werde, was ihm angesichts des „simul peccator et iustus" nicht zukomme. Nach JOEST[74] birgt die Lehre vom „tertius usus legis" zumindest die Gefahr in sich, daß das Gesetz über seine heilsgeschichtliche Schranke hinausgreife und an diejenige Stelle zu stehen komme, an der allein Jesus Christus sich befindet. In der Tat dürfte die Verengung und Formalisierung der Rechtfertigungslehre, die sich in der FC findet, zusammen mit der abstrakten Auffassung von der Bekehrung zu einer Veränderung der Gesetzeslehre geführt haben, die vom reformatorischen Ansatz her kaum noch vertretbar ist.

Der 7. Artikel, der vom *Abendmahl Christi* (s. o. S. 129 ff.) handelt, ist insofern von besonderer Bedeutung, als hier die wichtigste Differenz zwischen Luther und Zwingli sowie später zwischen den Lutheranern und Calvin erörtert wird, die zudem mit der Entwicklung in Kursachsen in engem Zusammenhang gestanden hatte. Durch diesen Artikel ist eine scharfe Trennungslinie zwischen Lutheranern und Calvinisten gezogen worden.

Die Epit. definiert den Gegenstand des Streits so: „Ob in dem heiligen Abendmahl der wahrhaftig Leib und Blut unsers Herren Jesu Christi wahrhaftig und wesentlich gegenwärtig sei, mit Brot und Wein ausgeteilet und mit dem Mund empfangen werde von allen denen, so sich dieses Sakraments gebrauchen, sie sein wirdig oder unwirdig, fromb oder unfromb, gläubig oder ungläubig? den Glaubigen zum Trost und Leben, den Unglaubigen zum Gericht?"[75] Es geht also um die wahre Gegenwart von Leib und Blut Christi, um die „manducatio oralis" und die „manducatio indignorum" bzw. „impiorum".

Die gegnerische Lehre wird als die der *„Sakramentierer"* hingestellt. Die FC unterscheidet „grobe Sakramentierer" sowie „verschlagene" und „allerschädlichste" Sakramentierer. Mit jenen sind Zwingli und seine Anhänger, mit diesen Calvin und die Seinen gemeint. Jenen kann man nach der FC wenigstens zugestehen, daß sie ihre Ansicht offen vortragen. Diese hingegen bedienen sich, wie die FC vorwirft, teilweise der Worte der Lutheraner, um dann doch die leibliche Gegenwart Jesu Christi in den Elementen abzustreiten[76]. Das Bild, das die FC damit von Calvins Abendmahlslehre zeichnet, kann nur als eine Entstellung angesehen werden. Freilich kann sich die FC für ihre undifferenzierte Verwerfung aller nicht-lutherischen Abendmahlslehre auf eine Äußerung Luthers in seiner Spätschrift „Kurzes Bekenntnis vom heiligen Sakrament" (1544) berufen, die sie auch ausdrücklich zitiert: „Ich rechne sie alle in einen Kuchen, das ist, für Sa-

---

[71] F. BRUNSTÄD, Theol. der luth. Bekenntnisschriften, 1951, 99ff.
[72] W. ELERT, Das christliche Ethos, Tübingen 1949, Hamburg 1961², 386ff.
[73] E. SCHOTT, Die zeitl. u. die ewige Gerechtigkeit, 1955, 59.
[74] W. JOEST, Gesetz u. Freiheit..., 1968⁴, 131.
[75] BSLK 796,18–27.
[76] Ebd. 796,32–797,26; cf. die entsprechenden Abschnitte in der SD, ebd. 973,10–975,40.

kramentierer und Schwärmer, wie sie auch sind, die nicht gläuben wöllen, daß des Herrn Brot im Abendmahl sei sein rechter natürlicher Leib."[77]

Positiv lehrt die FC über das Abendmahl folgendes:

1. *Die Realpräsenz.* „Wir glauben, lehren und bekennen, daß im heiligen Abendmahl der Leib und Blut Christi wahrhaftig und wesentlich gegenwärtig sei, mit Brot und Wein wahrhaftig ausgeteilet und empfangen werde."[78] Die SD umschreibt die Gegenwart von Christi Leib und Blut mit den Worten „unter dem Brot, mit dem Brot, im Brot"; die Intention dieser Ausdrucksweise sei die Ablehnung der Transsubstantiationslehre[79]. Auch wird von der „sacramentalis unio" gesprochen[80]. Als Analogie verweist die FC auf die beiden Naturen Christi, die nicht vermischt, die aber auch nicht getrennt werden dürfen. Andererseits betont die FC gegen ein Mißverständnis der Realpräsenz, daß der Leib Christi, obwohl er wesentlich in den Elementen da ist, doch „unsichtbarlich und unbegreiflich gegenwärtig" ist[81]. Damit soll die Vorstellung einer „inclusio localis" (räumlichen Einschließung) von Leib und Blut Christi in den Elementen abgewehrt werden. Die Worte „in, mit und unter" seien nicht eine „praedicatio figurata", sondern eine „praedicatio inusitata", d. h. es gibt für sie keine wirkliche Analogie in der normalen Redeweise[82].

2. *Das Verständnis der Einsetzungsworte.* Die Epit. sagt: „Wir glauben, lehren und bekennen, daß die Wort des Testaments Christi nicht anders zu verstehen sein, dann wie sie nach dem Buchstaben lauten, also daß nicht das Brot den abwesenden Leib, und der Wein das abwesend Blut Christi bedeute, sondern daß es wahrhaftig umb sakramentlicher Einigkeit willen der Leib und Blut Christi sei."[83] Wie Luther sagt die FC also, daß die Einsetzungsworte in ihrem unmittelbaren, nächstliegenden Sinn zu verstehen und nicht von einer besonderen Hermeneutik her gedeutet werden dürfen; sie wendet sich damit gegen Zwinglis Auffassung, es handle sich bei den Einsetzungsworten um „eine figürliche verblümbte Rede oder Deutelei"[84]. Es liegt also keine metaphorische Redeweise vor[85].

3. *Die Ubiquitätslehre.* Unter Rückgriff vornehmlich auf Luthers Schrift „Vom Abendmahl Christi. Bekenntnis" (s. o. 56ff.) unterscheidet die FC drei Weisen, auf welche Christi Leib an einem Ort gegenwärtig sein kann: a) die begreifliche, leibliche Weise, wie nämlich Christus in seinen Erdentagen jeweils an einem bestimmten Ort in räumlicher, umschreibbarer Größe gegenwärtig war; b) die unbegreifliche, geistige Weise, „da er keinen Raum nimpt noch gibt, sondern durch alle Kreatur fähret, wo er will". In dieser Weise ist nach der FC Christus aus dem verschlossenen Grab hervorgegangen oder durch verschlossene Türen gegangen; c) die göttliche, himmlische Weise, „da er mit Gott eine Person ist". Die FC läßt offen, „ob ... Gott noch mehr Weise habe und wisse, wie Christus Leib etwo sei"[86]. Im 8. christologischen Artikel faßt die FC zusammen, was sie über die Ubiquität zu sagen hat, daß nämlich Christus auch nach und mit seiner angenommenen menschlichen Natur gegenwärtig sein könne und auch sei,

---

[77] Ebd. 982,39–43; cf. WA 54,155,29–156,2. [78] Ebd. 797,31–35.
[79] Ebd. 983,12–21. [80] Ebd. 799,21f.; 983,12–984,35 u. ö.
[81] Ebd. 975,32–35. [82] Ebd. 983,12–984,29. [83] Ebd. 797,36–798,3.
[84] Ebd. 984,18f. [85] Ebd. 987,32–988,11. [86] Ebd. 1006,4–1008,47.

wo er wolle[87]. Die FC vertritt somit im Anschluß an Chemnitz die Ubivolipräsenz. Hier handelt es sich um eine leichte Ermäßigung gegenüber Luther, der in seinen schärfsten Äußerungen die Ubiquität der erhöhten menschlichen Natur Christi nicht von einem Willensentschluß Christi („ubicunque velit") abhängig gemacht hatte.

4. *Das Zustandekommen des Sakraments*. Nach der FC kommt das Sakrament des Altars zustande allein durch Christi Befehl und Verheißung[88]. Auch die Gegenwart von Christi erhöhtem menschlichen Leib im Abendmahl gründet nicht in der Rezitation der Einsetzungsworte, sondern allein in Christi Verheißung. Andererseits gibt es außerhalb des von Christus eingesetzten Brauchs kein Wesen des Sakraments. Das schließt ein, daß Christi Leib nicht geopfert und auch nicht wie in der römischen Kirche herumgetragen oder zur Anbetung aufbewahrt werden kann[89].

5. *Die „manducatio oralis"*. Nach der FC wird der Leib Christi mündlich genossen. Es wird zwischen dem geistlichen oder mündlichen bzw. sakramentlichen Essen des Leibes Christi unterschieden. Jenes meint im Sinne von Joh 6,48–58 den Glauben, dieses den Empfang des Abendmahls[90].

6. *Die „manducatio indignorum"* bzw. *„impiorum"*. Nach der FC empfangen nicht nur die Rechtgläubigen und Würdigen, sondern auch die Unwürdigen und Ungläubigen den wahrhaftigen Leib und das wahrhaftige Blut Christi – diese jedoch zum Gericht[91].

7. *Die Gabe des Sakraments*. Die Gläubigen erhalten Brot und Wein bzw. Leib und Blut Christi „zu einem gewissen Pfand und Vorsicherung, daß ihnen gewißlich ihre Sünden vorgeben sind, und Christus in ihnen wohne und kräftig sei"[92]. Das Abendmahl dient also der Vergewisserung der Sündenvergebung. In anderen Wendungen spricht die FC von der „Versieglung des neuen Testaments", dem „Trost aller betrübten Herzen" sowie dem „Band und Vereinigung der Christen mit ihrem Häupt Christo und unter sich"[93].

Als Zusammenfassung der Abendmahlslehre der FC kann der Satz gelten: *„fides nostra sacramentum non efficit, sed tantum omnipotentis Dei atque salvatoris nostri Iesu Christi certissimum verbum et institutio hoc praestant"*[94] (= nicht unser Glaube bewirkt das Sakrament, sondern allein das gewisseste Wort und die Einsetzung des allmächtigen Gottes und unseres Erlösers Jesu Christi bewirken es). Von hier aus erklärt sich sowohl die Lehrentfaltung wie die Verwerfung.

Die Verwerfungen richten sich gegen die „widerwärtige verdambte Lehre der Sakramentierer"[95]: hierunter werden alle, von der lutherischen Abendmahlslehre abweichenden Auffassungen begriffen. Genannt werden insbesondere die papistische Transsubstantiationslehre, die papistische Opfermesse, der Kelchentzug, die Ablehnung der „manducatio oralis", die Abendmahlslehre Zwinglis und Calvins – Calvins Name wird hier zwar nicht genannt, aber gemeint ist seine Abendmahlslehre –, die Anbetung der Abendmahlselemente[96].

---

[87] Ebd. 1043,28–31: „... ut videlicet etiam secundum illam suam assumptam naturam et cum ea praesens esse possit et quidem praesens sit, ubicunque velit."

[88] Ebd. 1000,27–46.
[89] Ebd. 1001,7–38.
[90] Ebd. 993,4–994,26.
[91] Ebd. 799,36–45.
[92] Ebd. 993,43–994,4.
[93] Ebd. 986,5–9.
[94] Ebd. 1002,11–15.
[95] Ebd. 800,40f.
[96] Ebd. 801,5–803,42.

Der 8. Artikel der FC handelt *„Von der Person Christi"*. Wie die FC hervorhebt, ist aus dem Streit vom Abendmahl zwischen den „reinen" Theologen der CA und den Calvinisten die Uneinigkeit in der Christologie hervorgewachsen[97]. Dabei wird die Streitfrage so bestimmt: „Ob die göttliche und menschliche Natur umb der persönlichen Voreinigung willen realiter, das ist, mit Tat und Wahrheit, in der Person Christi wie auch derselben Eigenschaften miteinander Gemeinschaft haben, und wie weit sich solche Gemeinschaft erstrecke."[98] Wichtig ist dabei die ergänzende Bemerkung der SD, die Zwinglianer hätten Luther vorgeworfen, er leugne durch seine Ubiquitätslehre die volle Menschheit der menschlichen Natur Christi; Luther schreibe nämlich dem Leibe Christi zu, was nur von Gottes Majestät selbst ausgesagt werden dürfe[99].

Wie beim Abendmahlsartikel, so erhebt die FC auch hier den Vorwurf, sämtliche Gegner von Luthers Christologie seien Sakramentierer, und zwar insofern, als sie behaupten, daß die beiden Naturen trotz der persönlichen Vereinigung keine reale Gemeinschaft hätten, vielmehr die Eigenschaften der einen Natur der anderen lediglich dem Namen nach zugeschrieben werden könnten[100].

Bei ihren Ausführungen greift die FC auf die altkirchliche *Zweinaturenlehre* zurück, entwickelt diese jedoch weiter in Richtung der „unio personalis" und der realen „communicatio idiomatum". Was die „unio personalis" betrifft, so heißt es, „daß die göttliche und menschliche Natur in Christo persönlich voreiniget, also, daß nicht zweene Christus, einer Gottes, der ander des Menschen Sohn, sondern ein einiger Sohn Gottes und des Menschen Sohn sei"[101]. Allerdings wird die Vorstellung einer Vermengung der beiden Naturen abgelehnt; vielmehr behalten beide Naturen ihre Eigenschaften. Was die Vereinigung der beiden Naturen betrifft, so handelt es sich nicht um eine bloße Verknüpfung (copulatio) oder Verbindung (combinatio), wie sie etwa bei dem Zusammenleimen zweier Bretter gegeben ist, sondern um die höchste Gemeinschaft (summa communio), wie sie eine Analogie etwa im feurigen Eisen oder in der Vereinigung von Leib und Seele hat[102]. Weil Christus zwei Naturen hat, aber eine Person ist, werden die Eigenschaften der einen Natur zugleich der ganzen Person zugeschrieben, die ja Gott und Mensch ist. Daraus folgt jedoch nicht, daß die Eigenschaften der einen Natur auch Eigenschaften der anderen Natur werden[103].

Hier zeigt sich eine gewisse Zurückhaltung der FC gegenüber Luthers Christologie. Die FC hat zwar Luthers zugespitzte Ubiquitätslehre im Zusammenhang der Abendmahlslehre zitiert und in einem gewissen Sinne auch sachlich aufgenommen; in dem christologischen Zusammenhang des 8. Artikels wird jedoch die mildere Form der *Chemnitzschen Christologie* rezipiert[104]. Andererseits hat die FC den Gedanken zum Ausdruck gebracht, daß die menschliche Natur Christi zur Majestät seiner göttlichen Natur erhoben worden ist. Diese Erhebung datiert nicht etwa erst seit der Auferstehung oder Himmelfahrt. Vielmehr setzt sie mit der Empfängnis und der Menschwerdung ein, ist also eine unmittelbare Folge der „unio hypostatica" beider Naturen Christi[105]. Gleich-

[97] Ebd. 804,3–9. [98] Ebd. 804,12–19. [99] Ebd. 1018,1–13.
[100] Ebd. 804,20–805,5. [101] Ebd. 805,14–19. [102] Ebd. 806,1–24.
[103] Ebd. 1028,14–35. [104] Ebd. 1043,13–1044,5; cf. o. bei Anm. 87.
[105] Ebd. 1021,18–25.

wohl verwirft die FC die Ansicht, „daß die menschliche Natur in Christo auf solche Weise wie die Gottheit ein unendlich Wesen worden und aus sollicher wesentlicher, mitgeteilter, in die menschliche Natur ausgegossen und von Gott abgesonderte Kraft und Eigenschaft auf solliche Weise wie die göttliche Natur allenthalben gegenwärtig sei“[106].

Was die „*communicatio idiomatum*“ betrifft, so ist die FC über Luthers Gedanken noch hinausgegangen und hat, hauptsächlich im Anschluß an Chemnitz (s. o. S. 132), die Lehre von den drei genera entfaltet, nämlich dem „genus idiomaticum“, dem „genus apotelesmaticum“ und dem „genus maiestaticum“[107].

1. Das „*genus idiomaticum*“ besagt, daß die beiderseitigen Eigenschaften (idiomata) der Person des Gottmenschen zuzuschreiben sind mit Unterscheidung der Naturen. Man kann also sagen, daß der Sohn Gottes nach seiner menschlichen Natur gestorben ist oder daß der Menschensohn nach seiner göttlichen Natur allmächtig ist. Hier hatte Zwingli an sich mitgehen können, erklärte jedoch solche Aussagen für eine „Allöosis“[108] (Gegenwechsel), d.h. daß hier nicht ein realer Austausch der Eigenschaften stattfindet[109]. Nach der FC handelt es sich jedoch um eine reale Gemeinschaft der Naturen.

2. Das „*genus apotelesmaticum*“ besagt, daß die Handlungen, die Christus in Verrichtung seines Heilsamtes vollbringt, Werke beider Naturen sind, die jedoch von dem einen Christus getan werden. „Was anlanget die Vorrichtung des Ambts Christi, do handelt und wirket die Person nicht in, mit, durch oder nach einer Natur allein, sondern in, nach, mit und durch beide Naturen oder, wie das concilium Chalcedonense redet, eine Natur wirket mit Gemeinschaft der andern, was einer jeden Eigenschaft ist. Also ist Christus unser Mittler, Erlöser, König, Hoherpriester, Häupt, Hirte etc. nicht nach einer Natur allein.., sondern nach beiden Naturen.“[110] Auch hier konnten die Reformierten sich im Grunde ähnlich äußern, verstanden die Sache jedoch anders. Für die Lutheraner liegt der Schwerpunkt hier bei der einen Person Christi, so daß das „Apotelesma“ (vollendetes Werk) nicht das Resultat des getrennten Wirkens der beiden Naturen ist, sondern aus dem gemeinschaftlichen Wirken beider Naturen des einen Christus hervorgeht. Für die Reformierten hingegen wirken beide Naturen Christi getrennt. Zugespitzt gesagt, betonten die Lutheraner die Einheit der Person, die Reformierten die Unterschiedlichkeit der beiden Naturen.

3. Das „*genus maiestaticum*“, auch „genus auchematicum“ (griech. αὔχημα = „Ruhm“) genannt, besagt, daß die Eigenschaften der göttlichen Natur der menschlichen Natur mitgeteilt werden. Hier trat der bei den beiden anderen genera latent vorhandene Gegensatz zu den Reformierten offen hervor, sofern die Lutheraner in diesem Fall die Wechselseitigkeit bei der „communicatio idiomatum“ leugneten. Im Grunde müßte ja der realen Mitteilung der Eigenschaften der göttlichen Natur an die menschliche umgekehrt die reale Mitteilung der Eigenschaften der menschlichen Natur an die göttliche entsprechen; aber die Lutheraner lehnten ein „genus tapeinoticum“ (der göttlichen „Erniedrigung“ nach Phil 2,8) ab mit der Begründung, daß es bei Gott keine Veränderung gibt und

---

[106] Ebd. 810,13–20.

[107] Zur Ausbildung der Lehre von den drei genera bei Chemnitz s. B. HÄGGLUND. „ Majestas hominis Christi“, LuJ 47, 1980, 71–88.

[108] Cf. o. 59f. [109] BSLK 1028,14–102: [110] Ebd. 1031,32–44.

daß demzufolge der göttlichen Natur durch die Menschwerdung „an ihrem Wesen und Eigenschaften nichts ab- oder zugangen" ist[111]. Lutherischerseits wollte man durch das genus maiestaticum die Lehre von der Realpräsenz unterstützen.

Um die Schwierigkeiten, die sich aus der Lehre vom „genus maiestaticum" ergeben, aufzufangen, vertrat man den Gedanken der „*Entäußerung*" (exinanitio, nach Phil 2,7) der von dem Logos durchdrungenen menschlichen Natur. Die menschliche Natur des Gottmenschen hat also nach der FC die göttlichen Prädikate der Allmacht, Allgegenwart, Allwissenheit bekommen, sie hat sich ihrer aber teilweise entäußert bzw. sie hat sie verhüllt besessen[112]. Freilich kam man hier nicht über manche Inkonsequenzen hinaus: wie soll der irdische Christus einerseits allwissend gewesen sein, andererseits auf diese Allwissenheit teilweise verzichtet haben? An dieser Stelle hat erst die orthodoxe Lehre von den Ständen Christi die Christologie der FC weitergeführt.

Seine Spitze hat der christologische Artikel der FC in der Aussage, daß die menschliche Natur „fähig" gewesen sei, die göttliche aufzunehmen *(finitum capax infiniti)*[113]. Dieser Gedanke wurde von den Reformierten abgelehnt. Die zahlreichen Verwerfungen der FC treffen darum vornehmlich die reformierte Christologie[114].

Der 9. Artikel der FC behandelt ein besonderes Problem der Christologie, nämlich *Christi Höllenfahrt*. Auch über dieses Lehrstück war es im deutschen Protestantismus zu einer Kontroverse gekommen, die jedoch an Umfang und Intensität hinter den anderen Auseinandersetzungen weit zurückstand und im Grunde überhaupt keinen Zusammenhang mit den interimistischen Streitigkeiten (s. o. S. 108 ff.) hatte. Insofern ist es auch kein Wunder, daß bei den Vorformen der FC zunächst die Frage der Höllenfahrt nicht erörtert worden war. Erst auf dem Konvent zu Torgau 1576 (s. o. S. 142) entschloß man sich, einen Artikel über die Höllenfahrt in das Bekenntnis (TB) aufzunehmen, und erst bei der abschließenden Redaktion in Bergen wurde die Auffassung von Christi Höllenfahrt nicht nur durch Zitat von Luthers Predigt zu Torgau 1533 über die Frage der Höllenfahrt[115], sondern durch einen eigenen, freilich sehr knappen Abschnitt abgehandelt[116]. Schon diese Entstehungsgeschichte zeigt, daß der 9. Artikel geringeres Gewicht hat als die anderen. Gleichwohl ist er doch sowohl für die inner-lutherische Diskussion als auch für die Abgrenzung von den Reformierten wichtig geworden.

Die Vorstellung von Christi Höllenfahrt hat im Verlauf der Dogmengeschichte verschiedene Wandlungen erfahren[117]. Luther hat einerseits die traditionelle Höllenvorstellung umgeprägt, indem er die Hölle mit den Anfechtungen im Gewissen gleichsetzte[118], andererseits hat er aber doch die Vorstellung von

---

111 Ebd. 1032,9–15. 112 Ebd. 1038,8–1039,3. 113 Ebd. 1033,38–1034,17.

114 Ebd. 809,15–812,32. 115 S. ebd. 1049–1052; WA 37,62,30–67,2.

116 Zur Vorgeschichte von FC 9 s. vor allem F. H. R. FRANK, Theol. d. Concordienformel, Bd. 3, 1863, 424ff.

117 S. die kurze dogmengeschichtliche Skizze bei E. VOGELSANG, ARG 38, 1941, bes. 91–96.

118 Cf. E. VOGELSANG, Der angefochtene Christus bei Luther, AKG 21, Berlin-Leipzig 1932; DERS., ARG 38, 1941, 113. Kennzeichnend für diese Umprägung der Höllenvorstellung sind etwa folgende Worte Luthers in der Genesisvorlesung (1535–45): WA 44,524,6–9: „Christus Dominus et liberator noster pro nobis omnibus fuit in ipsissimo inferno. Vere enim sensit mortem et infernum in corpore suo. Post egressum autem ex corpore quid egerit aut senserit, nos sane nescimus. Sed in

Christi Höllenfahrt beibehalten, auch wenn er gerade in seiner Torgauer Predigt sagen konnte, Christus sei nicht leiblich in die Hölle gefahren, sondern drei Tage im Grabe geblieben[119]. Im übrigen hat Luther auch hier betont, daß man das Spekulieren über die Höllenfahrt Christi unterlassen solle. Entscheidend sei, daß er „uns", die wir an sich hätten in der Hölle gefangen liegen sollen, daraus erlöst hat. Melanchthon hingegen dachte bei Christi Höllenfahrt im Anschluß an 1.Petr 3,19 hauptsächlich an Christi Predigt vor den Besten der Heiden[120], nahm also Luthers Ansicht hier nicht auf.

Zum Streit über Christi Höllenfahrt kam es erst aufgrund der Äußerungen von *Johannes Aepin* (1499–1553). Aepin hatte als Student offenbar Luthers zweite Psalmenvorlesung mit der dort von Luther vorgetragenen Umprägung der traditionellen Vorstellung von der Höllenfahrt gehört[121], wirkte seit 1529 an St. Petri in Hamburg und war seit 1532 Superintendent sowie Lector primarius in Hamburg. In einer Psalmenvorlesung deutete er 1542 zu Ps 16 die Höllenfahrt dahin, daß Christus für uns zur Hölle hinabgestiegen sei, um uns von der Hölle zu erlösen. Anders als Luther hielt Aepin ausdrücklich am mittelalterlichen Weltbild fest, deutete also die Hölle nicht auf die Qualen des Gewissens und das Fühlen des göttlichen Zornes. Für Aepin gehörte die Höllenfahrt Christi zur Vollständigkeit seines satisfaktorischen Gehorsams hinzu[122]. Als 1544 dieser Kommentar gedruckt wurde, kam es bereits in Hamburg zu einigen Auseinandersetzungen.

Freilich fand der Aepinsche Streit im eigentlichen Sinne erst 1548–1551 statt. In Hamburg polemisierten manche Pfarrer von den Kanzeln gegen Aepin. Da eine Verständigung nicht erreicht wurde, holte der Rat 1550 ein Gutachten aus Wittenberg ein. Dieses Wittenberger Gutachten vom September 1550 brachte freilich keine Klärung[123]. An ihm hatten Melanchthon und Bugenhagen zusammengearbeitet. Da Bugenhagen Luthers Höllenvorstellung folgte, Melanchthon aber bei der seinigen verblieb, war das Gutachten nur ein Kompromiß und brachte in Hamburg keine Klärung. Ein Ende fand der Hamburger Streit erst, als der Rat 1551 drei Pfarrer, die Aepin heftig opponierten, aus ihren Ämtern entfernte.

Aepin hat gegen Ende des Streits seine Auffassung modifiziert. Nun betonte er, daß Christus seinen Sieg über die höllischen Gewalten durch Kämpfen und Leiden errungen habe; damit war das bloße „Satisfaktionsschema" überwunden[124]. Sodann unterschied er nunmehr zwischen dem „Infernum", d.h. dem ersten Tod als Strafe für die Erbsünde, und der „Gehenna", d.h. dem zweiten Tod als Strafe für die Verachtung des Gottessohnes und der Sündenvergebung. Christus habe nicht die Strafen des zweiten, sondern die des ersten Todes getragen.

In dem Streit hatte Aepin von verschiedenen Seiten Unterstützung erhalten, insbesondere von Flacius, aber auch von Menius (s. o. S. 116). Insofern hatte der

---

vita et corpore gustavit vere infernum; ebd. 617,28–30 animus aeger ac sibi male conscius semper est iugis infernus, qui nihil aliud erit, quam ipsa conscientia mala."

[119] S. BSLK 1050 = WA 37,63,12f.

[120] CR 5,58; Vogelsang, ARG 1941, 104–107.

[121] S. Vogelsang, ebd. 110; vgl. RE 1,228ff.; LThK 1,690.

[122] S. die zahlreichen Quellenzitate bei Frank, Theol. der Concordienformel, Bd. 3, 397–454; einige Korrekturen bei Vogelsang, ebd. 107–129.

[123] CR 7,666–668.

[124] Vogelsang, ebd. 118.

Aepinsche Streit nicht nur lokale Bedeutung. Eine Auseinandersetzung über die Frage von Christi Höllenfahrt fand 1565 noch in Augsburg um den Pfarrer *Johannes Matsperger* statt[125], wobei hier sich auch die führenden Württemberger Theologen äußerten. Wichtig war hierbei, daß Brenz wie Luther die räumliche Höllenvorstellung ganz ablehnten.

Die FC hat in Epit. 9 zunächst den Gegenstand des Streites dahin bestimmt: „Wann und auf was Weise der Herr Christus, vermuge unsers einfältigen christlichen Glaubens, gen Helle gefahren, ob es geschehen sei vor oder nach seinem Tode. Item, ob es nach der Seel allein, oder nach der Gottheit allein, oder mit Leib und Seel, geistlich oder leiblich zugangen? Item, ob dieser Artikel gehöre zum Leiden oder zum herrlichen Sieg und Triumph Christi?“[126] Unter Berufung auf Luthers Torgauer Predigt sagt die FC, man solle hier nicht „disputieren“, sondern auf das einfältigste glauben. „Dann es ist genug, daß wir wissen, daß Christus in die Helle gefahren, die Helle allen Gläubigen zerstöret und sie aus dem Gewalt des Todes, Teufels, ewiger Verdamnus des hellischen Rachens erlöset habe.“[127] In der SD wird darüber hinaus gesagt, daß „die ganze Person, Gott und Mensch, nach der Begräbnus zur Helle gefahren“ sei und den Teufel überwunden habe[128]. Hier dürfte die „Descensus“-Vorstellung mit der Ubiquitätslehre verknüpft sein[129]. Die Betonung, daß Christus nach dem Begräbnis zur Hölle gefahren sei, ließ Luthers neue Deutung der Hölle als der Anfechtungen unberücksichtigt. Zudem ist hier in der FC die Höllenfahrt eher im Sinne Melanchthons als Sieg denn im Sinne Luthers verstanden[130]. Schließlich setzte sich mit der lokalen Deutung der Hölle zugleich auch das mittelalterliche Weltbild erneut im Luthertum durch, das von Luther sowohl im Blick auf das Sitzen zur Rechten Gottes als auch für die Höllenfahrt überwunden war.

Der 10. Artikel der FC handelt „Von Kirchengebräuchen, so man *Adiaphora oder Mitteldíng* nennet“. Die Epit. bestimmt die Streitfrage so: „Ob man zur Zeit der Verfolgung und im Fall der Bekenntnis, wann die Feinde des Evangelii sich gleich nicht mit uns in der Lehre vergleichen, dennoch mit unverletzten Gewissen etzliche gefallene Ceremonien, so an ihm selbest Mitteldinge und von Gott weder geboten noch verboten, auf der Widersacher Tringen und Erfordern wiederumb aufrichten und sich also mit ihnen in solchen Zeremonien und Mitteldingen vergleichen möge?“[131]

Bei der Antwort der FC ist zunächst wichtig, daß zwischen rechten und unrechten Adiaphora unterschieden wird. Nicht „rechte freie adiaphora oder Mitteldinge“ sind „solche Ceremonien, die den Schein haben oder, dardurch Vorfolgung zu vormeiden, den Schein fürgeben wollten, als wäre unsere Religion mit der papistischen nicht weit voneinander“[132]. Auch solche Zeremonien sind keine „Mitteldinge“, die Gottes Wort widersprechen und doch fälschlich für Adiaphora ausgegeben werden. Was jedoch die rechten „Adiaphora“ betrifft, so folgt die FC im wesentlichen Flacius. Sie erkennt also an, daß es Zeremonien oder Kirchenbräuche gibt, die in der Schrift weder geboten noch verboten sind und die darum in christlicher Freiheit gehalten oder auch nicht gehalten werden

---

125 Vogelsang, ebd. 119–123. 126 BSLK 812,40–813,5. 127 Ebd. 813,23–27.
128 Ebd. 1052,15–1053,1. 129 Vogelsang, ebd. 124f. 130 Vogelsang, ebd. 126–128.
131 BSLK 814,9–20. 132 Ebd. 1055,14–20.

können[133]. Allerdings sind hier sowohl Leichtfertigkeit als auch „Ärgernus" zu vermeiden, damit die Schwachen geschont werden[134].

Bei *Verfolgung* darf man jedoch auch hinsichtlich der „Adiaphora" nicht nachgeben: „Dann in solchem Fall ist es nicht mehr umb Mitteldíng, sondern umb die Wahrheit des Evangelii, umb die christliche Freiheit und umb die Bestätigung öffentlicher Abgötterei wie auch umb Verhütung des Ärgernus der Schwachgläubigen zu tun, darin wir nichts zu vergeben haben, sondern rund bekennen und darüber leiden sollen, was uns Gott zuschicket und über uns den Feinden seines Wortes verhängt."[135] Die FC warnt zugleich davor, daß wegen der „Adiaphora" eine Kirche eine andere verdammt[136].

In dem 11. Artikel handelt die FC *„Von der ewigen Vorsehung und Wahl Gottes"*. Wie die FC betont, ist es hierüber unter den Theologen der CA nicht zu einem öffentlichen Zwiespalt gekommen. Immerhin sei „an andern Örtern" auch hierüber gestritten worden[137] – die FC denkt dabei offenbar an den Straßburger Streit (s. o. 134ff.), aber auch an Auseinandersetzungen unter den Reformierten –, so daß es ratsam sei, die rechte Lehre zu entfalten. Freilich entfällt aufgrund der Sachlage hier die Beschreibung des Streitgegenstandes.

Die FC unterscheidet zwischen „praescienta"/Vorsehung (Versehung) und „praedestinatio"/Wahl. Die „praescientia" erstreckt sich auf Gute und Böse, ist jedoch keine Ursache des Bösen[138]. Die „praedestinatio" hingegen betrifft allein die frommen, wohlgefälligen Kinder Gottes und ist die „Ursache" (causa) von deren Heil[139]. Diese Kinder Gottes sind zum ewigen Leben erwählt und verordnet vor Erschaffung der Welt[140]. Die „praescientia" schließt allerdings auch in sich, daß von Gott dem von ihm vorausgesehenen Bösen Maß und Ziel gesetzt wird[141]. Freilich warnt die FC davor, die ewige Wahl „bloß in dem heimlichen, unerforschlichen Rat Gottes zu betrachten"[142]; anderenfalls würden entweder falsche Sicherheit oder Verzweiflung die Folge sein. Vielmehr ist die Prädestination „in dem Wort zu suchen, da sie auch geoffenbaret worden ist"[143].

Die FC weiß also durchaus auch von Gottes heimlichem, unerforschlichem Rat; aber sie ist auf alle Weise bemüht, die Lehre von einer doppelten Prädestination zu vermeiden. Die „praescientia" ist im Grunde der „praedestinatio" Gottes übergeordnet. Das ergibt sich daraus, daß die FC – hier folgt sie der Auffassung des späten Melanchthon – eine Mitverantwortung und Mitbeteiligung des Menschen bei der Verwirklichung der Gnadenwahl wie der Verwerfung vertritt. Diejenigen, die zwar berufen sind, die aber das Wort von sich stoßen und dem Hl. Geist widerstreben, sind gemäß dem göttlichen Vorherwissen und der göttlichen Verordnung verstockt und verworfen[144]. Allerdings ist die Verachtung des göttlichen Wortes nicht die Ursache von Gottes „Versehung", wohl aber ist, wie die FC in einer wenig überzeugenden Distinktion sagt, der verkehrte Wille des Menschen die Ursache[145]. Wie die FC wiederholt hervorhebt, soll die Lehre von Gottes Vorherwissen und Wahl dem Trost dienen; *„dann sie bestäti-*

---

133 Ebd. 814,26–42.
134 Ebd. 815,1–5.
135 Ebd. 815,19–29.
136 Ebd. 815,31–42.
137 Ebd. 1064,2.
138 Ebd. 817,4–28.
139 Ebd. 817,29–36.
140 Ebd. 1065,23–31.
141 Ebd. 1065,32–45.
142 Ebd. 1066,30–33.
143 Ebd. 817,37–40.
144 Ebd. 1075,29–1076,3.
145 Ebd. 1076,8–17.

get gar gewaltig den Artikel, daß wir ohn alle unsere Werk und Verdienst, lauter aus Gnaden, allein umb Christus willen, gerecht und selig werden"[146].

Nach der FC geschieht denen, die gestraft werden, kein Unrecht, da sie nur den verdienten Lohn für ihre Sünden empfangen; auf der anderen Seite erweist Gott gegenüber den Erwählten seine Gnade und Barmherzigkeit[147]. Die FC hat es an dieser Stelle nicht verstanden, zwischen den „Eigenschaften" Gottes, nämlich seiner Gerechtigkeit und seiner Barmherzigkeit, theologisch eine Verbindung herzustellen. Sie bleibt hier vielmehr bei der traditionellen Differenzierung, wie sie vor allem von Augustin und der Scholastik vertreten war, ohne hier Luther zu folgen. Auch sonst hat sich die FC hier insbesondere Luthers Gedanken in de servo arbitrio nicht zu eigen gemacht. Die FC hebt hervor, daß es in Gott nicht zwei „gegensätzliche Willen" (contradictoriae voluntates) gibt[148]. Obwohl sie andererseits von Gottes heimlichem, unerforschlichem Ratschluß weiß (s. o. 160), widerspricht sie doch Luthers Aussage, daß anders von Gottes offenbarem Willen als von seinem verborgenen Willen zu handeln ist[149]. In der Terminologie des Straßburger Prädestinationsstreites (s. o. S. 136f.) läßt sich sagen, daß die FC die Frage der Prädestination nur a posteriori, nicht aber a priori erörtert[150]. Von daher gewinnt auch die Mahnung, sich nicht mit Gottes heimlichem Rat zu befassen[151], einen etwas anderen Sinn als bei Luther. Für Luther hatte es sich darum gehandelt, daß der Mensch inmitten der Anfechtungen von dem richtenden und strafenden Gott zu dem sich erbarmenden Gott fliehen soll. Für die FC hingegen muß vor allem der Satz in Kraft bleiben, daß Gott will, „daß alle Menschen zu ihme kommen, die mit Sünden beschweret und beladen sein, auf daß sie erquickt und selig werden"[152]. Die FC ist also bemüht, grundsätzlich an dem universalistischen Heilswillen Gottes festzuhalten.

Die verschiedenen Aspekte – „praescientia" und „praedestinatio", der in Gott zu unterscheidende Wille, „sola gratia", die Verantwortung der nicht erwählten Menschen für ihre Verwerfung – sind in FC 11 nicht zu wirklichem Ausgleich gebracht worden. In FC 11 hat sich im ganzen eher die Auffassung des späten Melanchthon durchgesetzt. Bereits F. H. R. Frank hat nachgewiesen, daß FC 11 weithin auf Chemnitz (s. o. S. 140) zurückgreift, der seinerseits hier Melanchthon folgte[153].

Trotz der mancherlei Inkonsequenzen hat die FC auch hier andere Meinungen verworfen. Abgelehnt wird u. a. die Auffassung, daß Gott nicht wolle, daß alle Menschen Buße tun; daß es nicht Gottes Ernst sei, daß alle Menschen zu ihm kommen sollen; daß nicht allein Gottes Barmherzigkeit, sondern auch im Menschen eine Ursache für die Wahl Gottes gegeben sei[154].

In ihrem abschließenden 12. Artikel handelt die FC *„von andern Rotten und Sekten"*. Die FC möchte nicht durch Stillschweigen anderen Veranlassung geben, die Irrlehren der Rotten und Sekten den Anhängern der CA zuzuschreiben[155], zumal sich die Vertreter der Rotten und Sekten niemals zur CA bekannt

---

146 Ebd. 1076,37–41. 147 Ebd. 1081,21–29. 148 Ebd. 1074,6ff.
149 WA 18,684,14–686,13; cf. o. 38f.
150 So J. Moltmann, Prädestination u. Perseveranz, 1961, 82.
151 BSLK 1083,18–33. 152 Ebd. 1083,28–32.
153 F. H. R. Frank, Theol. der Concordienformel, Bd. 4, 1865, 327–344.
154 BSLK 821,1–42. 155 Ebd. 822,10–18.

haben. So sollen nun der Vollständigkeit halber diejenigen Irrlehren noch einmal verdammt werden, die schon in der CA verworfen worden sind[156]. Die FC wendet sich gegen die Wiedertäufer, „die weder in der Kirchen noch in der Polizei und weltlichem Regiment noch in der Haushaltung zu dulden noch zu leiden" seien[157], gegen die Schwenckfeldianer (s. u. S. 587ff.), neue Arianer und Antitrinitarier, deren Irrlehren jeweils aufgeführt werden.

§ 3 Die Bedeutung der Konkordienformel

Literatur: S. zu § 1 und § 2.

Die FC hat Bedeutung gehabt für die Auseinandersetzungen im deutschen Protestantismus, für die Abgrenzung von den Reformierten und nicht zuletzt für die Kontroverse mit Rom. Eine gerechte Beurteilung wird die FC nicht vorschnell an Luthers reformatorischem Ansatz messen, sondern die *Situation* bedenken, die sich in der Zeit seit dem Interim durch die zahlreichen theologischen Streitigkeiten ergeben hatte. Auch wenn man einige dieser Auseinandersetzungen für wenig glücklich hält, konnte die FC angesichts der entstandenen Kontroversen und aufgrund der reichsrechtlichen Regelung durch den Augsburger Religionsfrieden nicht umhin, in den Streitigkeiten eine Position zu beziehen und sich dabei ganz der Autorität der CA zu unterstellen. Schließlich darf nicht vergessen werden, daß aufgrund des schon bestehenden Landeskirchentums und wegen der Schwierigkeiten, überhaupt eine Übereinkunft zu erreichen, der Handlungsspielraum politisch wie theologisch eng begrenzt war. Die mühsamen Versuche in den 60er Jahren des 16. Jahrhunderts, einen *Lehrkonsens* herzustellen, zeigen zudem, daß ein solcher Konsens nur auf einer mittleren Linie unter Preisgabe sowohl der radikalen Gnesiolutheraner wie der extremen Philippisten möglich sein konnte. Es ist müßig zu fragen, wie die Entwicklung weitergegangen wäre, falls die Bemühungen um einen Lehrkonsens nicht stattgefunden oder nicht zum Ziel geführt hätten. Möglicherweise hätte der deutsche Protestantismus dann sowohl im 16. als auch im 17. Jahrhundert während des 30jährigen Krieges noch schwerere Einbußen erlitten, als er ohnehin schon hinnehmen mußte. Vielleicht hätte dann das landesherrliche Kirchenregiment auch eine noch schärfere Ausprägung erhalten. Durch den erfolgreichen Abschluß der FC ist immerhin ein beträchtlicher Teil des deutschen Protestantismus lehrmäßig geeinigt worden.

Die FC hat sich bemüht, von der CA und vor allem auch von Luther her die verschiedenen Streitfragen zu entscheiden; dies zeigt sich allein schon in den vielen *Luther-Zitaten* in der FC. Tatsächlich ist es der FC, vergleicht man sie mit den Anschauungen, die in den Auseinandersetzungen von den verschiedenen Parteien vertreten wurden, im ganzen gelungen, eher eine Luther und der CA entsprechende Position zu beziehen. Dabei ist aber doch einmal eine folgenreiche Verschiebung im theologischen Ansatz, sodann aber auch eine Veränderung bei wichtigen einzelnen Lehrstücken festzustellen. Was den theologischen An-

[156] Ebd. 1091,23–37.

[157] Ebd. 822,24–27.

satz betrifft, so sind die Väter der FC im wesentlichen der Rechtfertigungslehre des späten Melanchthon gefolgt, haben jedoch nicht Luthers umfassendes Verständnis der Rechtfertigung beibehalten oder wiedergewonnen. Damit ist eine entscheidende Ursache verschiedener Auseinandersetzungen durch die FC nicht wirklich behoben worden. Was die Veränderung bei manchen Einzelfragen betrifft, so ließ sich etwa in der Lehre vom tertius usus legis oder in der Christologie oder in der Frage der Prädestination eine Abweichung von der Auffassung der frühen Reformation feststellen.

Wichtiger als manche Änderungen im einzelnen ist freilich die Tatsache, daß durch die FC die *Entwicklung zur Lehrkirche* nachhaltig verstärkt wurde. Hatte sich eine solche Tendenz schon beim späten Melanchthon beobachten lassen, so ist sie doch erst durch die FC voll zum Durchbruch gekommen. Man kann hier somit von einem „melanchthonischen Luthertum" sprechen, das durch die FC geschaffen wurde[1]. Bedeutsam ist aber auch, daß die FC sich ganz der Autorität der CA unterstellte: sie will weiter nichts als „bei der zu Augsburg Anno etc. 30. einmal erkannten und bekannten Wahrheit vormittelst göttlicher Vorleihung beständiglich ... vorharren und ... bleiben"[2]. Die CA wurde damit in noch höherem Maße, als es schon der Fall war, zur verbindlichen Lehrnorm.

Zugleich muß es sich aber die FC gefallen lassen, an ihrem eigenen Anspruch gemessen zu werden, ob sie nämlich wirklich als eine bloße *Wiederholung oder Aktualisierung* der CA angesehen werden kann. Für manche Lehrstücke kann dieser Anspruch der FC sicher nicht bestätigt werden. Für die Christologie der FC hat etwa E. Schlink festgestellt, daß sie aus den vorangegangenen lutherischen Bekenntnisschriften nicht mit theologischer Notwendigkeit folge[3]. F. Brunstäd hat obendrein gemeint, daß die FC in der Christologie stärker substanzhaft denke und die personale Christologie Luthers faktisch preisgegeben habe[4]. Darüber hinaus war es nicht gut, daß etwa die Ubiquitätslehre, die bei Luther nur eine Hilfskonstruktion war, durch die FC den Charakter der Verbindlichkeit erhielt.

Ist die Bedeutung der FC schon im Blick auf die Entwicklung im Luthertum nicht unproblematisch, so hat die FC zur *Abgrenzung zwischen Lutheranern und Reformierten* geführt. Sicher gab es zwischen Luther und Calvin Differenzen; aber zum Bruch war es zwischen ihnen doch nicht gekommen[5]. Die FC hat nun nach dem zweiten Abendmahlsstreit sowie nach den Vorgängen in Kursachsen die reformierte Lehre hinsichtlich der Christologie und des Abendmahls verworfen, und zwar in der scharfen Form, daß die Reformierten ohne Unterschied zu den „Sakramentierern" gerechnet wurden. Faktisch war es gewiß schon vor 1577 zum Bruch zwischen Lutheranern und Reformierten gekommen; aber der FC blieb es vorbehalten, diesen Bruch durch ihre Verwerfungen endgültig zu machen.

Was den *Gegensatz zu Rom* betrifft, so hat die FC an sich keine Veränderung gebracht. Immerhin ist auch hier eine Verschärfung des Urteils festzustellen.

---

[1] Seeberg, DG IV, 2,549. [2] BSLK 745,19–23.

[3] E. Schlink, Theol. der luth. Bekenntnisschriften, 1948[3], 262.

[4] F. Brunstäd, Theol. der luth. Bekenntnisschriften, 1951, 46.

[5] s. E. Mülhaupt, Luther und Calvin, LML 30, 1959, 97–113; B. Lohse, Calvin als Reformator, Luther. Zeitschr. der Luther-Gesellschaft 35, 1964, 102–117.

Auch die „papistische“ Lehre wird derjenigen der „Sakramentierer“ subsumiert[6]. Die Verurteilung der Transsubstantiationslehre steht in scharfer Spannung zu dem ursprünglichen Sinn von CA 10 (cf. o. 89f.), was freilich den Vätern der FC nicht bewußt gewesen sein dürfte.

Immerhin hat die FC dem Luthertum in Deutschland im ganzen die Beendigung der Streitigkeiten seit dem „Interim“ (s. o. S. 106ff.) gebracht. Die Entwicklung zum Zeitalter der Orthodoxie, die schon vorher eingesetzt hatte, konnte sich nun ungestört fortsetzen.

Nachdem die FC von zahlreichen Ständen angenommen war, erschien zum 50jährigen Jubiläum der CA am 25. 6. 1580 das Konkordienbuch. Dieses *Konkordienbuch* enthält die drei „Haupt-Symbola“, nämlich Apostolicum, Nicaenum (d.h. das Nicaeno-Constantinopolitanum von 381), Athanasianum; CA und AC; die Schmalkaldischen Artikel; den „Tractatus de potestate et primatu papae“; Luthers Kleinen und Großen Katechismus sowie die FC samt dem „Catalogus Testimoniorum“. In einzelnen Ausgaben ist außerdem im Anschluß an den Kleinen Katechismus Luthers Trau- und Taufbüchlein beigegeben; letzteres war wegen des in ihm enthaltenen Exorzismus umstritten. Damit hatte die Bekenntnisbildung der lutherischen Reformation ihren Abschluß gefunden.

---

[6] BSLK 800, 43ff.

Zweiter Teil

Dogma und Bekenntnis in der Reformation: Von Zwingli und Calvin bis zur Synode von Westminster

Von Wilhelm Neuser

Obgleich die reformierte Theologie des 16. und 17. Jahrhunderts vielseitig und interessant ist, wird sie in den Lehrbüchern der Dogmengeschichte in der Regel auf wenigen Seiten abgehandelt. Schon vom Umfang her können diese Darstellungen – sei es in geschlossenen Werken, sei es in Lexikonartikeln – dem Gegenstand nicht gerecht werden. Die rühmliche Ausnahme bildet das „Lehrbuch der Dogmengeschichte" von R. Seeberg (3. Aufl. Leipzig 1920, unver. Nachdr. Darmstadt 1959), das den ganzen, im Titel bezeichneten Zeitraum in historischer Reihenfolge behandelt[1].

Die übrigen hierhergehörigen ausführlichen Darstellungen werden von den besonderen Aspekten ihrer Verfasser bestimmt und vernachlässigen infolgedessen die theologiegeschichtlichen Zusammenhänge. P. Tschackerts Werk „Die Entstehung der lutherischen und reformierten Kirchenlehre samt ihren innerprotestantischen Gegensätzen" (Göttingen 1910) will die konfessionelle Entwicklung geschichtlich ausführlich darstellen, ist aber dem Titel entsprechend an den dogmengeschichtlichen Zusammenhängen nicht interessiert[2].

O. Ritschl behandelt im 3. Band seiner „Dogmengeschichte des Protestantismus" (Göttingen 1926) „Die reformierte Theologie des 16. und 17. Jahrhunderts in ihrer Entstehung und Entwicklung". Indessen wird die reformierte Theologie von ihm in Band 1 und 2 (Leipzig 1908 und 1912) bereits abqualifiziert. In ihr nimmt „die Erwählungslehre eine ähnliche Stellung ein, wie in der lutherischen Theologie der Gedanke von der Rechtfertigung" (I, 44). Dies bedeutet, „daß eben nur die orthodoxen lutherischen Theologen in der fides salvifica, die Reformierten dagegen in der electio.. die Quintessenz der biblischen Offenbarung ergreifen zu müssen meinten" (I, 47). Entsprechend negativ ist die Leistung der reformierten Theologie auch angesichts der ersten beiden unter den „vier Instanzen der protestantischen Lehr- und Gedankenbildung" (Biblizismus, Traditionalismus, fides salvifica, allgemeine menschliche Vernunft)[3]. O.

[1] § 87 Die reformatorischen Gedanken Zwinglis, § 88 Der Kampf um das Abendmahl, § 90 Die älteren reformierten Bekenntnisse, § 94 Die Theologie Calvins in ihrer dogmengeschichtlichen Bedeutung, § 95 Der Sieg der calvinischen Abendmahlslehre, § 96 Die evangelischen Grundgedanken in den späteren Bekenntnissen der reformierten Kirchen, § 97 Der Sieg der calvinischen Prädestinationslehre und der Abschluß der reformierten Kirchenlehre.

[2] Teil 2: Der Zwinglianismus; Teil 4: Der Calvinismus und der Lehrgehalt der calvinischen Bekenntnisschriften der reformierten Kirchen; Teil 5: ...Lehrstreitigkeiten, Kirchenordnungen...

[3] Band 1: Kap. V: Die Inspirationslehre in der reformierten Theologie des Reformationszeital-

Ritschls große Quellenkenntnis vermag seine Vorurteile nicht aufzuwiegen. Selbst an der reformierten Irenik (Band 4, Göttingen 1927) vermag er keinen Gefallen zu finden.

H. E. Weber, „Reformation, Orthodoxie und Rationalismus" (Gütersloh I, 1 1937, I, 2 1940, II 1951) geht auf Zwingli und Oekolampad ebensowenig gesondert ein wie auf Luther. Als erste reformierte Theologen werden Bucer und Calvin ausführlich behandelt (I, 1 203–256). In Band I, 2 erscheinen die „Reformierten" nur noch als Typ, deren Ansicht in den verschiedenen Lehrstücken[4] in der Regel durch Aussagen vieler Theologen und Bekenntnisse[5] belegt wird, ohne indessen deren Eigenart zu beachten. Erst die Wittenberger Kryptocalvinisten (I, 2 322–327) treten wieder als Einzelpersonen auf. In Band II „Der Geist der Orthodoxie" geht der Verfasser nicht nur begrifflich-abstrakt auf die dogmengeschichtliche Entwicklung im Reformiertentum ein, sondern wendet sich auch den Autoren und Ereignissen zu. So sehr die gesteckte Aufgabe, der Theologie des Wortes und der Rechtfertigungslehre nachzugehen, Anerkennung finden muß, der dogmengeschichtliche ‚Monophysitismus' bleibt fragwürdig; das Werk „bewegt sich ‚oberhalb' der Dogmengeschichte" (E. Bizer)[6].

W. Köhler, „Dogmengeschichte als Geschichte des christlichen Selbstbewußtseins", Band 2: Das Zeitalter der Reformation (a. d. Nachlaß Zürich 1951) ist nicht chronologisch, sondern nach dogmatischen Loci gegliedert. Es stellt im Querschnitt die Ansichten der Reformatoren u. a. zu jedem Lehrstück nebeneinander. Dem Vorteil der direkten Vergleichsmöglichkeit steht der Nachteil der geschichtlichen Zusammenhanglosigkeit gegenüber.

Auf die älteren Werke soll nicht eingegangen werden. Die Forschung hat nach dem 2. Weltkrieg viele neue Ergebnisse vorgelegt. Es soll im folgenden daher der Versuch gemacht werden, die dogmengeschichtliche Eigenart und Einheit des Zwinglianismus[7] und Calvinismus aufzuzeigen und den Neuansatz der reformierten Orthodoxie in ihren beiden Zweigen – metaphysischer Aristotelismus und antimetaphysischer Ramismus – aufzudecken. Sollte auf diesem Gebiet ein Fortschritt erzielt werden, hält der Verfasser seine Aufgabe für erfüllt.

---

ters, Kap. XIV: Die Lehre von der inspirierten Heiligen Schrift bei den reformierten Theologen nach Calvin, Kap. XXIII: Keime und Spuren eines dem melanchthonischen verwandten Traditionalismus in der reformierten Theologie des 16. Jahrhunderts.

[4] Gesetz und Evangelium (50–52), Subjektivismus (74f., 78f.), Prädestinationslehre (80–93), Christologie (131–140), Abendmahlslehre (197–223), Glaubensbegriff (259f.), rationale Klarheit (295ff.), Irenik (320f.).

[5] Eine Neuausgabe der reformierten Bekenntnisschriften ist in Vorbereitung, vgl. O. Weber, Vorerwägungen zu einer neuen Ausgabe reformierter Bekenntnisschriften, in: Hören und Handeln, Festschr. f. E. Wolf, München 1962, S. 388–398. Folgende Ausgaben werden herangezogen: H. Heppe, Die Bekenntnisschrift der reformierten Kirchen Deutschlands, Elberfeld 1860 (9 Texte); E. F. K. Müller, Die Bekenntnisschriften der reformierten Kirche, Leipzig 1903 (58 Texte; die Einleitung gibt eine genaue Übersicht über alle Textausgaben) (= M); W. Niesel u. a., Bekenntnisschriften und Kirchenordnungen der nach Gottes Wort reformierten Kirche, Zürich 1938 (15 Texte, neue Lit.) (= N). P. Jacobs (Hg.), Reformierte Bekenntnisschriften und Kirchenordnungen in deutscher Übersetzung, Neukirchen 1949.

[6] Geleitwort zu H. E. Webers Ges. Aufs., hg. von U. Seeger, München 1965, S. 7.

[7] J. V. Pollet, Art. Zwinglianisme, DThC 15, Sp. 3745–3928, Paris 1950, behandelt Zwinglis Theologie; P. Tschackert, aaO. S. 255ff., streift nur die Zwinglischen Bekenntnisse. G. W. Locher, Die Zwinglische Reformation im Rahmen der europäischen Kirchengeschichte, Göttingen 1979, hat als erster die Ausstrahlungen der Zwinglischen Reformation beschrieben.

Erster Abschnitt: Zwingli und der Zwinglianismus

Kapitel I: Huldrych Zwinglis Entwicklung zum Reformator

Bibliographie: U. GÄBLER, HULDRYCH Zwingli im 20. Jahrhundert. Forschungsbericht und annotierte Bibliographie 1897–1972, Zürich 1975. *Quellen:* M. SCHULER u. J. SCHULTHESS, Huldreich Zwinglis Werke, Zürich 1828ff. (= SS); E. EGLI, G. FINSLER, W. KÖHLER, O. FARNER, F. BLANKE, L. v. MURALT, E. KÜNZLI, R. PFISTER, HULDREICH Zwinglis Sämtliche Werke, Corpus Reformatorum Vol. 88ff., Berlin 1905, Leipzig 1908–1941, Zürich 1959ff. (= Z); F. BLANKE, O. FARNER, R. PFISTER, Zwingli-Hauptschriften, Zürich 1940ff. (Übersetzung); O. FARNER, Huldreich Zwinglis Briefe, 2 Bde. 1918/20 (Übersetzung); E. EGLI, Klagschrift des Chorherrn Konrad Hofmann wider Zwingli, in: Actensammlung zur Geschichte der Zürcher Reformation in den Jahren 1519–1533, Zürich 1918, S. 59ff., Nr. 213 (Auszug); W. KÖHLER, Huldrych Zwinglis Bibliothek, 84. Neujahrsblatt zum Besten des Waisenhauses in Zürich für 1921, Zürich 1921; O. SCHADE, Satiren und Pasquille aus der Reformationszeit, Hildesheim 1966, reprographischer Nachdruck der 2. Ausg. 1863, S. 19ff. (Die götliche Müle). *Darstellungen:* O. FARNER, Zwinglis Entwicklung zum Reformator nach seinem Briefwechsel bis Ende 1522, Zwa 3, 1913–1920, S. 1ff.; DERS., Huldrych Zwingli, Bd. 2. Seine Entwicklung zum Reformator, Zürich 1946; A. RICH, Die Anfänge der Theologie Huldrych Zwinglis, Zürich 1949; W. KÖHLER, Huldrich Zwingli, Stuttgart 1943^1, 1952^2, S. 45ff.; G. W. LOCHER, Huldrych Zwinglis Entwicklung, in: Grundzüge der Theologie Huldrych Zwinglis im Vergleich mit derjenigen Martin Luthers und Johannes Calvins (H. Zwingli in neuer Sicht, Zürich/Stuttgart 1969, S. 182–199); W.H. NEUSER, Die reformatorische Wende bei Zwingli, Neukirchen 1977; J. ROGGE, Der junge Zwingli 1483–1523, II,4 1983.

§ 1 Stand der Foschung

Literatur: J. M. USTERI, Initia Zwinglii, ThStKr 1885, S. 607ff.; 1886, S. 95ff.; U. GÄBLER, aaO. S. 39–60; M. BRECHT, Zwingli als Schüler Luthers. Zu seiner theologischen Entwicklung 1518–1522, ZKG 96, 1985, S. 301–319; R. HOBURG, Seligkeit und Heilsgewißheit. Hermeneutik und Schriftauslegung bei Huldrych Zwingli bis 1522, Stuttgart 1994 (CThM.SI 11).

Zwinglis spätere Aussagen über seine *reformatorische Wende* weisen zwei Eigentümlichkeiten auf. 1. Seine Selbstzeugnisse lassen durchgehend sein Bestreben erkennen, seine geistige Unabhängigkeit von Martin Luther zu beweisen; sie sind apologetisch bestimmt. Seine Aussagen über die reformatorische Wende umfassen daher nur die Zeit bis 1519, in der ihm Luthers Gedanken noch unbekannt waren. 2. Am häufigsten führt er seine neue Predigtweise der Jahre 1516 und 1519 an. Sie ist ihm Ausweis seiner öffentlichen Hinwendung zur Reformation. Die reformatorische *Tat* wird hervorgehoben, doch wieder nur, um die Eigenständigkeit gegenüber Luther zu beweisen. Zwingli weiß, daß die reformatorische Tat nicht mit der reformatorischen Erkenntnis identisch sein muß. Er führt daher in seinen späteren Selbstzeugnissen viele konkrete Ereignisse an, die entweder den Anlaß oder die Tatsache seiner Neuerkenntnis beschreiben; nur ein Teil kann auch aus seinen frühen Briefwechsel (Z Bd. 7) belegt werden.

1513: Erlernen der griechischen Sprache, um Christi Lehre aus den Quellen kennenzulernen[1].

---

[1] Z 2,147,2 (1523): 7,22,8 (1513).

1514/15: Verwerfung der Scholastik als Menschenlehre. Die Heilige Schrift ‚beginnt' Zwingli verständlicher zu werden; er ‚beginnt' sich ganz auf sie zu verlassen[2].

1514/15: Belehrung durch das Gedicht des Erasmus ‚Expostulatio Jesu cum homine', Christus sei allein der Mittler. Zwingli ‚beginnt' in der Bibel und bei den Kirchenvätern zu suchen, um Klarheit über die Fürbitte der Heiligen zu gewinnen[3].

1515(?): Der Basler Theologieprofessor Thomas Wyttenbach belehrt ihn, daß der Ablaß ein Betrug, und allein der Tod Christi die Bezahlung für die Sünden sei[4].

1515: Aufnahme in den Freundeskreis des Erasmus, in dem Zwingli gefördert und zum reformatorischen Denken und Handeln angespornt wird[5].

1516: Eigenständige Abschrift und sorgfältige Lektüre der Paulusbriefe aus dem ‚Novum Instrumentum omne' des Erasmus, das am 1. März 1516 im Druck erschienen war. Abschluß der Abschrift im Juni 1517[6].

1516: Zwingli ‚beginnt' öffentlich das Evangelium allein aus der Heiligen Schrift zu predigen, wenn auch nicht frei vom Einfluß der Kirchenväter, insbesondere des Hieronymus[7].

1517: In Einsiedeln und Zürich beweist Zwingli Kardinal Schinner und anderen aus der Heiligen Schrift, „das das gantz bapsttůmb einen schlechten grund habe"[8].

Vor 1519: Bestreitung des Meßopfers aufgrund der Worte 1.Kor 11,24 „solches tut zu meinem Gedächtnis"[9].

1519: In Zürich Auslegung des Matthäusevangeliums fortlaufend in Predigten, ohne menschliche Zusätze[10].

Es fehlen drei gewichtige Selbstzeugnisse, da die in ihnen berichteten Ereignisse undatiert sind: 1. Zwinglis erstes ausführliches Selbstzeugnis aus dem Jahr 1522 in der Schrift ‚Archeteles'[11], 2. der Bericht über sein Ringen um die Sündenvergebung in den Schlußreden 1523[12] und 3. der Hinweis auf Augustin, Johannes und Paulus als seinen Lehrern in der reformatorischen Erkenntnis in dem letzten Selbstzeugnis[13].

Völlig unkritisch folgen noch Zwinglis älteste Biographen, Myconius, Bullinger, Kessler, seinen Selbstaussagen und lassen ihn daher im Kloster Einsiedeln im Jahr 1516 das Evangelium verkündigen. O. Farner, der in einem früheren Aufsatz aufgrund des Briefwechsels eine nichtreformatorische Predigtweise Zwinglis in der Einsiedler Zeit nachgewiesen hatte, vertraut in seiner Biographie diesen zeitgenössischen Zeugnissen und läßt die „zentriertere evangelische Verkündigung" im Jahr 1516 „anfangen"[14]; bis 1519 dauerte die „Straffung und Ausreifung der neugewonnenen Erkenntnisse[15]. W. Köhler will Zwinglis Selbstaussagen nicht folgen: Jener predigte 1516 das erasmische ‚Evangelium'[16].

---

[2] Z 1,379,23 (1522). [3] Z 1,217,8 (1522); vgl. Clericus V, 1319f.
[4] Z 2,145,28 (1523); 5,718,7 (1527). [5] Z 5,721,7 (1527).
[6] Z 5,713,4 (1527); vgl. das Original 12,1 (1516/17).
[7] Z 2,145,1 (1523); vgl. 7,485,3 (1521); 1,256,14 (1522); 5,424,9 (1526).
[8] Z 4,59,11 (1525). [9] Z 2,150,18 (1523).
[10] Z 2,145,21; 2,146,28 (1523); 2,707,31 (1523); 7,106,3 (1518).
[11] Z 1,259,35. [12] Z 2,225,27. [13] Z 5,713,3.
[14] II, 262,3. [15] II, 5. [16] S. 66.

Begründete Zweifel an Zwinglis Frühdatierung der reformatorischen Wende erweckte sein *Pestlied*; er erkrankte im Herbst 1519 an der Pest. F. Blanke meint, daß Zwinglis Pestlied noch nicht die reformatorische Rechtfertigungslehre enthalte[17]. G. W. Locher[18] stimmt ihm zu. A. Rich hat das Pestlied eingehend untersucht und kommt mit guten Gründen zu dem Ergebnis, es sei erst im Zusammenhang mit dem Lutherhandel Mitte des Jahres 1520 entstanden. Er meint, es sei bei Zwingli eine humanistische und eine frühreformatorische Phase zu unterscheiden: Erstere „beginnt um 1514/15 und dauert bis Mitte 1520, ein Zeitpunkt, der zur frühreformatorischen Phase überleitet, die ich bis zum Frühjahr 1522 dauern lassen möchte“[19]. An dieser Spätdatierung der reformatorischen Wende Zwinglis ist die Unbestimmtheit des Begriffes ‚frühreformatorisch‘ zu beanstanden. Überall hat die Reformation einen scharfen Bruch mit der römischen Kirche bedeutet. Ihr muß eine entsprechend klare Neuerkenntnis vorausgegangen sein. Es kann festgehalten werden, daß die meisten Forscher Zwinglis Frühdatierung (1516 oder 1519) ablehnen.

Zwinglis Randglossen schienen weiterzuhelfen und zu seinen frühsten reformatorischen Äußerungen zu führen. Denn eine ungewöhnliche Entdeckung J. M. Usteris ermöglichte es, die ältesten Marginalien in Zwinglis Büchern zu identifizieren. Bis zum 2. Juli 1519 zog jener nämlich den Balken des Buchstabens ‚d‘ tief unter die Zeile herab[20]. Während Usteri aufgrund dieser Entdeckung nur den „Versuch“ machte, den Stand der theologischen Erkenntnis Zwinglis in den Jahren 1516/17 festzustellen, fand W. Köhler in den Randglossen Zwinglis zum Psalter (1520) eine Häufung von Augustinzitaten[21], die eine neue intensive Augustinlektüre Zwinglis bezeugt. W. Köhler stellte daraus eine „Theologie Augustins“ zusammen, verstanden „als Theologie der Gerechtigkeit aus Glauben allein, als reformatorisches Erlösungsbewußtsein“[22]. O. Farner konstatierte aufgrund desselben Materials ein „Letztes Ausreifen der reformatorischen Erkenntnis“[23], und A. Rich ordnet gar die Randbemerkungen zum „ersten Grundriß einer reformatorischen Theologie“[24]. Das Rätsel der reformatorischen Erkenntnis Zwinglis ist aber auf diese Weise nicht zu lösen, denn die Randglossen sind zumeist nur Bruckstücke oder Augustinzitate und daher zweideutig. Fest steht durch sie nur, daß Zwingli sich erst spät mit Augustin beschäftigt hat. Eine zweite Entdeckung schien weiterzuhelfen: Die Marginalien Zwinglis bezeugen die Lektüre der Operationes in Psalmos Luthers und zwar der Psalmen 1 bis 14 (13), die im März 1521 in Basel erschienen waren[26a]. Ein Einfluß auf Zwingli im Sommer 1521 ist daher anzunehmen; über den Inhalt und Umfang gibt es nur Vermutungen.

Das Gesamtbild der theologischen Entwicklung Zwinglis ergibt sich bereits aus dessen erstem Selbstzeugnis (1522). Da es in der Ich-Form gehalten ist, die Ereignisse aber nur angedeutet und keine Namen genannt werden, entfällt die apologetische Tendenz. Dem Text[25] ist über G. W. Locher[26] hinaus zu entnehmen: Der Streit zwischen dem Bischof von Konstanz und den Befürwortern der Zürcher Reformation liegt nach Zwinglis Meinung in dem Gegensatz zwischen

[17] S. 13.
[18] Grundzüge S. 186 Anm. 27.
[19] S. 6.
[20] ThStKr 1885, 611f.
[21] Z 12,327ff.
[22] S. 71.
[23] II, 406.
[24] S. 131.
[25] Z 1,259–261.
[26] Grundzüge 190ff.
[26a] Brecht S. 313.

„menschlichen Überlieferungen" (traditiones humanae) und der „Alleingeltung der Gnade und Verheißungen Gottes" (sola dei clementia et pollicitationes). Zuerst sieht sich Zwingli zwischen die Theologen der Scholastik und die Humanisten gestellt, die auf die Kirchenväter (ad veteres) verweisen. Zwingli bekennt, deren Einfluß hinter sich gelassen zu haben. Als nächstes spielt er auf die Ablaßhändler an, die „in ihrer Selbst- und Gottesvergessenheit es wagten, ihr Eigenes als Göttliches zu verkaufen". Im Sommer 1518 näherte sich der Ablaßhändler Sanson Zürich. Zwingli sucht nun nach einem Maßstab für die rechte Lehre, einen „Lydischen Stein". Er findet diesen Probierstein (vgl. Plinius, n.h. 33,126: „coticula") in Christus, an dem alle Überlieferungen (traditiones) zu messen sind. Allmählich gewinnt er Klarheit: „Ich fing an (coepi), jede Lehre an diesem Stein zu prüfen." „Schließlich (tandem) merkte ich sogleich beim ersten Abstrich, ob sich ein fremder Zusatz oder eine Beimischung darin befinde." Obgleich Zwingli seine reformatorische Periode nur allgemein kennzeichnet, wird deutlich, sie beginnt nicht vor 1519. Ihr geht eine scholastische und eine humanistische Periode voraus. Erasmus und Luther haben daher nacheinander auf ihn gewirkt.

§ 2 Zwingli und Erasmus

Literatur: J. Rogge, Zwingli und Erasmus. Die Friedensgedanken des jungen Zwingli, Berlin 1962; J. F. G. Goeters, Zwinglis Werdegang als Erasmianer, in: Reformation und Humanismus, Festschr. R. Stupperich, Witten 1969, S. 255ff.; G. W. Locher, Zwingli und Erasmus, Zwa 13, 1969, S. 37ff.

Aufgrund des Briefwechsels und der Selbstzeugnisse (vgl. die Aufstellung § 1) entsteht folgendes Bild: Erst im Jahre 1513 zeigt sich bei ihm ein tieferes religiöses Interesse. Er will die „allerheiligsten Schriften" (sacratissimae literae) im Urtext studieren; gemeint sind das NT und die Schriften der Kirchenväter im Gegensatz zu den profanen Schriften. Zwingli erlernt nun das Griechische, Zeichen seiner Hinwendung zum *religiösen Humanismus*. Auf welche Veranlassung hin dieser Schritt geschieht, ist unbekannt.

Der Bruch mit der scholastischen Kirchenlehre – Zwingli nennt die Theologen der Hochscholastik „Zänkische"[27] – erfolgt in den Jahren 1514/15. Er ist ein Zeichen für Zwinglis inzwischen erfolgten Anschluß an Erasmus von Rotterdam, denn der berühmte Humanist verband mit seinem Ruf, „Zurück zu den Quellen" (ad fontes), den Kampf gegen die Scholastiker als den Entstellern der alten, ursprünglichen Lehre; die „Alten" (veteres) und die „Neueren" (neoterici) liegen im Streit miteinander. Zwingli liest nun die Kommentare der Scholastiker nicht mehr[28]. Im Frühjahr 1515 kommt es zur ersten Begegnung mit Erasmus in Basel. In einem Dankesbrief vom 29. April 1515 spricht Zwingli die Freude aus, „daß die göttlichen Wissenschaften (sanctae litterae) durch ihn (sc. Erasmus) von der Barbarei und Sophistik befreit wurden"[29]. ‚Barbarei' ist die Verachtung der Antike, ‚Sophistik' bezeichnet die unfruchtbare Dialektik des scholastischen Wissenschaftsbetriebes. Zwinglis Brief zeigt, daß er die Eigenart

[27] Z 1,464,15 u.ö. [28] Z 1,379,25. [29] Z 7,36,17.

des erasmischen Humanismus begriffen hat: die Hinwendung zur antiken Tugendlehre, das eifrige Studium des moralisch verstandenen Urchristentums und der Kampf gegen das scholastische System.

Im Frühjahr 1516 verfaßt er das Gedicht „Das Labyrinth", mit dem er sich dem *erasmischen Pazifismus* anschließt. Schon in den beiden früheren politischen Schriften, dem Fabelgedicht vom Ochsen (1510) und dem Bericht über den siegreichen Pavierfeldzug (1512) hatte er sich gegen das Reislaufen gewandt. Die unglückliche Niederlage bei Marignano (1515) läßt ihn nun gegen Krieg, Streit und Zank generell die Stimme erheben: „... hat uns das Christus gelehrt?"[30] Der christozentrische Moralismus des Erasmus tritt in Erscheinung, wenngleich die Wurzel des Pazifismus im antiken Ideal des ‚Goldenen Zeitalters' liegen. In den nächsten Jahren verstärkt sich bei Zwingli die pazifistische Propaganda. Am 30. November 1519 schreibt er an Myconius: „Suche die Pfarrer in eurer Umgebung auf und belehre sie, sie sollen Friedensfreunde sein und ohne Unterlaß vom Frieden, von der Eintracht und vom Daheimbleiben predigen."[31] Da sich der Kampf gegen das nationale Übel des Reislaufens und der philosophische Pazifismus miteinander vermischen, ist das Ende der pazifistischen Periode Zwinglis nicht eindeutig feststellbar.

Wenn Zwingli erwähnt, er habe 1516/17 die Paulusbriefe aus dem Urtext abgeschrieben, so folgt er damit lediglich einem Rat des Erasmus[32]. Vorlage war das gerade erschienene ‚Novum Instrumentum omne' des Erasmus. Mehr Bedeutung als dieser Abschrift hat Zwingli seiner neuen Predigtweise im Jahr 1516 zugemessen. Rückblickend bezeugt er 1523: „Ich hab, vor und ee dhein [kein] Mensch in unserer gegne ütz von des Luters namen gwüßt hab, angehebt das euangelion Christi ze predgen im jar 1516, also, das ich an dhein cantzel ggangen bin, daß ich nit die wort, so am selben morgen in der meß zů eim euangelio gelesen werdend, für mich näme und die allein uß biblischer gschrift ußleite."[33] Sieht man von dem Anspruch ab, damals schon das Evangelium Christi reformatorisch gepredigt zu haben, so beschreibt er nur die liturgische Neuerung, in Einsiedeln im Predigtgottesdienst am Nachmittag den Evangelientext der Messe am Morgen ausgelegt zu haben, und zwar alleine aus der Heiligen Schrift. Die Nachmittagspredigt wurde auf diese Weise zur Korrektur an dem wahrscheinlich predigtlosen Meßgottesdienst. Inhaltlich enthielt die schriftgemäße Predigt zumindest eine Kritik an der Predigtweise „der Masse der Priester" – Rhenanus bezeugt dies im Brief vom 6. Dezember 1518 an Zwingli: „Es ist nämlich nicht verborgen, daß du und die dir ähnlich sind die reinste philosophia Christi dem Volk aus ihren eigenen Quellen vortragen, nicht verstümmelt durch skotistische und occamistische Auslegung, sondern so, wie sie von den Kirchenvätern Augustin, Ambrosius, Cyprian und Hieronymus echt und klar dargelegt worden ist. Jene anderen tragen auf der Kanzel, wo alles Gesagte vom Volk für wahr gehalten wird, ihr Geplapper vor über die Papstgewalt, den Ablaß, das Fegefeuer, die erdichteten Wunder, die Restitution, die Kontrakte, die Gelübde, die Höllenstrafen, über den Antichrist. Ihr aber zeigt in kurzen Zügen, gleichsam auf eine Tafel gemalt, die gesamte Lehre Christi, wie es einer Predigt entspricht"

---

[30] Z 1,60,213. [31] Z 7,233,2. [32] Welzig 1,372/73.
[33] Z 2,144,32.

(usw.)[34]. Die „philosophia Christi" ist des Erasmus Begriff für das Evangelium Christi. Rhenanus stellt bei Zwingli und seinen Freunden die Konzentrierung auf das erasmische Evangelium in der Predigt fest. Die von ihm genannte Kritik kirchlicher Lehren entspricht ziemlich genau den Ausführungen des Erasmus in den Vorreden zum griechischen Neuen Testament (1516), der ‚Paraclesis' und dem ‚Methodus'. Damit ist sehr wahrscheinlich das Reformprogramm des Erasmus die Quelle für Zwinglis neue Predigtweise im Jahr 1516.

Im Jahre 1519 ist eine unverminderte, ja verstärkte Lektüre der *Erasmusschriften* festzustellen[35]. Über die gerade erschienene Schrift des Erasmus ‚Compendium seu Ratio' schreibt er 1519: „Ich kann mich nicht erinnern, sonstwo in einem kleinen Büchlein so großen Gewinn gefunden zu haben."[36] Am Papsttum und Meßopfer kritisierte Zwingli in der vorzürcher Zeit nach seiner eigenen Aussage nur den mangelnden Schriftbeweis. Auf der Kanzel des Großmünsters verbot er die Anbetung der Heiligen. „Die Anrufung der Heiligen wollte ich nicht mit Stumpf und Stil ausrotten, sondern habe sie den Leuten einstweilen noch erlaubt."[37] Die Unterscheidung von „adoratio" und „invocatio" war kirchenrechtlich geboten. Zwinglis Reformen sind daher ebensowenig grundsätzlicher Art wie die des Erasmus. Die altgläubigen Prediger Zürichs haben sich gegen die Kirchenkritik Zwinglis öffentlich zur Wehr gesetzt. Bei genauem Hinsehen erweist sich aber das vielgenannte „Ratsmandat evangelischer Predigt" (1519/20), mit dem der Rat der Stadt dem Streit auf den Kanzeln begegnete, lediglich als ein Ratsmandat schriftgemäßer Predigt. Ohne Zweifel deckte der erasmische Humanismus viele kirchliche Mißbräuche auf und verwies klar von der scholastischen Kirchenlehre auf die Bibel zurück, so daß die humanistische Periode Zwinglis als eine Vorstufe zur Reformation zu werten ist.

In seinem letzten großen Selbstzeugnis (1527), in dem er endlich zum erasmischen Humanismus Stellung nimmt, fällt des Erasmus Name nicht; er spricht nur von den Humanisten, den „vielen und berühmten Männern" (multi et excellentes viri)[38], die ihn über die Religion (religio), nicht aber über das Evangelium belehrten. Vor Luther haben sie erkannt, „worin die Religion bestehe" (unde penderet religio)[39]. Religion versteht Zwingli als Ethik, als Praxis des Evangeliums (negotium evangelii)[40]. Die „summa religionis" hätten die Humanisten, wenn nicht besser, so doch ebensogut verstanden wie Luther[41]. Der Umgang mit diesen Männern habe ihn vor 12 Jahren (1515) genutzt und zum Eifer angetrieben[42]. Die *reformatorische Erkenntnis* beschreibt Zwingli in diesem Selbstzeugnis jedoch eindeutig als cognitio evangelii, ratio evangelii, summa evangelii oder vis evangelii. Bevor er sie erlangte, habe er eine „Wiedergeburt" durchmachen müssen[43]. Dieser Gesinnungswandel erfolgte erst in Abwendung vom erasmischen Humanismus.

---

[34] Z 7,115,5.
[35] Z 7,139,4.14; 162,19; 197,1.
[36] Z 7,139,17.
[37] Z 7,181,6.
[38] Z 5,712,25.
[39] Z 5,713,1.
[40] Z 5,717,2.
[41] Z 5,721,6.
[42] Z 5,714,2.
[43] Z 5,716,5.

§ 3 Zwingli und Luther

Literatur: O. Farner, Huldrych Zwingli, Bd. 2, S. 310–347; A. Rich, aaO. S. 73–95.

Zwinglis Verhältnis zu Luther hat sich mehrmals verändert. Die erste Periode (Herbst 1518 bis Sommer 1520) ist die der Lutherbegeisterung. Erst am 6. Dezember 1518 taucht Luthers Name zum ersten Mal in Zwinglis Korrespondenz auf. Luthers persönliches Schicksal wird eifrig verfolgt, und die Verbreitung der Lutherschriften, die die Basler Drucker in großer Zahl nachzudrucken begannen, breit erörtert. Der Erasmuskreis treibt systematisch Propaganda für Luthers Bücher. Da Zwingli gerade das Herrengebet in seinen Predigten auslegt, bestellt er „einen großen Posten" von Luthers „Üsslegung dütsch des Vater unser" (1518), um Rat und Beistand in bezug auf die Anrufung der Heiligen zu finden[44]. Luther ist lediglich Mitstreiter im Kampf um die kirchlichen Reformen; reformatorische Klänge fehlen.

Zwinglis Lutherbegeisterung erreicht ihren Höhepunkt nach dem Leipziger Gespräch (1519); er nennt ihn einen neuen ‚Elia'[45]. Aus den Basler Lutherdrukken, die er zu Gesicht bekam, konnte Zwingli in dieser Zeit schwerlich Luthers reformatorische Gedanken kennenlernen. Die großen reformatorischen Schriften des Jahres 1520 standen noch aus. Luther leugnete damals die Autorität des Papstes noch nicht, behauptete aber seine Irrtumsfähigkeit und stellte die menschlichen Traditionen dem Evangelium Christi gegenüber. Zwingli trägt ebenfalls im Brief vom 4. Jan. 1520 nur den Schriftbeweis vor, daß der Papst nicht an die Stelle Christi treten kann[46]. Die Papst-Antichrist-Idee fehlt noch (gegen A. Rich[47]).

Die zweite Periode (Sommer 1520 bis Frühjahr 1522) ist die der Distanzierung von Luther aus kirchenpolitischen Gründen. Als die Bannandrohungsbulle vom 15. Juni 1520 gegen Luther bekannt wird, rückt Zwingli deutlich von Luther ab: Ob mit Luther gerecht verfahren sei, will er nicht entscheiden[48]. Er will bald den Sekretär des päpstlichen Legaten Pucci aufsuchen, um ihn zu einem Schritt für ein Einlenken der Kurie zu bewegen. „Wird der Bann nämlich erlassen, so sehe ich voraus, daß man in Deutschland nicht nur den Bann, sondern damit den Papst verachtet."[49] Von Luther, beteuert er, habe er fast nichts mehr gelesen. Da Zwingli Erasmusschüler und von Luther noch unabhängig war, ist an seinem Verhalten nichts auszusetzen. Daß Luther ein Gesinnungsgenosse ist, gibt er auch jetzt zu erkennen[50]. Aber er will nicht in Luthers Untergang hineingezogen werden. Freunde raten ihm in der Folgezeit, zu schweigen, denn unter den Namen der Anhänger Luthers in der Schweiz, die genannt würden, sei auch sein Name[51]. Den Verkehr mit dem Konstanzer Generalvikar Faber und anderen namhaften Vertretern Roms erhält er aufrecht. Im Herbst 1520 wird er von Pucci verhört, kann sich aber offensichtlich von dem Verdacht, Lutheraner zu sein, reinigen[52]. Erst im Jahre 1521 bricht er mit den Vertretern des Papstes. Vor diesem Zeitpunkt muß die reformatorische Wende liegen.

---

[44] Z 7,181,1; 180,10.
[45] Z 7,222,11.
[46] Z 7,250,15.
[47] S. 90f.
[48] Z 7,344,1.
[49] Z 7,344,3.
[50] Z 7,343,33.
[51] Z 7,374,21; 351,6.
[52] Horawitz-Hartfelder S. 262.

In der dritten Periode (1522 bis 1524) erfolgt eine vorsichtige Parteinahme für Luther bei entschiedener Betonung der theologischen Selbständigkeit. Nachdem Zürich den Bruch mit dem Bischof von Konstanz vollzogen hatte, brauchte die Gemeinsamkeit mit Luther nicht mehr abgestritten zu werden. „Hat der Luter da getruncken, da wir getruncken habend, so hatt er mit uns gemein die evangelische Leer."[53] Im großen Selbstzeugnis 1523 geht Zwingli darüber hinaus: „Luter ist, als mich bedunckt, so ein treffenlicher stryter gottes, der da mit grossem ernst die geschrifft durchfüntelet [durchforscht], als er in tusend jaren uff erden ie xin ist..., und mit dem mannlichen, unbewegten gmůt, damit er den bapst von Rom anggriffen hat, ist im dheiner nie glych worden, als lang das bapsttůmb gwäret hat."[54] In der Frage der Ohrenbeichte, der Fürbitte der Heiligen u. a. gibt er nach Zwinglis Meinung den ‚Blöden' jedoch zu sehr nach. Rechtliche Gründe lassen weiterhin eine Distanzierung von Luther als richtig erscheinen: Die Römischen „haben den weidlichen, fürtrettenden knecht Christi, Martin Luter, zum ersten verdampt, und demnach legend sy sinen namen den unverdienten uff, damit sy uß der leer Christi ein sect oder ketzery machind"[55]. Zwingli wiederholt seine Verwahrung: Wir sind nicht lutherisch, wir sind evangelisch.

Die vierte Periode (1525 bis 1529) bringt wegen des Abendmahlsstreites eine verschärfte Konfrontierung mit Luther. Das ausführliche Selbstzeugnis in der ‚Amica exegesis' (1527) legt davon Zeugnis ab. Luther bleibt für Zwingli der ‚propugnator Evangelii' gegenüber Rom[56]. Er gesteht nun ein, seit 1515 Erasmianer gewesen zu sein. Um an der Behauptung, der eigenen Selbständigkeit gegenüber Luther festhalten zu können, schildert er nun (ganz zutreffend) Luthers allmähliches Durchdringen zur Reformation und (überbetonend) sein Festhalten an einigen römischen Lehren und Bräuchen: In den Ablaßthesen (1517) und den Resolutionen zu ihnen (1518) habe Luther „nach ihrer Art" (iuxta illorum ritum) mit den römischen Theologen disputiert und ihnen Thesen (paradoxa) und Gordische Knoten vorgehalten[57]. In der Tat beteuert Luther in den Resolutionen mehrmals, nur disputieren zu wollen[58]. Zwingli hat erkannt, daß Luther in den 95 Thesen nur Mißbräuche anprangert, die Schlüsselgewalt des Papstes z.B. aber nicht bestreitet[59]. „Bald" darauf hat Luther „das hinderliche Gepäck weggeworfen"[60]. Zwingli spielt auf das Leipziger Gespräch 1519 an, dem er im Kampf gegen Rom hohe Bedeutung beimißt. Seine Eigenständigkeit belegt Zwingli nun auf folgende Weise: „Ich habe die Eigenart des Evangeliums mit Gottes Hilfe so durchforscht, daß die päpstliche Schlüsselgewalt, das Fegefeuer und die erdichtete Fürbitte der Heiligen dadurch zusammenbrechen, während du, wie man sagt, in allen deinen Büchern an ihnen festhältst."[61] Außerdem nennt Zwingli die Absolution in der Beichte, den Sakramentsbegriff und natürlich die Abendmahlslehre[62]. Die reformatorische Erkenntnis spricht Zwingli ihm nicht ab, bemerkt aber spitz: „Ob du die Summe des Evangelium richtig verstehst, da schau du zu!"[63]

---

[53] Z 2,224,11.
[54] Z 2,147,14.
[55] Z 2,149,14.
[56] Z 5,613,13.
[57] Z 5,722,5.
[58] WA 1,528ff.,534,554,561.
[59] Z 5,718,5.
[60] Z 5,722,6.
[61] Z 5,716,9.
[62] Vgl. Z 5,716 Anm. 1.
[63] Z 5,715,1.

§ 4 Paulus, Johannes und Augustin als Lehrer Zwinglis

Literatur: W. H. NEUSER, aaO. S. 63–74; 125–147; A. SCHINDLER, Zwingli und die Kirchenväter, Zürich 1984.

Im oben zitierten Selbstzeugnis macht Zwingli eine genaue Angabe über seine reformatorische Wende: *„Denn von mir selbst bezeuge ich vor Gott, daß ich die Kraft und Summe des Evangeliums sowohl durch die Lektüre des [Evangelisten] Johannes und der Traktate Augustins gelernt habe, als insbesondere durch die sorgfältige Lektüre der griechischen Briefe des Paulus, die ich mit eigener Hand [1516] abschrieb, während du erst seit 1519 regierst" (quum tu annis iam octo regnes)*[64].

Überlegungen zum Inhalt der Neuerkenntnis ergeben: Paulus, Johannes und Augustin verbindet die Prädestinationslehre. Sie sind in der Kirchengeschichte die Gewährsleute der Lehre von der Erwählung Gottes bzw. doppelten Prädestination. Damit trifft zusammen, daß mit dem Bekanntwerden der Bannandrohungsbulle vom 15. Juni 1520 gegen Luther Zwinglis humanistischer Fortschrittsoptimismus in eine tiefe Krise gerät. Zeugnis dafür ist sein Seelsorgebrief vom 24. Juni 1520 an Myconius (s. u. S. 202 f.). Sein Glaube an die Bildungsmacht des Christentums in Verbindung mit der Antike gerät ins Wanken. In diesem Brief zitiert er erstmals Röm 9,22: „Ich bitte Christus nur um das eine, daß er mich, sein ‚Geschirr', zerbreche oder festmache, wie es ihm gefällt."[65] In diese Zeit fällt wahrscheinlich auch das Pestlied, in dem es heißt: „Thuo, wi du wilt; mich nüt befilt. Din ‚haf' bin ich. Mach gantz ald [oder] brich."[66] Des Myconius Brief vom 11. Juni 1521 zeigt, daß beide Männer sich intensiv mit der Prädestinationslehre befassen[67]. Demnach hat Zwingli Paulus, Johannes und Augustin darum seine reformatorischen Lehrer genannt, weil er ihnen die Lehre von der göttlichen Erwählung verdankt, die dem Semipelagianismus der römischen Kirchenlehre ein Ende setzte. Die Lehre von der Allwirksamkeit Gottes ist ein Kennzeichen der zwinglischen Theologie geworden. Diese Erkenntnis kann er erst in der zweiten Jahreshälfte 1520 gewonnen haben. Hatte er aber damit die ‚Kraft und Summe des Evangeliums' erkannt?

Das Selbstzeugnis in der 21. Schlußrede (1523) führt weiter. Es nennt kein Datum, gehört aber wohl in den Zusammenhang der Psalmenvorlesung[68], die er im Dezember 1520 und in der Fastenzeit 1521 in seiner „Schola privata" zu halten beabsichtigte[69]. Er beschreibt darin seine Anfechtungen über der 5. Bitte des Herrengebetes, „Vergib uns unsere Schuld, wie wir vergeben unseren Schuldigern". Er konnte keinen Frieden finden, wenn er nicht die Gewißheit erhielt, „daß mich got nit richte nach minem verzyhen"[70]. Anfangs sei ihm Gottes Forderung, er werde in dem Maß vergeben, wie der Beter dem Nächsten vergebe, nicht schwer gefallen. Dann aber beunruhigte ihn der Gedanke, Gott liebe ihn nicht mehr, als er selbst seinen Feind liebe. Die Angst, die Vergebung nicht zu finden, trieb ihn zu dem Aufschrei: „Herr! Ich bin ein gefangen man! Verzych, herr verzych!" Erst als er lernte, sich zu „ergeben an die luteren gnad gottes"[71],

---

[64] Z 5,713,2. [65] Z 7,344,15. [66] Z 1,67,21.
[67] Z 7,463,3. [68] Z 2,226,15. [69] Z 7,345,14.
[70] Z 2,226,1. [71] Z 2,226,20.

fand er Frieden. Woher die Erkenntnis stammt, erwähnt Zwingli nicht. Von Luther kann sie nicht kommen, denn dieser lehrt in den Auslegungen des Herrengebetes 1518 und 1519 noch unbenommen die Bindung der Sündenvergebung an des Menschen Vergeben[72]. Gewährsmann Luthers ist Augustin, der in den „Enarrationes in Psalmos" zu Psalm 54,14; 103,6ff.; 143,2 unerbittlich auf das menschliche Vergeben als Vorbedingung der göttlichen Vergebung besteht. Es ist daher möglich, daß die Augustinlektüre Zwinglis Anfechtung erst ausgelöst hat. Wie erwähnt, bezeugen seine Randglossen zum Psalter Zwinglis intensive Augustinlektüre.

Das erste Zeugnis seiner klaren reformatorischen Erkenntnis ist die Flugschrift „Die göttliche Mühle" vom Mai 1521. Zwingli setzt seinen Anteil zu tief an, um nicht angefeindet zu werden[73], von Nichttheologen kann sie nicht geschrieben sein. Nun wird die ‚lutere gnad' verdeutlicht. Denn diese Schrift besingt das neuentdeckte Evangelium, nämlich *Gottes Güte und Sündenvergebung*. Erasmus wird noch neben Luther gepriesen. Auch ist der Einfluß augustinischer Theologie noch spürbar: Die Wirkung des Evangeliums ist nämlich nicht der Glaube, sondern ‚Gott lieben' (amor dei). Mit dem „amor dei" erscheint ein Zentralgedanke Augustins. Das Evangelium ist in der Schrift „Die göttliche Mühle" Gottes bedingungslos geschenkte Gnade und Gnadenverkündigung; die Gnade ist Gnade im Wort. Die Erkenntnis des neuen Gnadenmittels hat Zwingli von Luther gelernt. In der 18. Schlußrede (1523) zitiert er nämlich zweimal, ohne das Buch und seinen Autor zu nennen, Luthers Schrift ‚De captivitate Babylonica'[74]. Am 6. Oktober 1520 verließ das Werk die Druckerei; am 7. Januar 1521 wird es von Zwinglis Basler Freunden erwähnt: „Es behandelt die höchsten Dinge ganz freimütig. Man sagt, was Luther bisher geschrieben habe, sei nicht gegenüber diesem Buch."[75] Am 4. Juli 1521 schrieb Glarean an Zwingli aus Paris, es gefalle ihm so sehr, daß er es dreimal gelesen habe[76]. Die Schrift ist Luthers wirksamster Stoß gegen Rom und die römische Sakramentskirche. Wann Zwingli es gelesen hat, ist unbekannt; wahrscheinlich war es zu Anfang des Jahres 1521. Er übernimmt aus ihm Luthers Testamentsbegriff[77], wenn auch in etwas abgewandelter Form[78]. Vor allem ist Gottes Wort nun das Brot, von dem der Mensch lebt (Mt. 4,4)[79], Christi Worte sind „Geist und Leben" (Joh 6,63b)[80]. Zwingli selbst hat im Jahr 1522 das glaubenschaffende Verkündigungswort als die neue Erkenntnis und Praxis hervorgehoben[81]. Luther hat sie ihm vermittelt[81a]. Wird dieser Zusammenhang beachtet, so erscheint Zwinglis langatmige Apologie in der 18. Schlußrede (1523), in der er seinen früher gewonnenen Begriff des ‚Wiedergedächtnisses' mit Luthers Testamentsbegriff gleichzusetzen versucht, als ein vergeblicher Versuch, seine Eigenständigkeit festzuhalten. Es spricht für Zwinglis Aufrichtigkeit, daß er diese Abhängigkeit nicht einfach übergeht. Erst jetzt hat er die ‚Kraft des Evangeliums' verstanden.

---

[72] WA 9,155,20; 152,35.
[73] Z 7,457,1.
[74] Z 2,131,5 = WA 6,514,4; Z 2,138,18 = WA 6,513,24.
[75] Horawitz-Hartfelder S. 266/67.
[76] Z 7,461,18.
[77] Z 2,131,5 = WA 6,514,4.
[78] Z 2,138,18 = WA 6,513,24.
[79] Z 2,141,22.
[80] Z 2,142,31 = WA 6,502,7.
[81] Z 1,220,31 u. ö.
[81a] Seine Zitierung der Lutherschrift erfolgt zwar erst im Jahr 1523, bezieht sich aber auf die früher erfolgte reformatorische Erkenntnis.

Kapitel II: Die Theologie Zwinglis

Literatur: G. W. LOCHER, Die Theologie Huldrych Zwinglis im Lichte seiner Christologie, Teil 1. Die Gotteslehre, Zürich 1952 (die früheren Darstellungen der Theologie Zwinglis sind durch das Buch überholt); DERS., Art. Zwingli, II. Theologie, RGG³, 1962, 1960–1969; DERS., Die Wandlung des Zwingli-Bildes in der neueren Forschung, Zwa 11, 1963, 560–585 (2. Aufl.: H. Zwingli in neuerer Sicht, Neukirchen 1969, 137–171); J. V. POLLET, Art. Zwingli, III. Theologie, LThK², 1965, 1433–1441; C. GESTRICH, Zwingli als Theologe. Glaube und Geist beim Zürcher Reformator, Zürich 1967; G. W. LOCHER, Grundzüge der Theologie Huldrych Zwinglis im Vergleich mit derjenigen Martin Luthers und Johann Calvins, Zwa 12, 1967, S. 470–509, 545–595 (2. Aufl.: H. Zwingli in neuerer Sicht, 173–274).

§ 1 Kirchliche Verkündigung und Wirken des Hl. Geistes

Literatur: E. NAGEL, Zwinglis Stellung zur Schrift, Freiburg u. Leipzig 1896; R. H. GRÜTZMACHER, Wort und Geist. Eine historische und dogmatische Untersuchung zum Gnadenmittel des Wortes, Leipzig 1902, S. 99ff.; O. RITSCHL, Dogmengeschichte des Protestantismus, Bd. 3: Die reformierte Theologie des 16. u. 17. Jh.s, Göttingen 1926, S. 54–57; A. E. BURCKHARDT, Das Geistproblem bei Huldrych Zwingli, Leipzig 1932; M. SCHOCH, Verbi divini ministerium. Bd. 1: Verbum, Sprache und Wirklichkeit. Die Auseinandersetzung über Gottes Wort zwischen Martin Luther, Andreas Karlstadt, Thomas Müntzer, Huldrych Zwingli, Franz Lambert. Die Begründung des Predigtamtes nach lutherischer und reformierter Prägung, Tübingen 1968.

In den Schriften des Jahres 1522 bezeugt Zwingli übereinstimmend, die neue Entdeckung sei das Evangelium gewesen. Das Evangelium ist für ihn die Verkündigung der Christusbotschaft und daher immer auch gegenwärtige kirchliche Verkündigung. Die Bibel erwähnt er in jenen Schriften verhältnismäßig wenig. Wenn daher nach dem Vorbild des 19. Jahrhunderts nach dem Formalprinzip ‚sola scriptura' bei Zwingli gefragt wird, finden sich immer nur antirömische Antworten, das heißt, Polemik gegen die Gültigkeit der Tradition neben der Hl. Schrift. Nicht die Hl. Schrift, sondern das *Christuszeugnis in der Schrift* steht bei Zwingli im Vordergrund. Daher empfindet er auch den biblischen Kanon nicht als Problem. Die Offenbarung des Johannes rechnet er unter Berufung auf den Kirchenvater Hieronymus nicht zur Bibel[1]. In den 67 Schlußreden (1523) ist das Evangelium das neue Heilsmittel. Die 13. These lautet: „Wo dem [Evangelium] zugehört wird, erkennt man lauter und klar den Willen Gottes, und wird der Mensch durch seinen Geist zu ihm gezogen und in ihn verwandelt." Die These 14 formuliert das ‚solum Evangelium': „Darum alle Christenmenschen ihren höchsten Fleiß ankehren sollen, daß [das] Evangelium Christi alleine gepredigt werde allenthalben." Noch stehen äußere Wortverkündigung und inneres Geistwirken problemlos nebeneinander; sie ergänzen sich[2]. An dieser Stelle setzt eine tiefgreifende Wandlung in Zwinglis Lehre vom Wort Gottes ein. Sie fällt mit dem Brief des Cornelius Hoen zeitlich zusammen und wird offensichtlich durch ihn ausgelöst. W. Köhler[3] hat nachgewiesen, daß der Brief Luther im Jahr 1521, Zwingli jedoch erst 1524 übergeben wurde, und daß er eine grundlegende Veränderung in Zwinglis Abendmahlsverständnis herbeiführte. Es mußte je-

[1] Z 2,208/209; 6,1 S. 395,22.
[2] Z 2,538,19 unter Berufung auf Joh 6,44 und Röm 10,17.
[3] Zw u. L. I, 61ff.

doch auch für sein Verständnis des Wortes Gottes Konsequenzen haben, wenn die Interpretation des Wortes ‚est' im Einsetzungsbericht durch ‚significat' aus dem Abendmahl ein Zeichen macht, das durch eine Kluft von dem Bezeichneten, Leib und Blut Christi, getrennt ist. Zeichen und Bezeichnetes stehen einander nun dualistisch gegenüber. C. Hoen (s. o. S. 53 u. S. 212ff.) unterscheidet unter Hinweis auf Joh 6 die Nießung des Mundes von der des Glaubens[4] und die ‚praesentia corporalis Christi' (abgewertet zur servitia corporalis) vom Kommen des Hl. Geistes als des Parakleten[5]. In dem Nachwort, welches er dem Druck beigab, bezeugt Zwingli, daß ihn die Alternative Hl. Geist oder leibliche Gegenwart Christi besonders beeindruckt habe[6]. Die Unterscheidung von Leib und Geist, Essen mit dem Mund und Essen mit dem Glauben hatte aber nicht nur den Gegensatz von Zeichen und Bezeichnetem zur Folge, sondern auch den von ‚äußerlich' und ‚innerlich'. Von dieser Zeit an hat Zwingli das Begriffspaar innerlich-äußerlich, das zwei einander entgegengesetzte Größen umschließt, auf das Abendmahl, die Taufe und die Verkündigung des Wortes Gottes angewandt.

Im August 1524 taucht zum ersten Mal die Lehre vom inneren Wort bei Zwingli auf. Im Anschluß an 1.Kor 2,15 („Der geistliche Mensch aber richtet alles und wird von niemand gerichtet") schreibt er: „Qui illo verbo imbuti sunt, verbum, quod in concione personat et aures percellit, indicant; sed interim verbum fidei quod in mentibus fidelium sedet a nemine indicatur, sed ab ipso iudicatur exterius verbum."[7] Die Lehre vom *inneren und äußeren Wort* hat Zwingli beibehalten[8]. Zwar herrscht auch nach 1524 in Zwinglis Schriften weiterhin der Gegensatz von Geist und Fleisch vor. Neben ihm geht aber der ganz andere Gegensatz einher von Geist und Leib, innerlich und äußerlich. Zwingli bewegt ein doppeltes Anliegen. Einerseits will er Gottes Alleinwirksamkeit bei der Rettung des Menschen festhalten, die durch kein Heilsmittel, das in des Menschen Hand liegt, eingeschränkt werden darf. Gemeint sind die Sakramente, gedacht ist aber auch an die evangelische Wortverkündigung. Schroff dualistisch formuliert er: „Daß der Glaube entsteht, kann nicht durch das Wort des Predigers gewirkt werden, sondern geschieht durch den Geist, der (den Menschen) zieht."[9] Nun ist im Protestantismus das Verkündigungswort nie im Sinne der römisch-katholischen Selbstwirksamkeit des Sakramentes (ex opere operato) verstanden worden. Zwingli will auch den geringsten Anschein vermeiden, es gebe ein äußerliches Heilsmittel. „Der Geist hat keinen Führer (dux) und kein Transportmittel (vehiculum) nötig ... Auch haben wir in der Hl. Schrift niemals gelesen, daß sinnlich-wahrnehmbare Dinge (sensibilia)... gewiß den Geist mit sich bringen."[10] Die Lehre von „verbum externum" und „internum" ist der konsequente Ausdruck dieses Anliegens. Das äußere Wort ist Abbild des Wortes oder der Sache (imago verbi vel rei), das innere Wort aber ist das Urbild der Sache (idea rei)[11]. Die platonische Herkunft dieser Begriffe ist unverkennbar. Hl. Schrift und Predigt sind für Zwingli lediglich „Erkenntnisgrund" (M. Schoch); entscheidend ist das Wirken des Hl. Geistes. Es gibt Aussagen Zwinglis, die sogar einer zeitlichen Priorität des äußeren Wortes vor dem inneren Wort, das heißt,

[4] Z 4,515,22; 527,37.
[5] Z 4,516,27.
[6] Z 4,519,18.
[7] Z 3,263,19, vgl. 259,32.
[8] Vgl. E. Nagel S. 72ff.
[9] Z 5,591,3.
[10] Z 6,2 S. 803, 10–17.
[11] Z 5,581,15.

des Hörens und (äußeren) Verstehens vor dem Glauben entgegentreten. Wort und Hl. Geist sind dabei nicht gleichzeitig gedacht, sondern der Hl. Geist hat eine zeitliche Priorität: „... der sich uff gottes wort lasst [verläßt], der můss zevor glouben, dass es gottes wort sye; demnach ist er erst gwüss, das imm das werd, das imm der got, dem er vertruwt, verheissen hat."[12] Dieser *Voraus-Glaube* bezieht sich nicht nur auf die Hl. Schrift, sondern auch auf die Predigt: „Notwendig muß irgend etwas im Menschen sein, bevor er das äußere Wort hört, was das gepredigte und gehörte Wort ihn entweder annehmen oder ausspucken läßt, nämlich Glaube oder Unglaube."[13] Zwingli will die uneingeschränkte Priorität des Hl. Geistes vor dem Wort darlegen. C. Gestrich faßt zusammen: „Nur der vertraut deshalb den in der Schrift enthaltenen Verheißungsworten, der bereits vom Geist – ohne das Mittel des Wortes – zu einem Gläubigen gemacht wurde, den der Vater zuvor ‚gezogen' hat (Joh 6,44)."[14] Die Wurzel dieses Spiritualismus ist die *Prädestinationslehre*. Gottes Vorherbestimmung bedingt ein vorausgehendes Handeln des Hl. Geistes. Die prädestinatianische Linie in Zwinglis Theologie läßt Geistwirken und kirchliche Verkündigung auseinanderfallen. Zwinglis zweites Anliegen ist, Wort und Geist miteinander so in Beziehung zu setzen, daß die Verkündigung des Wortes Gottes ihre Bedeutung behält, und doch der Primat des glaubenschaffenden Handelns Gottes gewahrt bleibt. A. E. Burckhardt[15], C. Gestrich[16] u. a. haben darauf hingewiesen, daß sich Zwinglis Lehre vom Geist nicht von der der Täufer unterscheidet. Es finden sich viele gleichlautende Äußerungen. Jedoch ist zu beachten, daß die Aussagen über die Unabhängigkeit und Priorität des Hl. Geistes, über das äußere und innere Wort und über den Voraus-Glauben nicht sehr häufig auftreten. „Zwingli konnte sich über das Verhältnis von Schrift, Geist, Glaube und Autorität so äußern wie die Täufer; er konnte sich aber auch genauso äußern wie Luther!"[17]

Im Jahre 1522 spricht er noch vom Geist Gottes, „der *in* sinen worten also erlüchtet und atmet, das man das liecht siner meinung sieht in sinem liecht"[18]. Im Jahr 1530 trennt er[19] Wort und Geist (verbum praescriptum et adflatus spiritus), doch sie stehen in Verbindung miteinander. Zwinglis einprägsamstes Bild für das Verhältnis von Geist und Buchstabe ist das vom Pferd und dem Strick, an dem das Pferd den Wagen zieht. Das Pferd ist der Geist, der an die Bibel wie an Stricke gebunden ist. Sie zügeln das Pferd und verhindern, daß es vom Wege abkommt. Der Buchstabe der Schrift allein aber tötet. Nur beide zusammen vollbringen ihr Werk[20].

Für Luther war Zwingli ein Spiritualist und Schwärmer. Es ist bezeichnend, daß Luther das Marburger Gespräch am 2. Oktober 1529 mit der Forderung beginnt, vor der Erörterung des Abendmahls über das Wort und Predigtamt zu disputieren. Daraufhin hat Zwingli seine Lehre vom äußeren und inneren Wort vorgetragen. Er schiebt das „verbum externum" nicht beiseite, sondern gesteht zu, daß es Heilsmittel ist. Luther und Melanchthon waren zufriedengestellt.

In den *Marburger Artikeln* (s. o. S. 62 ff.), die Zwingli mit unterzeichnet hat, heißt es: „Zum sechsten, daß ... der heilig Geist gibt und schafft, wo er will, den-

[12] Z 5,784,4, vgl. 5,786,2; 3,661,7. [13] SS 6,1 S. 333. [14] S. 70.
[15] S. 135ff. [16] S. 74. [17] C. Gestrich S. 75.
[18] Z 1,365,17. [19] Z 6,2 S. 792,9. [20] SS 6,1 S. 680, vgl. Z 5,773,27.

selbigen [Glauben] in unserm Herzen, wenn wir das Euangelion oder Wort Christi horen." „Zum achten, daß der heilig Geist, ordentlich zu reden, niemands solchen Glauben oder seine Gabe gibt, ohn vorgehend Predigt oder mundlich Wort oder Euangelion Christ, sonder durch und mit solchem mundlichen Wort wirkt er und schafft den Glauben, wo und in welchem er will. Ro 10."[21] Wenn Zwingli später die Randnotiz zum 8. Artikel macht: „ipse [deus] fidem dat, non externum verbum"[22], so widerspricht sie den Marburger Artikeln nicht[23]. Die Meinung, die er meistens äußert, ist, daß der Glaube durch Geist und Wort entsteht, wobei dem Hl. Geist deutlich der Vorrang zukommt[24].

§ 2 Der theologische und philosophische Gottesbegriff

Literatur: E. Fister, Die Seligkeit erwählter Heiden bei Zwingli, Zürich 1952.

Die reformatorischen Frühschriften Zwinglis sind noch erfüllt von der Wiederentdeckung des Evangeliums. Der Gottesbegriff ist daher von Gottes Heilstat in Christus bestimmt. In seinen späteren dogmatischen Schriften (der Dogmatik ‚Commentarius de vera et falsa religione' 1525, dem dogmatischen Grundriß ‚De providentia dei' 1530, den Bekenntnissen ‚Fidei ratio' 1530 und ‚Expositio christianae fidei' 1531) ist der Lehrartikel „De deo" an den Anfang gerückt; Gott als ‚summum bonum' wird Ausgangspunkt des Lehrsystems. Der Begriff ‚summum bonum' stammt aus den Schriften Platons und ist durch Augustin in die christliche Lehre eingeführt worden. Das Problem der Zueinanderordnung von Theologie und Philosophie ist aufgeworfen. Über Zwinglis Gottesbegriff urteilt G. W. Locher: „Überall stoßen wir auf eine lücken- und fugenlose Geschlossenheit des Begriffs und der Darstellung, auf eine Kette logischer Deduktionen, welche der Ausdruck organischer Verbindung und Einheit ist."[25] Gott als das ‚höchste Gut' ist für Zwingli trotz der neutrischen Form eine Person. Er interpretiert den Begriff: Gott ist Ursprung und Quelle alles Guten. Diese Aussage gewinnt er nicht nur auf dem seit Platon üblichen Weg, Gott die denkbar höchsten Attribute zuzusprechen (via eminentiae), sondern er führt auch biblische Belege an: Lk 18,19 („Gott allein ist gut"), Gen 1,31 („und siehe, es war sehr gut") oder 1.Tim 4,4 („Alle Schöpfung Gottes ist gut"). Zwingli setzt erklärend hinzu, die Schöpfung sei gut durch die „Teilhabe" (participatio) oder besser „Entlehnung" (precatio) von Gott, nicht aber von Natur aus[26]. Da Gott Inbegriff und Quelle alles Guten ist, erklärt Zwingli auch gelegentlich, ‚Gott' sei im Deutschen vom Wort ‚gut' abgeleitet[27]. Im ‚Commentarius de vera et falsa religione' setzt Zwingli bei der Offenbarung des Jahwe-Namens Exod 3,14: „Ich bin, der ich bin", ein. Die Worte sollen besagen: „Ich bin, der ich durch meine eigene Kraft, durch mich selbst bin, der ich das Sein selbst bin, der ich selbst bin."[28] Zwingli gewinnt aus dem ‚Sein' (esse) das Herr-Sein Gottes (dominus). Es bedeutet einerseits, Gott ist Macht und Majestät (potentia et maiestas), andererseits Quelle des

[21] BSLK 57. [22] Z 6,2 S. 550,9. [23] Gegen A. E. Burckhardt S. 66.
[24] Vgl. R. H. Grützmacher S. 99ff. [25] Theol. Zw. S. 62f.
[26] Z 6,3 S. 71. [27] Z 4,86,21; Z 6,1 S. 452. [28] Z 3,644,1.

Seins (fons essentis), denn er ist das Leben, erhält und regiert alles[29]. Die Erörterung der Bezeichnung Gottes als „summum bonum“ schließt sich an.

Zwinglis Ansatz hat zwei wichtige systematische Konsequenzen. Erstens erlaubt er, die Christologie und Soteriologie fest im Gottesbegriff zu verankern. Das „summum bonum“ bedingt die „bonitas“ Gottes. „Diese Güte (Gottes) ist uns in Christus unaussprechlich (groß) bewiesen worden.“[30] Die erste und zweite Person der Trinität sind untrennbar verbunden. Nur bei Zwingli und seinen Schülern zielt in der Dogmatik von Anfang an alles direkt auf die Christologie hin. Zwinglis Denken zielt auf einen *christozentrischen Gottesbegriff* hin. Er hat die Christologie seiner reformatorischen Frühschriften nicht verlassen, sondern hat sie nur in den Zusammenhang einer allgemeinen Gotteslehre gestellt und sie weiterentwickelt. Im ‚Commentarius‘ kann Zwingli auf das Kapitel ‚De religione‘ das andere ‚De religione christiana‘ folgen lassen, ohne zwischen „pietas“ und „fides“ besonders zu unterscheiden. Zweitens ist Gottes Majestät und Ehre, das heißt, der Unterschied von Gott und Mensch von Zwingli schon im Gottesbegriff festgehalten. Daß Gott der „vatter, helffer, tröster, schirmer“ ist[31], steht nicht im Gegensatz zu seinem Herr-Sein. Rechtfertigung und Heiligung sind eine Einheit, die bereits in Zwinglis Gottesbegriff in Erscheinung tritt. Praktisch bedeutet dies, daß Zwingli jeder Vergötterung der Kreatur unerbittlich entgegentritt: dem Vernunftglauben, der Heiligenverehrung, der Brotanbetung, der Sündenvergebung durch Menschen, der natürlichen Religion und dem Aberglauben[32]. Die Frage erhebt sich, ob es für Zwingli eine wirkliche Heilsgeschichte gibt, insbesondere, ob mit Christus eine neue Geschichte Gottes mit den Menschen beginnt. Zwinglis Gottesbegriff scheint einen unveränderlich barmherzigen Gott zu meinen, der eine Veränderlichkeit in der Geschichte nicht kennt. Die Trinitäts- und Satisfaktionslehre muß die Antwort geben (s. § 3).

Die Lehre von der Gotteserkenntnis *und* Seligkeit der erwählten Heiden trägt Zwingli nur in der Schrift „De providentia“ für den Landgrafen Philipp von Hessen und in der „Expositio fidei“ für König Franz I. von Frankreich vor. Er will die beiden humanistisch gebildeten Fürsten an große Vorbilder ermahnen, mit denen sie in der Ewigkeit vereinigt sein werden. In der „Expositio fidei“ zählt Zwingli auf: „die beiden Adame, den erlösten und den Erlöser, Abel, Henoch, Noah, Abraham, Isaak, Jacob, Juda, Mose, Josua, Gideon, Samuel, Pinehas, Elia, Elisa, Jesaja und die von ihm geweissagte Jungfrau, die Gottesgebärerin Maria, David, Hiskia, Josia, Johannes der Täufer, Petrus, Paulus, den Herkules, Theseus, Sokrates, Aristides, Antigonus (Gonatas), Numa (Pompilius), Camillus, die Catonen, Scipionen, Ludwig den Frommen, und seine Vorgänger, die Ludwige, Philippe und Pippine und alle seine Vorfahren, die gläubig von hinnen schieden.“[33] Philipp von Hessen stellt er vor Augen, daß er, wenn er kämpfe, den herrlichsten Sieg erringen werde vor der Versammlung der Seligen (coram concione beatorum), in der keiner der Gerechten, Tapferen, Weisen, Gelehrten und Frommen, die es seit dem Beginn der Welt gab, fehlen würden[34].

---

[29] Z 3,644,33; 645,1.33. [30] Z 13,389,28. [31] Z 4,86,28.

[32] Vgl. G. W. Locher, Theol. Zw. S. 86f.

[33] Z 6,5 S. 131,13–132,7. Die antiken Namen bezeugen u.a. Lektüre von Plutarchs „vitae parallelae“ und Augustins „Gottesstadt“; zu Antigonus s. Paulys RE I 2, Spalte 2413/17, s.u. Antigonos 4.

[34] Z 6,3 S. 224f.

Namen nennt er nicht. Die Aussagen über die Seligkeit erwählter Heiden erfolgen also situationsbedingt und eher mehr beiläufig; ihr theologisches Gewicht darf nicht überbewertet werden. Erst die zahlreichen Stellen über eine Gotteserkenntnis einzelner Heiden geben Anlaß, ihren systematischen Voraussetzungen nachzugehen.

„Zwingli ist überzeugt von der *Einheit* alles Wahren... (CR [Z] III, 142,19: „Die Wahrheit ist allein von Gott"). ... Schon diese Beobachtung verbietet uns, bei Zwingli von einem ‚philosophischen Gottesbegriff' zu sprechen, auch wenn er mit lauter philosophischen Einzelbegriffen arbeitet."[35] Zwingli beruft sich auf die Aussage Augustins in ‚De civitate Dei', „alle Wahrheit sei allein von Gott, nicht vom Menschen, auch wenn sie durch einen Gottlosen vorgetragen werde"[36]. Daher trägt er ohne Zögern auch die Meinung der Philosophen vor, wenn sie mit den biblischen Aussagen übereinstimmen. „Was verschlägt's übrigens das Göttliche und Religiöse ‚philosophisch' zu nennen? ... die Wahrheit stammt immer vom Hl. Geist, einerlei, wo und durch wen sie beigebracht wird."[37] Weichen die Philosophen von der biblischen Wahrheit ab, kritisiert er sie[38]. Immer sind die Belege aus den Schriften der heidnischen Philosophen fremder Beweis (peregrinum testimonium), die er erst nach dem biblischen Zeugnis aufführt[39]. Diese Beweisführung ist kein „werck der vernunfft", sondern kommt aus der Erkenntnis Gottes und der Schöpfung[40]. Selbst die gelegentliche Bemerkung, „auch wenn wir die Autorität der Hl. Schrift einmal beiseite lassen"[41], ist nur ein Hinweis auf die Schlüssigkeit des philosophischen Beweises, der den Vorrang der Hl. Schrift nicht aufhebt.

Die *philosophischen Gottesbeweise* beschränken sich auf den Gottesbegriff und die Schöpfung. Einen Monotheismus lehrten schon Sokrates und Plato, Pindar, Cicero und Seneca, Plinius der Ältere und der ältere Cato[42]. Da die Heiden Gott „nicht so klar" erkannten (non tam clara)[43], genügt Zwingli ein verborgener Monotheismus. Die Heiden erkennen eine Gottheit (numen!); Pindar bezeichnet diese mit seinem Begriff „potentia naturae" (usw.). Eine polytheistische Ausdrucksweise entschuldigt Zwingli durch den Verweis auf den biblischen Plural ‚Elohim' und als Plural „maiestaticus"[44]. Von der Verwendung des Wortes ‚numen' auf einen Pantheismus Zwinglis zu schließen, ist unzutreffend, weil er vom biblischen Gottesbegriff ausgeht und ihn bei den Heiden sucht. Daher kann er Gott gelegentlich als ‚Jupiter' bezeichnen[45] oder als ‚Deus Optimus Maximus'[46]. Daß er den in Christus offenbarten Gott meint, beweist die Formel ‚Christus O. M.'[47]. Von Plato und Aristotelis, dessen unheilvolle Auswirkung auf die Theologie er verurteilt[48], übernimmt er die Lehre, daß Gott nicht ruhendes, sondern tätiges Sein ist (Entelechie, Energeia)[49]. Sie leitet über zu Gottes Schöpfung und Erhaltung. Seneca bezeuge das Wunder der Schöpfung und schließe die „creatio ex nihilo" nicht aus[50]. Auch die Seele des Menschen wird

[35] G. W. Locher, Theol. Zw. S. 45f.
[36] Z 13,153,6.
[37] Z 6,3 S. 94,5ff.
[38] Z 6,3 S. 84,15f.; S. 95,13.
[39] Z 6,3 S. 106,5.
[40] Röm 1,20; Z 6,1 S. 458,20.
[41] Z 6,3 S. 114,9f.
[42] Z 2,853,8; 4,489,20; Z 6,3 S. 97,9ff.; 106f.
[43] Z 13,301,13.
[44] Z 4,870,10; SS 4,118; 5,635.
[45] Z 8,370,4; 13,64,7.
[46] Z 1,208,14 u.ö.
[47] Z 2,538,12 u.ö.
[48] Z 5,492,20, 536,4.
[49] Z 2,181,2 u.ö.
[50] Z 6,3 S. 109,22.

als „Entelechie" beschrieben (s. § 6). In einem Syllogismus schließt Zwingli nun auch von der Wahrheit zurück auf den Menschen und sein Gottesverhältnis: „est enim solus deus verax; qui verum dicit, ex deo loquitur", lehrt die Schrift ‚De Providentia'[51]. „Aus Gott" redet ausdrücklich auch der Heide[52]. Aus Gott sind auch die Tugenden der Heiden, denn auch die Taten bezeugen die Wahrheit und damit Gott; sie sind Ausdruck einer Gotteserkenntnis. Der problematische Rückschluß von jeglicher Offenbarung der Wahrheit bei den Menschen auf Gott als deren Ursache, erlaubt Zwingli auch, das Vorbild der Heiden zur Sprache zu bringen: Die Frömmigkeit Jethros, des Schwiegervaters Moses, und des römischen Hauptmanns Cornelius, die Sittenstrenge des Cato Uticensis, des älteren Cato und besonders Senecas, die Standhaftigkeit des Cornelius Scipio und anderer Römer und Griechen, die Vaterlandsliebe der beiden Cato, des Camillus oder Scipio[53]. Da Gott in diesen Heiden wirkt, werden auch sie selig. Dem scheint nun das von Zwingli oft zitierte Bibelwort Joh 14,6 entgegenzustehen: „ad patrem neminem venire nisi per Christus"[54]. Die Heiden glauben jedoch nicht an Christus. Zwingli hat im Jahre 1526 folgende Lösung vorgeschlagen: Zustimmend zitiert er die Gottesaussage Senecas im 83. Brief an Lucilius. Ausdrücklich bemerkt er, Christus werde durch diese Feststellung nicht ‚entleert', sein Ruhm vielmehr vermehrt; Joh 14,6 bleibe gültig. Mose und die übrigen Vertreter des Alten Bundes seien im Blick auf den kommenden Christus selig geworden, ebenso der Schwiegervater des Mose, Jethro. Wahrscheinlich dachte Zwingli analog auch die Seligkeit der edlen Heiden. Zwinglis Hauptargument ist aber die Erwählung Gottes, die auf einem Beschluß vor aller Zeit beruhe, Röm 9,11–16[55]. Die Heiden, die selig werden, sind die erwählten Heiden. Ohne Frage entstammt das Thema selbst dem Humanismus, den Zwingli nicht völlig abgestreift hat. Es ist aber deutlich geworden, daß Zwingli das Thema theozentrisch behandelt und der anthropozentrischen Sicht des Erasmus schroff entgegentritt.

§ 3 Trinitätslehre und Christologie

Literatur: G. W. LOCHER, Die Theologie Huldrych Zwinglis im Lichte seiner Christologie, Teil 1, Zürich 1952, S. 15–42; 99–133.

Über die Dreieinigkeit hat sich Zwingli selten geäußert. Es entspricht dies der gleichzeitigen Haltung Melanchthons. Bestreiter der kirchlichen Trinitätslehre treten zudem erst gegen Ende seines Lebens auf. Die Beispiele, durch die er die Trinität erklärt, sind orthodox, sei es das herkömmliche Bild vom Verstand, Gedächtnis und Willen, die die Seele darstellen, sei es das selbsterdachte Bild von der Quelle, die in drei Röhren das Wasser verteilt[56]. Doch schon das letzte Beispiel betont die Einheit Gottes mehr als die Unterschiedlichkeit der drei ‚Personen'; der Ausdruck wird mit Augustin kritisiert, weil er unbiblisch sei[57]. Bei den drei göttlichen Personen treten zum göttlichen Wesen nur ‚besondere Eigen-

[51] Z 6,3 S. 110,12f.
[52] SS 6,1 S. 314.
[53] Vgl. R. PFISTER S. 38ff.
[54] Z 6,5 S. 121,7f.
[55] Z 5,379,16–380,6; vgl. SS 6,1 S. 616.
[56] Z 6,1 S. 456,24.
[57] Z 6,2 S. 152,5.

schaften' hinzu[58]. Der Anschein des Modalismus bewahrheitet sich aber nicht. Daß Gott einer ist, hebt seine Dreiheit nicht auf. Zwingli verdeutlicht es an einem Beispiel: Das eine göttliche „Wesen" (essentia) und die drei Personen verhalten sich wie Seele und Leib beim Menschen. Das Personsein des Menschen beruht in seiner Seele; aber der Leib ist mit der Seele verbunden und gehört daher zum Personsein[59]. So sind auch Vater, Sohn und Hl. Geist verschiedene Personen, deren Personsein jedoch in der Gottheit ihren Schwerpunkt hat. Zwinglis Schlußfolgerung charakterisiert seine ganze Theologie. Es ergibt sich ein Übergewicht der Einheit in der Trinität *und* der Gottheit in den drei Personen. Zwinglis Interesse an der Einheit Gottes ist das an der Gottheit Gottes. Dieses Anliegen mußte ihn bereits in der Trinitätslehre in einem Gegensatz zu Luther führen. Nicht zufällig finden sich die ebengenannten Aussagen in der Abendmahlsschrift „Über D. Martin Luthers Buch Bekenntnis genannt" (1528). Dort greift er den Satz Luthers an, ‚Hie wirt von der einigen gottheyt gesprochen, daß sy sey dreyerley, als drey persone'[60] und setzt hinzu: „In welchen synen worten irrigs verschlossen ist, ... Dann dreyerley ist die gottheyt gar nitt, sunder nun [nur] einerley."[61] In dem Begriff ‚dreyerlei', meint er, fehle das Moment der Einheit. Zwar könnten die Eigenschaften einer Person der Trinität nicht auf die anderen übertragen werden, aber ihr Werk sei das des einen Gottes gemäß dem Satz ‚Operationes Dei ad extra sunt toti Trinitati communes'[62]. G. W. Locher hat gezeigt[63], daß Zwingli die Eigenschaften einer Person der ganzen Trinität nur ‚zuspreche', das heißt, daß er bereits in der Trinitätslehre die Redeweise der Alloiosis verwendet. Die Alloiosis ist eine uneigentliche, tropische Redeform, die Zwingli unter Bezugnahme auf Plutarch eine ‚Sprung' von einer Aussage auf eine andere, im engen Zusammenhang mit dieser stehenden Aussage nennt[64].

In der Christologie mußte es über den Satz ‚Gott ist Mensch' zum eigentlichen Zusammenstoß mit Luther kommen, der den theologischen Schwerpunkt auf die Dreiheit Gottes und Gottes Sein in Christus legte. Zwingli schreibt: „Von dem [Sohn Gottes] wirdt recht geredt: ‚Gott ist mensch'. Wil hie Luter nitt sehen, das es ein alleosis ist, da gott nit allein für gott, das ist gottheyt, sunder ouch für die eynen person der gottheyt [= Christus] genommen wirt." Der Satz sei nur möglich „in der personlichen red..., also das der, der gott ist [Christus], mensch sye, und nit, daß die gottheyt, welche auch die person [Christi] ist,... mensch sye"[65]. Ziel der Ausführungen Zwinglis ist Luthers Zweinaturenlehre, in der die Gottheit Christi seine Menschheit so durchdringt, daß auch die Menschheit allenthalben ist (Ubiquität). Diese Aussage ist für Zwingli unerträglich, weil Gottes Gottheit verletzt und der Leib Christi seinshaft auch im Abendmahl ist. Der Funktion der „Alloiosis", falsche Lehren abzuwehren, stand ihr Unvermögen entgegen, Lehre positiv darzustellen.

In Zwinglis Christologie wird dies an zwei Stellen deutlich. 1. Unter Hinweis auf Joh 3,16 und Röm 8,32 hält ihm Luther vor, daß der Sohn Gottes gelitten habe[66]. In seiner Antwort kann Zwingli mittels der „Alloiosis" berichtigen, daß es heißen müsse, Christus habe gelitten. Die Aussage, der Sohn Gottes (das heißt, die göttliche Natur) habe gelitten, könne um der Einheit der Person Chri-

[58] Z 6,2 S. 152,4.
[59] Z 6,2 S. 152,2.
[60] WA 26,440,23.
[61] Z 6,2 S. 195,9.
[62] Z 6,2 S. 118,7; vgl. 6,1 S. 461,9.
[63] Theol. Zw. S. 128ff.
[64] Z 5,678,7.
[65] Z 6,2 S. 133,25.
[66] Z 6,2 S. 144,17.

sti gemacht werden, obwohl die Gottheit in Christus leidensunfähig sei[67]. Die Heilsbedeutung des Todes Christi scheint eingeschränkt zu werden. 2. Die Gegenwart des Leibes Christi ist in der Bibel nur in bezug auf das Abendmahl ausgesagt. Zwingli konnte darauf verweisen, daß ein wörtliches Verständnis der Himmelfahrt Jesu, dem biblischen Verständnis des Himmel als einem von der Erde entfernten Ort und dem Sitzen zur Rechten Gottes widerspräche. Er hat allerdings die „sessio ad dexteram Dei" nicht in irdischer Weise verstanden wissen wollen[68]. Da nur die Gottheit allenthalben ist, steht für Zwingli fest, daß Christus nur seiner göttlichen Natur nach im Abendmahl gegenwärtig ist.

Die Lehre vom sog. „Extra Calvinisticum" ist die *christologische Konsequenz*. Biblischer Beweis ist Jesu Wort Joh 3,13, „Und niemand fährt gen Himmel, denn der vom Himmel herniedergekommen ist, nämlich des Menschen Sohn, der vom Himmel ist." Für „Menschensohn" muß gemäß der „Alloiosis" „Gottessohn" gesetzt werden[69]. Auf diese Weise ist der Beweis erbracht, daß Christus seiner Gottheit nach immer im Himmel war und blieb, auch wenn er auf Erden wandelte. Christi Gottheit und also seine Person ist, weil sie allenthalben ist, sowohl „in" wie auch „außerhalb" (extra) seiner angenommenen Menschheit gewesen. Zwingli lehrte das sog. „Extra Calvinisticum", wenn er auch die Extraformel nicht ausdrücklich gebraucht[70]. Das philosophische Argument ‚*Finitum non est capax infiniti*', das heißt, die begrenzte Menschheit kann die unbegrenzte Gottheit nicht fassen, taucht erst in der reformierten Orthodoxie auf (Beza, Zanchi, Danaeus u. a.). G. W. Locher faßt zusammen „Luther betont die *Offenbarung* Gottes, Zwingli die Offenbarung *Gottes*. ... Es handelt sich nur um eine verschiedene Akzentverteilung innerhalb des gemeinsamen, grundlegenden christologischen Dogmas, aber von weitreichender Konsequenzen: All jene Diskussionen über das Sakrament, über Abendmahl, Taufe und Beichte, über das Wort und den Geist, über Kirche, Staat, ‚Obrigkeit' und Widerstandsrecht, überhaupt über das Verhältnis von Glaube und Politik, haben hier ihre Wurzel."[71]

§ 4 Gottes Weltregiment (Providenz) und Vorherbestimmung zur ewigen Seligkeit oder Verdammnis (Prädestination)

Literatur: G. W. Locher, Die Prädestinationslehre Huldrych Zwinglis, ThZ 12, 1956, 526–548 (2. Aufl.: H. Zwingli in neuer Sicht, Neukirchen 1969, 105–125).

Zwingli war immer Prädestinatianer. Die Rolle, die die Prädestinationslehre bei seiner reformatorischen Entdeckung spielte, wurde bereits erwähnt. Seit 1525/26 hat er sie systematisch ausgebaut. Diese Weiterentwicklung fällt mit der des Gottesbegriffs zusammen. Erneut wird sichtbar, wie gradlinig seine Gedankenführung und wie geschlossen sein Lehrsystem ist: Der Gottesbegriff bestimmt völlig die Prädestinations- und Vorsehungslehre. In der Schrift ‚De providentia' (1530) befaßt er sich am ausführlichsten mit ihnen. Ihre Eigenarten sind:

---

[67] Z 6,2 S. 145,7. [68] Z 6,2 S. 163f. [69] Z 6,2 S. 143,9.
[70] Z 5,523,25. [71] Grundzüge S. 502.

1. Der Gottesbegriff des ‚summum bonum' erlaubt es ihm, die Prädestination ganz christologisch auszurichten. Gott hat „vor Grundlegung der Welt" (Eph 1,4) Menschen erwählt[72]. Den christologischen Bezug „in Christus" (Eph 1,4) hält Zwingli entschieden fest: „Daher schuf Gott in seiner Weisheit am Anfang den Menschen, der fallen sollte, und zugleich beschloß er, seinen Sohn mit der Menschennatur zu umkleiden, um den Fall wieder gutzumachen."[73] 2. Die Prädestinationslehre erklärt das ‚Ziehen' Gottes. Das Christuswort „Es kann niemand zu mir kommen, es ziehe ihn denn der Vater" (Joh 6,44), gehört zu den meistzitierten Bibelstellen. Daß Gottes Ratschluß ‚frei' (liber) erfolgt[74], entspricht seiner Allwirksamkeit und Majestät. Der Mensch kann weder durch seinen freien Willen noch durch gute Werke Gottes ‚Bestimmung' (constitutio) beeinflussen[75]. Die Prädestinationslehre dient daher auch bei Zwingli der Rechtfertigung des Sünders ‚sola gratia'. 3. Eine Prädestination im strengen Sinne gibt es nur für die „Erwählten" (electi). Denn ein Verwerfungsdekret wie bei Calvin gibt es nicht. Die Gerechtigkeit Gottes ist, wie sein Gottesbegriff zeigt, der Barmherzigkeit völlig untergeordnet. Verlorene und Verlorenheit sind bei Zwingli ein Stück des Weltregimentes Gottes und also der Vorsehung Gottes. Wenn Gott das Gute durchsetzt, verfallen die Bösen und Verworfenen der Verdammnis. 4. Die Vorsehung Gottes wird als souveränes Handeln Gottes verstanden: Gottes Providenz ist eine Allwirksamkeit. Während Calvin Gottes Weltregiment (Providenz) und seine Vorherbestimmung zum Heil oder zur Verdammnis (Prädestination) in der „Institutio" 1559 trennt und ein unterschiedliches Handeln in ihnen erblickt, rückt Zwingli sie eng zusammen: „Es entsteht die Prädestination... aus der Vorsehung, ja, sie ist sogar die Vorsehung selbst."[76] Die Schlechten, deren sich Gott in seinem Weltregiment bedient, sind im Blick auf das ewige Leben die Verworfenen. „So bedient sich Gott aller Taten, der guten wie der bösen, zum Guten, nur mit dem Unterschied, daß er den Erwählten auch die Sünde zum Guten wendet, den Verworfenen nicht."[77] 5. Als einziger unter den Reformatoren lehrt Zwingli einen konsequenten Determinismus: Gott ist auch die Ursache der Sünde. Die Guten und Bösen, die Erwählten und Verworfenen handeln einzig nach dem Willen Gottes. Das Bibelwort „In ihm leben, weben und sind wir" (Apg 17,28) besagt die völlige Abhängigkeit des Menschen von Gott. Zwingli scheut nicht davor zurück, zu sagen: „Gott treibt den Mörder zum Mord, den Unschuldigen und Unvorbereiteten in den Tod."[78] Gottes Allwirksamkeit ist „unbegrenzte Vorsehung" (infinita providentia) und bezweckt das Gute. „Man darf hier nicht sagen: Warum tötete er durch den Räuber den gerechten und unschuldigen Menschen? Er tötet ja nicht, sondern machte lebendig; denn er trug ihn von der Erde an die Stätte der Seligen." „Aber wird man sagen, der Räuber wurde zur Sünde gezwungen. Das gebe ich zu, er wurde gezwungen, aber zu dem Zwecke, daß der eine in den Himmel, der andere ans Kreuz käme." Der Richter verfolgt und verurteilt nämlich den Räuber. „Das alles tut dieselbe Vorsehung." Die Prädestination kommt gleichzeitig zum Ziel: „Der Räuber hat auf Anstiften Gottes deshalb gemordet, damit

[72] Z 6,2 S. 796,24.
[73] Z 6,2 S. 759,5.
[74] Z 6,3 S. 156,23.
[75] Z 2,180,26; 3,650,18 u. ö.
[76] Z 3,843,15; vgl. 842,9.
[77] Z 6,3 S. 217,8–10.
[78] Z 6,3 S. 154,8 f.

der Gemordete von hier in den Himmel oder, wenn er gottlos ist, in die Hölle käme." Einen ‚freien Willen' hat der Mensch nicht. Trotzdem spricht Zwingli von der „Schuld" des Räubers und der Unschuld des Anstifters. Gott steht außerhalb des Gesetzes, der Sünder aber handelt gegen das göttliche Gesetz.

§ 5 Gottes Erlösungswerk

Literatur: G. W. Locher, Die Theologie Huldrych Zwinglis im Lichte seiner Christologie, Teil 1, Zürich 1952, S. 134–155.

Das Heilshandeln Gottes in Christus wird nötig, weil der Mensch gegen Gott sündigt und deshalb dem göttlichen Gericht verfällt. Gottes Barmherzigkeit in Christus muß der göttlichen Gerechtigkeit ‚genugtun' (satisfacere). Diese Genugtuung geschieht durch das Opfer Christi am Kreuz. Zwingli entwickelt seine *Satisfaktionslehre* in Anlehnung an die Satisfaktionstheorie des Anselm von Canterbury, die Gottes Erlösungswerk in juridischer Form zwar und (angeblich) ‚remoto Christo' darstellt, dafür aber den Vorzug allgemeiner Verständlichkeit und der Abgrenzung gegen eine römisch-katholische Werkgerechtigkeit besitzt (s. Bd. 1, Kap. IV § 3). Die Satisfaktionslehre durchzieht von der ‚Auslegung der Schlußreden' an[79] das ganze Schrifttum Zwinglis. Sie ist Wiedergabe des Evangelium[80]. Wie nicht anders zu erwarten, kann er den Gegensatz zwischen der „iustitia" und „misericordia Dei", der Ausgangspunkt der Satisfaktionslehre ist, nicht völlig aufrechterhalten. Doch betont er immer wieder, „Gott ist gerecht und ist barmherzig"[81]. Zwingli löst die Spannung in der Weise auf: Die Gerechtigkeit ist von Anfang an dazu bestimmt, durch die Güte überwunden zu werden. Sie ist strafende Gerechtigkeit Gottes, aber die Vergebung wird das letzte Wort behalten. Die Notwendigkeit der Satisfaktion liegt daher im Gottesbegriff selbst. Die Gefahr besteht, die Genugtuung aus dem Erlösungswerk Christi in den Gottesbegriff zu verlegen; Zwingli bezeichnet Christi Sterben und Auferstehen als ‚Deklaration' des Geheimnisses der göttlichen Befreiung[82]. E. Zeller und P. Wernle haben darin eine Leugnung der bei Anselm vorliegenden Notwendigkeit der Genugtuung Christi gesehen und dem Opfertod Christi bei Zwingli nur eine pädagogische Bedeutung zugeschrieben[83]. Doch kann man höchstens kritisieren, daß die Aussage, Gott sei das „summum bonum", der Offenbarung Gottes in Christus ihre Einzigartigkeit und Einmaligkeit nehme. In der ‚Expositio fidei' (1531) erklärt er das Verhältnis der Barmherzigkeit Gottes zu seiner Gerechtigkeit: „Wir wissen, daß dieser Gott von Natur aus (natura) das Gute ist... Das Gute ist er aber, weil er das „Milde" (mite) und „Gerechte" (iustum) ist."[84] Wenn die Langmut durch die Gerechtigkeit aufgehoben würde, bestehe sie nicht mehr. Und wenn die Gerechtigkeit nicht durch die „Güte" (bonitas) und „Mäßigung" (aequitas) gezügelt würde, sei höchstens Unrecht die Folge. Nachdem Zwingli so die Gerechtigkeit auf die Barmherzigkeit hin ausgerichtet hat, betont er gleichwohl, daß Gott als der Gerechte ‚notwendig' den

[79] Z 2,38.
[80] Z 2,38,5.
[81] Z 2,38,17.
[82] Z 3,691,5.
[83] Vgl. G. W. Locher, Theol. Zw. S. 141.
[84] Z 6,2 S. 62,4f.

verbrecherischen Umgang verabscheut. Ebenso ‚notwendig' mäßigt er seine Verurteilung als der gütige Gott. Dies sei die Quelle, warum sein eingeborener Sohn Fleisch angenommen habe[85].

Gesetz und Evangelium kommen aus dem Willen Gottes: „1. Der will gottes wil ewighlich und gůtes. 2. Uß dem kumpt das ewig gsatz, das ouch nimmer mag abgethon noch verwandlet werden. Und vermögend aber wir dasselbig nit ze thůn. 3. Darumb můß der ewig will gottes bleyben und můß uns die gnad gottes ze hilff kummen." Christus ist unsere Gerechtigkeit[86]. Es gibt daher nur einen einzigen Bund Gottes; Gottes Offenbarung wird auf Christus hin allerdings immer klarer[87]. Durch Christus sind nur die alttestamentlichen Zeremonial- und Judizialgesetze aufgehoben. Die Sündenerkenntnis kommt ebenfalls aus dem Evangelium. Umgekehrt ist auch das Gesetz guter Wille Gottes[88]. Das lutherische Gesetzverständnis rügt Zwingli[89], jedoch ohne Namensnennung.

§ 6 Der Mensch als Sünder und als Glaubender

Literatur: E. Pfister, Das Problem der Erbsünde bei Zwingli, Leipzig 1939; G. W. Locher, ‚Christus unser Hauptmann'. Ein Stück der Verkündigung Huldrych Zwinglis in seinem kulturgeschichtlichen Zusammenhang, Zwa 9, 1950, 121–138 (2. Aufl.: H. Zwingli in neuer Sicht, Neukirchen 1969, 55–74).

Bei Zwingli laufen *zwei anthropologische Linien* nebeneinander her (vgl. § 1). Die biblische Linie hält fest, daß der Mensch von Natur aus ‚Fleisch' ist und durch den Hl. Geist wiedergeboren werden muß. Die humanistische Linie bezeichnet den Mensch als ein Lebewesen aus Geist, Seele und Leib. Geist und Seele werden höhergestellt als der Leib. In beiden Fällen ist der Mensch ganz und gar Sünder. Nur ist der menschliche Geist Ansatzpunkt des göttlichen Geistes. Zwar hebt der platonische Dualismus in Zwinglis Anthropologie das totale Sündersein des Menschen nicht auf. Doch ermöglicht er spiritualistische und rationale Aussagen, die mit dem Streit um das Abendmahl und um die Kindertaufe an Gewicht gewinnen. Zwingli bevorzugt Aussagen, in denen Gottes Handeln auf die geistige Seite des Menschen bezogen ist. Es folgen allerdings meistens Sätze über den Willen und die Taten des Menschen, die die Ethik nicht zu kurz kommen lassen. Um so mehr überrascht, daß Zwingli in der Lehre von der Erbsünde in einen Gegensatz zu den Wittenbergern gerät. Gegenüber dem Straßburger Caselius (s. 56), der im Abendmahlsstreit vermitteln sollte, bemerkt Luther 1525: „Zwingli hat niemals Christus erkannt, denn er irrt im Hauptartikel, nämlich, daß die Erbsünde keine Sünde sei. Wäre dem so, wie leicht könnte der freie Wille bejaht werden."[90] Offensichtlich befürchtet Luther eine Parteinahme Zwinglis für Erasmus. In seiner letzten Abendmahlsschrift (1528) bezeichnet er Zwingli als Pelagianer[91]. Zwingli antwortet: Wir sind „der erbsünd halb nit uneins; allein die wort wil Luther unnd syn huff [Haufe] nit, die wir sagend"[92]. Es sei also nur ein Streit um Begriffe. Bis zu seiner Schrift gegen die

[85] Ibid.
[86] Z 2,238,4.
[87] Vgl. G. Schrenk S. 38.
[88] Z 2,232,13.
[89] Z 6,3 S. 129,12–15.
[90] WA Br 3,610,80.
[91] WA 26,503,25.
[92] Z 6,2 S. 236,19.

Wiedertäufer „Von der Taufe" (1525) hatte Zwingli die Erbsünde ebenso wie Luther als menschliche Schuld verstanden. Um die Kindertaufe verteidigen zu können, änderte er seine Lehrweise. Der Anlaß muß beachtet werden.

Zwingli hat seine *Lehre von der Erbsünde* nicht völlig in seine Theologie einbauen können; sie bleibt unausgeglichen. Die Erbsünde ist eine „Krankheit" (morbus), zu deutsch, ein Gebrechen, „der präst von Adam en har"[93]. Nach Adams Fall haftet der Erbsünde keine ‚Übertretung und Schuld' mehr an[94] und sie verdient also keine Strafe mehr[95]. Zwingli bleibt beim Bild der Krankheit: die ersten Eltern haben die Kinder ‚infiziert'[96]. Oder: Die Kinder eines durch eigene Schuld in Sklaverei Geratenen werden ohne eigene Schuld auch Sklaven[97]. Auf die Unschuld der Kinder kommt es ihm an. Denn für die Erwachsenen entsteht aus der Erbsünde, weil sie eine „Neigung zum Sündigen" (propensio ad peccandum) ist[98], notwendig die Sündenschuld. Nicht die Erbsünde, sondern die Erbschuld wird von Zwingli geleugnet. Die ‚präst' ist im Schweizerdeutschen, wie G. W. Locher hervorhebt[99], *unheilbare Krankheit*, die Verdorbenheit der Natur, „Krankheit zum Tode" (Kierkegaard). Jeglicher Pelagianismus fehlt. Die Differenz zu Luther ist, wie Zwingli erklärt, vor allem begrifflicher Art. Was Luther von der „amor sui" als der Erbsünde aussagt, die im Gegensatz zur römischen Lehre im radikalen Sinne „Begierde" (concupiscentia) ist, lehrt Zwingli von der Sünde, die aus der Erbsünde erwächst.

Sünde ist bei Zwingli seit 1525 nur die *Tatsünde*. Als zweiten Grund führt Zwingli an, daß die Kinder keine Sündenerkenntnis haben können. Zur Sündenerkenntnis gehöre nämlich die Erkenntnis des Gesetzes (Röm 5,13), das heißt, die Anklage und Überführung des Gesetzes. Allen Menschen habe Gott das „Naturgesetz" (lex naturae) ins Herz geschrieben. Gemeint ist die Goldene Regel Mt 7,12 und das Doppelgebot der Liebe Mt 22,39[100]. An die Stelle der Gottes- und Nächstenliebe ist jedoch die „Selbstsucht" (amor sui) getreten. Zwingli betont die Totalität der Sünde: Der Mensch ist Lügner. Da die Kinder noch nicht urteilsfähig sind, fehlt ihnen die Gesetzes- und Sündenerkenntnis[101]. Sie können noch nicht im Vollsinne sündigen, weil sie für ihr Tun nicht haftbar sind. Der junge Wolf, solange er noch blind ist, weiß noch nichts vom Zerreißen der Schafe[102].

In Marburg (1529) wird die Erbsünde in dem Vorgespräch zwischen Zwingli und Melanchthon verhandelt. Zwingli trägt seine alte Begründung vor, gesteht aber in gewundenen Formeln zu, daß auch die Kinder unter der Strafe des Gesetzes stehen, das sie verdammt[103]. Im 4. Marburger Artikel wird deutlich gelehrt, daß die Erbsünde den Menschen verdammt[104]. Auf die kleinen Kinder wird nicht eingegangen. In der ‚Fidei ratio' (1530) gesteht Zwingli zu, die ‚krankheit' könne mit Paulus ‚Sünde' genannt werden; „die in ihr Geborenen sind Feinde und Gegner Gottes"[105]. Daß die Kinder nicht verdammt werden, begründet Zwingli nun mit der Erlösungstat Christi.

Zwinglis Glaubensbegriff berührt sich mit dem der anderen Reformatoren. Es

---

[93] Z 4,307,16.
[94] Z 4,311,28.
[95] Z 4,312,3.
[96] Z 5,373,6.
[97] Z 5,372,7.
[98] Z 5,376,16; 13,38,24.
[99] Theol. Zw. S. 138.
[100] Z 2,324,18; 3,707,22.
[101] Z 5,390,5ff.; 4,309,28.
[102] Z 4,308,31.
[103] Z 6,2 507,8.
[104] Z 6,2 521,20.
[105] Z 6,2 797,24.

fällt aber auf, daß er ‚glauben' meistens nicht durch „credere", sondern „fidere" wiedergibt, z.B. Joh 6,47 „wer auf mich vertraut (fidet), hat das ewige Leben"[106]. Der Glaube ist zuerst personale Beziehung zu Gott bzw. zu Christus. Seinen Landsleuten brachte er die Verbundenheit mit Christus u.a. durch das Bild vom Hauptmann und den ihm unterstellten ‚Reisigen' nahe. Er stützte sich dabei auf Hebr 12,2 im Urtext[107]. „Credere" bedeutet für Zwingli auch ‚für wahr halten', z.B. daß die Bibel Gottes Wort sei[108]. Gottes Zorn und Verborgenheit waren Zwingli – darin Luther unähnlich – keine oder selten eine Anfechtung. Je stärker er den Glauben auf die Erwählung Gottes gründete, um so mehr hebt er die *Glaubensgewißheit* hervor. Zwischen „certitudo" und „securitas" unterscheidet er nicht[109]. Der Glaubende fühlt sich „sicher" (securus) und „ruhig" (quietus), sonst ist er keiner, der auf Gott „vertraut" (fidelis)[110]. Der Erwählungsgewißheit entspringt der Glaubensgehorsam. Zwingli hat wiederholt betont, daß der Glaube durch die Nächstenliebe vor Gott wirksam wird[111]. Die Unterscheidung zwischen ‚totem Glauben' und ‚Glaube, der durch die Liebe wirkt', im Jakobusbrief bejaht er völlig[112]. „Der Glaubende schaut und drängt zuerst darauf, daß aus dem Glauben Werke entstehen."[113] Luthers Grundsatz ‚simul iustus, simul peccator' teilt er nicht: Die Sünden müssen vielmehr „von tag zu tag minder und gott grösser" werden[114]. Das Drängen auf Heiligung bringt Zwingli in die Nähe des „syllogismus practicus", das heißt, des Rückverschlusses von den Werken auf die Erwählung[115]. Gewicht legt er diesem Gedankengang jedoch nicht bei.

§ 7 Kirche und Staat, göttliche und menschliche Gerechtigkeit

Literatur: A. Farner, Die Lehre von Kirche und Staat bei Zwingli, Tübingen 1930; W. Köhler, Zürcher Ehegericht und Genfer Konsistorium, Bd. 1, Leipzig 1938; H. Schmid, Zwinglis Lehre von der göttlichen und menschlichen Gerechtigkeit, Zürich 1959; G. W. Locher, Der Eigentumsbegriff als Problem evangelischer Theologie, Zürich 1962², S. 29ff., 49ff.; F. Blanke, Zwingli und Ambrosius Blarer im Gespräch, in: B. Möller (Hg.), Der Konstanzer Reformator Ambrosius Blarer 1492–1564, Konstanz/Stuttgart, 1966, 81–86.

Den Begriff ‚Kirche' wendet Zwingli sowohl auf die ganze Christenheit wie auf die Einzelgemeinde, die „Kilchhöre", an. Gegenüber dem Bischof von Konstanz pocht er auf das „ius reformandi" der *Einzelgemeinde*[116]. „Ich bin in diser Statt Zürich Bischof und Pfarrer, und mir ist die Seelsorg bevolen" (usw.)[117], erklärt er 1522 vor den Ratsherren. Ausgangspunkt ist jedoch die Kirche der Glaubenden, die in der *Christenheit* wie der Einzelgemeinschaft zu finden sind. Diese Kirche ist aus dem Wort Gottes geboren[118]. Sie wird von Christus, der zur Rechten Gottes sitzt, regiert und nicht durch den Papst, der der Antichrist ist[119]. Gegenüber den evangelischen Radikalen betont er später die Ämter, durch die

[106] Z 4,495,22.
[107] Z 5,307,23 u.ö.
[108] Z 5,784,1.
[109] Vgl. Z 6,2 800,26.
[110] Z 8,88,11.
[111] SS 6,2 266,271,272.
[112] SS 6,1 349,549.
[113] SS 6,1 233.
[114] Z 1,349,19; 2,49,3.
[115] SS 4,127; 6,2 115.
[116] Z 4,149,11.
[117] G. Finsler (Hg.), Die Chronik des Bernhard Wyß 1529–1530, Basel 1901, S. 19.
[118] Z 3,223,6; 168,6.
[119] Z 2,67,18 u.ö.

der Hl. Geist in der Kirche Ordnung und Einheit erhält[120]. Die Schlüsselgewalt besteht nur in der Predigt; die Institution der Beichte würde die Macht des Hl. Geistes schmälern. Grobe Sünder sind vom Abendmahl auszuschließen[121].

Zwingli hat ebenso wie die übrigen Reformatoren eine *Zweireichelehre* entwickelt. Anlaß war die Forderung einiger evangelischer Radikaler, die göttliche Gerechtigkeit müsse in Staat und Kirche als einzige gelten. Vor der Zweiten Zürcher Disputation (1523) verlangten sie die Einhaltung der Bergpredigt (Verbot des Schwörens, absolute Nächstenliebe) und die Abschaffung des Zehnten[122]. Ihr Biblizismus tastete die kirchliche und staatliche Ordnung an. Deshalb hielt Zwingli eine Predigt „Über die göttliche und menschliche Gerechtigkeit", die im Druck erschien. Wie Luther in der gleichzeitigen Schrift „Von weltlicher Obrigkeit" setzte er bei der Bergpredigt ein, die auf der Glaubensgerechtigkeit fußt, und legt die Andersartigkeit der menschlichen Gerechtigkeit dar.

Auch die *menschliche Gerechtigkeit* entspringt dem Willen Gottes; zu ihrer Durchführung hat er die Obrigkeit eingesetzt. Gemessen an Gottes Gerechtigkeit, die in Christus offenbart ist, ist die menschliche Gerechtigkeit eine „arme und elende Gerechtigkeit"[123], nur ein Schatten der göttlichen Gerechtigkeit[124]. Sie beruht auf dem Gesetz Gottes, nämlich auf dem natürlichen Sittengesetz und dem geoffenbarten Gesetz Gottes. Die menschliche Gerechtigkeit gibt bestenfalls „jedem das Seine" (suum cuique), während die göttliche gerade das schenkt, was dem Menschen nicht gehört. Doch nur gemessen an der *Glaubensgerechtigkeit* ist die menschliche Gerechtigkeit niedrigeren Ranges. Die Pflicht der Obrigkeit, dem Laster zu wehren, geht über in die Aufgabe, das menschliche Zusammenleben nach Kräften zu fördern[125].

Zwingli entwirft das Bild eines *modernen Sozialstaates*. Er gibt genaue Richtlinien für Kauf und Verkauf, den Zehnten, Zins und Zinseszins und gegen den Wucher. Eigentum ist ihm grundsätzlich etwas Widergöttliches; der Mensch ist im Blick auf den Besitz ein Beauftragter Gottes[126]. Den Zins hat Zwingli abgelehnt und, da er nicht vermeidbar ist, nur einen mäßigen Zins zugelassen. Die Obrigkeit ist verpflichtet, die göttlichen Gesetze zu beachten. Die Abschaffung der kirchlichen Mißstände – dies ist in den Anfangsjahren der Reformation von größter Bedeutung – soll sie unterstützen, z.B. die Ehen der Mönche und Nonnen nicht verhindern. Wenn sie diese Pflicht schwer verletzt, vor allem, wenn sie über die Seelen herrschen will, muß ihr der Gehorsam verweigert werden. Zwingli verweist in der genannten Schrift eindringlich auf den Gehorsam gegenüber der Obrigkeit; die Lehre vom Widerstand in der Auslegung der 42. Schlußrede aus dem Jahr 1523[127] wiederholte er nicht. Luther übertrug der Obrigkeit die gleichen Aufgaben wie Zwingli (vgl. die Visitationen 1525ff.), doch hat er den Unterschied beider Reiche oder Regimenter stärker betont. Zwinglis Position gleicht der Melanchthons, für den die menschliche Gerechtigkeit eine Vorstufe zur Glaubensgerechtigkeit darstellt.

Die evangelischen Radikalen forderten schließlich eine entschieden christliche Obrigkeit und ein in der Mehrheit gläubiges Volk. Als sich dies als undurchführbar erwies, verlangten sie „ein besonderes Volk und Kirche" derer, die nach

[120] Z 4,390.
[121] Z 3,267f.
[122] Vgl. Z 2,462ff.
[123] Z 2,495,14.
[124] Z 2,485,26; 330,14.
[125] Z 2,475,8.
[126] Z 2,451,9 u.ö.
[127] Z 2,342ff.

dem Evangelium leben wollten[128]. Die Radikalen – es sind die späteren Wiedertäufer – verlangten nicht weniger als die Trennung von Kirche und Staat, ein damals noch undurchführbarer Gedanke. Wie dürftig Zwinglis Gegenargumente sind, zeigt seine Antwort (1525): Der Große Rat der Stadt Zürich handele „anstatt der Kirchengemeinde" (ecclesiae vice), die bisher schweigend eingewilligt habe. Das Auftreten einiger törichter Menschen lasse es als untunlich erscheinen, die ganze Menge gemeinsam beraten zu lassen. Der Große Rat ordne auch nur die äußeren Dinge. Die Pfarrer würden ihre Stimme genügend erheben, wenn der Rat falsch handele. Die Änderung der Zeremonien durch den Rat der Zweihundert sei nicht ohne Beispiel in der Bibel. Die Kirche von Antiochien habe Paulus und Barnabas nach Jerusalem geschickt, obwohl sie selbst habe entscheiden können (Apg 15,2ff). Der Rat ordne mit den Predigern zusammen nur, was zuvor in den Herzen der Gläubigen geordnet sei[129].

Der Kampf mit den städtischen Gegnern (Chorherren, Konstaffel, Wiedertäufer) drängte Zwingli, den *staatskirchlichen* Charakter der Zürcher Kirche zunehmend zu betonen. Seine Wahrnehmung der ethischen und sozialen Verantwortung (Eintreten für die Bauern) bestärkt diese Zusammenschau von ‚Christen- und Bürgergemeinde', die seinem theologischen Ansatz entsprach. Von 1526 an ist die Ausbildung einer „prophetischen Theokratie" (A. Farner) festzustellen. Sein Brief vom Mai 1528 an A. Blarer zeigt, daß Kirchengemeinde und Stadtstaat eine Einheit geworden sind. Die ‚Presbyter' sind sowohl die Prediger wie die Stadträte (seniores)[130]. Da die Zürcher Zunftdemokratie jährliche Wahlen kannte, war ein Einfluß auf die Obrigkeit leichter zu erreichen als in den absolutistisch regierten Fürstentümern.

Eine „Synode", bestehend aus Ratsmitgliedern und Pfarrern, wird 1527 eingesetzt, die die Lehreinheit erhalten soll; der Synodaleid wird eingeführt. 1528 wird ein „Geheimer Rat" gebildet, dessen führendes Mitglied Zwingli wird. Es folgen Verordnungen über den Abendmahlsbesuch der Ratsherren, über den zwangsweisen Kirchenbesuch (1529), über die moralische Beaufsichtigung der Bürger (Sittenmandat 1530) und die Einführung des Banns. Es ist bezeichnend, daß Zwingli seit 1526 nur noch alttestamentliche Texte auslegt. In den Kappeler Kriegen hat der Gedanke der Ausbreitung des Evangeliums mit Waffengewalt eine Rolle gespielt.

§ 8 Das Sakramentsverständnis

Literatur: S. zu § 9.

In der Auslegung der 18. Schlußrede (1523) legt Zwingli zum ersten Mal seinen Sakramentsbegriff dar. Sein Vorwurf, „mit dem wort ‚sacrament' gibt er den Latinern nun ze vil nach"[131], bezieht sich auf Luthers Äußerung in der Schrift ‚De captivitate Babylonica' (1520), das „Bußsakrament" (Beichte) sei zwar ein in der römischen Kirche zerstörtes, aber dennoch von Christus (Matth

[128] Vgl. F. Blanke S. 10f.; Z 2,466.
[129] Z 4,479f.; ähnlich 9,465.
[130] Z 9, 455,33.
[131] Z 2,148,30.

16,19; 18,18; Joh 20,23) eingesetztes Sakrament[132]. In der Sache ist er mit Luther einig, denn ein Sakrament ist, „das got ein gwüß wort daruff geredt hab und im wort etwas verheissen“[133]. Das Wort ‚sacramentum‘ übersetzt Zwingli mit ‚Eid‘. Sakramente sind „styff und gwüß,... als hett er [Gott] einen eyd darumb geschworen“[134]. Gott vergewissert durch sie seiner Gnade. Der Brief des *Cornelius Hoen* im Herbst 1524 (s. o. S. 53 f.) erbrachte Zwingli nicht nur eine ihm einleuchtende exegetische Lösung der Einsetzungsworte des Abendmahls, er bestimmte auch das Sakramentsverhältnis neu durch den Dualismus ‚innerlich‘ und ‚äußerlich‘. Von nun an sind die Elemente Wasser, Brot und Wein soweit von den geistlichen Gaben, auf die sie hinweisen, getrennt, daß sie nicht mehr Träger dieser Gaben sein können. Die Sakramente verlieren ihren Gabecharakter (vgl. § 1). 1. Das Sakrament verweist nun auf die geschehene Heilstat Christi hin. Augustins Definition wird dahingehend erläutert: „Credo sacramentum esse sacrae rei signum, hoc est, *factae* gratiae signum.“ Oder, „Credo sacramentum esse signum invisibilis gratiae, quae scilicet dei munere facta et data est, visibilem figuram et formam“[135]. Die Gnade, auf die das Sakrament hinweist, ist bereits am Kreuz gewirkt – das Meßopfer ist ausgeschlossen – oder sie ist bereits von Gott mitgeteilt und im Glauben empfangen worden. Eine sakramentale Gnade entfällt. Das Sakrament setzt den Glauben voraus. 2. Zur Verdeutlichung wird auf die Bedeutung des Sakraments als „Pfand“ (pignus), das die Streitenden am Altar niederlegten, und auf seine Bedeutung als Eid, insbesondere als „Fahneneid“ (sacramentum militare) zurückgegriffen; den Eid leistet nun nicht mehr Gott, sondern der Mensch. Das Sakrament ist eine „Einführung“ (initiatio) oder „Verpflichtung“ (oppignoratio)[136]. Deutlich ist mit beiden Begriffen auf Taufe und Abendmahl hingewiesen. Anliegen dieses Sakramentsbegriffes ist die Abkehr von jeder Kreaturenvergötterung, wie sie im römischen Katholizismus vielfach bei der Taufe und in der Messe festzustellen war, und wie sie auch im Luthertum nicht vermieden wurde.

§ 9 Das Abendmahl

Literatur: W. Köhler, Zwingli und Luther. Ihr Streit über das Abendmahl nach seinen politischen und religiösen Beziehungen, Bd. 1, Leipzig 1929, Bd. 2, Gütersloh 1953; W. H. Neuser, Zwinglis Abendmahlsbrief an Thomas Wyttenbach (1523), in: Wegen en gestalten in het Gereformeerd Protestantisme, Festschrift S. van der Linde, Amsterdam 1976, S. 35–46.

Zwinglis Abendmahlslehre entspricht seinem Sakramentsbegriff. Auch in ihr hat eine Entwicklung stattgefunden. In der Auslegung der 18. Schlußrede (1523) deutet er, von Johannes ausgehend, Jesu Selbstbezeichnung „Ich bin das Brot des Lebens“ (Joh 6,35) auf die Verkündigung: „sin Wort ist ein spyß der seel...., gleich als das brot den lychnam veste [kräftige], darumb er es [das Wort] ouch ein brot genempt [genannt] hat.“ „Das einig, gwüssest, eigentlichest wort“ sind Jesu Einsetzungsworte, denn sie verkündigen die Versöhnung mit Gott. „So mag ie die verkümmreten sel [bekümmerte Seele] nüt me uffrichten, stercken und

[132] WA 6,543. [133] Z 2,122,15. [134] Z 2,120,25.
[135] Z 3,757,13; 6,2 S. 805,6. [136] Z 3,758,15.

enthalten, dann daß sy vestenklich gloubt, Christum für sy den tod erlidten haben."[137] Wie bei Luther sind die Einsetzungsworte noch Verkündigungsworte, die den Glauben stärken sollen. Zum Essen und Trinken im Abendmahl bemerkt er: Christus hat, „damit das wäsenlich testament begrifflicher [leichter begreiflich] wäre den einvaltigen, sines lychnams ein spysliche gestalt ggeben", nämlich die Gestalt von Brot und Wein im Abendmahl. Über die Art dieser „spyslichen gstalt" gibt Zwingli keine Auskunft, sondern setzt nur hinzu, daß der Glaube durch sie gestärkt wird[138]. Es ist bekannt, daß Zwingli in den Anfangsjahren die Gegenwart Christi im Abendmahl deutlich lehrt, wenn sie, systematisch gesehen, auch unbetont bleibt. Die Realpräsenz Christi im Abendmahl ist der Abendmahlsverkündigung noch völlig untergeordnet. Das entspricht der Abendmahlslehre Luthers in der Schrift ‚De captivitate Babylonica' (1520)[139]. Nach Empfang des Honiusbriefes (1524) lehnt Zwingli einen Gabecharakter des Abendmahls und insbesondere die Realpräsenz ab. Das Handeln des Glaubenden und die Gemeinde tritt in den Vordergrund. Das Abendmahl wird beschrieben[140],

1. als Gedächtnismahl (commemoratio). „Zu meinem Gedächtnis" lautet Jesus Befehl (1.Kor 11,24). Dem Glaubenden wird Christi Heiltat vor Augen gestellt. Der Glaube empfängt, was er schon hat.

2. Als Bekenntnismahl (collaudatio). Wir sollen „des Herrn Tod verkündigen" (1.Kor 11,26). Als Verpflichtungszeichen („Pflichtzeichen") soll das Abendmahl die Gemeinschaft und brüderliche Liebe stärken.

3. Als Gemeinschaftsmahl (communicatio oder coniunctio). Zwingli legt die „Gemeinschaft des Leibes Christi" in 1.Kor 10,16 vom Vers 17 her aus („so sind wir viele ein Leib"). Zwingli hat entschieden bestritten, daß Christus leiblich im Abendmahl sei. Er verstand es, seine Meinung rational einsichtig zu machen (Einsetzungsworte als Gleichnisrede, Sitzen zur Rechten Gottes, Joh 6,63).

Seit dem Marburger Religionsgespräch 1529 (s.o. S. 60ff.) finden sich bei ihm vorsichtige Ansätze, Luther entgegenzukommen[141].

§ 10 Die Taufe

Literatur: F. Blanke, Brüder in Christo. Die Geschichte der ältesten Täufergemeinde (Zollikon 1525), Zürich 1955.

In der Auslegung der 18. Schlußrede (1523) hebt Zwingli das Verkündigungswort in der Taufe hervor: „glych wie in dem Touff das tuncken [Untertauchen] nit abwäscht die sünd, der getoufft gloube denn dem heyl des evangelii, das ist: der gnädigen erlösung Christi."[142] Die Taufe soll das Wort gewiß machen. Ausführungen zur Taufe macht Zwingli nicht, da sie noch weniger umstritten war als das Abendmahl. Selbstverständlich ist die Taufe Kindertaufe.

137 Z 2,141,17.28.
138 Z 2,143,16.
139 Vgl. W. Köhler, Zw. u. L. I, 16ff.
140 Z 3,227f.; 346ff.; 4,902,10; 5,471f.
141 Vgl. W. Köhler, Zw u. L. II, 125ff., 201, 429. Beide hatten sich im 15. Marburger Artikel geeinigt, daß „die geistliche Nießung desselbigen Leibs und Bluts einem jeden Christen führnehmlich von notten" (BSLK 65,19f.). Zwingli lehrt nun eine Präsenz „in Ansehung des Glaubens" (contemplatione fidei) (Z 6,2 S. 806,11f.). Das Abendmahl hat für ihn Gabecharakter.
142 Z 2, 143,20; vgl. 57,25.

Ganz unbefangen bemerkt Zwingli, aus den Schriften der Kirchenväter gehe hervor, daß man die Kinder ‚von Alters her' getauft habe, aber nicht allgemein[143]. Um dem römischen Opus-operatum-Denken zu entgehen, lehrt Zwingli den *stellvertretenden Glauben* der Eltern und Paten, bis das Kind selbst glaubt[144]. Ein Streitpunkt war nur die Heilsnotwendigkeit der Taufe. Er kritisiert die katholischen Theologen, die die Eltern, deren Kinder ungetauft starben, verachte und den Kindern das Begräbnis in geweihter Erde verweigern. Zwingli hält es für wahrscheinlicher, daß diese nicht verdammt werden; mehr könne man nicht sagen. Doch will er dies nur für die Kinder christlicher Eltern gelten lassen[145].

Im Jahre 1524 konzentrieren sich die evangelischen Radikalen in Zürich auf die Bestreitung der Kindertaufe. Es war dies die direkte Konsequenz ihrer Forderung einer Kirche der Glaubenden. Zwingli hat damals im Freundeskreis die Argumente für die Kindertaufe geprüft und vermehrt[146]. Er ließ die Annahme eines stellvertretenden Glaubens der Eltern und Paten fallen und postulierte auch nicht wie Luther einen Kleinglauben der Kinder. Da sein neuer Sakramentsbegriff die sakramentale Gnade leugnete, waren Überlegungen über den gläubigen Empfang der Taufgnade nicht mehr erforderlich. Die Taufe ist nun gemäß der Sakramentsdefinition nur ein *Zeichen*, eine „res externa", die hinweist auf die „res vera"[147], das heißt, auf die Geistestaufe. Zwingli nimmt ein leicht abgeändertes Beispiel aus dem Honius-Brief auf, um zu zeigen, daß Zeichen und Bezeichnetes getrennt gedacht werden müssen: Wenn beim Handeln Käufer und Verkäufer sich die Hand geben, um den Kauf zu besiegeln, ist dies nicht die „Übergabe" des Kaufobjekts (traditio rei), sondern sichtbares „Zeichen" (visibile signum) für den vollzogenen Kauf[148]. Zwingli setzt darum bei der Johannestaufe ein, die eine Wassertaufe ist, und auf Christus und die Geistestaufe hinweist (Math 3,11). Anschließend sucht er die Identität der Johannes- und Christustaufe zu beweisen. Schwierigkeiten macht ihm Apg 19,4ff. Statt „Taufe des Johannes" (Apg 19,3) will er „Predigt des Johannes" setzen, um zu beweisen, daß es nur eine Taufe gibt[149], nämlich die Wassertaufe, die Zeichen der Geistestaufe ist. Die Geistestaufe ist nichts anderes als das ‚Ziehen' des Geistes zum Vater (Joh 6,44), das heißt, sie ist der rettende Glaube[150]. Zwingli will beweisen, daß den Kindern das Heil längst zugesagt und ihre Taufe Zeichen des zukünftigen Glaubens ist.

Er lehrt nun: 1. Die kleinen Kinder sind nicht wie die Erwachsenen zu betrachten. Sie stehen nicht unter der Verdammnis der Sünde, weil sie keine Erbschuld haben, und ihre Sünde nur die Tatsünde ist (vgl. § 6).

2. Da sie das Wort Gottes noch nicht hören können, kann von ihnen auch kein Glaube verlangt werden. Die Taufaussage Mk 16,16, „wer nicht glaubt, wird verdammt werden", kann sich nicht auf die Kinder beziehen[151]. Zwingli nimmt damit die intellektuelle Unfähigkeit des Säuglings, der zur Taufe gebracht wird, ernster als Luther.

3. Die Taufe ist Zeichen der Aufnahme in den Bund Gottes (initiatio). Die Einsetzungsworte lauten wörtlich übersetzt: „in den Namen [hinein]" taufen[152].

---

[143] Z 2,122,10. [144] Z 2,123,8. [145] Z 2,455,18. [146] Z 4,207,12; 6,1 S. 36ff.
[147] Z 3,773,1. [148] Z 3,773,3; 4,517,9. [149] Z 3,770,35.
[150] Z 4,225,24. [151] Z 3,773,15; 5,379,29; SS 3,427. [152] Z 4,235,19.

Da die Taufe laut Kol 2,11f. an die Stelle der Beschneidung im Alten Bund tritt, müssen auch die Kinder getauft werden[153]. Es kann nicht sein, daß die Kinder der Christen ärmer dastehen als die Kinder des alten Bundesvolkes[154]. Wie die Kinder der Israeliten zum Volk Gottes gezählt werden, so die Kinder christlicher Eltern zur Kirche und zum Bund[155]. Die Begrenzung auf die Kinder der Christen war zur Zeit Zwinglis allerdings praktisch bedeutungslos; die Bestreitung der Kindertaufe führte zum Konflikt mit dem Reichsgesetz (Corpus Iuris Civilis I, 5,2) und wurde als Aufruhr bestraft. Als zusätzliches Argument führt Zwingli später die Erwählung an, die der Taufe vorausgeht[156].

4. Sie ist ein Pflichtzeichen (sacramentum)[157] wie das Abendmahl. Zwingli verweist auf die ethische Ausrichtung der Taufe Röm 6,4[158]. Die Taufe ist Verpflichtung zum Glaubensgehorsam. Da die getauften Kinder passiv bleiben, ist auf ihre spätere Unterweisung besonders zu achten.

§ 11 Der evangelische Gottesdienst

Literatur: F. Schmidt-Clausing, Zwingli als Liturgiker, Göttingen 1952; H. v. Campenhausen, Die Bilderfrage in der Reformation, ZKG 68, 1957, S. 69ff.; wiederholt: ders., Tradition und Leben, Tübingen 1960, 361–407; M. Jenny, Zwinglis Stellung zur Musik, Zürich 1966.

Ebenso wie Luther hat auch Zwingli nach seiner Hinwendung zur Reformation in den ersten Jahren nur evangelisch gepredigt. Die unverkürzte Christusbotschaft sollte dem Volk fest eingeprägt werden, bevor der Gottesdienst verändert wurde. Er mahnte zur Rücksichtnahme auf die schwachen Brüder, es sei denn, die göttliche Wahrheit stehe auf dem Spiel. Doch sollen die Schwachen „nicht ewig“ Milch erhalten; eine Zeitlang sollen sie noch unterwiesen werden[159]. Zwinglis Position liegt zwischen den vorwärtsdrängenden Radikalen und dem aus politischen Gründen zögernden Rat der Stadt. Als es 1523/24 zu Übergriffen einiger Radikaler kommt, werden im Gegensatz zu den Wittenberger Unruhen 1521/22 die geplanten Reformen nicht reduziert, sondern allmählich und geordnet durchgeführt. Nur darin besteht der vermeintliche ‚Radikalismus‘ Zwinglis.

Im Jahre 1523 legen Leo Jud ein neues Taufformular, Zwingli Vorschläge zur Reform der Messe vor. Beide Männer beschränken sich noch auf eine Streichung lediglich der unerträglichen Stücke (Meßopfer, Elevation, Exorzismus, Kreuzschlagen); Zwingli stellt die Einsetzungsworte als Verkündigung und nicht als Konsekration in den Vordergrund. Doch nur das vorläufige Taufformular („für die Schwachgläubigen“) wird in Gebrauch genommen. Am 10. August 1523 wurde die erste Taufe in deutscher Sprache gehalten.

In der zweiten Zürcher Disputation (Ende 1523) werden Meßopfer und Bilder diskutiert und verworfen. Aber erst zu Ostern 1525 genehmigte der Rat die Einführung des evangelischen Abendmahls. Zwingli legte in diesem Jahr neue Agenden für den Predigtgottesdienst, Taufe, Abendmahl und Trauung vor. Der

[153] Z 3,410; 4,326,13 u. ö.
[154] Z 4,317,27; 333 u. ö.
[155] Z 5,308,22; 385,34.
[156] Z 5,387,12.
[157] Z 4,326,29.
[158] Z 6,2 S. 805,8.
[159] Z 1,125,3.

Zürcher Gottesdienst stellt eine liturgische Leistung dar. „Luther hat bereinigt, Zwingli hat geschaffen."[160] Denn die Vorlage für den Predigtgottesdienst ist nicht die „Missa Romana", sondern der ‚Pronaus', ein Lese-Predigt-Fürbittengottesdienst, wie er in Surgants ‚Manuale' (1506) vorliegt. Im Mittelpunkt der gereinigten Form stehen Predigt und Gebet; Meßgewänder und alles Beiwerk sind abgeschafft. Statt des Kultgesangs (und der Orgel) der mittelalterlichen Kirche – den Gemeindegesang gab es noch nicht – versuchte Zwingli das alternierende Sprechen passender Psalmen durch Pfarrer, Männer und Frauen einzuführen, doch drang er nicht durch. Den Gemeindegesang lehnte er nicht ab, wie eine Bemerkung aus dem Jahr 1525 zeigt: „Wenn der Lobgesang am Sonntag klar und für alle verständlich gesungen wird, ist er gut und lobenswert."[161]

Die Taufe ist nun von den zahlreichen symbolischen Handlungen befreit. Das Abendmahl wurde viermal im Jahr gehalten. Der Kirchenraum ist altarlos. Zu den Abendmahlsgottesdiensten wird ein Tisch aufgestellt, auf dem Brot und Wein in hölzernen Schüsseln und Bechern stehen. Der Pfarrer im bürgerlichen Feiertagsgewand beginnt den Abendmahlsgottesdienst mit der Predigt. Nach Schriftlesung, Gebet, Glaubensbekenntnis (Apostolikum!) und Herrengebet bringen der Pfarrer und die Diakone Brot und Kelch zu den Kommunikanten und geben sie ihnen in die Hand. Der Ermahnung vor und nach der Austeilung ist im Sinne der zwinglischen Abendmahlslehre gehalten. Am 15. Juni 1524 wurden die Bilder aus den Kirchen genommen bzw. den Stiftern zurückgegeben. Die Kirchenfenster blieben unangetastet. Denn nach Zwinglis Meinung sollen nur die beseitigt werden, die verehrt werden. Darunter fielen nicht nur die Heiligenbilder und Statuen (wie im Luthertum), sondern auch die Christus- und Gottesbilder.

Hauptargument gegen die Bilder ist ihre Verehrung, die im 2. Gebot untersagt ist, und die Erwartung einer Unterrichtung des Volkes durch sie. Zwingli bestreitet nicht, daß sie äußerliche Eindrücke vermitteln; lebendige Belehrung vermitteln nur Wort und Geist. Außerdem kann Gott nicht dargestellt werden, auch nicht die Gottheit Jesu. Die Bilder sind daher Versuchungen für die Menschen. Das für sie ausgegebene Geld steht den Armen zu[162].

Kapitel III: Die Zwinglianer

Literatur: Fehlt.

Zwingli war in erster Linie der Führer einer konfessionellen Richtung in der evangelischen Kirche und dann erst Haupt einer Schule. Daher besteht die Gemeinsamkeit unter den Zwinglianern vor allem in den Lehren, die im Abendmahlsstreit umstritten waren. Es sind die Abensmahlslehre, die Abendmahlschristologie und der Sakramentsbegriff. In diese Lehrpunkte sind inbegriffen das Verhältnis von Wort und Geist, res und signum, Glaube und Erwählung. Es zeigt sich, daß entsprechend ihrer verschiedenen geistigen Herkunft und Denkweise auch unter den Zwinglianern schon zu Zwinglis Lebzeit eine theologische

---

160 Schmidt-Clausing S. 63.

161 Z 13,695; vgl. 8,276,17; 4,14,16.

162 Z 3,900ff.

Vielfalt bestand. Da Zwingli durch seine systematische Folgerichtigkeit und Klarheit zu überzeugen verstand, fiel diese Vielfalt im Abendmahlsstreit nicht ins Gewicht. Nach dem Tod der Führer (1531) kommt es zu einer Weiterentwicklung in der *Sakraments- und Abendmahlslehre*, die von Zwinglis späten Äußerungen über die Gegenwart Christi und vorsichtigen Annäherungen an die Wittenberger ausgelöst ist. Die Zwinglianer beschäftigt nun Bucers Konkordienversuche, die zur Wittenberger Konkordie (1536) führen (vgl. Kap. IV § 3). In den evangelischen Schweizerkantonen setze sich aufs ganze gesehen aber ein zwinglischer Traditionalismus durch; nicht zufällig erschienen im Jahr 1536 Zwinglis Briefwechsel mit Oekolampad und Zwinglis ‚Fidei expositio' für Franz I. von Frankreich im Druck. Bucer machte die „übermäßige Bewunderung Zwinglis und Oekolampads" für das Scheitern der Konkordie mit den Schweizern verantwortlich[1]. Ebenso urteilt E. Bizer: „Die Konkordie ist am Zwinglianismus der Schweizer gescheitert."[2] Hingegen meint W. Köhler: „Die Zwinglianer ... sollten in ein Gewand gesteckt werden, das nicht auf sie zugeschnitten war."[3] Hervorstechendes Merkmal des Zwinglianismus als theologische Schule sind aber der augustinische Gottesbegriff samt seinen Konsequenzen. Weitere Lehreigentümlichkeiten Zwinglis kommen hinzu. Die Zwinglianer sind ihm im Lehrsystem wie in den einzelnen Lehrstücken ganz unterschiedlich gefolgt.

Einen vorläufigen Höhepunkt des schweizerischen Zwinglianismus bildet die ‚Confessio Helvetica prior' aus dem Jahr 1536. Sie ist eine Gemeinschaftsarbeit der bekanntesten Theologen und stellt das Einheitsband der evangelischen Schweizerkirchen dar. Im gleichen Jahr noch trat mit Johann Calvins „Institutio christianae religionis" ein neuer Typ reformierter Theologie auf den Plan.

§ 1 Leo Jud

Quellen: KATECHISMEN: 1. Catechismus. Christliche klare und einfalte ynleitung, 1534 (= großer Katechismus). Nachgedruckt von C. GROB, Winterthur 1836; O. FARNER, Leo Jud. Katechismen, Zürich 1955, 25-239; Auszüge („Zür. I") bei M. A. GOOSZEN, De Heidelbergsche Catechismus, Leiden 1890 (vgl. A. LANG, der Heidelberger Katechismus und vier verwandte Katechismen, Leipzig 1907, XXff.). 2. Ein kurtze Christliche underwysung der jugend, 1541 (= kleiner Katechismus). Nachgedruckt von A. LANG, aaO. S. 54-116; O. FARNER, aaO. S. 245-376; Auszüge („Zür. II") bei M. A. GOOSZEN, aaO. 3. Catechismus. Brevissima christianae religionis formula, o. J.; Auszüge („Zür. III") bei M. A. GOOSZEN, aaO. (vgl. A. LANG, aaO. S. XXXIf.).

Literatur: L. WEISZ, Leo Jud, Zürich 1942; K.-H. WYSS, Leo Jud. Seine Entwicklung zum Reformator 1519-1523, Bern u. Frankfurt a. M. 1976.

Abkürzung: Fr = Frage.

Leo Jud ist der engste Mitarbeiter Zwinglis gewesen. Literarisch ist er durch seine Übersetzungen der Bibel und einiger Schriften des Erasmus, Luthers, Zwinglis und Calvins, sowie die Edition der exegetischen Vorlesungen Zwinglis hervorgetreten. Er übernimmt in den Katechismen Zwinglis Lehrsystem und sorgt durch die populäre Form für seine Verbreitung. Jud hat Zwinglis Ansatz in der Gotteslehre übernommen und katechetisch furchtbar gemacht. Durch den

[1] WA Br 8,12; am 19. Jan. 1537 an Luther.
[2] Studien S. 233.
[3] Zw. u. L. II, 525.

kleinen Katechismus zieht sich die Aussage, daß Gott der Herr ist, „darumb er ouch Schadai heiszt", und das „summum bonum", „ein schatz alles gůten" (Fr. 94). Des Menschen Erschaffung zum Bilde Gottes liefert den soteriologisch--ethischen Gesamtrahmen, in dem Abrahamsverheißung und Dekalog reibungslos neben dem Werk Christi einen Platz finden:

„Gott ist barmhertzig, trüw und gnädig, also sol ouch der mensch syn gegen sinem nächsten.

Gott ist ein reins, luters, heiliges gůt, also sol ouch der mensch uff erden der reinigkeit und frommkeit flyssen.

Gott ist gerecht, unnd aller ungerechtigkeit fyend, also sol sich der mensch der gerechtigkeit halten, alle ungerechtigkeit fyend syn" (Fr. 4).

Gottes Güte äußert sich darin, daß er mit Abraham einen „Bund" geschlossen hat, den der Sohn Gottes erneuerte (Fr. 12,14). Der Bundesbegriff – im Vergleich zu Zwingli verstärkt – leitet direkt zu Christi Werk über. Das gleiche gilt, wenn auch in anderer Weise, vom Dekalog. Er ist also guter Gotteswille „einem yetlichen menschen in sin hertz geschriben" (Fr. 21), und er lehrt, heißt es am Schluß seiner Auslegung, Glaube und Liebe (Fr. 62). Leo Jud trägt die Rechtfertigung aus Glauben vor und stellt sie der Werkgerechtigkeit gegenüber (Fr. 78-83). Die Prädestination behandelt er nicht.

Da Gott allein den Glauben wirkt, kann Jud anschließend den *„syllogismus practicus*" breit vortragen. Die guten Werke der Glaubenden sollen erstens Gott preisen und sind zweitens der schuldige Dienst und Dank zu Gott. „Zum dritten sind die gůten werck zügnussen desz gloubens. ... Usz den gůten wercken spürt und sieht man dasz wir kinder Gottes und glöubig sind" (Jak 2,17ff.). Viertens üben die guten Werke den Glauben und der Nächste empfängt fünftens durch sie Nutzen. „Zum sechsten, wirt uns unser erwellung, berůff, gloub, unn heil durch die gůten werck gwüsz" (2 Petr 1,10). „Dann so ich minem nächsten hilff, ... so wird ich darmit innen und bin gwüsz dasz min gloub gerecht, und nit falsch oder erdichtet ist und dasz ich ein rechter Christ bin." „Zum letzten habend die gůten werck grosse verheissungen und belonungen von Gott, hie in zyt lyblich, und nach disem läben ewige" (Fr. 86). Die Glaubensgewißheit auf Grund der guten Werke wird von Jud uneingeschränkt gelehrt.

Ob er Zwinglis Erbsündenlehre teilte, wird nicht deutlich. Mehrmals spricht er von der Sünde als „prästen" (Fr. 66) oder von „böse art unn sündtlicher präst von Adamen an uns ererbt" (Fr. 158). Die Sündenvergebung durch die Pfarrer weist Jud nicht völlig zurück. Die Sünden vergibt zwar nur Gott (Fr. 154). Die Pfarrer tun es „dienstlicher wysz, und nit als die, die den gwalt in jrer hand habind" (Fr. 155). Die Sakramente werden nur kurz behandelt. Sie sind erstens „gedenckzeychen Göttlicher gnaden und verheissungen gegen uns", zweitens „losungen und warzeychen" christlicher Gemeinschaft und darum „pflichtzeychen und pundszeychen" (Fr. 198). Bei der Taufe wird die Johannestaufe „zur buszerfertigkeit unn besserung desz läbens" gelehrt. Das Abendmahl ist „ein wider gedächtnusz desz lydens Christi, und ein verkündigung seines todts" (Fr. 208). Doch wird Zwinglis Formel aufgenommen, mit der er 1530 sich Luther nähert: „Der glöubig iszt brot und trinckt wyn mit dem mund desz lybs, ynwendig in seinem andächtigen gmüt iszt er den lyb Christi und trinckt sin blůt" usw. (Fr. 212).

Nach der Zürcher Niederlage im Jahr 1531 (s. EKL 3,884f.) fordert Jud die Kirchenzucht durch ‚Älteste', die von der Gemeinde gewählt werden. Er teilt Oekolampads Ansicht von der Nichtzuständigkeit des Rats[4]. Auch bezweifelt er jetzt die Richtigkeit der Ansicht Zwinglis in der Schrift ‚Subsidia sive coronis', der Rat handele an statt der Gemeinde[5]. Kirche und Staat sollen stärker getrennt sein. Im Jahr 1533 wendet er sich sogar an Schwenckfeld und läßt sich für dessen Gemeindeideal gewinnen. Bullinger hatte Mühe, ihn davon abzubringen.

Wie offen Jud in dieser Zeit für fremde Gedanken ist, zeigt sein *lateinischer Katechismus*, der eine Umarbeitung des Genfer Katechismus von 1538[6] ist. Das zwinglische Verständnis Gottes, der Sakramente und der Kirche wird eingefügt, die Prädestinationslehre weggelassen und die eigene Betonung des Bundes und der guten Werke geltend gemacht. Entschieden hat Jud Zwinglis Sakramentsbegriff beibehalten. Nachdem er Calvins „Institutio" aus dem Jahr 1536 gelesen hatte, teilte er jenem brieflich mit, daß er die Bezeichnung der Sakramente als „Siegel" (sigilla), „die uns die Verheißung Gottes bekräftigen (firmare) und versiegeln (obsignare)", ablehne[7]. Weder das „verbum externum", noch die Sakramente stärkten den Glauben; dies geschehe durch den Heiligen Geist. Eine „res corporalis" vermöge nicht auf eine „res spiritualis" einzuwirken[8]. „Die Mehrung des Glaubens schreiben wir Christus zu, nicht den Sakramenten."[9]

§ 2 Johannes Oekolampad

Literatur: J. M. USTERLI, Ökolampads Stellung zur Kindertaufe, ThStKr 56, 1883, 156-174; E. STAEHELIN, Das Buch der Basler Reformation, Basel 1929; DERS., Briefe und Akten zum Leben Oekolampads, Bd. 1 Leipzig 1927, Bd. 2, 1934, Nachdruck 1971 (= BuA); W. KÖHLER, Zürcher Ehegericht und Genfer Konsistorium, Teil I.: Das Zürcher Ehegericht und seine Auswirkung in der deutschen Schweiz, Kap. 8: Basel, Leipzig 1932, 231–308; E. STAEHELIN, Das theologische Lebenswerk Johannes Oekolampads, Leipzig 1939, (= Lebensw.); DERS., Oekolampad-Bibliographie, Nieuwkoop 1963².

Oekolampad, der humanistisch gebildete Reformator Basels, stand immer im Schatten Zwinglis. Er hat in seiner kurzen Wirkungszeit keine Dogmatik und auch kein Bekenntnis – außer dem Synodalbekenntnis vom 26. Sept. 1531 – wohl aber zahlreiche *Kommentare zu biblischen Büchern* verfaßt. Aus ihnen geht hervor, daß er Zwinglis Gottes-, Prädestinations- und Gesetzeslehre teilt. Die „misericordia" ist das ‚opus proprium', der Zorn ‚opus alienum'; bei dieser handelt Gott ‚suo more', bei jener ‚praeter morem' (zu Jes 28,21; Röm 8,28ff.). Gott zieht, wenn er straft, seine Gnade zurück (zu Röm 1,18ff.) Gott ist ‚potentia, sapientia ac bonitas' (zu Röm 1,18ff.) Gottes „iustitia" gilt nur den Gottlosen (zu Jes 2,12ff.; 7,1ff.; 63,17; 66,17ff.). In Christus ist die „iustitia" Gottes seine „misericordia" (zu Röm 1,17; 3,21ff.). Die Erwählung entspringt der Güte Gottes (zu Mal 1,2ff.). Oekolampad kennt keine doppelte Prädestination (zu

[4] Jud an Bullinger, März 1532; Text: H. Fast, Heinrich Bullinger und die Täufer, Weierhof 1959, S. 181.

[5] H. Fast, aaO. S. 190, 194.

[6] Lateinische Form CO 5,313–362.

[7] Herminjard 7,489; OS I, 118f.

[8] Herminjard 7,490.

[9] Herminjard 7,491.

Röm 9,1ff.); die Verdammung darf nicht Gott zugeschrieben werden, sie erfolgt ‚propter negligentiam audiendi verbi Dei' (zu Joh 10,25ff.)

Altes und Neues Testament verbindet die ‚benignitas Dei'. Gesetz und Evangelium sind keine Gegensätze (Einl. zu Matth; Jes 2,1ff.). Oekolampad betont die ‚gloria Dei', die ein Leben in der Heiligkeit erfordert. Der philosophische Gottesbegriff fehlt. Auf B. Hubmeiers Anfrage zur Kindertaufe (1525) antwortet Oekolampad sehr freundlich. Er gebraucht die Argumente Zwinglis, den er um Rat fragt. Die Erwählung und mit ihr verbunden das Wirken des Hl. Geistes, der Hinweis auf die Beschneidung der Knaben und auf die Verheißung des Heils an die Nachkommen im Alten Testament (Ex 20,6) rechtfertigen die Kindertaufe[10]. Das Bekenntnis der (gläubigen) Eltern und Paten und ihr Glaube ‚heiligen die Kinder'.[11] Im Gespräch mit den Basler Wiedertäufern mißt er den Kirchenvätern großes Gewicht bei.

Nach Ausbruch des Abendmahlsstreites hat Oekolampad sofort Stellung bezogen und seine Meinung anschließend unverändert vertreten. Die leibliche Gegenwart Christi im Abendmahl lehnt er entschieden ab und vertritt ebenso entschieden eine *geistliche Speisung* im Abendmahl, die den Glauben stärkt[12]. Die sakramentalen Zeichen bekräftigen die Verheißung (promissio) der Sündenvergebung[13]. Diese Lehrdifferenz hat sein Verhältnis zu Zwingli nicht getrübt. In den Streitschriften setzt er dem Konsekrationswort die Unterscheidung von ‚verbum externum' und ‚internum' entgegen; das innere Wort ist das Wort des Hl. Geistes[14]. Mit Zwingli lehrt er einen „Tropos" in den Einsetzungsworten, zieht aber die Redeform ‚figura corporis'[15] dem Ausdruck ‚significat' vor. Durch seine Schrift ‚De genuina verborum Domini... expositione liber' (1525), in der er den Kirchenväterbeweis gegen Petrus Lombardus (s. EKL 2,115f.) führt, wird Oekolampad in den Abendmahlsstreit hineingezogen. Seine Abendmahlslehre ermöglicht es ihm, 1529 die Beendigung des Streites zu suchen. Im Gegensatz zu Zwingli stimmt er im Herbst 1530 Bucers Konkordienentwurf zu.

Die größte Beachtung hat sein Kirchen- und Gemeindeverständnis gefunden. Oekolampad verficht eine *Kirchenzucht*, an der die Gemeinde beteiligt ist, und wird so zum Vorkämpfer einer kirchlichen Eigenständigkeit gegenüber dem Staat und zum Lehrer Calvins. Er durchbricht damit Zwinglis Staatskirchenidee, nach der die Obrigkeit an Stelle der Gemeinde handelt. An Zwingli schreibt er: „Wir bessern die gefallenen Brüder nicht, die wir der Obrigkeit anzeigen, sondern verraten sie. Christus hat nicht gesagt: ‚wenn er nicht hört, so sage es ‚der Obrigkeit', sondern ‚der Kirche'[16]. Im Jahre 1530 hält er vor dem Rat der Stadt im Namen der Pfarrer eine „Rede über die Wiedereinführung des Kirchenbanns" (Oratio de reducenda excommunicatione)[17]. Obwohl er den Nutzen der Kirchenzucht herauszustellen sucht – Nächstenliebe in der Gemeinde, Eifer für den Ruhm Gottes und Auferbauung des Nächsten (‚charitas in ecclesiam, zelus gloriae Dei et aedificatio proximi'[18]) –, wird doch ihr abschreckender Charakter (timor, metus excommunicationis[19]) nicht verschwiegen: Sie ist ein

[10] BuA I, 344. [11] BuA I, 355. [12] BuA I, 340,363,373 u.ö.
[13] BuA I, 362,363,373 u.ö.
[14] Antisyngramma I, 8 – Q IIII; Billiche antwurt D III – L III; BuA II, 69.
[15] Tertullian, Adv. Marcionem, Buch IV; MSL 2,491f. [16] Z 11,129,12.
[17] BuA II, 448–461. [18] BuA II, 457. [19] BuA II, 449.

Heilmittel (pharmacum salubre), das die Ansteckung verhindert[20] und ein Stachel zu einem ehrbaren Leben (magnum calcar ad honestatem[21]). Die Kirchenzucht soll ein Anpflanzen der Tugend und Ausjäten der Untugend[22] sein.

Obgleich die *Obrigkeit* christlich ist, ist sie „saecularis magistratus“[23]. Darum kann sie die Kirchenzucht nicht handhaben. Sie straft auch den, der wahre Buße zeigt; die Gemeinde übt dann Barmherzigkeit. Sie straft den Ehebrecher nur „bürgerlich“ (civiliter), während die Gemeinde ihn bis zur Buße vom Abendmahl ausschließt. Sie bestraft jemand als Störer des öffentlichen Friedens und der Sittlichkeit, den die Gemeinde als „Entweiher der Religion“ (prophanator religionis) verurteilt. Darum muß es zwei Gerichtshöfe geben, das „tribunal magistratus“ und das „tribunal ecclesiae“[24]. Von der ‚Tyrannei‘ des Papsttums will Oekolampad die Kirchenzucht klar geschieden haben. Er schlägt ein Gremium von zwölf Zensoren vor, vier Ratsherren, vier Männern aus der Gemeinde (ex plebe) und die vier Pfarrer[25]. Damit will er ausdrücklich bei den ‚Presbytern‘ des Neuen Testaments anknüpfen. Doch versteht er diese nicht wie Calvin als Amtsinhaber, sondern als Repräsentanten der Meinung der Gemeinde (mens totius ecclesiae)[26]. Selbstverständlich behandeln die Zensoren nur öffentliche Vergehen. Der Basler Rat hat keine kirchliche Zentralbehörde genehmigt; in jedem Pfarrbezirk sollen zwei Ratsherren, ein Gemeindevertreter und der Pfarrer die Zensur ausüben. Die letzte Entscheidung traf zudem der Rat. „Damit bekommt die Obrigkeit ein Kontrollrecht des Kirchenbannes.“[27]

§ 3 Oswald Myconius

Literatur: M. Kirchhofer, Oswald Myconius, 1813; K. R. Hagenbach, Kritische Geschichte der Entstehung und Schicksale der ersten Basler Konfession, 1827, 1857²; P. Wernle, Calvin und Basel bis zum Tod des Myconius, Tübingen 1909.

Der Freund und Mitarbeiter Zwinglis in Zürich Myconius (1488–1552, vgl. LThK 7,716) war seit 1531 Nachfolger Oekolampads in Basel. Als Verfasser des 1. *Basler Bekenntnisses* (1534) verwaltet er das Erbe Oekolampads. Denn Vorlage ist das erwähnte Synodalbekenntnis Oekolampads von 1531[28], mit dem es die Form und weithin den Inhalt gemeinsam hat. Es ist eine kurze, erbauliche, bei Bedarf lehrhaft ins Einzelne gehende Paraphrase des Apostolischen Glaubensbekenntnisses. Die Abgrenzungen wenden sich gegen den Antitrinitarier Servet, die Wiedertäufer (s. VI Kap. 2) und den römischen Katholizismus[29]. Daher geben Artikel 1 „Von Gott“ und Artikel 4 „Von Christo“ sorgfältig die altkirchliche Trinitätslehre und Logoschristologie wieder. In Artikel 12 „Wider den jrthumb der Widerteüffer“ werden die Kindertaufe, der Eid und die christliche Obrigkeit verteidigt. Ohrenbeichte, Fasten, Heiligenfeste, Zölibat, Verehrung und Anrufung der Heiligen und Bilderkult werden im Artikel 11 zurückgewiesen.

[20] BuA II, 450.
[21] BuA II, 449.
[22] BuA II, 455.
[23] BuA II, 455.
[24] BuA II, 455.
[25] BuA II, 454.
[26] BuA II, 454.
[27] W. Köhler Zw. u. L., II 2,295.
[28] BuA II, 688ff.
[29] Vgl. BuA II, 688.

Die übrigen Artikel und Sätze legen den christlichen Glauben schlicht dar: Die Erwählung vor Grundlegung der Welt (Art. 1), die Verdammung aller Menschen durch den Sündenfall (Art. 2) und die trotzdem bleibende „Sorg Gottes über uns" (Art. 3), gemeint ist der Alte Bund. Die Christologie (Art. 4) ergänzt das Apostolische Glaubensbekenntnis durch soteriologische Sätze. Die Kirche (Art. 5) ist die ‚gemeinschafft der heyligen', das sind die Gläubigen, die sich zu Christi Heilstat bekennen und ihren Glauben durch Werke der Liebe bekräftigen. Die Kirche gebraucht die Taufe und das Abendmahl übereinstimmend als Sakramente; ihr Streben nach Einigkeit schließt jedoch Sekten und Mönchstum („ordens Regeln") aus. Artikel 6 „Vom nachtmal unsers Herren" beschreibt das Abendmahl einerseits als Danksagungs-, Verkündigungs- und Gemeinschaftsmahl, andererseits als „spys der glöubigen Seelen zum ewigen läben" durch Christus, der „allen denen, die da glöubend, gegenwurtig sye". Abgelehnt werden Brotwandlung, leibliche Gegenwart und Anbetung im Sakrament. Die Artikel 7 bis 10 behandeln Bann, Obrigkeit, Glaube und Werke und das Jüngste Gericht.

Myconius hat seines Vorgängers Erbe einer eigenständigen Kirchenzucht übernommen und verteidigt. Als 1542 in Basel die uneingeschränkte Staatskirche wiederhergestellt werden sollte, wandte er sich an Calvin um Hilfe[30]. Die Offenheit Basels für die Straßburger Unionspläne hat Myconius geteilt. Die Zuneigung zur Konkordie stand trennend zwischen Bullinger und ihm (1543/44). Im Neudruck der Basler Konfession 1548 wurden zudem die zwinglischen Marginalien zum Abendmahl getilgt. In wichtigen Lehrfragen stand der erste Biograph Zwinglis daher auf Seiten Calvins. Hingegen neigte er 1551 im Bolsecschen Streit (s. EKL 1,545f.) dem Universalismus der Gnade zu. Ein „decretum aeternum" im Sinne der calvinischen Prädestinationslehre nimmt er nicht an, sondern unterscheidet zwischen Gottes wirksamem Ziehen (Joh 6,44) und einem Ziehen ohne guten Erfolg[31]. Bloß in diesem Sinne läßt er eine verborgene Wahl Gottes bestehen.

§ 4 Der ‚frühe' Bullinger

Literatur: J. M. Usteri, Vertiefung der Zwinglischen Sakraments- und Tauflehre bei Bullinger, ThStKr 56, 1883, 730-758; E. Egli (Hg.), Heinrich Bullingers Diarium (Annales vitae) der Jahre 1504-1574 (im Anhang Vita Henrici Bullingeri usque ad annum 1560), Basel 1904; G. Schrenk, Gottesreich und Bund im älteren Protestantismus, vornehmlich bei Johann Coccejus, Gütersloh 1923; F. Blanke, Der junge Bullinger, Zürich 1949; J. Staedtke (Hg.), Heinrich Bullinger. Das höchste Gut, Zürich 1955; ders., Die Theologie des jungen Bullinger, Zürich 1962; S. Hausammann, Römerbriefauslegung zwischen Humanismus und Reformation. Eine Studie zu Heinrich Bullingers Römerbriefvorlesung von 1525, Zürich 1970; H. Bullingers Werke, Abt. I, 1 Bibliographie, hg. von J. Staedtke, Zürich 1972; Abt. II, 1 Briefwechsel (1524-31) bearb. von U. Gäbler, E. Zsindely, Zürich 1973.

Heinrich Bullinger, der nach Zwinglis Tod als dessen Nachfolger nach Zürich berufen wurde, trifft 1523 zum ersten Mal mit seinem berühmten Vorgänger zusammen. Der damals 19jährige Leiter der Schule des Klosters Kappel hatte von

---

[30] CO 11,368 sq.

[31] CO 8,235 sq.

1516 bis 1519 als Lateinschüler bei den Brüdern vom gemeinsamen Leben in Emmerich den Spiritualismus der „Devotio moderna“ in sich aufgenommen und war dadurch auf den platonischen Dualismus der Theologie Zwinglis vorbereitet. In seiner Studentenzeit in Köln (1519-1522) wurde dieser Weg eher verstärkt, weil er dort neben dem offiziellen Studium des Thomismus sich mit der Lektüre antiker Schriften intensiv beschäftigte. Er lernte das humanistische Programm des Erasmus von Rotterdam kennen. Aber in seine Studentenzeit fiel auch die Begegnung mit der Wittenberger Reformation. Er las Luthers reformatorische Hauptschriften des Jahres 1520, darunter vor allem die antirömische Schrift ‚De captivitate Babylonica‘ und wurde besonders von Melanchthons ‚Loci communes‘ tief beeindruckt[32]. Er brach 1522, noch bevor er Köln verließ, mit der römischen Meßlehre und mit dem Papsttum überhaupt[33]. In Kappel setzte er das Studium der Schriften Luthers, Melanchthons und des Erasmus fort, die damals in Basel im Druck erschienen.

In seinem Bericht im Diarium, der etwa 1541 entstand, versucht Bullinger, die Bedeutung der Lutherlektüre zu Gunsten seines damaligen intensiven *Studiums der Kirchenväter* herabzusetzen[34]. In seiner Selbstbiographie aus dem Jahr 1560 behauptet er sogar, die Entdeckung, daß das Heil allein in Christus liege, schon vor der Luther- und Melanchthonlektüre gemacht zu haben[35]. Er gleicht seine eigene Entwicklung offensichtlich der Zwinglis an. So bedeutsam die Kenntnis der Kirchenväter für seine Theologie ist, sie wird nur zur Infragestellung der Scholastik geführt haben. Die reformatorische Erkenntnis haben ihm die Wittenberger Theologen vermittelt. Röm 1,16f. lehrt ihn, daß der rechtfertigende Glaube sich an Gottes Verheißung und Zusage hält[36].

Bullinger hat sich nach seinem Zusammentreffen mit Zwingli 1523 dessen Theologie angeschlossen. Wie jener lehrt er die Einheit des Alten und Neuen Testamentes. Zeigt sich schon bei Zwingli eine Vorliebe, die Gnadenverkündigung von Anfang an durch die ganze Bibel zu verfolgen, so verstärkt sich bei Bullinger diese Betrachtungsweise zu einer *heilsgeschichtlichen Schau* auf Grund der Einheit der Testamente: „Novum testamentum aliud non esse quam veteris interpretationem.“[37]. Es gibt daher nur einen Bund und eine Kirche. Das Gesetz verkündet auch die Gnade. Im Jahr 1534 gibt Bullinger eine Schrift heraus mit dem bezeichnenden Titel „De testamento seu foedere Dei unico et aeterno brevis explicatio“. Zwingli folgt er insbesondere in der Gotteslehre. Gottes Einheit wird hervorgehoben und Gott als ‚summum bonum‘ und ‚fons boni‘ bezeichnet. Das „summum bonum“ ist ein „die Gotteslehre Bullingers geradezu beherrschender Begriff“[38]. Im Jahre 1528 verfaßte er die Schrift „Welches das einig unbetrogen vollkommen und oberist gut sye“, die aber unveröffentlicht blieb. Die Christologie ergibt sich ebenso aus dem Gottesbegriff, wie die Erwählungslehre und das Verhältnis der Gerechtigkeit und Barmherzigkeit Gottes zu einander. Bullinger übernimmt von Zwingli auch das Bild von Christus als dem Hauptmann, begründet es aber mit 2 Tim 2,3 („als ein guter Streiter Christi“). Mit Zwingli

---

[32] Diarium 6,4.14.
[33] Diarium, Anhang 126.
[34] S. 6,6.
[35] Diarium, Anhang 126.
[36] Vgl. HAUSAMMAN 216ff., deren Meinung nach Bullinger weniger das Verheißungswort als die Verheißung Gottes hervorhebt.
[37] J. STAEDTKE 60.
[38] J. STAEDTKE 108.

leugnet er die Erbschuld in den kleinen Kindern. Es ist deutlich, daß das zwinglische Erbe das der Wittenberger weit überragt.

Theologische Selbständigkeit beweist Bullinger bei der Auslegung von Röm 1,19-21 und 2,14ff. Er schreibt dem Menschen keine selbständige Gotteserkenntnis zu und weist die Lehre vom Naturgesetz ab. Des ‚Gesetzes Inhalt' und ‚Werk' (Röm 2,14f.) ist lediglich, die Heiden auch der Sünde zu überführen. Das gegenüber Zwingli vertiefte Sündenverständnis zeigt lutherischen Einfluß an.

Theologiegeschichtlich wichtig wurde, daß er Taufe und Abendmahl *heilsgeschichtlich* betrachtet. Bullinger hat nicht erst gegenüber den Täufern die Analogie von Beschneidung und Taufe behauptet, sondern er geht gleich von der heilsgeschichtlichen Bedeutung des Bundes aus. Die Taufe vermittelt keine Gnade. „Sie ist ihm vielmehr Zeichen der anererbten Bundesgemeinschaft von wesentlich verpflichtender Natur, Kokarde des Bundesgliedes, dem eidgenössischen Kreuz vergleichbar."[39] Noch stärker kommt die heilsgeschichtliche Schau in der Abendmahlslehre zum Zuge. Vorbild des Abendmahls ist das Passahmahl (Exod 12). Bullinger hat wiederholt betont, daß Christus es Luk 22,16 bis zur Wiederkunft aufgehoben und durch das Abendmahl ersetzt hat. Nun bietet Exod 12,3 („das Lamm ist das Passah") den Beweis für die Ersetzung des ‚est' durch ein ‚significat'. Die heilsgeschichtliche Schau fordert daher die Anwendung des ‚significat' auf das Abendmahl. War das Passahmahl eine ‚Figur Christi', so ist das Abendmahl gleichfalls figurativ zu verstehen. Andererseits sind Passahmahl und Abendmahl als Figuren auf Christus hin nicht leer, sondern sie haben einen geistlichen Gehalt. Bullinger teilt durch seine andersartige Begründung der symbolischen Deutung der Einsetzungsworte Zwinglis Dualismus von Zeichen und Bezeichnetem nicht. Eine Realpräsenz Christi hat er wie jener abgelehnt, doch lehrt er die geistliche Speisung im Abendmahl. Das Abendmahl ist Symbol und Sakrament im Sinne eines „Unterpfandes" Gottes (oppignoratio), und zwar des mit Abraham geschlossenen Bundes (Gen 17). G. Schrenk urteilt über Bullingers *Förderaltheologie*: „In der Schrift über den Bund (1534) wird zum ersten Mal der Versuch gemacht, den Bundesgedanken als konstitutives dogmatisches Prinzip zu benutzen."[40]

§ 5 Wolfgang Capito

Literatur: J.M. Usteri, Die Stellung der Straßburger Reformatoren Bucer und Capito zur Tauffrage: ThStKr 57, 1884, 456–525; F. Cohrs (Hg.), Wolfgang Capito, De pueris instituendis Argentinensis Isagoge: Kinderbericht und Fragestücke vom christlichen Glauben, in: Die Evangelischen Katechismusversuche vor Luthers Enchiridion, Bd. II, Berlin 1900, S. 85–201; O.E. Strasser, Capitos Beziehungen zu Bern, Leipzig 1928; Ders., La pensée théologique de Wolfgang Capiton dans les dernières années de sa vie, Neuchatel 1938; B. Stierle, Capito als Humanist, Gütersloh 1974 (Bibliographie); J.M. Kittelson, Wolfgang Capito. From Humanist to Reformer, Leiden 1975; Der Berner Synodus von 1532. Edition und Abhandlungen zum Jubiläumsjahr 1982, hrsg. unter Leitung von G.W. Locher, 2 Bde., Neukirchen 1984 und 1988.

Gleich Zwingli hat Capito eine lange *Entwicklung* vom Erasmianer zum Reformator durchgemacht. Erst 1522 – nicht schon 1518 – ist er zur evangelischen

[39] J. M. Usteri 731. [40] S. 44.

Erkenntnis gekommen[41]. Anfangs war Capito uneingeschränkt Zwinglianer, wie sein ausführlicher „Kinderbericht" von 1527 und erst recht in der abgeänderten Form 1529 ausweist. Der erste Artikel des Apostolikums gibt ihm Anlaß, über Gott als den ‚Vater' und ‚Allmächtigen' nachzudenken. Mit dem ‚Vater' verbindet sich Gottes ‚bonitas' und ‚gratia', aus ihm kommt ‚alles guots'[42]. Wer Gott ohne Christus zu erkennen versucht, trifft (wie die Heiden Röm 2) auf den grausamen Richter oder auf den allem Irdischen abgewandten Gott[43]. In der Ausgabe von 1529 ist die Lehre von Gott dem „summum bonum" und die Erwählung ausgebaut worden; der ‚Allmächtige' ist der Brunnen aller guten Dinge[44]. Als höchstes Gut ist er allein gut und wirkt in den Sündern alleine das Gute. In die Auserwählten legt er den Samen Gottes, aus der Sündenvergebung und ewiges Leben erwächst, den Verfluchten bleiben ihre Sünden behalten[45]. Ob Gott die Ursache der Sünde ist und die Bösen zur Sünde treibt, wird ausführlich erörtert. Dieses wird verneint, jenes bejaht, indem zwischen Ursache der Sünde und Ursache der Werke unterschieden wird. Die Ursache der Sünde ist ein Mangel; Gott zieht die einen nicht zu sich und übt darin seine göttliche Erhabenheit. Wie bei Zwingli bleibt Gottes Güte seine hervorstechende Eigenschaft, die von seiner Allmacht begleitet wird.

Die Verkündigung wird wiederholt als Auftrag Christi hervorgehoben. Wort *und* Heiliger Geist, das heißt, inneres und äußeres Wort müssen zusammenwirken. Die gleiche Struktur haben die Sakramente. Taufe und Abendmahl sind Gemeinschafts- und Bekenntniszeichen[46]. Aber Capito hält seine eigene Definition nicht durch. Indem er die Einsetzungsworte mit Johannes 6 gleichsetzt, erhält er eine geistliche Stärkung im Abendmahl[47]. Das Gedächtnis der Erlösung ‚erneuert, befruchtet und stärkt' den Glauben[48]. Bei der Taufe besteht die Erbauung in der nachfolgenden Ermahnung, die das Kind an seine Taufe und an die in ihr liegende Verpflichtung erinnert[49]. Capito lehrt nur zögernd die *Kindertaufe*. Zugehörigkeit zum Bund, das Kinderevangelium, Aufnahme in die ‚äußere' Gemeinde entsprechend der Beschneidung im Alten Bund ermöglichen sie. Doch läßt Capito die täuferischen Fragen nicht ruhen, ob die Predigt gemäß dem Taufbefehl nicht vorangehen müsse und ob die Kinder zur Gemeinde der Gläubigen gezählt werden dürften[50]. Zusammen mit den übrigen Gründen gibt das „iudicium charitatis", die Kinder bis zum Erweis des Gegenteils für Erwählte zu halten, den Ausschlag[51]. Sein Eingeständnis, ein Gebot Christi für die Kindertaufe liege nicht vor, konnte als Erfolg der Täufer erscheinen[52]. Im nächsten Jahr lehrt Capito im Hoseakommentar unter dem Einfluß des Johannes Cellarius (Borrhaus s. LThK 2,611): „Diejenigen, die unter der überaus harten Tyrranei (des Papsttums) mit ihrem Bekenntnis zu Christus die Wiedertaufe begründen, sündigen ohne Bosheit, wenn sie überhaupt sündigen." Sie gebrauchen ja die Taufe nicht mit dem Ziel der Kirchentrennung, sondern als „Erkennungszeichen" (tessera) ihres Glaubens an Christus[53]. Bucers briefliche Klage bei Zwingli und Oekolampad, Capito leugne die Kindertaufe, trifft nicht zu. Oeko-

---

[41] J. W. Baum, Capito und Butzer, S. 75; gegen B. Stierle 170ff.
[42] Cohrs II, 102,25; 142,11.
[43] Cohrs II, 105,30.
[44] Cohrs II, 104.
[45] Cohrs II, 134.
[46] Cohrs II, 156,27.
[47] Cohrs II, 139f.
[48] Cohrs II, 141,37.
[49] Cohrs II, 161,11.
[50] Cohrs II, 159ff.
[51] Cohrs II, 159f.
[52] Cohrs II, 160,5.
[53] p. 178.

lampad erwähnt allerdings, daß die Anabaptisten in Basel sich auf Capitos Schrift beriefen[54]. In der Neuauflage des ‚Kinderberichts' 1529 scheint er um der Kindertaufe willen die Erwählungslehre verstärkt zu haben[55]. Er wendet sich nun gegen Zwietracht und Sekten und gegen den Versuch der Täufer, eine ‚reine Gemeinde' aufzurichten[56]. Schon im ‚Kinderbericht' 1527 will er den öffentlichen Bann möglichst einengen. Christus habe gesagt, „dann halte du ihn für einen Zöllner und Heiden" (Mt 18,17)[57]. Die Exkommunikation vom Abendmahl lehre nur 1. Kor 5,4[58].

Capitos bedeutsamstes Werk ist eine reformierte Bekenntnisschrift, der ‚*Berner Synodus*', der die Beschlüsse der Berner Synode 1532 zu Lehr-, Kirchenordnungs- und Agendenfragen enthält. Der ‚Berner Synodus' zeichnet sich durch seelsorgerliche Wärme und Schlichtheit aus. Seine Merkmale sind das Auseinanderrücken von Kirche und Staat, ein überraschend auftretender Antinomismus (Christusverkündigung „on gsatz")[59], Capitos Einlenken in der Tauflehre und die unionistische Tendenz in der Abendmahlslehre.

§ 6 Das Erste Helvetische Bekenntnis 1536 (Confessio Helvetica prior)

Literatur: H. A. Niemeyer, Collectio confessionum in ecclesiis reformatis, Leipzig 1840, S. 115-122 (lateinischer Text); E. F. K. Müller, Art. Erste helvetische Konfession, RE³ 7,641-645 (1899); ders., Die Bekenntnisschriften der reformierten Kirche, 1903, S. XXVI, 101-109 (deutscher Text). Neuere Lit. s. EKL 2,107f.

Die „Confessio Helvetica prior" ist eine Gemeinschaftsarbeit von Bullinger und Jud aus Zürich, Megander aus Bern (s. LThK 7,238), S. Grynäus (s. EKL 4,481) und Myconius aus Basel und Bucer und Capito, die „ungerufen" erschienen[60]. Da sie am 30. Januar 1536 in Basel verfaßt wurde, wird sie auch Zweites Basler Bekenntnis genannt. Leo Jud hat den lateinischen Entwurf ins Deutsche übertragen; die deutsche Fassung wurde offiziell angenommen. Mit dem Ersten Helvetischen Bekenntnis begann eine neue Form der reformierten Bekenntnisse.

1. Am Anfang (Art. 1-4) steht nun die Lehre von der Heiligen Schrift. Frühere Bekenntnisse begannen mit dem neuentdeckten Evangelium (Zwinglis 67 Schlußreden 1523), mit der Kirche die aus dem Wort Gottes geboren ist (Berner Thesen 1528) oder mit der Gotteslehre (Zwinglis „Fidei ratio" 1530, Basler Konfession 1534). Auch die „Confessio Tetrapolitana" (1530) stellt mit Artikel 1, „Warauß die predigen genommen werden", die Verkündigung vor die Heilige Schrift. Im Blick auf das bevorstehende römisch-katholische Konzil muß nun die Lehrautorität und Lehrnorm eindeutig festgelegt werden. Sie kommt „allein" der Heiligen Schrift zu (Art. 1), die sich selbst auslegt (Art. 2), an der auch die Kirchenväter (Art. 3) und selbstverständlich die menschlichen Lehren (Art. 4) gemessen werden.

2. Die Verwerfungsformel wird eingeführt, die in den lutherischen Bekenntnisschriften schon vorher auftaucht. Auch in den früheren reformierten Be-

[54] An Zwingli, Z 9,494,8.
[55] Cohrs II, 166.
[56] Ibid.
[57] Cohrs II, 154,34.
[58] Cohrs II, 155,27.
[59] M 38,34.39; 40,37 u.ö.
[60] Schieß I, 779.

kenntnissen ist von „Greuel" und „Irrtum" die Rede. Und auch jetzt ist die Menschenlehre „Jtell (= eitel), schedlich und krafftlos"[61]. Nur zweimal erscheinen die Worte „Hie verwerffen wir". Zuerst sind sie gegen die menschlichen „myttel, opffer und versünung unsers lebens und heyls" gerichtet, die das ‚solus Christus' einschränken[62]. Zweitens werden die Unkeuschheit der Mönche und sogenannten Geistlichen und das „unnütz leben" in den Klöstern verworfen[63]. Bemerkenswert ist:

3. Die Soteriologie (Art. 5-13) wird durch eine Aussage über die Schrift eingeleitet. Deren Ziel ist, Gottes Heil für alle Menschen, in Christus offenbart, verstehen zu geben; dieses Heil kann allein im Glauben (sola fide) empfangen werden. Die folgenden Artikel über Gott, Mensch, Erbsünde, freien Willen, Christus und die Frucht der Gnade führen das genannte Ziel näher aus. Der ewige Ratschlag Gottes (Art. 10) ist nicht die Prädestination der einzelnen Menschen sondern Christus und sein Werk. Er ist von „got und Ewigkeyt har darů bestimpt"[64]. Die Kindertaufe wird jedoch u. a. durch die Erwählung, die man bei ihnen ‚vermuten' soll, begründet (Art. 21). Überlegungen zur Erwählung fehlen; umso stärker ist der Heilsuniversalismus betont.

4. Die Artikel über die Sakramente (20–22, lateinisch 21–23) sind unter dem Einfluß Bucers und Capitos in der lateinischen Form so gefaßt, daß sie Luther entgegenkamen[65]. Die Sakramente bestehen aus „signum" und „res". *„Deßhalb wir bekennend, das die Sacrament nit allein ussere Zeychen synd christlicher gsellschafft (tesserae societatis christianae), Sonder wir bekennendts für zeychen göttlicher gnaden (gratiae divinae symbola)"*[66] (Art. 20 bzw. 21). Vom Abendmahl wird gelehrt, daß Leib und Blut Christi der Herr selbst (seipsum) ist und *„das brot und wyn us der jnsatzung des Herren hoch bedütende, heilige waarzeychenn syind, durch die von dem Herren selbs, durch den dienst der kilchen, die ware gemeinschafft des lyps unnd Blůts Christi den glöubigen fürgetragen und dargebotten werde, nit zů einer hynfelligen spys des buchs, Sonder zů einer spis und narung des geystlichen und Ewigen lebens"* (Art. 22 bzw. 23)[67]. Der geistliche Gewinn des Abendmahls, das das Kreuz Christi „mit den ougen des gloubens" (oculos fidei, nicht: mentis!) zu sehen mahnt, wird breit geschildert. Aber Jud (s. o. S. 198 ff.) hat in dem Sakraments- und Abendmahlsartikel die lateinische Fassung verlassen und ihre lutherfreundliche Formulierung ist aufgegeben worden. Im lateinischen Entwurf stand nicht „Gemeinschaft", sondern ‚communicatio'. Statt dessen fehlen die Worte „den glöubigen fürtragen". Vor allem hatte Jud hinzugesetzt, daß nicht „ein liplich flyschliche gegenwürtigkeit gesetzt werde"[68]. Die Nießung des Leibes und Blutes Christi ist durch diese und andere Äußerungen eindeutig nur eine „manducatio spiritualis".

Die „Confessio Helvetica prior" ist auf Beschluß der beteiligten Kantone mit einem erklärenden Brief Bucers[69] Luther zugegangen. Luther fand, „das die Confession an ihr selb recht were", verlangte aber die Unterzeichnung der Wittenberger Konkordie[70] (s. o. S. 96 f.).

---

[61] M 110,27. [62] M 103,44. [63] M 109,38.
[64] M 103,16.11.
[65] Vorgeschichte und Einzelheiten bei W. Köhler, Zw. u. L. II, 401 ff.; vgl. auch E. Bizer S. 89 ff.
[66] M 106,36. [67] M 107,18. [68] M 107,17.
[69] WABr 7, Nr. 2293. [70] W. Köhler, Zw. u. L. II, 451; E. Bizer S. 113.

Kapitel IV: Selbständige Weiterbildung zwinglischer Theologie – Martin Bucer

Bibliographien: R. STUPPERICH, Bibliographia Buceriana, 1952, 45–96; M. DE KROON, W. I. P. HAZLETT, J. ROTT, M. KÖHN, Quellen und Sekundärliteratur zur Bucer-Forschung (1951–1974), in: M. DE KROON, F. KRÜGER (Hg.), Bucer und seine Zeit, Wiesbaden 1976, S. 133–165.

Quellen: Martini Buceri Opera Omnia. R. STUPPERICH (Hg.), Deutsche Schriften, Gütersloh Bd. 1 (1960)ff. (im Erscheinen) (= BDS); Opera latina, Bd. 15,1 (1955) ff. (im Erscheinen) (= BOL); M. LENZ, Briefw. Landgraf Ph. d. Großmüthigen von Hessen mit Bucer, 3 Bde., Leipzig 1880 ff.; J.V. POLLET, Martin Bucer. Etudes sur la correspondance avec de nombreux textes inédits, Paris, Bd. 1 (1958), Bd. 2 (1962); J. ROTT (Hg.), Correspondance de Martin Bucer. Liste alphabétique des correspondants, Straßburg 1977; DERS., Correspondance de Martin Bucer, Bd. 1 (1979) ff. (im Erscheinen) (= BCor).

Literatur: Eine heutigen Ansprüchen genügende Gesamtdarstellung fehlt. A. LANG, Der Evangelienkommentar Martin Bucers und die Grundzüge seiner Theologie, Leipzig 1900; H.E. WEBER, Reformation, Orthodoxie und Rationalismus, I, 1, Gütersloh 1937, 203–216; K. KOCH, Studium Pietatis. Martin Bucer als Ethiker, Neukirchen 1962; W.P. STEPHENS, The Holy Spirit in the Theology of Martin Bucer, Cambridge 1970; CHR. KRIEGER, M. LIENHARD (Hg.), Martin Bucer and Sixteen Century Europe. Actes du colloque de Strasbourg 1991, 2 vol., Leiden–New York–Köln 1993.

§ 1 Bucers Anschluß an die Reformation

Literatur: F. KRÜGER, Bucer und Erasmus, Wiesbaden 1970; M. GRESCHAT, Die Anfänge der reformatorischen Theologie Martin Bucers, in: Reformation und Humanismus. R. Stupperich zum 65. Geburtstag, Hg. von M. Greschat, J. F. G. Goeters, Witten 1969, S. 124–140.

Am Anfang der theologischen Neuorientierung Bucers steht die Begegnung mit Luther anläßlich der Heidelberger Disputation (26./27. April 1518). Als Dominikanermönch ein Thomist, seinem Orden sich unter dem Einfluß des Erasmus aber entfremdend, begegnet Bucer in Heidelberg einer ihm bis dahin fremden Theologie. Seine Nachschrift der Disputation[1] zeigt, daß er Luther nicht verstanden hat; Luthers Kreuzestheologie und den Glauben an den Gekreuzigten übergeht er. Bucer hat die Disputation als Erasmianer gehört. Die Andersartigkeit Luthers hat er jedoch gespürt. Als konkrete Anregung notiert er: „Luther hat bewirkt, daß in Wittenberg jene abgedroschenen Autoren alle auf einmal herausgeworfen worden sind und öffentlich griechischsprachige Schriften, Hieronymus, Augustin und Paulus gelehrt werden."[2] Bucer nennt auch die ‚auctores triviales' nämlich Duns Scotus und Tartaretus[3] (s. LThK 9,1304). Sofort hat er begonnen, bei J. Brenz die griechische Sprache zu erlernen[4]. Seine ersten reformatorischen Schriften bezeugen eine intensive Augustinlektüre.

In der Folgezeit hat Bucer Luthers Schriften studiert. Der Galaterbriefkommentar von 1519 hat ihn begeistert[5]. Ebenso eifrig liest er die neuerscheinenden Schriften des Erasmus[6]. Die Krise im Verhältnis zum Humanismus hat bei Zwingli die Bannandrohungsbulle (15. 6. 1520) heraufgeführt, bei Bucer ist es das Wormser Edikt gegen Luther und seine Anhänger im Frühjahr 1521. Der

---

[1] WA 9,160–169.
[2] WA 9,162,10.
[3] WA 9,162,11; 161,27.
[4] HORAWITZ S. 121.
[5] HORAWITZ S. 203, 216.
[6] HORAWITZ S. 121, 217.

Brief Bucers an Rhenanus vom 6. April 1521 entspricht daher Zwinglis Schreiben an Myconius vom 24. Juli 1520. Bis zu diesem Zeitpunkt waren die Sophisten, Skotisten und ‚Neuerer' die Gegner, doch nun heißen sie Gottlose (impii) und der Kampf gegen sie ist ein „Krieg zwischen Wahrheit und Lüge"[7]. Bucers humanistischer Optimismus, durch bessere Belehrung werde das „wiederkehrende Christentum" siegen[8], zerbricht. Der Ausgang des Streites um das Evangelium ist ihm ungewiß. Der bevorstehende Erlaß des Wormser Ediktes erscheint ihm als der leibhaftige Antichrist; Bucer nimmt die Antichrist-Idee auf, die Luther seit der Verbrennung der Bannandrohungsbulle (1520) direkt auf den Papst bezog.

§ 2 Die reformatorischen Frühschriften

Literatur: J. MÜLLER, Martin Bucers Hermeneutik, Gütersloh 1965, S. 16–40.

Erst die Schriften des Jahres 1523 – „Das ym selbs niemant, sondern anderen leben soll", „An ein christlichen Rath und Gemeyn der statt Weissenburg Summary seiner Predig daselbst gethon" und „Das D. Luthers uns seiner nachfolger leer ... christlich und gerecht ist" (Handschrift) – zeigen die Grundlinien seiner neuen Erkenntnis. Bucer vertritt nun den *augustinischen Neuplatonismus*. Gott ist Inbegriff alles Guten[9], also „summum bonum". Dieser Gott ist ein redender Gott; der Glaube kommt aus der Predigt[10]. Im Blick auf Gott als „summum bonum" bedeutet dies, daß „eigentlich gott allein allen dingen gůts thůt und alle andere ding mer gůts entphahen dann thůn"[11]. Immer wieder betont Bucer den umfassenden Heilswillen und die Güte Gottes: „so er uns stets gůts thůt"[12], „dann die natur des woren gůten ... můsß sich, als weit es kan, ußgiessen"[13]. Der von Gott ausgehende Wille schafft im Menschen durch die Predigt Glaube und gute Werke: Gott ist ein „brunnen aller gůten werck"[14]. Der Gottesbegriff des „summum bonum" schließt daher die Heiligung der Christen ein. Die Konsequenzen dieses Ansatzes zieht Bucer, der Theologie Augustins folgend, ohne Zögern: Das Zurücktreten der Gerechtigkeit und des Zorns Gottes, das Fehlen einer Lehre von Gesetz und Evangelium als eines zweifachen Gotteswillen, den Begriff ‚das Gute genießen' (frui)[15], die Hervorhebung der Nächstenliebe und der sittlichen Werke, die Strafe Gottes nur für die Verächter des Heils: „Gott seiner art thůt menigklich gůts und will yederman selig machen. So sye sich aber von ym wenden, můsß er yn bőß thůn und sye verdammen."[16] Wie bei Augustin wird die Zurückführung der guten Werke auf das höchste Gut prädestinatianisch begründet[17], und zwar in der Form der doppelten Prädestination[18]. Bucer ist in seinen reformatorischen Frühschriften in erster Linie Augustinschüler und keineswegs „selbständiger und eigenwilliger Interpret von Luthergedanken"[19],

---

[7] HORAWITZ S. 272, vgl. S. 275.
[8] HORAWITZ S. 142, 220.
[9] BDS 1,47,50,93,96 u.ö.
[10] BDS 1,46,26; 54.
[11] BDS 1,47,28.
[12] BDS 1,94,2.
[13] BDS 1,62,27, vgl. 1,34 Anm. 9.
[14] BDS 1,66,21.
[15] BDS 1,49,6; 109,1.
[16] BDS 1,49,8.
[17] BDS 1,93,3 u.ö.
[18] BDS 1,96,21.
[19] J. MÜLLER, BW 1,32.

wie sehr Bucer im einzelnen auch Gedanken Luthers neben denen des Erasmus und seines Ordenslehrers Thomas von Aquin († 1274, vgl. EKL 3,1429ff.) aufnimmt. Indem Bucer die Grundzüge der Theologie Augustins übernimmt, mußte ihn sein Weg zwangsläufig an die Seite Zwinglis, nicht aber Luthers führen.

Weitere wichtige Lehraussagen, die später seine Theologie bestimmen, finden sich bereits in den Schriften des Jahres 1523. 1. Die Naherwartung der *Wiederkunft Christi*. Ihre Begründung ist ungewöhnlich: Jesu Weissagung, daß das „Evangelium vom Reich in der ganzen Welt gepredigt werden wird... und dann das Ende kommt" (Matth 24,14), hat sich in Deutschland erfüllt. Denn so „frey, pur und tröstlich" ist es zuvor nie verkündigt worden. Darum ‚hofft' Bucer auf Christi Wiederkunft[20]. 2. Die *Heilige Schrift* als Norm. Sie ist „hell und clar"[21]; es „ist alles gůts in der schrifft"[22]. Aber Bucer ist kein Biblizist[23]. Die Schrift hat ‚Hauptartikel'[24], sie enthält das Evangelium, auf das sich Bucer – ebenso wie Zwingli – oft beruft. 3. Das *Priestertum aller Gläubigen*. Dieser lutherische Begriff findet sich bei Bucer nicht, aber doch das mit ihm Gemeinte. Bucers Schriftbeleg ist 1.Kor 2,15, „Der Geistliche richtet alles". Das Wort richtet sich gegen die römischen ‚Geistlichen'. „Geistlich seind aber nit die allein, die beschoren und geschmyert [Tonsurtragen und gesalbt sind],... sonder die den geist Christi haben. Den haben alle, die sein seind. Sein seind alle, die ym glauben."[25] Glaube und Geistbesitz sind identisch; Bucer spricht daher oft vom Geistwirken. Während Luther das Priestertum aller Gläubigen auf die Taufe gründet, argumentiert Bucer mit dem Geistbesitz. Ziel seiner Beweisführung ist die Mündigkeit der Christen im Blick auf die Schriftauslegung. Bucer vertritt konsequent den Gedanken der „claritas" und „perspicuitas scripturae": „Den geist gottes, zů verston gőttlich schrifft, so weit im glauben not, haben alle menschen" (= Christen)[26]. 4. *Syllogismus practicus*. Bucer lehrt unter Berufung auf 2.Petr 1,10 den Rückschluß von den Werken auf den Glauben[27]. Er fragt, „Welchs die rechten gůten werck seyen, bey denen zů erkennen ist, was ein yeder für ein glauben hab"[28]. Er bevorzugt jedoch die negative Schlußfolgerung, keine guten Werke also keinen Glauben. „Seind wir unfleissig in gemelten gůten wercken, so haben wir auch gewißlich wenig glaubens."[29] 5. Die *„restitutio"*. Die durch die Sünde zerstörte Schöpfungsordnung wird durch Christus wiederhergestellt. Dieser von Erasmus hervorgehobene Gedanke durchzieht auch Bucers Schriften[30]. Er läßt ihn Altes und Neues Testament als eine Einheit sehen, bei der die Einzigartigkeit der Christusoffenbarung nivelliert zu werden droht.

---

[20] BDS 1,81,3.
[21] BDS 1,315,33.
[22] BDS 1,334,30.
[23] Gegen BDS 7,72,77.
[24] BDS 1,310,2.
[25] BDS 1,83,12, vgl. 143,12; 326,22.
[26] BDS 1,82,20.
[27] BDS 1,93,6.
[28] BDS 1,92,30.
[29] BDS 1,66,23; vgl. 65,4.
[30] Vgl. K. Koch, S. 22ff., 28.

§ 3 Abendmahlslehre, Abendmahlsstreit und Wittenberger Konkordie (1536)

Literatur: J. M. Usteri, Die Stellung der Straßburger Reformatoren Bucer und Capito zur Tauffrage, ThStKr 57, 1884, 456–525; J. Müller, Martin Bucers Hermeneutik, Gütersloh 1965; G. Müller, Die Kasseler Vereinbarung über das Abendmahl von 1534. Ein Autograph Melanchthons, in: JHKGV 18, 1967, 125–136; W. I. P. Hazlett, Zur Auslegung von Johannes 6 bei Bucer während der Abendmahlskontroverse, in: M. de Kroon, F. Krüger, aaO. S. 74–87 (= Joh 6); ders., The Development of Martin Bucers Thinking on the Sacrament of the Lord's Supper in its historical Context 1523–1534, 1977 (Masch.).

Bucers erste Äußerungen zum Abendmahl (1523/24) sind vom Gegensatz zur römischen Meßopfer- und Transsubstantiationslehre bestimmt. Im Mittelpunkt steht nun ‚Testament', ‚zusag' der *Sündenvergebung und Glaube*. Das Abendmahl wird genossen, „das wir dadurch stercken den glauben an Christum"[31]. Die Gegenwart Christi wird gelehrt, bleibt aber unbestimmt. In der Schrift gegen Murner (s. LThK 7,695ff.) ‚De caena Dominica' (Sommer 1524), beruft er sich auf Luthers Schrift ‚De captivitate Babylonica' (1520) und entnimmt ihr die Gründe gegen die römische Lehre. Die gleichzeitige Verwendung der erasmischen Begriffe ‚repraesentatio mortis servatoris nostri' und ‚mysterium' zeigt Bucers geistige Herkunft an. Weder das Abendmahl als Ganzes noch die Gegenwart Christi in ihm werden als Problem empfunden; es ist auf die Wortverkündigung ausgerichtet und erhält von ihr her seine Bedeutung.

Mitte Oktober 1524 erschien Karlstadt, aus Sachsen vertrieben, in Straßburg und blieb dort vier Tage. Ende Oktober verließen seine sieben Abendmahlstraktate in Basel die Presse. Beide Ereignisse verursachten in Straßburg große Verwirrung im Volk. Daraufhin wandten sich Bucer und die übrigen Prediger Mitte November an Zwingli[32] und Oekolampad, am 23. November an Luther[33] mit der Bitte um Rat und Hilfe. Doch erklärt Karlstadts Auftreten nicht die Hilflosigkeit der Straßburger[34]. Sein Einfluß auf sie kann nicht groß gewesen sein, wie Bucer bestätigt[35]. Verwirrt hat ihn vielmehr *Hinne Rhode*, der bis zum 21. November bei ihm weilte[36], und ihn von der tropischen Deutung C. Hoens (s. o. S. 53f.) zu überzeugen suchte. Bucer hat 1525 zutreffend beschrieben, wie schwer ihm die Aufgabe der Realpräsenz gefallen ist. „Dieser Rhode nun war mein Gast und hat mit grundlegenden Schriftworten viel mit mir über diese Frage verhandelt und ich habe mit allen Kräften die Lehre Luthers gegen ihn verteidigt. Aber ich habe erkannt, daß ich dem Geist dieses Mannes nicht gewachsen war und mit der Heiligen Schrift nicht verteidigen konnte, was ich festzuhalten wünschte. Und so war ich gezwungen, die fleischliche Gegenwart Christi im Brot (carnalem Christi in pane praesentiam) aufzugeben, obwohl ich noch immer über die gewisse Auslegung der Einsetzungsworte schwankte. Denn Karlstadt konnte mir aus mehr als einem Grund nicht gefallen."[37] Als bisherige Meinung (hucusque praedicavismus)[38] tragen die Straßburger vor: „panem esse corpus Domini et vinum sanguinem eius", doch hätten sie vielmehr als Luther das Volk „ad memoriam mortis Christianae" [= Christi] ermahnt; denn das

[31] Summary, BDS 1,118,4.
[32] Z 8,245ff.
[33] WABr 3,381ff.
[34] WABr 3,383,71, ähnlich Z 8,248,17.
[35] WABr 3,382,30; Z 8,248,11.18.
[36] WABr 3,386,216.
[37] Rott, BCor 2, 53, 81–84, Nr. 109.
[38] WABr 3,382,26.

Fleisch nütze nichts (Joh 6,63a), „auch wenn Christus anwesend wäre, wie er am Kreuz hing und in der gleichen Form". Als gegenwärtigen Erkenntnisstand teilt Bucer Luther und Zwingli mit, das Abendmahl sei eine „äußerliche Sache" (res externa); was unter dem Brot sei, müsse nicht geglaubt werden bzw. trage nichts zum Heil bei[39]. ‚Res interna' scheint die ‚Erinnerung an den heilbringenden Tod des Herr' im Abendmahl zu sein[40]. Doch eben an dieser Stelle besteht Unsicherheit. Noch in Bucers Schrift ‚Grund und Ursach' (Dezember 1524) dauert sie an. Erst als Zwinglis Brief an Matthäus Alber Ende Dezember in Straßburg eintrifft, wird der Zweifel ausgeräumt. Am 31. Dezember 1524 schreibt Capito an Zwingli: „Bucer pflichtet mit Händen und Füßen deiner Meinung bei; vorher war er mehr der lutherischen Ansicht zugethan."[41]

Zu dem *‚schwäbischen' Religionsgespräch* auf Schloß Guttemberg zwischen J. Brenz und S. Grynäus aus Heidelberg Ende Dezember 1525 wurden die Straßburger zwar nicht geladen, Bucer hat aber den Freiherren von Gemmingen Einigungsvorschläge gemacht. Seine Abendmahlsdefinition lautet: *„Also glauben wir, das alle cristen, so disen worten glauben, uber dem tisch des Herrn mit empfahung des brots, und auch ob schon kein brot da were(!), die wort aber sunst bedacht und glaubt wurden, den waren leip cristi empfahen und essen, darumb das Got seine gaben an nichts ausserliches bunden hat, so er on das eusserlich wort filer hertzen speyset."*[42] Der zwinglische Dualismus äußerlich/innerlich ist festgehalten. Bucers Konkordienbemühungen in diesen Jahren kennzeichnet H. Eells: Er sucht „nicht so sehr Friede als vielmehr einen Sieg Zwinglis mit friedlichen Mitteln"[43].

Brenz hatte seinen Antwortbrief an Bucer vom 3. Oktober 1525 drucken lassen. In seiner Entgegnung „Apologia Martini Buceri" (März 1526) nimmt Bucer eindeutig für die Schweizer Stellung. Er greift damit öffentlich in den Abendmahlsstreit ein (s. o. S. 56ff.). Die Sakramente sind Bekenntnisse des Glaubens (protestationes fidei) und Erinnerungen an die Wohltaten Gottes (μνημόσυνα beneficiorum Dei) (12a). Sie sind demnach Handlungen des Glaubens, der den Sakramenten vorausgehen muß. Der Dualismus zwischen ‚Himmel und Erde' (23a) wird nicht weniger schroff als bei Zwingli festgehalten: „Externum" und „internum", „carnale" und „spirituale" (15a), „corporale" und „spirituale" (17a), Mund (os) und Geist (mens, animus) stehen einander gegenüber. Die Gegner schließen ‚Gott und Kreatur' im Brot ein; dies erscheint Bucer als unsägliche Lästerung (infanda blasphemia), als Erniedrigung des Evangelium (profligatio Evangelii) und als Vernichtung der Frömmigkeit (extinctio pietatis) (23a). Der dem neuplatonischen Denken entstammende *Dualismus von ‚Geist und Materie'* spielt wie bei Zwingli eine große Rolle[44]. Die Abwehr römischer Irrtümer ist Anlaß dieser Lehrweise. „Christus sagt, ‚wer an mich glaubt, hat das ewige Leben' (Joh 6,47), also kann keine äußere Sache irgendeine Bedeutung für das ewige Leben haben" (11b). Kein Sakrament oder eine andere Sache erneuert oder bekräftigt (integrare et confirmare) das Heil (12b).

---

[39] Z 8,248,8.20; WABr 3,383,62. [40] WABr 3,383,65; Z 8,248,20. [41] Z 8,279,13.

[42] Th. Pressel, Anecdota Brentiana, S. 9; 1. Dez. 1525 zu Brenz s. EKL 1,572f.; zu Grynäus s. o. S. 207.

[43] Martin Bucer, New Haven 1931, S. 76.

[44] Anders J. Müller S. 174; vgl. W. I. P. Hazlett S. 80.

Das Abendmahl ist Erinnerung an den Tod Jesu (13a), Bekenntnismahl und Gemeinschaftsmahl (19a). Zwinglis Argumente werden wiederholt: ‚est' gleich ‚*significat*' (27b ssq.), sessio ad dexteram Dei (16a); Christus in supernis, hoc est, spiritualibus, (16b), Johannes 6,63a (19a), 1.Kor 10,16f. wird vom Vers 17 her ausgelegt (22a) u. a. m. Die Eigentümlichkeit der Abendmahlslehre Bucers liegt in Bucers These (13b, 14a), Christus lehre Joh 6,53–55 ausführlich und sorgfältig (fuse et diligenter), was er in den Einsetzungsworten zusammengefaßt (concinne) darlegt. Da Johannes 6 auch nach Bucers Ansicht kein Abendmahlswort ist, ist mit der Speise des Fleisches und Blutes Jesu dort sein Kreuzestod gemeint, die nur der Glaube empfangen kann. Bei der Übertragung dieses Inhalts auf die Einsetzungsworte entsteht nun die Schwierigkeit, daß Bucer keine geistliche Gabe im Abendmahl lehren, sondern den Rückverweis des Abendmahls auf die vorher im Glauben empfangene Gabe aussagen will. Er muß wie Zwingli das erste Abendmahl als einmaliges Mahl schildern, das heißt, es historisieren. Für die Jünger war Jesu Heilstod und das ‚vivificans cibus et potus' noch Zukunft (vgl. 17b). Für das Abendmahl der Kirche liegen Jesu Sterben und die Aneignung desselben in der Vergangenheit. Bucer „kleidet den Glaubensinhalt" keineswegs „in sinnlicher Form"[45]. Wenn er ganz vereinzelt eine Gegenwart Christi im Abendmahl aussagt, so nur in rein geistiger Form: Die Einsetzungsworte bringen mehr (maius, augustius) als Christus „in pane realiter" anwesend, gegessen mit den Zähnen auch von Gottlosen, mehr (potius) als ein Essen mit dem Munde (ore) mit Brot und Wein. Die Worte Christi bringen Leib und Blut herbei (afferre) „piis et credentibus *animis*, non ori, manibus ac ventri corporeis" (17a). Es ist darum nicht „verfehlt", Bucer für einen „Zwinglianer" zu halten[46]. Doch legte die Bucers Abendmahlsanschauung kennzeichnende Verbindung der Brotrede Jesu (Joh 6) mit den Einsetzungsworten es nahe, die geistliche Nießung des Fleisches und Blutes Christi auch im Abendmahl zu lehren und sie allmählich mit dem Essen und Trinken des Brotes und Weins zu verbinden. Noch stand der zwinglische Dualismus dem entgegen. Als Vermittler im Streit tendierte Bucer zu einer Position der Mitte, auch wenn er in der ‚Apologia' eher polemisch redet.

In den nächsten beiden Jahren kommt Bucer gleich zweimal in Konflikt mit den Wittenbergern. In die von ihm angefertigte deutsche Übersetzung der Psalmenvorlesung Bugenhagens aus dem Jahr 1524 schob er bei Ps 111,5 seine Abendmahlslehre in Kurzfassung ein[47]. Der Vorgang wiederholte sich in Bucers lateinischer Übersetzung des 4. Bandes der Kirchenpostille Luthers (1526). Nun setzte Bucer einige deutlich als solche gekennzeichnete eigene Erläuterungen ein und nahm in ihnen zum Abendmahlsstreit Stellung. W. Walther zählt beide Konflikte zur „Reformierte(n) Taktik im Sakramentsstreit der Reformationszeit"[48]. Dabei ist übersehen, daß die frühen, noch unbestimmten Äußerungen der Wittenberger zum Abendmahl Bucer auf eine Beilegung des Streites hoffen ließen und, da der Abendmahlsstreit sich langsam steigerte, Bucers Äußerungen erst bei den Wittenbergern eintrafen, als diese sich bereits klar geäußert hatten. Völlig entschuldbar ist Bucers Vorgehen nicht.

---

[45] W. Köhler, Zw. u. L. I, 290. [46] Ibid. [47] BDS 2,218 ff.
[48] Vgl. BDS 2,177 Anm. 6.

Das Auftauchen eines neuen Gegners, der Wiedertäufer, trieb Bucer im Jahr 1527 zu einer Höherschätzung des (äußeren) Wortes und des Abendmahls. War er bis dahin entschiedener Zwinglianer, so lehrte er nun eine „manducatio spiritualis" im Abendmahl, polemisierte jedoch weiterhin gegen die „manducatio carnalis". Die sieben Artikel des Wiedertäufers J. Kautz (Juni 1527) beantwortete Bucer mit der „Getrewe(n) Warnung" (Juli 1527), die die Änderung seiner Lehre erkennen läßt; die Erläuterungen der Synoptiker (In Matthaeum Bd. 2, 1527) und des Johannesevangeliums (April 1528) bestätigen diesen Befund.

Zu Kautz's (s. RE 10,192ff.) Abwertung des äußeren Wortes und des Zeichens (These 2) erklärt Bucer: „Wil er aber die wort Gottes... gar verwerffen, als die aller ding nichts thuen zůr lere und *trost* wie dann etlich Widertäuffer sagen,... so ist dieser Artickel wider den geyst Gottes, auß dem Paulus schreibt: ‚Wir seind mitarbeytter Gottes'" (1.Kor 3,9), dazu Luk 22,32; Röm 1,11, „darin wir klerlich lesen, das die heyligen und gläubigen mit irem eüsserlichen wort einander stercken, *trösten* und sicher machen"[49]. Daher ‚cooperiert' Gott bzw. der Heilige Geist mit den Menschen, die das Wort und die Sakramente ‚repräsentieren'[50], ohne sich an sie zu binden. Die Stelle 1.Kor 3,9 veranlaßt Bucer, Äußeres und Inneres zusammenzusehen[51]. Voraussetzung des Trostes und Mitwirkens Gottes ist jedoch der Glaube des Hörers bzw. Empfängers. In der ‚Getrewe(n) Warnung' erklärt Bucer die Einsetzung des Abendmahls: „Wie er inen das brot, seins leibs zeychen, irem leib gebe, also gebe er irer seelen seinen waren leib und blůt zů auffrichtung des newen und ewigen bundts der gnaden" (usw.)[52]. Äußerliches und innerliches Essen sind nun durch ein ‚sicut/ita' (wie/also) miteinander verbunden[53]. Die Darbietung (exhibitio) des Brots und Weins vergegenwärtigt (repraesentare) Heilstod und Sündenvergebung und gibt diese Gaben wirksamer zu erkennen[54]. Ein Heilsmittel (instrumentum, medium) lehnt Bucer weiterhin ab[55]. Die Stelle Apg 13,48 beweise, daß nur die Erwählten (electi) den Geist Gottes erhalten[56].

Bucers Uniontätigkeit beginnt mit der Schrift „Vergleichung D. Luthers und seins gegentheyls vom Abentmal Christi" (1528), in der er Konkordiengespräche fordert[57]. Luthers Begriff „sakramentliche Einigung" in der Schrift „Vom Abendmahl Christi. Bekenntnis" (1528) erweckt bei Bucer Hoffnungen: Lutherus ‚fatetur, inter panem et corpus Christi esse unitatem, non naturalem, non personalem, non operationis, sed sacramentalem'[58]. Bucer übernimmt Luthers negative Abgrenzung des Begriffes, füllt ihn aber mit eigenen Gedanken. Der Rückgriff auf die frühen Abendmahlsaussagen Luthers soll sein Vorgehen rechtfertigen.

Die politischen Ereignisse beschleunigen die *Konkordienpläne* der Straßburger Theologen (s. o. S. 212f.). Um Straßburg der Verdammung der zwinglischen Abendmahlslehre auf dem Zweiten Speyerer Reichstag (1529) zu entziehen, begnügten sich die evangelischen Fürsten mit einem Straßburger Bekenntnis, des-

---

[49] BDS 2,240,16; vgl. corroborare, certus reddere, alere, mentem pascere, In Matth p. 329b, 330b, 336b.
[50] In Joh BOL II, 265, 267.
[51] In Joh BOL II, 265.
[52] BDS 2,246,20.
[53] In Matth p. 330a und b, In Joh BOL II, 266.
[54] In Matth p. 330a, 333b.
[55] In Joh BOL II, 267.
[56] In Joh BOL II, 268, vgl. In Matth p. 337a.
[57] BDS 2,350f., Punkt 16.
[58] Z 9,426,7; vgl. WA 26,442,23.

sen Kernsatz lautet: „Und wurt also geglaupt, das die cristen nicht allein brot und wein, sunder den waren leib und das war blut cristi im nachtmal niessen und das durch den glauben und vorsicherung uf die zusag Christi; welcher maßen genossen er allein not und nutz ist."[59] Die Verdammung im Abendmahlsartikel CA ‚damnamus secus docentes' (Art. 10) vermochte auch ein anonym vorgelegtes Gutachten Bucers nicht zu verhindern. Es trägt den Titel „Ursach... das kainem Cristen gebüre, Dem andern, so hierinn mißhellig, Cristennlich lieb unnd bruderschafft abtzuschlagen..."[60] Im Vierstädtebekenntnis (Confessio Tetrapolitana; s. o. S. 85) verteidigten sich Bucer und Capito gegen den Vorwurf, es würde „nichtzit dann Pecken prot unnd schlechter wein im aubenntmal Cristi geraichet"[61]. In möglichst großer Annäherung an die CA wird gelehrt, daß Christus „laut seiner Wortt... in disem sacrament seinen waren leyb unnd wares plut warlich zuessen unnd trincken gipt, zur speyß irer seelen unnd ewigen leben"[62]. Die Worte „in diesem sacrament" (nicht ‚in Brot und Wein') drücken den Gabecharakter des Abendmahls aus. Im Entwurf des Abendmahlsartikels tritt zum ersten Mal nicht nur die Seele als Empfänger der Gabe auf, sondern auch der Leib, um „mer fertigkeit zum dienst des geists und in khönfftigem die uffersteeung und das ewig leben zue khomen"[63]. Die Gabe ist nun nicht mehr allein geistige, sondern umfassende geistliche Gabe. Bucer beruft sich auf die griechischen Kirchenväter[64]. Der zwinglische Dualismus ist aufgegeben, wenngleich Bucer festhält, daß die Gabe „fürnemlich dem geyst" zuteil wird[65].

Da der Verlauf des Reichstags von Speyer enttäuschte, unterstützten die evangelischen Politiker Bucers emsige Konkordientätigkeit. Die Notwendigkeit eines Verteidigungsbündnisses gegen den Kaiser, die drohende Isolierung Straßburgs und ein ungünstiger Reichstagsabschied ließ sie auf eine Beendigung der konfessionellen Spaltung drängen. Der Landgraf von Hessen, dessen Vertrauter Bucer war, öffnete ihm den Zugang zum sächsischen Kanzler Brück (s. LThK 2,712) und über ihn zu Melanchthon, Brenz und schließlich zu Luther auf der Coburg. In Briefen an Zwingli, Luther, Brück und den Landgrafen entwickelte Bucer sein *Konkordienprogramm*, das auf der These beruht, der Streit sei ein Streit um Worte. Die darin enthaltene Überzeugung, die Parteien stünden einander trotz der vorangegangenen Streitschriften nahe und stimmten im wesentlichen überein, belegt Bucer mit Aussagen der führenden Theologen beider Seiten. Auf zwinglischer Seite führt er Oekolampads Nießung ‚in mysterio' und Zwinglis Gegenwart Christi ‚in Ansehen des Glaubens' (contemplatione fidei) in deren jüngsten Schriften an[66]. Die Schweizer lehrten, das „mysterium redemptionis" würde durch Worte gepredigt und durch Symbole repräsentiert; die Zeichen trügen in sich, was sie bezeichneten[67]. Auf lutherischer Seite stellt Bucer eine Ablehnung des römisch-katholischen „opus-operatum"-Denkens und eine Distanzierung von der „grobe(n) sichtbarliche(n) Weise, wie Brot im Korbe oder Wein im Becher ist" fest[68]. Entscheidend ist für ihn Luthers Begriff der *‚sakra-*

---

59 RTA VII, 1 S. 819,36. 60 BDS 3,322 ff. 61 BDS 3,125,35.
62 BDS 3,123,29. 63 BDS 3,126,25; vgl. 331,18.
64 Melanchthon hatte gerade in den ‚Sententiae veterum' ein Cyrillzitat dieses Inhalts veröffentlicht, CR 23,737.
65 BDS 3,131,3. 66 Lenz I, 23; Schirrmacher, Briefe u. Akten S. 356; WABr 5,568.
67 Z 11,85. 68 Schieß I, 119; vgl. WA 23,145,23.

mentlichen Einigkeit' des Brots und Leibes Christi und Melanchthons „*cum-pane*"-Formel (s. o. S. 93), die Bucer nicht lokal, sondern temporal (simul) versteht. Die „manducatio spiritualis" weitet Bucer zu einer Nießung derer aus, „die ohn andacht und rechte dankbarkeit do erscheinen, ob sie wol glauben,..."[69]. Die „manducatio indignorum" ist durch diese Formulierung vorgebildet.

Die Distanzierung von den Extrempositionen auf beiden Seiten hat Bucer richtig erkannt. Die Schweizer lehrten, daß im Abendmahl mehr als Brot und Wein empfangen werde, die Wittenberger wollten die Abendmahlsgabe nicht stofflich-dinghaft verstehen. Aber über die gemeinsame Mitte bestand bei Bucer Unklarheit. Zwinglis Nießung ‚contemplatione fidei' deckte sich nicht mit Luthers ‚unio sacramentalis' und Melanchthons „cum-pane"-Formel. Nicht einmal Bucers eigenes Drängen auf eine geistliche Nießung im Abendmahl wurde von den Opponenten voll geteilt. Zwingli verstand sie geistig (adesse religiosae menti)[70], Luther stellte neben sie die Nießung auch durch die Gottlosen. Die Unklarheit im eigenen Programm hat Bucer Mißtrauen und – nicht ganz zu Unrecht – den Vorwurf der „Täuschung" eingetragen[71]. Zwinglis Einwände gegen den Abendmahlsartikel der „Confessio Tetrapolitana"[72] hat Bucer durch eine eigene Deutung der Einsetzungsworte zu beseitigen versucht. Da seiner Meinung nach Joh 6 das Abendmahl erkläre, bestehe die Metapher nicht im ‚ist', sondern in der „Speise" („Mein Fleisch ist eine wahrhafte Speise", Joh 6,56); das Abendmahl hat Gabecharakter[73]. In der ‚Apologie' der Confessio Tetrapolitana (August 1531) führt er den Gedanken weiter aus und erklärt mit ihm Luthers Begriff der ‚unio sacramentalis'[74]. Zu überzeugen vermochte er die Zürcher nicht[74a]. Der Tod Zwinglis und Oekolampads im Jahr 1531 beendete das Konkordiengespräch mit den Schweizern. Die Versuche der nächsten Jahre führten über das einmal gesprochene Nein Zwinglis nicht hinaus.

Hingegen hatte Bucers Gespräch mit Luther auf der Coburg (s. o. S. 95 f.) insoweit Erfolg, als die Abfassung eines *Konkordiendokumentes* durch Bucer vereinbart wurde. Doch stellte Luther, nach Bucer[75], zwei Bedingungen: 1. Die Abendmahlsgabe muß vom Glauben unabhängig sein; eine manducatio impiorum muß daher gelehrt werden. 2. Bucer und seine Parteigänger müssen ihre alte Lehre widerrufen, im Abendmahl sei nur Brot und Wein. Da jedoch die „manducatio impiorum" Joh 6,51 bis 58 strikt widerspricht, konnte Bucer sie nicht anerkennen. Ihm blieb nur der Weg, die geistliche Nießung immer enger an das äußere Mahl zu binden. Den Widerruf hat der Straßburger 1535 in Augsburg geleistet.

Die oberdeutschen Reformierten unterzeichneten 1532 die CA und deren Apologie; der Nürnberger Anstand gewährte nur den Anhängern dieser Konfession einen vorläufigen Reichsschutz. Am schwersten fiel die Annahme der Apologie, da sie eine ‚corporalis praesentia Christi' lehrt[76]. Die Konkordienverhandlungen traten in ihre abschließende Phase, als 1534 die Württemberger Konkordie – im Rückgriff auf eine Einigungsformel in Marburg (1529) – abgeschlossen wurde. Der Wunsch nach einer allgemeinen, besseren Unionsformel wurde laut. Ein

[69] Schirrmacher, aaO. S. 359. [70] Z 11,119,11. [71] Z 11,341,3; WABr 5,617,15.
[72] Z 11,341,3; zur Tetrapolitana s. S. 85. [73] Z 11,345,10.
[74] BW 3,280ff. [75] Pol. Corr. I, 512ff. [76] Pollet I, 93ff.
[74a] Im Februar 1531 kam es zum Bruch zwischen beiden wegen Bucers Unionsversuchen (Z 11, Nr. 1168 und 1169).

Treffen Bucers mit Melanchthon in Kassel (1534; s. o. S. 96) schuf die Grundlage. Luthers Instruktion[77] war allerdings so wenig entgegenkommend, daß sich Melanchthon als Bote einer fremden Lehrmeinung (nuntius alienae sententiae)[78] fühlte. Bucer brachte jedoch von der Zusammenkunft der oberdeutschen reformierten Städte ein Dokument mit, in dem in These 6 erklärt wird, „das dem gottlosen im abendmal sacramentlich als vil als den gottseligen angeboten und dargereicht werde“[79]. Zu Unrecht urteilen W. KÖHLER[80] und G. MÜLLER[81], Bucer habe die „manducatio impiorum“ gelehrt. Auch Melanchthon hatte in CA 10 (lat.) das Essen des Leibes und Blutes Christi durch die Empfänger nicht ausgesagt; wohl aber ein „adesse“ und „distribuere“. Die Kasseler Formel[82] enthält diese Aussage nicht, konnte aber in dieser Weise ausgelegt werden.

· Die *Wittenberger Konkordie* (1536; s. o. S. 96f.) zwischen des sächsischen Theologen und den oberdeutschen reformierten Städten – mit Ausnahme von Konstanz – faßt die bisherigen Konkordienverhandlungen zusammen. Auf die christologischen Aussagen (Sitzen zur Rechten Gottes, Ubiquität) ist verzichtet. Ausgegangen wird von Brot und Leib Christi als „zwy ding“, „eines himlich und eins irdisch“ (Irenäus, adv. haer. IV 18,5; MPG 7,1028f.), die „mit dem brot und wein, wahrhaftig und wesentlich zu gegen sey, und dargereicht werde“. Die „sakramentliche einigkeit“ zwischen Brot und Leib Christi wird nachfolgend temporal als „zu gleich“ (simul) ausgelegt. Die römische Transsubstantiationslehre, die Gegenwart des Leibes Christi „ausser der Niessung“ (extra usum) und die Aufbewahrung des Brotes im Sakramentshäuschen oder das Herumtragen in der Prozession werden abgelehnt. Erst in Wittenberg einigte man sich auf eine Nießung der Unwürdigen (manducatio indignorum), die Leib und Blut Christi empfangen. Die „manducatio impiorum“ hat Bucer bis zuletzt abgelehnt. Luther fand aber die Unabhängigkeit des Trostes vom Glauben des Empfängers in der Nießung der Unwürdigen gesichert. Mit dem Bekenntnis zur CA und ihrer Apologie schließt die Konkordie ab.

§ 4 Die Grundzüge der Theologie Bucers (Praefata zum Römerbriefkommentar 1536)

Literatur: E.-W. KOHLS, Martin Bucers Katechismus vom Jahr 1534 und seine Stellung innerhalb der Katechismusgeschichte, in: ZbayKG 39, 1970, 83–94.

Bucer war an Verkündigung und Ethik mehr gelegen als an widerspruchsfreier Lehre. Sein Herz schlägt bei der *Schriftauslegung*, in der er außerordentlichen Gedankenreichtum entfaltet. Zusammenfassungen seiner Lehre liegen vor im großen Katechismus (1534) in „Der kürzer Catechismus und erklärung“ (1537) und „Der Kürzer Catechismus“ (1543)[84], in den „Praefata“ zum Römerbrief (1536)[85], in „Ein Summarischer vergriff der Christlichen lehre und Religion“ (1548)[86] u. a. m. Die augustinische Lehrweise hat Bucer beibehalten. Dies verrät schon seine Begrifflichkeit, z. B. ‚Novit enim nos sic natos, ut nisi vel sectemur

[77] WABr 12,158ff. [78] CR 2,822. [79] Köhler, Zw. u. L. II, 374.
[80] Ibid. [81] G. MÜLLER S. 130. [82] G. MÜLLER S. 134.
[83] Vacat. [84] BDS 6,3. [85] p. 1a–40b.
[86] RHPhR 31, 1951, 12–101, deutsch und lateinisch.

bona, vel frui iam bonis persuaserismus, conquiescere animo non possemus' (Röm 5 a). Ausgangspunkt seiner Theologie ist der neuplatonisch-augustinische Gottesbegriff. In den Katechismen beginnt Bucer mit dem Wort ‚Gott', das mit ‚gut' erklärt wird[87]. Er ist „der brunn alles guten, der allen lust hat uns zu helffen"[88]. In den ‚Praefata' formuliert er: „deum id esse summam sapientiam, summam bonitatem, summam potentiam" (Röm 15a). Gott hat zwar gleiche Macht zu heilen und zu vernichten, aber seine Güte erfüllt alles (Röm 24b). Vom Zorn Gottes wird daher nur selten geredet (Röm 9a, 12a). Aus dem „Summum bonum" ergibt sich vielmehr die „bonitas dei" gegenüber den Menschen (Röm 15b/16a) und Gottes Sündenvergebung, der Geist der Gerechtigkeit und ewiges Leben ‚in unserem Herrn Jesus Christus' (Röm 16b). Bucer läßt keinen Zweifel, daß das Heil in Christus liegt: „fide Domini nostri Jesu iustificari electos" (Röm 3a). Doch erlaubt ihm der Gottesbegriff, das Heil auch vor Christus und außerhalb von ihm zu erkennen. Bucer lehrt einen *Offenbarungsuniversalismus*[89]. Gotteserkenntnis, Kultus und Art und Zweck der Gottesverehrung hat Gott den Heiden ‚ante legem' schon offenbart (Röm 31a). Auf die Seligkeit der edlen Heiden geht er nicht ein. Das Heil ist trinitarisch verankert. Höhepunkt der universalen Offenbarung ist Plato, der lehrt: Gott sei einziges Prinzip aller Dinge und ihre Ursache, seine Güte (bonitas) fehle der Welt, alles habe er geschaffen und dem Menschen zum Gebrauch gegeben, der Mensch habe eine unsterbliche Seele usw. (Röm 30a). Plato habe diese Erkenntnis von Pythagoras, ägyptischen Priestern und nicht zuletzt von den Juden (Röm 30a/b, 33b). Auf diese Weise gewinnt Bucer den Anschluß an die biblische Offenbarung. Er redet auch von einem Wirken des Hl. Geistes und einem Auftreten des ‚Wortes' unter den Heiden; die Begriffe ‚Deus Optimus Maximus' (s.o. S. 182) und ‚numen' sind Gottesbezeichnungen (Röm 32a). Christus ist der Höhepunkt der Heilsgeschichte (Röm 28b), aber Gottes Güte ist immer schon zu erkennen gewesen. Gott hat mit der allgemeinen Offenbarung die Welt auf ihn vorbereitet (praeparare) und ihn durch seine Propheten voraussagen lassen (praedicare) (Röm 30b). Von Gottes Güte redet Bucer ebenso trinitarisch (Röm 8b) wie philosophisch. J. Müllers Vorwurf der „Enthistorisierung des Evangeliums", das heißt, der „Auflösung der Heilsgeschichte" und der „Nivellierung der Religionen"[90] läßt außer acht, daß die universale Offenbarung Gottes nie die biblische Offenbarung erreicht, die allein höchste Gewißheit gibt (Röm 36b). Die ‚höchste' Offenbarung ist seine Inkarnation in Christus (Röm 34b). Bucer nennt selbst die Herkunft seines Gottesbegriffs: Plato und andere Philosophen lehrten den ‚Deus philosophorum'. „*Dieser Meinung hing Augustin an, wie es auch die (scholastischen) Schulen taten, was doch verwundern kann, wenn sie keinen der Kirchenväter so wie Augustin nachzuahmen versuchen und den Aristoteles dem Plato vorgezogen haben, und zwar in der Moralphilosophie, denn in der Dialektik und Physik ist dies nicht zu verwundern*" (Röm 33b/34a). Bucers Offenbarungsuniversalismus dient dazu, die Größe und Weite des neugewonnenen Evangeliums geschichtlich zu unterstreichen.

Hauptthema des Römerbriefs ist die doppelte Frage: „Werden wir durch den

[87] BDS 6,3 S. 57,5f.; 179,20; 233,10f.
[88] BDS 6,3 S. 57,30.
[89] J. Müller S. 60–71; K. Koch S. 36–42.
[90] S. 67f.

Glauben gerechtfertigt? Und kann die Beachtung des Gesetzes hierzu etwas beitragen?" (Röm 5b). Der Glaube ist zuerst Glaube an Gottes Zusage (promissio), dann auch Gehorsam. „Prima causa nostrae iustificationis" ist, daß „Gottes Güte (bonitas) uns aus freien Stücken unter seine Kinder aufnimmt und sich durch seinen Geist in uns ergießt um Christi willen" (Röm 8b/9a). Der ‚Heilige Geist' bewirkt, daß der Glaube darüber hinaus (superius) sich um die Rechtfertigung vor den Menschen (iudicio hominum) bemüht; daher ist auch der Glaube „causa iustificationis" (Röm 10a). Er ist ‚causa ab effectu', sichtbare Wirkung des Hl. Geistes, wie Römer- und Galaterbrief bezeugen (Röm 11a). Sein Anliegen ist, den paulinischen Fortschritt im Glauben (magis ac magis) und in diesem Sinne eine effektive Rechtfertigung (iustos fieri) aufzunehmen (Röm 12b). Bucer lehrt faktisch einen „Syllogismus practicus", wenn er die guten Werke ‚testimonium nostrae apud Deum acceptationem' nennt (Röm 14a). Ihm fiel es daher leicht, der *doppelten Rechtfertigungslehre* des Regensburger Buches (1541; vgl. dazu S. 104f.) zuzustimmen.

Das Gesetz Mose steht nicht im Gegensatz zum Evangelium: „lex Dei data est ad vitam" (Röm 25b). Wenn jedoch das Vertrauen auf Christus fehlt, durch das das Herz der Sündenvergebung gewiß und zum Eifer für die Gerechtigkeit entflammt wird, treibt das Gesetz zum Tode (Röm 24a). Zwei Bibelworte ordnen Christi Verhältnis zum alttestamentlichen Gesetz: Christus ist des Gesetzes Ende (Röm 10,4), und er ist nicht gekommen, das Gesetz aufzulösen, sondern zu erfüllen (Matth 5,17) (Röm 27a,27b). Daher ist die Sündenerkenntnis zwar die erste Aufgabe des Gesetzes (Röm 24a), aber die ‚lex proprie dicta' ist die Hilfe zum Heil und Leben durch den Hl. Geist (Röm 28a).

§ 5 Die Kirche und ihre Ordnung

Literatur: W. PAUCK, Das Reich Gottes auf Erden, Utopie und Wirklichkeit. Eine Untersuchung zu Bucers ‚De regno Christi' und zur englischen Staatskirche des 16. Jahrhunderts, Berlin 1928; G. ANRICH, Ein Bedacht Bucers über die Einrichtung von ‚Christlichen Gemeinschaften', ARG (Ergänzungsbd. 5) 1929, 46–70; W. BELLARDI, Die Geschichte der „Christlichen Gemeinschaft" in Straßburg (1546/1550), Leipzig 1934, Nachdr. 1970; R. STUPPERICH, Die Kirche in Martin Bucers theologischer Entwicklung, ARG 35, 1938, 81–101; W. VAN'T SPIJKER, De ambten bij Martin Bucer, Kampen 1970.

Bis zu seinem Tode hat Bucer seine Ekklesiologie, der er immer größte Bedeutung schenkte, umgestaltet und vervollständigt. Auch in diesem Lehrpunkt ging er von der zwinglischen Theologie aus und entwickelte sie weiter. Viele Theologen (von Calvin bis Spener) sind von Bucers Lehre von der Kirche beeinflußt worden.

In der anfänglichen Auseinandersetzung mit dem römischen Kirchenverständnis betont Bucer den Unterschied zwischen *sichtbarer und unsichtbarer Kirche*. Christus ist das Haupt der Gemeinde, zu der „allein die erwo̊lten von Gott und versehen [bestimmt] zům leben" gehören[91]. Die Kirche sind daher die wahren Gläubigen, deren gute Werke zwar sichtbar sind, die jedoch von den

[91] BDS 2,115,14.

Heuchlern nicht unterschieden werden können. Bucer definiert: „Und darumb wo man das wort Gottes lauter prediget und gern höret, da man Christo underthånig ist, da man Christus erkennt als ein haubt, da glaubt ein yeder das ein Kirch sey."[92] Er setzt hinzu: „Du würst sye aber noch nit sehen, du syhst ye nůr das ussen ist und vergodt [vergeht]." Diesen ekklesiologischen Dualismus hat Bucer später abgeschwächt, aber nie aufgegeben. Die Allwirksamkeit Gottes, Prädestination und wahrer Glaube bestimmen seinen Kirchenbegriff.

Anlaß seiner Neuorientierung war das Auftreten der Wiedertäufer, die wie die Konventikler in Zürich eine Säuberung der Kirche von den Ungläubigen forderten. Äußeres Wort und Sakrament werden nun höher bewertet (s. § 2). „Bucer ist es nicht leicht gewesen, sich gegen das Schwärmertum abzugrenzen, da er anfangs selbst bei dem Kirchenbegriff den Hauptwert auf das spirituelle Moment verlegt. Die Auseinandersetzung mit den Sekten läßt ihn das institutionelle Kirchentum immer stärker betonen."[93] In ‚Grund und Ursach' (1524) gibt Bucer noch seiner Gleichgültigkeit gegenüber der Kindertaufe Ausdruck[94], und nach dem Auftreten der Wiedertäufer bewegt ihn mehr die Zulässigkeit der Kindertaufe als der Nachweis ihrer Notwendigkeit. In der ‚Getrewe Warnung' an Kautz (1527; s. o. S. 215) verweist er zuerst auf Gottes Erwählung, der „seynen geyst und glauben an keyn Sacrament gehencket"[95]. Doch weil Christus die Kinder zur Gemeinde zählt (Matth 19,14) und im Alten Bund das Gebot der Beschneidung bestand, sind die Kinder zu taufen. Die Taufe ist das Zeichen der Aufnahme in die Gemeinde[96]. Bucer verwendet Zwinglis Hauptargumente, doch ohne Nachdruck. Erst im Johanneskommentar (1528) verteidigt er mit Eifer die Kindertaufe, um Capitos' Sympathien für die Täufer (s. o. S. 206) entgegenzuwirken. In den folgenden Jahren nähert sich Bucer entsprechend seinem Wort- und Sakramentsverständnis einem exhibitiven Verständnis der Taufe. Das Wirken des Hl. Geistes behält jedoch den Vorrang.

Mit den Täufern stimmt Bucer darin überein, daß in der Gemeinde *Kirchenzucht* geübt werden müsse. Im Evangelienkommentar (1527) schreibt Bucer zu Matth 18,17: „Ein öffentlicher Bann (excommunicatio) kann nicht durchgeführt werden, wenn nicht der Herr die Gnade gibt, daß der größere Teil des Volkes mit der Obrigkeit sich aus vollem Herzen zu Christus bekehrt."[97] ‚Cum Magistratu' bedeutet, daß die Kirchenzucht im Gegensatz zu den Täuferkreisen innerhalb der Staatskirche durchgeführt werden soll. Im Jahre 1530 ging dem Straßburger Rat die Basler Ordnung zu[98], die auf Oekolampads Betreiben (s. Kap. III, § 2) erlassen worden war. Ende 1531 verfügte der Rat die Einsetzung von ‚Kirchenpflegern', die in Zusammenarbeit mit den Pfarrern Zucht und Lehre in der Gemeinde überwachen sollen. Die erste Straßburger Synode 1533 legte in den 16 Glaubensartikeln die Kirchenzucht fest. Die *Kirchenordnung* zu ihrer Durchführung kam erst 1534 zustande[99]. Sie läßt keine kircheneigene Zucht zu, obwohl die Kirchenpfleger nach dem Vorbild Basels aus dem Rat, den Schöffen und der Gemeinde genommen wurden. Auch war eine Exkommunikation weder vom Abendmahl noch (als äußerstes Mittel) aus der Bürgerschaft vorgesehen. „Die Kirchenzucht der Kirchenpfleger ist auf eine seelsorgerliche

---

92 BDS 2,113,29.
93 R. Stupperich S. 95.
94 BDS 1,262,3.
95 BDS 2,241,14.
96 BDS 2,241,25.
97 II,214b.
98 Pol. Corr. I, 566.
99 BDS 5,15–41.

Ermahnung reduziert."[100] Als die Vorstellungen der Prediger vor dem Rat nicht fruchteten, veröffentlichte Bucer 1538 die Schrift „Von der waren Seelsorge und dem rechten Hirtendienst". Sie legte dar, daß die obrigkeitliche Sittenzucht nicht genüge. „Derhalben ist uber die gemeine zucht und straf der oberkeyt [hinaus] ... vonno̊ten, das die gemeynden Christi eben ir eygene zucht und straf haben."[101] Das beste sei der Bann „auch im burgerlichen wesen"[102]. „Älteste" sollen die Kirchenzucht durchführen. Aber Bucers Begriff der Ältesten ist unklar[103]. Er entwickelt mit Sicherheit *drei Ämter*, Bischof, Prediger und Diakon. Die beiden ersten Ämter setzt er mit dem neutestamentlichen Ältestenamt gleich. Es bleibt offen, ob er an Gemeindeglieder dachte. Seine Gedanken orientieren sich mehr an der Bußpraxis und den Ämtern der frühen Kirche als am Neuen Testament. Die altkirchliche Tradition war für Bucer längst eine Autorität geworden. Ein Erfolg war Bucers Plänen in Straßburg nicht beschieden.

Ein großer Schritt vorwärts in Richtung auf eine kircheneigene Zucht bedeutete die *Ziegenhainer Zuchtordnung* (1539). Erstmals wird die Konfirmation der im Katechismus unterwiesenen Jugendlichen eingeführt[104]; ihr Zweck ist die Zulassung zum Abendmahl und die Unterstellung unter die Kirchenzucht[105]. In dieser hessischen Zuchtordnung sind die Ältesten deutlich nicht die Pfarrer, denn sie bestimmt, „das sölche eltesten, eins theyls auß des Raths oder gerichts herren, eyns theyls von der gemeyn gewelt würden"[106]. Während die Zusammensetzung der Basler Ordnung entspricht, geht die Wahl durch die Gemeinde über jene hinaus[107]. Diese Ordnung ist ebenso weit von Zwinglis Staatskirche wie von Luthers Konsistorialordnung und dessen gelegentlich geäußerten Kirchenzuchtideen entfernt. Sie entspricht am ehesten Oekolampads Lehre, aber auch der A. Blaurers. W. van't Spijker, der den Zusammenhängen nachgeht[108], verweist darüber hinaus auf die Klagen der Täufer über mangelnde Kirchenzucht. Keine Stadt war so von Täufern und Schwärmern überlaufen wie Straßburg; Capitos schwankende Haltung kommt hinzu[109]. Beweggrund für eine wirksame Kirchenzucht ist für Bucer der Gedanke der Seelsorge treibenden Gemeinde und des Priestertums der Glaubenden[110]. Er begründet dieses Priestertum mit der Geistbegabung der Christen. Eine Verwandtschaft zum Denken Zwinglis besteht, doch stellt dieser den christologischen Bezug in den Vordergrund, Bucer den pneumatologischen[111]. Luther entwickelt das allgemeine Priestertum aus der Taufe. Ihm mußte Bucers Gedanke eines direkten Geistwirkens als Spiritualismus erscheinen[112].

In späterer Zeit hat Bucer das Ziel des wachsenden Glaubens und der *Heiligung der Gemeinde* auf beiden sich bei ihm abzeichnenden Wegen zu erreichen gesucht, in der Enge der Gläubigengemeinde und in der Weite des christlichen Staates. Den ersten Weg geht Bucer in dem Gutachten „Von der kirchen mengel und fähl, und wie dieselben zu verbessern" (1546). Mit der Feststellung, die Kirchenzucht sei in Straßburg gescheitert, verbindet Bucer nicht etwa die Forderung, endlich die Exkommunikation für unwürdige Abendmahlsbesucher ein-

---

[100] W. Köhler, Zürcher Ehegericht II, 424.
[101] BDS 7,190,24.
[102] BDS 7,222,14.
[103] Vgl. W. Köhler, Zürcher Ehegericht II, 448.
[104] BDS 7,264,23.
[105] BDS 7,264,26; 312.
[106] BDS 7,263,2.
[107] Gegen BDS 7,263 Anm. 19.
[108] S. 202, 204, 211.
[109] S. 209.
[110] Vgl. BDS 7,158,14.
[111] S. 75.
[112] S. 76.

zuführen. Er macht den Vorschlag, eine freiwillige Gemeinschaft ernster Christen zu bilden. In dieser „Christlichen Gemeinschaft" soll echte Abendmahlszucht herrschen. Sie versammelt sich in den einzelnen Kirchspielen und wählt dort zu den Kirchpflegern des Rats eigene Älteste zur Durchführung der Zucht. Von den Täuferkonventikeln distanziert sich Bucer, denn die Gemeinschaften wollen sich nicht von den übrigen Christen trennen, vielmehr sie zu gewinnen suchen. Bucer setzt „überschwengliche Hoffnung"[113] in den missionarischen Erfolg dieser Reform; eine Kirche im Sinne der Urgemeinde und der frühen Kirche werde in Straßburg entstehen. Den nicht zur ‚Christlichen Gemeinschaft' Gehörenden beläßt er alle kirchlichen Rechte. Geben sie ‚Ärgernis', so sollen sie ‚gebeten' werden, nicht zum Abendmahl zu kommen[114]. Auf diese Weise versucht Bucer eine allgemeine Ausübung der Exkommunikation zu umgehen. Durch die Seelsorge allein will er die Außenstehenden gewinnen.

Trotz des Ratsverbots trat die ‚*Christliche Gemeinschaft*' in zwei Kirchspielen zusammen. Sie konnte sich nur bis 1548 halten. Als die jüngeren Pfarrer sich zurückzogen, war Bucers Gedanke einer ‚ecclesiola in ecclesia' gescheitert. Spener hat 1691 das Gutachten „Von der kirchen mengel und fähl" zur Verteidigung seiner „collegia pietatis" drucken lassen[115]. Zu Recht nennt A. Lang Bucer „in gewissem Sinne ‚den Pietisten unter den Reformatoren'"[116].

Den zweiten Weg beschreitet Bucer in der Schrift „De regno Christi ad Eduardum sextum Angliae regem", verfaßt 1550. In ihr überträgt er seine Kirchenidee auf die *englische Staatskirche* und Monarchie. Das „Regnum Christi" wird Oberbegriff zu „ecclesia" und „regnum mundi" und soll durch sie und in ihnen verwirklicht werden. „Die christlichen Könige und Fürsten ... können und müssen das Reich des Sohnes Gottes ... in ihren Völkern wahrhaft wiederherstellen (restituere), das heißt, die Besorgung der Religion und des ganzen übrigen Staatswesens (respublica) aus dem Willen (sententia) unseres Retters und höchsten Königs Christus wiedergewinnen, erneuern und bestärken."[117] Das Reich Gottes begegnet den Menschen in der Kirche (regnum Christi, hoc est, Ecclesia)[118]. „Dieses Prinzip des Geistes wird nun verbunden mit dem der institutionellen Kirche, indem derselbe von Christus ausgehende Geist, der in den Menschen zum Glauben wirkt, auch die Kirchenordnung schafft."[119] „Wenn das erste konstituierende Element der Kirche bei Bucer die prädestinatianische Berufung durch den Geist ist, so ist das zweite das Wort. Das Wort ist der vornehmste Ausdruck des Willens des himmlischen Königs."[120] Bucer findet durch diese Verbindung des Reiches Christi mit der empirischen Kirche zu einem System, in das er alle seine bisherigen theologischen Gedanken eintragen kann. Erwählung und Geistbegabung ebenso wie Christokratie in Kirche und Staat, den Glauben des Einzelnen ebenso wie die soziale Pflicht der Kirche, das Schriftzeugnis und die Tradition der frühen Kirche. „Regnum Christi" und „regnum mundi" treffen in der Person des christlichen Herrschers zusammen, der mit allen Mitteln, die ihm zur Verfügung stehen, die Wiederherstellung des Reiches Christi unterstützen soll (s. o.). Die beiden Reiche bleiben unterschieden; das Reich Christi ist das übergeordnete.

[113] Anrich S. 69. [114] Anrich S. 56. [115] Bellardi S. 1ff.
[116] Puritanismus und Pietismus S. 13. [117] BDS 15,293.
[118] BDS 15,57. [119] Pauck S. 13. [120] Pauck S. 15.

In die Weite führt Bucer auch die Einigungsgespräche mit dem römischen Katholizismus. Im einzelnen stimmt er oft Formulierungen zu, die bis an die Grenze der Verleugnung evangelischer-biblischer Lehre gehen. Es war aber seine feste Überzeugung, daß wenn eine freie Predigt des Evangeliums in den katholischen Kirchen erlangt werden könnte, sich die Wahrheit bei ihnen durchsetzen werde. Darum gab er sich mit einer ‚guten, leidlichen reformation' zufrieden.

§ 6 Charakterisierung der Theologie Bucers

Literatur: M. GRESCHAT, Der Ansatz der Theologie Martin Bucers, in: ThLZ 103, 1978, 81–96.

In der Forschung ist bisher keine überzeugende Kennzeichnung des Bucerschen Lehrsystems gegeben worden. H. E. Weber nennt Bucers Theologie eine „christozentrische ethische Geistmystik"[121]. Die Christozentrik erweist sich jedoch als problematisch (s. § 3); die Ethik stellt keine Besonderheit innerhalb der reformierten Theologie dar. Hingegen rührt die Pneumatologie an das Proprium im Denken Bucers; sie verbindet sich bei ihm direkt mit der Ekklesiologie. A. Langs Charakterisierung Bucers als „Pietisten unter den Reformatoren" enthält ein Wahrheitsmoment (s.o.). Hilfreich ist seine Bezeichnung Bucers als „Melanchthon Zwinglis" in Anlehnung an das Verhältnis zwischen Luther und Melanchthon[122]. Für sie spricht der gemeinsame theologische Ansatz im neuplatonischen Augustinismus, den Bucer – keineswegs im Sinn Zwinglis – in den Lehren von den Heilsmitteln, vom Abendmahl, von der Kirche und ihrer Ordnung selbständig weiterentwickelt. Wie bei Melanchthon spielt die Autorität der Kirchenväter eine große Rolle (im Gegensatz zu Zwingli und Luther). Doch weist A. Lang auch auf einen grundsätzlichen Unterschied zu Zwingli hin: „Ihm (Bucer) geht es nicht sowohl um begriffliche Schärfe und Tiefe als um Klarheit, Einfachheit und Brauchbarkeit."[123]

Das Fehlen einer zutreffenden Charakterisierung weist auf ein tieferliegendes Problem hin, auf die *Spannweite* der Theologie Bucers. Der Straßburger Theologe verbindet, systematisch nicht immer konsequent und abgesichert, einander entgegengesetzte Lehrpunkte, wie Geistwirken und Amtsautorität, Prädestination und kirchliche Heilsmittel, Kerngemeinde und christlichen Staat. Diese Spannweite ist Ausdruck seines Gedankenreichtums. Aus ihm hat wie kein anderer Calvin geschöpft, dessen Lehrer Bucer wurde.

---

[121] I, 1 S. 203. [122] S. 103. [123] S. 103.

Kapitel V: Heinrich Bullinger (Confessio Helvetica Posterior)

Literatur: W. HOLLWEG, Heinrich Bullingers Hausbuch. Eine Untersuchung über die Anfänge der reformierten Predigtliteratur, Neukirchen 1956; P. WALSER, Die Prädestination bei Heinrich Bullinger, Zürich 1957; H. FAST, Heinrich Bullinger und die Täufer, Weierhof 1959; G. W. LOCHER, Die theologische Bedeutung der Confessio Helvetica Posterior, in: Vierhundert Jahre Confessio Helvetica Posterior, Akademische Feier, Bern 1967; E. KOCH, Die Theologie der Confessio Helvetica Posterior, Neukirchen 1968; G. W. LOCHER, Bullinger und Calvin – Probleme des Vergleichs ihrer Theologie, in: U. GÄBLER, E. HERKENRATH (Hg.), Heinrich Bullinger, 1504–1575. Gesammelte Aufsätze zum 400. Todestag, Bd. 2, Zürich 1975, 1–33.

Der Zürcher Reformator hat die Lehrweise seiner Frühzeit (s. III, § 4) beibehalten, sein Lehrsystem aber ausgestaltet. Er wurde der erfolgreiche Bewahrer zwinglischer Theologie, so daß diese sich noch lange Zeit gegen den vordringenden Calvinismus zu behaupten vermochte. Sein theologischer Erfolg beruht auf seiner gedanklichen Klarheit und Schlichtheit und seiner seelsorgerlichen Tiefe. Durch seine zahlreichen Schriften, die ihn als Prediger und kirchlichen Organisator in ganz Europa berühmt machten, und durch seinen umfangreichen Briefwechsel gehört er zusammen mit Luther, Calvin und Melanchthon zu den gestaltenden Persönlichkeiten um die Mitte des 16. Jahrhunderts. Sein berühmtestes Werk ist neben der Predigtsammlung in den ‚Decaden' das 1561 privat verfaßte und 1566 von dem Kurfürsten von der Pfalz veröffentlichte Bekenntnis, das als ‚Confessio Helvetica Posterior' zu den meist verbreiteten reformierten Bekenntnissen zählt. Es ist zugleich eine Zusammenfassung seiner Theologie[1].

§ 1 Der Aufbau der „Confessio Helvetica posterior"

Literatur: J. STAEDTKE (Hg.), Glaube und Bekennen. Vierhundert Jahre Confessio Helvetica Posterior. Beiträge zu ihrer Geschichte und Theologie, Zürich 1966: E. KOCH, Die Textüberlieferung der Confessio Helvetica Posterior, S. 13–40; E. A. DOWEY, Der theologische Aufbau des Zweiten Helvetischen Bekenntnisses, S. 205–234.

Das Bekenntnis umfaßt vier Abschnitte: 1. Die Lehre von der Heiligen Schrift (Kap. I–II), 2. Die Gotteslehre (Kap. III–VII), 3. Die Soteriologie (Kap. VIII–XVI), 4. Die Lehre von der Kirche und der christlichen Obrigkeit (Kap. XVIII–XXX). Der systematische Aufbau ist jedoch umstritten, weil zur Gotteslehre die Kapitel über die ‚Bilder Gottes, Christi und der Heiligen' (Kap. IV) und über die ‚Anbetung, Verehrung und Anrufung Gottes durch den einzigen Mittler Jesus Christus' (Kap. V) gehören. Hingegen erscheint die Prädestinationslehre (Kap. X) erst im Zusammenhang der Soteriologie. Die für Bullingers Schriften sonst typische Bundestheologie fehlt. Die Reihenfolge der Kapitel hat Bullinger den Vorwurf des unsystematischen Vorgehens eingetragen (G. v. Schultheß-Rechberg, L. Thomas) und einige Interpreten veranlaßt, die Reihenfolge abzuändern (L. Thomas, E. Koch) oder bei ihm mehr als „eine einzelne systematische

[1] Es wird nach dem Text bei NIESEL (N) zitiert. E. KOCH interpretiert das Bekenntnis sachgemäß im Kontext der übrigen Schriften Bullingers. Sein Werk kann zugleich als Bullinger-Textbuch dienen.

Methode" anzunehmen (E. A. Dowey)[2]. Andere nehmen einen Aufbau entsprechend dem Apostolikum an (Zimmermann und Hildebrandt, P. Jacobs, J. Courvoisier)[3], in dem freilich der Artikel vom Heiligen Geist fehlen würde.

Bullingers systematische Methode ist indessen leicht aufzuweisen, wenn man die Kapitelfolge der 9 dogmatischen Schriften vergleicht, die E. Koch in einer Tabelle übersichtlich vorlegt. Die Eigenart der Systematik und darüber hinaus der Theologie Bullingers wird deutlich: Gottesbegriff und Christologie sind austauschbar, das heißt, der Gottesbegriff enthält bereits die Soteriologie, und die Christologie führt nur den allgemeinen Gottesbegriff weiter aus. Daher kann er in den ‚Decaden' (1549–1551) im ersten Teil mit Glaube, Rechtfertigung, Apostolikum, Liebe, Gesetz, Obrigkeit und guten Werken beginnen und im zweiten Teil Schöpfung, Vorsehung, Prädestination und Christologie folgen lassen. Auch in der ‚Catechesis' (1559) wird die Schöpfung erst bei der Christologie behandelt. In anderen Schriften stehen Christologie und Rechtfertigung bzw. Erlösung am Anfang bei der Schöpfungs- und Vorsehungslehre. Die verwirrende Vielfalt findet ihre Lösung in dem gleichbleibenden Tatbestand, daß Christologie und Soteriologie nur Ausführungen zum Gottesbegriff sind.

Die ‚Confessio Helvetica posterior' ist daher ein typisches Erzeugnis der Bullingerschen Theologie, wenngleich die Bundestheologie in ihr unausgeführt bleibt. Sie trägt die Kennzeichen der Systematik Bullingers: 1. Am Anfang steht eine ausführliche hermeneutische Besinnung über die Heilige Schrift. 2. Die allgemeine Gotteslehre ist von speziellen christologischen und pneumatologischen Aussagen durchsetzt. 3. Gottes Handeln in der Heilsgeschichte ist immer gleich und gut; Alter und Neuer Bund stimmen inhaltlich überein.

§ 2 Heilige Schrift

Literatur: G. W. Locher, Praedicatio verbi dei est verbum dei, Zwingliana 10, 1954, S. 47ff.; E. A. Dowey, Das Wort Gottes als Schrift und Predigt im Zweiten Helvetischen Bekenntnis, in: J. Staedtke (Hg.), aaO. S. 235–250.

Die Lehre von der Heiligen Schrift ist gekennzeichnet durch die rationale und pneumatische Begründung ihrer Autorität. Bullingers Schriftverständnis steht am *Übergang zur Orthodoxie*. Er setzt ein mit der Glaubensaussage: „Wir glauben und bekennen, daß die kanonischen Schriften... das wahre Wort Gottes selbst sind."[4] Der Nachsatz „und daß sie genügende Autorität aus sich selbst (semetipsis) und nicht aus Menschen haben", schreitet von der Identität des Wortes Gottes mit der Bibel fort zur Eigenautorität des Bibelwortes („aus sich selbst"). Im nächsten Satz erfolgt die Begründung: „Denn Gott selbst hat zu den Vätern und Propheten gesprochen und spricht auch jetzt noch durch die Heilige Schrift." Gottes Reden „durch die Heilige Schrift" bedeutet, daß er der Herr seines Wortes bleibt (credimus!), aber sein Wort nur in der Bibel zu finden ist. In anderen seiner Schriften wird die Unverfälschtheit der Bibel rational durch den Aufweis der mündlichen Tradierung durch die Patriarchen bis auf Mose[5] und

---

[2] E. A. Dowey S. 212. [3] Vgl. E. Koch S. 19. [4] N 222,5. [5] Decaden I, 1.

durch den weltweiten Ruf der biblischen Schriftsteller, die Erfüllung der Weissagungen, die Wunder und Zeichen, die Ehre, die dem Buch durch zahlreiche Übersetzungen zuteil geworden ist, und durch die Strafe, die seine Feinde ereilt hat[6], bewiesen[7]. Selbstverständlich ist der Geisterweis (Glaubenserkenntnis) dem Geschichtsbeweis vorgeordnet. Die Inspiration der Schrift wird nach 2.Tim 3,16 nur kurz erwähnt[8]. Sie zielt auf eine Personal-, nicht auf Verbalinspiration hin.

Die Predigt erhält eine hohe Wertung durch die berühmte Marginalie ‚*Praedicatio verbi Dei est verbum Dei*‘[9]. Es darf wieder nicht übersehen werden, daß im Text Wort Gottes und Predigt durch ein ‚credimus‘ miteinander verbunden sind: „Wenn heute dieses Wort Gottes durch rechtmäßig berufene Prediger in der Gemeinde verkündigt wird, *glauben wir*, daß das Wort Gottes selbst verkündigt und von den Gläubigen (fideles) angenommen wird.“[10] Die Aussage, ‚ut ipsum verbum Dei annunciari‘, erhält um so größeres Gewicht als im folgenden Satz die Unabhängigkeit der Wirksamkeit des Wortes Gottes vom Prediger gelehrt wird. Dagegen liegt eine grundsätzliche Einschränkung der Marginalie vor, wenn auf die Überordnung der inneren Erleuchtung des Heiligen Geistes (interna spiritus illuminatio) über die äußere Predigt (praedicatio externa) hingewiesen wird. Die Predigt wirkt nur bei den „Gläubigen“. Bullinger lehrt an anderer Stelle den Dualismus von gesprochenem Wort und innerem Gehalt des Wortes (s. § 6). In diesem Zusammenhang ist es seine erklärte Absicht, zu zeigen, daß Geistwirken und Predigt, ‚intus‘ und ‚foris‘ zusammengehören und „gewöhnlich“ (usitata ratione) beide miteinander erfolgen. Paulus hat der Lydia „das Wort äußerlich gepredigt, innerlich hat aber der Herr der Frau das Herz eröffnet“[11]. Dasselbe (idem) trage Paulus Röm 10,17 vor, wenn er schreibt: „Also ist der Glaube aus dem Hören, das Hören aber durch das Wort Gottes“. Röm 10,17 besagt ‚dasselbe‘ weil Paulus dort eine „(rhetorisch) korrekte Stufenfolge“ (gradatio elegans)[12] gebrauche. Untere Stufe der Kausalkette ist Glauben-Hören der Predigt; obere Stufe ist Hören der Predigt-verbum *internum*. Nur wenn auch die höhere Stufe erreicht ist, entsteht Glaube. Er kommt also nicht schon aus der Predigt, sondern erst aus dem Reden Gottes; beides wird unterschieden. Die Identifizierung von Predigt und Wort Gottes in jener Marginalie beruht auf dem Predigtauftrag Gottes Mk 16,15[13] und dem gläubigen Vertrauen der Gemeinde (credimus). Auch der Hinweis auf die Wirkungsmöglichkeit Gottes ‚sine externo ministerio‘ und die Nennung der Bibelstellen 1.Kor 3,7 und Joh 6,44, die die Freiheit Gottes wahren und die Abhängigkeit von ihm unterstreichen sollen, decken den Spiritualismus Bullingers auf.

Die Apokryphen des Alten Testaments werden nicht völlig abgelehnt. Sie können in den Gemeinden gelesen, nicht aber zur Bekräftigung des Glaubens herangezogen werden[14]. Für die Auslegung der Schrift werden genaue Anweisungen gegeben, um ihren Sinn zu erheben: die Ursprache, der Zusammenhang der Sätze, der Vergleich mit anderen klaren Schriftstellen soll bedacht werden. Die Erhebung des Literalsinns[15] und der Grundsatz ‚*scriptura ipsius interpres*‘

[6] Summa I, 4. [7] Dowey S. 237. [8] N 223,11.
[9] N 223,21. [10] N 223,22. [11] N 223,43.
[12] N 223,45. [13] N 223,41. [14] N 224,2.
[15] In den Decaden (III, 5 u. 6) hat Bullinger die allegorische Deutung der alttestamentlichen Ze-

werden so miteinander verbunden. Die Kirchenväter werden nur berücksichtigt, wenn sie mit der Heiligen Schrift übereinstimmen. Über allem steht die Übereinstimmung mit der ‚regula fidei et charitatis', die Ehre Gottes und das Heil des Menschen[16]. Entsprechend dem Verhältnis von „verbum externum" und „illuminatio spiritus interna" setzt Bullinger zum ‚Richter' der Auslegung das Urteil der ‚geisterfüllten Menschen', das diese der Schrift entnehmen. Heiliger Geist und Schrift gewährleisten, daß Gott selbst der Richter ist[17].

Die Bibel hat einen breiten Anwendungsbereich; sie ist mehr als nur Quelle der Verkündigung des Evangeliums. Aus ihr ist zu gewinnen: „Wahre Weisheit und Frömmigkeit, die Verbesserung (reformatio) und Leitung der Kirchen, Unterweisung in allen Pflichten der Frömmigkeit und endlich der Beweis der Lehren und der Gegenbeweis bzw. die Widerlegung aller Irrtümer[18]. Der Vorwurf des ‚Biblizismus' und ‚Legalismus'[19] kann nur erhoben werden, wenn lutherisches Schriftverständnis zur Norm gesetzt wird.

Eine verstärkte Herausstellung der Rechtgläubigkeit in dieser Bekenntnisschrift gibt schon der Titel zu erkennen: „Bekenntnis und einfache Erläuterung des orthodoxen Glaubens und der katholischen Lehre der reinen christlichen Religion." Viele Kapitel schließen mit einer Verdammung. Dem Bekenntnis vorangesetzt ist das Edikt Kaiser Gratians zum Schutz der Trinitätslehre aus dem Jahr 380 und das „Symbolum Damasi". Das Edikt Gratians ist Teil des „Corpus Iuris civilis" und also des *Reichsrechts*. W. Köhler wertet seine Zitierung als „die erste Codification reformatorischen Ketzerrechtes, die als solche den Abschluß bildet von Discussionen, die ... bei dem Servet'schen Prozess für die Schweiz einsetzte"[20]. Wenn Bullinger anderswo die Heilige Schrift einen ‚codex sacer' nennt, vergleichbar einem kaiserlichen Reichskodex[21], so wird damit die Bedeutung der Bibel für die Abwehr der Irrlehre unterstrichen. Die Verdammungen in den reformierten Bekenntnisschriften warten noch auf eine Bearbeitung.

§ 3 Die Gotteslehre

Literatur: J. STAEDTKE, Die Gotteslehre der Confessio Helvetica Posterior, in: J. STAEDTKE (Hg.), aaO. S. 251–257.

Aus der umfangreichen Aufzählung der Eigenschaften Gottes zu Beginn des Kapitels III nimmt Bullinger einige in den folgenden Überlegungen wieder auf, die ihm besonders wichtig sind. Sie kennzeichnen seine Lehre von Gott. Der eine Gott (unus) ist in drei Personen unterschieden[22]. Die Einheit und Unendlichkeit Gottes ist Ausgangspunkt aller Überlegungen; die orthodoxe Trinitäts- und

---

remonien bis in die kleinste Einzelheit durchgeführt. „Denn darin werden die Verborgenheiten Christi und der Gemeinde überhaupt beschrieben und das sehr klar, nützlich und vortrefflich." Die Einheit des Bundes verlangte den Beweis, daß auch den alttestamentlichen Frommen so gepredigt worden war, daß sie die Seligkeit in Christus erlangten. Vgl. W. HOLLWEG S. 217ff.

[16] N 224,23. [17] N 224,38. [18] N 223,6.
[19] E. KOCH S. 50. [20] ThLZ 25, 1900, Sp. 402. [21] E. KOCH S. 27.
[22] N 225,30.

Zweinaturenlehre folgt und wird ausführlich dargestellt. Zwinglis philosophischen Gottesbegriff teilt Bullinger nicht, auch wenn er im ‚Warhafften Bekanntnuß' (1545) Zwinglis Lehre von der Seligkeit der edlen Heiden gegen Luthers Anwürfe verteidigt[23].

Gott ist unsichtbarer Geist (spiritus invisibilis) und unendliches Wesen (immensa essentia) (Kap. IV). Darum sind Götzen- und Gottesbilder, doch auch die Christusbilder, verboten. Die Unmöglichkeit, Gott darzustellen und in Bildern zu verehren, ist in Bullingers Überlegungen den alttestamentlichen Verboten (2. Gebot) vorgeordnet. Gottesbilder sind ‚Lügen'[24]. Die Verbote gelten nach Christi Kommen weiter (Mt 5,17). Christusbilder werden verworfen, weil Jesus Christus nicht nach dem Fleisch erkannt wird (2.Kor 5,16), sondern im Geist nahe sein will (Joh 16,7). Der Geist Gottes schafft Leben durch die Predigt des Evangeliums und durch die Sakramente, nicht aber durch Bilder, die zu Unrecht eine ‚Laienbibel' genannt werden. Die Standbilder und Gemälde von Menschen sind darum leer, unbeweglich, matt und leblos (vanus, immobilis, marcidus, mortuus). Überraschend verweist Bullinger auf die Schöpfung Gottes, die den Betrachter mehr bewegen können als von Menschen verfertigte Bilder[25]. Gott ist der wahre Gott und darum alleine anzurufen und zu verehren (Kap. V). Der „Deus verus et solus" fordert Verehrung allein gemäß seinem eigenen Wort, das heißt, im Geist (Joh 4,23f.) und durch Vermittlung des einzigen Mittlers und Fürsprechers Jesus Christus (1.Tim 2,5). Die Heiligen sollen wie Brüder geliebt und geehrt werden[26]. Die Überlegungen des Kapitels IV sind in Kapitel V wieder aufgenommen und vertieft worden. Das Kapitel VI ‚De providentia' macht nur Aussagen über die Allmacht und Güte Gottes und erweist sich daher als Teil der Schöpfungslehre, die ebenfalls die Güte Gottes voranstellt. Gott ist weise und allmächtig (sapiens et omnipotens) und erhält und regiert durch seine Vorsehung alle Geschöpfe[27]. Schöpfung und Schöpfer sind vorausgesetzt – in der Aufzählung der Eigenschaften Gottes steht der creator voran[28] – werden jedoch erst im nächsten Kapitel (VII) behandelt. Der gute und allmächtige Gott (bonus et omnipotens) hat alles erschaffen. Der zentrale Begriff der Gotteslehre ist wie bei Zwingli die Allmacht, die ‚summum bonum' ist[29]. Schöpfung und Erlösung gehören daher zusammen. Die Güte bestimmt auch Gottes Verhältnis zur Sünde. Gott ist nicht ‚Urheber der Sünde'. Wenn er zur Sünde ‚verhärtet', so handelt er „gleichsam als gerechter Richter und Rächer"[30]. Und wenn er Böses zuläßt, so bedeutet es „entweder, daß Gott das böse Handeln der Menschen zum Guten wendet, wie die Sünden der Brüder Josephs, oder daß er die Sünden so leitet, daß sie nicht weiter, als angemessen ist, hervorbrechen und um sich greifen"[31]. Nicht zufällig beruft sich Bullinger dafür auf Aussagen Augustins. Gottes Gerechtigkeit ist seiner Barmherzigkeit unter- und eingeordnet[32].

---

[23] M 153,13.
[24] N 226,17.
[25] N 228,4.
[26] N 226,37.
[27] N 228,29.
[28] N 225,19.
[29] N 225,20; 229,39.
[30] N 231,29.
[31] N 231,33.
[32] N 225,22.

§ 4 Die Soteriologie

Literatur: W. E. MEYER, Soteriologie, Eschatologie und Christologie in der Confessio Helvetica Posterior, Zwingliana 12, 1966, S. 391–409; P. JACOBS, Die Lehre von der Erwählung in ihrem Zusammenhang mit der Providenzlehre und der Anthropologie, in: J. STAEDTKE (Hg.), Glauben und Bekennen (s. S. 225), S. 258–277; E. KOCH, Die Heilslehre, aaO. S. 278–299; W. LOCHER, Die Lehre von dem Heiligen Geist, aaO. S. 300–336.

Die Heilslehre beginnt mit der Prädestinations- und Erwählungslehre (Kap. X), die christozentrisch gefaßt ist. Zwei Bibelworte bestimmen Bullingers Lehrweise, Eph 1,4 („Gott hat uns in Christus erwählt vor Grundlegung der Welt") und 2. Tim 1,9f. („Gott hat uns gerufen und errettet aufgrund seines Vorsatzes und der Gnade, die er uns verliehen hat durch Christus Jesus vor ewigen Zeiten, jetzt aber geoffenbart worden ist durch das Erscheinen unseres Heilandes Christus Jesus"); Röm 9 fehlt. Bullinger bejaht eine Vorherbestimmung Gottes, findet diese aber durch die Worte „in Christo" und „per Christum" erläutert[33] und will daher nur „Erwählung" und „Gnadenvorsatz" lehren. Christus ist das gewisse Ziel der Erwählung (finis certus) und der Mittelpunkt (non sine medio)[34]. Die zeitliche Kluft („vor der Grundlegung der Welt" und „jetzt offenbart") wird geschlossen, indem Christus in Gottes Vorherbestimmung einbezogen ist[35]. Die Erwählungslehre (Kap. X) leitet die Christologie (Kap. XI) ein; Gotteslehre und Soteriologie sind austauschbar.

Über Erwählte (electi) und Verworfene (reprobi) kann daher nur gesagt werden, diese sind „eingepflanzt durch den Glauben in Christus" (in Christo), jene sind außerhalb Christi (extra Christum). Bullinger hebt die Vorherbestimmung nicht auf: „Gott weiß, wer die Seinen sind, und es wird hier und dort die kleine Zahl der Erwählten erwähnt." Doch muß für alle Gutes gehofft und keiner darf vorschnell zu den Verworfenen gezählt werden[36]. Eine der Schlußfolgerungen wendet sich indirekt gegen die calvinische Lehrweise: „Wir verdammen deshalb jene, die abseits von Christus zu erforschen suchen, ob sie erwählt seien und was Gott vor aller Ewigkeit über sie beschlossen hatte." Der Predigt des Evangeliums sei zu glauben[37]. Vermutlich hat Bullinger vor der Unterzeichnung durch Beza (s. u. S. 318 ff.) und Colladon, wie sein handschriftlicher Entwurf zeigt, vor „erwählt" die Worte „extra Christum" eingeschoben[38]. Die Lehrdifferenz war dadurch nicht beseitigt. Bullinger hat bewußt dem „decretum aeternum" göttlicher Vorherbestimmung die Verkündigung des Evangeliums vergeordnet. „Die Verheißungen Gottes gelten allgemein (universalis) den Glaubenden."[39]

Die Christologie (Kap. XI) wiederholt die orthodoxen Formeln. Sie ist überwiegend Naturen- und nicht Werkchristologie[40]. Einen breiten Raum nimmt der Nachweis ein, daß Christus der im Alten Testament erwartete Messias ist[41] und umgekehrt „die Väter von dieser geistlichen Speise gegessen" haben (1.Kor 10,3)[42]. Bullinger betont wieder die Einheit der Testamente und die Existenz eines ewigen Gotteswillen[43]. Eine besondere Werkchristologie erübrigt sich. Unerwartet werden in den Kapiteln XII und XIII (De Lege Dei und De Evangelio)

[33] N 234,9.12.
[34] N 234,17.11.
[35] N 235,30.
[36] N 234,22.
[37] N 235,1.
[38] Vgl. E. KOCH 93.
[39] N 235,19.
[40] N 238,1–11.
[41] N 238,12.
[42] N 238,25.
[43] N 238,36; vgl. 241,26.

Gesetz und Evangelium als Gegensätze behandelt. Das Gesetz deckt die Sünde auf und zeigt die Verdammung an. Es ist daher *,Zuchtmeister auf Christus'* (Gal 3,24). Beide Kapitel erinnern in der Begrifflichkeit und in inhaltlichen Aussagen an Melanchthons „Loci communes theologici" (1559), doch weichen sie an entscheidender Stelle von ihnen ab. Die „lex naturalis" steht neben der „lex moralis", „caeremonialis" und „iudicialis". Sie stellen den ganzen Willen Gottes dar. Der Dekalog ist eine Zusammenfassung des Moralgesetzes, die fünf Bücher Mose seine Erklärung. Von allen *drei Arten des Gesetzes* (s. u. S. 252f.) nicht nur – wie bei Melanchthon und Calvin – vom Dekalog wird gelehrt, daß Christus sie nicht aufgehoben, sondern erfüllt hat. Das Gesetz hat weiterhin Gültigkeit: „Wir wissen, daß uns durch das Gesetz eine Norm (formula) der Tugend und des Lasters überliefert wird. Wir wissen, daß das Buch des Gesetzes (scriptura legis), wenn es durch das Evangelium erklärt wird (si exponatur per evangelium), der Kirche nützlich ist."[44] Die Heilsgeschichte erfährt durch Gesetz und Evangelium eine auch inhaltliche Entwicklung. „Offenbar wird das Angesicht Moses mit einer Decke verhüllt, durch Christus ist sie weggenommen und beseitigt" (2. Kor 3,13)[45]. Der Gegensatz wird gemildert, da es vor der Predigt des Evangeliums im Alten Testament schon ‚promissiones evangelicas' gab; neben den ‚promissiones praesentium vel terrarum' (Land, Sieg) gab es schon ‚promissiones spirituales et coelestes in Christo'[46]. Die ‚doctrina Evangelii' ist daher ganz alt; Gott hat von Ewigkeit her vorherbestimmt, die Welt durch Christus zu retten[47].

Buße und Bekehrung (Kap. XIV) entstehen nicht durch das Gesetz, sondern durch das Evangelium und den Heiligen Geist[48]. Eine Beichte vor dem Pfarrer wird abgelehnt, aber das seelsorgerliche Einzelgespräch befürwortet; die Absolution erfolgt durch die Predigt des Evangeliums. Die Buße umfaßt daher das ganze Heil, sie ist zugleich neues Leben im Glauben. Das Rechtfertigungskapitel (Kap. XV) bringt daher nichts Neues, sondern wiederholt mit der ihm eigenen Begrifflichkeit das Gesagte und grenzt gegen eine Werkgerechtigkeit ab. Die zu erwartenden Verdammungen fehlen jedoch. Die guten Werke und der Lohn Gottes (Kap. XVI) werden bejaht. Sie sind selbstverständlich, denn zum Glauben gehört sein Wachstum[49]. Gute Werke sind kein Verdienst des Menschen, sondern nach Augustins Worten Gottes eigene Gaben, die „er in uns krönt", wenn er sie belohnt[50].

§ 5 Kirche und christliche Obrigkeit

Literatur: S. VAN DER LINDE, Die Lehre von der Kirche in der Confessio Helvetica Posterior, in: J. STAEDTKE (Hg.), Glauben und Bekennen (s. S. 225), S. 337–367; I. TÖKES, Über die Obrigkeit einst und jetzt. Erwägungen zum 30. Artikel, aaO. S. 392–407.

Die Kapitel XVII und XVIII über die Kirche und ihre Dienste sind die umfangreichsten des Bekenntnisses. Bullingers Erfahrungen als Organisator der Kirche sowie das allgemeine reformierte Interesse an der Gemeinde sind der Grund für

[44] N 240,3. [45] N 240,6. [46] N 240,23. [47] N 241,20.26.
[48] N 241,43. [49] N 246,17. [50] N 248,24.

diese Ausführlichkeit, die sich jedoch nie in Einzelheiten verliert. Die beständige Bezugnahme auf Christus kennzeichnet den Kirchenbegriff. „Sie irrt nicht, solange sie sich auf den Felsen Christus und den Grund der Apostel und Propheten stützt.“[51] Der Anspruch des Papsttums wird zurückgewiesen[52]. „Christus ist allein das Haupt der Kirche“, „Christus ist der einzige Hirte der Kirche“ und „Es gibt keinen Primat in der Kirche“ lauten drei Marginalien. Der Papst bekämpft und verhindert mit allen Kräften die ‚iusta reformatio‘ der Kirche[53].

Bullinger beschreibt die Kennzeichen (notae et signa) der ‚wahren‘ Kirche. Ausgangspunkt ist die „rechtmäßige oder unverfälschte Predigt des Wortes Gottes“, wie sie uns in den Schriften der Propheten und Aposteln überliefert ist, die „alle zu Christus hinführen“[54]. Die Verkündigung führt über das ‚Hören‘ und die ‚Liebe‘ zu Gott zur ‚täglichen Buße‘, zum ‚Tragen des Kreuzes‘ und zur ‚Nächstenliebe‘, zur Einigkeit der Jünger Jesu und zu den Sakramenten. Das ganze christliche Leben wird durch die Kennzeichen erfaßt. Die Heuchler nötigen Bullinger, von einer unsichtbaren Kirche der Erwählten zu reden, zu der allerdings auch die erwählten Gläubigen Gottes, die irren und schwach sind, gehören[55]. Es gibt „zwei“ Aufgaben der Diener Christi (ministri). Verkündigung und rechtmäßige Verwaltung der Sakramente (doctrina Christi evangelica et legitima sacramentorum administratio)[56]. Diese an CA 7 anklingende Definition wird wiederholt angeführt[57]. Der Verkündigung kommt der Vorrang zu. Gott handelt ‚außen‘ und ‚innen‘[58], doch fallen beide nicht auseinander. Bullinger betont die Notwendigkeit des „ministerium ecclesiasticum“[59]. Der Glaube aus dem Hören des Wortes Gottes (Röm 10,17) und die Apostel als Mitarbeiter Gottes (cooperarii, 1.Kor 3,9) werden ebenso hervorgehoben wie das ‚Ziehen‘ des Vaters (Joh 6,44) und ähnliche Schriftstellen, die Gott den ganzen Ruhm (omnis gloria) zuerkennen. Die Ämter des Neuen Testaments werden wie die Patriarchen und Propheten unter dem Aspekt der ‚praedicatores Evangelii‘ betrachtet[60]. Das Ergebnis der Aufzählung ist, daß die Diener der Gemeinde Bischöfe, Älteste, Pastoren Doktoren genannt werden können[61]. Eine spezifische Ämterlehre fehlt. Das Priestertum aller Gläubigen wird besonders hervorgehoben[62]. Die päpstlichen Ämter werden mit der Bemerkung abgewiesen, „Uns genügt die apostolische Lehre von den Diensten“[63]. Härter wird mit den Mönchen verfahren, die als „völlig unnütz für die Gemeinde Gottes“ bezeichnet werden[64]. Großen Wert legt Bullinger hingegen auf die rechtmäßige Wahl der Diener am Wort. Die Ordination soll durch die Ältesten unter Fürbitte und Handauflegung erfolgen[65]. Waren die Ältesten schon vorher ‚quasi senatores patresque ecclesiae‘ genannt worden[66], so verstärkt sich der Eindruck, daß die Stadträte gemeint sind, die die Kirchenhoheit ausübten.

Die ‚viri prudentes et pii‘ treten auch im Zusammenhang mit der Kirchenzucht auf. Die „Confessio Helvetica Posterior“ redet nur unbestimmt von ihr, da sie nur den Brauch der Alten Kirche erwähnt: Exkommunikation, kirchliche

---

[51] N 249,42. [52] N 250,15. [53] N 250,39.
[54] N 251,15. [55] N 252,8.20. [56] N 257,32.
[57] N 255,40; 256,8. [58] N 253,43. [59] N 253,26.
[60] N 254,14. [61] N 254,33. [62] N 255,27.
[63] N 254,43. [64] N 254,45. [65] N 255,7.
[66] N 254,30.

Gerichte, ausgeübt durch kluge und fromme Männer, die Pflicht der Pfarrer, „je nach den Umständen der Zeit, der öffentlichen Verfassung und nach Bedürfnis" die Zucht zur Erbauung der Gemeinde zu gebrauchen[67]. Für die Gegenwart wird nur auf die grundsätzliche Notwendigkeit der Kirchenzucht und ihre Ausübung ‚ad aedificationem' verwiesen, ihre Form aber offen gelassen. Bullinger hat sich zur Zucht durch die Obrigkeit bekannt und den Ausschluß vom Abendmahl abgelehnt[68]. Im Kapitel ‚De magistratu' (XXX) wird die ‚Zucht' der Obrigkeit zugeteilt[69]. Ihr ist die ‚cura religionis' übertragen[70]. „Die unbelehrbaren Ketzer ..., die nicht aufhören, Gottes Majestät zu lästern, und die Kirche Gottes zu verwirren, ja zu verderben, soll sie strafen."[71]

§ 6 Die Sakramente

Literatur: J. C. McLelland, Die Sakramentslehre der Confessio Helvetica Posterior, in: J. Staedtke (Hg.), Glauben und Bekennen (s. S. 225), S. 368–391.

Die allgemeine Sakramentslehre (Kap. XIX) ist bis in alle Einzelheiten ausgeführt; die Struktur der Taufe (Kap. XX) und des Abendmahls (Kap. XXI) wird vorweg festgelegt und erläutert. Die Sakramentsdefinition besteht aus einer Aussagekette über die Wirkung der Sakramente. Sie setzt mit Zwinglis Begriffen ein, verstärkt dann Schritt für Schritt die Wirkung, bis sie sich Calvins Formulierung nähert: „Durch die Sakramente hält Gott in der Kirche seine höchste Wohltat, die er den Menschen erwiesen hat, in Erinnerung (in memoria retinere), und erneuert sie allmählich (renovare), auch besiegelt (obsignare) er durch sie seine Verheißungen und vergegenwärtigt (repraesentare) äußerlich, was er uns innerlich gewährt (praestare) und gibt es gleichsam den Augen zum Beschauen dar (oculis contemplanda subicere) und stärkt und vermehrt (roborare et augere) so unseren Glauben durch das Wirken des Heiligen Geistes in unseren Herzen." Erst in zweiter Linie sind die Sakramente zwinglische Gemeinschafts- und Pflichtzeichen[72]. Taufe und Abendmahl haben die gleichen Wirkungen (in memoria retinere, beneficia reparare bzw. renovare, obsignare, repraesentare, veluti oculis conspicienda proponere bzw. contemplanda exponere, praestare)[73]. In dieses Begriffsgerüst werden die neutestamentlichen Zeugnisse über Taufe und Abendmahl eingetragen. Beide sind Gemeinschafts-, Bekenntnis- und Pflichtzeichen[74]. Der zwinglische Sakramentsbegriff ist verlassen. Die Vorordnung der Gaben des Sakraments vor ihre ekklesiologisch-ethischen Bestimmungen, die zudem nur kurz ausfallen, beweist es. Die ‚Erinnerung' ist zur *Gabe* geworden, die neben der ‚Versiegelung' der Wohltaten Gottes steht; der *Glaube* wird durch die Sakramente gefördert und gestärkt. Durch Bullinger hat die zwinglische Sakramentslehre eine Lebendigkeit und Vielfalt gewonnen, die sie vorher nicht hatte. Bullinger will den zwinglischen Dualismus, der die äußeren Mittel gering achtet, überwinden und zugleich durch die Unterscheidung ‚inner-

[67] N 258,8.
[68] W. Hollweg 253ff.
[69] N 274,35.
[70] N 274,32.
[71] N 274,42.
[72] N 259,3; vgl. 260,4.
[73] N 262,28; 263,35.
[74] N 262,42; 266,9.

lich/äußerlich' eine Identifizierung abwehren, die die Gabe verfügbar macht. Die augustinische Zuordnung von „verbum", „res" und „signum" schafft völlige Klarheit[75]. „Signum" und „res signata" werden unterschieden. In der Sakramentshandlung (in usu sacro) nimmt das Zeichen den Namen der bezeichneten Sache an: Wasser, Brot und Wein werden nicht mehr nur Wasser, Brot und Wein genannt (appellari), sondern Widergeburt (regeneratio) oder Bad der Reinigung (lavacrum renovationis), Leib und Blut des Herrn oder Symbole und Sakramente des Leibes und Bluts. Eine Verwandlung (mutatio) der „res" in das „signum" findet ausdrücklich nicht statt. Bullinger entscheidet sich für die zwinglische signikative Deutung, die er allerdings, von Spätaussagen Zwinglis gedeckt, verändert: Zeichen und die bezeichneten Sachen werden ‚*sacramentaliter*' miteinander verbunden (coniungere). Der Begriff ‚unio sacramentalis'[76] erinnert an Luthers Formulierung und ihre Rezeption durch Bucer (s. IV § 3). Das Wort „sacramentaliter" erhält seine Erklärung durch Christi Wille und Beschluß, die „res signata" den Gläubigen in den Sakramenten geistlich (spiritualiter) mitzuteilen. „Nicht gebilligt" wird Zwinglis frühe Lehre, die Zeichen seien unwirksam, und die Ansicht der Messalianer (4. Jahrhundert), die Sakramente seien überflüssig, aber auch die Einschließung der Gnade ins Zeichen nach römischer und lutherischer Lehre. Nur die Messalianer werden bei Namen genannt (s. LThK 7,319).

Das Wort (verbum) vermag Bullinger in seine Sakramentslehre ebensowenig zu integrieren wie Augustin. Es bleibt Konsekrationswort, das die Elemente heiligt (sanctificare) und dem profanen Gebrauch entzieht (a prophano usu segregare)[77]. Die ausführliche Erläuterung der Konsekration ist Ausdruck der Verlegenheit, die Sakramente nicht an die Verkündigung des Evangeliums binden zu können. Es erweist sich erneut, daß die Marginalie ‚Praedicatio verbi est verbum Dei' nur aufgrund eines Glaubenswagnisses (credimus) gesprochen wurde. Auch das Wort Gottes zerfällt nämlich in „verba nuda" und „res verbis significatae": „Gleich wie das Wort Gottes das wahre Wort Gottes bleibt, durch das nicht nur bloße Worte gesprochen werden, während gepredigt wird, sondern zugleich die von den Worten bezeichneten und berichteten Sachen von Gott dargeboten werden, hören und verstehen, indessen die Gottlosen und Ungläubigen die Worte, die res significatae genießen sie nicht (perfrui)."[78] Zwinglis Lehre vom inneren und äußeren Wort ist uneingeschränkt beibehalten. Noch in den Kapiteln VIII bis XVI war die Predigt das hervorragende Heilsmittel, auf das die Sakramente hätten bezogen werden können. In der Sakramentslehre ist das Wort Gottes jedoch entweder „verbum nudum" und also im Sinne Augustins ein Zeichen, oder es ist „res" dieses Zeichen, deren Empfang schon Glauben voraussetzt. Das Verkündigungswort konnte unter diesen Voraussetzungen nicht konstitutiv für die Sakramente sein. Der Eingangsatz, Gott habe mit der Predigt seines Wortes die Sakramente verbunden[79], ist historische Reminiszenz.

Das Bekenntnis nimmt die Fülle des neutestamentlichen Taufzeugnisses auf: Eingeschrieben, eingeführt und aufgenommen werden in den Bund, in die Familie und in das Erbe der Kinder Gottes, jetzt schon Kind Gottes genannt, von den

---

[75] N 260,52, s. Beitrag Mühlenberg, Bd. 1, I 2. [76] N 261,7.
[77] N 260,29. [78] N 261,37. [79] N 258,46.

Befleckungen der Sünden gereinigt und beschenkt werden mit den verschiedenen Gaben Gottes zu neuem, unsträflichem Leben. Die Kindertaufe veranlaßt Bullinger, die Taufe *Einführungszeichen des Volkes Gottes* (signum initiale populi Dei) zu nennen und sie auf die Erwählten zu beziehen[80]. Wenn Wiedergeburt, Reinigung und Erneuerung erwähnt werden, wird das Schema „intus/foris" angewandt[81]. Die Kindertaufe wird nur bei der Verdammung der Wiedertäufer erwähnt. Zwinglis Argumente werden kurz angeführt: „Warum soll ihnen deshalb nicht das Zeichen des Bundes Gottes gegeben werden?"[82]

Das Abendmahl umfaßt: Hingabe des Leibes und Vergießen des Blutes für uns, Vergebung aller Sünden, Erlösung vom ewigen Tod und aus der Macht des Teufels, Nähren mit Christi Fleisch und Trinken seines Bluts[83]. Bedingung des Empfangs ist der Glaube. Der leiblichen Speise und dem leiblichen Trank tritt die Stärkung der Seele gegenüber. Beide werden durch ein „sicut/ita" verbunden[84], und leibliche und geistliche Speise in dem Begriff „manducatio sacramentalis" zusammengefaßt[85]. Die Gegenwart Christi wird mit der Sonne am Himmel verglichen, die auf Erden Leben spendet; Christus ist die ‚Sonne der Gerechtigkeit' (Mal 3.20)[86]. Das Wachsen des Glaubens durch das Abendmahl wird hervorgehoben[87].

Die Kapitel XXII bis XXIX befassen sich mit dem Gemeindeleben. Grundsätze der Kirchenordnung werden in ihnen entfaltet.

§ 7 Bullinger und der Zwinglianismus

Literatur: Fehlt.

Zwingli steht am Anfang der nach ihm benannten theologischen Schule, Bullinger an ihrem Ende. Nach seinem Tod werden einzelne zwinglische Lehren weiter vertreten (Sakramentsdualismus, Staatskirchentum, Ablehnung der Kirchenzucht u. a.), aber weder folgt ihm ein Theologe seines Formats, noch knüpft der Spätzwinglianismus bewußt bei Zwingli an. Dem vordringenden Calvinismus steht nach Bullingers Abtreten kein gleichwertiger Gesprächspartner aus der Schule Zwinglis gegenüber. Bullinger hat lange gewirkt (gest. 1575) sowohl als der Hüter des zwinglischen Erbes und als sein sorgfältiger Tradent, wie auch als der weitsichtige Ausgestalter zwinglischer Lehre. Er ist je länger je mehr die überragende Autorität des Zwinglianismus geworden.

Die Dogmengeschichten und Lexiken bemühen sich regelmäßig um ein Gesamtbild des Calvinismus, doch wird der Zwinglianismus vernachlässigt[88]. Da der Zwinglianismus eine theologische Schulrichtung ist, kann von ‚Zentrallehren' gesprochen werden, an denen er erkennbar ist. Es sind der neuplatonisch-augustinische Gottesbegriff, Prädestinatianismus und Sakramentsdualismus.

1. Gott ist von Anfang an, als Schöpfer und Erhalter, der Inbegriff der Güte (summum bonum), Quell alles Guten (fons boni) und Bewirker alles Guten im

---

[80] N 262,18. [81] N 262,34. [82] N 263,14.
[83] N 263,37. [84] N 264,36. [85] N 265,15.
[86] N 266,2. [87] N 265,22. [88] Vgl. Ev. Staatslexikon, 1975², Sp. 319.

Menschen. Der Gottesbegriff ist monistisch, obwohl neben die Güte Gottes (bonitas) seine Allmacht (omnipotentia) tritt. Aber auch sie zielt schließlich auf das Gute hin. Die strafende Gerechtigkeit Gottes tritt erst in Erscheinung, wenn der Mensch Gottes Güte ausschlägt. Der Güte Gottes entspricht die Barmherzigkeit in Christus. Sie ist keine neue Gnade, sondern Offenbarung der Güte Gottes in neuer einzigartiger Weise. Leo Jud, Capito, Bucer, Bullinger und auch Oekolampad sind Zwinglis Lehrweise gefolgt. Matthäus Zell († 1548, vgl. LThK 10,1341) in Straßburg lehrt in seinem Katechismus von 1536 ebenso[89]. Bonifatius Wolfhardt leitet im Augsburger Katechismus von 1533 (wie Zwingli) ‚Gott' von ‚gut' ab und nennt ihn Ursprung alles Guten[90]. Dagegen ist es bei Johann Zwick[91] Christus, „durch den wir uns zuo Got alles guots vorsehen"[92]. Die Frage, „Wie kan aber Got thuon, diewyl er gerecht ist und das höchst guot, der von natur alles unrecht und böß straffen soll und muoß?", wird von ihm beantwortet durch das Nebeneinander beider Eigenschaften Gottes: „Aber wie Got von natur gerecht ist, also ist er auch von natur gütig, trew, liebreich, barmherzig. Und strafft got der gerecht, so verzeicht got der barmherzige."[93] Die Kenntnis der neuplatonisch-augustinischen Tradition wird Zwick gefehlt haben[94]. Es ist deutlich geworden, daß der *Augustinismus* das Einheitsband des Zwinglianismus ist, der keinen dogmatischen „Locus" unberührt läßt. Doch ist bezeichnend, daß außer Bucer und a Lasco (s. VII § 5) niemand Zwingli auf dem Weg gefolgt ist, das ‚summum bonum' auch als philosophischen Gottesbegriff zu begreifen oder die Seligkeit der Heiden zu lehren. Bullinger stellt sich eher pflichtgemäß vor seinen Lehrer. Die übrigen Zwinglianer neigen zu einer christozentrischen Exklusivität.

2. Die Prädestinationslehre ist von der Gotteslehre unterschiedlich bestimmt. Gottes Allmacht führt zur *doppelten* Prädestination, Gottes Güte zur Ausbildung allein einer Erwählung zum ewigen Leben. Zwischen diesen beiden Extremen hat die Lehre von der Gnadenwahl in vielfältiger Form im Zwinglianismus Gestalt gewonnen. Auf den ersten Blick beruht die Unterschiedlichkeit auf den logischen Schwierigkeiten dieser Lehre, auf der jeweiligen Einschätzung der gedanklichen Zumutbarkeit und auf ihrer seelsorgerlichen Praktikabilität. Der tiefere Grund ist, daß die Gestalt der Erwählungslehre von der Bedeutung abhängt, die der Güte und der Allmacht Gottes beigelegt wird. Zwinglis Lehre von der Allwirksamkeit Gottes ist daher ebenso systemgerecht wie die Beschränkung auf eine Erwählung zum ewigen Leben. Der extremen Lehrweise Zwinglis ist niemand gefolgt, auch Capito nicht. Die Konsequenz, Gott sei die Ursache der Sünde, schreckte ab. Aufs Ganze gesehen behielt die Bestimmung Gottes als „summum bonum" und der Christozentrismus bei den Zwinglianern mehr und mehr die Oberhand. Die Gutachten Bullingers, Myconius und Wolfgang Musculus im Genfer Bolsec-Streit (1551), die Calvins Mißfallen fanden, waren theologisch-konsequente Antworten. Sie lehnen eine Vorherbestimmung zur Verdammnis ab. Die calvinistische Erörterung des Supra- und Infralapsarismus stellte sich den Zwinglianern nicht, weil die Gotteslehre nur einen Supralapsarismus zuließ.

[89] Reu I, 1 S. 106,40; 108,37.45; 110,19.
[90] Reu I, 1 S. 765,12; 764,34.
[91] Bekenntnis der zwölf Artikel des Glaubens (1529 od. 1530), vgl. B. MÖLLER, Johann Zwick und die Reformation in Konstanz, Gütersloh 1961, 128ff.
[92] Cohrs IV, 77,5.
[93] Cohrs IV, 117,14 u. ö.
[94] B. MÖLLER 50f.

3. Gemäß dem neuplatonisch-augustinischen Erbe charakterisiert die zwinglische Wort- und Sakramentslehre der Gegensatz Geist-Leib bzw. Seele-Leib, der sich auf die Autorität Augustins stützt und eine wirksame Waffe gegen jede Verdinglichung der Gnade und gegen jeden Sakramentsautomatismus war. Sein Nachteil lag darin, daß er der reformatorischen Entdeckung des Verkündigungswortes nicht gerecht wurde. Zwingli hatte diese Neuentdeckung anfangs im (gepredigten) Evangelium erblickt; sein Anschluß an die signifikative Deutung der Abendmahlsworte, die er 1524 von Cornelius Hoen (s. o. S. 53f.) übernahm, hatte den Dualismus von äußerem und innerem Wort im Gefolge. Eine doppelte Betrachtung der Predigt, ihrer inneren und äußeren Wirkung, war die Folge. Bullinger hat diese dualistische Betrachtung des Wortes übernommen, aber abzuschwächen versucht. „Promissio" ist in der „Confessio Helvetica Posterior" die Verheißung Gottes, aber nicht zugleich ein Wortgeschehen. Demgemäß werden die Sakramente nicht auf die Verkündigung bezogen. In der Praxis haben Zwingli, Bullinger und die übrigen Zwinglianer ganzheitlich von der Predigt gesprochen und ihr größere Wirkung zugesprochen als die systematischen Überlegungen zuließen. In dem Maße, wie sie die Annäherung an das Luthertum teilten, änderte sich bei ihnen auch die Lehre vom Verkündigungswort. Zwinglis Sakramentsdualismus haben seine Anhänger – abgesehen von Leo Jud – schon früh nur teilweise übernommen. Bullinger hat von Anfang an eine geistliche Wirkung des Abendmahls gelehrt. Für sie war der Hoeniusbrief kein Anlaß einer geistigen Neuorientierung und der philosophisch bedingte Dualismus von Geist und Leib keine theologische Notwendigkeit mehr.

Der Abendmahlsstreit (s. S. 56ff.) drängte zur Anerkennung einer geistlichen Nießung, durch die der Glaube im Abendmahl gestärkt wurde. Zwinglis späte, vorsichtige Äußerungen über eine Gegenwart Christi im Glauben beim Abendmahl wirkten wie ein Signal zur Weiterbildung der Lehre der „manducatio spiritualis". Die Schweizer lehnten zwar den Weg Bucers und Capitos ab, weil er die eigene Position zu verleugnen forderte. Doch ist für Bullingers Lehrweise nun bezeichnend, daß er der Erinnerung (memoria) Gabecharakter zuschrieb und die ethisch-ekklesiologischen Aspekte der Sakramente an die zweite Stelle setzte. In Taufe und Abendmahl werden nun die geschehenen Heilstaten Christi präsent und den Empfängern mit den Elementen angeboten. Die Reflexionen über das Mittel des Wortes treten dabei ebenso zurück wie die über die Aussagekraft der Zeichen, denn sie werden durch das Schema innerlich/äußerlich (intus/foris) überflüssig. In jedem Fall gehen die Zwinglianer, allen voran Bullinger, über Zwinglis Abendmahlsverständnis hinaus. Die Entwicklung drängte jedoch weiter. Der in der Schweiz angefeindete Bucerianismus – gemeint sind Bucers und Capitos nicht immer durchsichtigen Konkordienaktivitäten – sollte bald Verstärkung durch den gedanklich überzeugenden Calvinismus erhalten.

4. Zu den Zentrallehren Zwinglis, aber nicht aller Zwinglianer, gehören das Staatskirchentum und die damit zusammenhängende Ablehnung der Kirchenzucht. Hatte schon Oekolampad zu Zwinglis Lebzeiten das Programm einer von der Sittenzucht der Obrigkeit unterschiedenen Kirchenzucht vorgetragen und das neutestamentliche Ältestenamt dafür wiederaufleben lassen, so schmälerte die Niederlage bei Kappel und Zwinglis Tod schlagartig den Einfluß der Pfarrer in den Staatskirchen. Der Ruf nach einer eigenständigen Kirchenzucht wurde

durch Jud, Megander, Capito, Myconius, Bucer und andere laut. Bullinger hat ihm nicht nachgegeben, doch wurde Calvin bald der energische Anwalt einer kircheneigenen Zucht und der Einschränkung der unbegrenzten Kirchenhoheit der Obrigkeit. Die Übereinstimmung zwischen der zwinglischen und calvinistischen Ansicht bleibt jedoch eindrücklich: Christlicher Staat, Heiligung des öffentlichen Lebens, Recht der Prediger zur öffentlichen Kritik der Obrigkeit waren die Ziele in Genf wie in Zürich. Im Heidelberger Streit um die Kirchenzucht lebt der Gegensatz wieder auf[95].

Es gibt nur wenige Lehren, in denen die Zwinglianer ihrem Lehrer nicht oder nur in Ausnahmefällen gefolgt sind. Zu der Allwirksamkeit Gottes, und der Leugnung des Gabecharakters des Sakraments kommt die Lehre von der Erbsünde. Ihren Schuldcharakter lehnten auch Johann Zwick und a Lasco (s. VII, § 5) ab. Viele Lehren stehen zwar im Gegensatz zur lutherischen Lehrweise, nicht aber zu der Calvins. Zur allgemeinen reformierten Lehrtradition gehören die Betonung der Einheit Gottes, der Heilscharakter des Gesetzes, die Buße aus dem Evangelium, die Einheit der Rechtfertigung und Heiligung, das Wachstum des Glaubens, die Hervorhebung der Gemeinde, die Beseitigung der Bilder in den Kirchen u. a. Diese Lehren kehren in der Darstellung des Calvinismus wieder.

Zweiter Abschnitt: Calvin und der Calvinismus

Kapitel VI: Die Theologie Johann Calvins

Bibliographie: W. Niesel, Calvin-Bibliographie 1901-1959, München 1961; P. Fraenkel, Petit supplement aux bibliographies Calviniennes 1901-1963, in: BHR 33, 1971, 385-413; P. De Klerk, Calvin Bibliography, in: Calvin Theological Journal, 1971ff.; D. Kempff, A Bibliography of Calviniana 1559-1974, Leiden 1975.

Quellen: Calvini Opera quae supersunt omnia, ed. G. Baum, E. Kunitz, E. Reuss, Braunschweig u. Berlin 1863-1900, 58 Bde. (= CO); Joannis Calvini Opera Selecta, ed. P. Barth, W. Niesel, D. Scheuner, München 1926-52, 5 Bde. (= OS). Supplementa Calviniana. Sermon inédits, Neukirchen 1936 ff. Ioannis Calvini opera omnia denuo recognita et adnotatione critica instructa notisque illustrata, Genève 1992 ff. (= COR).

Gesamtdarstellungen: P. Brunner, Vom Glauben bei Calvin, Tübingen 1925; W. Niesel, Die Theologie Calvins, München 1938, 1957²; F. Wendel, Calvin. Sources et évolution de sa pensée religieuse, Paris 1950; deutsch: Calvin. Ursprung und Entwicklung seiner Theologie, München 1968; W. Krusche, Das Wirken des Heiligen Geistes nach Calvin, Göttingen 1957; E. Schützeichel, Die Glaubenstheologie Calvins, München 1972.

---

[95] Vgl. R. Wesel-Roth, Thomas Erastus. Ein Beitrag zur Geschichte der reformierten Kirche und zur Lehre von der Staatssouveränität, Lahr 1954, 43–81.

§ 1 Die plötzliche Bekehrung zur Gelehrigkeit („subita conversio ad docilitatem")

Literatur: A. LANG, Die ältesten theologischen Arbeiten Calvins, Neue Jbb. f. dt. Theol., 2, 1893, 237-300; P. SPRENGER, Das Rätsel um die Bekehrung Calvins, Neukirchen 1959; Fr. WENDEL, Calvin et l'humanisme, Paris 1976; Ch. PARTEE, Calvin and Classical Philosophy, Leiden 1977.

Mit 14 Jahren sandte Gérard Cauvin seinen Sohn Jean nach Paris zur Universität (1523). Am Collège de la Marche absolvierte er die ersten beiden Fächer des Triviums (Grammatik, Rhetorik, Dialektik). Cordier förderte ihn im klassischen Latein[1]. Dialektik lernte er am Collège Mathurin, das unter dem Einfluß Natalis Bedas (Noël Bedier, vgl. RE 2,645,8; 5,714 s. u. Faber) ein Bollwerk der kirchlichen Scholastik geworden war. Die Dialektik umfaßte Logik und ‚Philosophie'; in ihr wurden die theologischen Kategorien (Gott und Welt, Vernunft und Offenbarung usw.) behandelt. Calvin wurde wie Luther im Occamismus geschult. Als er 1527 oder 1528 das Studium der ‚Septem artes liberales' mit dem Titel eines „Magister artium" abschloß – auf das „Trivium" war das „Quadrivium" (Arithmetik, Geometrie, Musik, Astronomie) gefolgt – und nach des Vaters Willen mit dem Studium der Jurisprudenz begann, hatte er die Scholastik gründlich kennengelernt. Die Feststellung, er habe nie Theologie studiert, trifft daher den Sachverhalt nicht. Die scholastische Begrifflichkeit hat er nie ganz abgestreift. Doch überdeckten die späteren humanistischen und refomatorischen Einflüsse sein scholastisches Denken.

Beza berichtet in seiner ‚Vita Calvini' (1564), Calvin habe während seines Jurastudiums in Orléans die Hl. Schrift studiert, darin Fortschritte gemacht und anderen über die ‚reinere Religion' (purior religio) Auskunft gegeben. Sein Vetter Petrus Robertus Olivétan habe ihn dazu veranlaßt; in Bourges habe er anschließend bei dem Deutschen Melchior Volmar die griechische Sprache und Philosophie (Graecas literas) gelernt[2]. Indessen mußte Olivétan bereits 1528 nach Straßburg fliehen. Aber bei Volmar, der Vertreter des erasmischen Humanismus war, lernte Calvin nicht nur die antike Tugendlehre, sondern wahrscheinlich auch die erbitterte Bekämpfung des scholastischen Wissenschaftsbetriebs durch Erasmus kennen. Damit stimmt Calvins eigener Bericht im Psalmenkommentar 1557 überein: „So sehr ich mich aus Gehorsam gegen den Vater bemühte, dem Rechtsstudium getreulich nachzugehen, so hat doch Gott durch seine geheime Vorsehung meinem Leben eine andere Richtung gegeben. Zuerst nämlich – da ich dem päpstlichen Aberglauben hartnäckiger ergeben war, als daß es leicht gewesen wäre, mich aus einem so bodenlosen Schlamm herauszuziehen – hat Gott meinen Sinn, der für sein Alter allzu sehr verstockt war, durch eine plötzliche Bekehrung zur Gelehrigkeit (*subita conversio ad docilitatem*) bezwungen. Nachdem ich aber einen gewissen Vorgeschmack der wahren Frömmigkeit empfangen hatte, entflammte mich ein solcher Eifer, Fortschritte zu machen, daß ich die übrigen Studien zwar nicht aufgab, aber noch nachlässiger betrieb. Es war noch kein Jahr vergangen, als alle, die nach reiner Lehre begehrten, zu mir, dem Neuling und Anfänger, kamen, um zu lernern."[3] P. Sprenger zeigt, daß die ‚docilitas' bei Calvin die Vorbereitung zum Glauben (praeparatio fidei), die erste Schülerschaft, nicht

[1] CO 13,525 sq. [2] CO 21,121 sq. [3] CO 31,21 sq.

aber schon der Glaube ist. Calvin ist also ‚zuerst' vom päpstlichen Aberglauben befreit worden und hat einen ‚Vorgeschmack der wahren Frömmigkeit' erhalten, dann erst ist er zum reformatorischen Glauben durchgestoßen. Über die genauen Umstände der ‚plötzlichen Bekehrung' ist nichts bekannt. Alles deutet darauf hin, daß das Zusammentreffen mit dem erasmischen Humanismus, also das Erlernen der griechischen Sprache, der griechischen und lateinischen Philosophie, das Vordringen zu den ältesten Quellen des Christentums, insbesondere zur Bibel, und die Abkehr von dem nutzlosen scholastischen Begriffsdefinitionen und von der vulgärkatholischen Frömmigkeit, gemeint sind.

Calvins Briefwechsel aus den Jahren 1528 bis 1533 und sein Kommentar zu Senecas Schrift ‚De clementia' (1532) enthalten keine reformatorischen Gedanken. Nach Bezas Angaben hat Calvin aber Beziehungen zu dem Kaufmann Stephan Forge, der Märtyrer wurde, und also zur geheimen Gemeinde in Paris aufgenommen[4]. Nach Cops Rektoratsrede am 1. November 1533 vor der Sorbonne fliehen er und Cop. Calvins Sekretär Colladon schreibt ihm die Verfasserschaft der Rede zu[5], die die Seligpreisungen Matth 5 an Hand der von Bucer ins Lateinische übersetzen Kirchenpostille Luthers (1524) und der Paraphrasen des Erasmus zum NT (1522) auslegte. Die reformatorische Predigt des Evangeliums verbindet sich mit der erasmischen ‚Philosophia Christi'. Auf der Flucht (1534) gelangt Calvin zur vollen reformatorischen Erkenntnis.

§ 2 „Institutio Christianae Religionis"

Literatur: H. BAUKE, Die Probleme der Theologie Calvins, Leipzig 1922; A. LANG, Die Quellen der Institutio von 1536, EvTh 3, 1936, 100-112; J. BOHATEC, Budé und Calvin, Studien zur Gedankenwelt des französischen Frühhumanismus, Graz 1950; A. GANOCZY, Calvin als paulinischer Theologe, in: Calvinus Theologus, Neukirchen 1976, 39-69.

Calvins berühmtes Lehrbuch ‚Unterweisung in der christlichen Religion' erfährt in den Jahren 1536 bis 1559 grundlegende Änderungen, die Vorrede an Franz I. von Frankreich bleibt hingegen in allen Auflagen fast unverändert. Die in ihr erwähnten ‚Gegner' werden nicht genannt, doch sind die ‚Urheber am Hof' (aulici artifices) gemeint, die unschuldiges Blut vergießen und den Ruf der evangelischen Märtyrer verleumden[6]. Calvin weist in der Vorrede die Vorwürfe zurück, die evangelische Lehre sei neu, darum sei sie zweifelhaft und ungewiß, sie schaffe Unruhen und Aufruhr (usw.). Die Vorwürfe stammen von den Humanisten am Pariser Hof, R. Cenalis, Wilhelm Budé (s. LThK 2,759), J. Sadolet (s. EKL 4,768), J. Clichtovius (s. LThK 2, 1234f.) u.a. J. Bohatec deutet auf die Tragik hin, „daß der humanistisch geschulte Reformator sein erstes systematisches Werk mit einer Polemik gegen den Humanismus eröffnen mußte"[7]. Im Brief an Sadolet (1541) weist Calvin die Hauptargumente nochmals besonders eindrücklich zurück.

Die „Institutio" von 1536 – die Zeitgenossen bezeichnen sie als ‚Katechismus' – ist ein schmales Büchlein mit 6 Kapiteln. Sie folgt dem Aufriß des Kleinen Ka-

---

[4] CO 21,122/23.
[5] CO 9,873/74.
[6] Psalmenkommentar 1557, CO 31,23.
[7] Budé und Calvin S. 141.

techimus Luthers[8] (Dekalog, Credo, Herrengebet, Sakramente) und verrät die Kenntnis der Lutherschrift ‚De captivitate Babylonica‘ (1520), der ‚Loci communes‘ Melanchthons (1521) u.a. Wittenberger Bücher[9]. Angehängt sind 2 apologetische Kapitel: „Von den fünf falschen Sakramenten der römischen Kirche“ und „Von der christlichen Freiheit, der Kirchengewalt und der politischen Regierung“.

Die Änderungen am Aufbau der „Institutio“ sind ein Spiegel der *theologischen Entwicklung* Calvins[10]. In der zweiten Auflage (1539) sind aus den 6 Kapiteln 17 geworden. Das Werk ist völlig umgestaltet worden, wie der Zusatz im Titel anzeigt: „die erst jetzt ihrem Titel wirklich entspricht“ Die beiden ersten Kapiteln behandeln nun die ‚cognitio Dei et hominis‘. Schon die Institutio von 1536 beginnt: ‚Summa fere sacrae doctrinae duobus his partibus constat: Cognitio Dei ac nostri‘, und die Ausgabe von 1559, die erstmals Kapitelüberschriften hat, erläutert: „Die Erkenntnis Gottes und die Selbsterkenntnis stehen in Beziehung zueinander.“[11] Calvin führt aus, daß von Gott nur die Rede sein kann, soweit er sich dem Menschen offenbart, und vom Menschen, insofern er vor Gott steht. Zwingli äußert sich am Anfang des „Commentarius de vera et falsa religione“ (1525) ähnlich, der Scholastik ist der Doppelaspekt unbekannt[12]. Zwischen die bisherigen Lehrstücke vom Gesetz und Apostolikum (jetzt Kap. 3) und 4) und vom Gebet und den Sakramenten (jetzt Kap. 9-12) sind in der Institutio von 1539 eine Reihe neuer Themen eingeschoben: Buße, Rechtfertigung und gute Werke, Altes und Neues Testament, Prädestination und Vorsehung Gottes. Calvin veröffentlicht 1540 seinen Kommentar zum Römerbrief, dessen Themen in der 2. Auflage der „Institutio“ neu behandelt werden. Der Römerbrief bestimmt auch das Kapitel 17 ‚De vita hominis Christiani‘, das die Heiligkeit (sanctitas) des Christen behandelt, die auf seiner Verbindung mit Gott (nostra cum Deo coniunctio) beruht[13]. Calvin dringt auf die Heiligung der Christen.

Die Ausgabe von 1543 erhöht die Zahl der Kapitel auf 21. Es erscheinen Kapitel über die Mönchsgelübde und die menschlichen Traditionen, eine Folge der Teilnahme Calvins an den Religionsgesprächen von Worms und Regensburg (1540/41). Das Apostolische Glaubensbekenntnis wird erstmals in vier Abschnitte geteilt. Erst die Ausgabe von 1559 bringt die endgültige Anordnung. Die 80 Kapitel der „Institutio“ sind nach dem Apostolikum in vier Bücher eingeteilt. Das Buch I „Über die Erkenntnis Gottes des Schöpfers“ beginnt wieder mit den Kapiteln über die Gottes- und Selbsterkenntnis, in die nun auch die natürliche Gotteserkenntnis und das Schriftverständnis einbezogen sind. Diese ersten Kapitel bilden die Prolegomena. Die Lehre von der Vorsehung Gottes schließt sich an die Schöpfungslehre an (I, 16-18). Das Buch II „Über die Erkenntnis Gottes des Erlösers“ enthält die Christologie und Soteriologie. Das Buch III umfaßt den ersten Teil der Lehre vom Heiligen Geist: „Auf welche Weise wir die Gnade Christi empfangen, was für Früchte uns daraus erwachsen und was für Wirkungen sich daraus ergeben“; der 2. Teil umfaßt die Ekklesiologie in Buch IV. Die Anordnung der Lehrstücke in Buch III und der Umfang und das Gewicht der

---

[8] OS 3,129 Anm. 2 u.ö.

[9] A. LANG, Die Quellen S. 106.

[10] Vgl. OS 3, VIff.

[11] OS 3,31,4.

[12] G. EBELING,Cognitio Dei et hominis, in: Lutherstudien I, Tübingen 1971, S. 222.

[13] OS 4,147,31.

Lehre von der Kirche in Buch IV spiegeln die Eigenart der Theologie Calvins wieder. Das Buch III beginnt mit dem Kapitel über den Hl. Geist, beschreibt dann den Glauben (Kap. 2) und die Buße (Kap. 3-5), die Heiligung (vita christiana, Kap. 6-10) und Rechtfertigung (Kap. 11-18). Es folgen die Lehren von der christlichen Freiheit (Kap. 19), vom Gebet (Kap. 20), von der Prädestination (Kap. 21-24) und von der Auferstehung (Kap. 25). Bezeichnend ist, daß – entgegen der lutherischen Lehre von Gesetz und Evangelium – der Glaube vor der Buße und die Heiligung vor der Rechtfertigung behandelt wird. Der Glaube umfaßt Buße und Heiligung und die Rechtfertigung wiederum das Ganze der Buße und Heiligung. Christliche Freiheit, Gebet, Erwählungsgewißheit und Auferstehungshoffnung sind Frucht und Wirkungen des Glaubens. Die vielbeachtete Prädestinationslehre Calvins wird in der „Institutio" nur an untergeordneter Stelle erörtert. Schon ihre Einordnung verbietet, sie die „Zentrallehre" Calvins zu nennen.

Diese Erkenntnis hat sich in der Forschung durchgesetzt, doch ist die Diskussion um die *Eigenart* der Theologie Calvins noch nicht abgeschlossen. Die Ausgewogenheit der Aussagen und das systematische Können Calvins verwehren es, eine bestimmte Lehre herauszustellen und ihr den Vorzug zu geben. J. Bohatec nennt Calvins Lehrweise daher eine „Theologie der Diagonale"[15]. Calvins Aufgreifen der Lehren anderer Theologen, die Vermittlung zwischen ihnen und die Umsetzung in eine eigene, kraftvolle Lehrweise sei ihr Kennzeichen[16]. Calvin habe die Ansichten zahlreicher antiker Philosophen, Kirchenväter, scholastischer Theologen und der Zeitgenossen in dieser Weise aufgenommen. Doch war es sein Hauptanliegen, die Aussagen der Hl. Schrift zusammenzufassen und verständlich zu machen. Calvins Theologie war damit jedoch noch nicht charakterisiert.

In der Vorrede zur „Institutio" von 1539 beschreibt er deren hermeneutische Aufgabe. Seine Absicht ist, „die Kandidaten der Theologie zur Lektüre der göttlichen Schrift so vorzubereiten und auszubilden, daß sie leicht Zugang (aditus) zu ihr haben und ohne Schwierigkeit Fortschritte erzielen (pergere). Denn ich meine (videor), das Ganze der Religion (summa religionis) in allen Stücken so dargestellt zu haben und in eine solche Ordnung gebracht zu haben, daß jeder, der diesen Inbegriff der Religion richtig erfaßt hat, leicht beurteilen kann, was er in der Schrift hauptsächlich (potissimum) suchen und auf welches Ziel (scopus) er ihren Inhalt beziehen muß". Die „Institutio" soll Leitfaden (compendium) für seine biblischen Kommentare und notwendiges Hilfsmittel (necessarium instrumentum) sein[17]. In der Vorrede zur französischen Ausgabe von 1541 heißt es: „Indessen kann ich wohl versprechen (promettre), daß es für alle Kinder Gottes so etwas wie einen Schlüssel und eine Türe (comme une clef et ouverture) zu einem guten und rechten Verständnis der Hl. Schrift sein *kann* (pouvoir)."[18] Der letzte Satz verbietet die Deutung A. Ganoczys, Calvin bewege sich in einem „hermeneutischen Zirkel": „Einerseits ist für Lektüre und Studium der Bibel ein Leitfaden nötig, damit man sich in der Fülle ihres Inhalts nicht verirrt und das Ziel im Auge behält (diese Aufgabe soll die Institutio ab 1539 erfüllen); anderer-

[14] Vacat.

[15] Calvins Vorsehungslehre S. 353 u. ö.

[16] Vgl. O. Weber, Grundlagen der Dogmatik, I, 124/25.

[17] OS 3,6,18.

[18] OS 3,8,4.

seits muß diese Richtschnur aus der Schrift selbst gewonnen werden."[19] Calvin will die Priorität der Hl. Schrift unangetastet lassen; die Institutio ist ausdrücklich nur für Theologiestudenten und Ungeübte geschrieben[20]. Nicht zufällig teilt sich das Werk Calvins in zwei große Teile, in die dogmatischen Schriften (allen voran die ‚Institutio'), begleitet von den polemischen Traktaten, und in die Kommentare und Predigten über fast alle biblischen Bücher. Hinzu kommt der Briefwechsel. In der Forschung mehren sich die Stimmen, die besagen, Calvins genuines Denken sei in seinen Predigten zu finden und nicht in der Institutio Christianae Religionis. Calvin sei zuerst Prediger und Seelsorger gewesen, dann erst Systematiker.

§ 3 Schrift und Verkündigung

Literatur: J. A. CRAMER, De Heilige Schrift bij Calvijn, Utrecht 1926; D. J. DE GROOT, Calvijns opvatting over de inspiratie de Heilige Schrift, Zütphen 1931; S. VAN DER LINDE, De leer van den Heiligen Geest bij Calvijn, Wageningen 1943; H. J. KRAUS, Calvins exegetische Prinzipien, ZKG 79, 1968, 329-341; D. SCHELLONG, Calvins Auslegung der synoptischen Evangelien, München 1969; W. H. NEUSER, Theologie des Wortes – Schrift, Verheißung und Evangelium bei Calvin, in: Calvinus Theologus, Neukirchen 1976, 17–37; DERS., Calvins Verständnis der Hl. Schrift, in: Calvinus Sacrae Theologiae Professor, Grand Rapids 1990, S. 41–71.

Wie bei den anderen Reformatoren zielt bei Calvin die Hl. Schrift auf die Verkündigung hin und gründete sich die Verkündigung auf die Schrift. Die reformatorische Entdeckung der Predigt, die wirksames Wort (verbum efficax) ist, weil Gott ein redender Gott (deus loquens)[21] ist und durch das Wort am Menschen handelt, ist Grundlage seiner Theologie.

Die Hl. Schrift wird Inst I, 6-9 behandelt, ihre Einheit Inst II, 9-11 erörtert. In Buch III und IV steht die Verkündigung im Vordergrund. Calvin spricht von der Hl. Schrift vorwiegend in personaler Form: Sie ist Wort Gottes (verbum Dei), das an die Erzväter (Patriarchae), Priester und Propheten erging und von ihnen weitergegeben wurde. Dementsprechend ist das Neue Testament das ‚verbum Christi' und die ‚doctrina Apostolorum'. Der Umstand, daß Gottes Wort geschrieben und also faßbar vorliegt, tritt hinter der Tatsache zurück, daß es Gottes Wort ist. Die Redeweise „die Schrift bezeugt" (scriptura testatur)[22] ist selten. Meistens wird der Name des Propheten, Evangelisten oder Apostels genannt. Dementsprechend folgt auf den Satz „die Schrift ist Gottes Wort" gleich der andere, die Wahrheit Gottes drückt sich „in den Schriften" aus[23]. Daher ist der *ganze Kanon* Wort Gottes. In ihm gibt es aber nicht nur Verkündigung des Zornes und der Gnade Gottes, sondern auch klare und unklare Stellen (jene sind durch diese zu erklären) und zentrale und weniger zentrale Aussagen. Im Streit zwischen J. A. Cramer und D. J. de Groot kann Cramer Ansätze historisch-kritischer Schriftauslegung nachweisen, denn Calvin achtet auf des Verfassers Meinung und Auffassung und entwickelt zusammen mit M. Bucer, Flacius u. a. die Anfänge einer Literarkritik. De Groot muß zugestehen, daß es eine Verbalinspiration in der „Institutio" nicht gibt. Da Calvin um die Menschlichkeit der Hl.

[19] AaO. S. 47.
[20] OS 3,6,19; 7,22.
[21] Inst I, 7,4; OS 3,68,30.
[22] OS 5,81,11; Inst IV, 5,8.
[23] Inst I, 8,13 und 9,3; OS 3,81,29 und 84,10.

Schrift weiß, und die mittelalterliche Kirche die Glaubwürdigkeit der Schrift kraft kirchlicher Autorität zu bestätigen behauptet, stellt sich das Problem des Erweises ihrer Autorität. Der römischen Kirche setzt er die Selbstevidenz der Schrift entgegen: „Gott ist in seinem Wort der einzige vollgültige Zeuge von sich selbst."[24] Die Schrift beglaubigt sich selbst[25]. Dafür kennt Calvin zwei Stufen des Beweises[26]. Einmal gibt es „offensichtliche Zeichen" (manifesta signa) dafür, daß Gott in der Schrift redet[27]. In Inst I, 8 zählt er auf: die Eindrücklichkeit, die größer ist als bei den antiken Philosophen, das hohe Alter, die Wunder, die Weissagungen u. a. m. Diese Beweise können als Stützen (adminicula)[28] dienen. Gewißheit gibt jedoch nur das „innere (oder verborgenen) Zeugnis des Hl. Geistes" (testimonium spiritus sancti internum oder arcanum). Diese Lehre ist eine *reformatorische Neuschöpfung*: Ihre Wurzeln sind wahrscheinlich bei Luther zu suchen[29]. Sie besagt, daß der Glaubende nur aus sich selbst weiß, daß das Schriftwort wahr ist. Die Spitze des Wortes Gottes ist der Hl. Geist. Aber der Geist ist – gegen die Täufer – gebunden an das Wort. Selbstevidenz der Schrift und ‚testimonium spiritus sancti internum' dürfen nicht voneinander getrennt werden[30].

Die Predigt entstammt der Hl. Schrift und ist ihrer Natur nach Rede Gottes und des Dieners am Wort Gottes (verbi divini minister). Den Ausdruck ‚praedicatio' gebraucht Calvin in der Regel nur, wenn er in der „Institutio" CA VII zitiert (Buch IV) und die kirchliche Funktion hervorhebt. Er bevorzugt die Begriffe „evangelium" und „promissio", die (wie bei Paulus) Funktion und Inhalt der Verkündigung gleichzeitig ausdrücken. Die Verheißung der Sündenvergebung ist ‚summa evangelii'[31]. Evangelium ist die Verkündigung der Christusbotschaft und daher Inbegriff der Reformation[32]. „Promissio" ist der präsentische Zuspruch der Gnade Gottes und nur in diesem Sinne mit ‚Verheißung' zu übersetzen; die prophetische Weissagung heißt nicht ‚promissio', sondern ‚oraculum' oder ‚vaticinium'. Calvin folgt bei der Bevorzugung der Ausdrücke ‚promissio' und ‚evangelium' Luther und Melanchthon und ist in diesem wichtigen Punkt von ihnen abhängig. Auch für ihn sind ‚promissio' und ‚foedus' Synonyme[33]. Calvin hält die Aussage uneingeschränkt aufrecht, daß „der Glaube durch die äußeren Hilfsmittel (externa subsidia) erzeugt und vermehrt wird"[34]. Indessen findet sich Inst III, 2,33 der umstrittene Satz: „Ohne die Erleuchtung des Hl. Geistes bewirkt das Wort nichts."[35] Der Zusammenhang zeigt, daß Calvin in Inst III, 2, 1–6 die alleinige Wirksamkeit des Wortes beschreibt und zu dem Ergebnis kommt: „Der Glaube ist die Erkenntnis des göttlichen Willens uns gegenüber, die durch das Wort Gottes erlangt wird" (Fidem esse divinae erga

---

[24] Inst I, 7,4; OS 3,70,2.

[25] Inst I, 7,2 und 5; OS 3,67,6 und 70,18.

[26] So richtig P. ALTHAUS, Die Prinzipien der deutschen reformierten Dogmatik, Leipzig 1914, S. 206; vgl. W. KRUSCHE S. 206 Anm. 421.

[27] Inst I, 7,4; OS 3,69,18.

[28] Inst I, 8,1; OS 3,72,6.

[29] WA 30 II, 688; O. WEBER, Grundlagen der Dogmatik, I, 267.

[30] Inst I, 9,3; OS 3,84,10.

[31] Inst IV, 11,1; OS 5,196,24.

[32] Inst IV, 7,24; OS 5,128,2.

[33] Inst IV, 14,6; OS 5,263,1; vgl. WA 9,446,30; Stud. A. 4,206,11. Luther setzt „pactum" und „foedus" gleich „testamentum": WA 6,514,4 (De capt. Babyl. 1520); Zwingli folgt ihm, s. Kap. I, §4.

[34] Inst IV, 1,1; OS 5,1,12.

[35] OS 4,44,9.

nos notitiam ex eius (sc. Dei) verbo perceptam[36]. Er fährt fort: Die feste und gewisse Erkenntnis (firma certaque cognito) „wird durch den Hl. Geist unserem Geist offenbart und den Herzen versiegelt" (per Spiritum sanctum et revelatur mentibus nostris et cordibus obsignatur)[37]. Die Glaubensgewißheit, die höhere Stufe, erfolgt demnach erst durch das Hinzutreten des Hl. Geistes. Die ‚illuminatio spiritus' gehört zur ‚Fülle des Glaubens', die keinen Zweifel zuläßt[38]. Der vielbeachtete Satz Inst III, 2,33, der die Glaubensgewißheit erörtert, lautet positiv gewendet: Gewißheit entsteht nur, wenn der Hl. Geist zum Wort hinzutritt. Der Vorwurf der „Ohnmacht des Wortes" trifft nicht zu[39]. Calvin vertritt eine *Theologie des Wortes*. Die Universalität der Heilsbotschaft hält er fest und erklärt zugleich den partikularen Erfolg: Glaubensgewißheit erlangen nur die Erwählten.

§ 4 Der barmherzige und zornige Gott

Literatur: P. Brunner, Allgemeine und besondere Offenbarung in Calvins Institutio, EvTh 1, 1934, 189-225; H. H. Wolf, Die Einheit des Bundes. Das Verhältnis von Altem und Neuem Bund bei Calvin, Bethel 1942, Neukirchen 1958[2]; D. Schellong, Das evangelische Gesetz in der Auslegung Calvins, ThEx 152, München 1968.

Von Zwingli und dem Zwinglianismus unterscheidet Calvin grundsätzlich der Gottesbegriff. Ein monistisches Gottesverständnis kennt er nicht. Gott ist nicht das ‚summum bonum'. Plato zitiert er in der Weise: „Das höchste Gut der Seele (summum animae bonum) ist die Ähnlichkeit mit Gott."[40] Vielmehr stehen Gottes Barmherzigkeit und Gerechtigkeit – in dieser Reihenfolge – nebeneinander. 2.Mos 34,6f. gibt die Eigenschaften Gottes wieder: Freundlichkeit, Güte, Barmherzigkeit, Gerechtigkeit, Gericht, Wahrheit[41]. Wenngleich die Schöpfung die Güte und den Zorn Gottes zu erkennen gibt, ist das Gericht Gottes doch erst in Christus aufgehoben und Frieden mit Gott geschaffen. Calvin stimmt darin mit den Wittenberger Reformatoren überein. Dementsprechend entfällt der philosophische Gottesbegriff[42]. Die Errettung vor dem Zorn und Gericht Gottes ist den Heiden verborgen. Calvin legt eine eigene systematische Lösung des Problems der natürlichen Gotteserkenntnis vor. Es gibt eine *doppelte Gotteserkenntnis*, die des Schöpfers und Erlösers. Die erstgenannte ist die natürliche Gotteserkenntnis. „Hier ist bloß von jener ursprünglichen und einfachen Erkenntnisweise die Rede, zu welcher schon die Ordnung der Natur führen würde, wenn Adam standhaft geblieben wäre."[43] Der Irrealis ‚sie integer stetisset Adam'[44] zeigt, daß Gott auch nach dem Sündenfall erkennbar ist, die Gotteserkenntnis aber wegen der menschlichen Sünde immer wieder verloren geht. Die Erkennbarkeit Gottes begründet Calvin durch die Lehre vom ‚sensus divinitatis'

[36] OS 4,15,10. [37] OS 4,16,31. [38] OS 4,26,17.
[39] O. H. Nebe, Deus Spiritus Sanctus, 1939, S. 84; W. Krusche S. 224.
[40] Inst I, 3,3; OS 3,40,20; vgl. Inst III, 25, 2; OS 4,433,25.
[41] Inst I, 10,2. [42] Vgl. Inst II, 2,18. [43] Inst I, 2,1; OS 3,34,14.
[44] Karl Barth, Nein! Antwort an Emil Brunner, Th. Ex. 1934, weist im Abschnitt „Brunner und Calvin" (S. 32ff.) auf diesen Satz hin, denn E. Brunner (Natur und Gnade. Zum Gespräch mit Karl Barth, 1934) hatte seine Lehre vom Anknüpfungspunkt unter Berufung auf Calvin entwickelt. Der Streit hat der Calvinforschung neue Impulse gegeben.

und vom ‚intuitus naturalis': Das Wissen um die Gottheit (sensus divinitatis) beruht auf dem religiösen Samen im Menschen (semen religionis), der sich in der ganzen Kulturgeschichte zeigt[45]. Daher kann er den Gottesbeweis ‚e consensu gentium' im Anschluß an Cicero[46] anführen. Er fügt aber hinzu: Die Menschen gebrauchen diese Erkenntnis nur zum falschen Gottesdienst, zum Götzendienst[47]. Die zweite Überlegung beruht auf dem Vorhandensein von Splittern natürlicher Gotteserkenntnis (intuitus naturalis) in der Welt außerhalb des Menschen. Der Mensch ist an Leib und Seele herrlich erschaffen und er weiß dies, *aber* er ist undankbar gegen Gott[48]. Er sieht den Himmel und die Erde, *aber* er übergeht den Urheber; die Philosophen nennen lieber den Menschen göttlich und schöpferisch[49]. Nicht anders steht es um die Schau der Geschichte. Sie wissen um Gottes Vorsehung, *aber* sie bestreiten sie und sprechen lieber von Fatum und Fortuna[50]. Technik und Zivilisation sind Leistungen des Menschen. Calvin zählt die Wissenschaften einzeln auf und preist sie als Humanist[51]. Seine Kritik verweist auf die strengen Grenzen, die der Vernunft gesetzt sind. Das Auge kann nur Irdisches, nicht aber die Sonne anschauen[52]. Die Vernunft ist widerspruchsvoll, das natürliche Verstandslicht (lumen naturalis) ist nur ein Fünklein, gemessen an dem Licht der Gnade[53]. Die Lehre von der „notitia Dei naturalis", bestreitet nicht die Fähigkeit des Menschen, Schöpfung und Vorsehung Gottes zu erkennen. Doch raubt der Mensch ständig Gott die Ehre. Calvin argumentiert weniger von der Verdunkelung des Verstandes als von der ständigen, in der menschlichen Sünde begründeten Verfälschung der Erkenntnis her, deren alle Menschen schuldig werden. Er denkt soteriologisch und nicht anthropologisch, dynamisch und nicht ontologisch. Die Gottesbilder in den Kirchen und der Opfergottesdienst sind typische, verabscheuungswürdige Folgen verfehlter Gotteserkenntnis. Der Mensch liegt im Kampf gegen Gottes Schöpfungsherrlichkeit, die er zwar erkennt, aber mißbraucht.

Von den Wittenberger Reformatoren unterscheidet Calvin die Zueinanderordnung von Altem und Neuem Testament, von Gesetz und Evangelium. Es gibt nur *einen einzigen Bund* Gottes. Der Unterschied zwischen Altem und Neuem Testament besteht darin, daß Gott sich in Christus „in vollem Glanz" (plenus fulgor) zu erkennen gibt, die Gnade „vor Augen" (ante oculos) tritt und „reichlicher" (uberior) zu genießen ist[54]. Christi Ankunft bedeutet „weit mehr Licht" (longe plus lucis)[55], doch ist Christus im AT nicht nur der Geweissagte; als Urbild und Idee (idea)[56] ist er schon im AT vorhanden. Die ‚Substanz' (substantia) beider Testamente ist daher die gleiche; die äußere Darbietung (administratio) lediglich ist verschieden[57]. AT und NT verhalten sich wie Schattenriß und Farbbild, grobe Kohlestriche und ausgeführtes Bild; beide aber unterschieden von der zukünftigen Wirklichkeit. Ihre Eigentümlichkeiten (propria) sind gleich. Ob

---

[45] Calvin spricht gewöhnlich nicht von Erkenntnis (cognitio) wie beim Glauben, sondern von einem vagen Erkennen (sensus, notitia) und gebraucht auch nicht den Begriff Gott (deus), sondern Gottheit (numen).

[46] De natura Deorum I, 16,34.

[47] Inst I, 3,1.

[48] Inst I, 5,3.

[49] Inst I, 5,5.

[50] Inst I, 5,8.

[51] Inst I, 5,2; II, 2,12–16.

[52] Inst I, 1,2.

[53] Inst I, 5,14.

[54] Inst II, 9,1; OS 3,398,14.28.29.

[55] OS 3,398,20.

[56] CO 47,124; Comm zu Joh 5,37.

[57] Inst II, 10,2; OS 3,404,5.

er die Entgegensetzung vom Altem und Neuem Bund 2.Kor 3,6 und Gal 4,21ff. uminterpretiert, ist umstritten[58].

Nicht Gesetz und Evangelium sind demgemäß Gegensätze, sondern Heilszusage (promissio) und Gerichtsandrohung (mina). Auch im Gesetz ist frohe Botschaft. Die Verheißungen des Gesetzes (promissiones legis) sind grundsätzlich dieselben (eaedem promissiones) wie im NT[59]. Christus ist ‚optimus interpres legis'[60]; nicht aber ein neuer Gesetzgeber. Das gleiche gilt von den Aposteln. Der Vorwurf der Gesetzlichkeit gegen Calvin scheitert daran, daß das Gesetz „immer Christus als Skopus hat"[61].

Dies zu verdeutlichen fällt Calvin nicht leicht. Inst II, 7,2 unterscheidet er die ‚lex nuda' und die ‚lex vestita'. Das ‚nackte Gesetz' bekämpft Paulus, weil es die Gerechtigkeit verdienen lehrt. Das ‚bekleidete Gesetz' ist das Gesetz des einen Bundes, durch das Gott aus Gnaden die Kindschaft verleiht[62]. Es gibt daher nicht zweierlei Gesetz, sondern eine doppelte Annahme des Gesetzes (lex bifariam accepitur)[63]. Beide Betrachtungsweisen stehen im Gegensatz zueinander, wie Paulus 2.Kor 3 durch die Begriffe ‚Buchstabe' und ‚Geist' erläutert. „Calvin dürfte den Gegensatz von gramma und pneuma nicht so sehr viel anders gesehen haben als Luther."[64] Auch das Evangelium ist nicht nur ‚Geruch des Lebens zum Leben', sondern auch ‚Geruch des Todes zum Tode' (2.Kor 2,16). Den Menschen die Verdammung zu melden, ist dem Gesetz wie dem Evangelium aufgetragen; dem Evangelium ist diese Aufgabe jedoch nur Akzidenz, nicht eigentliche Natur[65]. Calvin besteht darauf, daß die ‚substantia doctrinae' bei Gesetz und Evangelium die eine Gerechtigkeit ist[66]. In den Lehren vom dreifachen Gebrauch des Gesetzes und von der doppelten Rechtfertigung kehrt Calvins Lehrweise wieder. (s. § 6).

§ 5 Trinitätslehre und Christologie

Literatur: E. F. K. Müller, Das dreifache Amt Christi, RE³ 8 (1900), 733-741; E. Emmen, De Christologie van Calvijn, Amsterdam, Paris 1935; M. Dominicé, Die Christusverkündigung bei Calvin, in: Jesus Christus im Zeugnis der Hl. Schrift und der Kirche, Beiheft 2 zu EvTh, München 1936, 223-253; J. Koopmann, Het oudkerkelijk dogma in de reformatie, bepaaldelijk bij Calvijn, Wageningen 1938; deutsch: Das altkirchliche Dogma in der Reformation, München 1955; E. D. Willis, Calvin's Catholic Christology, The Function of the so called extra Calvinisticum in Calvin's Theology, Leiden 1966; H.-H. Esser, Hat Calvin eine ‚leise modalisierende Trinitätslehre'?: Calvinus Theologus, Neukirchen 1976, 113-129.

P. Caroli (s. EKL 4,363) wurde von Calvin 1537 katholisierender Lehre (Gebete für die Toten) bezichtigt und beschuldigte daraufhin jenen, die volle Gottheit Christi zu leugnen. Er begründete die Anklage mit dem Fehlen der Begriffe

---

58 H. H. Wolf S. 45ff.; W. Krusche S. 195ff.; A. Ganoczy S. 59f.

59 Inst II, 9,3; OS 3,401,9.

60 Inst II, 8,7; OS 3,349,15.

61 CO 49,196; Comm zu Röm 10,4.

62 OS 3,329,2.

63 CO 49,197; Comm zu Röm 10,5.

64 W. Krusche S. 197.

65 COR II, 15 S.57f.; Comm zu 2. Kor 3,7; CO 47,303, Comm zu Joh 12,47; COR II, 15 S.46, Comm zu 2. Kor 2,15.

66 CO 49,197.

Trinität und (göttliche) Person im Genfer Katechismus (1537)[67]. Ein Blick auf die „Institutio" 1536 beweist die Haltlosigkeit der Vorwürfe. Caroli hat richtig bemerkt, daß Calvin es ablehnt, nichtbiblische Hilfsbegriffe und altkirchliche Glaubensbekenntnisse anzuerkennen, weil die kirchliche Autorität sie stützen. Über die volkstümliche Vorstellung der *Person Gottes* spottet er gelegentlich[68]. In deutlicher Anlehnung an Augustin und Thomas von Aquin interpretiert er ‚persona' als ‚subsistentia in Dei essentia'[69]. Dem göttlichen ‚Sein' oder ‚Wesen' (essentia) sind die drei ‚Seinsweisen' oder ‚Existenzweisen' (subsistentia) eingeordnet. Calvin übernimmt damit aristotelisch-scholastische Begriffe, um das Paradox der Dreieinigkeit zu erklären. ‚Subsistentia' setzt er mit ‚proprietas' gleich: „Jede der drei Seinswesen (subsistentiae) ist in Beziehung zu den anderen durch ihre Eigenschaften (proprietates) unterschieden."[70] Die Einheit Gottes ist festgehalten, nicht aber in gleichem Maße seine Dreiheit[71].

Im allgemeinen vermeidet Calvin die philosophische Begrifflichkeit. Die *unspekulative* Entfaltung der Trinitätslehre ist für ihn kennzeichnend. Im Genfer Katechismus von 1542 werden Vater, Sohn und Hl. Geist als der Anfang und Ursprung aller Dinge, die ewige Weisheit und die göttliche Kraft erklärt. (Art. 19) und lediglich festgestellt (Art. 20): „Damit zeigst du an, daß es nichts Widersinniges sei, wenn wir in der einigen Gottheit diese drei Personen als voneinander getrennt annehmen, und daß Gott trotzdem nicht zerteilt werde."[72] In der „Institutio" wendet er die degressive Methode an, das heißt, er entfaltet aus dem biblischen Zeugnis die Trinität. Die Lehre von den ‚vestigia trinitatis' lehnt er ab[73]. Vielleicht ist die subordinatianische Pneumatologie Folge des strengen Bibelbezugs. „Die eigentümliche Tat des Geistes ist gerade die, daß er nichts Eigenes tut, sondern das Tun des Vaters und des Sohnes verwirklicht."[74] Aufgrund biblischer Zeugnisse gewinnt Calvin auch Aussagen über den Bezug des Hl. Geistes zur Schöpfung und zum Kosmos. Der Geist ist Urheber der Vorsehung (effector providentiae)[75].

Das Resultat der trinitarischen Überlegungen Calvins ist ebenso eine immanente wie ökonomische Trinitätslehre. Wesen und Wirken der Dreieinigkeit werden gleichermaßen gelehrt – ein Beispiel der calvinischen *‚Theologie der Diagonale'* (Bohatec).

In Calvins Christologie dominieren die Titel ‚Mittler', ‚Christus' und ‚Erlöser'. Christi Mittleramt wird bei Calvin zum Zentralbegriff, weil es sich für die systematische Darstellung anbietet. Die Anselmsche Satisfaktionslehre (s. II, § 5; VII, § 2) und die altkirchliche Zwei-Naturen-Lehre werden unter diesem Begriff behandelt: „Es ist ... ein Mittler zwischen Gott und den Menschen, nämlich der Mensch Jesus Christus" (1.Tim 2,5); Calvin setzt hinzu: „Paulus hätte auch sagen können ‚der Gott'."[76] Das Mittleramt Jesu verdeutlichen auch die Titel ‚Immanuel' (Gott mit uns) und ‚Hoherpriester'. Jesu wahre Menschheit

---

[67] CO 10B,86f. Der Antitrinitarier BLANDRATA beruft sich 1561 auf diesen Umstand; TH. WOTSCHKE, Gesch. d. Reformation in Polen, 1911, S. 200.

[68] CO 47,473. [69] Inst I, 13,6; OS 3,116,12. [70] Inst I, 13,6; OS 3,116,22.

[71] E. WOLF u. a. haben den Vorwurf des modalisierenden Scheins erhoben und eine Nähe zu Servets Lehrweise festgestellt, die Calvin darum um so heftiger bekämpft habe. H. H. ESSERS eingehende Untersuchung hat diese These widerlegt.

[72] OS 2,77,4. [73] Inst I, 13,18; s. Bd. I, Mühlenberg I 3.

[74] W. KRUSCHE S. 11. [75] W. KRUSCHE S. 13ff. [76] Inst II, 12,1; OS 3,438,8.

und Gottheit behandelt „Institutio" II, 13. Die altkirchliche *Zwei-Naturen-Lehre*, ihrer Herkunft und Form nach selbst spekulativ, verführt Calvin zu Aussagen, die die Gottheit und Menschheit in Christus auseinanderfallen lassen:

1. Jesu göttliche Majestät tritt insbesondere in seinem Amt, seine Gemeinde zu beschützen, hervor. Nicht in der „Institutio", aber in den Kommentaren geht Calvin auf einzelne Bibelstellen ein: „Ich denke, daß Christus [beim Seesturm] wirklich geschlafen hat, soweit es die Verfassung und Notwendigkeit seiner menschlichen Natur betraf. Seine Gottheit aber wachte."[77] Jesu Beten auf dem Berg, zu dem er sich trotz der den Seinen drohenden Gefahr zurückzog, läßt Calvin die Menschheit hervorheben, während „seine göttliche Majestät sich ein wenig ausruht oder verborgen war"[78].

2. Die altkirchliche Logoschristologie lehrt eine Überlegenheit des Logos, der als zweite Person der Trinität von Ewigkeit her existiert, über die von ihm angenommene menschliche Natur. Calvin zieht daraus in Anlehnung an Joh 3,13 den Schluß, daß ein Zusammenwachsen (coalescere) des Logos mit der menschlichen Natur, aber keine Einschließung (inclusio) in ihr stattfand. Der Sohn Gottes erfüllt immer (semper) die ganze Welt[79]. D. Willis weist nach, daß Calvin eine Existenz der göttlichen Natur auch außerhalb (extra) der angenommenen Menschheit in Übereinstimmung mit den Kirchenvätern, d.h. ein ‚Extra Catholicum' oder ‚Extra Patristicum' lehrt[80].

3. Calvin übernimmt die Extra-Dimension auch in die Abendmahlslehre, um die Ubiquitätslehre zu widerlegen[81]. Joh 3,13 und 1,18 überträgt er auf die Zeit der Kirche und des Abendmahls und fügt das Lombardus-Zitat ‚totus Christus ubique est, non tamen totum'[82] bekräftigend hinzu. Er folgt dem Gedankengang Melanchthons in dessen Vorlesungsdiktat zu Kol 3,1 vom Juni 1557, das ihm bekannt wurde[83]. Der Wittenberger hatte jedoch den direkten Bezug auf das Abendmahl vermieden. Den Begriff ‚extra' verwendet Calvin nicht, er taucht erst im Heidelberger Katechismus (Frage 48) auf[84]. Zurecht bezeichnet B. Mentzer die Lehre 1621 als ‚Extra Calvinianum' und Th. Thumm sie 1623 als ‚Extra Calvinisticum'[85], wenn sie nicht den Namen ‚Extra Melanchthonianum' tragen muß. O. Weber faßt zusammen: „In ihm (Christus) begegnet uns Gott... Das kann bei Luther schon früh zu Äußerungen führen, die modalistisch und monophysitisch klingen. Denn dem Wittenberger geht es darum, daß Gott uns wahrhaft in ihm, in Christus begegnet. Calvin akzentuiert umgekehrt: Es geht ihm darum, daß in dem wahrhaften Menschen Jesus wahrhaft Gott an uns handelt."[86]

Der *Titel* Christus und Messias bietet die Möglichkeit, die Einheit des AT und

---

77 CO 45,264; Comm Mt 8,23.

78 Co 45,441; Comm Mt 14,23; weitere Beispiele bei M. DOMINICE (S. 238ff.), der Calvin im Gegensatz zu E. EMMEN nestorianischer Lehre zeiht.

79 Inst II, 13,4 (1559); OS 3,458,7.

80 S. 60.

81 Inst IV, 17,30; OS 5,388,33.

82 OS 5,389,13.

83 Vgl. E. STURM, Der junge Zacharias Ursinus, Neukirchen 1972, S. 73ff. Der Druck der Vorlesung erfolgte erst 1559, CR 15,1271f.

84 Athanasius verwendet ihn, E. D. WILLIS S. 57 Anm. 2; lateinisch zitiert von Melanchthon 1557 und 1559; CR 15,1271.

85 Nachgewiesen von E. D. WILLIS S. 21f., der die Berechtigung der Begriffe allerdings bestreitet.

86 Grundl. der Dogmatik II, 149.

NT zu verdeutlichen. Denn Prophet, Hoherpriester und König werden im AT gesalbt und im NT Jesus Christus diese Titel beigelegt. Er ist jedoch ein einzigartiger Träger dieser Ämter. Die Alte Kirche lehrte meistens nur ein „duplex officium" Christi. Calvin hat dem prophetischen Amt einen festen Platz gegeben und die Lehre vom dreifachen Amt Christi (triplex munus Christi) selbständig ausgestaltet. Ihm folgten der Catechismus Romanus und zögernd die lutherische Orthodoxie.

Jesus der Erlöser (redemptor) wird anhand des 2. Artikels erläutert, beginnend mit Jesus, dem Heiland (salvator), und endend mit dem Richter, der doch unser Erlöser ist. Die Zusammenfassung Inst II, 16,19 ist nicht nur besonders eindrücklich, sondern auch von dichterischer Schönheit.

§ 6 Der Mensch als Sünder und Gerechter

Literatur: W. Niesel, Syllogismus practicus?, in: Aus Theol. u. Gesch. d. ref. Kirche, Neukirchen 1933, 158-179; A. Göhler, Calvins Lehre von der Heiligung, München 1934; W. Kolfhaus, Christusgemeinschaft bei Calvin, Neukirchen 1938; T. F. Torrance, Calvin's Doctrine of Man, London 1949; deutsch: Calvins Lehre vom Menschen, Zollikon 1951; W. H. Neuser, Calvins Urteil über den Rechtfertigungsartikel des Regensburger Buches, in: Reformation und Humanismus, Festsch. f. R. Stupperich, Witten 1969, 176-194; J. F. G. Goeters, Thomas von Kempen und Johann Calvin, in: Thomas von Kempen, Kempen 1971, 87-92; T. Stadtland, Rechtfertigung und Heiligung bei Calvin, Neukirchen 1972.

Kennzeichnend für Calvins Menschenbild ist eine dynamische Betrachtungsweise. Die ontologische Darstellung der Scholastik sucht er durch akthafte Beschreibung zu überwinden. Die Schwierigkeit der Aufgabe liegt darin, daß er – anders als die Scholastik – der guten Schöpfung Gottes die totale Sündhaftigkeit und Verlorenheit des Menschen und der Realität der Sünde die Wirklichkeit des ‚neuen Menschen' gegenüberstellt.

Am *Geschöpfsein* des Menschen wird hervorgehoben 1. die Vernunft des Menschen, 2. seine unsterbliche Seele, 3. seine Gottesebenbildlichkeit. Von dieser Geschöpflichkeit ist ein Rest geblieben (ontisch), aber als Sünder verkehrt der Mensch auch diesen Rest in sein Gegenteil (akthaft). Die gleiche Beobachtung wurde bei der natürlichen Gotteserkenntnis gemacht. (s. § 4).

1. Die Vernunft unterscheidet den Menschen vom Tier, *aber* der Mensch ohne Religion steht unter dem Tier[87]. Wie hoch Calvin die Vernunft einschätzt, zeigten seine Bemerkungen zur natürlichen Begründung der Schriftautorität (s. § 3) und über Wissenschaft und Kunst (s. § 4). In den Dingen des Reiches Gottes ist die Vernunft jedoch ohnmächtig[88]. Unter den Seelenkräften, die die Philosophen unterscheiden, Verstand, Empfindung, Begierde oder Wille (intellectus, sensus, appetitus seu voluntas)[89], will er keine bevorzugen. Der „ganze Mensch" (totus homo) ist erlösungsbedürftig.

2. Die Seele ist ein „unsterbliches, wenn auch geschaffenes Wesen"[90]. Calvin entscheidet sich für den *Creatianismus* (wie überhaupt die reformierte Theolo-

---

[87] Inst II, 2,13; I, 3,3.
[88] Inst II, 2,18–21.
[89] Inst II, 2,2; OS 3,243,4.
[90] Inst I, 15,2; OS 3,174,27.

gie) und gegen den Traduzianismus. Adam ging durch den Sündenfall auch der unsterblichen Seele verlustig[91]. Die Seele ist daher nicht das Göttliche im Menschen; sie ist unsterblich, aber nicht ewig[92]. „Wenn die Seele lebendig bleibt, nachdem sie das Gefängnis des Leibes verlassen hat, geschieht dies keineswegs aus der ihr innewohnenden Kraft... Zöge Gott seine Gnade von ihr ab, so wäre die Seele nichts als ein wehender Hauch, wie der Leib Staub ist."[93] Wieder verwandelt Calvin Seinsaussagen in geistlich-akthafte Aussagen. Vom platonischen Denken vermag sich Calvin (wie seine Zeitgenossen) nicht ganz zu lösen: Der Heilige Geist wird auf die Seele bezogen – für Seele setzt die Bibel auch Geist[94]. Es besteht daher eine Überlegenheit der Seele über den Leib.

3. Ebenbild Gottes ist der Mensch, weil er eine unsterbliche Seele hat und ein vernünftiges Wesen (animal rationale) ist. „Nun strahlt gewiß auch am äußeren Menschen Gottes Herrlichkeit hervor; aber der eigentliche Sitz jenes Ebenbildes liegt doch zweifellos in der Seele... Das Bild Gottes ist geistlich."[95] Wieder erfolgt die Wendung von der Schöpfung zur Erlösung: „Selbst wenn wir also zugeben, das Ebenbild Gottes sei in Adam nicht ganz erloschen oder zerstört worden, so war es doch derart verderbt, daß alles etwa Übriggebliebene nur grausige Entstellung war."[96] Die Erneuerung der Gottesebenbildlichkeit durch Christus (Kol 3,10), zum zweiten Adam (1.Kor 15,45) entspricht der totalen Erlösungsbedürftigkeit des Menschen.

Der *neue Mensch* ist gemäß Eph 4,23f. gekennzeichnet durch 1. Glaubenserkenntnis, 2. Heiligkeit und 3. Gerechtigkeit. Calvin behandelt diese Merkmale im Buch III der „Institutio". Der Gedanke eines Heilsprozesses (Buße-Glaube-Rechtfertigung-Heiligung) wird abgelehnt und statt dessen die Buße auf die Heiligung bezogen. Glaube und Rechtfertigung beschreiben den neuen Menschen nochmals in der ihnen eigenen Weise (s. § 2).

1. Der Glaube umfaßt das ganze Heil und den ganzen Menschen. Calvin setzt darum mit der Christusgemeinschaft ein: Er wird unser eigen und nimmt Wohnung in uns, das heißt, wir werden durch den Hl. Geist mit ihm eins[97]. Neben Paulus sind Einflüsse der niederländischen Devotio moderna und des französischen Humanismus auf Calvin erkennbar. Der Gedanke des Glaubens als Christusgemeinschaft verbindet Calvin mit Luther. Beide distanzieren sich jedoch von der Mystik, wenn sie den Glauben als Personalbezug verstehen und die Glaubensgewißheit aufgrund der Verkündigung (s. § 3) betonen. Der psychologischen Beschreibung des Glaubens („cognitio" und „voluntas", „assensus" und „fiducia") legt Calvin keine besondere Bedeutung bei. Die römische Lehre von dem unentwickelten und entwickelten Glauben (der „fides implicita" und „explicita") verletzt den Wortbezug des Glaubens; die Unterscheidung zwischen ungestaltetem und gestaltetem Glauben („fides informis" und „fides formata") läßt keine Glaubensgewißheit zu.

2. Die Lehre von der Heiligung erscheint, weil sie auf die guten Werke und den neuen Gehorsam drängt, als eine direkte Parallele zur römisch-katholischen Lehrweise. Ursache ist die Einbeziehung auch jener biblischen Aussagen in Cal-

---

[91] Inst II, 1,7.
[92] Inst I, 15,5.
[93] CO 32,81; Comm zu Ps 103,15f.
[94] Inst I, 15,2.
[95] Inst I, 15,2; OS 3,176,37; 177,7. „Spiritualis" kann geistlich und geistig heißen.
[96] Inst I, 15,4; OS 3,179,8.
[97] Inst III, 1,1.

vins Lehrsystem, in denen sich die Glaubenden ihrer guten Taten rühmen. Hinzu kommt die geistige Situation in Frankreich, die sehr verschieden war von der des deutschen Luthertums, das „im ganzen einen nomistischen Gegner hatte. Die westliche Reformation hatte es dagegen weithin mit einem libertinistischen Gegner zu tun". „Die westliche Welt jener Zeit war bereits weitgehend autonom strukturiert: die Verkündigung trat ihr vielfach wie etwas Fremdes gegenüber, und der Charakter des Gesetzes als Anrede nahm daher sehr viel konkrete Gestalt an... Er (Calvin) ist daher aus seiner Lage heraus genötigt, den Anrede-Charakter des Gesetzes stärker herauszuarbeiten als Luther es tut."[98]

Den „usus legis paedagogicus" und auch den „usus legis politicus" hat Calvin wie Luther gelehrt (dazu o. S. 44f.). Doch ist der erste Brauch des Gesetzes (zur Sündenerkenntnis) nicht der Beginn eines Heilsprozesses, in dem das Gesetz die Buße und das Evangelium den Glauben wirkt. „Kann auch die wahre Buße ohne den Glauben bestehen? niemals!."[99] Gesetz und Evangelium wirken beide Buße und Glaube. (s. § 3). Der ‚tertius usus legis', die Anwendung des Gesetzes für die Glaubenden (usus in renatis), ist für Calvin jedoch der ‚usus praecipuus'[100], weil er in die Heiligung führt. Da das Gesetz auf Christus hin ausgerichtet ist (s. § 3), gewinnt Calvin auch den Anschluß an die neutestamentlichen Paränesen.

Calvin „kennt, stärker als Luther, ein *Fortschreiten* im Glauben und daher auch in der Heiligung"[101]. Die Begriffe Fortschreiten (profectio)[102], Fortschritt (progressus)[103], je mehr und mehr (magis ac magis)[104] zeigen es an. Ein „ordo salutis" wird nicht entwickelt. Auch sieht Calvin den Fortschritt mehr im Absterben des Alten Menschen (mortificatio), in der Selbstverleugnung (abnegatio nostra) und im Kreuztragen (tolerantia crucis) als im Lebendigwerden des Neuen Menschen (vivificatio). Die Weltabgewandtheit[105] ist Erbe der mittelalterlichen Mystik. Den *„syllogismus practicus"*, das heißt, den Rückschluß von den guten Werken auf den Glauben, hat Calvin nur zögernd gelehrt[106]. Die Bibelstellen 2.Petr 1,10 („Schaffet eure Seligkeit mit Furcht und Zittern"), 1.Joh 3,14 u.a. zwingen ihn, die Nächstenliebe „ein gewisses Zeichen der Wiedergeburt" zu nennen[107]. Doch „die Gütigkeit Gottes wird alleine durch die Verheißung versiegelt"[108]. Die „signa posteriora", aus denen der Christ seiner Erwählung gewiß wird, sind daher Gottes äußeres Wort, seine Berufung und Christus[109]. Die Gewißheit des Glaubens schreibt Calvin dem „syllogismus practicus" nicht zu (vgl. III, § 1; VIII, § 2).

3. Die Rechtfertigung will Calvin von der Heiligung ‚unterschieden', aber nicht ‚getrennt' oder mit ihr ‚vermischt' haben[110]. „Rechtfertigung ist etwas anderes als Neuschöpfung."[111] Sie sind zwei verschiedene Gnadengaben; ihre Einheit besteht in der Christusgemeinschaft des Glaubens[112]. Die Unterscheidung von Rechtfertigung und Heiligung begründet Calvin: „Gott beginnt die Heili-

[98] O. Weber, Grundl. d. Dogmatik II, 358,414f.
[99] Inst III, 3,5; OS 4,59,20.
[100] Inst II, 7,12.
[101] O. Weber, Grundl. d. Dogmatik, II, 393.
[102] Inst III, 3,9.
[103] Inst III, 6,5.
[104] CO 29,605; Hom 1 Sam 10,6 u.ö.
[105] Inst III, 7–9; gemäß Mt 16,24–27.
[106] Inst III, 14,18f.
[107] CO 55,339; Comm 1.Joh 3,14.
[108] Inst III, 14,18; OS 4,237,26.
[109] Inst III, 24,4; OS 4,414f.
[110] CO 37,351; Comm Jes 49,20.
[111] Inst III, 11,6; OS 4,188,2.
[112] Inst III, 11,1; OS 4,182,3.

gung in seinen Auserwählten und führt sie während des ganzen Lebens so allmählich und zuweilen so langsam fort, daß die Erwählten vor seinem Gericht immer noch dem Todesurteil verfallen sind. Er *rechtfertigt* aber nicht nur teilweise, sondern so, daß die Erwählten furchtlos im Himmel erscheinen dürfen."[113] Teilweise Heiligung und völlige Rechtfertigung um Christi willen läßt Calvin nicht unverbunden nebeneinander stehen. Er lehrt nach dem Vorbild des Erasmus eine doppelte Rechtfertigung, die des Glaubens und der Werke. Doch besteht eine klare Rangordnung: Die ‚iustitia fidei' ist Grundlage (praecipium, fundamentum, causa, argumentum, substantia) der ‚iustitia operum'[114], beide verhalten sich wie ‚causa' und ‚effectus'[115]. Die Unvollkommenheit der Glaubenswerke betrachtet Gott mit Nachsicht, denn er sieht sie in Christus an[116]. Oder er lehrt mit Augustin: Gott krönt die guten Werke in uns, weil sie von ihm stammen[117]. Diese Betrachtungsweise erlaubt es Calvin, dem Rechtfertigungsartikel des Regensburger Buches (1541) im Wesentlichen zuzustimmen[118]. Die guten Werke des Glaubens werden von ihm nicht mißtrauisch betrachtet, sondern voll gewürdigt. Trotzdem wird die Rechtfertigung des Glaubens uneingeschränkt gelehrt.

§ 7 Vorsehung und Prädestination

Literatur: J. BOHATEC, Calvins Vorsehungslehre, in: Calvinstudien, Leipzig 1909, 339-441; P. JACOBS, Prädestination und Verantwortlichkeit bei Calvin, Neukirchen 1937; J. MOLTMANN, Erwählung und Beharrung der Gläubigen nach Johannes Calvin, in: Calvin-Studien 1959, Neukirchen 1960, 43–61; S. E. SCHREINER, The Theater of his Glory. Nature und Natural Order in the Thought of John Calvin, Durham 1991 (SHTh 3).

In der „Institutio" von 1536 sind Providenz und Prädestination noch identisch[119]; ihr Verhältnis wird nicht erörtert. Die „Institutio" von 1539 enthält erstmals ein Kapitel (VIII.) „De praedestinatione et providentia."[120] In den folgenden zwei Jahrzehnten behandelt Calvin diese Lehrstücke vor allem in den Schriften ‚Defensio adversus calumnias Albert Phigii' (1542), ‚Contre les Libertins' (1545), ‚Advertissement contre l'Astrologie' (1549), ‚Consensus Genevensis' (1552) und im Psalmenkommentar (1557). Bereits in der Schrift gegen die Libertiner unterscheidet er drei Arten der Providenz, 1. das „allgemeine Wirken" an den Geschöpfen, 2. die „besondere Vorsehung", durch die Gott sein Werk unter den Menschen vorantreibt, 3. die Vorsehung, durch die er seine Gläubigen durch den Hl. Geist leitet[121]. In der „Institutio" von 1559 werden Vorsehung und Vorherbestimmung getrennt behandelt. (Buch I, 16-18 und Buch III, 21-24). Weiterhin unterscheidet er eine „providentia universalis" und „specialis"[122]. Die dritte Weise ist nun die Prädestination. Beiden, Providenz und Prädestination, liegt ein göttliches „decretum aeternum" zu Grunde. Durch

---

113 Inst III, 11,11; OS 4,193,33.
114 Inst III, 17,10; OS 4,262,24.
115 OS 4,263,4.
116 Inst III, 17,5; OS 4,257,30.
117 Inst III, 14,20; OS 4,238,18; Augustin, In Ps 137, MSL 37,1783 sq.
118 CO 11,215; Nr. 308.
119 OS 1,86.
120 Vgl. OS 3, XIV; J. BOHATEC, Calvins Vorsehungslehre S. 34f.
121 CO 7,186–190.
122 Inst I, 16,4; 17,6.

die Trennung distanziert sich Calvin ebenso von der Lehrweise des Thomas von Aquin wie von der Zwinglis, die die Prädestination der Providenz unterordnen[123].

In der Vorsehungslehre werden wiederholt zwei antike Ansichten kritisiert. 1. Gott ist kein Gott der Muße (deus otiosus), wie die Epikuräer lehren. Diese meinen, Gott habe einmal die Welt geordnet und schaue nun in lässiger Ruhe dem Erdentreiben zu. Die Folge ist die Annahme eines Zufalls (fortuitus), einer „Fortuna“. Gott hat jedoch nicht nur Augen, sondern auch Hände. Ein reines Vorherwissen Gottes (praescientia nuda) anzunehmen, ist daher falsch. Gott ist immer auch Wille und Tat[124]. 2. Gott ist auch kein Fatum, wie die Stoiker lehren. Wenn Melanchthon im Bolsecstreit (s. EKL 1,545ff) Calvin der ‚Stoica necessitas‘ bezichtigt[125], trifft er Calvin nicht. Jener hat vielmehr die Astrologie bekämpft, der Melanchthon und viele andere Theologen, Fürsten und Päpste die Zukunft entnehmen zu können meinten[126]. Calvin will festhalten, daß Gott ein persönlicher Gott ist und sein Wille aus der Schrift erkannt werden muß. Eine natürliche Erkenntnis der Vorsehung Gottes durch die Philosophen lehnt er nicht ab, doch folgt sogleich der bekannte Umschlag zur Soteriologie: Sie haben wohl eine Ahnung, verlaufen sich aber sofort wie in einem Labyrinth[127].

Die *Vorsehung Gottes* regiert nach Calvin alles; es gibt nichts, was Gott nicht will oder tut. Diese Feststellung ist tröstlich, wirft aber die Frage nach der Freiheit des Individuums auf. Calvin behilft sich durch die Unterscheidung von „causa prima“, und „causae inferiores“. Gott ist „prima et summa omnium causa“, die Menschen Diener (ministri) dieses Willens[128]. Die ‚untergeordneten Ursachen‘[129] – Calvin spricht nicht von „causae secundae“ – sind keine selbständigen Ursachen neben Gott, sondern sie stammen auch von ihm. Aber sie bewahren vor einem Fatalismus, z.B. vor der Wehrlosigkeit gegenüber Unglücksfällen. „Der Herr macht dir die Vorsicht eben deshalb zur Pflicht, weil er nicht will, daß dich das Unglück schicksalhaft überfällt... auch Torheit und Klugheit sind Werkzeuge der göttlichen Leitung.“[130] Die göttlichen Ratschlüsse sind unfehlbar, aber der Mensch kann an ihrer Durchführung beteiligt werden: „Gottes Vorsehung lenkt alle Dinge derart, daß sie bald unter Einschaltung von Mitursachen (mediis interpositis), bald ohne sie (sine mediis), bald gegen alle Mitursachen (contra omnia media) wirkt.“[131]

Daß Gott der Urheber der Sünde sei, lehnt Calvin entschieden ab. Gott gibt auch nicht die Erlaubnis (permissio) zur Sünde. An dieser Stelle wird deutlich, daß bei Calvin die Soteriologie im Mittelpunkt steht und nicht eine widerspruchsfreie Gotteslehre. Er nähert sich aber auch nicht einem Pelagianismus (s. Bd. 1, Mühlenberg II, 1). Der Mensch ist nach dem Fall nicht frei zu sündigen oder nicht. Er sündigt aber nicht unter Zwang (coactio), sondern aus Notwendigkeit (necessitas). Das heißt, der Mensch hat das Gefühl, wählen zu können und aktiv zu sein. Wieder berücksichtigt Calvin das Erfahrungsbild, ohne den Determinismus der Sünde aufzuheben oder einzuschränken. Anstifter der Sünde ist der Teufel, der aber unter Gott steht (Hiobbuch) und Werkzeug Gottes als

[123] S. Th. I, 23, a 1 u. 3; Z 3,842. [124] Inst I, 16,4. [125] CR 7,930.
[126] Vgl. J. Bohatec, Calvins Vorsehungslehre S. 345ff., 356ff.
[127] Inst I, 5,12. [128] Inst I, 17,3. [129] Inst I, 17,4.6.9.11.
[130] Inst I, 17,4; OS 3,207,22–30. [131] Inst I, 17,1; OS 3,202,9.

Gehilfe seines Zorns und seiner Versuchung ist. Einem manichäischen Dualismus im Gottesbild will Calvin auf diese Weise entgehen. Zu einer Lösung gelangt auch er nicht. F. Wendel meint, der Gottesbegriff der Prädestinationslehre Calvins entstamme dem Occamismus oder genauer dem ihm verwandten Skotismus, der Gott als absolute Macht beschreibt[132]. Ungewollt erhebt er damit die Prädestinationslehre wieder zur Zentrallehre Calvins, wenn er ihr den Gottesbegriff entnimmt.

J. Bohatec findet in Calvins Vorsehungslehre eine ‚*Theologie der Diagonale*‘[133], eine mittlere und doch neue Linie in der Lehre der Reformatoren. Mit Luther (De servo arbitrio 1525) und gegen Zwingli weist er die „coactio“ zurück und betont die „necessitas“ der Sünde. Im Gegensatz zu Melanchthon und Bucer lehnt er eine Beteiligung der Menschen bei der Bekehrung ab. Mit Zwingli teilt er die Ablehnung jeglichen menschlichen Verdienstes (meritum) in der Vorsehungslehre. Calvins Schwäche ist, daß er zwar Providenz und Prädestination trennt, aber diese nicht jener unterordnet und so die soteriologische Linie nicht durchzieht. Die scholastische Systematik hält ihn fest.

Hatte Calvin in der „Institutio“ 1536 lediglich die erwählte Kirche[134] erwähnt, um gegen Rom die Treue Gottes, die geglaubte Kirche und das Beharren der Gläubigen im Glauben zu unterstreichen, so legt er in der „Institutio“ von 1559 eine ausgeführte *Prädestinationslehre* vor. Im Anschluß an Augustin entwickelt er eine logisch in sich geschlossene Lehre, deren systematischen Grundpfeiler der Ratschluß Gottes vor Grundlegung der Welt ‚in Christus‘ (Eph 1,4) und die doppelte Erwählung aus Gottes freier Entscheidung (Röm 9, 11–21) ist. Bedeutsamer als das Lehrsystem im Einzelnen sind seine gedanklichen Voraussetzungen und Grenzen, sowie seine seelsorgerlichen Ziele.

1. Calvin setzt in der „Institutio“ bei der Erfahrung ein, daß viele Menschen offensichtlich nicht glauben. Ursache ist Gottes Erwählung. Trotzdem ist Gottes Vorherbestimmung ein Offenbarungs- und kein Erfahrungssatz. Calvin will sie von Spekulation freihalten: „Ich verweise die Menschen nicht auf die heimliche Erwählung Gottes, als ob sie gähnend von dorther ihr Heil erwarten sollen. Sondern ich heiße sie geradewegs zu Christus zu gehen ... Denn wer nicht den geraden Weg des Glaubens geht, dem wird die Erwählung nur ein tödliches Labyrinth werden können.“[135]

2. Die Erwählungslehre dient der Glaubensgewißheit und umschließt auch das Beharren im Glauben (perseverantia sanctorum). Die systematische Einordnung im III. Buch der „Institutio“ verbietet eine Überwertung der Prädestinationslehre (vgl. § 3). Sie hat seelsorgerliche Ziele und soll nicht die Gottes- und Heilslehre bestimmten[136].

3. Erwählung und Verwerfung sind nicht gleichrangig. Die „reprobatio“ hat

---

[132] S. 106ff. [133] S. 373.

[134] „‚Ecclesia catholica‘, hoc est, universus electorum numerus“; OS 1,86. [135] CO 8,306.

[136] J. Westphal gegenüber erklärt Calvin 1556, er wolle sich in Schweigen hüllen, wenn sein Partner eine einzige Silbe vorweisen könne, in der er lehre, der Mensch müsse, um die Heilsgewißheit zu erlangen, bei der Prädestinationslehre den Ausgang nehmen. Er wolle die frommen Gemüter in keiner Weise sowohl vom Hören der Verheißung, noch vom Anblick der (Sakraments-)Zeichen (vel a promissionis auditu, vel a signorum intuitu) wegreißen, sondern sie im Wort verweilen lassen; CO 9, 118 f.

nur „Grenzbedeutung"; Calvin will „nicht das Gebiet der reprobatio flächenhaft beschreiben"[137].

4. Calvin steht in einem Systemzwang, den er nicht bewältigt. Das „decretum aeternum" vor der Zeit läßt das Christusereignis nicht als das entscheidende Heilsereignis erscheinen, sondern als Heilsdurchführung. Christus ist lediglich „Spiegel" der Erwählung[138]. Die Universalität des Heils ist aufgehoben, wenn schon vor Christi Erscheinen Erwählung und Verwerfung feststehen. P. Jacobs legt dar, wie Calvin diese Konsequenz trinitarisch, soteriologisch und ekklesiologisch zu durchbrechen sucht. Doch löst die Annahme eines doppelten Aspektes[139] die Schwierigkeit nicht, denn Calvin vertritt eine einlinige Logik.

§ 8 Die Kirche

Literatur: J. Bohatec, Calvins Lehre von Staat und Kirche, Breslau 1937; Aalen 1968 (Neudr.); O. Weber, Die Einheit der Kirche bei Calvin, in: Calvin-Studien 1959, Neukirchen 1960, 130-143; und in: Die Treue Gottes i. d. Gesch. d. Kirche, Ges. Aufs. 2, Neukirchen 1968, 105-118; ders., Calvins Lehre von der Kirche, in: Die Treue Gottes 19-104; A. Ganoczy, Ecclesia ministrans. Dienende Kirche und kirchlicher Dienst bei Calvin, Freiburg 1968; R. Hedtke, Erziehung durch die Kirche bei Calvin, Heidelberg 1969; W. Balke, Calvijn en de Doperse Radikalen, Amsterdam 1973, 1977²; W. van't Spijker, Democratisiering van de kerk anno 1562, Kampen o. J.; W. Neuser, Calvin's Teaching on the notae fidelium: An Unnoticed Part of the Institutio 4.1.8, in: E. A. McKee, B. G. Armstrong (ed.), Probing the Reformed Tradition, Westminster 1989, 79–95.

In der „Institutio" von 1536 hat Calvin die Kirche nicht nur als Gemeinde der Erwählten beschrieben (s. § 7), in der Auseinandersetzung mit Rom stellt er in den Schlußkapiteln die sichtbare Kirche heraus: Die Einzelgemeinden sind Kirche[140] und bedürfen einer Ordnung, die der ‚Nerv' der Kirche ist[141]. Die anschließenden Kämpfe um die Heiligung der Gemeinde in Genf, die Erfahrungen als Pfarrer der Exulantengemeinde in Straßburg und die Auseinandersetzungen auf den Religionsgesprächen in Worms und Regensburg (1540/41, s. o. S. 103 ff.) verstärken diese Sicht. Sie findet ihren Niederschlag im Brief an Sadolet (1539), in den „Ordonnances ecclésiastiques" (1541) und in der „Institutio" von 1543[142]. Calvin denkt die Kirche von der Verkündung her. Buch IV der ‚Institutio' beginnt: „Damit die Predigt des Evangeliums ihre Wirkung tut, hat Gott der Kirche diesen Schatz zur Bewahrung gegeben. Er hat Hirten und Lehrer eingesetzt (Eph 4,11), um durch ihren Mund die Seinen zu unterweisen. Dazu hat er sie mit Autorität ausgerüstet. Kurz, er hat nichts unterlassen, was zur heiligen Einigkeit im Glauben und zu rechter Ordnung dienlich sein kann. Vor allem hat er die Sakramente eingesetzt, ... um den Glauben zu erhalten und zu fördern."[143] Die Beschreibung enthält die *Grundbegriffe* der Ekklesiologie Calvins.

---

[137] P. Jacobs s. 144. Die Verworfenen werden im jüngsten Gericht um ihrer Sünden willen verdammt; doch hält Calvin unter Berufung auf Röm. 9, 11 ff. und wegen des im 16. Jahrhundert verbreiteten Kausaldenkens an der doppelten Prädestination im decretum aeternum fest.

[138] Inst III, 24,5. [139] S. 78. [140] OS 1,212,255,257.

[141] OS 1,255/56.

[142] *P. Fraenkel*, Quelques observations sur le ‚tu es Petrus' chez Calvin, au Colloque de Worms en 1540 et dans L'Institution de 1543, in: Bibl. de Hum. et Ren. XXVII, 1965, 607–628.

[143] Inst I, 1,1; OS 5,1,14.

Wie Augustin unterscheidet er die *sichtbare* und *unsichtbare* Kirche[144]. Die unsichtbare Kirche sind die Erwählten, die Gott alleine kennt, aber auch die Engel und die Seligen. Sie ist die geglaubte Kirche des Apostolikums[145]. Entsprechend der Stellung der Prädestinationslehre im Lehrganzen ist die unsichtbare Kirche nur kurz Gegenstand der Betrachtung. Die sichtbare Kirche ist eine aus Glaubenden und Heuchlern gemischte Kirche[146]. Calvin nennt trotzdem „Kennzeichen" der Glaubenden: 1. Bekenntnis des Glaubens, 2. Lebensführung, 3. Teilnahme an den Sakramenten. Diese „Zeichen" müssen mit den Augen der Nächstenliebe (iudicium charitatis[147]) betrachtet werden. Die Klammer um unsichtbare und unsichtbare Kirche bildet der ‚*Organismusgedanke*'[148]: Christus ist das Haupt, die Gemeinde ist der Leib (Eph 1,22f., Kol 1,18). „Christus regiert die Kirche alleine durch sein Wort."[149] Wie bei Luther ist das Wort das Szepter Christi[150]. Im Schnittpunkt von sichtbarer und unsichtbarer Kirche steht daher im Unterschied zu Augustin die Heilsverkündigung.

Da das Heil in Christus offenbar wird, und die von ihm erworbene Gnade eine Gnade im Wort ist, beginnt das Buch IV der „Institutio" mit der Predigt des Evangeliums und also mit der *sichtbaren Kirche*. Wort und Sakrament zielen ihrerseits auf die wahre Kirche hin. Denn ihre Aufgabe ist das Wachsen des Glaubens und die Heiligung der Gemeinde. Calvins Hervorhebung der Heilsmittel lassen keinen ekklesiologischen Spiritualismus zu. Diese grundsätzliche Übereinstimmung mit den Wittenberger Reformatoren im Kirchenbegriff beweist auch Calvins wiederholte Zitierung der „notae ecclesiae" nach CA VII: die reine Predigt des Wortes Gottes und die Verwaltung der Sakramente nach der Einsetzung Christi[151] (s. o. S. 88f.). Calvin weitet das erste Kennzeichen jedoch aus: „...gepredigt und gehört wird" (atque audiri)[152]. Er bezieht die hörende und glaubende Gemeinde in die Kennzeichen der Kirche ein. Daher kann er gegenüber dem römischen Kardinal Sadolet auch vier „notae ecclesiae" anführen: „Lehre, Kirchenzucht, Sakramentsverwaltung" und „die Zeremonien, deren das Volk sich im Gottesdienst bedient"[153]. Das Einbeziehen der hörenden und glaubenden Gemeinde führt zum Gedanken der Heiligung und also der Kirchenzucht. Den Verzicht auf die Einheit in den Zeremonien gemäß CA VII (satis est) läßt er gegenüber dem römisch-katholischen Gottesdienst nicht gelten. Den Flüchtlingen in Wesel rät er hingegen, die katholisierenden Gottesdienst- und Sakramentsformen der lutherischen Gemeinde zu ertragen[154]. Er will jedoch die beiden ‚notae ecclesiae" (CA VII) nicht ausweiten. Im Blick auf Rom hebt er das eine entscheidende Kennzeichen der Kirche hervor, das Wort Gottes[155]. Der „Schatz" der Kirche (thesaurus) ist nicht das Verdienst Christi und der Heiligen,

---

[144] Inst IV, 1,2–7.
[145] „Ich glaube eine ... Kirche"; Glaube *an* die Kirche ist unmöglich, Inst IV, 1,2.
[146] Inst IV, 1,7.
[147] Inst IV, 1,8.
[148] J. Bohatec, Calvins Lehre von Staat und Kirche, S. 417ff.
[149] Inst IV, 2,4; OS 5,36,3.
[150] OS 3,11,33; 5,36,5 u.ö.; WA 41,123,39.
[151] Inst IV, 1,9; OS 5,13,24 u.ö. Die Formulierungen wechseln.
[152] OS 5,13,25.
[153] 1539; OS 1,467,1.
[154] CO 20,423f. (1546). Melanchthon gegenüber moniert er in Frankfurt 1539 die an ‚Judaismus' streifende Fülle der gottesdienstlichen Zeremonien in Sachsen; CO 10b,328.
[155] Inst IV, 2,4; auch CO 7,30; 6,520.

sondern das Evangelium Christi und seine Verkündigung[156]. Mit Cyprian und Augustin bezeichnet er die Kirche als die „Mutter"[157]. Er erläutert das Bild: „Die Verkündigung (doctrina) ist die Mutter, aus der uns Gott gezeugt hat."[158] Daher kann Calvin auch das Bild von der Schule gebrauchen[159]. „Calvin scheut sich nicht, Gottes Heilshandeln an dem Volk des Alten und Neuen Bundes – sofern er die heilspädagogische und belehrende Seite hervorheben will! – plastisch unter dem Bild einer Schule und Gott unter dem Bild eines Lehrers darzustellen."[160]

Durch die Zentrierung auf die Verkündigung, die Sakramente und die Kirchenzucht ist die Kirche eine Institution mit Ämtern und *Kirchenordnung*. Die Aufgaben werden durch dazu gewählte Personen wahrgenommen. Calvin lehrt fast nie das Priestertum aller Glaubenden, nicht einmal in der Auslegung von 1.Petr 2,10. Hingegen steht der Hausvater gleichsam einer ‚ecclesiola' vor[161]. „Das Haus eines Christen soll wie eine kleine Gemeinde sein."[162] In der Gemeinde haben einzelne Personen Aufgaben: ihr Amt gibt ihnen große Autorität. Denn Christus gebraucht den Dienst (ministerium) und die stellvertretende Tätigkeit (vicaria opera) der Menschen. „Das tut er freilich nicht, um sein Recht und seine Ehre auf sie zu übertragen, sondern nur, um durch ihren Mund selbst sein Werk zu tun."[163] Die Amtsträger „stellen die Person Christi dar" (repraesentare)[164]. Calvin hat nicht die römische Ämterhierarchie im Auge, sondern er denkt an den Boten (Herold, Apostel usw.), der in der Bibel an Stelle seines Herrn redet. Ministerium (ministère) ist im Blick auf Christus der ‚Dienst', im Blick auf die Gemeinde bevollmächtigtes ‚Amt'. Seine Aufgabe ist immer die Auferbauung der Gemeinde (aedificatio) nach Eph 4,12. Den Organismusgedanken führt Calvin fort. Das Amt ist der Muskel, die Sehne (nervus), durch die der Leib Christi zusammengehalten wird[165]. Gemeint ist vor allem das Amt der öffentlichen Verkündigung[166]. Oder die Predigt wird als Seele des Leibes bezeichnet[167], die Kirchenzucht als die Sehnen[168]. „Die Zucht ist gleichsam ein Zügel, mit dem alle die zurückgehalten und gebändigt werden sollen, die sich trotzig gegen die Lehre Christi erheben."[169] Auch die Kirchenzucht ist in ihrem ersten Stadium Verkündigung; sie beginnt gemäß Mt 18,15-17 mit der Einzelermahnung und schließt, wenn diese fruchtlos bleibt, mit der Exkommunikation[170].

Aus diesen Aufgaben erwächst die *Vier-Ämter-Lehre* Calvins. Das wichtigste Amt ist das der öffentlichen Verkündigung. Wo Universitäten, Hochschulen und Gymnasien bestehen, tritt das Amt des Lehrers (Doktor) hinzu, das in der „Institutio" fehlt. Das Amt der Ältesten ist, zusammen mit den Pastoren, die Ausübung der Kirchenzucht. Sie sind keine Gemeindevertreter, wie E. Doumer-

---

156 Inst IV, 1,1.
157 Inst IV, 1,1; OS 5,2,1.
158 COR II, 15 S. 108, 6f.
159 Inst IV, 1,14; OS 5,7,6.11.
160 R. Hedtke 36; auch 141 (Belege).
161 OS 1,326 (1537).
162 CO 53,279; Serm I Tim 3,3–5; vgl. CO 52,152; 48,378; 52,442; 15,904.
163 Inst IV, 3,1; OS 5,42,25.
164 Inst IV, 3,1; OS 5,43,6.
165 Inst IV, 3,2; OS 5,44,15.
166 Inst IV, 3,1; OS 5,43,31 (nodus).
167 CO 48,57; Comm Apg 2.42; ähnlich 6,459f.; 15,333; 18,159.
168 Inst IV, 12,1; OS 5,212,26.
169 5,212,34.
170 Inst IV, 12,2.

gue[171] u. a. meinen, sondern Träger eines Amtes. Im Jahre 1562 hat J. B. Morély in der Schrift ‚Traicté de la discipline et police Chrestienne' die presbyterial-synodale durch eine kongregationalistische Ordnung ersetzen und demokratische Gedanken einführen wollen. Die Synode von Orléans (1562, vgl. RE 3,785f.) hat die Schrift in Übereinstimmung mit Calvin verworfen. Die Auseinandersetzung um staatliche Sittenzucht und kirchliche Kirchenzucht war die schwerste, die Calvin in Genf durchstehen mußte. Im Mittelpunkt stand das Verständnis des Presbyteramtes (s. § 11). Den Diakonen ist die Spital- und Armenpflege übertragen.

Calvins Vier-Ämter-Lehre ist Biblizismus vorgeworfen worden, weil er einmalige und dauernde Ämter im NT unterscheidet[172]. J. Bohatec meint, „daß Calvin seine Ämtertheorie nicht zuerst der Schrift abgelauscht, sondern daß er sie, durch Bedürfnisse der Praxis genötigt, entwirft, um sie dann nachträglich durch die Schrift zu begründen"[173]. Die vier Ämter sind für Calvin Gaben Gottes (dona Dei)[174]. Ihre Auswahl ist durch dogmatische und praktische Überlegungen bestimmt. Sie müssen jedoch in der Urgemeinde nachweisbar sein (Röm 12, 1.Kor 12, Eph 4) und in der Alten Kirche weiterbestanden haben. Die überzeugende Ablehnung anderer Ämter und Amtsstrukturen (Bischof, Propheten, Geistbegabte ohne feste ‚Ordnung') fällt Calvin schwer.

Die Einheit der Kirche ist ein Hauptthema der Ekklesiologie Calvins. Das 1. Kapitel des IV. Buches der „Institutio" trägt den Titel: „De vera Ecclesia, cum qua nobis colenda est *unitas*, quia piorum omnium mater est." Die Kirche ist Stiftung Christi; es kann nur eine Kirche geben, denn Christus würde sonst zerrissen. Den Satz Cyprians ‚extra ecclesiam nulla salus' bezieht Calvin auf die sichtbare Kirche[175]. Diese tritt jedoch in zweifacher Form in Erscheinung, als allgemeine Kirche (ecclesia universalis) und als Ortskirchen oder Kirchengemeinden (ecclesiae singulae)[176]. An die Ortsgemeinde legt Calvin einen strengeren Maßstab an. In ihr soll Lehreinheit herrschen. Der Entlassungsbrief für Castellio[177] (s. EKL 1,671f.) bringt diesen Grundsatz ebenso zum Ausdruck wie die Verbannung Bolsecs (s. o. S. 236): Die Höllenfahrt Christi, das Verständnis des Hoheliedes Salomos und die Prädestinationslehre dürfen an einem Ort nicht kontrovers sein[178]. Zur Gemeinschaft der evangelischen Kirche genügt ihm die Übereinstimmung in den Hauptlehren (capita doctrinae). Im Brief an die lutherischen Pfarrer in Sachsen und Norddeutschland nennt er: einen Gott und die wahre ihm gebührende Verehrung, die Verderbtheit des menschlichen Geschlechtes, das unverdiente Heil, die Weise, die Gerechtigkeit zu erhalten, Amt und Kraft Christi, die Buße und ihre Übung, der in den Verheißungen des Evan-

---

[171] Jean Calvin, V, 156ff. Er zieht alle Aussagen über die Wahl der Pfarrer und die Zustimmung der Gemeinde zum Beweis heran. Nur die Aussage, die Ältesten und das „Consistoire" ‚repraesentant totum corpus ecclesiae' (CO 14,681), kann für die These angeführt werden. J. Bohatec (Calvins Lehre von Staat und Kirche, 498 Anm. 464), K. Rieker (S. 140ff.) und zuletzt J. Plomp (S. 86ff.) widersprechen E. Doumergue.

[172] Inst IV, 3,5.

[173] Calvins Lehre von Staat und Kirche, S. 454. Er wendet sich gegen die Annahme eines biblischen ‚Formelprinzips' Calvins durch K. Rieker, Choisy, R. Seeberg u. a. S. 383ff.

[174] CO 51,196f. [175] Inst IV, 1,4. [176] Inst IV, 1,9. [177] CO 11,674ff.

[178] Vgl. Calvins Vorrede zu der französischen Ausgabe der „Loci communes" Melanchthons 1546; CO 14,414ff.

geliums gegründete Glaube und seine Heilsgewißheit, das Gebet usw.[179]. Die Antitrinitarier Servet und Gribaldi (s. Bd. III, Benrath Kap. II) stürzen die Hauptartikel des Glaubens[180]. Gegenüber der römisch-katholischen Kirche dringt er auf die Beachtung der „notae ecclesiae". Er gibt zu, daß dort nicht nur einzelne Christen leben, sondern auch Gemeinden Christi fortbestehen. Verdorben ist dort aber „die wahre und legitime Ordnung der Kirche", nämlich Verkündigung und Sakramente[181]. „Spuren der Kirche" (vestigia ecclesiae) (z.B. unter der Tyrannei des Antichrists in Frankreich, Italien, Deutschland, Spanien und England)[182] sind die Taufe und andere Reste (reliquiae) von Kirche.

Da Calvin eine Ämterkirche entwickelt[183], lehnt er das *Bischofsamt* nicht völlig ab. Dem König von Polen gesteht er „der Ordnung halber" bei der Einführung der Reformation die Leitung der Kirche durch einen Erzbischof und Provinzialbischöfe zu[184]. Das Papsttum ist indiskutabel. Von den *Täufern* hat sich Calvin deutlich distanziert. Ihn trennt von ihnen in der Ekklesiologie die Kindertaufe, das Amtsverständnis, der ethische Perfektionismus und Rigorismus und die daraus resultierende Abwendung von der Staatskirche. Neben der Einrichtung eigener Gemeinden kritisiert er ihre Weigerung, mit der Obrigkeit zusammenzuarbeiten. Zur Sprache kommen ihre Ansicht, Christsein und Übernahme obrigkeitlicher Ämter seien miteinander unvereinbar, ihre Ablehnung des Zinsnehmens und des Eides, ihr Kommunismus und Pazifismus. Doch weiß er zwischen den einzelnen täuferischen Gruppen zu unterscheiden; sie sind nicht alle ‚Schwärmer'[185]. Durch einige ‚Fanatiker' droht die Anarchie, weil sie das „ius gladii" der Obrigkeit und die bürgerliche Ordnung ablehnen. Gemeint ist die Ausrufung des Königreiches Christi in Münster 1534/35[186]. Auch den Chiliasmus Thomas Müntzers, Melchior Hoffmanns und Nikolaus Storchs weist er zurück[187]. Trotz der Polemik Calvins gegen die friedlichen Täufer sprechen S. van der Linde[188] und ihm folgend W. Balke[189] von einer *‚kritischen Verwandtschaft'*. Dafür sprechen Calvins Betonung des Geistwirkens, der Erwählungs- und Heilsgeschichte[190] und sein Dringen auf Heiligung und Kirchenzucht. Die Kritik an der staatlichen Sittenzucht und die Ausübung der Kirchenzucht durch die Gemeinde verbinden ihn mit den Täufern. Für die Weltverneinung der Täufer, ihre Traditionslosigkeit und ihr Unverständnis für die Katholizität der Kirche hatte er kein Verständnis.

---

[179] CO 9,50. In der „Institutio" heißt es: „Es ist ein Gott, Christus ist Gottes Sohn, unser Heil besteht in Gottes Barmherzigkeit, und andere Aussagen gleicher Art. Dann gibt es andere Lehrstücke, über die unter den Kirchen Meinungsverschiedenheiten herrschen, die aber die Einheit im Glauben nicht zerreißen"; Inst IV, 1,12; OS 5,16,9.

[180] CO 14,615; 16,465.

[181] Inst IV, 2,12; OS 5,41,27; vgl. CO 5,403.

[182] Inst IV, 2,11.

[183] Die „notae ecclesiae" können bei ihm lauten: „ministerium habere verbi et honorare (!), sacramentorum administrationem"; Inst IV, 1,9; OS 5,14,16.

[184] CO 15,333; weitere, weniger deutliche Aussagen bei A. Ganoczy S. 330ff.

[185] W. Balke S. 217.

[186] Inst IV, 20,1; OS 5,471,20 und 472,10; CO 48,248; zu Röm 13,1 s. Benrath II § 6.

[187] CO 9,96, s. unten Beitrag Benrath aaO. [188] S. 16. [189] S. 345.

[190] W. H. Neuser, Theologie des Wortes S. 31, 33.

§ 9 Sakramente

Literatur: W. F. DANKBAAR, De Sakramentsleer van Calvijn, Amsterdam 1941.

Die Definition Calvins lautet: „Sakrament heißt das Zeugnis (testimonium) der göttlichen Gnade gegen uns, das mit einem äußeren Zeichen bekräftigt ist; mit ihm findet außerdem eine Bezeugung (testificatio) unserer Frömmigkeit Gott gegenüber statt."[191] Göttlicher Zuspruch und menschliche Antwort bilden die beiden Teile jedes Sakraments.

Das Sakrament besteht aus *Wort und Zeichen*. Da das Wort wirksame Verkündigung ist (s. § 3), ist es dem Zeichen übergeordnet: das Sakrament ist Anhang zur Verkündigung (appendix doctrinae)[192]. Unter Hinweis auf Augustins ‚verbum creditum' weist Calvin das Konsekrationswort zurück[193]. Er übersieht, daß bei Augustin das ‚Wort des Glaubens' (Röm 10,8) nicht verkündigtes Wort, sondern der Hl. Geist ist. Für Calvin liegt die Kraft des Zeichens im Wort, für Augustin im Hl. Geist. Das Sakrament versteht Calvin als Verkündigungshandlung, während Augustin das Wort dem Zeichen ein- und unterordnet. Calvin hat diese Differenz gespürt, denn er distanziert sich (ohne Angabe von Gründen) von Augustins Sakramentsgebriff[194]. Hingegen hat Calvin den Zeichenbegriff von Augustin übernommen; die biblische Anknüpfung bietet Röm 4,11 (Beschneidung als ‚Siegel der Gerechtigkeit'). Augustins neuplatonischer Dualismus (s. Bd. I, Mühlenberg I, 1) von Geist und Leib, Unsichtbarem und Sichtbarem kommt Calvin gelegen, um einen übertriebenen Sakramentsrealismus abzuwehren. Er argumentiert dann mit den Gegensätzen „signum"-„res", „figura"-„veritas", „res corporeae"-„res spirituales"[195] und „symbolum"-„res signata". Die Gegenüberstellung von Leib und Geist in der Sakramentslehre zeigt Calvins Bindung an den augustinischen Spiritualismus, der in Spannung zu seiner Theologie des Wortes steht[196]. Gegen Zwingli betont Calvin den *Gabecharakter* der Sakramente. Er nennt sie ‚Instrumente' Gottes[197]. Zu ihren Gaben gehört die Gemeinschaft der Glaubenden mit Christus[198]; sie sind wahres Zeugnis der Mitteilung Christi (verum de Christi communicatione testimonium)[199]. Die Sakramente müssen im Glauben angenommen werden, denn sie können nicht von selbst (ex opere operato) wirken[200].

Die Aufgabe der Sakramente ist die Stärkung des Glaubens. Um dieser Funktion willen werden sie von Calvin gelegentlich dem Wort übergeordnet: Durch die Sakramente „bezeugt Gott sein Wohlwollen und seine Liebe gegen uns anschaulicher (expressius) als durch sein Wort"[201]. Augustins Abwertung der Verkündigung als ‚verbum nudum'[202] das erst mit dem Zeichen zusammen volle Wirkung entfaltet, teilt Calvin nicht.

---

[191] Inst IV, 14,1; OS 5,259,8. [192] Inst IV, 14,3 und 13; OS 5,260,11 und 271,8.
[193] Inst IV, 14,4; OS 5,261,16. In Joh tract 80,3; MSL 35,1840.
[194] Inst IV, 14,1; OS 5,259,14.
[195] Inst IV, 15,14; OS 5,295,17; IV, 15,15; OS 5,296,3; IV, 17,3; OS 5,344,26; IV, 17,5; OS 5,346,25.
[196] W. H. NEUSER, Theologie des Wortes S. 36f.
[197] Inst IV, 14,14; OS 5,269,15 u. ö. Gegenüber Bullinger CO 6,111,117f.; 7,701f.,703.
[198] Inst IV, 14,7; OS 5,264,26. [199] OS 5,264,17. [200] Inst IV, 14,26.
[201] Inst IV, 14,6; OS 5,263,24. [202] Ep 55,21: MSL 33,214.

§ 10 Taufe und Abendmahl

Literatur: W. NIESEL, Calvins Lehre vom Abendmahl, München 1930, 1935²; H. GRASS, Die Abendmahlslehre bei Luther und Calvin, Gütersloh (1940), 1954²; G. P. HARTVELT, Verum corpus, een studie over een centraal hoofdstuk uit de avondmaalsleer van Calvijn, Delft 1960; T. F. TORRANCE, Calvins Lehre von der Taufe, Calvin-Studien 1959, Neukirchen 1960, 95–129; L. G. ALTING VAN GEUSAU, Die Lehre von der Kindertaufe bei Calvin, gesehen im Rahmen seiner Sakraments- und Tauftheologie, Bilthoven-Mainz 1963; J. ROGGE, Virtus und res. Um die Abendmahlswirklichkeit bei Calvin, Stuttgart 1965.

Taufe und Abendmahl werden im Rahmen der allgemeinen Sakramentslehre behandelt. Doch nimmt die Lehre „De sacramentis in genere" bereits die Eigenschaften auf, die Taufe und Abendmahl gemeinsam besitzen. Sakramentsbegriff und Sakramente bestimmen einander gegenseitig. Die Taufe wird definiert als *„Zeichen der Einführung, durch die wir in die Gemeinschaft der Kirche aufgenommen werden, damit wir Christus eingeleibt und damit zu den Kindern Gottes gezählt werden"*. Kirche und Leib Christi werden unterschieden; sie gehören zusammen, sind aber nicht identisch. Die Antwort des Getauften besteht im „Bekenntnis vor den Menschen"[203]. Die Taufe bringt einen dreifachen Gewinn (fructus)[204]. Sie ist Zeichen und Urkunde der Reinigung, d.h. der Sündenvergebung. Die Reinigung durch das Blut Christi für das ganze Leben wird zugesagt (promittere). 2. Sie ist das Zeichen der Abtötung des alten Menschen und der Lebendigmachung durch den Geist (mortificatio und vivificatio). Röm 6,4ff., Kol 2,11f. und Tit 3,5 lehren, daß in der Taufe „die Gnade des Hl. Geistes zugesagt wird, die uns zu neuem Leben umgestaltet". 3. Sie bezeugt mit Gewißheit die Vereinigung mit Christus und die Anteilhabe an allen seinen Gütern. Gal 3,27 („Christus angezogen") und die Taufe auf den Namen Jesu und des dreieinigen Gottes belegen es. Die drei Gaben bilden eine Einheit. Die Kindertaufe ist möglich, weil die Gabe durch das Wort ausgeteilt und durch das Zeichen besiegelt wird. Der Glaube an die Zusage Gottes kann beim Kind später erfolgen. „Die Kinder werden auf ihre künftige Buße und ihren künftigen Glauben hin getauft."[205]

Die Berechtigung der Institution der *Kindertaufe* beweist Calvin wie vor ihm Zwingli aus der Bundestheologie – es gibt nur einen Bund (s. § 4) – und aus der Parallelität der Beschneidung und Taufe, die beide Zeichen der Einführung (signum initiationis) sind. Hinzu kommt die Heiligung der Kinder durch christliche Eltern (1.Kor 7,14). Daher übte die Urgemeinde die Kindertaufe. Einen Glauben in den Kindern lehrt Calvin nicht. Daher mußte er sich mit den ntl. Taufaussagen über Wiedergeburt, Buße und Glaube auseinandersetzen; auf sie stützten sich die Täufer. Die Wiedergeburt in der Taufe bedeutet nach Calvin, daß „der Same der geistlichen Wiedergeburt" ausgesät wird; das Saatgut ist das Wort Gottes[206]. Bei den Kindern folgen Wiedergeburt und Buße dem Wort nach. Dies gilt auch von der Stelle 1.Petr 3,21[207]. Im Falle des Todes eines Kindes[208] greift Calvin auf den Gedanken der Erwählung[209] und der Geistmittei-

[203] Inst IV, 15,1; OS 5,285,12. [204] Inst IV, 15,1–6. [205] Inst IV, 16,20; OS 5,324,2
[206] Inst IV, 16,18; OS 5,322,17. [207] Inst IV, 16,21.
[208] ALTING VON GEUSAU, 210–215, beachtet diese Einschränkung nicht und gelangt zu einem falschen Gesamtergebnis.
[209] Inst IV, 16,18.

lung „ohne Predigt" zurück[210]. Sie erhalten aber nur ein Stücklein der Gnade[211]. Röm 6,4, Kol 2,12 und Gal 3,27 reden nicht von einem Geschehen vor der Taufe, sondern in ihr und nach ihr. Nur bei den Erwachsenen geht das Begreifen des Geheimnisses (intelligentia mysterii) der Taufe voraus[212]. In Joh 3,5 („durch Wasser und Geist") versteht Calvin das Wort Wasser als Reinigung des Geistes[213]. Nottaufe und Hebammentaufe lehnt er ab.

Das Abendmahl ist auf die Taufe bezogen: *„Nachdem Gott uns einmal in seine Familie aufgenommen hat, ... wollte er uns durch dieses Unterpfand (pignus) seiner fortwährenden Güte gewiß machen. Zu diesem Zweck hat er ... das zweite Sakrament gegeben, nämlich das geistliche Mahl (spirituale epulum), in dem Christus bezeugt (testari), daß er das lebendigmachende Brot (vivificus panis) ist, durch das unsere Seelen zur wahren, seligen Unsterblichkeit gespeist wird"* (Joh 6,51)[214]. Die Aufgabe des Abendmahls ist die Stärkung des Glaubens auf dem Weg zum ewigen Leben. Die Stärkung erfolgt durch die Verkündigung; die Einsetzungsworte sind „verba promissionis"[215]. Das Abendmahl ist wie die Taufe eine Verkündigungshandlung. Das Essen und Trinken ist äußere Stärkung, die auf die Verkündigung hinweist und sie veranschaulicht. Im Unterschied zur Taufe wird nur eine Frucht des Abendmahls gelehrt. „Der große Gewinn" (fructus) ist das „Zeugnis, daß wir mit Christus zu einem Leibe zusammengewachsen sind, so daß alles, was sein ist, auch unser eigen genannt werden darf."[216] Die Auslegung der Einsetzungsworte zeigt, daß Calvin die Gegenwart Christi und seine Wohltaten, Christusgemeinschaft und Heilswerk Christi als Abendmahlsgabe lehrt. Oberbegriff ist die Christusgemeinschaft, der die unterschiedlichen Aussagen der Einsetzungsworte, dazu Joh 6, zusammenfaßt. Jesu Selbstbezeichnung als das Brot und seine Worte über sein Fleisch (Joh 6) stellen das Abendmahl in den Gesamtrahmen der verheißenen Wohltaten, insbesondere der Versöhnung mit Gott und des ewigen Lebens[217]. Auf die theologische Grundlegung (Inst IV, 17,1–4) folgt eine Erörterung der Fragen, die der Abendmahlsstreit aufgeworfen hat: Die Unterschätzung des Abendmahls (durch die Zwinglianer) und die Überschätzung (durch die Lutheraner) (Abschn. 5–19), die Deutung der Einsetzungsworte (Abschn. 20–25), die Abendmahlschristologie (Abschn. 26–32), die Nießung der Gläubigen und Ungläubigen (Abschn. 33–34), und die rechte Abendmahlspraxis (Abschn. 35–50). Kapitel 18 setzt sich mit der römischen Messe auseinander.

Die meisten Abschnitte erbringen klare Ergebnisse: Calvin vertritt die tropische Deutung des ‚ist' in den Einsetzungsworten. Mit Augustin lehrt er das Sitzen Christi zur Rechten Gottes an einem Ort, um die wahre Menschheit Christi zu verteidigen. Die Gegenwart Christi im Abendmahl ist Werk des Hl. Geistes; Calvin lehrt eine *Spiritualpräsenz*. Die Nießung des Leibes und Blutes Christi erfordert einen, wenn auch noch so schwachen Glauben. Die Anbetung der Elemente und alle Kreaturenvergötterung wird abgewiesen; eine möglichst häufige Feier des Abendmahls wird empfohlen[218]. Die dialektische Gegenüberstellung der zwinglianischen und lutherischen Abendmahlslehre in den Abschnitten

[210] Inst IV, 16,19.
[211] Ibid.
[212] Inst IV, 16,21.
[213] Inst IV, 16,25.
[214] Inst IV, 17,1; OS 5,342,1.
[215] Inst IV, 17,1; OS 5,343,10.
[216] Inst IV, 17,2; OS 5,343,21.
[217] Inst IV, 17,4 und 5.
[218] Inst IV, 17,44.

6–19, gibt hingegen keinen eindeutigen Aufschluß über die Art und Weise, wie Calvin die Gegenwart und Nießung des Leibes und Blutes denkt[219]. Eine genaue konfessionelle Einordnung ist deshalb schwierig, weil Calvin unter dem Eindruck des Abendmahlsstreites ganz verschiedenartige Argumente zur Bekräftigung und Verteidigung seiner Lehre heranzieht[220]. Die theologische Grundlegung des Abendmahls (Abschn. 1–4) und die Wort-Geist-Glaube-Relation in ihr werden verlassen und Hilfsargumente aus der augustinisch-neuplatonischen Philosophie entlehnt (s. § 9). Im Streit sollen diese Argumente den geistig-geistlichen Charakter der Abendmahlsgabe sichern. Zu ihnen gehören auch die Berufung auf bestimmte Kirchenväter und auf das altkirchliche ‚sursum corda'.

Wichtigster philosophischer Hilfsbegriff zur Annäherung an die lutherische Lehre ist *‚Substanz'* (substantia)[221]. Die Aussage, Leib und Blut Christi sind wesentlich (substantialiter) im Abendmahl gegenwärtig, tauchte schon im Marburger Religionsgespräch (1529) und in der Württemberger Konkordie (1534) auf[222] (s. o. S. 60 ff. u. S. 95 f.). Bullinger (s. o. S. 225 ff.) hat den Substanzbegriff entschieden abgelehnt[223]. Calvin schließt eine substantielle Vermischung (substantialis mixtio), durch die Gott sich in die Gläubigen ergießt (transfundere) aus[224]. Vielmehr bedeutet Christusgemeinschaft, daß er mit den Gläubigen eine Substanz[225] wird. Calvin kann darum auch von einer Mitteilung der „substantia corporis et sanguinis" reden[226]. Doch meint er kein ontologisches Verständnis der Substanz (substantia ipsa) und betont daher die Kraft, die aus der Mitteilung dieser Substanz des Leibes und Blutes Christi kommt (virtus e substantia)[227]. Diese Kraft (virtus, vigor) ist der Hl. Geist[228], sein Werk ist die Hoffnung auf die Unsterblichkeit (immortalitas)[229]. Der biblische Ausdruck für „virtus et substantia corporis et sangiunis" ist das lebendigmachende Fleisch (caro vivifica); Calvin entnimmt ihn Joh 6[230]. Diese Aussagen, zusammengefaßt in Inst IV, 17,24, markieren den Punkt der größten Annäherung an die lutherische Lehre.

Im Mittelpunkt der Abendmahlslehre Calvins steht die Christusgemeinschaft und die Verkündigung. Immer ist die Abendmahlsgabe für den Glauben bestimmt, den sie stärkt. Der geistlichen Speise für die Seele steht die äußere Speise für den Leib gegenüber. Beide sind durch ein *‚zugleich' (simul)* miteinander verbunden. Calvins konfessionelle Stellung geht am besten aus seiner frühen Unionsschrift ‚Petit Traicté de la Saincte Cene' (1541) hervor. Sie schließt mit einer *Unionsformel*, die Zwinglianer und Lutheraner einigen soll: „Wir bekennen einstimmig, daß, wenn wir gemäß der Einsetzung des Herrn das Sakrament

---

219 „Es gibt auch heute keine völlig einheitliche Auffassung über das Abendmahlsverständnis Calvins.... Auch calvinistische Theologen interpretieren verschieden", J. ROGGE S. 34. Daraus zieht er indessen den Schluß, „die Beschreibung einer Abendmahlslehre bei Calvin (ist) nicht möglich", weil eine festumrissene Lehre nicht vorliege; nur die „Abendmahlswirklichkeit" könne bei Calvin beschrieben werden; ibid.

220 Vgl. J. ROGGE S. 62f.

221 Vgl. die Untersuchung von G. P. HARTVELT S. 61ff.

222 W. KÖHLER, Zw. u. L. II, 114f.; 337.

223 S. Confessio Goeppingensis 1557 (VII, § 4), und die Auseinandersetzungen in Frankfurt (VII, § 5).

224 Inst III, 11,5; OS 4,186,23; CO 7,742; 9,182; 15,722.

225 Inst IV, 17,3; OS 5,344,10; CO 7,121/22.

226 CO 9,70,72,76,81–86; 712,719.

227 CO 9,48,69,70,71,81,85,109,162,170,174,182.

228 „Spiritualiter" und „substantialiter" sind keine Gegensätze; vgl. G. P. HARTVELT S. 128.

229 Inst IV, 17,8; OS 5,349,37; CO 9,474,712.

230 CO 9,417; 15,722 u. ö.

im Glauben empfangen, wir wirklich der eigentlichen Substanz des Leibes und Blutes Christi teilhaftig werden. Wie dies geschieht, das vermögen die einen besser darzulegen und klarer auseinanderzusetzen als die anderen. Wie dem auch sei, einerseits müssen wir, um alle fleischlichen Vorstellungen auszuschließen, das Herz in die Höhe, in den Himmel erheben. Denn man darf nicht meinen, daß der Herr Jesus so sehr erniedrigt werde, um in vergängliche Elemente eingeschlossen zu werden. Andererseits aber soll man auch die Wirkung dieses heiligen Geheimnisses nicht zu gering anschlagen. Wir müssen bedenken, daß dieses durch Gottes geheime und wunderbare Kraft geschieht, und daß der göttliche Geist das Band solchen Teilhaftigwerdens ist. Aus diesem Grunde wird es ein geistliches Teilhaftigwerden genannt."[231]

§ 11 Kirche und Staat (Kirchenzucht)

Literatur: G. V. LECHLER, Geschichte der Presbyterial- und Synodalverfassung seit der Reformation, Leiden 1854; E. F. K. MÜLLER, Art. Presbyter. Presbyterialverfassung. RE³ 16, 1905, 9–16; W. KÖHLER, Zürcher Ehegericht und Genfer Konsistorium, Bd. 2, Leipzig 1942, 505–652; O. *Weber*, Kirchliche und staatliche Kompetenz in den Ordonnances ecclésiastiques von 1561, in: Die Treue Gottes, Neukirchen 1968, 119–130; J. PLOMP, De Kerkelijke Tucht bij Calvijn, Kampen 1969; J. STAEDTKE, Demokratische Traditionen im westlichen Protestantismus, in: Demokratische Traditionen im Protestantismus, München-Wien 1969, 7–30; A. VAN GINKEL, De Ouderling, Amsterdam 1975; R.M. Kingdon u.a. (Hrsg.), Registres du Consistoire de Genève au temps de Calvin, tome I (1542–1544), Genève 1996 (THR 305); DERS. A New View of Calvin in the Light of the Registers of the Genevean Consistory, in: Calvinus sincerioris Religionis Vindex, hrsg. von W. Neuser, Kirksville 1997, 21–33.

Die Genfer Kirche zur Zeit Calvins ist gemäß der Genfer Kirchenordnung („Les Ordonnances Ecclésiastiques" Art. 168) eine *Staatskirche*[232]. Der Rat der Stadt besitzt die kirchliche Gesetzgebungsgewalt (Jurisdiktion) (Art. 152)[233]. Calvin ist dem aus der Reformation erwachsenen landesherrlichen Kirchenregiment entgegengetreten und hat das Staatskirchentum an einer Stelle erfolgreich durchbrochen[234], indem er eine kircheneigene Kirchenzucht, der alle Genfer unterlagen, durchsetzte und die sog. Laien an der Leitung der Kirche beteiligte. In der „Institutio" von 1536 hat er bereits den *Kirchenbann* gelehrt. Er begründete ihn dreifach: 1. Wer durch seine Werke Gott verleugnet, kann nicht in Gottes heiliger Kirche bleiben; 2. er könnte die anderen verderben; 3. er soll durch den Bann zur Buße gebracht werden[235]. Beim Abendmahl wird der Bann vollzogen, der ausdrücklich in der Hand der Gemeinde und nicht in der des Prie-

231 OS 1,529f.

232 OS 2,362,13, Zusatz von 1561. Die Einteilung in Artikel stammt aus E. PFISTERERS Edition, vgl. N 42.

233 OS 2,358,10.

234 O. WEBER, Kirchliche und staatliche Kompetenz, nennt die uneingeschränkte Übernahme der Kirchengewalt durch die evangelische Obrigkeit eine ‚Theokratie' (passim). Er meint jedoch (S. 122), daß in den „Ordonnances" (Art. 11) „peuple et tout le corps de l'Eglise" (Zusatzbeschluß von 1561, OS 2,330,9) unterschieden würden und „nunmehr von einer Personenidentität zwischen ‚Bürgergemeinde' und ‚Christengemeinde' nicht mehr die Rede war". Übersehen ist, daß ‚Volk' und ‚Leib Christi' bereits in der KO von 1541 identisch sind (Art. 10, „peuple en la predication" und „la compagnie des fideles"; OS 2,329,30.

235 OS 1,89f.

sters liegt[236]. Noch kennt Calvin nur zwei Ämter, den Presbyter oder Bischof und den Diakon. In der ‚Articles concernant l'organisation de l'église et du cult à Genève' (1537) werden für Genf Ratsabgeordnete (députés) gefordert, die die einzelnen Stadtquartiere beaufsichtigen. Die Kirchenzucht verläuft nach der Ordnung Mt 18,15–18[237].

Als Pfarrer der französischen Fremdgemeinde in Straßburg hat Calvin unter günstigen Bedingungen die Kirchenzucht durchgeführt. Die Übersichtlichkeit der Gemeinde, das geringe Interesse der Obrigkeit an ihr und der elitäre Charakter der Gemeinde, da die meisten Gemeindemitglieder Flüchtlinge um des Glaubens willen waren, erleichterten ihre Durchführung. Presbyteramt und Kirchenzuchtbehörde hat er in der Straßburger Gemeinde offensichtlich nicht eingeführt[238]. Sie gehören jedoch zu den Bedingungen, die er 1541 für seine Rückkehr nach Genf stellt. Calvins Vorbild ist Oekolampads Forderung nach *Trennung* der bürgerlichen und kirchlichen Zucht, Einrichtung einer Zentralbehörde und Beteiligung von Gemeindegliedern an der Kirchenzucht; jener konnte sie in Basel nur zum Teil durchsetzen (s. Kap. III, § 2). Die Gedanken des Basler Reformators hat Calvin verwirklicht und zu Ende geführt, indem er für die Kirchenzucht das kirchliche Amt des Presbyters einführte. Bedingung für dieses Amt sind lediglich Gemeindezugehörigkeit und ehrbarer Lebenswandel. Der Presbyter repräsentiert nicht die Gemeinde (s. § 8), sondern er versteht sein Amt als Beauftragter Christi. Anders als Oekolampad bezieht daher Calvin Christi Worte „so sage es der Gemeinde" (Mt 18,15) auf die Versammlung der Presbyter[239]; nicht gemeint sei, ‚sage es dem ganzen Volk'[240]. Auch bezieht Calvin die Aufsicht über die Lehre in die Kirchenzucht ein[241], ohne jedoch eine besondere Lehrzucht durch das „Consistoire" zu fordern[242]. Presbyteramt (ancien, senior) und Kirchenzuchtbehörde (consistoire, senatus) werden in den „Ordonnances ecclésiastiques" von 1541 erstmals als neues kirchliches Ordnungssystem entfaltet und für die Kirche verbindlich gemacht. Dieser Gedanke stammt nicht von Bucer[243]; in Straßburg kann Calvin nur Anregungen bekommen haben. In der „Institutio" von 1539 werden ‚Presbyter' gar nicht, im Römerbriefkommentar (1540) nur kurz erwähnt[244]. Ausführlich begründet wird die Kirchenzucht erst in der „Institutio" von 1543[245]. Die calvinische *presbyteriale* Ordnung mit klar umrissener Aufgabe und biblischer Begründung war geschaffen. Für eine Synodalordnung unter Beteiligung der Presbyter war in dem kleinen Genfer Kirchenwesen kein Bedarf. Erst die Hugenottische Kirchenordnung (1559) entwikkelt die *presbyterial-synodale* Ordnung.

---

236 OS 1,187.

237 OS 1,373f.

238 J. Plomp S. 163f., gegen K. Bauer, V. Poullain, Elberfeld 1927, S. 144ff., W. Köhler, II, 525f. u.a.

239 „Ad ‚Ecclesiae' iudicum, qui est Seniorum consessus"; Inst IV, 12,2; OS 5,213,28.

240 „Toti populo": CO 45,514, zu Mt 18,16. Eine Gemeinde habe es zu Jesu Erdenzeit noch nicht gegeben.

241 Ord. eccl. Art. 154.

242 J. Plomp, 96.

243 In Straßburg und Hessen (Ziegenhainer Zuchtordnung) ist es durch Bucer nicht zu einer klaren Herausbildung der Kirchenzucht durch Presbyter gekommen. Entweder waren die Gemeindeglieder als solche nicht beteiligt oder es bestand keine kircheneigene Zucht (mit Kirchenzuchtsbehörde). Siehe Kap. IV, § 4; vgl. J. Bohatec S. 455f., W. Köhler, II, 514.

244 CO 49,239f.

245 IV, 3,11 und 12.

Da in Genf eine Staatskirche bestand und nicht eine Freiwilligkeitskirche, bedurfte das „*Consistoire*" der staatlichen Gewalt, um die Kirchenzucht durchführen zu können. Calvin mußte einen Kompromiß eingehen, der sein Programm einer Kirchenzucht durch kirchliche Amtsträger gefährdete. Der Genfer Rat setzte in den Entwurf der Kirchenordnung von 1541 jedesmal hinter den Begriff Presbyter (ancien) in Klammern „beauftragt durch den Rat" (comys pour la seigneurie). Calvin hat dies hingenommen und die Ordnung trotzdem „erträglich" (tolerabilis) gefunden[246]. Auf eine Wahl der Presbyter teils aus dem Rat, teils aus der Gemeinde ist er nicht zugegangen – wie Oekolampad in Basel und Bucer in Hessen. Er verstand die Presbyter alle als gewählte Gemeindeglieder. Zwanzig Jahre später hatte er nach schweren Kämpfen seine Meinung durchgesetzt. In die Kirchenordnung von 1561 wurde die Bestimmung gesetzt, daß die Presbyter der Gemeinde vorgestellt und diese gegen die Wahl Einspruch erheben konnte (Art. 12)[247]. Über den Vorsitz im Consistoire heißt es: „Die Heilige Schrift lehrt uns, scharf zwischen der Schwertgewalt und der Macht der Obrigkeit einerseits und der Aufsichtsbefugnis der Kirche andererseits, die alle Christen zum Gehorsam und wahren Dienst gegen Gott anleiten, Ärgernisse verhindern und abstellen soll, zu unterscheiden. Daher haben wir beschlossen und befohlen, daß man sich in Zukunft an die Bestimmungen [von 1541] halten soll. Das heißt, man soll einfach zwei Ratsherren aus dem Kleinen Rat wählen. Ist einer der beiden ein Bürgermeister, soll er nur in seiner Eigenschaft als Presbyter, ohne seinen Amtsstab mitzubringen, anwesend sein, um die Kirche zu leiten" (Art. 168)[248]. Der Zusatz „beauftragt durch den Rat" wurde auch gestrichen[249], wenngleich die Praxis beibehalten wurde. In reiner Form, weil unbeeinflußt durch die Obrigkeit, erscheint das calvinistische Presbyteramt erst in der Hugenottischen Kirchenordnung 1559. (Ergänzung im Anhang)

Von Frankreich aus breitete sich die presbyterial-synodale Ordnung über Westeuropa und in Übersee aus. Stationen sind die Beschlüsse des Weseler Konvents (1568), der Emdener Synode (1571), der Middelburger Synode (1581) und der Herborner Generalsynode (1586). In der Pfalz, in Ostfriesland und anderen reformierten Gebieten vermochte sie sich nicht gegen die staatskirchlichen und konsistorialen Systeme zu behaupten. Ein anderer Typ der presbyterialen Ordnung entstand in London. Während dort die französische Flüchtlingsgemeinde die Genfer Kirchenordnung übernahm, arbeitete Johann a Lasco (s.u. S. 274ff.) für die niederländische Gemeinde eine Ordnung (1550) aus, die der Gemeinde das Vorschlagsrecht, dem Presbyterium das Recht der Pfarrwahl zuerkennt. Die Kirchenordnung erfolgt im Namen der Gemeinde. Als die Exulanten England verließen, entwarf V. Poullain (s. EKL 4,728) für die französische Gemeinde in Frankfurt eine Kirchenordnung (1554), die ebenfalls kongregationalistische Züge trägt. J. Knox (s. u. S. 297ff.), der Prediger der englischen Flüchtlingsgemeinde, nahm sowohl a Lascos wie Calvins Grundsätze mit nach Schottland. Ihre Merkmale finden sich im ‚First' und ‚Second Book of Discipline' (1560 und 1578). In England entstand erst nach der Revolution auf der Westminster Synode ‚The Form of Presbyterial Church Government' (1645) (s.u.

[246] CO 11,363; Herminjard 7,439f.
[247] OS 2,330,25; Beschluß vom 9. 2. 1560.
[248] OS 2,362,1.
[249] OS 2,328,6.

S. 351f.). Sie wurde auch für die Presbyterianer in Schottland, den Vereinigten Staaten und anderwärts verbindlich.

Vierämterlehre und Gemeindeverantwortung (Presbyteramt) sind Modell für die *politische Gewaltenteilung* in der Demokratie geworden. Calvin deutet diese Entwicklung an, wenn er in der „Institutio" das „Consistoire" zum Vorbild der Obrigkeit nimmt[250]. Genf – Frankreich – England – Nordamerika sind die Stationen dieser Entwicklung. J. Staedtke stellt fest: „Der englische Puritanismus (ist), trotz der divergierenden theologischen Anschauungen seiner verschiedenen Gruppen, der eigentliche Geburtshelfer des modernen demokratischen Rechtsstaates gewesen." Zahlreiche naturrechtliche, freikirchliche und aufklärerische Ideen nahm der Puritanismus, in seinem Kern calvinistisch, in sich auf. Wenn auch die Gewissensfreiheit in ihnen nicht gewährt wurde, „die ersten calvinistischen Staaten Nordamerikas waren nach dem Vorbild der reformierten Kirchenverfassung demokratisch organisiert"[251].

Gemeinhin wird Calvins Wirken in Genf als ‚Theokratie' (Gottesherrschaft) bezeichnet. Die Kämpfe um die Kirchenzucht lassen jedoch erkennen, daß der Genfer Rat seine Kirchenhoheitsrechte sorgfältig wahrte und Calvin diese Rechte, von der Kirchenzucht abgesehen, anerkannte. Es wäre daher angemessener, von einer Theokratie der Genfer Obrigkeit zu sprechen[252]. Wie schwierig Calvins Auftreten einzuordnen ist, beweisen die Bezeichnungen Christokratie, Bibliokratie, Pneumatokratie[253] und Klerokratie[254]. Theokratie bedeutet Priesterherrschaft[255]. Calvin hat sie abgelehnt[256]. Ungewöhnlich waren für ihre Zeit weder die Genfer Kirchenzuchtbestimmungen[257], noch die Einheit von Kirche und Staat. Außergewöhnlich war nur Calvins Persönlichkeit, die die Bestimmungen auf der Kanzel und vor dem Rat vertrat und eine Theologie entfaltete, deren Hauptmerkmal die Heiligung der Gemeinde ist.

§ 12 Die Obrigkeit (regimen civilis)

Literatur: J. BOHATEC, Calvin und das Recht, Freudingen 1934, Neudr. 1971. BAUR, Gott, Recht und weltliches Regiment im Werk Calvins, Bonn 1965; D. SCHELLONG, Das evangelische Gesetz in der Auslegung Calvins, München 1968 (Theol. Ex. 152); J. STAEDTKE, Die Lehre von der Königsherrschaft Christi und den zwei Reichen bei Calvin, in: Reformation und Zeugnis der Kirche, Zürich 1978, S. 101–113 (vorher: KuD 18, 1972, S. 202–214).

---

[250] IV, 20,4; OS 5,475,14: „wir sehen jedoch, daß das Ziel der bürgerlichen Gewalt in der gleichen Richtung liegt".

[251] S. 16 u. 23.

[252] S. Anm. 234.

[253] J. BOHATEC, Die Eigenart des ‚theokratischen' Gedankens bei Calvin, in: Aus Theol. u. Gesch. d. ref. Kirche, Festgabe für E. F. K. Müller, Neukirchen 1933, S. 148.

[254] J. MACKINSON, Calvin and the Reformation, London 1936.

[255] RGG³ 6,752.

[256] Der Priesterkönig Melchisedek sei ein einmaliger Fall (CO 23,652); dem Papst stünden die beiden Schwerter nicht zu (Inst IV, 11,11; OS 5,207,11); vgl. J. BAUR, aaO. 145ff. 169, 267ff.

[257] Vgl. W. KÖHLER II, 512,514–554; E. PFISTERER, Calvins Wirken in Genf, Essen 1940, 58–76.

Calvin kennt wie Luther zwei Bereiche, in denen der Christ lebt. Doch macht er sich die Bezeichnung zwei ‚Reiche' oder ‚Jurisdiktionen' nicht zu eigen[258]. Er spricht von einem *„doppelten Regiment im Menschen"*, d.h. einem „regimen spirituale" und einem „regimen civile"[259]: „Es gibt im Menschen gleichsam zwei Welten, in denen verschiedene Könige und verschiedene Gesetze regieren können."[260] Luthers Doppelbegriff in der Obrigkeitsschrift (1523) „Reich Gottes und Reich dieser Welt" und den in ihm seit Augustin liegenden Dualismus lehrt er nicht; statt „Welt" oder „weltlich" gebraucht er bei der Erörterung der staatlichen Gewalt (Inst III, 19,15f. und IV, 20) die Adjektive bürgerlich (civilis), politisch (politicus), zeitlich (temporalis) oder gegenwärtig (praesens). Calvin hat keine Zwei-Reiche-Lehre, sondern eine *Zwei-Regimenten-Lehre*. Doch auch der Begriff des „doppelten Regiments" trifft nicht völlig seine Intention, da er zwar die wesensmäßige Verschiedenheit der beiden Lebensbereiche festhält, nicht aber die Überlegenheit des Regimentes bzw. der Königsherrschaft Christi zum Ausdruck bringt. Ein Reich hat eigentlich nur Christus, dessen Regierung jetzt begonnen hat und das nach dieser Zeit vollkommen sein wird[261]. Darum stellt er in der ‚Institutio' neben das ‚regnum Christi', oder ‚regnum coeleste' oder ‚regnum Dei' die ‚ordinatio civilis', oder die ‚politiae ratio'[262]. Seine Meinung trifft am besten die Gegenüberstellung von Königreich Jesu Christi und bürgerlicher, politischer Ordnung.

Sie sind „völlig verschiedene Dinge"[263]. Daher haben sie unterschiedliche Aufgaben: Ziel und Aufgabe des geistlichen Regimentes Christi ist es, das Gewissen in der Frömmigkeit und Verehrung Gottes zu unterweisen, während das bürgerliche Regiment zur Erfüllung der bürgerlichen Pflichten erzieht. Calvin ermahnt, daß beide Bereiche für sich betrachtet werden müssen. Keinesfalls hebe das geistliche Regiment die bürgerliche Ordnung auf oder dispensiere von ihr; ebensowenig dürfe das bürgerliche Gesetz die Gewissen binden[264].

Doch legt Calvin (ebenso wie Luther) keine abgeschlossene oder abgerundete Lehre vor. Darauf weist bereits ihre Erörterung, an zwei Stellen getrennt, in der „Institutio" hin, im Kapitel ‚De libertate christiana' und ‚De magistratu'. Das verschiedene Wesen beider Regimente wird nur kurz und fast in Andeutungen erläutert: Die beiden Lebensbereiche sind die ‚vita animae' und die ‚vita praesens'; das eine hat seinen Sitz tief im Herzen (in animo interiori), das andere zielt auf die äußeren Sitten (mores externi) hin[265]. Calvins Anliegen ist es, beide Regierungen einander möglichst *anzunähern*, d.h. die eine der anderen unterzuordnen. Seine Thesen lauten: „geistliche Freiheit und bürgerliche Knechtschaft können sehr wohl miteinander bestehen"[266], „die beiden Regimente werden von mir mit Recht verbunden"[267] und „beide Regimente stehen in keiner Weise im Widerspruch zueinander"[268]. Ohne Zögern spricht er von „christlichen Fürsten und Obrigkeiten", „christlichen Gerichtshöfen" und vom „christlichen Staat"[269]. Er betont nach Röm 13,1, daß die Obrigkeit an Gottes Statt

[258] Inst III, 19,15; OS 4,294,16 und 8.
[259] Inst III, 19,15; OS 4,294,5 und IV, 20,1; OS 5,471,12.
[260] Inst III, 19,15; OS 4,294,20.
[261] Inst IV, 20,2; OS 5,473,9.
[262] Inst IV, 20,1 und 2.
[263] OS 5,472,17.
[264] Inst III, 19,15; OS 4,294,17.
[265] OS 4,294,10.
[266] OS 5,472,25.
[267] OS 5,471,19.
[268] OS 5,473,8.
[269] OS 5,480,4; 491,2; 474,22 und 486,16.

steht, von ihm ihre Gewalt hat und ‚legati Dei' und ‚vicarii Dei' sind. Daher erweitert er die Aufgaben des politischen Regiments auf das „heilige" Leben („Institutio" von 1543)[270] und schiebt in der letzten Ausgabe ein: „sie muß den äußeren Gottesdienst pflegen und beschützen und die gesunde Lehre der Frömmigkeit und den (guten) Stand der Kirche verteidigen."[271]

Die Pflicht der Ketzerverfolgung durch die Obrigkeit entsprach dem geltenden Reichsrecht (Corpus Iuris Civilis), das die Antitrinitarier und Wiedertäufer zu verurteilen befiehlt[272]. Sie bedeutet aber einen Eingriff des Staates in die geistlichen Angelegenheiten. In seiner Schrift zum Servetprozeß (vgl. EKL 3,940) erörtert er die Frage, ‚An christianis iudicibus haereticos punire liceat' (1554); sie ist schon bei den Zeitgenossen nicht unwidersprochen geblieben. Die Alternative, eine staatliche Toleranz in Glaubensfragen, war jedoch noch unbekannt.

Über dem bürgerlichen Regiment steht die *Königsherrschaft Jesu Christi*. Beide sieht Calvin in enger Verbindung, ja in einer Harmonie miteinander. Der eschatologische Charakter des Königreichs Christi, das begonnen, aber noch nicht erfüllt ist, läßt Platz für das politische Regiment. Umgekehrt ist der Staat nach Calvin nicht nur um der Sünde willen notwendig, sondern er wird im Buch IV der „Institutio" unter der Überschrift behandelt: ‚De externis mediis vel adminiculis, quibus Deus in Christi societatem nos invitat, et in ea retinet.' Der Bergpredigt, die zum Leben in der Nachfolge Christi anleitet, nimmt Calvin im Unterschied zu Luther ihre Schärfe. Er meint, Jesu Worte seien gegen die Veräußerlichung und Heuchelei gerichtet. „Ob es um Besitz geht oder um die Sorge, um das Richten oder um das Schätzesammeln: schlecht und verwerflich ist keines von alledem. Christi Worte sollen es nicht antasten, sie lehnen nur die Übertreibung ab."[273] Auf diese Weise ermöglicht Calvin den Christen ein Handeln, das den Normen des Reiches Christi und dem Leben in der bürgerlichen Ordnung entspricht. Um den Ausgleich zwischen den Worten Christi und bürgerlicher Ethik zu erhalten, sieht er in den Geboten der Bergpredigt lediglich die antiken Mahnungen zur Mäßigung (moderatio), zur Billigkeit (aequitas) und zur Einhaltung des Maßes (modus) ausgesprochen[274].

Die Königsherrschaft Christi nennt Calvin meistens ein „regnum Christi *spirituale*", d. h. sie erfolgt durch sein Wort und seinen Geist in der Kirche. Mit Luther nennt er das Wort das Königszepter Christi[275]. Die Verkündigung des Evangeliums ist das ‚peculiare Dei imperium'. „Es ist gar nicht zu übersehen, daß der Gedanke an ein weltregimentliches Tun des Erhöhten ganz und gar in den Hintergrund tritt, wenn es Calvin darum geht, das Besondere der Königsherrschaft Christi darzulegen."[276]

Über die Staatsform äußert sich Calvin deutlich: „Gar leicht kann das Königtum in Tyrannei abgleiten, nicht viel schwerer entartet die Macht der Vornehmsten zur Parteienherrschaft einiger weniger, bei weitem am leichtesten aber kommt es bei der Volksherrschaft zum Aufruhr."[277] Von den drei Regierungsformen, der Monarchie, Aristokratie und Demokratie, bevorzugt er persönlich

---

[270] Inst III, 19,15; OS 4,294,14. [271] Inst IV, 20,2; OS 5,473,13. [272] CIC I, 1,1; I, 5,2.
[273] D. Schellong, Das ev. Gesetz, S. 63. [274] Ibid.
[275] W. Krusche, aaO. S. 333; J. Bohatec, Calvins Lehre, S. 272 Anm. 26.
[276] W. Krusche, aaO. S. 334. [277] Vgl. Cicero, De re publ. III, 13,23.

„die Aristokratie oder ein aus ihr und der Demokratie gemischter Zustand“[278]. Calvin hat deutlich die Genfer Verfassung vor Augen[279].

Ein Widerstandsrecht der Privatpersonen gegen die ungerechte Obrigkeit, insbesondere den *Tyrannenmord*[280], lehnt Calvin ab. Es bestehen gegenseitige Verpflichtungen (mutuae vices) zwischen Vorgesetzten und Untertanen. Aber ihr Bruch durch die Herrscher entbindet ebensowenig vom Gehorsam, wie die Verpflichtungen zwischen Eheleuten oder Eltern und Kindern aufgehoben werden können[281]. Trotz der rücksichtslos geführten Ketzerprozesse und lodernden Scheiterhaufen in Frankreich bleibt Calvin bei seiner Meinung: Unter den Tyrannen muß der Privatmann um seines Glaubens willen (Apg 5,29) leiden und soll im Gebet Gott um Hilfe anflehen[282]. Calvin kennt nur drei Möglichkeiten des Widerstandes gegen die Tyrannen. Wie Luther rechnet er mit öffentlichen Rettern (vindices), die aber nur Gott seinem Volk senden kann[283]; Vorbild sind die alttestamentlichen Richter[284]. Eine Widerstandspflicht hat hingegen die „niedrige Obrigkeit“ (populares[285] oder minores magistratus[286]); gemeint sind die versammelten Stände in Frankreich (ordines). Endlich können die Prinzen von Geblüt in Frankreich mit Unterstützung der Stände ihre Rechte mit Gewalt verteidigen[287]. Gemeint ist der evangelisch gesinnte Anton von Navarra, dem 1559 die Regimentschaft für den unmündigen König hätte zufallen müssen, der aber trotz Calvins Drängen die Gelegenheit nicht wahrnahm[288]. Dem Aufstand von Amboise (1560) hat er sich darum widersetzt. „Wenn von uns nur ein Tropfen Blut vergossen würde, so entstünde ein Strom daraus, der ganz Europa überflutete.“[289] Er verfocht den Grundsatz der Legitimität[290]. Als nach dem Blutbad von Vassy (1562) – ein blutiger Zusammenstoß zwischen dem Gefolge des Herzogs E. de Guise und Hugenotten, die einen Gottesdienst hielten – der erste Hugenottenkrieg ausbrach, sammelt Calvin in der Schweiz Geld und wirbt Truppen zur Unterstützung der französischen Protestanten.

---

278 Inst IV, 20,8; OS 5,478,18.

279 J. Bohatec, Calvin u. d. Recht, 157.

280 Inst IV, 10,6.

281 Inst IV, 20,29.

282 Inst IV, 20,32 und 29; OS 5,502,26 und 500,3.

283 Inst IV, 20,30.

284 CO 23,645, Serm. Melch.

285 Inst IV, 20,31, bereits in der Ausgabe 1536; CO 30,427, Hom. Sam.

286 CO 30,427, Hom. Sam. Bucer greift das Problem des Widerstandes der ‚potestates inferiores‘ gegen die ‚potestas superior‘ bereits im Evangelienkommentar 1530 auf; M. de Kroon, De christelijke overheid in de schriftuitleg van Martin Bucer en Johannes Calvijn, in: Wegen en gestalten in het gereformeerd protestantisme, Festschr. f. S. van der Linde, Amsterdam 1970, S. 66f.

287 CO 18,426.

288 J. Bohatec, Calvin und das Recht, 151–160, zeigt, daß das Recht der Prinzen von Geblüt zu Unrecht von dem Straßburger Jurist F. Hotoman behauptet wurde und Calvin irrtümlich diese Auffassung übernahm.

289 CO 18,426; an Admiral Coligny. Der Prediger Chadieu und F. Hotoman hatten zugeraten; J. Bohatec, Calvin u. d. Recht, 160–164.

290 CO 18,95.

Kapitel VII: Der zweite Abendmahlsstreit

Literatur: Eine eingehende Darstellung des zweiten Abendmahlsstreits fehlt. Die beste Auskunft geben: H. Heppe, Geschichte des deutschen Protestantismus in den Jahren 1555–1581, 4 Bde., Marburg 1852–59; H. Schmid, Der Kampf der lutherischen Kirche um Luthers Lehre vom Abendmahl im Reformationszeitalter, Leipzig 1868; E. Bizer, Studien zur Geschichte des Abendmahlsstreits im 16. Jahrhundert, Gütersloh 1940, Neudr. 1962.

§ 1 Der „Consensus Tigurinus" 1549

Literatur: H. Grass, Die Abendmahlslehre bei Luther und Calvin, Gütersloh ²1954, S. 208 ff. 275 ff.; E. Bizer, aaO. S. 243–274; Rorem, The Consensus Tigurinus (1549): Did Calvin Compromise?, in: Calvinus Sacrae Theologiae Professor, Grand Rapids 1994, 72–90.

Dogmengeschichtlich ertragreicher und lehrreicher als die Zürcher Eintrachtsformel ist ihre Vor- und Nachgeschichte. Denn die Consensformel ist in ihren Grundzügen und in vielen Einzelheiten ein Dokument Bullingerscher Theologie. Von ihr gilt, was bereits zum Zweiten Helvetischen Bekenntnis ausgeführt wurde (s. Kap. V, § 6): 1. Der Sakramentsbegriff dominiert; Taufe und Abendmahl dienen als Beispiele. 2. Christi allgemeines Heilswerk und seine Wohltaten für uns sind der Kontext der Sakramente und ihre Begrenzung; „Sie rufen uns Christi Tod und alle seine Wohltaten ins Gedächtnis"[1]. 3. Ihr ‚besonderer Zweck' (finis praecipuus) ist, „daß Gott durch sie uns seine Gnade bezeugt (testari), vergegenwärtigt (repraesentare) und besiegelt (obsignare)". Daneben sind sie Gemeinschafts- und Bekenntniszeichen, Anreiz zur Dankbarkeit und Übung der Frömmigkeit (VIII). 4. Die Wirkung der Sakramente wird durch eine Fülle von Begriffen wiedergegeben, die von ‚in memoria revocare' bis ‚fidem augescere' reichen, aber oft durch ein ‚quasi' oder ‚tanquam' abgeschwächt werden (VII, VIII, XII). 5. Die augustinische Unterscheidung von res und res signata wird hervorgehoben (IX, auch VII, XVI, XXII) und zeigt einen sakramentalen Dualismus an.

Bezeichnend ist der *Gedankengang*. Die Artikel I bis X enthalten die Darstellung der Lehre, in den Artikeln XI bis XXVI überwiegt die Abgrenzung gegen andere Lehren. Aber im ersten Teil dienen die Artikel I bis VI nur der christologischen und ekklesiologischen Grundlegung, erst die Artikel VII bis X entfalten die Sakramentslehre. Der zweite Teil wird von den Worten ‚non', ‚nihil' und ‚minime' bestimmt. Unter ihnen richten sich die Artikel XI bis XVI, XVII, (zum Teil) XVIII und XIX auch gegen Calvin. Denn die Hervorhebung des „solus Christus", „solus Deus", „unus Deus", „unus Christus", „solus Spiritus" besagt über das unbestrittene Anliegen hinaus, daß Gott sich an die Elemente in keiner Weise bindet, ihnen gegenüber völlig frei ist und selbst die Bezeichnung ‚Siegel' nicht ihnen, sondern dem Heiligen Geist zukommt (XI bis XV). Die Hervorhebung der ‚soli electi' und ‚(soli) fideles', die auch außerhalb der Sakramente mit Christus Gemeinschaft haben (XVI bis XIX), übergeht Calvins Nuancierungen des Glaubens. Pauschal wird gelehrt, „jeder empfängt nach dem Maß seines Glaubens" (XVIII). Der „Consensus Tigurinus" atmet Mißtrauen

[1] M 160,37; Art. VII.

und verrät ängstliche Bewahrung des zwinglischen Spiritualismus gegenüber Genf. Die übrigen Abgrenzungen gegenüber Rom und Wittenberg – Opus operatum (XVII), Gegenwart Christi unter den Elementen (XX), wörtliche Auslegung der Einsetzungsworte (XXII), Transsubstantiation (XXIV), Adoration (XXVI) – bestätigen das Bild; sie werden durch eine Verwerfung oder ähnliches eingeleitet.

Die Frage erhebt sich, was Calvin im „Consensus Tigurinus“ erreicht hat. Am Text hat er nur einige Korrekturen durchgesetzt: 1. Die Sakramente heißen nun „appendices evangelii“[2]. Die Gemeinschaft mit Christus bezeugen Predigt und Sakramente in gleicher Weise[3]. Das Wort kündigt an (annunciare), die Sakramente beeinflussen gleichsam als lebendige Bilder die Sinne besser (melius). Die Verkündigung dient daher dem Sakrament, so wie anschließend die Sakramente gleichsam als Siegel bekräftigen, was durch Gottes Mund verkündigt worden *war*[4]. Calvin hat also sein eigenes Verständnis der Sakramente als „appendices verbi“ nicht durchsetzen können; das Wort ist ebensowenig Heilsmittel wie die Sakramente. Die Verheißungen (promissiones) in Artikel IX und X sind die Schriftaussage, die den Zeichen *angefügt* (annectare) ist. Die wiederholte Schriftaussage, Christus gieße seine Kraft in uns ein[5], steht der römischen Sakramentsterminologie nahe, nicht evangelischer Worttheologie. 2. Der Hinweis auf einen Sakramentsdualismus durch die Formel ‚intus/foris‘ ist zurückgetreten[6]. 3. Vom Wachstum des Glaubens durch die Sakramente ist einmal die Rede, verbunden mit einer Stärkung der Gaben Gottes in uns[7].

E. Bizer hat das zwei Jahre währende briefliche Ringen zwischen Bullinger und Calvin ausführlich dargestellt[8]. Es ist die Geschichte des Zurückweichens Calvins, der die Predigerkonvente und Kirchenzucht im Berner Waadtland mit einem Kompromiß in der Abendmahlslehre erkaufen mußte, auf diese Weise aber vom Vorwurf des ‚Bucerianismus‘[9], das heißt, unaufrichtiger Unionsversuche frei kam. Anfangs hat Calvin Bullinger gegenüber das äußere Wort, den Glauben aus der Predigt, Wort und Sakrament als Hilfsmittel, durch die Gott seine Gaben darreicht, das Austeilen (administrare) der Gnade Gottes, den Mangel an Glauben und sein Wachsen durch das Sakrament mit Nachdruck vertreten. Das Sitzen zur Rechten Gottes schließt für Calvin eine Gegenwart ‚Kraft seines Geistes‘ im Glauben nicht aus. Vor allem muß das Zeichen als Pfand verstanden werden, das darbietet, was es abbildet. In den folgenden Briefen weicht Calvin Schritt für Schritt zurück. Er übernimmt Bullingers Begrifflichkeit und Lehrweise; ohne Frage war sie für ihn tragbar.

Am 5. Mai 1549 bietet er Bullinger an, zum Abschluß des „Consensus“ nach Zürich zu kommen. Doch wünscht jener weitere briefliche Klärung. Unter einem Vorwand erscheinen er und Farel am 20. Mai in der Limmatstadt und bringen aufgrund der bereits vorliegenden 20 Artikel[10] innerhalb von zwei Stunden die Verhandlungen zum Abschluß. Auf Calvins Drängen hin wurde später noch Artikel XXIII eingefügt, der die geistliche Nießung des Fleisches Christi beschreibt[11]. Er wollte so dem in Zürich entworfenen Artikel XXII über die signi-

[2] M 159,28.
[3] M 160,26.
[4] „ore Dei pronunciatum erat“: M 160,34.
[5] M 160,19; 161,24.44.
[6] M 160,42; 161,33.
[7] M 162,22.
[8] S. 250ff.
[9] CO 12,730.
[10] CO 7,717–722.
[11] CO 13,305.

fikative Deutung der Einsetzungswerte die richtige Anwendung dieser Auslegungsweise folgen lassen. Erst im Jahr 1551 erscheint die Einigungsformel im Druck.

§ 2 Ausbruch und Verlauf des Streites zwischen Westphal und Calvin

Literatur: C. H. W. Sillem, Briefsammlung des Hamburgischen Superintendenten Joachim Westphal, Hamburg 1903; W. Niesel, Calvins Lehre vom Abendmahl, München 1935²; E. Bizer aaO. S. 275–299; W. H. Neuser, Hardenberg und Melanchthon. Der Hardenbergische Streit (1554–1560), JGNKG 65, 1967, S. 142–186; F. Mahlmann, Das neue Dogma der lutherischen Christologie, Gütersloh 1969; W. H. Neuser, Melanchthons Abendmahlslehre und ihre Auswirkung im unteren Donauraum, ZKG 84, 1973, S. 49–59.

Der Abendmahlsstreit entstand nicht, wie oft behauptet wird, um Calvins Einfluß in Deutschland zu bekämpfen, denn jener besaß dort keinen nennenswerten Anhang[12]. Der Streit entbrannte wegen der Ausbreitung des Calvinismus in Frankreich, den Niederlanden und England. Am 10. August 1552 schrieb A. Bruchsal aus Antwerpen an J. Westphal in Hamburg: „Du wirst es kaum glauben, wie hier und in England und in den benachbarten Gebieten, ja, auch in Frankreich die Sekte der Sakramentarier Vermehrung findet und wächst. Sie hat zum größten Teil Calvin als Schutzherr und Urheber." Er bittet den Hamburger Superintendent, daß er oder Aepinus (s. LThK 1,690) oder Flacius Illyricus (s. o. S. 110f.) gegen Calvin und Johann a Lasco (s. EKL 2,1037f.) zur Feder zu greifen. Er legt a Lascos Schrift ‚Tractatio' (1552) bei, in der der „Consensus Tigurinus" als gemeinevangel. Konkordie gepriesen[13] und zusammen mit Schriften Calvins, Bullingers, Myconius' (s. o. S. 202f.) u. a. bzw. Auszüge aus ihnen abgedruckt wird. Westphal sagte zu[14]. „Der ehrgeizige Superintendent wollte den Ruhm, die Kirche gerettet zu haben, mit keinem zweiten teilen."[15] Seine ‚Farrago confuseanarum et inter se dissidientium opiniorum' (Magdeburg 1552) greift Luthers wiederholten Vorwurf auf, die Gegner hätten widersprüchliche Auslegungen der Abendmahlsworte. Er zitiert unter Namensnennung Karlstadt, Zwingli, Martyr, Oekolampad, Bucer, Bullinger, Calvin und Johann a Lasco. Die folgende ‚Recta fides de Coena Domini' (1553) wendet sich gegen „Meister Zwingli und Heinrich Schwermer und ihren Anhang"[16].

Calvin hätte wohl nicht geantwortet, wenn nicht a Lascos (s. o. S. 267) flämische Flüchtlingsgemeinde in London beim Regierungsantritt der ‚Blutigen Maria' 1553 England hätte verlassen müssen und mitten im Winter aus dem lutherischen Dänemark um ihres reformierten Glaubens willen ausgewiesen worden wären. A Lasco hatte am Hof in Kolding, Myconius in Hamburg, das die Flüchtlinge auch verlassen mußten, ihre Lehre offen dargelegt und verteidigt. „Mein Gott", schrieb Calvin um die Jahresmitte 1554 an a Lasco, „muß denn die Barbarei unter den Christen sogar die Wut des Meeres übersteigen?"[17] A Lasco drängte auf Erwiderung, Bullinger stimmte schließlich zu. Calvin will den

---

[12] Gegen R. Kruske, 9f., 192 u. a.

[13] Kuyper 1,102f.

[14] C. H. W. Sillem, 127f.

[15] K. Bauer, Bekenntnisstand, 18.

[16] Deutsche Übersetzung von W. Waldner 1554, c IIIa.

[17] CO 15,143.

„Consensus Tigurinus" verteidigen und zugleich den Männern, „die uns zustimmen" (Melanchthon), entgegenkommen[18]. Die Unmöglichkeit, beides miteinander zu verbinden, erkennt er nicht. Die Züricher widersprechen, indem sie Calvins Berufung (im Entwurf) auf Luther mit vielen Lutherzitaten widerlegen[19]. Calvin mußte sich korrigieren[20].

Natürlich entfachte Calvins ‚Defensio sanae et orthodoxae doctrinae' (1555) den Brand noch mehr. Immer mehr Theologen traten in den Streit ein. Nach J. Westphal (1552) greifen lutherischerseits N. Gallus (1554, s. o. S. 112), J. Timann (1555, s. LThK 10,197), E. Schnepf (1555, s. EKL 3,820), M. Judex (1556, s. EKL 4,557), J. Brenz (1556, s. o. S. 131f.), P. v. Eitzen (1557, s. EKL 4,415), N. Hemming (1557, s. EKL 4,507), N. Amsdorf (1557), J. Wigand (1559, s. EKL 3,1816) und T. Heshusius (1560, s. o. S. 133) ein, reformierterseits J. Calvin (1555), J. a Lasco (1555), H. Bullinger (1556, s. o. S. 225), V. Poullain (1557, s. EKL 4,728), Th. Beza (1559, s. u. S. 318ff.). Einige von ihnen verfassen mehrere Schriften; nicht alle Beteiligten sind aufgeführt.

Bezeichnend für den Zweiten Abendmahlsstreit ist das Fehlen neuer theologischer Argumente. Nur die Christologie wird ausgestaltet: die Ubiquitätslehre durch die Lehre von der „communicatio idiomatum"[21], das „Extra Calvinisticum" im Anschluß an Melanchthons Ausführungen (s. Kap. VI, § 5). Lutherischerseits hält man sich buchstabengetreu an Luthers Lehre; die Schweizer gestehen nur die Nießung des Leibes und Blutes Christi durch die Glaubenden deutlicher als zuvor zu. Die Anknüpfung an den ersten Streit ist Kennzeichen der neuen Auseinandersetzung. Ein Kampf um die alten Autoritäten setzt daher ein, um Luther, Zwingli und die „Confessio Augustana" (s. o. S. 81ff.). Melanchthon wird zur meistumworbenen und -umkämpften Autorität. Die Genesiolutheraner stehen vor der Verlegenheit, Melanchthons Abendmahlslehre mit der Luthers nicht in Übereinstimmung bringen zu können. Die Zwinglianer befürchten wie zu Zeiten Bucers eine Einigung, die von Zwingli wegführt. Calvin und seine Anhänger suchen die Einigung mit den Melanchthonianern, sind aber durch den „Consensus Tigurinus" gebunden. Melanchthon schließlich befürwortet die Einigung, will aber nicht gegen Luther und die Gnesiolutheraner in den Streit gezogen werden. Rivalität herrscht auch zwischen den Gruppen, die einander bis dahin nahestanden: Zwinglianer und Calvinisten suchen beide die Flüchtlingsgemeinden für sich zu gewinnen; die Gnesiolutheraner wollen die Melanchthonianer zu sich herüberziehen bzw. jene wollen diese abwehren.

Der Augsburger Religionsfriede 1555 brachte – in der Schweiz anfangs unbeachtet – eine neue Frontstellung: Im Art. 5 werden die ‚Sakramentarier' verworfen. Unter dem Reichsschutz stehen nur die Anhänger der Augsburger Konfession; die verschiedenen Fassungen von 1530 und 1540 blieben vorläufig unbeachtet. Reichsrechtliche Überlegungen bestimmen von nun an den Abendmahlsstreit. Als Verfasser der CA rückt Melanchthon immer mehr in den Mittelpunkt.

---

[18] CO 15,255. [19] CO 15,273ff. [20] CO 9,18 u.ö.

[21] T. Mahlmann stellt ein Überwechseln der Gnesiolutheraner von der christologischen Begründung Melanchthons zu der Luthers fest. Neu ist ihre Darstellung der Ubiquitätslehre nicht, da Luther keineswegs nur ihre Möglichkeit erwogen hat; Das neue Dogma 174 Anm. 155, vgl. 37 Anm. 78, und 169 Anm. 140. Erst M. Chemnitz entwickelt eine neue Christologie.

Im Jahr 1557 tritt der Streit in eine neue Phase, weil Melanchthon Stellung bezieht. Er willigt in eine Verwerfung der ‚Lehre Zwinglis' und der ‚schrecklichen päpstlichen Götzen' ein. Calvins Einigungsversuche sind damit gescheitert, denn die Zwinglianer sind zu keinen Verhandlungen mehr bereit. Die Entfremdung wird auch durch Melanchthons entschiedenes Eintreten für die Fremdgemeinden ebensowenig ausgeräumt wie durch seine im gleichen Jahr einsetzende Abkehr von den Gnesiolutheranern. Sein Kampf gegen die Ubiquität, die Gegenwart im Brot und Wein mit allen ihren Folgen (Anbetung, Verbrennung der konsekrierten Brotreste, Abschaben des Fußbodens, auf den Wein verschüttet wird) und gegen eine Abendmahlsdeutung, die nicht im ntl. Kontext (1.Kor 10,16; Kol 3,1 usw.) erfolgt, wird von Jahr zu Jahr heftiger. J. Brenz tritt im Würtembergischen Abendmahlsbekenntnis (1559) für die Ubiquitätslehre ein, die Melanchthon als ‚Hechinger Latein' verhöhnt. Schließlich nimmt Melanchthon offen Partei für Hardenberg in Bremen (1559, s. LThK 5,5) und verurteilt im Heidelberger Gutachten (1. 11. 1559) Heshusius, Mörlin (s. o. S. 118ff.) und Sarcerius (s. RE 17,482ff.). Als Melanchthon 1560 starb, stand nur noch ein Teil seiner vorher zahlreichen Anhänger zu seiner vermittelnden Lehre. Die übrigen wandten sich dem Gnesioluthertum oder Calvinismus zu. Die Schwächung der vermittelnden Positionen und die Stärkung der entstehenden konfessionellen Parteien ist das eigentliche Ergebnis des Kampfes.

§ 3 Das Ringen um die Autorität Luthers, a Lascos, Melanchthons und Zwinglis

Literatur: Eine ausreichende, neuere Geschichte des Augsburgischen Bekenntnisses fehlt ebenso wie eine Darstellung der Abendmahlslehre des späten Melanchthon. H. GOLLWITZER, Melanchthons Lehre vom Abendmahl, in: Coena Domini, München 1937, S. 65–96; W. H. NEUSER, Die Versuche Bullingers, Calvins und der Straßburger, Melanchthon zum Fortgang von Wittenberg zu bewegen, in: U. GÄBLER, E. HERKENRATH (Hg.), Heinrich Bullinger 1504–1575. Ges. Aufs. zum 400. Todestag, Bd. 2, Zürich 1975, S. 35–55; W. H. NEUSER, Bibliographie der Confessio Augustana und Apologie 1530–1580, Nieuwkoop 1987 (BHRef 37); DERS., 450 Jahre Confessio Augustana Variata, BPfKG 59, 1992, 53–62.

Das „Interim" hatte die theologischen Spannungen zwischen Melanchthon und den rigorosen Lutheranern zur Entladung gebracht. Das Ansehen des „Praeceptor Germaniae" hatte gelitten. Doch hatte sich um die Mitte des Jahrhunderts seine und nicht Luthers Abendmahlslehre durchgesetzt. Da sie in einen allgemeinen Sakramentsbegriff eingeordnet war und weder Ubiquitätslehre noch „manducatio oralis" und „impiorum" enthielt, war sie leichter faßlich. Wie wenig man sich der Eigenart der Abendmahlslehre Luthers noch bewußt war, zeigt, daß der Unterschied zwischen „Confessio Augustana invariata" (1530) und „variata" (1540) unbemerkt geblieben war. Seine Kritiker begannen Melanchthons Lehräußerungen aber vermehrt an Luthers echter Lehre zu messen; das Gnesioluthertum entsteht. Flacius greift in der Schrift „Von der einigkeit derer, so für und wider die Adiaphora im vergangenen Jaren gestriten haben" (1556) das „autos epha, Ph[ilippus] hats gesagt" an (A8b) und kritisiert Melanchthons

‚Repetitio Confessionis Augustana', die 1551 als „Confessio Saxonica" publiziert worden war[22].

In den lutherischen Abendmahlsstreitschriften wird Luthers Autorität auffallend hervorgehoben. N. Gallus (s. o. S. 112) nennt Luther den ‚Elias der Endzeit', der von Gott zur Erneuerung der Kirche erweckt wurde und dessen Abendmahlsschriften zur Bestätigung des biblischen Zeugnisses herangezogen werden müßten[23]. J. Timann (s. o. S. 275) bezeichnet Luther als ‚Propheten Gottes', dessen Lehre man zu glauben gezwungen sei (cogere), doch nicht um Luthers, sondern um des Wortes Gottes und des kirchlichen Consensus willen[24]. J. Westphal (s. o. S. 274) spricht von den ‚sancta consilia D. Lutheri', des ‚invictus miles Christi'[25]. E. Sarcerius (s. o. S. 276) nennt ihn den ‚tertius Elias'[26].

Bevor Calvins erste Streitschrift erschien, gab N. Gallus Melanchthons Abendmahlsschrift aus dem Jahr 1530 erneut heraus, damit die ‚auctoritas Philippi' nicht von den Gegnern mißbraucht werde und über Melanchthons Verteidigung der lutherischen Lehre kein Zweifel bestehe (A5bf.). „Confessio Augustana" und „Apologie" bleiben fast unbeachtet. Calvin, der ihre theologische und rechtliche Bedeutung von Worms und Regensburg (1540/41) her kannte, eröffnete den Streit um sie. Die Zürcher hatten Luther für den Autor gehalten[27]. Calvin berichtigte sie brieflich: Melanchthon habe in Worms (1540) den Text des Artikels X geändert und die Päpstlichen hätten daraufhin die Evangelischen ‚Zwinglianer und Fälscher' genannt. Aber ihr Einspruch sei abgewiesen worden. „So ist die Abschwächung fast einstimmig bei der Abstimmung angenommen worden. Denn Amsdorfs Geschrei, das er gegen Bucer erhob, wurde ignoriert und verlacht." Die Apologie sei eine Privatschrift, die auch dem Verfasser mißfalle[28]. Calvin nützt jedoch die Gelegenheit nicht, die Zürcher zur Anerkennung der „Variata" zu bewegen. Die zentrale Stellung, die ihr zufallen würde, war noch nicht abzusehen. Calvin hat in Deutschland immer zu ihrer Annahme geraten, Bullinger sie abgelehnt. Schon 1553 war in Straßburg die Unterzeichnung des Augsburger Bekenntnisses durch Petrus Martyr (s. u. S. 299ff.), den Lehrer am Gymnasium, und Garnier (s. RE^3 22,149), den Prediger der französischen Gemeinde, gefordert worden. Calvin hatte Garnier brieflich zugeraten und auf die Übereinstimmung mit Melanchthon verwiesen[29]. Hingegen hatte Bullinger auf Erläuterungen bestanden, wie Martyr sie gegeben hatte[30]: „wenn sie richtig und angemessen verstanden wird". Arglos schreibt Calvin in der „Defensio" (1555), das Abendmahl sei kein leeres Zeichen, sondern es stärke den Glauben. „In unserer Konsensschrift finden die Leser, was das Regensburger Bekenntnis, Confessio Augustana genannt, beinhaltet." Es folgen die Worte des Artikels X (Variata)[31]. J. Westphal wies Calvins Urteil schroff zurück und zitierte zum Beweis Apologie Artikel 10[32]. Wie bereits an Garnier gibt Calvin in der ‚Secunda defensio' (1556) zur Antwort, über den Sinn des Artikels X der „Confessio Augustana" entscheide als Richter nicht Westphal, sondern der Autor (Melanchthon). „Wenn er mit einem kleinen Wort erklärt, ich wiche von seiner Ansicht ab, so

22 Bindseil 571; CR 8,843.
23 Praef. zu den „Sententiae veterum" Melanchthons 1554, Blb.
24 Farrago 1557, 144f.
25 Justa defensio 1557, 4a, 3b.
26 Confessio fidei 1557, H6a u.ö.
27 CO 15,280f.
28 CO 15,305f.
29 CO 15,336f.
30 CO 15,355.
31 CO 9,18f.
32 Adversus cuiusdam Sacramentarii falsam criminationem 1555, p. 19.

will ich sogleich (meine Ansicht) aufgeben."[33] Es gebe keinen geeigneteren Interpreten als den Autor selbst[34]. Der Streit um den Sinn des Augsburger Bekenntnisses ist zum Streit um die Autorität Melanchthons geworden.

In die Auseinandersetzungen um die „Confessio Augustana" griff auch Johann a Lasco (s. o. S. 274ff.) ein, der 1555 nach Frankfurt kam; von den Flüchtlingsgemeinden wurde dort deren Anerkennung gefordert[35]. In seiner ‚Purgatio' (1556) stellt sich a Lasco dem Vorwurf, von dem Bekenntnis in der Abendmahlslehre abzuweichen. Er beruft sich auf den Wortlaut des Artikels X und auf Melanchthon als den Autor[36]; die Apologie und alle anderen Zusätze lehnt er ab. Westphal verfaßte daraufhin ein „Responsum ad scriptum Joh. a Lasco, in quo Augustanam Confessionem in Cinglianismum transformat' (1557). Gegen Calvins Berufung auf Melanchthon als Interpreten schreibt er eigens eine Schrift ‚Philippi Melanchthonis sententia de coena Domini, ex scriptis eius collecta' (1557). Die zwölf Beweisstücke aus Melanchthons Schrifttum sollen den Mißbrauch des Namens des Wittenbergers durch die ‚Sacramentarier' außer Zweifel stellen (B8a). In der ‚Ultima admonitio ad Westphalum' (1557) fragt Calvin zurück, ob nicht Melanchthon im Laufe von 40 Jahren in der Erkenntnis vorwärtsschreiten dürfe. Er lasse sich eher von seinen Eingeweiden als von Melanchthon trennen, auf dessen Antwort er getrost warte[37]. Melanchthons Antwort kam schneller und fiel anders aus als Calvin es erwartete. Das Buch erreichte Melanchthon auf dem Wormser Colloquium (1557). Es kann dazu beigetragen haben, Melanchthon zu einer Stellungnahme zu zwingen. Der Protestation der Gnesiolutheraner, die zahlreiche Verdammungen enthielt, folgte am 21. Oktober diejenige Melanchthons, Brenz', Marbachs u. a.[38]. Sie verwirft das ‚dogma Zwinglii' und die ‚idola pontifica'[39]. Calvin brach daraufhin enttäuscht die Korrespondenz mit Melanchthon ab. Obgleich Melanchthon zur Augsburger Konfession nicht Stellung genommen hatte und sich auch zur Verdammung der Lehre lebender Theologen nicht hatte drängen lassen, wußte er, daß von Melanchthon nun keine offene Stellungnahme für die Schweizer mehr zu erwarten war. Bullinger war nun zu keinen Verhandlungen mehr bereit. Er weist Melanchthon am 7. März 1558 in einem vorwurfsvollen Brief darauf hin, daß außer der Verdammung Zwinglis und also der schweizerischen Kirchen die „Confessio Augustana" als feststehende Lehrnorm bezeichnet wird. Klarsichtig erkennt er: „Wenn so gar nichts zu ändern ist an der Augsburger Konfession, so wird mithin eben sie auch in Zukunft die einzige Formel sein, welcher alle zustimmen müssen, sofern sie katholisch und orthodox erscheinen wollen."[40] Die konfessionelle Spaltung war unabwendbar. Die Gnesiolutheraner hatten ihr Ziel erreicht, Melanchthon zur Stellungnahme gegen die Schweizer zu veranlassen, wenn sie auch seine Abendmahlslehre nicht verdrängen und Luthers Lehre nicht völlig durchsetzen konnten. Melanchthon mußte erfahren, daß nur eine kleine Gruppe Gebildeter seine Abendmahlsauffassung festhalten konnte. Sein personal-akthaftes Verständnis der Gegenwart Christi und seine Reduzierung der Abendmahlslehre auf die zum Heil notwendige Lehre vermochte sich gegenüber den seinshaften Deutungen der Präsenz der anderen Parteien (geistig/geist-

[33] CO 9,70.
[34] CO 9,91.
[35] Kuyper II, 19f.
[36] Kuyper I, 257f.
[37] CO 9,149.
[38] CR 9,349ff.
[39] CR 9,352,353.
[40] Bindseil 431.

lich oder gebunden an die Elemente) nicht zu behaupten. Ihm fehlte wohl auch der Mut, seine Lehrweise entschieden zu vertreten. Auch Calvin konnte seine vermittelnde Position nicht verständlich machen. Er hat Melanchthons Einfluß über- und den der Gnesiolutheraner unterschätzt. Jene aber waren ebensowenig bereit, an Luther Kritik üben zu lassen, wie Bullinger an Zwingli.

§ 4 Die Einigungsversuche Calvins, a Lascos und Melanchthons

Literatur: Fehlt.

Je länger der Streit währte, um so heftiger suchte Calvin nach praktischen Wegen zur Eintracht. Den Gedanken, den Consensus Tigurinus als Konkordienschrift vorzuschlagen, wie a Lasco ihn in der ‚Tractatio' (1552) äußert[41], oder die Übereinstimmung mit der Confessio Augustana zu beweisen, hat er bald fallengelassen. Einen anderen Vorstoß unternahm er im Brief an die sächsischen Pfarrer vom 5. Januar 1556, den er der ‚Secunda defensio' voranstellte. In ihm beschwor er die evangelische Zusammengehörigkeit (coniunctio) und Übereinstimmung (consensus) in der Lehre und erklärte sich zu jedem Weg der Aussöhnung (conciliationis ratio) bereit[42]. Ihm antwortete Westphal mit einer ‚Confessio fidei de eucharistiae sacramento' der sächsischen Kirchen (1557), in der er Calvins Vorschlag zurückwies (A2a, A8a) und eine Synode oder „allgemeine Zusammenkunft' ablehnte (A3b). Er führte eine eindrückliche Liste zustimmender Voten der bedeutendsten Theologen des norddeutschen Raumes vor. Gegebener Gesprächspartner Calvins war Melanchthon. In Schriften und Briefen hat er ihn zur Parteinahme zu bewegen versucht. Doch nicht ohne Grund war Melanchthon gegen jedes Drängen mißtrauisch. Durch die Korrespondenz Calvins zieht sich ebenso die Verärgerung über das ‚Schweigen' Melanchthons[43], wie durch diejenige Westphals[44]. Sein Schweigen ist Ausdruck seiner Abscheu des kirchlichen Streites. Die Wurzeln dieses Irenismus liegen in der Antike. Melanchthon hat eine ausführliche Lehre von der ‚Mäßigung' (modestia, moderatio, lenitas) entwickelt, die bei der aristotelischen „epieikeia" ansetzte und auch die Barmherzigkeit Gottes in Christus als ‚Mäßigung' versteht[45]. Das Evangelium selbst ist ‚Mäßigung des göttlichen Gesetzes', weil es den unvollkommenen Gehorsam der Frommen Gott wohlgefällig sein läßt[46]. Melanchthon begründete sein Schweigen im Abendmahlsstreit daher mit dem ‚Maßhalten'[47] und mit der Beschränkung auf die ‚notwendige' Lehre, zu der die umstrittenen lutherischen Lehren nicht gehören[48]. Inbegriff der ‚doctrina necessaria' ist das ‚Examen Ordinandorum'[49]. Wenn Gewalt angewendet wird, geht die Weisheit verloren, ist seine Meinung[50].

Seit Beginn des Streites dachte Melanchthon an ein Gespräch zwischen ‚gelehrten Männern', um die Eintracht wiederzugewinnen. Doch rechnete er zu ihnen die Gnesiolutheraner nicht. Als Herzog Christoph von Württemberg (seit

[41] Kuyper I,103.
[42] CO 9,49f.
[43] CO 15,216,489,835; 16,501,577 u. ö.
[44] Sillem I, 226,260,270,332 u. ö.
[45] CR 11,650 u. ö.
[46] CR 16,77 u. ö.
[47] CR 8,538,724,915.
[48] CR 8,903,905,918; 9,990,848,1038.
[49] CR 8,904; 9,851,848,1038.
[50] CR 9,137,166,167.

1554) eine ‚Synode' lutherischer Theologen betrieb[51], lehnte Melanchthon ab; er erwartete eine Spaltung der Synode[52]. Zum Gespräch mit der römischen Partei auf dem Regensburger Reichstag 1556 würden seiner Meinung nach einige wenige Theologen genügen[53]. Die Coswiger Verhandlungen mit den Gnesiolutheranern (18. bis 28. Januar 1557) empfand er als Demütigung. Seit 1554 dachte er an den Weggang von Wittenberg ins ‚Exil'. Doch blieben die Einladungen Calvins, Bullingers und der Straßburger erfolglos. Die Protestation am 21. Oktober 1557 in Worms begrub auch diese aufsehenerregenden Pläne. Als Gesprächspartner boten sich Melanchthon die ‚reformierten' Theologen an; er war bereit, sich an Konkordiengesprächen mit ihnen zu beteiligen. Als 1555 Johann a Lasco nach Frankfurt a. M. kam, wurde er der eifrige Betreiber eines Colloquiums. Sein Anliegen war die Anerkennung der „Confessio Augustana", von der die Existenz der Fremdengemeinden und seine Rückkehr nach Polen abhing. Im September 1555 traf er sich mit Melanchthons Schwiegersohn, Caspar Peucer, in Frankfurt[54]. Dem Brief Peucers an Calvin sind Melanchthons konkrete Pläne zu entnehmen[55]. Eine ‚flacianische' (zu Flacius s. o. S. 110ff.) Synode lehnt er ab und wünscht ein Gespräch zwischen einer begrenzten Zahl ‚gebildeter und frommer Männer', das zu einem Consens unter den ‚Besonneneren' (saniores) führt. Dies soll entweder in der Form eines Vorgespräches zum Regensburger Reichstag (1556) in Anwesenheit der evangelischen Fürsten und Regenten stattfinden, oder, falls der Konvent ausfällt, nur mit einigen Fürsten und ungeachtet des Geschreis der Gegner. A Lasco bat Calvin um Unterstützung des Plans in Zürich[56], doch stieß dessen vorsichtige Fürsprache[57] bei Bullinger auf schroffe Ablehnung[58]. Das Gespräch zwischen a Lasco und Brenz Ende Mai 1556 schlug fehl; Brenz bestritt a Lasco die Berufung auf die „Confessio Augustana". Bullingers Zweifel am Gelingen wurde bestätigt.

Im September 1556 reiste Calvin nach Frankfurt a. M. Dort beschlossen a Lasco und er eine neue Zusammenkunft. Sie suchten Melanchthon nun zu einem Privatgespräch mit ‚reformierten' Theologen zu gewinnen[59]. Doch klang H. Languets gleichzeitiger Bericht an Melanchthon wenig ermutigend[60]. Als a Lasco Ende November die Heimreise nach Polen antrat, suchte er Melanchthon in Wittenberg auf und vereinbarte ein geheimes Zusammentreffen im September 1557 in Frankfurt[61]. Melanchthon riet ab, Kurfürst August für den Plan gewinnen zu wollen; er hat wahrscheinlich nur widerwillig eingewilligt. Calvin korrespondierte mit Zürich über diesen Konvent. Der Plan scheiterte wohl nicht nur an dem Zustandekommen des gleichzeitigen Wormser Colloquiums. Trotzdem hat Calvin versucht, Melanchthon noch in Worms zu einer Eingabe an die Fürsten zu bewegen, die Schweizer zu einem Gespräch mit ihren Gegnern nach Straßburg, Tübingen, Heidelberg oder Frankfurt einzuladen[62]. Er befürchtete zu Recht, daß ein Gespräch ohne die Schweizer zu deren Lasten gehen würde.

Im Jahre 1557 hat Calvin zweimal hinter Bullingers Rücken in Süddeutschland Abendmahlsgespräche führen lassen. Als im Frühjahr eine Intervention bei

---

[51] Vgl. H. Heppe III, 109ff.,134.
[52] CR 8,622.
[53] CR 8,624.
[54] Kuyper II, 714.
[55] CO 15,648, Datum: CR 8,736.
[56] CO 16,94, vgl. 89.
[57] CO 16,116f.
[58] CO 16,123,125ff.,147.
[59] CO 16,281,285.
[60] C. Krause, Melanchthoniana 154ff.
[61] Kuyper II, 733ff.
[62] CO 16,550, vgl. 595,621.

den deutschen Fürsten notwendig wurde, legten Beza und Farel (s. EKL 1,1266f.) in Straßburg und bei den Pfälzer und Württemberger Fürsten eine Konsensformel vor, die *Confessio Goeppingiensis*[63]. Sie nähert sich sehr der lutherischen Lehre: Die ‚Substanz' Christi wird im Abendmahl durch den Glauben mitgeteilt (exhiberi), sie wird Glaubenden und Nichtglaubenden vorgelegt (proponere), sakramental, das heißt ‚sub specie rerum visibilium', doch wird die ‚geistliche Weise' der Mitteilung festgehalten. Erst auf Umwegen erfuhr man in Zürich davon und war über den Substanzbegriff aufgebracht. Beza hat ihn den Zürchern gegenüber jedoch entschieden verteidigt[64]. Im September 1557 mußten Beza und Farel wieder nach Deutschland reisen, jetzt um der verfolgten Evangelischen in Paris willen. In Worms trafen sie Anfang Oktober die gemäßigten Theologen versammelt; die Gnesiolutheraner waren abgereist. Es kam zum Lehrgespräch mit Melanchthon, Brenz u. a. Die ‚Confessio doctrinae Ecclesiarum Gallicarum', die sie übergaben, hatte Melanchthon ihnen „diktiert"[65]. Ihr Ziel war, die Confessio Augustana (ausgenommen Artikel 10) anzuerkennen, eine geistliche Gegenwart Christi im Abendmahl zu lehren und eine Bestätigung der Orthodoxie in den übrigen Lehren zu erhalten, die ein eingehendes Abendmahlsgespräch ermöglichte[66]. Obgleich es eine ‚französische' Konfession war, wurde sie in Zürich ungnädig aufgenommen[67]. Ausgleichsgespräche der Calvinisten ohne Zürich schienen sich anzubahnen. Die ‚Protestation' am 21. Oktober 1557 in Worms beendete auch diese Entwicklung. Calvins Konkordienmöglichkeiten waren erschöpft. Die Spaltung war ohnedies schon zu weit fortgeschritten. Das Maulbronner Gespräch (1564, s. o. S. 140ff.) zwischen Jacob Andreä, Brenz und den Heidelberger Theologen zeigte nur festgefügte Fronten.

§ 5 Die Ausbildung der Konfessionen in regionalen Kämpfen

Literatur: J. F. A. Gillet, Crato von Crafftheim und seine Freunde, 2 Bde., Frankfurt a. M. 1860; A. Kuyper, Joannis a Lasco Opera, 2 Bde., Amsterdam/Haag 1866; R. Kruske, Johannes a Lasco und der Sakramentsstreit, Leipzig 1901, Nachdr. Aalen 1972; K. Hein, Die Sakramentslehre des Johannes a Lasco, 1904; K. Bauer, Der Bekenntnisstand der Reichsstadt Fankfurt a. M. im Zeitalter der Reformation, ARG 19, 1922; 20, 1923; 21, 1924 (in Forts.); ders., Valérand Poullain, Elberfeld 1927; R. Wesel-Roth, Thomas Erastus, Lahr 1954; H. Engelhardt, Der Irrlehreprozeß gegen Albert Hardenberg 1547–1561, Frankfurt 1961; W. Hollweg, Der Augsburger Reichstag von 1566 und seine Bedeutung für die Entstehung der Reformierten Kirche und ihres Bekenntnisses, Neukirchen 1964; W. H. Neuser, Die Aufnahme der Flüchtlinge aus England in Wesel (1553) und ihre Ausweisung trotz der Vermittlung Calvins und Melanchthons (1556/57), in: Weseler Konvent 1568/1968 (SVThKG 29) 1968, S. 28–49; V. Press, Calvinismus und Territorialstaat. Regierung und Zentralbehörden der Kurpfalz 1559–1619, Stuttgart 1970; P. Barton, Um Luthers Erbe. Studien und Texte zur Spätreformation (I.): Tilemann Heshusius (1527–1559), Witten 1972; E. K. Sturm, Der junge Zacharias Ursin. Sein Weg vom Philippismus zum Calvinismus (1534–1562), Neukirchen 1972; W. Janse, Albert Hardenberg als Theologe, Leiden-New York-Köln 1994.

In diesen Auseinandersetzungen verdrängte die konfessionelle Majorität die Minorität, und die Konfessionsgrenzen gewannen Gestalt. Melanchthon wurde

[63] Corr. de Bèze II, 244ff.; CO 16,469ff.
[64] CO 16,576ff.,609ff.
[65] So Calvin CO 17,690.
[66] Corr. de Bèze II, 115f.; CR 9,332ff.
[67] CO 16,742.

als Autor der „Confessio Augustana Invariata“ (1530) und „Variata“ (1540) dabei oft um sein Urteil gefragt und so in den Kampf hineingezogen. Denn an der Zustimmung zur CA entschied sich die Aufnahme in den Religionsfrieden bzw. die Ablehnung als ‚Sakramentarier‘. Betroffen waren vor allem die französischen, niederländischen und englischen Flüchtlingsgemeinden, soweit sie nicht im reformierten Emden oder vorlutherischen Straßburg Zuflucht fanden. N. Gallus hat ihre Situation erfaßt, wenn er schreibt, daß die Zwinglianer sich „vielleicht umb zeitlichs fridens willen zu der Augspurgischen Confession... bekennen“[68]. Alle Gegner der Abendmahlslehre Luthers möchte N. Gallus (s. o. S. 112) als ‚Sakramentarier‘ abstempeln. Er hat bemerkt, daß „gewisse neue Sakramentarier eine mittlere Lehre zwischen Luther und Zwingli suchen“[69]. An erster Stelle dachte er an Calvin, den „fürnemsten der newen Zwinglianer“[70].

Die hervorragende Gestalt unter den Exulanten war Johann a Lasco (s. unter Laski EKL 2,1037f.), ein origineller, zu Spekulationen neigender Theologe polnischer Herkunft, der sich als kirchlicher Organisator hervortat. Zuerst von Erasmus geprägt, wurde er unter dem Einfluß der Schriften Zwinglis evangelisch[71]. Von 1543 bis 1546 wirkte er als Superintendent in Ostfriesland und verfaßte dort 1544 die ungedruckt gebliebene ‚Epitome doctrinae Ecclesiarum Frisiae orientalis‘, die er Melanchthon, Bullinger, Bucer, Hardenberg u. a. zusandte. In ihr erwies er sich als Zwinglianer: Gott ist das ‚summum bonum‘, er ist aber auch wahrhaftig (verax) und gerecht (iustus)[72]. Durch die göttliche Verheißung (promissio) des Kommens Christi (Gen 3,15), die Adam und allen seinen Nachkommen gleich nach dem Fall gegeben wurde, und durch die Verheißung des Abrahamssegens an alle Geschlechter (Gen 12,3) wird ein *Heilsuniversalismus* begründet. Der verheißende (promissus) Christus hat die gleiche Kraft wie der erschienene (exhibitus); Christi Priestertum ist ewig[73]. Wie bei Zwingli ist Gottes Barmherzigkeit schon im Gottesbegriff verankert. A Lasco gibt zusätzlich eine alttestamentliche, direkt auf Christus hinzielende Begründung. Der Heilsuniversalismus erstreckt sich bei ihm auch auf die edlen Heiden[74], er will aber ihre Seligkeit nicht wie Zwingli durch den Gottesbegriff der Philosophen und eine natürliche Gotteserkenntnis begründen. Diesem Gottesbegriff erklärt er nicht allzusehr nachgeben zu wollen[75].

A Lasco lehrt hingegen einen Synergismus und will so den Gegensatz von göttlichem Heilsuniversalismus und menschlichem Unglauben lösen. Die ‚Befreiung‘ in Christus ist ihm nur eine Hilfe (adiumentum) zum Guten für die ‚Frommen‘[76]. „Wieweit wir durch die uns angeborene Krankheit Gott nicht glauben können, ... soweit (hactenus) werden wir im Urteil Gottes um Christi willen für Glaubende gehalten (censere).“[77] Die Leistung des Frommen besteht darin, unnachsichtig gegenüber den verzeihlichen Sünden (peccata venialia) zu sein. Diese gehen aus der angeborenen Krankheit (morbus adnatus) hervor, das heißt, aus der Erbsünde. Zwinglis Erbsündenbegriff ist übernommen[78]. Aber bei a Lasco hat die Bezeichnung der *Erbsünde als Krankheit* nicht nur den Sinn, Kin-

[68] Von Irthumen und Secten, 1558, B2b.
[69] Praef. zu den Sententiae veterum, 1554, B2b.
[70] Wächterstimme, ca. 1559, B4b.
[71] Kuyper I, 282.
[72] Kuyper I, 487,485.
[73] Kuyper I, 508; II, 587.
[74] „Virtute excellentes, extra ecclesiam“: Kuyper II, 564.
[75] Kuyper II, 562f.
[76] Kuyper I, 504.
[77] Kuyper I, 507.
[78] Vgl. Kuyper I, 495.

der und Heiden von der ihnen anhängenden Verdammung freizusprechen[79]. Ausdrücklich ist sein Ziel nicht, das Heil der Heidenkinder zu lehren; diese Ansicht besitze keinen Schriftgrund[80]. Die Abschwächung der Erbsünde und die Unterscheidung der verzeihlichen Sünden schaffen Raum für eine menschliche Aktivität. Neben der verzeihlichen Sünde steht nämlich die Tatsünde (peccatum actuale), die freiwillige (!) Sünde und Todsünde ist (peccatum mortale seu voluntarium). Christus ist für die Todsünde nicht gestorben[81]. A Lasco ist Semipelagianer, er hängt einem humanistischen Moralismus an. Dem Prädestinatianismus Zwinglis entgeht er. Doch findet seine Lehrweise nicht den Beifall Melanchthons. Dieser kritisiert die Unterscheidung von „peccatum veniale" und „mortale" und die Sündlosigkeit der Heidenkinder[82]. Als sein Anliegen bezeichnet a Lasco, „den Ruhm und die Kraft des Verdienstes Christi in klareres Licht stellen" zu wollen[83] und zu lehren, „was Zwingli einst wahrscheinlich eher dunkel andeuten als durch deutliche Worte offen aussprechen wollte"[84]. Gemeint ist die Universalität des Heils. In der Sakramentslehre stimmt a Lasco mit Bullinger überein. Die Sakramente sind ‚Siegel' der Verheißungen. Sie besiegeln und bekräftigen den durch Wort und Heiligen Geist bereits empfangenen Glauben, und sie sind Verpflichtungen zur Heiligung. Die Sakramente sind ‚nuda signa et humanae duntaxet societatis symbola'[85]. Bemerkenswert ist seine Exegese der Abendmahlsworte: die Worte ‚Dies ist mein Leib' (usw.) bezieht er auf die Handlung (actio) und nicht auf das Brot[86]. Der Nordener Abendmahlsstreit und die Berührung mit Bucer und Calvin veranlassen a Lasco 1545, die Gegenwart Christi im Abendmahl zu lehren[87]. Die geforderte Anerkennung der Confessio Augustana lassen ihn der Lehre Calvins, mit dem er 1556 in Frankfurt zusammentrifft, und dem Plan eines Unionsgespräches nähertreten. In der ‚Purgatio' (1556) korrigierte er sich: Leib und Blut Christi sind ‚vere et substantialiter' gegenwärtig[88].

V. Poullain (s. EKL 4,728) und F. Perucelle, die Pfarrer der französischsprachigen Flüchtlingsgemeinden in Frankfurt und Wesel, bleiben dagegen Zwinglianer. Als der Weseler Rat die Exulanten auffordert, die „Confessio Augustana" zu unterzeichnen, legt Perucelle 1556 ein zwinglisch lehrendes Abendmahlsbekenntnis vor und beruft sich auf Melanchthons veränderte Meinung. Dieser, vom Rat befragt, kann das Bekenntnis nicht gutheißen. Er versucht, den Flüchtlingen aber die Zustimmung zur „Confessio Augustana" zu erleichtern, indem er die Annahme der Wittenberger Konkordie 1536 (s. o. S. 96f.) und einer Formel, die 1.Kor 10,16 betont, vorschlägt[89]; sie sollen die „Confessio Augustana" interpretieren. Doch lehnt Perucelle den Begriff ‚substantialiter' in der Wittenberger Konkordie ab. Die Flüchtlinge verlassen die Stadt. Poullain macht dem Rat der Stadt Frankfurt 1557 das Angebot, die „Confessio Saxonica" 1551 (s. o. S. 140) zu unterzeichnen, die sich als ‚Repetitio Confessionis Augustanae' versteht. Nur soll der Begriff ‚substantialiter' – zu Calvins Ärger[90] – ausgenommen sein. Auch diesmal befragt, unterstützt Melanchthon den Vorschlag[91]. Im Jahre 1561 vertreibt der Rat auch in Frankfurt die Exulanten.

[79] Kuyper I, 522.
[80] Kuyper II, 564.
[81] Kuyper I, 498,506; II, 587.
[82] CR 5,792, vgl. 574.
[83] Kuyper II, 569.
[84] Kuyper II, 587.
[85] Kuyper I, 555.
[86] Kuyper I, 522.
[87] Vgl. K. Hein, 97.
[88] Kuyper I, 261/62.
[89] CR 7,908ff.
[90] CO 16,565.
[91] Bindseil 411f.

Albrecht R. *Hardenberg* (s. LThK 5,5) in Bremen, der Freund a Lascos und Schüler Melanchthons, lehrt in seinem Abendmahlsbekenntnis 1548 das Teilhaftigwerden (participatio) des Leibes und Blutes Christi, gebunden an Brot und Wein. Leib und Blut sind der ‚totus Christus', der allein im Glauben empfangen wird; alle ‚fleischlichen Vorstellungen' lehnt er ab. Melanchthon stimmt dem Bekenntnis zu, obgleich Hardenberg Calvins Lehrweise nahesteht; a Lasco kritisiert es[92]. Als Hardenberg zu Beginn des neuen *Abendmahlsstreites* in Ostfriesland die ‚moderatio Melanchthonis' vertritt[93], trübt sich zeitweise sein Verhältnis zu a Lasco; im sog. Emdener Katechismus (1554) des Gellius Faber kann a Lasco nur in der Abendmahlslehre eigene Gedanken eintragen.

In den Abendmahlsstreit hineingezogen wurde Hardenberg als von ihm die Zustimmung zur ‚Farrago' (1555) des Bremer Pfarrers Johann Timann gefordert wurde. Im Kampf gegen die Ubiquitätslehre hat er Melanchthon als Beistand. Da der Bremer Domprediger sich gegen jede Bekenntnisverpflichtung wendet, läßt sich seine genaue Einstellung zur „Confessio Augustana" nicht feststellen. Mit dieser Weigerung muß er unterliegen, zudem der dänische König die Befreiung vom Sundzoll aufhebt und so Druck auf den Rat ausübt. Als Heshusius (s. o. S. 133) Ende des Jahres 1559 in Bremen erscheint, findet sich Melanchthon zu einer Abendmahlsdisputation bereit, zu der er und Petrus Martyr gegen Westphal, Heshusius und Mörlin antreten sollen[94]. Doch Melanchthon verstirbt; Hardenberg verliert 1561 sein Amt.

In Breslau bestanden die katholischen Zeremonien im Gottesdienst fort; der Bischof mußte die Pfarrer der Stadt bestätigen. Der evangelische Rat konnte die evangelische Predigt nur durch Festhalten an der „Confessio Augustana" und vorsichtige Politik gegenüber dem Bischof und dem Wiener Hof erhalten. Als Zacharias Ursinus (s. EKL 3,1596f., ferner u. S. 286ff.) 1558 Professor an der Elisabeth-Schule wurde, bestehen in der Stadt drei Parteien: der Kircheninspektor A. Curaeus (nicht mit Bruder Joachim s. RE 4,352f. zu verwechseln, s. S. 133) und der Ratsherr Morenberg sind Philippisten, die auf die Bewahrung des Friedens auf dem Boden der „Confessio Augustana" bedacht sind; Ursinus' Kollege J. Praetorius ist Gnesiolutheraner; Ursinus und der Breslauer Arzt J. Crato von Crafftheim (s. EKL 4,382), beide zuvor Melanchthonanhänger, sind Calvinisten. Melanchthon selbst berät Curaeus und Morenberg, wie der Frieden zu erhalten und gnesiolutherische Ansichten abzuwehren seien[95]. Doch tritt bei dem „Praeceptor Germaniae" inzwischen die Präsenz des Leibes und Blutes Christi hinter Aussagen über die Wirksamkeit Christi im Abendmahl zurück. In einem vertraulichen Brief vom 21. März 1559 an Crato bekennt er sich zur symbolischen Deutung der Einsetzungsworte[96], ohne jedoch wie Ursinus in den Breslauer ‚Theses' (1559) den Glauben zur Bedingung des Empfangs zu machen[97]. Der Gegenwart der Person Christi ‚vere et substantialiter' stimmen alle Beteiligten zu. Da Ursinus keine Aussicht hat, seine Ansicht in Breslau durchsetzen zu können, begibt er sich nach Zürich und 1561 nach Heidelberg.

Als der pfälzische Kurfürst Ott Heinrich 1559 starb, gibt es in der Pfarrerschaft und an der Universität Heidelberg Gnesiolutheraner, Philippisten, Calvi-

---

[92] Kuyper II, 612ff.
[93] Kuyper II, 711.
[94] CR 9,1063.
[95] CR 9,850f.,848f.
[96] CR 9, 785.
[97] Vgl. E. Sturm, 151.

nisten und Zwinglianer. Der Generalsuperintendent Tilemann Heshusius, der Kanzler von Minckwitz und der Hofrichter Venningen sind streng lutherisch, der Professor Petrus Boquinus, ein Franzose, der frühere Kanzler Probus und der Rat Ehem denken calvinisch, der Leibarzt und Professor der Medizin Thomas Erastus (s. LThK 3,957f.) ist entschiedener Zwinglianer, die übrigen halten zumeist zu Melanchthon. Entscheidend wird, daß die drei Grafen von Erbach nahe Verwandte des Kurfürsten Friedrich III. und überzeugte Calvinisten sind. Die Brüder der Kurfürstin Maria sind hingegen die lutherischen Herzöge von Sachsen, die bei dem neuen Kurfürsten die Reinigung des Landes vom ‚Zwinglianismus' durchzusetzen suchen. Im Heidelberger Abendmahlsstreit bringt Heshusius durch seinen maßlosen Eifer für die reine lutherische Lehre bald die anderen Gruppen gegen sich auf. Trotz seines Widerspruchs wird der Diakon Wilhelm Klebitz, nach Ausweis seiner Thesen[98] ein aggressiver Zwinglianer, von der Universität zum Baccalaureus promoviert. Ein Gutachten Melanchthons vom 1. Nov. 1559 wendet sich anklagend gegen das Gnesioluthertum und mahnt zum Frieden[99]. Als die Kontrahenten nicht schweigen, werden sie entlassen; Heshusius muß fliehen. Der Kanzler Minckwitz versucht am 2. Jan. 1560 zu verhindern, daß zum künftigen Kirchenrat mit Ehem, Erastus, Boquinus, dem Hofprediger Diller und dem Sekretär Cirler fast nur Reformierte gehören, doch vergeblich. Die Heidelberger Disputation 1560 zwischen den sächsischen Theologen Mörlin (Maximilian s. RE^3 13,247f.) und J. Stößel einerseits[100] und Boquinus und Erastus andererseits bringt die Entscheidung für den Calvinismus. Die lutherischen Räte und Professoren werden entlassen und durch reformierte ersetzt.

Der Calvinismus hat in Deutschland größere Durchsetzungskraft bewiesen als der Zwinglianismus. Da er die „Confessio Augustana" nicht ablehnt, vermag er auch den Schutz des Augsburger Religionsfriedens zu erlangen. Wesel, Bremen und einige kleinere Territorien werden reformiert. Seit dem Abendmahlsstreit gilt Calvin jedoch als Feind des Luthertums.

Kapitel VIII: Der Übergang eines Teils der Melanchthonschüler zum Calvinismus

Literatur: H. Heppe, Geschichte des deutschen Protestantismus in den Jahren 1555–1581, Bd. 2, Marburg 1853 (= Gesch.); J. F. A. Gillet, Crato von Crafftheim und seine Freunde, 2 Bde., Frankfurt 1860; M. A. v. Landerer, G. Kawerau, Art. Philippisten, RE^3 15,322–331; H. E. Weber, Reformation, Orthodoxie und Rationalismus I, 2, Gütersloh 1940, 322–329.

Die Zahl der Philippisten, die sich dem Calvinismus bzw. Reformiertentum angeschlossen haben, ist nicht bekannt. Die Bezeichnung ‚Kryptocalvinisten' – sei sie berechtigt oder nicht – deutet an, daß nicht alle an die Öffentlichkeit getreten sind. Bei den dargestellten vier Gruppen vollzieht sich dieser Wandel öf-

---

[98] B. G. Struve, Ausführlicher Bericht von der Pfälzischen Kirchen-Historie, Frankfurt 1721, 78.

[99] CR 9,960ff.

[100] Die lutherischen Thesen s. B. G. Struve 94–98; die Reformierten legten die Thesen des Klebitz vor.

fentlich und ihre Führer legen das Ergebnis ihrer theologischen Entwicklung in dogmengeschichtlich und kirchlich bedeutungsvollen Schriften vor. Diese Gruppen bilden schlesische Theologen (Z. Ursinus, M. Eccilius, A. Birkenhahn, J. Ferinarius), ungarische Studenten aus Wittenberg (P. Thuri, F. Ceglédi, C. Károlyi, G. Szegedi, A. Károlyi, P. Melius, B. L. Szikszai u. a.[1]), Heidelberger Theologen (nach Ausweis des Heidelberger Katechismus) und Wittenberger Professoren (Chr. Pezel, F. Widebram, s. EKL 4,900, H. Möller, C. Cruciger u. a.). Hinzugefügt werden kann Niels Hemmingsen in Kopenhagen[2]. Sie alle vollziehen kurz vor oder nach Melanchthons Tod die Abwendung vom Luthertum.

§ 1 Zacharias Ursinus (1534–1583)

Literatur: Q. REUTER (Hg.), D. Zachariae Ursini ... Opera Theologica, Vol. 1–3, Heidelberg 1612; A. LANG, Der Heidelberger Katechismus und vier verwandte Katechismen, Leipzig 1907, S. LXIVff., 152ff.; E. BIZER, Frühorthodoxie und Rationalismus, Theol. Stud. 71, Zürich 1963, S. 16–32; E. STURM, Der junge Zacharias Ursin. Sein Weg vom Philippismus zum Calvinismus (1534–1562), Neukirchen 1972.

Ursinus studierte von 1550 bis 1557 an der Universität Wittenberg. Seine Briefe aus dieser Zeit zeigen, daß er sich völlig Melanchthon angeschlossen hat. Eine Studienreise führte ihn 1557/58 nach Basel, Zürich und Genf. Seit 1558 war er Lehrer an der Elisabeth-Schule in seiner Vaterstadt Breslau und trug dort die Glaubenslehre anhand des ‚Examen Ordinandorum' Melanchthons vor. Im Breslauer Abendmahlsstreit (s. o. S. 284) verfaßte er eine Verteidigungsschrift, ‚Theses' über die Sakramente (1559)[3], die ungedruckt blieb. Bei Melanchthons Definitionen anknüpfend, geht Ursin in den genannten Lehren über seinen Lehrer hinaus und schließt sich direkt Calvin an: Die Sakramente stärken den Glauben, der Voraussetzung der Wirksamkeit der Sakramente ist. Die Abendmahlsworte sind „sakramentale oder figurale Redeweisen"[4], die Zeichen Brot und Wein sind nicht nur Allegorie, sondern Versiegelung (obsignatio)[5]. Die Thesen dokumentieren Ursins Übergang vom Philippismus zum Calvinismus. Da sich Melanchthon kurz vor seinem Tode in Briefen nach Breslau zur tropischen Auslegung der Einsetzungsworte und zur Nießung durch die Glaubenden bekannt hatte (s. Kap. VII, § 5), war sich Ursinus des Bruches in seiner theologischen Entwicklung nicht bewußt[6]. Weil in Breslau die calvinische Lehre nicht offen geduldet werden konnte, verließ Ursinus 1560 seine Vaterstadt. In der Frage des freien Willens stellt er sich nun gegen Melanchthon und die Wittenberger auf die Seite des Flacius, weil dieser wie Calvin lehre[7]. In Zürich, wo er sich besonders Petrus Martyr (s. o. S. 277) anschloß, bekennt er sich auch zur Erwählungslehre, jedoch noch nicht in der calvinischen Form. Die Erwählungslehre soll die Kin-

[1] G. SZABÒ, aaO. S. 103 Anm. 45; s. Lit. zu § 3. Dort auch zu den Personen.
[2] Fr. NIELSEN, Art. Hemmingsen, RE³ 7,659–662.
[3] Opera Theol. 1,766–802.
[4] De sacr., These L, 1. Abschn.; Op. Theol. 1,777.
[5] De sacr., These L; Op. Theol. 1,779.
[6] Vgl. E. STURM, aaO. S. 162ff.
[7] An A. Birkenhahn am 30. 6. 1560; E. STURM, Briefe des Heidelberger Theologen Z. Ursinus aus Wittenberg und Zürich (1560/61), in: Heidelb. Jb. 14, 1970, S. 87.

dertaufe begründen. Da die Sakramente den Glauben voraussetzen, verbürgt Gottes Erwählung diesen Glauben bei den unmündigen Kindern, sofern sie erwählt sind. Calvins Aussage, daß der Glaube bei den Kindern auch nachfolgen könne (s. Kap. VI, § 10), akzeptiert Ursinus nicht. Er behilft sich mit der aristotelischen Unterscheidung von „potentia" und „actus fidei" bei den Kindern[8]. Der spätere Glaube ist das Wirken der erwählenden Gnade[9], das Beharren (perseverare) der Erwählten im Glauben bis an ihr Ende ist die notwendige Konsequenz. Ursin spricht nur von einer Erwählung zum ewigen Leben, nicht von einer doppelten Prädestination. Petrus Martyr hatte in seinem Römerbriefkommentar 1558 den Begriff der Prädestination abgelehnt[10]. Demnach hat sich Ursin die zwinglische Lehrweise (s. Kap. II, § 4) angeeignet und sie 1560 vertreten.

In Heidelberg erhielt er 1561 die Professur für Dogmatik (Loci communes) und entwarf für die Vorbereitung der Theologiestudenten am Sapienzkolleg einen lateinischen Katechismus, der dem anspruchsvollen Titel einer ‚*Summa Theologiae*' zu genügen sucht. Da die ‚Catechesis Minor' (1562) wahrscheinlich eine Vorarbeit der Kommission für den Heidelberger Katechismus (s. u. S. 288 ff.) ist[11], gibt nur die ‚Summa Theologiae' Auskunft über Ursins frühe Heidelberger Theologie. Die Einleitung ist eine Komposition aus Gedanken Bullingers, Melanchthons und Calvins. Die Summe christlicher Lehre (Fr. 8) besteht aus vier Lehrstücken, der Summe des göttlichen Gesetzes (Dekalog), der Summe des Evangeliums (Apostolicum), der Anrufung Gottes (Herrengebet) und der Einrichtung des kirchlichen Amtes (Fr. 9). Der letzte Teil, der Verkündigung, Sakramente und Kirchenzucht behandelt, erinnert das Buch IV der ‚Institutio' Calvins, während die Teile 1 und 2 Melanchthons Lehre von Gesetz und Evangelium wiederzugeben scheinen. Indessen legt Ursin zuerst das Evangelium (Apostolicum) und die Rechtfertigung aus (Fr. 35–147) und dann erst, Calvin folgend, den Dekalog, der der Heiligung dient (Fr. 148–214). Das Schema, zuerst Gesetz dann das Evangelium, läßt er jedoch nicht fallen (Fr. 268). „Nachdem aber erst das Gesetz für die zweite Stelle bestimmt war, so empfand Ursin es doch als Mangel, wenn es in seiner Bedeutung als Zuchtmeister auf Christus gar nicht gewürdigt werde; daher verfiel er, der Melanchthonschüler, auf den Naturbund."[12] Er greift Bullingers Föderaltheologie auf (s. o. S. 205), die er zu einer Lehre vom Schöpfungs- bzw. Naturbund (Fr. 10–29) und vom Gnadenbund (Fr. 30–323) weiterentwickelt. Da der Mensch den Schöpfungsbund nicht halten konnte, wie am Doppelgebot der Liebe (als summa legis) verdeutlicht wird (Fr. 15–17), hat Gott in Christus den Gnadenbund aufgerichtet. Die Föderaltheologie durchzieht den ganzen Katechismus (Fr. 1,2 u. ö.).

Viele Definitionen sind Melanchthons ‚Examen Ordinandorum' (Sündenbegriff, Fr. 23–24 u. a.), den ‚Definitiones' (1552–53) (Trinitätslehre, Fr. 42–43) und den „Loci communes" entnommen[13]. Die Lehre vom „triplex munus Christi" (Fr. 59–63), die Sakramentslehre, die Ausführungen über die Kirchenzucht u. a. m. sind calvinisch. Dagegen ist die Prädestinationslehre (Fr. 215–223) wie

---

[8] Vgl. E. STURM, aaO. S. 205f.

[9] Vgl. E. STURM, aaO. S. 204.

[10] E. STURM, aaO. S. 210.

[11] Vgl. E. STURM, aaO. S. 246f. Die Texte von ‚Maior' und ‚Minor' bei A. LANG, aaO. S. 152ff und 200ff.

[12] A. LANG, aaO. S. LXVI.

[13] Vgl. A. LANG, aaO. S. LXIVf.

bisher zwinglianisch. Es gibt nur eine Erwählung, keine Verwerfung: Gott gibt den Nichterwählten keine Gnade, so daß sie nicht glauben und Buße tun können und also verdammt werden (Fr. 217). Ursins Interesse an der Erwählung Gottes gilt weder der Heilsgeschichte, noch der Erklärung der Existenz von Glaube und Unglaube, sondern dem Einhalten der Gebote Gottes, der Heiligung und also der Perseveranz der Gläubigen (Fr. 215,218). Ganz zwinglianisch (s. Kap. II, § 6; III, § 1) wird am Ende durch Rückschluß von den guten Werken auf den Glauben (Syllogismus practicus) nach den Zeichen der Erwählung gefragt. Das ‚testimonium spiritus sancti' ist nicht wie bei Calvin (s. Kap. VI, § 3) die Bezeugung der Wahrheit des Wortes Gottes, sondern das ernstliche Streben nach der Gnade Gottes in Christus, ihre Annahme, das Zurückschrecken vor der Sünde und der Anfang der wahren Bekehrung zu Gott (Fr. 222)[14]. Die Rechtfertigung (iustificari) ist trotzdem im Glauben an Christus Heilstat ein abgeschlossener Vorgang. Ursinus lehrt die Gewißheit der Rechtfertigung (iustus esse; Fr. 134,135,214)[15].

Vom Herbst 1564 an hat Ursin eine Vorlesung über die „Loci communes" gehalten, die er bereits 1567 nach dem Kapitel „De lege Dei" abbrach. Sein Kommentar zum Heidelberger Katechismus, der 1598 und erweitert 1616 erschien[16], weist ihn als philosophisch und rational denkenden Theologen aus[17]. In ihm vertritt er die doppelte Prädestinationslehre. Die zahlreichen Streitschriften gegen das Gnesioluthertum beschleunigten seine Entwicklung zum Vertreter der reformierten Orthodoxie.

§ 2 Heidelberger Katechismus (= HK)

Literatur: A. LANG (s. § 1)1 K. BARTH, Die christliche Lehre nach dem HK, München 1949; W. HOLLWEG, Neue Untersuchungen zur Geschichte und Lehre des HK, Neukirchen 1961; Zweite Folge, Neukirchen 1968; L. COENEN (Hg.), Handbuch zum HK, Neukirchen 1963; P. G. HARTVELT, De Avondmaalsleer van de Heidelbergse catechismus en toepassing in de prediking; Homiletica en Biblica 23, 1964, S. 121ff.; W. H. NEUSER, Die Erwählungslehre im HK, ZKG 1, 1964, 310–326; U. BEYER, Abendmahl und Messe, Sinn und Recht der 80. Frage des HK, Neukirchen 1965; W. HERRENBRÜCK, U. SMIDT (Hg.), Warum wirst du ein Christ genannt?, Neukirchen 1965; W. H. NEUSER, Die Tauflehre des HK. Eine aktuelle Lösung des Problems der Kindertaufe, ThEx Nr. 139, München 1967; DERS., Die Väter des Heidelberger Katechismus, Theol. Zeitschr. 35, 1979, 177–194; O. WEBER, Der HK, Gütersloh 1978 (= Siebenstern 258).

Ursinus und Olevian sind nicht, wie lange angenommen wurde, die Hauptverfasser. Die Auffassung, Olevian sei der stilistische Endredaktor, hat sich als Legende erwiesen[18]. Da die ‚Catechesis Minor' (1562), in der der HK schon etwa zur Hälfte vorliegt, wahrscheinlich Kommissionsarbeit ist[19], kann auch Ursinus nicht als Hauptverfasser gelten. Die Theologie des HK ist nicht einheitlich, wie

---

[14] Einen Syllogismus practicus enthalten auch die Fr. 140–142; vgl. E. STURM, aaO. S. 264, 286.
[15] Gegen E. STURM, aaO. S. 263f.
[16] Corpus doctrinae orthodoxae sive catecheticarum explicationum, ed. D. Pareus.
[17] Vgl. E. BIZER, aaO. S. 16ff.
[18] W. HOLLWEG, aaO. (1. Folge) S. 124ff.; zu Olevian s. EKL 2,1688f.
[19] S. Anm. 11.

noch H. Heppe[20] („melanchthonisch"), M. A. Gooszen[21] (Bullinger) und A. Lang[22] („calvinisch") meinten. Er ist Gemeinschaftsarbeit eines Verfasserteams und Komposition aus verschiedenen reformatorischen Lehrweisen.

Hauptkennzeichen sind: 1. Die *Dreiteilung*. Auf die einleitenden Fragen (1–2) folgen Sündenerkenntnis, Christusbotschaft und Heiligung, die in anthropozentrischer Form vorgetragen werden: „Von des Menschen Elend" (Fr. 3–11), „Von des Menschen Erlösung" (Fr. 12–85), „Von der Dankbarkeit" (Fr. 86–129). Im zweiten Teil wird das Evangelium anhand des Apostolikums dargelegt (Fr. 23–59), auf das die Rechtfertigungslehre (Fr. 60–64) und die Lehre von den Heilsmitteln (Wort, Sakramente und Kirchenzucht) folgen (Fr. 65–85). Es ist auf diese Weise festgehalten, daß die Heilsaneignung ein Verkündigungsgeschehen ist. Die Zusammenfassung der Heiligung unter den Begriff der Dankbarkeit ist im Protestantismus nicht selten[23]; die drei Teile des HK erscheinen in einem anonymen lutherischen, in Heidelberg 1558 nachgedruckten Katechismus wörtlich, wenngleich nur beiläufig erwähnt[24]. Erst die Verfasser des HK haben die Begriffe aufgenommen und als Überschriften verwandt.

2. Die melanchthonische *Reihenfolge*[25] Gesetz-Evangelium-neuer Gehorsam wird mit calvinischem Inhalt gefüllt. Denn der Dekalog wird nicht im ersten, sondern im dritten Teil ausgelegt (tertius usus legis). Die Sündenerkenntnis gibt das Gesetz (Fr. 3) in der Form des Doppelgebotes der Liebe (Fr. 4). Christus ist damit wie bei Calvin (s. Kap. VI, § 4) der Skopus des Gesetzes; Sündenerkenntnis gibt auch das Evangelium (vgl. Christus, der Vater, der Hl. Geist Fr. 4,6,8).

3. Der Abschnitt von der Erlösung wird durch die *Satisfaktionslehre* eingeleitet, die wie bei Anselm von Canterbury ‚remoto Christo' entwickelt wird. Die Vorarbeiten (Minor und Maior) lehren sie im Zusammenhang der Jungfrauengeburt. Das 1562 in Heidelberg in deutscher Sprache gedruckte ‚Kurtze Bekanntnuß" Bezas hat den gleichen Gedankengang und wird eine Vorlage gewesen sein[26].

4. Die *Trinitätslehre* (Fr. 24) übernimmt die Überschriften aus Luthers Kleinem Katechismus. Der HK vertritt daher eine ökonomische Trinitätslehre. Aus Luthers Auslegung des 2. Artikels stammt auch die Frage 34 („unser Herr") und die Formel „Jesu Christi eigen" in der Frage 1.

5. Der *Glaube* hat in Frage 21 zwei Stufen („nicht nur ... sondern auch"). Die melanchthonische Psychologisierung wird übernommen: „fürwahrhalten" (assensus) und „vertrauen" (fiducia) sind die beiden Teile des Glaubens, obgleich im übrigen Katechismus die einzelnen Begriffe den ganzen Glauben ausdrücken. „Alles, was uns Gott in seinem Wort hat geoffenbart", wird für wahr gehalten, aber dem Evangelium wird „vertraut". Bibel und Heilsverkündigung fallen auseinander; die Orthodoxie kündigt sich an. In Frage 22 ist das Credendum jedoch die Verheißung des Evangeliums.

---

[20] Die confessionelle Entwicklung der altprotestantischen Kirche Deutschlands, Marburg 1854, S. 230.

[21] De Heidelbergsche Catechismus, Leiden 1890, S. 149ff.

[22] AaO. S. CI.

[23] E. Sturm, aaO. S. 249ff.

[24] J. M. Reu, Quellen zur Geschichte des kirchlichen Unterrichts, Bd. I, 1, Gütersloh 1904, S. 724, 12; 724, 36; 731, 27.

[25] Calvin behandelt in der ‚Institutio' den Glauben vor der Buße (s. Kap. VI, § 2).

[26] Vgl. W. Hollweg, aaO. (1. Folge) S. 86ff. (Text: S. 111ff.).

6. Der Glaube hat *Heilsgewißheit*, ausgedrückt in der Form des bekennenden Ich (Fr. 26,60 u.ö.). Diese Gewißheit ist Erwählungsgewißheit, da der Hl. Geist sie schenkt und sie sich auf die Ewigkeit bezieht (Fr. 1,21,32,52,53,54,56, 57,58,59). Die doppelte Prädestinationslehre in Minor 52 bis 54 ist fallengelassen worden; nur in den Fragen 52 und 54 erscheint noch das Wort „erwählt". Entweder haben die Verfasser in der Prädestinationslehre keinen katechetischen ‚Nutzen' gesehen, oder sie wollten keine Entscheidung zwischen zwinglischer Erwählungslehre (Ursinus), calvinischer Prädestinationslehre und melanchthonischer Erwählung der Kirche (Fr. 54: ecclesia electa) treffen. Der Syllogismus practicus wird mit zwinglischer Schärfe vorgetragen (Fr. 86).

7. Die *Christusgemeinschaft* im Glauben wird nach dem Vorbild Luthers und Calvins deutlich gelehrt. An Melanchthons Formeln anknüpfend und ihn zugleich korrigierend werden die Christusgemeinschaft *und* seine Wohltaten (beneficia) im Glauben empfangen: der Glaube macht uns „Christi und aller seiner Wohltaten teilhaftig" (Fr. 20,53,60,65). Hinzu kommen die Formeln der mystischen Christusgemeinschaft im Glauben, „Christus werden eingepflanzt" (Fr. 64) oder „eingeleibt" (Fr. 20,74,80).

8. War die *Rechtfertigung* in Minor (Fr. 48) noch ein Prozeß (iustificari), so ist sie nun ein abgeschlossenes Geschehen (iustus es, Fr. 60). Der Glaube ist keine Leistung, sondern nur Mittel der Aneignung des Evangeliums (Fr. 61).

9. Wort und Sakrament sind Heilsmittel („durch", Fr. 65). Der *Sakramentsbegriff* betont sowohl zwinglisch das Bestätigen des (vorhandenen) Glaubens (Fr. 65,67), wie calvinisch das „desto besser zu verstehen geben und versiegeln" des Evangeliums (Fr. 66). Dem entspricht „erinnern und versichern" (Fr. 69,75). Die Tauflehre des HK ist calvinisch, die Abendmahlslehre geht auf die Zürcher Lehrweise zurück.

10. Gegenüber Minor sind in den Tauffragen alle Aussagen über den bereits vorhandenen Glauben gestrichen; der Charakter der *Taufe* als Verkündigungshandlung ist gestärkt. Die Kindertaufe ist möglich, weil den Kindern auf künftigen Glauben hin die „Erlösung von Sünden" „zugesagt" wird (Fr. 74).

11. Das *Abendmahl* setzt den Glauben voraus und „erinnert und versichert", daß Christus für uns gelitten hat. Allein die Frage 81 lehrt die Stärkung des Glaubens und nur die später eingeschobene Frage 80 enthält auch die Christusgemeinschaft im Abendmahl. Die Polemik gegen die Messe entspricht z.B. derjenigen Luthers in den Schmalkaldischen Artikeln (1537)[27].

Den HK charakterisiert die Verbindung melanchthonischer Formeln mit der calvinischen Lehrweise. Er ist das berühmteste Zeugnis des entstehenden deutschen Reformiertentums. Der Beitrag Calvins – Gesetzesverständnis, triplex munus Christi (Fr. 31), Auslegung des 2. Artikels, insbesondere die existentiale Deutung der Höllenfahrt (Fr. 44), Rechtfertigung, Verkündigung, Taufe, Kirchenzucht u.a.m. – dominiert, derjenige Bullingers tritt demgegenüber zurück. Dieses Bild entspricht dem (nicht sicher zu bestimmenden) Verfasserkreis: Diller (s. EKL 4,397) war Melanchthonianer, Ursinus zuerst Philippist, dann Calvinist, Boquinus (s. o. S. 285), Olevian, Dathenus (s. EKL 4,388; RE 4,495f.) und Tremellius (s. RE 20,95ff.) waren Calvinisten, Erastus (s. o. S. 285) war Zwinglianer.

[27] Vgl. die vielfältigen Belege bei U. Beyer.

§ 3 Petrus Melius (ca. 1536–1572)

Literatur: M. Bucsay, Die Lehre vom heiligen Abendmahl in der ungarischen Reformation helvetischer Richtung, in: Deutsche Theol. 6, 1939, 261–281; G. Szabò, Geschichte des ungarischen Coetus an der Universität Wittenberg 1555–1613, Halle 1941; W. H. Neuser, Melanchthons Abendmahlslehre und ihre Auswirkung im unteren Donauraum, ZKG 84, 1973, 50–59; M. Bucsay, Leitgedanken der Theologie Bullingers bei Petrus Melius. Ein Beitrag zur Ausstrahlung des Zürcher Reformators nach Ungarn, in: U. Gäbler, E. Herkenrath (Hg.), H. Bullinger 1504–1575. Ges. Aufs. zum 400. Todestag, Bd. 2, Zürich 1975, 197–214.

Melius war Melanchthonschüler. Er hat von 1556 bis 1558 mit Gregor Szegedi u.a. in Wittenberg studiert. Nach Ungarn zurückgekehrt, schließt sich die Studentengruppe dem Calvinismus an; der Coetus der ungarischen Studenten in Wittenberg wurde „die Wiege des ungarischen Calvinismus“[28]. Erneut wirkten sich Melanchthons Kampf gegen das Gnesioluthertum (1557–1560) und seine zögernde Stellungnahme im Abendmahlsstreit (s. Kap. VII, § 5; Kap. VIII, § 1) zugunsten der schweizerischen Lehrweise aus. Gregor Szegedi ist zudem 1544 mit Calvin in Genf zusammengetroffen[29].

Nach seiner Rückkehr wurde der 22jährige Melius Bischof von Debrecen und verfaßte mit Hilfe G. Szegedis, G. Czeglédis u.a. die ‚Confessio Catholica‘ (1562), nach den Erscheinungsorten auch Debrecener oder Erlauthaler Bekenntnis genannt[30]. In ihm dokumentiert sich der Übergang vom Philippismus zum Calvinismus. 1. Die *theologischen Grundbegriffe* werden mit Hilfe der aristotelischen Dialektik (Logik) definiert, so z.B. die Ursachen der Rechtfertigung (causae iustificationis): „Hauptursache (causa primaria) ist die Gnade, die Liebe Gottes, um des Verdienstes Christi willen. Formale und bewirkende Ursache (causa formalis oder efficiens) ist das innere Wirken des Heiligen Geistes. Vermittelnde Ursache (causa instrumentalis) im Blick auf Gott ist Gottes Wort, im Blick auf den erwählten Menschen aber ist der Glaube Mittel der Rechtfertigung.“[31] Das Bekenntnis erhält durch die Breite der Darlegung und durch die theologische Abstraktion scholastische Züge. Melanchthons Dialektik, die fester Bestandteil des Studienganges war, ist von der Rhetorik (theologisch ist es die Verkündigung) getrennt worden und bestimmt stärker als bei dem Praeceptor Germaniae die Theologie. Das ethisch-rhetorische Ziel der ‚Loci communes‘ hatte bei Melanchthon die dialektisch-dogmatische Darstellung der Lehre in Grenzen gehalten. Die reformierte Orthodoxie kündigt sich an. Ein Calvinismus bezascher Prägung setzt sich im ungarischen Calvinismus durch[32]. 2. *Die Prädestinationslehre*, Gottes Erwählung und Verwerfung[33], ist von Calvin übernommen worden. Die Verkündigung des universalen Heils (promissio, evangelium) bestimmt das ganze Bekenntnis ebenso wie die partikulare Feststellung, daß das Wort Gottes allein in den Erwählten wirksam wird. Das Evangelium ist nach Röm 1,16 die Kraft zum Heil für jeden Glaubenden, d.h., daß Gott „durch das Evangelium“ und „durch den Heiligen Geist“ „nur die Erwählten zum ewigen

[28] G. Szabò, aaO. S. 103; die Namen der Studenten s. Anm. 45.

[29] G. Szabò, aaO. S. 93f.

[30] Text: M 265–376; vgl. S. XXXVIf.

[31] M 281,32.

[32] Die Synode von Tarcal 1562 nahm in Anwesenheit des Melius Bezas ‚Confessio Christianae fidei‘ (1560) an; Text: M 376–449.

[33] M 276,3; 277,3 u.ö.

Leben rettet“[34]. Das dialektische Schema (causa, effectus usw.) hat sicherlich das prädestinatianische Denken gefördert. Ebenso wie Ursinus nimmt das Bekenntnis für Flacius (und gegen Melanchthon) in der Erörterung des freien Willens Stellung[35]. 3. Am deutlichsten ist die Abhängigkeit von Melanchthon in der Lehre von *Gesetz und Evangelium*. Das Gesetz sagt, daß alle Menschen gesündigt haben, das Evangelium verkündet die Gnade[36]. In melanchthonischen Formeln wird gelehrt, daß das Gesetz „tötet, erschreckt, nichts umsonst zusagt oder gibt“; Gesetz und Evangelium sind Gegensätze[37]. Dementsprechend gibt es nicht einen Bund Gottes, sondern zwei Bünde[38]. 4. Die *Sakramente* sind wie bei Melanchthon auf die Gnadenzusagen (promissiones gratiae) bezogen; der Glaube soll durch sie gestärkt und die Verheißung Gottes besiegelt werden[39]. „Res sacramenti“ und „signum“ sind miteinander verbunden und dürfen nicht getrennt werden. Darum wird, wie im Wort, „Christus allen Guten und Bösen dargeboten“[40]. Wie bei Calvin besagen die Abendmahlsworte: „nobis corpus et sanguinem Christi spiritualiter communicari, in usu mystice per fidem in promissione, non corporaliter, nos Christo spiritualiter uniri, non corporaliter.“[41] Die Christusgemeinschaft im Abendmahl wird gelehrt.

Die Schriften des Melius zeigen viele Überlegungen, die seine theologische Eigenständigkeit beweisen. Er nimmt u.a. Gedanken Bullingers auf[42], doch beherrschen sie sein Lehrsystem nicht. Ostungarn (mit der Slowakei und Siebenbürgen) ist im 16. Jahrhundert eines der Gebiete Europas, die unter dem Einfluß der Theologien aller Reformatoren stehen.

§ 4 Christoph Pezel (1539–1604)

Literatur: R. Calinich, Kampf und Untergang des Melanchthonismus in Kursachsen, Leipzig 1866; O. Ritschl, Der vermeintliche Kryptocalvinismus der Philippisten in Kursachsen, DG d. Prot., Bd. 4, Göttingen 1927, S. 33–70; J. Moltmann, Christoph Pezel und der Calvinismus in Bremen, Bremen 1958; Th. Klein, Der Kampf um die zweite Reformation in Kursachsen 1586–1591, Köln–Graz 1962; W. H. Neuser, Der Briefwechsel Ursins mit dem Wittenberger Kryptocalvinisten Christoph Pezel im Jahre 1572, Bl. f. Pfälz. KG u. Rel. Volkskunde 37, 1970, S. 216–222.

Der Übergang der Wittenberger Philippisten zum Calvinismus vollzog sich mit einer gewissen Folgerichtigkeit. Der Frankfurter Rezeß (1558; s. o. S. 139) hatte die Lehrweise des späten Melanchthon durch die anwesenden Fürsten bestätigt. Seine Lehraussagen sollten die Einigungsformeln zwischen den streitenden Parteien sein[43]. Das Weimarer Konfutationsbuch der Gnesiolutheraner (1559) vermochte die Lehrautorität Melanchthons nicht zu erschüttern. Schließlich brachte der Naumburger Fürstentag (1561) die Entscheidung für das Augsburger Bekenntnis von 1530 und für die „verbeßerte Confession“ von

---

[34] M 270,44: ...salvat tantum electos ad vitam. [35] M 275,35.
[36] M 267,25.31. [37] M 270,23; 272. [38] M 273f. u.ö.
[39] M 294,5. Vgl. M. Bucsay, Die Lehre vom h. Abendmahl, S. 278d und e, 279f.
[40] M 294,37. Vgl. M. Bucsay, Die Lehre vom h. Abendmahl, S. 278c und 279i.
[41] M 299,19. Vgl. M. Bucsay, Die Lehre vom h. Abendmahl, S. 279g und h.
[42] Vgl. M. Bucsay, Bullinger und Melius. [43] Vgl. H. Heppe, Gesch. I, 271.

1540 sowie zur Apologie[44]. Es bahnte sich aber ein Stimmungsumschwung an. Melanchthons Eintreten für Hardenberg (s. o. S. 284), der 1561 entlassen wurde, und seine Äußerungen über das Abendmahl gegenüber den Breslauern, seine offene Kritik an der Brenzschen Ubiquitätslehre und an dem Abendmahlsverständnis der Gnesiolutheraner führten zu literarischen Angriffen gegen den inzwischen Verstorbenen. Vor allem erschreckte die Fürsten der Übergang der Kurpfalz zum Reformiertentum (1560). Daher nahmen die Fürsten eine lutherische Abendmahlsformel an, die der Naumburger Präfation beigegeben wurde; nur der Pfälzer Kurfürst lehnte ab[45]. Kurfürst August von Sachsen verfolgte von nun an eine andere Konfessionspolitik als die Wittenberger Fakultät, der Melanchthons späte Äußerungen als Legitimation einer Annäherung an die schweizerische Lehrweise diente.

Christoph Pezel (s. o. S. 133), der 1570 in die theologische Fakultät eintrat, wurde der Führer der sog. Kryptocalvinisten. Von ihm stammt der Wittenberger Katechismus (1571), die „Wittenberger Fragestücke" (1571) und die Verteidigungsschrift „Von der Person und Menschenwerdung unseres Herrn Jesu Christ der wahren christlichen Kirchen Grundfest" (1572). Sie lehren die *„Communicatio idiomatum"* zwischen den beiden Naturen Christi nur „in concreto", „das ist, solche art zu reden, da die Eigenschafft der einen Natur wird der ganzen Person zugeschrieben"[46]; die wechselseitige Mitteilung „in abstracto" bei den Gnesiolutheranern zerstöre die wahre, unvermischte menschliche Natur Christi. Doch zielt diese Lehrweise nicht zuerst auf das Abendmahl, sondern auf die Satisfaktionslehre, die nach Anselm den Anteil der unterschiedlichen Naturen Christi im Mittleramt erklärt. Pezel hebt das soteriologische Interesse an der Zweinaturenlehre hervor. Die Katechismen lehren eine Abendmahlsgabe nur für die Glaubenden.

Die Jenaer, Braunschweiger, Lüneburger, Mansfelder und andere Theologen griffen die Wittenberger Schriften sogleich an. Der politische Gegensatz zwischen dem Albertinischen und Ernestinischen Sachsen und die Beschwichtigungen beim Kurfürst August verhinderten zunächst dessen Eingreifen. Als aber im Dezember 1571 Johann Kasimir von der Pfalz die Übereinstimmung zwischen Heidelberger und Wittenberger Katechismus behauptete, leugneten die Wittenberger diese in zweideutigen Thesen. Der eigentliche *Kryptocalvinismus* begann. Seit 1569 gab es einen geheimen Briefwechsel zwischen Genf und Wittenberg[47]; seit 1572 gehen Briefe zwischen Ursinus und Pezel hin und her mit Ermahnungen zum Bekenntnis und Entschuldigungen für die Unterlassung. Da erschien im Frühjahr 1574 die „Exegesis perspicua et ferme integra controversiae de sacra coena", die die Differenzen der lutherischen und philippistischen Lehre offen bloßlegt. Hausdurchsuchungen brachten ‚konspirative' Briefe zutage. Kurfürst August, seit 1573 im Besitz des Ernestinischen Sachsen, das er vom Flacianismus (zu Flacius s. o. S. 110ff.) reinigte, griff nun durch und entließ die Theologen Cruciger, Möller, Pezel und Widebram (s. o. S. 286), dazu auch Professoren aus anderen Fakultäten. Die Genannten gingen nach Hamburg, Hessen und Nassau-Dillenburg.

---

[44] Vgl. H. Heppe, Gesch. I, 388f.
[45] Vgl. H. Heppe, Gesch. I, 438f.
[46] Grundfest S. 16b.
[47] Beza an Paul Eber, der 1569 starb; vgl. J. Moltmann, S. 60 Anm. 4.

Pezels Übergang zum Calvinismus erfolgt nur zögernd, da er Melanchthons Lehrweise bewahren will. Das neunbändige Werk „Argumentorum et objectionum de praecipuis articulis doctrinae Christianae cum responsionibus, quae passim extant in scriptis ... Melanchthonis" (1580–1589) legt davon Zeugnis ab. Hieronymus Zanchi in Neustadt (s. u. S. 303 ff.) gegenüber, dem er 1580 den 2. Band zusendet, beruft er sich auf Melanchthons Brief vom 11. Mai 1543 an Calvin über die Prädestination, in dem dieser schreibt: „Zwar weiß ich, daß ich mit deinen Ansichten übereinstimme, aber meine sollen stärker auch auf die Praxis bezogen sein" (accommodare)[48]. Melanchthon habe die Erwählung nicht aufheben wollen, „die sicherlich nicht alle umfaßt", sondern er wollte sie dem „Trost der Verheißung des Evangeliums" anpassen (accommodare). Pezel versucht den Ausgleich zwischen beiden Lehrweisen. Ursinus hatte hingegen die philippistische Lehre sofort aufgegeben (s. § 1). In der Bekehrung fallen das Wirken des Hl. Geistes und die menschliche Willensäußerung zusammen. Pezel will auf diese Weise die „tres causae currentes' Melanchthons überwinden[49]. Zanchi, der im Straßburger Prädestinationsstreit (s. Kap. XI, § 4) Melanchthons Lehrweise konfrontiert worden war, ließ diesen Ausweg nicht gelten, da er auf einen Synergismus hinauslaufe[50]. Doch will Pezel die Bekehrung ausschließlich als freie Tat Gottes verstehen. Er sucht das philippistische Erbe durch die Unterscheidung von ‚formaliter' und ‚realiter' zu wahren. Realiter wirkt Gottes Gnade allein. Formaliter aber wirkt sie durch das gehörte, gelesene und meditierte Wort der Bibel, durch die Kraft des Hl. Geistes und durch das Mitwirken des menschlichen Verstandes und Willens. Er will gut melanchthonisch „Realgrund und Erscheinungsgrund der Bekehrung"[51] unterscheiden. Dieser „modus conversionis' ist die Anpassung (Akkommodation) des Handelns Gottes an das menschliche Tun. Er betrifft nur die Form, nicht das Wesen der Bekehrung. Der Anschein des Synergismus ist durch diese Erklärung vermieden. Philippistische Erfahrungstheologie und calvinistische Prädestinationslehre ergänzen sich.

Im Band VII und VIII der „Argumentorum et objectionum" (1588) entwickelt er diese sich ergänzenden Betrachtungsweisen weiter. Wieder zitiert er Melanchthons Brief an Calvin (1543)[52]. Es gebe eine *zweifache Methode*, die synthetische der Prädestinationslehre und die analytische der Praxis dieser Lehre. Da Gott wahr sei, könnten sich beide Methoden nicht widersprechen[53]. Gemeint ist, apriorische und aposteriorische Betrachtung, ewiges Dekret Gottes und geschichtliche Ausführung ergänzen einander. „Die *analytische* Methode nennt Pezel zum Trost des Angefochtenen ‚maxime accomodata', denn in der Anfechtung habe man nur das Mandat des Evangeliums zu hören: „Crede, ut serveris", glaube, damit du gerettet wirst. „Die synthetische Methode wird dagegen gebraucht, um in dem aufgezeigten Trost des Evangeliums den ewigen unwandelbaren Grund der Gnadenwahl zu beweisen."[54] Pezel findet diese Vermittlung durch Theodor Beza bestätigt, dessen Brief an J. Monau er abdruckt[55]. Darin führt jener aus, die analytische Methode gehe „ab effectis ad causam" entspre-

[48] CO 9,542; H. Zanchi, Epistolarum lib. II, p. 431, vgl. J. Moltmann, aaO. S. 88 Anm. 41.
[49] J. Moltmann, aaO. S. 91 Anm. 50.
[50] H. Zanchi, Epistolarum lib. II, Hann. 1609, p. 436; vgl. J. Moltmann, aaO. S. 92 Anm. 53.
[51] J. Moltmann, aaO. S. 92.
[52] Arg. et obj. VIII, p. 96.
[53] Arg. et obj. VIII, 887.
[54] J. Moltmann, aaO. S. 95.
[55] Arg. et obj. VIII, 99; vgl. J. Moltmann, aaO. S. 95 Anm. 61.

chend Röm 1,16 bis 8,29, die *synthetische* Methode nehme den umgekehrten Weg „a causis ad effecta“ gemäß Röm 8,29 bis 11. Wieder stehen dem Trost aus dem Evangelium der Hinweis auf den unbeweglichen Grund des Glaubens und auf das Beharren im Glauben (Perseveranz) gegenüber, die sich ergänzen. Melanchthon lehrt: „Qui credit, est electus“, Beza „Qui electus est, credit et in finem usque perseverat“. Universalismus und Partikularismus scheinen unter Zustimmung Bezas in Genf in Übereinstimmung gebracht zu sein. Trotzdem konnte Pezel diesen Kompromiß nicht durchhalten. Denn schon in den ‚Argumentorum et objectionum‘ mußte er zugestehen, „die Verheißung der universalen Gnade ... bezieht sich nicht ohne Unterschied auf alle Menschen, sondern nur auf die wahrhaft Glaubenden“[56]. Im Consensus Bremensis (1595) lehrt er die strenge calvinistische Prädestinationslehre[57].

War der Übergang führender Philippisten in Kursachsen in den Jahren 1569 bis 1574 und nochmals unter Christian I. 1586 bis 1591 ein Übergang zum Calvinismus? Die Bezeichnung ‚Kryptocalvinisten‘ entstammt der Polemik und muß nicht den wahren Sachverhalt wiedergeben. Pezel entwickelt in der von ihm verfaßten Nassauischen Bekenntnisschrift „Aufrichtige Rechenschaft von der Lehr und Ceremonien, So in den Evangelischen Reformierten Kirchen, nach der Richtschnur Göttliches Worts angestellt“ (1578) ein Geschichtsbild, das bewußt nicht auf Zwingli oder Calvin zurückgreift, sondern eine Fortführung der Wittenberger Reformation beinhaltet. Eine *neue* „Reformation“, „Emendation“ oder „Besserung“ ist notwendig, weil die Gegenreformation und insbesondere das Wirken der Jesuiten die Abschaffung aller verbliebenen abergläubigen Zeremonien verlangt[58]. Vorbild sind die hessische und pfälzische Kirche, aber auch die Kirchen in Frankreich und den Niederlanden, deren Gesandte „nit wenig durch die überbliebene Abergläubische Ceremonien geärgert worden“[59]. Die Bezeichnung ‚reformiert‘ wird für diese von allem Aberglauben gereinigten Kirchen verwandt, ohne daß das Wort indessen schon eine Konfessionsbezeichnung geworden wäre[60]. Pezel will die Reformation Luthers und Melanchthons weiterführen. Es soll an der „Confessio Augustana“ und der Lehre Melanchthons festgehalten werden. Doch habe man „nach der *ersten* Reformation lang genug der Schwachen geschont“[61]. Als Beispiel wird Luthers anfängliche Duldung des Abendmahls unter einer Gestalt angeführt[62]. Der Begriff zweite Reformation fällt nicht. Vielmehr denkt Pezel an eine vollständige Reformation, die die Erneuerung der Zeremonien und der Kirchenzucht herbeiführen soll. An eine Erneuerung der Lehre ist nicht gedacht. Die „Christliche Reformation“[63] soll auf die Urchristenheit zurückgehen, nicht biblizistisch, sondern gemäß der CA, aber „dem Wort Gottes ... nicht zuwider“[64]. Pezel knüpft nicht an die Zürcher oder Genfer Reformation an, wie es die reformierte Kirchengeschichtsschreibung in der Folgezeit tut[65], sondern an die Wittenberger Reformation.

---

[56] Arg. et obj. VIII, 888; vgl. J. MOLTMANN, aaO. S. 96 Anm. [57] M 756ff.

[58] H. HEPPE, Die Bekenntnisschriften der reformierten Kirchen Deutschlands, Elberfeld 1860, S. 141; E. F. K. MÜLLER (= Mü) hat einen gekürzten Text.

[59] H. HEPPE, aaO. S. 141; Mü 737,20. [60] Z.B. H. HEPPE, aaO. S. 142.

[61] H. HEPPE, aaO. S. 43; Mü 737,39. [62] H. HEPPE, aaO. S. 143.

[63] Th. KLEIN, aaO. S. 170. [64] H. HEPPE, aaO. S. 145.

[65] G. A. BENRATH, Die reformierte Kirchengeschichtsschreibung an der Universität Heidelberg im 16. und 17. Jh., Speyer 1963.

Statt ‚zweite Reformation' setzt sich die Bezeichnung Reformiertentum durch[66], zu dem neben den zwinglischen und calvinistischen immer auch melanchthonische Elemente gehören. ‚Reformiert' wird zum Sammel- und Oberbegriff. Die in diesem Kapitel dargestellten Philippisten wandten sich sofort oder nach einer Übergangszeit dem Calvinismus zu. Wo sich bei ihnen die Einflüsse anderer Reformatoren geltend machen, ist zutreffender vom Übergang zum Reformiertentum zu reden.

Kapitel IX: Die Ausbreitung der calvinischen Theologie

§ 1 „Confessio Belgica" (1561)

Literatur: L. A. van Langeraad, Guido de Bray. Zijn leven en werken, Zierikzee 1884; J. Koopmans, De Nederlandse geloofsbelijdenis, 1939.

Die „Confessio Belgica" ist von der hugenottischen „Confession de Foy" (1559) abhängig, die wiederum auf einen Entwurf Calvins zurückgeht (s.o. S. 240ff.). Da die Pariser Synode Calvins Darstellung der Lehre von der Heiligen Schrift nicht übernahm und auch de Bray die „Confessio Gallicana" in diesem Lehrstück nicht unverändert ließ, sondern sie korrigierte (Art. 2–7)[1], kann die Weiterentwicklung der Lehre Calvins bei seinen Schülern an dieser Stelle besonders gut verfolgt werden. Drei Stufen der Lehrentwicklung zeichnen sich ab.

1. Calvin beschreibt in seinem Entwurf[2] „das Wort Gottes" zuerst inhaltlich: Der lebendige Gott hat sich „in seinem Gesetz und durch die Propheten offenbart" (manifester) und „abschließend im Evangelium"; sie sind Zeugnisse seines Heilswillens. „Daher (ainsi) halten wir die Bücher der Heiligen Schrift des Alten und Neuen Testaments für die Summe der allein unfehlbaren Wahrheit, hervorgegangen aus Gott, der nicht wiedersprochen werden darf." Ihnen darf nichts weggenommen noch hinzugefügt werden. Diese Lehre (doctrina) hat von Gott alleine ihre Autorität, der seinen Erwählten die Gewißheit über sie gibt, durch den Heiligen Geist in ihrem Herzen. Calvin leitet die Autorität der Schrift von ihrem Inhalt ab; die Gewißheit ihrer göttlichen Herkunft ist Glaubensgewißheit, aufgrund des inneren Zeugnisses des Geistes.

2. Die Synode in Paris setzt an die Stelle der inhaltlichen Begründung instrumentale Aussagen: Gott offenbart sich erstens durch seine Werke der Schöpfung, Erhaltung und Leitung der Menschen, zweitens und klarer durch sein Wort. Anfangs hat er sich direkt durch Weissagungsworte offenbart (revéller) (Gen 15,1), danach wurden diese schriftlich verfaßt in Büchern (Ex 24,4) (Art. 2). Die Bücher des Kanons werden aufgezählt (Art. 3). Sie sind allergewisseste Richtschnur des Glaubens, nicht so sehr durch allgemeine Übereinkunft der Kirche als durch das innere Zeugnis des Heiligen Geistes, „der sie uns von den anderen kirchlichen Büchern unterscheiden läßt, auf die man, wenn sie schon nütz-

---

[66] J. Moltmann und Th. Klein weiten den Begriff zu einem umfassenden Programm aus; vgl. F. Lau, Die zweite Reformation in Kursachsen, in: Verantwortung, G. Noth z. 60. Geb., Berlin 1964, 137–154; vgl. W. H. Neuser in: H. Schilling (Hrsg.), Die reformierte Konfessionalisierung in Deutschland, Gütersloh 1986, 379–386 (SVRG 195).

[1] Text: CO 9,741 Anm.

[2] CO 9,739–741.

lich sind, keine Glaubensartikel gründen kann" (Art. 4)[3]. Gemeint sind die Apokryphen des Alten Testaments, mit denen zahlreiche unbiblische Bräuche in der römischen Kirche verteidigt wurden. Die lange Aufzählung kirchlicher Zusätze zur Bibel (Art. 5) verdeutlicht die Situation der Hugenotten; sie benötigten eine scharfe Abgrenzung der biblischen Autorität. Eine theologische Verschiebung ist eingetreten: Calvin geht vom Heilswillen Gottes zur Bibel über, die Confessio Gallicana kommt umgekehrt erst im Artikel 5 auf den Inhalt zu sprechen: Die Bibel enthält alles, was zum Dienst Gottes und zu unserem Heil notwendig ist. Das innere Zeugnis des Heiligen Geistes wird zuvor, unabhängig vom Inhalt der Schrift, behandelt.

3. Das Niederländische Bekenntnis übernimmt diese Lehrweise fast wörtlich, sucht sie aber besser zu begründen. Hinzugefügt wird: Die natürliche Gotteserkenntnis macht die Menschen unentschuldbar (Röm 1,20); Gott offenbart sich in seinem Wort soviel, wie es zu seiner Ehre und unserem Heil notwendig ist (Art. 2). Jede weitere inhaltliche Begründung des Wortes Gottes fehlt. Statt dessen wird in einem neuen Artikel beschrieben, wie Gott, der schon die Gesetzestafeln mit eigenem Finger beschrieben hat (Ex 31,18), die Propheten und Apostel veranlaßt hat, seine Weissagungen aufzuschreiben (Art. 3). Die rationale Begründung der Schriftautorität macht Fortschritte. Hatte die Confession de Foy noch gelehrt, „in der Heiligen Schrift ist das Wort Gottes enthalten" (Art. 5), so wird nun gelehrt, „alles, was in diesen Schriften enthalten ist, glauben wir ohne Zweifel" (Art. 5). In einem neuen Artikel werden die apokryphen Bücher ausführlich behandelt. Nur was in ihnen mit dem Kanon übereinstimmt, kann als Beweis dienen (Art. 6).

Die Prädestinationslehre hatte Calvin, anders als in der ‚Institutio' (s. Kap. VI, § 2), in seinem Entwurf nach der Behandlung der Erbsünde und vor der Soteriologie dargelegt[4]. Calvin selbst räumt ihr damit einen bedeutenderen Platz ein, wenn auch nicht an der Spitze des Systems. Die Confessio Gallicana übernimmt den Entwurf wörtlich (Art. 12), während Guy de Bray nur die Erwählung in Christus lehrt (Art. 16, 35, 37). Die übrigen Menschen läßt Gott in ihrem Fall und Verderben, in das sie sich gestürzt haben. Ein Ratschluß Gottes zur Verdammnis kennt er nicht.

Das Niederländische Bekenntnis folgt im übrigen Calvins Lehre: Rechtfertigung (Art. 24), Kirchenzucht (Art. 28, 32), Kennzeichen der Kirche (Art. 29), drei Gemeindeämter (Art. 30), Sakramente (Art. 33–35). Neu ist der Artikel von der Wiederkunft Christi (Art. 37), der der Not der Verfolgung Ausdruck gibt.

§ 2 John Knox und die schottische Reformation

Literatur: D. Laing (Hg.), The Works of John Knox, 6 Bde., Edinburgh 1846–1864; W. Croft-Dickinson (Hg.), History of the Reformation in Scotland, 2 Bde., Edinburgh 1949; P. Jacobs, Das Schottische Bekenntnis, Witten 1960; J. S. McEven, The Faith of John Knox, London 1961[1], 1962[2]; V. E. D'Assonville, John Knox and the Institutes of Calvin, Durban 1968; J. K. Cameron (Hg.), The First Book of Discipline. With Introduction and Commentary, Edinburgh 1972.

---

[3] Vgl. die Kritik von P. Althaus, Die christliche Wahrheit, Gütersloh [4]1958, 241 f.

[4] CO 9,744 (Art. 8).

John Knox, der Reformator Schottlands, hatte 1547 an der Verschwörung gegen Kardinal Beatoun teilgenommen, der George Wishhart im Jahr zuvor hatte hinrichten lassen. In St. Andrews gefangen genommen, verbrachte er zwei Jahre auf den französischen Galeeren, bis ihn 1549 wahrscheinlich die Fürsprache König Eduards VI. befreite. Als einer der Kapläne des Königs nahm er 1552 an der Revision des *„Common Prayer Book“* (s. u. S. 365f.) teil, bei der er eine der Abendmahlsordnung angehängte ‚Declaration‘ über das Knien durchsetzte. Das Knien beim Abendmahl wird gedeutet als „ein Zeichen des demütigen und dankbaren Anerkennens der Wohltaten Christi, die dem würdigen Empfänger gegeben werden“. Eine Anbetung und reale Gegenwart des natürlichen Fleisches und Blutes Christi wird abgelehnt. Im gleichen Sinne wirkte er auf die Revision der *„42 Glaubensartikel“* (s. u. S. 370ff.) ein. Nach der Thronbesteigung der katholischen Königin Maria floh er 1554 nach Genf und wurde ein Schüler Calvins, dessen „Institutio“ er schon vorher gelesen hatte.

Der Genfer Reformator unterstützte ihn, als er als Pfarrer der englischen Flüchtlingsgemeinde in Frankfurt die anglikanische Liturgie von überflüssigen Stücken zu reinigen suchte (1555)[5]. Den anschließenden Briefwechsel kennzeichnet, daß Calvin immer wieder zur „Mäßigung“ mahnen muß und ihn vor dem „Rigorismus“ (Zeremonien, Verteidigung des Evangeliums mit Waffen, ‚Weiberregiment‘, Taufe der Kinder Exkommunizierter u. a.) warnt[6]. Knox’ Reformationsprogramm entfaltet sein Sendschreiben an das Volk von Schottland (1558)[7]. Seine „Kurze Ermahnung an England“ (1559)[8] ist in den Forderungen maßvoll.

Die „Confessio Scotica“ (1560) folgt in allen Lehrstücken der Lehre Calvins. Trotzdem finden sich in Knox’ Werken Lehreigentümlichkeiten. Der Briefwechsel mit Calvin deutet bereits einen unterschiedlichen Schriftgebrauch an. Knox spricht vom ganzen (plain), ausdrücklichen (express), genauen (strict) Wort Gottes, von ‚Gods own express commandment‘ oder vom ‚express commandment of Jesus Christ‘[9]. „Regel der Kirche Christi“ ist Deut 12,32: Gottes Geboten „nichts hinzuzufügen und nichts wegzunehmen.“ Ein *Biblizismus* ist die Folge, gegen den sich Calvins erwähnte Kritik wendet: „gewisse Dinge sind zu dulden, auch wenn man sie nicht billigen kann.“[10] Knox’ Pochen auf die Bibel richtet sich gegen die Katholiken. Die Abendmahlsgabe ist wie bei Calvin „Gottes Verheißung“[11] und die Heilsgeschichte ist voller tröstlicher Verheißungen[12]. Biblizistisch ist auch die Gleichsetzung des Volkes Israels im Alten Testament mit dem englischen Volk, der Könige David und Hiskia mit König Eduard VI., Architophels mit Dudley, Graf von Warwick (s. u. S. 362) usw.[13]. Der Unterschied der beiden Testamente wird kaum mehr gesehen. Im ‚Book of Discipline‘ wird gemäß Lev 20,10 der Ehebrecher mit dem Tode bestraft; Jesu Urteil über die Ehebrecherin (Joh 8,7) bleibt unbeachtet. Alttestamentlich ist auch die Her-

[5] CO 15, Nr. 2091; 18. 1. 1555.
[6] CO 18,434; 23. 4. 1561.
[7] D. LAING, aaO. IV, 521–538. Deutsch: F. BRANDES, John Knox, der Reformator Schottlands, Elberfeld 1862, S. 494ff.
[8] D. LAING, aaO. V, 495–522.
[9] V. E. D’ASSONVILLE, aaO. S. 69, 14f.
[10] CO 18,435.
[11] D. LAING, aaO. III, 74; Conf. Scot. Kap. 21.
[12] Conf. Scot. Kap. 3–5.
[13] V. E. D’ASSONVILLE, aaO. S. 74; zum Grafen von Warwick dem Berater Eduard VI. s. RE[3] 8,349,28ff.

vorhebung des Bundes und dessen Übertragung auf das englische oder schottische Volk: „*Ich scheue nicht vor der Behauptung zurück, daß die Heiden (ich meine jede Stadt, jedes Reich, jede Provinz und jedes Volk unter den Heiden, die Jesus Christus und die wahre Religion annehmen) gebunden sind an dasselbe Bündnis (league) und denselben Bund (covenant), den Gott mit Israel geschlossen hat.*“[14] Der Bund hat kollektiven Charakter. Dementsprechend schiebt Knox zwischen die „ecclesia universalis“, die nach Calvin[15] die Kirche aus allen Völkern und Sprachen ist, und die „singulae ecclesiae“ (die Gemeinden) die schottische Landeskirche ein: Sie ist „ein Teil der heiligen allgemeinen Kirche“[16]. In der Schrift ‚On Predestination‘ (1559) beruft sich Knox häufig auf Calvins „Institutio“. Im Unterschied zu jener hebt er den kausalen Determinismus hervor, der mit der Entscheidung Gottes gegeben ist. Gottes Wille ist die Ursache des ‚*decretum horribile*‘, der Verdammung der Verworfenen, für die Calvin die Sünde des Menschen als Erklärung angibt und über die er sich nur zurückhaltend äußert. „In dieser Hinsicht war Knox ein Vorkämpfer des Gedankengangs, der später die Bezeichnung Supralapsarismus erhielt.“[17]

§ 3 Petrus Martyr Vermigli

Literatur: B. F. Paist, Peter Martyr and the Colloquy of Poissy, Princeton Theological Review 20, 1922, 212–231, 418–447, 616–646; J. Staedtke, Der Zürcher Prädestinationsstreit von 1560, Zwa 9, 1953, 536–546; J. C. McLelland, The Reformed Doctrine of Predestination according to Peter Martyr, Scottish Journal of Theol. 8, 1955, 255–271 (= Predestination); ders., The Visible Words God. An Exposition of the Sacramental Theology of Peter Martyr Vermigli, Grand Rapids 1957; K. Sturm, Die Theologie Peter Martyr Vermiglis während seines ersten Aufenthalts in Straßburg 1542–1547, Neukirchen 1971; M. W. Anderson, Peter Martyr a Reformer in Exile (1542–1562); A chronology of biblical writings in England and Europa, Nieuwkoop 1975; S. Corda, Veritas Sacramenti. A Study in Vermigli's Doctrine of the Lord's Supper, Zürich 1975; J. P. Donnelly S. J., Calvinism and Scholasticism in Vermigli's Doctrine of Man and Grace, Leiden 1976.

Peter Martyr (s. o. S. 277) gehörte in Neapel dem Humanistenkreis um Juan de Valdés an, zu dem auch Bernhardino Ochino (s. LThK 10,539f. nr. 2; 7,1090) zählte. Er las Bucers Psalmen- und Evangelienkommentar, Zwinglis Hauptschriften ‚De vera et falsa religione‘ (1525) und ‚De providentia Dei‘ (1530), dazu „einige Bücher des Erasmus“[18]. Seine Schriften, die er nach der Flucht aus Italien in Straßburg (1542–1547) als Professor für Altes Testament verfaßte, weisen ihn als *Zwinglianer* aus: Ausgangspunkt seines dogmatischen Systems ist Gott als „summum bonum“; die Gerechtigkeit Gottes tritt zurück. Christus hat für die Sünden gelitten, aber die Genugtuung Christi (satisfactio) für die Sünden vor Gott bleibt unbetont[19]. Sein Leiden zeigt die Größe der Schuld und gibt den zerschlagenen Gewissen den Trost, daß Christus die Strafe für die Sünde erlitten hat. Das Leiden Christi ist ‚Beispiel‘ und ‚Zeichen‘[20], denn in Christi Tod und Auferstehung wird die Güte und Majestät Gottes offenbar, die schon vorher Gottes Wesen war. Da Gott das höchste Gut ist, rücken Gottes-

---

14 D. Laing, aaO. IV, 505; auch 506.

15 OS 5,13,31; Inst IV, 1,9.

16 D. Laing, aaO. VI, 492.

17 V. E. D'Assonville, aaO. S. 97.

18 J. Simler, Oratio de vita et obitu D. Petri Martyris Vermilii; Loci communes 1587, p. b5v.

19 K. Sturm, aaO. S. 71, 154.

20 K. Sturm, aaO. S. 131ff., 155.

lehre und Christologie zusammen. Zur Prädestination hat er sich nur zurückhaltend im Sinne Zwinglis geäußert[21]. Die Einheit Gottes, die auch Plato bezeugt[22], läßt die Trinitätslehre zurücktreten[23].

Martyrs Zwinglianismus tritt vor allem im Gnadenmittelverständnis zutage. Der Glaube kommt aus der Predigt (Röm 10,17), doch ist das Wort „äußeres Wort", Stimme, Klang (vox)[24]; der Heilige Geist gibt ihm die Kraft. Daher ist die Verkündigung unentbehrlichter Erkenntnisgrund des Glaubens, der Geist Gottes aber seine Ursache. Dem entspricht die Sakramentslehre. Gegen Ende seiner Straßburger Zeit[25] hat Martyr als Zweck der Sakramente angegeben: sie bezeichnen und bieten die Gnade dar (ad significandum et exhibendam gratiam)[26]. Martyr folgt Zwingli auch in der Hervorhebung der Heiligung und des Syllogismus practicus[27]. Seine Lehre von der doppelten Rechtfertigung[28] ist erasmisches Erbe und spiegelt die Diskussion um das Regensburger Buch (1541; s. o. S. 104f.) wider; die Geschlossenheit der Lehrweise Calvins (s. Kap. VI, § 2) erreicht Martyr nicht. Ohne Zweifel war er in Straßburg reformatorischer Theologe zwinglischer Prägung. Die Charakterisierung der Theologie Martyrs, „der den beengenden Zwang eines dogmatischen Systems nicht kannte und keiner bestimmten Schulmeinung verpflichtet war", als „vorreformatorische Bibeltheologie"[29], ist unzutreffend.

Seine Oxforder Tätigkeit (1547–1553) stand im Zeichen der Auseinandersetzung mit dem römischen Katholizismus im Lande. Mit Bucer zusammen verfaßte er seine „Censura" des *„Common Prayer Book"* (1549; s. u. S. 362ff.), die Einfluß auf die revidierte Ausgabe von 1552 hatte (vgl. § 2). Er wirkte an der Ausarbeitung der *„42 Artikel"* mit (1552; s. u. S. 370ff.) und an der Anpassung des Kanonischen Rechtes an die kirchlichen Verhältnisse in England (1552/53). In der Oxforder Disputation bekämpfte er vor allem die Transsubstantiationslehre. Er gibt eine philosophische und theologische Widerlegung; die philosophische bekämpft die Transsubstantiation mit Mitteln der aristotelischen Dialektik[30]. Martyrs Vorliebe für die aristotelische Logik veranlaßt einige Forscher in ihm einen Wegbereiter der protestantischen Orthodoxie zu sehen[31]. Doch ist sie bei ihm noch Darstellungsmittel, nicht schon die Form, in die das Schriftzeugnis gezwängt wird. Er ist Aristoteles nicht mehr verpflichtet als Melanchthon und Calvin es sind[32]. Martyr hat außer einer Erklärung des Apostolischen Glaubensbekenntnisses (1544) keine dogmatische Gesamtdarstellung der Theologie gegeben. Hauptsächlich hat er Kommentare zu biblischen Büchern und Abendmahlsschriften, die gegen die römische Lehre gerichtet sind, veröffentlicht. In der Abendmahls- und Prädestinationslehre[33] hat er sich immer mehr Calvin ge-

---

[21] K. Sturm, aaO. S. 189ff.
[22] K. Sturm, aaO. S. 104.
[23] K. Sturm, aaO. S. 71, 87.
[24] K. Sturm, aaO. S. 222f.
[25] Die Auslegung der ersten Bücher des AT schließen seine Bibelauslegung in Straßburg ab; J. Simler, Oratio; Loci Communes 1587, p. f1r.
[26] Disputationsthesen, Loci comm. 1587, p. 1008; vgl. S. Corda, aaO. S. 51 Anm. 53.
[27] K. Sturm, aaO. S. 109, 193.
[28] Vgl. K. Sturm, aaO. S. 58ff.
[29] K. Sturm,Ä aaO. S. 236, 34, vgl. 54, 56.
[30] Vgl. J. C. McLelland, The Visible Words, S. 182ff.
[31] K. Sturm, aaO. S. 54; J. P. Donnelly, aaO. S. 170.
[32] Anders urteilt J. P. Donnelly, aaO. S. 194.
[33] Vgl. J. C. McLelland, Predestination S. 257.

nähert. Dies trifft besonders für den zweiten Straßburger Aufenthalt (1553–1556) zu.

Im Blick auf den Bolsecstreit (s. o. S. 236) und Servetprozeß (s. EKL 3,939f.) schrieb er an Calvin: „Wenn wir hier gefragt werden, ergreifen besonders Zanchi und ich nach Kräften deine Partei und die der Wahrheit."[34]

Im Römerbriefkommentar (1558), den Martyr während seiner Zürcher Zeit (1556–1562) verfaßte, legt er anhand von Römer 9 sein abschließendes Verständnis der Prädestination dar. Die Vorherbestimmung bezieht sich nur auf Gottes Liebe und Erwählung. Der zwinglische Ansatz ist unverkennbar: Es gibt keine doppelte Prädestination. Martyr nähert sich indessen der Lehrweise Calvins, wenn er erklärt, neben der Erwählung gebe es die Verwerfung (reprobatio) nach dem Gefallen Gottes. Es besteht also ein zweifacher Wille Gottes, die Erwählung und die Verwerfung. Die ‚reprobatio' ist aber nicht schon die Verdammung (damnatio); beide müssen unterschieden werden[35]. Martyr erklärt den Unterschied zwischen beiden: „*Verwerfung ist der allerweiseste Vorsatz Gottes, durch den er vor aller Zeit fest beschlossen hat (decrevit), ohne irgendwelche Ungerechtigkeit, denen gegenüber sich nicht zu erbarmen, die er nicht geliebt, sondern übergangen hat; durch diesen Vorsatz kann er bei ihrer gerechten Verdammung seinen Zorn über die Sünden und seinen Ruhm zeigen.*"[36] Martyr entgeht einer doppelten Prädestination und hält die Dominanz der Güte Gottes vor seinem Zorn fest. Doch hebt auch Calvin Gottes Liebe hervor. Da auch Martyr einen zweifachen ewigen Ratschluß Gottes vertritt[37], war Calvins doppelte Prädestination konsequenter. Auch mußte die künstliche Unterscheidung zwischen Verwerfung und Verdammung den systematisch denkenden Theologen zu Calvins Lehrweise treiben. Die Beharrung der Erwählten im Glauben lehren Martyr und Calvin in gleicher Weise.

Der Zürcher Prädestinationsstreit (1557–1560) beschleunigte den Siegeszug der Lehre Calvins. Theodor Bibliander (s. LThK 2,416) hatte schon 1557 gegen Martyrs Ausführungen über die Verwerfung Sauls Einspruch erhoben. Seit 1559 verschärfte sich der Streit, der auf den Kathedern vor den Studenten ausgetragen wurde. Bibliander versuchte, darin die Lokaltradition festhaltend, Gott konsequent als ‚summum bonum' zu verstehen. J. Staedtke beschreibt seine Lehrweise: „Gott will das Heil aller Menschen. Aus diesem Grund hat Gott alle Menschen vor Grundlegung der Welt in Christus erwählt. Die Erwählung in Christus ist jedoch keine personhafte Prädestination, sondern ... eine Prädestination der Ordnungen. Die Ordnungen sind der Glaube an den Sohn und der Unglaube. Glaube und Unglaube sind als Ordnungen vorherbestimmt, und in ihnen wird die Erwählung sichtbar: wer an den Sohn glaubt, kommt nicht in das Gericht, wer aber nicht glaubt, ist schon gerichtet. Den Glauben kann sich der Mensch von sich aus aber nicht aneignen, sondern er bleibt das freie Geschenk Gottes, damit niemand sich rühme. Jedoch gibt es unterhalb der prädestinierten

---

[34] CO 15,137; 9. Mai 1554.

[35] Loci communes 1587, p. 450/51; J. C. McLelland, Predestination S. 260.

[36] Loci comm. 1587, p. 451; vgl. J. C. McLelland, Predestination S. 263; J. P. Donnelly, aaO. S. 132.

[37] S. Anm. 36 und Loci comm. 1587, p. 476: Non enim Deus nolens aut violenter sed sponte sua et alacriter ad perdendos impios adducitur.

Ordnungen des Glaubens und Unglaubens bei Bibliander einen gewissen Spielraum für den menschlichen Willen. Er läßt die Möglichkeit offen, daß der Gottlose sich bekehren könne. ... Auf der anderen Seite kann sich der Mensch aber auch seiner Erwählung widersetzen. Er kann durch Unglauben Gott dazu nötigen, daß dieser ihm entsagt. Es ist die Schuld des Menschen, und nicht die Prädestination Gottes, ... die den Menschen in die Verdammnis treibt. Gott weiß zwar die Verdammnis der Verlorenen, aber er will sie nicht."[38] Bibliander „wurde am 8. Februar 1560 seines Amtes als Nachfolger Zwinglis enthoben. Zürich hatte sich an diesem Tage für Calvin entschieden"[39].

Martyrs Nähe zu Calvin tritt noch stärker in der Abendmahlslehre in Erscheinung. Er grenzt sich offensichtlich von Bullinger ab, wenn er schreibt: „Wenn du fragst, was wir durch die ‚Gemeinschaft [des Leibes Christi'] erhalten, so antworten einige: das Verdienst und die Frucht des Todes Christi. Dies mißfällt mir nicht, doch füge ich hinzu, daß wir den Herrn selbst (ipsum dominum), der die Quelle aller dieser Güter ist, haben."[40] Das Abendmahl ist nicht nur Erinnerung (commemoratio), sondern auch *Gemeinschaft* (communio) *mit Christus*[41]. Die Symbole (im Abendmahl) sind nicht nur Zeichen, sondern Instrumente des Heiligen Geistes[42]. Daher sind die Zeichen nicht nur „signa significativa", sondern auch „exhibitiva"[43]. Martyr vergleicht die Verbindung des „signum" und der „res" mit dem Verkündigungswort, das wirksames Wort ist (Röm 1,16)[44], oder mit der Zusammengehörigkeit von Verheißung Gottes und Heiliger Schrift[45], ja, mit der Verbindung der beiden Naturen in Christus[46]. Das Wort hat jedoch größere Zeichenkraft als das Zeichen[47]. Vor allem lehrt Martyr wie Calvin die Christusgemeinschaft im Abendmahl, die Stärkung[48] und das Wachsen des Glaubens und der Christusgemeinschaft[49] durch das Abendmahl. Demgemäß bejaht er auch die „manducatio infirmorum" und „indignorum"[50]. Dabei hatte er noch zu Beginn seines 2. Straßburger Aufenthalts (1553) die Wittenberger Konkordie (s. o. S. 96f.) wegen dieses Begriffes abgelehnt; er verstand die Unwürdigen als „vom Glauben entblößt" (fide destituti)[51]. Zudem lehnte er die Unterschrift unter die Konkordie auch ab, weil sie die Trennung von den Schweizern bedeute[52]. Nur in einem Punkt distanziert sich Martyr von Calvin: Christus ist nicht „substantialiter" im Abendmahl. Die Begriffe ‚corporaliter, realiter, carnaliter et substantialiter' sind für ihn Synonyme[53]. Da er sich lange mit dem Begriff der Transsubstantiation auseinandergesetzt hatte, scheute er offensichtlich vor dem Begriff der substantiellen Gegenwart Christi zurück. Martyr hat sich deshalb in der Auseinandersetzung um Bezas „Confessio Goeppin-

[38] AaO. S. 540. [39] J. Staedtke, aaO. S. 546. [40] Ad Cor. p. 301v–302r.
[41] Vgl. S. Corda, aaO. S. 83. [42] Defensio p. 82.
[43] Defensio p. 682, 775; vgl. S. Corda, aaO. S. 105.
[44] Tractatio p. 81. [45] Ad Cor. p. 301v. [46] Ad Cor. p. 300v.
[47] Tractatio p. 81; vgl. J. C. McLelland, The Visible Words S. 223.
[48] Defensio p. 213 u.ö.
[49] Defensio p. 749. S. Corda, aaO. S. 170ff., untersucht Martyrs Verständnis der Christusgemeinschaft in den Briefen an Calvin (CO 15, Nr. 2142; 1555) und an Beza (Corr. Bèze 1, Nr. 57).
[50] Defensio p. 150, 302, 666.
[51] Loci Comm. 1587, p. 1068; J. C. McLelland, The Visible Words S. 286.
[52] Ibidem. Über seine Stellung zur CA vgl. Kap. VII, § 3.
[53] Defensio p. 159 u.ö. Die ‚substantialis praesentia' lehnt er auch in der Straßburger ‚Confessio seu Sententia' ab; CO 16,195, am 14. 6. 1556 an Calvin.

gensis“ (1557; s. o. S. 281)[54] und um die Konsensformel des Religionsgespräches von Poissy (1561)[55] auf die Seite Bullingers gestellt. Doch ließ er schließlich den Substanzbegriff in der Einigungsformel von Poissy zu, weil er in der hugenottischen „Confession de Foy“ (1559; s. o. S. 296) enthalten war[56].

§ 4 Hieronymus Zanchi und der Straßburger Prädestinationsstreit (1561–1563)

Literatur: A. SCHWEIZER, Die protestantischen Centraldogmen in ihrer Entwicklung innerhalb der reformierten Kirche, Bd. 1, Zürich 1854, S. 418–470; C. SCHMIDT, Girolamo Zanchi, ThStuKr 32, 1859, S. 625–708; P. WALSER, Die Prädestination bei Heinrich Bullinger im Zusammenhang mit seiner Gotteslehre, Zürich 1957, S. 181–193; J. MOLTMANN, Prädestination und Perseveranz. Geschichte und Bedeutung der reformierten Lehre ‚de perseverantia sanctorum‘, Neukirchen 1961; weitere Lit. s. Kap. XI, § 1.

Hieronymus Zanchi (1516–1590) wurde in Lucca 1541/42 durch Petrus Martyr mit reformatorischen Schriften bekannt gemacht. Jener las mit einigen jungen Männern die Kirchenväter, besonders Augustin, und gab ihnen Traktate Bucers und Melanchthons „Loci communes“ in die Hand. Besonderen Eindruck macht auf Zanchi Calvins „Institutio“. Im Jahre 1551 floh er aus Italien und erhielt 1553 die Stelle Kaspar Hedios (s. LThK 5,52f.) in Straßburg, nachdem er zuvor in Genf Calvins Vorlesungen und Predigten gehört hatte. Zanchi verpflichtet sich 1554, „gemäß der rechtgläubigen Lehre, wie sie in der Confessio Augustana enthalten ist und auch orthodox verstanden wird“ zu lehren (secundum orthodoxam doctrinam in Augustana confessione contentam et orthodoxe etiam intellectam). Straßburg richtete sich damals noch nach der Lehrweise Bucers (s. o. S. 218ff.). Darum konnte der Streit zwischen Zanchi und dem Lutheraner Johann Marbach (s. o. S. 136f.) lange Zeit vermieden werden, obgleich Zanchi 1556 die Ubiquitätslehre im Kolleg widerlegte und 1557 Melanchthons lokales Verständnis der Rechten Gottes freudig begrüßte. Als Marbach 1560 die Streitschrift des Heshusius (s. o. S. 133) gegen die Sakramentierer heimlich in Straßburg nachdrucken ließ, vermochte Zanchi mit Hilfe des Pfälzischen Kurfürsten beim Magistrat ein Verkaufsverbot durchsetzen. Nun brach der Streit zwischen ihnen aus. Da Heshusius in jener Schrift Calvins Prädestinationslehre mit angreift, konzentriert er sich auf sie und die Abendmahlslehre. Aufgefordert, sich zu verteidigen, stellt Zanchi 14 Thesen auf[57]. These 1 bis 3 behandeln das Ende der Welt und den Antichrist.

„4. Bei Gott ist die Zahl der zum ewigen Leben Auserwählten sowie die der Verworfenen bestimmt.

5. So wie die zum Leben Erwählten nicht verlorengehen können und somit

---

[54] An Calvin, CO 16, Nr. 2668; an Beza am 20. 7. 1557, Corr. Bèze 2,79. Vgl. S. CORDA, aaO. S. 93ff. Auch die Wittenberger Konkordie 1536 gebraucht den Begriff „substantialiter“.

[55] Sententia D. Petri Martyris Vermiglii de praesentia corporis Christi, Loci comm. 1587, p. 1070 sq. Vgl. J. C. MCLELLAND, The Visible Words, S. 287.

[56] Art. 37; N 74,39.

[57] Zanchii Opp. theol. VII, 63–64; deutsch bei C. SCHMIDT, aaO. S. 651ff.

notwendig gerettet werden, so können auch die, die zum Leben nicht prädestiniert sind, nicht gerettet werden und werden daher notwendig verdammt.

6. Wer einmal erwählt ist, kann nicht mehr verworfen werden.

7. Es sind zwei Bande notwendig, um uns wahrhaft mit Christo und der Kirche zu verbinden: das der ewigen Erwählung in Christo und das des Geistes Christi, und also des Glaubens an Christus. Diese beiden sind in erster Linie innere und unsichtbare Bande und somit unauflöslich.

8. Es gibt ferner zwei Bande, die uns mit der Kirche verbinden, insofern sie eine äußerliche Gestalt hat: das Bekenntnis der Lehre Christi und die Teilnahme an den Sakramenten. Diese zwei sind in erster Linie äußerlich, sichtbar und somit auflöslich, weil man die Lehre verwerfen und die Sakramente verachten kann.

9. Den Erwählten wird in diesem Leben der wahre Glaube nur einmal von Gott geschenkt. Wer mit demselben begabt ist – dies gilt vorzugsweise von den Erwachsenen –, der fühlt ihn in sich, d.h. er erkennt und fühlt gewiß, daß er wahrhaft glaubt.

10. Die einmal mit dem Glauben beschenkten und durch den Heiligen Geist Christus wahrhaft eingepflanzten Auserwählten können weder den Glauben und den Heiligen Geist wieder ganz verlieren (amittere), noch von Christus völlig abfallen, und dies sowohl wegen der Verheißung Gottes als wegen der Fürbitte Christi. Daraus folgt weder, daß die Buße geleugnet, noch daß die Leichtfertigkeit gestattet werde.

11. In den wiedergeborenen Auserwählten sind zwei Menschen, der innere und der äußere. Wenn sie sündigen, so tun sie es nur nach dem äußeren, d.h. nach dem Teil, in dem sie nicht wiedergeboren sind; nach dem inneren Menschen wollen sie die Sünde nicht, sie verabscheuen sie und haben Lust an dem Gesetz Gottes; sie sündigen daher nicht mit ganzem Herzen oder vollem Willen.

12. Als Petrus den Herrn verleugnete, fehlte ihm das Bekenntnis des Glaubens im Munde, den Glauben im Herzen verlor er aber nicht.

13. Die Verheißungen von der freien Barmherzigkeit Gottes und von dem gewissen und ewigen Heil, wenn sie auch allen vorgehalten und gepredigt werden sollen, gehen doch eigentlich nur die Auserwählten an.

14. Wenn man daher im Wort des Paulus, ‚Gott will, daß allen Menschen geholfen werde' (1.Tim 2,4), das Wort ‚alle' nur auf die Auserwählten begrenzt, zu welchem menschlichen Stand auch immer sie gehören, und in der des Johannes, ‚Christus ist die Versöhnung für die Sünden der ganzen Welt' (1. Joh 2,2), unter ‚der ganzen Welt' nur die in derselben zerstreuten Auserwählten versteht, so entstellt man den Sinn der Heiligen Schrift nicht."

Die Thesen lassen eine *Weiterentwicklung* der Lehre Calvins erkennen: 1. Die systematische Verselbständigung dieses Lehrstücks schreitet fort. Doch steht noch das seelsorgerliche Interesse im Vordergrund; Zanchi hebt die Erwählungsgewißheit des Glaubenden und das Beharren im Glauben (perseverantia sanctorum) hervor (These 5, 6, 7, 10). 2. Ganz uncalvinisch „erkennt und fühlt" der Erwählte, „daß er wahrhaft glaubt" (These 9). Um Prädestinationslehre und Erfahrung in Übereinstimmung zu bringen, wird die Sünde der Erwählten verharmlost bzw. der äußere Mensch vom inneren getrennt (These 11, 12). 3. Im Gegensatz zu Calvin sind Predigt und Sakramente keine Gnadenmittel, die den

Glauben wecken. Sie gehören nicht auf die Seite der göttlichen Erwählung in Christus und des Wirkens des Heiligen Geistes (These 7), sondern sie sind „äußerlich und sichtbar" und vom Erfolg her „auflöslich" (These 8), sie sind Erkenntnisvermittlung (These 13). Der Universalismus der Gnade und also der Gnadenverkündigung wird geleugnet (These 13, 14). Noch bestimmt die seelsorgerliche Praxis Zanchis Lehrweise. Doch ist er deutlich auf dem Weg zum orthodoxen Denken im widerspruchslosen System. Dem entspricht, daß er in seinen Bibelauslegungen die dogmatischen und ethischen ‚Loci communes' ausführlich entwickelt und viel Zeit für die Widerlegung des Papsttums und der Wiedertäufer brauchte. „In solcher oft ausschweifenden Weise erklärte er während seines zehnjährigen Aufenthalts in Straßburg nicht mehr als die zwölf ersten Kapitel des Jesaja und daneben einige Psalmen, dann den Propheten Hosea und zuletzt den ersten Brief des Johannes."[58]

Marbach verneinte die Prädestinationslehre keineswegs. Doch widersprach er der Lehre von der Unverlierbarkeit der Gnade, d.h. der „perseverantia sanctorum". Er verlangte, daß Zanchi nicht a priori denke, d.h. von dem verborgenen ewigen Ratschluß Gottes ausgehe, sondern von dem geoffenbarten Willen Gottes in Christus, vom Predigtamt und von der Berufung (Röm 8,29). Der Glaube aus dem Wort Gottes soll durch die Erwählungslehre befestigt werden.

Die Gutachten[59], die Zanchi persönlich in Marburg, Heidelberg, Schaffhausen, Zürich und Basel in den Jahren 1561/62 einholte, beweisen die Ausbreitung der calvinischen Prädestinationslehre zu dieser Zeit. Die Marburger stimmten völlig zu; die lutherische Vorstellung von einer verlierbaren Gnade (gratia amissibilis) ist für sie ein Rest scholastischer Ungewißheitslehre. Die Heidelberger halten ebenfalls Zanchis Thesen für „fromm und christlich". Sie bekennen sich zu der „allerschönsten Abstufung und Kette" Röm 8,30. Das ‚semen Dei' könne in den Erwählten nicht vollständig verlorengehen[60]. Der Heilige Geist sei das ‚pignus salutis'. Die Schaffhauser Geistlichen erklären ihre Übereinstimmung mit Zanchis Thesen ebenso wie Ambrosius Blaurer in Winterthur (s. EKL 1,537). Hingegen distanziert sich das Zürcher Gutachten in einigen Punkten, wenngleich es generell zustimmt. Bullinger hatte Martyr gebeten, einen Schriftsatz aufzusetzen: „Ich leugne nicht, daß diese Thesen passender vorgebracht sein könnten; aber einmal gestellt, können sie nicht verworfen werden."[61] Gegen die Worte ‚notwendig verdammt' (These 5) und die Beschreibung der Sünde des Petrus (These 12) äußert er Vorbehalte. Gemäß der Lehrweise Martyrs spricht das Gutachten von Erwählten und zum ewigen Leben Nichtvorherbestimmten. Wie bei Zwingli ist Joh 6,44 bestimmend. Die Notwendigkeit der Verdammung sei daher keine ‚necessitas coactionis', sondern eine *‚necessitas consequentiae'*. Die Zürcher ‚mildern' das Gutachten auch, wenn sie zur Unverlierbarkeit der Gnade erklären: „Wenn wir aber von jener Erwählung sprechen, die gemäß der gegenwärtigen Gerechtigkeit in der Kirche erkannt und beurteilt werden kann, so verneint der Autor nicht, daß ein Erwählter ein Verworfener

[58] C. Schmidt, aaO. S. 633.

[59] Texte: Zanchii Opp. VII, 65–69 (Marburg), 69–72 (Heidelberg), 72 (Schaffhausen), 72–75 (Zürich), 75–76 (Basel), 77 (A. Blaurer). Textauszüge in deutscher Sprache oder Inhaltsangaben bieten A. Schweizer, aaO. I, 449ff.; J. Moltmann, aaO. S. 97ff.; P. Walser, aaO. S. 181ff. (Zürcher Gutachten).

[60] Vgl. Calvin dazu s. Kap. VI, § 4.

[61] Vgl. A. Schweizer, aaO. I, 452f.

werden kann und umgekehrt." Den ‚Samen Gottes' erklären die Zürcher daher als „die Worte der göttlichen Verheißung". „So wird möglichst versucht, die statische Sicht des Zanchi in die dynamische der gegenwärtigen Begegnung umzubiegen, um Predigt und Seelsorge in der Kirche zu betonen" (P. Walser[62]). Ihre Zustimmung zu den Thesen enthält wesentliche Einschränkungen (sententias amplectimur partim ut necessarias, partim ut probabiles); sie wird offensichtlich durch kirchenpolitische Gründe mitbestimmt. Die Basler Theologen wollen, ihrer humanistischen Tradition folgend, in ihrem Gutachten lieber vermitteln als Stellung beziehen. Calvin in Genf war nicht erst um eine Äußerung gebeten worden. Die Durchsicht der Gutachten ergibt, daß die von ihm vertretene doppelte Prädestination zu dieser Zeit in Marburg, Heidelberg und Schaffhausen fester Bestandteil der Lehre ist.

Eine Schiedskommission aus den benachbarten Territorien hat schließlich in Straßburg eine *Vergleichsformel*[63] vorgelegt, die Zanchi mit den zweideutigen Worten unterschrieb: ‚hanc doctrinae formulam, ut piam agnosco, ita etiam recipio'. In jener Formel wird alles Gewicht auf den in Christus geoffenbarten Willen Gottes gelegt. Die Partikularität des Gnadenempfangs wird als Geheimnis bezeichnet. Über die Lehre vom Beharren der Erwählten im Glauben schweigt die Formel. Calvin urteilt über sie: Sie sagen nichts Gottloses über die Prädestination,... sie decken aber einen Schleier über das klare Licht."[64] Er fordert Zanchi auf, seine Meinung offen zu bekennen[65]. Dieser verließ 1563 Straßburg.

Dritter Abschnitt: Die reformierte Orthodoxie

Kapitel X: Die dogmengeschichtliche Einordnung

Literatur: E. Weber, Die philosophische Scholastik des deutschen Protestantismus im Zeitalter der Orthodoxie, Leipzig 1907; P. Althaus, Die Prinzipien der deutschen reformierten Dogmatik im Zeitalter der aristotelischen Scholastik, Leipzig 1914; P. Petersen, Geschichte der aristotelischen Philosophie im protestantischen Deutschland, Leipzig 1921; H. E. Weber, Reformation, Orthodoxie und Rationalismus, Gütersloh 1937 (I, 1), 1940 (I, 2), 1952 (II); G. Szabò, A magyar református orthodoxia a XVII. század theólogiai irodalma (Geschichte der reformierten Theologie in Ungarn im Zeitalter der Orthodoxie. Mit ausf. dt. Auszug), Budapest 1943; J. Moltmann, Art. Reformierte Orthodoxie, EKL II, 1758–1763; W. Windelband-H. Heimsoeth, Lehrbuch der Geschichte der Philosophie, Tübingen 1976[16], S. 298ff. (Teil IV. Die Philosophie der Renaissance).

---

[62] AaO. S. 188.
[63] Vgl. A. Schweizer, aaO. I, 440ff.; C. Schmidt, aaO. S. 663ff.
[64] CO 20,23; 13. 3. 1563.
[65] CO 20,24.

§ 1 Forschungsergebnisse

Literatur: Forschungsberichte fehlen.

Die Erforschung der Orthodoxie gleicht immer noch einer Landkarte, mit vielen weißen Flecken; die unerforschten Gebiete überwiegen. Viele, selbst bekannte Theologen der Orthodoxie sind theologiegeschichtlich nicht oder zuwenig in ihrem Denken erfaßt. Es gibt nicht einmal eine exakte Beschreibung der Orthodoxie[1], ihres Beginns, ihrer Eigenart und ihrer verschiedenen Zweige. Definitionen werden nicht gewagt. Die Versuche von B. Armstrong und S. J. Bray sind hilfreich und sollen die einleitenden Überlegungen abschließen.

Die Entstehung der Kirchenunionen im letzten Jahrhundert gab Anlaß zu konfessionsvergleichenden Untersuchungen. A. Schweizer, A. Ebrard, M. Schneckenburger, H. Heppe und später J. Bohatec (1908) gingen den Prinzipien der reformierten Dogmatik im 16. und 17. Jahrhundert nach, wenngleich mit nur geringem Erfolg. A. Schweizer mißt die reformierten Theologen an Schleiermachers Lehrsystem und gelangt zu einer Bevorzugung Zwinglis[2]. H. Heppe verfolgt seine These von der „altprotestantischen Theologie" und mißt Calvin an Melanchthon[3]. Die Überlegungen, ob die synthetische Methode reformiert, die analytische lutherisch sei, trüben den Blick für die Methodenvielfalt im reformierten Lager und werden den reformierten Theologen nicht gerecht. Es wird vor allem vergessen, daß die Reformatoren noch eine ‚naive' Stellung zu den verschiedenen Erkenntnismethoden einnehmen[4]. Die Methodenfrage bewegt erst die Orthodoxie. Wenn J. Bohatec daher die analytische Methode bei Calvin nachzuweisen sucht[5], so ist bereits die Problemstellung unangemessen. Erst P. Althaus bringt in seiner verdienstvollen Arbeit Licht in die Methodenlehre der reformierten Orthodoxie. Er kann sich dabei auf E. Webers gründliche Untersuchungen stützen, dessen „geringer Einschätzung der reformierten Theologie" er jedoch entgegentritt[6]. Eine Auswahl aus den Schriften orthodoxer Theologen legt H. Heppe in seinem oft zitierten Buch „Die Dogmatik der evangelisch-reformierten Kirche" (Elberfeld 1861) vor. E. Bizer, der sie erneut herausgab, urteilt, die Geschichte der orthodoxen Theologie sei von der Dogmengeschichte „immer noch nicht befriedigend erledigt; für viele der angeführten Autoren fehlt es noch an den monographischen Vorarbeiten"[7]. Die folgende Darstellung beschränkt sich daher darauf, die Hauptlinien aufzuzeigen und exemplarisch einige Theologen vorzustellen.

Einigkeit besteht über die Tendenz der reformierten Orthodoxie, die Vernünftigkeit der Theologie auszuweiten, ihre Wissenschaftlichkeit zu stärken und die biblische Wahrheit zu verobjektivieren. Bekannt ist auch, daß ein verstärkter Einfluß der aristotelischen Philosophie auf die Theologie bzw. deren Neuentdeckung erfolgte und die Orthodoxie heraufführte. Doch besteht über diesen geschichtlichen Vorrang im einzelnen noch Unklarheit. Für „die Entstehung der neuen Scholastik" nennt E. Weber vor allem drei Gründe. 1. Im Katho-

---

[1] H. E. Weber, Reformation, I, 2 S. 290-322, bietet eine Art Morphologie der Orthodoxie.
[2] P. Althaus, aaO. S. 4. [3] ThStuKr 1850, S. 669ff.
[4] P. Althaus, aaO. S. 51, Anm. (im Blick auf M. Schneckenburger).
[5] P. Althaus, aaO. S. 48. [6] P. Althaus, aaO. S. 6, 44ff. [7] Neukirchen 1958[2] S. XVII.

lizismus war das scholastische Studium erhalten geblieben und durch die Jesuiten zu neuer Blüte gebracht worden. „Die Protestanten bekamen die neu hervorgeholte Waffenrüstung in den theologischen Auseinandersetzungen zu spüren und mußten notgedrungen folgen.“[8] Von Italien und Spanien her drang eine erneuerte aristotelische Philosophie nach Deutschland und Frankreich vor. Die lutherische und reformierte Polemik, die sich gegenseitig befehdete, bemächtigte sich ebenfalls dieses Hilfsmittels. 2. Hinzu kam, daß an den Universitäten „eine zunehmende Verflachung des philosophischen Studiums“ festzustellen war, weil man sich auf Melanchthons Kompendium beschränkt hatte; die Reaktion war unausbleiblich[9]. „Man ist über den Melanchthonismus hinausgewachsen. Für das mehr und mehr in den Vordergrund tretende Interesse an der Metaphysik, der ‚regina scientarum‘, bot er gar nichts.“[10] 3. Schließlich erhob sich in der Philosophie des Petrus Ramus (s. u. S. 328ff.) der humanistische Geist noch einmal mit ganzer Kraft und bekämpfte die aristotelische Metaphysik. Der Aristotelismus war gezwungen, seine Methodik gründlich zu durchdenken[11].

H. E. Weber gesteht, diese einleuchtende Erklärung der Entstehung der protestantischen Scholastik teilweise nur durch Rückschlüsse gewonnen zu haben; die Einzelheiten jedoch nicht zu kennen. „Um 1600 ist die neue Schulphilosophie fertig, ihre Wurzeln reichen weit ins 16. Jahrhundert zurück.“[12] Die genannten Gründe weisen indessen zurück in die Zeit nach Melanchthons Tod (1560). Denn im Jahre 1563 endete das Konzil von Trient und führte die Gegenreformation herauf (s. u. S. 411f.). In den Jahren 1568 und 1570 bereiste Ramus (1515–1572; s. EKL 3,435) Süddeutschland und die Schweiz und führte 1569 seinen Briefwechsel mit dem führenden deutschen Aristoteliker, dem Tübinger Jacob Schegk (1511–1587). Die Propaganda des französischen Philosophen Ramus gegen die Spekulationen und Metaphysik des Aristoteles erreichte damals ihren Höhepunkt und zwang die Theologen, die sich der aristotelischen Methode verschrieben hatten, ihr Lehrsystem zu durchdenken und abzusichern (Weiteres u. S. 311ff.). Es wurde bereits festgestellt (o. S. 286ff.), daß Z. Ursinus in den 60er Jahren mit einer neuen Art theologischen Lehrens hervortrat (s. Kap. IX, § 1). In Zanchis exegetischen Vorlesungen dominierten ebenfalls in der Straßburger Zeit (1553–1563) Dogmatik und Polemik (s. Kap. IX, § 4). Beza wendet sich schon sehr früh dem scholastischen Denken zu (s. Kap. XI, § 2). Auch er belastet je länger je mehr die Exegese mit systematischen Erörterungen. Im Jahre 1595 wurde nun in Genf die Konsequenz gezogen und die exegetischen Vorlesungen von denen über die „Loci communes“ getrennt. Andere clavinistische Universitäten folgten. Darum nennt P. Polman[13] Beza den „Vater der Dogmatik oder... der calvinistischen Scholastik“. Der Unterschied zwischen Calvins und Bezas Lehrweise macht den Wandel greifbar, der in der theologischen Wissenschaft nach Calvins Tod eingetreten ist. Calvin exegesiert in seinen Vorlesungen Abschnitt um Abschnitt ausführlich den Bibeltext und fügt dogmatische oder praktische Bemerkungen an. Bei den orthodoxen Theologen dient

[8] Die phil. Scholastik S. 7, 9f., 11. Vgl. Reformation I, 2 S. 295.
[9] Die phil. Scholastik S. 14, vgl. 16.
[10] Die phil. Scholastik S. 15. [11] Die phil. Scholastik S. 21. [12] Die phil. Scholastik S. 27.
[13] L'Element historique dans la controverse religieuse du XVIe siècle, Gemblaux 1932, S. 126f., vgl. J. Raitt (s. Lit. Kap. XI § 2) aaO. S. 9.

der Bibeltext dazu, weitschweifige systematische und polemische Erörterungen anzustellen. Es ist daher angemessen, den Beginn der reformierten Orthodoxie bald nach Calvins Tod (1564) anzusetzen. Mit geschichtlichem Gespür kommt Bartholomäus Keckermann schon um 1600 zu einer ähnlichen Datierung (s. Kap. XI, § 4).

§ 2 Die rhetorische und logische Methode der Theologie bei A. Chandieu

Literatur: Fehlt.

Eine anschauliche Zusammenfassung des Anliegens der neuen protestantischen Scholastik und eine eindrückliche Verteidigung des Gebrauchs der aristotelischen Philosophie in der Theologie bietet der französische Calvinist Antoine Chandieu (1534–1591; s. RE 3,784ff.) in der Vorrede zu seiner Schrift ‚De verbo Dei scripto adversus humanas traditiones' (1580) unter der Überschrift „Über die wahre Methode, theologisch und scholastisch zugleich zu disputieren" (De vera methodo Theologice simul et Scholastice disputandi)[14]. Er beginnt:

„Der Apostel hat bekräftigt, daß die heilige Schrift ‚nützlich ist zur Lehre und zur Widerlegung' (redarguere) [2.Tim 3,16]. Ohne Zweifel erklärt er deutlich, daß die Menschen nicht nur zu bekehren, sondern auch zu widerlegen seien. Fest steht daher, daß die Menschen so verdorben sind, daß sie nicht nur in Unkenntnis der Wahrheit, gleichsam in tiefer Finsternis leben, sondern daß die meisten das Licht der Wahrheit hassen und fliehen. Obgleich nun beides zu beklagen ist, ist doch besser mit denen umzugehen, die nichts wissen, aber etwas wissen wollen, als mit denen, die Freude an ihrer Blindheit und Unwissenheit haben, da nun einmal Nichtwissenheit erträglicher (tolerabilis) ist als Nichtwissenwollen. Weil die Pastoren und Doktoren der Kirche mit diesen beiden Arten von Menschen umzugehen haben, befiehlt der Apostel ihnen, festzuhalten an dem Glaubenszeugnis (fidelis sermo), damit sie sowohl durch gesunde Lehre ermahnen als auch die Widersprechenden besiegen [vgl. Tit 2,1ff.; 1.Tim 4,6ff.]. Diese beiden Aufgaben des rechten Predigers untersucht Augustin und stellt sie einander gegenüber. ‚Leicht ist es', meint er, ‚daß man sagt, was zu glauben, zu hoffen und zu lieben ist. Aber wie soll man sich gegen die Schmähungen derjenigen verteidigen, die entgegengesetzt denken; wieviel mühevoller und umfangreicher ist die Belehrung dann.' Wie wahr Augustins Worte[15] sind, bestätigt schon die Erfahrung. Wieviel Mühen nämlich die frühen Häretiker, vor allem die in den sophistischen und eristischen Schulen Geübten, den frommen (Kirchen-)Vätern gemacht haben, kann leicht aus den gelehrten Schriften der orthodoxen Theologen entnommen werden. Wie viele von unserer Seite wohlgerüstet, nämlich mit Waffen für die Widerlegung versehen, in das Streitgespräch eintraten, die zerstreuten, vom Licht der Wahrheit erleuchtet, ohne Mühe den Rauch der Sophisten. Gregor von Nazianz scheint Basilius den Siegeszweig zu geben[16], weil er die

[14] Dn. Antonii Sadeliis Chandei nobilissimi viri opera theologica, 1592, S. 5.

[15] Ench. ad Laur. I, 4; MPL 40,2335sg.

[16] In laud. Basil. cap 65;MPG 36,582sq.

übrigen in der Wissenschaft der Schlußfolgerung und richtigen Erörterung (in rationandi et recte disserendi scientia) überragte. Dies können wir auch dem Gregor von Nyssa bestätigen. Augustin aber – um seine eigenen Worte zu gebrauchen – pflegte durch seine gleichsam einzigartige Schlußfolgerung zu gefallen und sich an ihr zu erfreuen. Er bekennt offen, daß zur Widerlegung der häretischen Sophismen ihm diese ‚Kunst' eine große Hilfe gewesen sei[17]. Und lange vor Augustin bekannte Tertullian in seiner Schrift, in der er erfolgreich mit den Häretikern kämpft, er sei von den Gegnern zum Philosophieren gereizt worden[18]. Dieses haben wir deshalb gesagt, weil wir sehen, daß die meisten Leute sich dieser sonst sehr nützlichen Wissenschaft gegenüber feindlich zeigen, wie wenn Paulus sie aus dem Gebiet der Theologie vertrieben hätte, wenn er befiehlt, daß uns nicht jemand durch die Philosophie betrügen soll [Kol 2,4]. Und dazu tragen sie aus den Schriften der alten Doktoren vieles zusammen, was ihrer Meinung nach auf die Widerlegung und auf die Wissenschaft des richtigen Disputierens zutrifft. Sie hören deshalb Gregor von Nazianz gerne die Dialektiker mit den Moabitern und Ammonitern vergleichen[19] und nennen laut mit Basilius die Dialektiker kriegerisch[20]. Schließlich klagen sie mit Tertullian[21], Aristoteles, der den Häretikern die Dialektik gelehrt habe, diese arglistige ‚Kunst' des Aufrichtens und Niederreißens, sei ein elender Mensch. Diese Menschen will ich kurz in der Weise zufriedenstellen: Der Apostel verdammt diese Wissenschaft der richtigen und wahren Erörterung nicht, welche die Erkenntnis der Wahrheit selbst durch gewisse, beständige und notwendige Prinzipien herbeischaffen, sondern vielmehr die leere Kunstfertigkeit des Täuschens und jene sophistischen und betrügerischen Fallstricke, die die Ketzer zu knüpfen pflegten, damit sie die frommen und orthodoxen Theologen auf diese Weise täuschten." (aaO. S. 309).

Zur Bestätigung führt Chandieu für jeden der genannten Kirchenväter eine Stelle an, die ihre Zustimmung zur Dialektik beweisen. Sodann verurteilt er ausführlich die scholastische Methode des Spätmittelalters, deren Mühe und Fleiß er aber anerkennt[22].

Die aristotelische Dialektik, deren Nutzen für die Theologie Chandieu mit auffälligem Eifer verteidigt, ist trotz gegenteiliger Beteuerungen nicht mehr die Magd der Theologie, sondern ihre Herrin. Sie erhebt den Anspruch, auf logischem Wege die Wahrheit ergründen zu können. Wenn die aristotelischen Prinzipien im Beweisverfahren richtig angewandt werden, ist die ganze göttliche Wahrheit, auch Gottes Sein und Werke, zu ergründen. Die Dialektik ist auch theologisch unbedingt beweiskräftig und erhellt auch das Gebiet der Metaphysik. Diese unbegrenzte Gültigkeit der aristotelischen Philosophie für die Theologie ist die Entdeckung der Orthodoxie, die sich bis zum Jahre 1600 mehr und mehr durchsetzt. Die transzendierende Dialektik ermöglicht ein neues rationales Theologisieren, verlangt ein Denken im umfassenden System und gibt (vermeintlich) logische und also unüberwindliche Waffen gegen den Gegner in die Hand. Mochte in der Reformationszeit die Dialektik gelegentlich mehr als eine

---

[17] Contr. Acad. lib. 3, cap. 13 (29); MPL 32,949.
[18] De resur. carn. cap. 5; MPL 2,816/17. [19] Advers. Iulianum (?).
[20] In Esa. cap. 2, v. 4; MPG 30,246.
[21] De praescriptionibus cap. 7 (20); MPL 2,22.
[22] Opera theol. S. 6.

formale logische Methode gewesen sein, dieser Anspruch der aristotelischen Logik auf theologischem Gebiet ist neu.

Zu den Gegnern gehören, wenn auch Chandieu den Namen nicht nennt, *Petrus Ramus* und seine Anhänger (s. u. S. 328 ff.). Ramus hatte in der Schrift ‚Scholae in liberales artes' (1569) an zahlreichen Stellen vom „error Aristotelis', von der ‚confusio', den ‚sophismata' und ‚ingentia vitia' des berühmten Philosophen gesprochen[23], und ihn sogar der Lüge geziehen[24]. Daher hatte Jacob Schegk im Briefwechsel mit Petrus Ramus (1569) diesen angeklagt, Aristoteles in seinen Lügen ‚grausam, unmäßig und nichtswürdig geschlagen' zu haben[25]. Ramus hatte die humanistische Rhetorik der Dialektik *über*geordnet, jene begrenzt und die aristotelische Metaphysik entschieden abgelehnt. Ramus war der Hauptgegner einer theologischen Metaphysik.

Chandieu bejaht sie. „Ich stelle fest, daß es eine doppelte Behandlung der Theologie (Theologica tractatio) gibt. Die eine ist vollständig (plena) und verbunden mit reichhaltigerer Sprache; sie kann sowohl die Ungebildeten lehren, als auch die Zögernden antreiben, die Lehre der Wahrheit gutzuheißen. Die andere ist zwar eine genau (accurata), jedoch knappe (contracta) Behandlung und erklärt uns, nachdem die Dinge beiseite gelegt sind, die zur Bewegung der Herzen herangezogen werden, also nach Ablegen des rednerischen Kleides, die Dinge selbst einfach und schlicht und trägt die nackten Argumente vor; auf diese Weise kann die Wahrheit der Dinge selbst den Augen beinahe sichtbar gemacht und mit Fingern berührt werden. Diese Behandlungsweise wird vielleicht denen weniger lieb sein, die durch den Glanz der Rede erfreut werden, sie ist aber sicherlich denen allen nicht wenig nützlich, die die Einfachheit lieben und Liebhaber der Wahrheit sind."[26] Chandieu vergleicht beide Arten mit der Betrachtung des Körpers, wie er sich den Blicken bietet, und seine Anatomie, die die Anordnung und Funktion der einzelnen Teile besser erkennen läßt[27]. Er läßt keinen Zweifel, welche er bevorzugt: die ‚syllogistica tractatio'[28]. „Ich rufe die gelehrtesten Theologen dieses Zeitalters, die Vorkämpfer der Wahrheit des Evangeliums als Zeugen auf, daß sie sich diese Sorge angelegen sein lassen und uns die sichere und leichte Methode dieser scholastischen Behandlungsweise bekanntmachen, der wir folgen und die von uns und den Nachkommen für einen Lydischen Stein gehalten wird, um an ihm die verschiedenen Schriften der Menschen zu prüfen, die über theologische Dinge herausgegeben werden."[29]

Die „syllogistica' oder ‚scholastica tractatio' ist die Darstellung der Theologie auf dialektisch-logischem Wege. Ihr gegenüber steht eine wortreiche, rhetorische Theologie für die Ungebildeten. Aus der Verkündigung ist die festgefügte Lehre geworden, aus dem Evangelium die Wahrheit der ‚ganzen heiligen Schrift'. Damit diese Schriftwahrheit festgefügt ist, muß notwendig früher oder später die Lehre von der Verbalinspiration entwickelt werden. Chandieu erklärt bereits: „Tota Scriptura sacra est divinitus inspirata. Ergo quaecumque sunt in S. Scriptura sunt συναληθῆ. Secum enim pugnare Deus non potest, quia est ipsa veritas."[30]

[23] Sp. 244,281,467.
[24] Sp. 280.
[25] P. Rami et Iacobi Schecii epistolae, 1569, p. blr: „... Aristotelem, quem tu animadversionibus tuis, tam crudeliter, inique, et misere flagellasses".
[26] Opera theol. S. 11.
[27] Ibidem.
[28] Opera theol. S. 12.
[29] Ibidem; z. Lydischen Stein s. o. S. 170, 602 Anm. 30.
[30] Opera theol. S. 11.

§ 3 Melanchthon und die Orthodoxie

Literatur: siehe zu Kap. X.

Die Rolle Melanchthons bei der Entstehung der Orthodoxie ist umstritten. Beza verwechselt die aristotelische Dialektik mit der Reformation, wenn er diese auf die Erneuerung der Sprachen und der aristotelische Logik durch Faber Stapulensis (s. EKL 1,1249ff.) und Melanchthon zurückführt. „Die Erneuerung der Sprachen und bonae artes ist die Vorbereitung der Vertreibung auch des Götzendienstes bald darauf gewesen; an diesem Werk arbeiten wir noch heute."[31] Das Anliegen der Reformation ist nicht mehr im Blick. Jene Wissenschaftsreform Melanchthons hatte zudem die Dialektik in ihre Grenzen verwiesen und im Sinne des Erasmus die Rhetorik neu belebt. Beza scheint indessen um die zunehmende Bedeutung zu wissen, die der Dialektik im Spätwerk Melanchthons zukam.

Viele Forscher führen die Orthodoxie auf Melanchthons Bevorzugung der aristotelischen Philosophie und auf die Verbreitung seiner Lehrbücher an den Universitäten zurück und sprechen von einem *„melanchthonischen Aristotelismus"* in der Orthodoxie[32]. Indessen urteilt H. Maier[33] über Melanchthons Aristotelesrezeption: „Die großen, spekulativ-metaphysischen Gedanken werden überall ins Rhetorisch-dialektische umgedeutet, verflacht und verflüchtigt. Der Allgemeinbegriff, beim wirklichen Aristoteles eine schöpferische Macht, die, in der an sich formlosen Materie wirkend, aus dem Stoff konkrete Gestalten, reale Dinge bildend, erscheint in seiner [sc. Melanchthons] Deutung auch später als bloße Abstraktion, als ein Bild der Seele, das wohl auf viele Einzeldinge angewandt werden könne, ohne jedoch außerhalb des menschlichen Denkens irgend welche reale Geltung zu haben. ... Damit war das metaphysische Prinzip aus der aristotelischen Philosophie weggedeutet. Melanchthons wirkliche Autoritäten aus dem Altertum sind Galenus und Cicero." P. Althaus urteilt zurückhaltend: Es „deckt sich – es ist von wesentlicher Bedeutung, dies im Auge zu behalten – der Aristotelismus um 1600 nicht einfach mit dem melanchthonischen. Keckermann und die Zeitgenossen sind auf das stärkste durch die italienischen Peripatetiker und ihren zwar teilweise mittelalterlich weitergebildeten, aber doch weiterhin echten Aristoteles, durch die peripatetisch-neuplatonische Metaphysik der Jesuiten beeinflußt worden"[34]. Dieser Weiterbildung der Philosophie war sich B. Keckermann bewußt (s. Kap. XI, § 4).

---

[31] Praefatio zu L. Danaeus ‚Christianae Isagoges ad Christianorum theologicarum locos, libri II', Genf 1583, p. iij v: „Et haec quidem linguarum ac bonarum artium instauratio, mox fuit ad extruendam quoque Idolomaniam παρασκευὴ, quo in opere adhuc hodie laboramus."

[32] W. Windelband, aaO. S. 306.

[33] An der Grenze der Philosophie, Tübingen 1909 (Teil 1: Philipp Melanchthon als Philosoph) S. 1ff.

[34] AaO. S. 12f.

§ 4 Die Calvinrezeption in der Orthodoxie

Literatur: O. Fatio, Presence de Calvin à la fin du 16e et au 17e siècle, in: Calvinus Ecclesiae Doctor, hg. von W. H. Neuser, Kampen 1980, 171–207.

Die reformierte Orthodoxie umfaßt zwei verschiedene Richtungen. Calvinistische Aristoteliker und calvinistische Ramisten stehen einander gegenüber. Die unterschiedliche philosophische Herkunft beider Gruppen wurde bereits aufgezeigt und ist weiterzuverfolgen. Beide verstanden sich als Calvinisten, beide mit gleichem Recht. Sie standen Calvin gleich nahe und gleich fern. Wie sich zeigen wird, hatten die Ramisten (s. Kap. XII, § 1) eine Affinität zu dem Zwinglianismus Bullingers, ohne jedoch Zwinglianer zu sein. Bei allen war jedoch die überragende Autorität Calvin. Seine „Institutio" bleibt das Lehrbuch, auch in einer Zeit scholastischen Wissenschaftsverständnisses, an dem sich die Theologen orientieren. O. Fatio ist den literarischen Nachwirkungen der „Institutio" Calvins nachgegangen. Er stellt fest, daß die Nachdrucke der Werke Calvins nach 1617 auffallend zurückgehen, ausgenommen in den Niederlanden. An die Stelle der „Institutio" treten die theologischen Summen und Compendien, die dem Unterrichtsbetrieb dienen: die Werke des Polanus (1624; s. u. S. 333ff.), des Wohlleb (1626; s. EKL 3,1842), des Amesius (1628; TRE 2,450ff.) und die Leidener Synopsis (1625; s. EKL 4,159). Doch verschwindet Calvins ‚Institutio' damit keineswegs. Sie wird lediglich dem Wissenschaftsbetrieb des 17. Jahrhunderts angepaßt. Eine „Institutio"-Ausgabe mit erläuternden Randbemerkungen legten N. Colladon (1576) und der Engländer E. Bunny (1576) vor. Das ‚Compendium' Bunnys (zuerst 1579) und die ‚Epitome' G. Delaunes (1583, 12 Auflagen) sind Zusammenfassungen der „Institutio" mit Erläuterungen und Tabellen. Chr. Fetherstone hat die ‚Epitome' ins Englische übersetzt (1585) und verbessert (1587), J. de Raed sie ins Niederländische übertragen (1595). C. Olevians (s. o. S. 288f.) ‚Epitome' (1586) bietet eine Auswahl, um die Studenten in die „Institutio" einzuführen. Zusammenfassungen in ‚Aphorismen' geben J. Piscator (1589; s. u. S. 330ff.) und Le Preux (zuerst 1590); D. Colonius legt 1628 eine ‚Analysis paraphrastica' der „Institutio" vor. Wenngleich der Text der „Institutio" immer mehr zurücktritt, folgen sie alle doch dem Gedankengang Calvins, nicht ohne indessen eigene Akzente zu setzen. Th. Zwingers ‚Theatrum' (1652) ist schließlich eine umfangreiche Verteidigung Calvins gegen Katholiken, Lutheraner und auch gegen die Neo-Scholastiker in den eigenen Reihen. Zwinger ist Ramist und wendet die analytische Auslegungsmethode an. Sein Buch ist jedoch ein Zeugnis dafür, daß sich der Einfluß Calvins dem Ende zuneigt. Nur in den Niederlanden erscheint 1667 nochmals eine Calvin-Edition.

§ 5 Das Wesen der Orthodoxie

Literatur: Eine eingehende Untersuchung fehlt.

J. S. Bray[35] faßt das Wesen der reformierten Orthodoxie, den Thesen B. Armstrongs folgend[36], in sechs ‚Grundtendenzen' zusammen. „Die erste Tendenz ist die Hinwendung zur religiösen Wahrheit. Sie betont die Notwendigkeit, Grundvoraussetzungen oder Prinzipien aufzudecken, auf die ein logisches System des Glaubens erbaut werden kann, das eine rationale Verteidigung ermöglicht. Das Zugehen auf die religiöse Wahrheit nahm gewöhnlich die Form des Schlußverfahrens (Syllogismus) an."

„Auf eine zweite Tendenz der protestantischen Scholastik ist damit schon angespielt, auf eine starke Abhängigkeit von der Methodik und Philosophie des Aristoteles. Dem neuen Interesse für Aristoteles entspricht die Erneuerung der Metaphysik im 17. Jahrhundert; sie trat unter beiden deutlich auf, Lutheranern und Reformierten. Der Aristotelismus spiegelte sich bei einigen Protestanten in einer neuen Bewunderung des Thomas von Aquin wieder."

„Eine dritte Tendenz der protestantischen Scholastik war eng bezogen auf die beiden ebengenannten: Eine Betonung der Rolle der Vernunft und Logik in der Religion. In der Praxis bedeutete dies die Erhebung der Vernunft auf eine Ebene gleich der Offenbarung. In der Konsequenz bedeutete es eine geringere Betonung der Schrift als dem schöpferischen Element in einer Theologie. Es war bei den Orthodoxen gebräuchlich, gerade wenn sie großes Vertrauen in des Menschen Fähigkeit setzten, die göttliche Absicht zu erfassen, daß sie im bloßen Lippendienst die Tatsache der eigenen intellektuellen Begrenztheit hervorhoben.... Außerdem werden ihre Werke in wachsendem Maße von dem Streben nach logischer Folgerichtigkeit beherrscht – einer Leidenschaft, die in den Gedanken Calvins fehlt."

„Ein viertes Kennzeichen der Orthodoxie war ein starkes Interesse an spekulativen, metaphysischen Gedanken. Es war bestrebt, Fragen in den Mittelpunkt zu stellen, die sich auf den Willen Gottes beziehen. Im 16. Jahrhundert zeigte die Scholastik kein bemerkenswertes Interesse an metaphysischen Dingen. Aber um die Mitte des 17. Jahrhunderts konnte ein Lehrstuhl für Metaphysik tatsächlich an jeder reformierten Akademie gefunden werden.

Eine fünfte Tendenz in der Scholastik war eine Interpretation der Schrift, die dazu neigte, die Schrift in unhistorischer Weise als eine Zusammenstellung von Sätzen (body of propositions) zu beschreiben, die ein für alle Male durch Gott überliefert worden waren und deren Zweck ist, eine nicht irrende, unfehlbare Grundlage zu schaffen, auf der eine gediegene Philosophie errichtet werden könnte."

„Als sechste Tendenz fand sich schließlich in der protestantischen Scholastik ein neuer Begriff des Glaubens, der merklich von dem der wichtigsten Reformatoren abwich." Bei jenen war der Glaube auf die Heilstat Christi bezogen und die Predigt des Evangeliums wirkte den Glauben.

[35] Theodore Beza's Doctrine of Predestination, 1975, S. 12–15 (ins Deutsche übersetzt).
[36] Calvinism and the Amyraut Heresy: Protestant scholasticism and Humanism in Seventeenth Century France, Madison 1969, S. 32.

Kapitel XI: Die calvinistischen Aristoteliker

Literatur: B. HALL, Calvin against the Calvinists, in: John Calvin, (hg. von G. E. DUFFIELD, 1966, 19-37).

§ 1 Hieronymus Zanchi

Literatur: Hieronymi Zanchii Operum Theologicorum, 3 Bde., Genf 1613 (Zanchii Op.); O. RITSCHL, DG des Prot., Bd. 1, Leipzig 1908, 175-179 (Lehre von der Schrift); J. H. RANDALL, The Development of Scientific Method in the School of Padua, Journal of History of Ideas, I, 2, 1940; E. BIZER, Frühorthodoxie und Rationalismus, Theol. Stud. 71, 1963, S. 50-60; O. GRÜNDLER, Die Gotteslehre Girolami Zanchis und ihre Bedeutung für seine Lehre von der Prädestination, Neukirchen 1965.

In seiner Heidelberger Antrittrede ‚De conservando in ecclesia puro puto Dei verbo'[1] (1568) legt Zanchi seine theologische Methode dar, die er in der Schrift ‚De Sacra Scriptura'[2] weiter entwickelt. Es ist die Verbindung zweier Methoden, der analytischen oder resolutiven mit der synthetischen oder compositiven[3]. Die Begriffe und das doppelte methodische Verfahren stammen aus dem Aristotelismus der Schule von Padua. O. Gründler skizziert die verschiedenen aristotelischen Schulen im 16. Jahrhundert[4] und stellt fest, „daß er (Zanchi) über die neuen Entwicklungen in der wissenschaftlichen Methodik unterrichtet war" und „als erster protestantischer Theologe die Anwendung der wissenschaftlichen Methodik empfiehlt"; dazu bewog ihn u. a. „die zunehmende Tendenz unter seinen Zeitgenossen, die Wissenschaftlichkeit der Theologie erneut unter Beweis zu stellen"[5]. Die Abhängigkeit von der katholischen Theologie des Hochmittelalters und des ausgehenden 16. Jahrhundert und die Gemeinsamkeit der Methodik, die bei Zanchi und vielen protestantischen Zeitgenossen festzustellen sind, führen in der Literatur zu Recht zu der Bezeichnung *‚protestantische Scholastik'*. Zanchi verlangt jedoch, daß von der Schrift als der alleinigen Quelle der Theologie ausgegangen wird.

Beide Teile der Methode enthalten ein kompliziertes Verfahren: „Ausgehend von dem in der Schrift gegebenen Tatbestand, ist der erste Schritt die sorgfältige *Analyse* und Exegese eines bestimmten Textzusammenhangs auf dem Weg der resolutiven Methode. Aus einer solchen Analyse ergibt sich zunächst der „scopus" des biblischen Autors sowie die mit diesem „scopus" verbundenen ‚Argumente'. Die Analyse führt sodann zur Formulierung der „quaestiones seu propositiones", die sich aus jenen Argumenten ergeben. Die zusammengestellten „propositiones" führen schließlich ihrerseits zur Aufstellung eines allgemeinen Lehrsatzes oder „locus communis"[6]. Die synthetische oder *compositorische Methode* geht den umgekehrten Weg vom Lehrsatz zum richtigen Verständnis der Schrift und erfolgt aus katechetischen und pädagogischen Gründen. Die Lehrsätze bedürfen der confirmatio, das heißt, der ständigen Prüfung am

[1] Zanchii Op. 8.2. [2] Zanchii Op. 8.3. [3] Zanchii Op. 8.3, p. 319.
[4] AaO. S. 9–16. [5] AaO. S. 30f.
[6] O. GRÜNDLER, aaO. S. 31; vgl. Zanchii Op. 8.3, p. 319.

Schriftzeugnis. Beide Methoden „sind nur zwei Seiten des gleichen methodischen Verfahrens in der Formulierung eines Lehrsatzes“[7], denn Zanchi versteht die christliche Lehre teils als theoretische, teils als praktische Wissenschaft[8], ohne einer Seite den Vorzug zu geben.

Da die Schrift (nicht das Evangelium) Ausgangspunkt der Theologie ist, behandelt Zanchi ausführlich die *Schriftautorität*. „Zanchi macht keinerlei Versuch, eine unabhängige Inspirationslehre aufzustellen, noch vertritt er die Auffassung von einem göttlichen Diktat des Schrifttextes im mechanischen Sinn.“[9] Wie bei Calvin erfolgt die Inspiration der Schrift durch heilige Männer (per homines sanctos), gleichsam wie durch Kanäle (tanquam per canales)[10]. Die Göttlichkeit der Schrift beweist auch für Zanchi nur das „testimonium spiritus sancti internum“. Gleichwohl geht er in bezeichnender Weise über Calvin hinaus. Der Satz, daß die Schrift ihre Autorität nicht selbst beweist, sondern der Heilige Geist dies bewirkt, ist festgehalten[11], wird aber anders interpretiert. Zanchi greift das mittelalterlich-scholastische Gleichnis von der Schrift als „sol splendissimus“ auf: Einem blinden Menschen bleibt das Sonnenlicht unsichtbar, so auch das Licht der Schrift dem geistlich Blinden; der Heilige Geist muß erleuchten und die Blindheit wegnehmen[12]. Durch die Unterscheidung des Sonnenlichtes vom Sehorgan ist im Gleichnis die Zusammengehörigkeit von Schrift und Geist aufgelöst; bei Calvin sind beide noch ungetrennt. Das Geistzeugnis schafft nicht mehr direkt die Erkenntnis der Göttlichkeit der Schrift im Glaubenden, sondern bewirkt die Sehfähigkeit (illuminatio) im Menschen. Die Bibel wird selbst zur Quelle ihrer Autorität für den Glaubenden, weil sie „sol splendissimus“ ist. Abweichend von Calvin beruht die Schriftautorität ‚teils‘ auf dem Geistzeugnis, ‚teils‘ auf der Schrift selbst[13].

Demgemäß lehrt Zanchi vier „media“, die Schriftautorität zu erkennen[14]: 1. Das Zeugnis der Kirche gemäß dem Ausspruch Augustins, die Autorität der Kirche habe ihn zum Glauben an das Evangelium bewogen. Allerdings schränkt Zanchi ein: Die Kirche hat ihre Autorität von der Schrift und nicht umgekehrt[15]. 2. Die Autorität der Schrift per se, das heißt, sie ist selbstevident; Zanchi unterscheidet mit Aristoteles die „auctoritas per se und per alios“. 3. Das „testimonium spiritus sancti internum“, das entsprechend dem Gleichnis vom Sonnenlicht der Autorität der Schrift „per se“ auch vorausgehen kann[16]. 4. Die rationalen Argumente, die wie bei Calvin jedoch keine selbständige Beweiskraft haben. Die Zueinanderordnung der vier „media“ zur Erkenntnis der Schriftautorität ist offensichtlich noch unausgeglichen. Die Tendenz geht deutlich dahin, eine Schriftautorität zu lehren, die „per se“ existiert, und nicht auf dem Geistzeugnis beruht. K. Heim[17] findet diesen Schritt in Chandieus „Praefatio“ zur Schrift ‚Locus de verbo Dei scriptus adversus humanas traditiones‘ (1580) (s. Kap. X, § 2) bereits vollzogen.

---

[7] O. Gründler, aaO. S. 32, anders P. Althaus, aaO. S. 47.
[8] Zanchii Op. 8.4, p. 578.
[9] O. Gründler, aaO. S. 35.
[10] Zanchii Op. 8.3, p. 356. Calvin nennt sie „Organe“; z.B. CO 40,531.
[11] Zanchii Op. 8.3, p. 332.
[12] Zanchii Op. 8.3, p. 333; vgl. O. Gründler, aaO. S. 39 Anm. 64.
[13] Zanchii Op. 8.3, p. 340.
[14] Zanchii Op. 8.3, p. 335ff.
[15] Zanchii Op. 8.3, p. 343.
[16] Zanchii Op. 8.3, p. 339.
[17] Das Gewißheitsproblem, S. 295.

Die Gotteslehre Zanchis deckt die Vernünftigkeit orthodoxer Theologie vollends auf. „Was anders ist Theologie, wenn nicht Lehre von Gott, die dem Wort Gottes entnommen ist?"[18] Das Wort Gottes ist der autoritative Schriftkanon, der sich der menschlichen Erkenntnis und Vernunft in gewissem Maße erschließt. Der personale Christusbezug (fiducia) und das soteriologische Verständnis des Glaubens verlieren dadurch an Gewicht. Vernunft und Offenbarung sind verschiedene Stufen der Erkenntnis. Die Schrift lehrt, was zum Heil notwendig ist; die Vernunft ist nicht heilsnotwendig, aber sie verdeutlicht die Offenbarung und bewahrt vor Irrtum. Das Verhältnis von Offenbarung und Vernunft entspricht dem von Theologie und Philosophie. Die Schrift bietet auch der vernünftigen Erkenntnis eine Grundlage, denn sie offenbart die Wahrheit. Die Philosophie kommt der Vernunft zu Hilfe, gemeint ist die aristotelische Philosophie. Thomas von Aquin wird nicht genannt, doch folgt Zanchi ihm in der Methode der Gotteserkenntnis.

Diese Methode ist die der Analogie und der „via negationis". Röm 1,20 besagt, daß das unsichtbare Wesen Gottes aus seinen Werken, den Geschöpfen, zu erkennen ist. Die Eigenart dieser Analogie erklärt Zanchi: „Gott ist causa efficiens und finalis alles Geschaffenen. Alle Kreaturen haben daher eine Beziehung (ordo) zu Gott, einmal als Effekte zu ihrer wirksamen Ursache, zum anderen als Mittel zu dem Ende, zu dem alle Dinge bestimmt sind.... Hieraus folgt ein weiteres: nämlich daß wir über die geschaffenen Dinge zur Erkenntnis Gottes des Schöpfers geführt werden wie über die Wirkungen zur Ursache."[19] Mit dieser Begründung wird die *Metaphysik* Bestandteil der Theologie. Die Gottesoffenbarung Ex 3,14, „Ich bin, der ich bin", ist die grundlegende Bibelstelle der Aussage über Gott „via negationis". Denn Gottes Sein ist reines Sein. Mit Thomas eliminiert Zanchi die Zusammensetzung von Form und Materie, Akt und Potenz, Substanz und Akzidenz. Das Ergebnis ist die absolute Einfachheit (simplicitas) Gottes, „sine ullo praedicato"[20]. Auf dem Weg der Analogie schließt Zanchi, daß Gott als „prima causa" auch „prima perfectio" ist[21]. Aus der Vollkommenheit ergibt sich Gottes Unendlichkeit, Unveränderlichkeit und Ewigkeit. Der Unterschied der Gotteslehre Zanchis zu der Calvins besteht darin, daß Calvin nur Gottes Handeln „erga nos" lehrt, Zanchi aber darüber hinaus Gott in se beschreibt. „Unpersönliche metaphysische Kategorien finden sich bei Calvin so gut wie gar nicht."[22] Zanchi entwickelt diese Metaphysik im Anschluß an Thomas von Aquin.

O. Gründler[23] stellt fest, „daß Zanchis theologisches Gebäude den Begriff Gottes als causa efficiens und causa finalis aller Dinge zum Fundament hat". „Der Schlüssel zur Theologie Zanchis und das seinem Denken zugrunde liegende Prinzip ist der Kausalbegriff. Er beherrscht die Gotteslehre; er bestimmt das Verhältnis zwischen Schöpfer und Geschöpf; er schafft die Möglichkeit zur Erkenntnis Gottes auf dem Weg der Analogie und charakterisiert die Lehre von der Vorsehung und Prädestination.."[24] Bereits die Straßburger Thesen Zanchis hatten das rein kausale Denken Zanchis aufgedeckt, z.B. These 9 (s. Kap. IX, § 4). Sein Lehrsystem kennzeichnet eine zunehmende Rationalisierung.

---

[18] Zanchii Op. 8.3, p. 319.
[19] Zanchii Op. 2, p. 23, vgl. O. GRÜNDLER, aaO. S. 75.
[20] Zanchii Op. 2, p. 26.
[21] Zanchii Op. 2, p. 140.
[22] Vgl. O. GRÜNDLER, aaO. S. 67.
[23] AaO. S. 97.
[24] AaO. S. 125.

Ausgangspunkt der Vorsehungslehre ist Gottes Allkausalität. Die Vorsehung Gottes hat zwei Seiten, den göttlichen Plan und die Ausführung dieses Planes, „dispositio“ und „gubernatio actualis“[25]. Die Entfaltung erfolgt nach dem aristotelisch-scholastischen Schema der „causa efficiens“, „materialis“, „formalis“ und „finalis“ (der regierende Gott, die regierte Welt, die Regierung nach Gottes ewigem Plan, das Regiment zur Ehre Gottes, zum Heil der Erwählten und zum Wohl des ganzen Kosmos)[26]. Zanchis methodisches Vorgehen erinnert an Zwingli (s. Kap. II, § 4) und ist abhängig von Thomas. Für Calvin beruht die Vorsehung auf Gottes geheimen Ratschlag und ist nicht Gegenstand menschlicher Nachforschung. Zanchi führt die Sünde wie Calvin auf eine Erstursache (Gott) und eine Zweitursache (Mensch) zurück. Der Mensch sündigt aus Notwendigkeit, nicht aber aus Zwang (vgl. Kap. VI, § 6).

Die Vorherbestimmung (praedestinatio) ist „ein Teil der Vorsehung und in ihr enthalten“[27]. Von Calvin unterscheidet im wesentlichen nur die Behandlung der Vorsehung und Vorherbestimmung in der Gotteslehre, das heißt, das „decretum aeternum“ der Erwählung tritt an die Spitze des dogmatischen Systems. Wieder ist die Nähe zu Zwingli und Thomas auffällig. Eine christologische Begründung der Prädestination ist allerdings auch Calvin trotz allen Bemühens nicht gelungen[28]. Wie Calvin lehrt Zanchi die Verwerfung nur zurückhaltend: Sie ist Vorenthalt der Gnade (privatio gratiae electionis)[29].

§ 2 Theodor Beza

Quellen: Theodori Bezae Vezelii, volumen primum (tertium) Tractationum Theologicarum, Genf 1582 (Tract. theol.); H. und F. AUBERT, H. MEYLAN (Hg.), Correspondance de Théodore de Bèze, Genf 1960 ff. (Corr.); F. GARDY, A. DUFOUR (Hg.), Bibliographie des oeuvres théologiques, littéraires, historiques et juridiques de Th. de Bèze, Genf 1960; Th. BEZA, De haereticis a civili Magistratu puniendis Libellus, Genf 1554, unveränd. Nachdruck 1973.

Darstellungen: E. BIZER, Frühorthodoxie und Rationalismus, Theol. Stud. 71, 1963, S. 6-15; J. DANTINE, Das christologische Problem im Rahmen der Prädestinationslehre von Th. Beza, ZKG 87, 1967, 81-96; W. KICKEL, Vernunft und Offenbarung bei Th. Beza. Zum Problem des Verhältnisses von Theologie, Philosophie und Staat, Neukirchen 1967; J. RAITT, The Eucharistic Theology of Th. Beza, 1972; J. S. BRAY, Theodore Beza's Doctrine of Predestination, 1975; T. MARUYAMA, The Ecclesiology of Th. Beza, Genf 1978.

Der Nachfolger Calvins in der Leitung der Genfer Kirche hat sich als Hüter des calvinischen Erbes verstanden. Doch anders als bei Bullinger, der Zwinglis Theologie zugleich bewahrt und weiterentwickelt hat, überwiegt bei Beza die Umformung der Theologie Calvins. Es erfolgt bei ihm der deutliche Schritt von der Reformation zur Orthodoxie. Indessen ist die Änderung der Struktur der Theologie Calvins nicht leicht greifbar, da „Beza keine die gesamte theologische Lehre umfassende Dogmatik geschriegen hat, sondern sein Werk aus vielen einzelnen polemisch und apologetisch bestimmten Abhandlungen besteht“[30]. Zusammenfassungen bieten nur die ‚Confessio christianae fidei‘ (1559), die 1562

---

[25] Zanchii Op. 3.2, p. 849f.
[26] Ibidem.
[27] Zanchii Op. 2,477f.
[28] Gegen O. GRÜNDLER, aaO. S. 112–115.
[29] Zanchii Op. 2,547.
[30] W. KICKEL, aaO. S. 98.

in Ungarn als Bekenntnis angenommen wurde[31], und der ‚Quaestionum et responsionum Christianorum libellus‘ (I, 1570; II, 1576)[32]. Die Fülle seiner Schriften betreffen nur wenige Themen, die Prädestinationslehre, Trinitätslehre, Zweinaturenlehre, Sakramentslehre, die Lehre vom Verhältnis von Kirche und Staat und vereinzelt die Rechtfertigungslehre[33]. Der Vorrang der Polemik und Apologie ist ein Kennzeichen der Orthodoxie. Die genannten Lehren zeigen Bezas theologische Distanz und Nähe zu Calvin.

In der „Institutio" hatte jener die Prädestinationslehre im Buch III, Kap. 21-24 unter dem Aspekt der Heilsgewißheit des Glaubens behandelt (s. Kap. VI, § 7). „Bezas erste theologische Tat ist es, daß er Calvins Prädestinationslehre ... in ein strenges wissenschaftliches System bringt."[34] Sein Eingriff besteht lediglich in der konsequenten Anwendung der aristotelischen Logik (Dialektik) auf dieses Lehrstück; er verändert es hierdurch grundlegend. Beza hat sich zum Verhältnis der Dialektik zur Theologie nicht oft geäußert[35]. Im Vorwort der Schrift gegen Giov. Valentino Gentile (1567, s. EKL 4,458; RE 6,517ff.) wendet er sich gegen jene, die in höchster Unwissenheit träumen, die Dialektik sei der Theologie entgegengesetzt (dialectica Theologicis opponi). Die Dialektik zeige jedoch nur, was miteinander übereinstimme oder nicht, was aus einander folge oder nicht. Sie lehre wohlgeordnet und für die Wahrheit brauchbar zu reden (apte et ad veritatem apposite loqui)[36]. Sie ist für Beza eine Formalwissenschaft und in der Theologie legitim. Als Ramus sich um einen Lehrstuhl an der Genfer Akademie bewarb, lehnte Beza mit der Begründung ab, von dieser sei festgesetzt, bei der Behandlung der Logik und in den übrigen Disziplinen von der Ansicht des Aristoteles nicht einmal ein Quäntchen abzuweichen (ab Aristotelis sententia ne tantillum quidem deflectere)[37]. Die Verwendung der Dialektik zum Aufbau einer Metaphysik bleibt wieder unerwähnt.

Seit 1552 beschäftigte sich Beza schon mit der logischen Durchdringung der *Prädestinationslehre*[38]. Im Brief an Calvin am 29. Juli 1555, dessen Antwort leider nicht erhalten ist, fragte er an, wie Eph 1,4 („erwählt in Christus vor Grundlegung der Welt") mit dem „Vorsatz Gottes", „Gefäße des Zorns" und „Gefäße der Barmherzigkeit" zur ewigen Verdammnis bzw. zur ewigen Herrlichkeit zu bereiten (Röm 9, 11-23), in Übereinstimmung zu bringen sei[39]. Er greift damit ein Problem auf, das auch Calvin nicht hatte lösen können, nämlich den geheimen Entschluß Gottes vor Grundlegung der Welt mit dem offenbarten Heilswillen Gottes in Jesus Christus zum Ausgleich zu bringen. Beide stimmen weder zeitlich noch inhaltlich überein. Während nun Calvin beiden biblischen Aussagen gerecht zu werden versucht und vor allem der Erwählung in Christus ihre entscheidende Bedeutung belassen will, setzt Beza aus logischen Gründen Prioritäten. Wiederholt weist er auf das Kausalitätsprinzip (ordo causarum) hin. Er fragt Calvin, ob die Erwählung in Christus der göttliche Vorsatz oder ob sie, wie es logisch sei, (ordinis habita ratione), die Ausführung (executio) jenes Vorsatzes sei. Im zweiten Fall sei die Erwählung in Christus dem göttlichen Vorsatz un-

---

[31] Vgl. W. Kickel, aaO. S. 285 (Nr. 9); MXXXVIIf., Text: 376–448.
[32] W. Kickel, aaO. S. 286 (Nr. 19).
[33] Vgl. W. Kickel, aaO. S. 98.
[34] W. Kickel, aaO. S. 161.
[35] W. Kickel, aaO. S. 15.
[36] Corr. VIII, 244f.; Tract. theol. III, 297; vgl. W. Kickel, aaO. S. 28f.
[37] Tract. theol. III, 248.
[38] Corr. I, 84 Anm. 5.
[39] Corr. I, 170f.

terzuordnen (substernare, subordinare). Wie nicht anders zu erwarten, entscheidet er sich für die zweite Möglichkeit und nennt dafür zwei Gründe. Einmal den logischen Grundsatz, ‚finis primus est in intentione', dann die Notwendigkeit, anderenfalls ein Vorherwissen (praescientia) Gottes annehmen zu müssen. Denn wenn der Vorsatz Gottes die Erwählung in Christus sei (propositum respectu Christi niti), dann habe Gott die Schöpfung, den Sündenfall und das Heil in Christus einerseits, Schöpfung, Sündenfall und ‚alten Menschen' andererseits vorausgesehen oder schon im Sinne (in mente) haben müssen. Die doppelte Prädestination könne nicht im Vorherwissen der Heilstat Christi und dem ihr folgenden Glauben oder Unglauben begründet sein. Adam und Christus seien vielmehr Zweitursachen der Prädestination (causae secundae). Beza verzichtet damit auf eine christozentrische Erwählungslehre, wie z.B. Bullinger sie entwirft, der Eph 1,4 auf den ‚Vorsatz' Gottes in 2.Tim 1,9 und 3,10 bezieht (s. Kap. V, § 4). Er entwickelt eine theozentrische Prädestinationslehre, die von der ‚gloria Dei' ausgeht und bei ihr endet.

Die Konsequenz ist, daß die Prädestinationslehre weder zur Soteriologie noch – wie bei Calvin – zur Pneumatologie gehört. Sie ist *Teil der Gotteslehre* und steht am Anfang des Lehrsystems. Beza entwirft jene ‚tabula praedestinationis', die 1570 in seinen Werken abgedruckt wird[40]. Ihre Kennzeichen sind: 1. Erwählung und Verwerfung sind gleichrangig nebeneinander gestellt. Die Erlösung durch Christus verliert ihre zentrale Bedeutung und das Jüngste Gericht rückt in den Mittelpunkt. 2. Die Prädestination ist Teil der Vorsehung und Allmacht Gottes[41]. Die Ehre Gottes ist der Leitgedanke, nicht die Christusbotschaft. 3. Buße, Glaube, Rechtfertigung und begonnene Heiligung sind die Kennzeichen der Erwählten. Beza lehrt den Rückschluß vom Glauben und von den Glaubenswerken auf die Erwählung. Der „syllogismus practicus" erscheint ihm nicht nur theologisch möglich, sondern auch logisch berechtigt zu sein[42]. Die Heilsgewißheit wird durch die Vergewisserung der eigenen Heiligkeit begründet und nicht wie bei Calvin durch den Zuspruch des Wortes.

Die Rechtfertigungslehre Calvins hat Beza jedoch festzuhalten verstanden. Er verteidigt sie im Jahre 1592 gegen A. Lescaille, der wie Osiander (s. o. S. 125ff.) eine ‚wesentliche Gerechtigkeit' im Glaubenden lehrt, in der philosophischen Weise argumentierend, deren sich sein Gegner bedient. Da Calvin Inst III, 14,17 ebenfalls verschiedene Ursachen (causae) der Rechtfertigung nennt[43], folgt er lediglich seinem Lehrer. Die Gerechtigkeit Christi wird auch bei ihm durch das Wort zugesprochen[44], die Rechtfertigung ist gleichfalls „ein Wandern auf dem Weg von der totalen Ungerechtigkeit zur totalen Gerechtigkeit"[45].

Hatte Calvin noch in der Trinitätslehre gegen die Verwendung nichtbiblischer Begriffe Bedenken geäußert, so werden die Worte „essentia", „persona" usw. von Beza philosophisch erörtert[46]. In der Zweinaturenlehre kann er bei der Re-

---

[40] Tract. theol. I, 170, auch H. Heppe, Die Dogmatik der ev.-ref. Kirche, Neukirchen 1935, S. 119. Vgl. J. Dantine, aaO. S. 85 Anm. 18.

[41] Vgl. Tract. theol. I, 171; III, 402.

[42] Vgl. Tract. theol. I, 171: Consilium Dei ex effectis intelligitur.

[43] Vgl. W. Kickel, aaO. S. 173, 182.

[44] Vgl. W. Kickel, aaO. S. 181 u.ö.

[45] W. Kickel, aaO. S. 185, der jedoch Calvin und Beza an Luthers Formel „simul iustus et peccator" mißt, S. 183.

[46] W. Kickel, aaO. S. 187ff.

deweise der Reformatoren anknüpfen, die die „communicatio idiomatum" und die Ubiquitätslehre bzw. das „Extra Calvinisticum" mit philosophischer Begrifflichkeit verteidigt haben. Doch verschärft er die Gegensätze, wenn er die Feststellung, daß die menschliche Natur Christi „finita", die göttliche „infinita" ist, in den Satz faßt: *„finitum non est capax infiniti"*[47]. Die Gegner[47a] verwiesen auf die theologischen Konsequenzen, da z.B. die Offenbarung Gottes in Christus in Frage gestellt wurde.

In der Sakraments-, Tauf- und Abendmahlslehre folgt Beza ebenfalls Calvin. Auch bei ihm sind die Sakramente Anhang zum Wort (appendices) und bekräftigen den Glauben, die Gabe, die das Wort zusagt[48]. Allerdings versiegeln sie das Gesagte wirksamer (efficacius), reichhaltiger (uberior) und heftiger (vehementius)[49]. Vor allem ist ihre ‚Materie' dieselbe wie die der Predigt[50]. Doch geht Beza in der Ausdeutung der Zeichen über Calvin hinaus. Das Brotbrechen und das Eingießen des Weins in den Kelch durch den Pfarrer bedeuten die Trennung von Seele und Leib Christi am Kreuz; die Austeilung von Brot und Wein sind so aufzufassen, als ob *(quasi)* Christus selbst in leiblicher Anwesenheit sich den Gläubigen zu genießen gäbe; das In-die-Hand-nehmen von Brot und Wein bedeutet die Annahme Christi selbst und aller seiner Wohltaten; das Essen und Trinken von Brot und Wein bezeichnet die innige Gemeinschaft, durch die Christus gleichsam (veluti) in die Gläubigen und die Gläubigen in Christus übergehen[51]. Das Zeichen ist auch bei ihm wirksames Zeichen. W. Kickel kommt zu dem Schluß, daß Beza in der Abendmahlslehre ‚völlig mit Calvin eins ist. Trotzdem finden wir bei Beza Gedankengänge, die nicht von Calvin stammen. Es handelt sich dabei bezeichnenderweise immer um zusätzliche Erklärungen und Begründungen der calvinischen Sakraments- und Abendmahlslehre aus der Dialektik, Seelenlehre und Physik'[52]. Ein dialektisches Element ist die Behandlung des Abendmahls nach dem Schema: „Signa", „Res ipsa", „Analogia", „Verbum", „Instrumentum"[53]. Seinem Lehrer folgt Beza ebenfalls, wenn er die calvinische Abendmahlslehre nicht nur verteidigt, sondern auch den Ausgleich mit den Lutheranern sucht. Dies geschieht in den Verhandlungen in Göppingen (1557), auf dem Religionsgespräch in Poissy (1561) und auf dem Colloquium zu Mömpelgard (1586)[53a].

---

[47] Tract. theol. III, 126; vgl. W. Kickel, aaO. S. 210.

[47a] FC SD VIII, 52–53, J. Andreae, E. Hunnius, M. Chemnitz, vgl. Fr. H. R. Frank, Die Theologie der Concordienformel III, Erlangen 1863, 355ff.

[48] Tract. theol. I, 25. In der Schrift ‚Quaestionum et responsionum' (1576) nennt er die Einsetzungsworte ‚verba operatoria'; S. 18 (Fr. 13), vgl. J. Raitt, aaO. S. 44, 52f.

[49] Tract. theol. III, 337; I, 208. Vgl. W. Kickel, aaO. S. 236.

[50] De controversiis (1593) S. 42. [51] W. Kickel, aaO. S. 224. [52] AaO. S. 250.

[53] Tract. theol. I, 31f. Vgl. die Zusammenfassung bei J. Raitt, aaO. S. 69ff.

[53a] Vgl. J. Raitt, aaO. S. 38, 61.

§ 3 Die calvinistischen Monarchomachen

Die *Textausgaben* der drei Hauptschriften sind aufgeführt bei J. DENNERT (Hg.), Beza, Brutus, Hotman. Calvinistische Monarchomachen, Köln/Opladen 1968, S. 346ff. (Wiss. Einleitung und deutsche Übersetzung); außerdem Th. BEZA, De iure magistratuum, hg. von K. STURM, Neukirchen 1965, und die deutsche Übersetzung von W. KLINGENHEBER, De iure magistratuum, Polis, Ev. Zeitbuchreihe Nr. 43, Zürich 1971.

Literatur: G. VON POLENZ, Geschichte des politischen französischen Protestantismus, Teil 2, Gotha 1860; O. GIERKE, Johannes Althusius und die Entwicklung der naturrechtlichen Staatstheorien, Breslau 1880, 1958^5; L. CARDAUNS, Die Lehre vom Widerstandsrecht des Volkes gegen die rechtmäßige Obrigkeit im Luthertum und Calvinismus des 16. Jahrhunderts, Bonn 1903; E. FAHLBUSCH, Art. Monarchomachen, RGG^3 Bd. IV, 1960; P. J. WINTERS, Die ‚Politik' des Johannes Althusius und ihre wichtigsten zeitgenössischen Quellen, Freiburg/Br. 1963.

Die Ermordung der Hugenotten in der Bartholomäusnacht in Paris (1572) zwang deren Führer, die calvinische Lehre vom Widerstand gegen die Obrigkeit zu überprüfen und weiterzuentwickeln. Doch hatte schon der Kanzler L'Hospital auf der Ständeversammlung nach dem Aufstand von Amboise (1560) u.a. erklärt: „Der König hat seine Krone nicht von uns, sondern von Gott und vom alten Gesetz des Reiches. Ämter und Ehren verteilt er, wie es ihm gefällt, so daß man nicht fragen kann und nicht fragen darf, warum." Alle seien dem Gesetz unterworfen, „ausgenommen der König allein"[54]. Die calvinistischen Monarchomachen sahen sich einem fürstlichen Absolutismus gegenübergestellt, der totale politische und religiöse Abhängigkeit verlangte.

Den Begriff Monarchomachen („Königsbekämpfer") verwendet als erster *W. Barcley* im Titel einer im Jahr 1600 erschienenen Schrift. Zu ihnen zählt man Jesuiten in Spanien (Juan Marina), schottische Calvinisten (G. Buchanan), katholische Theoretiker in Frankreich (Boucher, G. Rossaeus), französische Calvinisten und den deutschen Juristen J. Althusius[55]. Aus den zahlreichen Schriften der calvinistischen Monarchomachen ragen drei von geistesgeschichtlichem Rang heraus: Theodor Bezas anonyme Schrift ‚De iure magistratuum' (1574), Franz Hotmans ‚Franco-Gallia' (1573) und die ‚Vindiciae contra tyrannos' (1576), die unter dem Pseudonym Stephanus Junius Brutus erschien und von H. Languet oder Ph. Duplessis-Mornay verfaßt ist. Die Verfasser sind geborene Franzosen und haben in ihren Schriften das französische Königtum im Blick.

Sie vertreten alle die gleiche Grundanschauung, die sie vom neuzeitlichen Begriff der Volkssouveränität unterscheidet: Das höchste Amt ist das des Königs – die Monarchie wird nicht angezweifelt – doch steht das Volk über dem König. Das Volk wird als Volksganzes gedacht, nicht als die Summe der Einzelnen, und der König ist ebenfalls nicht zuerst der Mensch, sondern der Amtsträger. Neben dem Königtum stehen die oberen und niederen Magistrate und das Volk. Der König ist nicht absoluter Herrscher, sondern er ist an das Volk und die Ämter gebunden, und umgekehrt jene an ihn. Die Legitimität des Individuums ist das Problem, sei es des Königs, der Tyrann ist, sei es der Privatmann, der Widerstand leisten will. Naturgesetz, offenbartes Gesetz und staatliches Gesetz regeln das Verhältnis zwischen Volk, Magistraten und Königtum. Doch werden diese Ge-

---

[54] Beza notiert dies in seiner ‚Histoire ecclésiastique des églises reformées au Royaume de France', hg. von Vesson, 1882, S. 225–229; vgl. L. CARDAUNS, aaO. S. 52.

[55] Vgl. J. DENNERT, aaO. S. IXff.

setze von den calvinistischen Monarchomachen radikaler gefaßt und angewandt als von den Reformatoren. Anders als in der Neuzeit ist Gott der Ursprung und Wahrer dieser Gesetze. Er wirkt durch König und Magistrate, die ihrerseits das Volk repräsentieren. Der König ist selbstverständlich an die Gesetze gebunden. Wird die Ordnung durchbrochen, muß Widerstand geleistet werden.

J. Dennert kommt zu dem Schluß, „daß bei den drei Calvinisten der Gehorsam um der Einheit willen weit über dem Recht zum Widerstand steht, und das im Chaos einer Zeit, der alle Maßstäbe verloren schienen, ... Die drei Reformierten haben beides gesehen: Die Würde des einzelnen Menschen – sie waren schließlich Calvinisten –, aber zugleich auch die Bedeutung der Herrschaft und ihre sittliche Grundlage."[56]

Bezas kleines Werk beantwortet systematisch und klar die Fragen des Widerstandes gegen die Obrigkeit. Fast gleichrangig nebeneinander stehen bei ihm die Begründung der Regierungen aus der Geschichte („Die Völker sind älter als ihre Regierungen"[57]), aus den Vernunftserwägungen der antiken Philosophen (Regierungen sind notwendig zur Erhaltung des menschlichen Geschlechts[58]) und aus Gottes Wort (die Guten beschützen, die Bösen in Schach halten, Röm 13,5[59]). Aus denselben Quellen wird der Widerstand gegen die Obrigkeit begründet. Zunächst distanziert sich Beza ohne Namensnennung von Calvin. Sehr viele (plerique) empfehlen nämlich die Geduld und das Gebet zu Gott und also das Leiden (s. Kap. VI, § 12). „Aber ich bestreite, daß es deshalb den Völkern, die durch offenkundige Tyrannei unterdrückt werden, nicht erlaubt sein soll, sich zugleich mit Gebet und Reue durch andere gerechte Mittel gegen sie zu beschützen."[60] Vom Calvin trennt sich Beza auch, wenn er das Auftreten von Richtern im AT als Retter des Volkes nicht auf einen göttlichen und außerordentlichen Anstoß (divino et extraordinario instinctu) zurückführen oder wenn er den Tyrannenmord nicht verdammen will[61]. Widerstandsrecht und -pflicht werden von ihm konkret beschrieben. Beza unterscheidet zwei Arten der Tyrannen. Die eine reißt die Macht widerrechtlich an sich oder dehnt ihre Macht auf Nachbarvölker aus und unterdrückt sie. Gegen sie ist auch der Privatmann zum Widerstand verpflichtet. Doch darf nicht leichtfertig oder tumultarisch vorgegangen werden, sondern so friedlich wie möglich[62]. Das Heilmittel darf nicht schlimmer sein als die Krankheit[63]. Obgleich Beza weiß, daß die Religion nur durch Predigt, Gebet und Geduld, nicht aber durch Waffen ausgebreitet werden darf, ist er nicht bereit, die religiösen Verfolgungen als Grund zum Widerstand auszunehmen. Die oberste Pflicht der Regierungen ist es nicht, auf Ruhe und Frieden zu achten, sondern auf den Ruhm Gottes[64].

Zur zweiten Gruppe[65] gehören die Tyrannen, deren Regierung zuerst rechtmäßig war. Da sie das Recht mißbrauchen, aber die Grundlage der Autorität behalten, darf der Privatmann keine Gegengewalt gebrauchen; er muß das Land verlassen oder das tyrannische Joch ertragen. Hingegen sind die unteren Behörden (Bürgermeister, Ratsherren usw.) ebenso wie die Stände, die früher in Frankreich den König gewählt haben, zum Widerstand verpflichtet. Beza stellt einen sorgfältigen geschichtlichen Vergleich an, in den er alle europäischen Völ-

[56] AaO. S. XIIIf.
[57] K. Sturm, aaO. S. 33.
[58] K. Sturm, aaO. S. 34.
[59] K. Sturm, aaO. S. 34.
[60] K. Sturm, aaO. S. 35.
[61] K. Sturm, aaO. S. 37.
[62] K. Sturm, aaO. S. 38f.
[63] K. Sturm, aaO. S. 77.
[64] K. Sturm, aaO. S. 85ff.

ker einbezieht. Er kommt zu dem Ergebnis, daß die Könige das Recht des Volkes respektieren müssen, anderenfalls muß ihnen entgegengetreten werden.

Der Jurist *Hotman* (s. EKL 4,529f.) argumentiert in der ‚Franco-Gallia' im wesentlichen historisch und weist nach, daß die französische Monarchie ursprünglich ein Wahlkönigtum war und nur mit der Zustimmung des Volkes regieren darf.

Das „*Strafgericht* gegen die Tyrannen" (Vindiciae contra tyrannos) übernimmt viele Argumente der beiden genannten Bücher. Der besondere Beitrag dieser Schrift liegt in der Ausdeutung des Bundes als gegenseitiger Vertrag (pactum) zwischen König und Volk. Ausgangspunkt ist: Zwischen Gott und dem Volk im AT ist ein Bund geschlossen worden, in dem beide Seiten eine Verpflichtung übernahmen. Mit der Einführung des Königtums wurden König und Volk Gott gegenüber verpflichtet, für die Einhaltung der Gebote usw. zu sorgen. Ein doppelter Bund, d. h. Vertrag wurde geschlossen, denn König und Volk traten auch in ein Vertragsverhältnis, das unkündbar ist. Es besteht zu allen Zeiten, wo ein Königtum vorhanden ist. Bricht der König den Pakt, so muß ihm Widerstand geleistet werden. Die Widerstandspflicht der Privatleute ist in der gleichen Weise wie in Bezas Schrift „De iure magistratuum" geregelt. Das Widerstandsrecht bleibt weiterhin begrenzt.

Der deutsche Rechtsgelehrte Johann Althusius (1557–1638), ein Ramist der Herborner Schule, hat die monarchomachischen Ideen in ein umfassendes System gebracht. In der ‚Politica' (1603, erweitert 1610, oft nachgedruckt) verbindet er die Souveränität Gottes mit naturrechtlichen Vorstellungen. Zwischen Herrscher und Volk besteht stillschweigend oder ausdrücklich ein Herrschaftsvertrag, in dem das Volk bestimmte Rechte auf den Herrscher überträgt. Im Falle des Mißbrauchs ist der Vertrag widerrufbar. Das Volk als Ganzes hat das ‚*ius resistentiae*'. Auch Althusius begrenzt das Widerstandsrecht des Privatmanns gegenüber einem legitimen Herrscher, der zum Tyrannen wird[66]. Bewegte die frühen Monarchomachen noch die Frage, wer die Tyrannenherrschaft rächt, Gott oder die Menschen, so ist Althusius an einer allgemeingültigen, vernünftigen Staatstheorie gelegen. Mit einigem Recht wird er der ‚letzte Monarchomache' genannt[67]. Ein wesentlicher Schritt auf den neuzeitlichen Gedanken der Volkssouveränität hin ist gemacht. Grotius, Hobbes, Pufendorf und Christian Thomasius haben dem Herrschaftsvertrag die Idee des Unterwerfungsvertrages entgegengestellt, der das Volk fest an den Herrscher bindet[68].

§ 4 Bartholomäus Keckermann (1571–1609)

Literatur: P. Althaus, Die Prinzipien der deutschen reformierten Dogmatik im Zeitalter der aristotelischen Scholastik, Leipzig 1914; O. Weber, Analytische Theologie. Zum geschichtlichen Standort des Heidelberger Katechismus, in: Die Treue Gottes in der Geschichte der Kirche, Neukirchen 1968, S. 131–146.

[65] K. Sturm, aaO. S. 39ff.

[66] Vgl. O. Gierke, aaO. S. 34.

[67] Ev. Staatslex. ²Sp. 1981. R. Treumann, Die Monarchomachen, Leipzig 1895, S. 7f., weist auf die Schwierigkeit der Abgrenzung des Begriffes hin.

[68] O. Gierke, aaO. S. 81, 4f. Zu Grotius s. EKL 1,1726ff.; Hobbes, aaO. 2,177f.; Pufendorf, aaO. 3,408; Thomasius, aaO. 3,1436.

„Keckermann und Alstedt sind bezeichnend für die *Prinzipienlehre* der Theologie um 1600", urteilt P. Althaus und nennt Keckermann den „begabtesten und selbständigsten aller deutschen reformierten Philosophen"[69]. Ihn zeichnet aus, daß er sich offen dem Problem der Zuordnung der Metaphysik zur Theologie stellt und eine Lösung vorlegt, an der sich die zeitgenössischen und nachfolgenden Theologen zustimmend oder ablehnend orientieren. Im Gegensatz zu P. Ramus bejaht er die transzendierende Logik und die Metaphysik und sieht „die ganze Philosophiegeschichte in peripatetischem Licht"[70]. Wie Beza (s. Kap. X, § 3) versteht er Reformation und Orthodoxie als Einheit: Mit der Neuentdekkung des Evangeliums ist durch Gottes Vorsehung der herrliche Aufgang der Wissenschaft verbunden. Die Sonne der himmlischen Lehre ist nach allen Verdunkelungen (der Scholastik) wieder aufgegangen, dazu das andere Licht, der Mond; gemeint ist die Logik (Dialektik), die ihren Glanz von der himmlischen Lehre erhält[71]. Das Bild von Sonne und Mond hält ebenso den grundsätzlichen Unterschied zwischen Theologie und Philosophie fest – erstere ist Ursprung allen Lichts – wie auch ihre unbedingte Zusammengehörigkeit. Keckermann notiert mit beachtlicher Klarsicht die geschichtliche Entwicklung, die stattgefunden hat: Seit Melanchthons Tod (1560) habe die Logik Fortschritte gemacht[72] und seit etwa 1580 sei eine ‚ingens Logicae amor' unter der akademischen Jugend feststellbar[73]. Mit diesen Angaben datiert er zutreffend den Beginn der Orthodoxie. Er selbst will eine theologische Methodenlehre vorlegen, die Melanchthon seiner Meinung nach nicht mehr möglich war auszuarbeiten: ‚methodum ex principiis tum patefactionis divinae, tum rerum ipsarum methodice et ordinate dispositum'[74]. Dieses theologisch-philosophische System, das er unter dem Einfluß der neuaristotelischen Wissenschaftslehre entwickelt[75], stellt Keckermanns Beitrag zur Theologiegeschichte dar.

„In völliger Abhängigkeit von Zabarella (De Methodo), den er nur terminologisch ein wenig umbildet, unterscheidet Keckermann als methodus universalis, d.h. Behandlungsart einer ganzen Disziplin, die synthetische oder kompositive und die analytische oder resolutive Methode und weist jene [synthetische] den theoretischen, diese [analytische] den praktischen Wissenschaften zu."[76] Die synthetische Methode befragt zuerst den Gegenstand (quod sit, quid sit etc.), geht dann auf dessen Prinzipien oder Ursachen zurück und sucht schließlich seine Affektionen oder Eigenschaften. Die analytische Methode fragt, weil sie auf die praktischen Disziplinen angewandt wird, zuerst nach dem Ziel (finis), es folgt die Erkenntnis des Gegenstandes (praecognitio) und dann die Auffindung der Prinzipien oder Mittel, durch die der Gegenstand im Subjekt zum Ziel geführt wird. Beide Methoden sind einander entgegengesetzt, weil diese auf eine theoretische Erkenntnis, jene auf Praxis abzielt.

Keckermann trifft nun die grundsätzliche Entscheidung, daß die Theologie der analytisch-praktischen Erkenntnismethode zuzuordnen sei. Ihr Ziel ist das

---

69 AaO. S. 7; vgl. RE 10,195f.

70 P. ALTHAUS, aaO. S. 11.

71 Opera I, 546; vgl. P. ALTHAUS, aaO. S. 15.

72 P. ALTHAUS, aaO. S. 11, 18.

73 Opera I, 542ff. (Tract. S. 62); vgl. P. ALTHAUS, aaO. S. 18.

74 Tract. S. 56ff.; vgl. P. ALTHAUS, aaO. S. 19.

75 P. ALTHAUS, aaO. S. 33–48.

76 P. ALTHAUS, aaO. S. 40. Wir folgen im weiteren seinen Ausführungen; zum Aristoteleskommentator Jacopo Zabarella s. LThK 10,1296.

Leben oder das ewige Heil. Sündenvergebung, Anfang der Heiligung und schließlich die Gleichförmigkeit mit Gott sind die einzelnen Etappen. Der gebürtige Danziger folgt der Einteilung des Heidelberger Katechismus (s. o. S. 288), wenn er zuerst den Fall des Menschen, dann seine Erneuerung zum Ebenbild Gottes und endlich die Heilsmittel behandelt (agnitio miseriae, redemptio und regeneratio). Es ist bezeichnend, daß der zweite Teil ‚Von der Erlösung' bei Keckermann mit der ewigen Erwählung und Verdammung Gottes als „primum principium" beginnt, während der Katechismus an dieser Stelle nur von den Heilstaten Christi redet. Mit der Prädestination ist aber unausweichlich nach der Gotteslehre und Gotteserkenntnis gefragt.

Die Gottes- und Schriftlehre hat bei ihm ihren Platz zu Beginn der Erörterung der Theologie, und zwar bei der Erkenntnis ihres Ziels (finis). Doch erfolgt ihre Behandlung an dieser Stelle im Gegensatz zu den Grundsätzen der selbstgewählten Methode. Denn beide werden zur theoretischen Erkenntnis gerechnet und daher durch die synthetische Methode erforscht. Ihre nachfolgende Behandlung zu Beginn der Theologie bedeutet eine Wiederholung bzw. Konkretisierung für die Praxis. Keckermann wird diesem Umstand gerecht, indem er in einer zweiten grundsätzlichen Entscheidung festlegt, daß die Gotteslehre Gegenstand der philosophischen Metaphysik oder Theosophie ist. Da die Gotteserkenntnis Voraussetzung der Theologie und Philosophie, die Theologie aber als praktische Disziplin deklariert ist, ergibt sich die Notwendigkeit einer Theosophie. Im Zusammenhang mit der Theologie enthalten die Aussagen über Gott „im Grunde Lehnsätze aus der Theosophie oder Metaphysik"[77]. P. Althaus führt aus: „Keckermann denkt hier keineswegs an eine natürliche Theologie. Ausdrücklich erklärt er, daß auch die Theosophie ihre Gotteslehre schließlich nur der Schrift entlehnen könne, und prägt den wichtigen Grundsatz: die Schrift enthält Vieles, was nicht zur eigentlichen Theologie gehört." „Die Theosophie behandelt Gott als essentia prima et simplicissima, als oberstes Prinzip aller anderen Wissenschaften. Daher ist sie prima sapientia. Ihr Gegenstand ist zu allgemein, als daß die eigentliche Theologie ihn für sich alleine beanspruchen dürfte. Die Theologie hat es als praktische Disziplin nur mit der Seligkeitsfrage (bonum spirituale) zu tun. Die Bedeutung der Gotteserkenntnis geht aber nicht in ihrer soteriologischen Beziehung auf. Sie hängt auch mit den Naturwissenschaften und der Ethik zusammen. Beide bleiben unvollkommen, wenn sie nicht mit der prima essentia, Gott, rechnen."[78]

Der Autor liefert einen neuartigen Entwurf, führt ihn aber nicht völlig aus. Z.B. wird der Inhalt der *Theosophie* nur angedeutet[79]. Seine Anliegen und deren Konsequenzen treten jedoch deutlich hervor.

1. Die *Theologie* hat praktischen Charakter und unterliegt daher der analytischen Methode. Die Gefahr der Intellektualisierung der Theologie ist erkannt und scheint gebannt zu sein. P. Althaus faßt zusammen: „Die ‚Theologie' ist eine praktische Disziplin lediglich wegen ihrer praktischen Abzweckung; sie ruht auf einem theoretischen Fundament. Die Offenbarung ist Gegenstand einer theoretischen Wissenschaft."[80]

---

[77] P. ALTHAUS, aaO. S. 43; vgl. S. 29 Anm. 1.
[78] P. ALTHAUS, aaO. S. 28.
[79] P. ALTHAUS, aaO. S. 29 Anm. 1.
[80] AaO. S. 30.

2. Der Preis für eine „theologia practica" ist die methodische Trennung der allgemeinen Gotteslehre von der speziellen Theologie. Die Metaphysik ist eine eigenständige philosophische Wissenschaft geworden. Sie erhält zwar ihr Licht aus der Bibel (wie der Mond von der Sonne), ist aber verglichen mit der Theologie eine eigenständige Erkenntnisweise (wie der Mond neben der Sonne). Es ist nun möglich, eine philosophische Metaphysik theoretisch und logisch zu entwickeln, nicht abseits der Offenbarung, aber unabhängig von der Theologie. Dies bedeutet, daß endlich die metaphysischen Möglichkeiten der Logik ausgeschöpft werden, und also einen Triumph der Metaphysik. Chandieu's zweifacher Weg der theologischen Erkenntnis (Tractatio theologica) (s. Kap. X, § 3), rhetorisch-ausführlich für die Ungebildeten und kurzgefaßt-logisch für die Dialektiker, hält die Einheit der Theologie noch fest[81]. Keckermann hat die ‚syllogistica tractatio' Chandieu's weitergedacht und verselbständigt.

3. Vergleicht man seine Zueinanderordnung der Disziplinen mit dem von Melanchthon entwickelten „orbis litterarum", der bis zum Ende des 17. Jahrhunderts an den Universitäten galt[82], so wird verständlich, daß Keckermanns ‚*methodus universalis*' sich nicht durchzusetzen vermochte. Auch jener legt eine Hierarchie der Wissenschaften vor[83]. Die führende Stellung der Theologie nimmt nun die Theosophie ein; die Theologie wird zu einer untergeordneten Disziplin degradiert. Doch scheint Keckermann mit dieser Konsequenz nicht zufrieden gewesen zu sein, wie seine Unsicherheit gegenüber dem Begriff ‚Theologie' zeigt und seine Bemerkung, zutreffender sei von Soteriologie (Sotiriologia) zu sprechen[84]. Die Gefahr bestand, daß das Fundament der Theologie philosophisch aufgelöst wird. Im Cartesianismus (s. Descartes EKL 1,864ff.) erfolgte dieser Schritt.

Keckermanns Entwurf hinterläßt die alle Zeitgenossen bewegende Frage, ob die Theologie eine praktische oder theoretische Wissenschaft sei. Ihm folgen Mastrich, Leydecker, Burmann, Coccejus (s. u. S. 343 ff.), Marckius, Heidanus, während Polanus, H. Alting, Alstedt, Treclatius, Maresius u. a. einen Mischcharakter annehmen[85]. Doch ist Keckermann kein typischer Vertreter der erstgenannten Gruppe; sie besteht zumeist aus Ramisten. Nur durch die Trennung der allgemeinen Gotteslehre von der Theologie kann er den praktischen Charakter der Theologie vertreten. Er ist deutlich ein Vertreter der calvinischen Aristoteliker.

---

[81] Vorläufer sind auch: Zanchis Forderung, die Loci synthetisch auszulegen, die Hl. Schrift aber analytisch (1568), des A. Hyperius Entscheidung für die synthetische Methode (1568) und ähnliche Ansätze des Sohnius (1598), vgl. P. ALTHAUS, aaO. S. 47.

[82] K. HARTFELDER, Ph. Melanchthon als Praeceptor Germaniae, Berlin 1889, S. 538.

[83] Vgl. P. ALTHAUS, aaO. S. 22. [84] Vgl. P. ALTHAUS, aaO. S. 29f.

[85] P. ALTHAUS, aaO. S. 36ff. Informationen zu Joh. Heinr. Alstedt: TRE 2,299ff.; zu Joh. Heinr. Alting, Frans Burman(Vater), Abraham Heidanus, Melchior Leydecker, Samuel Maresius: RE 1,414; 3,572; 7,535 ff.; 11,427; 12,298 f.; zu Amandus Polanus von Polandsdorf: EKL 4,725 und u. S. 333; zu Maresius und Treclatius vgl. E. Bizer, Historische Einleitung zu: H. Heppe, Dogmatik der ev.-reform. Kirche, Neukirchen 1958, S. LXI u. S. LVIII ff.

Kapitel XII: Die calvinistischen Ramisten

Literatur: J. Moltmann, Zur Bedeutung des Petrus Ramus für Philosophie und Theologie im Calvinismus, ZKG 68, 1957, S. 295–318.

§ 1 Die Schule des Petrus Ramus

Literatur: J. Moltmann, Art. Ramus, RGG³, Bd. V, 777f. (Lit.).

Da der humanistische Philosoph und zwinglianische Laientheologe, der 1572 Opfer der Pariser Bartholomäusnacht wurde, seine meisten Anhänger unter den Calvinisten hatte, kann der Ramismus eine calvinistische Philosophie genannt werden. J. Moltmann urteilt: „Er ist historisch betrachtet ein mindestens ebenso umfangreicher, in seiner Vielseitigkeit jedoch weitaus fruchtbarer Ansatz für die weitverzweigte Tradition des Calvinismus geworden, als es derjenige Bezas war." Und „er ist zwar nicht bei Ramus selbst, wohl aber bei den calvinistischen Ramisten, theologisch betrachtet, m. E. sogar die Grundlage für eine legitimere Widergabe der Theologie Calvins geworden als sie Bezas Orthodoxie zu leisten vermochte"[1]. Unter seinen Anhängern befinden sich berühmte Namen: „Während Beza in Genf, Ursin, Pareus und Keckermann in Heidelberg, Lubbertus, Gomarus, Voet und Maccovius in den Niederlanden, Dumoulin in Sedan und Chamiero in Montauban bei Aristoteles bleiben, fand der Ramismus Aufnahme bei Olevian und Tremellio in Heidelberg, bei Th. Zwinger und Polanus in Basel, bei Bullinger und Gualter in Zürich, bei Johann Sturm in Straßburg, bei Molanus in Bremen, bei Nathan Chytraeus in Rostock und bei Donellus in Altdorf. Ganz ramistisch bestimmt war seit ihrer Gründung und durch die Statuten von 1609 die ‚Hohe Schule' in Herborn, wo Piscator, Alsted und Alting dedizierte Ramisten waren, ferner – nicht unbeeinflußt von Herborn – die hugenottische Akademie von Saumur seit Camero und Amyraut, dann Altorf mit Freigius, Gyphanus und Donellus und zuletzt Cambridge mit Wilh. Temple, Perkins und Milton."[2] Nicht alle Genannten sind Calvinisten; Hieronymus Zanchi (s. S. 303ff.) muß auf dieser, Lambert Danaeus[3] und A. Scultetus auf jener Seite hinzugefügt werden.

Die Auswirkungen des Ramismus gehen über den Calvinismus hinaus. Es fällt auf, „daß der Ramismus nahezu von jeder Opposition gegen die Genfer Orthodoxie Bezas assimiliert worden ist. Das sind im 16. Jh. die originalen Strömungen des Spätzwinglianismus (Bullinger, Gualter, Molanus), der Heidelberg-Herborner Föderaltheologie (Olevian, Piscator, Naso) und des häretischen Humanismus (Curione, Castellio, Dudith). Es sind im 17. Jh. die jeweils komplexen Strömungen des Arminianismus (Wtenbogaert, Arminius), des Amyraldismus und des englisch-niederländischen Vorpietismus (Perkins, Amesius), die teils mehr von ramistischer Theologie, teils nur von ramistischer Methodik be-

[1] J. Moltmann, aaO. S. 318. [2] J. Moltmann, aaO. S. 296.

[3] O. Fatio, Méthode et Théologie. Lambert Daneau et les débuts de la scolastique réformée, Genf 1976; zu Abraham Scultetus s. EKL 4,802; zu Danäus s. § 4.

einflußt sind."[4] In der Tat ist der Ramismus in erster Linie eine oppositionelle Richtung. Ramus gehört in die Reihe der ‚existenziellen' Denker, die jeweils gegen die Systembildungen und den geistigen Schematismus ihrer Zeit den sokratischen Protest erhoben[5].

Kennzeichen der ramistischen Methodik sind: 1. Die Dialektik (Logik) wird auf Definitionen und Divisionen beschränkt. Ramus will „im Gegensatz zu der künstlichen Dialektik der Schulen eine natürliche Dialektik aufstellen"[6], das heißt, Grammatik und Rhetorik bringen erst das logische Ergebnis zur Anwendung. Der Aristoteliker Keckermann (s. o. S. 324ff.) empfand Abscheu gegen die Ersetzung nüchterner, klarer Termini durch rednerische Ausdrücke, Tropen und Metaphern[7]. 2. Vor allem lehnt Ramus die Anwendung der Dialektik auf die Metaphysik ab. Die Logik soll rein formal sein. Nutzen (usus) und Erfahrung (experientia) stehen bei der Dialektik im Vordergrund. Die philosophischen ‚Künste' verfolgen praktische Zwecke. Ramus steigt daher nicht von der Wissenschaft des allgemeinen Wesens aller Dinge zum besonderen Sein herab. Keckermann vermißt die sorgfältige Scheidung zwischen „universalia" und „singularia"[8]. Da aber auch die Ramisten nicht ohne Bezug auf die Metaphysik auskamen, wird ihnen Prinzipienlosigkeit vorgeworfen[9]. 3. Der Ramismus vermag weder ein geschlossenes System noch eine wissenschaftliche Schulphilosophie zu entwickeln. Seiner Einfachheit und seiner Gegnerschaft zum Aristotelismus verdankt er seine Verbreitung. Er erinnert an Melanchthons frühste Kritik an der aristotelischen Philosophie, bei gleichzeitiger Hochschätzung der Dialektik[10]. Der Humanismus ist Grundlage und Vorbild des Ramismus. Das Fehlen einer Metaphysik ist eine der Ursachen, daß er im 17. Jahrhundert Mißerfolge hat und in den theologischen Streitfragen sich nicht behaupten kann[11].

Die ramistische Theologie ist demgemäß eine *‚apologetische Theologie'*. „Es ist eine populäre Theologie des christlichen Lebens, die ungeachtet der meisten schultheologischen Probleme ihrer Zeit die praktische christliche Bildung des ‚honnête homme' im Auge hat."[12] Merkmale der Theologie des Ramus sind gemäß dem posthum erschienenen ‚Commentariorum de Religione Christiana libri quator' (1576): 1. Die platonische Definition Gottes (Deus est Spiritus aeternus, infinitus et ante omnia est optimus) wird mit der erkenntnistheoretischen Einschränkung versehen, die die Einbeziehung der Metaphysik in die Logik verbietet: Um Gott zu definieren, wäre eine Logik Gottes notwendig (Dei ipsius logica fuerit opus). Aber Gottes wesentliche Majestät ist dem Menschen unerforschlich und unfaßbar (inperscrutabilis et incomprehensibilis); sie kann nur aus den Wirkungen und Eigenschaften (ex effectis et adjunctis) vom Menschen erkannt werden. Gott wird also definiert, wie er vom Menschen erkannt werden kann, als Gott Abrahams, Isaaks und Jakobs[13]. Ramus vertritt demnach die em-

---

[4] J. Moltmann, aaO. S. 296f.; zu Arminius s. § 4; zu Moyse Amyrault s. RGG³ 1,347f.
[5] J. Moltmann, aaO. S. 300.
[6] E. v. Hartmann, Geschichte der Metaphysik, Bd. 1, Leipzig 1899, S. 289.
[7] P. Althaus, aaO. S. 25.
[8] J. Moltmann, aaO. S. 301.
[9] P. Althaus, aaO. S. 25.
[10] W. H. Neuser, Der Ansatz der Theologie Ph. Melanchthons, Neukirchen 1956, S. 46ff.
[11] P. Althaus, aaO. S. 25.
[12] J. Moltmann, aaO. S. 302.
[13] Comm. de Rel. S. 15.

pirisch-analytische Methode, die von den Wirkungen auf die Ursache schließt. Er lehrt statt der orthodoxen immanenten Trinitätslehre eine ökonomische[14].

2. Ramus definiert die Theologie als „*Lehre des wohlgefälligen Lebens*, das heißt, Gott, dem Quell aller Güter, angemessen und entsprechend zu leben" (doctrina bene vivendi, i. e. Deo, bonorum omnium fonti, congruenter et accommodate)[15]. Bewußt wird das humanistische „bene vivere" aufgenommen und als ‚ars Deo vivendi' auf die Theologie übertragen. Ziel dieser „theologia hominis" ist gleichwohl die Ehre Gottes. Beziehungspunkt der Theologie ist der subjektive Glaube und die Erfahrung[16].

§ 2 Johann Piscator (1546–1625)

Literatur: F. L. Bos, Johann Piscator. Ein Beitrag zur Geschichte der reformierten Theologie, Kampen 1932; J. Moltmann, Christoph Pezel, Bremen 1958, S. 120ff.

Piscator ist durch Olevian (s. o. S. 288) zum Ramismus geführt worden[17]. Die ramistische Philosophie hat er verbessert und in dem Werk ‚In Petri Rami Dialecticam animadversiones' (1580) verbreitet, die Rhetorik lehrt er nach dem Vorbild des Ramus in dem Buch ‚Rudimenta rhetoricae' (1588). Piscators Rezeption der ramistischen Philosophie und Theologie ist noch nicht untersucht worden. Doch werden die Grundzüge der Theologie des Ramus bei ihm sichtbar. Die Definition der Prädestination entnimmt er Calvins Schriften[18] und folgt auch im wesentlichen dessen Lehrweise. Auch bei ihm erfolgt die doppelte Vorherbestimmung zum Ruhme Gottes. Doch fallen Erwählung und Verwerfung im eigentlichen Sinne in die Zeit, das heißt, unmittelbar nach den Sündenfall. Denn die Bibel spreche öfters von der Erwählung unter der Voraussetzung des Sündenfalls und in Verbindung mit Gottes Barmherzigkeit in Christus[19]. Piscator lehrt infralapsarisch. Als die Arminianer (s. u. S. 335 ff.) Supralapsarismus und Infralapsarismus gegeneinander ausspielen, legt er ihnen dar, daß beide Betrachtungsweisen ihren Wert hätten[20]. Die Verwirklichung der Prädestination geschieht in sieben Handlungen Gottes: Schöpfung, Zulassung des Sündenfalls, damit die Verdammungswürdigkeit des Menschengeschlechts offenbar würde, Versöhnung der Erwählten mit Gott durch den Mittler Jesus Christus, der dienende Ursache des Heils ist (causa salutis ministra), wirksame Berufung der Erwählten und Verblendung und Verstockung der Verdammten, Rechtfertigung und Heiligung der Auserwählten und Jüngstes Gericht[21]. Besondere Mühe gibt sich Piscator, Gottes Handeln, soweit dies geschehen kann, den Menschen einsichtig zu machen. Die Predigt des Evangeliums hebt er hervor und verbindet sie möglichst eng mit Gottes ewigem Ratschluß.

---

14 J. Moltmann, aaO. S. 305.

15 Comm. de Rel. S. 6.

16 Vgl. J. Moltmann, aaO. S. 303f.

17 F. L. Bos, aaO. S. 22. Vgl. sein Bekenntnis zum Ramismus im Brief an Beza 1594; J. Moltmann, Chr. Pezel, S. 128 Anm. 81.

18 F. L. Bos, aaO. S. 195 Anm. 31.

19 F. L. Bos, aaO. S. 198.

20 F. L. Bos, aaO. S. 200f.; der Brief ‚ad fratres Belgas' (1614), S. 254f.

21 F. L. Bos, aaO. S. 196–204.

Piscator ist bekannt geworden durch seine Lehre, die „oboedientia passiva Christi" sei *alleine* die Ursache der Rechtfertigung, während die „oboedientia activa Christi" nichts zu unserer Gerechtigkeit vor Gott beitrage. Der Streit, der deswegen ausbrach, hat die reformierte Theologie und Kirche jahrzehntelang beunruhigt. Er ist ein Beispiel dafür, wie das schematische logische Denken, das eigentlich den Gegner bezwingen soll, auch Uneinigkeit in den eigenen Reihen anrichten kann und ungeeignet ist, die Streitigkeiten beizulegen. Hinzu kommt, daß die Auseinandersetzungen um die Rechtfertigung zugleich eine solche zwischen Aristotelikern und Ramisten war.

In den Jahren 1584 bis 1587 wurden Briefe zwischen Beza (s. o. S. 318ff.) und Piscator gewechselt über die vier „Teile" der göttlichen Rechtfertigung des Menschen, die Beza in den ‚Annotationes minores in N.T.' (1556), ähnlich in dem Bekenntnis von 1560 und neuerdings in den ‚Annotationes maiores' gelehrt hatte[22]. Von den vier Teilen der Rechtfertigung betreffen die beiden letzten jedoch die Heiligung; gut calvinisch wird die Rechtfertigung der guten Werke des Glaubens, das heißt die Heiligung, in die Überlegungen zur Rechtfertigung einbezogen (s. Kap. VI, § 6). Doch redet Beza nicht von den guten Werken, sondern von der Heilung der verderbten Natur des Menschen. Strittig sind die beiden ersten Teile. Denn Beza lehrt, die Schuld der Erbsünde werde durch die Zurechnung des Gehorsams Christi dem Gesetz gegenüber getilgt (praestationis legis imputatio), die aktuellen Sünden durch das Blut Christi vergeben (remissio peccatorum)[23]. Bezas Aufteilung der Sünde auf verschiedene Taten Christi, das heißt, der Trennung der Zurechnung der Gerechtigkeit Christi aufgrund seines Sterbens widerspricht Piscator entschieden[24]. Sündenvergebung und Gerechtigkeit Christi sind identisch, sie gründen beide in dem Kreuzestod Christi und tilgen alle Sünden (‚das Blut Christi reinigt von *allen* Sünden', I.Joh 1,7)[25]. Der Gehorsam Christi vor dem Kreuzestod darf nicht neben den Sühnetod gestellt werden.

Piscator hält nicht nur die Einheit der Begriffe Sündenvergebung und Gerechtigkeit im reformatorischen Sinne fest. Olevians[26] und sein eigener Protest richtet sich zugleich gegen die übermäßigen Distinktionen und Begriffsspaltungen des Aristotelikers Beza. Denn wiederholt weisen sie auf die Einfachheit (simplicitas) der Theologie und des Werkes Christi hin[27]. Sie vertreten das ramistische Anliegen und finden daher unter den Ramisten ihre Anhänger[28].

Piscator verfällt jedoch seinerseits der Einseitigkeit und dem Irrtum, wenn er angesichts der Überbetonung des Gesetzesgehorsams Jesu die Einheit der „oboedientia Christi activa" und „passiva" nicht festzuhalten vermag. „Ich schließe die Heiligkeit der Natur und des Lebens Christi von unserer Rechtfertigung aus als Teile, die bestimmten Arten der Sünde gegenübergestellt werden.

---

22 F. L. Bos, aaO. S. 73, 78.

23 F. L. Bos, aaO. S. 79f.; 93, Anm. 72.

24 Vgl. die These XIII „De justificatione hominis coram Deo", abgedr. F. L. Bos, aaO. S. 242ff., These 5.

25 F. L. Bos, aaO. S. 80 Anm. 32.

26 Er hatte schon 1570 den Satz der Frage 36 des Heidelberger Katechismus beanstandet: „und mit seiner Unschuld und vollkommenen Heiligkeit meine Sünde ... vor Gottes Angesicht bedecket"; W. Hollweg, Neue Untersuchungen, S. 147.

27 F. L. Bos, aaO. S. 79 (Olevian), 82, 94 (H. Alting), 242 (These 6).

28 F. L. Bos, aaO. S. 136.

Aber ich schließe sie nicht aus als Ursachen, ohne die das Leiden und der Tod Christi uns nicht zur Gerechtigkeit zugerechnet werden könnte."[29] Als „causa sine qua non" ist die „oboedientia vitae Christi" nur Voraussetzung der „oboedientia mortis Christi", nicht aber ein Teil derselben. Immer stärker läßt Piscator seine Argumentation von den Gegnern bestimmen: Wenn uns die Gerechtigkeit des Lebens Christi zur Vergebung bestimmter Sünden zugerechnet wird, „ergo nihil opus fuit Christum mori ad remissionem peccatorum nobis impetrandum"[30]. Im Jahre 1598 vertritt er sogar die Meinung, das Blut Christi *alleine* reinige uns von allen Sünden, so daß selbst Polanus und Pareus ihm widersprechen[31]. Doch gibt Piscator seine überspitzte Formulierung bald auf[32].

Der briefliche und literarische Streit mit Beza, Grynäus (s. EKL 4,481), dem Lutheraner B. Mentzer (s. EKL 2,1303f.) u. a. zog sich bis zu Piscators Tod hin. Seine Schüler in fast allen reformierten Kirchen Europas vertraten seine These oft überspitzt. Der Gehorsam Christi wurde schon bei Piscator im Blick auf Christi menschliche und auf seine göttliche Natur betrachtet und konsequent seine Notwendigkeit für Christus selbst und für uns erörtert. Erbitterte Kämpfe wurden ausgetragen[33]. Die französischen Synoden von Gap (1603), La Rochelle (1607), St. Maiscent (1609), Toniens (1614) und Vitre (1617) befaßten sich mit Piscators Lehre, zuerst sie verdammend, dann – nicht zuletzt auf die Intervention reformierter Fürsten hin – maßvoll und vermittelnd[34].

Die Rechtfertigungslehre bestimmt auch Piscators Verständnis des *Abendmahls*. Er begreift Leib und Blut Christi als Opfer (victima) und stellt damit das Werk und die Wohltat Christi in den Vordergrund[35]. Das Fleisch Christi essen (Joh 6) bedeutet für ihn an Christus glauben (edere = credere); der Glaube ist aber auf die Verkündigung und Verheißung des Evangeliums gewiesen[36]. Das ramistische Interesse am verkündigten Wort und an der schlichten Auslegung der Bibel läßt ihn wichtige Bestandteile der calvinischen Theologie festhalten. Der Lutheraner Daniel Hoffmann († 1611, vgl. RE 8,216ff.) nennt ihn einen Zwinglianer; in seiner Replik weist Piscator seine grundsätzliche Übereinstimmung mit Calvin nach[37].

Im Bremer Abendmahlsstreit 1584 bis 1589 (s. o. S. 284) stellt er sich hinter seinen Schüler J. Naso. Dieser hatte wie sein Gegenspieler Chr. Pezel (s. o. S. 293) Wittenberg als Kryptocalvinist verlassen müssen und war jenem nach Dillenburg und Bremen gefolgt. Doch hatte Naso den Melanchthonismus völlig aufgegeben und war in Nassau Ramist geworden. Seine Abendmahlslehre gleicht der Bullingers (s. o. S. 235). Als er jede Art der Gegenwart Christi im Abendmahl leugnet, kam es zum Streit. Nur mit Mühe konnte der offene Gegensatz im reformierten Lager verhindert werden. Der Streit zeigt, daß Piscator Calvins Unionsformeln, die eine substanzielle, geistliche Gegenwart Christi im Abendmahl lehren, nicht nachvollziehen kann. Den Calvinisten (Beza, Tossanus, Menso Alting) und reformierten Philippisten (Chr. Pezel) standen die

---

[29] Theses XIII: These 8; F. L. Bos, aaO. S. 243.
[30] Theses XIII: These 10; F. L. Bos, aaO. S. 243.
[31] F. L. Bos, aaO. S. 104f.; H. Faulenbach, Polanus S. 203ff.
[32] F. L. Bos, aaO. S. 109.
[33] F. L. Bos, aaO. S. 136ff.
[34] F. L. Bos, aaO. S. 110ff.
[35] F. L. Bos, aaO. S. 158; 162 Anm. 39; 168.
[36] F. L. Bos, aaO. S. 165 Anm. 54; 170 u. ö.
[37] F. L. Bos, aaO. S. 177f.

Zwinglianer (Bullinger, Gualter) und calvinistischen Ramisten (Piscator) gegenüber[38]. Bullingers und seiner Anhänger Lehre ist als Spätzwinglianismus bezeichnet worden[39]. Es ist jedoch ungenau und daher unzutreffend, die Abendmahlslehre der calvinistischen Ramisten als ‚spätzwinglianisch' zu bezeichnen[40]. Denn die zwinglianische Abendmahlslehre Bullingers wurzelt in dem Dualismus von „externum" und „internum", der Ramismus lehnt die Gegenwart Christi aus antimetaphysischen Gründen ab. In der Lehre von den Gnadenmitteln besteht die Einheit, die in der gemeinsamen Ausrichtung des Abendmahls auf die Wohltaten Christi vorzuliegen scheint, nicht mehr. Piscator war kein Zwinglischüler, es gab keinen ramistischen Zwinglianismus[41].

Piscator wollte bewußt Calvinist sein, wie seine Schrift ‚Aphorismi doctrinae christianae, ex Institutione Calvini excerpti' (1589) beweist. Nicht zuletzt wegen seiner Ablehnung der unionistischen Abendmahlslehre Calvins mag er den Titel abgeändert haben: ‚Aphorismi ... maximam partem ex Institutione Calvini excerpti' (1592)[42].

§ 3 Amandus Polanus (1561-1610)

Literatur: H. Faulenbach, Die Struktur der Theologie des Amandus Polanus von Polansdorf, Zürich 1967.

Polanus bekennt sich zur ramistischen Methode, war aber auch von dem Neuaristotelismus des Zabarella (s. o. S. 325 Anm. 76) beeinflußt. Er war ‚Semiramist' oder besser *‚ramistischer Aristoteliker'*[43]. Ist bei Ramus die Dialektik dazu bestimmt, der Rhetorik zu dienen („Dialectica est ars bene disserendi"), so wird Logik und Vernunft bei Polanus ein Eigenwert zuerkannt: „Logica est Ars ratione bene utendi."[44] Die Logik transzendiert, sie erstrebt die Erkenntnis Gottes, der ihr Ursprung ist[45]. Die Dialektik führt zur Weisheit Gottes. Naturgemäß erhält die Vernunft den Erkenntnisgegenstand aus der Bibel und muß sich stets an sie halten. Unter diesen Voraussetzungen vermag Polanus ein geschlossenes Lehrsystem zu erstellen und geht, der synthetischen Methode folgend[46], der Lehre von Gott in allen Konsequenzen nach. Doch ist er Eklektiker, der einerseits wie Beza den Weg der kausalen Deduktion geht, andererseits mit Ramus den Nutzen einer Lehre herausstellt[47]. Die Klammer, die Gotteslehre und des Menschen Seligkeit, logische Ableitung und Erfahrung, synthetisches und analytisches Denken zusammenhält und sie miteinander verbindet, ist der platonisch-augustinische Gottesbegriff. Mit Ramus vertritt er die Lehre vom ‚sum-

---

[38] Vgl. J. Moltmann, Chr. Pezel, S. 133, 135.

[39] J. Staedtke, Bullingers Theologie – eine Fortsetzung der zwinglischen? in: Bullinger-Tagung 1975, hg. von U. Gäbler u. E. Zsindely, Zürich 1977, S. 98.

[40] J. Moltmann, Chr. Pezel, S. 120 u.ö.

[41] So J. Moltmann, Pezel, S. 120, 133.

[42] F. L. Bos, aaO. S. 163.

[43] H. Faulenbach, aaO. S. 26.

[44] H. Faulenbach, aaO. S. 27.

[45] H. Faulenbach, aaO. S. 30.

[46] H. Faulenbach, aaO. S. 60.

[47] Dies verbindet ihn mit Alstedt und trennt ihn von Keckermann, vgl. P. Althaus, aaO. S. 50 Anm. 2; S. 43 Anm. 6.

mum bonum' und macht sie zur Grundlage des Lehrsystems[48]. Seine Theologie trägt daher wesentliche Merkmale zwinglischer Theologie[49]: Die Gerechtigkeit Gottes ist seiner Güte (bonitas) untergeordnet, die „reprobatio" ist ein ‚Übergehen' oder Nichterwählen und geschieht zum Ruhme Gottes und zum Heil der Erwählten, das „malum" ist „privatio boni". Vor allem bilden Dekretenlehre (dazu u. S. 344f.) und Christologie eine Einheit. Der Rückgriff auf die Lehre vom „summum bonum" ermöglicht es Polanus, die Soteriologie eine Wirkung (effectus) der göttlichen Erwählung zu nennen[50]. Mit systematischem Gespür hat er entdeckt, daß der Prädestinationslehre Zwinglis platonisch-augustinischer Ansatz am besten entspricht. Eine Dekretenlehre ist mit der Christologie ohne Schwierigkeit zu vereinbaren, da jene lediglich die Konsequenz der „bonitas Dei" und also der Gotteslehre ist. Ebenso sichert die platonische Definition der Theologie als Abbild (theologia ectypa) eines dem Menschen nicht erreichbaren Urbilds (theologia archetypa)[51] sowohl die „glorificatio Dei", wie sie auch einer christozentrischen Sicht gerecht wird. Die Prädestinationslehre faßt Polanus supralapsarisch. Er zeigt sich jedoch für infralapsarisches Denken aufgeschlossen, wenn er hervorhebt, daß der gefallene und von der Sünde zu Grunde gerichtete Mensch Gegenstand des göttlichen Dekretes ist[52].

Die Föderaltheologie entwickelt Polanus, zwinglisches und ramistisches Denken aufnehmend, weiter. Er lehrt einen *„foedus corporale"*, den Noahbund, der Gottes Versprechen, die Welt zu erhalten, zum Inhalt hat. Auf ihn folgt der *„foedus spirituale"*, der zwei Teile hat, den Werkbund (foedus operum) des Alten und den Gnadenbund (foedus gratiae) des Neuen Testaments. Es gibt trotzdem nur einen einzigen Bund Gottes; der geistliche Bund hat eine doppelte Handhabe (administratio)[53].

Polanus verstand sich als Calvinist. Doch ist er ein Beispiel dafür, daß sich die Lehrunterschiede zwischen Zwinglianismus und Calvinismus zu verwischen beginnen. Die Zeit der Orthodoxie bewegt neue Probleme, vor allem das Methodenproblem. Da die Prädestinationslehre bei allen reformierten Orthodoxen im Mittelpunkt stand, ergab sich ein fast selbstverständlicher Trend zu einer ausgeführten Gotteslehre, die Gott zur Spitze einer Kausalkette macht, und also zur synthetischen Methode. Der von Bullinger (s. o. S. 235ff.) geprägte Zwinglianismus hatte Zwinglis Determinismus und scholastische Begrifflichkeit in der Gotteslehre nicht festgehalten. Die orthodoxen Theologen bevorzugten aber gerade die spekulativen Züge des Denkens Zwinglis und Calvins. Die beiden Reformatoren bilden in dieser Hinsicht eine Einheit.

Die Konzentrierung der reformierten Theologie auf die Prädestinationslehre und mit ihr zusammenhängend auf eine Gotteslehre, die ebenso dem Kausaldenken wie der logischen Transzendenz Genüge tat, verdrängte den Ramismus. Polanus ist ein Beispiel dafür, daß die Prädestinationslehre – konsequent gedacht – nur einen *gebrochenen Ramismus* zuläßt. „Entschlossener Determinismus und Prädestinatianismus sträubt sich gegen die Umlagerung des dogmatischen Stoffes, die die analytische Methode erfordert. Die analytischen Arabe-

[48] H. FAULENBACH, aaO. S. 64f.; P. ALTHAUS, aaO. S. 37.
[49] H. FAULENBACH, aaO. S. 50ff., 64, 172f., 190, 194ff., 203, 215ff., 283, 294ff., 307, 310.
[50] H. FAULENBACH, aaO. S. 170, 203, 215f.
[51] H. FAULENBACH, aaO. S. 47ff., 284, 288.
[52] H. FAULENBACH, aaO. S. 220.
[53] H. FAULENBACH, aaO. S. 216ff.

sken bei Polanus fanden daher wenig Freunde. Jedenfalls verhinderten sie nicht, daß man den dogmatischen Stoff in synthetischer Entfaltung des Gottesgedankens straff, streng und imponierend geschlossen gruppierte."[54] Aristotelismus und Ramismus werden miteinander verbunden und hören auf, sich ausschließende Gegensätze zu sein. Der Vormarsch der aristotelischen Dialektik und Metaphysik war nur ein Grund dafür, daß der Ramismus seit etwa 1600 zurückgeht. Entscheidend war, daß sich die reformierte Prädestinationslehre nicht mit ihm vereinbaren ließ.

Der Ramismus wanderte daher allmählich aus der calvinistischen Schultheologie aus und wirkte an ihrem Rand oder außerhalb von ihr weiter, da er im Lehrsystem nicht integriert werden konnte. Die Dordrechter Synode (s. u. S. 336ff.) stempelte auch die ramistische Erfahrungstheologie indirekt als häretisch ab, als sie den Arminianismus verwarf. Im *Amyraldismus* erlebte der Ramismus eine kurze Blüte und nur im englisch-niederländischen Vorpietismus erwies er noch einmal seine geschichtsbildende Kraft (s. u. S. 338f.).

§ 4 Arminius, die Remonstranten, die Schule von Saumur

Literatur: H. E. Weber, Reformation, Orthodoxie und Rationalismus, Bd. II, Gütersloh 1951, S. 98-157; M. Geiger, Die Basler Kirche und Theologie im Zeitalter der Hochorthodoxie, Zollikon 1952; J. Moltmann, Prädestination und Heilsgeschichte bei Moyse Amyraut, ZGK 65, 1953/54, 270-303; G. J. Hoenderdaal (Hg.), Verklaring van Jacobus Arminius, Lochem 1960, vgl. dens. TRE 4, 1979, 63-69; J. Moltmann, Prädestination und Perseveranz, Neukirchen 1961, S. 127-137; 153-162; C. Bangs, Arminius, A Study in the Dutch Reformation, Nashville/ New York 1971, S. 332-355.

J. Arminius (1560-1609) und seine Schüler, die Remonstranten, sind Verteidiger des humanistischen Geistes in den Niederlanden. Sie treten in Opposition zur schroffen calvinistischen Prädestinationslehre, da diese ihrer Meinung nach keine ethische Entfaltung des Menschen zuläßt. Die orthodoxe Vorstellung von einem „unsterblichen Samen", den Gott in den Erwählten bewahrt[55], oder von der Unmöglichkeit ihres gänzlichen Fallens aus dem Glauben lähme das ethische Handeln. Der Vorwurf hat sich, geschichtlich betrachtet, nicht bewahrheitet.

Schon als Student in Leiden wurde J. Arminius Anhänger des Ramus; sein Lehrer war L. Danäus (s. o. S. 328). Bezas Vorlesungen in Genf vermochten ihn nicht umzustimmen. Eine ‚theoretische' Theologie, die sich auf Gottes Dekrete vor der Zeit und Gottes Unveränderlichkeit gründet, lehnt er ab. „Nächstliegender und unmittelbarer Gegenstand (objectum) der theologischen Lehre und der Wissenschaft ist nicht Gott selbst, sondern Dienst und Amtsführung des Menschen, die er Gott zu erweisen verpflichtet ist. In der Theologie muß Gott daher als Gegenstand seines Dienstes betrachtet werden. Aus diesem Grund ist die Theologie nicht eine theoretische, sondern praktische Wissenschaft oder Lehre, die das Handeln des ganzen Menschen erfordert."[56] Seine Schriften wurden erst nach seinem Tod gedruckt und der Öffentlichkeit bekannt gemacht.

[54] P. Althaus, aaO. S. 64; vgl. O. Weber, Analytische Theologie S. 145.
[55] M 857,35 (V, 7).
[56] I. Arminii Disputationes, Leiden 1610, p. 2.

Erst bei seiner Vernehmung 1608 legt er seine Ansichten in einer „Verclaringhe“ (Declaratio) offen dar. Er verwirft darin die calvinistische Prädestinationslehre und setzt an ihre Stelle einen christologisch begründeten *Universalismus*. Die eigene synergistische Lehrweise versucht er bis zuletzt zu bemänteln. Arminius und seine Schüler verstanden sich trotzdem als Calvinisten. Die Lehre vom „decretum absolutum“ widerlegt er mit vielen historischen Gründen (Verweis auf Luther, Melanchthon, N. Hemming u. a.) und dogmatischen Einwänden[57]. Seiner Auffassung nach gibt es vier Dekrete Gottes: 1. Die Sendung seines Sohns als Mittler und Erlöser, 2. Seligkeit für die Glaubenden, Verdammung für die Ungläubigen, 3. Heilsmittel, die suffizient und effizient sind zur Bekehrung und zum Glauben, 4. Vorherwissen (Präszienz) Gottes, welche Menschen glauben und welche nicht[58]. Der herrschenden Lehre stellt er die Erwählung Christi zum Retter der Menschheit und die Erwählung der Kirche gegenüber. Die Begründung liefert Eph 1,4 („in Christus“) und die Stelle Römer 9, die er nicht im Sinne einer individuellen Vorherbestimmung exegesiert, sondern als Prädestination bestimmter Gruppen („der Kinder nach dem Fleisch und nach der Verheißung“, Röm 9,8). Isaak und Ismael, Jakob und Esau sind nur Einzelbeispiele[59]. Der Heilsuniversalismus ermöglicht es Arminius, der Verkündigung mehr Gewicht beizulegen, als diese im Lehrsystem seiner Gegner (F. Gomarus, s. u. S. 337, A. 76) haben konnte. Doch ist auch bei den Arminianern die Predigt nicht das Ereignis, durch das Gott den Glauben schafft, und das an die Stelle der Vorherbestimmung Gottes zum Heil und zur Verdammnis tritt. Sein Begriff der Präszienz Gottes deutet bereits auf einen Synergismus hin.

Bereits im ‚Examen‘ der Schrift Perkins ‚De praedestinationis modo‘ (ca. 1603) lehrt er, der Mensch habe ‚die Fähigkeit zu glauben‘, auch wenn er alleine von sich aus nicht ‚glauben‘ kann; ebenso könne er der Gnade widerstehen[60]. Nach Adams Fall kann der Mensch „nichts Gutes, das wirklich gut ist, aus und von sich selbst denken, wollen oder tun“[61]. Der Satz macht deutlich, daß für Arminius der Sündenfall ein Entzug (privatio) der ursprünglichen Gerechtigkeit und Heiligkeit ist, nicht aber eine Verderbnis (depravatio) des Menschen[62]. Den Begriff ‚Erbsünde‘ vermeidet er[63]. Die Erneuerung erfolgt „mit *Hilfe* der Gnade“[64], denn der Mensch ist von der Sünde geschwächt. Es muß zu einer ‚Cooperation‘[65] zwischen dem Menschen und Gottes Gnade kommen, wenn Glaube entstehen soll. Doch ist die Gnade, wie Arminius immer wieder betont, nicht „irresistibilis“. Auch wenn er lehrt, des Menschen Mitwirkung sei nicht verdienstliches Werk, ist ein Synergismus nicht ausgeschlossen. Das Beharren der Erwählten im Glauben verneint er; auch der wahre Glaubende kann abfallen und verloren gehen. Glaubenssicherheit gibt es durch das Zeugnis des Heiligen Geistes und der Früchte des Glaubens. Im Blick auf das Ende kann sie „so groß nicht“ sein[66].

Im Jahre 1610 verfaßten die Arminianer eine Entgegnung (Remonstranz) auf die Anschuldigungen[67], die ihnen den Namen gab. Als sie 1618 von der Dord-

[57] Verklaring, S. 71–103.
[58] Verklaring, S. 104–106.
[59] C. Bangs, aaO. S. 195, 351.
[60] C. Bangs, aaO. S. 216; vgl. 338.
[61] Verklaring, S. 112.
[62] C. Bangs, aaO. S. 338f.
[63] C. Bangs, aaO. S. 339.
[64] Verklaring, S. 113 u. ö.
[65] Verklaring, S. 113.
[66] Verklaring, S. 115f.
[67] Text: M 846ff. (lat.) und in G. J. Hoenderdaals Einleitung S. 38ff. (niederl.).

rechter Synode angeklagt und vorgeladen wurden, fügten sie den Artikeln eine Erklärung bei[68]. Darin heißt es treffend formuliert, „Christus mediator non est solum executor electionis“[69]. Die ‚universitas meriti mortis Christi‘ wird hervorgehoben[70]. Statt von der Sünde ist meistens von ‚malum‘ und ‚bonum‘ die Rede. Und obwohl alle guten Werke der Gnade zugeschrieben werden[71], wird von der göttlichen Gnade immer so gesprochen, daß sie zum menschlichen Handeln hinzutritt: „Homo per gratiam Spiritus Sancti potest *plus* boni facere, quam reipsa facit, et *plus* mali omittere, quam re ipsa omittit.“[72] Die wiederholte Versicherung, keinen Synergismus zu lehren, ist unglaubhaft und verhindert eine offene Diskussion. Der wahrhaft Glaubende „kann und muß“ „pro tempore praesenti“ seines Heils gewiß sein; „pro tempore futuro“ ist er nur gewiß, ‚se perseverare *posse*‘[73]. Gegen die Gegner können sie ins Feld führen, daß innere und äußere Berufung Gottes bei ihnen nicht auseinanderfallen[74]. Ersichtlich ist: „die Arminianer gerieten in Widerstreit mit dem gesamten reformierten System. Die volle Souveränität Gottes erscheint durchbrochen, man pflegt eine unbestimmtere, teils innerlich-mystische, teils verstandesmäßig-moralische Frömmigkeit. ... Es handelt sich [bei ihnen] mehr um die Befreiung des forschenden Verstandes als des verzweifelten Gewissens“[75].

Die Dordrechter Canones (1619; s. EKL 1,968f.) tragen die orthodoxe Prädestinationslehre mit allen Konsequenzen vor: Die Unveränderlichkeit des göttlichen Ratschlusses, die doppelte Prädestination, das Beharren der Erwählten im Glauben bis ans Ende. Doch ist die Darstellung maßvoll und versucht seelsorgerisch zu überzeugen. Die Heilstat Christi und die Heilsmittel werden hervorgehoben; die Vorherbestimmung zur Verdammnis wird zurückhaltend gelehrt. Für die gemäßigte Lehrweise sorgten nicht zuletzt die ausländischen Theologen: Vertreter aus der Schweiz, Schottland, England, der Pfalz (Scultetus, H. Alting, s. S. 327, A. 85), Nassau, Hessen, Bremen und Emden waren vertreten. Anhalt galt in der Lehre als nicht zuverlässig; die Franzosen konnten sich nur brieflich äußern, da König Ludwig XIII. die Beschickung untersagt hatte. Die Lehrvielfalt unter den Synodalen war erheblich. Einig waren sie sich in der entschiedenen Abwehr des Synergismus der Remonstranten (Arminianer), die das Fundament des evangelischen Glaubens antasteten.

Die schroffe Behandlung der Arminianer durch die Synode – sie wurden schließlich verurteilt und ihrer Ämter enthoben – erklärt sich zum Teil daraus, daß schon Arminius die Entscheidungsgewalt der Presbyterien und Synoden bestritten hatte. Er war Anhänger des Erastianismus, des Staatskirchentums, und ebenfalls Parteigänger der politischen Richtung Oldenbarnevelts. Den Toleranzgedanken, dem er anfänglich anhing, ließ er fallen, als er in der „Verclaringhe“ die Lehrweise des Gomarus und anderer angriff[76]. Den *Toleranzgedanken* nahm Hugo Grotius (1583-1645, vgl. EKL 1,1726ff.) auf, der als Remonstrant und Anhänger Oldenbarnevelts Verfolgungen zu erleiden hatte. Er wollte

[68] Text: M LIX–LXIII. Ein Bekenntnis des Episcopus von 1621 druckt ab E. G. A. Böckel, Die Bekenntnisschriften der ev.-ref. Kirche, Leipzig 1847, S. 544ff.
[69] M LIX, 45. [70] M LX, 37. [71] M LXI, 25.
[72] M LXII, 6. [73] M LXIII, 28. [74] M LXII, 11.
[75] E. F. K. Müller, Symbolik, Erlangen und Leipzig 1896, S. 418.
[76] C. Bangs, aaO. S. 309; zu Erastus s. o. S. 285; zu Oldenbarnevelt s. EKL 4,695; zu Gomarus s. LThK 4,1048f.

Lutheraner, Reformierte und Sozinianer, selbst Protestanten und Katholiken in einer Kirche vereinigen. Bei dem berühmten Ireniker treten verstärkt pelagianische Gedanken und ein allgemeiner Gnadenbegriff auf. Daneben macht sich der universal gebildete Gelehrte – er ist der Begründer des Völkerrechts – einen Namen als Apologet des Christentums, als Bibelwissenschaftler und Historiograph.

Die Schule von Saumur entwickelte eine Vermittlungstheologie zur Versöhnung von Arminianismus und Orthodoxie. Ihre Vertreter waren Ramisten: John Camero (1580–1625; vgl. EKL 1,665), der berühmteste unter seinen Schülern, Moyse Amyraut (1596-1664; vgl. RGG 1,347f.), und das letzte Haupt der Schule, Claude Pajon (1626-1685; s. RE 14,553ff.). Sie brachen mit den philosophischen Voraussetzungen der calvinistischen Prädestinationslehre, der Unveränderlichkeit Gottes, und setzten an ihre Stelle Gottes je neue Offenbarung in der Heilsgeschichte. Das Anliegen der orthodoxen Prädestinationslehre wollten sie wahren, hielten sich dabei aber konsequent an die Forderung des Ramus, die Erfahrung heranzuziehen und eine ‚theologia practica' zu entwickeln.

Die ramistische Dialektik hatte *Camero* in Heidelberg gelernt. Entscheidend ist sein Gottesbegriff. Gott ist Gerechtigkeit und Barmherzigkeit, doch erfolgt die Entfaltung der ‚Natur Gottes' in der Geschichte in der Freiheit Gottes. Es gibt eine doppelte göttliche Freiheit; die Freiheit der Wahl (decreta absoluta) ist untergeordnet der Freiheit der Spontanität (libera actio)[77]. Gott ist ‚Philanthrop', der die Menschen nicht durch einen übernatürlichen unmittelbaren Einfluß (immediatus influxus) bekehrt, sondern durch moralische Überzeugung (persuasio moralis). Die Anpassung (accommodatio) an den Menschen kennzeichnet Gottes Handeln. Sie bedeutet in der Praxis, daß Gott durch die Wortverkündigung wirkt und der Mensch durch das Hören des Wortes reagiert. Aus dem Reden und Hören kommt die Erleuchtung des Verstandes und die Bewegung des Willens.

Camero lehrt einen doppelten Bundesbegriff: Das *‚foedus absolutum'* das z.B. den Noahbund kennzeichnet, und das *‚foedus hypoteticum'*, „ein partnerschaftlich hypothetisches Vertragsverhältnis, das erst rechtskräftig wird, wenn die Gegenverpflichtung erfüllt ist"[78]. Erwählt ist nur, wer glaubt. Das ‚foedus absolutum' bleibt gültig, doch das ‚foedus hypoteticum' kommt in der Heilsgeschichte immer mehr zur Entfaltung. „So kann Camero mit den Orthodoxen die absolute und alleinige Kausalität und die Unwiderstehlichkeit des göttlichen Gnadenhandelns in der Bekehrung des Menschen behaupten und zugleich mit den Arminianern von einer persuasio moralis reden."[79]

Amyraut hat die heilsgeschichtliche Schau Cameros übernommen und weitergebildet. Die drei Personen der Trinität haben je ihre Offenbarungszeit. Der Sohn stirbt für die Sünden der Welt, damit die Sünden nicht angerechnet werden (non-imputatio peccatorum). Des Vaters Werk ist die Beseitigung des ‚vitium peccati' und die ‚applicatio salutis'. Da Erbsünde und Tatsünde auch im Blick auf die Personen der Trinität unterschieden werden, bekennt sich Amyraut zu Piscators Satisfaktionslehre (s. Kap. XII, § 2). Der Vater gibt den Glauben, wem er will. Der Heilige Geist ist ‚spiritus foederis' (vom Vater) und ‚spiritus signifi-

[77] J. MOLTMANN, Amyraut S. 277.
[78] J. MOLTMANN, Amyraut S. 277.
[79] J. MOLTMANN, Präd. u. Pers., S. 154.

cans' (vom Sohn). Amyraut vertritt eine *ökonomische Trinitätslehre*, die jedoch in der Gefahr steht, die Einheit Gottes nicht mehr aussagen zu können. Die Lücke zwischen Gottes Handeln und menschlicher Entscheidung versucht er zu schließen, indem er gemäß den ramistischen Grundsätzen lehrt, Gott sei nicht an sich, sondern nur vom Ausgang her zu erkennen. „Auf die Glaubenslehre angewandt, bedeutet diese Theologie vom ‚Deus ex eventu considerandus' nicht, wie die Orthodoxen vermuten, daß auf arminianische Weise der Glaube als menschliche Leistung gelehrt, noch, wie die Arminianer argwöhnten, daß der Glaube im Grunde doch nur als Effekt der Prädestination verstanden werde. Für Amyraut ‚wechselt' im Ereignis des Glaubens der geschichtliche Wille Gottes vom universalen Heilsangebot zur partikularen Bestimmung des Menschen hinüber. ... Über die doppelte Prädestination will er darum nichts sagen, solange sie noch nicht im geschichtlichen Ereignis vollzogen ist."[80] „Der universale Heilswille wird im Wort Ereignis, die partikulare Erwählung wird im Ereignis des Glaubens offenbar."[81] Wenn Amyraut das Voraussehen Gottes (praevisio Dei) heranzieht, tritt die tiefste Widersprüchlichkeit seiner Theologie offen zu Tage: „Deus electis credituros esse prospicit, quia fidem in eis efficere decrevit"[82]. Ein ‚universalismus hypoteticus' neben einem praktischen Partikularismus konnte weder den Orthodoxen (P. Dumoulin; s. RE 5,56ff.) noch den Remonstranten genügen.

Claude *Pajon* (s. RE 14,553ff.) versuchte schließlich das verbleibende Problem zu lösen, warum die einen glauben, die anderen nicht glauben. Es ist die Frage nach der partikularen Erwählung Gottes. Er entwickelt als Antwort einen *Okkasionalismus*: Gottes Vorsehung determiniert von der Schöpfung her alle Dinge und also auch die gelegentlichen Ursachen (causae occasionales), d. h. die Lebensumstände wie menschliche Anlagen, Umgebung, Sinn, Temperament, Charakter, Alter, Stimmung usw. Sie bestimmten, wenn die Menschen das Wort Gottes trifft, den Glauben oder Unglauben. Die menschliche Bekehrung ist auf natürliche Weise erklärt. Ein Deismus ist gelehrt, denn Gott wird nach den rationalen Gesetzmäßigkeiten der Weltprozesse und Naturereignisse verstanden. Pajon gleicht das Gottesbild dem Denken seiner Zeit an.

Als der ‚Samurianismus' sich in der Schweiz verbreitete, arbeitete der Zürcher Theologe J. H. Heidegger (1633-1698; s. RE 7,537ff.) die Helvetische Konsensformel aus, der die evangelischen Kirchen der Schweiz zustimmten (1675). Sie setzt gegen den Universalismus Amyrauts die doppelte Prädestination[83] und verwirft die Lehre Piscators von der alleinigen „iustitia passiva" Christi[84].

§ 5 Die Anfänge des Pietismus: Perkins und Amesius

Literatur: W. Goeters, Die Vorbereitung des Pietismus in der reformierten Kirche der Niederlande bis zur Labadistischen Krisis 1670, Leipzig 1911, repr. 1974; K. Reuter, Wilhelm Amesius, der führende Theologe des erwachenden reformierten Pietismus, Neukirchen 1940; A. Lang, William Perkins, der Vater des Pietismus, in: Puritanismus und Pietismus. Studien zu ihrer Entwicklung von Butzer bis zum Methodismus, Neukirchen 1941, S. 101-131.

[80] J. Moltmann, Präd. u. Pers., S. 160.
[81] J. Moltmann, Präd. u. Pers., S. 161.
[82] Vgl. J. Moltmann, Amyraut S. 299.
[83] M 863 (Can. 6).
[84] M 866 (Can. 16).

William Perkins (1558-1602) war der Lehrer des Amesius (1576-1633), der rückblickend bekennt: (Perkins) „studiosorum corona efficaciter excitaverit ad studium pietatis"[85]. Perkins war Ramist, ebenso Amesius[86], der der erste Vertreter des Frühpietismus in den Niederlanden wurde. Indessen war durch die Psychologisierung des Glaubens in der niederländischen Orthodoxie dem pietistischen Denken schon der Boden bereitet. Bei den Remonstranten (Arminianern) und Contraremonstranten zum Beispiel finden sich gleichermaßen Gedanken über den Heilsstand. Diese lehren einen „status peccati" und einen „status volendi bonum"[87], jene unterscheiden bei den Früchten der Erwählung verschiedene Grade (gradus) und ein unterschiedliches Maß (mensura)[88]. Diese lehren die Erkennbarkeit der guten Werke[89], jene rechnen damit, daß die Erwählten den Glauben in sich wirksam fühlen (sentire)[90].

Der Aufriß der Schrift ‚Armilla aurea' (1590, engl. 1592)[91] gibt einen guten Einblick in Perkins Denken. Er beginnt mit dem Satz: „Der Gesamtinhalt der Heiligen Schrift ist eine Lehre, hinreichend zu zeigen, wie man gut lebt..., die Theologie aber ist die Wissenschaft, bis in Ewigkeit gesegnet zu leben. ... Daher hat die Theologie zwei Teile: den ersten von Gott, den zweiten von seinen Werken." Es ist bezeichnend, daß der erste Teil (in der englischen Ausgabe) nur vier Seiten umfaßt. Das Werk Gottes ist der ewige Ratschluß der Prädestination und seine Ausführung. Wiederum wird das „decretum aeternum" nur in aller Kürze streng calvinistisch dargestellt und mit Bibelworten belegt. Sein Interesse gibt der Verwirklichung des Erwählungsratschlages. Dreierlei ist dabei zu unterscheiden: der Grund der Erwählung, die Heilsmittel und die Stufen, in denen sie zur Auswirkung kommt. Der Grund ist Christus, dessen Werk genau beschrieben wird. Die Betrachtung des Leidens Christi schließt mit dem Satz: *„Man ist in der Lehre von Christi Passion erst dann gegründet, wenn das Herz, getroffen von Zerknirschung über die Sünde, um derentwillen die Seite des unbefleckten Lammes durchbohrt wurde, aufhört zu sündigen"* (p. 29a).

Die Heilsmittel sind Gottes Bund und dessen Siegel. Behandelt werden *Werkbund* und *Gnadenbund*, d.h. Gesetz und Evangelium und die Bestätigung des Wortes Gottes durch die Sakramente. Die Zehn Gebote werden so ausgelegt, daß ein genaues Bild der Frömmigkeit entsteht. Vom letzten Abschnitt, den Stufen, hat das Werk seinen Namen. Die ‚goldene Kette' nennt Paulus Röm 8,30. Die Stufen, in denen die Erwählung sich vollzieht, sind wirksame Berufung, Rechtfertigung, Heiligung und Verherrlichung. Jede von ihnen gliedert sich in Unterstufen. Ziel der wirksamen Berufung ist die Trennung von der Welt und die Vereinigung des Gläubigen mit Christus. Sie wird zuteil durch das Hören des Wortes Gottes, die vom Geist geöffneten Augen des Verständnisses, und das Zerbrechen des Herzens unter den vier Hämmern: Erkenntnis des Willen Gottes, Sündenerkenntnis, Erfahrung des Zorns Gottes und Verzweiflung an der eigenen Kraft. Christus und sein Verdienst wird dann ergriffen durch den vom

---

85 G. Amesii De conscientia, 1660, S. A 3b; vgl. W. Goeters, aaO. S. 22 Anm. 1.

86 W. Goeters, aaO. S. 69f.

87 M LXI, 15, 37.

88 M 845, 8 (I, 12); 858, 2 (V, 9).

89 M LXI, 25.

90 M 845, 45 (I, 16).

91 Lat. Gesamtausgabe, 2 Bde., Genf 1611 und 1612: I, 1–116; engl. Gesamtausgabe, 3 Bde., London 1616 und 1635: I, 9–116.

Geist gewirkten Glauben, der wieder fünf Stufen entwickelt: Kenntnis und Fürwahrhalten des Evangeliums, Hoffen auf Vergebung, Hungern und Dürsten nach der Gnade, Sündenbekenntnis und Schreien nach Vergebung. Endlich folgt die Aneignung der Verheißung und volle Überzeugung des Heils. Mit der zweiten Stufe, der Rechtfertigung, ist die Annahme der Gotteskindschaft mit allen ihren Gaben (priviledges) jetzt und in Ewigkeit verknüpft. Bei der dritten Stufe, der Heiligung, kommen alle Regungen des Herzens zur Sprache[92]. Die Verherrlichung endlich ist die vollkommene Ausgestaltung der Heiligen in das Bild des Sohnes Gottes, das Jüngste Gericht und die letzten Dinge. Auch in seinem übrigen Schrifttum erweist sich Perkins „als ein gut calvinischer Theologe", der „bestimmte pietistische Züge" trägt[93].

Das Hauptwerk des Amesius ist die „Medulla theologiae" (1623), die in ihrem Jahrhundert elf bzw. zwölf lateinische Auflagen erlebte und damit eins der weitverbreitesten theologischen Bücher dieser Zeit war[94]. Sie beginnt mit dem Satz ‚Theologia est doctrina deo vivendi'. Auch der Genfer Katechismus (s. o. S. 248) fragt zu Beginn nach dem ‚deo vivere'[95], doch dient der Begriff Calvin nicht zur Definition der Theologie. Quelle des Amesius ist Petrus Ramus (s. o. S. 328ff.), der in humanistischer Weise das ‚bene vivere' dem ‚beate vivere' überordnet. Amesius übernimmt die Formel, denn die Glückseligkeit wird überboten durch die Gutheit, die auf Gottes Ruhm ausgerichtet ist[96]. ‚Lehre' beschränkt sich auf die Heilslehre, sie darf nicht als intellektuelles Lehrsystem mißverstanden werden. Amesius proklamiert einen *Glaubensvoluntarismus*: Der Glaube ist eine Willensbewegung und folgt nicht, wie seine orthodoxen Kritiker meinen, erst dem Urteil des Denkens. Der Glaube ist „fiducia" und nicht „assensus". Die orthodoxen Aristoteliker, Maccovius, Wendelin und Voetius haben dem Volutarismus des Amesius widersprochen[97]; die Wahrheit werde durch den Verstand ergriffen und sei lehrhafter Art. Indem Amesius den orthodoxen Intellektualismus bekämpfte, stellte er die gesamte protestantische Scholastik in Frage. Dies wird an mehreren Punkten deutlich:

1. Die Prädestination steht bei ihm entgegen der calvinistischen Gepflogenheit nicht an der Spitze des System. Sie wird, wie bei Calvin (s. Kap. VI, § 7), im Zusammenhang der Heilsaneignung behandelt (Med. theol. I, Kap. 25). „Dem Amesius kommt alles auf die spürbaren Wirkungen der Erwählung im Leben an. ... Zur Begründung dieser Anordnung heißt es, die Prädestination bestehe zwar von Ewigkeit her, sed in praedestinante solo."[98] Die doppelte Prädestination hat Amesius, der auf der Dordrechter Synode dem Präses Bogerman als Helfer beigegeben war, nie in Zweifel gezogen. Doch setzte er nicht bei der Dekretenlehre ein, sondern verstand die Prädestination als Grund des Glaubens und der Heiligung. „Die doppelte Prädestination hat bei ihm aufgehört, die Struktur des dogmatischen Systems zu bilden. Statt dessen erklärt Amesius den Glauben und das geistliche Leben zum Fundament der Theologie."[99]

---

[92] Vgl. A. Lang, aaO. S. 112f.
[93] A. Lang, aaO. S. 126.
[94] K. Reuter, aaO. S. 18.
[95] M 117,19.
[96] K. Reuter, aaO. S. 32; W. Goeters, aaO. S. 70.
[97] K. Reuter, aaO. S. 55ff.; zu Maccovius s. RE 12,36ff.; Wendelin: RE 21,94f.; Voetius: EKL 3,1671f., s. u. S. 343.
[98] W. Goeters, aaO. S. 76.
[99] K. Reuter, aaO. S. 150, vgl. S. 68.

2. Die Metaphysik hat Amesius in der ‚Disputatio Theologica adversus Metaphysicam' (1629) scharf bekämpft. Metaphysik und Theologie stehen, Ramus folgend, in Gegensatz zueinander. Amesius bestreitet der Metaphysik die Möglichkeit der Gotteserkenntnis. Die natürliche Erkenntnis vermöge dies nicht, sondern nur die geistliche Erkenntnis. Gott werde nur durch die Offenbarung erschlossen. Die Metaphysik sei peripatetischer und nicht christlicher Glaube (Med. theol. I, 2,6). Zudem habe die Metaphysik keine eigene Methode. Denn der Rückschluß von der Wirkung auf die Ursache gehöre zum allgemeinen Gebrauch der Vernunft, die den Theologen nicht verwehrt sei. Eine natürliche Theologie im Rahmen der Heiligen Schrift will auch Amesius lehren. Der Metaphysik fehle schließlich der Bezug auf die Praxis. Gotteserkenntnis, die nicht zur Gottesverehrung führe, sei eitel und nichtig (Röm 1,21). Wieviel Amesius an der Praxis liegt, zeigt der Satz ‚Diabolus est summus metaphysicus' (These 6). „Mit dieser Ablehnung der theologia naturalis bleibt Amesius zunächst allein. Es bezeichnet das erste Erwachen der Ahnung, daß das naive Verhältnis von Vernunft und Offenbarung, wie es in der kirchlichen Orthodoxie bestand, für diese selbst verhängnisvoll werden könnte."[100] Sein Verdikt richtet sich auch gegen Keckermann, der die Ethik von der Theologie trennte (s. Kap. XI, § 4).

3. Den orthodoxen Intellektualismus durchbricht Amesius ebenfalls, wenn er die Heilige Schrift in der ‚Medulla theologiae' erst im Kapitel 34 des Buches I behandelt. Auch bei ihm ist sie Quelle der Lehre. Doch offenbart sie, wie ein gutes und seliges Leben zu führen ist. Der Inhalt der Schrift ist daher der Wille Gottes, das Heilsnotwendige und das zur Gründung und Erbauung der Kirche Dienende.

4. Von Perkins übernimmt Amesius die Beschreibung des Glaubens als Vereinigung mit Gott. Augustinische Mystik klingt an, wenn er lehrt: „Der Glaube ist das Ruhen des Herzens in Gott (acquiescentia cordis in Deo) als dem Urheber des Lebens bzw. des ewigen Heils" (Med. theol. I, 3,1). Die Vereinigung mit Gott kann nicht durch einen „assensus intellectus", der die Wahrheit über Gott annimmt, erfolgen, sondern nur durch einen „consensus voluntatis", d.h. die Hingabe an Gott. (Med. theol. I, 3,18f.) Vom Willen will er den Verstand jedoch nicht getrennt haben. Die Vereinigung mit Gott beschreibt Amesius in allen ihren Stufen. Entscheidend war für ihn die Gewissensfrage, ob der Einzelne im Stand der Sünde oder der Gnade ist.

Die zweite Front, in der er stand, war gegen die Remonstranten gerichtet. Dabei machte er sich selbst des Pelagianismus verdächtig. In der ‚Disputatio theologica de praeparatione peccatoris ad conversionem' lehrte er, der Sünder könne sich auf die Bekehrung vorbereiten, indem er teilweise Hemmnisse beiseite räumt. Er zählt dazu die Belehrung über die Wahrheit, den Schmerz über die Sünde, die Furcht vor dem Sündigen, Verlangen nach Befreiung. Maccovius hat ihm heftig widersprochen. Doch hat Amesius in der Schrift ‚De conscientia' (1630) seine These wiederholt. Er folgte darin seinem Lehrer Perkins. Er will die ‚Vorbereitung' jedoch nicht wie ein Feuer verstanden wissen, das das Holz entzündet, sondern wie ein Austrocknen des Holzes durch die Hitze, so daß es leicht in Brand gerät. Peter van Mastricht ist ihm gefolgt; Witsius hat beide Theologen

---

[100] W. GOETERS, aaO. S. 64.

gegen den Vorwurf des Pelagianismus verteidigt. Er will die Vorbereitung als vorbereitendes Geistwirken Gottes verstehen, nicht aber als menschliche Disposition[101].

Amesius ist Augustin und Calvin gefolgt, wenn er den Glauben als Liebe zu Gott beschrieben hat. Die späteren Pietisten (H. Witsius; F. A. Lampe: RE 12,233ff.) haben davon abweichend die Liebe zu Jesus in den Mittelpunkt gestellt. W. Teelinck (1579–1629; s. RE 19,473ff.) hatte diesem Gedanken vorgearbeitet. Auch der voluntaristische Glaubensbegriff ist samt dem übrigen pietistischen Gedankengut von Witsius und Lampe übernommen worden. Die Verlegung des Glaubens in das Willensvermögen hat vor allem Coccejus (s. u.) von seinem Lehrer Amesius übernommen. Dessen Gegenspieler Voetius meinte das Fürwahrhalten und Annahmen der Wahrheit durch den Verstand betonen zu müssen, um dem Voluntarismus zu begegnen. Glauben und Leben wurden auf diese Weise getrennt[102]. Amesius hat jedoch auch Voetius theologisch beeinflußt. W. Goeters hat nachgewiesen, „daß Voetius zwar der kirchliche Führer der Reformpartei, nicht aber der theologische Repräsentant ihrer Frömmigkeit war. Als dieser ist statt dessen Amesius erkannt"[103]. Auch der Reformpartei konnte das ‚Deo vivere', das Amesius zum Prinzip der wissenschaftlichen Theologie gemacht hatte, gefallen. Auch sie bekämpfte religiöse Halbheit und Gleichgültigkeit. In der Hochschätzung der Heiligung war man sich einig. Indem Amesius jedoch den Willen Gottes in der Schrift hervorhob, stieß er auf Widerspruch. Voetius lenkte in den alten intellektualistischen Offenbarungsbegriff der Orthodoxie zurück. Bei der Eröffnung der Universität Utrecht pries er die Schrift als untrügliche Quelle für alle Wissenschaften. In seiner Schrift ‚Exercitia et bibliotheca studiosi theologiae' (1644) fordert er ein Philosophiestudium und polemisiert gegen den Ramismus des Amesius[104].

§ 6 Die Föderaltheologie des Johann Coccejus

Literatur: E. F. K. Müller, Art. Coccejus und seine Schule, RE³ 1898; W. Goeters, Die Vorbereitung des Pietismus in der reformierten Kirche der Niederlande, Leipzig 1911, repr. 1974 (124–128); G. Schrenk, Gottesreich und Bund im älteren Protestantismus vornehmlich bei Johannes Coccejus, Gütersloh 1923; G. Möller, Föderalismus und Geschichtsbetrachtung im XVII. und XVIII. Jahrhundert, ZKG 50, 1931, 393–440; J. Moltmann, Geschichtstheologie und pietistisches Menschenbild bei Johann Coccejus und Theodor Undereyck, Ev. Theol. 19, 1959, 343–361; ders., Jacob Brocard als Vorläufer der Reich-Gottes-Theologie und der prophetischen Schriftauslegung des Johann Coccejus, ZKG 71, 1960, 110–129; H. Faulenbach, Weg und Ziel der Erkenntnis Christi. Eine Untersuchung zur Theologie des Johannes Coccejus, Neukirchen 1973.

Die philosophischen Denkvoraussetzungen des Coccejus sind noch nicht untersucht worden. Es ist anzunehmen, daß er Ramist war oder der ramistischen Philosophie nahe stand. Ohne Zweifel verwarf er die Metaphysik und hat die

---

[101] K. Reuter, aaO. S. 142f.; zu Hermann Witsius s. RE 21,380ff., zu Peter van Mastrichts (1630–1706) s. RE³ 18,757,54ff.; RGG³ VI, 1221.

[102] K. Reuter, aaO. S. 61ff.

[103] K. Reuter, aaO. S. 10.

[104] W. Goeters, aaO. S. 80ff.

Theologie als ‚theologia practica' bezeichnet[105]. Der Philosoph Johann de Raey rief ihm zu, er sei ein ‚Ignorant der Philosophie', obgleich Coccejus die orthodoxe Schulphilosophie gut kannte[106]. Er wollte jedoch die Hermeneutik der Schriftauslegung der Schrift selbst entnehmen. Dies trug ihm den Namen ‚Scripturarius' ein[107]. Die Vertiefung in die Hl. Schrift widerspricht nicht dem Ramismus[108]. Seine Lehrer hingen dieser philosophischen Richtung an: M. Martini(us) (1572–1630; s. RE 12,391f.), der Rektor des Bremer Gymnasiums, hatte in Herborn studiert. In Franeker war Amesius (s. o. S. 341ff.) sein Lehrer; auf ihn beruft er sich gelegentlich[109]. Auf des Amesius Einfluß weist auch des A. Heidanus Urteil über Coccejus hin: ‚Cogitare erat illi vivere.'[110]

Die Geschichte der Föderaltheologie, die im 16. und 17. Jahrhundert zu den Propria der reformierten Theologie gehört, ist immer noch nicht genügend aufgehellt. Die methodische Unklarheit, ob die einzelnen Theologen eine Föderaltheologie entwickeln oder ob sie einige Elemente derselben aufnehmen und theologisch durchdenken, erschwert die Forschung. Der eindrucksvollen Auflistung föderaltheologischer Gedanken in der reformierten Theologie seit Zwingli und Bullinger durch G. Schrenk[111] fehlt diese Unterscheidung, auch wenn er eingesteht, daß für Calvins Theologie der Bundesgedanke nicht konstitutiv ist[112]. Aus seiner Darstellung wird deutlich, daß Beza und die calvinischen Aristoteliker keine Föderaltheologen sind[113]. Die Dekretenlehre (s. o. S. 334) beherrscht das dogmatische System. Hingegen scheint die zwinglische Theologie den Bundesgedanken zu benötigen, um die Eigentümlichkeit ihrer Heilsgeschichte zum Ausdruck zu bringen. Denn die Gotteslehre des „summum bonum" nimmt die Heilstat Christi im Prinzip vorweg. Die Aussagen, daß Gott von Anfang an Inbegriff der Güte und Barmherzigkeit ist und diese Gnade in Christus doch neu erscheint, drängen auf eine heilsgeschichtliche Zusammenschau. Die Heilsgeschichte muß den gleichbleibenden Gotteswillen trotz der verschiedenen Testamente zu erklären suchen. Dazu ist die Föderaltheologie wie keine andere geeignet.

Neben der zwinglisch-bullingerischen Theologie wird die ramistische Theologie zum Förderer der Bundestheologie, da sie auf die praktische Theologie, d.h. auf das konkrete Handeln Gottes an den Menschen dringt. Wiederum bietet sich die Föderaltheologie zur systematischen Durchführung an.

Coccejus hat mit Sicherheit an eine der beiden Traditionen angeknüpft. Er bekennt, von Bullingers Schrift ‚De testamento seu foedere Dei unico et aeterno' (1534) (s. Kap. III, § 4), C. Olevians (s. o. S. 288) Schrift ‚De substantia foederis gratuiti' (1585) und ferner von seinem Franeker Kollegen J. Cloppenburg (1592–1652; s. EKL 4,375) beeinflußt zu sein[114]. Olevian war Ramist; Cloppenburg gab 1543 ‚Disputationes theol. XI de foedere Dei' heraus. Des Coccejus

[105] G. Schrenk, aaO. S. 16; H. Faulenbach, aaO. S. 82–84.

[106] G. Schrenk, aaO. S. 17 Anm. 2; H. Faulenbach, aaO. S. 181.

[107] G. Schrenk, aaO. S. 23.

[108] H. Faulenbach, aaO. S. 44, versteht auch ihn als „Gegenposition" der Erkenntnislehre des Coccejus, obwohl er die Philosophie des Ramus andererseits zu den „wissenschaftsmethodischen Voraussetzungen der Föderaltheologie" rechnet (S. 26).

[109] Vgl. H. Faulenbach, aaO. S. 41 Anm. 72.

[110] H. Faulenbach, aaO. S. 43.

[111] AaO. S. 36–82.

[112] AaO. S. 44.

[113] Für Gomarus vgl. G. Schrenk, aaO. S. 63f.

[114] G. Schrenk, aaO. S. 59, 76, 126f.

Hauptschrift ‚Summa doctrina de foedere et testamento Dei' (1642)[115] hat den gleichen neuplatonisch-augustinischen Ansatz wie die zwinglische Theologie. Er definiert: „Es ist der Bund nichts anderes als eine göttliche Deklaration über die Art und Weise, die Liebe Gottes (amor Dei) zu empfangen und ihre Gemeinschaft zu genießen. ... Der Bund ist der Weg, den Gott uns offenbart hat, um in seine Gemeinschaft zu kommen, die das höchste Gut (summum bonum) für den Menschen darstellt." (Kap. 1)[116] „Der Bund ist gedacht als eine Art Friedens- und Freundschaftspakt, den Gott stiftet und in welchem sich Gott zum ‚summum bonum' des Menschen erklärt und den Menschen zum Genießen (fruitio Dei) und zur Verherrlichung (gloria Dei) Gottes bestimmt."[117] Augustins mystischer Satz ‚Cor inquietum donec requiescat in te' klingt an: *„Der menschliche Wille begehrt dies wahre Gut (bonum verum), in welchem er ruhen kann, und das es für ihn nirgendwo anders gibt als in Gott. Er ersehnt das ewige Leben und flieht den Tod. Dieses Bedürfnis (appetitus) wäre nicht da, wenn es nicht vom Schöpfer durch einen Instinkt der Natur gegeben wäre, um den Menschen zum Genießen Gottes (fruitio Dei) zu ziehen."*[118] Der „Satz Augustins bezeichnet Anfang und Ziel der coccejanischen Konzeption der Heilsgeschichte"[119]. Die Verbindung des Bundes mit dem Reichsgedanken (G. Schrenk) oder mit der Gottesebenbildlichkeit des Menschen (G. Möller) sind bei Coccejus nur Nebenlinien.

Dem neuplatonisch-augustinischen Ansatz entspricht die Setzung des Bundes durch Gott vor aller Zeit. G. Schrenk weist darauf hin, daß bei Coccejus die Terminologie der Dekretenlehre und also die Anknüpfung bei der aristotelisch bestimmten Orthodoxie beinahe ganz fehlt[120]. Vielmehr korrigiert er ungenannt die calvinischen Aristoteliker. „Der Testamentsbegriff ist bei ihm geradezu eine biblische Fassung des Dekrets."[121] Gott hat einmal einen Werk- oder Naturbund gesetzt, der Adam ins Herz geschrieben war. Ihm war die Verheißung eines himmlischen, unsterblichen Lebens als Lohn für die Gesetzesgerechtigkeit gegeben und Tod als Strafe für den Ungehorsam angekündigt (Kap. 2). Der Gnadenbund, der erst nach dem Sündenfall in Erscheinung tritt (Gen 3,15), ist ein ewiger, vorzeitlicher innergöttlicher Vertrag. Christus wird der zweite Adam (Kap. 5). Coccejus argumentiert infralapsarisch, denkt jedoch supralapsarisch[122]. Sein System ist nicht nur an dieser Stelle unausgeglichen.

Lebendig und interessant wird seine Föderaltheologie durch die fünf Stufen, durch die der Werkbund in der Geschichte abgeschafft wird und der Gnadenbund in Kraft tritt. *Erste* Stufe ist der Sündenfall (abrogatio foederis operum prima per peccatum). Der Mensch verfällt dem Gericht Gottes; der Schöpfer wird zum langmütigen Erhalter des Sünders (Kap. 3). Die *zweite* Stufe der abrogatio oder antiquitatio ist Gottes Barmherzigkeit, die den Sünder in den Gnadenbund aufnimmt. Er ist eine Übereinkunft zwischen Gott und dem Sünder, in dem Mittler Gerechtigkeit schenken zu wollen; der Mensch willigt in den Kontrakt durch den Glauben ein (Kap. 4). Der Gnadenbund wird ausführlich,

---

115 G. Schrenk, aaO. S. 82ff., referiert den Inhalt. Coccejus läßt 1662 eine ‚Summa theologica' folgen.

116 Opera VII, 45; vgl. Aug. Conf. I 1,1.

117 J. Moltmann, Geschichtstheologie, S. 345.

118 Opera VII, 46b.

119 J. Moltmann, Geschichtstheologie, S. 346.

120 AaO. S. 114; anders H. Faulenbach, aaO. S. 100, 162.

121 G. Schrenk, aaO. S. 114.

122 Vgl. H. Faulenbach, aaO. S. 168 Anm. 26.

wenngleich allgemein-geschichtlich erläutert (Kap. 5,7–9). In diesem Zusammenhang trägt Coccejus auch die Prädestinationslehre vor, hat aber Scheu, die ewige Verwerfung darzulegen, denn Gott will Buße und Glauben (Kap. 6)[123].

Die *dritte* Stufe ist die doppelte ‚Ökonomie' der beiden Testamente Gottes: ‚in expectatione Christi' und ‚in fide Christi revelati.' Wie bei Calvin sind beide Testamente Zeugnisse der Güte Gottes. Doch sind bei Coccejus alle Christustaten schon im Protevangelium Gen 3,15 enthalten. In 14 Sätzen werden die einzelnen Worte ausgedeutet (Nachkommenschaft, Freundschaft, Same, Zertreten des Kopfes, Fersenstich usw.) (Kap. 10). Es begegnet hier die für sein ganzes Werk charakteristische typologische Auslegung des Alten Testaments auf Christus hin, die systembedingt ist. Die frühere Zeit wird von der späteren in der Ökonomie des Gnadenbundes unterschieden (Kap. 11). Das erste Testament besitzt (wie bei Calvin) geringere Klarheit, weil die Offenbarung Gottes noch im Anfang stand. Erst Christus bietet die volle Erlösung. Daher gibt es im Alten Testament nur eine ‚Paresis' (Röm 3,25), im Neuen aber die volle ‚Aphesis' der Sünden. Auf den ersten Mittler, Mose, folgt der zweite, Christus. Das erste Testament ist als eine Erziehung (Paidagogia) auf Christus verstanden (Gal 3,24). Moral-, Zeremonial- und Judizialgesetze stehen nicht eigentlich im Gegensatz zum Neuen Testament, sondern sie werden (wie bei Bullinger, s. Kap. V, § 4) auf dieses hingedeutet. Vor allem sind die Zehn Gebote nicht Bestandteil des Werkbundes, vielmehr des Gnadenbundes.

Die *vierte* Stufe ist der Tod des Leibes, der den Streit gegen die Sünde beendet. Coccejus behandelt in diesem Abschnitt die Heiligung (Kap. 15). Die letzte Stufe ist die Auferweckung des Leibes, die zur völligen Gemeinschaft mit Gott führt (Kap. 16). Die Zeichen der Endzeit werden ausführlich behandelt. Coccejus ist, von J. Brocard beeinflußt, Apokalyptiker. Die Geschichtsschau des Coccejus ist umstritten. G. Schrenk versteht die Abrogationen als Stufen der Aufhebung des Werkbundes. H. Faulenbach ist der Ansicht, „abrogatio" sei ein „dialektischer Begriff", der die Heraufführung des Reiches Gottes und eine stufenweise Beseitigung der Folgen des Sündenfalls meine[124]. „Die Abrogationen lassen sich nicht auf eine innerweltliche, vom Glauben nachzeichenbare heilsgeschichtliche Entwicklungslinie beziehen."[125] Coccejus habe nicht der aufklärerischen Vorstellung eines evolutionistischen Entwicklungsprozesses der Menschheit vorgearbeitet[126].

Wegen seines Verständnisses des Sabbats und der Vergebung ist Coccejus in Streitfälle verwickelt worden. Bereits 1621 ist Willem Teellinck (1579–1629; s. o. S. 343) literarisch für die puritanische Sonntagsheiligung eingetreten. Voetius (s. o. S. 341) stellte sich 1627 auf seine Seite; Gomarus (s. o. S. 337; vgl. RE 6,763f.) sprach sich für die Unverbindlichkeit des Sabbatgebotes aus. Das Thema kam in der Folgezeit nicht zur Ruhe. Da Coccejus sich gegen ein nomistisches Verständnis des Dekalogs aussprach, wurde er 1658 in den Streit gezogen. Das Volk war erbittert über die Sabbatschänder und hielt zu den Voetianern. Im Jahr 1665 griff Voetius den doppelten Begriff der Sündenvergebung an. Erst des Coccejus Tod beendete den Streit.

---

[123] Vgl. H. Faulenbach, aaO. S. 124.
[124] AaO. S. 105.
[125] H. Faulenbach, aaO. S. 154.
[126] H. Faulenbach, aaO. S. 164.

Ohne Frage hat Coccejus viele Gedanken in seine Schriftauslegung hineingetragen. Indessen war er ein angesehener Orientalist, der die Studenten zur Erlernung der biblischen Sprachen anhielt. Seine Schüler empfanden die philosophische Leere, die durch das Beiseitestellen der aristotelischen Metaphysik entstanden war. A. Heidanus (s. o. S. 327 A. 85), F. Burmann (s. ebd.) und J. Braun (1628–1708; s. EKL 4,344) gingen daher eine Verbindung mit dem Cartesianismus ein.

Kapitel XIII: Die abschließende reformierte Bekenntnisbildung

Literatur: P. Tschackert, Die Entstehung der lutherischen und reformierten Kirchenlehre, Göttingen 1910, § 98, 99.

In der Zeit der Orthodoxie entstehen noch einmal zahlreiche reformierte Bekenntnisschriften. Da die reformierten Kirchen kein abgeschlossenes Bekenntnisbuch besitzen, geht die Zahl der Bekenntnisse über die folgende Aufzählung hinaus: Bekenntnis des Kurfürsten Friedrich von der Pfalz (1577), Nassauisches Bekenntnis (1578)[1], Repetitio Anhaltina (1579), Lambeth-Artikel (1595), Consensus Bremensis (1595), Staffortisches Buch (1599)[2], die hessischen Verbesserungspunkte (1605)[3], Bekenntnis der Casseler Generalsynode (1607), Hessischer Katechismus (1607), Bentheimer Bekenntnis (1613), Confessio Sigismundi (1614), Irische Religionsartikel (1615), Dordrechter Canones (1619)[4], Westminster Konfession (1647), Großer und Kleiner Westminster Katechismus (1647), Helvetische Konsensformel (1675)[5].

Mit der Westminster Konfession (1647) erreicht das reformierte Bekenntnis noch einmal einen Höhepunkt. Die „Formula Consensus Helvetica" (1675) schließt eine 150jährige Bekenntnisbildung ab. In ihr werden nicht nur Piscators einseitige Lehre und der Universalismus Amyrauts (s. Kap. XII, § 4) zurückgewiesen. Sie vertritt auch die Verbalinspiration, die sie sogar auf die hebräischen Vokalzeichen ausdehnt, gegen L. Capellus aus Saumur, der die späte Entstehung dieser Zeichen erkannt hatte[6]. Neue Geistesströmungen treten auf; die Zeit der Orthodoxie geht zu Ende. Das 18. Jahrhundert brachte den Verfall des konfessionellen Bewußtseins. Im 19. Jahrhundert setzt die reformierte Bekenntnisbildung noch einmal ein. Gleichzeitig begann die Rückbesinnung auf die reformatorischen Bekenntnisse.

---

[1] Vgl. Kap. VIII, § 4.
[2] E. F. K. Müller, Art. Straffortisches Buch, RE³ 18,744f.
[3] C. Mirbt, Art. die hessischen Verbesserungspunkte, RE³ 20,494–498.
[4] S. Kap. XII, § 4.
[5] F. Trechsel, Art. Helvetische Konsensformel, RE³ 7,647–654.
[6] M 862 (Can. 3) zu Louis II. Capellus († 1658) s. RE 3,718ff.

§ 1 Der Versuch eines reformierten Einheitsbekenntnisses

Literatur: J. N. BAKHUIZEN VAN DEN BRINK, Het convent te Frankfort 27–28 September 1577 en de Harmonia Confessionum, in: Nederlandsch Archief voor Kerkgeschiedenis, N.S. 32, 1941, 235–280.

Das deutsche Luthertum hat mit einigem Erfolg den Versuch unternommen, in der Konkordienformel 1577 ein lutherisches Einheitsbekenntnis zu schaffen, und im Konkordienbuch 1580 ein lutherisches Corpus doctrinae festzulegen, das das in mehreren Kirchen geltende „Corpus doctrinae Philippicum" ablösen sollte (s. o. S. 139f.). Die fertiggestellte lutherische „Formula Concordiae' erhob den Anspruch, gültige Auslegung der Augsburger Konfession zu sein. Dies konnte die deutschen Reformierten, die den Schutz des Augsburgischen Religionsfriedens zu verlieren fürchteten, nicht schweigen lassen[7]. Der Pfalzgraf Johann Casimir lud nach Verhandlungen mit der Königin Elisabeth von England die reformierten Kirchen Europas zu einem Konvent auf den 27. und 28. September 1577 nach Frankfurt ein. Fern blieben nur die Schweizer und die Böhmischen Brüder. Die Vertreter berieten, wie sie den drohenden lutherischen Verdammungen entgehen könnten, und beschlossen die älteren nationalen Bekenntnisse zu einem Einheitsbekenntnis zusammenzuarbeiten und allseitig zu approbieren. Zwischen Zürich und Genf wird dann aber die Herstellung einer Harmonie der gültigen Bekenntnisschriften beschlossen – „ne verbo quidem ullo mutato" (ohne Veränderung des Wortlauts). Im Jahre 1581 erschien das Werk in Genf unter dem Titel: *„Harmonia Confessionum Fidei, Orthodoxarum et Reformatarum Ecclesiarum"* (vgl. M XIII)[8]. Hergestellt ist sie von Jean Francois Salvard unter Mitwirkung von Beza (s. o. S. 318ff.), Daneau (s. S. 328 A. 3), Goulart (1543–1628, s. RE 7,44) und de Chandieu (s. o. S. 309ff.). Die hugenottische Nationalsynode von Vitré (1583) hat die „Harmonie" offiziell angenommen. Welche Rolle sie bei den Verhandlungen Heinrichs von Navarra mit den deutschen Lutheranern gespielt hat, ist noch unerforscht. Es fällt auf, daß in ihr auch die „Confessio Augustana Variata" 1540 (s. o. S. 101f.), Melanchthons „Confessio Saxonica" 1551 (s. o. S. 283) und die „Confessio Wirtembergica" 1552 (s. o. S. 140) verarbeitet sind. Es sollte offenbar die Übereinstimmung mit Melanchthons und Brenz' Lehre bewiesen werden. Ein Erfolg war dem Buch in dieser Hinsicht nicht beschieden. Im Jahre 1612 erschien eine Neuauflage unter dem Titel: *„Corpus et Syntagma Confessionum Fidei"*, bearbeitet von Caspar Laurent. Das Werk ist um sieben reformierte Bekenntnisse erweitert worden; die zweite Auflage von 1654 nimmt drei Bekenntnisse aus dem 17. Jahrhundert hinzu (vgl. M XIV). Auf diese Weise erhielten auch die reformierten Kirchen ein „Corpus doctrinae". Es war zu umfangreich und uneinheitlich, um Norm der Lehre sein zu können. In Deutschland ist es bisher nur in den Statuten der Theologischen Fakultät von Marburg 1653 und in Eschwege als Lehrnorm nach-

---

[7] J. F. G. GOETERS, Die Rolle der Confessio Helvetica Posterior in Deutschland, in: J. Staedtke (Hg.), Glauben und Bekennen. Vierhundert Jahre Confessio Helvetica Posterior, 1966, S. 85ff.

[8] A. EBRARD (Hg.), Salnar's (!) Harmonia confessionum fidei. Das einhellige Bekenntnis der reformierten Kirche aller Länder, 1887, ist eine völlige Umarbeitung. Auch E. F. K. MÜLLER, Reform. Bekenntnisschriften, aaO. p. XIV, hält an der Verschreibung „Salnar" für „Salvard" fest; dort p. XIII Werkverzeichnis für den Verfasser der „Hamonia Confessionum".

weisbar[9]. Bezeichnend ist die Weise, in der der „Consensus Bremensis" 1595 auf es Bezug nimmt: Ältestes evangelisches Bekenntnis sei die Augsburgische Konfession. „Darmit dann der andern Evangelischen Reformirten Kirchen, außerhalb Deutzschlandes, öffentlich außgegangene und approbirte Bekendtniß, laut der Harmonia Confessionum Evangelicarum, im fundament und hauptgrund Christlicher Religion, übereinstimmet"[10]. Mehr als ein *Consens* „im Fundament und Hauptgrund christlicher Religion" ist von den reformierten Kirchen Europas nicht gesucht worden. Er genügte, um ein starkes Einheitsbewußtsein zwischen den reformierten Kirchen zu begründen.

§ 2 Die reformierte Irenik

Literatur: W. H. ERBKAM, Art. Konsensus von Sendomir, RE³ 18, 1906, S. 215–218; P. TSCHAKKERT, Art. Thorn, Religionsgespräch, RE³ 19, 1907, S. 745–751; H. LEUBE, Kalvinismus und Luthertum im Zeitalter der Orthodoxie, Bd. 1, Leipzig 1928 (Neudr. Aalen 1966); W. HOLTMANN, Die Pfälzische Irenik im Zeitalter der Gegenreformation, Göttingen 1960 (Maschinenschr.); B. NAGY, Geschichte und Bedeutung des Zweiten Helvetischen Bekenntnisses in den osteuropäischen Ländern, in: J. STAEDTKE (Hg.), Glaube und Bekennen. Vierhundert Jahre Confessio Helvetica Posterior, Zürich 1966, S. 142–178.

In Polen veranlaßte die Gegenreformation die Lutheraner, Reformierten und Böhmischen Brüder, sich im *„Consens" zu Sendomir* 1570 zu einigen. Konkreter Anlaß war die Zusage des Königs Sigismund August, die kirchliche Frage friedlich lösen zu wollen (1569). Die Protestanten schöpften daraus Hoffnung auf eine evangelische polnische Nationalkirche, deren Voraussetzung allerdings die Einigung untereinander war. Im „Consensus Sendomirensis", der unter reformierter Federführung zustande kam – ‚nostra confessio' ist das Zweite Helvetische Bekenntnis[11] –, wird die Übereinstimmung in den ‚Hauptstücken des christlichen Glaubens' und die gegenseitige Anerkennung der Bekenntnisse (CA, „Confessio Helvetica Posterior", Bekenntnis der Böhmischen Brüder) bekundet. Im Abendmahl wird die „substantialis praesentia Christi" gelehrt, jedoch ‚secundum sacramentorum naturam'[12]. Die Lutheraner bestanden auf der Hinzufügung des Abendmahlsartikels der „Repetitio Confessionis Augustanae" (1551). Außerdem wurde die Zulassung der Glieder der anderen Konfessionen zum Abendmahl, die gegenseitige Beschickung der Synoden und die gemeinsame Beratung der gesamtkirchlichen Angelegenheiten beschlossen. Der verschiedene Kultus soll gemäß CA 7 beibehalten werden. Die beabsichtigte Abfassung eines gemeinsamen ‚kurzen Begriffs der Lehre' ist nicht zustande gekommen. Bei den nachfolgenden Verhandlungen traten erneut Differenzen zutage. Trotzdem ist der Vergleich wiederholt befestigt worden (1573, 1578, 1583, 1595)[13].

In Deutschland wurde der „Consensus Sendomirensis" zunächst nicht wirksam. Die Sammlung des Luthertums mittels der Concordienformel (1577; s.o.

[9] J. F. G. GOETERS, aaO. S. 92 Anm. 43. [10] M 740,27.
[11] H. A. NIEMEYER, Collectio confessionum in ecclesiis reformatis publicatarum, Leipzig 1840, S. 553.
[12] H. A. NIEMEYER, aaO. S. 554. [13] B. NAGY, aaO. S. 172.

S. 143 ff.) und die Gegenaktion der Reformierten beherrschten die folgenden Jahre. Doch ist bemerkenswert, daß Z. Ursinus (s. o. S. 286ff.) die „Admonitio Neostadiensis" (1581) mit dem Vorschlag schließt, die evangelische Einheit auf einer Generalsynode wiederherzustellen. Seine Vorschläge lauten: Paritätische Beschickung durch Lutheraner und Reformierte, Unterstützung durch die Fürsten und Anerkennung der Heiligen Schrift als Richterin. Die Schrift wird von ihm mit der Wahrheit direkt gleichgesetzt: Ein Lehrsatz (dogma), der ausdrücklich in der Schrift steht oder notwendig aus ihr folgt, ist orthodox oder im entgegengesetzten Fall abzulehnen. Was aus der Schrift nicht zu beweisen ist, aber ihr nicht widerspricht, ist nicht glaubensnotwendig. Es ist dies das Schriftverständnis der protestantischen Orthodoxie. Die Schrift „Christlich Bedenken" (1594) des Herborner Theologen Wilhelm Zepper (1550–1607, s. EKL 3,1900f.) nimmt den Gedanken der gemeinsamen Synode auf[14].

Zu Beginn des 17. Jahrhunderts übernimmt die Pfalz die führende Rolle in der Irenik der Zeit. Der Heidelberger Kirchenrat beauftragte den Hofprediger Piticus mit der Abfassung einer Ermahnung zur Eintracht. Der Titel zeigt den eigentlichen Anlaß auf, „Trewhertzige Vermahnung der Pfältzischen Kirchen An alle andere Evangelischen Kirchen in Deutschland: Daß sie doch die grosse Gefahr, die jhnen so wol als uns vom Bapstthumb fürstehet, in acht nemmen" usw. (1606). Im August 1606 hatten in Fulda pfälzische, brandenburgische und sächsische Räte beraten, wie das Vordringen des römischen Katholizismus zu verhindern sei. Die Pfälzer ‚Vermahnung' sucht die Einheit, ohne die eigene Position aufzugeben. Zur „Warnung vor der Jesuiter blutrünstigen Anschlägen" tritt das Bestreben, die eigene Orthodoxie und Zugehörigkeit zum Augsburger Religionsfrieden zu beweisen.

Auf Veranlassung des Heidelberger Theologen David Pareus (1548–1622, s. EKL 3,60) erschien in Polen eine ‚Exhortatio' (1607), die sich an die evangelischen Kirchen in Europa wendet. In seinem berühmten *‚Irenicum'* (1614) verweist Pareus auf den „Consensus Sendomirensis" und nimmt Ursins Vorschlag einer Generalsynode erneut auf. Die lutherischen Theologen lehnten in zahlreichen Schriften die Vorschläge ab und bestritten den Reformierten die Einheit im Fundament des Glaubens. Zu den Fundamentalartikeln hatte sich der Heidelberger, später Leidener Theologe Franz Junius (s. RGG³ 3,1071) in neuer Weise in seiner Schrift ‚Irenicum' (1593) geäußert. Sie richtet sich an die Christen in Frankreich und sucht daher die gesamtchristliche Einheit. Die „articuli fundamentales" werden auf die Gotteslehre, d. h. auf das individuelle Gottesverhältnis, beschränkt. Junius spricht sich um der Liebe Christi willen für die Duldung auch der Irrenden aus[15]. Sein Toleranzverständnis durchbricht das allgemeine Denken der Zeit. Sein Schüler wurde Hugo Grotius (s. Kap. XII, § 4).

Durch Junius wurde das Luthertum zur Definition der *Fundamentalartikel* gedrängt. N. Hunnius (1585–1643, s. RE 8,459ff.) äußert sich in einem umfangreichen Werk 1625 (viele Auflagen). Sein „Kurzer Inhalt dessen, was ein Christ von göttlichen und geistlichen Dingen zu wissen und zu glauben bedürftig", umfaßt fast die ganze Dogmatik[16]. Erst der sog. Synkretismus der Helm-

---

[14] W. Holtmann, aaO. S. 231ff.

[15] W. Holtmann, aaO. S. 288.

[16] H. Leube, aaO. S. 154.

städter Schule unter Georg Calixt (1586–1656, s. EKL 1,646f.; Weiteres in Bd. III) beschränkt die Fundamentalartikel auf die Kirchenlehre der ersten fünf Jahrhunderte, um das Papsttum zu widerlegen. Calixt hielt eine Einigung mit den Reformierten für möglich.

Das Leipziger Colloquium (1631) kam indessen vornehmlich aus politischen Gründen zustande. Das kaiserliche Restitutionsedikt 1629 veranlaßte die evangelischen Stände zu gemeinsamen Beratungen in Leipzig 1631, wie dem katholischen Druck zu begegnen sei. Das gleichzeitige Colloquium sucht Lutheraner und Reformierte zu einigen. Reformierterseits ließ man die strenge Prädestinationslehre fallen und näherte sich der Gegenseite im Taufverständnis. Trotz des beiderseitigen guten Willens wurde der Lehrgegensatz nicht überwunden. Das von den Reformierten verfaßte Protokoll des „Colloquium Lipsiense" wurde ebenso wie das des Thorner Religionsgesprächs (1645) offizielles brandenburgisches Bekenntnis. Der polnische König lud die Vertreter der drei christlichen Konfessionen seines Reiches nach Thorn ein; auch ausländische Redner waren zugelassen. Calixt wurde wegen seiner reformiertenfreundlichen Haltung aus der lutherischen Delegation ausgeschlossen. Nachgiebigkeit bestand weder auf katholischer noch auf evangelischer Seite. Die lutherischen Vertreter verfaßten nach Abschluß der Verhandlungen eine Generalprotestation.

§ 3 Die Westminster Konfession (1647)

Literatur: Ph. Schaff, Art. Westminster Synode, Konfession, Katechismen usw., RE² 16,854–860; J. H. Leith, Assembly at Westminster. Reformed Theology in the Making, Richmond 1973.

Die Westminster Synode (1643–1652) legte die Lehre in den drei Königreichen in der „Westminster Confession of Faith" fest, dazu in dem Großen und Kleinen Westminster Katechismus. In ihnen kommt die reformierte Lehre noch einmal zu einer überraschenden Blüte. Ihre Geltung bis in die Gegenwart in Schottland, in den presbyterianischen Kirchen der USA und anderen Ländern bestätigt es. In der Lehre ist die Konfession calvinistisch, in der Verfassung presbyterianisch (Kap. XXXI). Nicht zufällig besitzt sie, wenn auch nicht überall, die lebendige Lehrweise der Reformationszeit. Der Synode war aufgegeben, in Übereinstimmung mit den reformierten Kirchen des Auslands und ‚according to the Word of God and the exemples of the best reformed Churches' zu arbeiten[17].

Das Kapitel I über die Heilige Schrift kann als Beweis dienen. Die Konfession geht von der „Erkenntnis Gottes und seines Willens, der zur Seligkeit notwendig ist", aus. Dieser „Wille" ist in der Bibel schriftlich aufgezeichnet worden[18]. In diesem Sinne „ist" die Heilige Schrift Wort Gottes[19]. Sie ist von Gott inspiriert worden, um Regel des Glaubens und des Lebens zu sein[20]. Nicht rationale Beweise, sondern das „testimonium spiritus sancti internum" beweisen die Autorität der Schrift[21]. Orthodoxes Denken ist sichtbar, wenn das natürliche Verstandeslicht[22] und „die guten und notwendigen Konsequenzen, die aus der Schrift

[17] J. H. Leith, aaO. S. 25, 27.
[18] M 542,20 und 32.
[19] M 544,27.
[20] M 544,7.
[21] M 545,5.
[22] M 542,14.

abgeleitet werden können"[23], erwähnt werden. Die Logik besitzt einen hohen Wert. J. H. Leith findet in der Konfession eine „gemäßigte Scholastik" (Modified Scholasticism). Die Prädestinationslehre ist an den Anfang der Konfession gerückt (Kap. III). Sie wird mit allen Konsequenzen vorgetragen. Doch steht sie im Schatten der breit vorgetragenen Lehre vom Bund Gottes mit den Menschen (Kap. VII). Dem Werksbund steht der Gnadenbund gegenüber, der Zeit des Gesetzes die Zeit des Evangeliums. Das Gesetz ist trotzdem Anleitung zur Heiligung (Kap. XIX).

„Die Puritaner hatten ein tiefes Wissen um die Notwendigkeit der Reinheit des menschlichen Herzens und sie waren scharfe Beobachter der christlichen Erfahrung."[24] Zwei Drittel des Bekenntnisses befassen sich mit dem christlichen Leben. Die Überschriften verraten ein pietistisches oder zutreffender ein puritanisches Denken:

IX.	Freier Wille	XVIII.	Gnaden und Heilsgewißheit
X.	Wirksame Berufung	XIX.	Gesetz Gottes
XI.	Rechtfertigung	XX.	Christliche Freiheit und christliches Gewissen
XII.	Annahme an Kindesstatt		
XIII.	Heiligung	XXI.	Gottesdienst und Sabbat
XIV.	Rettender Glaube	XXII.	Erlaubte Eide und Gelübde
XV.	Buße zum Leben	XXIII.	Obrigkeit
XVI.	Gute Werke	XXIV.	Ehe
XVII.	Beharren der Heiligen im Glauben		

Diese biblischen Begriffe sind untergeordnet einem ständigen Fragen nach dem „Stand der Sünde und des Todes", dem Stand der Herrlichkeit", dem „Stand der Rechtfertigung" oder dem „Stand der Gnade". Lehrte Calvin das Wachsen im Glauben, so die Westminster Konfession „das Wachsen der Heiligen in der Gnade und die Vervollkommnung der Heiligkeit in der Furcht Gottes"[25]. Deutlich in Abhängigkeit vom Heidelberger Katechismus werden die guten Werke mit der Dankbarkeit verbunden und der „Syllogismus practicus" gelehrt (Kap. XVI, 1 und 2).

---

[23] M 545,14. [24] J. H. Leith, aaO. S. 97 (Übers.). [25] M 570,37.

DRITTER TEIL

Die Lehrentwicklung im Anglikanismus

Von Heinrich VIII. bis zu William Temple

Von GÜNTHER GASSMANN

Literatur (allgemein): E. J. BICKNELL, The Thirty-Nine Articles, 3rd. Ed. revised by H. J. CARPENTER, London 1955; P. F. BRADSHAW, The Anglican Ordinal. Its History and Development from the Reformation to the Present Day, London 1971; F. E. BRIGHTMAN, The English Rite. Being a Synopsis of the Sources and Revisions of the Book of Common Prayer, 2 vols., London 1915; G. J. CUMING, A History of Anglican Liturgies, Glasgow 1969; G. R. EVANS and J. R. WRIGHT (ed.), The Anglican Tradition. A Handbook of Sources, London 1991; C. FABRICIUS, Die Kirche von England. Ihr Gebetbuch, Bekenntnis und kanonisches Recht, CConf 17, Bd. I, Berlin und Leipzig 1937 (Lit.); H. H. HARMS (Hg.), Die Kirche von England und die anglikanische Kirchengemeinschaft, Die Kirchen der Welt IV, Stuttgart 1966; R. HOLLOWAY (ed.), The Anglican Tradition, Wilton/USA 1984; J. R. H. MOORMAN, A History of the Church of England, London 1954² (Lit.); S. C. NEILL, Anglicanism, London 1958; F. PROCTOR and W. H. FRERE, A New History of the Book of Common Prayer, London 1955³ (Abk. PROCTER/FRERE); G. ROWELL (ed.), The English Religious Tradition and the Genius of Anglicanism, Wantage and Nashville 1992; N. SYKES, The English Religious Tradition, London 1961² (Abk. ERT); S. SYKES and J. BOOTY (ed.), The Study of Anglicanism, London and Philadelphia 1988; W. J. WOLF (ed.), The Spirit of Anglicanism. Hooker, Maurice, Temple, Wilton 1979.

Kapitel I: Die Ausbildung einer reformatorischen Kirche und Theologie in England

Literatur: G. BRAY (ed.), Documents of the English Reformation, Minneapolis 1994; O. CHADWICK, The Reformation, London 1964; W. CLEBSCH, England's Earliest Protestants 1520–1535, Yale 1964; H. DAVIES, Worship and Theology in England from Cranmer to Hooker, 1534–1603, Princeton 1970 (Lit.); A. G. DICKENS, The English Reformation, London 1974⁷; A. G. DICKENS and D. CARR (ed.), The Reformation in England to the Accession of Elizabeth I. Documents of Modern History, 1967, repr. London 1971 (Abk. DICKENS/CARR); G. DIX, The Shape of the Liturgy, London 1945²; E. P. ECHLIN, The Story of Anglican Ministry, Slough 1974 (Abk. Ministry); The First and Second Prayer Books of King Edward VI, Introduction by E. C. S. GIBSON, 1910, repr. London 1957 (Abk. GIBSON); Ch. HARDWICK, A History of the Articles of Religion, London 1851 u.ö.; Ph. Hughes, The Reformation in England, 3 vols. in one, London 1969⁵; Ph. E. HUGHES, Theology of the English Reformers, London 1965 (Abk. Theology); H. E. JACOBS, The Lutheran Movement in England during the Reigns of Henry VIII and Edward VI, London 1892; M. KELLER-HÜSCHEMENGER, Die Lehre der Kirche im frühreformatorischen Anglikanismus. Struktur und Funktion, Gütersloh 1972; Ch. LLOYD (ed.), Formularies of Faith, put forth by Authority during the Reign of Henry VIII, Oxford 1856²; D. G. NEWCOMBE, Henry VIII and the English Reformation, London 1995; T. M. PARKER, The English Reformation to 1558, Oxford 1973²; M. POWICKE, The Reformation in England, 1941, new Ed. Oxford 1973; E. G. RUPP, Studies in the Making of the English Protestant Tradition, 1947, new Ed. Cambridge 1966; N. S. TJERNAGEL, Henry VIII and the Lutherans, St. Louis 1965; B. J. VERKAMP, The Indifferent Mean. Adiaphorism in the English Reformation to 1554, Athens/Ohio 1977 (Lit.); E. C. WHITACKER, Martin Bucer and the Book of Common Prayer, Great Wakering 1974.

§ 1 Reformatorische Ansätze unter Heinrich VIII.

Quellen: Ch. LLOYD (ed.), Formularies of Faith, put forth by authority during the Reign of Henry VIII, Oxford ²1956; A. G. DICKENS-D. CARR (ed.), The Reformation in England to the Accession of Elizabeth I, Documents of Modern History, London 1967 (reprint 1971; Abk.: DICKENS/CARR).

Literatur: H. E. JACOBS, The Lutheran Movement in England during the Reigns of Henry VIII and Edward VI, London 1892; G. RUPP, Studies in the Making of the English Protestant Tradition (1947), Cambridge 1966; J. RIDLEY, Thomas Cranmer, Oxford 1962 (Nachdruck 1966); N. S. JERNAGEL, Henry VIII and the Lutherans, St. Louis 1965; M. KELLER-HÜSCHEMENGER, Die Lehre der Kirche im frühreformatorischen Anglikanismus, Gütersloh 1972; D. MACCULLOCH, Thomas Cranmer. A Life, Yale 1996.

Die Reformation in England vollzog sich in mehreren Phasen. Sie setzte ein mit der Loslösung der englischen Kirche von Rom durch Heinrich VIII. Sie konnte sich während der kurzen Regierungszeit Eduards VI. kirchlich-theologisch voll entfalten und fand, nach dem katholischen Zwischenspiel unter Maria, eine gewisse Konsolidierung unter Elisabeth I. Das Ergebnis war eine in Gottesdienst und Lehre reformatorisch geprägte englische Nationalkirche.

Dynastische, politische und konstitutionelle Motive spielten im komplexen historischen Prozeß der englischen Reformation eine bedeutsame Rolle. Sie waren jedoch untrennbar verbunden mit religiösen, theologischen, geistigen, sozialen und wirtschaftlichen Impulsen, Veränderungen und Entwicklungen. Mit seiner These, die englische Reformation sei „ein Akt des Staates" gewesen, repräsentiert M. POWICKE[1] jene primär politisch-sozial orientierte Darstellung und Kategorisierung der englischen Reformation, die bis in die jüngste Vergangenheit hinein in der englischen Geschichtsschreibung häufig bestimmend war. Dadurch hat sich auch außerhalb Englands das Bild einer wesentlich „von oben", von politischen und dynastischen Erwägungen her bestimmten und durchgeführten Reformation stark eingeprägt. Arbeiten aus den letzten Jahren haben hier eine wesentliche Korrektur vorgenommen, indem sie die Bedeutung gerade auch der religiösen und geistigen Faktoren für die reformatorischen Umwälzungen des gesamten englischen Lebens herausstellten. „Die großen politischen Themen haben weitgehend die Aufmerksamkeit der modernen Historiker auf sich gezogen. ... Aber das ist nicht die ganze Geschichte. Da ist noch jenes theologische, liturgische und religiöse Ferment, ohne das die Geschichte des 16. Jahrhunderts vielleicht nur die Geschichte des zerstörerischen Virus menschlicher Macht- und Besitzgier und menschlichen Stolzes gewesen wäre."[2] Und in deutlicher Anspielung auf die These von Powicke schreibt A. G. DICKENS zwanzig Jahre später: „1520 war die Religion der Mehrheit der Engländer der Katholizismus, doch längst vor 1600 bekannte sich die Mehrheit zum Protestantismus. Diese Ausbreitung des Protestantismus wurde nicht primär durch Akte des Staates herbeigeführt."[3] In den neueren Arbeiten findet sich überdies eine angemessenere Berücksichtigung und Beurteilung der starken lutherischen und reformierten theologischen Einflüsse auf das reformatorische Geschehen in England als dies in vielen früheren Darstellungen der Fall war, die vor allem seit der Oxford-Bewegung solche Einflüsse herunterspielten oder zu diskreditieren suchten[4].

Für die erste Phase des reformatorischen Prozesses in England unter Heinrich VIII. gilt sicher, daß die von König und Parlament seit 1530 vollzogenen „reformatorischen Entscheidungen" vom gleichzeitigen Einströmen protestantischer Lehren nach England deutlich unterschieden werden müssen[5]. Dennoch ist zwischen beiden Entwicklungen eine zunehmende Wechselbeziehung zu beobachten. Die Aufnahme und Ausbreitung reformatorischen Gedankenguts hatte Rückwirkungen auf die Entscheidungen des sog. „*Reformationsparlaments*", die ihrerseits wiederum „tiefe und nachhaltige Auswirkungen auf die religiöse Entwicklung des englischen Volkes hatten"[6]. Nur die wichtigsten Ereignisse während dieser ersten Phase können hier genannt werden.

---

[1] POWICKE, 1; Die Reformation in England war ein Akt des Staates „in Zusammenarbeit mit den Bischöfen", G. EVERY, in: HARMS, 14.

[2] RUPP XI.

[3] DICKENS/CARR, 1.

[4] Vgl. die krit. Darstellung bei RUPP, XIIIf.

[5] DICKENS/CARR, 6.

[6] RUPP, VI.

1531 erhielt Heinrich VIII. von der Geistlichkeit die Anerkennung als „Schutzherr und Oberstes Haupt der englischen Kirche und Geistlichkeit" (Protector and Supreme Head of the English Church and Clergy) mit der ihm abgetrotzten Einschränkung „so weit das Gesetz Christi dies erlaubt" (DICKENS/CARR, 47). Diese Grundentscheidung wurde durch Parlamentsbeschlüsse zwischen 1532 und 1534 in der Weise wirksam, daß die englische Kirche völlig von Rom gelöst und als eigenständige Nationalkirche unter der Suprematie des Königs („Act of Supremacy" von 1534 ohne die einschränkende Klausel von 1531, aber mit der königlichen Vollmacht, Lehre zu definieren und Häresie zu bestrafen) etabliert wurde (aaO. 47–68). Die königliche Suprematie wurde von Heinrich und seinen Nachfolgern als „potestas iurisdictionis" und nicht als „potestas ordinis" verstanden und ausgeübt. Sie ist Ausdruck des *„erastianischen" Prinzips* (vgl. Thomas Erastus: EKL 4,422), wonach die Nation aus zwei Teilen besteht, dem geistlichen und weltlichen Bereich. Die Glieder beider Bereiche sind in gleicher Weise Untertanen des englischen Reiches und stehen unter der Autorität des „Obersten Hauptes und Königs"[7]. Stärker in das religiöse und soziale Leben des ganzen Landes eingreifend war der zweite „Staatsakt" Heinrichs, die Auflösung der etwa 2000 Klöster zwischen 1535 und 1539[8]. Eine Brücke zwischen diesen reformerischen Akten des Königs und Parlaments und den eindringenden reformatorischen theologischen Gedanken verkörperte der 1533 ernannte Erzbischof von Canterbury, der reformatorisch gesinnte Thomas Cranmer[9]. Dieser bedeutende Mann in schwerer Zeit und spätere Märtyrer übte einen nicht unbedeutenden Einfluß auf Heinrich VIII. aus.

Reformatorische Impulse gingen während dieser Zeit von drei Gruppen aus: Vom Humanismus beeinflußte Vertreter des herrschenden römischen Katholizismus wie Thomas Moore und John Colet erstrebten eine *„aufgeklärte"* Verbindung von Renaissance-Humanismus und Christentum. Mit einem neuen wissenschaftlichen Ethos wandten sie sich dem biblischen Text zu und schoben die überkommenen Auslegungsmethoden beiseite. Sie wünschten eine Reform der offenkundige Mißbräuche und Mißstände in der Kirche ihrer Zeit, ohne aber Lehre und Struktur ihrer Kirche in Frage zu stellen. Die Auswirkungen der humanistischen Bewegung auf den reformatorischen Aufbruch waren daher nur indirekter Art. Dies gilt z.B. für Erasmus, der von 1511 bis 1514 am griechischen Text und der lateinischen Version des Neuen Testaments in Cambridge arbeitete[10].

Bestimmte reformatorische Vorstellungen und Intentionen wurden von den Nachkommen bzw. den Überlebenden der englischen „Lollarden" vorweggenommen. In der Nachfolge *Wycliffs* betonten sie die alleinige Autorität der Schrift. Sie wandten sich gegen Heiligenverehrung, Ablaß, Wallfahrten, das Papsttum etc. und vertraten ein symbolisch-zeichenhaftes Abendmahlsverständnis. Als die ersten lutherischen Schriften nach England gelangten, wurden

---

[7] Erstmalig formuliert in der Appellationsakte von 1533, DICKENS/CARR, 55–57.
[8] DICKENS/CARR, 90–107; vgl. G. W. WOODWARD, The Dissolution of the Monasteries, London 1969.
[9] J. RIDLEY, Thomas Cranmer, Oxford 1962.
[10] DICKENS, 97–102.

diese gerade auch in den zerstreuten Gruppen der Lollarden positiv aufgenommen[11].

Über eine dritte Gruppe drangen reformatorische Auffassungen vom europäischen Kontinent nach England ein, wurden von ihr diskutiert, angenommen und weitergegeben. Hier sind die stärksten reformatorischen theologischen Impulse während der Regierungszeit Heinrichs VIII. zu suchen[12]. Es waren, so werden sie häufig und mit einem gewissen Recht bezeichnet, die *„englischen Lutheraner"*.

Schon vor 1520 gelangten lutherische Schriften nach England. Bereits im Mai 1521 exkommunizierte Kardinal Wolsey Luther und ließ dessen Bücher verbrennen. Im gleichen Jahr griff Heinrich VIII. mit der Gegenschrift „Assertio Septem Sacramentorum" zu Luthers „De Captivitate" (o. S. 26f.) in die Abwehr lutherischen Gedankengutes ein und empfing dafür von Leo X. den Ehrentitel „Fidei Defensor". 1528 erhielt der bedeutende Laientheologe und Kanzler Thomas Moore vom Londoner Bischof den Auftrag, lutherische Bücher zu lesen und dazu Gegenschriften in verständlicher Sprache zu verfassen.

Etwa seit 1520 kam in einem Cambridger Gasthaus eine Gruppe von Dozenten und Geistlichen zusammen, um in „Little Germany", wie das Gasthaus bald bezeichnet wurde, die neuen lutherischen Werke zu lesen und zu diskutieren. Ernsthafte theologische Reflexion wie Zusammensetzung, zu der Männer wie Tyndale, Joye, Roy, Barnes, Coverdale, Bilney, Frith und spätere Bischöfe oder Erzbischöfe wie Thomas Cranmer, Matthew Parker, Hugh Latimer und Nicholas Ridley gehörten[13], machten diese Gruppe zur wichtigsten Keimzelle der englischen Reformation auf dem Gebiet von Lehre und Gottesdienst.

Dieser Kreis war zunächst maßgeblich an der Schaffung einer *englischen Bibel*[14], einer der Grundvoraussetzungen reformatorischer Kritik und Neugestaltung, beteiligt. Englische Bibeln gab es seit der Zeit Wycliffs, sie durften aber nicht gedruckt werden und ihre Mängel waren zu offenkundig. Da inzwischen neue lateinische, griechische und hebräische Textausgaben erschienen waren und die Reformatoren forderten, daß alle Gläubigen Zugang zu einer ihnen verständlichen Bibel haben sollten, wünschten viele eine englische Bibelübersetzung. 1523 begann William Tyndale, die Bibel zu übersetzen. 1524 ging er nach Wittenberg, und seine Übersetzung des Neuen Testaments wurde 1525 in Köln und dann in Worms gedruckt. Sie wurde (revidierte Fassungen von 1526, 1534, 1535) nach England geschmuggelt und bildete die Grundlage aller folgenden Übersetzungen bis hin zur „Authorized Version" von 1611. Sie stützte sich vornehmlich auf die griechische und lateinische Textausgabe von Erasmus und auf Luthers Übersetzung. Die Wahl der Begriffe durch Tyndale zeigte deutlich eine reformatorische Tendenz, seine Vorreden und Randbemerkungen fußten auf

---

[11] Texte bei DICKENS/CARR, 26–45; vgl. RUPP, 1–14; DICKENS, 41–62; M. E. ASTON, Lollardy and the Reformation: Survival or Revival? In: History 49 (1964) 149–170.

[12] DICKENS, 91: „So sehr wir auch die Vorstellung zurückweisen mögen, daß alle wesentlichen Bestandteile der englischen Reformation in Deutschland und in der Schweiz hergestellt wurden, so müssen wir doch anerkennen, daß vom dritten Jahrzehnt des 16. Jahrhunderts an unsere religiöse Geschichte mit dem tiefgreifenden Umbruch auf dem europäischen Kontinent eng verwoben wurde."

[13] Zu diesen Personen vgl. TJERNAGEL, 37–47.

[14] F. F. BRUCE, The English Bible, London 1970².

denen Luthers. Miles Coverdale, ein Gesinnungsgenosse und Mitarbeiter Tyndales, druckte 1535 eine Übersetzung der gesamten Bibel in Zürich, die er sogar dem König widmete. Er stützte sich vor allem auf Tyndales und – für die noch fehlenden alttestamentlichen Bücher – Luthers Übersetzung. Seine Übertragung des Psalters ist bis heute Bestandteil des „Book of Common Prayer". 1537 trat John Rogers mit seiner Übersetzung auf den Plan, die nun wiederum auf die Werke Tyndales und Coverdales zurückgriff. Der reformatorisch gesinnte Vizeregent Thomas Cromwell (1540 hingerichtet) sorgte dafür, daß die Übersetzungen von Coverdale und Rogers auch in England gedruckt werden konnten und weite Verbreitung fanden. Er war es auch, der eine autoritative Ausgabe anstrebte und Coverdale mit dieser Aufgabe betraute. Dieser schuf, wiederum die vorliegenden Übersetzungen benutzend, 1539 die sog. *„Great Bible"*. Von ihrer 2. Auflage (1540) an erhielt sie ein Vorwort von Erzbischof Cranmer, in dem dieser die Heilige Schrift als höchste Norm und Anleitung für Glauben und Leben herausstellte[15]. Direkt einbezogen in die königlichen Maßnahmen zur Reform der Kirche wurde die Great Bible durch die von Cromwell ausgearbeiteten „Royal Injunctions" Heinrichs VIII. von 1538. In ihnen wird angeordnet, daß in jeder Gemeindekirche eine englische Bibel öffentlich ausgelegt werden muß und die Gemeindeglieder ermahnt und ermutigt werden sollten, diese zu lesen (Dickens/Carr, 81–85). Das Verdienst, diese englischen Bibelübersetzungen erarbeitet zu haben, „kommt den englischen Lutheranern zu"[16].

Mit dem Vizeregenten Cromwell und Erzbischof Cranmer waren zwei reformatorisch gesinnte Männer neben Heinrich VIII. getreten. Beide suchten nach Kräften und in unvermeidbarer Anpassung an die oft nicht vorhersehbaren Schritte und Entscheidungen des Königs die reformatorische Sache zu fördern und deren Vertreter, soweit dies möglich war, zu schützen. Dies hatte das Bemühen zur Folge, neben den bereits erwähnten „Royal Injunctions" von 1538 auch in andere Entscheidungen des Königs und Parlaments reformatorische Ideen einzubringen. Im Rahmen der Bemühungen um ein englisch-schmalkaldisches Bündnis und dessen auch kirchlich-theologische Absicherung führte 1536 eine offizielle englische Delegation Lehrgespräche in Wittenberg mit Luther, Bugenhagen, Cruciger und Melanchthon. Auf englischer Seite war Robert Barnes aus dem Cambridger Kreis (s. o.) und inzwischen wohl der bedeutendste lutherisch gesinnte englische Theologe die herausragende Gestalt. Das Ergebnis der Gespräche waren die „Artickel der cristlichen lahr, von welchen die legatten aus Engelland mit dem herrn doctor Martino gehandelt anno 1536", im Unterschied zur „Konkordie" (s. S. 96f.) *„Wittenberger Artikel"* genannt[17]. Die Artikel weisen eine enge Verwandtschaft mit der „Confessio Augustana" und der „Apologie" zur CA auf. Ganze Abschnitte sind aus diesen Texten wörtlich oder interpretierend übernommen worden. Melanchthon hatte maßgeblichen Anteil an der Abfassung der Artikel[18], die auch von Luther ausdrücklich gebilligt wurden[19]. Da Heinrich VIII. seine politischen und kirchlich-theologischen Vorstel-

[15] Text bei Dickens/Carr, 112–114. [16] Dickens, 192.

[17] M. Keller-Hüschemenger, Eine lutherisch-anglikanische Konkordie: Die Wittenberger Artikel von 1536, in: KuD 22, 1976, 149–161; Tjernagel, 135–163; z. „Konkordie" s. auch S. 218.

[18] Mentz (s. u.), 10f.

[19] Brief an den Kurfürsten vom 28. 3. 1536, WA Br. Bd. 7, 383, Nr. 3003: „Denn solche artickel sich mit unsrer lere wol reymen."

lungen wieder änderte, konnte dieses erste anglikanisch-lutherische Konsensusdokument seine ihm zugedachte Funktion nicht erfüllen und geriet bald in Vergessenheit. Es wurde erst zu Beginn dieses Jahrhunderts wieder entdeckt und veröffentlicht[20].

Auf andere Weise wurden die Wittenberger Artikel von 1536 jedoch wirksam. Ihr Einfluß läßt sich wie ein roter Faden von der beginnenden Lehrentwicklung der englischen Nationalkirche bis hin zu den 39 Artikeln verfolgen[21]. Zunächst wirkten sie offenkundig auf die Formulierung und Annahme der „*Ten Articles*" (Zehn Artikel) von 1536 durch die „Convocation" (Synode der Bischöfe und der Vertreter der Geistlichkeit) von Canterbury ein[22]. Diese Artikel waren das erste offizielle Lehrdokument der Heinrichs Suprematie unterstellten englischen Kirche. Ihre Bestimmung war, „der Christen Ruhe und Einigkeit unter uns herzustellen". Sie sind in zweimal fünf Artikel eingeteilt: „Die Grundartikel unseres Glaubens" und „Artikel über die löblichen in der Kirche gebrauchten Zeremonien". Sie werden beschrieben als Artikel, „welche ausdrücklich von Gott geboten und zu unserem Heil notwendig sind", und als Artikel, die von Dingen handeln, „welche schon lange herkömmlich waren als Mittel für eine wohlanständige Ordnung und ehrbares öffentliches Wohlverhalten, nachdem sie in den Kirchen unseres Reiches weislich eingesetzt und gebraucht worden waren, und welche zu demselben Zweck und Ziel entsprechend beobachtet und gehalten werden sollen, obwohl sie nicht ausdrücklich von Gott geboten und nicht zu unserem Heil notwendig sind" (Vorwort, aaO. 588). Die hier anklingende Differenzierung – Rolle und Beurteilung der Adiaphora – sollte für anglikanisches Denken bestimmend und eine der Ursachen für die Auseinandersetzung mit dem Puritanismus werden.

Die Themen der ersten fünf Artikel deuten die *kontroversen Fragen* an, in denen also lutherische Einflüsse zu Unruhe und Auseinandersetzungen geführt hatten. Artikel I stellt die normative Funktion von Schrift und Tradition heraus, wobei er letztere auf Apostolicum, Nicaenum und Athanasianum begrenzt. Die Zahl der Sakramente wird auf drei reduziert (II Taufe, III Buße und IV Abendmahl). Die Aussagen über die Taufe sind reformatorisch geprägt. Sie schließen Rechtfertigung durch gute Werke aus. Der Artikel über die Buße bleibt in traditionellen Bahnen. Der Abendmahlsartikel konzentriert sich auf die Frage der Gegenwart Christi und den würdigen Empfang des Sakraments. Er lehrt zu glauben, „daß unter der Form und Gestalt des Brotes und Weines... wahrhaftig, wesentlich und wirklich der wahre und selbige Leib und das wahre und selbige Blut unseres Heilandes Jesu Christi enthalten und begriffen ist..." (aaO 598). Eine Interpretation im Sinne der Lehre von der Realpräsenz wie von der Transsubstantiation ist hier möglich. Im Artikel V über die Rechtfertigung heißt es: „Weiter, daß Sünder diese Rechtfertigung durch Reue und Glauben verbunden mit Liebe erlangen, ... nicht als ob unsere Reue oder unser Glaube oder irgendwelche Werke, die daraus hervorgehen, würdige Verdienste erwerben könnten,

---

[20] G. MENTZ, Die Wittenberger Artikel von 1536, QGProt II, Leipzig 1905; auch abgedruckt bei FABRICIUS, 568–585.

[21] KELLER-HÜSCHEMENGER, Die Lehre der Kirche, 20–25; TJERNAGEL, 163–246.

[22] Original und deutsche Übersetzung bei FABRICIUS, 585–606.

um die besagte Rechtfertigung zu erlangen, ... und daß doch Gott trotzdem zur Erlangung ebenderselben Rechtfertigung fordert, daß in uns nicht allein innere Reue, vollkommener Glaube und vollkommene Liebe, gewisse Hoffnung und Zuversicht mit allen anderen geistlichen Gnadengaben sein müssen, welche notwendigerweise in der Vergebung unserer Sünden, das heißt, in unserer Rechtfertigung zusammenkommen müssen" (aaO. 600).

Daß die Artikel Kompromißcharakter tragen[23], zeigt dieser Artikel V noch einmal deutlich. Dennoch ist es bemerkenswert, wie stark *reformatorische Impulse* in dieses Lehrdokument unter Heinrich VIII. Eingang finden konnten. Diesen Eindruck bestätigen auch die fünf Artikel des zweiten Teils. Wenngleich sie für die Beibehaltung von Frömmigkeitsformen wie Bilderverehrung (Art. VI), Heiligenverehrung und Gebet zu den Heiligen (Art. VII und VIII), gottesdienstliche Zeremonien (Art. IX) und Gebet für die Verstorbenen (Art. X) eintreten, betonen sie immer wieder, daß diese Formen nicht als Wege zum Heil verstanden und gebraucht werden dürfen (aaO. 601–606). Diese Argumentationsweise erinnert deutlich an die „Confessio Augustana".

Einen unmittelbaren Einfluß übten die Wittenberger Artikel von 1536, neben ihnen offensichtlich auch der Text der CA selbst, auf die sog. *„Thirteen Articles"* (Dreizehn Artikel) von 1538 aus[24]. Sie sind das zweite, diesmal in England unter dem Vorsitz von Erzbischof Cranmer (s. EKL 4,382) verfaßte lutherisch-anglikanische Konsensusdokument. Heinrich VIII. gab den 13 Artikeln nicht seine Zustimmung. Sie wurden dennoch kirchen- und theologiegeschichtlich wirksam, als Cranmer sie 1553 bei der Abfassung der 42 Artikel benutzte, aus denen die 39 Artikel der Kirche von England (1563/1571) hervorgingen. Die 13 Artikel sind somit das Medium, durch das lutherische Glaubensüberzeugungen bis in ihre Formulierung hinein Eingang in die 39 Artikel fanden, denn fast alle der 13 Artikel (eine Ausnahme ist nur Art. XIII über Totenauferstehung und Jüngstes Gericht) sind mit Zitaten aus der CA und den Wittenberger Artikeln von 1536 oder in enger Anlehnung an diese beiden Texte formuliert[25]. Bei der Behandlung der 39 Artikel kommen wir auf diese Zusammenhänge zurück (s. S. 372ff.).

1537, ein Jahr nach der Annahme der Zehn Artikel, ließ Heinrich VIII. von einem großen Ausschuß ein katechismusartiges Glaubensbuch ausarbeiten. Auch dieses sog. *„Bishop's Book"* (offiz. Titel: Institution of a Christian Man/Unterricht eines Christen)[26] versuchte, die Auffassungen der reformerischen und konservativen Gruppen zusammenzuhalten. Das Glaubensbekenntnis, die Sieben Sakramente, die Zehn Gebote, das Vaterunser und Ave Maria sowie die Rechtfertigung und das Fegefeuer werden in ihm erläutert. Erzbischof Cranmer und die ebenfalls reformatorisch gesinnten Bischöfe Latimer und Fox waren die Hauptautoren. Dieses zweite Lehrdokument unter Heinrich VIII.

---

[23] Parker, 90f.: „Sie waren das erste jener genial mehrdeutigen Dokumente, die man sooft dazu verwenden sollte, während der verschiedenen Stadien der englischen Reformation ein gewisses Maß an Einheit zu bewahren."

[24] Lat. Original und dtsch. Übersetzung des Hg. bei Fabricius, 607–633; zum Inhalt vgl. Hardwick, 60–73; Tjernagel, 180–187.

[25] Tjernagel, 185–187, zeigt die Beziehungen zwischen den verschiedenen Lehrdokumenten bis hin zu den 39 Artikeln auf; vgl. auch Jacobs, 136–139.

[26] Text bei Lloyd, 21ff.

weist wiederum unübersehbare lutherische Einflüsse auf, zum Teil über die Zehn Artikel von 1536, die eingearbeitet wurden, zum Teil durch direkte Übernahmen aus lutherischen Quellen, vor allem den Katechismen Luthers[27]. So heißt es zum Beispiel in der Erläuterung zum ersten Glaubensartikel: *„Ich glaube auch und bekenne, daß er mich inmitten seiner anderen Geschöpfe geschaffen und gemacht hat und mir meine Seele, mein Leben, meinen Leib mit allen Gliedern, großen und kleinen, gegeben hat, dazu allen Geist, Vernunft, Wissen und Verstehen...“* (LLOYD, 31). Unter den sieben Sakramenten werden die drei „Schriftsakramente“ den anderen vier ausdrücklich vorgeordnet. Die Schriftautorität in umstrittenen Fragen wird herausgestellt und die Kirche Jesu Christi als eine Gemeinschaft von freien, gleichberechtigten Nationalkirchen beschrieben. Der König entsprach nicht der Bitte der Bischöfe, diesem so reformatorisch geprägten Buch seine offizielle Billigung zu geben. Es wurde aber vom königlichen Drucker herausgebracht.

In den letzten Jahren seiner Regierungszeit versuchte Heinrich VIII., auch durch äußere politische Entwicklungen bestimmt, durch zwei Lehrdokumente die reformatorischen Einbrüche zurückzuschlagen. 1539 wurde der *„Act of Six Articles“* (Gesetzesakte der Sechs Artikel)[28] von Parlament und Konvokation verabschiedet. In sechs kurzen Abschnitten werden traditionelle Glaubensüberzeugungen und Formen bei Strafe wieder verpflichtend gemacht: 1. Transsubstantiationslehre[29]; 2. Entzug des Laienkelchs („Kommunion unter beiderlei Gestalt ist nicht notwendig ad salutem...“); 3. Zölibat; 4. Keuschheitsgelübde; 5. Privatmessen; 6. Ohrenbeichte. Die Artikel erregten einen Sturm der Entrüstung, gerade auch unter den deutschen Reformatoren. Melanchthon schrieb an Heinrich VIII., Bucer an Cranmer[30]. Der König scheint die vielen mit den Sechs Artikeln verbundenen Strafandrohungen zunächst recht milde interpretiert zu haben. Er setzte aber die eingeschlagene rekatholisierende Richtung fort, der als letztes Lehrdokument aus seiner Regierungszeit eine von ihm angeregte und inspirierte Überarbeitung des „Bischofsbuches“ (1537) dienen sollte.

Unter dem Vorsitz von Erzbischof Cranmer erarbeitete eine Kommission das neue Buch, das 1543 unter dem Titel „A Necessary Doctrine and Erudition for any Christian Man“ (Notwendige Lehre und Unterweisung für jeden Christen) mit der Billigung des Parlaments und Königs herauskam und allgemein als *„King's Book“* (Königsbuch) bezeichnet wird[31]. Die Linie der „Sechs Artikel“ wird in diesem Buch fortgesetzt: Transsubstantiationslehre, Entzug des Laienkelchs, Bejahung der Willensfreiheit (die Verkündiger sollen aber „weder die Gnade Gottes so verkündigen, daß sie dadurch den freien Willen wegnehmen, noch auf der anderen Seite den freien Willen so hoch preisen, daß der Gnade Gottes Unrecht geschieht“[32]), enge Verknüpfung von Rechtfertigung und guten Werken: „Dieses Wort Rechtfertigung bezeichnet unsere Gerechtmachung vor Gott. Und obgleich Gott die wichtigste Ursache und der Hauptbewirker dieser

---

[27] Vgl. JACOBS, 104–114; TJERNAGEL, 172–179.

[28] Text bei DICKENS/CARR, 108–112.

[29] „... und daß nach der Konsekration keine andere Substanz des Brotes oder Weines verbleibt, noch irgendeine andere Substanz, sondern die Substanz Christi, Gott und Mensch.“ DICKENS/CARR, 110.

[30] Zu den Auswirkungen und Reaktionen vgl. TJERNAGEL, 199–204.

[31] Text bei LLOYD, 213ff.; Auszüge in DICKENS/CARR, 114–118.

[32] LLOYD, 363.

Rechtfertigung in uns ist, ohne dessen Gnade niemand etwas Gutes tun kann, so gefällt es doch der hohen Weisheit Gottes, daß der Mensch durch seine freie Zustimmung und seinen Gehorsam auch ein Mitwirkender bei der Erlangung seiner eigenen Rechtfertigung sein soll und durch Gottes Gnade und Hilfe in solchen Werken wandeln soll, die für seine Rechtfertigung erforderlich sind..." (aaO. 364). Dennoch sind auch in diesem Buch viele kompromißhafte, vieldeutige Formulierungen und reformatorisch orientierte Aussagen enthalten. So klingt zum Beispiel das neue, reformatorische Kirchenverständnis an, wenn es heißt, daß die Einheit der Kirche „nicht durch die Autorität oder Lehre des Bischofs von Rom bewahrt wird; vielmehr wird die Einheit der Kirche bewahrt und festgehalten durch die Hilfe und den Beistand des Heiligen Geistes Gottes in der Beibehaltung und Aufrechterhaltung solcher Lehre und solchen Bekenntnisses des christlichen Glaubens und der treuen Beachtung desselben, wie er von der Schrift und der apostolischen Lehre gelehrt wird" (aaO. 247). Das Urteil PARKERS wird darum von vielen Kommentatoren geteilt: „Wenngleich das letzte Lehrdokument aus der Regierungszeit (Heinrichs) ... nach außen hin streng katholisch war, enthielt es weiterhin Formulierungen, die letztlich von Luther herkamen und vom ‚Bischofsbuch' von 1537 her bewahrt worden waren..."[33] Dies erklärt, warum Erzbischof Cranmer schließlich auch an diesem Werk mitwirken konnte, für dessen Verbreitung er allerdings aus ebenso guten Gründen nichts unternahm.

Die erste Phase der englischen Reformation war äußerlich gekennzeichnet durch die Lösung der englischen Kirche von Rom und die Bildung einer englischen Nationalkirche unter der Suprematie des Herrschers. Bedeutsam für den inneren kirchlich-theologischen Bereich war, daß englische Bibeln geschaffen wurden und weite Verbreitung fanden, Mißstände im kirchlichen und religiösen Leben bekämpft und teilweise beseitigt wurden und daß reformatorische Gedanken – vornehmlich lutherischer Prägung – von vielen Laien und Theologen aufgenommen wurden und einen zum Teil tiefreichenden Einfluß auf halboffizielle oder offizielle Lehrdokumente ausübten. Damit waren wesentliche Voraussetzungen für Reformen des Gottesdienstes und der Lehre geschaffen worden, die unter Eduard VI. und Elisabeth I. verwirklicht werden konnten.

§ 2 Das neue Gebetsbuch als Ausdruck reformatorischer Lehre

Quellen: H. JENKYS (ed.), The Remains of Thomas Cranmer, Oxford 1833 (4 Bde.); E. C. S. GIBSON, The First and Second Prayer Books of King Edward VI (1910), reprint London 1957 (Abk.: GIBSON).

Literatur: F. A. GASQUET-E. BISHOP, Edward VI and the Book of Common Prayer, London [3]1928; E. R. RATHCLIFF, The Liturgical Work of Archbishop Cranmer, in: Journ. Eccles. Hist. 7, 1956, 189–203; D. W. DUGMORE, The Mass and the English Reformers, London 1958; P. BROOKS, Thomas Cranmer's Doctrine of the Eucharist, London 1965.

---

[33] PARKER, 94; vgl. J. S. MARSHALL, Hooker and the Anglican Tradition, London 1963, 8: „Das ‚Königsbuch' repräsentiert die allgemeine lehrmäßige Synthese zwischen den Bischöfen Heinrichs und den Reformern unter diesem König."

„Mit der Thronbesteigung des jungen Königs Eduard VI., den man gelehrt hatte, sich für die Rolle des Königs Josia in der englischen Reformation bestimmt zu sehen, wurden die Schleusen für Veränderungen geöffnet."[34] Die zweite Phase der englischen Reformation begann.

Bereits zwei Jahre nach Heinrichs Tod erschien 1549 das erste *„Book of Common Prayer"* (Allgemeine Gebetsbuch). Dieser zeitliche Vorrang der Reform des Gottesdienstes vor der Reform der formulierten und autoritativen Lehre, die nach ersten Ansätzen unter Heinrich VIII. erst 1553 mit den 42 Artikeln intensiver einsetzte, hat darin eine gewisse typische Bedeutung, daß er sich damals und noch zunehmend im Verlauf der weiteren Geschichte auch als qualitativer Vorrang erwiesen hat. Das Allgemeine Gebetsbuch hat mit seinen Formen und sukzessiven Revisionen die Gemüter sehr viel stärker bewegt und das geistliche Leben, Ethos und Selbstverständnis der anglikanischen Kirche tiefer und umfassender geprägt als die in Lehrdokumenten niedergelegten theologischen Überzeugungen. Hier wird man ein spezifisches Merkmal der englischen Reformation und der aus ihr hervorgegangenen Nationalkirche und späteren weltweiten Kirchengemeinschaft sehen dürfen.

Das Allgemeine Gebetsbuch von 1549[35] wurde von Cranmer und einer Reihe von Mitarbeitern erarbeitet. Es enthielt vor allem die Ordnungen für den Morgen- und Abendgottesdienst, den Abendmahlsgottesdienst, für Taufe, Konfirmation, Trauung, Krankenkommunion und Begräbnis. G. Dix schreibt, wenngleich mit einer gewissen Überspitzung: „Mit einer unentschuldbaren Plötzlichkeit, zwischen Samstagnacht und Montagmorgen zu Pfingsten 1549, wurde die englische liturgische Tradition von fast tausend Jahren vollkommen herumgeworfen."[36] In der Tat stellt das Allgemeine Gebetsbuch ein reformatorisches Ereignis dar, das wie kein anderes bis in die Gemeinden hineinwirkte und diese mit dem neuen, reformatorischen Geist vertraut machte. Mit dem ersten „Act of Uniformity" (Uniformitätsakte) Eduards[37] wurden von Pfingsten 1549 an in der Form des Gebetsbuches 1. alle gottesdienstlichen Ordnungen in der Landessprache, 2. einheitliche Gottesdienstformen für das ganze Land (gegenüber einer bislang bestehenden Vielfalt), 3. ein gemeinsames Gottesdienstbuch für Laien und Geistliche, 4. eine Zusammenstellung aller Gottesdienstordnungen in einem einzigen Buch, 5. eine breit angelegte, kontinuierliche Lesung der Heiligen Schrift und 6. insgesamt schlichtere, verständlichere und reformatorisch ausgerichtete Gottesdienstordnungen eingeführt. Trotz aller späteren Modifikationen lebt der Anglikanismus noch heute von diesem genialen Wurf.

Cranmer (s. o. S. 355), der Osianders Nichte geheiratet hatte, kannte die Brandenburg-Nürnberger Kirchenordnung, an deren Ausarbeitung Osiander maßgeblich beteiligt war. Die von Bucer und Melanchthon für den reformatorisch gesinnten Kölner Erzbischof Hermann von Wied ausgearbeitete Ordnung „Simplex ac Pia Deliberatio" wurde 1547 und 1548 in England als „A Simple and Religious Consultation" veröffentlicht. Bei der Erarbeitung des Allgemeinen Gebetsbuches wurden von diesen Ordnungen strukturelle und inhaltliche Anregungen (z.B. Austeilungsformel) übernommen, wie Cranmer auch bei der Zusammenfassung der Stundengebete zu den zwei Formen des Morgen- und Abendgottesdienstes lutherischen Modellen folgte[38]. Die wichtigsten Quellen waren

---

[34] Sykes, ERT, 20.
[35] Text in: Gibson, 1–317.
[36] Dix, 686.
[37] Text bei Dickens/Carr, 132–135.
[38] Zu den lutherischen Einflüssen vgl. C. W. Dugmore, The Development of Anglican Worship,

allerdings der lateinische *„Sarum (Salisbury) Ritus"* und die „Große Bibel" von 1539, der die Psalmen und Lesungen entnommen wurden. Neben den Einflüssen lutherischer Ordnungen entsprachen auch, darauf hat O. CHADWICK aufmerksam gemacht, die Kriterien für Cranmers Gottesdienstreform lutherischen Kriterien: Die Gottesdienste müssen von den Menschen verstanden werden und gemeinschaftlichen Charakter tragen. Die Menschen müssen aus einer Position des Zuschauers zur aktiven Beteiligung geführt werden. Durch entsprechende unterweisende Ermahnungen soll ihnen der Sinn des Geschehens deutlich gemacht werden. Schließlich sollen gottesdienstliche Formen und Gebräuche nur dort geändert werden, wo dies von der Heiligen Schrift gefordert wird, während demgegenüber die revolutionäre Schweizer Reformation darauf bestand, daß solche Formen und Gebräuche nur dann beibehalten werden können, wenn sich hierfür eine ausdrückliche biblische Begründung findet[39].

Das Abendmahlsverständnis gehörte in den ersten Phasen der englischen Reformation zu den zentralen Kontroversfragen. So stand auch die Ordnung des Abendmahlsgottesdienstes im Gebetsbuch von 1549 damals im Mittelpunkt der Diskussion. Die traditionelle Struktur wie auch Zeremonien und Gewänder wurden weitgehend beibehalten. Im Wortlaut wurden aber mit großer Sorgfalt Korrekturen vorgenommen, durch die unmißverständliche Hinweise auf kritisierte römische Lehren beseitigt wurden. So wurden alle Aussagen zum Opfercharakter der Messe und zur Transsubstantiation umformuliert und die Elevation der Elemente verboten. Die neuen Formulierungen konnten im protestantischen Sinne interpretiert werden, wenngleich sie zuweilen die Möglichkeit auch einer traditionell katholischen Interpretation offenließen. Die entscheidenden Textänderungen finden sich im *eucharistischen Kanon*. Vom Opfer heißt es jetzt nur noch: „Deine väterliche Güte wolle gnädig dieses unser Lob- und Dankopfer annehmen." Und: „Herr, wir bringen dir uns selbst, unsere Seelen und unsere Leiber als ein lebendiges, heiliges und dir wohlgefälliges Opfer dar."[40] Die aus orthodoxer Tradition übernommene epikletische Formel lautet: *„... erhöre uns und segne und heilige gnädiglich mit deinem Heiligen Geist und Wort (!) diese deine Gaben und Kreaturen, Brot und Wein, auf daß sie für uns der Leib und das Blut deines geliebten Sohnes Jesu Christi seien"* (aaO. 222). Eine symbolische oder rezeptionistische Interpretation dieser Stelle, deren zentrale Aussage in der traditionellen Ordnung gelautet hatte „auf daß sie für uns der Leib und das Blut ... werden", ist nun möglich. Auch die Worte bei der Austeilung[41] lassen mehrere Deutungen zu: „Der Leib unseres Herrn Jesus, der für dich dahingegeben wurde, bewahre deinen Leib und deine Seele zum ewigen Leben" (Kelchwort entsprechend, aaO. 225). Die Wendung im abschließenden Dankgebet: „mit der geistlichen Speise (spiritual food) des kostbaren Leibes und Blutes deines Sohnes ... zu nähren" (aaO. 227), wird von vielen als Hinweis auf ein reformiertes Abendmahlsverständnis interpretiert. Andererseits sah Bischof Gardiner (vgl. LThK 4,518), einer der schärfsten Gegner der reformatorischen Bewegung, in Formulierungen wie z. B. „laß alle ... würdiglich den kostbaren Leib und das kostbare Blut deines Sohnes Jesu Christi empfangen" (aaO. 223) oder „daß wir in diesen heiligen Geheimnissen das Fleisch deines lieben Sohnes Jesu Christi so

in: M. SIMON (Hg.), Aspects du l'Anglicanisme, Paris 1974, 124–131; DAVIES, 166–181; JACOBS, Kap. 17–22.

[39] CHADWICK, 118.

[40] GIBSON, 223.

[41] Diese wurden von Cranmer aus der Kölner Ordnung für seine „Kommunionsordnung" von 1548 übernommen und kamen auf diesem Wege in das Gebetsbuch.

essen und sein Blut so trinken" (aaO. 225) einen Grund dafür, der Ordnung des Abendmahlsgottesdienst zuzustimmen. Allerdings wurde seine katholisierende Interpretation von Cranmer scharf zurückgewiesen[42].

T. M. PARKER (und andere) sehen in Cranmers Abendmahlsliturgie „eine geniale Übung in Mehrdeutigkeit"[43]. Andere, die Cranmers Abendmahlsverständnis mit heranziehen, folgen G. DIX in dem Urteil, daß hinter dieser Liturgie Cranmers zwinglianische Abendmahlsauffassung stehe[44]. Wieder andere wie C. W. DUGMORE, P. BROOKS, H. DAVIES und E. P. ECHLIN schreiben Cranmer eine kalvinistische oder virtualistische Auffassung zu[45]. Schließlich heben F. A. GASQUET und E. BISHOP nicht nur, wie alle anderen auch, den starken Anteil lutherischer Kirchenordnungen an der Gestaltung des Allgemeinen Gebetsbuches von 1549 hervor, sondern charakterisieren es insgesamt als lutherisch geprägt[46]. Diese unterschiedlichen Beurteilungen, vor allem aber die angeführten Zitate aus der Abendmahlsliturgie selbst zeigen, daß eine eindeutige Einordnung dieses Buches nicht möglich ist. In seiner vorliegenden Form repräsentiert es den eindrucksvollen Versuch, traditionelle Formen und Gehalte aufzunehmen und sie mit reformatorischen Überzeugungen zu durchdringen. Daß hinter dem Allgemeinen Gebetsbuch eindeutig *reformatorische Intentionen* wie auch Cranmers seit etwa 1548[47] unter dem Einfluß Ridleys († 1555; vgl. EKL 4,752) und der nach England gekommenen Theologen wie Bucer (s. o. S. 209ff.), Petrus Martyr Vermigli (s. o. S. 299ff.) und Johannes Laski (s. o. S. 274ff.) zunehmend reformiert (und nicht mehr lutherisch) orientierte Abendmahlsauffassung steht[48], ist keine Frage. Eindeutiger und konsequenter kommen diese Intentionen aber erst im zweiten Allgemeinen Gebetsbuch von 1552 zum Ausdruck.

Die Tatsache, daß einerseits katholisch gesinnte Priester und Bischöfe, repräsentiert durch Bischof Gardiners Stellungnahme (s.o.), das Gebetsbuch von 1549 im traditionellen Sinne interpretieren und benutzen konnten und daß andererseits von reformatorisch gesinnter Seite der noch zu sehr konservative, zuwenig konsequent reformatorische – und das war zunehmend im Sinne von refor-

---

[42] Gardiners Darlegung und Cranmers Antwort sind abgedruckt in: H. JENKYNS (ed.), The Remains of Thomas Cranmer, I, Oxford 1833, 10–365.

[43] PARKER, 107.

[44] DIX, 656f., 659. Dix wird auch das Bonmot zugeschrieben, Cranmer habe die „Real Absence" gelehrt, so DAVIES, 183 Anm. 57.

[45] D. W. DUGMORE, The Mass..., ch. V–VIII; P. BROOKS, Thomas Cranmer's Doctrine of the Eucharist, London 1965; DAVIES, 184f.; E. P. ECHLIN, The Anglican Eucharist in Ecumenical Perspective, New York 1968, 43f.: „Es war Cranmers Intention, daß es (d.h. das Gebetsbuch) seine Lehren der Darbringung von uns selbst, unsrer Seelen und Leiber, unsres Lobes und Dankes und einer wahren Präsenz der Wirksamkeit des himmlischen Leibes Christi in denen, die das Abendmahl empfangen, widerspiegeln."

[46] F. A. GASQUET and E. BISHOP, ..., 195.

[47] Im September 1548 schrieb ein englischer Zwinglianer an Bullinger: „Gott sei gelobt, Latimer hat sich unserer Lehre von der Eucharistie angeschlossen, und dies haben auch der Erzbischof von Canterbury und andere Bischöfe getan, die bislang lutherisch zu sein schienen", zit. bei CHADWICK, 120.

[48] Ein Zitat muß hier genügen: „Christus und der Heilige Geist sind in den Sakramenten gegenwärtig. Diese Redeweise meint aber nicht, daß Christus und der Heilige Geist im Wasser, Brot oder Wein gegenwärtig sind, sondern ... daß sie wahrhaftig und tatsächlich gegenwärtig sind durch ihre gewaltige und heiligende Macht, Güte und Gnade in allen denen, die sie würdiglich empfangen", J. E. COX (ed.), Writings and Disputations of Thomas Cranmer Relative to the Sacrament of the Lord's Supper, Cambridge 1844, 186.

miert gemeint – Charakter der Gottesdienstordnungen kritisiert wurde[49], führte bei Cranmer und seinen Freunden schon sehr bald zu der Überzeugung, daß eine Revision unbedingt erforderlich sei. Vor allem die umfangreiche und detaillierte *Stellungnahme Bucers* „Censura Martini Buceri super libro Sacrorum, seu ordinationis ecclesiae atque ministerii ecclesiastici in Regno Angliae“[50], in der er sich u. a. gegen den Gedanken der Konsekration von Elementen (bei der Taufe und beim Abendmahl), gegen Gebete für die Verstorbenen und die Epiklese sowie gegen die Beibehaltung vieler äußerer Formen (z. B. Kreuzeszeichen, Knien, Meßgewänder, Bekreuzigen) wandte, wurde bei der Revisionsarbeit durch Cranmer und eine Gruppe von Bischöfen stark beachtet.

Nach Annahme durch Konvokation und Parlament wurde das *zweite Allgemeine Gebetsbuch*[51] 1552 durch den zweiten „Act of Uniformity“ (Uniformitätsakte)[52] unter Eduard VI. offiziell eingeführt. Die entscheidenden *Änderungen* gegenüber 1549 waren natürlich an der Ordnung des Abendmahlsgottesdienstes vorgenommen worden[53]: Abschaffung traditioneller Formen wie Meßgewänder und Kreuzeszeichen sowie Neustrukturierung der ganzen Ordnung und Neufassung des Kanongebets. Zur letzteren gehörte die Streichung der Danksagung für die Jungfrau Maria, die Patriarchen und Propheten, des Gebets für die Verstorbenen und der Anrufung des Heiligen Geistes und des Wortes bei der Konsekration. Veränderungen in den Texten beseitigte Stellen, die noch katholisch interpretiert werden konnten und verdeutlichten, daß es beim Abendmahl vor allem um „Gedächtnis“, „Erinnerung“ und um den würdigen Empfang des Abendmahls und die mit diesem Empfang verbundenen Gaben für den einzelnen geht. Entsprechend lautet die Austeilungsformel jetzt: „Nimm hin und iß dieses zum Gedächtnis daran, daß Christus für dich gestorben ist, und genieße ihn in deinem Herzen durch Glauben mit Danksagung. – Trinke dies zum Gedächtnis, daß Christi Blut für dich vergossen wurde und sei dankbar.“[54] Symbolisch, erinnernd, subjektiv und rezeptionistisch kann die Abendmahlsauffassung bezeichnet werden, die aus diesen Worten und der ganzen Ordnung spricht. Noch eindeutiger ist die sog. „Black Rubric“ (Schwarze Rubrik), die auf Betreiben des späteren Reformators Schottlands, John Knox (s. o. S. 297f.), und gegen Cranmers Willen durch königliche Proklamation der Abendmahlsordnung hinzugefügt wurde[55]. In ihr wird zum Knien beim Abendmahlsempfang gesagt, daß damit keine Anbetung der Elemente oder einer wahren und wesentlichen Gegenwart des Fleisches und Blutes Christi geschieht oder geschehen soll. „Denn Brot und Wein im Sakrament bleiben in ihren ganz natürlichen Substanzen und dürfen daher nicht angebetet werden... Und der natürliche Leib und das natürliche Blut unseres Heilands Jesus Christus sind im Himmel und nicht hier. Denn es ist gegen die Wahrheit von Christi wahrem natürlichen Körper, gleichzeitig an mehr als einem Ort zu sein.“[56]

G. Dix, der Cranmers Werk von 1552 charakterisiert „als den einzigen wirkungsvollen Versuch, der jemals unternommen wurde, um der Lehre von der

[49] Zu den Reaktionen vgl. Procter/Frere, 66–77; Davies, 194–201.
[50] Ursprüngl. veröffentlicht in Scripta Anglicana, Basel 1577, 456ff.; Zusammenfassung bei Procter/Frere, 72–77.
[51] Text in: Gibson, 319–463. [52] Text bei Dickens/Carr, 137–140.
[53] Vgl. die Zusammenstellung bei Davies, 203–209 und Dix, 659–671.
[54] Gibson, 389.
[55] Eingehend behandelt bei R. W. Dixon, History of the Church of England, III, London 1891–1902, 475ff.
[56] Gibson, 392f.

‚Rechtfertigung allein aus Glauben' liturgischen Ausdruck zu verleihen"[57], weist auf die Spannung hin, die von Anfang an darin angelegt war, daß in der liturgischen Ordnung der Kirche von England eine zwinglianische Abendmahlslehre enthalten und bis zur Gegenwart bewahrt worden sei, die im übrigen von der anglikanischen Kirche implizit seit 1559, explizit seit 1563 immer abgelehnt worden sei[58]. Da sich DIX hier offensichtlich auf die 39 Artikel bezieht, wird seine Feststellung bei der Behandlung der 39 Artikel (s. u. S. 372ff.) zu prüfen sein. Auch ist umstritten (s.o.), ob Cranmer in seiner Abendmahlslehre nach 1547 Zwinglianer war. Daß sie jedenfalls reformiert war, hat das Gebetsbuch von 1552 noch deutlicher gemacht als das Buch von 1549. Daß dennoch das Gebetsbuch von 1552 mit seinen noch immer reich entfalteten liturgischen Ausdrucksformen im Vergleich zu den auf ein bares Minimum reduzierten reformierten Gottesdienstordnungen einem anderen „Genre" angehörte, ist ebenso deutlich: „Das Gebetsbuch war noch immer wesentlich ‚katholischer' als die reformierten Ordnungen, die von den ausländischen Protestanten in England benutzt wurden."[59]

Das Gebetsbuch von 1552 blieb nur ein Jahr im Gebrauch. 1553 bestieg Maria, „die Katholische", den Thron. Sie konnte aber den Siegeszug des „Common Prayerbook" durch die Welt nicht aufhalten. Die erste Fassung von 1549 bestimmte die Liturgie der „Kirche von Schottland" und gelangte von dort in die Vereinigten Staaten (1764). Die zweite Fassung von 1552 wurde nach weiteren Revisionen nicht nur für die „Church of England" und für Irland, Wales, Kanada, Australien und Tasmanien maßgebend, sondern erweist sich als Einheitsband der „Anglikanischen Gemeinschaft" (Anglican Communion) in aller Welt.

§ 3 Das geistliche Amt – Kontinuität und Reform

Quellen: S. § 1 u. 2.

Literatur: E. C. MESSENGER, The Lutheran Origin of the Anglican Ordinal, London 1934; F. PROCTER-W. H. FRERE, A New History of the Book of Common Prayer, London ³1955; Ph. E. HUGHES, Theology of the English Reformers, London 1965; P. F. BRADSHAW, The Anglican Ordinal. Its History and Development from the Reformation to the Present Day, London 1971.

Zu den bisher behandelten Strukturelementen der beiden ersten Phasen der englischen Reformation, nämlich 1. Loslösung der englischen Kirche von Rom und Etablierung der königlichen Suprematie, 2. Schaffung und weite Verbreitung einer englischen Bibel und 3. Neugestaltung des gottesdienstlichen Lebens aus reformatorischem Geist heraus, tritt als viertes Element die Bewahrung wie inhaltliche Neuorientierung des kirchlichen Amtes und seiner Struktur hinzu. Bewahrung, Kontinuität waren deshalb möglich, weil die einzelnen Schritte der englischen Reformation im engen, wenn auch nicht spannungslosen Zusammenwirken zwischen Herrscher, Parlament, Erzbischof und Bischöfen vollzogen wurden. So kam es zu keinem Bruch in der Struktur kirchlicher Ordnung. Bischöfliche Sukzession, das Erfordernis bischöflicher Ordination und Konsekration und die dreifache Amtsstruktur von Bischof, Priester und Diakon konnten beibehalten werden. Diese Entwicklung wurde unter Heinrich und Eduard

[57] DIX, 672. [58] DIX, 670. [59] DUGMORE (vgl. Anm. 38), 131.

noch nicht in Frage gestellt. Die überkommenen Formen wurden jedoch zunehmend mit neuen Inhalten und Interpretationen verbunden. Bereits unter Heinrich VIII. wird das reformatorische Amtsverständnis im „Bischofsbuch" von 1537 (s. o. S. 359) deutlich ausgesprochen: „Denn ohne Zweifel ist das Amt der Verkündigung das höchste und wichtigste Amt, zu dem Priester oder Bischöfe durch die Autorität des Evangeliums berufen werden sollen. Und sie sollen auch Bischöfe oder Erzbischöfe genannt werden, das heißt Superintendenten oder Hirten, um über ihre Herde zu wachen und fleißig nach ihr zu sehen, und dafür zu sorgen, daß Christi Lehre und seine Religion wirklich und wahrhaftig im christlichen Volk bewahrt, gelehrt und vertreten werden gemäß der alleinigen und reinen Wahrheit der Schrift, und daß alle falsche und entstellte Lehre und deren Vertreter entsprechend zurückgewiesen werden sollen."[60] Cranmer (s. o. S. 355) selbst vertrat, zusammen mit vielen Theologen seiner Zeit, u. a. die Auffassung, daß Bischöfe und Priester einem einzigen Amtsordo angehören, die wesentlichen Bestandteile der Ordination Handauflegung und Gebet sind und in Notsituation auch der König oder die Gemeinden ordinieren können[61].

Die Verbindung von traditioneller Amtsstruktur mit reformatorischem Amtsverständnis fand ihren Ausdruck und ihre offizielle Rezeption bezeichnenderweise wieder in der Form gottesdienstlicher Ordnungen. Auch hier war es der gelehrte Cranmer, der 1550 mit einigen Helfern ans Werk ging und in wenigen Monaten das *erste „Ordinal"* der Kirche von England, d. h. Gottesdienstordnungen für die Ordination zum Diakon und Priester und für die Konsekration zum Bischof, ausarbeitete[62]. Wiederum war es Martin Bucer, der hierfür in „De ordinatione legitima"[63] hilfreiche Vorschläge machte. Cranmer hat wesentliche Stücke von Bucer übernommen und mit der ebenfalls herangezogenen Grundstruktur das „Sarum (Salisbury) Pontificale" verbunden[64].

Die äußere Beibehaltung der traditionellen Amtsstruktur wird im vielzitierten „Preface" (Vorwort) zum „Ordinal" begründet: „Allen, welche die Heilige Schrift und die Kirchenväter sorgfältig lesen, ist deutlich, daß es seit der Zeit der Apostel folgende Stufen von Amtsträgern in der Kirche Christi gegeben hat: Bischöfe, Priester und Diakone. Diese Ämter wurden von jeher für so ehrwürdig geachtet, daß sich niemand vermessen durfte, eines von ihnen auszuüben, ohne daß er zuvor berufen, erprobt, geprüft und als jemand anerkannt worden war, der die dazu erforderlichen Eigenschaften besitzt, und ohne daß er zugleich öffentlich unter Gebet mit Handauflegung bestätigt und ins Amt eingesetzt worden war. Und damit nun diese Ämter in dieser Kirche von England weitergeführt und ehrerbietig gebraucht und geachtet werden mögen, soll niemand (wenn er nicht bereits Bischof, Priester oder Diakon ist) eines von diesen ausüben, wenn er nicht gemäß der hier folgenden Form berufen, erprobt, geprüft und eingesetzt

---

[60] LLOYD, 109f.

[61] Vgl. BRADSHAW, 11–17; HUGHES, Theology, 159–188.

[62] Text bei GIBSON, 291–317; zum „Ordinal" und seiner Geschichte bis zur Gegenwart vgl. BRADSHAW.

[63] Erstmalig gedruckt in Scripta Anglicana, aaO. 238–259. Neue Ausgabe bei WHITAKER, 175–183.

[64] E. C. MESSENGER, The Lutheran Origin of the Anglican Ordinal, London 1934, vertritt sogar die Auffassung, Cranmer sei von Bucers Vorschlägen ausgegangen und habe diese lediglich durch einzelne Übernahmen aus dem Sacrum Pontificale ergänzt.

worden ist."[65] Offiziell ist die anglikanische Kirche über diese historische Begründung, die in ihren Einzelaussagen heute von vielen Anglikanern nicht mehr wörtlich genommen wird, nie hinausgegangen.

Die *drei Ordinationsordnungen* lassen deutlich den Bruch mit der überkommenen Amtsauffassung erkennen. Bereits die Begrifflichkeit ist hierfür bezeichnend, wenn z.B. an die Stelle von „weihen" oder „Vollmacht" Ausdrücke wie „einsetzen" und „Autorität" treten. Die „porrectio instrumentorum" (Übergabe von Kelch und Patene) als Ausdruck der Verleihung der Opfervollmacht wird nun mit der Übergabe der Bibel verbunden und erhält in den Begleitworten eine neue Deutung: „Nimm hin die Vollmacht (‚authority' statt ‚power'), in dieser Gemeinde das Wort Gottes zu predigen und die heiligen Sakramente zu verwalten (aaO. 312). Bei der Übergabe der Bibel und des Hirtenstabes an den Bischof werden seine Verantwortung für Schrift und Lehre und seine pastoralen Aufgaben besonders betont (aaO. 317). Die Worte bei der Handauflegung lauten jetzt (Ordination zum Priester): „Nimm hin den Heiligen Geist. Welchen du die Sünden vergibst, denen sind sie vergeben, und welchen du sie behältst, denen sind sie behalten. Und sei du ein treuer Verwalter des Wortes Gottes und seiner heiligen Sakramente" (aaO. 311). In den sog. Ordinationsvorhalten (von Bucer übernommen) wird die Schriftautorität als bestimmend für alle Funktionen des Amtes herausgestellt, wobei Wortverkündigung, Sakramentsverwaltung, Sorge für rechte Lehre und pastorale Verantwortung besonders hervorgehoben werden (aaO. 310f.; 315f.)[66].

Von 1552 an wird das „Original" im „*Allgemeinen Gebetsbuch*" (s. o. S. 362) mit abgedruckt. Zusammen mit diesem wurde es 1552 ebenfalls revidiert, allerdings nur an wenigen Stellen. Die reformatorische Orientierung wird nun noch klarer zum Ausdruck gebracht, indem bei der Ordination und Konsekration nur noch die Heilige Schrift überreicht wird (aaO. 457 und 463). Hughes schreibt hierzu: „Das alleinige ‚Instrument' seines Amtes ist nun die Bibel. Dieses Amt wird jedoch keineswegs nicht mehr als ein Amt der Sakramente betrachtet, vielmehr werden die Sakramente, als sichtbare Worte, zu Recht in das Amt des Wortes mit einbezogen."[67] Die Bewahrung der traditionellen Amtsstruktur wird in dieser Zeit nicht, dagegen sprechen schon die engen Verbindungen mit den reformatorischen Kirchen auf dem europäischen Kontinent, in einem exklusiven Sinne verstanden. Die Ämter und Amtsstrukturen der Reformationskirchen werden nicht kritisiert oder gar abgelehnt. Im Gegenteil, nach dem rekatholisierenden Rückschlag unter Maria werden diese sogar von starken Kräften in der englischen Kirche als Vorbild und Modell herausgestellt.

Das Gebetsbuch mit dem „Ordinal" von 1552 blieb nur ein Jahr in Geltung. 1553 bestieg Maria den Thron. Bis 1554 hatte sie bereits alle reformatorisch orientierten Parlamentsbeschlüsse aus der Zeit von Heinrich VIII. und Eduard VI. rückgängig gemacht[68]. Reformatorisch gesinnte Männer und Frauen flüchteten auf den europäischen Kontinent. Fast 300 „Häretiker" wurden von 1555 an verbrannt, darunter Ridley, Latimer und 1556 schließlich auch Cranmer.

---

[65] Gibson, 292.

[66] Zum Ordinal von 1550 vgl. Bradshaw, 18–36; Procter and Frere, 60–62.

[67] Hughes, Theology 162.

[68] Texte bei Dickens/Carr, 143–154.

„Die Standhaftigkeit der Opfer, angefangen von Ridley und Latimer, taufte die englische Reformation in Blut und hämmerte dem englischen Denken die fatale Assoziation von kirchlicher Tyrannei mit dem römischen Stuhl ein."[69]

Kapitel II: Die Konsolidierung der englischen Kirche zwischen Katholizismus und Puritanismus

Literatur: O. CHADWICK (vgl. Kap. I); G. R. CRAGG, From Puritanism to the Age of Reason, Cambridge 1950 (Abk. Puritanism); G. R. CRAGG, The Church and the Age of Reason (1648–1789), London 1960; H. DAVIES (vgl. Kap. I); A. G. DICKENS (vgl. Kap. I); C. W. DUGMORE, Eucharistic Doctrine in England from Hooker to Waterland, London 1942; A. FORSTER, The Church of England 1570–1640, London 1994; H. GEE and W. HARDY (ed.), Documents Illustrative of Englisch Church History, London 1896 (Abk. GEE/HARDY); F. HIGHAM, Catholic and Reformed. A Study of the Anglican Church 1559–1662, London 1962; Ph. HUGHES (vgl. Kap. I); M. KELLER-HÜSCHEMENGER (vgl. Kap. I); H. R. MCADOO, The Spirit of Anglicanism. A Survey of Anglican Theological Method in the Seventeenth Century, London 1965; P. E. MOORE and F. L. CROSS (ed.), Anglicanism. The Thought and Practice of the Church of England, Illustrated from the Religious Literature of the Seventeenth Century, London 1962[4] (Abk. MORE/CROSS); N. SYKES, Old Priest and New Presbyter. The Anglican Attitude to Episcopacy, Presbyterianism and Papacy since the Reformation, Cambridge 1956 (Abk. Old Priest); N. S. TJERNAGEL (vgl. Kap. I); H. F. WOODHOUSE, The Doctrine of the Church in Anglican Theology 1547–1603, London 1954.

§ 1 Der Abschluß der offiziellen Rezeption reformatorischer Lehre

Literatur: E. H. BICKNELL, A Theological Introduction to the 39 Articles of the Church of England, London 1919, [3]1955 (revised by H. J. CARPENTER); C. W. DUGMORE, The Mass and the English Reformers, London 1958 (hier nicht zitiert); C. S. MEYER, Elizabeth I and the Religions Settlement 1559, St. Louis 1960; weitere Lit. in den Anmerkungen.

„Die vierzig Jahre, die zwischen der Thronbesteigung Elisabeths und dem Erscheinen von Richard Hookers ‚Ecclesiastical Polity' liegen, waren die wichtigsten in der Geschichte der Kirche von England."[1] Die dritte, die Identität der englischen Kirche prägende Phase der Reformation begann mit Elisabeth I. (1558–1603). In den nun folgenden Jahrzehnten fand das inneranglikanische Ringen um die Grundlagen und Formen kirchlicher Neugestaltung in der „via media" zwischen den reformiert-puritanischen und römischen Extremen eine bleibende, wenn auch weiterhin gefährdete und unterschiedlich interpretierte Lösung. Zunächst wurde mit der „Suprematsakte" (Act of Supremacy) von 1559[2] die verfassungsmäßige Situation der Zeit Heinrich VIII. und mit der „Uniformitätsakte" (Act of Uniformity) von 1559 (aaO. 458–467) die kirchlich-lehrmäßige Position der Zeit Eduard VI. wiederhergestellt. Letzteres bedeutete die Wiedereinführung des Allgemeinen Gebetsbuches von 1552, allerdings mit einigen nicht unbedeutsamen Änderungen: 1. Die mehr objektive Austeilungsformel des Gebetsbuches von 1549 wurde mit der mehr subjektiv-erinnernden Formel von 1552 verbunden. 2. Die „schwarze Rubrik" wurde gestri-

---

[69] CHADWICK, 128.

[1] DUGMORE, Eucharistic Doctrine, 1.

[2] GEE/HARDY, 442-458.

chen. 3. Die Meßgewänder wieder eingeführt[3]. Die vermittelnde Position Elisabeths, die das Augsburger Bekenntnis gelobt und sich zur Lehre von der Realpräsenz bekannt hat[4], ist auch in diesen Veränderungen wirksam geworden. Die Rezeption der Lehrentwicklung seit Heinrich VIII. und Eduard VI. geschah jedoch nicht nur in der Form des „elisabethanischen Gebetsbuches", sondern auch in der Weise, daß der Prozeß der Formulierung offizieller Lehre mit der Annahme der 39 Artikel 1563 bzw. 1571 zu einem Abschluß kam.

1553 wurden die „*42 Articles*" (42 Artikel), die wieder unter dem prägenden Einfluß Cranmers erarbeitet worden waren, mit der Autorisierung Eduard VI. veröffentlicht. Cranmer hatte bei deren Ausarbeitung die „13 Artikel" von 1538 (vgl. hier S. 359) herangezogen. Über diese Brücke fanden die Inhalte fast aller Lehrartikel der „Confessio Augustana" Eingang in die Formulierung der 42 Artikel. Da diese Artikel[5], abgesehen von relativ wenigen Änderungen, identisch sind mit den 39 Artikeln von 1563, braucht hier nur auf einige spezifische Aspekte hingewiesen werden. Hierzu gehören die wichtigsten Unterschiede zu den späteren 39 Artikeln. Nicht in die 39 Artikel übernommen wurden die Artikel 10 über die Gnade, 16 über die Lästerung des Heiligen Geistes, 39 über die (noch nicht geschehene) Auferstehung der Toten, 40 über die Seelen der Abgeschiedenen, 41 über die Millenarier und Artikel 42, der die Auffassung verdammt, daß schließlich alle Menschen gerettet werden. Die Unterschiede in der Formulierung einzelner Artikel sind nur in wenigen Fällen einschneidender oder sachlich bedeutsam. Die knappe These zur Rechtfertigung (Art. 11) – „Die *Rechtfertigung* allein aus dem Glauben an Jesum Christum, in dem Sinne, wie es in der Homilie über die Rechtfertigung entwickelt wird, ist die sicherste und heilsamste Lehre der Christen" (aaO. 383) – erhält in den 39 Artikeln (ebenfalls Art. 11) einen inhaltlich gefüllten Vorsatz: „Allein um des Verdienstes unseres Herrn und Heilands Jesu Christi willen, durch den Glauben, nicht um unserer Werke willen, werden wir vor Gott für gerecht geachtet (reputamur, accounted)" (ibid.).

Entsprechend seinem reformierten Abendmahlsverständnis hat Cranmer dafür gesorgt, daß auch in den 42 Artikeln der *Abendmahlsartikel* (29) dieser Lehre und nicht der lutherischen entspricht. Auf die Aussage, daß für diejenigen, welche dieses Sakrament „rechtmäßig, würdig und gläubig empfangen, das Brot, das wir brechen, die Gemeinschaft des Leibes Christi ist und ebenso der gesegnete Kelch die Gemeinschaft des Blutes Christi" und die Ablehnung der Transsubstantiation als schriftwidrig (aaO. 393f.) folgt ein Abschnitt über die Realpräsenz, der für die 39 Artikel umformuliert wurde. Ausgehend von der Überlegung, daß Christi Leib nicht zur gleichen Zeit an vielen verschiedenen Orten sein kann, da dies der menschlichen Natur widerspricht, erklärt der Artikel weiter: „Und da, wie die Heilige Schrift überliefert, Christus in den Himmel aufgehoben worden ist und dort bis zum Ende der Welt bleiben wird, darf keiner von den Gläubigen die wirkliche und leibliche Gegenwart (wie man sagt) seines Fleisches und Blutes im Abendmahl glauben oder bekennen" (aaO. 393). Wie das Gebetsbuch von 1559 die streng reformierte Abendmahlslehre seines Vor-

[3] Zum Gebetsbuch von 1559 vgl. PROCTER/FRERE, 91-115; DAVIES, 210-219.
[4] DICKENS, 402-404.
[5] Text bei FABRICIUS im Zusammenhang mit den 39 Artikeln, 374-402.

gängers von 1552 zu mildern suchte, so auch Artikel 28 der 39 Artikel, in dem der betreffende Abschnitt nun so lautet: „Der Leib Christi wird im Abendmahl nur in himmlischer und geistlicher Weise gegeben, empfangen und gegessen. Das Mittel aber, wodurch der Leib Christi im Abendmahl empfangen und gegessen wird, ist der Glaube“ (aaO. 394). Aber auch hier bleibt die reformierte – nun aber stärker *kalvinische* – Orientierung erhalten.

Schließlich war den Bearbeitern der 39 Artikel wohl auch der Anfang von Art. 37 (Von der weltlichen Obrigkeit) zu „steil“ formuliert: „Der König von England ist auf Erden nach Christo das Oberhaupt der Kirche von England“ (aaO. 399). Sie umgingen den anstößigen Ausdruck „Oberhaupt der Kirche“ und formulierten neu: Seine Majestät der König hat in diesem Königreich England ... die höchste Gewalt, wozu die oberste Herrschaft in allen Dingen über alle Stände dieses Königreichs, kirchliche wie bürgerliche (Civil), gehört, und er ist keiner auswärtigen Jurisdiktion unterworfen und darf es auch nicht sein“ (aaO. 398f.). Die königliche Suprematie, als Symbol und Klammer der Einheit von Staat und Kirche, wird hier als Bestandteil kirchlicher Lehre festgeschrieben. Sie wird im folgenden Abschnitt (in beiden Artikelreihen identisch) erläutert: „Oberste Herrschaft“ schließt nicht die Verwaltung des Wortes Gottes oder der Sakramente mit ein, sondern „nur das Vorrecht, welches in der Heiligen Schrift von Gott selbst allen frommen Fürsten immer zuerkannt worden ist“ und das in der Herrschaft über alle weltlichen und kirchlichen Stände und Klassen besteht (aaO. 399). Für den Puritanismus stellte gerade diese Grundthese der englischen Reformation einen seiner Hauptangriffspunkte dar.

Aus Art. 19 wurde ein Absatz nicht in die 39 Artikel übernommen, der so lautet: „Darum darf man auf diejenigen nicht hören, welche behaupten, die heilige Schrift sei nur für die Schwachen gegeben, und welche fortwährend mit dem Geist prahlen, von dem ihnen nach ihrer Behauptung, das, was sie predigen, eingegeben wird, obwohl sie mit der heiligen Schrift ganz offenkundig im Widerstreit stehen“ (aaO. 388). Dieser Abschnitt weist auf eine neue Frontstellung hin: Die „Schwärmer“ und „Wiedertäufer“ (im weiten Sinne). Explizit oder implizit wenden sich mehrere Artikel gegen sie, so z.B. die bereits erwähnten Artikel 39-42, Artikel 28 (gegen Ablehnung der Kindertaufe) oder Artikel 15 (gegen Behauptung der Sündlosigkeit der Wiedergeborenen)[6]. Ausdrücklicher und gewichtiger sind jedoch die Abgrenzungen gegenüber Rom: Ablehnung der päpstlichen Jurisdiktionsgewalt (Art. 36); die römische Kirche hat auch in Glaubensfragen geirrt (Art. 20) und „Allgemeine Konzilien“ können irren (Art. 22); Zurückweisung von Irrtümern in Fragen der Verdienste (Art. 12), guten Werke (Art. 12 und 13), des Fegefeuers (Art. 23), der Gnade ex opere operato (Art. 26), der Transsubstantiation und Anbetung der Elemente (Art. 29) und des Messeopfers (Art. 30); Betonung der Suffizienz der Heiligen Schrift (Art. 5)[7]. Die 42 Artikel stehen also nicht zwischen den Extremen auf römischer und reformierter Seite, sondern nehmen eine mittlere, vermittelnde Position ein, auf die sich der englische Protestantismus einigen sollte unter Ausschluß bestimmter römischer Lehren auf der einen und schwärmerisch-anabaptistischer Vorstellungen auf der anderen Seite. „In ihrem bewußten Bemühen um eine wohlabgewogene Ba-

[6] Vgl. Bicknell, 12.

[7] Vgl. Bicknell, 11-13.

lance zwischen den Extremen einer unausgeglichenen Zeit sind sie sehr englisch."[8]

Bevor aus den 42 Artikeln die 39 Artikel wurden, gab Elisabeths erster Erzbischof Parker 1559 (s. RE 14,691ff.) die sog. „*Eleven Articles*" (11 Artikel) heraus[9], die vom Pfarrer nach seinem Amtsantritt in einer neuen Gemeinde verlesen werden mußten. Dieses Übergangsdokument erhielt aber keine staatliche Anerkennung. Es ist im Stil eines persönlichen Bekenntnisses des Pfarrers vor seiner Gemeinde gehalten, beschränkt sich nur auf wenige Glaubensartikel und schärft die Ablehnung bestimmter römischer Lehren und Praktiken ein.

Den Abschluß der komplexen, von wechselnden staatlich-dynastischen wie theologischen Einflüssen bestimmten Geschichte anglikanischer Lehrformulare bilden die *39 „Articles of Religion"* (Religionsartikel) von 1571[10]. 1562 lud Elisabeth I. die Konvokationen von Canterbury und York zu einer Sitzung im Januar 1563 ein. Hierfür bereitete Erzbischof Parker mit einigen Freunden eine revidierte Fassung der 42 Artikel vor. Zum indirekten Einfluß der „Confessio Augustana" über die 13 Artikel (s. o. S. 359) trat bei dieser Revisionsarbeit wiederum ein direkter lutherischer Einfluß hinzu: Parker zog die „*Confessio Wirtembergia*" (= CW) ausführlich heran, die 1551 von den württembergischen Theologen als Eingabe an das Konzil von Trient verfaßt worden war (s. o. S. 140). Zu diesen direkten, zumeist wörtlichen Übernahmen gehören u. a. der Zusatz über die ewige Zeugung und die Konsubstantialität des Sohnes in Art. 2 (aus CW 1); Art. 3 der CW über den Heiligen Geist wurde als neuer Art. 5 übernommen; aus CW 30 wurde die Definition der Kanonizität der biblischen Bücher in Art. 6 eingefügt; die oben bei den 42 Artikeln angeführte Neuformulierung und Erweiterung des Rechtfertigungsartikels (Art. 11) basiert auf CW 5 und 8 und der neueingeführte Art. 12 über gute Werke auf CW 12. Auch der – wohl durch die Königin selbst – hinzugefügte erste Satz in Art. 20, mit dem die Autorität der Kirche in Fragen gottesdienstlicher Ordnungen und der Glaubenslehre bekräftigt wurde, ist der CW entnommen.

Im Blick auf die anderen Änderungen gegenüber den 42 Artikeln wurde bereits auf die nicht übernommenen Artikel und die Veränderungen in den Artikeln über das Abendmahl (28) und den königlichen Supremat (37) hingewiesen. Bestimmte Veränderungen sind Gegenreaktionen gegen Beschlüsse des Konzils von Trient, so die deutliche und qualitative Unterscheidung zwischen den Büchern des AT und den Apokryphen in Art. 6, die Unterscheidung zwischen den beiden Schriftsakramenten und den 5 „allgemein Sakramente genannten" Riten in Art. 25, der neue Art. 30 gegen Kommunion unter einer Gestalt, etc.

Nach der Revision der Artikel durch die Konvokationen im Januar 1563 dauerte es noch acht Jahre, bis die Königin die Artikel nach deren Annahme durch Konvokationen und Parlament unterzeichnete. Von nun an mußten alle Geistlichen ihre Zustimmung zu den Artikeln geben und diese unterschreiben[11].

In der nicht immer sehr *systematischen Anordnung* der 39 Artikel lassen sich

---

[8] Dickens, 349.

[9] Text bei Fabricius, 628-633.

[10] Text bei Fabricius, 374-402 und in jedem Book of Common Prayer. Zur Entstehungsgeschichte vgl. Fabricius, CX-CXVIII und Bicknell, 14-17.

[11] Text bei Gee/Hardy, 476-480 und Fabricius, CXVII.

mehrere Themenbereiche voneinander abgrenzen[12]. Die fünf ersten Artikel entfalten das grundlegende trinitarische (und darin eingeschlossen vor allem das christologische) Bekenntnis (mit z. T. fast wörtlichen Übernahmen aus CA I und III)[13]. Die Artikel 6-8 bestimmen die Normen des Glaubens, nämlich die Heilige Schrift, die „alles enthält, was zum Heil notwendig ist, so daß, was darin nicht zu lesen steht und daraus nicht bewiesen werden kann, niemandem als Glaubensartikel oder als etwas Heilsnotwendiges auferlegt werden darf" (Art. 6), und, im abgeleiteten Sinne, die drei altkirchlichen Glaubensbekenntnisse (Art. 8). Die Schrift als Norm und Kriterium wird in den Artikeln selbst immer wieder bei Streitfragen oder zur positiven Begründung genannt. Zitate aus der Schrift oder den Kirchenvätern werden nicht angeführt.

Die Artikel 9-18 bilden den gewichtigen anthropologisch-soteriologischen Themenkomplex. Dieser setzt ein bei der Erbsünde und der bleibenden Verderbtheit der menschlichen Natur, wonach der Mensch „von der ursprünglichen Gerechtigkeit sehr weit entfernt ist" (Art. 9, mit gewisser theologischer Abschwächung in Anlehnung an CA II). Art. 10 über den freien Willen lehrt, daß Gott wohlgefällige Werke der Frömmigkeit nur dann getan werden können, wenn die zuvorkommende und mitwirkende Gnade Gottes einen guten Willen bewirkt. Durch den Zusatz aus CW 4 wird die reformatorische Sicht noch einmal unterstrichen, daß sich der Mensch „durch seine natürlichen Kräfte und guten Werke nicht zum Glauben und zur Anrufung Gottes bekehren und bereiten kann". Der Rechtfertigungsartikel 11 (in Anlehnung an CA IV) wurde bei den 42 Artikeln bereits angeführt. Art. 12 handelt von den guten Werken als den Früchten des Glaubens und Folgen der Rechtfertigung. Die scholastischen Lehren vom Verdienstcharakter der Werke (Art. 13 und 14) werden abgelehnt. Der Sündlosigkeit Jesu Christi (Art. 15) wird gegenübergestellt, daß die Getauften wieder in Sünden fallen können (Art. 16, hier erstmalig eine ausdrückliche Verwerfung derer – d. h. Schwärmer/Wiedertäufer –, die anders lehren). Art. 17 nimmt das damals heiß umstrittene Thema der Prädestination und Erwählung auf: Gott hat „vor Grundlegung der Welt nach seinem uns verborgenen Rate fest beschlossen, diejenigen, welche er in Christo (‚in Christo' ist Zusatz gegenüber den 42 Artikeln!) aus dem Menschengeschlecht erwählt hat, vom Fluch und Verderben zu befreien und ... durch Christum zur ewigen Seligkeit zu bringen". Artikel 18, der noch einmal bekräftigt, daß nur durch den Namen Jesu Christi das Heil erlangt wird, schließt diesen Themenkreis ab, in dem so etwas wie eine „gemäßigte" lutherische Rechtfertigungslehre und kalvinische Prädestinationslehre vertreten werden.

Die Kirche und ihre Autorität ist Thema der Artikel 19-21 und 34. In fast wörtlicher Anlehnung an CA VII bestimmt Art. 19 die sichtbare Kirche als „eine Versammlung von Gläubigen, in welcher das Wort Gottes rein gelehrt wird und die Sakramente in allem, was notwendig dazu gehört, der Einsetzung Christi gemäß recht verwaltet werden". Art. 20 und 34 lehren gegen puritanischen Biblizismus wie gegen römischen Uniformismus, daß jede Partikularkirche Autorität in der Gestaltung gottesdienstlicher Ordnungen hat und daß diese Ord-

[12] Zum Inhalt und zur Theologie der 39 Artikel vgl. Bicknell, 22-446.

[13] Alle Übernahmen aus der CA geschahen über die 13 Artikel und die 42 Artikel, vgl. hierzu Tjernagel, 184-187.

nungen nicht überall gleichförmig zu sein brauchen. Konzilien (Art. 21) können irren und ihre Beschlüsse sind nicht gültig, wenn nicht gezeigt werden kann, daß diese aus der Schrift entnommen sind. Die Artikel 23 und 36 handeln vom geistlichen Amt. In etwas entfalteter Aufnahme von CA XIV legt Artikel 23 fest, daß niemand in der Gemeinde das Amt der öffentlichen Wortverkündigung und Sakramentsverwaltung ausüben darf, „wenn er nicht vorher dazu rechtmäßig (‚legitime' statt ‚rite' in CA) berufen und gesandt ist". Dies geschieht durch „Menschen, denen die öffentliche Vollmacht in der Gemeinde gegeben ist, Diener zu berufen und in den Weinberg des Herrn zu senden". Artikel 36 verweist auf das „Ordinal" mit seinen Ordinationsordnungen, die (gegen puritanische Angriffe) nichts enthalten, was abergläubisch oder gottlos wäre. Der Artikel erklärt (gegen römische Einwände) alle „für rechtmäßig, ordentlich und gesetzlich konsekriert und ordiniert", die gemäß diesen Ordnungen ordiniert/konsekriert worden sind. Eine ausdrückliche Begründung des Bischofsamtes und der bischöflichen Sukzession findet sich in den 39 Artikeln nicht.

Die Artikel zu den Sakramenten (25-31) setzen ein (Art. 25) mit einer aus CA XIII übernommenen Näherbestimmung der Sakramente. Diese sind „nicht nur Zeichen, an denen man äußerlich die Christen erkennen kann, sondern vielmehr sichere Zeugnisse und wirksame Zeichen der Gnade und des Wohlwollens Gottes gegen uns, wodurch er selbst unsichtbar in uns wirkt und unseren Glauben an ihn nicht nur erweckt, sondern auch stärkt". Über die Taufe lehrt Artikel 27, daß sie ein Zeichen der Wiedergeburt ist, wodurch die Getauften in die Kirche einverleibt werden und die Verheißungen der Sündenvergebung und der Annahme als Kinder Gottes sichtbar bezeichnet und versiegelt werden. Der Abendmahlsartikel (28) wurde im Zusammenhang mit den 42 Artikeln angeführt. Die anderen Artikel dieses Themenbereichs behandeln Einzelfragen oder lehnen römische Lehren ab.

Die drei abschließenden Artikel 37-39 bewegen sich im Bereich von Kirche und Welt. Der wichtige Artikel 37 über die königliche Suprematie wurde bei den 42 Artikeln angeführt. Artikel 38 wendet sich gegen die Forderung der Wiedertäufer nach Gütergemeinschaft der Christen und Artikel 39 erlaubt, auch in Angelegenheiten des Glaubens und der Liebe zu schwören. Zwischen den genannten Themenbereichen finden sich noch einige Einzelartikel, die nicht erwähnt zu werden brauchen. Auch sind längst nicht alle Abgrenzungen gegenüber römischen oder schwärmerischen Lehren genannt worden. Gerade solche Abgrenzungen bestimmen durchgehend den Charakter der 39 Artikel und machen es deren Kritikern leicht, von einem zeitbedingten und darum heute nicht mehr relevanten und verbindlichen Dokument zu sprechen.

Die 39 Artikel von 1571 spiegeln die Auffassungen und Intentionen der Mehrheit der anglikanischen Theologen in der Mitte des 16. Jahrhunderts wider. In ihrer theologischen Orientierung wird man sie nur mit Einschränkungen als lutherisch[14] oder auch als kalvinistisch[15] bezeichnen können. Sie stellen vielmehr ein vermittelndes, sehr stark von lutherischen und weniger kräftig von reformierten Überzeugungen geprägtes Dokument dar, das sehr deutlich die Spuren des Zusammenkommens unterschiedlicher Interessen und Tendenzen

[14] Tjernagel, 253; C. S. Meyer, 161.
[15] T. M. Lindsay, The Reformation, Edinburgh 1949, 158.

und der Auseinandersetzungen mit Gegnern zur Rechten und Linken trägt[16]. Ihre theologischen Grundaussagen sind aber, trotz neuer Entwicklungen in Theologie und Kirche schon bald nach ihrer Annahme und Veröffentlichung, in vielen anglikanischen Kreisen bis zum heutigen Tage lebendig und wirksam geblieben. Als offizielles Lehrdokument sind die Artikel allerdings immer mehr in den Schatten des „Allgemeinen Gebetsbuches" gerückt.

§ 2 Rechtfertigung und Klärung des „mittleren Weges" gegenüber Rom und Genf

Literatur: J. E. Booty (ed.), An Apology of the Church of England by John Jewel, Charlottesville 1974²; P. Munz, The Place of Hooker in the History of Thought, London 1952; J. F. H. New, Anglican and Puritan, the Basis of their Opposition 1558–1640, London 1964; P. Collinson, The Elizabethan Puritan Movement, London 1967; H. C. Porter, Puritanism in Tudor England, London 1970; W. S. Hill et al. (ed.), The Folger Library Edition of the Works of Richard Hooker, Vols. I–IV, Cambridge/Mass. 1977–1982; L. J. Tinterud, Elizabethan Puritanism, New York 1971; weitere Lit. in den Anmerkungen.

„Das religiöse und kirchliche Modell einer englischen Reformation war 1559 erst noch zu bestimmen. ... Die führenden Reformer, ausgenommen Matthew Parker, verabscheuten die noch immer vorhandenen Überbleibsel des alten Regimes und wollten die neue Institution noch weiter verändern, damit diese den Strukturen Zürichs oder Genfs entspricht."[17] Dieser Prozeß der Klärung und der Standortbestimmung der englischen Kirche wurde neben den grundlegenden Entscheidungen von Krone und Parlament (Suprematie, Gebetsbuch, 39 Artikel) vor allem von zwei Theologen nach 1559 vorangetrieben und mit bleibenden Orientierungen versehen: John Jewel und Richard Hooker.

John Jewel (1521-1571)[18], Bischof von Salisbury, ist der bedeutendste Apologet des eigenständigen Weges der englischen Kirche gegenüber Rom. 1562 erschien die „Apologia Ecclesiae Anglicanae"[19] (1564 in englischer Übersetzung: „An Apology or Answer in Defence of the Church of England")[20]. Das Buch ist eine leidenschaftliche, mit äußerster Schärfe geführte Abrechnung mit der römischen Kirche und eine souveräne Rechtfertigung der Reformation der englischen Kirche.

Jewel verteidigt die Trennung der englischen Kirche von Rom mit immer neuen Hinweisen auf die Verfehlungen, die unchristlichen Machtansprüche, den moralischen Verfall der römischen Kirche, „die sich offenkundig vom Wort Gottes getrennt hat und deren Irrtümer bewiesen und der Welt gegenüber aufgezeigt wurden" (IV. 79. Die Hinweise bezeichnen das Kapitel der „Apology" und die Seitenzahl in Bd. III der „Works"). „Es ist wahr, daß wir uns von ihnen abgewandt haben, und dafür danken wir dem allmächtigen Gott und freuen uns

---

[16] Zu den verschiedenen Interpretationen vgl. Keller-Hüschemenger, 25-28.

[17] Chadwick, 135f.

[18] W. M. Southgate, John Jewel and the Problem of Doctrinal Authority, Cambridge/USA 1962; J. E. Booty, John Jewel as Apologist of the Church of England, London 1963.

[19] The Works of John Jewel, ed. for the Parker Society by J. Ayre, 4 vols, Cambridge 1845-1850, III, 1-48.

[20] AaO. 51-108.

um unsretwillen. Aber um alles dessen willen haben wir uns doch nicht von der Alten Kirche, von den Aposteln und von Christus entfernt“ (V. 91). Mehr noch: „... das heilige Evangelium Gottes, die alten Bischöfe und die Alte Kirche stehen auf unserer Seite. Wir haben diese Menschen (d.h. Rom) nicht ohne berechtigten Grund verlassen und sind zu den Aposteln und alten katholischen Vätern zurückgekehrt“ (I.56). Trennung von Rom, Reformation von Lehre, Gottesdienst und Struktur und Rückkehr zu den reinen Quellen der Anfangszeit der Kirche sind für Jewel identisch(vgl. auch VI.100). Die wenigen Hinweise zeigen bereits, welche wesentliche Bedeutung die Anfangszeit der Kirche (bis hinein in die ersten Jahrhunderte der Kirche) als Kriterium einnimmt. Gewiß ist die Heilige Schrift, das Wort Gottes, das Evangelium, die grundlegende, primäre Norm. Nur in der Schrift „kann das Herz des Menschen Ruhe finden. In ihr ist über die Maßen und völlig all das enthalten, was für unser Heil notwendig ist, wie Origines, Augustin, Chrysostomos und Cyrill gelehrt haben. Sie ist die wahre Kraft und Stärke Gottes, um Erlösung zu empfangen. Sie ist die gewisse und unfehlbare Richtschnur, vor der sich alle kirchliche Lehre rechtfertigen muß“ (II.62). Doch diese Norm wird von Jewel ganz eng verbunden mit „der Kirche der Apostel und der alten katholischen Bischöfe und Väter, von welcher wir wissen, daß sie rechtgläubig und vollkommen und – wie Tertullian es nannte – eine reine Jungfrau war, noch unbefleckt durch Götzendienst oder andere schlimmen und schrecklichen Fehler“ (VI.100). Mit zahlreichen Väterzitaten und Hinweisen auf Kirchenväter praktiziert Jewel seine Herausstellung des „Altertums“ (antiquity) als Kriterium unter und neben der Schrift, als Beleg für die Kontuinität, ja Identität der eigenen Kirche mit der unverfälschten altkirchlichen Tradition. Er ist wohl der erste bedeutende anglikanische Theologe, der ausdrücklich und so umfassend den Rückbezug auf die *altkirchliche Tradition* als konstitutives Element anglikanischer theologischer Methode herausgestellt hat.

Im 2. Teil seiner „Apology“ legt Jewel in knappen, präzisen Formulierungen den *positiven Gehalt* des anglikanischen Glaubensverständnisses dar. Er setzt bei Gott und der Trinität ein. Er betont den katholischen und universalen (weltweiten) Charakter der Kirche Gottes, deren alleiniges Haupt Jesus Christus ist (II.58f.). Er bejaht das dreifache Amt von Diakon, Priester und Bischof in dieser Kirche[21]. Er bestreitet aber nachdrücklich, „daß es einen einzelnen Menschen gibt oder geben kann, dem die umfassende Herrschaft in dieser universalen Gemeinschaft zukommen kann“, denn Christus ist ja gegenwärtig, um seiner Kirche beizustehen, und keine sterbliche Kreatur ist fähig, die über die ganze Welt verteilte universale Kirche zu erfassen, zu ordnen und zu leiten. „Denn alle Apostel waren, wie Cyprian sagt, von gleicher Vollmacht untereinander, und die übrigen waren dasselbe wie Petrus“ (II.59). Indem sich der Bischof von Rom als „höchster Bischof“ bezeichnet, beweist er, „daß er der König des Stolzes ist; daß er Luzifer ist, der sich gegenüber seinen Brüdern eine Vorrangstellung gibt; daß er den Glauben verworfen hat und der Vorläufer des Antichrist ist“ (II.69).

Die Sakramente sind für Jewel „bestimmte sichtbare Worte, Siegel der Gerechtigkeit, Zeichen der Gnade“ (II.62). Im Abendmahl werden die Gläubigen zur Hoffnung auf die Auferstehung und das ewige Leben geführt. Ihnen wird

[21] An anderer Stelle betont er die Priorität der Sukzession in der Lehre und die Gleichrangigkeit von Bischof und Priester, vgl. SYKES, Old Priest, 15ff.; 27f.; WOODHOUSE, Chap. VI und VII.

Christus selbst gegeben, „so daß wir durch Glauben seinen Leib und sein Blut wahrhaft empfangen. Doch sagen wir dies nicht so, als ob wir meinten, daß die Natur des Brotes und Weins eindeutig verwandelt wird und verschwindet, sondern daß er uns vielmehr verwandeln und uns in seinen Leib umwandeln möge“ (II.63). „Wenngleich wir den Leib Christi nicht mit Zähnen und Mund berühren, so halten wir ihn doch fest und essen ihn durch Glauben, Verstehen und durch den Geist“ (II.64)[22].

Der Überblick über den Glauben schließt mit einem Abschnitt über die Erlösung: Da kein Mensch das vollkommene Gesetz Gottes erfüllen und durch eigene Verdienste vor Gott gerechtfertigt werden kann, ist für ihn das Erbarmen Jesu Christi die einzige Zuflucht. Bei ihm allein ist die Vergebung der Sünden (II.65f.). Abschließend bekräftigt Jewel noch einmal die Quelle seiner Darlegung reformatorischer Lehre: „Wir, für unser Teil, haben diese Dinge von Christus, von den Aposteln, von den frommen Vätern gelernt“ (III.67).

Zu einer Apologie der anglikanischen Kirche gehörte auch die Rechtfertigung der königlichen *Suprematie*. Jewel geht von der These aus, „daß einem christlichen Herrscher die Verantwortung für beide Tafeln mit dem Ziel anvertraut worden ist, daß er erkennen möge, daß nicht nur zeitliche Angelegenheiten, sondern auch religiöse und kirchliche Sachen zu seinem Amt gehören“. Er begründet dies mit Beispielen aus dem Alten Testament und den „besten Zeiten“ und versteht die Verpflichtung des „guten Herrschers“ vor allem als Schutzherr und, wenn nötig, als Reformator der Kirche (VI.98).

Jewels Anspruch, daß „wir wieder zurückgekehrt sind zur ursprünglichen Kirche der alten Väter und Apostel als den eigentlichen Grundlagen und Hauptquellen der Kirche Christi“ (VI.103) wurde jedoch, wie das einleitende Zitat aus diesem Abschnitt andeutet (vgl. hier S. 375) von einer wachsenden Zahl seiner Zeitgenossen im reformatorischen Lager in Frage gestellt. Die sich hier herausbildende Gegenposition, als „Puritanismus“ allgemein, aber auch sehr ungenau und mißverständlich bezeichnet, stellte in den letzten Jahrzehnten des 16. Jahrhunderts eine größere Herausforderung und Gefährdung des anglikanischen „Mittelweges“ dar als Rom, da sie aus den Reihen der eigenen Kirche kam. Die sehr komplexe Bewegung des *Puritanismus*[23] kann hier nur insoweit in den Blick genommen werden, als sie im 16. Jahrhundert noch eine weitgehend inneranglikanische Strömung war und auf ihre Weise die Näherbestimmung der anglikanischen „via media“ mit beeinflußt hat. Im 17. Jahrhundert ist der Puritanismus dann zunehmend (und nicht immer freiwillig) aus der Kirche von England in den Presbyterianismus und Independentismus und nach Neu-England (USA) ausgewandert.

Die theologische Basis der Puritanismus im 16. Jahrhundert war der Kalvinismus. Die Mehrheit der führenden Theologen und Kirchenmänner unter Elisabeth I. waren Kalvinisten[24]. Dies kam, neben der Abendmahlslehre, am deut-

[22] Booty, 167-175 sieht Jewels Abendmahlsverständnis auf der Linie von Cranmer, Bucer und Petrus Martyr Vermigli.

[23] Dokumente bei H. C. Porter und L. J. Tinterud; W. Haller, The Rise of Puritanism, 1938, repr. New York 1957; M. M. Knappen, Tudor Puritanism, Chicago 1939; Dickens, 425-437; Davies, 40-75.

[24] G. R. Cragg, Puritanism, 14; Dickens, 426; Hughes III, 227-236; McAdoo, 24-80; J. Dawley, John Whitgift and the Reformation, London 1955, 217: „Die ungewöhnlich große Zahl

lichsten in der Prädestinationslehre zum Ausdruck. So vertrat z.B. Erzbischof John Whitgift (s. RE 22,470) in den unter seiner Leitung verfaßten 9 „Lambeth Articles“[25] eine strenge, doppelte supralapsarianische Prädestination: „1. Von Ewigkeit her hat Gott einige zum Leben vorherbestimmt, einige zum Tode verworfen. 2. Die bewegende oder bewirkende Ursache der Prädestination ist nicht ein Vorhersehen des Glaubens, oder der Beständigkeit, oder der guten Werke oder irgendeiner anderen Sache in der zum Leben vorherbestimmten Person, sondern allein Gottes wohlgefälliger Wille.“

Andere Theologen übernahmen jedoch nicht nur bestimmte Überzeugungen, sie wandten sich auf deren Grundlage auch kritisch gegen die Formen und Strukturen der englischen Kirche. Dies waren die „Puritaner“ im engeren Sinne: „Zweifellos war die ganze Bewegung gekennzeichnet von einem Verlangen, daß die Reformation entsprechend der Norm des ‚reinen‘ Wortes Gottes weiter fortschreiten sollte, als sie es in England bisher getan hatte.“[26]. Die *puritanische Kritik* richtete sich gegen die Beibehaltung traditioneller gottesdienstlicher Gewänder und Zeremonien. Sie stellte der bischöflichen Amtsstruktur das presbyterianische Modell Genfs als das allein biblische gegenüber und bestritt das Recht der Kirche und des Staates, kirchliche Ordnungen einzuführen, die nicht ausdrücklich in der Schrift geboten sind. Sie betonte die Unterscheidung von Kirche und Staat gegenüber deren Einheit unter königlicher Suprematie[27]. Die tieferliegende Wurzel dieser Kritik aber war ein unterschiedliches Verständnis der Autorität, genauer: der Autorität und des materialen Gehalts biblischer Aussagen im Verhältnis zur Autorität der Kirche und des Staates in Fragen der Verfassung und Amtsstruktur der Kirche. Der bedeutendste Puritaner der elisabethanischen Zeit, der Cambridger Professor Thomas Cartwright (vgl. EKL 1,669f.), bringt um 1570 „diese latente Frage an die Oberfläche der Kontroverse. Er besteht darauf, daß es nicht eine Frage nur der Ordnung ist, sondern des grundlegenden Glaubensverständnisses. Er zwingt die Debatte zu der Frage, ... was Gott in der Heiligen Schrift zu tun geboten hat“[28]. 1572 erscheinen die bedeutsamen puritanischen Manifeste „An Admonition to the Parliament“ (Ermahnung an das Parlament) und „A Second Admonition to the Parliament“[29]. In der sich anschließenden Debatte verteidigt Erzbischof Whitgift die Grundstruktur der reformatorischen anglikanischen Kirche[30]. Er vertritt dabei gegenüber den Puritanern die grundlegende Unterscheidung zwischen Fragen des Glaubens, die notwendig sind für das Heil und in denen der Heiligen Schrift absolute Autorität zukommt, und Fragen der Zeremonien, Amtsstrukturen, Kirchenzucht und Lei-

---

an Ausgaben und Übersetzungen der Schriften Calvins, die im elisabethanischen England herauskam, bezeugt die Hochschätzung, die ihm von der Mehrzahl der Theologen der Königin entgegengebracht wurde.“

[25] Text bei Hardwick, 361; Hughes III, 232f.; und in Dawley, 211, der in Kap. VII den umfassenderen theologischen Kontext der Lambeth-Artikel darlegt.

[26] Davies, 41.

[27] Eine Zusammenfassung der puritanischen Grundüberzeugungen findet sich bei Davies, 40-75.

[28] Hughes, III, 170.

[29] Texte bei W. H. Frere and C. E. Douglas, ed., Puritan Manifestoes, London 1907, 8-19 und 80-133.

[30] Vgl. Dawley, bes. 133-160; H. Kressner, Schweizer Ursprünge des anglikanischen Staatskirchentums, SVRG 59, Nr. 170, Gütersloh 1953, 99-134.

tung, die der Entscheidung der Kirche übergeben sind. Auf das konkrete Beispiel der Amtsstruktur angewandt: „Ich finde keine bestimmte und vollkommene Form der Kirchenleitung, die in der Schrift der Kirche Christi vorgeschrieben oder auferlegt wird; dies hätte aber zweifellos geschehen müssen, wenn es eine Sache wäre, die für das Heil der Kirche notwendig ist."[31]

Whitgift war der Vorläufer des bedeutendsten Apologeten der anglikanischen „via media" gegenüber der puritanischen Herausforderung: *Richard Hooker* (1554-1600)[32], Schützling Jewels, Professor in Oxford und nach seiner Heirat Pfarrer in verschiedenen Gemeinden (u. a. am Londoner „Temple"). Hooker ist in die anglikanische Kirchen- und Theologiegeschichte eingegangen durch sein Hauptwerk „The Laws of Ecclesiastical Polity"[33], ein großangelegter Entwurf, noch mittelalterlich in seinem Charakter, vergleichbar mit reformatorischen Hauptschriften wie Calvins „Institutio" und wohl das an Wirkung und Einfluß wichtigste Werk, das der Anglikanismus hervorgebracht hat. Zu Hookers Lebzeiten erschienen die Bücher I–IV (1593) und V (1597). Die Bücher VI und VIII (königliche Suprematie) erschienen erst 1648 und Buch VII (Bischofsamt) sogar erst 1662[34].

Ausgangspunkt und Kontext für Hookers Werk ist die puritanische Kritik an der Kirche von England. Hinter dieser Kritik steht ein bestimmtes Verständnis der Autorität der Heiligen Schrift. Es gehörte, wie SHIRLEY schreibt, „zum Genius Hookers, daß er deutlicher als die meisten seiner Zeitgenossen sah, daß Reformation und Neuordnung der Religion grundlegend eine Frage der Autorität waren"[35]. In seiner Antwort auf die puritanische Herausforderung entfaltet Hooker daher nicht ein System theologischer Lehre, sondern Grundlagen und Kriterien jener „rechtmäßigen Autorität", die für die Kirche von England und in ihr bestimmend sein sollte. „Richard Hooker kann in gewisser Weise beanspruchen, der bedeutendste anglikanische Theologe zu sein. Sein Werk bestand jedoch darin, eine theologische Methode vorzulegen und nicht ein (theologisches) System zum umreißen."[36]

Hookers Grundthese, zugleich seine Definition von „*Law*", ist, daß alles, was geschieht, auf bestimmte Ziele hin ausgerichtet ist und zu deren Erreichung den dazu geeigneten und dafür bestimmten Verfahrensweisen folgt (I.ii.1). „Law" im Sinne dieses Strukturprinzips allen Geschehens wird von Hooker umfassend verstanden als eine Ordnung des gesamten Universums, die in Gott ihren Ursprung hat und der er sich selbst mit einordnet. Denn, die erste Form dieses

---

[31] The Works of John WHITGIFT, ed. J. AYRE, 3 vols, Cambridge 1851-1853, I, 180.

[32] The Works of Richard Hooker, ed. J. KEBLE, 7. ed. revised by R. W. CURCH and F. PAGET, 3 vols, Oxford 1888; F. J. SHIRLEY, Richard Hooker and Contemporary Political Ideas, London 1949; G. HILLERDAL, Reason and Revelation in Richard Hooker, LUA, N.F., Avd. I, liv. 7, Lund 1962; J. S. MARSHALL, Hooker and the Anglican Tradition, London 1963.

[33] Der Titel ist schwer zu übersetzen. „Ecclesiastical Polity" meint, so Hooker, nicht nur die Leitungsstruktur der Kirche. Sie ist darüber hinaus die „Form der Ordnung der öffentlichen geistlichen Angelegenheiten der Kirche Gottes" (III.ii.2; die Zitate und Verweise werden in der üblichen Form gekennzeichnet: Buch, Kapitel und Abschnitt). Der Begriff „Law" ist ebenfalls umfassender zu verstehen und vereinigt in sich die Bedeutungen von Recht, Ordnung, Gesetz und Autorität.

[34] Die Manuskripte der Bücher VI-VIII sind durch mehrere Hände gegangen, und es gibt deutliche Anzeichen (bes. bei Buch VI und VII) dafür, daß die Entwürfe Hookers z. T. stark „bearbeitet" worden sind. Vgl. die genaue Untersuchung bei SHIRLEY, 41-57.

[35] SHIRLEY, 59; ähnlich HIGHAM, 27f.

[36] McADOO, V.

„ewigen Rechts" (law eternal) ist „das Recht, das Gott mit sich selbst ewig niedergelegt hat, um ihm in seinen eigenen Werken zu folgen" (I.xvi.1). Die zweite Form des „ewigen Rechts" hat Gott für seine Geschöpfe gemacht: Das „natürliche Recht" (Nature's Law) für die Ordnung der natürlichen Welt, das „himmlische Recht" (Celestical Law) für die Engel, das „Recht der Vernunft" (Law of Reason) für menschliche Erkenntnis und moralische Entscheidung, das „göttliche Recht" (Divine Law) für die besonderen Offenbarungen Gottes (in der Schrift) und das „menschliche Recht" (Human Law), das Menschen aus dem Recht der Vernunft oder dem göttlichen Recht ableiten und für die Ordnung des menschlichen Zusammenlebens auf den verschiedenen Ebenen formulieren (I.iii.1 und I.xvi.1).

Im Rahmen dieser Hierarchie von Rechtsordnungen ist das positive „menschliche Recht", teilweise aber auch das in der Schrift gegebene „göttliche Recht" veränderbar. Für letzteres gilt, daß Gesetze in Sachen der kirchlichen Ordnungen etc. „durch die Vollmacht der Kirche" veränderbar sind, nicht aber Artikel der Lehre (V.viii.2; I.xiv.5).

Der Vernunft kommt in Hookers Schema eine besondere Bedeutung zu. Sie ist Orientierung und Maßstab verantwortlichen menschlichen Handelns (I.viii.8; II.viii.6), sie führt zur Erkenntnis des „natürlichen Rechts" und zur Bestimmung des „menschlichen Rechts". Sie ermöglicht Einsicht in das „göttliche Recht", indem sie zur Heiligen Schrift hinzutritt und uns deren Früchte und gute Gaben erschließt. Dies nicht als eine Ergänzung für einen Mangel, sondern als notwendiges Instrument der Erkenntnis (III.viii.10) und der „Wissenschaft von den göttlichen Dingen" (Theologie) (III.viii.12)[37].

Die Autorität der Bibel, d.h. des „göttlichen Rechts", ist in Hookers Schema nur für einen Teil der Wirklichkeit unmittelbar und bindend relevant. Vollkommenheit und Suffizienz der Schrift werden dadurch keineswegs eingeschränkt. Allerdings gilt, „daß die absolute Vollkommenheit der Schrift in Beziehung zu dem Ziel, auf das sie ausgerichtet ist, gesehen wird" (II.viii.5). Daraus folgt, daß die Schrift alles, was notwendig ist für das Heil, enthalten muß und auch enthält (I.xiv.1). Darin ergänzt sie die Insuffizienz des Lichtes der Natur (Vernunft), das „kein ausreichender Lehrer ist für das, was wir tun sollten, um das ewige Leben zu erlangen" (II.viii.3).

Um die Einzelaspekte seiner Apologie der Kirche von England und des ihre Gestaltung leitenden Autoritätsverständnisses in einer umfassenden Gesamtkonzeption verankern zu könen, entwirft Hooker also mit Hilfe des „Law"-Begriffs eine Gott, die himmlischen Wesen, den Menschen und die Natur einschließende Schau des Universums, in der die Elemente der Ordnungs- oder Rechtsstruktur, der Erkenntnis und der Entscheidung/Gestaltung miteinander verbunden sind. Zugleich bildet „Law" in dieser hierarchischen Konzeption eine Brücke von Gott zum Menschen und vom Menschen zu Gott. Die puritanische Begrenzung auf die Unterscheidung zwischen „göttlichem Recht" und „menschlichem Recht" wird so von Hooker aufgebrochen. Indem er der Vernunft eine weitreichende Bedeutung und Funktion beimißt, stellt er sie neben die Bibel als ein zweites protestantisches Grundkriterium. Damit verlagert er die

[37] Zum Verständnis der Rolle der Vernunft in Hookers Werk vgl. KELLER-HÜSCHEMENGER, 110-113.

Auseinandersetzung mit den Puritanern vom Streit unterschiedlicher Interpretationen der Bibel miteinander auf eine andere und wesentlich breitere Ebene. Hookers Versuch, die Kluft zwischen Offenbarung und Vernunft zu schließen, setzt allerdings eine theologische Anthropologie voraus, in der die Beurteilung der Würde und Erkenntnisfähigkeit des Menschen wesentlich positiver angelegt ist als im puritanischen und auch im reformatorischen Denken auf dem Kontinent[38].

Damit sind für Hooker die grundlegenden Einwände gegen die puritanischen Thesen und Vorwürfe gegeben: 1. Nicht alles, was in diesem Leben und in der Kirche rechtmäßig getan und geordnet wird, muß im Wort Gottes begründet sein. Anders herum gesagt: es braucht in der Kirche nicht nur das getan und geordnet zu werden, für das es ein ausdrückliches Gebot Gottes in der Schrift gibt (II.viii.7). 2. In der Schrift ist keine ausgebildete und unveränderliche Form kirchlicher Ordnung vorgeschrieben, wie die Puritaner meinen, da die äußeren Ordnungen im Unterschied zu Glaubensartikeln veränderbar sind und für ihre Gestaltung „vieles erforderlich sein mag, was die Schrift nicht lehrt“ (III.xi.16). Das bedeutet nicht eine Ignorierung der Schrift in Fragen der Ordnung, sondern die Zurückweisung eines gesetzlichen und absoluten Anspruchs. Kennzeichnend für Hookers Auffassung ist z.B. die Wendung, daß eine Amtsstruktur „mit der Heiligen Schrift übereinstimmt“ (ibid.)

Gegenüber seiner Grundkonzeption, die u.a. stark von Thomas von Aquin beeinflußt ist[39], treten Hookers irenisch formulierten, einer Systematisierung und präzisierenden Definition oft ausweichenden Aussagen zu einzelnen Lehrfragen an Bedeutung zurück. Darum genügen hier einige Hinweise. Hookers Verständnis der Autorität und *Suffizienz der Schrift* wurde bereits erwähnt. Traditionen, die „mit jener Autorität geschaffen wurden, die Christus seiner Kirche für nicht heilsnotwendige Fragen übergeben hat“, schätzt er hoch ein. Sie können aber von der Kirche geändert werden (V.lxv.2). Das römische Traditionsverständnis lehnt er ab (II.viii.7).

Hooker vertritt eine reformatorische Rechtfertigungslehre[40], wobei er die Gerechtmachung durch das Blut Christi, die Notwendigkeit eines nachfolgenden *geheiligten* Lebens und den empfangenen Glauben als Gnadenwirkung des Heiligen Geistes betont (V. App. I.16).

In seinem Kirchenverständnis unterscheidet Hooker zwischen der Kirche als dem mystischen Leib Christi, deren wahren Glieder und Grenzen nicht von den Sinnen erfaßt werden können (III.i.2) und der sichtbaren Kirche. Da es sich nicht um zwei verschiedene Wirklichkeiten handelt, gilt auch für die sichtbare Kirche, daß sie nur eine einzige sein kann, wobei ihre Einheit im einen Herrn, einen Glauben und in der einen Taufe besteht (III.i.3 und 13). Diese Katholische Kirche besteht aus eigenständigen, auch in ihrer Gestaltung selbständigen Nationalkirchen (III.i.14)[41].

Ausführlich entfaltet Hooker sein Verständnis der Sakramente als den wirksamen *Instrumenten Gottes*, durch die er jene Gnade schenkt, die für das ewige

[38] Vgl. auch die Zusammenfassung zu „Law and Authority“ bei SHIRLEY, 88–90.
[39] Vgl. SHIRLEY, 90-92.
[40] „Wir werden gerechtfertigt durch Glauben ohne Werke, durch Gnade ohne Verdienst.“
[41] Zur Ekklesiologie Hookers im Kontext seiner Zeitgenossen vgl. WOODHOUSE, 44ff. und öfter.

Leben notwendig ist (V.lvii.5). Die Frucht der Eucharistie ist „die Teilhabe am Leib und Blut Christi“ (V.lxvii.6), die eine „wirkliche Umwandlung unserer Seelen und Leiber von der Sünde zur Gerechtigkeit, von Tod und Verderbnis zu Unsterblichkeit und Leben“ bewirkt (V.lvii.7). Aber: „Die Realpräsenz des hochgesegneten Leibes und Blutes ist nicht im Sakrament zu suchen, sondern im würdigen Empfänger des Sakraments“ (V.lxvii.6). Hier steht Hooker noch ganz in der von Cranmer herkommenden Linie des Verständnisses der Realpräsenz, für das seit der Mitte des 19. Jahrhunderts[42] der Ausdruck „Receptionism“ verwendet wird.

In manchen Punkten seines Amtsverständnisses tendiert Hooker bereits in die Richtung der späteren hochkirchlichen „Caroline Divines“. So sieht er in der Amtsvollmacht, die „ihre Träger von den anderen Menschen absondert und sie zu einem besonderen Ordo macht“, auch so etwas wie einen indeliblen Charakter angelegt (V.lxxvii.2). Bischöfliche Ordination und bischöfliche Leitung der Kirche ist für ihn diejenige Form der Kirchenordnung, die am besten mit der Heiligen Schrift übereinstimmt. Daß die reformierten Kirchen diese Ordnung nicht beibehalten haben, ist ein Mangel und eine Unvollkommenheit, die er bedauert. Daraus folgt für ihn aber kein negatives Urteil über diese Kirchen und ihre Ämter, weil sie ja durch äußere Umstände zur Aufgabe der bischöflichen Verfassung gezwungen wurden (III.xi.16). Eine Lehre vom „monarchischen Episkopat“ oder der „apostolischen Sukzession“ entwickelt Hooker in den ersten fünf Büchern der „Ecclesiastical Polity“ nicht. Die in diese Richtung gehenden Ausführungen im 7. Buch sind in ihrer Echtheit umstritten. Sie spiegeln sehr viel stärker die hochkirchlichen Auffassungen der Zeit um 1662 wider als die allgemeinen Überzeugungen der elisabethanischen Zeit[43].

In seiner Staatstheorie (bes. in I.x.) hat Hooker im Rahmen seiner Konzeption des „natürlichen Rechts“ in die Richtung des Gesellschaftsvertrags und der Souveränität (durch die Monarchie repräsentierte *Volkssouveränität*) zielende Gedanken aufgenommen und umrißhaft weiterentwickelt. Er hat damit auf das politische Denken in der Folgezeit stark eingewirkt[44]. Staat und Kirche, hier vertritt Hooker die gleiche Grundposition wie bereits Bischof Gardiner (s. o. S. 363) unter Heinrich VIII. (De Vera Obedientia, 1535) und Erzbischof Whitgift (defence of The Answer to the Admonition, 1574; zu ihm s. o. S. 378f.), bilden eine Einheit, sind in gewisser Weise identisch (VIII.i.4). Diese ihre Einheit wird durch die königliche Suprematie symbolisiert, um deren Rechtfertigung es Hooker letztlich geht (bes. in VIII.ii).

Hatte Jewel die altkirchliche Tradition als sekundäres Kriterium neben der Heiligen Schrift besonders herausgestellt, so fügt Hooker nun als weiteres Kriterium die *Vernunft* hinzu. Seine „liberale Methode“ machte deutlich, daß „Autorität, wenn sie Zustimmung finden will, die Prüfung durch freie und rationale Erkenntnis bestehen muß“[45]. Hooker hat somit wesentlich zur Ausbildung einer anglikanischen theologischen Methode beigetragen, bei der Schrift, Tradition und Vernunft „in einem theologischen Instrument“ miteinander verbunden sind[46]. Für sein Werk und dessen bleibende Bedeutung insgesamt gilt das Urteil

---

[42] So Neill, 124.
[43] Vgl. Sykes, Old Priest, 20-23; Shirley, 107-111.
[44] Vgl. die Kap. V-X bei Shirley.
[45] McAdoo, 143.
[46] Ibid. IV.

von SYKES, daß es die „Grundlagen für die Rechtfertigung der anglikanischen via media gelegt hat“[47].

Hookers Werk beendete keineswegs die Auseinandersetzung mit dem Puritanismus. Doch die verstärkten offiziellen Schritte gegen den Puritanismus (u. a. „The Act against Puritans“ von 1593[48] und die Ablehnung puritanischer Bestrebungen auf der Hampton Court Konferenz 1604, die Lambeth Artikel[49] den 39 Artikeln hinzuzufügen) und die Rezeption der Auffassungen Hookers führten um die Wende zum 17. Jahrhundert zum „Abbau der anglo-puritanischen Vorherrschaft und zur Wiedergewinnung einer mittleren Tradition, die den Rigorismus eines orthodoxen Kalvinismus mied, einen engen Biblizismus abwies, die Rolle der Vernunft bei der Interpretation des christlichen Glaubens betonte und sich den Forderungen nach Veränderungen in der Liturgie, Amtsstruktur und in den Glaubensartikeln widersetzte“[50].

§ 3 „Caroline Divines“ und Restauration

Quellen: P. E. MORE-F. L. CROSS, Anglicanism. The Thought and Practice of the Church of England. Illustrated from the Religious Literature of the 17th Century, London 1951 (Textauswahl); zur LACT ed. Oriel College Oxford von John Henry PARKER, s. u. Anm. 53.

Literatur: Gesamtdarstellung des älteren Anglokatholizismus fehlt. Vgl. aber Henry R. McADOO, The Structure of Caroline Moral Theology, London 1949; DERS., The Spirit of Anglicanism, London 1965; M. SCHMIDT, Anglokatholizismus, in: TRE 2, 1978, 723-734 (passim).

Daß die Kirche von England trotz der turbulenten historischen Ereignisse in Verbindung mit der puritanischen Revolution und Machtübernahme (1644-1660) ihren kirchenpolitischen und theologischen Kurs zwischen Rom und Puritanismus im 17. Jahrhundert weiterführen und mit der Restauration nach 1660 sogar weiter festigen konnte, war vor allem das Verdienst der „Caroline Divines“[51]. Mit diesem Begriff werden Theologen und Kirchenmänner bezeichnet, die während der Regierungszeit Karls I. (1625-1649) und, nach der puritanischen Revolution, Karls II. (1660-1685) die Kirche von England prägten und durch Gemeinsamkeiten in ihren Auffassungen und Intentionen verbunden waren. Neben Erzbischof William Laud (1573-1645; vgl. EKL 4,602) waren die wichtigsten Vertreter dieser Richtung Lancelot Andrewes (1555-1626; EKL 4,288), George Herbert (1593-1633), Nicholas Ferrar (1593-1637), John Cosin (1594-1672; EKL 4,380), John Bramhall (1594-1663; EKL 4,343), Herbert Thorndike (1598-1672), Jeremy Taylor (1613-1667; EKL 4,842) und Thomas Ken (1637-1711; EKL 4,570)[52]. Wegen ihrer bewußten Absetzung von den inneranglikanischen puritanischen und kalvinistischen Auffassungen und Tendenzen werden diese Männer häufig als

---

[47] SYKES, ERT, 25.

[48] Text bei GEE/HARDY, 492-498.

[49] Vgl. hier S. 378.

[50] DICKENS, 427.

[51] Im Textband von MORE/CROSS umreißt F. R. ARNOTT den zeitgeschichtlichen Hintergrund für die „Caroline Divines“ (XLI-LXXIII), während P. E. MORE deren Überzeugungen zusammenfassend darstellt (XIX-XL).

[52] Auszüge aus ihren Werken in MORE/CROSS.

frühe „*High Churchmen*", d.h. als Begründer der hochkirchlichen Tradition innerhalb des Anglikanismus eingeordnet[53].

Die „Caroline Divines" zeichneten sich, bei einer konservativen Grundhaltung, durch eine bemerkenswerte Kombination von Gelehrsamkeit, Spiritualität und poetischer Sensibilität aus. Sie rühmten die Schönheit und Ausdruckskraft des Gottesdienstes. Ihr besonderes Interesse, ihre innere Zuwendung galt den Kirchenvätern und der Alten Kirche. Sie wollten deren Klarheit und Reinheit und damit das katholische Erbe der Kirche von England gegenüber allen zu weitgehenden reformatorischen Neuerungen wiedergewinnen und im Leben der Kirche erfahrbar machen. Puritanischer oder antipuritanischer Dogmatismus stieß dagegen auf ihre Ablehnung. Auch die Strenge und Unerbittlichkeit, mit der Erzbischof Laud eine Uniformität in Liturgie und Zeremonien durchzusetzen suchte, war ihnen fremd, so sehr sie theologisch mit Laud übereinstimmten.

Die restaurativ-konservative Grundhaltung der „Caroline Divines" äußerte sich in einer teilweise überschwenglichen Hochschätzung des Allgemeinen Gebetsbuches[54], während die 39 Artikel stark in den Hintergrund traten. Für Bramhall sind sie „fromme Meinungen, geeignet für die Bewahrung von Einheit"[55]. Dieser Grundhaltung entsprach vor allem aber eine neue Hochschätzung der episkopalen Struktur und Sukzession der Kirche[56], in deren Bewahrung sie ein glückliches Schicksal der Kirche von England im Unterschied zu vielen anderen Reformationskirchen sahen. Diesen sprachen sie wegen der fehlenden bischöflichen Sukzession nicht ihr Kirchesein ab, betonen aber, daß die Sukzession doch zur Ganzheit, Vollkommenheit oder Fülle der Kirche hinzugehöre[57].

Eindrücklich hat Jeremy Taylor das neue, gelassene anglikanische Selbstbewußtsein der „Caroline Divines" ausgesprochen: „Wir haben das Wort Gottes, den Glauben der Apostel, die Bekenntnisse der Alten Kirche, die Glaubensartikel der ersten vier Allgemeinen Konzile, eine heilige Liturgie, ausgezeichnete Gebete, vollkommene Sakramente, Glauben und Buße, die Zehn Gebote, die Predigten Christi und all die Gebote und Räte des Evangeliums. Wir lehren die Notwendigkeit guter Werke und verlangen und beachten streng den Ernst eines heiligen Lebens. ... Wir bekennen unsere Sünden Gott und unseren Brüdern, die wir verletzt haben, und den Dienern Gottes, wenn wir Anstoß erregt oder ein beschwertes Gewissen haben. Wir kommunizieren häufig. ... Unsere Priester sprechen die Bußfertigen los. Unsere Bischöfe ordinieren Priester, konfirmieren Ge-

---

[53] Im 19. Jahrhundert wurden ihre Werke in einer Reihe (88 Bde.) neu herausgegeben, die den bezeichnenden Titel „Library of Anglo-Catholic Theology", Oxford 1842-1874, trägt.

[54] Vgl. z.B. J. Taylor, in More/Cross, 169-178.

[55] More/Cross, 186.

[56] Vgl. die ausführliche Darstellung bei A. J. Mason, The Church of England and Episcopacy, Cambridge 1914, Kap. III und IV; B. D. Till, in: K. M. Carey, ed., The Historic Episcopate, London 1954, 73-83, betont die „katholische" Linie weniger stark als Mason.

[57] Vgl. z.B. J. Cosin, in: More/Cross, 398-402; J. Bramhall, ibid. 403: Der Fehler, Kirchen ohne Episkopat das Kirchesein abzusprechen, kommt daher, „daß nicht zwischen dem wahren Wesen und Sein der Kirche, das wir ihnen bereitwillig zugestehen, und der Integrität oder Vollkommenheit einer Kirche unterschieden wird, die wir ihnen nicht zugestehen können, ohne vom Urteil der Katholischen Kirche abzuweichen". Zur Beurteilung sog. nicht-bischöflicher Ämter und Kirchen vgl. Sykes, Old Priest, 58-117.

taufte, segnen die ihnen anvertrauten Menschen und beten für sie. Was könnte also hier noch für das Heil fehlen?"[58]

Die „Caroline Divines" haben mit dazu beigetragen, die Kirche von England dem Einfluß puritanischer Auffassungen zunehmend zu entziehen. Dieser inneren Zurückdrängung des Puritanismus entsprach dessen äußere und offizielle Ausscheidung durch den „Act of Uniformity" (Uniformitätsakte) von 1662 und weitere Gesetze zwischen 1661 und 1670. Damit war allerdings das Ideal einer umfassenden, einheitlichen Nationalkirche endgültig zerbrochen. Die bittere Trennung zwischen „Konformisten" und „Nonkonformisten" wurde staatsrechtlich bewirkt und sanktioniert[59]. „Angesichts der Wahl zwischen der Wünschbarkeit von Inklusivität oder Uniformität hatte sich die Kirche von England für die letztere entschieden[60].

Mit der Uniformitätsakte von 1662[61] wurde neben der Bestimmung, daß nur diejenigen in der Kirche ein Amt ausüben dürfen, die bischöflich ordiniert worden sind, auch das *„Allgemeine Gebetsbuch"* wieder eingeführt[62]. Zuvor war es erneut, aber ohne tiefergreifende Änderungen überarbeitet worden[63]. Selbst kleine sprachliche Modifikationen spiegeln den antipuritanischen, konservativen Grundzug der Restaurationsperiode wider[64]: „minister" oder „pastor" wurden zu „priest" und „congregation" zu „church". In der Abendmahlsliturgie wurde u. a. das Gedenken an die Verstorbenen und der Akt des Brotbrechens wieder eingeführt. Die „schwarze Rubrik" von 1552 (vgl. hier S. 365) wurde allerdings auch wieder aufgenommen, jedoch mit der nicht unbedeutsamen Ersetzung der Wendung „wahre und wesentliche Gegenwart" durch „körperliche Gegenwart"[65]. In ähnlicher Weise waren auch die Veränderungen im „Ordinal"[66] dazu bestimmt, „eine puritanische Interpretation des Ordinals auszuschließen und die bischöfliche Ordination zu einem sine qua non für die Zulassung zum Amt der Kirche von England zu machen[67]. Letzteres wurde im „Vorwort" noch deutlicher als bisher zum Ausdruck gebracht[68]. In Abwehr der puritanischen Gleichsetzung von Pastor und Bischof wurden die Formeln bei der Handauflegung so geändert und erweitert, daß jeweils die Übertragung des betreffenden Amtes deutlich ausgesprochen wurde. So lauten jetzt die Worte bei der Ordination bzw. Konsekration: „Nimm hin den heiligen Geist für das Amt und Werk eines Priesters (Bischofs) in der Kirche Gottes, welches dir jetzt durch Auflegung unserer Hände anvertraut wird."[69]

---

[58] MORE/CROSS, 15f.

[59] Zur Restauration der Kirche von England und den Folgen von 1662 vgl. F. G. NUTTALL and O. CHADWICK, ed., From Uniformity to Unity, London 1962.

[60] CRAGG, 52.

[61] Text bei GEE/HARDY, 600-619.

[62] Text bei FABRICIUS, 3ff. und 404ff.

[63] Vgl. E. C. RATCLIFF, The Savoy Conference and the Revision of the Book of Common Prayer, in: NUTTALL/CHADWICK, 89-148.

[64] Zu den Änderungen vgl. PROCTER/FRERE, 195-201; DIX, 688-694.

[65] FABRICIUS, 194.

[66] Vgl. hierzu BRADSHAW, 87-104; ECHLIN, Ministry, 135-141.

[67] BRADSHAW, 91f.

[68] Im Unterschied zum bisherigen Wortlaut (vgl. hier S. 367) heißt es nun: „Niemand soll als rechtmäßiger Bischof, Priester oder Diakon in der Kirche von England angesehen oder anerkannt werden oder bevollmächtigt sein, irgendeins der genannten Ämter zu verwalten, wenn er nicht der nachstehenden Form gemäß berufen, erprobt, geprüft und ins Amt eingesetzt worden ist oder schon früher bischöfliche Konsekration oder Ordination empfangen hat", FABRICIUS, 321.

[69] FABRICIUS, 335 und 342; zum Wortlaut von 1552 vgl. hier S. 368.

Trotz mancher Revisionsversuche ist das Gebetsbuch mit Ordinal in seiner Form von 1662 *bis heute* in offizieller Geltung. Es hat Leben und Lehre der Anglikanischen Kirche maßgeblich geprägt und dazu beigetragen, daß die anglikanische Identität, die in der Zeit zwischen der Thronbesteigung Elizabeths I. und der Restauration unter Karl II. deutlichere Konturen erhalten hat, durch alle geistigen und sozio-politischen Veränderungen hindurch bewahrt wurde.

Kapitel III: Assimilierung und Apologetik – die neuen geistigen Bewegungen und die anglikanische Theologie im 17. und 18. Jahrhundert

Literatur: G. R. CRAGG (vgl. Kap. II); G. R. CRAGG, ed., The Cambridge Platonists, New York 1968 (Abk. Platonists); E. HIRSCH, Geschichte der neuen evangelischen Theologie, I, Gütersloh 1975⁵; H. R. MCADOO (vgl. Kap. II); N. SYKES, From Sheldon to Secker. Aspects of English Church History 1660-1768; J. TULLOCH, Rational Theology and Christian Philosophy in England in the Seventeenth Century: Vol. II, The Cambridge Platonists, Edinburgh und London 1874.

§ 1 „Cambridge Platonists" und Latitudinarianer

Literatur: Ernst CASSIRER, Die Platonische Renaissance in England und die Schule von Cambridge, Leipzig 1932 (engl. Ausgabe: Edinburgh 1953); W. STRUCK, Der Einfluß Jakob Böhmes auf die englische Literatur des 17. Jahrhunderts, Berlin 1936 (zu Henry More); E. J. WATKIN, Poets and Mystics, London 1953; C. A. STAUDENBAUR, Galileo, Ficino and Henry More's Psychothanasia, in: JHI 29, 1968, 565-578; weitere Lit. in den Anmerkungen.

„In der Mitte des 17. Jahrhunderts stehen wir an der Schwelle zur modernen Welt. Die Fragen, die das Denken der Menschen beschäftigten und der Geist, in dem sie verhandelt wurden, führen uns von einer Atmosphäre, die noch vorwiegend mittelalterlich ist, in eine neue, die wesentlich modern ist."[1] Die rasch wachsende Zahl neuer naturwissenschaftlicher Erkenntnisse und neue philosophische Strömungen, repräsentiert durch Descartes und Hobbes, trafen auf eine für diese neuen Entwicklungen unvorbereitete und primär mit sich selbst beschäftigte Kirche von England der Restaurationszeit, die dadurch Gefahr lief, in ein geistiges Getto zu geraten. Es war eine Gruppe von Cambridger Theologen, die als erste diese Gefahr erkannten und ihr zu begegnen suchten. Zu diesem „Cambridge Platonists" gehörten Benjamin Whichcote (1609-1683; s. EKL 4,898), Henry More (1614-1687; EKL 4,663), John Smith (1616-1652), Ralph Cudworth (1617-1688; RE 4,346ff.) und Nathanael Culverwel (1618-1651; s. EKL 4,384)[2]. Sie alle kamen vom Puritanismus her, dessen moralischer Ernst ihr Denken weiterhin bestimmte, dessen Hauptlehren (bes. Prädestinationslehre) und Dogmatismus sie aber ablehnten. „Aufgewachsen in der Tradition, deren Gegner sie wurden, befanden sie sich im fundamentalen Widerspruch zur Idee

---

[1] CRAGG, 13.

[2] Einführung in ihre Theologie und Auswahl aus ihren Werken bei CRAGG, Platonists; vgl. auch F. J. POWICKE, The Cambridge Platonists, London 1926; MCADOO, 81-155; J. D. ROBERTS, From Puritanism to Platonism in the Seventeenth Century England, The Hague 1968.

eines Systems und zur nahezu exklusiven Betonung des Transzendenten."[3] Die auf Uniformität drängenden Methoden Erzbischof Lauds und seiner Anhänger waren ihrer geistigen Haltung ebenso fremd wie die apologetische Verliebtheit der „Caroline Divines" in die Alte Kirche. So nahmen sie eine nicht leichte Position zwischen den theologischen und kirchlichen Strömungen ein. Ihr die Einheit aller Wirklichkeit betonendes und darum auf Ganzheit und Harmonie ausgerichtetes Denken suchte Philosophie und Theologie, Vernunft und Offenbarung, Christentum und Platonismus, Glauben und Wissen, Vernunft und Mystik, Lehre und Ethik zusammenzuhalten. Sie wandten sich vom vorherrschenden Aristotelismus ab und ließen sich von Plato und Plotin inspirieren[4]. Ihre platonische bzw. neuplatonische Denkstruktur kommt z.B. bei More zum Ausdruck, wenn er schreibt: „Das Ebenbild Gottes ist der königliche und göttliche Logos, doch das Ebenbild dieses Ebenbildes ist der menschliche Intellekt"[5], oder bei Smith: „Gott hat sich selbst in der Schöpfung abgebildet; und in dieser äußeren Welt können wir die lieblichen Eigenschaften göttlicher Güte, Macht und Weisheit ablesen."[6] Die Cambridger Platonisten setzten in gewisser Weise die humanistische Tradition eines John Colet (s. EKL 4,376), Erasmus und Thomas Morus (s. EKL 2,1456f.) fort[7] und waren zugleich, wie R. C. Colie gezeigt hat[8], stark vom Arminianismus (s. o. S. 335 ff.) beeinflußt.

Von ihrem ganzheitlichen Denken und ihrem bewußten Eingehen auf die neuen geistigen Bewegungen her maßen die Cambridger Theologen (indem sie Hooker weiterführten) der menschlichen *Vernunft* gerade auch in Fragen des Glaubens und der Theologie eine besondere Bedeutung zu. „Doch die so stark hervorgehobene Vernunft ist eine Vernunft oberhalb des Rationalismus."[9] Sie verstanden Vernunft wesentlich als das Mittel, durch das geistliche Wahrheiten erfaßt und die Seele erleuchtet wird. Es ist eine göttlich erleuchtete Vernunft[10]. Mystisches Erfassen und vernünftiges Aufnehmen und Durchdringen rücken ganz eng zusammen. Von daher wird, im Gegensatz zur strikten Trennung zwischen Wissen und Glauben im zeitgenössischen Empirismus[11], die Einheit oder Komplementarität von Glauben und Vernunft unterstrichen: „Diejenigen verfallen einem großen Fehler, die in der Religion Dinge der Vernunft und Dinge des Glaubens einander gegenüberstellen, als ob die Natur in die eine Richtung und der Schöpfer der Natur in eine andere Richtung gingen."[12] Damit wird die Vernunft nicht an die Stelle der Offenbarung gesetzt. Sie ist nicht schöpferischer

---

3 McAdoo, 83.

4 „Die Rolle der Ideen, das Wesen der Seele, die Stellung der Vernunft, der Ewigkeitscharakter moralischer Setzungen – all dies kam ihnen von Plato her zu", Cragg, Platonists, 14.

5 Zit. bei Tulloch, 353f.

6 Zit. bei Cragg, 69.

7 E. Cassirer, The Platonic Renaissance in England, Edinburgh 1953, 34.

8 R. L. Colie, Light and Enlightenment: A Study of the Cambridge Platonists and the Dutch Arminians, Cambridge 1957.

9 W. R. Inge, The Platonic Tradition in English Religious Thought, London 1926, 49.

10 Cragg, Platonists, 19; bezeichnend für dieses Verständnis ist das von den Cambridger Theologen immer wieder angeführte Zitat aus Spr. 20,27: „Eine Leuchte des Herrn ist des Menschen Geist", das B. Whichcote so weiterführt: „der von Gott erleuchtet ist und uns zu Gott hinleuchtet" (Moral and Religious Aphorisms, ed. S. Salter, new ed., London 1930, No. 916).

11 Cassirer, 52.

12 Whichcote, No. 878; an Tuckney (Cragg, Platonists, 46) schreibt Whichcote: „Sir, ich stelle nicht das Vernünftige dem Geistlichen gegenüber, denn das Geistliche ist höchst vernünftig."

Ursprung, sondern Organ und Instrument, das die Offenbarungswahrheiten aufnimmt und zueignet.

Für die „Cambridge Platonists" gelangen Glaube und Vernunft jedoch erst in der Verwirklichung des *moralischen Gehorsams* zur vollen Erkenntnis, denn dieser Gehorsam ist „der Zugang zur göttlichen Erkenntnis"[13]. „Für sie war das moralische Bewußtsein ein sicherer Führer zum Heil."[14] So werden Glaube und Vernunft einbezogen in die Totalität der Erfahrung und ausgerichtet auf moralische Applikation. „Wenn die Lehre des Evangeliums zur Rationalität unseres Geistes wird, wird sie das Prinzip unseres Lebens sein."[15]

Es entsprach ihrer Grundhaltung, daß die Cambridger Theologen für Gewissensfreiheit und *Toleranz* eintraten. Da die Aneignung der wenigen fundamentalen Glaubensüberzeugungen in den Möglichkeiten des Menschen beschlossen liegt, waren sie gegen jede Uniformität und gegen jeden Zwang in Glaubensdingen und wandten sich damit gegen den Geist der Restaurationszeit. Wenn aber Glaube und Vernunft frei, uneingeschränkt sind, „dann wird die Wahrheit Gottes wie ein gezogenes Schwert sein, hell und glänzend, scharf und schneidend, den vernünftigen Geist des Menschen unwiderstehlich überzeugend"[16].

Entsprechend ihrer Absicht, die Trennung zwischen Philosophie und Theologie zu überwinden, mußten die „Cambridge Platonists" damit beginnen, „eine *Religionsphilosophie*, die in einem so philosophischen Zeitalter durch philosophische Gründe bestätigt und getragen wird"[17], zu entfalten. Auf dem Hintergrund des Neuplatonismus und in differenzierter Anknüpfung an Descartes versuchten einige von ihnen (vor allem More, Cudworth und Smith), ihren Beitrag zum philosophischen Zeitgespräch zu leisten[18]. Einer der Hauptakzente der englischen Philosophie des 17. und 18. Jahrhunderts bestand darin, daß „der Widerspruch gegen den Dualismus (von Geist und Materie) auf der einen Seite im Materialismus von Hobbes (s. EKL 2,177f.) und auf der anderen Seite in verschiedenen Formen eines subjektiven Idealismus in Erscheinung trat. In beiden Fällen entsprach man der Forderung nach Einheit durch die Eliminierung eines der beiden Elemente des traditionellen Dualismus. ... Im bewußten Widerspruch zur vorherrschenden Methode von Analyse und Einordnung betont More die konkrete Einheit von Leben und Geist"[19]. Innerhalb der immer wieder herausgestellten Einheit aller Wirklichkeit werden Geist und Materie, Geist und natürliche Welt von den „Cambridge Platonists" in einen engen Zusammenhang miteinander gebracht. Gegen den Materialismus und mechanistischen Determinismus von Hobbes stellen sie die Existenz von Materie und Geist als zwei unterschiedenen Arten von Substanz heraus[20], wobei gerade durch die Wirklichkeit des Geistes jeder Determinismus faktisch überwunden wird[21]. Doch darüber hinaus vertreten More und Cudworth die Auffassung, daß die Materie, die natürliche Welt von einem inneren lebendigen Prinzip bewegt, organisiert,

[13] More, An Explanation of the Grand Mystery of Godliness, London 1660, V.
[14] Sykes, Sheldon, 145. [15] Whichcote, No. 94.
[16] More, The Mystery of Godliness, in: Theological Works, London 1708, 368.
[17] Cudworth, The True Intellectual System of the Universe, London 1678, Preface.
[18] Vgl. hierzu Hirsch, 188-196; McAdoo, 101-139.
[19] F. J. Mackinnon, Philosophical Writings of Henry More, New York 1925, XIX.
[20] Z. B. More, The Immortality of the Soul, London 1659, I.x.1.
[21] Cudworth, A Discourse of Liberty and Necessity (Fragment).

gestaltet und bestimmt wird, „einer körperlosen Substanz, ... die die gesamte Materie des Universums durchdringt und darin eine formende Kraft ausübt"[22]. Durch die Übernahme und Weiterführung eines solchen organischen und vitalistischen Denkansatzes suchten die „Cambridge Platonists" die religiöse Bedeutsamkeit der geschaffenen Welt und der in ihrer Zeit so eindrucksvoll voranschreitenden Erforschung dieser Welt zu bewahren[23].

Vom „mild temperierten christlichen Platonismus"[24] der Cambridger Schule, dem ersten theologischen Versuch einer Antwort auf die neuen geistigen Herausforderungen, gingen nachhaltige Einflüsse aus. Die Auffassungen der Cambridger Theologen stellten eine wichtige Stufe im Aufkommen einer idealistischen Tradition im angelsächsischen Denken dar[25]. Sie erreichten und bestimmten evangelikale wie freikirchliche Theologen. Allerdings wurde auch aus der „Vernünftigkeit der Platoniker der Rationalismus der nächsten Generation". So haben die Cambridger Theologen – gegen ihre eigene Intention – zur Förderung der aufkommenden deistischen Tendenzen mit beigetragen[26].

Am unmittelbarsten wurden jedoch die sogen. *Latitudinarianer*[27] von ihnen geprägt. Diese waren führende Kirchenmänner in der zweiten Hälfte des 17. Jahrhunderts, die durch ihre „latitude", d. h. durch ihre *Weitherzigkeit* und Liberalität prägend auf das Denken und Leben der englischen Kirche einwirkten. Sie waren Schüler oder auch Epigonen der Cambridger Schule: „Wir finden bei ihnen das gleiche Bemühen, Glauben und Vernunft als gleichberechtigt festzuhalten, die gleiche Überzeugung, daß das moralische Leben die wahre Manifestation christlichen Glaubens ist. Wir begegnen bei ihnen dem gleichen Willen, eine weitherzige wie auch moderate Einstellung zu vertreten, die jeden Fanatismus oder falschen Enthusiasmus zurückweist."[28] Doch die Tiefe und Intensität des Denkens der „Cambridge Platonists" und deren Sensibilität für mystisches Erfassen, für Wunder und Schönheit erreichten die Latitudinarianer nicht[29]. Als Bischöfe – u. a. Simon Patrick (1625–1707), Edward Stillingfleet (1635-1699; s. EKL 4,829) und David Wilkins (1685-1745) – oder als Erzbischof – John Tillotson (1630-1694; s. EKL 4,852) – waren sie im Unterschied zu den Cambridger Wissenschaftlern vornehmlich praktisch orientiert. Noch stärker als diese betonten sie daher die *ethischen* Implikationen des christlichen Glaubens bis hin zu konkreten Tagesfragen und Anweisungen für alltägliches Verhalten. Dabei wurde aus der Betonung der Rolle der Vernunft für den Glauben zuweilen nur noch ein Plädoyer für „common sense". Von ihrer praktisch-moralischen Grundeinstellung her unterstrichen die Latitudinarianer den unlösbaren Zusammenhang von Rechtfertigung und guten Werken[30]. Insgesamt aber wurden sie von den Einzelfragen christlicher Lehre wenig bewegt. Hier führte ihre auf

---

[22] More, Immortality, III.xii.1; Cudworth, The True Intellectual System of the Universe, London 1678.

[23] Hirsch, 191: „Das vitalistische Prinzip allein gewährleistet eine Naturerklärung, die zugleich wissenschaftlich zureichend und dem Gottesglauben innerlich erschlossen ist."

[24] Sykes, Secker 145. [25] Cragg, Platonists 30. [26] Ibid. 29f.

[27] Vgl. die Darlegung ihrer Auffassungen bei McAdoo 156-239; Sykes, Secker 145-152.

[28] Cragg, Platonists 29.

[29] McAdoo, 158: „The Latitudinarian movement is Cambridge Platonism minus the sense of wonder and the genius."

[30] So. z.B. Tillotson, vgl. McAdoo, 176.

Ausgleich bedachte, liberale, leidenschaftslose, unterschiedliche Positionen umgreifende Haltung nicht selten zu einer gewissen Simplifizierung oder Verschwommenheit.

Stärker noch als die Cambridger Theologen wandten sich die Latitudinarianer einer *natürlichen Theologie* zu, um ihren unter dem Eindruck wachsender naturwissenschaftlicher Erkenntnisse stehenden Zeitgenossen die Existenz Gottes und seine Eigenschaften aus der Beobachtung des Universums zu beweisen. Es ging ihnen darum, die Übereinstimmung und Komplementarität von natürlicher und geoffenbarter Religion zu erweisen. Einige Latitudinarianer beschäftigten sich intensiv mit naturwissenschaftlichen Fragen (oder waren Theologen und Naturwissenschaftler zugleich), um nicht nur die Vereinbarkeit der „neuen Wissenschaft" (new science) mit dem christlichen Glauben, sondern gerade auch die positive Rolle der neuen wissenschaftlichen Einsichten und Entdekkungen für ein deutlicheres Erfassen christlicher Glaubensüberzeugungen zu demonstrieren. Sie trugen wesentlich dazu bei, daß die wissenschaftlichen Entwicklungen und der christliche Glaube in dieser Periode weitgehend noch zusammengehalten wurden. So gesehen repräsentierten die Latitudinarianer, die gleichzeitig als die Begründer der liberalen „broad church" Tradition in der Kirche von England anzusehen sind, „ein wichtiges Übergangsstadium zwischen den bitteren Auseinandersetzungen des 17. Jahrhunderts und den ganz anderen Kontroversen des achtzehnten Jahrhunderts"[31].

§ 2 Primat der Vernunft, Deismus und kirchlich-theologische Neuaufbrüche

Literatur: E. TROELTSCH, Der Deismus (1898), in: Aufsätze zur Geistesgeschichte und Religigionssoziologie IV, Tübingen 1925, 429-487, mit Nachträgen S. 845-849; Heinr. SCHOLZ, Die Religionsphilosophie des Herbert von Cherbury, Gießen 1914; N. L. TORREY, Voltaire and the English Deists, New Haven 1930; E. HIRSCH, Geschichte der neueren evangelischen Theologie I, Gütersloh (1949) 1975[5], 244-256 (zu Herbert und Spencer); G. R. GRAGG, From Puritanism to the Age of Reason, London 1950; W. PHILIPP, Das Werden der Aufklärung in theologiegeschichtlicher Sicht, Göttingen 1957 (spez. 33ff.); weitere Lit. in den Anmerkungen.

„John Locke faßte die geistige Orientierung seiner eigenen Zeit zusammen und formte die der folgenden. Über ein Jahrhundert lang war er für das europäische Denken bestimmend."[32] Locke (s. EKL 2,1150f.) und die Vertreter der neuen naturwissenschaftlichen Bewegung (z. B. Robert Boyle [s. RGG [3]1, 1375], Isaac Newton [s. EKL 4,680] und John Ray) betrachteten ihre Entdeckungen und Erkenntnisse als eine Bestätigung des christlichen Glaubens. Faktisch aber trugen sie zu tiefgreifenden Veränderungen im theologischen Denken mit bei.

In seinem „Essay Concerning Human Understanding" (1690) gelangt Locke schrittweise zur Schlußfolgerung, daß Gott existiert. Dies ist für ihn „die offenkundigste Wahrheit, die von der Vernunft erkannt wird" und deren Evidenz derjenigen mathematischer Gewissheit gleich ist. „Von der Reflexion über uns selbst und über das, was wir unfehlbar in unserem eigenen Dasein finden, führt uns unsere Vernunft zur Kenntnis dieser gewissen und offenkundigen Wahrheit,

[31] CRAGG, 72.

[32] CRAGG, 75.

daß es ein ewiges, allmächtiges und allwissendes Wesen gibt."[33] Gott und der Glaube an ihn sind also das Ergebnis eines rationalen Beweisverfahrens. Die Vernunft wird zur *Norm*, zum entscheidenden Kriterium der Theologie. Das Verhältnis von Vernunft und Offenbarung stellt sich entsprechend so dar: „Vernunft ist natürliche Offenbarung, durch die der ewige Vater des Lichts und Ursprung alles Wissens der Menschheit jenen Teil der Wahrheit mitteilt, den er in die Reichweite ihrer natürlichen Fähigkeiten gelegt hat. Offenbarung ist natürliche Vernunft, erweitert durch eine von Gott unmittelbar mitgeteilte neue Reihe von Erkenntnissen, deren Wahrheit die Vernunft dadurch bekräftigt, indem sie bezeugt und beweist, daß diese von Gott kommen."[34] Der Inhalt der Offenbarung aber läßt sich auf der Grundlage einer Untersuchung der Heiligen Schrift, das führt Locke in „The Reasonableness of Christianity as Delivered in the Scriptures" (1695)[35] aus, auf den Glauben, daß Jesus der Messias, der Gesalbte ist, reduzieren. Den Beweis für diese Aussage findet Locke im Weissagungsbeweis und in den Wundern – eine in den theologischen Auseinandersetzungen bis ins späte 19. Jahrhundert hinein häufig herangezogene Begründung für die Tatsache einer übernatürlichen Offenbarung.

„Die Cambridger Platoniker hatten anerkannt, daß es nur wenige Fundamentalartikel gibt; Locke aber hatte diese nahezu wegreduziert."[36] Die wachsende Tendenz unter englischen Theologen, der Vernunft eine vorrangige Bedeutung einzuräumen, den christlichen Glauben entsprechend als notwendige Ergänzung und Vollendung der natürlichen Religion darzulegen und ihn zu reinigen, zu vereinfachen, auf einige Grundartikel zu reduzieren, hatte im 18. Jahrhundert bei einer Gruppe von Theologen zunächst eine Modifizierung der klassischen Trinitätslehre und, damit verbunden, ein bewußtes Zurückdrängen der altkirchlichen Tradition und Konzile und die Forderung nach einer revidierten Form der verpflichtenden Unterzeichnung der 39 Artikel zur Folge. Dies geschah im Rahmen einer konzentrierten und kritischen Beschäftigung mit *der Bibel*. Deren Aussagen wurden gegenüber den Formeln der altkirchlichen Glaubensbekenntnisse als maßgeblich hervorgehoben. In „The Scripture Doctrine of the Trinity" (1712) kommt Samuel Clarke (s. RE 22,88) zum Ergebnis, daß der Vater allein der höchste Gott ist, während dem Sohn und dem Heiligen Geist ein untergeordnetes Sein zukommt. Richard Watson, Bischof von Llandoff († 1816; s. RE 21,20ff.), widerspricht dem Trinitätsdogma, „weil wir nicht sehen können, daß es entweder in irgendeinem Schrifttext wörtlich enthalten ist oder vermittels begründeter Kritik aus der Schrift deduziert werden kann. ... Würde ich gezwungen werden, ein von Menschen zusammengestelltes Glaubensbekenntnis zu übernehmen, dann würde ich in dieser aufgeklärten Zeit bereitwilliger ein solches von Männern wie Locke, Clarke oder Tillotson übernehmen, als von Athanasius oder auch Arius oder selbst von hunderten streitender oder politischer Bischöfe, die zum feierlichen Konzil zu Nizäa, Antiochia oder Ariminum

---

[33] Essay IV. 10,1 und 6.

[34] Essay IV. 19,4.

[35] Von diesem Buchtitel – „Die Vernünftigkeit des christlichen Glaubens" – könnte man sagen, daß er „die alleinige These christlicher Theologie in England während des größeren Teils eines Jahrhunderts gewesen ist", M. PATTISON, Essays and Reviews, London 1861, 258.

[36] SYKES, Sheldon 164.

versammelt sind"[37]. In der sog. „Feathers Tavern Petition" von 1772[38] fordern die 200 Signatoren die Abschaffung der Unterzeichnung der 39 Artikel, an deren Stelle eine schlichtgefaßte Bejahung der Autorität der Bibel treten sollte. Eine liberale Bewegung innerhalb der anglikanischen Kirche, die an einer der wesentlichen Säulen anglikanischer Identität, der altkirchlichen Tradition, rüttelte, nimmt hier deutlichere Konturen an. Natürlich findet sie sogleich auch orthodoxe Gegner, mit denen sie in eine heftige Auseinandersetzung eintritt. Entscheidender als dieser innerkirchliche und innertheologische Streit war jedoch das Aufkommen des Deismus und dessen theologische Bewältigung.

Die vielgestaltige, komplexe Bewegung des *Deismus* in England[39] provozierte in der ersten Hälfte des 18. Jahrhunderts eine heftige Debatte mit einer Fülle an Schriften pro und contra. Sie war Ausdruck jener durch die naturwissenschaftlichen Erkenntnisse, vergleichende Betrachtung der Weltreligionen und natürliche Religion bestimmten Entwicklung, die durch die beginnende rationalistische Bibelkritik zusätzliche Impulse empfing. Dem Siegeszug der Vernunft entsprach eine Reduzierung der überkommenen Glaubensinhalte bis hin zu einer Reduktion Gottes auf eine mathematische Erste Ursache oder, eben im Deismus, auf ein Höchstes Wesen, einen Schöpfer, dessen Werk vollkommen ist, ihn vollkommen offenbart, durch weitere Offenbarungen nicht ergänzt werden braucht, auch sein Sittengesetz für das menschliche Leben manifestiert. Durch die Vernunft kann darum Gott aus seinen Werken vollkommen erkannt werden. Diese natürliche Religion konnte darum nicht durch eine übernatürliche ergänzt oder überhöht werden. Die christliche Religion war, recht verstanden, eine „Wiederveröffentlichung" der natürlichen Religion. Als ein einfaches und vernünftiges System fand der Deismus beträchtlichen Anklang in einer Zeit und Gesellschaft, für die die traditionelle christliche Lehre und Ethik zu einer abzuwerfenden unbequemen Last geworden war.

Nach Lord Herbert of Cherbury (s. EKL 4,510), der in „De Veritate" 1624 bereits wesentliche deistische Auffassungen antizipierte, war John Toland (s. EKL 4,856) der erste bedeutende Exponent der deistischen Uminterpretation des christlichen Glaubens. Er war von Locke (s. o. S. 390) stark beeinflußt und führte ihn weiter. In „Christianity not Mysterious" (1696) ging er von der Prämisse aus, daß „die wahre Religion notwendig vernünftig und einsichtig sein muß". Er zeigte, „daß diese erforderlichen Bedingungen im Christentum zu finden sind"[40], denn im reinen, von jüdischen und heidnischen Quellen gereinigten Christentum gibt es nichts Geheimnisvolles oder etwas, was der Vernunft entgegensteht oder ihr gar übergeordnet ist[41]. Matthew Tindal (s. EKL 4,855) entfaltete in „Christianity as Old as the Creation" (1730) die Überzeugung, daß sich die natürliche Religion „lediglich in der Weise ihrer Vermittlung von der geoffenbarten Religion unterscheidet: die eine ist die innere wie die andere die äußere Offenbarung des gleichen unveränderlichen Willens eines Wesens, das zu

---

[37] R. WATSON, Miscellaneous Tracts II, London 1815, 108 und 115.
[38] Text in: F. BLACKBOURNE, ed., The Works of Francis Blackbourne, VII, London 1805, 15-19.
[39] Vgl. SYKES, Secker 169-176; CRAGG, 77f. und 159-167; HIRSCH, I, 292-323.
[40] J. TOLAND, Christianity not Mysterious, London 1696, 91.
[41] Ib. 38;43.

allen Zeiten unendlich weise und gut ist“[42]. Die geoffenbarte Religion ist nichts anderes als eine „Republication“ der natürlichen Religion[43].

Die Schriften der Deisten provozierten zahlreiche Gegenschriften zur Verteidigung des orthodoxen Glaubensverständnisses. Doch die beiden Grundargumente für den göttlichen Ursprung der biblischen Offenbarung, der Weissagungsbeweis des AT und die Jesu Sendung bestätigenden Wunder, wurden ebenfalls von den Deisten demontiert. Anthony Collins (s. EKL 4,377) betonte in „A Discourse of the Grounds and Reasons of the Christian Religion“ (1724), daß die prophetischen Texte wie das ganze Evangelium typologisch und allegorisch interpretiert werden müssen, also im Sinne historischer Beweise bedeutungslos sind. Auch die Wunder, so Thomas Woolston (s. RE 22,276) in „Six Discourses on the Miracles of our Saviour“ (1727–29), müssen allegorisch ausgelegt werden, weil sie keine historische Wahrheit enthalten. Die Auferstehung Jesu qualifizierte er als „monströses und unglaubliches Wunder“ ab.

Thomas Sherlock (s. EKL 4,808), ein typischer Vertreter der kirchlich-theologischen Reaktion auf den Deismus, antwortete auf diese Angriffe, indem er in „The Use and Intent of Prophecy“ (1725) die alttestamentliche Prophetie aus einem engen, wortwörtlichen Verständnis löst und sie unter der – bejahten – Grundfrage subsummiert „Ist Christus diejenige Person, die im Alten Testament beschrieben und vorhergesagt wird oder nicht?“[44] Und in „The Trial of the Witnesses of the Resurrection of Jesus“ (1729) folgert er aus einer rechtlich geprägten Argumentationsreihe, daß im Blick auf die Wunder weder Jesus noch seine Jünger einer Fälschung schuldig sind[45]. Diese Art von Apologie erreichte jedoch längst nicht die Wurzeln oder die entscheidenden Schwachstellen der deistischen Herausforderung. Dies geschah erst, als 1736 Bischof Joseph *Butler*[46] (s. EKL 4,358), einer der bedeutendsten anglikanischen Theologen, sein Buch „The Analogy of Religion, Natural and Revealed, to the Constitution and Course of Nature“ veröffentlichte. Es gilt allgemein als der entscheidende Beitrag in der Auseinandersetzung um den Deismus, der das Ende dieser Debatte wesentlich mit bewirkte. Die Deisten hatten aus der angeblich klaren, einsichtigen und darum der Vernunft offenliegenden Verfassung der natürlichen Welt auf Gottes Weisheit und Plan geschlossen und die geoffenbarte Religion angesichts ihrer dunklen Stellen und ungewissen Wahrscheinlichkeiten abgelehnt. Demgegenüber weist Butler nach, daß auch die Natur voller dunkler Stellen, Vieldeutigkeiten und ungeklärter Geheimnisse ist und somit analoge Schwierigkeiten zu denen der geoffenbarten Religion für die menschliche Erkenntnis aufweist. Daher gilt, daß in beiden Bereichen in analoger Weise „Wahrscheinlichkeit (probability) das Leben leitet“[47]. Positiv folgt daraus für Butler, daß analog zur Verfahrensweise im natürlichen Bereich, wo von einigen Erfahrungen und Fakten aus

---

[42] M. Tindal, Christianity as Old as Creation, London 1730, 2. [43] Ib. 176,387.

[44] Th. Sherlock, The Use and Intent of Prophecy in the Several Ages of the World, 3rd. ed., London 1735, 43.

[45] Ders., The Trial of the Witnesses of the Resurrection of Jesus, London 1729, 109.

[46] J. H. Bernard, ed., The Works of Bishop Butler, 2 vols, London 1900; B. Ensink, Ethik und Theologie bei Joseph Butler (1692–1752), Kampen 1995; A. Jeffner, Butler and Hume on Religion, Upsala 1966; I. T. Ramsey, Joseph Butler 1692–1752, London 1969; D. Wiggins, Locke, Butler und the Stream of Consciousness, in: Philosophy 51, 1976, 131–158.

[47] Works, II, 2.

auf die Struktur und den Zusammenhang des Ganzen gefolgert wird, auch im Bereich der geoffenbarten Religion verfahren werden kann. Auch hier kommt das theologische Denken nicht weiter als bis zur „Wahrscheinlichkeit", aber es geht dabei, und hier liegt die qualitative Differenz, um „Wahrscheinlichkeit in Fragen von großer Konsequenz". Diese begründet und rechtfertigt, trotz mangelnder eindeutiger Evidenz, die persönliche Entscheidung, Hingabe und Zustimmung im Blick auf die Wahrheit der geoffenbarten Religion als einen letztlich vernünftigen Akt. Mit seiner Verbindung von empirisch-rationalem Ansatz und Offenbarung ist Butler ein Vorläufer der modernen anglikanischen Religionsphilosophie[48].

Um die Mitte des 18. Jahrhunderts trat der Deismus von der Bühne geistiger Auseinandersetzungen ab. Er war u. a. an seiner unhistorischen Denkweise, seiner mechanistischen Sicht von Gott, Natur und Vernunft, seinem eingängigen, aber nicht durchtragenden Optimismus, seiner Unfähigkeit, die Probleme und Schwierigkeiten des Lebens zu erfassen und aufzunehmen, gescheitert. Einige bedeutende Kritiker wie William Law (Auseinandersetzung mit Tindal in „The Case of Reason", 1731), Bischof George Berkeley (s. EKL 1,396f.), der Vertreter eines subjektiven Idealismus („esse est percipi") und Bischof Butler (s. o.) trugen zu diesem Niedergang mit bei. Sie entlarvten den Glauben an die unbegrenzten Möglichkeiten der Vernunft als Illusion. Auf philosophischem Gebiet war es dann David Hume, der von seinem skeptischen Empirismus her die Insuffizienz des Rationalismus am schärfsten bloßlegte.

Die zweite Hälfte des 18. Jahrhunderts erlebte keine bedeutenderen theologischen Entwicklungen mehr. Sie war vielmehr gekennzeichnet durch den Aufbruch und die rapide Entfaltung der methodistischen und der *evangelikalen Bewegung*[49] einerseits und durch die Ansätze einer (im modernen Sinne) liberalen kirchlich-theologischen Richtung andererseits. Die methodistische und evangelikale Bewegung reagierten primär auf ein häufig apathisches, weltförmiges kirchliches Leben und dessen gesellschaftliche Umwelt, in der die ersten Anzeichen kommender revolutionärer sozialer Umwälzungen erkennbar waren. Daher liegt im missionarisch-evangelistischen und im sozialen Bereich das Hauptinteresse und die Bedeutung dieser beiden Bewegungen, kaum aber in dem der wissenschaftlich-theologischen Arbeit und Reflexion. Die enge Verzahnung von Theorie und Praxis in der anglikanischen Tradition ermöglichte allerdings theologische Rückwirkungen, die von diesen Bewegungen auf die theologische Konstellation der Zeit ausgingen. Es war vor allem das Thema der Soteriologie, das durch die philosophisch-theologischen Spekulationen und Diskussionen über Vernunft und Offenbarung an den Rand gedrängt worden war, das nun gleichsam von unten her wieder durchbrach und schrittweise seine zentrale Stellung in der Theologie zurückgewann.

Die evangelikale Erweckung im Anglikanismus wurde stark durch *kalvinistische* Elemente geprägt. Sie betonte die totale Verlorenheit und Sündhaftigkeit

---

48 Vgl. z. B. I. T. Ramsey, Religious Language, London 1957.

49 Zur evangelikalen Bewegung vgl. F. J. Taylor, Die evangelikale Tradition in der Kirche von England, in: H. H. Harms, Hg., Die Kirche von England, aaO. 91-109; G. R. Balleine, A History of the Evangelical Party in the Church of England, London 1908; M. Erickson, The New Evangelical Theology, Westwood/USA 1968.

des Menschen, der sich von sich aus nicht Gott zuwenden kann. Allein durch Christus kann der Mensch erlöst und vor Gott gerechtfertigt werden. Verbunden wurde diese theologische Grundüberzeugung mit der Betonung persönlicher Bekehrung und der individuellen Erfahrung der Vergebung und Annahme. Dies wiederum implizierte betont emotionale Momente, puritanische Lebensweise, Abneigung gegen eine intellektuelle Behandlung von Glaubensfragen, biblischen Literalismus und eine individualistische Glaubenshaltung. Auf der anderen Seite gingen von dieser Erweckung erneuernde und verlebendigende Wirkungen auf das gesamte geistliche Leben der Kirche aus. Der großangelegte missionarische Aufbruch wie auch bemerkenswerte soziale Impulse (z.B. William Wilberforce [s. EKL 4,901]: Abschaffung der Sklaverei) bis weit ins 19. Jahrhundert hinein haben hier ihre Wurzeln. Ebenso die ethisch ernsthaft bemühte Einstellung des viktorianischen Bürgertums im 19. Jahrhundert.

Die zweite Hälfte des 18. Jahrhunderts sah auch das Aufkommen einer *liberalen* Bewegung[50]. Ihre Vertreter wandten sich gegen die Verpflichtung auf Glaubensbekenntnisse und Lehrformulare und traten für Reformen ein (vgl. hier S. 402). Erste Ansätze zu einer Bibelkritik werden erkennbar[51]. Diese Gruppe übte aber, ebenso wie die traditionellen Hochkirchler, noch keinen starken theologischen Einfluß aus. So hatten sich gegen Ende des 18. Jahrhunderts die Evangelikalen, deren bedeutendsten Vertreter Charles Simeon (s. RE 22,403), Isaac Milner (s. RE 13,73ff.) und John Newton (s. RE 22,321) waren, als die aktivste und aggressivste Gruppe innerhalb der Kirche von England etabliert. Seitdem bestimmen sie mit den für sie kennzeichnenden theologischen und geistlichen Akzentsetzungen das Denken und Leben des Anglikanismus in aller Welt mit.

Kapitel IV: Restaurativer Aufbruch und Öffnung zur Gegenwart – Schritte auf dem Wege zum modernen Anglikanismus

§ 1 Die Oxford-Bewegung

Literatur: Y. Brilioth, The Anglican Revival. Studies in the Oxford Movement, London 1933² (Abk. Revival); Ders., Three Lectures on Evangelicalism and the Oxford Movement, London 1934 (Abk. Three Lectures); O. Chadwick, ed., The Mind of the Oxford Movement, London 1963² (Einführung und Texte), (Abk. Mind); R. W. Church, The Oxford Movement, London 1891, Neuausgabe durch G. Best, Chicago 1970; L. E. Elliott-Binns, English Thought 1860-1900: The Theological Aspect, London 1956; E. R. Fairweather, ed., The Oxford Movement, A Library of Protestant Thought, New York 1964 (Texte, Lit.); A. Härdelin, The Tractarian Unterstanding of the Eucharist, Acta Universitatis Upsaliensis, Uppsala 1965 (Lit.); E. Hirsch, Geschichte der neuern evangelischen Theologie, Bd. III, Gütersloh 1960²; M. Keller-Hüschemenger, Die Lehre der Kirche in der Oxford-Bewegung, Struktur und Funktion, Gütersloh 1974 (Lit.); J. K. Mozley, Some Tendencies in British Theology. From the publication of ‚Lux Mundi' to the present day, London 1952²; E. R. Norman, Church and Society in England 1770-1970, Oxford 1976; S. L. Ollard, A Short History of the Oxford Movement, London 1963³; A. M. Ramsey, From Gore to Temple. The Development of Anglican Theology between Lux Mundi and the second World War 1889–1939, London 1960; B. Reardon, From Coleridge to Gore. A Century of Religious Thought

---

[50] Vgl. Cragg, 169-172.

[51] So forderte z. B. E. Law, Considerations on the State of the World, London 1745, 249-251, die Bibel mit derselben Freiheit zu untersuchen wie jedes andere Buch.

in Britain, London 1971; A. R. VILDER, The Church in an Age of Reason, London 1961; D. VOLL, Hochkirchlicher Pietismus. Die Aufnahme der evangelikalen Traditionen durch die Oxford-Bewegung in der zweiten Hälfte des neunzehnten Jahrhunderts, München 1960; C. C. J. WEBB, A Study of Religious Thought in England from 1850, Oxford 1933.

„Die Oxford-Bewegung veränderte das äußere Antlitz und den inneren Geist englischen religiösen Lebens. Aber diese Veränderungen waren primär religiöser und erst in zweiter Linie theologischer Art."[1] Dieser Bewegung, deren Vertreter auch „Traktarianer" genannt werden, kommt für die geistliche und theologische Prägung des modernen Anglikanismus eine besondere Bedeutung zu. Ihre grundlegende, formative Periode umfaßt die Jahre 1833 bis 1845. John Henry Newman (s. EKL 2,1582f.), John Keble (s. EKL 4,568), Edward Bouverie Pusey (s. EKL 3,412ff.), Richard Hurrell Froude (s. EKL 4,448), William Palmer (s. EKL 4,704), Arthur Philip Perceval (s. RE 22,341) und Robert Isaac Wilberforce (s. RE 22,472) waren ihre wichtigsten Vertreter[2].

Die Oxford-Bewegung knüpfte an die alte, von den „Caroline Divines" herkommende *hochkirchliche* Traditionslinie an. Ihr geistesgeschichtlicher Rahmen ist die gesamteuropäische konservative Gegenreaktion auf reformerische Tendenzen des Liberalismus in Staat und Kirche sowie die romantische Bewegung. Sie wendet sich gegen die englische Form des Erastianismus (dazu o. S. 355) und weist manche Affinitäten zu ähnlichen kirchlich-theologischen Aufbrüchen im Luthertum Deutschlands und Skandinaviens auf. Orientierung, Leidenschaft und Kraft gewinnt sie aber letztlich aus der Überzeugung ihrer führenden Männer, angesichts einer die Integrität der Kirche zutiefst bedrohenden Krise in Staat, Kirche und geistlichem Leben des englischen Volkes, das sich am Rande des Abfalls (J. Keble: „national apostasy") befindet, die Freiheit, Autorität und Vitalität der Kirche und des durch sie vermittelten Heils neu zu verkündigen, zu lehren und zu leben. Dies unter Berufung auf den apostolischen Ursprung und Auftrag der Kirche und im scharfen Widerspruch zu allen liberalen oder auch evangelikalen „Entstellungen"[3].

Das theologische Denken der *„Traktarianer"* empfängt seine Stärke und sein Profil durch die Annahme akuter politischer und kirchlicher Herausforderungen und die Auseinanersetzung mit ihnen. Es ist darum wenig systematisch oder philosophisch-spekulativ. Eingebunden in die romantische Bewegung ist es betont historisch orientiert und restaurativ, verfährt aber in Argumentation und Schlußfolgerungen häufig sehr ungeschichtlich. Seine Einheit findet es in gemeinsamen Grundanliegen und Zielsetzungen. „Die Oxford-Bewegung war eine Wiederentdeckung der historischen Vermittlung der Erlösung..."[4] Diese Wiederentdeckung, die mehr war als eine bloße Aktualisierung aus der Tradition abgerufener Überzeugungen, impliziert ein bestimmtes Verständnis von Dogma und Apostolizität, Schrift und Tradition, Geschichte, Inkarnation,

---

[1] CHADWICK, Mind, 58.

[2] Zur Geschichte der Oxford-Bewegung vgl. u. a. die Bücher von OLLARD und CHURCH.

[3] Zur allgemeinen Charakterisierung vgl. u. a. C. DAWSON, The Spirit of the Oxford Movement, London 1933; BRILIOTH, Revival, Kap. IV–VIII und ders., Three Lectures; CHADWICK, Mind, 11–64; VOLL, 9–34; HIRSCH, III, 282–293; VIDLER, 45–55; FAIRWEATHER, 3–15; BEST, in: CHURCH, aaO. XI–XXXI; KELLER-HÜSCHEMENGER, 9–48; REARDON, 90–93.

[4] BRILIOTH, Lectures, 58.

Vermittlung von Gnade und Heil, Amt und Sakramenten[5]. Dies alles wird zusammengehalten in der „Konzentration aller Aufmerksamkeit auf einen einzigen Artikel des christlichen Glaubensbekenntnisses: Ich glaube an eine katholische und apostolische Kirche."[6]

Die Traktarianer, die die Rolle der Vernunft wesentlich zurückhaltender beurteilen als die bisherige anglikanische Tradition seit Hooker[7] (s. o. S. 379ff.), sehen im Liberalismus oder „Latitudinarismus" oder „Rationalismus" wie in der Gefühls- und Herzensreligion der Evangelikalen ihre innerkirchlichen Hauptgegner. Beiden ist gemeinsam, daß sie Dogma und Lehre, die Kirche und ihre geistlichen Ordnungen ablehnen oder geringschätzen und das privat-persönliche Urteil („private judgement") in Glaubensdingen im Sinne menschlicher Möglichkeiten und Erfahrungen betonen und pflegen[8]. Dem wird die objektive Gegebenheit des festgelegten Depositums des Evangeliumsglaubens entgegengestellt, das allen gemeinsam ist, durch die Zeiten hindurch gleichbleibt, in feste lehrmäßige oder dogmatische Formulierungen gefaßt ist und so empfangen, bewahrt und weitergegeben werden kann. Der Glaube ist auch „definierte Lehre"[9] oder: „Religion kann nicht anders als dogmatisch sein..."[10] Diese heilbringende Lehre ist in ihrer Klarheit und Fülle nicht einfach aus der Schrift herauszulesen[11]. Daher betont Newman auch, daß zwar das ganze Evangelium in der Schrift enthalten ist, aber in der Weise, daß es dort nur indirekt und halb verdeckt unter der Oberfläche dargelegt wird (Tract 85,27). Es bedarf also eines Schlüssels, der den Zugang zu den Schätzen der Schrift öffnet: die Tradition und die Kirche. Die Schrift ist die Quelle der Lehre, aber „die Kirche ist das Medium, durch das jenes Wissen den Menschen vermittelt wird"[12]. Sie steht damit nicht über dem lebendigen Wort der Schrift, wohl aber über deren individuellen Auslegern[13] und damit gegen das individuelle Recht auf „private judgement". Die Tradition (zum Traditionsverständnis und zum Verhältnis Schrift–Tradition vgl. KELLER-HÜSCHEMENGER, 74-102) umfaßt für die Traktarianer die gesamte *alte, ungeteilte Kirche*. Diese Tradition steht in einem komplementären Verhältnis zur Schrift, weil sie die biblische und außerbiblische Tradition aufnimmt, entfaltet und weiterentwickelt. Als Ausdruck eines dynamischen, lebendigen, vom Geist erfüllten ganzheitlichen Kircheseins kommt ihr normative Autorität zu, weil sie die Tradition der einen Kirche ist, die die Verheißung des Geistes der Wahrheit und damit die Gabe der Unfehlbarkeit empfangen hat[14].

Ein weiteres Strukturelement, das für traktarianisches Denken in besonderer Weise kennzeichnend ist, kommt in der These von einem sogenannten *„sakra-*

---

[5] Dem guten Überblick bei HÄRDELIN, 27–107, verdanke ich manche Hinweise.

[6] VIDLER, 50.

[7] Vgl. KELLER-HÜSCHEMENGER, 112–139.

[8] So z.B. R. H. FROUDE, Remains, London 1838–1839, II.I, 14.

[9] J. H. NEWMAN, Parochial and Plain Sermons (= PPS), Oxford und Cambridge 1868–69, II.XXII, 256, 258.

[10] DERS., Tract 85, 3rd ed., London 1842, 20.

[11] Vgl. den Abschnitt über das Schriftverständnis bei KELLER-HÜSCHEMENGER, 53–73.

[12] E. B. PUSEY, A Letter to the Bishop of Oxford, 4th ed., Oxford und London 1840, 30f.

[13] J. H. NEWMAN, The Via Media of the Anglican Church, London, New York und Bombay 1901–1908, I, 190–192.

[14] J. H. NEWMAN, Tract 71, 5th ed., London 1841, 29f.; DERS., Via Media I, 199ff.

mentalen System"[15] zum Ausdruck. Das sakramentale System hat seinen Grund und seine Begründung in der Inkarnation, der innerhalb der Christologie eine hervorgehobene Bedeutung beigemessen wird. Sie ist „der Artikel, mit dem die Kirche steht oder fällt"[16]. In Analogie zu ihr und durch sie begründet und ermöglicht können Menschen und irdische, materielle Dinge zu Trägern und Instrumenten übernatürlicher Gaben werden, indem das Innere (himmlische Gaben) und das Äußere (irdische Formen) eine unlösbare Einheit, eine „sacramental union" eingehen[17]. Seinen konkreten Ausdruck findet das sakramentale System in der Kirche und ihren Sakramenten, die Zeichen und Instrumente göttlicher Wirklichkeiten sind[18]. Es entspricht diesem Ansatz, wenn in der traktarianischen Ekklesiologie einerseits die Sichtbarkeit der Kirche[19] betont wird, andererseits diese Sichtbarkeit aber gleichzeitig als Gefäß, als Haus und Tempel der Herrlichkeit Gottes auf Erden und des ihr innewohnenden Heiligen Geistes interpretiert wird[20]. Die Kirche ist, zusammen mit Christi Inkarnation und seinem Tod am Kreuz, Teil der göttlichen Ökonomie für die Erlösung der Sünder. Christi Tod ist „die meritorische Ursache und die Kirche das Instrument und Mittel unserer Erlösung"[21]. Darin erweist sich die Kirche als das von Gott eingesetzte Gnadenmittel. Sie wird von Wilberforce ganz eng mit der Inkarnation Christi verbunden, da sich in ihr das inkarnatorische Kommen Gottes ins Menschliche hinein oder, anders gesagt, die Annahme des Menschlichen durch Gott durch die Geschichte hindurch fortsetzt. Durch die Kirche wird die geheiligte menschliche Natur Christi, die des Menschen Verbindung mit Gott ist, den Menschen mitgeteilt[22]. Mit der Kirche und mit Christus geeint zu sein, sind daher identische Prozesse. Die Vermittlung zwischen Gott und Mensch in Christus wird im mystischen Leib Christi, der Kirche, durch den Heiligen Geist wirksam gemacht (ibid. 287f.). „Christus ist kontinuierlich in seiner Kirche inkarniert."[23]

Die Kirche ist aber nur dann kontinuierliche *Präsenz der Inkarnation*, Instrument der Gnade, und ihre Sakramente als Mittel der Zueignung der Gnade an den einzelnen und die Gemeinschaft sind nur dann gültig, wenn die Kirche das von Gott gestiftete und von den Aposteln her weitergegebene Bischofsamt besitzt. Damit wurde das Bischofsamt in apostolischer Sukzession in einer für die bisherige anglikanische Tradition nicht typischen Weise zur Basis und zum Kriterium wahren Kircheseins gemacht. Diese Konzeption der apostolischen Sukzession tritt bereits in Newmans Tract I (1833) deutlich hervor. Im zeitgeschichtlichen Kontext wurde sie vor allem als Begründung der vom Staat unabhängigen Autorität der Kirche vorgetragen. Von diesem Hintergrund her setzt sich diese Konzeption aber dann auch grundsätzlich als tragendes Element an-

[15] R. J. WILBERFORCE, The Sacramental System, London 1850.

[16] J. H. NEWMAN, Fifteen Sermons Preached before the University of Oxford, New ed., London 1892, 35.

[17] E. B. PUSEY, A Letter to the Bishop of London, 4th ed., Oxford and London 1851, 153. Ähnlich NEWMAN, PPS III.XIV, 194–197, der von „Kanälen der Gnade" spricht.

[18] J. H. NEWMAN, Apologia pro vita sua, London and New York 1890, 10–18.

[19] Sichtbare Societas, J. H. NEWMAN, Apologia 49.

[20] J. H. NEWMAN, PPS IV.XI, 176.

[21] R. H. FROUDE, Remains II.I, 41.

[22] R. J. WILBERFORCE, The Doctrine of the Incarnation of our Lord Jesus Christ, 3rd ed., London 1850, 405, 408f.

[23] F. OAKLEY, Sacramental Confession, in: The British Critic 33, 1843, 314f.

glokatholischer ekklesialer Selbstvergewisserung durch. In Tract I heißt es: „Der Herr Jesus Christus gab seinen Aposteln seinen Geist; diese wiederum legten ihre Hände denjenigen auf, die ihnen nachfolgen sollten, und diese wiederum anderen; und so ist die heilige Gabe weitergegeben worden bis zu unseren heutigen Bischöfen.“[24] Nur wer im Zusammenhang mit dieser Weitergabe des Heiligen Geistes und damit auch der Ordinationsvollmacht ordiniert worden ist, ist wirklich ordiniert[25]. Nur wer durch diese Ordination zum Priesteramt beauftragt wurde, ist bevollmächtigt, „das eucharistische Brot und den eucharistischen Wein so zum Leib und Blut Christi zu machen, wie unser Herr sie dazu machte“[26]. Dieses fast mechanische Konzept einer *Weihesukzession* ist in besonderer Weise zu einem Charakteristikum des neueren Anglokatholizismus geworden, auf das Brilioths sarkastische Bemerkung – „successio apostolica ist das Schibboleth des Neo-Anglikanismus geblieben, das zu wiederholen die Lippen manchmal nicht aufhören können, selbst nachdem das Gehirn sich der Grenzen seiner Bedeutung bewußt geworden ist“ (ibid. 184) – allerdings nur noch begrenzt zutrifft.

Durch die Sakramente werden die übernatürlichen Gaben konkret und wirksam dem einzelnen mitgeteilt[27]. Nach Pusey hängt die Erlösung des Menschen von zwei Bedingungen ab: Vom Glauben beim Menschen und von den Gaben Gottes, die durch die Sakramente mitgeteilt werden[28]. In völliger Entsprechung hierzu kann die im klassischen Anglikanismus verwurzelte Überzeugung von der Rechtfertigung allein aus Glauben (Art. 11 der 39 Artikel) von Newman so uminterpretiert werden, daß im real wirksam und umwandelnd verstandenen Geschehen der Rechtfertigung, in der Einigung Gottes mit dem Menschen, der Glaube das alleinige innere Instrument, die Sakramente die äußeren Instrumente sind, der Glaube die Hände des Empfängers, die Sakramente die Hände des Gebers sind[29]. In dieser Komplementarität von Glaube und Sakrament lassen sich Geschehen, Inhalt und Folge der Rechtfertigung auf eine kurze Formel bringen: „Rechtfertigung kommt durch das Sakrament; sie wird vom Glauben empfangen; sie besteht in der inneren Gegenwart Gottes, und sie lebt im Gehorsam.“[30]

Die traktarianische Lehre von der Taufe versteht diese als real wirksame Wiedergeburt des Menschen, und zwar nicht nur im Sinne einer neuen, zweiten Geburt, sondern in Ausrichtung hin auf jenen Stand der Freiheit, in dem der Mensch ursprünglich geschaffen worden war[31]. Jede Sünde nach der Taufe schwächt daher die Wirkung der Taufgnade ab, und wer einmal aus dieser Gnade gefallen ist, kann nicht wieder den ursprünglichen Zustand zurück-

---

[24] Tract I: Thoughts on the Ministerial Commission, bei Fairweather, 56.

[25] Ibid. 57f. Ähnlich auch im theologischen Programm, das von den führenden Traktarianern 1833 auf der „Hadleigh Conference“ ausgearbeitet wurde, vgl. A. P. Perceval, A Collection of Papers Connected with the Theological Movement of 1833, 2nd ed., London 1843, 11f.

[26] R. H. Froude, Remains II.I, 44f.; zum traktarianischen Amtsverständnis vgl. auch Härdelin, 111–122; Brilioth, Revival, 182ff.; Keller-Hüschemenger, 103–112.

[27] J. H. Newman, PPS II.XXV, 310f.; ders., Lectures on the Doctrine of Justification, 3rd ed., Oxford und Cambridge 1874, 280f.; R. H. Froude, Remains, II.I, 71.

[28] Tract 67, 4th ed., London 1842, 82f. [29] Justification, 225f.

[30] Ibid. 278; vgl. auch 303. Zur traktarianischen Rechtfertigungslehre vgl. bes. Brilioth, Revival, 274–294; Reardon, 116–121.

[31] R. J. Wilberforce, Incarnation, bei Fairweather, 355.

gewinnen[32]. Neben dieser Vorstellung der Taufe als einer objektiv bewirkten tiefreichenden Verwandlung, einer übernatürlichen Neugeburt steht die zweite, mehr mystische Sicht der Taufe als einer Einverleibung in den Leib Christi, nicht nur im Sinne der Einverleibung in die Kirche, sondern auch der tiefsten Einigung mit dem Herrn, der Teilhabe an seinem Tode und an seinem neuen Leben[33].

Gegenüber der Taufe ist die Gabe der Eucharistie für Pusey nicht primär Vergebung der Sünden, sondern Stärkung und Auferbauung eines bereits durch die Taufe geschenkten neuen Lebens. Dies geschieht durch die Einigung des Menschen mit Christus, auf dem Hintergrund der Einheit zwischen Gottheit und Menschheit in der Inkarnation, durch die Teilhabe am Leib und Blut Christi. In mystischen Kategorien und in enger Anlehnung an patristisches Denken wird die Einwohnung Christi in uns und wir in ihm und mit ihm in Gott, die Einheit mit seiner verherrlichten Menschheit, die Eingießung des neuen Lebens und der Unsterblichkeit, die Gabe der Heiligung in immer neuen Wendungen beschrieben[34]. Hier und bei den anderen Traktarianern erhält die – wie die Taufe – in ontologischen Kategorien interpretierte Eucharistie ihre einzigartige Bedeutung „als das Mittel für das Einfließen göttlicher Gnade, der Teilhabe an der Einigung des Menschlichen und Göttlichen, die erstmalig in der Inkarnation wirksam vollzogen wurde"[35]. In den Einzelfragen der Abendmahlslehre ist für die traktarianische Lehre u. a. kennzeichnend die Betonung der „realen objektiven Gegenwart" und der „manducatio indignorum", die Bedeutung der Konsekration als einer „Wandlung von Brot und Wein in seinen Leib und sein Blut"[36] und das Verständnis des eucharistischen Opfers als „memorial" oder „continuation" (Fortsetzung) des einmaligen Opfers Christi[37]. Die weitreichenden und bleibenden Auswirkungen des traktarianischen Sakramentalismus auf die Formen und das Verständnis des Gottesdienstes und der Spiritualität[38] sind allgemein bekannt.

In der Herausstellung apostolischer Autorität und kirchlich-sakramentaler Heilsvermittlung auf der Grundlage eines durchgängig inkarnatorisch-sakramentalen Denkens verstand sich die Oxford-Bewegung, neben der bewußten Aufnahme der patristischen Tradition, als Weiterführung der hochkirchlichen Traditionslinie im Anglikanismus. Ihre Versuche, vor allem in Newmans Tract 90 (1841), auch den Gehalt der 39 Artikel in ihrem Sinne umzuinterpretieren, konnten dagegen kaum jemand überzeugen. Insgesamt aber „hat die Oxford-Bewegung die überkommenen Strukturen anglikanischen Denkens und Handelns tiefgreifend verändert"[39]. Ein Element dieses Transformationsprozesses war die durchgängige Abwertung oder sogar Ablehnung der reformatorischen Überzeugungen in der anglikanischen Tradition. Dies führte nach der anfäng-

---

[32] Vgl. E. B. Pusey, Scriptural Views of Holy Baptism, Tracts 67–69, London 1836; hier Tract 68, 48, 53, 63.

[33] Ders., Tract 67, 4th ed., London 1842, 95.

[34] Vgl. bes. Puseys Predigt „The Holy Eucharist, a Comfort to the Penitent", Oxford und London 1843.

[35] Brilioth, Revival, 322.

[36] Froude, Wilberforce.

[37] Vgl. die eingehende Darstellung bei Härdelin 123–219.

[38] Vgl. Härdelin 223–343.

[39] Fairweather, 8; Reardon, 120, sieht dagegen die Auswirkungen dieser Bewegung primär im Bereich von Frömmigkeit und Ethos und weniger auf der Ebene des theologischen Denkens. Vgl. auch das Zitat von Chadwick am Anfang dieses Abschnitts.

lich von Newman und anderen noch vertretenen Vermittlungsekklesiologie der „via media" zu einer weitgehenden Angleichung („*stille Gegenreformation*", FAIRWEATHER, 9) an den gemeinsamen Katholizismus der römisch-katholischen und orthodoxen Kirchen. Das „protestantische System" wurde dagegen, teilweise in heftigster Form, verworfen und den protestantischen Kirchen, sofern und weil sie nicht die apostolischen Sukzessionen besitzen, ihr Kirchesein und gültige Sakramente und Ämter abgesprochen. Abgesehen von Pusey, der nähere Kenntnisse über die kontinentaleuropäischen evangelischen Kirchen und ihre Theologie besaß, beurteilten die Traktarianer allerdings Reformation und Protestantismus nur vom Erscheinungsbild des englischen Evangelikalismus und der Freikirchen her[40]. Die These, daß sich dennoch evangelikale Strukturelemente auch im traktarianischen Denken durchgehalten bzw. sich in dessen kirchlichen Folgeentwicklungen wieder stärker mit ihm verbunden haben, wird vor allem von BRILIOTH[41] und neuerdings von VOLL vertreten.

Daß der mit intensiver geistlicher Leidenschaft und Hingabe vorangetriebene und natürlich höchst umstrittene Aufbruch der Oxford-Bewegung nachhaltige Auswirkungen auf das ekklesiologische Selbstbewußtsein und theologische Denken des – inzwischen weltweit gewordenen – Anglikanismus, sein sakramentales und geistliches Leben, sein soziales Engagement (vgl. das Buch von Voll), seine ökumenische Öffnung besonders gegenüber der römisch-katholischen und orthodoxen Kirche gehabt hat, ist bis heute spürbar. Unter dem Eindruck der modernen ökumenischen Bewegung und neuer theologischer Entwicklungen, vor allem in der römisch-katholischen Kirche, hat der Anglokatholizismus in den letzten zwei Jahrzehnten viele seiner Auffassungen und Erscheinungsformen modifiziert und auch zu einer positiveren Einstellung gegenüber den Reformationskirchen und den Freikirchen zurückgefunden. Das Zurücktreten einer deutlicher profilierten anglokatholischen Partei darf aber nicht darüber hinwegtäuschen, daß wesentliche Anliegen der Oxford-Bewegung, wenngleich in abgeschwächter und veränderter Form, heute anglikanisches Bewußtsein auch dort mitbestimmen, wo man sich nicht oder nicht mehr mit der anglokatholischen Tradition identifiziert.

§ 2 Aspekte anglikanischer Theologiegeschichte in den letzten hundert Jahren

Literatur: J. D. BOULGER, Coleridge as Religious Thinker, New Haven 1961; J. R. BARTH, Coleridge and Christian Doctrine, Cambridge/Mass. 1969; A. R. VIDLER, The Theology of F. D. Maurice, London 1948; W. M. DAVIES, An Introduction to F. D. Maurice's Theology, London 1964; F. M. MCCLAIN, Maurice – Man and Moralist, London 1972; F. A. IREMONGER, William Temple, London 1948; O. C. THOMAS, William Temple's Philosophy of Religion, New York 1961; J. FLETCHER, Wiliam Temple, New York 1963; R. J. PAGE, New Directions in Anglican Theology. A Survey from Temple to Robinson, London 1967.

„Der Ausbruch des Zweiten Weltkrieges fiel in etwa zusammen mit dem Ende einer Ära anglikanischen Denkens. Diese Periode hatte mit der Veröffentlichung

---

40 BRILIOTH, Three Lectures, 8f.; zum Verhältnis zur Reformation und den Reformationskirchen vgl. auch KELLER-HÜSCHEMENGER, 247–257.

41 Revival, 56–78; Three Lectures.

von ‚Lux Mundi' (1889) begonnen, ein Aufsatzband Oxforder Gelehrter. Bestimmt wurde diese Ära ... vom philosophischen Hintergrund des britischen Idealismus, dem Stimulus historischer und biblischer Kritik, einer von F. D. Maurice ausgehenden Leidenschaft für soziale Gerechtigkeit und dem Erbe der katholischen Erweckung in der englischen Kirche, verkörpert durch J. H. Newman, E. B. Pusey und deren Schülern. In unterschiedlicher Weise fanden sich diese Elemente im Werk der Hauptfiguren dieser Epoche wieder. Ihre Synthese in den Schriften von Charles Gore (1853–1932) und in einem weiteren Aufsatzband, ‚Essays Catholic and Critical' (1926), wurde als ‚liberaler Katholizismus' bezeichnet und repräsentierte die vorherrschende Richtung in der anglikanischen Theologie während dieser Periode."[42] Neben der Oxford-Bewegung müssen noch zwei Vorläufer, Anreger und Initiatoren dieser neuen Epoche einer „spezifisch anglikanischen Theologie"[43] genannt werden: Samuel Taylor Coleridge und Frederic Denison Maurice.

Im Widerspruch zum utilitaristischen Empirismus der Zeit vermittelte *Coleridge* (1772–1834)[44] den philosophischen Idealismus (vor allem Kant) nach England. Er trug so dazu bei, die Theologie aus dem Nachahmungszwang logischer Demonstrationsverfahren zu befreien und deutlich zu machen, daß „geistliche Wahrheiten vom Menschen allein in der Gesamtheit seines personalen Seins erfaßt werden" (Aids to Reflection, 1825). Die von der „praktischen Vernunft" her bestimmte, vornehmlich ethische und vom Kriterium der Erfahrung her orientierte Sicht des christlichen Glaubens läßt allerdings auch den, mit dem idealistischen Einfluß einhergehenden, theologischen ‚Immanentismus' erkennen. In „Confessions of an Inquiring Spirit" (1840) vermittelte Coleridge auch den Beginn der Bibelkritik in Deutschland nach England und regte antizipierend spätere Entwicklungen an. Er eröffnete insgesamt der englischen Theologie einen umfassenderen Horizont und gab ihr eine neue Inspiration, „indem er etwas für sie tat, was Schleiermacher in anderen Verhältnissen für die Theologie in Deutschland tat"[45].

F. D. Maurice (1805–1872)[46], wohl einer der eigenständigsten englischen Theologen des 19. Jahrhunderts, übte einen ähnlich breiten Einfluß auf die nachfolgenden Generationen aus wie Coleridge. In seinem bekanntesten Werk „The Kingdom of Christ" (1838)[47] entfaltete er eine Ekklesiologie, die sowohl die Familie, den Staat und die gesellschaftlichen Strukturen mit einbezog als auch eine Konzeption der Einheit der Kirche herausstellte, die das spätere „Lambeth-Quadrilateral" (1888) mit seinen vier Grundelementen der Einheit – Schrift, Glaubensbekenntnisse, Sakramente und historisches Bischofsamt – vorwegnahm (Part II, Chap. 4). In seinen „Theological Essays" (1853) lehnte er den für die viktorianische Orthodoxie grundlegenden Glauben an die ewige Strafe der Bösen und Ungläubigen als unbiblisch ab, da für ihn „ewig" nicht eine zeitliche, sondern qualitative Kategorie war. Mit „What is Revelation?" (1859)

---

42 Page, 1. 43 Ibid.

44 Neben den oben zitierten Werken von J. D. Boulger und J. R. Barth vgl. Vidler, aaO. 48–83.

45 Reardon, 88.

46 Vgl. die oben zitierten Monographien von A. R. Vidler, W. M. Davies und F. M. McClain.

47 Neuausgabe durch A. R. Vidler, London 1958.

setzte er sich, von Mißverständnissen nicht frei, mit der These des Oxforder Theologen H. L. Mansel[48] („The Limits of Religious Knowledge Examined", 1858), der transzendente Gott müsse in sich selbst unbekannt und unerkennbar sein, auseinander und stellt dem entgegen: „Gott öffnet sich selbst gegenüber seinen Geschöpfen in einem Menschen, so daß das Geschöpf zu einem vollen Wissen über Ihn gelangen kann" (232f.). Neben Charles Kingsley wurde Maurice zum führenden Kopf der „Christlichen Sozialistischen Bewegung" in England, die bis in die Mitte des 20. Jahrhunderts hinein nicht nur einen großen praktischen Einfluß ausgeübt hat, sondern ihre konkreten sozialen Zielsetzungen mit einer Fülle an theologischen und sozialethischen Überlegungen verknüpfte[49].

Ein Jahr nach Erscheinen von Charles Darwins „Vom Ursprung der Arten" (1859) und der darin angelegten Herausforderung an die Theologie erschien der Band „*Essays and Reviews*" (1860). Mit ihm setzte eine Reihe von Gemeinschaftsarbeiten anglikanischer Theologen ein, die über „Lux Mundi" (1889), „Foundations" (1912), „Essays Catholic and Critical" (1926), „Doctrine in the Church of England" (1938), „Catholicity" (1947) und „The Fullness of Christ" (1950) bis hin zu „Christian Believing" (1976) in unterschiedlicher Weise Markierungspunkte der theologischen Entwicklung darstellen.

Die Beiträge in „Essays and Reviews" suchten vor allem den Anschluß an die historische Erforschung der Bibel, wie sie in Deutschland zunehmend praktiziert wurde. Inspirationstheorien wurden kritisiert und nach den eigentlichen Intentionen der Verfasser der biblischen Schriften gefragt. Literarische Formen wurden untersucht, die Gleichstellung von Wort Gottes und Bibel abgelehnt und die These vertreten, die Bibel würde sich bei einer kritischen und gleichsam voraussetzungslosen Untersuchung als Zeugnis einer schrittweisen Offenbarung Gottes erweisen (so B. Jowett). Neben diesen biblischen Beiträgen findet sich in diesem Band eine Aufnahme der Kritik von Maurice an der Lehre von der ewigen Bestrafung der Bösen, die Weiterführung von Vorstellungen Coleridges, z.B. daß Dogma/Lehre im Sinne moralischer und geistlicher Realitäten interpretiert werden müsse, und ganz allgemein ein Plädoyer für größere Freiheit bei der Interpretation offizieller kirchlicher Lehre. Die heftigen Reaktionen, die das Buch hervorrief[50], fanden ihren Ausdruck u.a. in einer Erklärung, die von 11000 Pfarrern unterschrieben wurde. Diese erklärten ihren festen Glauben daran, „daß die Kirche von England und Irland, zusammen mit der gesamten katholischen Kirche, ohne Vorbehalt oder Einschränkung an der Inspiration und göttlichen Autorität der gesamten kanonischen Schriften festhält, die nicht nur das Wort Gottes enthalten, sondern dieses Wort sind; und daß die Kirche von England weiterhin lehrt, mit den Worten unseres gesegneten Herrn, daß die

---

[48] Zu Mansel vgl. Reardon, 223–237; K. D. Freeman, The Role of Reason in Religion: a Study of Henry Mansel, Den Haag 1969.

[49] Zu den theologischen Grundlagen dieser Bewegung vgl. M. B. Reckitt, Faith and Society, London 1932; ders., Maurice to Temple, A Century of Social Movement in the Church of England, London 1947; P. d'A. Jones, The Christian Socialist Revival 1877–1914, Princeton 1968.

[50] Vgl. hierzu O. Chadwick, The Victorian Church, part II, London 1970, 75–90; J. Ellis, Seven Against Christ. A Study of 'Essays and Reviews', Leiden 1980.

‚Bestrafung' der ‚Verdammten' in gleicher Weise wie das ‚Leben' der ‚Gerechten' von ewiger Dauer ist"[51].

Der entscheidende Durchbruch der von verschiedenen Seiten geforderten historischen und kritischen Bibelforschung geschah durch das berühmte „Cambridger Trio", bestehend aus B. F. *Westcott* (1825–1901), F. J. A. *Hort* (1828–1892) und J. B. *Lightfoot* (1829–1889). Durch das hohe wissenschaftliche Niveau ihrer Arbeiten, ihre sorgfältig abwägenden, eher konservativen Schlußfolgerungen und ihre bewußt kirchliche Haltung führten sie breitere Kreise der englischen wissenschaftlichen Theologie an die neueren Entwicklungen heran. Dabei beschränkten sie sich aber auf Textkritik und historische Forschungen (Paulus, frühe Kirchenväter, Entwicklung des kirchlichen Amtes), während sie im Blick auf die Verfasserschaft der Evangelien (Quellentheorie) oder die literarkritische Methode die neuen Tendenzen noch nicht aufnahmen. Mit ihren Kommentaren und der griechischen Textausgabe des Neuen Testaments (Westcott/Hort, 1881) repräsentierten sie „ein Übergangsstadium in der Erforschung des Neuen Testamentes"[52].

1889 erschien *„Lux Mundi"*, der zweite bedeutsame Sammelband. Sein Untertitel „Studien zur Religion der Inkarnation" weist auf die theologische Herkunft und Grundorientierung der Verfasser hin. Aus der Tradition der Oxford-Bewegung kommend verkörperten sie ein neues Stadium in der Entwicklung traktarianischer Theologie, indem sie in eine konstruktive Auseinandersetzung mit den zeitgenössischen geistigen Strömungen, vor allem dem Darwinismus, eintraten. Ihr inkarnatorischer Ansatz verband sich dabei mit Einflüssen des Idealismus, der ihnen in seiner neuhegelianischen Form durch den bedeutenden Oxforder Philosophen T. H. Green vermittelt worden war. Der mit dieser philosophischen Orientierung einhergehende ‚Immanentismus' fand in der Inkarnationstheologie einen ihm entsprechenden Partner: „Fast die gesamte englische Theologie im ausgehenden 19. Jahrhundert war ‚immanentisch'; sie sprach von Gott in der Welt ebenso häufig wie von Gott über der Welt; sie beschäftigte sich mehr mit der Inkarnation des Wortes in Christus und weniger mit der durch Christus bewirkten Erlösung; und – wie Coleridge und Maurice – gründete sie ihre grundlegenden Aussagen auf die religiösen Erfahrungen des Menschen."[53]

Neben Charles Gore, der „zum bedeutendsten und einflußreichsten anglikanischen Theologen im ersten Viertel des 20. Jahrhunderts wurde"[54], waren die bekanntesten Mitarbeiter an „Lux Mundi" E. S. Talbot, H. Scott Holland, J. R. Illingworth und R. C. Moberly. Gemäß der Zielsetzung des Bandes, im Bewußtsein einer Epoche tiefgreifender geistiger und sozialer Veränderungen Anspruch und Bedeutung der Theologie neu zu formulieren[55], wurden die Beziehungen zwischen christlicher Lehre und säkularem Denken in einem irenischen Geist dargelegt. So schreibt A. Moore: „Der Darwinismus kam auf, und in der Verkleidung eines Gegners tat er das Werk eines Freundes" (99). J. R. Illingworth

[51] R. P. Flindall, ed., The Church of England 1815–1948. A Documentary History, London 1972, 179.

[52] Mozley, 15f.

[53] Chadwick, 31.

[54] Vidler, aaO. 193; zu Gore vgl. J. Carpenter, Gore. A Study in Liberal Catholic Thought, London 1960.

[55] Vorwort von Gore zur 1. Aufl., London 1889, VIII.

entfaltet die kosmische Dimension der Inkarnation in einer solchen Weise, daß er Zivilisation und Inkarnation in völlige Harmonie miteinander setzen kann (bes. 183 und 211). Auch die anderen Beiträge weisen diese Orientierung auf. Weil der inkarnierte Logos in der gesamten geschaffenen Welt wirksam ist, in Natur und Mensch, Wissenschaft und Kultur und Fortschritt, darum sind zeitgenössische Entwicklungen des Denkens wie Evolution oder Sozialismus (nicht im ideologisch-ökonomischen Sinne) nicht Feinde, sondern Verbündete. Die in „Lux Mundi" weitergeführte traktarianische Konzentration auf die Inkarnation als zentraler Ausdruck des Evangeliums, Grund der Kirche und nun auch als Schlüssel zum Verständnis der Welt führte allerdings zur Zurückdrängung oder Minimalisierung von Kreuz/Erlösung, Gericht und eschatologischer Hoffnung[56].

Gore selbst übernahm in seinem Beitrag über „Der Heilige Geist und die Inspiration" als erster bekannter Hochkirchler Elemente der historischen Bibelkritik. Im Zusammenhang damit gelangte er zu der These, daß das Wissen des inkarnierten Herrn am Stand und damit auch an den Begrenzungen des Wissens seiner Zeit teilhatte, während das, was er über Gott und den Menschen offenbarte, unfehlbar war (bes. 360). Hier klingt bereits die Kenosislehre an, die Gore in mehreren Werken (The Incarnation of the Son of God, 1891; Dissertations, 1895; Belief in Christ, 1921) übernahm[57] und die in den Jahren von etwa 1890–1910 eine einzigartige herausgehobene Stellung in der englischen Theologie einnahm[58].

„Lux Mundi", das im ersten Jahr zehn Auflagen erreichte, signalisierte das Aufkommen eines „liberalen Katholizismus" (Gore). Die in diesem Buch weitergeführte Konzentration auf die Inkarnation wurde zu einem bleibenden Kennzeichen anglikanischen Denkens bis zur Gegenwart. Die Reihe bedeutsamer Werke zur Inkarnationslehre, die auf „Lux Mundi" folgte, ging von Gores „The Incarnation of the Son of God" (1891), in dem die Inkarnation noch wesentlich als Zurechtbringung einer fehlgegangenen Welt interpretiert wurde, über W. Tempels „Christus Veritas" (1924) bis hin zu L. Thorntons „The Incarnate Lord" (1928), die beide die Inkarnation als Schlüssel zum Verständnis der Welt entfalteten[59]. Verbunden mit dieser bleibenden Akzentuierung waren aber auch neue Entwicklungen nach dem 1. Weltkrieg. Durch sie wurde die Inkarnation aus ihrer einseitigen Hervorhebung gegenüber anderen Elementen der Christologie allmählich gelöst und immer weniger als Mittel zur Deutung – „Theologie der Erklärung"[60] – oder gar christlich-optimistischer Heimholung säkularer Entwicklungen benutzt. Erst recht ging die historisch-kritische Erforschung der Bibel bald über die in „Lux Mundi" eingenommenen Positionen hinaus.

1912 erscheint der nächste Sammelband: *„Foundations*. A statement of Christian Belief in Terms of Modern Thought". Die sieben Mitarbeiter, die keine bes-

[56] Vgl. MOZLEY, 18; RAMSEY, 3 und 9.

[57] Weitere wichtige Werke Gores waren u. a. The Church and the Ministry, Neuausgabe 1919; Belief in God, 1921; Belief in Christ, 1922; The Spirit and the Church, 1924.

[58] Zwei bedeutsame Beispiele hierfür sind F. WESTON, The One Christ, London 1907, und W. SANDEY, Christology and Personality, Oxford 1910; vgl. hierzu L. B. SMEDES, The Incarnation: Trends in Modern Anglican Thought, Kampen 1953, 1–15.

[59] Vgl. die Gesamtdarstellung bei SMEDES.

[60] RAMSEY, 28f.

timmte theologische Schule repräsentierten, nahmen nun auch Ergebnisse der kritischen Erforschung des Neuen Testamentes und die Betonung der Eschatologie für das Verständnis von Leben und Werk Jesu (A. Schweitzer) in ihre Überlegungen auf. B. H. Streeter kritisierte die verschiedenen Jesusbilder, die die Evangelien als biographisch-chronologische Berichte mißverstehen. W. Temple wendet sich gegen die Kategorien der patristischen Christologie wie Substanz und Hypostase, in denen er Fiktionen sieht. Er hält dem entgegen, daß Person in Begriffen des Willens verstanden werden muß. So besteht auch die Einheit von Gott und Christus wesentlich darin, daß der Inhalt ihrer Willen identisch ist (248ff.).

Aus dem Kreis der liberalen Anglokatholiken geht 1926 ein weiterer Sammelband hervor: „*Essays Catholic and Critical*". Herausgeber war E. G. Selwyn, der seit 1920 auch die einflußreiche Zeitschrift „Theology" herausgab. Die dem Adjektiv „catholic" zuzuordnenden Beiträge versuchten, traditionelle Glaubensüberzeugungen gegenüber säkularen Infragestellungen oder liberal-protestantischen Neuformulierungen neu auszusagen (z.B. Vereinbarkeit von Evolution und Sündenfall; Unterscheidung von Inkarnation und Immanenz; Ablehnung eines nur exemplarischen Erlösungsverständnisses). Zu den „kritischen" Beiträgen gehörte E. C. Hoskyns „Der Christus der synoptischen Evangelien". Hoskyns, der zwischen exegetisch-historischer Forschung und systematischer Theologie wie zwischen kontinentaleuropäischer und englischer Theologie (z.B. Übersetzung von Karl Barths „Römerbrief" 1933, Übernahme der Methoden von Kittels Wörterbuch zum Neuen Testament) eine wichtige Vermittlerarbeit leistete, zeigte in seinem Aufsatz, daß der sogenannte „historische Jesus" der liberalen protestantischen Theologie letztlich unhistorisch sei und daß mit Hilfe der synoptischen Quellenkritik eine wesentlich komplexere und „katholischere" Lehre in den Evangelien und eine engere Einheit zwischen Christus und apostolischer Kirche aufgezeigt werden kann, als liberale Protestanten zuzugestehen bereit waren. A. E. J. Rawlinson entfaltete in seinem Beitrag eine Konzeption der Autorität in der Kirche, mit der sich die liberalen Anglokatholiken sowohl von der römischen als auch von der klassischen traktarianischen Auffassung absetzten. „Die entscheidende Autorität, die hinter der Lehre der Kirche steht, ist die Autorität der Offenbarung. ... Das Gewicht geistiger Autorität, das im intellektuellen Sinne mit Lehraussagen verbunden ist, ist proportional zu dem Maß, in dem diese einen genuinen Konsensus von kompetenten und glaubwürdigen christlichen Theologen zum Ausdruck bringen."[61]

„Essays Catholic and Critical" markieren den Höhepunkt des anglokatholischen Einflusses, der nach RAMSEY[62] in den zwanziger Jahren zu verzeichnen war. Als Ausdruck der synthetisch-apologetischen Tendenzen, die in der Zeit zwischen den beiden Weltkriegen für einen Teil der anglikanischen Theologie kennzeichnend waren, sind sie Teil einer Übergangssituation, in der die vom europäischen Kontinent ausgehenden, den theologischen Liberalismus radikal in Frage stellenden Neuansätze im Bereich des biblischen wie dogmatischen Denkens noch keine Auswirkungen zeigten.

Als Reaktion auf heftige Kontroversen zwischen Vertretern der verschiedenen

[61] Third Ed., London 1929, 97.

[62] AaO. 155.

theologischen Richtungen ernannten die Erzbischöfe von Canterbury und York 1922 eine „Kommission für christliche Lehre“ (Commission on Christian Doctrine). Erzbischof Davidson formulierte ihren Auftrag so: „Sie soll das Wesen und die Grundlagen christlicher Lehre mit dem Ziel erörtern, das Ausmaß bestehender Übereinstimmung in der Kirche von England darzulegen und zu untersuchen, inwieweit es möglich ist, bestehende Unterschiede zu überwinden oder zu vermindern.“[63] Von 1925 an war Bischof bzw. Erzbischof (seit 1929) William Temple, der bedeutendste anglikanische Theologe zwischen 1924 und 1944, Vorsitzender der Kommission, die schließlich 1938 ihren umfangreichen Bericht *„Doctrine in the Church of England“* vorlegte. Dieser spiegelte Auffassungen wider, wie sie zuvor in den Sammelbänden „Foundations“ und „Essays Catholic and Critical“ geäußert worden waren. Aber auch für „liberale Evangelikale“ war er akzeptabel. Diese hatten vor dem Ersten Weltkrieg damit begonnen, vom biblischen Fundamentalismus abzurücken, die „gesicherten“ Ergebnisse der historisch-kritischen Forschung nicht mehr abzulehnen und die Lehre von der Kirche und den Sakramenten stärker zu betonen. Innerhalb dieser großen Gruppe vertraten die „Modern Churchmen“ dagegen einen allgemeinen theologischen Liberalismus[64].

In seiner Struktur folgt der Bericht „Doctrine in the Church of England“ dem klassischen Aufbau der Dogmatik. In der Durchführung und Gewichtung der einzelnen Teile wird er jedoch von den aktuellen Kontroversen und Unterschieden in der Kirche von England bestimmt. Dabei werden entweder unterschiedliche Auffassungen (z.B. über die Jungfrauengeburt oder den Opfergedanken beim Abendmahl) nebeneinandergestellt und dann auf die hinter den verschiedenen Auffassungen liegenden Gemeinsamkeiten bezogen (z.B. 82f.; 161f.; 167–171) oder man hat sich von vornherein (z.B. in der Amtsfrage) auf eine mittlere Linie zwischen anglokatholisch und evangelikal geeinigt (114–126). In gewissem Sinne kann dieser Bericht als „das beste vorhandene Protokoll über den Stand der Lehrüberzeugungen unter anglikanischen Theologen zwischen den Weltkriegen“ bezeichnet werden[65].

In seinem Vorwort weist *William Temple* darauf hin, daß während der 14jährigen Kommissionsarbeit sich Veränderungen im theologischen Denken ankündigten, die im Bericht noch nicht aufgenommen worden sind. Temple erinnert daran, daß in England der Einfluß Westcotts und der „Lux Mundi“-Schule zur Entfaltung einer Theologie der Inkarnation statt einer Theologie der Erlösung geführt hat (16). Temple selbst[66] stand mit seinen großen Werken „Mens Creatrix“ (1916) und „Christus Veritas“ (1924) im breiten Strom dieser um die Heimholung der zeitgenössischen Wissenschaft und Kultur bemühten Inkarnationstheologie. Er wollte einerseits mit der Begrifflichkeit des philosophischen Idealismus (Hegel) die Rationalität einer Inkarnation und partikularen Offenbarung nachweisen und suchte andererseits in Christus den Schlüssel zum Verständnis der Einheit und Rationalität der Welt zu finden.

---

[63] Doctrine in the Church of England. The Report of the Commission on Christian Doctrine, London 1938, 19.

[64] Vgl. Mozley, 44f. und 78–85.

[65] Vidler, 200.

[66] Zu Temple vgl. neben den im Literaturverzeichnis genannten Werken von F. A. Iremonger, O. C. Thomas und J. Fletcher auch Ramsey, 146–161.

Temple schließt sich also selbst mit ein, wenn er im Vorwort weiter schreibt: „Eine Theologie der Inkarnation tendiert hin zu einer christozentrischen Metaphysik. ... Eine Theologie der Erlösung neigt stärker der Artikulation einer prophetischen Sicht zu. Sie kann besser zugestehen, daß vieles in dieser bösen Welt irrational und gänzlich unverständlich ist, und sie blickt auf das Kommen des Gottesreiches als einer notwendigen Voraussetzung für das volle Verstehen dessen, was uns heute umgibt. Wenn die Sicherheit des 19. Jahrhunderts, die in Europa bereits erschüttert ist, schließlich auch in unserem Land zerbröckelt, werden wir mehr und mehr zu einer Theologie der Erlösung gedrängt werden. Darin werden wir dem Neuen Testament näherkommen" (16f.). Ein Jahr später schreibt Temple: „Eine neue Aufgabe steht heute vor den Theologen. Unsere Aufgabe gegenüber der Welt ist nicht, sie zu erklären, sondern sie zu bekehren. Was sie braucht, kann sie nicht durch die Entdeckung ihres eigenen immanenten Prinzips in bemerkenswerter Manifestierung durch Jesus Christus empfangen, sondern nur, indem ihre Selbstgenügsamkeit und Arroganz der umstürzenden Macht des Sohnes Gottes ausgesetzt wird, des Gekreuzigten, Auferstandenen und Erhöhten, der jene explosive und zerbrechende Kraft entbindet, die der Heilige Geist ist."[67]

Temple kündigt mit diesen Sätzen das Ende einer Ära anglikanischer Theologie an, die von „Lux Mundi" bis zum 2. Weltkrieg oder „Von Gore bis Temple" (Titel von Ramseys Buch) reicht. Seiner vorausblickenden Schau einer neuen Orientierung theologischen Denkens spürt man deutliche Anklänge an die dialektische Theologie ab. Diese wurde nach dem 2. Weltkrieg jedoch nur partiell im Anglikanismus aufgenommen. Nur einige herausragende Merkmale dieser neuen Periode[68] können hier abschließend stichwortartig aufgeführt werden: a) Der Anglikanismus verkörpert sich heute in einer weltweiten Kirchenfamilie. Die vorliegende Darstellung ist auf die Kirche von England begrenzt. In der Tat tritt die unbezweifelbare Vormachtstellung der englischen Theologie im Anglikanismus erst nach dem 2. Weltkrieg schrittweise zurück. Als Ausdruck gemeinsamer theologischer Meinungsbildung gewinnen entsprechend die Lambethkonferenzen aller anglikanischen Bischöfe zunehmend an Bedeutung. Diese haben seit ihrem Beginn (1867) wichtige ökumenische Orientierungsmarken gesetzt. In den letzten Jahrzehnten finden auch ihre Aussagen zu sozialethischen und dogmatischen Fragen zunehmende Beachtung[69]. b) In der Zeit nach dem 2. Weltkrieg ist die anglikanische Theologie stärker als je zuvor in den europäischen und weltweiten Strom theologischen Denkens eingetreten. Dies hatte die weitgehende Rezeption der neueren historisch-kritischen Forschung[70] und bi-

[67] In: Theology, November 1939; zit. bei Page, 2.

[68] Einen ersten, instruktiven Überblick über die Jahre 1939–1964 bietet das Buch von Page.

[69] R. Coleman (ed.), Resolutions of the Lambeth Conferences 1867–1988, Toronto 1992; M. Keller-Hüschemenger, Die Lehre der Kirche im Urteil der Lambeth-Konferenzen, Gütersloh 1976; A. M. G. Stephenson, Anglicanism and the Lambeth Conferences, London 1978; J. R. Wright (ed.), Quadrilateral at One Hundred. Essays on the Centenary of the Chicago-Lambeth Quadrilateral 1886/1888 – 1986/1988, Cincinnati, 1988.

[70] Folgerungen daraus für den christlichen Glauben haben die Berichte der Theologischen Kommission der Kirche von England gezogen: Christian Believing. The Nature of the Christian Faith and its Expression in Holy Scripture and Creeds, London 1976; We Believe in God, London 1987; We Believe in the Holy Spirit, London 1991.

blischen Theologie und eine Beteiligung an den global diskutierten theologischen Themen der letzten drei Jahrzehnte zur Folge. c) Dieser Auszug aus der Isolation scheint aber nicht zur Aufgabe eines eigenen theologischen Profils im Anglikanismus zu führen. Gerade um eine deutlichere Klärung und Wiedergewinnung eines solchen Profils haben sich anglikanische Theologen seit etwa 1975 verstärkt bemüht[71]. Sowohl vom spezifischen angelsächsischen philosophischen Kontext (z.B. Neopositivismus, Sprachphilosophie)[72] als auch von der eigenen theologischen und kirchlichen Tradition her erhält auch die gegenwärtige anglikanische Theologie ihre Konturen und damit die Möglichkeit eines spezifischen Beitrags zum theologischen Gespräch, das die Grenzen der Nationen, Kontinente und Konfessionen zunehmend überschreitet. Dieser könnte, nach Ramsey, z.B. darin bestehen, daß sie nach Art ihrer großen Theologen der Vergangenheit die Bedeutung der Geschichte lebendig erhält, daß sie die biblische Offenbarung zu anderen Denkkategorien in der gegenwärtigen Welt in Beziehung setzt, daß sie sich um eine Integrierung von Dogma und Spiritualität bemüht und daß sie die Kirche als das wirksame Zeichen des Übernatürlichen inmitten der natürlichen Ordnung darstellt[73].

---

[71] Vgl. u.a. S.W. Sykes, The Integrity of Anglicanism, London 1978; A. E. McGrath, The Renewal of Anglicanism, Harrisburg 1993, und einige der auf S. 353 aufgeführten Werke.

[72] Vgl. z.B. J. Macquarrie, God-Talk. An Examination of the Language and Logic of Theology, London 1967; I. T. Ramsey, Religious Language, London 1957.

[73] Ramsey, 169f.

Vierter Teil

Das Dogma im tridentinischen Katholizismus

Von Wilhelm Dantine

Florilegien: Denzinger-Schönmetzer, Enchiridion Symbolorum Definitionum et Declarationum de rebus fidei et morum, 34. Aufl. 1965, zit: DS; Neuner-Roos, Der Glaube der Kirche in den Urkunden der Lehrverkündigung, 8. Aufl. 1971, zit: NR; Concilium Tridentinum. Diariorum, actorum, epistolarum, tractatuum nova collectio, ed. Societas Goerresiana, Freiburg/Br. 1901ff., zit: CT; Neu erschienen sind: Concilium Tridentinum, Diariorum, actorum, epistularum, tractatuum, nova collectio, Tom VII/2, ed. Societas Goerresiana, Freiburg 1976; Concilium Tridentinum hg. v. Remigius Bäumer, Darmstadt, 1979 (= Wege der Forschung 313); C. Mirbt, Quellen zur Geschichte des Papsttums und des Römischen Katholizismus, 5. Aufl. Tübingen 1934, zit: Mirbt.

Literatur: Schmaus-Grillmeier-Scheffczyk, Handbuch der Dogmengeschichte, Freiburg 1951ff., zit: HDG I-V, Fasz. 1ff; A. Adam, Lehrbuch der Dogmengeschichte, Band II, Gütersloh 1968, zit: Adam II; H. Jedin, Geschichte des Konzils von Trient, Bd. I Freiburg 1949, Bd. II 1957, zit: Geschichte I und II; Vgl. auch die letzten Auflagen: H. Jedin, Geschichte des Konzils von Trient, 4 Bde., Freiburg: Bd. 1 ³1977, Bd. 2 ²1978, Bd. 3 1970, Bd. 4 1./2. Halbband 1976f.; Vgl. auch H. Jedin, Der Abschluß des Trienter Konzils 1562/63, 1964, 2. Aufl.; ders., Kirche des Glaubens, Kirche der Geschichte, Ausgewählte Aufsätze und Vorträge, 2 Bände, Freiburg 1966, zit: Kirche des Glaubens; Fr. Loofs, Leitfaden zum Studium der Dogmengeschichte, 5. Aufl. Halle 1953, hg. v. K. Aland, Zweiter Teil: Dogmengeschichte des Mittelalters und des röm. Katholizismus, zit: Loofs-Aland. ders., Symbolik I. Tübingen 1902, zit: Symbolik; K. D. Schmidt, Studien zur Geschichte d. Konzils v. Trient, Tübingen 1925, zit: Schmidt.

Das Konzil von Trient hat dem römischen Katholizismus eine so bedeutsame Prägung gegeben, daß sich die Titelüberschrift von selbst rechtfertigt. Die von ihm vollbrachte dogmatische Leistung ist außerordentlich gewesen, jedoch nur in engem Zusammenhang mit den kirchenpolitischen Vorgängen im umfassenden Sinn dieses Wortes zu begreifen, die deshalb entsprechend zu berücksichtigen sind. Aus dieser Erkenntnis haben sich auch Stoffeinteilung und Literaturauswahl ergeben.

Erster Abschnitt: Wandel im Kirchenverständnis

Quellen: G. Alberigo, Conciliorum oecumenicorum decreta, Freiburg (1962) ³1973 (Tridentinum: p. 657-799). *Literatur:* H. Jedin, Das Konzil von Trient. Ein Überblick über die Erforschung seiner Geschichte, Roma 1948; ders., Kardinal Contarini als Kontroverstheologe, Münster 1949; ders., Krisis u. Abschluß des Trienter Konzils 1562/63, Freiburg ²1964 (Lit.); E. Iserloh-J. Glazik-H. Jedin, Reformation, katholische Reform und Gegenreformation, Freiburg 1967 =

Handbuch der Kirchengeschichte, hg. v. H. Jedin, IV; K.-D. SCHMIDT, Die katholische Reform und die Gegenreformation, Göttingen 1975 = Die Kirche in ihrer Geschichte, Ein Handbuch hg. von B. Moeller, L 1 (Abk.: Schmidt, Reform). *Nachschlagewerk:* K. RAHNER-A. DORLAP (Hgg.), Sacramentum Mundi. Theologisches Lexikon für die Praxis, Freiburg 1967-69 (4. Bde.).

Über die epochale Bedeutung des Konzils von Trient (1546-1563) gibt es keinen Zweifel, auch wenn heute sich seine Beurteilung selbst im katholischen Lager nicht unwesentlich verändert[1]. In seinem mühseligen, oft unterbrochenen Vollzuge manifestiert sich eine entscheidende Wende in der Geschichte der Kirche, die in der Folge nicht nur den Weg des römischen Katholizismus bestimmt – dieser erfährt mit ihm erst seine eigentliche Geburt und Prägung – sondern auch Wesen und Gestalt der übrigen Christenheit beeinflußt. Diese Wende bekundet sich naturgemäß vor allem in den Lehrentscheidungen, die das Konzil fällte, doch wird sie in diesen nur teilweise sichtbar; relativ wenige, aber damals höchst aktuelle, Lehrpunkte wurden vom Konzil selbst aufgegriffen und geklärt, so daß sowohl die ideellen Hintergründe als auch die nunmehr eingeleiteten Umschichtungen im gesamten theologischen Denken erst später deutlich hervortreten. Die spezifisch dogmatischen Aussagen müssen daher in enger Verbindung mit dem Gesamtergebnis des Konzils sowie mit den geistigen und gesellschaftspolitischen Vorgängen gesehen werden, die auf das kirchliche Geschehen maßgeblich eingewirkt haben. Letzteres muß daher zum Ausgangspunkt gewählt werden, da sich in ihm jene Faktoren unverhüllter zeigen, als in den spezifisch dogmatischen Aussagen, die sie nur in sublimierter Form widerspiegeln. Diese Einsicht hat in der Darstellungsweise wie auch in der Stoffanordnung zum Ausdruck zu kommen.

Eine solche Vorgangsweise legt sich aus einem doppelten Grunde nahe. Einmal betraf das Konzilgeschehen vor allem anderen die Kirche als solche und hatte daher auch diese selbst zum Thema, vollzog sich doch mit ihm die Einleitung der längst erwarteten Kirchenreform. Zweitens sind wir dem Umstand konfrontiert, daß sich der darin zum Ausdruck kommende Wandel im Kirchenverständnis auf keine ausgeformte Ekklesiologie stützen konnte. Nur Bruchstücke einer aus dem Mittelalter ererbten Ekklesiologie standen ihnen zu Gebote, und selbst diese wurden nur mit Vorsicht angefaßt[2]. Die katholischen Reformer befanden sich in keiner glücklicheren Lage als die Reformatoren, die ihr Werk ohne eine durchreflektierte Lehre von der Kirche antraten und sich eine solche erst im Laufe ihres Kampfes erarbeitet haben. Jedenfalls wurde auch während des Konzils kein Versuch unternommen, ein ekklesiologisches Gesamtkonzept zu entwickeln; erst das II. Vaticanum sollte ein solches erbringen. Dieses Fehlen einer umfassenden Doktrin über die Kirche muß als bedeutsames Phänomen gewertet werden; es ist die Unvollkommenheit eines neuen Anfangs, der im Wachsen über sich hinaus und damit auf Weiterentwicklung und Vollendung angelegt ist. Wenn auch das Tridentinum auf Bewahrung des Herkömmlichen bedacht war, so hat es nicht nur Bedeutsames für kommende Geschlechter durch Einleitung wichtiger Maßnahmen geleistet: Es ist als Ganzes

---

1 G. ALBERIGO, Das Konzil von Trient in neuer Sicht, in: ‚Concilium' 1 (1965) 574ff.

2 Aus Sorge vor Uneinigkeit oder vor einem Wiederaufleben des Konziliarismus? Vgl. Y. CONGAR, in: HDG III, Fasz. 3d, 48ff., und Schmidt, Reform. 145.

gesehen ein Beginn, und es geht nun darum, die Richtung zu erkennen, in die dieser Neuansatz führt. In ihrem Lichte erst treten dann die einzelnen Lehrentscheidungen in ihrer eigentlichen Bedeutung und in ihren folgenschweren Wirkungen hervor.

Kapitel I: Konfessionalisierung der universalen Kirche

Literatur: FR. LOOFS, Symbolik oder christliche Konfessionskunde I, Tübingen 1902 (nichts weiteres erschienen); H. JEDIN, Reform oder Gegenreformation, Luzern 1946; G. SCHREIBER (Hg.), Das Weltkonzil von Trient, Freiburg 1951 (2. Bde.); E. W. ZEEDEN, Die Entstehung der Konfession. Grundlagen und Formen der Konfessionsbildung im Zeitalter der Glaubenskämpfe, München 1965 (vgl. B. MOELLER, ZGK 76, 1965, 405-408); DERS., Das Zeitalter der Gegenreformation, Freiburg 1967 (Herder-Taschenbuch); DERS. (Hg.), Gegenreformation, Darmstadt 1973 = Wege der Forschung 331 (Lit.); Y. CONGAR, Die Lehre von der Kirche. Vom abendländischen Schisma bis zur Gegenwart, Freiburg 1971 (HDG III 3,d.d).

Das Fehlen eines *ekklesiologischen Konzeptes* für Planung und Durchführung des Konzils hat nicht zuletzt die Folge gezeitigt, daß sich die katholische Theologie weder damals noch in der anschließenden Epoche darüber Rechnung abzulegen vermochte, welche ekklesiologischen Konsequenzen die tridentinische Reform nach sich gezogen hat. Die angedeutete Ähnlichkeit mit der Situation im Lager der Reformatoren ist kennzeichnend; auch diese hatten die Reformation der einen, universalen Kirche im Sinne, und der Gedanke einer neuen Gestalt dieser Kirche in Form einer ‚Konfession'[3] war ihnen so fremd wie den Konzilsvätern[4]. Auch der protestantische Konfessionalismus erwuchs erst durch eine schicksalhafte Entwicklung, die durch kirchen- und profangeschichtliche Ereignisse verursacht wurde[5]. Freilich darf diese Analogie nicht in eine Identität der beiderseitigen Positionen umgedeutet werden, da die Reformation insofern ein anderes Verhältnis zum Phänomen der Konfessionalisierung besitzt als der Katholizismus, als sie durch das Augsburgische Glaubensbekenntnis mit einem neuen Modell kirchlichen Lehrbekenntnisses hervortrat. Dieses mußte nach dem Ausschluß der Protestanten aus dem Kirchenkörper durch das Konzil von Trient modifiziert werden, um durch die Bildung eines geschlossenen Systems von Bekenntnisschriften[6] die Grundlage für die Ausbildung autonomer Bekenntniskirchen bereitstellen zu können[7]. Jedoch muß auch bei strenger Beachtung der bleibenden Differenz in jener Analogie die letztere in ihrer Bedeutung festgehalten werden. Dabei sind zwei Beobachtungen wichtig: zunächst ist der Antwortcharakter der gesamten tridentinischen Lehre gegenüber den protestantischen Bekenntnisaussagen nicht zu übersehen[8], dann aber fällt die Analogie der ‚Professio fidei Tridentina'[9] zur Funktion der prote-

[3] E. SCHLINK, Theol. d. luth. Bekenntnisschriften, 1946, 2. Aufl., 295ff., bes. 303, Anm. 32.
[4] Congar, 46. [5] K. G. STECK, in: EKL II, Sp. 884–887.
[6] Vor allem im Luthertum: ‚Das Konkordienbuch', BSLK.
[7] Das Bekenntnis im Leben der Kirche, Studien zur Lehrgrundlage u. Bekenntnisbildung in den lutherischen Kirche, hg. V. VAJTA u. H. WEISSGERBER, Berlin 1963.
[8] CONGAR, 48.
[9] Das Trienter Glaubensbekenntnis, DS 1862–1870; NR 930–940; über die Schreibweise gegenüber F. LOOFS, Symbolik, 197 Anm. 4, und MIRBT, 480, vgl. A. ADAM, Dogmeng. II, 382 Anm. 34.

stantischen Bekenntnisschriften bei der Ordination der kirchlichen Amtsträger ins Auge. Wie diese haben alle Würdenträger der römisch-katholischen Kirche das Trienter Glaubensbekenntnis, das sich in der Titelprägung dem Augsburger Bekenntnis als formalem Vorbild anschließt[10], abzulegen; zwar ist es nicht vom Konzil selbst formuliert worden, aber *Pius IV.*, der es auf Drängen des *P. Canisius* promulgierte[11], entsprach damit einem ausdrücklichen Wunsch der Konzilsväter[12]. Hinsichtlich einer konfessionskirchlichen Bindung der Amtsträger geht es jedoch weit über die entsprechenden protestantischen Vorbilder hinaus, da es die Anerkennung der heiligen katholischen ‚Römischen' Kirche verlangt und den Gehorsamsschwur gegenüber derm römischen Papst in die gleiche Dignität wie denjenigen gegenüber dem Wahrheitsgehalt der kirchlichen Lehre rückt; die rechtspolitische Struktur dieses, dort ‚katholisch' genannten (Professio catholicae fidei), Glaubensbekenntnisses tritt dadurch auffallend in Erscheinung, daß es heute dem Text des Codex juris canonici (CIC) vorangestellt ist. Darin, daß diese römische Kirche zugleich „als Mutter und Lehrerin aller Kirchen (omnium ecclesiarum matrem et magistram)"[13] angesprochen ist, offenbart sich sinnfällig der innere Widerspruch, in den die katholische Kirche auf dem Wege ihrer Konfessionalisierung gedrängt wurde, da sie ja doch den Anspruch auf ihre alleinige Repräsentanz der Universalkirche nicht aufzugeben vermag.

Als Hintergrund und zugleich als bewirkende *Ursache der Konfessionalisierung*, die zwar soziologisch beschreibbar, aber doch von theologischer Relevanz ist[13a], erscheint somit das Ereignis der Kirchenspaltung. Weder gelang die „Reform der Kirche an Haupt und Gliedern" den Reformatoren, die mit ihr angetreten waren, noch glückte es dem keineswegs nur aus Beharrungswillen, sondern aus den erneuerten Kräften einer ‚katholischen Reformation' gespeisten Kräften des gegenreformatorischen Gegenschlages, ihre Vorstellungen von einer Gesamterneuerung der Kirche durchzusetzen. Das Ergebnis des gegenseitigen Aus- und Abschlusses und die damit erfolgende Etablierung konfessioneller Kirchenkörper wurde zwar erst durch die militärisch-politischen Vorgänge und deren relativen Abschluß im Westfälischen Frieden von 1648 endgültig besiegelt – die innerkirchlichen Weichenstellungen wurden jedoch bereits im beginnenden konfessionellen Kampf gelegt und zogen notwendig auch das ekklesiologische Denken in ihren Bann. Infolge der Schroffheit der gegensätzlichen Positionen mußte es letztlich zu diametralen Auffassungen von der Kirche kommen: führt die Idee der Sichtbarkeit der Kirche auf der einen Seite bis zur Vorstellung von ihr als einer ‚societas perfecta'[14], so konnte es nicht ausbleiben, daß man auf der Gegenseite die verfaßte Kirche grundsätzlich als ‚societas imperfecta' verstand, und zwar in einer extremen Schärfe, die die Identität von ‚ecclesia visibilis' (sichtbarer Kirche) und ‚ecclesia invisibilis' (unsichtbarer Kirche) aufzuheben drohte[15].

[10] A. Adam, 382.
[11] Bulle ‚Iniunctum nobis' v. 13. 11. 1564, DS, S. 25; NR, S. 555.
[12] Sessio 24, de reform. can. 12; Loofs-Aland, Leitfaden 563 Anm. 8.
[13] DS 1868; NR 938.
[13a] R. Ahlbrecht, Art. Konfessionalismus, in: Sacramentum Mundi III, Sp. 2.
[14] Zum frühen Auftreten dieser Vorstellung Congar, 61 Anm. 65.
[15] E. Kinder, Der evang. Glaube u. d. Kirche, Berlin 1958, 93–103.

Trotz dieser grundlegenden Verschiedenheit dürfen die *Parallelen* nicht übersehen werden: für beide Konfessionen wurde das Heraufkommen des in der Renaissance geborenen Gedanken des ‚Staates' als einer neuen Formgebung der politisch-gesellschaftlichen Existenz von maßgebender Bedeutung. Während sich auf dem Boden des Protestantismus der absolute Fürst die Kirche in einem äußersten Maße zu unterwerfen wußte, hielt der fürstliche Absolutismus in der römischen Kirche selbst, längst vorhandene ‚papalistische' Vorgegebenheiten nutzend, in der Gestalt der päpstlichen Monarchie seinen triumphalen Einzug. Freilich gestatteten die welthistorischen Umstände es nicht, daß dieser Triumph auf die Dauer auch machtpolitisch zum Zuge kam. Dies verstärkte allerdings den Rückzug in den innerkirchlichen Bereich; der römische Triumphalismus bekam für lange Zeit einen ghettoisierenden Charakter, von dem er sich später nur unter großen Schwierigkeiten zu lösen vermochte.

Nach diesem allgemeinen Überblick gilt es nun, die ekklesiologische Entwicklung während unseres Zeitraumes näher ins Auge zu fassen.

§ 1 Festigung der päpstlichen Monarchie

Literatur: Friedrich HEILER, Autonomie und päpstlicher Zentralismus, München 1941; Karl RAHNER – Josef RATZINGER, Episkopat und Primat, Freiburg 1961.

Dem Konzil von Trient mangelte nicht nur eine klare ekklesiologische Theorie, auch das Papsttum als solches ist niemals zur Diskussion gestellt worden; es kamen einige, allerdings wichtige, Teilaspekte seiner Stellung in der Kirche zur Klärung, was seinen Grund in der Lage der Dinge hatte[16]. Die Kirche war noch ganz von differenten Konzeptionen bestimmt, die aus der vorhergehenden Epoche einwirkten. H. JEDIN unterscheidet neben dem ‚kurialistischen' Kirchenbegriff, zu dem er auch die ‚aristokratische Theorie'[17] rechnet, den ‚konziliaristischen' und ‚spiritualistischen' sowie die sogenannte ‚Verfallstheorie'[18], zu dem noch ein mehr praktischer als theoretischer ‚Episkopalismus' trete, der den zunehmenden Einfluß der Kurie einzudämmen versuchte[19]: Die durch den Ausbruch der deutschen Reformation verursachte Krise ließ es der katholischen Kontroverstheologie als erste Aufgabe zufallen, „den göttlichen Ursprung des päpstlichen Primates und der hierarchischen Ordnung zu verteidigen und aus Schrift und Tradition zu begründen"[20]. Die Folge war zwar keineswegs ein rascher oder gar vollständiger Sieg des Kurialismus, wohl aber dessen wachsender Einfluß. Entscheidend wurde freilich, daß die Inhaber des Stuhles Petri nach verschiedentlichem Zögern und Schwanken die Sache dieses Konzils, das kennzeichnenderweise im Unterschied zu den großen Reformkonzilien des Spätmittelalters ein reines Bischofskonzil geworden war[21], zu ihrer eigenen

[16] Vgl. Anm. 2; zum Ganzen JEDIN, Geschichte 1–132.

[17] F. MERZBACHER, Wandlungen im Kirchenbegriff im Spätmittelalter, in: ZSavRG, Kan. Abt. 39 (1953) 247ff.

[18] JEDIN, Kirche des Glaubens II, 7ff.

[19] JEDIN, aaO. 13; SCHMIDT, 4ff. u. 91ff., kennzeichnet denselben genauer als ‚episkopale' Auffassung, während er die ‚episkopalistische' an die ‚konziliare' heranrückt.

[20] JEDIN, aaO. 11.

[21] JEDIN, aaO. 15.

Sache zu machen wußten und daher auch die Konzilbeschlüsse und Reformen durchsetzten. Allerdings konnte auf wichtige Vorleistungen aufgebaut werden. Der zielsichere und erfolgreiche Kampf der Päpste gegen die konziliaristische Idee[22] buchte noch am Vorabend der Reformation einen entscheidenden Erfolg: am 15. XIII. 1516 konnte Leo X. auf der XI. Session des V. Laterankonzils (1512-1516) die Bulle ‚Pastor aeternus gregem' verkünden, in welcher die päpstliche Autorität „über alle Konzilien" feierlich proklamiert wurde[23]. Damit setzt sich eine Ekklesiologie durch, die zwar schon auf dem Konzil von Basel (1437-1449) von J. de Torquemada[24] vertreten worden war, dort aber nicht siegreich bleiben konnte, nunmehr aber in vertiefter Kraft im Werk des *Thomas de Vio*, genannt *Cajetan* (1469-1534)[25], des Ordensgenerals der Dominikaner und späteren Kardinals, zutage trat. Ausgerüstet mit den philosophischen und theologischen Mitteln des Thomismus begreift Cajetan, ausgehend von der Idee des mystischen Leibes Christi, als eine ‚organische Realität', deren Leib und Haupt weder voneinander getrennt noch gegeneinander ausgespielt werden könne. Da aber der Papst nicht nur allein ‚Haupt' sei, sondern auch alleiniger ‚Hirte', demgegenüber die Bischöfe wie die Apostel dem Petrus gegenüber nur als ‚Schafe' figurieren[26] und somit ihre Jurisdiktionsgewalt von dem ‚episcopus universalis' erhalten und lediglich ‚Vikare seines Handelns' darstellen. Damit ist der Gedanke der Bischofskollegialität rigoros ignoriert. Denn der Papst als Haupt der Kirche, wie auch des Konzils, repräsentiert nicht etwa den Leib im Gegenüber zu Christus als dem eigentlichen Haupt, sondern er repräsentiert Christus im Verhältnis zu seinem Leib. Alle Vollmachten innerhalb desselben bestehen nur durch Teilhabe an der ‚plenitudo potestatis', mit welcher der *monarchische päpstliche Primat* ausgestattet ist. Daß Cajetan die Infallibilität des Papstes vertritt, versteht sich aufgrund einer solchen Konzeption beinahe von selbst.

Damit ist die Linie vorgezeichnet, die bis zum I. Vaticanum die römische Kirche als entscheidende Motivation begleiten sollte. Zwar ist keine Rede davon, daß dieser Wunschtraum im Zeitalter des Tridentinum selbst in Erfüllung gehen würde. Aber es ist bedeutsam genug, daß ein solches Konzept schon zu Beginn der Reformation zur Verfügung steht und zunehmend zu wirken beginnt. Charakteristisch ist dabei, daß selbst ein solcher Mann wie Cajetan keinen Traktat über die Kirche vorgelegt hat; das ekklesiale Denken benützt zwar ekklesiologische Ideen wie diejenige vom mystischen Leibe, aber das eigentliche Interesse gilt der Frage der Kirchenleitung, und damit dem kirchenpolitischen Kampf um die Führung in der Kirche. Diese wird in der Folge auch nicht durch theoretische Diskussion jenes Konzeptes erreicht, sondern durch eine pragmatische Strategie, die vor und während des Konzils von den Päpsten befolgt wurde und außerordentliche Erfolge aufzuweisen vermochte. Sie ver-

---

22 Schmidt, aaO. 10.

23 DS 1445; Mirbt 414.

24 Oder: Turrecremata (1388–1468); dazu: Congar, 31ff.

25 Ekklesiol. Schriften: De comparatione auctoritatis Papae et Concilii, 1511, und: Apologia comparata auct. Papae et Concilii, 1512; Lit. Congar 38ff.

26 Eine erstmalige Unterscheidung, die von ihm selbst als subtil bezeichnet wird: vor der Himmelfahrt hätten die Apostel die gleiche Vollmacht besessen, nach der Himmelfahrt aber begann für sie „die Regierungsweise der Kirche, wie sie immer andauern soll, kraft ordentlichen Rechtes", Congar 39.

stand es von Anfang an, den Stuhl Petri als Initiator in Szene zu setzen und die einmal ergriffenen Zügel niemals mehr aus der Hand zu geben[27]. Zwar stellte es sich später heraus, daß der konziliaristische Gedanke im strengen Sinne auf dem Konzil gar nicht mehr vertreten wurde[28] und selbst die ‚episkopal' gestimmte kräftige Minderheit kaum im eigentlichen Sinne episkopalisch dachte[29], aber in kluger Erwägung der hier noch immer lauernden Gefahren wurde tunlichst vermieden, diese durch theoretische Diskussion zu provozieren.

Nur aus Anlaß des letzten Aufflammens des das ganze Konzil sich hindurchziehenden Streites über die sogenannte *Residenzpflicht der Bischöfe* zu Beginn der XXIII. Session[30] kam es zu langwierigen Debatten mit ekklesiologischem Tiefgang über den Ursprung der Jurisdiktionsgewalt der Bischöfe. Obwohl keine starke Mehrheit vom ‚göttlichen Recht' derselben überzeugt war, gelang es der kurialistischen Minderheit, eine vermittelnde Theorie duchzusetzen, die im Endeffekt der monarchischen Stellung des Papstes zugutekam. Als Vermittler trat der Jesuitengeneral *J. Lainez* († 1565) hervor, der Ordo und Jurisdiktion voneinander trennte: verbürgte der Ordo den Ursprung göttlichen Rechtes, so werde die Jurisdiktion allein vom Papst verliehen, und dadurch verankerte er die kirchenrechtliche Abhängigkeit der Bischöfe vom römischen Stuhl[31]. Dieses Ergebnis beleuchtet die reale Situation der römischen Kirche in jener Zeit: das Papsttum verstand es, einen in pastoraler Hinsicht wichtigen und wertvollen Konzilbeschluß in eine Stärkung der eigenen Position umzumünzen. Es war nur konsequent, wenn die Frage der Kompetenz für die vom Konzil verabschiedeten Dekrete im Sinne eines ähnlichen Kompromisses gelöst wurde: die Hoheit des Konzils blieb theoretisch unangetastet, aber es gab selber seinem Präsidenten, dem päpstlichen Legaten, das Recht, den Papst zu einer Bestätigung der Konzilsbeschlüsse aufzufordern, wodurch das letzte Wort doch bei diesem blieb[32].

Dem strategischen Sieg des Papalismus folgte die ekklesiologische Besinnung nach. Die konziliaristisch-episkopalistischen Ideen konnten zwar nicht völlig mundtot gemacht werden, und die spätere Geschichte bekundet ihre Wiederbelebung in neuer Gestalt. Aber aufs Ganze gesehen setzt sich die Überzeugung durch, daß „die bischöfliche Vollmacht nur als Teilhabe an der päpstlichen Vollmacht" verstanden werden dürfe[33].

Am umfassendsten und wirkungskräftigsten hat der große Kontroverstheologe *R. Bellarmin* († 1621) die nachtridentinische Ekklesiologie bestimmt. Anschließend an Cajetan sieht er in der Kirche eine Gemeinschaft, die dadurch von Christus begründet ist, daß dieser ihr seinen Stellvertreter an die Spitze stellt. In seiner Definition der Kirche haben Glaubensbekenntnis und sakramentale Gemeinschaft kein größeres Gewicht als die Unterwerfung der Gläubigen unter die *„legitime Regierung (regimen) der Hirten und vor allem des römischen Pontifex als des einzigen Stellvertreters Christi auf Erden"*[34]. Die Sichtbarkeit

[27] SCHMIDT 20ff.; H. JEDIN, Kirche des Glaubens, 429ff.
[28] SCHMIDT 50.
[29] AaO. 90.
[30] Herbst 1562; JEDIN, Kirche des Glaubens, 398ff. und 414ff.
[31] CONGAR 49.
[32] AaO. 51.
[33] So F. DE SUÁREZ, De legibus IV 4 n. 11, Opera 26. Bd., hg. von Vivès (Paris 1856–61), zit. n. Congar 59.
[34] R. BELLARMIN, Controversiae, Ingolstadt 1586ff., 4 III 2.

und Greifbarkeit der Kirche als einer äußeren Gesellschaft wird unterschiedslos mit jener verglichen, die das römische Volk, das französische Königreich oder die Republik Venedig aufweisen[35], so daß er nur mehr mit dem Bild eines Leibes, dem eine Seele innewohnt[36], die Differenz zwischen der Spiritualität der Kirche und ihrer Gesellschaftlichkeit zum Ausdruck zu bringen vermag. Diesem Interesse an der organisatorischen Gestalt verbindet sich bei dem gelehrten Jesuiten sein antireformatorischer Affekt ebenso wie die von seinem Ordensgründer, *Ignatius v. Loyola* († 1556), übernommene Überzeugung von der Identität ‚streitender' Kirche, ‚hierarchischer' Kirche[37] und ‚Gottesstaat', die einen Konflikt zwischen Gehorsam gegen Gott und gegen die Kirche als undenkbar erscheinen läßt. So steht die Idee vom ‚Königtum Christi' ähnlich wie die These von Christus als dem Gesetzgeber (legislator)[38] hinter der eindeutig monarchisch gedachten Kirchengestalt. Darum kehrt auch das bereits von Cajetan gelehrte Verhältnis von Christus und Kirche, bzw. Konzil, wieder: der Stellvertreter vertritt Christus als ‚Haupt' der Kirche und auch den Bischöfen gegenüber, und besitzt überdies universale Jurisdiktionsgewalt über die ganze Erde[39].

Dieses Vorstellungsmodell wird dann in der Gegenreformation nach allen Seiten ausgebaut; es entsteht „ein katholisches und römisches System, dynamisch und eroberungslustig nach außen, doch eingeschlossen in sich selbst, in der Verfassung eines Belagerungszustandes"[40]. Die staatliche Monarchie ist ein nicht mehr hinterfragtes Vorbild; konformistisches Verhalten gegenüber den Regeln der Beamtenapparatur wird zur höchsten kirchlichen Tugend. Die Kirche wird mit ihrer Leitung faktisch identifiziert, denn sie wird als juridische Person verstanden, deren Institutionalität so wichtig ist wie die hierarchischen Ämter, die sie allein zu realisieren imstande sind[41]. Es ist nur natürlich, wenn sich jetzt die Stimmen mehren, die für die *Idee der Unfehlbarkeit des Papstes* eintreten[42]. Diese entwickelt sich aus der traditionellen Überzeugung von der Infallibilität der Kirche, die als das ganze Volk Gottes die Gläubigen wie die Hirten umfaßt. Die vom spanischen Dominikaner *Melchior Cano* (1509-1560) formulierten Grundsätze stellen die Basis dar: „der Glaube der Kirche kann nicht abfallen", oder: „die Kirche kann im Glauben nicht irren" und „nicht nur die universale Kirche besitzt immer diesen Geist der Wahrheit, sondern ebendenselben besitzen auch die Führer (principes) und Hirten der Kirche"[43]. Die auch heute noch im Katholizismus mindestens im Hinblick auf den Gesamtepiskopat[44] vertretene Überzeugung mußte zwangsläufig zur Infallibilität des Papstes dann führen, wenn sich die Kirche zunehmend im Papst zur Gänze repräsentiert sieht. Denn die Argumentation von Bellarmin: „wenn sich der gesamte Episkopat täuscht, so würde sich auch die Kirche täuschen, da das christliche Volk ja seinen Hirten folgen muß"[45], läßt sich unmittelbar für die Unfehlbarkeit des Papstes einsetzen, wenn der Gesamtepiskopat nicht mehr in Erscheinung tritt bzw. seine Lehrkompetenz auf das höchste Lehramt überträgt. Dem Argu-

---

[35] AaO. 3 II. [36] Ebd. [37] CONGAR 52 Anm. 1.
[38] DS 1571; NR 839. [39] BELLARMIN, aaO. 3, V 23. [40] CONGAR 60.
[41] CONGAR 61. [42] CONGAR 63ff.
[43] M. CANO, De loc (1563) IV, c. 4, zit. n. CONGAR 63.
[44] Vgl. CONGAR 63 Anm. 78. [45] R. BELLARMIN, Contr. 4 III, c. 14.

ment „(Jesus) habe nur den Petrus Fels und Fundament genannt, nicht aber den Petrus mit dem Konzil" folgt die Behauptung auf dem Fuß: „da der Pontifex die ganze Kirche lehrt, kann er in Dingen, die den Glauben betreffen, in keinem Fall irren"[46]. Noch spricht so nur ein einflußreicher Kirchenlehrer, aber das Ziel, das im I. Vaticanum erreicht wird, ist damit gesteckt.

§ 2 Fortschreitende Institutionalisierung

Literatur: H. E. FEINE, Kirchliche Rechtsgeschichte I: Die katholische Kirche, Weimar ³1955; W. M. PLÖCHL, Geschichte des Kirchenrechtes, Bd. III: Das katholische Kirchenrecht der Neuzeit, Teil 1, Wien (1959) ²1970 (zitiert nach 1. Aufl.); K. HOFMANN, Die kirchenrechtliche Bedeutung des Konzils von Trient, in: G. SCHREIBER, Das Weltkonzil ... I, Freiburg 1951, S. 281-296; W. ULLMANN, Die Machtstellung des Papsttums im Mittelalter, Graz-Wien-Köln 1960 (vgl. dazu: F. KEMPF, Saggi storici intorno al Papato, Roma 1959, 117-169).

Der eigentümliche Wandel im Kirchenverständnis in Richtung auf eine Konfessionalisierung wird durch die aufgewiesene Festigung der päpstlichen Monarchie noch nicht vollständig erfaßt. Denn diese war bereits durch den mittelalterlichen Papalismus proklamiert und theoretisch fundiert worden und mußte nur gegenüber den konziliaristischen Ideen erneut durchgesetzt werden. In den theologischen Begriffen der angewandten Ekklesiologie zeigen sich kaum bedeutsame Veränderungen; der verbreitete Vorwurf einer ‚Verrechtlichung' des gesamten Kirchenwesens ist zu allgemein und konnte ja auch bereits früher erhoben werden[47]. Es ist nötig, das besondere ‚nachkanonistische' bzw. ‚tridentinische' oder auch ‚katholische' Kirchenrecht[48] in Augenschein zu nehmen, darüber hinaus aber der Frage nachzugehen, ob nicht die aus dem mittelalterlichen Papalismus übernommenen Begriffe nunmehr einen veränderten Inhalt bekommen, der nicht allein vom kirchlichen Innenraum, sondern ebenso von der bekämpften Umwelt her bestimmt wird. So erhält etwa das Wort ‚Monarchie' einen neuen Sinngehalt, da es jetzt nicht mehr wie früher „ein im Grunde vorstaatliches Institut" meint, sondern das „höchste Staatsorgan"[49]. Das würde bedeuten, daß inmitten des katholischen Kirchentums dieser Epoche die *Idee des ‚Staates'*, diese „geistige Leistung des modernen Europa"[50], in Erscheinung tritt, und zwar derart, daß sie die Vorstellung von der päpstlichen Monarchie unterwandert, obschon der Heilige Stuhl damals in harter Auseinandersetzung mit der aufsteigenden Macht des modernen Fürsten- und Nationalstaates verstrickt war. Dann aber bedürfte die verbreitete Vorstellung, nach welcher die „zur absoluten Herrin sich aufschwingende Staatsmacht"[51] als reiner Antipode zur tridentinischen Erneuerung des Katholizismus angesehen wird, einer kräftigen Korrektur. Man wird freilich in Rechnung zu stellen haben, daß sich diese Idee des modernen Staates selbst noch in einem unklaren Anfangsstadium be-

[46] AaO. 3 IV, c. 3; MIRBT 500.
[47] FEINE, Kirchliche Rechtsgeschichte, Bd. I, S. 264.
[48] Zu diesem Begriff FEINE, 398.
[49] KRÜGER, Allgemeine Staatslehre, 1966, 2. Aufl., S. 312.
[50] AaO. 5.
[51] PLÖCHL, Geschichte des Kirchenrechtes, Bd. III, 26.

fand. Infolge der erwähnten kämpferischen Auseinandersetzungen mit der säkularen Staatsidee konnte sich die innere Verwandtschaft mit dieser nur in verdeckter Form kundtun. Dennoch sind die Indizien für die strukturelle Analogie zwischen dem erneuerten Kurialismus und der Entwicklung des profanen Staates kräftig genug, um für die Charakterisierung des tridentinischen Kirchenverständnisses in Anschlag gebracht zu werden. Damit verbindet sich nun auch die Einsicht in eine bedeutsame Mitbeteiligung der katholischen Kirchenreform am geistigen Neubau Europas.

Geht man von der Erkenntnis aus, der Staat sei genetisch gesehen „eine Schichtung von außerordentlichen Maßnahmen, die sich zu ständigen, in das System einbezogenen, d.h. also zu ordentlichen Institutionen entwickelt haben"[52], dann sind bereits *im Mittelalter* gedankliche Grundlagen dafür festzustellen. So lehrte etwa *B. de Ubaldis* (1327–1402) eine ‚außerordentliche Gewalt (potestas extraordinaria)' des Fürsten, die schon von *Ae. Romanus* (1247-1316) für den Papst mit Rücksicht auf dessen ‚plenitudo potestatis' in Anspruch genommen und in Analogie zum Wunder gesetzt wird, in welchem Gott die normale Naturordnung durchbricht[53]. Damit ist ein Grundmotiv des modernen Staatsgedankens angesprochen: die geschichtliche ‚Notwendigkeit' des ‚Außerordentlichen', die auf eine rechtliche Fundierung und auf ‚Institutionalisierung' drängt[54]. Die später im politischen Handeln verbreitete Überzeugung: „Necessität ist das größte Gesetz"[55] wurde einerseits naturrechtlich begründet, andererseits „mußte auch der Gedanke der natürlichen Notwendigkeit seiner Natürlichkeit entkleidet und zu einem Staatsinstitut erhoben werden"[56]. Diesem geschichtlichen Zwang sah sich der Kurialismus in unserem Zeitraum in besonderer Weise ausgesetzt, sollte die absolute Souveränität des Papstes in völkerrechtlichem und staatsrechtlichem Sinne bewahrt werden; im Mittelalter hatte sich längst die Auffassung durchgesetzt, daß dem Papst allein ‚auctoritas' zukomme, aufgrund welcher er verschieden gestufte Arten von ‚potestas' verleihen kann, denn er „wurde in der Tat als der Schnittpunkt von Himmel und Erde gesehen"[56a]. Zwei neue historische Bedingungen sind nun zu beachten: der im Mittelalter auf dem Höhepunkt päpstlicher Macht erfolgreiche Versuch, die *völkerrechtliche Souveränität* in Analogie zur politischen ‚Medialisierung'[57] ursprünglich höher oder gleichgestellter Gewalten durchzusetzen, war in dieser Weise nicht mehr durchführbar[58]. Zur Ausübung unmittelbarer politischer Hoheitsrechte stand aber nur das zunehmend

---

[52] Krüger 28.

[53] E. Reibstein, Johannes Althusius als Fortsetzer der Schule von Salamanca, 1955, 6; Krüger, 28–29 u. Anm. 14–17; zur Frage einer möglichen Hintergrundfunktion der Unterscheidung von potentia absoluta und potentia ordinata vgl. H. Welzel, Naturrecht u. materiale Gerechtigkeit, 1955, 2. Aufl., 82.

[54] Krüger, 25ff.; 158ff.

[55] Prinz Eugen, nach O. Redlich, Das Werden einer Großmacht Österreich, 1942, S. 64, zit. n. H. Krüger, 26.

[56] Krüger, 27.

[56a] W. Ullmann, Die Machtstellung des Papstes, S. XXVII, XXIX Anm. 7, XXX.

[57] AaO. 116.

[58] Vereinzelte Versuche scheiterten an der geschichtlichen Realität, z.B. Absetzung d. Königin Elisabeth v. England durch die Bulle ‚Regnans in excelsis' v. 25. 2. 1570 durch Pius V., vgl. Feine, 487ff.; Mirbt, 491.

sich verkleinernde Territorium des Kirchenstaates zur Verfügung; wollte das Papsttum nur auf diesem seine Souveränität demonstrieren, wäre es zu einem bloßen Territorialfürstentum abgesunken. Der tridentinische Katholizismus beschritt einen anderen Weg: die Durchsetzung der staatsrechtlichen Souveränität erfolgte auf dem Gebiet, das der päpstlichen Universalmonarchie als unmittelbare Einflußsphäre geblieben war, nämlich auf dem Bereich der römisch-katholischen Konfession, die als geschlossenes Gesellschaftssystem im Sinne einer ‚societas perfecta' zur Verfügung blieb.

Es ist wichtig, in diesem Zusammenhang auf den Begriff der ‚*Hierarchie*' zurückzugreifen und zwar hinsichtlich ihres politischen Aspektes[59]. Es handelt sich dabei um ein ‚System in der Vertikalen', in welchem durch das Mittel des ‚Instanzenzuges' eine strenge Über- und Unterordnung von ‚Ämtern' durchgesetzt wird, was in einer gestuften ‚Rangordnung' der Amtsträger durch ihre Titel und Prädikate sinnfällig zum Ausdruck kommt. Wesen und Funktion des jeweiligen Amtes wird streng von seiner ‚instantiellen Zuständigkeit' bestimmt und damit zugleich straff an die Spitze der Pyramide gebunden, unter welchem Bild sich eine solche Art von Hierarchie selbst zu verstehen pflegt. Wesensimmanent ist diesem System das ‚Gesetz'[60], weil es allein in der Lage ist, die jeweils niedere Instanz an die jeweils höhere, und damit an die höchste, zu koppeln. Die Herrschaft des Gesetzes bedingt seinerseits wieder einen *Objektivierungsprozeß der Personen*, die als höhere und niedere Amtsträger fungieren, und damit ist eine besondere Art von ‚Institutionalisierung' in die Wege geleitet, die von größter Bedeutung werden sollte. Wenn nunmehr ‚Institution' umschrieben werden kann „als die gedankliche Vergegenständlichung der wesentlichen Gestalt und des aufgegebenen Gehalts einer bestimmten Art von gesellschaftlichen Sachverhalten in einer konstruierten Größe"[61], dann ist auch hier ein wesentlich neues Element sichtbar geworden, das „die strukturelle Selbstentfaltung des Modernen Staates"[62] charakterisiert.

An dieser strukturellen Selbstentfaltung ist die römische Kirche unbewußt in ersten, aber entscheidenden Ansätzen beteiligt; man kann sogar fragen, ob sie nicht in mancher Hinsicht der Entwicklung im protestantischen Raum vorgearbeitet hat. Daß angesichts der politischen Geschichte jener Zeit einiges dafür spricht, kann hier nur am Rande erwähnt werden: jedenfalls hat sich in Österreich und Frankreich der absolute Staat im Zeichen der Gegenreformation gegen einen im mittelalterlich-ständischen Denken befangenen Protestantismus durchzusetzen gewußt, und Spanien ist ein eindeutiges Beispiel dafür, wie sich Absolutismus des Staates und katholische Kirchlichkeit miteinander vertragen können. Entscheidend aber ist die Entwicklung im innerkirchlichen Raum.

Wenn „nunmehr eine *Ära des Juridismus*" für die Ekklesiologie begann, und auch dem Urteil nicht widersprochen werden kann, Trient habe „die Errichtung einer hierarchischen Ordnung, die sich nicht von der Eucharistie her, sondern nach dem ‚regimen' orientiert", begünstigt, dann wird das durch „die Einrichtung eines zentralistischen Apparates und den Beginn einer zentralistischen Regierung"[63] bestätigt. Schon die reiche gesetzgeberische Tätigkeit der Päpste, und

[59] Krüger, VII, 112ff., 117ff. [60] AaO. 275ff. [61] AaO 177.
[62] AaO. 115. [63] Congar, 51.

zwar aufgrund ausdrücklicher Wünsche des Konzils[64], gibt zu denken: Pius IV. hat das Glaubensbekenntnis (Professio fidei Tridentina) und den Index verbotener Bücher, beides 1564, promulgiert, Pius V. den Römischen Katechismus (1566), das Römische Meßbuch (1570) und das Brevier (1568). Sixtus V. hat 1590 einen authentischen Bibeltext herausgegeben, der freilich zurückgezogen werden mußte und unter Clemens VIII. 1592 verbessert neu herausgegeben wurde (Vulgata Clementina). Pius V. hatte überdies 1568 die sog. Abendmahlsbulle (In Coena Domini), eine Zusammenstellung der dem Papst vorbehaltenen Zensuren, herausgegeben, die die Funktion eines Strafgesetzes mit dauernder Rechtskraft bekam. Entscheidend ist dabei, daß die „Weiterentwicklung des tridentinischen Rechtes völlig in der Hand der päpstlichen Primitialgewalt" lag[65]. Denn die gesetzgeberische Tätigkeit der Päpste wurde ergänzt durch den Ausbau der Kurie, bzw. durch die Errichtung der *Kardinalskongregationen*, und dadurch verwandelt sich das bisherige Kirchenrecht „aus einem geistlichen Weltrecht zum Sonderrecht der weitaus größten, aber auch im Abendland längst nicht mehr einzigen Kirche"[66]. Hinter dem täuschenden Namen einer ‚Kongregation' verbarg sich in Wahrheit ein ‚neuer Behördentyp'[67], der sich nach seiner vollen Ausgestaltung durch die von *Sixtus V.* 1588 erlassene Konstitution ‚Immensa aeterni' in 15 Zentralämtern repräsentiert. In diesen führten entweder der Papst selbst oder weisungsgebundene Vertreter den Vorsitz. Von einer Eigenverantwortung dieser Behörden konnte schon deshalb keine Rede sein, weil es kein kollegiales Gegenüber mehr gab; das ‚Konsistorium', das früher als päpstliches Beratungsorgan in etwa eine solche Rolle zu spielen vermochte, war zu einem ‚zeremoniellen Schattendasein' degradiert worden: „soweit der Papst Entscheidungen oder Entschließungen in den Konsistorialsitzungen kundtat, waren sie schon vorher von ihm selbst oder durch die von ihm betrauten Behörden vorbereitet."[68]. Kennzeichnend ist die spätere Hinzuziehung der ‚päpstlichen Kapelle (capella papalis)', des ‚Hofstaates' und der ‚Päpstlichen Familie'[69], deren Mitglieder liturgische, zeremoniale und sonstige Funktionen hatten, keineswegs jedoch zur politischen oder rechtlichen Verantwortung beitrugen; hingegen bot diese Ausweitung eine Gelegenheit, dem eigentümlichen Hang eines absoluten Fürstenstaates nach einer ‚Rangordnung' Rechnung zu tragen[70].

Von nicht geringerer Bedeutung ist die in der nachtridentinischen Epoche durchgeführte *Aufwertung des Bischofsamtes*, die zugleich auch wichtigen pastoralen Bedürfnissen entgegenkam[71]. Schon das Konzil selbst hatte die Visitationsrechte des Bischofs dadurch verstärkt, daß ihm nunmehr kraft Gesetz die päpstliche Delegation dafür verliehen wurde[72]. Dies „war eines der wirksamsten Mittel, die verstärkte Amtsgewalt des ‚ordinarius' durchzusetzen"[73]. Zugleich wurde er strenger der ständigen Aufsicht Roms unterworfen[74], denn die

---

[64] Sessio XXV v. 3. u. 4. a2. 1564: Decretum de reformatione generali, u. De recipiendis et observandis decretis concilii, in: Conciliorum oecumenicorum decreta, 1962, S. 760ff. u. 774; vgl. Feine 459ff.

[65] Feine, 460.

[66] U. Stutz, Geschichte des Kirchenrechtes, zit. n. Feine 463.

[67] Plöchl 141.

[68] AaO. 157.

[69] AaO. 175.

[70] Krüger, 117, 232ff.

[71] Plöchl, 217ff., 257ff.

[72] Vgl. Feine, 477.

[73] Plöchl, 259.

[74] Feine, 474.

eintretende Verbesserung „bewegte sich durchaus im Sinne einer um die Bischöfe und durch sie um den Papst sich vollziehende monarchische Konzentration"[75]. Das bischöfliche Ordinariat wurde zu einer relativ selbständigen Expositur der kurialen Zentralstellen. Die gemeinsame monarchische Struktur des bischöflichen und des päpstlichen Amtes gestattete trotz der später wieder aufbrechenden Spannungen bis heute eine strenge Unter- und Überordnung im Sinne jenes vertikalen Systems, das für die Entstehung des modernen Staates kennzeichnend ist. Der ‚Instanzenzug' ist im faktischen Verkehr zwischen Ordinariat und Kurie das signifikante Merkmal einer ekklesiologischen Struktur, die sich deutlich von der vortridentinischen Epoche abhebt.

Die entstehende ‚römisch-katholische Kirche' hat trotz aller wesenhaft bedingter Unterschiede zur Welt der profanen ‚polis' offenbar in entscheidender Weise an deren Um- und Neugestaltung teilgenommen, ja, deren charakteristische Züge in mancher Hinsicht modellhaft vorweggenommen. Das Problem, „Institute zu bilden, die zwar den Notwendigkeiten der Lage Rechnung zu tragen gestatten, die Leistung aber vollkommen und geordnet zu erbringen", ist von der kurialen Kirchenleitung konsequent aufgegriffen und gelöst worden, wobei die geordnete Sicherung einer ‚Blankovollmacht' für die oberste hierarchische Spitze als leitendes Motiv angesprochen werden kann. Im Vollzuge dieser Entwicklung wird „auch der Gedanke der natürlichen Notwendigkeit seiner Natürlichkeit entkleidet und zu einem Staatsinstitut erhoben". Als „Sinn der Institutionalisierung und ‚Kanalisierung' der Staatlichkeit" erscheint aber „gerade die Überwindung der Argumentation aus der Natur der Sache"[76]. Es gehört zu der charakteristischen Erscheinung der tridentinischen Epoche, daß zwar der fürstliche Absolutismus auf katholischem Boden vor seiner theoretischen Entfaltung durch *Jean Bodin*[77] mit den Mitteln eines erneuerten Naturrechtes „im voraus widerlegt"[78] werden kann, dieser Kampf gegen die Idee vom ‚princeps legibus solutus' (dem Gesetz nicht unterworfenen Fürsten) aber nicht gegen den Papst gerichtet wird. Die Vertreter der für das Wiederaufleben des Naturrechtes so bedeutsamen Schule von Salamanca wie *F. Vasques* (1512–1569), der bis zu einer modern anmutenden, auf das Naturrecht gestützten ‚Proklamation der Rechte der Menschen und Völker' vorstieß[79], waren ebensowenig wie etwa der Jesuitengeneral *Jakob Lainez* (1512–1565) geneigt, sich in derselben Schärfe gegen den Absolutismus des Papstes zu wenden[80]. Die unausgesprochene Idee von einem absoluten Herrschaftsprimat über den verbliebenen Rest der christlichen Gesellschaft duldet keine ideologische Erosion des eigenen Konzeptes.

---

[75] K. HOFMANN, Die kirchenrechtliche Bedeutung d. Konzils v. Trient, in: G. Schreiber (Hg.), Weltkonzil ..., I, 296.
[76] KRÜGER, 27.
[77] Les six Livres de la République, 1576; vgl. Art. Absolutismus, in: Ev. Staatslexikon, 1966, S. 14ff.
[78] REIBSTEIN, 39.
[79] AaO. 154.
[80] AaO. 121; 92ff.; CONGAR, 49.

§ 3 Distanzierung von der Umwelt

Literatur: H. JEDIN, Das Gefolge der Trienter Konzilsprälaten im Jahre 1562, in: Festschrift F. STEINBACH, Bonn 1960, 580–596; DERS., Die Bedeutung des tridentinischen Dekretes über die Priesterseminare für das Leben der Kirche, in: Theol. u. Glaube 54, 1964, 21–38.

Die fortschreitende Institutionalisierung eines konfessionellen Kirchentums mußte trotz des theoretischen Anspruches, allein und ausschließlich die universale Weltkirche zu repräsentieren, zu einer *selbstgewählten Isolierung* von der Umwelt führen. Die Ausgrenzung der Protestanten betraf nicht mehr, wie früher meist, Einzelgruppen, sondern einen Großteil des noch bestehenden ‚corpus christianum'. Allein schon die stete Notwendigkeit einer polemischen Kontroverstheologie mit der protestantischen Häresie führte zu einer schroffen Einseitigkeit in der Lehrentfaltung. Als mindestens ebenso gewichtig erwies sich die anbahnende ‚Verstaatung' der Kirchenleitung, da die Wahrung der päpstlichen Hegemonie sowie die Kontaktnahme mit der übrigen Welt wesentliche Modifikationen des bisherigen Umganges mit dieser erzwang. Kennzeichnend ist etwa die Einrichtung ständiger Nuntiaturen bei den Regierungen verschiedener Staaten. Hatten die päpstlichen Legaten zuvor vorwiegend kirchliche Aufgaben, was u. a. durch die ihnen verliehene Vollmacht zum Ausdruck kam, „konkurrierend zu den Landesbischöfen als Gerichtshöfe erster Instanz oder als Berufungsgerichte zu fungieren"[81], wurde ihnen diese mit seltenen Ausnahmen aufgrund eines der Trienter Beschlüsse nunmehr genommen, so daß die Nuntien in zunehmendem Maße zu staatlichen Gesandten wurden[82]. Im engen Zusammenhang damit stand die Entwicklung des kurialen Staatssekretariats, in dem sich das Modell eines Außenministeriums abzeichnet[83]. Die Mittel staatlicher Diplomatie dienen der Vertretung des päpstlichen Stuhles, und zwar nicht nur als Instrument des Souveräns des Kirchenstaates, sondern zugleich als dasjenige des Oberhauptes der Weltkirche. Welche grundsätzliche Verschiebung damit eingetreten ist, zeigt die Lehre von der ‚indirekten Vollmacht (potestas indirecta)' des Papstes über die weltlichen Staaten[84]. Hatte noch Paul IV. in der Bulle ‚Cum ex apostolatus officio' vom 15. 2. 1559 im Sinne der im Mittelalter vertretenen Lehre von der ‚potestas directa'[85] formulieren können, daß der römische Pontifex „die Fülle der Gewalt über Völker und Reiche innehat und ihr Richter ist"[86], so setzte sich bald die von Dominikanern und Jesuiten vertretene Lehre von der ‚*potestas indirecta*' durch. Kardinal Bellarmin war sogar ihretwegen von Sixtus V. auf den Index gesetzt worden, was freilich nicht mehr veröffentlicht wurde, da Urban VII. die Streichung der ‚Disputationes' vom Index verfügte[87]. Die von *Bellarmin* († 1621) und *Suárez* († 1617) vertretene Auffassung von einer ‚indirekten Gewalt', verneinte zwar eine unmittelbare Vollmacht des Papstes auf politischer Ebene, bejahte sie aber wieder mit Rücksicht auf seine ‚geistliche Gewalt' und schuf dadurch neuerlich die Möglichkeit von Eingriffen in die weltlichen Dinge, „um so mit einem päpstlichen Aufsichts- und Korrektionsrecht gegenüber religions- und kirchenhinderlichen Maßnahmen der Regierungen die

[81] PLÖCHL, 182. [82] Ebd.; FEINE, 493ff. [83] PLÖCHL, 181; FEINE, 464.
[84] Zur Problematik: ULLMANN, aaO. XXXV u. 602 Anm. 2.
[85] FEINE, 486 u. 266–273.
[86] MIRBT, 441; ähnlich noch Pius V., MIRBT, 491. [87] PLÖCHL, 47.

Kirche und ihre Superiorität praktisch zu wahren"[88]. Mit dieser Modifikation hat man den veränderten politischen Realitäten Rechnung getragen und zugleich eine Verteidigungsstrategie fundiert. Kirche und Papst rangieren nicht mehr selbstverständlich vor den irdischen Gewalten; diese sind vielmehr in ihrer Außenposition anerkannt, sollen aber zur Einhaltung bestimmter Einflußsphären der Kirche gezwungen werden. Wie man zu ihnen ständige Außenbeziehungen unterhält, so distanziert man sich auch zum Zwecke der Respektierung der eigenen autonomen Souveränität. Man hält sich die ‚Welt' vom Leibe; daß man dies mit durchaus weltlichen Mitteln tut, gehört zur Eigentümlichkeit der römisch-katholischen ‚Säkularisierung', die als eine sakrale Spielart anderer, unmittelbar in die Profanität führender Verweltlichungsprozesse anzusprechen ist. Das Bild der Großmacht ‚Kirche' verändert sich: Die profane Welt erscheint auch innerhalb des ‚Corpus christianum' nicht mehr wie selbstverständlich „integriert, sondern sie ist zu einer z.T. feindlichen Umwelt" geworden, der gegenüber Distanz zu wahren ist. Dies geschieht durch kräftige Unterstreichung der römischen Tradition und des klerikalen Habitus, wobei die jeder hierarchischen Institution wesensimmanente ‚Repräsentationsidee'[89] verschärft zutage tritt. Der Distanzierungswille bekundet sich nicht zuletzt in der schon erwähnten Herausbildung eines gewaltigen *höfischen Zeremoniells*, dessen sakrale Gestaltung die Fremdheit der Kirche in der Welt zum Ausdruck bringen sollte. Dieser Rückzug in „ein katholisches und römisches System ... eingeschlossen in sich selbst, in der Verfassung eines Belagerungszustandes"[90] wird noch in den verschiedensten Zusammenhängen begegnen; wir fragen zunächst nach der Rolle, die dabei einem neuen Verständnis von ‚Tradition' zukommt.

Kapitel II: Die neue Bedeutung der Tradition

Literatur: M. SCHMAUS (Hg.), Die mündliche Überlieferung. Beiträge zum Begriff der Tradition, München 1957, spez. S. 123–206: J. R. GEISELMANN, Das Konzil von Trient über das Verhältnis der Hl. Schrift und der nicht geschriebenen Traditionen, sein Mißverständnis in der nachtridentinischen Theologie und die Überwindung dieses Mißverständnisses (vgl. dazu: J. BEUMER, in: Scholastik 34, 1959, 249–258); H. HOLSTEIN, La Tradition d'après le Concil de Trente, in: Recherches des Sciences Religieuses 47, 1959, 367–390 (übersetzt von Paul Schrewe: H. HOLSTEIN, Der Begriff der Tradition auf dem Trienter Konzil, in: Concilium Tridentinum, hg. v. R. BÄUMER, Darmstadt 1979, 251–277 = Wege der Forschung 313); P. LENGSFELD, Überlieferung. Tradition und Schrift in der evangelischen und katholischen Theologie der Gegenwart, Paderborn 1960; J. R. GEISELMANN, Die Heilige Schrift und die Tradition, Freiburg 1962; J. BEUMER, Die mündliche Überlieferung als Glaubensquelle, Freiburg 1962; DERS., Theologie der Heiligen Schrift: Inspiration, aaO. 1968 (beides: HDG I 4; 3b); G. SÖLL, Dogma und Dogmenentwicklung, Freiburg 1971 (HDG I 6).

Die gezeichnete Konfessionalisierung der römisch-katholischen Kirche hat sich vor allem in Veränderungen der Kirchengestalt geäußert. Hingegen ist in der Lehre von der ‚Tradition' eine deutliche Veränderung zu beobachten, die wichtige Folgen für das Verständnis von ‚Kirche' ankündigt. Der gegenreformatorische Charakter des Tridentinum ist hierbei besonders zu bedenken. Die Reformation hatte die Grundstruktur des mittelalterlichen Kirchenwesens von der

[88] STUTZ, zit. n. H. E. FEINE, 488; Nachweise ebd. Anm. 4–6.
[89] KRÜGER, 117, 176.
[90] CONGAR, 60.

Wurzel her in Frage gestellt. Ihre Definition von Kirche relativierte prinzipiell die gesamte bisherige organisatorische Gestalt desselben und ließ nur mehr Wortverkündigung und Sakramentsverwaltung als elementare Grundbedingungen kirchlicher Existenz bestehen[1]. In ihrer Abwehr der damit verbundenen ‚Sola-Scriptura'-Doktrin war der Katholizismus genötigt, die bisherige formale Geltung der Schriftautorität[2] einzugrenzen und das Verhältnis derselben zu der bislang mehr oder weniger unreflektierten Rolle der ‚Tradition' abzuklären. Im Vollzuge dieser Bemühung sind schon vom Konzil selbst entscheidende Weichen für die Gestaltung der Kirche gestellt worden, die dem römischen Katholizismus bis heute das Gepräge gegeben haben.

Wie bereits angedeutet[3], ist jene Weichenstellung in unserer Gegenwart im Schoße des Katholizismus selbst einer erheblichen *Kritik* unterzogen worden; ohne dieselbe wäre beispielsweise das Ereignis des II. Vaticanum unverständlich. Für jene Epoche ist das insofern von Belang, als im Zuge solcher innerkatholischer Reformbemühungen eine historische These weithin Anklang gefunden hat, nach welcher im entscheidenden Konzilstext[4] zwar ein Nebeneinander von ‚Schrift' und ‚Tradition' gelehrt worden sei, jenes ‚und (et)' zwischen den Formeln ‚in geschriebenen Büchern (in libris scriptis)' bzw. ‚ungeschriebenen Überlieferungen (sine scripto traditionibus)' ließe jedoch die Lehre von der Suffizienz der Schrift wie auch ihre maßgebliche Funktion als Kanon, d. h. als kritischer Richter aller mündlicher Tradition, im Grunde unangetastet. Hingegen habe sich unmittelbar nach dem Konzil ein Verständnis dieses ‚und' im Sinne eines gleichrangigen Proporzverhältnisses von Schrift und Tradition durchgesetzt, und zwar mittels der Wiederaufnahme[5] einer bekannten, schon in der Konzilsvorlage maßgeblich vorgelegenen[6], in der Sessio vom 8. 4. 1546 aber wieder fallengelassenen *Formel eines ‚teils-teils (partim-partim)'*. Die Herrschaft dieser Formulierung habe gleichsam den gegenreformatorischen Charakter der nachtridentinischen Kirche befestigt, denn durch diese sei deutlich eine prinzipielle Insuffizienz der Schrift als Glaubensquelle involviert, was notwendig die eigentliche Bedeutung der Kanonizität der Schrift relativiert und folgerichtig zu einer faktischen Vorrangstellung der Tradition, und letztlich auch des kirchlichen Lehramtes, geführt habe. Diese, von *J. R. Geiselmann* vorgetragene[7] These wurde und wird noch auf ihre historische Richtigkeit und dogmatischen Folgen hin lebhaft diskutiert, wobei sich im wesentlichen zwei Richtungen abzeichnen: die eine findet trotz behutsamer Abwägung der einzelnen Momente zu einer prinzipiellen Bejahung[8], während die andere sich um eine Abschwächung der Bedeutsamkeit des ganzen Problems bemüht: jenes ‚und' sei möglicherweise nur das Ergebnis einer ‚stilistischen Glättung'[9], womit freilich das nachtridenti-

---

[1] Vgl. CA Art. V–VIII BSLK 57–61.
[2] LENGSFELD, Überlieferung, S. 120–123.
[3] Kap. 1 Anm. 1.
[4] DS 1501; NR 87.
[5] Begünstigt durch den Cat. Rom., 1566, c. 12: „Der ganze Lehrinhalt ist im Worte Gottes enthalten, das auf die Schrift und die Überlieferung aufgeteilt (distributum) ist." Eine eindeutige Verwendung dieser Vorstellung durch die einflußreichen Kontroverstheologen P. CAINSIUS u. R. BELLARMIN. Vgl. LENGSFELD, 118ff.; J. BEUMER, Die mündliche Überlieferung, S. 89ff.
[6] In der Sitzung vom 22. 3. 46, CT V 31–32.
[7] J. R. GEISELMANN, Das Konzil von Trient..., S. 123–206; vgl. auch E. STAKEMEIER, Das Konzil von Trient über die Tradition, in: Catholica 14 (1960) 34–54.
[8] LENGSFELD, 126.
[9] BEUMER, 84.

nische Verständnis von ‚teils-teils' wieder dem Konzil zugeschrieben wird. Jedenfalls mahnt diese Diskussion zu einer vorsichtigen Interpretation der einschlägigen Konzilstexte sowie zur Beachtung relativer Unterschiede zwischen der Konzilstheologie selbst und ihren sich alsbald durchsetzenden Folgen.

§ 1 Die Lehre von der Schrift

Literatur: J. R. GEISELMANN, Die Heilige Schrift und die Tradition, Freiburg 1962; K. RAHNER-J. RATZINGER, Offenbarung und Überlieferung, Freiburg 1965, 25–69; R. DAUNIS, Schrift und Tradition in Trient und in der modernen katholischen Kirche, in: Kerygma und Dogma, 13, 1967, 132–158, 184–200; J. BEUMER, Theologie der Heiligen Schrift (b): Inspiration, Freiburg 1968 (= HDG I 3); M. MIDALI, Rivelazione, chiesa, scrittura e tradizione alle IVª sessione del Concilio di Trento, Roma 1973 (= Bibl. „Salesianum" 78).

Historische wie sachliche Gründe sprechen dafür, eine Darstellung des Herrschaftszuwachses der ‚Tradition' mit der Lehre von der ‚Schrift' beginnen zu lassen. Einerseits entwickelte sich das neue Bewußtsein von Tradition am Gegensatz zum protestantischen Schriftprinzip, andererseits trat jetzt erst in das Licht theologischer Reflexion, wie innig für katholisches Empfinden schon seit langem schriftliche und mündliche Überlieferung miteinander verbunden waren. So führte das Bemühen um eine lehrhafte Aussage über den Schriftkanon auf der ersten Generalkongregation am 8. 2. 1546 schon nach drei Tagen zu dem Vorschlag des Konzilspräsidenten, Kardinal del Monte, über den Kanon nur im Zusammenhang der apostolischen Tradition zu sprechen, und bereits eine Woche später einigte man sich darauf, mit den letzteren zu beginnen[10]. Die automatische Rückkoppelung von der Theologie der Schrift zu einer der Tradition mag den Protestanten verblüffen, weil er gewohnt ist, beide Größen in Konfrontation zu denken, was seine Ursache in der Polemik der Reformatoren gegen alle ‚Menschensatzungen' hat, die ihrerseits das konfessionelle Feindbild von der ‚Tradition' schuf, das sich im Sprachgebrauch widerspiegelt[11]. Die katholische Zusammenschau hat ihren Hintergrund in einer vagen, aber wirkungsvollen Vorstellung von einer Art Inspiration der Tradition, durch die diese der Schrift nahegerückt wird. Zwar wurde niemals eine Theopneustie der Tradition im strengen Sinne gelehrt, auch lag dies kaum in der Absicht der Konzilsväter, trotz einiger dahingehender Äußerungen[12]. Aber der Text des Konzilsentscheides spricht zweimal von einem ‚Diktat des Heiligen Geistes'[13], und zwar beide Male unter direktem Bezug auf die ungeschriebenen Überlieferungen hin zu den geschriebenen Büchern. Das aber bedeutet: das Konzil geht von der durch den Heiligen Geist verbürgten Autorität der ‚Tradition' aus und sichert so der ‚Schrift' dieselbe Autorität zu. Damit bekommt die vieldiskutierte Formulierung[14], nach welcher die Schriften und Überlieferungen „mit gleicher frommer Bereitschaft und Ehrfurcht (pari pietatis affectu ac reverentia)" vom Konzil anerkannt und ver-

[10] BEUMER, 75–76; K. D. SCHMIDT, 177ff.
[11] H. J. HOLTZMANN, Kanon und Tradition, 1859, 34ff.; LENGSFELD, 149ff.; BEUMER, 75.
[12] Etwa der Bischof CORNELIUS MUSSUS (Bituntinus) CT V, 14; vgl. BEUMER, Die Inspiration der Heiligen Schrift, HDG I Fasz. 3b, 47, bes. Anm. 14.
[13] DS 1501; NR 87–88.
[14] BEUMER, Fasz. 3b, 47.

ehrt werden, ihr besonderes Gewicht. Das Neue liegt darin, daß die ‚Schrift' ausdrücklich von der ‚Tradition' abgesetzt und ihr die gleiche Bedeutung und Würde wie der Tradition zugesprochen wird. So bedeutsam war offenbar die Rolle der Tradition geworden, daß die Schrift einer erneuten Aufwertung bedürftig geworden war.

Mit jenem Gefälle hängt zusammen, daß die *Lehre von der Inspiration der Schrift* kein Mittel zu ihrer Aufwertung darstellt, obwohl dies nahegelegen wäre, übernimmt doch der Trientiner Text den Grundgedanken einer Lehrentscheidung des Konzils von Florenz (1442), der eine Gott sei Urheber (auctor)[15] der Schriften des Alten und des Neuen Bundes; und dies wird dort ausschließlich mit ‚Theopneustie' begründet[16]. Der Sachverhalt ist also zweifellos auch in Trient gegeben, aber er wird weder ausdrücklich genannt noch näher reflektiert oder gar benützt, was sich auch aufgrund der Diskussion belegen läßt; ebenso erhalten wir auch keine Auskunft über „die bereits bekannte Alternative Real- oder Verbalinspiration"[17]. Das mag damit zusammenhängen, daß auch die Reformationstheologie noch keine spezifische Inspirationslehre vertreten hat[18], aber die Entwicklung im Protestantismus auf eine strenge Verbalinspiration hin hat die katholische Theologie bald gezwungen, diesem Fragenkomplex eine genauere Aufmerksamkeit zu schenken. Bereits *Melchior Cano* († 1560) hat noch während und nach dem Konzil an der Inspirationsfrage gearbeitet und dabei eine bedeutsame Unterscheidung von ‚Offenbarung' und ‚Beistand' im Wirken des Geistes getroffen[19]. Dies wirkte sich insofern aus als bei der späteren katholischen Zuwendung zur Verbalinspiration doch stets der Versuch unternommen wird, gegenüber deren mechanistischen Konsequenzen den Hagiographen mindestens eine psychologische Freiheit zuzubilligen. So ansatzweise bei *D. Bánez* († 1604; vgl. EKL 4,305) und ausführlich bei *C. R. Billuart* († 1775); ähnliche Versuche werden von R. Bellarmin und F. Suárez (zu ihnen s. o. S. 424) unternommen, während andererseits schon 1587 L. Leys (Lessius, † 1623; vgl. EKL 4,609) für eine Realinspiration eintritt, auf welche Linie insbesondere Exegeten wie Cornelius a Lapide († 1637; s. EKL 4,380) einschwenken[20]. Es zeigt sich also, daß das relativ geringe Interesse am Inspirationsproblem der katholischen Theologie eine größere Flexibilität in der Schriftlehre bewahrte als dies für den Protestantismus gilt.

Genügt also dem Konzil eine eher beiläufige Erinnerung an die göttliche Inspiration der Schrift, so war es andererseits besonders daran interessiert, ihre Kanonizität herauszustellen und diese auch nach Umfang und Gestalt zu definieren. Ein doppelter Grund lag vor: es ging ebenso um Aufnahme und Abwehr der durch das protestantische Schriftprinzip aufgeworfenen Probleme, andererseits um eine Abgrenzung gegenüber der Tradition. Im angeschlossenen Anathem findet sich ein feiner Unterschied, insofern für die Schriften ihre Anerkennung als ‚heilig und kanonisch' gefordert wird, während der mit dem Ausschluß bedacht wird, der die Traditionen „bewußt und mit Bedacht ... verachtet"[21]. Dies darf freilich nicht im Sinne einer Abschwächung der vorher ausdrücklich festge-

---

[15] ‚Verfasser'? Beumer, 46.

[16] DS 1334 u. 1501; NR 86 u. 88.

[17] Beumer, 47, bes. Anm. 17.

[18] AaO. 49/50.

[19] De locis theologicis II, 14, zit. n. Beumer, 56.

[20] Vgl. Beumer, 56–60, mit weiterer Lit.

[21] DS 1504; NR 91.

stellten Bedeutung der Tradition als Glaubensquelle oder ihrer Autorität gedeutet werden, wohl aber drückt sich hier erneut ein weiterer, bedeutsamer Unterschied zur Schrift aus, der aller Wahrscheinlichkeit nach ein bewußt angesteuertes Ziel der kurialistischen Strategie gewesen war: Umfang und Einzelheiten der ‚Tradition' bleiben grundsätzlich undefiniert[22]; das hat Konsequenzen für die Rolle des kirchlichen Lehramtes. Die ‚heiligen und kanonischen Schriften' hingegen wurden nach ihrem formalen Umfang durch Aufzählung bestimmt[23]. Die Normativität des Schriftkanons wird freilich im gleichen Atemzug eingeschränkt, denn der ‚Mutter Kirche' allein „steht das Urteil über den wahren Sinn und die Erklärung der Schriften zu"[24]. Da aber keine Bestimmung darüber getroffen wird, wer die ‚Mutter Kirche' als höchste richterliche Instanz repräsentiert, ist damit, wenn auch ohne Deklaration, dem Lehramt bereits jene Vollmacht zugespielt, die erst im Vaticanum I dogmatisiert werden sollte[25]. Es zeigt sich also schon hier, daß beide Glaubensquellen trotz oder auch gerade wegen ihrer Unterschiedlichkeit darin verbunden sind, daß sie nach einer dritten Größe rufen, die nur im Lehramt gefunden werden kann. Immerhin hat das Konzil die Kanonizität der Schrift bestätigt und erneut bekräftigt. Aber die Frage wird brisant: Läßt sich nach dem Tridentinum noch von der *Suffizienz der Schrift*, d.h. von ihrer inhaltlichen Vollständigkeit für den Heilsglauben reden? Kann man der Behauptung zustimmen, das Konzil habe hinsichtlich der Schriftsuffizienz keine Entscheidung gefällt und alles offengelassen, so daß „jeder katholische Theologe sich der altkirchlichen und mittelalterlichen Lehrtradition über das Enthaltensein aller Heilswahrheiten in der Schrift anschließen"[26] kann, oder muß man hier widersprechen[27]? Die derzeit durchaus noch offene Diskussion (s. o. S. 426) über die These von *J. R. Geiselmann* zu dem Verständnis des ‚und' im betreffenden Konzilstext läßt erkennen, daß die Konzilsväter ein ausdrückliches Nein zur Suffizienz offenbar nicht sprechen wollten; sie haben auch kein Ja dazu gesprochen, obwohl es mindestens zwei unter ihnen leidenschaftlich gefordert hatten, worüber große Erregung entstanden war[28]. Das bedeutet doch: Es lag ihnen kaum etwas an der Sicherung der materialen Kanonizität, nachdem sie deren formale Absicherung vollzogen hatten. Ihr größeres Interesse galt doch der ‚Tradition'. Aber was verstand man eigentlich darunter?

§ 2 Die mündliche Tradition

Literatur: M. SCHMAUS, Die mündliche Überlieferung, München 1957 (spez. 123–206; kritisch dazu: J. BEUMER, in: Scholastik 34, 1959, 249–258); J. BEUMER, Die mündliche Überlieferung als Glaubensquelle, Freiburg 1962 (= HDG I 4).

[22] SCHMIDT, 190ff.; BEUMER, Fasz. 4, 87–88.

[23] DS 1504 u. 1506; NR 91 u. 92.

[24] DS 1507; NR 93.

[25] SCHMIDT, 206 Anm. 2 gegen Fr. LOOFS, Symbolik I, 209.

[26] LENGSFELD, 120, unter Berufung auf Geiselmann, 163.

[27] Etwa mit H. LENNERZ, Scriptura sola? in: Gregorianum 40 (1959) 38–53. Vgl. dazu neuerdings auch: R. BÄUMER, Das Trienter Konzil und die Reformatoren, in: Catholica 25 (1971) 325ff.; H. JEDIN, Wo sah die vortridentinische Kirche die Lehrdifferenzen mit Luther? in: Catholica 21 (1967) 85ff.

[28] J. NACHIANTI u. d. Servitengeneral BONNUCI; vgl. GEISELMANN, 149; BEUMER, 82; SCHMIDT, 191.

Die „ungeschriebenen Überlieferungen, die die Apostel aus Christi Mund empfangen haben oder die von den Aposteln selbst auf Eingebung des Heiligen Geistes (Spiritu Sancto dictante) gleichsam von Hand zu Hand weitergegeben wurden und so bis auf uns gekommen sind", werden den ‚geschriebenen Büchern' in jeder Hinsicht gleichgestellt. Dies ist der eindeutige Sinn des maßgeblichen Konziltextes[29]. Nachdem aber auf eine genaue Umschreibung dieser ‚traditiones' verzichtet wurde, muß bei Darstellung der hier zutage tretenden neuen ‚Lehre' zunächst geklärt werden, was unter diesem Sammelbegriff gemeint sein kann. Wie angedeutet[30] hatte die reformatorische Polemik ein ‚Feindbild' von der Tradition schlechthin geschaffen, in dem alle Überlieferungen im Raum der Kirche ineins geschaut werden; unter diesem Gesichtswinkel verstand man auch den zitierten Text im Sinne jenes Sammelbegriffes, der die ‚apostolische' Tradition und die übrige ‚kirchliche' so zusammenschließt, daß auch die letztere zu einer Quelle des Evangeliums wurde. Aber die ‚Professio fidei Tridentina' unterscheidet zwischen „apostolischen und kirchlichen Überlieferungen und ... übrigen Bräuchen der Kirche"[31]; auch die neuere protestantische Forschung hat gegenüber der in ihr bisher herrschenden Auffassung[32] deutlich herausgearbeitet, daß unter jenen ‚ungeschriebenen Überlieferungen' nur die traditio apostolica gemeint sein kann[33]. Das bedeutet freilich nicht etwa eine Ausschließung der ‚kirchlichen Tradition (traditio ecclesiastica)' als Quelle der Lehre neben der ersteren[34], wohl aber muß zwischen den beiden Arten von Tradition unterschieden werden; nur von der ‚apostolischen' wird die Gleichstellung mit der Schrift behauptet.

Diese sachlich gebotene *Abhebung der apostolischen von der kirchlichen Tradition* erleichtert nun keineswegs ihre nähere Bestimmung, da keine Kriterien dafür angegeben werden, nach denen sie von der komplexen übrigen Traditionswelt ausgegrenzt werden könnte. Die Zielsetzung jener Lehrbestimmung „die Irrtümer auszurotten und die Reinheit des Evangeliums zu bewahren" scheint eher in die Ferne gerückt. Neben die definierte Norm des schriftlichen Kanons tritt die Tradition als nicht definierte, künftigen Definitionen gegenüber offene, geschichtliche Größe, der ein gewisses Maß von Überraschung von vornherein impliziert ist. Um ganz zu verstehen, welche Konsequenzen sich ergeben, muß noch darauf aufmerksam gemacht werden, daß Schrift und Tradition im Konzilstext unter dem Oberbegriff ‚Evangelium' subsummiert werden. Dieses selbst wird als „Quelle aller heilbringenden Wahrheit und sittlichen Ordnung" (fons omnis et salutaris veritatis et morum disciplinae) gekennzeichnet, und dementsprechend heißt es, daß diese ‚Wahrheit und Ordnung' in den Schriften und in den Überlieferungen enthalten seien. Es ist von einer Wahrheitsquelle die Rede, und diese ist identisch mit dem Evangelium selbst; dieses ist in jenen beiden Größen enthalten und daher auch in ihnen aufzufinden. An dieser Feststellung wird nochmals die Brisanz des geschilderten Streites um das nachtridentinische Verständnis des ‚et' im Sinne eines ‚partim-partim' (s.o. S. 426) bzw. um die sogenannte ‚Zweiquellentheorie' deutlich, weil diese nicht nur die Insuffizienz der Schrift voraussetzt, sondern ein bestimmtes proportio-

[29] DS 1501; NR 80 u. 88. [30] S. Anm. 11. [31] DS 1863; NR 931.
[32] Z.B. R. Seeberg, Lehrbuch d. Dogmengesch., 3. Aufl. 1910, III 605.
[33] Schmidt, 186ff., bes. 196 Anm. 3. [34] AaO. 209.

nales Verhältnis zwischen Schrift und Tradition präjudiziert, während die Geiselmannsche Auslegung dem ‚et' eine nach allen Seiten hin offene Zuordnung beider Größen erschließt. Welcher Interpretation man auch den Vorzug einräumt, eines darf als gesichert angesehen werden: die Tradition beansprucht hier vollen Anteil an der Würde des Evangeliums selbst; sie ist nicht etwa Erkenntnisquelle unterhalb desselben, sondern sie versteht sich als Teilhaberin an jenem unmittelbar. Das allein rechtfertigt auch den ihr eingeräumten Rang im Blick auf ‚pietas' und ‚reverentia'. Sie tritt an die Seite der Schrift mit dem Anspruch, wie diese das Evangelium selbst und unmittelbar zu bewahren. Das aber hat eine Konsequenz, die bei jener Diskussion merkwürdig im Hintergrund bleibt, aber doch klar ausgesprochen werden muß: will man durch eine ‚offene' Interpretation des ‚et' die Suffizienz der Schrift gegenüber der ‚partim-partim-Doktrin' verteidigen, muß man in einem gewissen Sinne auch von einer *Suffizienz der Tradition* sprechen. Dieser vagen Analogie entspricht jene erwähnte Nähe zum Gedanken einer Inspiration. Damit taucht ein Problem auf, das einer genaueren Erörterung bedarf, wenn wir den pneumatologischen und ekklesiologischen Aspekt des Traditionsgedankens zu untersuchen haben. Zunächst gilt es noch, die Höhe des Anspruches zu bedenken, mit dem die Tradition auftritt.

Zum Ausdruck gebracht wird diese durch die nähere Bestimmung des Evangeliums als Quelle von *‚Wahrheit und Ordnung'*. Dieses Begriffspaar taucht zweimal auf: beim ersten Mal wird der Wahrheit das Adjektiv ‚heilbringend' beigefügt, um sicherzustellen, daß es hier um ‚evangelische' Wahrheit, d. h. um deren soteriologischen Aspekt geht; die Beifügung ‚morum' zu ‚disciplina' deutet den vollen Umfang der Ethik an: nach protestantischem Verständnis geht es hier um die Totalität von ‚Gesetz' und ‚Evangelium'. Die Wiederholung im nächsten Satz bekräftigt die Teilhabe der Tradition an der Gesamtheit von Gesetz und Evangelium, von Moral und Heilswahrheit; ein drittes Mal wird derselbe Sachverhalt mit anderen Worten unterstrichen, wenn es von den Überlieferungen heißt, „die Glaube und Sitte (fides-mores) betreffen". Damit sind alle Versuche abgewehrt, den beiden nebeneinander rangierenden Größen verschiedene Kompetenzbereiche zuzuweisen oder ein proportionales Schwerpunktsystem einzuführen, in welchem ihre jeweilige Zuständigkeit von verschiedener Bedeutung wäre. Diese Feststellung ist angesichts der fließenden Grenze zwischen apostolischer und kirchlicher Tradition wichtig; genauere Bestimmungen über die „traditio ecclesiastica" standen zwar auf dem Programm des Konzils[35], man war jedoch infolge des Zeitdruckes nicht mehr zu ihrer Erörterung gekommen, was bedeutsame Folgen zeitigte. Die Zuständigkeit der Tradition bleibt also umfassend. Da dem Protestanten stets die Vorstellung naheliegt, Tradition habe irgendwie eine größere Nähe zum ‚Gesetz' als zum ‚Evangelium', ist es nötig, zu unterstreichen, daß dies für katholisches Empfinden nicht zutrifft[36]. In dieser Hinsicht ist darum das Urteil zu bestätigen, das Konzil habe nur die Auffassung des Mittelalters neuerlich bekräftigt[37].

Sicherlich gilt dies auch für das schon angesprochene Problem einer vagen Annahme von *‚Inspiration' der Tradition*. Hinter dem unwidersprochenen Votum eines Konzilsvaters, das von einer „Inspiration in Schriften und Überliefe-

[35] AaO. 203.
[36] Vgl. zum Problem Beumer, 84–86.
[37] Schmidt, 209.

rungen (Spiritu Sancto et in traditionibus et scripturis)“[38] sprach, steht offenbar mehr als nur die Stimme eines Einzelnen. Wir haben freilich schon festgestellt, daß das Konzil nicht eine ausdrückliche Inspirationslehre der Tradition im Sinne hatte, da dieses Theologoumenon der Kanonizität der Schrift zugeordnet war und blieb. Jedoch bleibt die zweimalige Rede vom Diktat des Geistes im Blick auch auf die Tradition im Text von Bedeutung. Der Fachausdruck ‚Spiritu sancto dictante‘ bzw. ‚Spiritu sancto dictatus‘[39] hat demnach eine ambivalente Bedeutung: bezüglich der Schriften bedeutet er zweifellos die Inspiration, betreffs der Überlieferungen kann er dies nicht unmittelbar meinen; es muß sich aber doch um etwas Adäquates handeln, das in keinem direkten Gegensatz zu dieser stehen kann. Ob es aber genügt, von einem ‚weiteren Sinn‘ des Wortes ‚Diktat‘ zu sprechen[40]? Zwar zeigt die Geschichte der Lehre von der Schriftinspiration, wie auch die erwähnte Weiterentwicklung derselben in der nachtridentinischen Epoche[41], eine reiche Interpretationsbreite von Theopneustie, aber diese Variationen betreffen eben die Schriftinspiration als solche. Wie aber ist die evidente Nähe zur Inspiration und doch auch eine Abhebung von dieser in diesem Zusammenhang zu denken?

Ein Hinweis scheint dort gegeben zu sein, wo der Text im Anschluß an den zweiten Verweis auf das Diktat des Geistes von der ‚ununterbrochenen Folge‘ spricht, in welcher Schriften und Überlieferungen „in der katholischen Kirche bewahrt worden sind“[42]. Hier klingt der Gedanke der ‚successio apostolica‘ an, was in der zuvor gegebenen Versicherung, die Überlieferungen seien auf Eingebung des Heiligen Geistes „gleichsam von Hand zu Hand weitergegeben“ worden, eine Stütze findet. Aber über das Wesen dieser apostolischen Lehrnachfolge wird nichts Näheres gesagt, so daß es voreilig ist, daraus Folgerungen für diese abzuleiten[43]. Doch die Verbindung als solche ist in diesem Text dennoch gegeben, abgesehen davon, daß sie sich sachlich ohnehin nahelegt. Der Gedanke der geschichtlichen Vermittlung kirchlicher Lehre von der Urgemeinde an bis zur jeweiligen Gegenwart berührt sich mit dem Problem der Weitergabe apostolischer Tradition sehr stark, wobei die Frage ihres Verhältnisses notwendig aufbricht. Zunächst ist wichtig, daß zu dem Wenigen, das hier ausgesagt ist, der gemeinsame Bezug auf jene ‚Eingebung‘ durch den Geist gehört. Weder die mündliche Tradition noch die apostolische Sukzession sind ohne pneumatologischen Aspekt denkbar. Nimmt man hinzu, daß auch die Schriftinspiration nur eine Variante im Werk des Heiligen Geistes darstellt, haben wir bereits drei Modifikationen einer pneumatischen Wirksamkeit vor uns, die in ihrem Verhältnis zueinander bedacht werden müssen.

Man kann es nur als Vermutung aussprechen: ohne das mehrfach festgestellte Vakuum einer durchreflektierten Ekklesiologie wären wir vielleicht in der Lage, ein präzises Verhältnis dieser drei Modifikationen zu rekonstruieren. Denn alle drei bündeln sich in der ekklesialen Existenz, die ja auch gegen Schluß des Textes in der Gestalt der *katholischen Kirche als ‚Bewahrerin‘* der Schriften wie der un-

---

[38] Vgl. Anm. 12; der volle Text bei Beumer.

[39] Vgl. Anm. 13. [40] Beumer, 79. [41] Vgl. Anm. 20.

[42] Dankenswert ist, daß ab der 8. Aufl. NR 88 ‚successio‘ mit ‚Folge‘ übersetzt wird, statt wie bisher (81) mit ‚Überlieferung‘.

[43] Beumer, 87, in Auseinandersetzung mit A. Deneffe, Der Traditionsbegriff…, 1931.

geschriebenen Überlieferungen in Erscheinung tritt und dann nochmals mit dem Anspruch auf alleinige Interpretationsvollmacht als ‚heilige Mutter Kirche' apostrophiert wird. Lassen sich aus dem Text auch keine Einzelbestimmungen herauslösen, so ist doch die pneumatologische Bestimmtheit der Kirche durch Schriftinspiration, geist-diktierte Heilswahrheit und apostolische Sukzession bedeutsam genug; die mündliche Tradition tritt dadurch in besonderes Licht. Sie ist eines der fundamentalen Elemente der Kirche als geschichtlicher Institution; ihr Garant ist Gott selbst als Heiliger Geist, der als Paraklet der Kirche verheißen ist und sie in alle Wahrheit leiten wird[44]. Damit bekommt die Ungeschriebenheit der Tradition, d.h. ihre prinzipielle Undefiniertheit einen neuen Aspekt, nämlich den Charakter der Geschichtsoffenheit. An die Seite der definierten Abgeschlossenheit des biblischen Kanons tritt die mündliche Tradition gleichsam als geschichtsoffenes Offenbarungspotential, das je und dann als neu aussagbare Wahrheit ans Licht der Geschichte kommt. Dadurch mischt sich der Tradition neben ihrem ‚traditionellen' Charakter, der allzuhäufig nur ‚traditionalistisch' interpretiert wird, ein Element des Zukünftigen, der Erwartung und Gestaltwandlung bei. Mindestens als keimhafter Ansatz liegt dies schon dem Trienter Text zugrunde.

Zugleich wird die innere Verflechtung von *mündlicher Überlieferung und Kirche* sichtbar. Sie ist inniger als jene zwischen Kirche und Schrift. Während diese als schriftlich fixierte und daher definierte historische Größe der Kirche und deren offener Geschichtlichkeit stets auch gegenübersteht und in ihrer Kanonizität der Kirche gegenüber eine bestimmte Grenze zieht, fließt der Strom der mündlichen Überlieferung grenzenlos aus den Anfängen der apostolischen Gemeinde in die nachfolgende Kirchengeschichte ein. Die Behauptung ihres apostolischen Ursprunges ist wesentlich zur Begründung ihrer Teilhabe am Evangelium als Quelle von ‚Wahrheit und Ordnung', aber es fehlt ein unmittelbar an die Hand gegebenes Mittel zu ihrer Unterscheidung von dem, was sich ebenfalls von den Anfängen an kirchlichem Leben in Lehre, Sitte und religiösem Brauch angesetzt und entwickelt hat. Die tridentinische Gleichordnung der mündlichen und schriftlichen Tradition und das Fehlen jeglicher Bestimmung ihrer gegenseitigen Zuordnung hat zur Folge, daß die mündliche Tradition zur Kirche hin wie auch zur künftigen Kirchengeschichte weit offen ist, und darum beide durch ihre eigene Würde aufwertet! Mit diesem Prestigegewinn verbindet sich eine Vermehrung der Verantwortungslast, die nunmehr auf der Kirche ruht: diejenige für die Selbstkontrolle der Kirche hinsichtlich der Bewahrung ihrer Apostolizität. Gewiß hat schon die Alte Kirche wie der mittelalterliche Katholizismus diese Verantwortung ohne Zaudern und mit relativ geringer Selbstreflexion in einer noch fast als naiv zu bezeichnenden Weise auf sich genommen, wobei die im Grundempfinden verankerte Schriftautorität eine gewisse Hilfsfunktion ausübte. Nunmehr, nach der Deklaration der gleichrangigen Autorität der mündlichen Tradition, mußte die Frage nach der Schließung der ‚Lücke'[45] von lebenswichtigem Interesse werden.

Mit dem „Tridentinum" tritt das Problem des kirchlichen Lehramtes aus dem Stadium resolut gehandhabter Selbstverständlichkeit und darum auch aus dem

---

[44] Nach Joh 16,13.

[45] SCHMIDT, 206.

des noch vordergründigen Streites zwischen Kurialismus, Episkopalismus und Konziliarismus um die kirchliche Führungsvollmacht in eine neue Phase theologischer Reflexion und lehramtlicher Selbstbestimmung. Freilich ergaben sich vorerst nur einige Ansatzpunkte, wie wir heute sehen; aber diese sind wichtig genug.

§ 3 Tradition und kirchliches Lehramt

Literatur: A. Deneffe, Der Traditionsbegriff. Studie zur Theologie, Münster 1931; J. Ranft, Der Ursprung des katholischen Traditionsprinzips, Würzburg 1931; E. Stakemeier, Trienter Lehrentscheidungen und reformatorisches Anliegen, in: Das Weltkonzil I, hg. v. G. Schreiber, Freiburg 1951, 77–116; wiederholt bei: Concilium Tridentinum, hg. v. R. Bäumer, Darmstadt 1979, 199–250; H. Grass, Die katholische Lehre von der Heiligen Schrift und der Tradition, Lüneburg 1954; W. Kasper, Die Lehre von der Tradition in der Römischen Schule, Freiburg 1962; K. Rahner-J. Ratzinger, Offenbarung und Überlieferung, Freiburg 1965; G. Söll, Dogma und Dogmenentwicklung, Freiburg 1971 (= HDG I 5).

Da für römisch-katholisches Selbstverständnis die oberste Lehrgewalt mit der obersten Regierungsvollmacht eng zusammengehört, hatten wir schon oben (S. 415 ff.) auf den verstärkten Trend zur Infallibilität verwiesen. Nun soll noch genauer nachgefragt werden, welchen Einfluß die neue Autorisation der mündlichen Überlieferung auf Funktion und Rolle des Lehramtes ausgewirkt hat. Dabei tritt ein Problem in unseren Gesichtskreis, das bisher nur einmal flüchtig anvisiert wurde, nämlich die Frage nach dem *Dogmenfortschritt*, das mit der Definition der mündlichen Tradition als Glaubensquelle mindestens formal gegeben ist. Freilich muß festgestellt bleiben, daß „der Beginn der Neuzeit ... für die Entfaltung des Problems der Dogmenentwicklung keine bedeutsame Zäsur" darstellt[46], weil einerseits das Hauptinteresse der tridentinischen Theologie an der Bewahrung des Bisherigen lag, andererseits das Problem als solches noch gar nicht ins Bewußtsein gedrungen war und daher auch nicht im Sinne der heutigen Problemstellung unter der Chiffre der Geschichtlichkeit von Theologie[47] reflektiert werden konnte. Andererseits trifft das Urteil zu: „je deutlicher in jener Zeit unter dem Druck der Reformation die Zuständigkeit und der Vorrang eines zentralen kirchlichen Lehramtes betont und in der katholischen Ekklesiologie entfaltet wurde, desto mehr trat auch die Funktion der Kirche hinsichtlich der Dogmenentwicklung in Erscheinung.[48] Um dem Lehramt der irrtumsunfähigen Kirche eine letzte Autorität zu verleihen, wird der Heilige Geist beschworen, dessen ‚Vorsehung' die richtige Formulierung der Glaubenswahrheit garantiert; so Thomas de Vio (Cajetan)[49]. Das aber zwingt zur Behauptung, daß die theologischen Konklusionen, insbesondere die sogenannten ‚illativen', d.h. jene, „die aus einer formellen Offenbarungswahrheit mit Hilfe einer natürlichen Vernunftwahrheit eruierten Erkenntnisse"[50] an der vollen göttlichen Offenbarungswahrheit teilhaben. Eine Entwicklung in diese Richtung hat sich bereits früher abgezeichnet, als sich bei *W. von Ockham* († 1439/50; vgl. EKL

---

[46] G. Söll, Dogma und Dogmenentwicklung, HDG I, Fastz. 5, 135. [47] AaO. 219ff.
[48] AaO. 145. [49] II–II 1,1 (Leonina 8,9), zit. Söll 145 Anm. 30. [50] Söll, 139.

2,1649ff.) und *J. Gerson* († 1429; vgl. EKL 1,1531f.) der Begriff der ‚katholischen Wahrheit' durchzusetzen begann[51]. Dies wird vollends deutlich bei dem Kardinal und Großinquisitor *J. de Torquemada*, dessen wiederkehrende Autorität wir schon notiert haben[52]; bei ihm rangiert aber die mündliche Überlieferung noch unterhalb der Schrift nach den Konzilsdogmen als dritter von acht Graden, nach welchen die ‚katholischen Wahrheiten' gestuft werden[53]. *Cajetan* (s.o. S. 416) sprach sich nach dem vorsichtig abwägenden Urteil G. Sölls über die gegenwärtig geführte Diskussion bereits für eine „Zugehörigkeit der einwandfrei aus Glaubensprinzipien erschlossenen Wahrheiten zum verbindlichen obiectum fidei und über die nur die dienende Funktion der theologischen Konklusionen zur Überführung des nur virtuell Geoffenbarten zu explizierten Erkenntnis aus"[54]. Im Hintergrund steht hier die Problematik zwischen einer bloß dienenden Funktion der Theologie einerseits und ihrer instrumentalen Notwendigkeit für die Formulierung kirchlich verbindlicher Bekenntnistexte, die ja auch die Protestanten beschäftigte. Geht bei J. de Torquemada die Argumentation noch darauf hinaus, die Offenbarungszugehörigkeit illativer Sätze aus ihrem dogmatischen Offenbarungsgehalt sachlich zu deduzieren[55], so finden wir bei den spanischen Scholastikern für dasselbe Ergebnis eine entscheidend andere Begründung, nämlich die des maßgeblichen Gewichtes der lehramtlichen Definition durch die Kirche. *Fr. de Vitoria* († 1546; vgl. EKL 4,876) „unterschied klar zwischen dem, was durch die einwandfreie Konklusion als wahr ermittelt werden kann, und dem, was durch eine lehramtliche Entscheidung zur Glaubenspflicht erhoben wird. Er überließ es also nicht dem Scharfsinn der Theologen, das Glaubensquantum beliebig zu vermehren. Erfolgt jedoch eine lehramtliche Definition, dann erzeugt sie für ihn ohne Zweifel echte dogmatische Glaubenspflicht"[56].

Dieser Anstoß vertieft sich bei *Dominikus Soto* († 1560; vgl. EKL 4,818). Schon daß er den Ausdruck ‚katholische Wahrheiten' durch ‚katholische Vorstellungen (propositiones)' ersetzt, deutet auf das Interesse der Konzilstheologen an der Herausstellung der aktiven Rolle der Kirche hin[57]. Er formuliert – ausdrücklich gegen Ockham und Torquemada –, „daß die Kirche aus einer nicht katholischen Vorstellung eine katholische, und aus einer nicht häretischen eine häretische machen kann", so daß sie zu einem gewählten Zeitpunkt „irgendeinen Glaubensartikel festlegt, der zuvor nicht zur Glaubenspflicht gehörte"[58]. Sölls Urteil, das hätten frühere Theologen nicht zu sagen gewagt, denn für sie war die Zahl der Artikel unantastbar unveränderlich, und die neudeterminierten Sätze galten jeweils als Explikationen der Symbolartikel[59], kann zugestimmt werden. Ein Dogmenfortschritt unter der gleichzeitigen Produktion und Kontrolle durch das kirchliche Lehramt ist mindestens theoretisch eingeleitet und gewährleistet, wenn die Auffassung sich durchsetzt, daß „eine Konklusion... ungeachtet der Tatsache, daß sie an sich nur Gegenstand theologischer

[51] AaO. 130ff.
[52] Vgl. Kap. 1 Anm. 24.
[53] Summa de ecclesia 1.4 p. 2 c. 8, Blatt 381 (ed. Venetiis 1561), zit. Söll 133 Anm. 179.
[54] SÖLL, 148; zur Darstellung des von Cajetan neu eingeführten Begriffspaares ‚formaliter-virtualiter' und dessen Verhältnis zu dem ‚explicite-implicite' und seine Bedeutung für die Helligkeitsgrade der Offenbarung bzw. für die heutige Diskussion vgl. SÖLL, 146–148, bes. Anm. 34–37.
[55] SÖLL, 132–133, bes. Anm. 177.
[56] AaO. 149 Anm. 40.
[57] AaO. 151.
[58] D. SOTO, Relecta (1539), zit. n. Söll 151 Anm. 49.
[59] SÖLL, 151–152.

Zustimmung ist, definierbar und vom Augenblick der kirchlichen Definition an Gegenstand der fides divina"[60] sei. Nur auf dem Hintergrund der neuen Qualifikation der mündlichen Tradition konnte das Lehramt zu solcher Vollmacht gelangen. Unterstützt wird diese Auffassung durch das einflußreiche Werk des bereits genannten (S. 418) *Melchior Cano* ‚De locis theologicis', in welchem er im Anschluß an die sieben Grade des J. de Torquemada acht ‚Weisungen' für die Auslegung und Einstufung unklarer und impliziter Schriftaussagen aufstellt. Aus der fünften ‚praeceptio' geht klar die neue Bedeutung der mündlichen Tradition hervor, da ausdrücklich das Verhältnis von Schrift, Tradition und Lehramt definiert wird: eine kirchliche Schriftauslegung, die auf apostolische Überlieferung zurückgeht, gilt als ‚veritas fidei (Glaubenswahrheit)'[61]. Über die Auslegung der siebenten und achten „praeceptio", die sich mit der Frage der Konklusionen beschäftigt, ist heute eine lebhafte Diskussion ausgebrochen. Sie dreht sich um die Frage, ob nach Cano kirchliche Definitionen schon vor ihrer Definition aufgrund ihres inneren Wahrheitsgehaltes zum kirchlichen Glauben gehören, oder diese Qualität erst durch die lehramtliche Entscheidung erhalten. Söll, der vorsichtig abwägend über diese Diskussion referiert[62], kommt zu dem Ergebnis: „Wortlaut und Illustration jener Texte ..., mit denen Cano die Definierbarkeit theologischer Konklusionen durch die verschiedenen unter Gewalt und Verantwortung des Papstes stehenden Organe des kirchlichen Lehramtes ausgesprochen hat ..., lassen deutlich erkennen, daß er so definierte Konklusionen der fides divina, d. h. dem der Offenbarung selbst geschuldeten Glauben, zugeordnet hat."[63]

Mit der Auffassung von Soto und Cano sind die Fundamente für die künftige Entwicklung gelegt, die sich freilich erst im I. Vaticanum realisiert. In einer doppelten Hinsicht hat sich etwas Neues durchgesetzt: es wird faktisch ein *Dogmenfortschritt* anerkannt, wenn auch der Streit darüber, ob er als substantieller oder nur als akzidentieller bewertet werden darf und soll, bis heute andauert. Zweitens: an diesem ist das kirchliche Lehramt maßgeblich, und zunehmend in einzigartiger Monopolstellung, beteiligt. Schon das Trienter Glaubensbekenntnis zeigt das deutlich: ‚Amen' nach der Zitierung des Nicaeno-Constantinopolitanum vermerkt die Zäsur, die das alte Glaubensgut von dem neuen trennt, in das bereits die Beschlüsse von Trient einbezogen sind[64].

Die theologische Diskussion ging weiter, sie zeigt aber nur die vollzogene Wende an. So will etwa *G. Vázquez* († 1604; vgl. LThK 10,645ff.) eine Unterscheidung zwischen den Dogmen nach dem Gesichtspunkt treffen, ob sie aufgrund persönlicher Einsicht oder wegen ihrer lehramtlichen Definition zu glauben seien[65]. Dieser Gedanke kann zu polaren Extremen führen, deren eines von *L. Molina* († 1600; vgl. EKL 2,1429f.) verfochten wurde, der die lehramtliche Definition stark abwertet: „der Beistand des Heiligen Geistes für die katholische Kirche und den Papst ist dergestalt, daß er nichts zum Glaubensgut macht, was nicht schon vorher Glaubensgut gewesen ist"[66]. Im Gegensatz dazu kommt

[60] C. Pozo, La teoria del progreso dogmático en los teólogos de la escuela de Salamanca, 1959, S. 92–93, zit. n. Söll 152.

[61] M. Cano, Loci theol. ed. Patavii 1762, 329–332, zit. n. Söll 154 u. Anm. 62.

[62] Söll, 153–160, bes. Anm. 56–83.

[63] AaO. 159.

[64] DS 1862–1870; NR 930–940.

[65] Söll, 161–163.

[66] Comm. in I. Thom. q.1, a.2, disp. 2 (ed. Venetiis 1602) I, 7, zit. n. Söll 163 Anm. 89.

F. Suárez (s. o. S. 424) zu dem Ergebnis, daß theologische Konklusionen, „nachdem sie durch die Kirche definiert sind, formell und im eigentlichen Sinne de fide sind, und zwar nicht nur mittelbar, sondern unmittelbar“[67]. Als Begründung vermag er zu sagen: „das göttliche Zeugnis ist ein und dasselbe und gleicherweise sicher, ob Gott es durch sich selbst oder durch die Kirche oder durch einen anderen Diener darbietet.“[68] Wie von manchen seiner Zeitgenossen muß sich Suárez heute vorwerfen lassen, daß er damit dem kirchlichen Lehramt die Qualität eines Offenbarungsträgers bzw. seinem definierenden Urteil die Qualität einer neuen Offenbarung zumißt[69]. Beide radikalen Extreme werden in der Folgezeit zurückgewiesen, vor allem der Gedanke an eine Identität von Offenbarung und Lehramtsdefinition. Eine vermittelnde Linie setzt sich durch, für die *J. a S. Thoma* (1644) typisch ist, der nur von einer ‚unfehlbaren Assistenz‘ des Heiligen Geistes für die Kirche bei ihrer lehramtlichen Definition spricht, so daß im Blick auf diese von einer „neuen Manifestation der schon geschehenen Offenbarung“ die Rede ist[70]. Aber auch diese gemäßigte „communis opinio“ unter den Theologen bezeugt mit genügender Klarheit, zu welchem ‚Fortschritt‘ die Erhebung der mündlichen Tradition zur Gleichrangigkeit mit dem biblischen Kanon geführt hat. Die ‚Mutter Kirche‘ besitzt nicht nur eine absolute Monopolstellung in der authentischen Schriftauslegung, sondern als Verwalterin der apostolischen Tradition ist sie aufgrund der Assistenz des irrtumslosen Geistes selbst in der Lage, neue Manifestationen der Offenbarung zu beglaubigen.

Zweiter Abschnitt: Die Lehre vom Heil

Die für die tridentinische Epoche kennzeichnende Dominanz des ekklesialen Geschehens und Denkens gab den Ausschlag dafür, den ersten Abschnitt ganz diesem Thema zu widmen. Der Umstand, daß das Konzil zwar ein geprägtes ekklesiologisches Konzept einleitete, aber selbst noch keineswegs über eine entsprechende ekklesiologische Theorie verfügte, zwang dazu, den Konturen dieses Konzeptes auch in den nicht unmittelbar dogmatischen Bereichen nachzuspüren. In gewisser Hinsicht bleibt diese Aufgabe auch jetzt erhalten, da wir uns dem dogmatisch relevanten Problemfeld zuwenden. Abgesehen von der Sakramententheologie, die auf dem Konzil ausführlich behandelt worden war und deren ekklesialer Bezug sich bei ihrer Darstellung in unserem dritten Abschnitt in ihrer spezifischen Relevanz erweisen wird, hatte das Konzil neben der Rechtfertigungslehre nur die Sündenlehre speziell thematisiert. Nun macht die hervorragende Rolle der Rechtfertigung eine besondere Beschäftigung mit ihr notwendig. Ihre Prävalenz hängt zwar mit der nötig gewordenen Auseinandersetzung

---

[67] De fide, disp. III, sect. 11 n. 11 (Opera 12,99), zit. n. Söll 167 Anm. 100.

[68] Ebd., Söll 167 u. Anm. 101.

[69] J. ALFARO, El progreso dogmático en Suárez: Problemi scelti (1954) 118; vgl. dazu auch die neuere Untersuchung von R. BRUCH, Gesetz und Evangelium in der katholischen Kontroverstheologie des 16. Jahrhunderts, in: Catholica 23 (1969) 16ff., zit. n. SÖLL 167 Anm. 102.

[70] In I. partem disp. 2, art. 4 Opera ed. P-R 1931 I 361 n. 16, zit. SÖLL 170 Anm. 113.

mit den Reformatoren zusammen, dokumentiert aber auch eine selbständige, den entstehenden römischen Katholizismus insgesamt charakterisierende, Interpretation des christlichen Glaubens. Es wird unsere nächste Aufgabe sein, im Kontext des Erbsündendogmas den gesamtdogmatischen Horizont aufzuhellen, da dieser als Voraussetzung der Erneuerung der römischen Heilslehre von maßgeblicher Bedeutung ist. Dafür, daß uns auch hier die Größe ‚Kirche' nicht aus dem Blick gerät, ist schon dadurch gesorgt, daß das Konzil in seiner Sündenlehre die Kindertaufe als unerläßliche Voraussetzung der Heils- und Kirchenlehre anvisiert.

Kapitel III: Die theologischen Voraussetzungen

Literatur: R. Seeberg, Lehrbuch der Dogmengeschichte IV, 2: Die Fortbildung der reformatorischen Lehre und die gegenreformatorische Lehre, Leipzig 1920, 3. Aufl.; Nachdruck Darmstadt 1975; B. H. Willems mit R. Weier, Soteriologie. Von der Reformation bis zur Gegenwart. Die Erlösungslehre der Reformatoren (Weier); Die Soteriologie der Gegenreformation und die Reaktion der Aufklärungszeit (Willems), Freiburg 1972 (= HDG III 2c).

Grundriß: J. Feiner-M. Löhrer (Hg.), Mysterium salutis. Grundriß heilsgeschichtlicher Dogmatik, Bde. 1–5, Einsiedeln 1965–1976; Abk.: MS.

Die Soteriologie war jenes Schlachtfeld, auf dem sich die Gegensätze zuspitzten. Kennzeichnend dafür ist die Art, in der Ph. Melanchthon in seiner ‚Apologie der Augsburgischen Confession' die Verteidigung der reformatorischen Sache führt. Er registriert sorgfältig: „den ersten Artikel unsers Bekenntnis lassen ihnen die Widersacher gefallen", und wiederholt dies noch zweimal, hinsichtlich des zweiten und dritten Artikels[1]. Damit scheinen die Lehrstücke über ‚Gott' (Trinität), ‚Erbsünde' und ‚Christus' außerhalb des konfessionellen Streites gestellt zu sein; daß dies für die Erbsünde nur bedingt gilt, stellt sich erst später heraus. Zunächst ist wichtig: Nach ihm beginnt die Lehrverurteilung durch die ‚Widersacher' erst vom vierten Bekenntnisartikel an, der den Titel trägt: „Wie man vor Gott fromm und gerecht wird" (De justificatione)[2]. Wenn sich auch diese Feststellungen unmittelbar nur auf die sog. ‚Confutatio', die Gegenschrift der katholischen Partei zur „Augustana", beziehen[3], so signalisieren sie doch den vorwiegenden Duktus der konfessionellen Lehrgespräche der kommenden Jahrhunderte und stecken prinzipiell den Raum der theologischen Arena ab, innerhalb dessen die Kontroversen offenbar geführt werden müssen; das je verschiedene Ausmaß im Konsens über die Grundfragen der Gottes-, Sünden- und Christuslehre wird zwar eine je verschiedene Wirkung haben, aber nicht unmittelbar zum Objekt des Streites werden. Wo aber Teilprobleme derselben doch in den konfessionellen Zank geraten, wie vor allem bei der Erbsündenlehre, wird sich ihre spezifische Relation zur Soteriologie unschwer erweisen lassen. Dementsprechend soll jetzt der Gesamtkomplex der ‚Gnadenlehre' aufgerollt werden, was notwendig zu einer Rückfrage an den ‚Natur'-Begriff führt; damit wird auch die Relation von ‚Schöpfung' und ‚Erlösung' zur Sprache kommen. Erst dann kann der Konzilsentscheid über die Erbsünde gewürdigt werden und sich der Zugang zum dogmatischen Hauptproblem, der Rechtfertigung, öffnen.

[1] BSLK 145 u. 158. [2] AaO. 158. [3] AaO. XXII, vgl. o. S. 91.

§ 1 Das Verständnis von Gnade

Literatur: F. Stegmüller, Zur Gnadenlehre des jungen Suárez, Freiburg 1933; ders., Zur Gnadenlehre des spanischen Konzilstheologen Domingo de Soto, in: G. Schreiber (Hg.), Das Weltkonzil von Trient I, Freiburg 1951, 169–230 (darnach die ff. Zitate); ders., Artikel „Gnadenstreit", in: LThK 4, 1960, 1002–1007.

Zur Klärung der Bedeutung dieses Problemfeldes sei an eine Sprachregelung erinnert, die sich im katholischen Bereich seit dem Mittelalter durchgesetzt hat, dem protestantischen Leser aber keineswegs selbstverständlich erscheinen will. Im Unterschied zum biblischen, in der Reformation wieder erneuerten Sprachgebrauch, nach welchem ‚Gnade' das gesamte Heilshandeln Gottes umfaßt, ist dieser Begriff in der katholischen Tradition eingeschränkt auf ihren Charakter als ‚Gabe' innerhalb des pneumatologischen Prozesses: „die Gnade ist eine übernatürliche Gabe, die uns Gott um der Verdienste Christi willen zu unserem ewigen Heil verleiht."[4] Dieser Gabencharakter wird uns in seiner Problematik ständig begleiten, hingegen muß eine seiner Konsequenzen jetzt schon angedeutet werden, da er sich auf die Pneumatologie insgesamt auswirkt. In ihm liegt nämlich einer der wesentlichen Gründe ihrer Isolierung vom gesamten Glaubensgut, gegen die heute eine maßgebliche Gegenbewegung im katholischen Bereich im Gange ist[5]. Im Mittelalter schon gegebene Ansätze für eine solche Isolierung haben sich in der tridentinischen Epoche kräftig verstärkt. Dies kommt schon in einer weiteren Sprachregelung zum Ausdruck, nach welcher der Begriff ‚Heilslehre' (Soteriologie) von dem der Gnadenlehre kategorisch getrennt wird[6], wofür es freilich auch in der späteren protestantischen Theologie gewisse Entsprechungen geben sollte.

Einer der Gründe für die *Verselbständigung der Gnadenlehre* liegt offenkundig darin, daß die Christologie ihrerseits weder in der Auseinandersetzung mit der Reformation noch im innerkatholischen Ringen eine mobilisierende Rolle gespielt hat. Die formale Abwehr antitrinitarischer Häresien und solcher, die die Gottheit Christi und sein Heilswerk leugneten, hatte, auch abgesehen von ihrer mariologischen Intention[7], keinerlei Bedeutung für die eigentliche theologische Entwicklung, da sie nur Randerscheinungen betraf. Während die Reformatoren ihren Streit um die ‚Gnade' auf dem spezifischen Felde der ‚Rechtfertigung' mit einem neuen Verständnis vom Handeln Gottes und mit entschiedenem christologischem Einsatz führten[8], begnügte sich die katholische Theologie im wesentlichen mit den traditionellen Formeln oder blieb an der Aufarbeitung von Schulstreitigkeiten interessiert[9]. Natürlich wird der Zusammenhang der Gnadenlehre mit der Christologie formal gewahrt, wenn das „Tridentinum" davon spricht, daß die ‚Verdienstursache' der Rechtfertigung ‚Gottes geliebter einziggeborener

[4] Vgl. Definition n. B. Bartmann, Lehrbuch der Dogmatik II, 3, Freiburg 1932.

[5] Vgl. H. Mühlen, MS III/2, 513ff., bes. 524ff.

[6] Vgl. das Einteilungsschema in HDG III: Christologie – Soteriologie – Ekklesiologie – Mariologie – Gnadenlehre; ähnlich bei Neuner-Roos.

[7] Const. ‚Cum quorundam hominum' Paul IV. vom 7. 8. 1555, DS 1880.

[8] R. Weier, ..., in: HDG III, 2c, 1ff. mit ausführl. Literaturangabe.

[9] B. A. Willems, ebd. 35ff., bes. 37; vgl. dazu auch die neueren umfassenden Untersuchungen in: Erlösung und Emanzipation, hg. v. Leo Scheffczyk, Quaestiones Disputatae, Bd. 61, Freiburg 1973.

Sohn, unser Herr Jesus Christus' sei[10], aber es setzt dann ausdrücklich fort: „alleinige wesensgebende Ursache (formalis causa) endlich ist die Gerechtigkeit Gottes, nicht die Gerechtigkeit, durch die er selbst gerecht ist, sondern durch die er uns gerecht macht, mit der wir von ihm beschenkt im inneren Geist erneuert werden... Denn wir nehmen die Gerechtigkeit in uns auf, jeder seine eigene nach dem Maß, das der Heilige Geist den einzelnen zuteilt, wie er will (1.Kor 12,11), und entsprechend der eigenen Bereitung und Mitwirkung eines jeden."[11] Damit ist das Urteil von Willems bestätigt, „daß die abendländische Theologie die Soteriologie (auch nach dem Konzil) mehr mit der Gnadenlehre als mit der Christologie in Verbindung gebracht hat"[12]. Andere schließen daraus: „die lateinische Heilslehre wird dadurch stark zu einer theologischen Anthropologie (in Einheit von Erbsünden- und Gnadenlehre) umgebildet"[13]. Es wird sich noch deutlicher zeigen, daß damit der Kern jener Entwicklung gekennzeichnet ist, die sich hier vollzieht. Zunächst sei aber nochmals ihr Hintergrund unterstrichen: die sterile Selbstbehauptung einer Christologie, in der sich nach dem Dritten Konzil von Konstantinopel (680/681) „keine Entwicklungen mehr gezeigt (haben), deren Bedeutung man mit jenem Glaubensringen vergleichen könnte, das wir (bis dahin) verfolgt haben"[14], hat zwar einerseits erreicht, daß die in ihrem Rahmen entfaltete Lehre vom ‚Werk des Erlösers' mit der Soteriologie gleichgesetzt wurde[15], blieb aber offenbar gerade deswegen der Statik der einmal erreichten Positionen verhaftet, mit der Konsequenz, daß sich das religiöse und kirchliche Interesse von der Christologie ab- und einer Gnadenlehre zuwandte, in welcher aktuelle Akzente gesetzt wurden. Daß diese Gewichtsverlagerung keineswegs einer Erneuerung der Pneumatologie zugute kam, sondern einer Aufwertung der Rolle des Menschen im Heilsprozeß, die wiederum in eine solche der Kirche einmündete, wird die folgende Darstellung im einzelnen zu belegen haben.

Naturgemäß wurde der Begriff der ‚Gnade' nicht unmittelbar von der *Pneumatologie* getrennt, sondern bleibt mit ihr verbunden, wie das erwähnte Zitat aus dem Rechtfertigungsdekret belegt[16]. Nun hatte schon die Scholastik, im wesentlichen einmütig, die Position des Lombarden, nach welcher die ‚Gnade' der ‚Heilige Geist' selbst ist, verlassen, ja, verurteilt, jedoch akzentuierte diese „ein Moment, das nie mehr vergessen wurde und stets virulent blieb"[17]. Letzteres mag für die heutige Situation gelten und auch einer der Gründe für jene Unruhe sein, auf die wir noch eingehen müssen. Es muß aber in Evidenz bleiben, daß die erwähnte Verselbständigung der Gnadenlehre sich bis in unsere Zeit hinein durchgesetzt hat, so daß ihr Zusammenhang mit der Pneumatologie nahezu versickerte[18] oder nur am Rande erscheint[19]. Blicken wir von diesem Endergebnis zu seinen Wurzeln zurück, so läßt sich diese Entwicklung als Ablösungsprozeß von der erwähnten Auffassung des *Petrus Lombardus* († ca. 1160; vgl. EKL 2,1152f.) verstehen; zur Zeit des Konzils war dieser so weit fortgeschritten, daß

[10] Cc. Trident. sess. VI, Decr. de iustificatione, cp. 7, DS 1529; NR 799.
[11] DS 1529 – NR 800.
[12] B. A. Willems, aaO. 36.
[13] A. Grillmeier, MS III/2, 383.
[14] P. Smulders, MS III/1, 475.
[15] Vgl. B. Bartmann, aaO. I, 372.
[16] S. Anm. 10.
[17] M. Schmaus, in: Sacramentum Mundi II, 625.
[18] B. Bartmann, aaO. II, 2.
[19] L. Ott, Grundriß d. Dogmatik, 3. Aufl., Freiburg 1957, 266.

er nicht mehr rückläufig gemacht werden konnte. Hier liegt einer der wesentlichsten Gründe für die Unmöglichkeit vor, mit der Reformation zu einem Ausgleich zu kommen, die, sachlich beurteilt, ihrerseits die Identität des Heiligen Geistes mit der Gnade in ihrer besonderen Weise erneuerte. Auf katholischer Seite erzwang der Gabencharakter der Gnade eine Vermischung von pneumatischem Ereignis und anthropologisch-ontologischer Gegebenheit, die sich in der berühmt gewordenen Formulierung des Römischen Katechismus über die ‚heilige Gnade' niederschlug: diese sei „eine göttliche Qualität, die der Seele dauernd anhaftet (divina qualitas in anima inhaerens)"[20]. Diese Lösung der Gnadengabe vom gnädigen Geber wie auch vom Akt der Begnadung zerstückelt die Gnade in ihrer Ganzheit und macht sie zudem ort-los. Um als glaubwürdige Realität zu erscheinen, bedarf das Geschenk der realisierten Entgegennahme, und damit rückt der Empfänger, der Beschenkte, und die Schenkung zustimmend bestätigende Mensch, in den Mittelpunkt; er wird zum ‚Ort' der Gnade. Das ist der in sich konsequente Weg, der zur Herausbildung der ‚habituellen' Gnade geführt hat, wie sie auch „im allgemeinen als Dogma, ... jedenfalls aber als allgemeine, sichere Lehre der Theologen" gilt und so definiert wird: „die heiligmachende Gnade ist eine physisch bleibende, nach Art eines Habitus der Seele anhaftende Qualität."[21]

Der Weg dazu beginnt mit dem Bemühen, das Wesen der heiligmachenden Gnade genau zu fassen. Abgesehen von dem steigenden Druck der theologischen Reflexion, die nach Abklärung noch unterschiedlich ineinander übergehender Vorstellungsmodelle verlangte – so war ursprünglich eine Differenzierung von ‚habitueller' und ‚aktueller' Gnade noch unbekannt und wurde erst in der nachtridentinischen Theologie durchgeführt –, erzwang die Sorge um das Verständnis des Taufsakramentes, insbesondere der Kindertaufe, aber auch die Abwehr eines bei den radikalen Franziskanern aufbrechenden anthropologischen Spiritualismus lehramtliche Entscheidungen. Sie wurden beispielhaft auf dem Konzil von Vienne (1312) gefällt. Zwei wichtige Elemente der späteren Entwicklung sind hier schon sichtbar: erstens die offizielle Ingeltungsetzung des aus dem Aristotelismus stammenden Satzes, „daß die Substanz der vernünftigen oder verstandesbegabten Seele in Wahrheit und durch sich selbst die Form des menschlichen Leibes sei"[22]; auf dieser Basis konnte sich erst die zitierte Vorstellung von Gnade entwickeln. Zweitens wird ein weiterer, als Hilfsmittel für diese unentbehrlicher, Grundgedanke in seiner Bedeutung sichtbar: in der Taufe werden „die Tugenden und die informierende Gnade eingegossen"[23]. Dabei will das Auftauchen des dort beigefügten Begriffes ‚habitus' ebenso wie die tragende Vorstellung von der ‚eingegossenen Gnade' und des Begriffes der ‚Form' im Zusammenhang von ‚Gnade' und ‚Seele' gebührend beachtet werden. Die ‚formgebende' Gnade wirkt auf die ‚Seele' als der ‚Form' des menschlichen Leibes ein und zwar unmittelbar durch ‚Eingießung'; damit ist eine ‚physische' Wirksamkeit, und somit ein naturhafter, die menschliche Seele in eine neue Qualität umwandelnder Prozeß gemeint, der einen gnadenhaften Zustand des Menschen bewirkt. Die Wahl des Habitus-Begriffes erklärt sich aus dem zugrunde liegenden Material an Denkmodellen, über das die Scholastik verfügt, wobei die theo-

[20] Cat. Rom. P. 2, c. 2, qu. 49, von PIUS V. 1566 ediert.
[21] B. BARTMANN, aaO. II, 99. [22] DS 902 – NR 329. [23] DS 904.

logische Spekulation den vorgefundenen ‚Tätigkeitshabitus' zu einem ‚Seinshabitus' erweitert hat[24].

Die Durchklärung dieses Begriffschemas erfolgte erst in der nachtridentinischen Neuscholastik. Im Lehrentscheid selbst haben wir erst Ansätze dazu vor uns, da eine eigene Gnadenlehre dort nicht vorgetragen wird; es ist sogar eine offenkundige Zurückhaltung gegenüber der scholastischen Terminologie zu beobachten[25]. Jedoch mußte das *Rechtfertigungsdekret* einige Aussagen über die ‚Gnade' machen, und hier finden wir die wesentlichen Elemente des Begriffsmaterials vor. So, wenn die Rechtfertigung als ‚Überführung' in den ‚Stand der Gnade' beschrieben[26], wenn von der ‚Anhaftung' der in die Herzen eingegossenen Liebe Gottes und der ‚Einpflanzung' von Glaube, Hoffnung und Liebe gesprochen[27] wird, und aus diesem Grunde die Vertreter einer bloßen ‚Anrechnung' der Gerechtigkeit Christi anathematisiert werden[28]. Bedenkt man ferner die Verwerfung jeder Auffassung, die die Gnade mit dem Gnädigsein Gottes gleichsetzt, so erscheint sowohl die Formulierung des Röm. Katechismus als auch die heutige ‚sichere Lehre der Theologen'[29] als eine in sich notwendige Konsequenz des schon im Konzil verankerten Gnadenverständnisses.

Dieses ist an der Bedeutung der menschlichen Mitwirkung, sowie an der Behauptung des Freien Willens orientiert[30]; unmittelbar in der Darstellung der Rechtfertigungslehre wird deutlich werden, daß diese dort ihren neuralgischen Zentralpunkt hat. Es wird sich aber zeigen, daß sie schon in den mehrschichtigen Einzelproblemen, denen wir uns vorerst zuwenden, eine bestimmte Beleuchtung erfährt. Unter diesen spielt das Problem der *Urstandsgnade*, insbesondere ihr Verhältnis zur ‚Heiligungsgnade', eine wichtige Rolle[31]. Das Konzil hat selbst nur beiläufig zu einer vor ihm schon abgeführten Diskussion Stellung genommen, um sich in dem sofort aufflammenden Schulstreit nicht festlegen zu müssen[32] und dennoch eine solide Basis für seine Sündenlehre zu bekommen. Die Formulierung: „Adam ... verlor ... sogleich die Heiligkeit und Gerechtigkeit, in die er eingesetzt war"[33] stellt einen Kompromiß dar, der dadurch zustandekam, daß der in der Vorlage vorhandene Begriff ‚geschaffen' (creatus) durch ‚eingesetzt' (constitutus) ersetzt wurde; sie vermeidet auch den längst geprägten, aber inhaltlich umstrittenen Begriff der ‚Urstandsgerechtigkeit' (iustitia originalis). Im Hintergrund steht die Frage, ob Adam bei seiner Erschaffung nur mit seinen ‚natürlichen' Gaben (in naturalibus) oder zugleich auch mit den Gaben der heiligmachenden Gnade (in gratuitis) ausgestattet worden sei. Dieser Gegensatz: ‚in naturalibus – in gratuitis' darf nicht mit dem uns heute geläufigen Gegensatzpaar ‚natürlich – übernatürlich' wiedergegeben werden, weil damals das ‚Übernatürliche' vorwiegend Gott allein, und noch nicht, wie dann später, seinen Gnadengaben zugesprochen wurde[34]; überdies setzt unser heutiger Begriff ‚natürlich' den Bedeutungswandel von ‚Natur' auf eine ‚reine Natur' (natura pura) hin voraus. Im Sinne der noch lange lebendigen Tradition des Augu-

[24] B. Bartmann, ebd.

[25] H. Jedin, Geschichte II, 112.

[26] Cp. 4, DS 1524 – NR 794.

[27] Cp. 7, DS 1530 – NR 801.

[28] Can. 11, DS 1561 – NR 829.

[29] S. Anm. 20 u. 21.

[30] Cp. 7ff., DS 1529ff. – NR 800ff. u. Canon. 4ff., DS 1554ff. – NR 822ff.

[31] Zur heutigen Fragestellung W. Seibel, MS II, 818ff., bes. 829ff., Lit. 841ff.

[32] CT V 199–203 passim; 208,14–16; 217,7; 218ff.; 220–222.

[33] DS 1511 – NR 353.

[34] Vgl. G. Muschalek, MS II, 550.

stinismus bedeuteten die ‚naturalia' zunächst durchaus auch etwas Gnadenhaftes, nämlich die volle Integrität des menschlichen Geschöpfes, zu der auch die sogenannten ‚außernatürlichen' (praenaturalia) Gaben, nämlich die innere Harmonie der Triebe sowie die Möglichkeit der Unsterblichkeit gerechnet wurden; jedoch unterschied man von diesen ‚naturalia' die ‚gratuita', da sie die Gaben der Liebe und der übrigen Tugenden meinen, die verdienstliche Werke hervorzubringen imstande sind. Es zeigt sich hier die erwähnte Grundauffassung von ‚Gnade' als einer Gabe, die sich mit anthropologischen Kräften vermischen kann. Als sich nun die Thomisten bereits in vortridentinischer Zeit mit ihrer Formel ‚in naturalibus et in gratuitis' wenn auch nicht vollständig, wie die erwähnte Debatte auf dem Konzil zeigte, so doch weithin durchsetzen konnten, war eine neue Situation geschaffen: die heiligmachende Gnade war der adamitschen ‚Natur' so eng verbunden worden, daß ihr Verlust durch die Sünde auch als Bedrohung der Integrität des menschlichen Geschöpfes durch jene verstanden werden konnte. Hält man sich vor Augen, daß diese mittelalterliche Unterscheidung von ‚naturalia' und ‚gratuita' in etwa der patristischen von ‚imago' (Ebenbild) und ‚similitudo' (Ähnlichkeit) entsprach[35], dann ist die Sorge verständlich, nun in eine bedrohliche Nähe zur lutherischen Ketzerei zu geraten[36]. Diese Lage machte eine neue Differenzierung zwischen ‚Natur' und ‚Heiligungsgnade' nötig; der Streit darüber, ob diese jener von Gott ‚geschuldet' sei, erbrachte bald nach Konzilsende die für die Erhaltung der katholischen Grundanschauung wichtigen lehramtlichen Entscheidungen.

Anlaß bot die *Renaissance des Augustinismus*, der in Westeuropa für lange von Einfluß blieb. In der Bulle „ex omnibus afflicitionibus" vom 1. X. 1567 verurteilte Pius V. 71 Sätze des in Löwen, Belgien, lehrenden *Michael de Bay (Bajus)* (1513-1589; vgl. EKL 1,294), unter denen zwei an dieser Stelle von Bedeutung sind[37]. „Die Erhebung und Erhöhung der menschlichen Natur zur Teilnahme an der göttlichen Natur war der Unversehrtheit des Urzustandes geschuldet und muß deshalb natürlich und nicht übernatürlich genannt werden"[38], und „die Unversehrtheit der ersten Schöpfung ist nicht eine ungeschuldete Erhöhung der menschlichen Natur, sondern ihr natürlicher Stand"[39]. Die Vertretung solcher Auffassungen, im Zusammenhang anderer theologischer Fragestellungen, durch *Cornelius Jansen* (1585-1638; vgl. EKL 2,235ff.), und ein späteres Haupt der Jansenisten, *Paschasius Quesnel* (1634-1719; vgl. EKL 4,734), provozierte erneute Verurteilungen durch das päpstliche Lehramt[40]. Wie verzwickt sich schon damals die komplexe dogmatische Sachproblematik darbietet, zeigt der Umstand, daß sich im bajanistischen und jansenistischen Streit die Gegner gegenseitig Pelagianismus vorwarfen[41], was den inneren Zusammenhang mit dem später (s. S. 444) noch zu besprechenden ‚Gnadenstreit' beleuchtet. Die Augustiner insistierten auf den theologischen Zusammenhang

---

[35] W. SEIBEL, aaO. 829.
[36] Ebd. 815 und Konkordienformel SD I, 10 in BSLK 848.
[37] Vgl. R. SEEBERG, aaO. 847ff.; s. auch NR S. 220 u. 518/519.
[38] DS 1921 – NR 339. [39] DS 1926 – NR 240.
[40] Gegen Jansen: Const. ‚Cum occasione' ad univ. fideles, 31. 5. 1653 durch INNOZENZ X. (DS 2001/2007 – NR 871/875); gegen Quesnel: Const. ‚Unigenitus Dei Filius' 8. 9. 1713 durch Clemens XI (DS 2400/2502 – NR 888); vgl. R. SEEBERG, aaO. 851–868.
[41] G. MUSCHALEK, aaO 553.

der einen göttlichen Gnade im Verhältnis von ‚Schöpfung' und ‚Bund', wie wir heute sagen würden[42], und postulierten deshalb das ‚Geschuldetsein' der Gnade für den Menschen im ‚Urstand', was in den Augen ihrer Gegner auf eine Identifizierung der ‚naturalia' mit den ‚gratuita' hinausläuft; sie befürchten nicht nur die Berührung mit der reformatorischen Urstandslehre, sondern auch eine Einebnung des Unterschiedes von ‚Gnade' und ‚Natur'. Die Mehrheit der Theologen unter Führung des päpstlichen Lehramtes war – wieder einmal – ‚moderner' als die Streiter für die augustinische Gnadenlehre, insofern sie eine laufende Entwicklung auf eine, schon erwähnte, ‚natura pura' hin bejahten, oder diese mindestens als irreversibel einschätzten; unter dieser Voraussetzung mußte ihnen die Behauptung der ‚Schuldung der Gnade' an die menschliche Kreatur als Verführung zu einer ‚naturhaften' Gnade erscheinen, die Eigenständigkeit wie Dominanz des soteriologischen Elementes im Gnadenverständnis nicht mehr klar zum Ausdruck zu bringen vermochte. So trat man einerseits für die Unversehrtheit des ‚et' zwischen ‚naturalia' und ‚gratuita', also zwischen ‚Schöpfung' und ‚Bund', ein, und behauptete andererseits die ‚Ungeschuldetheit' der Gnade. Von welcher Dringlichkeit diese Abgrenzung gegenüber Bajanismus und Jansenismus für die offizielle Kirche gewesen ist, beweisen die häufigen Wiederholungen der erwähnten Lehrverurteilungen. Sie bedeuten in der Tat eine wichtige Weichenstellung mit weitreichenden und langfristigen Folgen: einerseits eine zunehmende Verselbständigung im Naturverständnis, die eine Wandlung in der dogmatischen Fassung der ‚Schöpfung' nach sich zieht, andererseits eine Isolierung der Heiligungsgnade, die in Richtung auf den sogenannten ‚Gnadenextrinsezismus' läuft, d. h. auf „Theorien, die das Verhältnis von Natur und Übernatur als ein äußerliches Nebeneinander deuten"[43].

Dieser Trend zu einem *Gnadenextrinsezismus* brachte noch weitere dogmatische Fragekomplexe in Bewegung. Vor allem die Prädestinations- und Vorsehungslehre wurde betroffen, wobei das Festhalten am Freien Willen und anderer Verdienstlichkeit der menschlichen Mitwirkung am Heil als motivierende Kraft zu erkennen ist. Als diese Intention im Werk des Jesuiten *Ludwig Molina* (1535-1600; vgl. EKL 2,1429 f.) ‚Die Übereinstimmung des Freien Willens mit Gnade und Prädestination' (1588)[44] großes Aufsehen erregte, zeigte es sich, daß der Augustinismus noch immer über starke Positionen auch im romtreuen Katholizismus verfügte, und war im thomistischen Lager. Dieses zu verteidigen trat der Dominikanerorden zum Kampf an, was dazu führte, daß der sog. ‚*Gnadenstreit*' (1597-1607) vorwiegend zu einem kirchen- und ordenspolitischen Machtkampf zwischen Dominikanern und Jesuiten wurde. Der Umstand, daß es das päpstliche Lehramt nicht wagen konnte, den ‚Molinismus' zu verurteilen, obwohl jeweils die Mehrheiten der verschiedentlich eingesetzten Prüfungskommissionen dies forderten, sondern nur den Abbruch des Streites befehlen konnte, liegt einerseits an der Aporie von ‚Gnade' und ‚Freiheit' überhaupt, an-

[42] Vgl. Titel u. Gedankenführung bei G. MUSCHALEK, aaO. 546ff.

[43] H. DE LAVALETTE, in: LThK 3,1321.

[44] „Liberi arbitrii cum gratiae donis, divina praescientia, providentiae praedestinatione et reprobatione concordia", Lissabon 1588, zit. n. Ausgabe: Antwerpen 1595. Daß auch im Lager der Dominikaner Ansätze für den Molinismus gegeben schienen, zeigt die Polemik Pedro de Sotos gegen Domingo de Soto; vgl. FR. STEGMÜLLER, Zur Gnadenlehre des spanischen Konzilstheologen Domingo de Soto, aaO. S. 169ff., bes. 170 u. 193.

dererseits an der hier sich bereits ankündigenden neuen Schwäche der päpstlichen Stellung[45]. Aufs Ganze gesehen blieb der auf Franz Suárez (1548-1617; s. o. S. 424) zurückgehende ‚*Kongruismus*', eine gemilderte Form des Molinismus, sowohl im Jesuitenorden als auch in der allgemeinen Theologie siegreich, die es verstand, die radikalen Gegensätze zu überdecken, optisch das Wirken der Gnade zu wahren und doch dem menschlichen Willen die ausschlaggebende Rolle zuzuspielen[46].

Dennoch blieb ein thomistisch gefaßter gemäßigter Augustinismus von Bedeutung. An der Spitze jener Gruppe stand *Dominikus Bañez* († 1604; vgl. EKL 4,305), so daß man heute noch von einem ‚bañezianisch-thomistischen Gnadensystem' spricht[47]. Der Nerv jenes Gnadenstreites artikuliert sich in der Frage des Verhältnisses von ‚hinreichender Gnade' (gratia sufficiens) und ‚wirksamer Gnade' (gratia efficax): „Kommt es zur Zustimmung des Menschen durch eine neue göttliche Anregung und Bestimmung des Willens, so daß Gott den menschlichen Willen mit seinem Gnadenwillen eins macht, oder kommt es dazu durch eine freie Entschließung des Menschen, so daß dieser seinen Willen mit dem göttlichen Gnadenwillen in Einklang bringt? Liegt der Erfolg der Gnade in der Natur dieser Gnade selbst begründet (gratia efficax per se sive ab extrinseco)? Sieht Gott den Erfolg in sich selbst oder sieht er ihn im Menschen? Weiß Gott den Erfolg unfehlbar voraus, weil er diesen Erfolg will, oder weil er sieht, daß der Mensch mit seiner Gnade mitwirken wird?"[48] Bañez und die Seinen gehen von einer strengen Determiniertheit der „secunda causa" durch die ‚prima causa' aus: die Vorsehung (providentia) bestimmt durch eine ‚praemotio, bzw. praedeterminatio physica' (naturhafte Vorbewegung, bzw. Vorherbestimmung) alles natürliche und geschichtliche Geschehen im vorhinein, und daher muß auch von der Gnade geurteilt werden, daß sie in sich selber, aufgrund ihrer eigenen Natur wirksam sei. Diese Art von ‚Gnadenintrinsezismus' wurde durch ihre Begründung im allgemeinen Kausalitätsgesetz nicht nur als starres System empfunden, in dem der freie Wille und die Verdienstlichkeit menschlichen Handelns nur durch spekulative Konstruktionen gesichert werden konnte, sondern sie erinnerte auch zu stark an protestantische Praedestinationsgedanken; der schon beobachtete Trend zum Gnadenextrinsezismus entsprach eher dem antiprotestantischen Grundgefühl, wie auch die molinistisch-kongruistische Tendenz, den menschlichen Willen als Zünglein an der Wage zu werten, dem Zeitgefühl zunehmend zu entsprechen scheint; die faktische Abwertung der Gnade als einer bloß ‚zureichenden' wird in Kauf genommen. Es zeichnet sich eine für den römischen Katholizismus kennzeichnende Grundstimmung ab: Unsicherheiten und bloß spekulative Konstruktionen erträgt man im metaphysischen Bereich eher als in Fragen, die für das kirchliche Leben und die Praxis der Frömmigkeit wichtig sind. Deshalb befriedigt auch die Auskunft „Gott erkenne die freien Handlungen (der Menschen) durch das sogenannte ‚mittlere Wissen' (scientia media) sicher voraus"[49]; die Dominanz der göttlichen Providenz er-

---

[45] Paul V.: „Formula pro finiendis disputationibus de auxiliis ad Praepositos Generales O. Pr. et S. J. missa", 5. 9. 1607, SD 1197; vgl. Art. ‚Gnadenstreit', LThK 4,1002ff.

[46] R. Seeberg, aaO. 835ff.

[47] LThK 4,1007ff. u. 1,1220ff.

[48] So formuliert B. Bartmann, aaO. II, 69/70, die Fragestellung.

[49] B. Bartmann, aaO. I, 141; vgl. auch 135 u. II, 72; R. Seeberg, aaO 842ff.

scheint so genügend gesichert, und der kaum verhüllte Umstand, daß auf diese Weise der Semipelagianismus nur zum Schein abgewehrt wird, beunruhigt nicht.

Der Gnadenstreit wird heute vielfach als eine eher belanglose Theologendiskussion bewertet[50]; er ist aber doch von weiter, wenn auch mehr mittelbarer Bedeutung. Der Sieg des Gnadenextrinsezismus lockerte nicht nur die Bezogenheit von ‚Schöpfung' und ‚Bund', sondern begünstigt auch die *Autonomie einer ‚natürlichen Theologie'*, wie uns schon durch die mehrfache Begegnung mit dem Stichwort ‚natura pura' deutlich wurde. Dieser Ausdruck ist ein „Fachbegriff der katholischen Theologie und bedeutet den außerhalb der Gnadenökonomie betrachteten Menschen in seinem Grundwesen als geistbegabte Natur..."[51], der erst bei Cajetan (s. o. S. 416) greifbar ist, bei dem spanischen Dominikaner *Domingo de Soto* (s. o. S. 435) theoretisch durchdacht erscheint[51a] und bei Bellarmin (s. o. S. 417) bereits mehr oder weniger vorausgesetzt wird. Diese Verwandlung des ‚alten' Naturbegriffes in jenen ‚neuen' vollzieht sich eher unbemerkt, und kommt deutlich erst in der Festlegung der ‚Ungeschuldetheit' der Gnade zum Ausdruck. Diese ist es, die die Verurteilung der Sätze des Bajus nötig macht: „Gott hätte den Menschen nicht von Anfang an so schaffen können, wie er jetzt geboren wird", und „die Unsterblichkeit des ersten Menschen war nicht ein Geschenk der Gnade, sondern sein natürlicher Stand"[52]; zwar wurde dabei der Begriff der ‚natura pura' nicht unmittelbar gegen Bajus eingesetzt, aber dessen Aussagen wurden im Grunde deshalb verworfen, weil sie über ‚natura' und ‚conditio naturalis' nicht im Sinne von ‚natura pura' sprachen und ein Verständnis von Natur verrieten, der die Gnade ‚geschuldet' sein mußte. Es ist nur konsequent, wenn sich *Pius XII.* in der Mitte unseres Jahrhunderts in ähnlicher Weise gegen einen wiedererwachten Augustinismus dieser Art aussprach: „Andere nehmen der übernatürlichen Ordnung die Eigenart einer wirklichen ungeschuldeten Gabe, da sie behaupten, Gott könne keine vernunftbegabten Wesen schaffen, ohne sie zu seiner beseligenden Anschauung zu bestimmen und zu berufen."[53] Damit wird dokumentiert, wie über eine Zeitspanne von vier Jahrhunderten das katholische Denken an der Grundidee jener ‚natura pura' festhält, nach welcher um der gnadenhaften Qualität der Gnade willen die bloße Natur von ihr so unterschieden gedacht werden muß, daß sie als „transzendentale Bedingung für die Möglichkeit der Gnade als Gnade für ihn (den Menschen)" verstanden werden könne. ‚Natur' wird zum Gegenbegriff von Gnade, sie ist „ein theologischer Terminus, der legitimiert ist, weil er notwendig ist, um die geoffenbarte Lehre von der Gnade zu verstehen"[54].

Diese, aus der Notwendigkeit, die Gnade als Gnade zu erhalten, gefolgerte, Selbständigkeit der Natur muß aber dennoch als theologisch qualifiziert erscheinen, und dies geschieht mit den Mitteln der Schöpfungstheologie. Zwischen ‚creatio' und ‚natura' wird sachlich nicht mehr unterschieden, wenn auch

---

[50] So fehlt er bei NR. [51] J. ALFARO, LThK 7,809.

[51a] Fratris Dominico Soto, Ad Sanctum concilium Tridentinum ‚De natura et gratia', Paris 1549. Diese Schrift lag vor ihrer Drucklegung schon 1546 dem Konzil vor; vgl. FR. STEGMÜLLER, aaO. 80.

[52] DS 1955 u. 1978 – NR 853 u. 854.

[53] Pius XII., Enzyklika ‚Humani generis' 12. 8. 1950, DS 3891 – NR 890.

[54] J. Alfaro, LThK 7,831 u. 832.

jene im ,Sechstagewerk' in Anlehnung an den biblischen Schöpfungsbericht dargestellt, dann aber aus dem metaphysisch begründeten Kausalitätsgesetz gedeutet wird, wie sich dies in klassischer Weise bei *Suárez* (s. o. S. 437) ausgebildet findet. Sein Traktat ,De opere sex dierum' fußt bewußt auf seinen metaphysischen ,Disputationes': die theologische Schöpfungslehre gilt gleichsam nur noch als der Spezialfall der allgemeinen und natürlichen Wissenschaft von der Schöpfung[55]. Damit wird der „Glaubenssatz von der Schöpfung zugleich auch als eine Vernunftwahrheit"[56] angesehen, was dazu führt, daß beispielsweise die ,creatio ex nihilo' metaphysisch-logisch begründet werden muß, andererseits aber die theologische Eigentümlichkeit des Schöpfungsglaubens hinter einer allgemeinen Naturerkenntnis zurücktritt und allmählich verblaßt. Dies wirkt sich u. a. darin aus, daß zwischen ,creatio' und ,conservatio' (Erhaltung) nur mehr begrifflich unterschieden wird[57]. In formaler Hinsicht scheint hier nicht mehr vorzuliegen als eine Repristination der mittelalterlichen Scholastik, der gegenüber nur bei Einzelproblemen neue Akzente gesetzt werden. Aber mit der kaum merklichen Änderung im Naturverständnis ist dennoch ein *neues Moment* gesetzt: die „theologia naturalis" bekommt eine autonome und später eine geradezu autarke Stellung, und ihre Bezüge zur Offenbarungstheologie lockern sich so weit, daß es zwischen beiden nur mehr ein fast beziehungsloses Nebeneinander gibt. Da auch die protestantische Theologie ähnliche Entwicklungen mitmacht, wird auf der gesamten theologischen Ebene durch eigene Ohnmacht der Machtergreifung einer profanen Welterklärung in die Hand gearbeitet.

Der Blick auf das Verständnis von Gnade hat erkennen lassen, wie diese selbst als Mischung von göttlichem Handeln und anthropologischer Mächtigkeit begriffen wurde. Um erstere im letzteren nicht aufgehen zu lassen, war man genötigt, ihre ,Ungeschuldetheit' herauszustellen und gelangt so auf den Weg des Gnadenextrinsezismus. Mit diesem bot sich zugleich die Möglichkeit, die kreatürliche Selbständigkeit des Menschen ins Licht zu stellen und seine Mitwirkung nicht nur im allgemeinen Weltgeschehen, sondern speziell auch im Heilsprozeß zu sichern. Diese Herauslösung einer ,reinen Natur' aus dem universalen Zugriff der Heiligungsgnade war unter anderem auch durch die Abwehr der reformatorischen Gnadentheologie motiviert, denn so konnte Notwendigkeit und Möglichkeit der menschlichen Mitwirkung am Heil erwiesen werden. Dieser Intention entspricht augenfällig die dogmatische Fassung von der ,Erbsünde'.

§ 2 Das Verständnis von ,Sünde'

Literatur: H. Busch, Das Wesen der Erbsünde nach Bellarmin und Suárez. Eine dogmengeschichtliche Studie, Paderborn 1909; E. Gutwenger, Die Erbsünde und das Konzil von Trient, in: ZkTh 89, 1967, 433-446; Z. Alszeghy-M. Flick, I l decreto Tridentino sul peccato originale, in: Gregorianum 52, 1971, 595-637; A. Venneste, Le Dogme du péché originel, Louvain-Paris 1971, 33-137; I. Gross, Entwicklungsgeschichte des Erbsündendogmas seit der Reformation, München-Basel 1972.

---

55 L. Scheffczyk, Schöpfung und Vorsehung, HDG II, Fasc. 2a, 113.
56 Ebd. u. Anm. 38–40.
57 AaO. 114 Anm. 42.

Es sei daran erinnert, daß Melanchthon in seiner ‚Apologie' noch davon sprechen konnte, daß die in der „Augustana" vorgetragene Sündenlehre für die katholischen Gegner erträglich schiene und somit doch nicht zu den schweren Kontroverspunkten gerechnet würde[58]. Davon kann nach der Verabschiedung des ‚Lehrentscheids über die Erbsünde' auf der 5. Sitzung des Konzils vom 17. 6. 1556 nicht mehr die Rede sein[59]; die vorgängigen Kontroversen haben dies auch aus lutherischer Sicht deutlich ans Licht gebracht[60]. Das Interesse des tridentinischen Lehrentscheides geht deutlich in zwei verschiedene Richtungen: Einmal wird mit starken Worten im Sinne augustinischer Tradition die Macht der Erbsünde unterstrichen und dadurch sowohl die die Erlösungsbedürftigkeit des Menschen, als auch die Wirksamkeit der Erlösungsgnade hervorgehoben; zweitens aber soll die Radikalität der reformatorischen Sündenauffassung abgewehrt, und ein heiler Rest in der menschlichen Natur verteidigt werden. Kennzeichnend ist, daß sich das erste Interesse mit dem an der Sicherung der Kindertaufe verbindet, das zweite jedoch mit dem an der, damals allerdings noch nicht dogmatisierten, Sündlosigkeit der Maria[61]; die Bedeutung der sakramentaltheologischen und mariologischen Blickrichtung wird uns noch später beschäftigen, ihre Verklammerung mit der Hamartiologie muß aber jetzt schon zur Kenntnis genommen werden.

Jenes erste Interesse an der Durchhaltung der *antipelagianischen Intention* mit ihrer Hervorhebung der durch die Schwere der Sünde gegebenen Erlösungsbedürftigkeit[62] trifft sich zunächst mit der reformatorischen und stellt jenen, allerdings brüchigen, Gemeinschaftsboden dar, auf den sich die Apologie bezog. Hingegen wird die Differenz unübersehbar, wenn dann ausdrücklich von der ‚Begierlichkeit' (concupiscientia), bzw. dem ‚Zündstoff' (‚Zunder', fomes) gesagt wird, daß sie zwar im Menschen ‚zurückbleibt', jedoch ‚nicht schaden kann'[63]. Dies wird nicht mit einer anthropologischen Theorie begründet – der Text sagt nur: „das bekennt und weiß die heilige Kirchenversammlung" – vielmehr wird auf die moralische und pädagogische Bedeutung der Begierlichkeit für den ‚Kampf' verwiesen, den der Mensch gegen diese zu führen habe. Ausdrücklich wird die Differenz dieser Sprachregelung gegenüber der paulinischen hervorgehoben, wohl wegen der reformatorischen Berufung auf diese zur Begründung der Gleichsetzung von Begierlichkeit und Sünde[64]. Unter Androhung des Anathems wird eingeschärft, daß „die katholische Kirche ihre Benennung als Sünde niemals so verstanden hat, daß sie in den Wiedergeborenen wirklich und eigentlich Sünde wäre, sondern weil sie aus der Sünde stammt und zur Sünde geneigt macht".

Um das Gewicht dieser Aussage zu würdigen, muß auf ihren soteriologischen und sakramententheologischen Horizont verwiesen werden. Denn das eigentliche Thema ist hier nicht die Sünde an sich; diese ist schon in der Einleitung und

[58] S. Anm. 1.
[59] DS 1510/1516 – NR 352/358.
[60] Vgl. M. Luther, Schmalk. Art. III, I, BSLK 433/435.
[61] DS 1511/1514 bzw. 1515/1516 – NR 353/356 bzw. 357/358.
[62] Das volle Zitat von Rm 5,12 richtet sich offenbar gegen Erasmus v. Rotterdam, der in dieser Stelle eine Aussage über die Erbsünde negiert hatte: DS 1512 – NR 354 u. S. 225.
[63] DS 1515 – NR 357.
[64] Schon die erste Verurteilung von Sätzen Luthers durch Leo X. geht in diese Richtung: Bulle ‚Exsurge Domine' 15. 6. 1520, DS 1452/1453 – NR 785/786.

in den ersten drei Absätzen[65] behandelt worden. In diesem fünften Absatz geht es um die Sünde ‚in den Wiedergeborenen‘ (in renatis). Dabei kann die vorgetragene Überzeugung, daß die Taufe, auch die Kindertaufe, mit der Verleihung der ‚Wiedergeburt‘ identifiziert erscheint, beiseite gelassen werden. Hingegen ist die angedeutete Abwehr bestimmter, bei den Reformatoren auftretender Nuancen der Rechtfertigungslehre aufmerksam zu registrieren. Das Hauptgewicht jedoch liegt in der Behauptung: „denn in den Wiedergeborenen haßt Gott nichts ... so daß sie gar nichts mehr vom Eintritt in den Himmel zurückhält." Danach liquidiert die Wiedergeburt die Sünde völlig: was überbleibt, ‚Konkupiszenz‘ bzw. ‚Zündstoff‘, stammt zwar aus ihr, ist jedoch grundsätzlich unschädlich, und hat ‚wirklich und eigentlich‘ (vere et proprie) mit dem Wesen der Sünde (ratio peccati) nichts mehr zu tun. Seltsam berührt, daß in dieser dogmatischen Lehrentscheidung nichts Näheres über die Differenz zwischen Sünde und Begierlichkeit ausgesagt wird; fest steht nur, daß hier unter Sünde die ‚Erbsünde‘ (peccatum originale) verstanden wird[66] – nach der im Hintergrund stehenden Hamartiologie muß deshalb weiter nachgefragt werden. Denn wenn „die Frage nach dem näheren Zusammenhang von erbsündlichem Zustand und Willensentscheidung der Menschen ... offen (bleibt), nur der Zusammenhang von Erbsünde mit dem Sündenfall und ihre Inhärenz im Kinde ... nicht geleugnet werden" darf[67], hinsichtlich der Erbsünde jedoch wieder nur eine rein formale, nahezu tautologische Definition fällt – sie stelle das „wirkliche und eigentliche Wesen der Sünde" dar[68] – dann bleibt hier eine Fülle von Fragen offen.

Nun wird im Rechtfertigungsdekret daran erinnert, daß auch die Gerechtfertigten in „leichte und alltägliche, in sogenannte läßliche Sünden fallen"[69], bzw. durch „jede Todsünde" die Gnade der Rechtfertigung wieder verlieren[70]. Die traditionelle Unterscheidung von ‚läßlichen‘ Sünden und ‚Todsünden‘ bleibt demnach unreflektierte Voraussetzung dieser Harmatiologie; an erstere wird erinnert, um den Willen zum Gehorsam gegen die Gebote nicht erlahmen zu lassen, wobei im Hintergrund wieder die positive Einschätzung des ‚freien Willens‘ aufscheint[71], im zweiten Fall sind die Aussagen an der Rechtfertigung als der ‚Wiederaufrichtung des Gefallenen‘ als einer ‚zweiten Rettungsplanke nach dem Schiffbruch der verlorenen Gnade‘ und damit an dem ‚Sakrament der Buße‘ orientiert[72]. Das Interesse an den beiden Sakramenten bzw. am ‚freien Willen‘ erlaubt es offenbar den tridentinischen Vätern, auf eine ausgewiesene Theorie über das Verhältnis von Erbsünde und der Sünde der Wiedergeborenen zu verzichten. Der tatsächliche Gehalt des vorliegenden Sündenverständnisses wird nur sichtbar, wenn man die *Schwerpunkte* jener verschiedenen Interessen überprüft und so ihren inneren Zusammenhang darstellt.

1. Ausgangspunkt ist die Annahme einer allgemeinen Sündhaftigkeit der Menschen; an der universalen Tendenz der Aussage über die Nachkommen-

---

[65] DS 1510/1513 – NR 352/355.

[66] Mit Recht hebt dies die Übersetzung von NR 357 durch Sperrdruck hervor.

[67] P. SCHOONENBERG, MS 2,923.

[68] DS 1515 – NR 357.

[69] DS 1537 – NR 806; vgl. DS 1573 – NR 841.

[70] DS 1544 – 814; vgl. DS 1577/1578 – NR 845/846.

[71] DS 1521 u. 1555 – NR 791 u. 823.

[72] DS 1542 – NR 812.

schaft Adams[73] ist nicht zu zweifeln und daher ist die Sünde auch der Getauften hier mindestens impliziert.

2. Allerdings wird die Totalität der Sünde nicht durch ihre bei allen Menschen verifizierbare Faktizität begründet, sondern ausschließlich durch den Ungehorsam Adams. Obwohl betont wird, sie wohne allen inne und sei jedem zu eigen[74], ist es nicht der personale Ungehorsam des einzelnen, sondern jener Adams, der sowohl den unheilvollen Zustand als auch die Schuld aller begründet. Hier kommt in klassischer Weise die Bedeutung des ‚Ursprungs' (origo) für dieses Denkschema zum Ausdruck, und es ist nur konsequent, wenn ausdrücklich die Sünden- und Schuldübertragung als durch ‚Abstammung, nicht durch Nachahmung' erfolgend definiert wird. Zwar gilt es zu beachten, daß hier nicht von ‚Zeugung' die Rede ist, was als Abkehr von einer früher häufigen manichäischen Disqualifizierung des Zeugungsaktes gedeutet werden kann, aber die Intention tritt dadurch noch kräftiger hervor: es handelt sich um naturhaft vererbte Sünde und Schuld, die beide als solche vom Stammvater verursacht werden. Diese Fixierung auf Adam muß sich notwendig in einem Sündenverständnis niederschlagen, das naturhaft-schicksalhaft das Wesen der Menschen bestimmt; jeder Versuch, den personalen bösen Willen des konkreten geschichtlichen Menschen in Anschlag zu bringen, mußte aufs schärfste zurückgewiesen werden, wie die schon erwähnte (S. 443) Verurteilung diesbezüglicher Sätze des Michael de Bay[75] beweist, wie andererseits die katholische Kirche um einer solchen Erbsündenlehre bis heute am sog. ‚Monogenismus' festhalten zu müssen meint[76].

3. Diese Art der Übertragung der Sünde Adams ist einerseits von den ontologischen Seinskategorien bestimmt, in denen dieses Denken das Moment der Zuständlichkeit zum Ausdruck zu bringen pflegt[76a], andererseits steht sie im Dienste einer bestimmten Sakramententheologie, und dies in doppelter Hinsicht. Es geht zunächst um die Heilsnotwendigkeit der Kindertaufe. Es ist wichtig, daß in der Taufe eine Sünde vergeben wird, die selbst noch nicht als Tat begangen werden konnte, und deshalb als ‚Erbe' Adams ausgewiesen wird[77]. Dem korrespondiert ein zweiter Grundgedanke, der schon in der Gnadenlehre begegnete: die totale seinsmäßige Veränderung oder Verwandlung, die sich im Taufsakrament vollzieht[78]. Zwar spricht der Text von der nachgelassenen ‚Schuld' der Erbsünde, aber die verbal mögliche Deutung dieses Wortes in einem forensischen Sinne als ‚Nicht-Anrechnung' wird durch den Kontext unmöglich gemacht. Der sakramentale Vollzug meint eine totale Löschung der Erbsünde: „all das ... was das wirkliche und eigentliche Wesen der Sünde ausmacht" ... wird „hinweggenommen", und damit wird jede Art von forensischer Imputationslehre ausge-

---

[73] DS 1512 – NR 354. [74] DS 1513 – NR 355.

[75] DS 1946/1949 – NR 359/362; vgl. NR S. 230 u. 518/519.

[76] Enzyklika ‚Humani generis', Pius XII., DS 3897 – NR 363.

[76a] Z. B. R. Bellarmin: „Der Mensch wird nicht Sünder genannt, weil er Böses tut, sondern weil in ihm nach vollbrachter Tat eine Verkehrtheit und ein Mangel nach Art eines Zustandes zurückbleibt", De iustificatione II, cp. 15 n. 940b; oder von den Kindern: „Deshalb haftet ihnen die Sünde an, weil ihre Seele ... zuständlich von Gott abgewandt ist", De amissione et statu peccati IV, c. 9,266d; oder Fr. Suárez: Erbsünde ist „etwas dem aus Adam Empfangenen innerlich Anhaftendes" (intrinsice inhaerens in homine accepto ex Adamo), De peccato habituali, Disp. 9, sect. 2 n. 2, und: „Die Erbsünde ist eine gewisse Zustandssünde", Disp. 9, sect. 2 n. 12; vgl. H. Busch, aaO. 73ff. u. 93ff.

[77] DS 1514 – NR 356. [78] DS 1515 – NR 357.

schlossen. Es wird später zu zeigen sein, wie diese Auffassung von einer totalen Beseitigung der Erbsünde durch eine objektivistische Sakramentenlehre bedingt ist; daß sie andererseits von einer ebenfalls objektivistischen, in Seins-Zuständen denkenden, Gnadenlehre verursacht wird, haben wir dargestellt.

4. Die augustinische Tradition in der Sündenlehre konnte sich nie ganz von dem Verdacht reinigen, in ihr würde einer manichäischen Verquickung von ‚Natur' und ‚Sünde' Vorschub geleistet. Der Grundgedanke der sog. ‚Substantiarier', die Sünde stelle sich als eine der Seele aufgeladene böse Substanz dar, trat nicht nur bei dem Lutheraner Flacius Illyricus (1520-1575; s. o. S. 110ff.) neu ans Licht, sondern hatte in modifizierter Weise bei älteren Theologen wie Petrus Lombardus (s. o. S. 440f.), Heinrich von Gent (1217-1293; vgl. EKL 4,584) und Gregor von Rimini († 1358; vgl. EKL 1,1710) gewisse Anhaltspunkte, die noch in der nachtridentinischen Epoche auflebten[79]. Solche Auffassungen schien auch die Lehre des *Thomas v. Aquino* († 1274; vgl. EKL 3,1429ff.) zu stützen, der zwei Momente in der Erbsünde unterschieden hatte, ein formales, das er in dem Mangel an heiligmachender Gnade sah, und ein materiales, das sich gemäß augustinischer Einsicht in der sündhaften Konkupiszenz manifestiert. Nun hatte schon *Anselm von Canterbury* († 1109; vgl. EKL 1,129f.) die Konkupiszenz nicht mehr als Grundelement der Sünde bewertet – er sah in ihr nur deren Straffolge – und nur jenes formale Element des Mangels an der Urstandsgerechtigkeit wurde von ihm als Wesen der Erbsünde definiert. Diese Meinung setzt sich dann bei *Duns Scotus* (1265-1308; vgl. EKL 1,980ff.) durch, wobei das dahinter liegende Interesse noch deutlich hervortritt: die Integrität der als Schöpfung verstandenen Natur bleibt im sündigen Menschen erhalten. Daß sich an ein solches Verständnis später der Gedanke von einer ‚natura pura' anhängt, sei hier nur in Erinnerung gebracht. Wichtig für das Tridentinum ist, daß einer ihrer maßgeblichen Theologen, der die *Schule von Salamanca* mit ihrer positiven Stellung zum Humanismus repräsentierende Dominicus de Soto (s. o. S. 435), die anselmsche und scotistische Auffassung wieder aufnahm und sie mit seinem Thomismus zu versöhnen wußte. Er argumentiert: da die Begierlichkeit im Getauften bleibe, könne nur dann von einer vollen Tilgung der Erbsünde durch die Taufe gesprochen werden, wenn jene nur im Mangel an der Urstandsgerechtigkeit gesehen wird. Hier wird ersichtlich, wie das Anliegen der Sakramententheologie hinsichtlich der objektiven Gültigkeit des sakramentalen Vollzuges zur wesentlichen Stütze einer Auffassung wird, die drei Intentionen miteinander verbinden möchte: die Heilsnotwendigkeit der Taufe, die Heilsbedürftigkeit der erbsündigen Menschheit und die volle Integrität der menschlichen Natur. Im Verfolg solcher Überlegungen kann die Konkupiszenz sogar als etwas geschichtlich Notwendiges, ja, als etwas ‚natürlich Gutes' (bonum naturale) erscheinen[80].

5. Damit ist aber auch jenes weitere Desiderium erfüllt: die Integrität des freien Willens. Die diesbezügliche Aussage fällt zwar erst im Rechtfertigungsdekret[81], aber fundiert ist sie bereits in der Befreiung der Konkuspiszenz vom Makel der Erbsünde im Lehrentscheid über letztere. Hier wie dort wird zurückhal-

---

[79] Vgl. B. Bartmann, aaO. I, 294/298, u. J. Auer, LThK 3,365ff.

[80] Vgl. Fr. Stegmüller, aaO. 180ff., bes. 188/189, u. K. J. Becker, Die Rechtfertigungslehre nach D. de Soto, Analecta Gregoriana, Rom 1967.

[81] DS 1521 u. 1555 – NR 791 u. 823.

tend gesprochen: der freie Wille ist „an Kraft geschwächt und hinfällig“, da ja die Konkupiszenz „aus der Sünde stammt und zur Sünde geneigt macht“. Beide sind ‚verwundete Natur‘, um ein häufig zitiertes Stichwort von Beda Venerabilis († 735; vgl. EKL 1,3497) „Spoliatus gratuitis, vulneratus in naturalibus“ (beraubt der Gnadengaben, verwundet in den natürlichen Gaben) zu variieren, aber eben dennoch ‚Natur‘, deren Integrität grundsätzlich erhalten bleibt. Bedenkt man die Tiefe des Gegensatzes, die in dieser Frage zwischen Luther und dem Reformkatholiken und Humanisten Erasmus v. Rotterdam aufgebrochen war (s. o. S. 33 ff.), dann ermißt man die Tragweite, die dieser kirchlichen Entscheidung zukommt.

Damit dürften die Motive der tridentinischen Erbsündenlehre ersichtlich geworden sein; es handelt sich um ein Bündel dogmatischer Postulate. Daß ihnen eine *geschlossene Systematik* fehlt, darf nicht vergessen lassen, daß wir hier dennoch eine imponierende Konstruktion vor uns haben, die durch gegenseitig bedingte Intentionen gestützt wird und darum kräftig genug war, bedeutungsvolle geschichtliche Wirkungen hervorzurufen. Die wachsame Klugheit, mit der dieses Konstrukt beschützt wurde, wird schon im Text des Lehrentscheides an Formulierungen erkennbar, mit denen zeitgenössische katholische Lehrmeinungen zurückgewiesen werden. Das betrifft vor allem *A. Pighius* († 1542; vgl. EKL 4,720), der, obwohl strenger Protestantenfeind und Verteidiger des Papsttums, wegen seiner Lehre von einer nur numerischen Einheit der Erbsünde durch die Formel ‚im Ursprung eine‘ des can. 3 des Lehrentscheides verurteilt wurde[82]. Nach H. Jedin[83] ist nur Pighius von diesem Urteil betroffen gewesen, nicht aber Vertreter verwandter Auffassungen wie etwa *Ambrosius Catharinus* († 1553; vgl. LThK 1,426f.). Dennoch ist von Interesse, daß auch andere angesehene Theologen mit Pighius und Catharinus darin verbunden waren, daß sie nicht die physische Abstammung der Adamskinder als Ursache der Sünde ansahen; sie gehen vielmehr von einem Pakt aus, den Gott mit Adam geschlossen habe, durch den die ganze Menschheit verantwortlich gemacht wurde, so daß der Nachkommenschaft die Sünde aufgrund dieses Paktes ‚angerechnet‘ wurde. Das aber bedeutet, daß sich doch eine relativ breite Auffassung einer Art ‚Imputationstheorie‘ zeigt, auf die in seiner Weise selbst noch F. Suárez zurückgegriffen hat[84]. Aufs Ganze gesehen bleibt es jedoch bei vereinzelten Versuchen, dem systemimmanenten Zwang zu entrinnen und das ontologische Zuständlichkeitsdenken aufzusprengen. Wir werden nunmehr sehen, welche andersgearteten Nötigungen aus der stabilisierten Auffassung herrühren, das Heilsgeschehen selbst mit Mitteln eines ontologisierenden Denkens zu fassen.

---

[82] DS 1513 – NR 355.
[83] H. Jedin, Geschichte II, 135; anders: J. Schweizer, Ambrosius Catharinus Politus, Münster i. W. 1909.
[84] Vgl. B. Bartmann, s. Anm. 79; P. Schoonenberg, MS 2,914; H. Busch, aaO. 177ff. u. 188.

Kapitel IV: Die Lehre von der Rechtfertigung

Literatur: Hanns RÜCKERT, Die Rechtfertigungslehre auf dem Tridentinischen Konzil, Bonn 1925 (= Arbeiten zur Kirchengeschichte Bd. 3); DERS., Promereri. Eine Studie zum tridentinischen Rechtfertigungsdekret als Antwort an H. A. Oberman, in: ZThK 68, 1971, 162–194; W. JOEST, Die tridentinische Rechtfertigungslehre, in: Kerygma und Dogma 9, 1963, 41–69; H. A. OBERMAN, Das tridentinische Rechtfertigungsdekret im Lichte spätmittelalterlicher Theologie, in: ZThK 61, 1964, 251–282; wiederholt bei: Concilium Tridentinum, hg. v. R. BÄUMER, aaO. S. 301–340; V. HEYNCK, Die Bedeutung von mereri und promereri bei dem Konzilstheologen Andreas de Vega, in: Franziskanische Studien 50, 1968, 224–238; V. PFNÜR, Einig in der Rechtfertigungslehre? Die Rechtfertigungslehre der Confessio Augustana (1530) und die Stellungnahme der katholischen Kontroverstheologen zwischen 1530 und 1535, Wiesbaden 1970; R. BÄUMER, Das Trienter Konzil und die Reformatoren, in: Catholica 25, 1971, 325–338.

Der ‚Lehrentscheid über die Rechtfertigung', dem das Konzil in seiner 6. Sitzung vom 13. 1. 1547 seine letzte Form gab, ist nach allgemeiner Überzeugung[1] das bedeutsamste unter seinen Dekreten. Mit ihm hat der römische Katholizismus die Herausforderung des reformatorischen Aufbruches abgewehrt, sie aber zugleich positiv aufgenommen und damit der eigenen Frömmigkeit entscheidende Grundlagen gegeben. Diese Antwort auf die große religiöse Frage der damaligen Zeit ist in einer Weise erfolgt, die dem aufgezeigten Wandel im Kirchendenken ebenso entspricht wie dem Verlangen nach subjektiver Heilssicherung, in dem sich damals das Interesse an der Selbstbestätigung und Selbstverwirklichung der einzelnen Persönlichkeit artikulierte. Wer den Zusammenhang der verschiedenen Motive im Auge behält, wird dieser theologischen Leistung seine Anerkennung nicht versagen können. Wie überzeugend diese Leistung sich auch in der nachfolgenden katholischen Geschichte durchzusetzen wußte, läßt sich daraus ermessen, daß die maßgebliche Theologie auf lange Zeit hin meinte, sich mit der reformatorischen Anfrage nicht mehr auseinandersetzen zu müssen; schon die nicht mehr am Konzil selber beteiligten Theologen konnten es sich wieder leisten, althergebrachte Schulstreitigkeiten im Zusammenhang der Rechtfertigungslehre durchzuexerzieren: der Weg war eindeutig festgelegt[2]. Dafür spricht ebenfalls, daß die im vorigen Kapitel geschilderte Unruhe hinsichtlich der Gnadenlehre stets nur als innerkatholische Problematik auftrat, obschon eine Reihe von ihr erfaßter Geister in wichtigen Einzelfragen recht nahe an protestantische Vorstellungen herankamen.

Die *theologische Leistung* muß auch noch unter folgenden Aspekten gewürdigt werden: einmal mußten die Konzilsväter in der speziellen Frage der Rechtfertigung in mancher Hinsicht Neuland betreten. Damit soll natürlich nicht behauptet werden, daß es zuvor keine Rechtfertigungstheologie gegeben habe, aber sie war in unterschiedlicher Weise dargestellt worden. Zweitens ist zu bedenken, daß man sich durch die Aufnahme der durch die Reformation zur Diskussion gestellten spezifischen Verlagerung der Soteriologie in die Dimension des Rechtfertigungsgeschehens auf eine theologische Grundkategorie eingelassen hatte, innerhalb deren man sich aus historischen Gründen verunsichert fühlen mußte. Gemeint ist damit nicht etwa, wie häufig behauptet wird, das subjektive Moment der Heilsaneignung als solches, das vielmehr schon im Mittelalter

---

[1] Vgl. NR S. 496.

[2] Vgl. B. A. WILLEMS, aaO. 37.

im Streit um die ‚Verdienstlichkeit der Werke' sehr ausgiebig zum Zuge gekommen war, sondern vielmehr das von der Reformation entscheidend ins Spiel gebrachte, aus biblischen Grundlagen entnommene und nun neuakzentuierte ‚forensische' Grundschema. Dieses war zwar der katholischen Tradition geläufig und keineswegs so fremd wie etwa der östlichen Orthodoxie, aber es war durch die Gewöhnung an die herrschenden ontologischen Denkstrukturen in den Hintergrund getreten bzw. deformiert worden; Vorstellungen wie die von einer ‚eingegossenen Gnade' (gratia infusa) und andere aus der Sakramententheologie erzeugten zusätzliche Schwierigkeiten, das reformatorische Grundanliegen zu verstehen. Nach diesem vollzieht sich das Heilsgeschehen zur Gänze ‚in foro dei', d.h. im Bereich des geschichtlich richtenden und rettenden Handelns Gottes. Zwar können wir heute im Rückblick urteilen: „die Protestanten reden von Gerechtsprechung, die Gerechtmachung einschließt, und die Katholiken von Gerechtmachung, die Gerechtsprechung voraussetzt"[3], die Konzilsväter jedoch sahen sich gezwungen, das individuelle Heilsgeschehen mit den ihnen eigentümlichen Denkmitteln auszudrücken und darzustellen. Durch die Art, wie dies geschah, hat sich freilich ein tiefreichender Dissensus dokumentiert, der die gesamte nachtridentinische Epoche bestimmen sollte.

§ 1 Die Sicherung der Objektivität des Heilsvorganges

Quellen: Girolamo Seripando, OESA, De iustitia et libertate christiana, ed. A. Forster, Münster 1965.

Literatur: A. Forster, Gesetz und Evangelium bei Seripando, Paderborn 1963; Stephan Horst, Glaube und Rechtfertigung nach dem Konzilstheologen Andrés de Vega, Paderborn 1972 (= Konfessionskundl. u. kontroverstheol. Studien 31).

Allgemein darf gelten, daß die für die *abendländische* Theologie gültig gewordene *Grundauffassung*, nach welcher sich die pneumatologische Effektuierung des soteriologischen Geschehens auf dem Wege der Rechtfertigung des Sünders vollziehe, der Gefahr eines religiösen Subjektivismus zwar in einem anderen, aber keineswegs in einem geringeren Maße ausgesetzt sei als dies beim großen Gegenbeispiel, dem der östlichen Orthodoxie, der Fall ist, in welcher die Funktion der Rechtfertigung durch die ‚Vergottung' (deificatio) wahrgenommen wird. Auch im Rechtfertigungsschema rückt die ‚freiwillige Annahme der Gnade und der Gaben'[4] in den Mittelpunkt der Aufmerksamkeit, und damit der Mensch selbst in seiner Subjektivität und Spontaneität.

Das Dekret geht von dieser Einsicht aus und zählt im Anschluß daran eine Reihe von ‚*Ursachen' (causae)* der Rechtfertigung auf, aus welcher die Intention zu erkennen ist, die Prärogative des göttlichen Heilswillens zu unterstreichen. Das zeigt sich schon in der Bestimmung der ‚Zielursache', als welche neben dem ewigen Leben die ‚Ehre Gottes und Christi' genannt wird. Als ‚Wirkursache' wird der ‚barmherzige Gott' ausgewiesen, der ‚ohne Verdienst abwäscht und

---

[3] H. Küng, Rechtfertigung. Die Lehre Karl Barths und eine katholische Besinnung, Einsiedeln 1957, 218.

[4] DS 1528 – NR 798.

heiligt', während als ,Verdienstursache' sein ,geliebter einziger Sohn, unser Herr Jesus Christus, der uns ... durch sein heiligstes Leiden am Kreuzesholz die Rechtfertigung verdiente und für uns dem Vater genugtat'. Zuletzt wird in diesem ersten, noch vorläufigen Teil jener Reihe die ,werkzeugliche Ursache' genannt, nämlich das Sakrament der Taufe, ,das Sakrament des Glaubens, ohne den nie jemand die Rechtfertigung empfängt'. Es ist festzuhalten, daß hier der Glaube nur in einer eher beiläufigen Feststellung seiner Heilsnotwendigkeit aufscheint, und zwar als begleitender Schatten des speziell auf ihn bezogenen Sakramentes. Dieser sakramentale Verweis leitet über auf jene Ursache, die für das Verständnis der Rechtfertigung eigentlich erst grundlegend ist, auf die ,alleinige wesensgebende Ursache' (unica formalis causa), nämlich die ,Gerechtigkeit Gottes' (iustitia dei)[5]. Mit Hilfe dieser ,wesengebenden' Ursache und deren Hauptbegriff wird im folgenden auch das eigentliche Wesen der Rechtfertigung entwickelt, und dies beansprucht unsere volle Aufmerksamkeit.

Zuerst fällt die strenge Trennung zwischen der Gerechtigkeit Gottes, ,durch die er selbst gerecht ist', und jener, ,durch die er uns gerecht macht', auf[6]. Ausschließlich von letzterer ist hier die Rede: durch diese energische Betonung wird der *Gabecharakter* der „iustificatio" unterstrichen, auf den wir schon bei der Erörterung des Gnadenverständnisses aufmerksam wurden: die Rechtfertigung wird als ein Geschenk der Erneuerung im inneren Geist beschrieben, und zwar als eine Gabe, die die menschliche Essenz von Grund auf neu qualifiziert. Mit einer scharfen Absage an die Idee der ,Anrechnung' (imputatio), und zwar hier in ihrer Gestalt als ,Geltung', verbindet sich die Statuierung einer zweifelsfreien Realität jener Erneuerung. Erläutert wird aber nun dieses Geschehnis als Akt des menschlichen Subjektes: ,denn wir nehmen die Gerechtigkeit in uns auf'. Dieser Umschlag von passivem Widerfahrnis in eigenständige Aktivität geschieht in eigentümlicher doppelter Gebrochenheit: einerseits wird nochmals an die Aktivität Gottes erinnert, denn der Heilige Geist ist es, der den einzelnen zuteilt wie er will, andererseits wird das ,Maß' (mensura) jener Zuteilung als ,eigene' Gerechtigkeit bezeichnet, da es ,der eigenen Bereitung und Mitwirkung eines jeden' entspricht. In dieser Beschreibung der Rechtfertigung im hier referierten Kapitel ist tatsächlich alles zum Ausdruck gebracht, was in den sechs früheren und in den neun nachfolgenden Kapiteln sowie in den ,Lehrsätzen' (canones) darüber hinaus erläutert und neu gefolgert wird. Darum lohnt es sich, den wesentlichen Gehalt dieser Aussagen in seinen wichtigsten Komponenten hervorzuheben.

Erstens ist die Dominanz des *pneumatologischen* Aspektes zu unterstreichen: wenn auch der christologische Bezug durch die Nennung der Verdienstursache kräftig hervortritt, so werden schon zuvor im Zuge der Beschreibung der Wirkursache pneumatologische Kategorien wie: abwaschen, heiligen, siegeln, salben unter ausdrücklicher Nennung des Geistes bevorzugt. Verstärkt wird dies durch die Beschreibung der Wesensursache, wie aber auch im darauffolgenden Abschnitt, in welchem der Geist in Verbindung mit der eingegossenen Gnade auftritt. Dazu gesellt sich noch eine zweite Beobachtung: mit Ausnahme des Begriffes der ,Gerechtigkeit' selbst fehlen gänzlich die diesem angemessenen Wendungen aus der forensisch-moralischen Sprachwelt, hingegen dominieren solche,

---

[5] DS 1529 – NR 800.

[6] Vgl. W. Joest, aaO. S. 49.

die *ontische Feststellungen* treffen und Seinsveränderungen ausdrücken. Die Heftigkeit der Absage an den Gedanken einer Anrechnung der Gerechtigkeit Christi bzw. einer Aussage über die ‚Geltung' des Gerechtseins erklärt sich aus einem zwar unausgesprochenen, aber unschwer erkennbaren Mißtrauen gegenüber einem ‚bloßen' Wortgeschehen: ihm wird keine effiziente Relevanz zugetraut. Dies geht deutlich aus dem Fehlen eines Rekurses auf das Rechtfertigungsurteil bzw. auf den rechtfertigenden Freispruch hervor; man bezieht sich zwar einmal auf den ‚Nachlaß der Sünden'[7], aber auch dieser Bezug steht im Kontext der Eingießung der heiligmachenden Gnade, durch welche unmittelbar die ‚Verdienste des Leidens unseres Herrn Jesus Christus mitgeteilt werden'. Das bedeutet: die Kommunikation zwischen dem rechtfertigenden Gott und dem Menschen bzw. zwischen dem die Rechtfertigung vollbringenden und garantierenden Heilswerk des Sohnes und dem Menschen geht nicht über den Freispruch des Sünders; dieser ist im besten Fall Teilmoment eines ontischen Veränderungsprozesses, im Verlaufe dessen der Sünder zu einem ‚Gerechten' mittels der sakramental bewerkstelligten Gnadeneingießung ‚wird'. Jenes oben skizzierte Verständnis von ‚Gnade' im Sinne einer gratia habitualis verfügt über die Federführung bei diesem soteriologischen Vorgang, und darum muß auch die reichliche Verwendung pneumatologischer Begriffe aus deren ontologisch-sakramentalistischem Verstehensfeld heraus verstanden werden; die Formel, daß die ‚Liebe Gottes ... ihnen innerlich anhaftet' (caritas dei ... inhaeret) sowie der entsprechende Verwerfungskanon 11 illustriert den hier gemeinten theologischen Sachverhalt nachdrücklich[8].

Diese beiden Feststellungen bestätigen, daß das Konzil trotz seines schon aufgezeigten Bemühens, sich nicht in das Schlepptau einer der verschiedenen theologischen Schulen nehmen zu lassen, doch deutlich auf eine im Spätmittelalter ausgebildete Gnadenlehre zurückgreift, um mit ihrer Hilfe festen Boden unter die Füße zu bekommen. Wenn sich auch gewisse skotistische und nominalistische Anliegen durchzusetzen vermögen, wie noch zu zeigen sein wird[9], so spielt offenbar die Sorge vor Konsequenzen, die aus der protestantischen Rechtfertigungslehre drohten, eine wesentliche Rolle. Um sie zu bannen, wird folgerichtig jeder Ansatz eines forensischen Verständnisses abgeriegelt; mit welcher Entschlossenheit dies geschieht, zeigt das Scheitern der Bemühungen des Augustinergenerals *Seripando* († 17. 3. 1563 Trient; vgl. LThK 9,689f.), dem es noch gelungen war, in den zweiten Vorentwurf des Dekretes den Gedanken einer ‚doppelten Gerechtigkeit' einzubringen, d.h. neben die ‚eingegossene' Gerechtigkeit eine ‚angerechnete' (iustitia imputata) zu stellen[10]. Die Erwartung, dadurch jeder subjektivistischen Auflösung und insbesondere dem hybriden Stolz auf Erwählungs- und Heilsgewißheit wehren zu können, ist deutlich als Motiv erkennbar[11]. Der Wille, die Effizienz der Rechtfertigung zu sichern und damit

7 DS 1530 – NR 801.

8 DS 1561 – NR 829; Beispiel eines in der Frage der qualitas-Struktur der Gnade zurückhaltenden Theologen unter den Konzilsvätern ist D. de Soto, vgl. J. Becker, aaO. 24/25, 39, 109, 392.

9 Vgl. Heiko A. Oberman, ZThK 61. Jg. (1964) 251/282.

10 CT V 423, 29ff.; dazu u.a. H. Rückert, Die Rechtfertigungslehre, S. 217ff. Anders motiviert hat der Konzilstheologe Ambrosius Catharinus Politus († 1553; vgl. EKL 4,726) für eine ‚doppelte Rechtfertigung' votiert, in: Dialogus de iustificatione, Rom 1555; vgl. J. Schweizer, aaO. 145ff.

11 DS 1533, 1434 u. 1540 – NR 804 u. 809.

zugleich die Prärogative des göttlichen wie aber auch die unanfechtbare Stabilität des kirchlich-sakramentalen Handelns zu sichern, führt zur Einleitung eines Objektivierungsprozesses, dem der einzelne Christ unwiderruflich unterworfen bleiben soll, der dann freilich auch die göttliche Gnade selbst unerliegt. Um so bedeutsamer stellt sich die Frage, wie jener andere wesentliche Vorbehalt gegenüber der Reformation, nämlich die Bewahrung der Willensfreiheit des Menschen, in dieses System eingebaut wird.

§ 2 Die subjektive Mitbeteiligung des Menschen im Heilsprozeß

Literatur: J. HEFNER, Die Entstehungsgeschichte des Trientiner Rechtfertigungsdekret, Paderborn 1909; E. STAKEMEIER, Der Kampf um Augustin auf dem Tridentinum, Paderborn 1937; DERS., Glaube und Rechtfertigung, Freiburg 1937; DERS., Trienter Lehrentscheidungen und reformatorisches Anliegen, in: G. SCHREIBER, Das Weltkonzil I, aaO. 1951, 77–116; wiederholt bei R. BÄUMER, Concilium Tridentinum, aaO. 1979, 99–250.

Es ist schon mehrfach darauf verwiesen worden, welches Interesse das katholische Gnadenverständnis an der menschlichen ‚*Willensfreiheit*‘ hatte. Es schlägt sich im Dekret thetisch schon im 1. Kapitel[12], dann aber vor allem in den Anathematismen von Kanon 5 und 6 nieder[13], wie schon diesbezügliche Sätze Luthers[14] und später solche von Michael de Bay[15], Cornelius Jansen[16] und Paschasius Quesnel[17] verurteilt wurden (dazu o. S. 443 f.). Dieses durchhaltende Insistieren auf die Willensfreiheit, deren Schwächung in jener thetischen Aussage allerdings zugestanden wird, war sowohl durch die reformatorische Theologie als auch durch das schon erwähnte Auftreten eines strengen Augustinismus im eigenen Bereich ausgelöst worden. Unmittelbar zur Frage steht jedoch, wie sich diese Grundhaltung im Erlösungsgeschehen auswirkt und welche Rolle die menschliche Freiheit in der Rechtfertigung übernimmt. Auszugehen ist von der Aussage im 5. Kapitel über die ‚Notwendigkeit der Vorbereitung‘ (necessitas praeparatio) durch den (erwachsenen) Menschen, welcher Gedanke durch den Begriff der ‚zuvorkommenden Gnade‘ (gratia praeveniens) ermöglicht wird; letztere begegnet durch die ‚Berufung‘, in welcher die ‚erweckende‘ (excitans) und ‚helfende‘ (adiuvans) Gnade mit dem Ziel wirksam ist, im menschlichen Herzen jene ‚Erleuchtung‘ (illuminatio) hervorzurufen, in der schon eine ‚eigene‘ Rechtfertigung präsent erscheint. Diese Berührung mit dem Geist ereignet sich in ‚freier Zustimmung‘ und ‚freier Mitwirkung‘ mit jener Gnade, denn hier bleibt der Mensch ‚nicht ganz untätig‘. Mit anderen Worten: schon im Vollzug der Erleuchtung und damit auch der Rechtfertigung wirkt der Mensch, wenn auch nur vorbereitend, als Kooperator. Dieser Fragenkomplex um die Mitwirkung des natürlichen Menschen in der Vorbereitung wird im Dekret deutlich von der Frage einer weiteren Mitwirkung des schon begnadeten Menschen getrennt: diese wird erst von Kapitel 10 an, jene in 5 und 6 abgehandelt. Die Darstellung der Vorbereitung bedient sich eines relativ abstrakten Modells, da sie

[12] DS 1521 – NR 791.

[13] DS 1555/1556 – NR 823/824.

[14] DS 1489 – NR 789.

[15] DS 1939, 1941, 1966 – NR 865/867.

[16] DS 2003 – NR 873.

[17] DS 2438/2439 – NR 878/879.

von der Konstruktion der Christwerdung eines Nichtchristen ausgeht – ein in der damaligen religiösen Praxis äußerst seltener Fall. Dadurch gewinnt die Darlegung auch einen psychologisch-deskriptiven Charakter; es ist nicht ohne Interesse, hier anzumerken, daß sich ähnliche Erscheinungen in der protestantischen Orthodoxie später ebenfalls nachweisen lassen.

Der Komplex um die Mitwirkung bei der Vorbereitung bringt die uns schon bekannt gewordene Problematik des Verhältnisses von ‚Natur' und ‚Gnade' als Hintergrundfeld erneut zur Sprache. Hier konzentriert sich das Problem auf die Fragestellung, welches Gewicht diese Mitwirkung für die Erlösung hat. Angesichts der seit Jahrhunderten geführten Debatte spitzt sich die Erörterung auf die Frage zu, ob und welche Art von ‚*Verdienst*' *(meritum)* jener menschlichen Mitbeteiligung zukommt. Auf den ersten Blick hin ließe sich diese Frage abweisen, denn das Stichwort ‚Verdienst' fällt in der Darstellung der ‚praeparatio' nicht, noch auch wird diese Sache selbst unter anderen Begriffen erörtert; zusätzlich kann ins Treffen geführt werden, daß es im 8. Kapitel ausdrücklich heißt: ‚nichts von dem, was der Rechtfertigung vorausgeht, weder Glaube noch Werke, verdient die Gnade der Rechtfertigung.'[18] Deshalb können Interpreten davon sprechen, hier habe sich ein reiner Thomismus durchgesetzt[19], ja, „die Hauptanliegen der Protestanten ... seien erfüllt"[20]. Die zweite Behauptung, auf die nicht näher eingegangen werden soll, stützt sich auf die erste, deren genauere Begründung in der Überzeugung liegt, das Dekret vermeide nicht nur den Begriff des Verdienstes, sondern verneine damit auch im Sinne des Thomas ein ‚meritum de congruo' (Verdienst der Angemessenheit). Jedoch gerade diese Behauptung blieb bis heute nie unbestritten, so daß die katholische Dogmatik zwischen vorsichtiger Zustimmung[21] und entschlossener Ablehnung schwankt[22], auch dann, wenn sie sich treulich an das Dekret halten möchte.

Einmütigkeit besteht darüber, daß bei der ‚*Vorbereitung*' von einem ‚meritum de condigno' (Verdienst voller Gleichwertigkeit) nicht die Rede ist; dieses Problem stellt sich erst angesichts der guten Werke der Gerechtfertigten. Die meist scotistischen oder nominalistischen Vertreter eines „meritum de congruo" durch eine rechte Vorbereitung verstehen ein solches ‚Verdienst vor der Gnade' gar nicht als Verdienst im strengen Sinne, sondern als eine in der Güte Gottes gegründete Annahme der Bemühungen des Menschen gemäß der sog. ‚Goldenen Regel der Gnade': „denen, die tun, was in ihnen ist, verweigert Gott nicht seine Gnade." Doch hat hier je und je ein, auch im strengen Thomismus präsenter, wachsamer Augustinismus eine Einfallspforte für einen getarnten Semipelagianismus gewittert. So erklärt D. de Soto (s. o. S. 435) bald nach der Veröffentlichung des Dekretes: „vor der Rechtfertigung durch die Eingießung gibt es überhaupt kein Verdienst in den menschlichen Werken, weder de condigno noch de congruo."[23] Im vollen Gegensatz dazu kann aber der Franziskanerobservant

[18] DS 1532 – NR 803.

[19] H. Rückert, aaO. 185; E. Stakemeier, Glaube u. Rechtfertigung, 1937, S. 120.

[20] E. Stakemeier, Trienter Lehrentscheidungen, aaO. 98; vgl. auch H. Küng, aaO. 259 u. 246; A. v. Harnack, DG III, 5. Aufl. 1932, S. 711.

[21] Z.B. M. Schmaus, Kathol. Dogmatik III/2, 5. Aufl. 1956, S. 236ff.

[22] Z.B. S. Gonzalez, Sacrae Theologiae Summa, Bd. III, Madrid 1956, S. 587ff., bes. 697.

[23] D. de Soto, De natura et gratia libri tres, Venedig 1547, 2. Aufl., Antwerpen 1550, fol. 96, zit. n. H. Oberman, aaO. 278; vgl. K. J. Becker, aaO. 266ff.

Andrés de Vega († 1549; vgl. LThK 10,649f.), dessen Autorität als Konzilsaugenzeuge Petrus Canisius im Vorwort zur 2. Auflage des unten zitierten Werkes rühmt und der vermutlich einer der Mitverfasser des ursprünglichen Dekretentwurfes war, nach Fertigstellung des endgültigen Textes formulieren: „Es ist darum ganz klar, daß das Edikt unseres Konzils nicht enthält, was der Meinung derer widerspräche, die das meritum de congruo verteidigen."[24] Gibt es für diese gegensätzliche Exegese verständliche Anhaltspunkte? H. Oberman hat in seiner Untersuchung[25] wahrscheinlich gemacht, daß sich hinter der auffallenden Verwendung des Verbum ‚promereri' im Sinne von: „in vollem Sinn verdienen"[26], zum Unterschied vom schlichten ‚mereri' (verdienen), in jenem entscheidenden Satz des 8. Kapitels nur eine Abwehr eines ‚meritum de condigno', nicht aber eine solche eines ‚meritum de congruo' verberge, wodurch letztere sozusagen freigegeben wäre. „Die scotistisch nominalistische Tradition (wird) nicht nur nicht durch das Anathema in den Kanones berührt; sie hatte sogar einen weit wesentlicheren Anteil an den endgültigen Formulierungen des Konzils als bisher vermutet worden ist."[27] Auch abgesehen von dieser These sprechen wichtige Aussagen für eine stillschweigende Toleranz gegenüber dem Verdienstgedanken im Sinne der Kongruenz. Wir sahen schon, daß bei der Beschreibung der ‚wesensgebenden Ursache' der Rechtfertigung deren Verwirklichung abhängig gemacht wird von der ‚eigenen Bereitung und Mitwirkung'[28]. Der Ton liegt auf der ‚freien Erhebung zu Gott', auf dem eigenen Beginn der Gottesliebe und des Abscheues vor der Sünde bzw. auf der Begierde nach der Taufe[29], und dies entspricht ganz jener Versicherung im Kapitel zuvor, daß „der Mensch nicht ganz untätig bleibe". Gewiß ist nach der Überzeugung des Dekretes jede „operatio" des Sünders an die zuvorkommende Gnade gebunden, aber indem diese als ‚gratia adiuvans' verstanden wird, ist doch dem eigenen Entschluß des Menschen eine Wertung zugesprochen, die für den Rechtfertigungsvorgang ins Gewicht fällt. Man wird somit den Vertretern eines Mitverdienstes das Recht zugestehen müssen, sich auf die Grundintention des Dekretes zu berufen, wie man es andererseits den Leugnern eines Verdienstcharakters der Vorbereitung nicht verwehren kann, das Dekret für ihre Auffassung in Anspruch zu nehmen; es lag offenbar im Interesse des Konzils, ein „meritum de congruo" zwar zu tolerieren, nicht aber, es als mögliche Lehre zu bestätigen. Neben einem vermutbaren kirchenpolitischen Kompromiß liegt der Grund für diese Ambivalenz in der Grundstruktur der „gratia praeveniens" selbst: diese soll einerseits die göttliche Prärogative im Rechtfertigungsgeschehen sichern, andererseits soll durch sie ein Prozeß ausgelöst erscheinen, der sich so im Menschen vollzieht, daß er selbst an ihm mitwirkt. Es geht um ‚seine' Gerechtigkeit; der Gegensatz zur reformatorischen Überzeugung von der unbedingten Dominanz der ‚fremden Gerechtigkeit' (iustitia aliena) ist deutlich genug. Die subjektive Mitbestimmung ist schon im Stadium der Vorbereitung derart gestaltet, daß sie sich an die göttliche Vorleistung

---

[24] „De iustificatione doctrina universa. Libris XV absolute tradita et contra omnes omnium errores iuxta germanam sententiam Orthodoxae veritatis et sacri concilii Tridentini praeclare defensa", Köln 1572 (erste Ausgabe 1548 in Venedig), VIII, 10, fol. 194, zit. n. H. Oberman, aaO. 281; vgl. aaO. 280 Anm. 14.

[25] S. Anm. 9.

[26] H. Oberman, 263; vgl. DS 1532, 1546, 1552 – NR 803, 816, 820.

[27] H. Oberman, 282.

[28] DS 1529 – NR 800; vgl. W. Joest, aaO. 55.

[29] DS 1526 – NR 796.

anschließen und aufbauen kann und damit eine Würde erwirbt, die mindestens in der Erfolgrechnung ihr Honorar einfordert.

Das zeigt sich vollends in den Aussagen über die *Mitwirkung des Wiedergeborenen an seinem Heil*. Zwar bleibt der Geschenkcharakter der eingegossenen Gnade gemäß den Aussagen des 7. Kapitels, die Verwerfungskanones eingeschlossen, als cantus firmus unangetastet. Ein ‚sola gratia' (allein aus Gnade) muß den Ausführungen zugebilligt werden, und man darf auch nicht verschweigen, daß der stark pastorale Tenor nicht auf Besitzstolz und Selbstruhm, sondern auf Demut und Gehorsamseifer ausgerichtet ist. Dem Charakter dieser Gnadentheologie entspricht jedoch ohne spürbaren Bruch ein deutliches Insistieren auf eine eigene, miterworbene Gerechtigkeit der Gerechtfertigten. Die „Genugtuung" (satisfactio), die durch menschliche Werke dem göttlichen Gesetz gegeben wird, fordert in logischer Strenge die Konsequenz des Finalsatzes: „... daß sie das ewige Leben zu seiner Zeit wirklich verdienen"[30]. Hier taucht das zweite Mal der Begriff ‚promereri' auf, verstärkt durch ein ‚vere', und damit stellt sich die Frage, ob an dieser und anderen Stellen die kräftigen Aussagen über die Verdienste der Gerechtfertigten[31] im Sinne eines *„meritum de condigno"* zu verstehen seien oder nicht.

Dieses Problem ist auch heute noch aktuell: M. SCHMAUS schwächt wieder ab und möchte nur ein ‚de congruo' zugestehen[32], während andere mit S. GONZÁLES (s. S. 458) hier einwandfrei den Gedanken des Würdigkeitsverdienstes ausgesprochen sehen[33]. Angesichts der rigorosen Strenge der Verdammungen, die diejenigen bedrohen, die nicht eine ‚ewige Vergeltung' für gute Werke annehmen[34] oder es als Sünde bezeichnen, wenn gute Werke im Blick auf den ‚ewigen Lohn' geschehen[35], bzw. die Behauptung aufstellen, „die guten Werke der Gerechtfertigten seien in der Weise Geschenke Gottes, daß sie nicht auch die guten Verdienste der Gerechtfertigten selbst sind" bzw. „der Gerechtfertigte verdiene nicht eigentlich durch die guten Werke, die er ... tut, einen Zuwachs der Gnade, das ewige Leben, und ... den Eintritt in das ewige Leben"[36], läßt sich eine Exegese nicht mehr halten, die hier nur ein Verhältnis der Angemessenheit gewahrt sehen will. Auch die Unterstreichungen des Dekretes, daß alle Verdienste nur Wirkungen der Gnade seien, können nicht den Gesamteindruck verwischen, daß diese aufgrund von Gnade gewirkten Werke ihrerseits wieder verrechenbare Mitursache eigener Wirkungen seien, was ein Verhältnis voller ‚Gleichwertigkeit' (Dignität) voraussetzt.

Die Verdienstlichkeit ‚de condigno' wird insbesondere dort sichtbar, wo von ‚*Wachstum*' an guten Werken so die Rede ist, daß die Gerechtfertigten durch diese „in ihrer Rechtfertigung zunehmen"[37] und dieses Wachstum, dem sogar eine „Mehrung der Herrlichkeit" in Aussicht gestellt wird[38], seine Ursache in den Werken selbst besitzt[39]. Da diese Aussagen im Kanon 24 mit der Anathematisierung einer Auffassung verbunden ist, welche die guten Werke als Früchte

[30] DS 1546 – NR 816.
[31] DS 1545, 1548, 1576, 1581, 1582 – NR 815, 817, 844, 849, 850.
[32] W. JOEST, ebd.; M. SCHMAUS, aaO. 411.
[33] S. GONZÁLEZ, aaO. 696.
[34] Can. 26, DS 1576 – NR 844.
[35] Can. 31, DS 1581 – NR 849.
[36] Can. 32, DS 1582 – NR 850.
[37] Cp. 10, DS 1535 – NR 805.
[38] Can. 1582 – NR 850.
[39] Can. 24, DS 1574 – NR 842.

oder Anzeichen der erlangten Rechtfertigung bewertet, wird das intensive Interesse an einem bestimmten Verständnis des Wachstumsgedankens sichtbar. Dem Grundaxiom von der Rechtfertigung als einer eingegossenen Gnade, mit welcher zugleich die ‚theologischen Tugenden' Glaube, Hoffnung und Liebe eingegossen werden[40], entspricht die Vorstellung von der ständig in die Gerechtfertigten einströmenden ‚Kraft' Christi, die ihrerseits die verdienstlichen Werke ermöglicht[41]. „Diese Einwirkung Christi ist hier nicht gesehen als direkter Strom von Christus in das Tun der Gerechtfertigten, sondern als ein Strom, der wie in ein Reservoir von Christus aus zunächst in den Gerechtigkeitshabitus des Menschen geht, um dort dann in Werke, die wiederum aus diesem ‚Habitus' hervorgehen, umgesetzt zu werden. Damit wird gleichsam der Mensch als das Zwischenglied eingesetzt, das die doppelte Betrachtungsweise der Werke ermöglicht."[42] Wenn auch der Habitusbegriff als solcher vom Dekret vermieden wird – die damit vor und nach dem Konzil gemeinte Sache ist auch im Grunddenken des Dekretes gegenwärtig. Der Gedanke der *Gnadeneingießung* erweist seine Fruchtbarkeit gerade in der Doppelung seiner Auswirkung: Die göttliche Prärogative, als unbedingte Erstursache statuiert, erlaubt die Etablierung des mitwirkenden Menschen als einer in gewisser Selbständigkeit agierenden Zweitursache; seine Würde ist durch den Gedanken des „meritum de congruo" angesetzt, im „meritum de condigno" erfährt sie ihre konsequente Erfüllung. Damit ist eine Art von aktiver Mitbestimmung des Menschen im Heilsprozeß erreicht, der für das Konzil als Absage an den Grundimpuls der Reformation galt. Diese menschliche Kooperation am Heil vollzieht sich im Zeichen einer theologischen Umgehung des ‚Glaubens', und dies ist angesichts der an sich häufigen Bezüge zur ‚fides' besonders signifikant: dies aber muß nunmehr noch besonders ausgewiesen werden.

§ 3 Wesen und Funktion des Glaubens

Literatur: M. Oltra-Hernandez, Die Gewißheit des Gnadenstandes bei Andreas de Vega, OFM., Düsseldorf 1941; E. Stakemeier, Das Konzil von Trient über die Heilsgewißheit, Heidelberg 1947; St. Horst, Glaube und Rechtfertigung nach dem Konzilstheologen Andrés de Vega, Paderborn 1972 (= Konfessionskundliche und kontroverstheol. Studien 31); Leo Scheffczyk, Erlösung und Emanzipation, Freiburg 1973 (= Quaestiones disputatae Bd. 61).

Der Wille des Dekretes, die Auseinandersetzung mit dem reformatorischen Glaubensbegriff zu führen, ist unverkennbar. Die Grundlinie ist als Reaktion auf die Stellung der ‚fides' innerhalb der protestantischen Theologie zu kennzeichnen; wir haben bereits gesehen, daß diese für das katholische Anliegen der subjektiven Mitbeteiligung am Heilsprozeß keine substantielle, sondern nur eine untergeordnete Rolle spielen kann (o. S. 457f.). Da dort nämlich der Glaube fundamental als ‚fides salvifica' (heilschaffend), ja als ‚fides justificans' (rechtfertigend) definiert wird, ist es nötig, sich diese Position als Gegenstand kontroverser Aussagen des Trienter Dekretes stets vor Augen zu halten. Daß es dabei

[40] Cp. 7, DS 1530 – NR 801.
[41] Cp. 16, DS 1546 – NR 816.
[42] W. Joest, aaO. 58.

im einzelnen zu absurden Mißverständnissen kommen konnte, wie beispielsweise zur Unterstellung der Konzilsväter, die Reformatoren hätten den Vertrauensglauben quasi als das einzige ‚gute Werk' gelehrt[43], ist trotz der nachhaltigen Wirkung dieser Verzeichnung in der antiprotestantischen Polemik bis heute als eher beiläufige, weil begreifliche Bagatelle zu beurteilen. Einen prinzipielleren Gegensatz stellt hingegen der Versuch des Dekretes dar, seinerseits positive Aussagen über die ‚fides' zu machen. Wie Neuner-Roos richtig referiert, liegt die Spannweite der Aussagen zwischen solchen, die die Notwendigkeit des Glaubens betonen, und solchen, die seine alleinige Zuständigkeit bestreiten[44]. Unabhängig von der heute wieder aufgeworfenen Frage, ob nicht doch auch das Tridentinum auf eine Bejahung des *‚Sola fide' (Allein aus Glauben)* tendiere[45], ist festzuhalten, daß sich das Dekret jedenfalls gegen die reformatorische Proklamation dieses ‚Sola' wendet. Von da aus allein lassen sich aber seine Bestimmungen über die Notwendigkeit des Glaubens verstehen, und damit wird ersichtlich, daß das tridentinische ‚Nein' keineswegs bloß jenes ‚Allein' trifft, sondern die reformatorische Bestimmung der ‚fides' überhaupt.

Dies gilt trotz einer augenfälligen Ähnlichkeit im Ansatz. Als solcher stellt sich die *‚fides ex auditu'* (Glaube aus dem Hören) dar, wobei die für die Reformatoren so wichtige Stelle, Röm 10,17, ausdrücklich zitiert wird[46]. Mit dieser Formel liegt eine gegenseitige Verbundenheit vor, die noch durch den Zusammenhang mit der im Kapitel zuvor genannten ‚Berufung' (vocatio) verstärkt wird, deren Rolle in den lutherischen Bekenntnisschriften ähnlich gewertet erscheint[47]. Mit dem Zitat von Röm 3,24 wird nochmals eine Gemeinsamkeit unterstrichen, die insofern besonderes Gewicht hat, als damit der Anspruch erhoben wird, Paulus als Bürgen der hier vorgetragenen Rechtfertigungslehre zu reklamieren. In welchem Sinne dies gemeint ist, zeigt sich jedoch, wenn man die weitere Charakterisierung der „fides" durch das Dekret in näheren Augenschein nimmt. Die „fides" wird an dieser Stelle, die den Vorbereitungsakt umschreibt, als intellektuelle Anerkennung der Offenbarungswahrheit aufgrund deren Autorität definiert, was sich bekanntlich in nachtridentinischer Zeit maßgeblich durchgesetzt hat. Hinzuzufügen ist allerdings, daß solches ‚Fürwahrhalten' als Anfang einer inneren Entwicklung verstanden wird, die u. a. auch das Moment des ‚Vertrauens' in sich schließt, auch wenn der Terminus technicus, „fiducia", hier nicht fällt; Neuner-Roos übersetzt hier wohl richtig, wenn er ‚fidentes' mit ‚vertrauend' wiedergibt. Andererseits sind die Aussagen des 7. Kapitels dadurch charakterisiert, daß ein unmittelbarer Bezug der „fides" zur „iustificatio" fehlt; von ihr ist nur in einer vermittelnden Weise die Rede: sie wird mit ‚spes' und ‚caritas' als deren Teilmoment in die Herzen mit der Wirkung einer dann ‚anhaftenden' Gerechtigkeit infundiert. Zwar werden die drei theologischen Tugenden als Einheit verstanden[48], im nächsten Satz aber kommt unmißverständlich zum Ausdruck, daß der Glaube allein nicht genügt, wenn nicht Hoffnung und Liebe dazutreten[49].

[43] Etwa can. 12 u. 19, DS 1562 u. 1569 – NR 830 u. 837.

[44] NR S. 483; DS 1526 u. 1532 – NR 796 u. 803, bzw. DS 1531, 1533/1534, 1538, 1556, 1562/1564 – NR 802, 804, 807, 827, 830/832.

[45] H. KÜNG, aaO. 248.

[46] DS 1526 – NR 796.

[47] Kl. Katech. Der Glaube, dritter Artikel, BSLK 512.

[48] Simul: DS 1530 – NR 801.

[49] DS 1531 – NR 802.

Damit wird deutlich, wie die Notwendigkeit des Glaubens beschaffen ist: er stellt sich als unabdingbare Voraussetzung insofern dar, als ohne die „fides ex auditu" die Eingießung der inhärenten Gerechtigkeit nicht vor sich gehen kann, da diese der „gratia praeveniens" als einer „gratia excitans et adiuvans" bedarf. W. Joest hat zu Recht davon gesprochen, daß hier der Glaube bloß eine Teilfunktion besitze, und keine sachliche, sondern bloß eine zeitliche Wurzelstellung habe[50]. Die Notwendigkeit des Glaubens beschränkt sich auf ein Teilmoment seiner selbst, nämlich auf seine Eigenart als ‚fides dogmatica', also auf das Fürwahrhalten. Das schließt nicht aus, daß er sich zum personalen Vertrauen auf Gottes Liebe vervollkommnen kann, aber nicht dies begründet seine Notwendigkeit; diese ist schon durch die intellektuelle Zustimmung erfüllt.

Derselbe Sachverhalt wird durch die Ausführungen des 15. Kapitels über den *Verlust der Gnade* bestätigt[51]. Hier wird bekräftigt, daß nicht nur dem Unglauben (infidelitas) der Verlust der empfangenen Rechtfertigungsgnade droht, sondern auch jedem Gläubigen, der eine Todsünde begeht. Ausdrücklich wird hinzugefügt, und biblisch zu rechtfertigen gesucht, daß mit der Todsünde der Glaube selbst in Frage gestellt sei, was dann auch in den Kanones 27 und 28 durch die Anathematisierung gegensätzlicher Auffassungen unterstrichen wird[52]. Zuvor wird im 14. Kapitel das hier zu schützende Glaubens- und Lehrgut genannt, nämlich das Sakrament der Buße. Wesentlich ist: die Relation ‚Gnade-Glaube' ist stückweise gebrochen, denn die Vorstellung eines Glaubens ohne Rechtfertigungsgnade macht erneut deutlich, daß die „fides" als solche nur eine notwendige Vorstufe des Rechtfertigungsgeschehens darstellt, aber mit dessen eigentlicher pneumatischer Realität nichts zu tun hat; ihr wird eine zentrale Position innerhalb der „iustificatio" verweigert. Wir werden sehen, wie der Taufe, als Sakrament des Glaubens und als ‚werkzeugliche Ursache' der Rechtfertigung gerühmt, im sakralen Stützungssystem des tridentinischen Katholizismus ein durchaus analoges Schicksal widerfährt (u. S. 467ff.).

Dieser prekären Rolle der „fides" entspricht die Antwort, die das Dekret der damals so aktuellen Frage nach der ‚*Heilsgewißheit*' erteilt. Man kann davon sprechen, daß sich die tridentinische Rechtfertigungstheologie hier in einem doppelten Zugzwang befand. Sie teilt mit den Reformatoren die pastorale Sorge vor dem selbstgefälligen Pochen auf werkhafte Verdienstleistungen und versucht, dieses zu dämpfen. Aber wegen der eben beschriebenen Verweigerung einer Schlüsselposition für den Glauben darf sie weder eine Heilsgewißheit (certitudo salutis) noch eine Glaubensgewißheit (certitudo fidei) zulassen. Dann aber drückt hier auch noch die sakramentale Bußpraxis mitsamt der übrigen Sakramententheologie in Richtung auf eine dauernde Verunsicherung der Gläubigen, die in ihrem steten Angewiesensein auf sakramental vermittelnde Gnade gehalten werden muß, soll das Gesamtsystem nicht Schiffbruch leiden. Darum richtet Kapitel 9 einen zentralen Angriff auf den ‚eiteln Vertrauensglauben (fiducia) der Irrlehrer', der zusätzlich durch die Kanones 12–14 abgeschirmt wird, und im Kapitel 12 wird dieser Angriff im Blick auf die Erwählungsgewißheit wieder-

[50] W. Joest, aaO. 64/65.
[51] DS 1544 – NR 814.
[52] DS 1577 u. 1578 – NR 845 u. 846.

holt, was wieder seine Absicherung in den Kanones 15, 16 und 23 findet[53]. Kennzeichnend für die hier in Kraft stehende Sprachlichkeit ist, daß durchweg nicht gegen eine ‚Sicherheit' (securitas) polemisiert wird, sondern gegen die ‚certitudo', wobei deutlich wird, daß der für die reformatorische Theologie so wichtige Unterschied von ‚Gewißheit' und ‚Sicherheit' verkannt oder negiert wird. Die Übersetzung von Neuner-Roos nimmt den Sachverhalt in der Weise auf, daß sie ‚certitudo' mit ‚Sicherheit' übersetzt, um damit die Tendenz der Konzilsväter zu verdeutlichen; das mag für den gegenwärtigen katholisch-protestantischen Dialog von Bedeutung sein, ist aber auch geeignet, den damals bestehenden und auch heute nicht gegenstandslosen Gegensatz von ‚Gewißheit' und ‚Sicherheit' zu vernebeln. Keinesfalls darf übersehen werden, daß dem Konzil daran lag, und um die Erhaltung des Systems willen auch liegen mußte, Notwendigkeit und Unzulänglichkeit des ‚Glaubens' im Gleichgewicht zu halten.

Ein Rückblick auf die Konzilssoteriologie, wie sie dann den Weg des Katholizismus für lange Zeit bestimmte, zeigt neben dem durchhaltenden Interesse an der ekklesialen Institution und deren Führungsfunktion ein ausgeprägtes Verständnis für eine eigenständige Rolle des Menschen im Vollzuge des Erlösungsgeschehens. Er kann und soll entscheidend sein Heil mitbestimmen und wird deshalb auch dafür verantwortlich gemacht. Dies geschieht jedoch nicht auf dem Wege des paulinischen Duktus von Rechtfertigung-Glaube-Freiheit, sondern durch die Konstruktion einer auch durch die Sünde nicht ernsthaft gefährdeten Willensfreiheit, der wiederum eine autoritäre Gängelung durch die bleibende Drohung des Gesetzes entspricht. Im Kapitel 11 wird unter der Überschrift „Die Erfüllung der Gebote, ihre Notwendigkeit und Möglichkeit"[54] eine Lehre vom ‚Gesetz' entfaltet, die die paulinische Polarität von ‚Buchstabe' und ‚Geist' ebenso wie deren neue Artikulierung durch die reformatorische Unterscheidung von ‚Gesetz' und ‚Evangelium' resolut ignoriert bzw. denjenigen mit dem Anathem belegt, der „Christus Jesus... nicht auch als Gesetzgeber" anerkennen will[55]. Damit wird ein in der Alten Kirche und im Mittelalter herrschendes Verständnis des Evangeliums als ‚nova lex' (neues Gesetz) erneut untermauert und dadurch die Trennung von der reformatorisch bestimmten Christenheit auf lange Zeit hin festgeschrieben. Zugleich enthüllt sich auch das Interesse an der personhaften Mitbestimmung als Täuschung, da die zugestandene halbe Freiheit sich als brauchbares Mittel erweist, den Menschen an die Sakramentalinstitution der Kirche zu binden. Auf welche Weise dies geschieht, wird sich an dem dritten dogmatischen Lehrkomplex, den das Konzil verabschiedet hat, zeigen.

---

[53] DS 1533, 1534, 1562/1564 – NR 804, 830/832 und DS 1540, 1565/1566, 1573 – NR 809, 833/834, 841.

[54] DS 1536/1539 – NR 806/808.

[55] Can. 21, DS 1571 – NR 839.

Dritter Abschnitt: Die Lehre von den Sakramenten

Im Zuge unserer bisherigen Darlegungen stießen wir stets auf das Sakrament als einem entscheidenden Orientierungspunkt allen theologischen Denkens. Es liegt in der Intention der tridentinischen Reform, die Kontinuität des im Mittelalter gewachsenen Spannungsbogens zu wahren, in welchem der Gläubige seine Existenz erfährt: die sakramentale Vermittlung göttlicher Gnade durch die Kirche ist stets Ausgangspunkt und Endpunkt in einem, so daß sich der Mensch in dem Netz ihres vielschichtigen Bezugsfeldes stets neu gesichert, aber auch gefangen weiß. Hat die Neubesinnung auf die Kirche zugleich zu einem erneuten Durchdenken der Heilslehre geführt, so mündet letztere in die von der institutionalisierten Kirche allein garantierten Sakralwelt, in der sich individueller Heilsglaube und kirchlicher Existenzvollzug unmittelbar begegnen[1]. Das Konzil hat das dadurch zum Ausdruck gebracht, daß es in der Sessio VII vom 3. 3. 1547 in der Einleitung zu seinen Lehrsätzen ‚Über die Sakramente' bewußt den Zusammenhang mit der verabschiedeten Rechtfertigungslehre herausstellt: „Es schien angemessen, von den heiligen Sakramenten der Kirche zu handeln, durch die jede wahre Gerechtigkeit beginnt, wächst oder nach dem Verlust wieder hergestellt wird."[2] Damit erfährt die Heilslehre ihren sinnvollen und notwendigen Abschluß in der Sakramententheologie, ohne die sie irrelevant würde. Von daher erklärt sich auch, daß die nachfolgenden ‚Lehrsätze' als ‚Canones' nicht präzise Lehrentfaltungen bieten, sondern kurz begründete Anathematismen. Über die Frage, ob diesen nicht wie im Rechtfertigungsdekret doch eine positive Lehrdarlegung vorangestellt werden, oder gar solche Darlegungen allein beschlossen werden sollten, hat es zuvor eine ausführliche Diskussion gegeben, aber die Konzilsväter haben sich dem entschiedenen Wunsch Paul III. gefügt und die vorliegende Form gewählt[3]. In jener Sitzung wurden die 13 Canones über die ‚Sakramente im allgemeinen'[4], 14 über das ‚Sakrament der Taufe'[5] und 3 über das ‚Sakrament der Firmung'[6] verabschiedet. Schon eine Woche später mußte sich das Konzil vertagen, und erst in einer bewegten Geschichte von noch zwei Sitzungsperioden, die sich bis 1563 hinzog, sind die übrigen Sakramente theologisch durchformuliert worden. Was uns heute geschlossen als Leistung des Konzils vorliegt, ist demnach in einer langen Vorbereitung erarbeitet, dann jedoch unter zum Teil veränderten aktuellen Aspekten und auch vielfach von anderen Persönlichkeiten diskutiert und formuliert worden. Dazu kommt noch ein bedeutsames Moment, auf das H. JEDIN aufmerksam macht[7]: Das Konzil stand einerseits auf sicherem, gut überliefertem und z. T. lehramtlich bereits festgelegtem Boden, als es gegen die Sakramentenlehre der Reformatoren Stellung bezog, war aber andererseits durch Lehrgegensätze zwischen den großen theologischen Schulen erheblich belastet. Für die Darstellung empfiehlt sich deshalb folgender Weg: Ausgehend von der Festlegung der Siebenzahl sollen die einzelnen Sakra-

---

[1] „Die Sakramente sind Kirche im Vollzug", NR S. 347; vgl. dazu auch die neuere grundsätzliche Diskussion in: E. JÜNGEL/K. RAHNER, Was ist ein Sakrament?, Freiburg 1971.
[2] DS 1600 – NR 505.
[3] H. JEDIN, Gesch. Bd. II, 323ff.
[4] DS 1601–1613; NR 506–518.
[5] DS 1614–1627; NR 532–545.
[6] DS 1628–1630; NR 555–557.
[7] H. JEDIN, aaO. 317ff.

mente in ihrer jeweiligen Besonderheit zur Darstellung gelangen, wobei der spezifische Zusammenhang von Firmung, Buße und Letzter Ölung mit der Taufe besondere Rücksicht verlangt. Die allgemeine Sakramententheologie hat dann kurz den Abschluß zu bilden.

Kapitel V: Die Taufe und ihre Ergänzungssakramente: Firmung, Buße und Letzte Ölung

Literatur: G. Reinhold, Die Streitfrage der physischen oder moralischen Wirksamkeit der Sakramente, Stuttgart 1899; M. Oltra, Die Frage der physischen oder moralischen Wirksamkeit der Sakramente zur Zeit des Konzils von Trient, in: Wiss. u. Weish. 4, 1937, 54–64; L. Kruse, Der Sakramentsbegriff des Konzils von Trient und die heutige Sakramentstheologie, in: Theol. u. Glaube 45, 1955, 401–412.

In der Systematik der tridentinischen Sakramententheologie hat zweifellos die Eucharistie eine besondere Stellung durch ihre innige Verbindung mit dem Gottesdienst, das Weihesakrament seinerseits als Voraussetzung der Spendung der meisten Sakramente und durch seine Beschränkung auf einen bestimmten Personenkreis, während die Ehe wiederum durch ihre Verbindung mit einer allgemein menschlichen Institution charakterisiert ist. Hingegen stehen Firmung, Buße und Letzte Ölung in einem spezifischen Zusammenhang: sie setzen nicht nur wie die übrigen Sakramente die Taufe voraus, sondern ergänzen diese in einem Maße, das nicht erlaubt, jene gesondert und für sich zu betrachten. Das hat einerseits historische Ursachen, was insbesondere für das Verhältnis von Taufe und Firmung gilt, während der Zusammenhang von Taufe und Buße als zeitgeschichtliche Aktualität dem damaligen Bewußtsein eingeprägt war – der reformatorische Widerspruch hatte ja einen seiner Angelpunkte in der Bußpraxis der Kirche gehabt. Die beherrschende Rolle spielt dabei die *Rechtfertigungslehre*, die gemäß katholischer Auffassung nach dem Bußsakrament als einer ‚zweiten Rettungsplanke' verlangt, obwohl jene erste, die Taufe, ausdrücklich als ‚werkzeugliche Ursache' qualifiziert wurde[8], während der Protestantismus nach anfänglichem Schwanken die Sakramentalität der Buße bestritt[9]. Den Zusammenhang der Rechtfertigung mit der Taufe wie auch mit dem Bußsakrament haben die Konzilsväter in der Sessio XIV vom 25. 11. 1551, in der die ‚doctrina de sacramento paenitentiae' verabschiedet wurde, deutlich unterstrichen[10]. In derselben Sitzung wurde die ‚doctrina de sacramento extremae unctionis', wie auch die Verwerfungskanones zu beiden Lehren beschlossen, wobei die Letzte Ölung ausdrücklich als ‚Abschluß der Buße' gekennzeichnet wird[11]. Bedenkt man noch, daß die Lehre über die Firmung im engen Zusammenhang mit derjenigen über die ‚Sakramente im allgemeinen' und über die Taufe verabschiedet worden war, und zwar ebenfalls unter ausdrücklichem Verweis auf das Rechtferti-

[8] Decretum de iustificatione, sessio VI, 13. 1. 1547, cp. 14, DS 1542/43; NR 812/13; bzw. cp. 7, DS 1529; NR 799.

[9] Der Sache nach bereits dort, wo die Absolution bzw. die Schlüsselgewalt noch ohne ausgesprochene Unterscheidung genannt werden: Apol. XIII, 4, vgl. XII, 25; Art. Smalc. III/IV, in: BSLK 292, 256 u. 449.

[10] DS 1667; NR 641.

[11] DS 1694; NR 696.

gungsdekret[12], dann schließt sich der Kreis: Für das Bewußtsein des Konzils bilden diese vier Sakramente einen einzigen Sachzusammenhang. Die eigentümliche Bedeutung der je einzelnen unter diesen vier Sakramenten ist ohne Einsicht in diesen Gesamtnexus nicht zu begreifen: Sie sichern einerseits die einzigartige Position der Taufe und setzen sie andererseits hinsichtlich ihrer Würde und Bedeutung für das christlich-kirchliche Leben einer folgenschweren Erosion aus.

§ 1 Die Taufe als Grundlage und Voraussetzung allen sakramentalen Handelns der Kirche

Literatur: M. Schmaus, Katholische Dogmatik IV 1, München [5]1957, 121–186; B. Neunheuser, Taufe und Firmung, Freiburg 1956 (HDG IV 2); L. Kruse, Die Stellungnahme des Konzils von Trient zur Ansicht Cajetans über die Kinderersatztaufe in konzilsgeschichtlicher Würdigung und theologiegeschichtlicher Gegenwartsbedeutung, in: Catholica 14, 1960, 55–88.

Die 14 Anathematismen der Taufkanones umschreiben trotz ihrer bloß negativen Abwehr von Irrlehre vollgültig die katholische Tauftheologie und sind daher auch auf lange hin ohne wesentliche Veränderung verifizierte Aussagen der kirchlichen Theologie geblieben[13]. Schon aus diesem Grund ist es nötig, diese knappen Abwehrsätze auf ihren positiven Hintergrund hin abzuhören, aus dem heraus sie formuliert sind. In den ersten 5 Canones ist unschwer die Wiederholung längst gefällter kirchlicher Entscheidungen zu erkennen, wie überhaupt bedacht werden muß, daß diese Bestimmungen auf dem ‚Lehrentscheid für die Armenier' aus dem Jahre 1439 aufbauen[14]. Dort heißt es: „Die erste Stelle von allen Sakramenten hat die heilige Taufe, die Pforte des geistlichen Lebens. Denn durch sie werden wir Glieder Christi und eingefügt in den Leib Christi."[15] Diese Definition ist in zweierlei Hinsicht von Bedeutung: einmal wegen der initiatorischen und ekklesialen Funktion der Taufe, als deren Hintergrund die Vorstellung von der Kirche als dem ‚Leib Christi' hervortritt, dann aber durch das Bild von der ‚Pforte', das sowohl die unabdingbare Notwendigkeit dieses Sakramentes als auch seinen Anfangscharakter betont; die Taufe bedarf einer zusätzlichen Auffüllung, wenn vor dem Tod durch den Getauften neuerliche Schuld gesetzt wird. Dadurch ist schon der Kanon 6 der Tauflehre, der sich *gegen Luther* richtet[15a] und auch Aussagen des Rechtfertigungsdekretes entspricht[16], vorweggenommen. Hier wie dort wird vorausgesetzt, daß sich die Wirkung der Taufe, so mächtig sie auch im Armenierdekret beschrieben wird, ganz auf die Vergangenheitsbewältigung beschränkt. Zwar ist mit ihr die Erbsünde als getilgt anzusehen, aber jede neue Sünde schafft die Notwendigkeit neuer Sühne; daß in bezug auf diese unmittelbar von ‚Versöhnung' gesprochen wird, hat uns später bei der Darlegung der Bußlehre zu beschäftigen. Zunächst sei daran erinnert, wie hier das beschriebene Sündenverständnis einmündet und die Voraussetzung für dieses Taufverständnis bietet.

---

[12] DS 1628–1630; NR 555–557; DS 1600; NR 505.

[13] Vgl. B. Neunheuser, Taufe und Firmung, HDG Bd. IV, Fasz. 2, 1956, S. 98; vgl. auch: L. Kruse, Die Stellungnahme des Konzils von Trient..., s. Lit.

[14] DS 1314–1316; NR 528–531; vgl. Anm. 7.

[15] DS 1314; NR 528.

[15a] DS 1619; NR 537.

[16] NR 366; vgl. DS 1544 u. 1577; NR 814 u. 845.

Ferner fällt im Vergleich zur Tauflehre Luthers auf, daß hier jedes eschatologisch-zukünftige Element fehlt; die Abwesenheit der Kategorie der Verheißung (promissio) wird unmittelbar deutlich. Hier bedarf die ‚fides' infolge der Abwesenheit von Verheißung einer neuen Vermittlungsaktion von seiten der göttlichen Gnade, um sich erneut an diese anlehnen zu können. Man könnte sagen: die Wirkungskraft der Taufe wird durch ihren Vollzug als Taufakt mitsamt dem für diesen geforderten Glauben schon zur Gänze ausgeschöpft. Das macht dann die Problematik jenes ‚*ex opere operato*' aus, das im Kanon 8 von ‚de sacramentis in genere' behauptet wird: „Wer sagt, durch die Sakramente ... werde die Gnade nicht kraft des vollzogenen Ritus ausgeteilt, sondern zur Erlangung der Gnade reiche der bloße Glaube an die göttliche Verheißung hin, der sei ausgeschlossen."[17] Was von der Taufe ‚bleibt', ist im Grunde nur jener ‚character indelebilis' (unauslöschliches Merkmal), den sie mit der Firmung und der Weihegewalt teilt, und der vor allem die Unwiederholbarkeit dieser Sakramente begründet[18]. Kraft dieses ‚Charakters' begleitet die Taufe zwar das ganze Christenleben, und in formaler Hinsicht bezieht sich der ganze Christenstand eines Menschen auf seine Taufe, was überdies seine ekklesialen und gesellschaftlichen Konsequenzen hat; aber für das ‚geistliche Leben' besitzt er keine Relevanz: die ‚Pforte' ist und bleibt durchschritten.

Die Lehrsätze 7–9 beleuchten denselben Sachverhalt unter einem anderen Gesichtswinkel[19]. Hier wird die Verpflichtung auf die Einhaltung des ‚*ganzen Gesetzes*' als Folge der Taufe eingeprägt, indem zugleich bestritten wird, daß der Glaube an das Evangelium befreiende Kraft gegenüber speziellen Kirchengeboten oder Gelübden besitze. Die Taufe binde vielmehr an die „Lex Christi" in umfassender Weise: die Universalität dieses ‚Gesetzes' umfaßt offensichtlich unterschiedslos alle ‚Vorschriften der heiligen Kirche ... geschriebene und ungeschriebene'. Im Lichte des oben dargelegten Verständnisses von ‚Tradition' kommt hier voll die Bedeutung jenes Kanon 21 des Rechtfertigungsdekretes zum Ausdruck, in welchem derjenige verurteilt wird, der Christus nur als Erlöser, ‚aber nicht auch als Gesetzgeber' anerkennt[20]. Im Hintergrund taucht wieder das entschlossene antireformatorische Nein gegen die Unterscheidung von Gesetz und Evangelium in voller Tragweite auf. Die ‚Pforte zum geistlichen Leben' wird faktisch zum Torhüter einer sakral-ekklesialen Gesetzlichkeit relativiert; analog zur Relativierung der ‚fides' im Rechtfertigungsprozeß wird auch Rolle und Funktion der ‚fides' im Taufgeschehen minimalisiert, trotz der Kennzeichnung dieses Sakramentes als werkzeugliche Ursache der Rechtfertigung und als ‚Sakrament des Glaubens'. Seine wesentliche Funktion wird auf die Beobachtung des Gesetzes festgelegt. Wenn der 7. Taufkanon in Verkennung der in ihm angesprochenen reformatorischen Theologie seinerseits zwischen ‚Glaube' und ‚Gesetzesbeobachtung' unterscheidet, bekräftigt er selber in Abwehr eines vermeintlichen ‚bloßen' Fiduzialglaubens die Isolierung eines solchen von der Forderung des göttlichen Gesetzes.

In sachlicher Entsprechung dazu stehen die Canones 11-14[21]. Die Abwehr der damals am Rande der reformatorischen Bewegung auftretenden Forderung

[17] DS 1608; NR 513.
[18] DS 1313, 1609, 1767; NR 504, 514, 709.
[19] DS 1620–1622; NR 538–540.
[20] DS 1571; NR 839.
[21] DS 1624–1627; NR 542–545.

nach Erwachsenentaufe oder gar Wiedertaufe steht im Einklang mit den Reformatoren. Während aber Luther nach mehrfachen anderen Versuchen die Kindertaufe schlicht mit der These begründet: „denn sie gehören auch zu der verheißenen Erlösung, durch Christus geschehen“[22] und damit die Verifizierung der Taufgnade dem künftigen Glauben der heranwachsenden Kinder an diese Verheißung anheimstellt, fixiert der Kanon 13 dogmatisch die Annahme eines *Säuglingsglaubens*. Damit wird der Glaube erneut als passive Hingabe und Anerkennung eines automatischen Geschehens, nämlich des sakramentalen ‚ex opere operato‘ bestimmt, und so aus dem unmittelbaren Bezug auf die Verheißung gelöst. Es ist nur konsequent, wenn die Taufe als abgeschlossenes Geschehen begriffen wird, deren Bedeutung sich wesentlich im Vollzug des sakramentalen Aktes erschöpft. Folglich kann auch die ‚Buße‘ nicht mehr als tragendes Teilmoment des Glaubens verstanden werden; ihre Ausgestaltung zu einem eigenen Sakrament liegt streng in der Folge des gesamten Systems. Dieses wird in seiner Bedeutung noch klarer durch die Nötigung, die Begabung durch den Geist mit Hilfe eines zweiten Sakramentes zu sichern, das seit langem im kirchlichen Brauch und aufgrund lehrgesetzlicher Bestimmungen zur Verfügung steht. In der ‚Firmung‘ (confirmatio) erfährt die Taufe ihre erste Ergänzung.

§ 2 Das Sakrament der Firmung

Literatur: K. Lübeck, Die Firmung bei den Orthodoxen, in: Trierer Theol. Zschr. 33, 1920/21, 111-118, 176-184, 219-226; M. R. O'Doherty, The Scholastic Teaching on the sacrament of Confirmation, Washington 1949; G. W. H. Lampe, The Seal of Spirit, London 1951; B. Neunheuser, s. Lit. § 1; A. Adam, Das Sakrament der Firmung nach Thomas von Aquino, Freiburg 1958; L. Vischer, Die Geschichte der Konfirmation, Zürich 1958.

Ähnlich wie bei der ersten Taufe hat das Konzil auch bei der Firmung lediglich einen negativen Lehrentscheid gefällt; die ‚Canones de sacramento confirmationis‘[23] sind ebenfalls als Anathematismen gefaßt. Dazu lag auch ein besonderer Grund vor, da die Reformatoren im Gegensatz zu ihrer bewußten Aufwertung der Taufe der Firmung resolut den Sakramentscharakter abgesprochen hatten, indem sie die Einsetzung durch Christus und damit das göttliche Mandat bestritten[24].

Anathematisiert wird im Canon 1 ausdrücklich jeder, der die Firmung eine ‚leere Zeremonie‘ nennt und ihren Sakramentscharakter leugnet; letzterer wird bereits in den vorangehenden ‚Canones de sacramento in genere‘ durch die Festlegung und Aufzählung unter der *Siebenzahl* und durch die Behauptung, alle seien *von Christus selbst eingesetzt*[25], begründet. An dieser Auffassung wird in der gesamten tridentinischen Epoche nicht wieder gerüttelt, nur bemüht sich die Theologie intensiv darum, die Anzweiflung der Einsetzung durch Christus von protestantischer Seite mit exegetischer Akribie zu widerlegen. Freilich geschieht dies, wie u. a. bei R. Bellarmin (s. o. S. 417), ohne sachlichen Erfolg, wie heutige

---

[22] Art. Smalc. III/IV, BSLK 450; vgl. Ph. Melanchthon, in: Apol. Art. IX/2, BSLK 247.
[23] DS 1628–1530; NR 555–557.
[24] Apol. XII/3–6, BSLK 292/93.
[25] DS 1601; NR 506.

katholische Theologie mehr oder weniger unumwunden zugesteht[26]. Auch sonst wird an den dogmatischen Ergebnissen des Lehrentscheides für die Armenier vom Florentiner Konzil und den tridentinischen Sätzen festgehalten, ohne daß bedeutsame theologische Nuancierungen vorgenommen werden. Die Aufmerksamkeit der Theologen konzentriert sich einerseits auf den ‚unauslöschlichen Charakter', der der Firmung zukomme, andererseits auf Wesen und Wirkung dieses Sakramentes sowie auf die Frage nach seinem Spender. Während ersteres relativ problemlos erscheint[27], da die Zurückweisung einer langen Zeit hindurch bestehenden Unsicherheit hinsichtlich ihrer Widerholung schon im Mittelalter erfolgte[28], bringen die letztgenannten Probleme entscheidende Konsequenzen für das Verständnis des Sakramentes mit sich.

Im Gegensatz zum Sakrament der Taufe, das prinzipiell auch der Laie, ja, sogar ein Heide, spenden kann, ist bei der Firmung in der *abendländischen Tradition* schon sehr früh, spätestens seit Hippolyt (3. Jahrh, s. EKL 2,172) klargestellt, daß die Spendevollmacht nur dem Bischof zukommt. Mit ihr verbindet sich noch die besondere Vollmacht der Weihe des Chrismas, das bei der Firmung verwendet und in Trient gegenüber Zweifeln an seine heiligende Macht in Schutz genommen wird[29]. In der *Ostkirche* findet sich hingegen eine recht variable Tradition im Bereich beider Fragenkomplexe vor, die in der Westkirche, insbesondere im Blick auf ‚unierte' Kirchengruppen, ein stetes Mißtrauen hervorrief[30]; man gelangte jedoch zu einer De-facto-Anerkennung der Firmung durch orthodoxe Priester unter der Voraussetzung, daß diese im bischöflichen Auftrag handeln[31]. Heute ist übrigens eine Bevollmächtung an den Priester, in Notsituationen zu firmen, auch im Raum des Lateinischen Ritus durch einen Erlaß Pius XII. vom 14. 9. 1946 anerkannt[32]. In diesem Lichte erläutert der Kommentar von Neuner-Roos[33], daß der 3. Firmungskanon des Tridentinums als nicht gegen die stillschweigende Billigung der ostkirchlichen Praxis gerichtet anzusehen sei; dann hätte er freilich nur mehr den Sinn, die alleinige Vollmacht des Bischofs zu sichern, was eine Delegation nach unten nicht ausschließt.

Überblickt man die komplexe Geschichte der Herausbildung dieses zweiten Sakramentes, deren einzelne verschlungenen Züge, vor allem hinsichtlich des Wechsels der ritualen Einzelmomente, in welchem zuletzt eine Chrisma-Salbung die ursprüngliche Handauflegung praktisch, wenn auch bis heute theoretisch noch nicht vollständig[34] verdrängt hat, dann zeichnet sich ein beherrschendes Motiv ab: die *Sicherung der bischöflichen Prärogative* in der Frage der Ölweihe und der Vollmacht der Spendung. Historisch gesehen wie auch im dogmatischen Urteil hängt dies zweifellos damit zusammen, daß als Spender der Taufe Häretiker wie Heiden auftreten können; die Gültigkeit jeder rituell korrekten Taufe, und insbesondere auch der ‚Ketzertaufe', hatte sich bereits im dritten Jahrhun-

---

[26] B. Neunheuser, aaO. 109.
[27] DS 1609; NR 514.
[28] Neunheuser, aaO. 1707/08.
[29] Can. 2, DS 1629; NR 556.
[30] Vgl. Brief Clemens VI. über die Wiedervereinigung der Armenier vom 29. 9. 1351, DS 1068–1071; NR 548–551.
[31] Lehrentscheid f. d. Armenier in Florenz 1439, DS 1138; NR 553.
[32] S. Congr. de Disciplina Sacramentorum, AAS 38 (1946) 349–354.
[33] NR S. 373.
[34] CIC can. 780: Sacramentum confirmationis conferri per manus impositione cum unctione chrismatis.

dert durchgesetzt, und wird nie mehr angezweifelt. Es entspricht einem verständlichen Interesse einer mit der ‚wahren' Kirche sich identifizierenden verfaßten Kirche, in unserem Falle der römischen, wenigstens jenes zweite Sakrament unter strenger Aufsicht zu halten. Das Vorrecht des Bischofs auf Ölweihe und Spendungsvollmacht, zeigt daher einen deutlich *ekklesialen Zug*; es hat auch starke geschichtliche Wirkungen gehabt, daß jeder einzelne katholische Christ mindestens einmal in seinem Leben in unmittelbare Berührung mit dem Bischof als dem entscheidenden Repräsentanten seiner Kirche kommt. Die Bindung an eine Kirche, die wesenhaft sich in der Hierarchie manifestiert, ist eine spezifische Eigenschaft dieses Sakramentes. Seine ekklesiale Bedeutung vertieft sich noch angesichts der Vorstellungen von der Wirksamkeit.

Diese wird im Armenierbescheid (s. o. A. 31) dahingehend definiert, daß in diesem Sakrament „der Heilige Geist zur Stärkung (ad robur) gegeben wird, wie er den Aposteln am Pfingstfest gegeben wurde, damit der Christ mit Mut Christi Namen bekenne"[35]. Es handelt sich also zweifellos um eine besondere Geistbegabung, doch darf dies nicht im Sinne gelegentlicher protestantischer Polemik so verstanden werden, als handle es sich bei der Differenzierung von Taufe und Firmung um eine simple Aufteilung der Vermittlung von Sündenvergebung einerseits und Geistbegabung andererseits. Eine solche Betrachtung wird zwar durch die Geschichte des Auseinandertretens der beiden Sakramente nahegelegt, insbesondere auch durch die häufige Berufung auf Apg 8, wo berichtet wird, die Christen in Samaria hätten den Heiligen Geist erst durch die Handauflegung der Apostel erhalten. Andererseits gab es nie eine kirchliche Tauftheologie, die nicht die Taufe als das ‚*Sakrament der Wiedergeburt* zu neuem, übernatürlichen Leben' verstanden hätte. Wenn bei der Taufe die Vergebung der Sünden, vor allem der ‚Erbschuld' als spezifische Wirkung angesehen wird, so wird auch dies als Wirkung des Geistes verstanden. Es ist auch zu vermerken, daß der Armenierentscheid nicht den herkömmlichen Firmungstext aus Apg 8, sondern vielmehr Apg 2, die Geistausgießung auf die Apostel zitiert, die ja auch den ersten Bericht über die christliche Taufe bringt. Allerdings verweist jener Text nicht auf die Verbindung von Geist und Taufe, sondern auf das erste öffentliche Auftreten der Apostel. So wird man für Florenz wie auch für Trient als richtige Exegese ansehen dürfen, was die zitierte Erläuterung von Neuner-Roos[36] sagt: „so ist die Firmung das Sakrament der Reife und Mannheit". Damit stimmt auch die Praxis im Abendland überein, die dieses Sakrament schon seit langem an die Schwelle von Kindheit zur beginnenden Reife gesetzt hat. Auch der Name hängt damit zusammen: Es geht um Geistspendung im Sinne der Vermittlung von göttlicher Kraft (robur), die zum Christusbekenntnis und zur mannhaften Vertretung des Christenglaubens befähigt. Das alte Bild vom ‚miles christianus' (Soldat Christi) schwebt als Ideal vor, wie das stets neu zitierte Wort von Bonaventura († 1274; vgl. EKL 1,547f.) belegt: „wie ein Sturmkämpfer (pugil) den Namen Christi kühn und öffentlich zu bekennen."[37] Demnach stellt die Firmung bzw. die durch sie vermittelte Sakramentsgnade auf das kämpferische Bekennen der Christen ab, das im Sinne dieses Denkens stets auch ein Bekenntnis zur Kirche und einen Kampf für die Kirche bedeutet. ‚Vollendung der Taufe'

[35] DS 1319; NR 554.
[36] NR S. 370.
[37] Breviloquium, p. 6, c. 8 (Quart. Ed. 5,273).

und ‚ergänzendes Hinzutreten' der Firmung bedeutet daher zugleich auch eine Intensivierung der Verkirchlichung. Diese zusätzliche sakramentale Gnadenvermittlung dient weniger der personalen Reifung des geistlichen Lebens im Einzelnen oder innerhalb der Gesellschaft, sondern der kräftigen Geschlossenheit der ‚ecclesia militans'. Die Firmung überbietet die Taufe im Sinne einer Konsolidierung der ekklesialen Kampfbefähigung.

§ 3 Buße als Sakrament

Literatur: B. POSCHMANN, Buße und letzte Ölung, Freiburg 1951 (= HDG IV 3); James MCCUE, Die Buße als eigenes sakramentales Zeichen, in: Concilium 7, 1971, 26-31; H. MCSORLEY, Der zum Bußsakrament erforderliche Glaube nach der Auffassung Luthers und des Tridentinums, aaO., 43-48; C. PETER, Das vollständige Sündenbekenntnis als Forderung des Konzils von Trient, aaO., 48-53; J. LANG, Die tridentinische Lehre vom Bußsakrament angesichts der heutigen Diskussion um eine Neugestaltung dieses Sakramentes, in: Wiss. u. Weish. 34, 1971, 113-130; K.-J. BECKER, Die Notwendigkeit des vollständigen Bekenntnisses in der Beichte nach dem Konzil von Trient, in: Theol. un Phil. 47, 1972, 161-228; H. VORGRIMLER, Buße und Krankensalbung, Freiburg 1978 (= Hgd IV 3).

Der sakramentale Charakter der Buße ist spätestens seit *Thomas von Aquin* in der abendländischen Kirche sichergestellt: „Mit der Kraft seines systematischen Denkens hat er den persönlichen und kirchlichen Faktor der Buße zu einer organischen Wirklichkeit zusammengeschlossen ... das Bindemittel ist der Sakramentsbegriff."[38] Die Dogmatisierung der Siebenzahl in Florenz 1439[39] stellt dies unter Beweis; gegenüber Thomas, der noch die ‚Laienbeichte', d. h. die Vertretung des Priesters durch einen Laien nicht nur für möglich, sondern u. U. für pflichtgemäßig geboten hält, setzte sich jedoch eine Verfestigung im Sinne einer strengen Bindung an den Träger der Weihgewalt durch, die vor allem von *Duns Scotus* (s. o. S. 451) eingeschärft wurde[40]. Für die kirchliche Entwicklung ist es von Bedeutung geworden, daß das Konzil von Konstanz im Jahre 1418 die Leugnung der Notwendigkeit einer Beichte vor dem Priester durch *J. Wyclif*, bzw. *J. Hus* († 1384 bzw. 1415; vgl. EKL 3, 1876; 2,21f.) verurteilt und Lehrfragen an ihre Anhänger hinsichtlich der alleinigen Absolutionsvollmacht von Priestern, Bischöfen und Papst formuliert hat[41]. Im Armenierentscheid (s. o. S. 467) treten die Grundzüge der sakramentalen Bußlehre bereits klar hervor, so daß das S. 463 schon erwähnte 14. Kapitel des tridentinischen Rechtfertigungsdekretes[42] darauf unmittelbar aufbauen konnte; dieses hatte auch schon die Verurteilung der Bußlehre *Luthers* (s. o. S. 26f.) durch Leo X. in der Bulle ‚Exsurge Domine' vom 15. 6. 1520[43] zur Voraussetzung.

Jedoch hat das Konzil erst in seiner 14. Sitzung vom 25. 11. 1551 in einer umfassenden eigenen ‚Doctrina de sacramento paenitentiae' endgültig zum gesamten Fragenkomplex Stellung genommen und entsprechende Anathematismen

[38] B. POSCHMANN, Buße und Letzte Ölung, HDG Bd. IV, Fasz. 3, 1951, S. 89.
[39] Zur ‚bedingten' Geltung dieser Dogmatisierung vgl. NR S. 352/353.
[40] Nachweise bei POSCHMANN, 94 u. 100.
[41] DS 1157, 1260, 1261, 1265; NR 626, 627–629.
[42] DS 1542, 1543; NR 812, 813.
[43] DS 1445–1454; NR 631–640.

angefügt[44]. Der Grund für diese ausführliche Äußerung des konziliaren Lehramtes ist bekannt und eindeutig: nicht nur hat die reformatorische Bewegung mit der Kritik an der kirchlichen Bußlehre und Bußpraxis begonnen, sondern hier lag auch der ‚Sitz im Leben' des protestantischen Widerspruches gegen den ‚alten' Glauben. Jener traf das bisher gewachsene Glaubens- und Kirchensystem an seiner empfindlichsten Stelle, nämlich an der Wurzel einer Religiosität, die dieses System überhaupt erst ermöglichte. Hätte sich die Erneuerung an dieser Stelle zur Gänze durchgesetzt, hätte die Stunde des Katholizismus geschlagen. Darum ist das Bußverständnis hier und dort auch später, nach der Trennung in konfessionsverschiedene Kirchentümer, Grund und Ursache einer Dauerkontroverse geblieben.

Eigenart und Funktion der Buße im tridentinischen Katholizismus ist darin zu sehen, daß einerseits die personale Mitbeteiligung des Individuums am Heilsprozeß in einer Weise im Mittelpunkt steht, die, mit Ausnahme der Ehe, von keinem anderen Sakrament erreicht wird, so daß sich hier eine tiefe Wesensbeziehung zur ‚Fides' ergibt, die auf die tragende Basisrolle der Rechtfertigung gründet. Andererseits wird jedoch die einzelne Person in einem besonders strengen Sinne an die verfaßte Kirche gebunden, und zwar in doppelter Weise: einmal durch ein ‚kirchliches Gerichtsverfahren'[45], zum zweiten durch ihren sakramentalen Rang, der seinerseits wieder von einem durch das Weihesakrament bevollmächtigten Spender abhängt: in der Gestalt des Letzteren koalieren beide Elemente wiederum, so daß in ihm die Gestalt der ‚Kirche' eindrucksvoll in Erscheinung tritt. Schon im Lehrentscheid für die Armenier liegen die Denkmöglichkeiten für diese Koalition von Eigenverantwortung und Sakralrecht bereit: Reue, Beichte und Genugtuung stellen die ‚Materie' des Sakramentes dar, während als ‚Form' die priesterliche Lossprechung von den Sünden gilt[46]. Da dieser Text fast wörtlich dem ‚Opusculum' des Thomas entnommen ist[47], zeigt er den wesentlichen Stand der theologischen Entwicklung dieser Lehre an, wie er vor Ausbruch der Reformation erreicht und aufs Ganze gesehen in Trient verteidigt und befestigt wurde.

3.1. Der Charakter der Buße als eines *kirchlichen Gerichtsverfahrens* erklärt sich zunächst aus der historischen Entwicklung, aus welcher sich trotz ihrer komplexen, und infolge mangelhafter Quellenlage[48] in ihren Einzelzügen noch längst nicht vollständig aufgeklärten, Gesamtgestalt das durchhaltende Interesse an jenem klar erkennen läßt. Idee und Praxis der Buße als eine Sache der kirchlichen Öffentlichkeit und die damit verbundene Einrichtung eines kirchlichen Institutes, wie sie sich im Jahrhundert der Verfolgungen durchsetzten, gehen auch nicht verloren, als sich im Übergang von der Alten Kirche zum Mittelalter das Problem des öffentlichen Abfalles vom Glauben entsprechend dem Entstehen einer im Ganzen ‚christlichen Welt' zurücktritt, und das religiöse Interesse sich den Fragen der Einzelverfehlung der sogenannten ‚heimlichen' Sünde und ihrer Bedeutung für das Gnadenleben des Einzelnen zuwendet. So

---

[44] DS 1667–1693; 1701–1715; NR 641–659, 660–674 (unvollständig); vgl. dazu auch neuerdings H. McSorley, Der zum Bußsakrament erforderte Glaube nach der Auffassung des Tridentinums, in: Concilium 7 (1971) 43ff.

[45] Poschmann, 1; NR S. 409 u. 410.

[46] DS 1323; NR 630.

[47] Poschmann, 104.

[48] Ebd., 2.

sehr sich durch diese Interessenverschiebung auch der sachliche Zusammenhang von Glaubensabfall, Glaubensverleugnung und Sünde des getauften, sowie später auch des gefirmten, Christen verändert hatte und entsprechende Folgen für das Verständnis von Sünde überhaupt nach sich zog, so blieb dennoch der Grundgedanke der kirchlichen Zuständigkeit für Aufsicht, Kontrolle, Beurteilung ebenso wie für die Gestaltung der Wiederherstellung des durch die Taufe erstmalig geschaffenen Gerechtigkeitsstandes durchaus erhalten. Auf dem Weg vom öffentlichen ‚Bußinstitut' zum ‚Beichtstuhl' blieb die Kompetenz des kirchlichen ‚Amtes' bewahrt, ja, sie verstärkte sich gewissermaßen, da nun der öffentliche Amtsträger in der heimlichen Beichte dem einzelnen Büßer in personal zugespitzter Vollmacht gegenübertrat. Während im Laufe des Mittelalters öffentliche Buße und Kirchenbann zu Instrumenten päpstlicher Politik wurden und sich daher als Instrumente ‚geistlicher' Gewalt abnützten, verstärkte sich im Bereich der Laienfrömmigkeit die absolute Autorität des *Beichtvaters* und steigerte den Einfluß des amtlichen Klerus zu einem Höchstmaß. Entsprechend scharf reagierte die Kirche auch lehrmäßig, als unter dem Einfluß verschiedener Strömungen diese Ausschließlichkeitskompetenz des klerikalen Sakramentsspenders in Frage gestellt wurde. Das mußte schon *Abälard* († 1142, vgl. EKL 1,1f.) erfahren, als er 1140 auf der Synode von Sens verurteilt wurde, weil er zwischen der Vollmacht der Sündenvergebung und der priesterlichen Rolle bei der Bestimmung der ‚Genugtuung' unterschied und dadurch den Zusammenhang von Gnadenzuteilung und richterlichem Handeln bestritt[49]. Die scharfe Zurückweisung von Wyclifiten und Hussiten wurde schon S. 472 erwähnt; ähnlich entschied Papst Sixtus IV. 1479 gegen *Petrus de Osma* († ca. 1480; vgl. LThK 8,374) aus Salamanca[50]. Das Trienter Konzil wird in seinem Wortlaut noch deutlicher: in Kapitel 6 und Kanon 9 wird die priesterliche Absolutionsgewalt ausdrücklich als ‚actus judicialis' definiert und damit die Identität beider Akte proklamiert[51]. Damit tritt nichts prinzipiell Neues zutage, jedoch ist die verbale Hervorhebung nicht ohne weitreichende Bedeutung.

Der Umstand, daß sich sowohl die innerkatholische als auch die katholisch-protestantische Kontroverse vorwiegend der Problematik der ‚Reue' zuwandte, läßt leicht die Bedeutung übersehen, die *das strafrechtliche Element* in der Buße besaß. Es trat in zweifacher Beziehung auf: kirchenrechtlich und im richterlichen Handeln des Priesters. Das erstere betrifft die iurisdiktionelle Zuständigkeit des Sakramentspenders für den einzelnen Sakramentsempfänger, die diesen in die Grenzen des parochialen Bereiches band. Allerdings hatte sich durch die pastorale Tätigkeit von Ordenspriestern, die zur ‚Beicht' delegiert werden konnte, ein gewisser Freiheitsraum auch für die Gläubigen durchgesetzt. Wichtiger ist jedoch der sogenannte ‚Vorbehalt von Fällen'[52]. Danach können die Absolutionsrechte der Seelsorger durch bischöflichen oder päpstlichen Einspruch sistiert werden; diese ‚reservatio' wird zwar in Todesgefahr ungültig, gibt aber dennoch den hierarchisch vorgeordneten Gewalten die Möglichkeit, in die unmittelbare Seelsorgetätigkeit der Beichtiger einzugreifen und sie vor allem zu

---

[49] G. Ficker u. H. Hermelink, Das Mittelalter, in: Handbuch der Kirchengeschichte, Bd. 2, 2. Aufl. Tübingen 1929, hg. v. G. Ficker u. a., S. 108/109; vgl. Poschmann, 84/85.

[50] DS 1411–1419; Poschmann, 104.

[51] DS 1685 u. 1709; NR 654 u. 668.

[52] DS 1686–1688; NR 655 (unvollst.).

steuern. Wesentlicher ist freilich das zweite Moment: die Rolle des absolvierenden Priesters als Richter, der das Maß der ‚Genugtuung' festlegt. Es geht dabei nicht so sehr um die Erinnerung, daß diese strafrechtliche Funktion des Priesters historisch früher verankert war als seine Vollmacht zur Sündenvergebung[53], vielmehr darum, daß der Konzilstext das strafrechtliche Verständnis in der Festlegung der Genugtuung durch den Begriff ‚genugtuende Strafen' (satisfactoriae poenae) nachdrücklich unterstreicht[54]. Hier liegt einer der Gründe, warum sich die Vorstellung vom Strafcharakter der ‚satisfactio' trotz aller Bemühung einer heute anders ausgerichteten Beichtseelsorge so zäh durchhält. Man muß wohl auch die Frage stellen, ob etwa die sonst so gewissenhafte Dokumentation von Neuner-Roos durch teilweise Auslassungen gerade solcher Passagen[55] das diesbezügliche Image jenes Konzils etwas verbessern wollte. Die Erkenntnis darf nicht verwischt werden, daß das strafrechtliche Handeln des Priesters im Vollzuge seiner durch das Weihesakrament begründeten Absolutionsvollmacht in die Gesamtvorstellung vom Sakrament ein Element einträgt, das dieses in unmittelbare Nähe zur Idee eines sakralen Kultrechtes bringt. Dies umso mehr, als die Notwendigkeit einer Straftilgung durch menschliche Leistung dogmatisch gerechtfertigt wird.

Dieser massive Einbruch legalistischen Denkens in den Bereich der durch die Rechtfertigung vermittelten Gnadengerechtigkeit ist auch von den Konzilsvätern als *spannungsvoller Widerspruch* verstanden worden, wie die eilfertige Versicherung über die Vereinbarkeit von ‚Gnade' und ‚Gesetz' erkennen läßt[56] – wir werden einmal mehr an die immer wieder auftauchende ungelöste Spannung von ‚Gesetz' und ‚Evangelium' erinnert. Über die Betonung der Zusammengehörigkeit von Reue, Beichte und Genugtuung hinaus führt jedoch eine dreifache Argumentation, die sich vor der Formel von den ‚genugtuenden Strafen' findet: zunächst wird bestritten, daß Schulderlaß auch Strafnachlaß mit einschließe; zweitens wird als Forderung der ‚göttlichen' Gerechtigkeit postuliert, daß zwischen den Sünden Ungetaufter und Getaufter derart unterschieden werde, daß letztere trotz wiedererlangter Sündenvergebung durch das Erleiden von Strafen zusätzlich zu büßen hätten, und endlich entspräche es der göttlichen ‚Güte', daß „uns die Sünden nicht ohne irgendeine Genugtuung erlassen werden". Daran schließen sich Erwägungen über die pädagogische Wirkung der Strafe auf das religiöse und sittliche Leben insgesamt an, um in den Satz zu münden, daß es Pflicht der Priester sei, genugtuende Strafen aufzuerlegen. Dieses ganze 8. Kapitel kreist um den Grundgedanken der Notwendigkeit, Nützlichkeit und Unverzichtbarkeit der kirchlichen Strafjudikatur, ohne daß eine sachliche Begründung für diese feste Überzeugung gegeben wird – selbst der ansonsten so reichlich fließende Schriftbeweis verstummt an dieser Stelle[57]. Die Auffassung ist aber eindeutig: Sündenstrafen müssen durch besondere Leistung getilgt werden. Im Hintergrund wirkt das oben dargelegte Verdienstmotiv ebenso wie das geschilderte Mißtrauen gegenüber die Gültigkeit der Rechtfertigungsgnade. Der Zusammenhang dieser beiden Motive verweist aber noch in eine andere Richtung.

---

[53] Vgl. die Rolle der sog. ‚Tarifbuße' u. ihr Verhältnis zur Absolution, Poschmann, 71ff., bes. 75.

[54] DS 1690; NR 657.

[55] NR S. 423–425.

[56] DS 1691; NR 658.

[57] DS 1673; NR 643.

Es ist Zeit, an die Rolle des *Ablasses* zu denken. Seine komplexe Entstehungsgeschichte kann hier nicht geschildert werden, wenn auch die Rolle der ‚Tarifbuße' und ähnlicher Formen von Bedeutung ist[58]. Sicher ist, daß man trotz späterer häufiger Verwechslungen, die kräftig zur Anheizung des Ablaßhandels beigetragen hatten, davon ausgehen muß, ‚Indulgenz' sei ein „autoritativer, vor Gott gültiger Nachlaß zeitlicher Sündenstrafen, den die Kirche nach bereits vergebener Sündenschuld außerhalb des Sakramentes verleiht"[59]; nur in diesem Sinne ist sie von offizieller Kirchenlehre verteidigt worden[60]. Die Verbindung mit der Genugtuung besteht zunächst nur im Problem der Strafe einerseits, sowie in der kirchlichen Richterrolle andererseits. Zwar werden hier und dort beide Momente anders angesetzt: in der Buße werden Strafen auferlegt, weil die Vergebung keinen Strafnachlaß bewirkt, beim Ablaß werden Sündenstrafen durch Leistungen anderer Art ersetzt. In beiden Fällen stellt jedoch die Notwendigkeit der Strafbuße den Bedingungsgrund; das bedeutet im dogmatischen Urteil, daß die Unfähigkeit der in Trient gelehrten Rechtfertigungsgnade, auch Sündenstrafen zu tilgen, innerhalb des Komplexes der Bußlehre *notwendig* zu ‚genugtuenden Strafen' und von da aus in die Ablaßtheorie und Ablaßpraxis treibt.

Dabei kommt der, trotz aller Kritik[61] sich durchsetzenden, *Zuwendung des Ablasses an die Verstorbenen* eine besondere Bedeutung zu, umso mehr, als sie von den Päpsten gegen alle Einwürfe verteidigt wurde[62]. Für die Durchsetzung dieser kirchlichen Überzeugung war weitgehend die Lehre vom ‚*Kirchenschatz*' und die damit verbundene Verlagerung der Ablaßspenderkompetenz von den Gläubigen auf die Hierarchie maßgeblich. Der Gedanke vom Kirchenschatz, vermutlich erstmals um 1230 vom Kardinal Hugo v. St. Cher († 1263, vgl. EKL 4,532)[63] formuliert, in der Jubiläumsablaßbulle 1343 von Clemens VI. theologisch näher erläutert[64], von Leo X. gegen Luther, von Pius VI. gegen die Synode von Pistoia 1794[65] verteidigt, und auch noch heute in der ‚Apostolischen Konstitution über die Neuordnung des Ablaßwesens' vom 1. 1. 1967 unter dem Pontifikat Paul VI. ausdrücklich bestätigt[66], stellt demnach bis in die Gegenwart einen integralen Bestandteil der katholischen Lehre dar. Zwar hat ihn Trient in seinen Ablaßbestimmungen nicht erwähnt, so daß es formal gesehen nicht als Dogma und seine Leugnung formell nicht als Verletzung der Glaubenspflicht gilt. Es besteht jedoch allgemeine Überzeugung darüber, daß jene Nichterwähnung zwar mit der allgemeinen Zurückhaltung der Konzilsväter gegenüber den Auswüchsen des Ablaßwesens in Zusammenhang stehen dürfte, daraus jedoch keine Reserve dieser Lehre gegenüber gefolgert werden könne. In der Formulierung von *Hugo v. St. Cher* ist zu lesen, daß im Blute Christi wie außerdem in dem Blut weit über das Maß ihrer Sünden gestrafter Märtyrer „jede Sünde gestraft

---

[58] POSCHMANN, 112ff.; vor allem 121ff.

[59] Vgl. CIC can. 911.

[60] Bulla iubilaei ‚Unigenitus Dei Filius' CLEMENS VI. vom 27. 1. 1343, DS 1025–1027; NR 677–679. Konzil von Konstanz 1418, DS 1266/67; NR 680/81 und Konzil von Trient, Decretum 4. 12. 1563, DS 1835; NR 688/89.

[61] POSCHMANN, 121ff.

[62] SIXTUS IV. gegen PETRUS DE OSMA am 9. 8. 1479, DS 1416; LEO X. gegen Luther am 15. 6. 1520, DS 1467–1472; NR 682–687.

[63] POSCHMANN, 119.

[64] DS 1025–1027; NR 677–679.

[65] DS 2641.

[66] NR 690–692.

worden (ist). Dies vergossene Blut ist ein im Schrein der Kirche niedergelegter Schatz, dessen Schlüssel die Kirche hat, so daß sie nach Belieben den Schrein öffnen und durch Gewährung von Ablässen von dem Schatz mitteilen kann, wem sie will. Und auf diese Weise bleibt die Sünde nicht ungestraft, weil sie in Christus und seinen Märtyrern gestraft ist". Dogmatisch hat diesen Sätzen die Ablaßbulle von Clemens VI. (s. o.) nur die ausdrückliche Erwähnung der Gottesmutter hinzugefügt. Das dogmatische Bedeutsame ist, daß damit der Kirche ein *Sühnemittel* in die Hand gegeben wird, das in seiner Wirkung die rechtfertigende Gnade insofern übersteigt, als dieses Gnadenmittel Sündenstrafen zu tilgen imstande ist. Die Sündenvergebung durch Rechtfertigung, Taufe, Buße und Letzte Ölung bleibt zwar vorausgesetzt, aber was jene Sakramente nicht vermögen, vermag das durch kirchliche Jurisdiktionsgewalt verliehene zusätzliche Sühnemittel. Es ist kennzeichnend für das Tridentinum, daß es sich mit einer Wiederholung dieser Lehre vom Kirchenschatz nicht aufgehalten hat, jedoch nachdrücklich die darauf begründete ‚Vollmacht, Ablässe mitzuteilen' herauszustellen. Wie die vor- und nachtridentinische kirchliche Realität eindeutig ausweist, rangieren Sorge und Furcht vor den Sündenstrafen weit vor der Sorge um den Verlust der Gerechtigkeitsgnade, was übrigens auch den Hintergrund der später noch zu behandelnden Diskussion zwischen Contritionisten und Attritionisten bildet. Wesentlich ist, daß die kirchliche Rechtsvollmacht einen ungeheuren Einfluß auf das gläubige Kirchenvolk ausüben und es von sich abhängig machen konnte. Demgegenüber ist der vor und nach dem Konzil unter den Theologen hin und her wogende Streit, ob der Glaubensgesinnung eine gewisse Mitverantwortung zugeschrieben werden soll, oder alle Bewirkungsvollmacht der kirchlichen Indulgenz zugehört, von sekundärer Bedeutung. Für das erstere hat sich vor allem Cajetan (s. o. S. 416) ausgesprochen, für die klerikale Auffassung D. de Soto (s. o. S. 435) und F. Suárez (s. o. S. 424)[66a]; letztere prägten die bis heute gültige Meinung.

Eine wesentliche Voraussetzung für die Bedeutung des Ablasses war die feste Einbürgerung und dogmatische Absicherung der Lehre vom ‚*Fegefeuer*'. Das ‚Purgatorium' (Reinigungsort) spielte bei den Unionsverhandlungen mit der griechischen Orthodoxie eine erhebliche Rolle, wobei zunächst der Nutzen der Fürbitte für Verstorbene, aber auch von Meßopfern, Almosen und anderen frommen Werken im Vordergrund stehen, wie das sogenannte Glaubensbekenntnis des byzantinischen Kaisers Michael Paläologus vom 6. 7. 1274, in Wahrheit ein Credo des Papstes Clemens IV., zeigt[67]. Das Konzil von Trient hat in der Sessio XXV. vom 3. 12. 1563 die Lehre vom „Purgatorium" grundsätzlich bekräftigt, zuvor jedoch schon im 30. Kanon des Rechtfertigungsdekretes (1547) die Leugnung der zeitlichen Strafen im Fegefeuer verurteilt[68]. Die Rolle der spezifischen, im Mittelalter ausgearbeiteten, Eschatologie mit ihrem Kernpunkt, der Antwort auf die Frage nach dem ‚*Zwischenzustand*', die durch das längst gelehrte, am Vorabend der Reformation auch ausdrücklich sanktionierte[69], Dogma von der *Unsterblichkeit der Seele* fällig geworden war, ist damit

[66a] Poschmann, aaO. 122 u. Anm. 18b u. 18c.
[67] DS 856; NR 926; vgl. DS 1066/67; NR 906 u. NR S. 371 u. 551.
[68] DS 1580; NR 848.
[69] V. Laterankonzil, Sessio VIII 19. 12. 1513: Bulla ‚Apostolici regiminis', DS 1440; NR 331.

endgültig Bestandteil der katholischen Doktrin. Das bedeutet eine wichtige, wenn nicht ausschlaggebende, Hilfestellung für den Grundgedanken des Ablasses nicht nur, sondern auch für einen sinnvollen Einsatz der Lehre von den satisfaktorischen Werken in der Buße.

3.2. Das strafrechtliche Element begegnet auch in dem zweiten der Werke des Büßenden, die als ‚Bestandteile' der ‚Materie' des Sakramentes anerkannt sind, in der *‚confessio*, die wegen ihrer Bedeutung dem ganzen Sakrament die volkstümliche Bezeichnung *‚die Beicht'* eingetragen hat. Die Mindestpflicht der jährlichen Osterbeichte, 1215 durch das IV. Laterankonzil verkündet[70], bot allein schon die Hand für kirchenrechtliche und kirchenzuchtliche Maßnahmen, die z. B. beim Aufspüren ketzerischer Gesinnung mit allen rechtspolitischen Folgen dienen konnte. Zusätzlich wirkte die Entstehung als selbständiger Ritus nach, der erst im Laufe der Entwicklung mit der Wiederversöhnung durch die Absolution verbunden wurde; der Priester besaß zunächst die Funktion des Untersuchungsrichters. Dies wirkte sich vor allem in der Forderung nach *‚vollständigen Sündenbekenntnis'* aus. Im 5. Kapitel der tridentinischen Lehre von der Buße wird die ‚integra peccatorum confessio' als von Christus unmittelbar eingesetzt erklärt und damit als ‚Göttliches Recht' (ius divinum) definiert und für alle getauften Sünder als notwendig bezeichnet. Christus habe „vor seiner Himmelfahrt die Priester als seine eigenen Stellvertreter" zurückgelassen, „als Vorsteher und Richter" (praesides et iudices). Da ohne Kenntnis des Tatbestandes Richter Urteile nicht fällen können, ergibt sich, „daß von den Büßenden alle Todsünden in der Beichte genannt werden müssen, deren man sich nach sorgfältiger Selbsterforschung bewußt ist..."[71]. Zur Absicherung dieser Lehre werden ihre Leugner in den Kanones 6-9 anathematisiert[72], wobei nochmals die sakramentale Absolution als richterlicher Akt eingeprägt wird. Mit dieser Einschärfung der richterlichen Funktion des priesterlichen Spendeamtes wie auch des juridischen Charakters der Beichte als Ganzer wird dem Bußsakrament eine erklärte antireformatorische Zuspitzung gegeben, und der sakralrechtliche Charakter des sakramentlichen Handelns der Kirche bekräftigt. Das ist auch in der Folgezeit nicht ernsthaft in Frage gestellt worden, was u. a. auch darin zum Ausdruck kommt, daß sich alle reformerischen Versuche später darum bemühen werden, die ‚Reue' zu verinnerlichen. Die Juridisierung der Beichte kommt indirekt, aber nicht weniger bedeutsam, auch darin zum Ausdruck, daß in dieser Beichtlehre kein Versuch unternommen wird, das Sündenbekenntnis in einen inneren Bezug zur ‚fides' zu setzen. Dem rechtlichen Pflichtcharakter ist das Moment der Freiheit in einer Weise entzogen, daß jeder Versuch, zwischen Beichte und Glaube eine innere Beziehung herzustellen, unweigerlich in reformatorische Bahnen geführt hätte. Hingegen schien die Lehre von der ‚Reue' ein solches Versuchsfeld abzugeben.

3.3. Die Diskussion über das Wesen der *‚Reue'* hatte schon vor der Reformation weithin das Feld beherrscht, Im Vordergrund stand, und steht auch nach dem Konzil, die Abwägung der Notwendigkeit einer ‚vollkommenen Reue' (contritio), bzw. ihres möglichen Ersatzes durch eine ‚unvollkommene Reue' (attritio), wobei sich freilich die Gewichte bis zur Unkenntlichkeit verschieben

---

[70] DS 437. [71] DS 1679/80; NR 652. [72] DS 1706–1709; NR 665–668.

konnten; so das Urteil nahmhafter Forscher, die feststellten, daß *Thomas von Aquin*, der streng auf der „contritio" bestand, für diese „weniger verlangt als ein Teil der heutigen Theologen für die attritio"[73]. Die Differenz zwischen den Schulen bezog sich auf die Weise, wie die Schlüsselgewalt der sakramentalen Absolution mit dem Rechtfertigungsgeschehen verbunden gedacht werden soll, denn darin war man sich weitgehend einig, daß die Kraft der sakramentalen Gnade die eigentliche Wirksamkeit verbürgt. Die Thomisten versuchten, das Sakrament in den Rechtfertigungsvorgang einzubauen, was bei einem ihrer vorkonziliaren Hauptsprecher, *Cajetan* (s. o. S. 416), dazu führt, daß sich die „attritio" als eine nicht nur unvollkommene, sondern auch als ungenügende Reue durch den Sakramentempfang in die vollkommene und damit zur rechtfertigenden Reue verwandelt. Hingegen wird von den Skotisten der Sakramentsvollzug als zweiter, relativ selbständiger, Heilsweg neben dem Rechtfertigungsvorgang angesehen, was in der Regel zuläßt, in der attritio eine anfänglich genügende Voraussetzung der Wirksamkeit der Buße anzuerkennen. Die für das Konzil und die nachfolgende Epoche so wirkungsvollen spanischen Theologen, vor allem M. Cano und D. de Soto (S. 418 u. 435), vereinigten dann thomistische Einsichten mit skotistischen mit dem Ergebnis einer perfekten Sakramentswirksamkeit, nach welcher die Frage der Beschaffenheit der Reue eine relativ sekundäre Rolle spielt[74].

Den Vätern von Trient gelang eine *ausgewogene Synthese*: in z. T. wörtlicher Übereinstimmung mit dem thomistisch bestimmten Armenierlehrentscheid (s. o. S. 467 f.)[75] wird die strenge Form-Materie-Struktur aufgelockert, daß es von der ‚Form' zusätzlich heißt: „in der seine (des Sakramentes) Kraft vorwiegend beruht", während von der ‚Quasi-Materie': Reue, Bekenntnis und Genugtuung, gesagt wird, sie sei beim Büßenden „zur Vollständigkeit des Sakramentes, zur gänzlichen und vollständigen Nachlassung der Sünden nach Gottes Anordnung notwendig" und deshalb als „Bestandteil der Buße" anzuerkennen[76]. Damit wird eine Klammer zwischen den Theorien von nur ‚einem' bzw. von ‚zwei' Heilswegen geschlagen und beide in eine geschlossene Sakramentstheorie integriert. So erfährt der ‚attritio' die Ehre, erstmalig und in positiver Bewertung in einen Lehrentscheid aufgenommen zu werden. Dies geschieht in so offensichtlicher Abwehr des reformatorischen Angriffes auf die „attritio", hatte doch Luther diese als ‚Fiktion' und „als gemachter und gedichter Gedanke aus eigenen Kräften ohne Glaube, ohne Erkenntnis Christi" gebrandmarkt[77]. Schon zum Abschluß des 3. Kapitels ist die reformatorische These, die Buße bestehe aus der „contritio" als der Schrecken des Gewissens über die Sünde und aus dem Glauben an die Vergebung, scharf zurückgewiesen und zusätzlich unter Anathema gestellt worden[78]. Damit wird die unvollkommene Reue als die eigentlich notwendige, erste Stufe jener drei Akte installiert. Zunächst[79] erscheint die „contritio" in volles Licht gerückt, ja, sogar das ‚Vertrauen auf Gottes Barmherzigkeit' in den Mittelpunkt gestellt, und entsprechende biblische Zitate verstärken diesen Eindruck. Daß die Reue als tiefer Haß gegen und Abscheu vor der Sünde be-

[73] Poschmann, 93 Anm. 14; dort weitere Lit.
[74] AaO. 97.
[75] DS 1323; NR 630.
[76] Cp. 3, DS 1673; NR 648.
[77] De capt. bab. WA 6,544; vgl. Art. Smalc. III/III/18, BSLK 440.
[78] DS 1675; NR 649; can. 4, DS 1704; NR 663.
[79] DS 1676; NR 650.

schrieben, nicht aber das Motiv der ‚Gottesliebe über alles' genannt wird, darf aus dem Wunsche erklärt werden, den diesbezüglichen scholastischen Streitigkeiten aus dem Wege zu gehen. Jedoch heißt es zu Beginn des nächsten, entscheidenden Absatzes[80] von der „contritio", sie sei kraft der Liebe ‚vollkommen', und bewirke noch vor dem Sakramentsempfang die Versöhnung mit Gott! Dann aber lautet der Text: „So ist doch der Reue allein, ohne den in der Reue enthaltennen Vorsatz, das Sakrament zu empfangen, die eigentliche Versöhnung nicht zuzuschreiben." Damit wird erst deutlich, welches Gewicht einer zuvor, in Verbindung mit dem Vertrauensglauben formulierten, Aussage zukommt: „Und (mit) dem Vorsatz verbunden ist, das übrige zu tun." Der scheinbar über die „fiducia" zum Sieg gekommenen Rechtfertigungsgnade wird die Pflicht zur Beichte aller Sünden, zur Genugtuung und zum Sakramentsempfang als weitere Bedingung gestellt, und dieser Weg führt zur Anerkennung der *Suffizienz der „attritio"*. Denn sie wird nun als ‚Geschenk Gottes und Antrieb des Heiligen Geistes' gewertet und als Vorbereitungsakt eingestuft, der zum Empfang der im Sakrament vermittelten Rechtfertigungsgnade disponiert. Damit wird sie in Analogie zu Vorbereitungsakten des freien Willens (s. o. S. 457f.) gestellt[81] und darum auch mit scharfen Worten gegen den Vorwurf, sie erziehe zur Heuchelei oder sei nicht frei, sondern erzwungen, verteidigt[82]. Die Bedingung des Sakramentsempfanges wird nun streng postuliert, aber nicht näher erklärt; die auch später weithin gelehrte thomistische Vorstellung, daß die sakramentale Gnade die „attritio" in eine „contritio" verwandle, ist demnach lehramtlich nicht verankert, freilich auch nicht abgewehrt. Andererseits wird unumwunden zugegeben, daß die „attritio" „meist aus der Erwägung der Häßlichkeit der Sünde oder aus der Furcht vor der Höllenstrafe oder anderer Strafen hervorgeht", wodurch nun doch das Angstmotiv als ausreichend beurteilt erscheint und das Vertrauen auf das „ex opere operato" des sakramentalen Vollzuges gelenkt wird. Hier liegen auch die Gründe für die in der nachkonziliaren Ära auftretenden Streitigkeiten.

Der innere Zusammenhang zwischen Gnadenlehre, Rechtfertigung und Bußlehre bedingt den Konflikt, in den ein strenger Augustinismus mit dem tridentinischen Lehrentscheid geriet. Ausgehend von der Unterscheidung zwischen einer reinen Gottesliebe (caritas) und einer religiös gefärbten Welt- und Selbstliebe (cupiditas), die von Bajus[83], Jansen[84], Quesnel[85] und von der Synode von Pistoia[86] (s. o. S. 476) geteilt wurde, kam es zu einer *prinzipiellen Infragestellung* der „Attritio". Die Päpste haben in ihrer jeweiligen Verurteilung nur die Haltung von Trient nachvollzogen, so wenn Alexander VIII. im Decretum S. Officii vom 7. 12. 1690 unter Nr. 14 und 15 unter den verurteilten ‚Irrtümer(n) der Jansenisten' die Sätze nennt: „Die Furcht vor der Hölle ist nicht übernatürlich" sowie „Die attritio, die aus Furcht vor der Hölle und den Strafen entsteht ... ist kein guter und übernatürlicher Impuls"[87]. Diese wiederholte Verteidigung der „attritio" mußte die Sorge derjenigen Theologen wecken, die sich zwar nur innerhalb der vom Konzil gewährten Grenzen bewegen wollten, aber doch vom

[80] DS 1677; NR 651.
[81] Vgl. DS 1525–1527; NR 795–797.
[82] Vgl. auch can. 5, DS 1705; NR 664.
[83] DS 1938; NR 870.
[84] DS 2307.
[85] DS 2444; zu den genannten vgl. o. S. 443; NR 882.
[86] DS 2623.
[87] DS 2314/15.

thomistischen Postulat einer echten Bußreue nicht lassen konnten. Wenn Alexander VII. im Decretum S. Officii vom 5. 5. 1667 den Streit zwischen Attritionisten und Kontritionisten verbot[88] und dabei der Meinung Ausdruck gab, es handle sich bei letzteren nur um eine Minderheit, so zeigt doch die Nötigung zu diesem Verbot die innere Erschütterung der Theologie durch diesen Streit an; in jener kontritionistischen Minderheit meldete sich ein nie ganz auszuräumendes Unbehagen am attritionistischen Sieg in der offiziellen Kirchenlehre und -praxis. Tatsächlich hat auch dieses Streitverbot nur die ‚*Furchtreue*' gestützt, denn wie immer die Vertreter des Attritionismus ihre modifizierten Vorstellungen vorgetragen haben[89], ihre eigentliche These besteht in der optimistischen Annahme, daß sich aus der Furcht mehr oder weniger automatisch ein ernster Wille zur Abkehr von der Sünde und damit auch eine Gottesliebe entwickeln würde; von dieser Annahme aus ist die katholische Empörung über *A. v. Harnack* († 1930) begreiflich, der in dieser Lehre eine ‚Verwüstung der Moral' erblickte[90]. Andererseits teilt offenbar die bis heute nicht ausgestorbene contritionistische Minderheit diesen Verdacht, da sie jener Automatik mißtraut, die aus knechtlicher Furcht ohne weiteres eine wahre ‚caritas' erwachsen läßt. Die konkreten Vorstellungen sind dabei recht variabel und spannen sich von den rigorosen Forderungen durch J. Marinus († 1659)[91] bis zu recht elastischen bei J. B. Bossuet († 1704; vgl. EKL 1,561)[92], haben jedoch stets die Intention, jenen Satz aus dem 6. Kapitel des tridentinischen Rechtfertigungsdekretes sicherzustellen: „dann beginnen sie ihn (Gott) als Quelle aller Gerechtigkeit zu lieben". Da eine, von Alexander VII. in Aussicht gestellte Lehrentscheidung in diesem Streit bis heute nicht erfolgt ist, wird durch diese Minderheit im Schoße des Katholizismus ein Wahrheitsmoment wachgehalten, das diesem noch neue Wege offenhält.

§ 4 Das Sakrament der Letzten Ölung

Literatur: Ph. Hofmeister, Die heiligen Öle in der morgen- und abendländischen Kirche, Würzburg 1948; B. Poschmann, s. o. S. 472; H. Vorgrimmer, s. o. S. 472.

Die Zuordnung dieses Sakramentes zur Buße und damit auch zu Taufe und Firmung ist bereits dargestellt worden; gegenüber altkirchlicher, reformatorischer und gegenwärtiger reformkatholischer Auffassung und orientalischem Gebrauch mit ihrer Hervorhebung des Momentes der ‚*Krankensalbung*' betonen die Beschlüsse des Tridentinums dem programmatischen Namen gemäß die Verbindung dieser Handlung mit dem erwarteten Sterben eines Menschen. Zwar wird erwähnt, daß der Empfang der Ölung „manchmal, wenn es das Heil der Seele fördert, auch die körperliche Genesung" bewirken kann[93]. Im Vordergrund steht jedoch die eindeutige Erklärung: „Das Ende des Lebens hat er (der

[88] DS 2070.
[89] Poschmann, 110; vgl. LThK 1,1019ff. u. 6,510ff.
[90] A. v. Harnack, Dogmengesch. III, 3. Aufl., 426ff.; vgl. Poschmann, 110 Anm. 18.
[91] Commentarius historicus de disciplina in administratione sacramenti paenitentiae tredecim primis saeculis observata, Paris 1651, 1.8 c.4.
[92] De doctrina concilii Trid. circa dilectionem in paenitentiam requisitam c.6.
[93] 2. Kap., DS 1696; NR 698; vgl. auch Armenierdekret, DS 1325; NR 695.

Erlöser) durch das Sakrament der letzten Ölung gleichsam mit einem starken Schutzwall bewehrt", und im Kanon 2 wird das Ziel einer bloßen Krankensalbung direkt als häretisch erklärt[94]. Damit hat das Konzil eine lange und komplexe Entwicklungsgeschichte dieser alten Übung eindeutig in eine bestimmte Richtung eingewiesen, die sich schon ankündigte, als die Ölung als ‚Viaticum' in Gebrauch kam[95]. Zwar sind extreme Auffassungen, wie sie von Bonaventura und Duns Scotus (s. o. S. 451) vertreten wurden, wonach nur unmittelbar vom Tod gezeichnete Kranke als Empfänger in Frage kommen, ebensowenig bestätigt worden wie das zeitweise regional herrschende Verbot einer Wiederholung des Sakramentes[96], jedoch setzte sich der Grundgedanke durch, der auch heute noch gerne mit Worten *Alberts des Großen* († 1280; vgl. EKL 1,64f.) wiedergegeben wird: „Die Letzte Ölung ‚beseitigt jeden Zustand, der ein Hindernis sein könnte für die Überkleidung mit der Herrlichkeit in der Auferstehung ... so werden wir durch die Letzte Ölung Christus dem Erlöser ähnlich, weil sie dem Hinscheidenden zum Zeichen der kommenden Herrlichkeit gegeben wird und alles Sterbliche von den Erwählten abgestreift wird'."[97] Dieser individualeschatologische Aspekt hat sich nicht zuletzt auch im Zusammenhang einer relativ vagen Auffassung über die Wirkung dieses Sakramentes durchgesetzt. Der von Skotisten vertretenen Meinung, es tilge bloß ‚läßliche' Sünden, wird von Thomas von Aquin und seinen Schülern widersprochen, die eine Tilgung auch von Todsünden annehmen, doch ist die Diskussion darüber bis heute nicht abgeschlossen. Bestimmter wird eine andere, auf Thomas zurückgehende Überzeugung vertreten, wonach die Ölung vor allem die Schwäche der Sünde und ihre *‚Relikte' beseitige*. Demnach bestimmt das Konzil als den ‚Gehalt' (res) die „Gnade des Heiligen Geistes, dessen Salbung die Vergehen, falls noch solche zu tilgen sind, und die Überbleibsel der Sünde wegnimmt und die Seele des Kranken aufrichtet und stärkt, indem sie ein großes Vertrauen auf die göttliche Barmherzigkeit in ihm weckt...[98]. Was im einzelnen unter den ‚peccati reliquiae' zu verstehen sei, ist stets recht verschieden bestimmt worden; ebensowenig gibt es eine klare Auskunft auf die Frage, was konkret mit der Aussage des Thomas gemeint sei, die „gratia sacramentalis" bestünde in der Heilung der ‚Schwäche der Sünde', und Papst Benedikt XIV. († 1758) hat die Diskussion über den ‚primarius effectus' der Ölung als unnütz bezeichnet[99].

Dieser Unbestimmtheit aller Aussagen über das Sterbesakrament kommt offenbar ein hoher *pastoraler Wert* zu. Gegenüber dem richterlichen Charakter der Buße mit ihren penibien Bestimmungen wird in dieser sakramentalen ‚Vollendung' der Buße in einer Weise Vertrauen vermittelt, die für nahezu alle seelischen Belastungen Hilfe und Heilung verspricht. Darum fällt auch nach und nach die früher, etwa von Thomas, geforderte Bewußtheit einer freien Willensäußerung zugunsten einer vagen Annahme vorhandener Intention des Sakramentsempfanges auch bei Bewußtlosen[100]. Um so nachdrücklicher wird die Sakramentsstiftung durch Christus, die alleinige Zuständigkeit des Bischofs für die

[94] Einleitung, DS 1694; NR 696; DS 1717; NR 701.
[95] POSCHMANN, 131ff.
[96] AaO. 136/37.
[97] Sentenzenkommentar IV, Dist. 1 a.1; NR S. 438.
[98] DS 1696; NR 698.
[99] Poschmann, 136, Lit. Anm. 9.
[100] Rituale Romanum, tit. V c. 1 n. 6; vgl. POSCHMANN, 137.

Ölweihe und das priesterliche Vollmachtsmonopol für die Spendung eingeschärft[101].

Damit rundet sich das Bild des inneren Zusammenhanges der besprochenen Sakramente: der Eingang in ihre besondere Welt wird durch die Taufe geöffnet; dann folgt die spezielle Ausrüstung für das mündige Leben unter bischöflicher Kontrolle, während der christliche Existenzwandel von da ab durch richterliche Akte gefördert und zugleich überwacht wird. An keinem Punkt wird Heilsgewißheit angeboten, sondern Unsicherheit eingeprägt. Jedoch zum Lebensende hält dasselbe kirchliche Kontrollamt einen tröstlichen Abschluß bereit: die Kirche erscheint als Garant des jenseitigen Heils.

Kapitel VI: Die Eucharistie

Literatur: E. Iserloh, Das tridentinische Meßopferdekret in seinen Beziehungen zu der Kontroverstheologie der Zeit, in: Il Concilio di Trente e la Riforma Tridentina. Atti del Convegno Storico Internazionale, Trente 2–6 Settembre 1963, Roma 1965, 401–439; wiederholt in: Concilium Tridentinum, hg. v. R. Bäumer, Darmstadt 1979, 341–381; B. Neunheuser, Die Eucharistie in Mittelalter und Neuzeit, Freiburg 1963 (= HDG IV 4b); L. Braeckmans, SJ, Confession et communion au moyen-âge et au concile de Trente, Gembloux 1971.

Das Abendmahl beansprucht unter den übrigen Sakramenten Vorrangigkeit, die sich als Folge der Konzilsbeschlüsse in besonderer Weise darstellt. Der Catechismus Romanus[1] nennt dafür zwei Gründe: Einmal gewinnt die Eucharistie nicht erst durch die Spendung Sakramentscharakter, sondern schon durch die Konsekration der Elemente, sodann aber verlieren die konsekrierten Elemente im Gegensatz zu Wasser und Öl ihre ‚frühere Natur' und werden eine ‚neue Substanz', nämlich ‚Leib und Blut Christi'[2]. Diese Überlegenheit erzeugt eine besondere Rolle der Eucharistie für Priestertum und Gottesdienst und fundiert damit ihre spezifische ekklesiale Bedeutung: durch die substanzhafte Gegenwart Christi hat die Kirche am himmlischen Jerusalem teil und ist von diesem nur graduell und nicht mehr wesenhaft unterschieden, wie nun gefolgert wird[3]. Dieser *ekklesiologische Zusammenhang* ist von maßgeblicher Bedeutung. Zwar hat der Römische Katechismus nicht lehrgesetzlichen Charakter, aber er ist im Auftrag des Konzils verfaßt worden[4] und spiegelt dessen Ergebnisse und Wirkung wider; das bestimmt auch sein Selbstverständnis, nach welchem sich sein Lehrverständnis mit dem Glauben der Kirche deckt[5]. Kennzeichnend ist, daß dieser Anspruch sich auf eine stetige Lehrtradition hinsichtlich der wahren Gegenwart des Leibes Christi beruft[6], denn darin legt sich ein wesentlicher Nervenstrang im Selbstbewußtsein der tridentinischen und nachtridentinischen Epoche bloß: Verteidigung der substantiellen Wahrheit der kirchlichen Existenz durch Abwehr häretischer Irrtümer, und dadurch Rettung der Kirche vor innerer Zerstö-

[101] Insbes. in den Canones 1–4, DS 1716–1719; NR 700–703.

[1] Catechismus ex decreto Concilii Trid. ad parochos Pii V iussu ed. Rom 1566; zit. nach der Einteilung der deutschen Übersetzung, Petrus-Verlag, Kirchen/Sieg 1970.

[2] II/IV/9.

[3] AaO. II/IV/32.

[4] Sessio XXIV 11. 11. 1563, Decretum de reformatione, Can. VII; Sessio XXV 3.–4. 12. 1563, Decreta publica, Conciliorum Oecumenicorum Decreta, ed. Alberigo, Freiburg 1962, 740 u. 773.

[5] Cat. Rom. II/IVI31.

[6] AaO. II/IV/30.

rung. Diese Überzeugung steht nun im Zusammenhang einer, später oft von katholischer Seite bedauerten[7], Gewichtsverteilung des dogmatischen Interesses, welches das Konzil an diesem Sakrament nahm: im Vordergrund steht die Lehre von der substantiellen Gegenwart des Leibes Christi sowie des Opfers in der Messe, während andere wesentliche Traditionselemente der Eucharistie, wie etwa das der ‚Danksagung', unverhältnismäßig zurücktreten[8].

Einige *historische Umstände* der Konzilssituation sind zunächst zu bedenken. Ursprünglich sollte die Eucharistie im Zusammenhang mit den übrigen Sakramenten behandelt werden, und darum diskutierte die Generalkongregation entsprechende, im Februar 1547 erstattete Gutachten der Theologen schon am 7., 8. und 9. März, nachdem am 6. März in der Sessio VII die Lehre über die Sakramente im allgemeinen, Taufe und Firmung beschlossen worden waren. Aber schon am 10. bzw. am 11. März wurde die Translation des Konzils nach Bologna verfügt[9]. Die (kirchen)politischen Hintergründe des plötzlichen Abbruches der Verhandlungen hatten mit den dogmatischen nichts zu tun, verhinderten aber in der Folge eine geschlossene und kontinuierliche Behandlung der Abendmahlslehre, so daß diese nur etappenweise vor sich gehen konnte. Erst am 11. 10. 1551 beschloß die Sessio XIII den ‚Lehrentscheid über die heiligste Eucharistie' mit entsprechenden Verwerfungssätzen[10], der aber nur die Gegenwart Christi und die daraus folgende Verehrung und Behandlung des Sakramentes umfaßt; erst elf Jahre später konnte in der Sessio XXI am 16. 7. 1562 die ‚Lehre über die Kommunion unter beiden Gestalten und die Kommunion der unmündigen Kinder' verabschiedet werden[11], während die Sessio XXII am 17. 9. 1562 mit der ‚Lehre vom Heiligen Meßopfer' den Gesamtkomplex der Lehrgestalt dieses Sakramentes zum Abschluß brachte[12], woran sich noch ein Dekret über die Möglichkeit einer ausnahmsweisen Genehmigung des Laienkelches anschloß[13].

In dieser zeitlichen Zerstückelung tritt zugleich eine Dreiteilung zutage, die als dogmatisches Grundgerüst erscheint: Gegenwart Christi im Sakrament, Kommunion und Meßopfer, das später in veränderter Reihung, die das Meßopfer an die zweite Stelle setzt, in der Regel die Dogmatiken wie auch die Katechismen beherrscht[14]. In solcher Stufenfolge spiegelt sich sowohl die von den reformatorischen Angriffen erzwungene Verteidigungsstrategie als auch das eigene dogmatische Bedürfnis, das sich wesentlich als ‚katholische Reaktion'[15] motivierte und wesentlich zur Etablierung einer römisch-katholischen Konfession beitrug.

---

[7] Fr. X. Arnold, Vorgeschichte und Einfluß d. Trienter Meßopferdekretes, aaO. S. 114–161.

[8] AaO. 157.

[9] H. Jedin, Gesch. 353ff.

[10] DS 1635–1661; NR 567–587.

[11] DS 1726–1734; NR 588–595.

[12] DS 1738–1759; NR 596–614.

[13] DS 1760.

[14] Arnold, 151.

[15] AaO. 146.

§ 1 Die Konzilslehre von der Gegenwart Christi im Abendmahl

Literatur: K. RAHNER, Die Gegenwart Christi im Sakrament des Herrenmahls, in: DERS., Schriften zur Theologie IV, Einsiedeln 1964, S. 357–385; P. SCHOONENBERG, Inwieweit ist die Lehre von der Transsubstantiation historisch bestimmt?, in: Concilium 3, 1967, 305–311; G. B. SALA, Transsubstantiation oder Transsignifikation?, in: ZkTh 92, 1970, 1–34; A. GERKEN, Dogmengeschichtliche Reflexion über die heutige Wende in der Eucharistielehre, in: aaO. 94, 1972, 199–226; J. WOHLMUTH, Transsubstantiation oder Transsignifikation?, in: ZkTh 97, 1975, 430–440.

Im Gegensatz zur Lehre vom Meßopfer, bei welcher die Konzilsväter gezwungen waren, auch wichtige innerkatholische Differenzierungen neu zu durchdenken und in gewisser Weise auch einen dogmatischen ‚Fortschritt' erzielten, bringt das Dekret über die Eucharistie „*eigentlich nichts Neues*"[16]. Das erklärte Ziel war, die wahre Lehre „aus der Heiligen Schrift, den apostolischen Überlieferungen, den anerkannten Heiligen Konzilien, den Konstitutionen und Dekreten der Päpste, den Schriften der heiligen Väter und der katholischen Kirche"[17] zusammenfassend darzustellen; dieses Selbstverständnis entspricht durchaus dem des späteren Römischen Katechismus. Ebenso deutlich ist der von uns schon mehrfach beobachtete Wille, nicht unnötig zu Schulmeinungen Stellung zu beziehen. Darum liegt der Ton auf der ‚wirklichen Gegenwart unseres Herrn Jesus Christus im heiligsten Sakrament der Eucharistie'[18]; die Lehre von der *Transsubstantiation* scheint nur als eine ‚zutreffende und eigentliche Benennung' auf[19]. Das verdient schon deshalb festgehalten zu werden, weil der Dekrettext die Transsubstantiation als solche weder darstellt – so fehlt z. B., wie K. Rahner[20] mit Recht feststellt, der wichtige scholastische Begriff der ‚Akzidentien' – noch diskutiert, sondern nur ihre Bedeutung als hilfreiche Erklärung der leiblichen Realpräsenz herausstellt. Ob Rahners Folgerung, hier liege im Unterschied zu einer ‚ontischen' nur eine ‚logische' Erklärung der Worte Christi vor, zu Recht besteht, mag offen bleiben, aber als Hinweis darauf dienen, daß katholische Theologie jeweils die Möglichkeit gesehen hat, die Wandlungslehre zu diskutieren und nicht bloß hinzunehmen.

Wichtiger ist der Umstand, daß jene ‚*realis praesentia*' in der Überschrift des 1. Kapitels sowohl in dessen Text als auch im Kanon 1 mit dem Begriff ‚contineri' verbunden wird, der von Neuner-Roos im ersten Fall mit ‚gegenwärtig sein', dann aber mit ‚enthalten' wiedergegeben wird[21]. Philosophisch korrekt, erwekken die beiden deutschen Worte jedoch verschiedene Assoziationen: ‚enthalten' deckt zwar vollinhaltlich ein ‚gegenwärtig sein', aber umgekehrt ist das nicht der Fall, was die Konzilsväter offenbar auch veranlaßt hat, im Kanon 4 verschiedene protestantische Deutungen eines ‚est' ausdrücklich abzuwehren[22]. Andererseits scheint das hier zutage tretende Verständnis einer Identität von ‚gegenwärtig

---

[16] B. NEUNHEUSER, Eucharistie in Mittelalter u. Neuzeit, HDG IV 4b, Freiburg 1963, S. 58. Zur grundsätzlichen Frage neuerdings D. WIEDERKEHR, Das Sakrament der Eucharistie, hg. v. Alois Müller, 1976.

[17] CT VII/1 114, 9ff.

[18] Überschrift d. 1. Kapitels DS 1636; NR 568.

[19] DS 1642 u. 1652; NR 572 u. 578.

[20] Die Gegenwart Christi im Sakrament des Abendmahles, in: Schriften zur Theologie, Bd. IV, Einsiedeln 1964, S. 367, 375. Zum Problem der Neuinterpretation der Eucharistie neuerdings J. WOHLMUTH, s. o. Lit.

[21] DS 1636 u. 1651; NR 568 u. 577.

[22] DS 1654; NR 580.

sein' und ,enthalten' charakteristisch zu sein, denn sie erlaubt beides: „daß die augustinische Sakramentsdefinition unbefangen als auch von der Eucharistie geltend anerkannt wird“[23] und ebenso die entschieden darüber hinaus gehende mittelalterliche Lehre von der Transsubstantiation akzeptiert werden kann, und zwar mit der eindeutigen Absicht, ihre unmittelbaren Folgen zu sanktionieren. Denn während das augustinische Zitat: ,sinnfälliges Zeichen einer heiligen Sache und sichtbare Gestalt der unmittelbaren Gnade'[24] als ehrwürdiger erratischer Block stehen bleibt, eilt die Gesamtargumentation entschlossen auf das Ziel zu, die bleibende Gegenwart des Gottmenschen Christus im verwandelten Brot und Blut so zu behaupten, daß dem Sakrament auch außerhalb seines Gebrauches nicht nur Verehrung, sondern die ,Huldigung der Anbetung..., die man dem wahren Gott schuldet' erwiesen werden soll[25], was alle Folgen wie Fronleichnam und Aufbewahrung der Hostie in sich schließt. Erst mit diesem Ergebnis ist der Sinn der Definition im 1. Kapitel erfüllt, „daß in dem erhabenen Sakrament der heiligen Eucharistie nach der Weihe von Brot und Wein unser Herr Jesus Christus als wahrer Gott und Mensch wahrhaft, wirklich und wesentlich (vere, realiter ac substantialiter) unter der Gestalt jener sichtbarer Dinge gegenwärtig ist“. So also ist die substantielle Realpräsenz zu verstehen; sie wird entsprechend im Kanon 3 verteidigt, in dem auch jenes ,contineri' wieder verwendet wird[26]: alles Gewicht wird auf die besondere Würde der Eucharistie gelegt, da „der Urheber der Heiligkeit vor ihrem Gebrauch (ante usum) da ist“. Diese Heiligkeit vor und nach dem Gebrauch, also abgesehen von ihrer Funktion als Sakrament, die sich erst in der Kommunion darstellt, ist Scopus dieser Lehre.

Demgegenüber will es kaum mehr als eine Formalität erscheinen, wenn in augustinischer Tradition an die *Einsetzungsworte* Christi erinnert wird; es ist daher zu fragen, ob Rahners Versuch, unter Berufung auf den scholastischen ,Form'-Begriff, das Armenierdekret (s. o. S. 467f.) und Theologen wie Suárez (s. o. S. 424) und J. de Lugo († 1660; vgl. LThK 6,1201) an der Formel ,aus Kraft der Worte' einen den Protestanten angenäherten Grundgedanken vom Einsetzungsbefehl als einem „verbum constitutivum“ aus den Trienter Bestimmungen zu erheben[27], als geglückt anzusehen sei. Neuner-Roos dürfte vielmehr richtig sehen, wenn er an jener Stelle übersetzt: „und zwar kraft der (Wandlungs-)Worte“, denn jenes ,ex vi verborum' bezieht sich ausdrücklich auf den *Glauben der Kirche* hinsichtlich der Konsekration durch ihre Amtsträger. Im Lehrentscheid von Trient wird demnach die mittelalterliche Entwicklung unter Einschluß der Konkomitanzlehre[28] vollinhaltlich bejaht und gegen die Reformation abgeschirmt, ohne daß eigene neue Impulse vermittelt werden.

Dies wird durch die Bestimmungen über die *Kommunion* nur bestätigt. Unter Ausarbeitung der Konkomitanzlehre, nach welcher „unter jeder Gestalt der ganze, unversehrte Christus und das wahre Sakrament empfangen wird“[29], wird einerseits die lebhafte Gelehrtendebatte über die Frage, ob nicht doch eine Kommunion unter beiderlei Gestalt ein größeres Ausmaß an Gnade vermittle,

---

[23] Rahner, 363.
[24] Cp. 3, DS 1639; NR 571.
[25] Cp. 5, DS 1643–45; NR 573/74.
[26] DS 1653; NR 579.
[27] Rahner, 363 mit Anm. 3.
[28] DS 1641; NR 579.
[29] Doctrina de communione... vom 16. 7. 1562, cp. 3, DS 1729; NR 590.

bewußt unbeantwortet gelassen[30], andererseits ein göttliches Recht auf den Empfang von Brot und Wein strikte negiert, da ja der Genuß unter einer Gestalt zum Heil durchaus genüge[31]. Zugleich aber wird die ausschließliche Kompetenz der Kirche für die Sakramentsverwaltung unter Einschluß des Erlasses aller einschlägigen Bestimmungen untermauert[32]. Dieses Prinzip rechtfertigt eine ablehnende, aber tolerante Beurteilung der Kinderkommunion[33] ebenso wie eine harte grundsätzliche Verwerfung des Laienkelches für jedermann, jedoch auch die Gewährung einer umfassenden Vollmacht für den Papst, unter kluger Bedachtnahme „auf das, was dem christlichen Staat nützlich" sei[34], in besonderen Situationen besonderen Gesellschaftsgruppen oder Einzelpersonen den Laienkelch zu gewähren. In dieser Generalvollmacht an den päpstlichen Stuhl kulminiert in gewisser Hinsicht der ekklesiale Ertrag dieser Eucharistielehre: abgesehen von dem unbestrittenen Reservat der Einsetzungsvollmacht ist von der Doktrin bis zur Praxis das kirchliche Leitungsamt ausschließlich und allein zuständig und kompetent. Dies bekommt in der Lehre vom Meßopfer noch einen zusätzlichen, bedeutungsvollen Akzent.

§ 2 Die konziliare Meßopferlehre und ihre Folgeerscheinungen

Literatur: Fr. X. ARNOLD, Vorgeschichte und Einfluß des Trienter Meßopferdekretes auf die Behandlung des eucharistischen Geheimnisses in der Glaubensverkündigung der Neuzeit, in: Die Messe in der Glaubensverkündigung, hg. von Fr. X. ARNOLD und B. FISCHER (Jungmann-Festschrift), Freiburg 1950, 114–161; R. PRENTER, Das Augsburgische Bekenntnis und die römische Meßopferlehre, in: Kerygma und Dogma 1, 1955, 42–58 (vgl. dazu: E. KINDER, in: ThLZ 84, 1959, 881–894); R. SCHULTE, Die Messe als Opfer der Kirche, Münster 1959; P. MEINHOLD-E. ISERLOH, Abendmahl und Opfer, Stuttgart 1960 (vgl. auch: E. ISERLOH, in: ZkTh 83, 1961, 44–79).

Die ‚Doctrina de ss. Missae sacrificio' hat dogmengeschichtlich dadurch neue Weichen gestellt, daß die schon erwähnte isolierte Behandlung dieses Lehrstükkes vorhandene Ansätze der katholischen Reaktion auf die reformatorische Bestreitung des Opfercharakters der Messe abschnürte und dadurch der Sühneopfercharakter des priesterlichen Handelns gegenüber früher noch verstärkt wurde. Neben F. X. Arnold[35] und anderen[36] bestätigt auch B. Neuheuser[37], allerdings vorsichtiger in der positiven Bewertung, das Phänomen einer breiten vorkonziliaren katholischen Antwort auf den lutherischen Angriff. Es sind vor allem *Th. Murner* († 1527; vgl. EKL 4,672), *Dr. J. Eck* († 1543; s. o. S. 25f.), *K. Schatzgeyer* († 1527; vgl. LThK 9,371f.) und besonders der Kardinal *Cajetan* (s. o. S. 416) gewesen, die sich darum bemüht haben, das Opfer in der Messe mit dem Opfer Christi so zu verbinden, so daß letzteres im ersteren in Erscheinung

---

[30] NR S. 390; CT VIII 700, 12–80; vgl. NEUNHEUSER, 59. [31] DS 1726; NR 588.
[32] DS 1728; NR 519; can. 2, DS 1732; NR 593.
[33] DS 1730; NR 591; can. 4, DS 1734; NR 595.
[34] Decretum super petione concessionis calicis vom 17. 9. 1562, DS 1760.
[35] AaO. 134ff.
[36] Z.B. E. ISERLOH, Der Kampf um die Messe in den ersten Jahren der Auseinandersetzung mit Luther, Münster 1952.
[37] B. NEUNHEUSER, 54ff.; vgl. 55 Anm. 26.

tritt, und somit der reformatorische Vorwurf, das Meßopfer sei zu einem eigenständigen Sühneopfer geworden, zurückgewiesen werden könne. Schatzgeyer hat mit dem Begriff der ‚repraesentatio' gearbeitet: „das Opfer ... ist kein anderes als das am Kreuz geopfert worden ist, und es ist desselbigen nicht allein ein Gedächtnis, sondern auch eine herrliche, wahrliche Vergegenwärtigung"[38], während Cajetan Christus als den eigentlichen Opferpriester in der Messe versteht, der sich jedoch in der Messe nicht neuerlich opfert, „sondern in opfermäßiger Gestalt gegenwärtig wird"[39]. Nur in abgeschwächter Form sind solche Auffassungen im Trienter Dokument zur Wirkung gekommen, da unter den Konzilsvätern eine andere Interessenlage vorherrschte und die theologische Diskussion in eine andere Richtung ging.

Das läßt sich schon an dem Aspekt erkennen, unter dem zunächst das Hauptanliegen, nämlich den *Opfercharakter* der Messe zu wahren, diskutiert wurde und der im Laufe der Gespräche infolge der Gegensätzlichkeit der zutage tretenden Auffassungen verblaßte. Eine zahlenmäßig überlegene Gruppe unter Führung des Jesuitengenerals J. Lainez († 1565; vgl. LThK 6,749) vertrat zunächst energisch die Meinung, schon das Stiftungsmahl sei ein Opfer gewesen; man hielt diese These für eine einsichtige Begründung des Opfercharakters der Messe: Opfermahl damals beglaubigt Opfermahl heute. Jedoch setzte sich allmählich die ursprüngliche Minderheit unter dem General der Augustinereremiten G. Seripando († 1563; s. o. S. 456) mit der Überzeugung durch, daß ein wahres Sühnopfer von Christus erst in seinem Tode am Kreuz vollbracht worden sei[40]. Dadurch wurde freilich der Mahlcharakter in den Hintergrund gedrängt, andererseits mußte die Entscheidung doch im Verhältnis Meßopfer-Kreuzesopfer gefunden werden, weil hier nicht nur die Herausforderung der Reformatoren ihren Schwerpunkt hatte, sondern auch das Hauptinteresse des Konzils lag. Um die Einheit des Opfers am Kreuz und in der Messe zu wahren, wurde der erwähnte Begriff *‚repraesentatio'* in Anspruch genommen. Jedoch warnt die beiläufige Stellung jenes ‚repraesentaretur' zur Vorsicht gegenüber einer Überschätzung dieser Vorstellung[41]. Immerhin ist das Bestreben deutlich, mit ihrer Hilfe den Vorwurf eines doppelten Opfers zu entkräften. Positiv geschieht dies durch ein dreifaches Argument: es handle sich um „ein und dieselbe Opfergabe"; „es ist derselbe, der jetzt durch den Dienst des Priesters opfert und der sich damals am Kreuz dargebracht hat"; und „nur die Art der Darbietung ist verschieden", wobei zwischen dem ‚blutigen' und dem ‚unblutigen' Opfer eine klare Relation innerhalb des ‚einen' Opfers hergestellt wird[42]. Spätere populäre Vorstellungen, die von einer ‚Wiederholung' des blutigen durch das unblutige Opfer in der Messe sprechen, können sich daher weder auf den Wortlaut noch auf die Intention des Konzilstextes berufen; vielmehr erscheint die Grundtendenz der erwähnten vorkonziliaren Reaktionen auf den lutherischen Angriff positiv aufgenommen.

---

[38] K. Schatzgeyer, Von dem hl. Opfer der Meß ... 1525, in: Omnia Opera 191r, G IVr, zit. n. Iserloh, 42.

[39] N. M. Halmer, Die Meßopferspekulation von Kardinal Cajetan und Ruard Tapper, D Th 21 (1943), zit. n. Neunheuser, 57, aufgrund von Cajetan, De missae sacrificio et ritu adversus Lutheranos 1531.

[40] CT VII/1 378–461; vgl. Fr. X. Arnold, 149, und Neunheuser, 61.

[41] DS 1740; NR 579; vgl. NR S. 392.

[42] DS 1743; NR 599.

Dennoch enthält der Lehrtext Elemente, die dieser Leitidee sachlich widersprechen und in der Folge dazu geführt haben, daß diese sich nur gebrochen durchzusetzen wußte. Da ist zunächst im 1. Kapitel die ausdrückliche Versicherung der Identität des Altaropfers mit den Opfern „zur Zeit des bloßen Naturgesetzes und des geoffenbarten Gesetzes“[43], also mit dem jüdischen und heidnischen Opferkult, auch wenn dieser nur als ‚vorgebildet‘ beurteilt wird. Auch abgesehen von der Problematik des Schemas von ‚Vorbildung‘ und ‚Erfüllung‘ zeigt sich darin eine Tendenz, dem Meßopfer denselben Rang zuzuschreiben, der das Opfer allgemein im religiösen Kultus besitzt, wodurch der katholische Priester eben als Opferpriester auftritt. Zweitens bringt das 2. Kapitel eine grundsätzliche Definition der Messe als eines eigentlichen, nahezu selbständigen, Sühneopfers (vere propitiatorium), von dem ausdrücklich gesagt wird, „es bewirkt, daß wir ‚Barmherzigkeit erlangen und die Gnade finden zu rechter Hilfe‘ (Hebr 4,16)“. Mehr noch: „versöhnt durch die Darbringung dieses Opfers, gibt der Herr die Gnade und die Gabe der Buße, und er vergibt die Vergehen und Sünden...“ heißt es weiter, und da im Kanon 3[44] jeder Zweifel an einem solchen Verständnis anathematisiert wird, scheint der protestantische Vorwurf, hier würde dennoch wiederholt und stets aufs neue ‚versöhnt‘, durchaus wieder berechtigt zu sein. Dazu gesellt sich drittens die im 1. Kapitel aufgestellte und im 2. Kanon[45] verteidigte Behauptung, Jesus habe die Apostel bei der Austeilung der Elemente im ersten Abendmahl „zu Priestern des neuen Bundes bestellt“, damit sie Opfer brächten. Hier wird eine, in der Lehre vom Weihesakrament allerdings nicht unmittelbar aufgenommene, in der Folgezeit jedoch wirksame[46] Vorstellung vertreten, deren eindeutiger Sinn in der Qualifizierung des katholischen Klerus als eines Opferpriestertums liegt. Das alles mußte, gelinde gesagt, jene herausgestellte Leitidee erosieren, und weitere Bestimmungen der tridentinischen Meßopferlehre zeigen die daraus resultierenden Folgen.

Diese stehen naturgemäß in engem Zusammenhang mit der Transsubstantiationslehre und der aus ihr resultierenden göttlichen Verehrung des Sakramentes als solchen. Der Grundsatz: „das Heilige muß heilig verwaltet werden“ zu Beginn des 4. Kapitels zieht nicht nur die Sanktionierung des Meßkanons nach sich[47], sondern ebenso aller in Gebrauch gekommener ritueller Elemente unter Einschluß der Verteilung von lauter und leiser Stimme oder der Beimischung vom Wasser zum Wein[48]. Ebenso wird die Messe ohne Kommunion verteidigt, obwohl ein gewisses Bedauern darüber zum Ausdruck kommt[49], und erst recht muß die Messe zu Ehren von Heiligen zur Erlangung ihrer Fürbitte[50] wie auch ihre Darbringung für Verstorbene in Schutz genommen werden[51]. Hinsichtlich der Wirkung des Meßopfers werden neben der Sündenvergebung auch „Strafen, Genugtuungen und andere Nöte“ genannt; hingegen werden alle Lehren scharf

---

[43] DS 1742; NR 598. [44] DS 1754; NR 608. [45] DS 1752; NR 607.

[46] Vgl. R. BELLARMIN, Controversiarum de sacramento Ordinis liber unicus: Opera omnia t. V (P 1873), nach L. OTT, Das Weihesakrament, in: HDG Bd. IV, Fasz. 5, Freiburg 1969, S. 130.

[47] DS 1745; NR 601; can. 6, DS 1756; NR 611.

[48] DS 1746 u. 1748; NR 602 u. 604; can. 7 u. 9, DS 1757 u. 1759; NR 612 u. 614.

[49] DS 1747; NR 603; can. 8, DS 1758; NR 613.

[50] DS 1744; NR 600; can. 5, DS 1755; NR 610.

[51] DS 1743; NR 599; can. 3, DS 1753; NR 608.

verurteilt, die die Wirkung wesentlich auf die Sündenvergebung einschränken[52]. All dies läßt den Schluß zu, daß das Konzil die überlieferte Meßopferpraxis beglaubigt hat und lediglich einige kosmetische Verbesserungen empfiehlt. Die oben nachgewiesene *Leitidee von der Einheit des Opfers am Kreuz und in der Messe* dient im wesentlichen der Beruhigung des theologischen Gewissens, zeitigt aber keine Folgen für Praxis und Frömmigkeit.

Das mußte auch wieder auf die *Theologie* zurückschlagen. Schon im Römischen Katechismus ist von einer ‚Erneuerung' des blutigen durch das unblutige Opfer die Rede[53]; ist dann aber der Schritt zur Vorstellung von einer ‚Wiederholung' noch aufzuhalten? Es ist allerdings der katholischen Theologie das Zeugnis auszustellen, daß sie nie aufgehört hat, sich dieser Problematik in stets neuen Ansätzen zu stellen. Davon zeugen vor allem die zahlreichen ‚*Meßopfertheorien*'[54], von denen heutige katholische Theologen urteilen, daß man ihnen „und ihrem wirklichen Verdienst kein Unrecht antun (wird), wenn man feststellt, daß diesem Sichmühen eine befriedigende Antwort nicht gelungen ist"[55]. Dogmengeschichtlich sind sie nicht bedeutsam geworden, aber sie beleuchten gut das Ringen, das das tridentinische Erbe hier ausgelöst hat. Es genügt, die wichtigsten Richtungen zu nennen. Die sog. ‚Destruktionstheorie' sieht nach Fr. Suárez (s. o. S. 486) u. a. das wahre Opfer in der Messe durch die Zerstörung der Substanzen von Brot und Wein gesichert, was die Voraussetzung dafür schaffe, daß unter diesen Gestalten Leib und Blut hervorgebracht (reproduziert) würden, die sodann geopfert werden könnten; L. Lessius († 1623; vgl. EKL 4,609) u. a. gehen wiederum von der Tendenz der Wandlungsworte auf eine wirkliche Tötung Christi aus, die nur per accidens unterbleibe, so daß in der Theorie von einer wirklichen Opferung Christi in der Messe gesprochen werden könnte, während J. de Lugo († 1660; s. o. S. 486) eine reale Veränderung der Opfergaben, und damit ein wirkliches Opfer, darin eintreten sieht, daß Christus durch die Wandlung in einen ‚niedrigeren Zustand', nämlich in den Zustand einer ‚Nahrung' versetzt werde. Demgegenüber lehren die „*Oblationstheorien*", deren zahlreiche Varianten auf den Konzilstheologen R. Tapper († 1559; vgl. EKL 4,840) zurückgehen, keine Veränderungen am Altar, sondern die Darbietung des sich am Kreuz, oder auch im Himmel, opfernden Christus in der Messe aufgrund der Selbsthingabe Christi, womit der Infragestellung der Einheit des Opfers der Boden entzogen werden soll, was aber zugleich eine Überschätzung der Messe nach sich ziehen muß. Eine ebenfalls in sich differente Gruppe, die sich an G. Vazquez († 1604; vgl. LThK 10,645ff.) orientiert, bemüht den sakramentalen Charakter der unblutigen Schlachtung auf dem Altar, in welchem das Opfer Christi am Kreuz abgebildet sei, was freilich dem im Tridentinum verbrieften Recht, vom Meßopfer als einem vollgültigen Sühneopfer zu sprechen, nicht gerecht wird.

Alle diese Versuche offenbaren in je verschiedener Weise den inneren Widerspruch zwischen dem Gewissen der Theologie und der in Trient erfolgten Sank-

---

52 DS 1638 u. 1655; NR 570 u. 581. 53 Cat. Rom. II/IV/70 u. 76.

54 Ausführliche Darstellung: A. Michel, La Messe chez les Théologiens postérieurs au Concile de Trente-Essence et Efficacité, in: Dictionnaire de Théologie Catholique (DTHC), Bd. X/1 ‚Messe', Abs. V, Sp. 1143–1316, Paris 1928; Kurzdarstellung: Diekamp-Jüssen, Kath. Dogmatik, Bd. III, 13. Aufl. 1961, S. 207–212.

55 Neunheuser, 64.

tionierung der mittelalterlichen Meßopferpraxis. Mit letzterer hängt aber die zentrale Bedeutung des priesterlichen Weihesakramentes aufs innigste zusammen, und von daher kommen auch die schwerwiegenden Implikationen, mit denen das an die Wahrheit gebundene Gewissen der Theologen zu ringen hat.

Kapitel VII: Das Weihesakrament

Literatur: H. JEDIN, Der Abschluß des Trienter Konzils 1562/63. Ein Rückblick nach vier Jahrhunderten, in: Katholisches Leben und Kämpfen, Münster 1963; L. OTT, Das Weihesakrament, Freiburg 1969 (= HDG IV 5); G. FAHRNBERGER, Bischofsamt und Priestertum in den Diskussionen des Konzils von Trient, Wien 1970; J. GALOT, La caractère sacerdotal selon le Concile de Trente, in: Nouv. Rev. theol. 103, 1971, 923–946; J. RATZINGER, Opfer, Sakrament und Priestertum in der Entwicklung der Kirche, in: Catholica 26, 1972, 108–125; J. ZIZIOULAS-J.-J. von ALLMEN-J. LESCRAUWAET, Ist die Ordination ein Sakrament? Eine orthodoxe, protestantische und katholische Antwort, in: Concilium 8, 1972, 250–261.

Die fundamentale Bedeutung des Weihesakramentes für die Mehrzahl der anderen Sakramente wie überhaupt für die Kirche als Ganze tritt in den vier Kapiteln und acht Canones der in der Session XXIII am 15. 7. 1563 beschlossenen ‚Doctrina de sacramento ordinis‘[1] in klassischer Prägnanz zutage. Mit Ausnahme der besonders zu beleuchtenden Ausführungen über das Bischofsamt sind auch kaum Risse im geschlossenen dogmatischen Denken zu erkennen. Die *Grundidee vom ‚ordo‘*, in den ein zum Priester geweihtes Glied der Kirche versetzt wird, steht nicht mehr zur Diskussion, sondern wird im Sinne ihrer scholastischen Ausbildung, die durch Duns Scotus (s. o. S. 451) ihr entscheidendes Profil bekommen hatte, fraglos vorausgesetzt: „... die Person, die in der Kirche eine hervorragende Stellung einnimmt, hat, wie man sagt, einen ordo. Der ‚ordo‘ im letzteren Sinne ist auf einen hervorragenden Akt hingeordnet, aber nicht so, daß der Grad oder ordo mit der Gewalt, jenen Akt auszuführen, identisch ist, sondern so, daß er dazu disponiert, jenen Akt in gehöriger Weise auszuüben.“[2] Die Disposition ist auf jeden sakramentalen Akt hingeordnet, und hier steht wieder die Eucharistie im Vordergrund[3]. Der „Ordo“ ist von Gott eingesetzt und damit beginnt das 1. Kapitel: „Opfer und Priestertum (sacrificium et sacerdotium) sind so verknüpft, daß sich beides in jeder Heilsordnung findet.“[4] Im lateinischen Text heißt es ‚in omni lege‘; die Übersetzung von Neuner-Roos mit ‚Heilsordnung‘ wirkt soteriologisch überzogen, da der naturrechtliche Hintergrund der Vorstellung von der ‚Lex dei‘ und deren vorausgesetzte Identität mit der ‚lex naturae‘ verwischt wird. Das Argument des nachfolgenden Satzes „so muß man auch bekennen“, mit dem die Notwendigkeit eines „neuen, sichtbaren und äußeren Priestertums“ begründet wird, bezieht sich auf ein göttliches Gesetz, das die Existenz von Opfer und Priestertum erforderlich macht. Das bedeutet, daß der zuvor erfolgte Rekurs auf die Einsetzung der Eucharistie durch Jesus als solcher noch nicht genügt, um diese als ‚Opfer‘ zu qualifizieren und von daher ein

[1] DS 1763–1778; NR 706 u. 720.
[2] L. OTT, Das Weihesakrament, in: HDG IV 5, S. 76/77.
[3] Duns Scotus, Ordinatio IV d. 24 q. un. a. 1 (46f.) u. q. un. a. 3 (76b).
[4] DS 1764; NR 706.

Opferpriestertum abzuleiten; beides bekommt vielmehr seine wesentliche Qualifizierung durch jenes allgemeine göttliche Gesetz. Daher wird die reformatorische Infragestellung des Opfergedankens und des Opferpriestertums mit der Begründung zurückgewiesen, daß ‚Amt' (officium) und ‚bloßer Dienst' (nudum ministerium) an der Verkündigung des Evangeliums grundsätzlich keine ‚Vollmacht' (potestas) beanspruchen können[5]. Erst die Fundierung des priesterlichen „Ordo" durch jenes allgemeine göttliche Gesetz ermöglicht dann auch die zwar nicht hier, aber in der Meßopferlehre[6] ausgesprochene und später festgehaltene[7] Deutung der Einsetzung des Abendmahles als Opfer und die Qualifizierung der Apostel als Opferpriester. Folgerichtig wird dann auch die überlieferte *Siebenzahl* der Weihen in ihrem stufenförmigen Aufbau sanktioniert[8].

Im 3. und zu Beginn des 4. Kapitels wird der volle Sakramentscharakter des Weihesakramentes sowie die Einprägung eines unverlierbaren ‚Merkmals' *(character indelebilis)* gelehrt[9]. Auf eine Festlegung, worin ‚Materie' und ‚Form' bestehen, wird verzichtet, jedoch unterstrichen, daß auch durch diesen Ritus „Gnade mitgeteilt wird". Später wird R. Bellarmin (s. o. S. 417), offenbar ohne Widerspruch aus dem katholischen Lager, ausdrücklich begründen, daß es sich dabei nicht um ein spezielles Charisma, sondern um die ‚rechtfertigende Gnade' handle[10]. Durch diese Verdeutlichung klärt sich vollends, daß der priesterliche „Ordo" eine besondere Seinsqualität vermittelt, was in Verbindung mit dem in der Ordination verliehenen „character indelebilis" den Graben zwischen Priestern und Laien vollends zementieren mußte.

Auf einem Sektor von eminenter praktischer und kirchenpolitischer Bedeutung brach auf dem Konzil ein heftiger Streit aus. Im Rahmen der einmütigen Verwerfung der protestantischen Lehre vom Priestertum aller Gläubigen und der Anerkennung einer kirchlichen Hierarchie, die als ‚heilige Rangordnung' einem ‚geordneten Kriegsheer'[11] zu vergleichen und in unbedingter Unabhängigkeit von aller laikalen und weltlichen Mitsprache zu halten sei[12], erzeugte die Frage nach Stellung und Funktion des Bischofsamtes einen heftigen Konflikt, aus welchem die kurialistische Partei als eindeutiger Sieger hervorging, wie das 4. Kapitel zeigt[13]. Zur Debatte stand die Forderung spanischer und französischer Bischöfe, im Text die Einsetzung des Bischofsamtes ‚kraft göttlichen Rechtes' (iure divino) zu verankern. Schon die Vorschläge aus den Jahren 1551/52 enthielten sie; sie tauchte in den Jahren 1562/63 wieder auf und bestimmte auch die Auseinandersetzung über die Residenzpflicht der Bischöfe[14]. Im Hin und Her des Streites sind die Voten der maßgeblichen Sprecher, des Erzbischofes von Granada P. Guerrero († 1576) und des Erzbischofs G. Gastagna, des späteren (1590) Papstes Urban VII. charakteristisch; aus ihnen geht hervor, daß die Differenz „nicht die göttliche Einsetzung des Episkopates als Ordo oder als Grad des Ordo ist, sondern die Frage, ob die bischöfliche Jurisdiktionsgewalt unmittelbar von Gott (Christus) oder vom Papst verliehen wird"[15]. Die diplomatische

[5] Can. 1, DS 1771; NR 713. [6] DS 1740 u. 1752; NR 597 u. 607. [7] Ott, 130/31.
[8] Cp. 2, DS 1765; NR 707; can. 2, DS 1772; NR 714.
[9] DS 1766 u. 1767; NR 708 u. 709; can. 1, 3 u. 4, DS 1771, 1773 u. 1774; NR 713 u. 716.
[10] Controversiarum..., aaO. (vgl. Kap. VI, Anm. 46) c. (22a–14a).
[11] DS 1767; NR 710. [12] DS 1769; NR 712. [13] DS 1768; NR 711.
[14] Vgl. H. Jedin, Der Abschluß d. Trienter Konzils..., S. 21.
[15] So Ott, 123/124, der diese Voten ausführlich referiert.

Fassung des Canon 8, in welchem die protestantische Meinung, der Episkopat sei ein menschliches Machwerk, anathematisiert und die päpstliche Jurisdiktionszuteilung nur allgemein positiv unterstrichen wird[16], läßt das dogmatische Problem durchaus offen. Deshalb konnte später die Diskussion über Eigenart und Vollmacht des bischöflichen Amtes, insbesondere gegenüber dem Papst, jederzeit neu aufflammen.

Die dogmatische Diskussion über die Eigenständigkeit des Episkopates gegenüber dem Priestertum läßt eine stete Verbreiterung ihrer Anhängerschaft, zu der übrigens schon im Mittelalter die meisten Kanonisten zählen[17], erkennen. Auf dem Konzil sprachen sich viele Väter in diesem Sinne aus[18], und in der Folge blieben nur die strengen Thomisten wie D. de Soto (vgl. EKL 4,818)[19] bei der Bezweiflung eines eigenen Ordo, weshalb sie auch der Bischofsweihe resolut einen eigenständigen sakramentalen Charakter bestritten. Demgegenüber lehren P. de Soto (vgl. EKL 4,818)[20], R. Bellarmin (s. o. S. 417)[21] und G. Vazquez (s. o. S. 436)[22], daß man weder dem Bischofsamt den Grad eines Ordo noch der Bischofsweihe die Sakramentalität absprechen könne, wenn auch die Vorstellung darüber, wie dies mit der Siebenzahl der Sakramente und der Weihegrade zu vereinbaren seien, auseinandergehen[23]. Aber es zeigt sich deutlich, wie hier ein Problem der gesamten ekklesialen Existenz, das bis in die Gegenwart virulent bleibt und heute zu neuer Aktualität erwacht ist, in der theologischen Diskussion nicht zur Ruhe kommt.

Eine andere Thematik, die die nachtridentinische Theologie beschäftigt hat, ist ebenfalls bis in die Gegenwart lebendig geblieben, hat nun allerdings wohl eine abschließende Klärung durch eine Entscheidung des obersten Lehramtes gefunden: die Frage nach der ‚*Materie*' des „Ordo"-Sakramentes. Als solche galt im Anschluß an Thomas v. Aquin lange Zeit hindurch die ‚Übergabe der Instrumente', die für die einzelnen Weihestufen charakteristisch erscheinen. Da diese Instrumente im Armenierentscheid im einzelnen aufgeführt waren, galten jene Aussagen als lehramtlich festgelegt, und es ist anzunehmen, daß dies nicht nur von der späteren Theologie, sondern auch von den, darüber sich ausschweigenden, Konzilsvätern so aufgefaßt wurde[24]. Die Folge war, daß man sich hinsichtlich der niederen Weihen darüber den Kopf zerbrach, welche Rolle dabei Schlüssel, Lektionarien, Exorzismustexte, Leuchter, Kännchen, leerer Kelch und leere Patene spielen, letztere für das Subdiakonat, über dessen Stellung unterschiedliche Auffassungen herrschten. Für das Priesteramt war man sich einig, daß Patene und Kelch mit Brot und Wein die Materie darstellen; z. T. unterschied man bei der Frage nach der ‚Form' zwischen der Gewalt, Opfer darzubringen, und derjenigen zur Absolution, offenbar wegen des juristischen Gehal-

---

[16] DS 1778; NR 720.
[17] Vgl. OTT, 78ff.
[18] CT IS 10,3ff.,14ff.; 12,12–15,39ff.; 14,9ff.; 26,27; 30,35ff.; 31,16; 33,9ff.; 44,13; 47,10; 68,24ff.; 71,44; 73,23; 84,37; 100,28ff.
[19] In quartum sententiarum commentarii, 1573, d. 24 q. 2 a. 3 (640a–641a).
[20] Tractatus de institutione sacerdotum, fol. 429r–362 v. De sacramento ordinis, lect. 4 (fol. 364r).
[21] AaO. c. 5 (5,26b).
[22] Commentarii ac disputationes in tertiam partem S. Thomae Aquinatis, t. III (Ly 1620) disp. 240 c. 4 (565b).
[23] OTT, 137ff.
[24] P. FRANSEN, in: LThK VII, 1214ff.

tes der letzeren[25]. Künstliche Konstruktionen, in denen sich ,Teilmaterien' und ,Teilformen' mit diversen rituellen Teilvollzügen in bunter Fülle ablösen, zeigen die Verstrickung in einen Ritualismus, der durch die subtile theologische Reflexion eher verstärkt als entwertet wurde. Erst unter der Einwirkung der zunehmenden liturgie- und dogmengeschichtlichen Forschung, die im 17. Jahrhundert durch H. Ménard († 1644; vgl. LThK 7,266), J. Goar († 1653; vgl. aaO. 4,1032) und J. Marinus († 1659) begründet wurde, kam es allmählich zu einer Klärung, die allerdings erst jetzt lehramtlich festgelegt wurde, und zwar durch die Apostolische Konstitution ,Sacramentum Ordinis' Pius XII. vom 30. 11. 1947. Diese erklärt als ,Materie' der Diakons-, Priester- und Bischofsweihe ausschließlich die ,*Handauflegung*' für konstitutiv, während die Übergaben der Geräte diese Bedeutung verlieren[26]. Dies ist von dogmengeschichtlichem Interesse, da hier das oberste Lehramt eine lange Zeit als lehramtlich festgelegte Auffassung annulliert; in der nachtridentinischen Ära wäre dies noch undenkbar gewesen.

Kapitel VIII: Ehe als Sakrament

Literatur: J. TERNUS, Vertrag und Band der christlichen Ehe als Träger der sakramentalen Symbolik, in: Divus Thomas, Jahrbuch für Philosophie und spekulative Theologie 10, 1932, 454ff.; H. CONRAD, Das tridentinische Konzil und die Entwicklung des kirchlichen und weltlichen Eherechtes, in: G. SCHREIBER (Hg.), Das Weltkonzil ... I, Freiburg 1951, 297–324; P. FRANSEN, Das Thema „Ehescheidung nach Ehebruch" auf dem Konzil von Trient (1563), in: Concilium 6, 1970, 343–348.

Der Sakramentscharakter einer Ehe unter Christen ist als allgemeine Überzeugung im Laufe des Mittelalters entstanden, wurde im Armenierentscheid (s. o. S. 467f.) durch die Festlegung der Siebenzahl der Sakramente bereits fixiert[1] und im Trienter Konzil unter besonderer Unterstreichung der Einsetzung durch Christus zu verbindlicher Kirchenlehre erhoben worden[2]. Dreierlei fällt auf: die ,Verkündigung' des ,dauernden und unauflöslichen Bundes der Ehe' durch Adam, in welcher sich der wesentlich spätere Begriff einer ,*Schöpfungsordnung*' ankündigt[3], die Vollendung der ,natürlichen Liebe' durch die ,heiligende Gnade' und deren Begründung durch das verdienstliche Leiden Christi[4]; die beiden letzteren Elemente zusammen legen den ebenfalls erst späteren Begriff der ,*Erlösungsordnung*' nahe. Auf der Zusammenordnung von ,Schöpfung' und ,Heil' liegt offenbar der Ton, denn diese wird gegenüber der reformatorischen Bezeichnung der Ehe als einem ,weltlichen Ding' nachdrücklich verteidigt[5]. Hingegen fehlt jedes Eingehen auf das Problem von Form und Materie dieses Sakramentes, ebenso auch die im Armenierdekret schon klar ausgesprochene Lehre, daß seine Wirkursache in der gegenseitigen Zustimmung (mutuus consensus) der Ehepartner zu sehen sei[6]. Es wird sich zeigen, daß dieses Fehlen eine bald einsetzende folgenschwere innerkatholische Kontroverse ermöglicht hat, was frei-

---

[25] OTT, 145ff. [26] DS 3859; NR 724. [1] DS 1310; NR 501.
[2] DS 1601, 1798, 1800, 1801; NR 506, 732, 734, 735.
[3] DS 1797; NR 731; zum besonderen Problem des Ehebruchs neuerdings P. FRANSEN, aaO. S. 343ff.
[4] DS 1799; NR 733. [5] DS 1800; NR 734. [6] DS 1327; NR 730.

lich nicht so gedeutet werden darf, als hätte das Konzil den Lehrentscheid von Florenz stillschweigend widerrufen. Vielmehr hat die Kirchenversammlung am 11. 11. 1563 in derselben Sessio XXIV, in welcher die „Doctrina" und die Canones ‚de sacramento matrimonio' beschlossen wurden, auch die ‚Canones super reformatione circa matrimonium', d.h. das *Dekret ‚Tametsi'*, zum Gesetz erhoben, welches die ‚klandestinischen' (heimlichen) Ehen zwar von nun an verbietet, zugleich aber die bisherigen in ihrer sakramentalen Gültigkeit anerkennt[7]; das aber setzt die faktische Geltung jener Vorstellung vom Ehekonsens als sakramentale Wirkursache voraus.

Der sachliche Hintergrund des eben angezeigten scheinbaren Widerspruches wird noch zu erörtern sein; zunächst ist der Zusammenhang mit jenem schon berührten pastoralen und kirchenrechtlichen Fragekomplex wichtig. Die *‚heimlichen Ehen'* stellten damals ein schwerwiegendes Problem keineswegs bloß kirchendisziplinärer, sondern auch gesellschaftlicher Natur dar[8], dessen erfolgreiche Bekämpfung durch die Neuregelung in ‚Tametsi' als unbezweifelbar positiver Ertrag der kirchlichen Reformen beurteilt werden darf. Im Kontrast zu ähnlich laufenden Vorgängen im protestantischen Raum verband sich hier jedoch mit der pastoralen Heilungsabsicht unmittelbar der ekklesiale Wille, das sowohl durch die Existenz klandestinischer Ehen als auch durch die protestantische Eheauffassung gefährdete kirchliche Eherecht in seiner beherrschenden Kraft wieder zu errichten, ja, es über die früheren Möglichkeiten hinaus zu befestigen. Dieser Wille dokumentiert sich darin, daß von den 12 Lehrsätzen über das Ehesakrament 10 damit befaßt sind[9], Grundsätze der Ehemoral zu stützen, wie die Unauflöslichkeit des Ehebandes, oder aber auch den Vorrang des jungfräulichen Standes vor dem Ehestand; die entscheidende Absicht enthüllt sich jedoch im 12. Canon: „Wer sagt, Eheangelegenheiten gehören nicht vor einen kirchlichen Richter, der sei ausgeschlossen."[10] Berücksichtigt man den Interessenvorgang des Kirchenrechtes, dann wird verständlich, daß die dogmatische Intention das Gewicht auf die Zuordnung der Schöpfungsordnung zur Erlösungsordnung gelegt werden mußte, um den sakramentalen Charakter der Ehe und damit die Zuordnung des natürlichen Ehevertrages zur Gnadenvermittlung zu gewährleisten. Die Fragen nach der Wirkursache, nach Form und Materie treten ebenso zurück wie die nach der Rolle des trauenden Priesters, die erst nach der Durchsetzung des kirchlichen Eherechtes von Bedeutung wurde.

Dann aber meldeten sich diese *Probleme* kräftig zu Wort. M. Cano (s.o. S. 418), dessen Zugehörigkeit zur Schule von Salamanca hier nicht ohne Interesse ist[11], hat in seinem posthumen Hauptwerk die Überzeugung ausgesprochen, daß der Konsens der Brautleute zwar den „bürgerlichen und profanen Ehekontrakt" begründe, jedoch nicht „heiliges Werk der Religion" und „mit Sicherheit nicht im eigentlichen Sinne ein Sakrament" darstelle; daraus folgt, daß der Ehekonsens wohl als ‚Materie', nicht aber als die ‚Form' gelten könne, letztere demnach der kirchlichen Trauungshandlung zuzusprechen sei, bzw. die

[7] DS 1813–1816.

[8] Zu m. clad. LThK III, 693; vgl. Kl. Mörsdorf, Lehrbuch des Kirchenrechts, Bd. II, 11. Aufl., Pa. 1967, 142/43.

[9] DS 1803–1812; NR 736–746.

[10] DS 1812; NR 746.

[11] F. Ehrle, Die vatic. Handschriften d. Salmanticenser Theologen d. 16. Jh.s, in: Der Katholik, Zschr. f. kath. Wissensch. u. kirchl. Leben, hg. v. J. B. Heinrich u. Ch. Moufang, 65 (1885) 85ff.

Eheleute nur die ‚Empfänger', nicht aber die ‚Spender' des Sakramentes seien[12]. Mit dieser These wird eine Richtung eingeschlagen, die im sachlichen Gegensatz zum Armenierdekret, aber auch zum Dekret ‚Tametsi' steht, dessen Beschlußfassung der Konzilstheologe Cano freilich nicht mehr erlebt hat. Diese, wie ihr bewußt war[13], noch recht einsame Stimme bekam jedoch kräftige Unterstützung durch namhafte Theologen wie etwa von Fr. Sylvius[14] († 1648; vgl. LThK 9,1209) und anderen[15]. Neben sonstigen Sondermeinungen[16] bezog G. Vázquez (s. o. S. 436) eine vermittelnde Stellung, da ihm die Leiber der Ehekontrahenten als ‚Materie', deren Intention, zu tun, was die Kirche tut, hingegen als die sakramentale ‚Form' galten[17], eine Auffassung, der sich u. a. auch die sog. ‚Theologia Wirceburgensis' unter Führung von Th. Holzklau[18] († 1783; vgl. LThK ²10,1185) angeschlossen hat. Hier bleibt zwar der Ehekonsens konstituierendes Element der Sakramentalität, das Gewicht verschiebt sich aber zugunsten des kirchlichen Handelns bzw. des religiösen Aktes.

Von Interesse ist die ambivalente Wirkung, die von dieser *Verlagerung der ‚Form'* in das kirchlich-priesterliche Handeln ausging, bzw. die unterschiedlichen Motivationen, die sich ihrer bedienten. Zwar darf man bei M. Cano (s. o. S. 418) und seinen unmittelbaren Gefolgsleuten an Hintergrund die humanistische Tendenz vermuten, ‚Natur' und ‚Gnade' säuberlich zu trennen, um der ersteren ihr Recht einzuräumen, wie es dem Konzept von der ‚natura pura' entsprach. Andererseits dominierte das klerikale Interesse, die Sakramentalität der Ehe dem priesterlichen Wirken zuzuschreiben. Jedoch hat die entgegengesetzte Möglichkeit, am humanistischen Motiv sich anlehnend, Anklang gefunden, und zwar ebenfalls aus kirchenpolitischer Motivation, die allerdings in eine andere Richtung drängte[19]. Den sog. ‚Hoftheologen' des gallikanischen und josephinischen Lagers war jene Trennung eine willkommene Gelegenheit, den Ehevertrag dem bürgerlich-staatlichen Bereich zuzuordnen, um das religiös-sakramentale Moment der Kirche als deren Rechtsraum zu sichern. Charakteristisch war, daß auf diese Weise der bürgerliche Ehekonsens nicht mehr als sakramentale ‚Materie' bewertet werden konnte, sondern nur mehr als deren ‚Voraussetzung'[20]. Die praktische Möglichkeit, mit Hilfe solcher Theorien das zwischen Staat und Kirche zunehmend heikler werdende Problem der Zuständigkeit für das Eherecht einvernehmlich auszubalancieren, bot Anlaß genug, sich ihrer zu bedienen. Es ist kennzeichnend, daß Pius VII. noch im Jahre 1816 keinen Anlaß fand, die theologische Diskussion diesbezüglich zu beenden[21] bzw. daß sich dies erst unter Pius IX. anbahnte[22], unter dem die Straffung des innerkirchlichen Systems im

---

[12] De locis theologicis (1564) lib. VIII cap. 5; vgl. M. J. SCHEEBEN, Ges. Schriften, Band II: Die Mysterien d. Christentums, 3. Aufl., ed. J. Höfer, Freiburg 1958, 501 Anm. 22; J. TERNUS, aaO. S. 454ff.

[13] TERNUS, 455 Anm. 1.

[14] FR. SYLVIUS († 1648), in Suppl. q. 42, a. 1, q. 1 squ. und II–II. q. 100, a. 2, in resp. ad 6, zit. Ternus 455 Anm. 2.

[15] W. ESTIUS († 1613); H. TOURNELY († 1729).

[16] Z.B. AMBROSIUS CATHARINUS († 1604), vgl. Ternus 455 Anm. 3 und 470.

[17] G. VAZQUEZ, De sacramentis in genere, Sisp. 138, cap. 5 n. 63 squ., zit. Ternus 455 Anm. 4; POHLE-GUMMERSBACH, Lehrbuch d. Dogmatik III, 9. Aufl., Pa. 1960, 607ff.

[18] Vgl. LThK X, 1185.

[19] TOURNLEY war z.B. Anti-Jansenist; vgl. SCHEEBEN, 503.

[20] POHLE-GUMMERSBACH III 603.

[21] Ebd.

[22] Im Syllabus vom 8. 12. 1864, DS 2966 u. 2973; vgl. TERNUS, 456.

Zusammenhang einer bewußten Konfrontation mit der fortschreitend säkularistischen Umwelt ihren zielbewußten Anfang nahm. Die nachfolgenden Päpste haben keinen Zweifel darüber gelassen, daß das höchste Lehramt seither von dem Grundsatz ausgeht, daß „Christus den rechtsgültigen Ehevertrag zwischen Gläubigen zum Zeichen der Gnade bestimmte“[23]. Damit kehrt die römische Kirche zum Ansatz des Armenierdekretes (s. o. S. 467f.) und der Entscheidung des Dekretes ‚Tametsi‘ zurück. Es ist freilich anzunehmen, daß diese Rückwendung noch ohne Ahnung neuer Aspekte erfolgte, die sie jedoch eröffnet hat: ein laikales Selbstbewußtsein begann sich nunmehr als ‚Spender‘, oder wenigstens als ‚Mitvollzieher‘[24], dieses Sakramentes zu verstehen, ja als Repräsentanten eines Geschehens, in welchem Christus, „wenn Brautleute am Altar ihr Jawort geben“, selbst „ehelicht“[25]. Das einzige wesentliche dogmatische Problem, das den nachtridentinischen Katholizismus im Blick auf das Ehesakrament bewegt hat, wurde somit im Zeichen einer bewußten *Verhärtung der dogmatisch-rechtlichen Grundposition* abgeschlossen, aber es zeigt sich, daß gerade damit nicht das letzte Wort gesprochen ist.

Abschluß

Die Sakramententheologie des tridentinischen Katholizismus hat dessen eigentümliches Wesen wie auch seine starken Wirkungen bis heute noch deutlicher hervortreten lassen. Auf diesem Hintergrund allein sind Dogmenentwicklung und Lehre des römischen Katholizismus der neueren Zeit zu begreifen, die im Band 3 dieses Werkes darzustellen sein werden. Dabei wird es nötig sein, einen anderen Darstellungsmodus als den bislang angewandten zu finden, um der geschichtlichen Bewegtheit gerecht zu werden, die, wie die moderne Zeit überhaupt, so auch den Katholizismus ungewöhnlich stark mitbestimmt hat. Dieser Blick nach vorne rechtfertigt rückblickend die Darstellungsweise der tridentinischen bzw. nachtridentinischen Epoche, und zwar in einer doppelten Weise: einmal ist diese dadurch charakterisiert, daß mit dem Konzil von Trient eine gemäßigte katholische Reform sich durchzusetzen wußte, die zugleich eine dogmatische Konsolidierung erbrachte, die trotz aller sachlichen Annäherung weder in der unmittelbar vortridentinischen Ära noch auch im ganzen Mittelalter erreicht worden war. Diese Konsolidisierung hatte nun die Gestalt eines festgefügten dogmatischen Systems angenommen, das als Garantie für den gleichmäßigen Fortbestand der römisch-katholischen Lehre empfunden wurde und tatsächlich als solche wirken konnte. Wenn dieses System auch Spielräume für Modifikationen offenließ, manchmal sogar auch zu einem eigenen befriedigenden Abschluß sich gar nicht befähigt zeigte, wie etwa an der notwendig gewordenen kirchenamtlichen Abwürgung des sog. ‚Gnadenstreites‘ deutlich wurde, so hat es doch aufs Ganze gesehen die dogmatischen Grundlinien in einer Weise festgelegt, die es hinfort gebieterisch erforderlich machte, eben diese Grundlinien einzuhalten. Wenn man den auf protestantischem Boden erwachsenen Be-

---

[23] Pius IX. Enc. ‚Casti connubii‘ vom 31. 12. 1930, DS 3713; NR 759.

[24] Pohle-Gummersbach, 633; Scheeben, 501 Anm. 22.

[25] Ternus, 474.

griff der ‚norma normata' in berechtigter sachlicher Analogie auf die tridentinische Dogmatik anwendet, dann läßt sich die These vertreten, das dogmatische System von Trient, vervollständigt durch die aufgezeigten Auffassungen in den einzelnen Lehrstücken, seine zu einer geschlossenen ‚norma normata' geworden, mit deren Hilfe unbezweifelbar festgelegt werden kann, was katholisch ist oder nicht.

Die Darstellung der neueren Geschichte wird zeigen, daß das oberste Lehramt bis heute immer dazu neigt, die nachtridentinische Theologie gleichsam als letztinstanzliche und damit als absolute Norm anzusetzen. Insbesondere die pausenlose Abweisung von scheinbaren und wirklichen häretischen theologischen Strömungen, wie sie seit der Wiedererstarkung der päpstlichen Hegemonie unter Pius IX. üblich geworden war, orientierte sich grundsätzlich an jenen Grundlinien. Ermöglicht war dies durch den folgenreichen Umstand, daß das durch das Tridentinum inaugurierte römisch-katholische Lehrsystem im Grunde stets intakt blieb, auch wenn es Phasen der Schwäche oder Aushöhlung hinnehmen mußte. Daran hat sich bis heute nichts grundlegend geändert, wenn auch beispielsweise vor, während und nach dem II. Vaticanum wichtige Aspekte einer diesbezüglichen Veränderung in Erscheinung traten. Noch immer ist die nachtridentinische Dogmatik eine imponierende Kraft, und dies rechtfertigt es auch, daß in der vorausliegenden Darstellung nicht die einzelnen historischen Phasen, sondern das System nach seinem Gesamtgerüst zum Gegenstand der Sachdarbietung gemacht worden ist. Dies ist der zweite oben angedeutete Aspekt: auch heute noch ist und bleibt es wichtig, die traditionelle katholische Lehre möglichst prägnant vor Augen zu haben, auch wenn, wie die Darstellung des neueren Katholizismus zeigen wird, wir es mit einer vielfältig gewandelten römischen Theologie zu tun haben. Aber auch jene feststellbaren Veränderungen sind mindestens dadurch mit jenem System verbunden, daß sie sich jeweils nur in Auseinandersetzungen mit diesem artikulieren und durchsetzen können.

FÜNFTER TEIL

Lehre und Bekenntnis der Orthodoxen Kirche:

Vom 16. Jahrhundert bis zur Gegenwart

Von REINHARD SLENCZKA

Gesamtdarstellungen: AUR. PALMIERI, Theologia Dogmatica Orthodoxa (Ecclesiae Graeco-Russicae) ad lumen catholicae doctrinae examinata et discussa. Tomus I/II. Florentiae 1911/13; M. JUGIE, Theologia Dogmatica Christianorum Orientalium ab Ecclesia Catholica Dissidentium, Vol. 1–5. Parisiis 1926–1935; F. HEILER, Urkirche und Ostkirche. Die katholische Kirche des Ostens und des Westens, Bd. 1, München 1937. Neubearbeitung: Die Ostkirchen, Hg. H. Hartog, A. Heiler, München, Basel 1971; P. BRATSIOTIS (Hg.), Die Orthodoxe Kirche in griechischer Sicht (= Die Kirchen in der Welt, Bd. 1), Stuttgart 1970²; G. A. MALONEY, A History of Orthodox Theology since 1453, Belmont 1976.

Nachschlagewerke: Pravoslavnaja Bogoslovskaja Enciklopedija. Hg. A. P. LOPUCHIN und N. N. GLUBOKOVSKIJ, Bde. 1–10, Sankt Petersburg 1900–1910. Thrēskeutikē kai Ēthikē Egkyklopaideia. Hg. ATH. MARTINOS, Bde. 1–12, Athen 1962–1968; R. L. LANGFORD-JAMES, A Dictionary of the Eastern Orthodox Church, New York 1923, Nachdruck 1976; W. NYSSEN, P. WIERTZ, H.-J. SCHULZ (Hgg.), Handbuch der Ostkirchenkunde. 3 Bde., Düsseldorf 1984², 1997; A. S. HERNÁNDEZ, S. J., Iglesias de Oriente. Bd. 1: Puntos Especificos de su Teologia, Santander 1959; Bd. 2: Repertorio Bibliografico, Santander 1963.

Quellensammlungen: IOAN. KARMIRIS, Ta dogmatika kai symbolika mnēmeia tēs Orthodoxou Katholikēs Ekklēsias, 2 Bde., Athen 1960², Graz 1968³; E. KIMMEL, H. WEISSENBORN (Hg.), Monumenta Fidei Ecclesiae Orientalis, Bd. I u. II, Jena 1850 (bietet neben griechischen Texten lateinische Übersetzungen); J. MICHALCESCU (Hg.), Die Bekenntnisse und die wichtigsten Glaubenszeugnisse der griechisch-orientalischen Kirche im Originaltext, nebst einleitenden Bemerkungen, Leipzig 1904; J. KARMIRIS, E. VON IVÁNKA, Repertorium der Symbole und Bekenntnisschriften der griechisch-orthodoxen Kirche in lateinischen (oder, in einigen Fällen, deutschen oder französischen) Übersetzungen, im Anschluß an das Werk von Johannes Karmiris, Ta dogmatika kai symbolika mnēmeia tēs orthodoxou katholikēs Ekklēsias, Athen I 1952, II 1953, Graz 1968².

(Ergänzende Literatur im Anhang)

Einleitung

Die Behandlung der neueren ostkirchlichen Theologiegeschichte in einem evangelischen Handbuch der Dogmengeschichte bedarf einer Begründung und Abgrenzung. Denn bislang hatte sie ihren Ort in der Symbolik oder Konfessionskunde, und damit wurde die ekklesiologische Differenz festgehalten. Durch die Aufnahme in eine allgemeine Geschichte der christlichen Lehre erscheint jedoch die ostkirchliche Theologie als besondere zeitliche Entwicklung und lokale Ausprägung auf einer allen christlichen Traditionen gemeinsamen Basis. Von der Sache wie nach den geschichtlichen Beziehungen ist diese Betrachtungsweise durchaus gerechtfertigt, zumal im Zeitalter ökumenischer Begegnung. Vor allem wird damit ausgeschlossen, daß dieser Bereich allein dem Spezialisten überlassen bleibt. Eine grundsätzliche Schwierigkeit liegt jedoch darin, daß die dogmen- bzw. theologiegeschichtliche Betrachtungsweise, wie sie in der evangelischen Theologie seit dem 19. Jahrhundert üblich ist, nicht ohne weiteres mit dem Selbstverständnis orthodoxer Theologie vereinbar ist. Denn Bruch der kirchlichen Einheit bedeutet nach orthodoxem Verständnis zugleich einen Verlust an Wahrheit, während von einer Identität der Lehre nur in der Kontinuität der Kirchengemeinschaft die Rede sein kann. Nach reformatorischem Verständnis hingegen wird die Einheit von der Wahrheit her bestimmt und begründet. Dieser Unterschied, der nicht unbedingt als Gegensatz gewertet werden muß, bildet ein Leitmotiv in der Begegnung von reformatorischer und orthodoxer Theologie. Er bestimmt auch Methoden und Kriterien der Dogmen- und Theologiegeschichte. Denn wo mit den ersten sieben ökumenischen Konzilen und durch die Väter der – wie es dazu heißt – ‚ungeteilten Kirche' die Lehre abschließend definiert ist, dort kann es strenggenommen nur Abfall von der Wahrheit und Einheit bzw. Rückkehr zu ihr geben. Die theologische Aufgabe besteht dann darin, die Wahrheit zu bezeugen, zu bewahren und zu verteidigen gegenüber Irrtum und Bestreitung. Weil sie in der geschichtlichen Kontinuität und Identität der Kirche evident ist, braucht sie nicht erst gesucht zu werden.

Der Weg zum Verständnis und zur Verständigung ist, wie viele Beispiele aus der Forschung zeigen, sofort verstellt, wenn der in der neueren evangelischen Dogmen- und Theologiegeschichte übliche Entwicklungsgedanke und die Verstehensfrage als Methode und Kriterium der Geschichtsbetrachtung eingeführt werden. An diese Differenz muß gerade dann erinnert werden, wenn die geschichtliche Betrachtungsweise in ihrer eigenen Geschichtsbedingtheit nicht mehr bedacht wird. Andernfalls kommt es zu verhängnisvollen Fehlurteilen.

Nach der zeitlichen Abgrenzung wird in diesem Beitrag die Epoche behandelt, die ungefähr mit dem Fall von Konstantinopel 1453 und der Türkenherrschaft über weite Bereiche der griechischen Orthodoxie beginnt. Allerdings bedeutet der politische Zusammenbruch des oströmischen Reiches keineswegs einen Zusammenbruch der byzantinischen Theologie, sondern eher eine geographische Verlagerung und zugleich eine wirkungsvolle Ausbreitung nach Griechenland, nach Italien, auf dem Balkan und in Rußland. Es entstehen neue Schulen von Orthodoxen und für Orthodoxe. Orthodoxe Theologen studieren an westlichen Schulen; nicht selten treten sie zeitweise in die römische Kirchengemeinschaft ein. Bei aller sachlichen Übereinstimmung in dem Erbe griechischer Theologie kommt es zu einer Verselbständigung theologischer Schulen und Richtungen von der Sprache her. Neben die griechische Orthodoxie tritt die slawische in ihren verschiedenen nationalkirchlichen Ausprägungen. In der unmittelbaren Gegenwart führen die Emigrantenbewegungen zum Entstehen neuer theologischer Zentren, besonders im französischen und englischen Sprachbereich. Von einer Isolierung kann nicht die Rede sein.

Die ganze Epoche ist von Anfang an bestimmt durch eine sehr enge Begegnung und Auseinandersetzung mit der römisch-katholischen und der reformatorischen Theologie. Unter türkischer Herrschaft bemühen sich die orthodoxen Kirchen um politischen Rückhalt und finanzielle Unterstützung im Norden und Westen. Viele der führenden Hierarchen und Theologen haben im Westen studiert. Vom Westen sucht man hingegen immer wieder Ansatzpunkte, um die Florentiner Union von 1439 mit oft bedenklichen Mitteln durchzusetzen. Nicht zuletzt wird der Konflikt zwischen Rom und Reformation auf die Ostkirche übertragen im Werben beider Parteien um theologische Anerkennung. Dies prägt und belastet bis in die Gegenwart die ostkirchliche Theologie in allen Bereichen. Die Auseinandersetzung mit den katholischen und protestantischen Einflüssen wird zu einem ständigen Thema.

Der Raum für die Darstellung dieser reichen Epoche ist sehr begrenzt. Daher können nur einzelne Schwerpunkte herausgegriffen und an ausgewählten Beispielen vorgeführt werden, und ein solches Unternehmen bleibt in vieler Hinsicht unbefriedigend und anfechtbar. Die griechische und vor allem dann die russische Theologie rücken in den Vordergrund, während die besonders seit dem vorigen Jahrhundert sich zum Teil sehr fruchtbar entwickelnden nationalen Theologien in Griechenland, auf dem Balkan und in der westlichen Emigration einfach nicht in angemessener Weise unterzubringen sind.

Die Form der Darstellung ist paradigmatisch, und die direkte Zitierung soll helfen, einen Eindruck von den oft nur schwer zugänglichen Quellen zu vermitteln. Hervorgehoben wird die wechselvolle, doch durchgehende Begegnung mit der westlichen und vor allem mit der reformatorischen Theologie. Bei der Literaturauswahl wurden die Veröffentlichungen in westlichen Sprachen bevorzugt, während aus dem griechischen und slawischen Sprachbereich vor allem die Standardwerke in Transkription und – soweit nötig – mit Übersetzung des Titels angegeben werden.

Kapitel I: Orthodoxie und Reformation im 16. und 17. Jahrhundert

Literatur: PH. MEYER, Die theologische Literatur der griechischen Kirche im sechzehnten Jahrhundert (= Studien zur Geschichte der Theologie und der Kirche, Bd. 3, H. 6), hg. von N. BONWETSCH und R. SEEBERG, Leipzig 1899, Neudruck Aalen 1972; E. LEGRAND, Bibliographie Hellénique, ou description raisonnée des ouvrages publiés en grec par des Grecs au XV. et XVI. siècles, 2 Bde., Paris 1885; E. LEGRAND, Bibliographie Hellénique... XVII. siècle, 5 Bde., Paris 1894–1896; L. PETIT-E. LEGRAND, Bibliographie Hellénique du XVIIIe siècle, T. 1, Paris 1918; E. BENZ, Wittenberg und Byzanz. Zur Begegnung und Auseinandersetzung der Reformation und der östlich-orthodoxen Kirche, Marburg 1949; ST. RUNCIMAN, Das Patriarchat von Konstantinopel vom Vorabend der türkischen Eroberung bis zum griechischen Unabhängigkeitskrieg, München 1970 (engl.: The Great Church in Captivity, Cambridge 1968); J. PELIKAN, The Spirit of Eastern Christendom (600–1700) (= The Christian Tradition Vol. II), Chicago, London 1974; E. BENZ, Die Ostkirche im Lichte der protestantischen Geschichtsschreibung von der Reformation bis zur Gegenwart, München 1952; J. KARMIRIS, Orthodoxia kai Protestantismos, Bd. I, Athen 1937; G. FLOROWSKI, Die orthodoxen Kirchen und die ökumenische Bewegung bis zum Jahre 1910, in: R. Rouse, St. Ch. Neill, Geschichte der Ökumenischen Bewegung 1517–1948, Bd. I, Göttingen 1963², 231–296.

§ 1 Wittenberg und Byzanz

Die Eroberung Konstantinopels und die ständige Bedrohung durch die Türken stellte die christliche Welt in Ost und West vor beunruhigende Fragen. Ist der Fall des Zentrums der östlichen Christenheit Gottes Strafe für den Abfall von der Wahrheit? Kann es unter der Herrschaft des türkischen Antichristen überhaupt noch eine christliche Gemeinde geben? Ein Redewechsel zwischen *Martin Luther* und *Johann Eck* während der Leipziger Disputation von 1519[1] vermittelt einen Eindruck von der theologischen Bedeutung dieser Fragen. Im Streit um den päpstlichen Universalprimat verteidigt Luther den Standpunkt, allein Christus, nicht aber ein Mensch sei nach Gottes Willen das einzige Haupt der Kirche auf ihrer irdischen Wanderschaft. Der Primat Petri sei nur menschlichen, nicht göttlichen Rechts, daher auch nicht heilsnotwendig[2]. Luther verweist als Beispiel auf die Ostkirche, die, ohne dem römischen Stuhl zu unterstehen, dennoch Kirche unter der Verheißung von Mt 16,18 sei. Von Eck wird dies energisch bestritten: „Grecos longo tempore non solum fuisse schismaticos, sed hereticissimos."[3] Irrtümer in der Lehre und Bruch der Kirchengemeinschaft – es wird an die gescheiterte Union von Florenz 1439 erinnert – seien Ursache für das Strafgericht mit dem endgültigen Zusammenbruch des byzantinischen Reiches. Dagegen verweist Luther auf die großen Theologen, die vielen Heiligen und Märtyrer der Griechen als unübersehbares Zeichen wahrer Kirche. Vor allem aber sei das Zerbrechen des irdischen Reiches niemals mit dem Verlust des himmlischen Reiches gleichzusetzen: „Als ob der Glaube nicht erhalten bleiben könnte, wenn das Reich verloren ist; als ob man so schließen könne: bei den Griechen gibt es keine Christen, weil es kein Reich gibt. Mit gleichem Recht könnte man auch sagen, die Märtyrer seien von der Hölle überwunden."[4]

Unterschiede in der Leitung und Ordnung der Kirchen können die christliche Einheit nicht aufheben, die durch die Übereinstimmung in Taufe, Abendmahl, Evangelium sowie in den Grundartikeln des Glaubens beruht. Daher waren die Reformatoren alle überzeugt, daß nach der Beseitigung der Mißbräuche die ursprüngliche Reinheit des Wortes Gottes und zugleich die Übereinstimmung mit allen anderen Kirchen, besonders mit der Ostkirche, hervortreten werde: „*... als da sein die Moscobiten, weysse reussen, die krichen, behemen und vil andere grosse lendere in der welt. Dan disse alle glewben wie wir, teuffen wie wir, predigen wie wir, leben wie wir ...*"[5] Sie sind Christen, selbst wenn sie den Primat des Papstes nicht als göttliches Recht anerkennen, was nicht ausschließt, daß der Papst unter dem Evangelium als Oberhaupt einer lokalen Kirche geachtet wird.

So begegnet gleich in den Anfängen der Reformation im Blick auf die Ostkirche die These von der Einheit im Grundsätzlichen des christlichen Glaubens trotz der Unterschiedenheit in der äußeren Ordnung und den Zeremonien. Die Einheit im Grundsätzlichen erweist sich in der Übereinstimmung mit der alten Kirche. *Melanchthon* beruft sich in der Apologie zur „Confessio Augustana" mehrfach auf die Übereinstimmung mit den Griechen, z. B. im Verständnis der Realpräsenz[6], bei der Austeilung des Mahles unter beiderlei Gestalt[7], bei der Ablehnung der Privatmessen[8]. Er zitiert die Chrysostomosliturgie, um durch sie zu zeigen, wie in der alten Kirche die Eucharistie nicht als Wiederholung des Opfers, sondern im Gesamtzusammenhang des Gottesdienstes mit dem Schwerpunkt auf der Sündenvergebung verstanden worden sei[9], wie schließlich auch die Eucharistie nicht als Opfer und Genugtuung für die Toten aufgefaßt werde,

[1] WA 2,254–383, s. o. S. 25 f. [2] 257ff.; 279,17; 288,17. [3] 269.
[4] 277,4; E. Benz, Die Ostkirche im Lichte ..., 12. [5] WA 6,287,8ff.
[6] Apol 10,55 = BSLK 248,14f. [7] 22,4 = 329,21f. [8] 24,6 = 350,37f.
[9] 24,88 = 373,24ff.

wiewohl das Gedächtnis der Toten und die Fürbitte für sie ihren Ort in der Abendmahlsliturgie haben[10].

Ihre praktische Anwendung findet die These von der Einheit des Glaubens in der Verschiedenheit der Zeremonien dort, wo die Reformation unmittelbar der Orthodoxie begegnet. Einer dieser Begegnungspunkte ist Siebenbürgen, wo 1543 dieser Grundsatz u. a. in dem Reformationsbüchlein von Johannes Honterus (1498–1549), „Reformatio ecclesiae Coronensis ac totius Barcensis provinciae", vertreten wird. In der 1547 erschienenen „Kirchenordnung aller Deutschen in Siebenbürgen" wird ausdrücklich auf die Gültigkeit der orthodoxen Taufe hingewiesen[11]. Ausgeführt ist diese These auch in dem Schreiben, das von den protestantischen Teilnehmern an der Generalkonföderation von Wilna 1599 zwischen Orthodoxen und Protestanten an die Patriarchen von Konstantinopel und Alexandria geschickt worden ist[12].

Von Wittenberg aus werden von Melanchthon die Beziehungen mit Konstantinopel über den serbischen Diakon Demetrios Mysos aufgenommen[13]. Mit einem Begleitschreiben Melanchthons[14] überbringt er dem ökumenischen Patriarchen Joasaph II. (1555–1564) eine griechische Übersetzung der Confessio Augustana, die unter dem Namen des Arztes und Schulrektors Paulus Dolscius (Dölsch) aus Plauen in Basel 1559 erschienen war[15]. Eine Antwort auf die Bitte Melanchthons, der Patriarch möge sich selbst von der Übereinstimmung mit der Heiligen Schrift, den altkirchlichen Konzilien und den rechtgläubigen Vätern überzeugen, ist nicht bekannt.

§ 2 Tübingen und Konstantinopel 1573–1581

Quellen: Acta et Scripta Theologorum Wirtembergensium, et Patriarchae Constantinopolitani D. Hieremiae, quae utrique ab anno MDXXVI usque ad annum MDLXXXI de Augustana Confessione inter se miserunt: graece et latine ab ijsdem Theologis edita. Wittenberg 1584.

Wort und Mysterium. Der Briefwechsel über Glauben und Kirche 1573 bis 1581 zwischen den Tübinger Theologen und dem Patriarchen von Konstantinopel. Hg. vom Außenamt der Evangelischen Kirche in Deutschland (= Dokumente der Orthodoxen Kirche zur ökumenischen Frage, Bd. II), Witten 1958 (deutsche Übersetzung in Auszügen), Lit.!

Vollständiger Abdruck der drei Schreiben des Patriarchen bei Karmiris, Mnēmeia, 437–489.

Zitiert wird im folgenden zuerst nach der deutschen Übersetzung ‚Wort und Mysterium' = WM. Die dort ausgelassenen Stücke aus den Briefen des Patriarchen werden nach Karmiris, ‚Mnēmeia', die aus den Tübinger Briefen nach ‚Acta et Scripta' = AS zitiert. (Ergänzende Literatur im Anhang)

Als Prediger des kaiserlichen Botschafters David Ungnad kommt 1573 der Tübinger Theologe Stefan Gerlach (1546–1612) nach Konstantinopel. Mit Briefen von Martin Crusius, Professor des Lateinischen und Griechischen, sowie von Jakob Andreä (1528–1590), Professor, Propst und Kanzler der Universität

10 24,93 = 375,28ff.

11 H. Pitters, Orthodox-lutherische Begegnung in Rumänien. KiO 20, 1977, 179–191; O. Wittstock, Johannes Honterus. Der Siebenbürger Humanist und Reformator. Der Mann – Das Werk – Die Zeit (= KiO Monographienreihe 10), Göttingen 1970.

12 Text: J. Karmiris, Orthodoxia kai Protestantismos, 54–85; vgl. Kyrios 1, 1936, 409ff.

13 E. Benz, Wittenberg und Byzanz, 59ff.

14 CR 9,992f. datiert vom 25. 9. 1559.

15 E. Benz, 94ff.; G. Kretschmar, Die Confessio Augustana graeca. KiO 22, 1977, 11–39.

Tübingen, überbringt Gerlach dem Patriarchen Jeremias II. (Tranos) ein griechisches Exemplar der CA[16]. Daraus ergibt sich eine längere Korrespondenz, in deren Mittelpunkt drei Briefe des Patriarchen zur CA sowie zwei Antworten der Tübinger stehen.

Als sie die Verbindung mit dem fernen Patriarchen aufnahmen, setzten die Tübinger voraus, daß sie im Grundsätzlichen mit der Ostkirche eins sind: „Auf einen Heiland Christus seid Ihr und sind wir getauft. An ihn als den einzigen Erlöser des Menschengeschlechtes glauben wir. Allein durch seine Kreuzestat wissen wir uns gerettet."[17] So schreibt Andreä in dem Empfehlungsbrief für Gerlach, und bei der Übersendung der CA stellt er die Frage: „Ob wir, was Gott gebe, das gleiche in Christus meinen."[18] „Wenn wir auch in einigen Gebräuchen voneinander abweichen, da wir gar zu entfernt voneinander wohnen, so hoffen wir dennoch, in den Hauptstücken der Heilslehre keine Neuerer zu sein, sondern denjenigen Glauben, soweit wir es verstehen, zu umfangen und zu bewahren, der von den heiligen Aposteln und Propheten, den von Gottes Geist erfüllten Vätern und Patriarchen überliefert worden ist sowie von den Sieben Synoden, welche auf den von Gott eingegebenen Schriften gegründet sind."[19] Was in der Konkordienformel (s. o. S. 143 ff.) als „summarischer Begriff" formuliert worden ist, erscheint hier als dogmatisches Prinzip und wird bisweilen ausdrücklich zitiert[20].

In den *Prinzipien* jedoch zeigt sich bei den Antworten des Patriarchen sogleich der Gegensatz, wenn es im ersten Brief in vorsichtiger, doch bestimmter Korrektur heißt: „Ferner werden wir reden nach dem Urteil der göttlichen Lehrer und Ausleger der von Gott eingegebenen Schrift, welche die Allgemeine Kirche Christi nach gemeinsamer Entscheidung angenommen hat, da sie durch Worte und Wunder gleich einer zweiten Sonne den Erdkreis erleuchteten. Denn der Heilige Geist wehte in ihnen und sprach durch sie. Ihre Aussagen werden unerschüttert bleiben in Ewigkeit, da sie in dem Worte des Herrn gegründet sind."[21] Für diese *Normativität* patristischer Schriftauslegung beruft man sich auf Kanon 19 des 6. Ökumenischen Konzils von 680/81: „Aber auch wenn das geschriebene Wort erörtert wird, so soll man es nicht anders auslegen als die Leuchten der Kirche durch ihre eigenen Darlegungen es getan haben. Besser hierin sich zu bewähren als eigene Worte hinzuzufügen, damit man nicht etwa in Schwierigkeiten gerät und von dem abkommt, was not tut."[22] Diese Norm ist zugleich ekklesiologisch bestimmt durch die unaufhebbare Verbindung von Einheit und Wahrheit: „Wer nun der Gemeinde Christi angehört, der gehört ganz und gar der Wahrheit an, und wer nicht völlig der Wahrheit angehört, der gehört auch nicht der Gemeinde Christi an."[23]

Der Reihe nach, doch mit unterschiedlichem Gewicht und manchen Wiederholungen werden die Artikel der CA durchgegangen. Die Kontroverspunkte werden gleich zu Anfang erfaßt und dann zunehmend schärfer formuliert.

Die Anführung des Nicänum in CA I (s. o. S. 85 f.) liefert unmittelbar den Anlaß zur Erörterung des *Filioque,* der alten Unterscheidungslehre zwischen Ost und West. Dieses Thema wird mit besonderer Ausführlichkeit bis zum letzten

---

[16] 1572–1579; 1580–1583; 1586–1595.
[17] WM 32.
[18] WM 38.
[19] WM 39f.
[20] WM 133; 192.
[21] WM 52f.
[22] J. KARMIRIS, 435,475; WM 177,189.
[23] WM 53.

Schreiben der Tübinger behandelt. Zwar können die Tübinger darauf verweisen, daß von dem nizänischen Konzil 325 „überhaupt nichts zum Hervorgehen des Heiligen Geistes entschieden worden ist, weil es damals noch keinen Streit um die Gottheit des Heiligen Geistes oder über sein Hervorgehen gegeben hat“[24]. Auf die weitere Geschichte, die im Westen zur Einfügung des Filioque in das Symbol geführt hat, sowie auf die polemische Entgegensetzung der Formel vom Hervorgehen des Geistes „allein aus dem Vater“ seit Photios im Osten wird überhaupt nicht eingegangen. Die Kontroverse richtet sich vielmehr nun ganz auf die Zuordnung von ewigem Hervorgehen des Geistes aus dem Vater (ekporeusis/processio), was mit der Präposition „ek“ im Griechischen für die Erstursache bezeichnet wird, und von zeitlicher Sendung des Geistes (gr. pempsis, lat. missio). Über die innertrinitarischen Beziehungen kommt es rasch zu einer Verständigung, indem die Tübinger sich vergewissern, daß mit dem Hervorgehen allein aus dem Vater die wesenhafte Gottheit des Sohnes nicht eingeschränkt werden soll[25]. Freilich halten sie fest, daß die Homousie von Vater und Sohn ein „Filioque“ zur Folge haben müsse[26]. Erheblich größere Schwierigkeiten ergeben sich aber aus dem Anliegen der Orthodoxen, bei der Sendung des Heiligen Geistes zwischen der dritten Person der Trinität und der Gabe des Geistes in der Zuwendung zum Menschen zu unterscheiden. Denn, so heißt es mit einem gewichtigen Wort von Chrysostomos: „Nicht die Gottheit wird ausgeschüttet, sondern ihre Gabe.“[27] „Das Hervorgehen und das Gegebenwerden ist nicht dasselbe; denn das eine ist immer, das andere aber ist nicht immer.“[28] Zu unterscheiden sind also bei *ekporeusis* und *pempsis* auch *ousia* und *energeia* sowie *pneuma* und *charisma*. So wird das trinitarische zum soteriologischen Problem im Zusammenhang der Heilszueignung und Gotteserkenntnis.

Damit wird ein Thema berührt, das die Ostkirche mehrfach und bis in die neueste Zeit vor allem in den hesychastischen Streitigkeiten beschäftigt hat. Die Betonung der Unterscheidung von Wesen und Wirkung des Geistes richtet sich gegen die Gefahr, Göttliches und Menschliches zu vermischen. Diese Unterscheidung erscheint den Tübingern als eine Selbstverständlichkeit, aber gerade deshalb betonen sie immer wieder, „diese Sendung und das Hervorgehen in der Zeit hat als Voraussetzung das Geschehen in Ewigkeit“[29] – „Auch wenn das Senden und das Hervorgehen nicht eins sind ... so ist dennoch die Sendung von dem Hervorgehen abhängig, und der, welcher in der Zeit den Hl. Geist senden kann, von dem geht auch in Ewigkeit derselbe Hl. Geist aus. Und wenn der Hl. Geist die Kraft des höchsten Gottes ist, so behaupten wir nicht ohne Grund, daß diese Kraft nicht weniger von dem ewigen Sohn Gottes wie auch vom Vater ausgehe ...“[30]. Die Verständigung bleibt blockiert, weil die dogmatischen Abgrenzungen von verschiedenen Motiven bestimmt sind. Auf der orthodoxen Seite soll die Differenz von Schöpfer und Geschöpf gewahrt werden, auf der evangelischen Seite hingegen will man die immanente Wesenseinheit der Trinität auch in der ökonomischen Sendung nach außen festhalten, um damit die totale Zuwendung Gottes zum Menschen und die Annahme des Menschen durch Gott auszudrücken.

[24] WM 142; AS 159.
[25] AS 270.
[26] AS 271.
[27] J. Karmiris, 480.
[28] Ebd. 438.
[29] AS 277.
[30] AS 372f.

Bei den *Sakramenten* wird auf die Unterschiede in der Zahl hingewiesen, außerdem auf Unterschiede im Vollzug der Taufe durch dreifache Immersion im Osten gegenüber der Aspersion im Westen. Besonders wird das Chrisma im Zusammenhang der Taufe als „Siegel und Zeichen Christi" vermißt[31].

Die Lehre von der *Rechtfertigung* ist als besonderer Kontroverspunkt in der Korrespondenz nur schwer zu fixieren. Denn das Thema erscheint nicht nur im Zusammenhang von CA IV, sondern ebenso bei CA V und VI, bei den Sakramenten und vor allem bei den Fragen nach der Willensfreiheit CA XVIII und nach der Ursache der Sünde CA XIX (s. o. S. 87ff. u. S. 91ff.). Die systematische Zusammenfassung unter dem Thema „Von der Rechtfertigung aus Glauben und von guten Werken" erfolgt in der ersten Antwort der Tübinger[32], die sich bemühen, den dogmatischen Entscheidungspunkt der westlichen Kontroverse aus den anderen dogmatischen Themen herauszulösen und ihn biblisch und patristisch zu begründen. Die systematische Unterscheidung von Glauben und Werken, Rechtfertigung und Heiligung, die nach der Konkordienformel nicht eine sachliche Trennung sein soll, bildet den Kontroverspunkt.

Vom Patriarchen wird schon im ersten Brief gegen den Satz von einer Rechtfertigung allein aus Glauben mit Jak 2,17 darauf hingewiesen, daß der Glaube ohne Werke tot sei[33]. Mit Basilius wird von einer ‚symmachia' der göttlichen Gnade mit dem menschlichen Bemühen und Streben[34] gesprochen. Ebenso eindeutig ist aber die Feststellung, daß niemand nach seinem Tun vor Gott bestehen kann: „Man darf aber nicht auf die Werke vertrauen, noch sich pharisäisch rühmen, sondern: wenn wir das alles getan haben nach dem Wort des Herrn (Lk 17,10), sind wir unnütze Knechte. Alles muß man der Gerechtigkeit Gottes überlassen. Denn was wir beibringen, ist wenig oder nichts."[35]

Die Tübinger Theologen scheitern in ihrer Erwiderung an der Schwierigkeit, die westliche Kontroverse um die Rechtfertigung in positive Aussagen zu übertragen und den Bezug auf das christliche Leben herauszustellen. Daß das Thema der Rechtfertigung für die Reformatoren aus der Kritik an einer falschen Buß- und Beichtpraxis hervorgegangen ist (s. o. S. 23ff.), haben sie bereits vergessen, und für die orthodoxen Theologen wird das nicht erkennbar, obwohl sie ihrerseits gerade im Zusammenhang von Buße und Beichte mit großer Eindringlichkeit auf die Alleinwirksamkeit des göttlichen Heilswerkes hinweisen und damit in der Sache das Anliegen der Rechtfertigung aus Glauben vertreten: „Wenn der Glaube ohne Werke ist und das Werk ohne Glauben, so werden sie beide von Gott verworfen... Der *Glaube* ist die Gestalt dessen, was man hofft, und die Erhärtung dessen, was man nicht sieht (Hebr 11,1)." Oder: „Im Glauben ist das Unmögliche möglich; das Schwache kräftig; das Leidende leidlos; das Verwesliche unverweslich; das Sterbliche unsterblich. Dieses Mysterium ist groß! Die *Hoffnung* ist der verborgene Reichtum und der unbezweifelbare Schatz über allen Schätzen. Die *Liebe* ist die Quelle des Glaubens, ein Abgrund der Langmut, ein Meer der Demut, ein Wein der heiligen Seele, eine Gottgleichheit, soweit es den Sterblichen zusteht. Ohne diese drei kann man das Heil nicht finden."[36]

Die Verständigung scheitert, doch nicht in den vielen Einzelfragen, die bis weit in den Bereich kirchlicher Praxis und Frömmigkeit führen, sondern in der

[31] WM 58.
[32] WM 148ff.
[33] WM 59.
[34] WM 59; 62.
[35] WM 65.
[36] WM 180.

Grundsatzfrage des Schriftverständnisses und der Kriterien für die rechte Schriftauslegung. Von Konstantinopel wird der Briefwechsel abgebrochen mit dem Vorwurf, daß man in Tübingen die Leuchten und Lehrer der Kirche zwar theoretisch hochhält, doch praktisch verwirft. So aber läßt sich nach Meinung des Patriarchen nicht weiter diskutieren, und er schließt: „Geht nun Euren Weg! Schreibt uns nicht mehr über Dogmen, sondern allein um der Freundschaft willen, wenn Ihr das wollt. Lebt wohl!"[37]

Der Abbruch der theologischen Auseinandersetzung enthält keine Verwerfung bestimmter Lehren, noch bedeutet er ein Ende der Beziehungen. Trotzdem sind die Briefe des Patriarchen in der konfessionellen Polemik immer wieder als Verurteilung der reformatorischen Lehren durch die Orthodoxe Kirche aufgefaßt worden, zum ersten Mal in der Veröffentlichung des Briefwechsels durch Stanislaus Socolovius (*Sokolowsky*) in Krakau 1582 unter dem Titel „Censura Orientalis Ecclesiae de praecipuis nostri saeculi haereticorum dogmatibus"[38]. Andere sprechen von einem „abgelehnten Unionsangebot", wovon jedoch überhaupt nicht die Rede war. Innerhalb der Ostkirche schwankt bei aller Anerkennung des Inhalts die Beurteilung zwischen der Feststellung, daß der Patriarch „zwar nicht synodal, sondern nur ganz privat" geschrieben habe, und dem Hinweis auf „die drei dogmatischen und synodalen Schreiben an die Lutheraner in Tübingen in Deutschland"[39]. Zweifellos sind mit dieser Korrespondenz und der Nachwirkung, die sie in der ostkirchlichen Theologie hat, theologisch die Fronten zwischen Reformation und Orthodoxie festgelegt worden. Daher erscheinen die Briefe auch in der Liste der sogenannten orthodoxen Bekenntnisschriften neuerer Zeit.

§ 3 Die ‚orthodoxen Bekenntnisse' des 17. Jahrhunderts

Literatur: G. Hering, Ökumenisches Patriarchat und europäische Politik, 1620–1638 (= Veröffentlichungen des Instituts für Europäische Geschichtsforschung, Mainz, Bd. 45), Wiesbaden 1968 (Lit.!); W. Gass, Symbolik der griechischen Kirche, Berlin 1872.

Bekenntnisse hat es in der orthodoxen wie in jeder anderen Kirche aus verschiedenen Anlässen in verschiedenen Formen und zu allen Zeiten gegeben. Die Bekenntnisse des 17. Jahrhunderts haben ihre besondere Bedeutung für die dogmatische Abgrenzung orthodoxer Lehre gegenüber der römisch-katholischen und der reformatorischen Theologie. Dies geschieht auf dem Hintergrund heftiger politischer Auseinandersetzungen zwischen den verschiedenen konfessionellen Gruppen im Gebiet von Polen und Litauen sowie im Zusammenhang mit dem Ringen der europäischen Mächte um den Einfluß im osmanischen Reich. Von Rom wird versucht, die Florentiner Union von 1439 durchzusetzen. Ein fragwürdiges Ergebnis dieser Bemühungen ist die *Union von Brest-Litowsk* 1595/96. Die reformatorischen Kirchen bemühen sich um die Bestätigung ihrer Rechtgläubigkeit. Die Orthodoxie versucht gegenüber den konkurrierenden

[37] WM 213. [38] Dt. Ausgabe 1583 durch Johann Baptist Fickler, Ingolstadt.

[39] So schon in den Akten der Synode von Jerusalem 1672. Mansi, Vol. 34B: 1693B, 1767E.

Einflüssen ihre dogmatische Identität zu wahren, gleichzeitig aber auch politischen und wirtschaftlichen Rückhalt bei den christlichen Staaten Europas zu gewinnen.

Die Quellen

Aus der Fülle von Veröffentlichungen jener Zeit haben die folgenden Dokumente eine besondere Bedeutung gewonnen:

1. Das „*Bekenntnis der orientalischen Kirche*" des Metrophanes Kritopoulos (1589–1639)[40]. Von 1622–1627 hatte er Europa im Auftrag des ökumenischen Patriarchen Kyrillos Loukaris bereist. Das Bekenntnis ist eine reine Privatschrift und wurde 1625 in Helmstedt auf Bitten der Theologischen Fakultät verfaßt. Es sollte zeigen, daß auch „unter der Herrschaft des (türkischen) Antichristen das Christentum im Osten bewahrt werde". Veröffentlicht wurde die Schrift jedoch erst 1661. Ihre Bedeutung hat sie als „erster ernsthafter wissenschaftlicher Versuch eines orthodoxen Theologen, die durch die Reformation im Westen auftauchenden und aufgeworfenen neuen theologischen Probleme und Dogmen zu behandeln"[41]. Insgesamt kennzeichnet die Darstellung das Bemühen, eine Brücke zur reformatorischen Theologie zu schlagen und zugleich die Abgrenzung gegen die römisch-katholische Theologie zu unterstützen. Die für die späteren Dokumente typischen polemischen Fixierungen fehlen hier ganz.

2. Auslösendes Moment für alle weiteren Abgrenzungen gegen die Reformation ist im 17. Jahrhundert das „*Orientalische Bekenntnis des christlichen Glaubens*" von Kyrillos Loukaris (1572–1638)[42], der zwischen 1620 und seiner Ermordung 1638 siebenmal den Stuhl des Ökumenischen Patriarchen innehatte. Seine Bedeutung als Reorganisator und Reformator der Orthodoxie ist bis heute nur schwer gerecht zu beurteilen. Denn alles steht unter dem Schatten dieses Bekenntnisses, das nach seinem Ursprung und in wesentlichen Punkten des Inhalts als kalvinistisch gilt. Zweifellos ist es ebenfalls eine Privatschrift, freilich mit großen geschichtlichen Folgen in heftigen theologischen Auseinandersetzungen, die unmittelbar nach der Veröffentlichung 1633 in Genf entbrannten. „Das Bekenntnis wurde zum negativen Anlaß nahezu der gesamten dogmengeschichtlichen Bewegung in der orthodoxen-katholischen Kirche im 17. Jahrhundert."[43]

---

[40] Text: J. Karmiris, Mnēmeia II, 498–561; J. Michalcescu, 183–252; E. Kimmel, II, 1–213 (gr. u. lat.).

[41] J. Karmiris, Mnēmeia II, 493.

[42] Text: J. Karmiris, Mnēmeia I, 565–570; J. Michalcescu, 262–277; E. Kimmel, I, 25–44 (gr. u. lat.); dt. Text in: Die Eiche 15, 1927, 204–210. Die Theologie von Kyrill Loukaris darf nicht nur von seinem umstrittenen Bekenntnis her beurteilt werden. Dem werden bereits auf den antilukaristischen Synoden seine Predigten gegenübergestellt, die jetzt zum Teil neu ediert sind: K. Rozemond, Cyrille Lucar. Sermons (1598–1602) (= Byzantina Neerlandica 4), Leiden 1974. Dies., Notes marginales de Cyrille Lucar dans un exemplaire du Grand Catéchisme de Bellarmin (= Kerkhistorische Studien XI), s'Gravenhage 1963. Weitere Literatur: C. S. Calian, Cyril Lucaris: The Patriarch who failed (Journal of Ecum. Studies 10, 1973, 319–336); K. Rozemond, Patriarch Kyrill Lukaris und seine Begegnung mit dem Protestantismus des 17. Jahrhunderts. KiO 13, 1970, 9–17; M. Candal, La ‚Confessión de fe' calvinista de Cirilo Lùcaris (Miscelánea Comillas, XXXIV–XXXV, Collectánea teologica al R. P. Joaquin Salaverri SJ). Commillas 1960, 256–272; Kyrillos o Loukaris (1572–1638) Tomos ekdidomenos epi tē triakosieteridi tou thanatou autou (1638–1938), Athen 1939; R. Schlier, Der Patriarch Kyrill Lukaris von Konstantinopel. Sein Leben und sein Glaubensbekenntnis. Marburg 1927.

[43] J. Karmiris, Mnēmeia II, 564f.

3. Die Verurteilung der nichtorthodoxen Lehren Kyrills und damit die Abgrenzung gegenüber der reformatorischen Theologie erfolgt durch die sogenannten antilukaristischen lokalen *Synoden*, die unmittelbar nach dem Tod Kyrills beginnen: 1638 in Konstantinopel, 1642 in Konstantinopel und Jassy, 1672 in Konstantinopel und Jerusalem sowie 1691 in Konstantinopel[44]. Dabei rücken zwei weitere Schriften in den Vordergrund: Der Große Katechismus bzw. die Confessio Orthodoxa des Kiever Metropoliten Petrus Mogila (1596–1646) und das Bekenntnis des Patriarchen Dositheos (Skarpetis) von Jerusalem (1641–1707). Die „*Confessio Orthodoxa*" des Petrus Mogila[45] ist nur indirekt eine antilukaristische Schrift. Denn zunächst sollte sie dazu dienen, die empfindliche Lücke an eigenen Gesamtdarstellungen des orthodoxen Glaubens zu schließen. Im Original in lateinischer Sprache abgefaßt, lehnt sie sich auch im Inhalt eng an die Katechismen des Petrus Canisius (s. o. S. 426, A. 5) an. Die neun Kirchengebote[46] sind aufgenommen, ebenso die ausgefeilte Systematik der scholastischen Gnaden-, Buß- und Sündenlehre[47]. Von einer antiprotestantischen Tendenz kann schwerlich die Rede sein. Der hierfür oft angeführte pointierte Hinweis auf die Zusammengehörigkeit von Glaube und Werken in der ersten Frage wird in der zweiten Frage sogleich präzisiert: „Ohne Glauben ist es unmöglich, Gott zu gefallen... Also, damit ein Christ Gott gefalle und seine Werke ihm angenehm seien, muß er zuerst den Glauben an Gott haben und dann nach dem Glauben sein Leben führen."[48] Dasselbe gilt für die Warnung vor einem allzu großen Vertrauen (nimia confidentia) auf die göttliche Gnade. Abgelehnt wird zwar ein „sola fide absque operibus". Doch es folgt darauf sogleich eine Erörterung der „desperatio de misericordia Dei" mit dem Hinweis auf das Gleichnis vom verlorenen Sohn[49]. Die drei Hauptteile sind gegliedert nach den theologischen Tugenden: Glaube, Hoffnung, Liebe.

Den Synoden von 1642 in Konstantinopel und Jassy wurde der Katechismus wegen seiner latinisierenden Tendenzen vorgelegt; er blieb über 20 Jahre in den Archiven des Ökumenischen Patriarchats, bis er 1667 zum ersten Mal griechisch in Holland veröffentlicht wurde. 1685 approbierte Patriarch Jakobos I. eine slawische Übersetzung, die Peter der Große 1696 erscheinen ließ. Da Petrus Mogila mit den Textänderungen der Synoden von 1642 nicht einverstanden war, verfaßte er 1645 einen Kleinen Katechismus in slawischer Sprache, der 1649 in Moskau gedruckt wurde.

[44] Dokumente: MANSI, Vol. 34B; J. KARMIRIS, Mnēmeia II, Konstantinopel 1638: 562ff.; Jassy 1642: 575ff.; Konstantinopel 1672: 687ff.; Jerusalem 1672: 694ff.; Konstantinopel 1691: 773ff.

[45] Text: J. KARMIRIS, Mnēmeia IIB, 593–686 (gr.); A. MALVY, M. VILLIER, La Confession Orthodoxe de Pierre Moghila, Métropolite de Kiev (1633–1646). Texte latin inédit, publié avec notes critiques. OrChr, Vol. X, Nr. 39, Roma-Paris 1927; ST. T. GOLUBEV, Kievskij Mitropolit Petr Mogila i ego spodvižniki. Opyt istoričeskago izledovanija. I. Kiew 1883, II. 1898; I. SPASSKIJ, Mitropolit Petr Mogila. In: ŽMP 1959, 1, 44–52; 1959, 2, 40–49; R. GUNDLACH, Kirche und Sakrament in der Confessio orthodoxa des Petrus Mogila. KiO 4, 1969, 15–36; A. JOBERT, De Luther à Mohila. La Pologne dans la crise de la Chrétienté 1517–1648 (= Collection historique de l'Institut d'Études Slaves XXI); F. LOOFS, Die Ursprache der Confessio Orthodoxa, in: ThStKr 1898, 165–171.

[46] I, q 87ff.; RE³, 6, 402–405; MALVY-VILLIER, 136ff.

[47] III, q 16ff.

[48] „Sine fide est impossibile placere Deo... Igitur, ut christianus Deo placeat et bona eius opera ei accepta sint, primo oportet, ut fidem habeat in Deum, deinde secundum fidem vitam instituere debet." Prooemium, q 2.

[49] III, q 40.

Die „Confessio Orthodoxa" bildet eine wesentliche Grundlage auch für die neueren ostkirchlichen Katechismen, besonders für den „*Ausführlichen Christlichen Katechismus*" (Prostrannyj Christianskij Katichizis) des Metropoliten Filaret Drozdov von 1839.

Die „*Confessio Dosithei*"[50] wurde von der vom Patriarchen Dositheos einberufenen Synode von Jerusalem 1672 rezipiert. Mit ihren 18 Artikeln und vier Zusatzfragen bildet sie schon im Aufbau das genaue Gegenstück zu dem Bekenntnis Kyrills. Sie nimmt die Verwerfungen der früheren antilukaristischen Synoden auf. Zu einem besonderen Problem wird dabei die Lehre von der Wandlung und die Verwendung des griechischen Begriffs ‚metousiosis' im Sinne der scholastischen Transsubstantiationslehre. Eine Synode von Konstantinopel 1691 verteidigte die orthodoxe Verwendung dieses Begriffs gegen die Kritik des Johannes Karyophylles. In der weiteren Geschichte hat die „Confessio Dosithei" besondere Bedeutung gewonnen. Als ein Unionsdokument wird sie in den Verhandlungen der östlichen Patriarchen und Peters des Großen mit den anglikanischen ‚Non-jurors' von 1716–1725 vorgelegt. Vom Synod der russischen Kirche wird sie 1838 mit gewissen Veränderungen unter dem Titel „Sendschreiben der östlichen Patriarchen vom orthodoxen Glauben" rezipiert[51].

Die dogmatischen Kontroverspunkte

Die *Auseinandersetzung* mit der reformatorischen Theologie wird in den antilukaristischen Streitigkeiten innerhalb der Orthodoxie als ein Ringen um die Reinheit ihrer Lehre geführt. Daraus erwächst die folgenreiche Schärfe der Abgrenzungen. Doch in aller Polemik um das Bekenntnis des Kyrillos Loukaris darf die fundamentale Übereinstimmung zwischen den Parteien nicht übersehen werden: Die trinitarischen und christologischen Artikel sind nicht kontrovers. Selbst wo Kyrill (s. o. S. 508) den Ausgang des Geistes mit der patristischen Wendung „aus dem Vater durch den Sohn" lehrt, wird dies nicht zum Streitpunkt. Die Differenzen liegen im Themenkreis von Heilszueignung und Heilsempfang, also in der Anthropologie, der Ekklesiologie und der Sakramentenlehre. Auf freilich unglückliche Weise treffen die augustinisch geprägten Vorstellungen des Westens von Glauben und Rechtfertigung auf die mystisch-ontologischen Konzepte des Ostens von der Vergottung des Menschen durch den Empfang der Gnade. Der größte, leider nie direkt erfaßte Unterschied erscheint immer wieder im Verständnis des Glaubens. Die orthodoxe Auffassung betont unter Berufung auf Hebr 11,1 beim Glauben das kognitive Moment, die Zustimmung und Bewahrung der Glaubensartikel[52] in der geschichtlichen Tradition und dem gegenwärtigen Konsens der Kirche. Einheit ist daher Kriterium der Wahrheit. Von der reformatorischen Seite her wird unter Berufung auf Röm 3,28f. der Glaube in soteriologischer Hinsicht als Gabe des Geistes im Hören auf das Wort zum Empfang der Rechtfertigung des Sünders verstanden. Die Zu-

---

[50] Text: J. Karmiris, Mnēmeia II, 746–773; J. Michalcescu, 123–182; E. Kimmel, I, 426–487 (gr. u. lat.); dt. in: RITh 1, 1893, 210–236; C. R. A. Georgi, Die Confessio Dosithei (Jerusalem 1672). Geschichte, Inhalt und Bedeutung (= Aus der Welt christlicher Frömmigkeit, hg. von Fr. Heiler, Nr. 16), München 1940; Aur. Palmieri OSA, Dositeo, Patriarca Greco di Gerusalemme 1641–1707. Contributo alla storia della teologia greco-orthodossa nel secolo XVII, Firenze 1909.

[51] s. C. Georgi, 92ff.

[52] CO, q 4.

sammengehörigkeit von beidem wird jedoch nicht erfaßt. Eine Gegenüberstellung der Bekenntnisse des Kyrill und des Dositheos an den entscheidenden Differenzpunkten macht dies deutlich:

Beim Schriftprinzip betont Kyrill (Kyrill, Conf. Art. 2 und Frage 22) die Vorordnung der Schrift vor die Autorität der Kirche. Damit wird das Gotteswort in seiner absoluten Unfehlbarkeit vom Menschenwort in seiner Fehlbarkeit unterschieden. In den später zugefügten Fragen wird von Kyrill ausdrücklich die Lehre vom inneren Zeugnis des Heiligen Geistes vertreten. So sind bei allen Schwierigkeiten im Verständnis der biblischen Schriften „die Dogmen des Glaubens hell und klar für die Wiedergeborenen und vom Heiligen Geist Erleuchteten". Seine Bemühungen, die Bibel in der Volkssprache der damaligen Zeit zu verbreiten, hatten allerdings keinen Erfolg. Dositheos hingegen verweist in seiner Kritik auf die offenkundigen und kirchentrennenden Differenzen in der Schriftauslegung. Die Autorität von Schrift und Kirche werden gleichgestellt, denn „der eine Heilige Geist ist der Urheber von beiden" (Dositheos, Conf. Art. 2).

Die *anthropologischen* Aussagen betreffen die Prädestination, die Willensfreiheit (autexousion) und die Rechtfertigung. Die Lehre von der doppelten Prädestination wird von Kyrill (Art. 3) in der Zuspitzung auf die Rechtfertigung allein aus Glauben entfaltet. Unter demselben Aspekt wird vom menschlichen Willen gesagt, daß er bei den Nicht-Wiedergeborenen tot sei, so daß all ihr Tun Sünde ist. Für die Wiedergeborenen aber gilt, daß „durch die Gnade des Heiligen Geistes der freie Wille belebt wird und wirkt, freilich nicht ohne die Hilfe der Gnade" (Art. 14). Die Rechtfertigung geschieht allein aus Glauben, nicht aus Werken (Art. 13), und der Glaube wird bestimmt als „der in Christus Jesus rechtfertigende, der uns erwachsen ist aus dem Leben und Sterben unseres Herrn Jesus Christus, den das Evangelium verkündet und ohne den es unmöglich ist, Gott zu gefallen" (Art. 9). Glaube wird auch bestimmt als „Beziehung" (gr. anaphorikon – lat. correlativum), indem der Glaube „wie eine Hand" die Gerechtigkeit Christi ergreift und zum Heil aneignet (Art. 13). Die Werke hingegen dienen dem Zeugnis des Glaubens und mit 2.Petr 1,10 der Befestigung der Berufung. Auch das Bestehen im Endgericht geschieht allein im Vertrauen auf die Gerechtigkeit Christi.

Die *Kritik* an den reformatorischen Zentralthesen bei Kyrill in der „Confessio Dosithei" ist durch ein vorsichtiges Abwägen gekennzeichnet und enthält keineswegs eine pauschale Zurückweisung. Die Korrekturen aber sind bezeichnend:

Sowohl bei der Prädestination wie bei der Willensfreiheit wird die Ausrichtung auf die Rechtfertigung nicht beachtet. Zwar wird eine doppelte Prädestination gelehrt, jedoch ergänzt durch die These von den ‚merita praevisa', daß Gott vorher weiß, wer von seiner Freiheit den rechten Gebrauch machen wird und wer nicht. Die zuvorkommende Gnade (charis photistikē/prokatarktikē) wirkt nur bei den Wollenden (Dos., Art. 3). In anderem Zusammenhang wird die These vom toten Willen mit der Begründung zurückgewiesen, daß der Wille zum ursprünglichen Geschaffensein des Menschen gehöre (Mt 5,47; Röm 2,14). Dabei wird jedoch gleich unterschieden zwischen einer Fähigkeit zum Sittlich-Guten (ēthikon kalon) und einer Unfähigkeit zum Geistlich-Guten (pneumatikon kalon). In der Entscheidungsfreiheit des Menschen liege lediglich die Zustimmung bzw. Ablehnung zum Empfang der Gnade (Art. 1).

Wie wird der *Glaube* aufgefaßt? Zwei Korrekturen und Abgrenzungen sind festzustellen. Gegenüber dem ‚sola fide' bei Kyrill heißt es in der „Confessio Dosithei": „Ohne Glauben kann niemand selig werden." Doch dieser Glaube ist eine „ganz bestimmte gewisse Überzeugung bzw. Meinung von Gott und den göttlichen Dingen, wie sie im Symbol des 1. und 2. Ökumenischen Konzils zusammengefaßt sind. Dieser (Glaube) ist durch die Liebe tätig (Gal 5,6), das besagt dasselbe wie durch die göttlichen Gebote. Er macht uns gerecht bei Christus, und ohne ihn ist es unmöglich, Gott zu gefallen." Energisch wird das Bild vom Glauben als einer Art Hand zurückgewiesen (Art. 13). Denn das könnte auf jeden zutreffen, und jeder würde dann auch selig. Der Glaube ist nicht ein Mittel, „sondern es ist der Glaube in uns, der uns durch die Werke bei und vor Christus gerecht macht". So sind die Werke auch nicht eine Versicherung für den Glauben, sondern Früchte bzw. die Tathaftigkeit (to emprakton) des Glaubens.

Der Unterschied ist eindeutig: Bei Kyrill ist und gibt der Glaube die Gerechtigkeit. Bei Dositheos ist er Ursache und Mittel, gerecht zu handeln und die Werke zu tun, die Gott anzunehmen verheißen hat. Mit diesem auch in der westlichen Theologie jener Zeit bekannten Gegensatz ist allerdings das letzte Wort noch nicht gesagt.

In der *Ekklesiologie* zeigen sich nicht zufällig die stärksten Unterschiede (Art. 10–13). Es besteht eine Übereinstimmung zwischen Kyrill und Dositheos in der Ablehnung des päpstlichen Primats, weil nicht „ein sterblicher Mensch, sondern allein unser Herr Jesus Christus das Haupt" der Kirche sein kann.

Von Kyrill wird aber dann die Kirche in dem eschatologischen Übergang von gegenwärtiger Verborgenheit und zukünftiger Vollendung und Offenbarung primär als Gegenstand des Glaubens verstanden. Sie ist die Gemeinschaft „der Heiligen, die zum ewigen Leben erwählt sind", auch wenn in der Zeit ihrer Wanderschaft Spreu und Weizen noch nicht voneinander geschieden sind (Art. 11). Darum „kann die Kirche auch in Sünde fallen und statt der Wahrheit die Lüge wählen. Vor solchem Irrtum und Abweg rettet uns nur die Lehre und das Licht des Heiligen Geistes, nicht aber eines sterblichen Menschen, auch wenn es möglich ist, daß dies durch den Dienst von treu der Kirche Dienenden geschieht" (Art. 12).

Die „Confessio Dosithei" betont die institutionelle Seite der Kirche. Ausführlich wird das Bischofsamt in der apostolischen Sukzession behandelt mit der Begründung aus der heilsnotwendigen und von Christus den Aposteln übergebenen Binde- und Lösegewalt. Der Bischof ist „das lebendige Bild Gottes auf der Erde und durch die vollste Teilhabe an dem sakramentalen Wirken des Geistes in den Sakramenten ist er die Quelle der Mysterien der katholischen Kirche, durch die wir zum Heil gelangen" (Art. 10). Notwendig ist der Bischof für die Kirche „wie für einen Menschen der Atem und wie die Sonne in der sichtbaren Welt". „Die die Kirche verlassen, werden vom Heiligen Geist verlassen." Nicht von der Erwählung und der eschatologischen Scheidung her, sondern von der Heiligung durch die Sakramente wird die Kirche betrachtet. Irrtum und Sünde sind bei den Gliedern der Kirche durchaus möglich, doch gerade in der Kirche und durch sie werden die Sünder zur Buße und die Irrenden zur Wahrheit gerufen, was ohne die Kirche und außerhalb von ihr nicht möglich wäre (Art. 11). Die Bindung des Geistes an bestimmte Mittel, beauftragte Diener und an die Väter der Kirche ist nicht zufällig, sondern bleibend; eine unmittelbare Wirkung des Geistes gibt es demnach nicht (Art. 12).

Bei der *Sakramentenlehre* (Art. 15–17) gibt es zwei Differenzpunkte: Der erste betrifft die *Zahl* der Sakramente. Kyrill folgt den Reformatoren: „Wir glauben, daß es evangelische Sakramente in der Kirche gibt, die der Herr im Evangelium übergeben hat, und das sind zwei" (Kyrill, Conf. Art. 15). Nach der ‚Confessio Dosithei" sind es sieben. Allerdings hat es bis zu dieser Zeit noch keine einheitliche Zählung und dogmatische Abgrenzung der Sakramente in der orthodoxen Theologie gegeben. Bei Johannes Damascenus wurden nur zwei Sakramente aufgeführt, nämlich die Taufe unter Einschluß des Chrisma und das Abendmahl. Metrophanes Kritopoulos (s. o. S. 508) nennt unter Berufung auf die göttliche Dreiheit „drei zum Heil notwendige Mystrien, nämlich Taufe, Abendmahl und Buße[53]. Sie werden mit den biblischen Einsetzungswortzen begründet: Joh 3,5 und Mk 16,16/Joh 6,53–56/Lk 13,3. Daneben stehen „einige mystische Riten, die von der Kirche auch als Sakramente bezeichnet werden", nämlich Chrisma, Ordination, Trauung und Ölung. Erst durch die „Confessio Dosithei" wird die *Siebenzahl* im Osten verbindlich, wie sie im Westen auf den Unionskonzilien von Lyon 1274 und Florenz 1439 sowie vom Trienter Konzil 1547 (s. o. S. 465 ff.) festgelegt worden ist.

Eine sachliche Differenz ergibt sich in der Bestimmung der *Wirkung* der Sakramente und der *Wandlung* in der Eucharistie. Kyrill übernimmt weitgehend die kalvinische Abendmahlsauffassung. Die ‚metousiosis/transsubstantiatio' wird abgelehnt, entsprechend auch eine „manducatio oralis". Leib und Blut Christi werden geistlich vom Glauben empfangen, ohne den das Sakrament unvollständig wäre (Art. 16). Dies sind also die drei Grundbestandteile der *augustinischen* Sakramentenlehre: Elemente, Wort und Glaube.

In der Ablehnung dieser Auffassung greift die „Confessio Dosithei" auf die Transsubstantiationslehre zurück, um mit ihr die Realpräsenz zu verteidigen. Abgelehnt wird eine „typische", bildhafte Präsenz, außerdem die „lutherische Auffassung", die irrtümlich als „Impanation" (enartismos) verstanden wird. Die Wandlung der Substanz unter Wahrung der Akzidenzen vollzieht sich in der *Konsekration* (hagiasmos), damit offenbar in einer deklarativen Form, während sonst – so auch in der „Confessio Orthodoxa"[54] – die deprekative Form der Wandlung in der Epiklese vertreten wird. Mit der mündlichen Nießung ist der Empfang zum Heil oder zum Gericht verbunden. In Rußland führt dies unter der Einwirkung des Patriarchen Dositheos (s. o. S. 511) zum Streit um das ‚chlebopoklonstvo', die ‚Brotverehrung'. Durch eine kirchliche Entscheidung wurde verbindlich festgelegt, daß die Wandlung durch die *Epiklese* erfolge[55].

In dieser Frontstellung wird auf der Synode von Konstantinopel 1691 die Verwendung des für die ostkirchliche Theologie neuen und vor allem durch eine scholastische Theorie des Westens belasteten Begriffs ‚metousiosis' verteidigt,

---

[53] J. KARMIRIS, Mnēmeia II, 524f.
[54] I, q 107.
[55] G. FLOROVSKIJ, Puti russkago bogoslovija. Paris 1937, 77f.

jedoch mit dem Vorbehalt, daß damit nicht die Weise, sondern die Wirklichkeit der Wandlung und realen Gegenwart bezeichnet werden solle[56].

Was sich in den Dokumenten aus dem 16. und 17. Jahrhundert niedergeschlagen hat, wirkt bis heute als eine Festlegung auf die Beurteilung reformatorischer Theologie nach, auch wenn der theologische Wert und die kirchliche Verbindlichkeit dieser „Bekenntnisse" sehr umstritten sind[57]. Freilich darf nicht übersehen werden, wie in diesen äußerst verwickelten Auseinandersetzungen die orthodoxe Theologie vor völlig neue Probleme vor allem in den Themenkreisen der Heilszueignung gestellt wird, für die bisher noch keine Notwendigkeit zur Behandlung bestanden hatte. Ob diese theologische Aufgabenstellung in der geschichtlich bedingten Abgrenzung jener Zeit erkannt wird, ist von entscheidender Bedeutung für die theologische Begegnung heute.

Kapitel II: Theologie im Rußland des 16. und 17. Jahrhunderts

Literatur: Für die historische Einordnung der in diesem Kapitel ausgewählten theologiegeschichtlichen Themen wird verwiesen auf: K. Onasch, Grundzüge der russischen Kirchengeschichte. In: Die Kirche in ihrer Geschichte, Bd. 3, M 1. Göttingen 1967 (Lit.); A. V. Kartašev, Očerki po istorii russkoj cerkvi. T. I u. II. Paris 1959; A. M. Ammann SJ, Abriß der ostslawischen Kirchengeschichte. Wien 1950.

Gesamtdarstellungen zur russischen Theologiegeschichte: G. Florovskij, Puti russkago bogoslovija. Paris 1937. Nachdruck 1976; M. Jugie, Theologia dogmatica Christianorum Orientalium. Tomus I. Paris 1926, 546–631; H.-D. Döpmann, Die Russische Orthodoxe Kirche in Geschichte und Gegenwart, Berlin 1977.

Quellenauswahl in deutscher Übersetzung: H. Grasshoff, K. Müller, G. Sturm (Hg.), O Bojan, du Nachtigall der alten Zeit. Sieben Jahrhunderte altrussischer Literatur, Berlin (1965) ²1967; S. A. Zenkovsky (Hg.), Aus dem alten Rußland. Epen, Chroniken und Geschichten, München, Wien 1968; H. Grasshoff (Hg.), Altrussische Dichtung aus dem 11.–18. Jahrhundert, Leipzig 1971.

Von einer Schultheologie und theologischen Schulen ist in Rußland erst mit dem beginnenden 18. Jahrhundert zu reden. Das *„Geistliche Reglement"* (duchovnyj Reglament) des Feofan Prokopovič (1681–1738) für die Reformen Peters des Großen von 1721 kann als Anhaltspunkt für die Periodisierung gelten. Durchaus aber gibt es vor diesem Datum bereits eine lebendige Theologie; sie wird von einzelnen Personen, von Klöstern und Bruderschaften getragen. Thematisch ist sie auf bestimmte, in der Zeit notwendige kirchliche Entscheidungen und aufbrechende Auseinandersetzungen gerichtet und daher nur schwer von der Kirchengeschichte abzulösen.

Auch in diesem Kapitel kann nur versucht werden, gewisse Einblicke zu vermitteln. Das geschieht nicht mit ausgeführten Entwicklungslinien, sondern mit ausgewählten Beispielen und Themen, vor allem im Blick auf die Begegnung mit der westlichen Christenheit, insbesondere der reformatorischen. Es liegt nahe, die neuere Zeit stärker zu berücksichtigen, wiewohl es sehr erhellend ist, die frü-

---

[56] Dazu: M. Jugie, Le mot transsubstantiation chez les Grecs avant 1629. In: Échos d'Orient X, 1907, 5–12; Ders., Le mot transsubstantiation chez les Grecs après 1629, ebd. X, 1917, 65–77.

[57] Hierzu vgl. u. a. J. Karmiris, Mnēmeia, I², 17–33; Archevêque Basile Krivochéine, Les Textes symboliques dans l'Eglise Orthodoxe, in: Messager de l'Exarchat du patriarche Russe en Europe Occidentale. Nr. 48, 1964, 197–217; 49, 1965, 10–23; 50, 1964, 71–82.

hesten Berührungen mit der Reformation in der russischen Theologie des 16. Jahrhunderts zu vergegenwärtigen. Vieles davon ist überhaupt erst in allerneuester Zeit erforscht worden, manches ist noch kaum erschlossen und vor allem in den Quellen nur schwer zugänglich.

Die Wahrung der Orthodoxie ist in dieser Zeit eine theologische Aufgabe, die sich aus verschiedenen geschichtlichen Motiven stellt. Das *erste Motiv* ist der Fall von Konstantinopel, der als Strafe für die Union von Florenz 1439 aufgefaßt wird. Die russische Kirche erklärt 1459 endgültig ihre Selbständigkeit; 1589 wird das Patriarchat eingeführt. Die russische Orthodoxie wird in vieler Hinsicht zu einem Sammelpunkt griechischer Kultur und Frömmigkeit. Bewußt wird versucht, die reine alte Tradition (starina) fortzuführen. Das *zweite Motiv* liegt in der Entwicklung des Moskauer Großfürstentums aus den konkurrierenden Teilfürstentümern mit der ‚Sammlung der russischen Lande' nach der Befreiung von der Tatarenherrschaft in der 2. Hälfte des 15. Jahrhunderts. Die Kirche gerät unter die Aufgaben und in die Spannungen der inneren und äußeren Konsolidierung des Staatswesens. Die These von Moskau als dem *„dritten Rom"* ist dafür bezeichnend, wie sie, aber hier nicht zum ersten Mal, in den Sendschreiben des Mönches Filofej von Pskov an Ivan IV. (1533–1584) begegnet: „Alle christlichen Reiche sind zusammen übergegangen in dein eines Reich. Denn zwei Rome sind gefallen, aber das dritte steht, und ein viertes wird es nicht geben."[1] In dieser These liegen Anspruch und Verantwortung der russischen Herrscher, worauf sie von der Kirche immer wieder hingewiesen werden. Das *dritte Motiv* schließlich ergibt sich aus der Begegnung und Auseinandersetzung mit der westlichen Christenheit, vermittelt über den polnisch-litauischen Bereich, der in dieser Zeit ein großes Sammelbecken der verschiedensten geistigen und theologischen Strömungen ist, die in anderen Ländern ihr Heimatrecht verloren haben, sich aber hier im Spiel der politischen Gruppierungen einigermaßen halten können. Besonders rege sind antitrinitarische Bewegungen.

§ 1 Authentische Orthodoxie: Die Sicherung der Tradition

An praktischen Konflikten entzündet sich die Suche nach der authentischen Überlieferung des rechten Glaubens. Bei der noch sehr begrenzten Bildung und dem geringen Bestand an Büchern von der Bibel über die Väter bis zu den liturgischen Texten ist es keine geringe Aufgabe, das alte Herkommen (starina) zuverlässig und verbindlich zu bestimmen und überhaupt einen geordneten Gottesdienst abzuhalten. Daher ist es kein Wunder, wenn der Häresieverdacht in dieser Zeit nicht selten bei Übersetzungs- und Editionsfehlern einsetzt und wenn die Revision der liturgischen Bücher im 17. Jahrhundert zur Kirchenspaltung (Raskol, Altgläubige) führt. Der Traditionalismus als äußeres Kennzeichen der Orthodoxie zeigt sich hier als eine Notwendigkeit im Ringen um die rechte Überlie-

---

[1] H. SCHAEDER, Moskau das dritte Rom. Studien zur Geschichte der politischen Theorien in der slawischen Welt, (1929) Darmstadt 1957², 209; K. ONASCH, 30ff.; H.-D. DÖPMANN, Der Einfluß der Kirche auf die Moskowitische Staatsidee. Staats- und Gesellschaftsdenken bei Josif Volockij, Nil Sorskij und Vassian Patrikeev, Berlin 1967.

ferung. Dies muß auch bedacht werden gegenüber dem naheliegenden Versuch, im Rückblick die verschiedenen Richtungen in das oberflächliche Schema liberal und konservativ wertend einzuordnen.

Einer der großen kirchenpolitischen Gegensätze erwächst aus dem *Streit um das Klostergut*, der auf dem Moskauer Konzil 1503 zwischen Paisij Jaroslavov († 1503?) und seinem Schüler Nil Sorskij (Majkov, ca. 1433–1508) auf der einen Seite und dem Igumen (Abt) Josif Volockij (Sanin, 1439–1515) auf der anderen Seite entflammte[2]. Die idiorhythmische Form des Mönchslebens der nördlich der oberen Wolga lebenden Einsiedler (Transwolgastarzen) trat in Widerspruch zu der koinobitischen Form der von ihrem oft reichen Besitz lebenden Klöster (Josifljanen). Auf kirchliche Traditionen und Rechtsbestimmungen könnten sich beide Richtungen berufen, und bezeichnend für die Lösungsversuche ist die Äußerung eines Vertreters der ‚Besitzlosen', des ‚Fürstmönchs' Vassian Patrikeev in seiner Ausgabe der kirchlichen Rechtssammlung „Kormčaja Kniga" (Pidalion, Nomokanon): „Einige Kanones verbieten den Mönchen, sich mit weltlichen Angelegenheiten zu befassen ... während andere den Klöstern den Besitz von ganzen Dörfern gestatten. Welchen Kanones darf man vertrauen? Dieser Widerspruch kann nur aufgelöst werden durch das Evangelium und die Briefe und eben die Kanones, wenn sie mit der Schrift übereinstimmen."[3]

Konflikte dieser Art zeigen sich nicht nur in Fragen der Rechtsordnung, sondern auch der Lebensführung, wenn es z.B. in einem Sendschreiben des Nil Sorskij heißt: „Einige wollen heutigentags nicht einmal etwas davon hören, daß man nach den heiligen Schriften leben soll, sie geben vor und sprechen: ‚Nicht für uns sind sie geschrieben!' Sie (meinen), daß es nicht nötig sei, (die heiligen Schriften) im heutigen Geschlecht zu bewahren."[4] Doch zugleich muß man feststellen, und dieses Wort Nils wird oft nachgesprochen: „... es gibt zwar viel Geschriebenes, aber nicht alles ist göttlich."[5]

Eine besonders folgenreiche Nötigung zur Klärung orthodoxer Tradition ergab sich aus dem Auftreten separatistischer Gruppen. Dazu gehört die sogenannte *„Häresie der Judaisierenden"*, die seit 1470 in Novgorod auftritt und später auf Moskau übergreift[6]. Zu ihrer Widerlegung entstand das erste größere theologische Werk, „Der Erleuchter/Aufklärer, oder Überführung der Häresie der Judaisierenden" von Josif Volockij 1502–1504[7]. Zu den Anhängern dieser Bewegung, deren Bezeichnung sowohl auf einen jüdischen Gründer namens

---

[2] J. Meyendorff, Une controverse sur le rôle social de l'Église. La querelle des biens ecclésiastiques au XVIe siècle en Russie, Gembloux 1956; F. von Lilienfeld, Nil Sorskij und seine Schriften. Die Krise der Tradition im Rußland Ivans III., Berlin 1963; G. A. Maloney, SJ, Russian Hesychasm. The spirituality of Nil Sorskij, The Hague, Paris 1973.

[3] J. Žužek, SJ, Kormčaja Kniga. Studies on the Chief Code of Russian Canon Law. OrChrA 168, Roma 1964, 42; H. Koch, Kleine Schriften zur Kirchen- und Geistesgeschichte Osteuropas, Wiesbaden 1962, 72ff.

[4] Sendschreiben an German Podol'nyj. F. von Lilienfeld, aaO. 266.

[5] Sendschreiben an Gurij Tušin. F. von Lilienfeld, aaO. 270, vgl. 127.

[6] E. Hösch, Orthodoxie und Häresie im alten Rußland, Wiesbaden 1975. N. A. Kazakova i Ja. S. Lur'e, Antifeodal'nye eretičeskie dviženija na Rusi XIV i načala XVI veka, Moskva-Leningrad 1955 (mit Quellensammlung); A. S. Klibanov, Reformacionnye dviženija v Rossii XIV do pervoj polovine XVI veka, Moskva 1960.

[7] Prosvetitel', ili oblicěnie eresi židovstvujuščich prepodobnago oca našego Iosifa, Igumena Volockago, Neudruck der Ausgabe Kazan' 1903, Westmead, Farnborough, Hants., Engl. 1972.

Scharija wie auf die Eigenart ihrer Auffassungen zurückgeführt werden kann, gehörten neben Priestern vor allem Vertreter der Bildungsschicht. Daher spricht man gerne von einem „*Frührationalismus*". Doch sollte nicht übersehen werden, daß es vor allem eine Frömmigkeitsbewegung ist, die sich zwar als orthodox versteht, aber zugleich Lehren und Leben der Kirche kritisiert. Bestritten wird u.a. die natürliche Gottessohnschaft Jesu Christi, und zugleich wird das Recht einer trinitarischen Deutung alttestamentlicher Texte wie Gen 1,26 und vor allem der für die Ikonographie bedeutungsvollen Stelle Gen 18,1–3 abgelehnt.

Kritisiert wird die Ikonen- und Reliquienverehrung ebenso wie das Mönchtum. Dem Dekalog wird eine besondere Verbindlichkeit beigemessen. Dagegen verweist Josif Volockij auf die „abrogatio legis" durch Christus sowie auf die Bergpredigt mit den „schwereren Geboten" des neuen Bundes[8]. Gepflegt werden in diesen Kreisen astrologische und kabbalistische Traditionen. Daß schon damals die „Judaisierenden" als „Messalianer" und „Markianer" (Euchiten) bezeichnet werden, mag ein Hinweis auf die noch ungeklärte Verbindung zu den Bogomilen des Balkans sein. Folgenreich ist diese theologische Auseinandersetzung mit den Judaisierenden, weil durch sie die ganze spätere Begegnung mit der Reformation geprägt wird.

Einem Schreiben des Erzbischofs Gennadij Goncov von Novgorod ist zu entnehmen, daß die „Judaisierenden" nicht nur über philosophische und patristische, sondern auch über biblische Schriften wie 1. Buch Moses, Könige, Proverbien, Sirach verfügten, die dem Erzbischof nicht zugänglich waren[9]. Daher stellt Gennadij 1499 die erste russische Vollbibel zusammen[10]. Im weiteren setzt eine überaus rege Editions- und Übersetzungstätigkeit ein[11], nachdem Vasilij III. 1518 den Athosmönch Maksim Grek (ca. 1470–1556) nach Moskau kommen

---

[8] Slovo 3. Im Sendschreiben Josifs an Archimandrit Mitrofan heißt es: „Sie leugnen die göttliche ewige Zeugung Christi vom Vater, und seine Menschwerdung zu unserem Heil schmähen sie, indem sie behaupten, der allmächtige Gott habe weder einen Sohn noch einen Heiligen Geist, die eines Wesens und gleicher Herrlichkeit mit ihm sind, und daß es keine heilige Trinität gebe. Wenn indes die (heiligen) Schriften sagen, daß der allmächtige Gott Wort und Geist (= Odem) habe, dann sei das das gesprochene Wort und der ausgehauchte Odem. Wenn aber die Schriften Christus als den Sohn Gottes bezeichnen, dann als den noch nicht geborenen; nach der Geburt aber heißt er Sohn Gottes nicht nach dem Wesen, sondern nach der Gnade wie Mose, David und die übrigen Propheten. Den aber die Christen als Christus und Gott bezeichnen, der sei ein bloßer Mensch, nicht Gott; er wurde gekreuzigt von den Juden und verweste im Grab. Daher gelte es nun, das Gesetz Moses zu halten... Auf die heiligen Ikonen soll man nicht die heilige Trinität malen: Abraham nämlich hat Gott mit zwei Engeln erblickt, nicht aber die Trinität. Sie verbieten die Verneigung vor den göttlichen Ikonen und dem ehrwürdigen Kreuz." Sendschreiben an Archimandrit Mitrofan (um 1504); Kazakova-Lur'e, 469f.

[9] Ebd. 320; Hösch, 45.

[10] R. A. Klostermann, Probleme der Ostkirche. Untersuchungen zum Wesen und zur Geschichte der griechisch-orthodoxen Kirche, Göteborg 1955, Kap. 8: Die Bibel in Rußland, 361–416; Hösch, 45; Florovskij, aaO. 33f: Martin Jugie, Histoire du canon de l'Ancien Testament dans l'Église Grecque et l'Église Russe, Paris 1909 (Reprint Leipzig 1974).

[11] R. Stupperich, Der griechische Einfluß auf die russische Orthodoxe Kirche vom 15. bis zum 17. Jahrhundert. In: KiO 10, Göttingen 1967, 34–47; H. Koch, Die Slavisierung der griechischen Kirche im Moskauer Staate als bodenständige Voraussetzung des russischen Raskol. In: H. Koch, Kleine Schriften zur Kirchen- und Geistesgeschichte Osteuropas, Wiesbaden 1962, 42–107; G. Stökl, Das Echo von Renaissance und Reformation im Moskauer Rußland. In: JbfGO 7, 1959, 413–430.

ließ[12]. Dieser Grieche, mit weltlichem Namen Michael Tribolis, hatte als Student Verbindung zu den italienischen Humanistenkreisen um Aldo Manutius in Venedig und an der platonischen Akademie in Florenz. Als Novize im Dominikanerkloster San Marco von Florenz 1502–04 hat er noch tiefe Eindrücke von Girolamo Savonarola, dem 1498 gehenkten und verbrannten früheren Prior des Klosters, empfangen, den er „mit Freude den alten Verteidigern der Frömmigkeit zurechnet, auch ohne selbst des lateinischen Glaubens zu sein“[13]. Auch durch eigene Schriften hat Maksim Grek gewirkt, wobei er energisch für die Besitzlosigkeit eintrat, z. B. in seinem „Disput über das strenge monastische Leben; es disputieren Filoktimon und Aktimon, d. h. der Liebhaber des Besitzes und der Nichtbesitzende“.

§ 2 Kirchliche Lebensordnung: Domostroj und Stoglav

Neben allen Konflikten um die Macht im Staat und zwischen den Richtungen in der Kirche verdienen auch unter theologischen Gesichtspunkten die verschiedenen Bemühungen um kirchliche Reformen und christliche Lebensordnung Beachtung. Hier ist auf den Metropoliten Makarij von Moskau (1542–1563) und seinen Kreis zu verweisen. Als Vertreter der Josifljanen (s. o. S. 516f.) entfaltete er eine rege Reformtätigkeit.

Ein Dokument solcher Bestrebungen ist der „*Domostroj*“, in der Mitte des 16. Jahrhunderts entstanden[14]. Der „Domostroj“, griechisch ‚oikonomia‘, ist ein „*Hausbuch*“, eine „kirchliche Haus- und Lebensordnung“ als „Unterricht und Anweisung der geistlichen Väter für jeden orthodoxen Christen, wie man glauben soll ... wie man den Zaren, seine Fürsten und Führer ehrt ...“. So umfaßt er die geistliche, die weltliche und die häusliche Lebensordnung[15]. Man kann dieses Werk durchaus neben die Katechismen im Westen stellen, sofern es auch für den Hausvater bestimmt ist und z. B. regelt, „wie der Ehemann mit Frau und Gesinde zu Haus beten soll“ (Kap. 12), aber darüber hinaus auch, wie man sinnvoll sein Gut verwaltet bis hin zu einer Vorratswirtschaft nach hygienischen Regeln. In dem Nachtrag der „Botschaft und Unterweisung eines Vaters für seinen Sohn (Kap. 64) findet sich eine christliche Empfehlung zur Aufhebung der Leibeigenschaft: „Allen meinen Leibeigenen habe ich die Freiheit geschenkt und ihnen Land zugewiesen ... Alle unsere Leibeigenen sind nun frei und leben in gu-

---

[12] Letzte Ausgabe der Werke Maksims: Sočinenija prepodobnago Maksima Greka v russkom perevode. 3 Bde., Svajato-Troickaja Lavra 1910–1911; Lit.: E. DENISSOFF, Maxime le Grec et l'Occident. Contribution à l'histoire de la pensée religieuse et philosophique de Michel Trivolis, Paris 1943; B. SCHULTZE, SJ, Maksim Grek als Theologe. OrChrA 167, Roma 1963²; N. I. IVANOV, Literaturnoe nasledie Maksima Greka. Charakteristika, atribucii, bibliografija, Leningrad 1969; J. V. HANEY, From Italy to Muscovy. The Life and the Works of Maxim the Greek (= Humanistische Bibliothek, R. 1), München 1973.

[13] Zit nach A. I. IVANOV, O prebyvanii Maksima Greka v dominikanskom monastyre sv. Marka vo Florencii. In: Bogoslovskie Trudy 11, Moskva 1973, 112–119; 114.

[14] DOMOSTROJ, Nachdruck der Ausgabe Moskau 1882: Letchworth, Hertfordshire, Engl., 1971, Dt.: Altrussisches Hausbuch. Darmstadt 1989; M. E. DUCHESNE, Le Domostroj. Ménagier Russe du XVIe siècle. Traduction et Commentaire, Paris 1910; H. P. NIESS, Der ‚Domostroj‘ oder wie man als rechtgläubiger Christ leben soll. In: KiO 14, 1972, 26–67 (Lit.).

[15] NIESS, 30.

ten Häusern ... Sie beten zu Gott für uns und wünschen uns Gutes immerdar ... Unser ganzes Hausgesinde ist heute frei und lebt auf eigenen Wunsch bei uns." Offiziell wird die Leibeigenschaft in Rußland erst 1861 aufgehoben. Zweifellos sind die im „Domostroj" vorgeführten Verhältnisse nicht ein Bild des Volkes, sondern ein Vorbild für das Volk oder, wie man treffend gesagt hat, „die ‚pia desideria' von Silvestr (dem Beichtvater Ivans IV.) und anderen Vertretern der Kirche" jener Zeit[16].

Ähnliche Ziele stehen hinter dem *„Stoglavyj-Sobor"*, der *Hundertkapitelsynode von 1551*[17]. Wie im Jahr zuvor das staatliche Rechtswesen mit dem ‚Sudebnik Carskij' geregelt worden war, so sollte hier, wie es in der Ansprache Ivans IV. an die Synode heißt, „über unseren orthodoxen christlichen Glauben und über den Wohlstand der heiligen Kirchen Gottes und über unsere Ehrbarkeit im Reich sowie über die Ordnung der gesamten orthodoxen Christenheit" beraten werden[18]. In erster Linie galt es, klare Anweisungen für die gottesdienstlichen Ordnungen, die Gestaltung der Kirchenräume und das Verhalten des Klerus zu schaffen, wo Unklarheiten in den Texten und Nachlässigkeiten in der Praxis Anlaß zu Störungen und Konflikten gaben. Die griechischen Maler und Andrej Rublev (ca. 1360–1430) werden zu verbindlichen Vorbildern für die Darstellung der Trinität auf den Ikonen erklärt[19]. Mißstände des sittlichen Lebens sollten beseitigt werden, wie z.B. die Satyrspiele (ellinskoe besovanie)[20], Wahrsagerei[21], Alkoholmißbrauch. Die Einrichtung von Stadtschulen wurde gefordert[22], das Verhältnis von staatlicher und kirchlicher Gerichtsbarkeit geregelt[23], ebenso kirchliche Gebräuche wie die Form des Kreuzeszeichens mit drei Fingern[24] u.a. Mit Hinweis auf Kanones, allerdings fraglicher Herkunft, wird auch das Bartscheren untersagt und als „heidnische lateinische und häretische Tradition" bezeichnet. Denn „wer den Bart schert, will nur den Menschen gefallen"[25].

Gelegentlich wird diese Synode mit dem gleichzeitigen Trienter Konzil verglichen. Näher liegt wohl ein Vergleich mit den Kirchenvisitationen und Kirchenordnungen der frühen Reformationszeit. Denn es geht weniger um Lehrentscheidungen als um die Ordnung des Gemeindelebens.

Im „Domostroj" und „Stoglav" ist das altrussische Frömmigkeits- und Lebensideal gezeichnet, das in der Mitte des 17. Jahrhunderts der „Kreis der Eiferer um die Frömmigkeit" (kružok revnitelej blagočestija) oder die „Gottesfreunde" (bogoljubcy) durchzusetzen versuchen. Im Streit um Tradition, Gottesdienstordnung und Lebensführung zerbricht 1666/67 unter dem Patriarchen Nikon († 1681), der seine Reformbemühungen auf allerdings auch zweifelhafte griechische Vorbilder stützt, die kirchliche Einheit[26]. Die Hundertkapitelsynode mußte in diesem Konflikt in einigen Punkten ausdrücklich annulliert werden[27].

---

[16] K. S. Aksakov, zit. bei Duchesne, 15.

[17] Stoglav. Nachdruck der Ausgabe Sanktpetersburg 1863, Letchworth, Hertforshire, Engl., 1972; E. Duchesne, Le Stoglav ou les Cent Chapitres. Recueil des décisions de l'assemblée ecclésiastique de Moscou 1551. Traduction avec introduction et commentaire, Paris 1920.

[18] Stoglav, Kap. 2. [19] Kap. 41. [20] Kap. 93. [21] Kap. 94.

[22] Kap. 26. [23] Kap. 53–67. [24] Kap. 31. [25] Kap. 40.

[26] Die Darstellung der Entstehung des Raskol (Schisma) und der Bewegung der Altgläubigen oder Altritualisten muß der Kirchengeschichte überlassen bleiben. Vgl. dazu P. Hauptmann, Altrussischer Glaube. Der Kampf des Protopopen Avvakum gegen die Kirchenreformen des 17. Jahrhunderts,

§ 3 Die theologische Begegnung mit dem Westen

Im Jahr 1553/54 findet in Moskau ein *Ketzerprozeß* gegen Matfej Baškin, gegen den früheren Igumen (Abt) der Troice-Sergieva-Lavra, Artemij, gegen Feodosij Kosoj und andere Mönche statt. Die Anklage zeigt am besten die theologischen Streitpunkte: „Sie haben den Herrn und Gott, unseren Erlöser Jesus Christus gelästert und behaupten, er sei seinem Vater nicht gleich; einige von ihnen lehren diese Beleidigung auch andere. Darüber hinaus achten sie den hohen und heiligen Leib unseres Herrn Jesus Christus und sein hohes und heiliges Blut für nichts, sondern betrachten sie als gewöhnliches Brot und gewöhnlichen Wein. Auch lehnen sie die heilige katholische apostolische Kirche ab und behaupten, einzig die Gemeinde der Gläubigen sei die Kirche, die gebaute Kirche aber sei nichts. Die Darstellung des göttlichen Leibes Christi und die Ikonendarstellungen der reinsten Gottesmutter und aller seiner Heiligen nennen sie verfluchte Götzenbilder. Auch die Buße achten sie für nichts, wenn sie sagen: ‚Sobald einer aufhört zu sündigen, so ist er, auch wenn er keinem Priester beichtet, frei von Sünde.' Die Überlieferungen der Väter und ihre Lebensbeschreibungen rechnen sie zu den Märchen, und hochnäsig erheben sie sich über die sieben heiligen ökumenischen Konzilien der heiligen Väter, indem sie behaupten: ‚Diese (Konzilien und Väter) haben alles zu ihrem eigenen Vorteil geschrieben, um alles beherrschen zu können, das Weltliche und das Geistliche.' Mit einem Wort: Sie bezeichnen die ganze göttliche Schrift als Märchen, die Apostelbriefe und Evangelien aber legen sie nicht der Wahrheit gemäß aus... Darüber hinaus machen sie sich anderer Lästerungen und vieler Gesetzesübertretungen schuldig."[28] Wieweit die Anklagepunkte zutreffen und wieweit nur die alten Kontroverspunkte der ‚Judaisierenden' aufgenommen wurden, ist schwer zu entscheiden. Von den Verurteilten gelingt es Feodosij Kosoj („der Schieler") und dem Starec Artemij (s. u. S. 521f.), der Klosterhaft nach Polen-Litauen zu entfliehen, wo sie in Beziehung zu reformatorischen Gruppen treten und einen starken Einfluß nach Rußland ausüben.

Andere Kontakte mit dem Westen ergaben sich über diplomatische Gesandtschaften. Dabei kam es gelegentlich zu *Religionsgesprächen am Zarenhof,* für die besonders Ivan IV. eine Vorliebe hatte. So gab es z.B. 1557 ein Gespräch zwischen dem lutherischen Erzbischof von Upsala und dem Moskauer Metropoliten Makarij (1542–63)[29]. 1570 kam es zu einem theologischen Disput Iwans IV. mit dem Prediger der böhmischen Brüder, Jan Rokyta (1528–1591),

---

Göttingen 1963; K. Onasch, aaO. 70–77. Dazu: S. Zen'kovskij, Russkoe Staroobrjadčestvo, Duchovnye dviženija semnadcatogo veka (= Forum Slavicum, Bd. 21), München 1970. In dt. Übersetzung liegt vor: Das Leben des Protopopen Avvakum von ihm selbst niedergeschrieben. Übersetzt von G. Hildebrandt, Göttingen 1965.

[27] G. Florovskij, aaO. 66; P. Hauptmann, aaO. 88. Zu dieser Zeit und Auseinandersetzung vgl. jetzt auch: H. P. Niess, Kirche in Rußland zwischen Tradition und Glaube? Eine Untersuchung der Kirillova kniga und der Kniga o vere aus der 1. Hälfte des 17. Jahrhunderts (= KiO Monographienreihe Bd. 13), Göttingen 1977.

[28] R. M. Mainka CMF, Der Konflikt des Starzen Artemij mit der russisch-orthodoxen Kirche. In: OS 15, 1966, 3–34; 113–129; 114 Anm. 160.

[29] L. Müller, Die Kritik des Protestantismus in der russischen Theologie vom 16. bis zum 18. Jahrhundert. AAMz Jg. 1951, Nr. 1, Wiesbaden 1951, 13f.

der eine polnische Gesandtschaft begleitete[30], und 1582 disputierte Ivan IV. mit dem Jesuiten Antonio Possevino[31]. Im privaten Bereich jedoch wurden auch bei in Rußland lebenden Ausländern solche religiösen Begegnungen verhindert oder, wie z.B. in der Rechtssammlung, dem ‚Sobornoe Uloženie‘ von 1649, ausdrücklich verboten[32].

Die innere Auseinandersetzung mit den separatistischen Gruppen und die äußere Begegnung mit den Kirchen und Bewegungen des Westens verfließen in der theologischen Argumentation jener Zeit soweit ineinander, daß Schriften gegen die Separatisten wie z.B. das Wort des Maksim Grek „Über die Verehrung der heiligen Ikonen gegen die Häretiker“ später einfach mit der Überschrift „Das Wort des Mönchs Maksim Grek gegen die Lutheraner“ versehen wurden[33]. Das ist nicht der einzige Fall dieser Art.

Die 14 Sendschreiben des Starec Artemij

Eine merkwürdige Zwischenstellung nehmen in dieser Situation die *14 Sendschreiben des Starec Artemij* († 1575)[34] ein. Er kritisiert seine russische Kirche, indem er sich gegen das Klostergut, die gewaltsame Ketzerverfolgung durch die Kirche, den Ritualismus und vor allem gegen den Zerfall des geistlichen Lebens wendet. Dabei vertritt er ein effektives Schriftprinzip, wobei die Schrift als verbindliche Norm sowohl gegenüber der Vätertradition wie auch gegenüber der Lebensführung erscheint: „Die göttlichen Schriften haben die große Kraft der Weisheit des (heiligen) Geistes in sich; denen, die sie mit demütigem Sinn und in der (rechten) Ordnung lesen, bringen sie großen Nutzen. Wenn aber jemand bei seiner Lesung die rechte Ordnung der Schrift zerstört, so behält die Schrift doch stets ihre Kraft. Wer sie jedoch in unverständiger Weise liest, dem bringt sie nicht nur keinen Nutzen, sondern sie schadet ihm auch sehr. Nicht die Schrift ist es, die jemanden in die Irre führt, sondern die ungeordneten Triebe, von denen er sich bestimmen läßt.“[35] Wenn er an diesem Punkt möglicherweise von reformatorischer Theologie beeinflußt scheint, so hat er in anderer Richtung in der Emigration die Orthodoxie gegen den starken Einfluß reformatorischer Gruppen verteidigt: „An die lutherischen Lehrer, die die Zehn Gebote über das Evangelium stellen, Gotteshäuser, Bilder, Kreuzeszeichen, Mönchtum, Beichte und andere Sakramente verwerfen, wie auch an die zur Häresie abgefallenen Orthodo-

---

30 Ders., 23ff.

31 A. Possevini, Societatis Jesu, Moscovia, et, alia opera, de statu huius seculi adversus Catholicae Ecclesiae hostes, 1587. Nachdruck Westmead, Farnborough, Hants, Engl., 1970; W. Delius, Antonio Possevino SJ und Ivan Groznyj. Ein Beitrag zur Geschichte der kirchlichen Union und der Gegenreformation des 16. Jahrhunderts. Beih. KiO Bd. III, Stuttgart 1962.

32 H.-H. Nolte, Religiöse Toleranz in Rußland 1600–1725 (= Göttinger Bausteine zur Geschichtswissenschaft, Bd. 41), Göttingen-Zürich-Frankfurt 1969.

33 L. Müller, aaO. 8; B. S. Schultze, Maksim Grek als Theologe, OrChrA 167, 217f.

34 R. M. Mainka, s.o. Anm. 28; ders., Des Starzen Artemij Polemik gegen die Zehn Gebote. Aus der Auseinandersetzung der russischen Orthodoxen mit den Lutheranern Litauens im 16. Jahrhundert. In: OS 13, 1964, 123–152. Die Quellenzitate im folgenden stammen aus diesen Aufsätzen. Die 14 Sendschreiben sind im Druck erschienen in: Russkaja istoričeskaja biblioteka (RIB), Bd. 4, Sankt Petersburg 1878, Sp. 1200–1448. Dazu Mainka, aaO. 125 Anm. 11; G. Schulz, Die theologiegeschichtliche Stellung des Starzen Artemij innerhalb der Bewegung der Besitzlosen im Rußland der ersten Hälfte des 16. Jahrhunderts (= Oikonomia Bd. 15), Erlangen 1980.

35 RIB 1435; Mainka, aaO. 15, 1966, 13 Anm. 42.

xen." Der Vorwurf, „sie nennen sich ‚evangelisch', predigen aber den Dekalog", erscheint in der Kritik an dem 1562 veröffentlichten Katechismus des calvinistischen und später sozianischen Predigers Simon Budny[36]. Wie unscharf jedoch die Vorstellungen sind, zeigt sich daran, daß er die Lehre von der Rechtfertigung zurückweist in der Meinung, die Erfüllung des Gesetzes durch Christus bedeute einen Verzicht auf gute Werke[37].

‚Die Darlegung der Wahrheit' des Zinovij von Oten'

Auf diesem Hintergrund der konfessionellen Polemik ist auch das Werk entstanden, das mit gutem Grund „erstmals in Rußland den Versuch einer wirklichen systematischen Theologie" darstellt[38]. Es ist die *„Darlegung der Wahrheit für solche, die nach der neuen Lehre fragen"* (ca. 1566) von Zinovij aus dem Einödskloster Oten' († ca. 1571). Mit der neuen Lehre ist die des Feodosij Kosoj gemeint; in einer Veröffentlichung von 1642 ist aber auch hier der Titel erweitert: „Wort, das die Häresie der neuen Umstürzler des rechten christlichen Glaubens entlarvt, nämlich Luther, Calvin und den Mönch Feodosij, der Kosoj und Häretiker genannt wird." Die theologische Polemik führt in dieser Schrift zu recht originellen theologischen Überlegungen, die kurz skizziert werden sollen.

Die Abhandlung besteht aus Gesprächen, die von Zinovij mit zwei Mönchen und einem Ikonenmaler geführt werden über die Frage: „Wie kann man gerettet werden?" Die neue Lehre des Feodosij scheint zur Beantwortung dieser Frage besonders verständlich, während die Heilige Schrift und die Werke der Väter unverständlich seien. Dagegen vertritt Zinovij die These der Klarheit von Schrift und Tradition: „Durchaus offen und verständlich sind Gottes Evangelium und die Worte der Väter, nicht nur für die Gebildeten, sondern auch für die Ungebildeten."[39]

Da von Feodosij keine Schriften bekannt sind, kann seine ‚neue Lehre' nur erschlossen werden. Offenbar steht sie in enger Verbindung mit dem Arianismus oder Ebionitismus der polnischen Brüder, Fratres Poloni[40]. Abgelehnt wird die

---

[36] Mainka, aaO. 127. [37] Ebd. 128.

[38] R. M. Mainka CMF, Zinovij von Oten'. Ein russischer Polemiker und Theologe der Mitte des 16. Jahrhunderts. OrChrA 160, Roma 1961, 77. Dort S. 38–77 eine ausführliche Zusammenfassung des schwer zugänglichen Werkes, aus der im folgenden zitiert wird. Textausgabe: Zinovija Inoka, Istiny pokazanie k voprosivšim o novom učenii. Kazan' 1863 (zitiert: IP). Der volle Titel des umfangreichen Werkes bietet eine Inhaltsangabe: „Darlegung der Wahrheit für die, die wegen der neuen Lehre fragen und vor allem für die, die über die rechte Weisheit fragen; über die beiden Gebote, das zweite und das erste, die auf den vom Herrn geschriebenen Tafeln stehen; über die Ehre Gottes, wie sie im Buch der Genesis steht und was darin an Vorbildern (d. i. der Trinität. R.S.) dargestellt ist; über einige Worte der Apostel und über die Rechtfertigung, die das Christentum hat; über die menschliche Überlieferung, von der Basilius von Cäsarea geschrieben hat; über den rechten Glauben und den frommen Ruhm, wovon er in seinem Buch über das Fasten schreibt; und über andere Nachrichten aus dem Christentum." Mainka, aaO. 33 Anm. 34.

[39] IP 12; Mainka, 38f.

[40] Dazu: L. Chmaj, Bracia Polscy. Ludzie, idee, wpływy, Warszawa 1957; Ders. (Hg.), Studia nad Arianizmem, Warszawa 1959 (Beiträge z. T. in westlichen Sprachen). Es handelt sich um Strömungen, die den Sozinianern vorangehen. S. a. G. Schramm, Die polnische Nachkriegsforschung zur Reformation und Gegenreformation. In: KiO 13, 1970, 53–66; P. Wrecionko (Hg.), Reformation und Frühaufklärung in Polen. Studien über den Sozinianismus und seinen Einfluß auf das westeuropäische Denken im 17. Jahrhundert (= KiO Monographienreihe Bd. 14), Göttingen 1977.

Trinität sowie die Gottheit Jesu Christi. Christus wird unter Berufung auf Stellen wie 1.Tim 2,5 und Apg 2,36 nur als Mittler Gottes verstanden, und damit wird in der extremen Form des Nonadorantismus auch eine Anbetung Christi abgelehnt. Ein für diese Bewegung typisches Argument besteht in dem Hinweis, daß ein Unterschied zwischen Erlösten und Unerlösten nicht anders als in den Werken festzustellen sei. So liegt ein legalistischer Monotheismus vor, der offenbar im politischen Bereich mit anarchischen und pazifistischen Bestrebungen verbunden war. Die Form dieser Frömmigkeitsbewegung ist das bruderschaftliche Konventikel.

Aus der Einsicht, daß diese Lehre im Grunde auf einen Atheismus hinauslaufe, beginnt Zinovij mit fünf *aposteriorischen* Gottesbeweisen. Sie setzen ein bei der Frage 1. nach dem ersten Glied in der Geschlechterfolge von Tieren und Menschen, 2. nach der Erstursache des Bewegten, 3. beim ‚consensus gentium', 4. bei der Frage nach dem Bleibenden angesichts von Leiden und Veränderung in der Welt sowie 5. bei der Vergänglichkeit auch der vier Elemente, von denen eines das andere vernichten kann. Das zeigt: Nichts ist ohne Anfang und Ende als allein Gott.

Die anschließende Verteidigung und Erklärung der *Trinitätslehre* verfährt mit einer anthropologischen Analogie. Wenn Gott lebendig ist, muß er auch *Wort* und *Geist* haben. Denn wortlos (bezslovesen) und geistlos (bezdušen) wäre Gott nicht lebendig[41]. Dieser Gedanke wird fortgeführt auf die Erschaffung des Menschen zum Bild Gottes. Dies Bild aber besteht nicht in der Leiblichkeit, sondern in der eingehauchten Seele: „Nur diese drei Dinge hat der Mensch vor den übrigen Lebewesen voraus. Eine Seele, die *Verstand* hat, aus der das *Wort* gezeugt ist, das durch den *Hauch* offenbar wird."[42]

Das Bild Gottes im *Menschen* umschließt die Selbstbestimmung (samovlastie/autexousion) in dem doppelten Sinn von Wahlfreiheit und Herrschaft über das Geschaffene[43]. Der Fall aber entspringt der menschlichen Freiheit sowie der Verführung des Satans; dadurch wird „Gottes Bild zerstört und das Gottesgleichnis verdorben"[44]. Die Erlösung durch die Menschwerdung Gottes aber soll „sein geliebtes Bild und Gleichnis erneuern"[45]. Sie ist Strafleiden und Opfer, wobei sich gerade durch die Menschwerdung Gott in die Hand der Menschen gibt[46] und leidensfähig wird: „Und weil es für Gott unmöglich ist zu leiden, der Sohn Gottes aber Gott ist, darum kann er als Gott nicht leiden, wenn er sich nicht mit Fleisch bekleidet; darum wurde das Wort Fleisch."[47]

Die starke Betonung der Menschwerdung in der *Soteriologie* ist nicht nur eine Besonderheit östlicher Theologie, vielmehr wird sie auch durch die antiarianische Front dieser Zeit gefordert.

‚Das Sendschreiben gegen die Lutheraner' des Parfenij Urodivyj

Dies zeigt sich am deutlichsten in der Schrift des Mönchs *Parfenij Urodivyi* (der Narr in Christo), vermutlich aus Suzdal' stammend: *„Sendschreiben an einen Unbekannten gegen die Lutheraner."* Vermutlich um 1560 verfaßt, hat es

[41] IP 70; Mainka, 47.
[42] IP 103; Mainka, 49, vgl. 172ff.
[43] Mainka, 198.
[44] IP 256, 277 u.ö.; Mainka, 199.
[45] IP 290; Mainka, 203 Anm. 79.
[46] Hinweis auf Gen 32,23–33; Mainka, 54.
[47] IP 221; Mainka, 202 Anm. 72.

seine Bedeutung und Verbreitung dadurch gefunden, daß es von Ivan IV. als eigenes Werk ausgegeben und 1570 nach dem Religionsgespräch an Jan Rokyta übergeben wurde. In lateinischer Übersetzung ist es weiter verbreitet worden[48]. Auch wenn Luther mehrfach darin erwähnt und beschimpft wird, zielt die Argumentation zweifellos auf die von Feodosij Kosoj vertretenen Lehren, was bereits an der häufigen Zitierung des von Feodosij abgelehnten Hebräerbriefs auffällt. Es begegnen weiter die bekannten Vorwürfe, wie der Abfall vom Evangelium zu dem von Christus abgeschafften Gesetz des Alten Bundes[49] und die Leugnung der Gottheit Jesu Christi.

Dies bestimmt vor allem die interessante Kritik an der *Rechtfertigung* allein aus Glauben (Kap. VI). Das Erlösungswerk wird als Sieg über die Macht des Todes und der Sünde verstanden; jedoch wird der Gedanke einer Stellvertretung und Mittlerschaft (mediator) Christi eingeschränkt; ein Verdienst (meritum) Christi gegenüber Gott wird sogar ausdrücklich als „haeresis Arriana" zurückgewiesen, weil sonst die Beziehung des Sohnes zum Vater nicht von der Wesenseinheit, sondern – nur – durch eine Gehorsamsverpflichtung bestimmt scheint: „Filium enim obligatum patris facis."[50] Der Ton liegt daher auf der Menschwerdung, begründet mit Phil 2 und Joh 1 als „missio", nicht aber auf Kreuz und Auferstehung. Diese Sendung aber soll nicht einfach als Niedrigkeit verstanden werden, sondern „als der eine Wille von Vater, Sohn und Heiligem Geist"[51]. In diesem Fall wird also die Rechtfertigungslehre *trinitätstheologisch* kritisiert wegen der möglichen Konsequenzen aus der Vorstellung von Stellvertretung und Gehorsam für die trinitarische Wesenseinheit. Dagegen wird dann mit Anspielung auf Röm 8,34 gesagt, daß Christus nicht nur für uns eintritt vor Gott, sondern daß er in der Wesenseinheit mit Vater und Geist angerufen wird[52]. Das Verhältnis von Glauben und Werken hingegen wird mit Hinweis auf Röm 3,28 und Jak 2,14f. ganz knapp erledigt mit der Begründung, daß zwischen beiden Aposteln Übereinstimmung bestehe, sofern der eine die Werke, der andere den Glauben betone; um beides sollen wir uns bemühen, weil beide dem Heil des Menschen dienen[53].

In vielen Verzeichnungen und polemischen Entstellungen dieser frühen Begegnung mit reformatorischer Theologie wird man gleichwohl den Ansatzpunkt

---

[48] Responsio Johannis Basilii, Magni Ducis Moscorum, ad hanc Rohitae Confessionem fidei: data ipsi in urbe Moskova, Anno 1570. Im folgenden zitiert nach der Ausgabe: J. LASITZKI, De Russorum Moscovitarum et Tartarorum Religione, Sacrificiis, Nuptiarum, Funerum Ritu, Spirae 1582, 11–169. Auf die Identität der lateinischen Antwort Ivans IV. und des Sendschreibens von Parfenij hat vor allem hingewiesen L. MÜLLER, aaO. 15ff. und 23ff.; R. M. MAINKA CMF, Die erste Auseinandersetzung der russischen Theologie mit dem Protestantismus. In: OS 11, 1962, 131–160; E. JELINEK, Un membre de l'Unité des Frères reçu par le Tsar, in: Communio Viatorum 21, 1978, 63–73 (mit Hinweis auf ein slawisches Original dieses Textes).

[49] LASITZKI, aaO. 33, 59.

[50] LASITZKI, aaO. 45, vgl. 41.

[51] „Missionem autem intellige, non humilitatem, sed unicam Patris et Filii et Spiritus Sancti voluntatem, unicus tamen hac in trinitate filius verbum dei, praedestinata carne mysterii, sui peperit hominibus salutem, cum Patre et Spiritu Sancto."

[52] „Cuius supplicio redemti servatique, veneramur creaturae ideo eum, ut et Patrem Spiritumque Sanctum unius essentiae, sed trium personarum Deum. Precamur quoque eundem, celebramus, omnipotentiam ipsius perpetuo extollimus, remissionem peccatorum, regni coelestis haereditatem, et omnia cum animarum, tum corporum nostrorum necessaria, ab hoc eodem rerum conditore omnium, cuncta manibus suis tenente petimus." LASITZKI, 42.

[53] LASITZKI, aaO. 38.

für die Ablehnung beachten müssen. Er liegt jedenfalls nicht in einer typisierenden Gegenüberstellung von physischer und juridischer Versöhnungslehre, sondern in dem durch die Begegnung mit den arianischen und antitrinitarischen Gruppen in Polen-Litauen nahegelegten Verdacht, daß hier das trinitarische und das christologische Dogma aufgehoben sei. Wenn orthodoxe Theologen in der neueren protestantischen Theologie auf ähnliche Tendenzen treffen, erscheint das nachgerade als eine Bestätigung für die damaligen Abgrenzungen.

Kapitel III: Akademische Theologie in Rußland zwischen 1700 und 1917

Literatur: B. V. Titlinov, Duchovnaja Škola v Rossii v XIX stoletii (Die geistliche Schule in Rußland im 19. Jahrhundert), T. I u. II, Wilna 1908/09, Nachdruck s. l., 1970; Al. Kotovič, Duchovnaja Censura v Rossii (1799–1855 gg) (Die geistliche Zensur in Rußland), S-Peterburg 1909, Nachdruck s. l., 1972; N. N. Glubokovskij, Russkaja bogoslovskaja nauka v eja istoričeskom razvitii i novejšem sostojanii (Die russische theologische Wissenschaft in ihrer geschichtlichen Entwicklung und ihrem neuesten Stand), Varšava 1928; Ph. de Régis SJ, Aperçu de la littérature théologique russe (in: Recherches de Science Religieuse XVII, 1927, 256–287); Archim. Cyprien Kern, L'enseignement théologique supérieur dans la Russie du XIXe siècle (in: Istina 3, 1956, 249–282); R. Slenczka, Ostkirche und Ökumene. Die Einheit der Kirche als dogmatisches Problem in der neueren ostkirchlichen Theologie, Göttingen 1962 (Lit.!); I. Smolitsch, Geschichte der Russischen Kirche 1700–1917, Bd. I, Leiden 1964 (Lit.!).

Der Ausbau theologischer Ausbildungsstätten und damit die Entwicklung einer eigenständigen Theologie war in den unruhigen Zeiten des 17. Jahrhunderts immer wieder gestört worden. Die Versuche, nach dem Kiewer Vorbild auch in Rußland theologische Schulen bzw. Akademien zu gründen, blieben immer wieder stecken. Dabei spielte auch das Mißtrauen gegenüber ausländischen Einflüssen, die Furcht vor Wissenschaft und Bildung als Ursache von Häresien eine nicht geringe Rolle. Die „Flucht in den Ritus“ (Florovskij), aber auch das alte Mönchsideal der „Torheit um Christi willen“ (vgl. 1.Kor 4,10) und des „Nichtwissens“ boten den zaghaften Ansätzen wenig Förderung.

Mit der Regierungszeit Peters I. (1672–1725) änderten sich die Verhältnisse grundlegend. Auf die energische Reorganisation des Staatswesens folgte die der Kirche. Sie wurde in ihrer Administration und Funktion völlig der Autokratie des Zaren unterstellt. An dem Ausbau der allgemeinen Bildungseinrichtungen nach westlichem Vorbild partizipierten auch die theologischen Ausbildungsstätten; freilich wurden sie damit auch auf weitere Zeit gezeichnet und belastet durch den unvermeidlichen Konflikt zwischen russischem Herkommen und westlichen Einflüssen katholischer oder protestantischer Prägung. Latein ist bis zum Beginn des 19. Jahrhunderts die theologische Fach- und Unterrichtssprache.

In der kirchengeschichtlichen Abgrenzung handelt es sich um die *„synodale Periode“* zwischen der Aufhebung des Patriarchats nach dem Tod des Patriarchen Adrian 1700 und der Wiedereinführung der Patriarchatsverfassung mit der Wahl des Patriarchen Tychon durch das Moskauer Landeskonzil von 1917–18 unter der russischen Revolution.

Aus diesem Zeitraum soll in Ausschnitten dargestellt werden: 1. Die Ausbildung einer russischen Schultheologie im Anschluß an das „Geistliche Reglement" von 1721, 2. die russische religiöse Philosophie des 19. Jahrhunderts, 3. die theologische Renaissance um die Wende zum 20. Jahrhundert.

§ 1 Die Ausbildung einer russischen Schultheologie im Anschluß an das „Geistliche Reglement" von 1721

Literatur: P. V. Verchovskoj, Učreždenie Duchovnoj Kollegii i Duchovnyj Reglament. K voprosu ob otnošenii Cerkvi i gosudarstva v Rossii. Tom I: Izledovanie; Tom II: Materialy (Die Einrichtung des Geistlichen Kollegiums und das Geistliche Reglement. Zur Frage der Beziehung von Kirche und Staat in Rußland), Rostov na Donu 1916, Nachdruck s. l., 1972; H. Koch, Die russische Orthodoxie im petrinischen Zeitalter. Ein Beitrag zur Geschichte westlicher Einflüsse auf das ostslavische Denken, Breslau-Oppeln 1929; H.-J. Härtel, Byzantinisches Erbe und Orthodoxie bei Feofan Prokopovič (= Das östl. Christentum, Bd. 23, N.F.), Würzburg 1970 (Lit.!); J. Cracraft, The Church Reform of Peter the Great, London 1971 (Lit.!).

Werkzeug oder Helfer Peters I. bei seiner Reorganisation der russischen Kirche sind zwei Persönlichkeiten, „die den Gang der russischen Theologie ein Jahrhundert lang bestimmt haben" (D. Čiževskij) und von denen in wirkungsvoller Typisierung gesagt wird, daß ihre theologischen Ansätze sich zueinander verhalten „wie das System des Protestantismus zu dem des Katholizismus" (Ju. Th. Samarin). Allerdings haben beide ihre theologische Ausbildung an katholischen Schulen in Wilna und Posen bzw. in Rom erhalten. Beide waren auch Lehrer bzw. Rektor der Kiewer Akademie: *Stefan Javorskij* (1658–1722), der 1702 als Bischof von Rjazan' zum Patriarchatsverweser ernannt wurde, gilt als Vertreter der katholisierenden Richtung. *Feofan Prokopovič* (1681–1738), zuletzt Erzbischof von Novgorod, gilt als Vertreter der protestantisierenden Richtung. In seiner Schrift „Das Recht des Monarchenwillens" (Pravda Voli Monaršej) 1722 gibt er dem Absolutismus Peters I. die theologische Begründung, gestützt auf die Naturrechtslehren von Pufendorf, Thomasius und Buddeus. Der Zar wird als „svjaščennonačal'nik", d.h. „Führer der Hierarchie" bezeichnet.

Das ‚Geistliche Reglement'

In enger Zusammenarbeit mit Peter I. entwarf Feofan Prokopovič das „*Geistliche Reglement*" (duchovnij reglament – regulamentum ecclesiasticum) von 1721 zur Neuordnung des gesamten Kirchenwesens[1]. Damit wird die Patriarchatsverfassung endgültig aufgehoben. In Entsprechung zu den 1718 eingerichteten staatlichen Kollegien, d.h. Ministerien, wird nach dem Vorbild der protestantischen Konsistorialverfassung ein „geistliches Kollegium" oder „Synedrion" zur Leitung der Kirche gebildet. Es bekommt später den kirchlich besser klingenden Namen „*heiligster regierender Synod*". Er ist dem Monarchen unterstellt und an ihn als höchsten Richter gebunden. Die Doppelherrschaft von

[1] Textausgaben: Verchovskoj, II, 1, S. 12–76 (russ.); Mansi, Vol. 37, 11–96 (russ. und lat.). Bei den Zitierungen im folgenden werden nacheinander die Seitenzahlen beider Ausgaben angeführt.

Zar und Patriarch ist damit zu Ende; man spricht von einer „Kapitulationsurkunde der Kirche vor dem Staat" (I. Smolitsch). Die Kirche ist nunmehr dem petrinischen Programm des „Gemeinwohls" („na dobro obščee bzw. obščaja pol'za") unterworfen.

In wesentlichen Teilen des Reglements geht es um theologische Reformen des kirchlichen Lebens im Zeichen der beginnenden *Aufklärung*. Das Geistliche Kollegium bekommt den Auftrag zu prüfen, „ob alles recht und dem christlichen Gesetz entsprechend geschieht". Als Beispiel wird auf einige für die Frömmigkeit höchst empfindliche Punkte hingewiesen, u. a. auf die überladene Liturgie, auf Heiligenlegenden, die der historischen Wirklichkeit nicht standhalten, auf lokale kirchliche Kulte, die den Verdacht der Idolatrie erwecken, auf kirchliche Ordnungen, die „die Gewissen der Menschen belasten". Es wird behutsam gefragt, ob dies nicht dem „Wort Gottes widerspreche"[2].

Besonders dringlich scheint die Frage: „Gibt es bei uns eine zureichende Unterweisung zur christlichen Besserung?"[3]. Mit 2.Tim 3,16 wird betont: „Die Heilige Schrift enthält die vollkommenen Gesetze (zakony/leges) und Verheißungen (zavety/promissiones), die zu unserer Rettung nötig sind." Doch es fehle an gebildeten Priestern, die die „Dogmen und Gesetze der Heiligen Schrift predigen können". Es fehle weiter trotz der ausdrücklich erwähnten „Confessio Orthodoxa" des Petr Mogila (s. o. S. 509) und einigen, freilich oft schwer verständlichen, Übersetzungen von Homilien griechischer Kirchenväter an geeigneten Büchern für die Unterweisung des Volkes. Daher sollen drei kleine Bücher verfaßt werden: „Das erste über die Heilslehren unseres Glaubens sowie von den göttlichen Geboten, wie sie im Dekalog enthalten sind. Das zweite über die besonderen Pflichten eines jeden Standes. Das dritte mit verständlichen Predigten verschiedener Kirchenlehrer, sowohl über die Hauptlehren wie über Sünden und Tugenden und insbesondere über die Pflichten eines jeden Standes."[4] Das Vorbild für dieses „Projekt der drei Büchlein" sind offenbar die Katechismen Luthers[5]. Wie ein vermutlich von Feofan verfaßtes Reskript des Zaren von 1724 zeigt, ist er nachdrücklich daran interessiert, daß in diesen Büchern gezeigt wird, „welches das unveränderliche Gesetz Gottes ist, welches die Räte (sovety), welches die Väterüberlieferungen und welches die mittleren Dinge (vešči srednija) sind und was lediglich der Ordnung und dem Ritus dient, was unveränderlich und was nach Zeit und Zufall veränderlich ist, damit man weiß, was welche Autorität (sila) besitzt". – Ferner soll dafür gesorgt werden, „daß der rechte Weg zur Rettung dargelegt wird, insbesondere Glaube, Hoffnung und Liebe ... Denn das Leiden Christi deutet man lediglich auf die Erbsünde; die Erlösung indes empfängt man aus eigenen Werken"[6].

Bei den Anweisungen für die Ausbildung des Klerus werden die vorhandenen Widerstände in der Kirche erkennbar, wenn es heißt: „Wenn das Licht der Bil-

---

[2] 34/21. [3] 36/25. [4] 38/29.

[5] Ausführlich zu diesem Projekt: VERCHOVSKOJ, I, 386ff. Während das erste Büchlein die christliche Glaubenslehre enthalten soll, entspricht das zweite der „Haustafel" bzw. „Tabula oeconomica" des Kleinen Katechismus. Es wird aber auch auf Vorbilder bei S. von Pufendorf hingewiesen, dessen Schriften zur Pflichtlektüre in der theologischen Ausbildung gehörten. S. a. P. HAUPTMANN, Die Katechismen der russisch-orthodoxen Kirche. Entstehungsgeschichte und Lehrgehalt (= KiO Monographienreihe Bd. 9), Göttingen 1971, 33ff.

[6] Nach VERCHOVSKOJ, I, 390.

dung fehlt, gibt es keine gute Ordnung der Kirche, sondern nur Unordnung, lächerlichen Aberglauben, Streitereien und völlig widersinnige Häresien. Daher ist es töricht, wenn viele behaupten, die Bildung sei schuld an der Häresie…"[7] Das Lehrprogramm fußt auf der lateinischen und griechischen Klassik. Besonderer Wert wird auf die Anschaffung von Büchern gelegt, „denn ohne Bibliothek ist eine Akademie gleichsam ohne Seele". Neben den griechischen Kirchenvätern wird das Studium Augustins für die Trinitätslehre empfohlen sowie seine antipelagianischen Schriften für die Lehre von der Erbsünde und von der Gnade. Ein theologischer Lehrer soll durchaus die Werke heterodoxer Theologen lesen, allerdings dabei immer die Übereinstimmung mit der Schrift und den Vätern prüfen[8]. Predigen dürfen nur Absolventen einer geistlichen Akademie; wer an heterodoxen Fakultäten studiert hat, muß vor dem geistlichen Kollegium den Nachweis erbringen, „wie gebildet er ist in der Heiligen Schrift"[9].

In diesen Beispielen aus dem „Geistlichen Reglement" sind die protestantischen Einflüsse gewiß unübersehbar. Doch sollten bei einer rückblickenden konfessionellen Typisierung nicht die offenkundigen Mißstände des kirchlichen Lebens vergessen werden, die es zu beseitigen galt. Dieser Hintergrund muß auch bedacht werden, wenn im folgenden an einigen Punkten die Gegensätzlichkeit der theologischen Systeme von Stefan Javorskij und Feofan Prokopovič vorgeführt werden soll. Freilich sind bis heute die damals verhandelten theologischen Sachfragen nur schwer von den kirchenpolitischen Auseinandersetzungen zu trennen.

‚Der Stein des Glaubens' von Stefan Javorskij

Das Hauptwerk des *Stefan Javorskij* (1658–1722) erschien erst posthum 1728 unter dem Titel „Kamen' Very", der *„Stein des Glaubens"* nach Röm 9,32 und 1.Petr 2,6ff.[10]. Entstanden ist es in den Jahren 1713–15 in der Auseinandersetzung mit der von protestantischen und freidenkerischen Elementen geprägten Bewegung des russischen Arzthelfers Dimitrij Derjužkin aus Tver', daher Tveritinov genannt[11]. Seine Gegenargumente hat Stefan u.a. aus den „Controversiae" Bellarmins (s. o. S. 417) bezogen[12]; zumal in der Ekklesiologie wie in der Erlösungslehre werden die Akzente im *Sinne der Gegenreformation* gesetzt. Das Thema der Rechtfertigung wird im Anschluß an einen Traktat „über die guten Werke" verhandelt; ein einseitig forensisches Verständnis wird mit Nachdruck abgewehrt, wenn es dann heißt: „Rechtfertigung ist nicht ein richterlicher Urteilsspruch, sondern das tatsächliche Gerechtwerden eines Sünders; durch sie verbleiben die Sünden in einem Sünder nicht mehr, sondern sie werden ganz vernichtet und vom Menschen weggenommen…"[13] Außerdem werden Recht-

---

[7] 51/51. [8] 55/57. [9] 63/69.

[10] Erschienen ist das Werk zuerst 1728 in Moskau, dann 1730 in Kiev, 1749 in Moskau. Weiter verbreitet ist eine Kurzfassung: Dvenadcat' dogmaty po St. Javorskomu (Zwölf Dogmen nach St. Javorskij), Kostroma 1886.

[11] Abgelehnt wurde von Tveritinov das Traditionsprinzip, die Verehrung der Gottesmutter, der Engel, der Heiligen, die Ikonen sowie das Mönchtum. Diese Bewegung ist wieder ein Beispiel für die Perspektive, unter der die Reformation gesehen wird, ohne daß das eigentliche theologische Anliegen in den Blick kommt. Dazu: I. Smolitsch, 88ff.; L. Müller, Die Kritik des Protestantismus in der russ. Theologie vom 16. bis zum 18. Jh., Wiesbaden 1951, 60ff. und 68ff.

[12] Nachweise bei H. Koch, 174ff. [13] H. Koch, 132.

fertigung und Erlösung gleichgesetzt; unterschieden werden sie nur mit dem Hinweis, daß die Erlösung unverlierbar sei, während die Rechtfertigung verloren und wiedergewonnen werden könne. Im Grunde wird also die Rechtfertigung als die Heiligung verstanden: So lehren und bekennen wir, „daß die Gerechten, d.h. die gerecht gemachten Menschen, aus Sündern zu Gerechten werden und heilig durch innere Wahrheit und Heiligkeit, wie Christus selbst in sich heilig und gerecht ist"[14]. Das sind, herausgelöst aus aller Polemik, Aussagen, über die man sich durchaus von reformatorischer Theologie her verständigen könnte.

Der Gegensatz in den theologischen Standpunkten ist nicht zuletzt ein Mittel der kirchenpolitischen Auseinandersetzung um die Kirchenreform Peters des Großen. In diesem Zusammenhang wird das umfangreiche Werk des Stefan Javorskij ausgewertet[15], während es sonst auf die theologische Bildung keinen nennenswerten Einfluß ausgeübt hat. Anders steht es mit den Kiewer Vorlesungen des *Feofan Prokopovič* (s. o. S. 526), die in ihrer späteren Bearbeitung und Veröffentlichung als System orthodoxer Dogmatik eine sehr weite Verbreitung bekommen haben, so daß Feofan geradezu als der „Normaltheologe" der Folgezeit bezeichnet wird[16].

Die Dogmatik des Feofan Prokopovič

In der Prinzipienlehre seiner Dogmatik wird ausführlich die Lehre von der *Heiligen Schrift* behandelt. Das Wort Gottes wird ausdrücklich als wirkendes Wort, verbum efficax, verstanden, in dem Gott sich dem Menschen zu erkennen gibt, der Gott von sich aus nicht zu erkennen vermag[17]. Die große Nähe zum reformatorischen Verständnis der Heiligen Schrift zeigt sich dann in der Aufnahme der Lehre von den vier Affektionen (auctoritas, necessitas, perspicuitas, perfectio) unter enger Anlehnung an die Systeme von Johann Gerhard und Amandus Polanus[18]. Außerdem wird an dem Maßstab des in der Schrift bezeugten Wortes Gottes unterschieden zwischen „praecipua et principalia dogmata" und „bonae ceremoniae, ritus, canones ecclesiastici ad bonum ordinem, decus et ornamentum Ecclesiae"[19]. Das „Geistliche Reglement" zeigt die praktische Anwendung dieser Unterscheidung von unveränderlicher göttlicher Offenbarung und zeitbedingter kirchlicher Ordnung.

---

[14] H. Koch, 133.

[15] Ein Beispiel dafür ist „Die Kritik des (Archimandriten) Markell Rodyševskij am Geistlichen Reglement", abgedruckt bei Verchovskoj, II, 4, S. 90–154. Feofan ließ sich in dem heftigen Streit von befreundeten evangelischen Theologen aus Deutschland unterstützen wie J. L. von Mosheim und Franz Buddeus. Dazu: H. Koch, 80; M. Jugie, I, 581; L. Müller, 79ff. D. Donat, Feofan Prokopovič (1681–1736) im Urteil deutscher Periodika des 18. Jahrhunderts. In: KiO 20, 1977, 90–106.

[16] Christianae Orthodoxae Theologiae in Academia Kiovensi a Theophane Prokopowicz, eiusdem Academiae Rectore, postea Archiepiscopo Novgorodensi adornatae et propositae. Regiomontanae 1773f. Die Bearbeitung und erhebliche Ergänzung wurde von Samuel Mislavskij vorgenommen. Andere Ausgaben: 3 Bde., Leipzig 1782–84. Dazu H. Koch, 82f.

[17] So heißt es in der Vorrede zu Bd. I (Ausg. 1773) von der Erkenntnis der Wahrheit Gottes: „eam non aliter, nisi Deo monstrante, reperire licet; si non aliunde, nisi ex verbo Dei excerpere... Docilem ergo in Theologia esse, est esse obedientem Deo: quod tunc praestabimus, quando divino efficaci verbo durum in cordibus nostris obicem non ponemus ultro..."

[18] H. Koch, 181, Belege; s. ferner S. 333ff.

[19] Bd. I, 1773, 392.

In einem seiner Briefe schreibt Feofan Prokopovič: „... denn, was dieser Welt am meisten mißfällt, das ist die Rechtfertigung umsonst durch Christus“[20]. Er hat diesem Thema eine eigene Abhandlung gewidmet, die deshalb sehr interessant ist, weil er sich bemüht, die Lehre von der Rechtfertigung biblisch zu begründen und systematisch im Glaubensvollzug zu bedenken, ohne in der üblichen konfessionalistischen Entgegensetzung der jeweiligen Zuordnung von Glauben und Werken stecken zu bleiben[21]. Unterschieden werden zwei Aspekte: vom Handeln Gottes her und als Geschehen am Menschen.

Die grundlegende Bestimmung der *Rechtfertigung* lautet: „Die Rechtfertigung ist der Akt der göttlichen Gnade, durch den Gott den Menschen, den Sünder, der seine Sünden schmerzlich erkennt (das ist die wahre Beichte), und der an Christus glaubt, allein um des im Glauben ergriffenen Verdienstes Christi willen umsonst (im Blick auf den Menschen) für gerecht hält und erklärt, indem er ihm seine Sünden nicht anrechnet (das ist die Vergebung der Sünden), ihm jedoch die Gerechtigkeit Christi anrechnet, als sei sie einem solchen Menschen selbst zu eigen.“[22] Das forensische Verständnis wird durch Stellen wie Ps 143,2 und Röm 8,33ff. begründet. Dazu wird aber bemerkt, daß dieselbe Sache in der Schrift auch mit anderen Wörtern und Vorstellungen beschrieben werden könne. Das forensische Moment der Tilgung der Schuld (dilutio criminis) wird verbunden mit dem effektiven Moment des Gnadenempfangs (conciliatio gratiae); darin fallen bei Gott Gerechtigkeit und Barmherzigkeit (iustitia et misericordia) in der Rechtfertigung zusammen. Die Gnade aber, so betont Feofan, die uns gerecht macht, ist im strengen Sinne Tat Gottes[23].

Bei der Betrachtung der Rechtfertigung als Geschehen am Menschen fällt die wichtigste Entscheidung im Verständnis des *Glaubens*. Es wird nicht, wie es sonst meist geschieht, die Erkenntnis und Zustimmung beim Glauben betont, sondern das Vertrauen (fiducia) sowie der Vollzug des Glaubens in der Sündenerkenntnis als Buße bzw. Umkehr (conversio): „Glauben an Christus, das heißt ernstlich umkehren zu Gott, vertrauend auf seine Barmherzigkeit aufgrund der Verdienste Christi.“[24] So ist der Glaube nicht das Mittel des Menschen zum Empfang der Rechtfertigung, sondern der Vollzug der Rechtfertigung am Menschen – fides iustificans. Als alleinige Tat Gottes wird die Rechtfertigung dann streng unterschieden von den Werken der Gerechtfertigten und Wiedergeborenen, die ihren Ort nach der Rechtfertigung als „gute Frucht“ haben[25]. Wenn bei Stefan Javorskij (s. o.) gegenüber der Erlösung die Rechtfertigung mit der Heili-

---

[20] H. Koch, 21.

[21] Christiana orthodoxa doctrina de gratuita peccatoris per Christum iustificatione, Breslau 1769. Dieser Traktat wurde als Anhang zu Buch 6 in Bd. II der Dogmatik aufgenommen (Ausg. 1782, 509–541).

[22] Im folgenden stammen die Zitierungen aus der Ausgabe Leipzig 1782–84, die von Koch verwendet wurde: II, 510; H. Koch, 141: „Justificatio est actus divinae gratiae, quo Deus hominem, peccatorem, peccata sua cum dolore agnoscentem (haec est vera confessio), et in Christum credentem, propter solum Christi meritum fide apprehensum, gratis (respectu hominis) iustum habet et declarat, non imputatis ei peccatis eius (hoc est remissio peccatorum), imputata vero ipsi iustitia Christi, quasi illa sit sua propria tali homini...“

[23] II, 520; H. Koch, 143.

[24] II, 535; H. Koch, 147: „Credere in Christum hoc est converti serio ad Deum, fidens in eius misericordia propter merita Christi.“

[25] II, S. 528; H. Koch, 152, 159.

gung zusammenfällt, so wird bei Feofan Prokopovič beides streng unterschieden, und die Rechtfertigung ist Erlösung: „Wo der Mensch gerecht wird, dort wird er gleichzeitig auch erlöst. ... Sonst wäre es eine falsche Rechtfertigung, wenn ihr nicht Heil oder Erlösung folgten.“[26] Von hier aus ist zu verstehen, daß bei Feofan Dogmatik und Ethik voneinander getrennt werden wie Rechtfertigung und Heiligung.

Theologische Systeme

Umstritten ist die kirchenpolitische Stellung von Feofan Prokopovič; verhängnisvoll wurde in vieler Hinsicht die enge Bindung der Kirche an den Staat im „Geistlichen Reglement“. Unbestreitbar aber ist Feofans Verdienst um die Ausbildung einer *akademischen Theologie* in Rußland, darüber hinaus aber auch um eine Verbreitung der Volksbildung durch kirchliche Unterweisung. Seit dieser Zeit findet sich eine wachsende Zahl bedeutender Theologen, zumal im Bereich der Dogmatik und der Kirchengeschichte wie u.a. Platon Levchin (1737-1812), Metropolit von Moskau; seine „Orthodoxe Lehre oder kurzgefaßte christliche Theologie“ (1765) wurde in vielen Sprachen verbreitet[27]. Im 19. Jahrhundert ist der Metropolit von Moskau, Filaret Drozdov (1782-1867) zu nennen. Sein „Ausführlicher Christlicher Katechismus“ (Prostrannyj Christianskij Katichizis) wurde 1839 offiziell vom hl. Synod approbiert und ist bis heute im Gebrauch der kirchlichen Unterweisung und seminaristischen Ausbildung[28]. Viel benützt und viel geschmäht waren die dogmatischen Lehrbücher des Metropoliten Makarij Bulgakov (1816–1882), die jahrzehntelang den akademischen Unterricht und damit zugleich die Anregung zu einem produktiven Protest lieferten[29].

Die Begegnung mit der westlichen Theologie sollte für diesen Zeitraum jedoch nicht nur als eine Verfremdung unter protestantischen oder katholischen Einflüssen bewertet werden. Nach der abwehrenden Isolierung früherer Zeiten leitet die petrinische Epoche einen freieren *geistigen Austausch* ein, der die Grundlage zu einer offenen christlichen Begegnung legt. Die Kontakte mit den anglikanischen ‚Non-Jurors‘ (s. EKL 2,1618f.), die seit 1716 von Peter I. gefördert wurden (s. o. S. 510) oder seine Verhandlungen mit den Theologen der Sorbonne um eine Kirchenunion 1718ff. blieben zwar ohne unmittelbares Ergebnis, nicht aber ohne Folgen[30].

Mit gewissen Einschränkungen spiegelt sich in dieser Epoche russischer Theologiegeschichte einiges von der erheblich schwerer zugänglichen theologischen Arbeit im griechischen Sprachbereich. Einer der besonders herausragenden griechischen Theologen soll wenigstens genannt werden: Eugenios Bulgaris (Voulgaris) (1716-1806). Seine dogmatischen Arbeiten, „Orthodoxos Homo-

---

[26] H. Koch, 152. [27] S. bei P. Hauptmann, aaO. 43ff.

[28] Deutsche Übersetzung im Anhang von: Philaret, Erzb. v. Tschernigow, Geschichte der Kirche Rußlands. Übers. von Blumenthal. Frankfurt 1872.

[29] In deutscher Übersetzung von Blumenthal: Handbuch zum Studium der christlichen, orthodoxen-dogmatischen Theologie von Dr. theol. Macarius, Moskau 1875. S. a. R. Slenczka, aaO. 36f. (Lit.).

[30] R. Rouse, St. Ch. Neill (Hg.), Geschichte der Ökumenischen Bewegung, Bd. 1, Göttingen 1963², 260f.

logia“ (Amsterdam 1767) und „Theologikon“ bzw. „Theologia Dogmatikē“ (erst 1872 in Venedig herausgegeben) sind gekennzeichnet durch das Bemühen um die Wahrung orthodoxer Identität gegenüber der westlichen Theologie wie auch durch die Aufnahme wissenschaftlicher Methodik und Bildung der Aufklärungszeit[31].

§ 2 Die russische religiöse Philosophie

Quellenauswahl in Übersetzung: Östliches Christentum. Dokumente. Bd. I: Politik; Bd. II: Philosophie. Hg. von N. von Bubnoff und H. Ehrenberg, München 1923/25; Russische Religionsphilosophen. Dokumente. Übersetzt und herausgegeben von N. von Bubnoff, Heidelberg 1956.

Literatur: Th. G. Masaryk, Zur russischen Geschichts- und Religionsphilosophie. Soziologische Skizzen. 2 Bde. Jena 1913; Nachdruck Köln 1965; A. Pawłowski, Idea kościoła w ujęciu rosyjskiej teologij i historiozofi. (Die Idee der Kirche in der Lehre der russischen Theologie und Geschichtsphilosophie). Warszawskie Studja Teologiczne 9, Warszawa 1935; Nadejda Gorodetzky, The Humiliated Christ in Modern Russian Thought, London 1938; V. V. Zen'kovskij, Istorija russkoj filosofii. T. I u. II, Paris 1948/50 (auch in frz. und engl. Übersetzung erschienen); B. Schultze SJ, Russische Denker. Ihre Stellung zu Christus, Kirche und Papsttum, Wien 1950; L. Müller, Russischer Geist und Evangelisches Christentum. Die Kritik des Protestantismus in der russischen religiösen Philosophie und Dichtung im 19. und 20. Jahrhundert, Witten 1951; D. Tschižewskij (Čyževśkyj) (Hg.), Hegel bei den Slaven. (1934), 2. verb. Aufl. Darmstadt 1961; A. Walicki, The Slavophile Controversy. History of a Conservative Utopia in Nineteenth-Century Russian Thought, Oxford 1975 (a. d. Polnischen, Warschau 1964); A. Asnaghi, storia ed escatologia del pensiero russo, Genova 1973; I. Berlin, Russian Thinkers. Ed. by H. Hardy and Aileen Kelly, London 1978.

Die religiöse Philosophie hat zwar weder in der russischen und noch weniger in der allgemeinen orthodoxen Theologiegeschichte des vorigen Jahrhunderts einen festen Ort, dafür aber eine Bedeutung, die mit guten Gründen die Schultheologie jener Zeit im geschichtlichen Rückblick völlig in den Hintergrund treten läßt. Geschichtsphilosophische und sozialpolitische Bewegungen werden in ihr aufgenommen und von den Grundlagen des christlichen Glaubens her bedacht. Der Schultheologie fehlte dazu, wenn nicht die Fähigkeit, so doch die Unabhängigkeit. Die Vertreter der religiösen Philosophie sind *Laien*; dies betrifft nicht nur ihren hohen Bildungsgrad, sondern auch ihre Einstellung zur Kirche. Der Staatskirche, ihrer Hierarchie und der starren Schultheologie steht man kritisch bis ablehnend gegenüber. Enge Beziehungen bestehen hingegen zu der Frömmigkeitsbewegung, die von den Mönchsvätern (Starzen) der Einöde von Optina (Optina Pustyn') ausgeht und zumal auf die Intelligenz große Anziehungskraft ausübt. In vielen der großen Werke russischer Literatur, z. B. in F. M. Dostojevskijs „Brüder Karamazov“, ist dies eindrucksvoll geschildert. In diesem Sinne ist die russische religiöse Philosophie eine christliche Bewegung „neben den Kirchenmauern“[32], doch in der Kirche.

Der spekulative Entwurf der religiös-philosophischen Systeme hat seine Motive in Grundfragen des persönlichen und gesellschaftlichen Lebens. Themati-

---

[31] Ph. Meyer, RE³ 5, 588–590; Aur. Palmieri, DTC 12, 1236–1241; G. A. Maloney, A History of Orthodox Theology since 1453, 1976, 170–173.

[32] So der Titel einer Aufsatzsammlung von V. V. Rozanov (1856–1919), Okolo Cerkovnych Sten. I/II, SPB 1906. Nachdruck s. l., 1972.

siert wird immer wieder *das Theodizeeproblem*, und die Antworten sucht man in regem Austausch mit dem deutschen Idealismus (Fichte, besonders Schelling und Hegel), mit dem französischen utopischen Sozialismus (Claude Henri de Rouvroy Comte de Saint-Simon [† 1825], Francois-Charles Fourier [† 1837], Louis Blanc [† 1882] u. a.) sowie mit dem Positivismus A. Comtes († 1857). Der spätere Einfluß von Karl Marx trifft in diesen Kreisen sowohl auf die Begeisterung für sozialistische Ideen, als auch schon auf die Erfahrung ihres theoretischen und praktischen Scheiterns.

Den gemeinsamen Ursprung der verschiedenen Strömungen[33] in der russischen Intelligenz bezeichnen die „philosophischen Briefe" von *Petr Ja. Čaadaev* (1794-1856), der von sich sagt, er sei „grâce au ciel, ni théologien, ni docteur de la loi", sondern „ganz schlicht ein christlicher Philosoph"[34]. Die leitende Idee in diesen Briefen aus den Jahren 1829-1831 ist die Verwirklichung des Reiches Gottes als geistiges Prinzip und letztes Ziel der Geschichte unter der Verheißung Christi: „In der christlichen Welt muß alles notwendig hinauslaufen auf die Errichtung einer vollkommenen Ordnung auf Erden..."[35] Rußland hat dabei in der Gemeinschaft mit dem Westen seine kirchliche, kulturelle, soziale und politische Rolle zu übernehmen.

Wie sehr diese Bewegungen existentiell und nicht bloß spekulativ bestimmt sind, zeigt sich bei *Visarion G. Belinskij* (1811-1848), der als Publizist und Gesprächspartner auch ohne größere Schriften prägend gewirkt hat[36]. „Lenkt Gott die Welt, oder gab er seine Welt dem Teufel in Pacht?" – Eine seiner Antworten lautete: „Die Verneinung ist mein Gott. In der Geschichte sind meine Helden die Zerstörer des Alten..." Die Reihe seiner Vorbilder reicht von Luther bis zu den Terroristen seiner Zeit[37]. Ausdrücklich macht er den Sozialismus zum Glaubensinhalt, der ihn trägt – und an dem er zerbricht[38]. Nicht zu Unrecht hat man ihn als den „Stammvater der russischen Intelligencija" bezeichnet (N. Berdjaev), für den der Konflikt von Glaube und Wirklichkeit zum Lebensschicksal wird.

Die Richtungen scheiden sich in „Slavophile", deren Ziel eine romantische Rückbesinnung auf die Eigenart und die Sendung des russischen Volkes ist, und die „Westler", die Orientierung und Anschluß im Westen suchen. Der theologische Grundzug der religiösen Philosophie ist sehr stark kenotisch bestimmt mit dem Anliegen, die Gegenwart Gottes durch Christus auch in dem Leiden, der Ungerechtigkeit und Gottlosigkeit dieser Welt zu bezeugen[39]. An ihren beiden bedeutendsten Vertretern, Aleksej S. Chomjakov (1804-1860) und Vladimir S. Solov'ev (1853-1900) soll in diesem Abschnitt die russische religiöse Philoso-

---

[33] Eine gute graphische Übersicht der geistigen und politischen Strömungen im Rußland des 19. Jahrhunderts findet sich bei H. von Rimscha, Geschichte Rußlands, Darmstadt 1970², 452/453.

[34] Sočinenija i Pis'ma P. Ja. Čaadaeva pod redakciej M. Geršenzona, I–II, Moskau 1913–14, Nachdruck Oxford 1972, I, 237.

[35] I, 87; Östliches Christentum I, 17.

[36] B. Schultze, Wissarion Grigorjewitsch Belinskij. Wegbereiter des Revolutionären Atheismus in Rußland, München-Salzburg-Wien 1958 (Lit.).

[37] B. Schultze, aaO. 49 und 76. In enger Verbindung stand Belinskij mit M. Bakunin (1814–76), teilte zeitweise sogar dessen terroristische These, daß „die Lust der Zerstörung zugleich eine schaffende Lust" sei.

[38] Ebd. 76f.

[39] Dies ist sehr eindrucksvoll in dem Buch von N. Gorodetzky, The Humiliated Christ in Modern Russian Thought, London 1938, herausgearbeitet worden.

phie mit ihren wichtigsten Grundgedanken vorgeführt werden. Im folgenden Abschnitt geht es dann um ihr Zusammentreffen mit der Schultheologie sowie um die geistig-theologischen Auseinandersetzungen in den Jahren vor der Oktoberrevolution von 1917.

A. S. Chomjakov

Aleksej S. Chomjakov[40] gilt als der „Systematiker der *slavophilen Lehre*" (Florovkskij). In seinen theologischen Schriften behandelt er vor allem das Thema der Kirche und der kirchlichen Einheit. Dies aber ist Teil einer geschichtsphilosophischen Konzeption, die Chomjakov in seinen „Schriften zur Universalgeschichte"[41] entwickelt hat. Die Kulturkreise und Religionen werden darin unter der Dialektik von zwei Prinzipien gesehen. Der „Iranismus" steht für den Primat des Geistes, der Freiheit und der Liebe. In der ethischen Haltung ist er frei von jedem Materialismus und Utilitarismus. Im „Kuschitismus" hingegen dominiert die „organische Notwendigkeit, die aufgrund von unumstößlichen logischen Gesetzen produziert". Seine Eigenart besteht in der „Anbetung des Lebens als einer ewig notwendigen Tatsache"; er kennt nicht „die moralische Idee der Güte, sondern nur das simple und grobe Prinzip der Gewalt"[42]. Im romantischen Sinne verbindet sich die ethnische Mentalität in dieser Dialektik mit der jeweiligen Erscheinungsform der Kirche, und so fällt die Trennungslinie zwischen beiden Prinzipien nicht zufällig mit der Teilung der östlichen und westlichen Christenheit zusammen. Auf der einen Seite sieht Chomjakov das Geistprinzip, auf der anderen den Legalismus Roms und den Rationalismus einer protestantischen Professorentheologie.

Die kritische Anwendung dieser Dialektik zielt freilich auch auf die hierarchische Struktur der orthodoxen Staatskirche und deren starre Schuldogmatik. Am stärksten hat Chomjakovs „Versuch einer katechetischen Darstellung der Lehre von der Kirche, die Kirche ist eine..." gewirkt[43]. Die einleitende Definition zeigt das Bestreben, die Kirche von ihrem pneumatischen Wesen her zu erfassen: „Die Einheit der Kirche folgt notwendig aus der Einheit Gottes; denn die Kirche ist nicht eine Vielzahl von Individuen in ihrer individuellen Getrenntheit, sondern die Einheit der göttlichen Gnade, die in einer Vielfalt von vernünftigen Kreaturen lebt, die sich der Gnade unterwerfen. Zwar wird die Gnade auch solchen zuteil, die sich nicht der Gnade unterwerfen und keinen Gebrauch von ihr machen (die ihr Talent vergraben), doch sie sind nicht in der Kirche. Die Einheit der Kir-

[40] Letzte Gesamtausgabe der Werke: Polnoe sobranie sočinenii Alekseja Stepanoviča Chomjakova, 8 Bde., Moskau 1900–1914; in Auswahl: A. Chomjakov, Izbrannye sočinenija. Hg. von N. S. Arsen'ev, New York 1955; seine französischen Schriften: A. S. Khomiakoff, L'Eglise Latine et le Protestantisme au point de vue de l'Eglise d'Orient, Lausanne et Vevey 1872; englische Schriften: W. J. Birkbeck, Russia and the English Church. Containing a Correspondance between William Palmer and M. Khomiakoff in the Years 1844–1854, London 1917², Nachdruck Westmead 1969. Über Chomjakov: A. Gratieux, A. S. Khomiakov et le Mouvement Slavophile. I – Les Hommes, II – Les doctrines, Paris 1939. R. Slenczka, aaO. 61–79 (Lit.); E. Chr. Suttner, Offenbarung, Gnade und Kirche bei A. S. Chomjakov, Würzburg 1967 (Lit.).

[41] Werke (russ.), Bde. 5–7; Gratieux, II, 68ff.

[42] Werke, Bd. 5, 530 und 223.

[43] Ca. 1850 verfaßt; zuerst anonym veröffentlicht 1864. Dt. Übers. in „Östliches Christentum" II, 1–27. Interessant ist in der Ekklesiologie Chomjakovs die Berührung mit J. A. Möhler; dazu: R. Slenczka, aaO. 62 (Lit.).

che ist keine scheinbare oder allegorische, sondern eine wirkliche und wesentliche, wie die Einheit vieler Glieder in einem lebendigen Leibe“ (§ 1).

Das geistliche Wesen der Kirche äußert sich als „gegenseitige Liebe“ (l'amour mutuel). „Die Kirche, das ist die Offenbarung des Heiligen Geistes an die gegenseitige Liebe der Christen...“; sie ist die „auf die gegenseitige Liebe gegründete Einheit“[44]. Unter diesem pneumatischen Geschehen ist innerhalb der Kirche jede Rangordnung in Würde und Erkenntnis ausgeschlossen: „In Glaubensfragen gibt es keinen Unterschied zwischen Gebildeten und Ungebildeten, zwischen Geistlichen und Laien, zwischen Herr und Sklave, zwischen Herrscher und Untertan, zwischen Mann und Weib.“[45] Zudem bleibt die Kirche auch in ihrer sichtbaren Gestalt immer Gegenstand des Glaubens: „Auch die sichtbare Kirche ist nur dem Glaubenden sichtbar; denn für den Ungläubigen ist das Sakrament nur ein Ritus und die Kirche nur eine Gemeinschaft. Der Glaubende, obwohl er mit den Augen des Leibes und der Vernunft die Kirche nur in ihrer äußeren Erscheinung sieht, ist sich ihrer doch im Geiste bewußt in den Sakramenten, im Gebet und in den gottgefälligen Werken.“[46]

Die Ursache für die Trennung zwischen Osten und Westen wird völlig auf das „Filioque“ (s. o. S. 509f.) konzentriert, das als Symptom für alles weitere gewertet wird. Die Änderung des gemeinsamen Symbols ist einerseits ein Verstoß gegen das Prinzip der gegenseitigen Liebe, ein „moralischer (geistiger) Brudermord“ (fratricide moral)[47]. Andererseits zeigt sich darin der Anspruch eines Teils der Kirche auf Lehrautorität über die gesamte Kirche. „Das Recht, in dogmatischen Fragen zu entscheiden, wurde plötzlich verlagert. Bisher ruhte es in der Universalität der Kirche, aber nunmehr befand es sich in einer lokalen Kirche.“[48] Damit treten im Westen Recht und Vernunft an die Stelle von Geist und Liebe.

Im Zusammenhang mit der Ekklesiologie Chomjakovs steht der Begriff „*sobornost'*“, der für die neuere russische Theologie besondere Bedeutung gewonnen hat[49]. Nach der Wortbildung ist darunter sowohl die Katholizität wie die Konziliarität zu verstehen, so wie für Chomjakov das Konzil nicht nur eine kirchliche Instanz, sondern Manifestation der geistlichen Gemeinschaft in gegenseitiger Liebe ist. So ist die „sobornost'“ eine Wesensbestimmung der Kirche mit praktischen Konsequenzen. Bei Chomjakov hat dieser Gedanke für die Vereinigung der Kirche besondere Bedeutung. Denn damit wird sowohl der Weg eines jurisdiktionellen Zusammenschlusses mit der römischen Kirche wie auch der eines theologischen Minimalkonsens in einer Bekenntnisformulierung mit der reformatorischen Theologie ausgeschlossen. Einheit ist für ihn weder „Union“ noch „Allianz“, sondern Rückkehr zu dem Geist und in die Gemeinschaft der gegenseitigen Liebe. Das Konzil ist dafür nicht Mittel, sondern Folge: „Damit ein Konzil möglich wird, muß erst der Rationalismus, der die menschli-

---

[44] L'Eglise Latine, 267, vgl. 270, 241 u.ö.; Die Kirche ist eine, §§ 7 und 9.

[45] L'Eglise Latine, 62.

[46] Die Kirche ist eine, § 8.

[47] L'Eglise Latine, 86.

[48] Ebd. 36, vgl. 216; BIRKBECK, 68.

[49] R. SLENCZKA, aaO. 133–149 (Lit.); H. J. RUPPERT, Das Prinzip der Sobornost' in der russischen Orthodoxie. In: KiO 16, 1973, 22–56; P. PLANK, Paralipomena zur Ekklesiologie A. S. Chomjakovs. In: OS 29, 1980, 3–29.

che Vernunft oder irgendeine andere Garantie an die Stelle der gegenseitigen Liebe setzt, in eindeutiger Weise erkannt und verdammt worden sein."[50]

Innerhalb der russischen Kirche hat die Ekklesiologie Chomjakovs und ihre spätere Zusammenfassung in dem Begriff „sobornost'" sehr nachhaltig auf die *Kirchenreformen* um 1905 gewirkt. Mit „sobornost'" wird die Forderung einer Beteiligung der Laien an kirchlichen Entscheidungen wie auch der Ruf nach einem Konzil zur Kirchenreform theologisch begründet[51].

V. S. Solov'ev

Vladimir S. Solov'ev[52] setzte sich, als am 1. 3. 1881 Zar Alexander II. ermordet worden war, öffentlich für eine Begnadigung der Mörder ein. In einem Brief an den neuen Zaren begründet er seine Forderung: „Da ich glaube, daß nur die geistliche Kraft der Wahrheit Christi die Kraft des Bösen und der Zerstörung, die jetzt in so unerhörten Ausmaßen in Erscheinung tritt, besiegen kann, da ich ferner glaube, daß das russische Volk in seiner Gesamtheit vom Geiste Christi lebt und von ihm bewegt wird..." gilt es „die Kraft des christlichen Prinzips des Allverzeihens zu beweisen"[53]. Der Brief kostet ihn seine akademische Laufbahn.

Solov'ev kommt aus der slavophilen Bewegung, geht aber später eigene Wege. Dabei schlägt die Ablehnung der westlichen Christenheit und besonders der katholischen Kirche um in die Begeisterung für ein theokratisches System, bei dem er aber auch nicht stehen bleibt. Den Hintergrund seiner immer neuen Entwürfe bilden die heftigen sozialen und politischen Auseinandersetzungen seiner Zeit mit der unmittelbaren Erfahrung des Bösen und der Hilflosigkeit im Bemühen um die Verwirklichung des Guten. Demgegenüber will Solov'ev die Wirklichkeit des christlichen Glaubens aufzeigen, die nicht nur ihren Ort im Bewußtsein und Handeln von Menschen hat, sondern die in dem Sein der von Gott geschaffenen Welt besteht.

In seinen programmatischen „Vorlesungen über das Gottmenschentum" (1877-81) diagnostiziert er den Zusammenbruch des neuzeitlichen Rationalismus im Scheitern der französischen Revolution und der deutschen Philosophie[54]. Symptome dieses Scheiterns sind der Positivismus und der Sozialismus mit ihrem aussichtslosen Versuch, die materiellen Lebensbedürfnisse dort zu befriedigen, wo der tragende Grund im Religiösen verlorengegangen ist. Sie stehen aber zur Religion weder in einem positiven noch in einem negativen Verhältnis, sondern versuchen lediglich, eine bereits leere Stelle einzunehmen. Daher sagt Solov'ev: „So werde ich denn erstens den Sozialismus nicht zu widerlegen su-

---

[50] L'Eglise Latine, 63. Dazu die kritische Karikatur eines Einigungskonzils, ebd. 239ff., zit. R. Slenczka, aaO. 72f.

[51] R. Slenczka, aaO. 135.

[52] Letzte Gesamtausgabe der Werke: Sobranie sočinenij Vladimira Sergeeviča Solov'eva. Hg. von S. M. Solov'ev und E. L. Radlov, 10 Bde., S. Petersburg o. J. (1911–1914), Nachdruck Brüssel 1966; deutsche Gesamtausgabe der Werke von Wladimir Solowjew, Hg. von Wl. Szyłkarski, W. Lettenbauer, L. Müller, Freiburg 1954ff.; bisher Bd. I (1978), II (1957), III (1954), IV (1977), V (1976), VI (1966), VII (1953) VIII (1980). Zitate im weiteren nach dieser Ausgabe. Über Solov'ev: R. Slenczka, aaO. 79–103 (Lit.); S. M. Solov'ev, Žizn'i Tvorčeskaja Evolucija Vladimira Solov'eva, Brüssel 1977 (abgeschlossen 1923). (Ergänzende Literatur im Anhang)

[53] Zitiert nach L. Müller, Solowjew, Übermensch und Antichrist, Freiburg 1958, 37f.

[54] I, 744.

chen. Gewöhnlich versuchen das diejenigen, die seine Wahrheit (pravda) fürchten. Wir aber halten uns an Prinzipien, für die der Sozialismus keinen Schrecken hat. Also, wir können frei reden von der Wahrheit des Sozialismus."[55] Ähnlich in seiner Moralphilosophie „Die Rechtfertigung des Guten" (1894-99): „Der Umstand, daß der Sozialismus ursprünglich, sogar in seinen idealistischen Ausdrucksformen, die sittliche Vollkommenheit der Gesellschaft in eine direkte und gänzliche Abhängigkeit von ihrer Wirtschaftsstruktur setzt und die sittliche Umbildung oder Wiedergeburt ausschließlich auf dem Wege eines ökonomischen Umschwungs erreichen will, zeigt deutlich, daß er seinem Wesen nach auf ein und demselben Boden steht wie das ihm feindliche Reich des Spießers – auf dem Boden der Herrschaft des materiellen Interesses. Beide Seiten haben ein und dieselbe Devise: ‚Der Mensch lebt vom Brot allein'."[56] Die Anspielung auf die Versuchungsgeschichte Mt 4,1-11 taucht seither immer wieder in den Auseinandersetzungen auf[57].

Solov'evs *Kosmologie* ist eine Entfaltung des trinitarischen und des christologischen Dogmas unter dem Aspekt: „das trinitarische Prinzip und seine soziale Anwendung."[58] In diesem Zusammenhang stehen die beiden Grundbegriffe der „Alleinheit" (vseedinost', vsecelost' bzw. uniplénitude) und des „Gottmenschentums" (bogočelovečestvo). Bei aller Nähe zu Schelling und Hegel wird man auch auf die neutestamentlichen Belege achten müssen; hingewiesen wird auf Stellen wie Gal 4,19, Eph 1, Kol 2,9 und vor allem Phil 2,6ff. Gleichzeitig wird die anselmsche Satisfaktionslehre mit ihrer juridischen Formulierung der Erlösung als typisch westlich abgelehnt; betont wird hingegen die ‚Selbstbegrenzung' (samoograničenie) und ‚Selbstentsagung' (samootrečenie) der Gottheit in der Person Jesu Christi[59]. In der Trinität und in dem Gottmenschen Jesus Christus wird ein kosmischer und zugleich historischer Prozeß erkannt, in dem das göttliche und das menschliche Prinzip (načalo) aufeinander wirken und miteinander verbunden sind, bestimmt von der Kenose der göttlichen Natur. Der Logos läßt die Ruhe der Ewigkeit zurück, tritt in den Kampf mit dem bösen Prinzip ein und unterwirft sich aller Ruhelosigkeit des Weltprozesses, indem er in den Fesseln des äußeren Seins erscheint, in den Grenzen von Raum und Zeit..."[60]

Die *Alleinheit* oder *Ganzheit* ist ähnlich aus der göttlichen Wesensbestimmung abgeleitet; sie umgreift alles und erscheint in der Welt: „Diesen Charakter positiver Einheit (der All-Einheit oder der Fülle im Einen/uniplénitude) besitzt alles, was in seiner Art absolut ist oder sein soll. Von solcher Art ist in seinem Wesen der allmächtige Gott, von solcher Art ist in ihrer Idee die menschliche Vernunft, die alles begreifen kann, und von solcher Art soll endlich die wahrhafte, ihrem Wesen nach universelle, das heißt in ihrer lebendigen Einheit die Menschheit und die ganze Welt umschließende Kirche sein."[61] In der Kirche sind Heilsgeschichte und Geschichte vereint; in ihr manifestiert sich das gottmenschliche Prinzip, das die gesamte Geschichte durchzieht in einer „Reihe der

[55] I, 539. [56] V, 482; vgl. I, 735, 746 u.ö.

[57] Z.B. bei F. M. Dostojevskj in der Erzählung vom „Großinquisitor" in „Die Brüder Karamazov". Er hatte die „Vorlesungen über das Gottmenschentum" gehört.

[58] Besonders in „La Russie et l'Eglise universelle" (1889), Kap. 3, III, 324ff.

[59] I, 727, 734. [60] I, 733; vgl. II, 95. [61] III, 326.

messianischen Antizipationen in der natürlichen Menschheit oder im menschlichen Chaos; zweitens das Erscheinen des individuellen Messias in der Person Jesu Christi; und drittens die messianische Umformung der gesamten Menschheit oder die Entwicklung der Christenheit"[62]. So steht Gott auch in seinem Wesen der Welt nicht nur gegenüber, sondern er geht in sie ein, ohne in ihr aufzugehen.

Diese Gegenwart Gottes in dieser Welt wird von Solov'ev in seiner Lehre von der Sophia, der Weisheit Gottes entfaltet. Diese *Sophiologie* greift Gedanken von Jakob Böhme und J. G. Gichtel auf, dazu das Thema einer Novgoroder Ikone von der „Sophia". Sie ist bei Solov'ev ebenso wie später bei S. N. Bulgakov mit visionären Erlebnissen verbunden.

In den früheren „Vorlesungen über das Gottmenschentum" spricht Solov'ev noch von der ‚Weltseele' (mirovaja duša): „Es tritt Gott, obwohl er selbst an sich transzendent (also jenseits der Grenzen der Welt ist), dennoch in bezug auf diese Welt als wirkende Schöpferkraft in Erscheinung, die der Weltseele das mitteilen will, was sie sucht und wonach sie strebt."[63] Später wird sie mit dem Wesen Gottes verbunden als die „wesenhafte Weisheit Gottes" (la sagesse essentielle): „Sie ist eine; da sie aber nicht ein Ding unter anderen, ein partikuläres Objekt sein kann, ist sie die universelle Substanz, oder das *All in der Einheit*. Indem Gott sie besitzt, besitzt Er in ihr alles. Sie ist die Fülle oder die absolute Ganzheit des Seins, die jeder Einzelexistenz vorausgeht und ihr überlegen ist. Diese universelle Substanz, diese absolute Einheit des Alls ist die wesenhafte Weisheit Gottes (Chokmah, Sophia). Sie, die in sich die verborgene Potenz (puissance) eines jeden Dinges besitzt, wird ihrerseits von Gott besessen..."[64]

Die Gefahr, daß der Unterschied von Schöpfer und Geschöpf in einem Pantheismus aufgehoben wird, versucht Solov'ev zu vermeiden, indem er der göttlichen Sophia ihr „Gegenteil oder den Antityp" gegenüberstellt, die kreatürliche Sophia. Sie ist die „materia prima und das wahre substratum unserer geschaffenen Welt"[65]. In dem gottmenschlichen Prozeß der Geschichte ist diese kreatürliche Sophia oder Weltseele eine Potenz mit einem „doppelten und veränderlichen Charakter: sie kann sich auf den falschen Blickpunkt der chaotischen und anarchischen Existenz stellen, aber sie kann sich auch vor Gott demütigen, sich in Freiheit an das göttliche Wort anschließen, die ganze Schöpfung zur vollkommenen Einheit zurückführen und mit der ewigen Weisheit gleich werden"[66].

Die *Sophiologie* ist später weiter ausgeformt, aber auch heftig bekämpft worden (s. u.)[67]. Bewegt ist sie existentiell von der Frage nach der Wirklichkeit Gottes in einer gottlos erscheinenden Welt; daher kann durchaus, wie es später bei S. N. Bulgakov (s. u. S. 544) direkt geschieht, von einem christlichen Materialismus gesprochen werden, der einem säkularen gegenübergestellt wird.

Eine geradezu dramatische Zuspitzung findet das Denken Solov'evs in den „Drei Gesprächen" mit der berühmten „Kurzen Erzählung vom Antichrist" 1899[68]. Es geht darin um die Frage: „Ist das Böse nur eine natürliche Unzuläng-

[62] III, 372. [63] I, 729. [64] III, 339f.
[65] III, 348. [66] III, 348; vgl. 363.
[67] Eine Übersicht zur Sophiologie in deutscher Sprache bietet B. SCHULTZE in „Handbuch der Ostkirchenkunde" (1971), 143–155.
[68] Russ. Werke, Bd. X. Deutsch: W. SOLOWJEW, Drei Gespräche. Übers. von E. MÜLLER-KAMP,

lichkeit, eine Unvollkommenheit, die von selbst verschwindet, je stärker das Gute wächst? Oder ist es eine tatsächliche Kraft, die durch ihre Lockungen unsere Welt beherrscht, so daß man in einer anderen Seinsordnung einen Stützpunkt besitzen muß, um den Kampf gegen diese Kraft mit Erfolg zu bestehen."[69] Im wesentlichen wird die Auseinandersetzung mit Lev N. Tolstoj geführt, der in den Gesprächen auftritt (der Fürst) als „Mann der absoluten moralisch-christlichen Prinzipien" und für den das Reich Gottes der menschliche Zustand ist, „bei dem man nur nach dem reinen Gewissen handelt"[70]. Diese Position erweist sich darin als antichristlich, daß über den Geboten Christi das Werk Christi und vor allem Kreuz und Auferstehung ausgeblendet sind: zugleich wird die reale Macht des Bösen verkannt. Die „Kurze Erzählung vom Antichrist" schildert in apokalyptischer Schau das Weltende. Die soziale Frage scheint gelöst in einer „Gleichheit des allgemeinen Sattseins". Die Einheit der Kirche und der Menschheit wird verwirklicht durch die Befriedigung von sämtlichen materiellen und religiösen Bedürfnissen. Für die Katholiken wird der Papst wieder mit sämtlichen Rechten und Privilegien eingesetzt; die Orthodoxen bekommen ein „Weltmuseum für christliche Archäologie" in Konstantinopel; die Protestanten bekommen ein „Weltinstitut für freie Erforschung der Heiligen Schrift ... und für das Studium aller Hilfswissenschaften". Die Scheidung aber erfolgt an der Frage nach dem „Teuersten am Christentum". In der allgemeinen Bedürfnisbefriedigung erklärt nur ein kleiner Rest aus allen christlichen Kirchen: „Das Teuerste am Christentum ist für uns Christus selbst." An diesem Bekenntnis wird der Antichrist entlarvt, und das Ende bricht herein.

§ 3 Die theologische Renaissance um die Jahrhundertwende

Literatur: N. ZERNOV, The Russian Religious Renaissance of the Twentieth Century, London 1963; G. SIMON, Konstantin Petrovič Pobedonoscev und die Kirchenpolitik des Heiligen Sinod 1880-1905 (= KiO Monographienreihe Bd. 7), Göttingen 1969; JOHANN CHRYSOSTOMOS OSB, Die Theologie der russisch-orthodoxen Kirche am Vorabend der Revolution. In: Una Sancta 23, 1968, S. 98-109; F. JOCKWIG, Der Weg der Laien auf das Landeskonzil der russisch-orthodoxen Kirche, Moskau 1917/18, Würzburg 1971; P. R. VALLIERE, The Problem of Liberal Orthodoxy. In: St. Vladimir's Theological Quarterly 20, 1976, 115-131; J. CUNNINGHAM, Reform in the Russian Church, 1900-1906, the Struggle for Autonomy and the Restoration of Byzantine ‚Symphonia', Minnesota 1974; P. C. BORI, P. BETTIOLO, Movimenti Religiosi in Russia prima della rivoluzione (1900-1917), Brescia 1978.

Um die Jahrhundertwende ist „Renaissance" (vozroždenie) ein vielgebrauchtes und vieldeutiges Schlagwort, das in allen Schattierungen zwischen Umsturz und Umkehr zahllose Möglichkeiten einer als notwendig empfundenen Erneuerung umschließt. In dieser geistig so lebendigen und politisch so spannungsgeladenen Situation erlebt die theologische Arbeit eine Blüte sondergleichen. Man

Bonn 1954. Die „Kurze Erzählung" mit Kommentar und reichem Material in: L. MÜLLER, Solowjew, Übermensch und Antichrist, Freiburg 1958, VIII, 115–294.

[69] Russ. Werke, X, 83; E. MÜLLER-KAMP, 5.

[70] E. MÜLLER-KAMP, 173. Wörtlich wird von Solov'ev die moralisierende und den christologischen Skopus ausschließende Deutung von Luk 20,9–19 am Ende von Tolstojs Roman „Auferstehung" zitiert und scharf kritisiert; aaO. 152ff.

entwindet sich dem „ehrfürchtigen Formalismus“ der offiziellen theologischen Lehrbücher; es kommt zu einer, wenn auch vorsichtigen Lockerung der staatlichen Reglementierung der Kirche und der geisttötenden Zensurbestimmungen; vor allem aber kommt es nun zu einer unmittelbaren, lebhaften Begegnung von Kirche und ‚Intelligencija‘, von Theologie und religiöser Philosophie.

Die historische Forschung gewinnt an Einfluß, und es wird heftig gestritten um die Möglichkeit einer theologischen Lehrentwicklung im Rahmen der Geistesgeschichte. Ein berühmtes Beispiel dafür sind die „Thesen über das Filioque“, die 1892 von dem Petersburger Kirchenhistoriker *Vasilij V. Bolotov* (1854-1900; s. LThK 7,1254) für die Gespräche mit den Altkatholiken verfaßt worden waren[71]. Der alte dogmatische Kontroverspunkt wird auf seine historischen Ursachen untersucht, und außerdem verwendet Bolotov zu seiner Bewertung die Klassifikation von Dogma, Theologumenon und theologischer Meinung. So kommt er zu dem Ergebnis in These 26: „Nicht die Frage des Filioque hat die Trennung zwischen den Kirchen hervorgerufen.“ Und These 27: „Daher kann auch das Filioque als lokale theologische Meinung nicht als ein ‚impedimentum dirimens‘ bei der Wiederherstellung der Gemeinschaft zwischen der orthodoxen und der altkatholischen Kirche angesehen werden.“ Beseitigt war damit der Kontroverspunkt keineswegs[72].

Die subjektive Seite der Erlösung[73]

Auf die Erlösungslehre richtete sich das Interesse vieler Theologen. Den Kompendien der Schuldogmatik, besonders des Metropoliten Makarij Bulgakov (s. o. S. 531), wird vorgeworfen, sie hätten sich auf das juridische westliche Verständnis festgelegt und über der Behandlung der objektiven Seite der Versöhnung die subjektive Seite und den ethischen Aspekt vernachlässigt. Damit aber komme es zu einer Trennung von Dogma und Ethos, von Glauben und Leben. Die Entwicklung einer von der Theologie unabhängigen oder gar gegen sie auftretenden Philosophie wird auf ein Versagen der herkömmlichen Schuldogmatik zurückgeführt.

Antonij Chrapovickij (1864-1936)[74] zeigt in einer Reihe von Studien die Symptome dieses Problems an dem Auftreten einer autonomen Ethik wie bei I.

---

[71] Zuerst anonym und in deutscher Sprache veröffentlicht: Thesen über das Filioque von einem russischen Theologen. In: Revue Internationale de Théologie 1898, 681–712; russ.: V. V. BOLOTOV, K voprosu o ‚Filioque‘. S predisloviem prof. A. Brilliantova. SPB 1914.

[72] Weiteres dazu: R. SLENCZKA, aaO. 217ff.

[73] P. V. GNEDIČ, Dogmat iskuplenija v russkoj bogoslovskoj nauke poslednego pjatidesjatiletija (Das Dogma der Erlösung in der russischen theologischen Wissenschaft der letzten fünfzig Jahre [1892–1944]). Ungedr. Diss. Zagorsk 1953. Zusammenfassung durch den Autor in: Žurnal Moskovskoj Patriarchii 1962, H. 8, 68–72; G. FLOROVSKIJ, Puti..., 424–439; A. BUKOWSKI SJ, Die Genugtuung für die Sünde nach der Auffassung der russischen Orthodoxie. Ein Beitrag zur Würdigung der Lehrunterschiede zwischen der morgenländisch-orthodoxen und der römisch-katholischen Kirche, Paderborn 1911; N. LADOMÉRSZKY, Dernières déviations sotériologiques dans la théologie russe, Roma 1945; B. SCHULTZE SJ, La nuova soteriologia russa: OrChrP 12, 1946, 130–176.

[74] Metropolit von Kiew und Galizien, Gründer der Russischen Synodalen Auslandskirche. Biographie: ARCHIEPISKOP NIKON (Rklickij), Žizneopisanie blažennejšago Antonija, Mitropolita Kievskago i Galickago, 10 Bde., Montreal 1956–63. Zitiert wird im folgenden nach der letzten Ausgabe der theologischen Schriften: MITROPOLIT ANTONIJ, Nravstvennyja idei važnejšich christianskich pravoslavnich dogmatov. Hg. ARCHIEP. NIKON (RKLICKIJ), Montreal 1963.

Kant, E. von Hartmann sowie an der Reduktion des christlichen Glaubens auf die Moralität bei D. F. Strauß, E. Renan u. a., in Rußland jedoch besonders bei Lev N. Tolstoj[75]. In dieser Front versucht er, die „ethischen Ideen der wichtigsten christlichen orthodoxen Dogmen" zu entfalten und den Zusammenhang von Erlösungswerk Christi und christlichem Leben und Handeln deutlich zu machen. Damit wird eindeutig das von V. S. Solov'ev vertretene Anliegen aufgegriffen. Betont werden nun sehr stark Leiden und Kreuz Jesu Christi, also ebenfalls eine kenotische Theologie, eine ‚theologia crucis'. „Der leidende Erlöser ist der wahre Gott"; Gebot und Vorbild Christi umschließt als drittes die Kraft der „mitleidenden Liebe", „die erlösende Kraft der Leiden Christi"[76]. „Man soll bedenken, daß in jener Nacht von Gethsemane das Denken und Fühlen des Gottmenschen alle gefallenen Menschen umgriff in ihrer Zahl von vielen Milliarden, und er beweinte mit liebendem Schmerz jeden einzelnen, was freilich nur dem göttlichen Herzen, dem allwissenden, zugänglich war. Darin bestand auch unsere Erlösung."[77] Zugeeignet wird sie durch die Aufnahme in diese Gemeinschaft der leidenden Liebe, und das ist die Wiedergeburt zu einem neuen Menschen.

In ähnliche Richtung führt das Werk von *Pavel Ja. Svetlov* (1862-1945), „Das Kreuz Christi. Die Bedeutung des Kreuzes im Werk Christi" (1893)[78]. Hier heißt es: „Die christliche Religion ist die Religion des Kreuzes, d. h. des Leidens des Guten für den Sieg über das Böse." Christus ist nicht nur der Leidende, sondern auch der Mit-leidende. Der Gedanke des Opfers wird betont mit dem Hinweis auf Kreuz, Höllenfahrt sowie Auferstehung und Himmelfahrt[79].

Die Magisterdissertation von *Sergij Stragorodskij* (1867–1944), dem späteren Patriarchen, schließt sich an: „Die orthodoxe Lehre von der Erlösung. Versuch einer Entfaltung der ethisch-subjektiven Seite der Erlösung" (1895)[80]. Er betont nachdrücklich die Identität von Seligkeit und Tugend, von Erlösung und Vervollkommnung, wobei der Glaube als Prozeß der sittlichen Umkehr aus der Sünde zu Gott verstanden wird. Dabei kommt es zu einer starken Ethisierung der Sakramente: „Das Wesen des Sakraments besteht in der Festigung des menschlichen Eifers um das Gute. Gerettet werden wir aus Barmherzigkeit – durch den Glauben. Durch den Glauben erkennen wir die Barmherzigkeit, erkennen wir die Liebe Gottes, d. h. daß die Sünde vergeben ist und nicht mehr den Weg zu Gott verstellt."[81] Der Zorn Gottes ist ausgeschlossen. „Gott ist Liebe, und er ist unveränderlich in seinen Beziehungen zur Schöpfung; es gibt in ihm keine Entzweiung zwischen Liebe und Gerechtigkeit."[82] Die Sünde ist wohl eine Entfremdung des Menschen von Gott, nicht aber Gottes vom Menschen.

---

[75] AaO. 21, 49ff. u. ö. [76] AaO. 45, 85, 91. [77] AaO. 93.

[78] P. JA. SVETLOV, Krest Christov. Značenie Kresta v dele Christovom. Opyt iz'jasnenija dogmata iskuplenija, Kiev 1892, 1906².

[79] Nach G. FLOROVSKIJ, Puti ..., 437f.

[80] Pravoslavnoe učenie o spasenii. Opyt raskrytija nravstvenno-sub'ektivnoj storony spasenija na osnovanii Sv. Pisanija i tvorenij svjatootečeskich. SPB 1895, 1910⁴. *Biographie:* Patriarch Sergij i ego duchovnoe nasledstvo. Hg. Moskovskoj Patriarchii, Moskau 1947. Gekürzte dt. Ausg.: Patriarch Sergius und sein geistiges Erbe, Berlin 1952.

[81] Nach G. FLOROVSKIJ, Puti..., 438.

[82] Mit der Formulierung von Patriarch Aleksij (Simanskij) bei P. V. GNEDIČ, ŽMP 1962, H. 8, 69.

Das Interesse an der Theologie A. Ritschls in jener Zeit macht vielleicht auch die Nähe zu ihr in diesem subjektiv-ethischen Verständnis der Soteriologie verständlich[83].

Kirche und Intelligencija[84]

Ein auch für die Theologiegeschichte wichtiges Ereignis jener Zeit sind die Bemühungen um eine Verständigung der Kirche mit der christlichen ‚Intelligencija'. Die Petersburger religiös-philosophischen Versammlungen von 1902–1903 bildeten eine Plattform für diese Begegnungen[85]. Hauptthema der Gespräche ist eine „religiös-soziale Wiedergeburt Rußlands" und die von V. A. *Ternavcev* in dem Einleitungsreferat vertretene These: „Eine Wiedergeburt Rußlands kann sich nur auf einer religiösen Grundlage vollziehen."[86] Dazu aber sei es nötig, die Kluft zwischen der ‚Intelligencija' und der Kirche zu überwinden, eine Kluft, die freilich nur gegenüber der historischen, nicht aber gegenüber der mystischen Kirche bestehe[87]. Diese Unterscheidung von historischer und mystischer Kirche bildet in den Gesprächen die Basis für die Verständigung, zugleich aber auch ist sie Gegenstand heftiger Auseinandersetzungen. Denn, mit einem mehrfach zitierten Wort Dostojevskijs heißt es: „Seit Peter dem Großen befindet sich die russische Kirche in der Paralyse."[88] Ebenso heftig umstritten ist die Frage nach dem Verhältnis von Dogma als kirchlicher Lehrformulierung und Offenbarung als Tat Gottes, von Kirche als Institution und als göttliches Mysterium. Die philosophischen Entwürfe zu einer christlichen Universalgeschichte treffen auf den kirchlichen Institutionalismus: Ist das Dogma abgeschlossen oder gibt es eine schöpferische Dogmenentwicklung[89]? Ist die Inkarnation des göttlichen Logos nur ein Lehrsatz oder eine lebendige Tatsache, nämlich „die der lebendigen mystischen Verbundenheit von vielen Tausenden von Menschen mit Christus"[90]? Theologen wie Sergij Stragorodskij, der Leiter dieser Versammlungen, kommen bei aller Aufgeschlossenheit gegenüber ihren Gesprächspartnern in Bedrängnis, wenn z.B. Dmitrij S. *Merežkovskij* (1865–1941) nach „einer neuen Offenbarung" ruft und eine „johanneische Kirche" proklamiert mit einem „dynamisch-apokalyptischen Prinzip", in der die drei Hauptgruppen des Christentums, Orthodoxie, Katholizismus und Protestantismus, zusammengefaßt werden sollen[91]. Zu einer Verständigung kommt es nicht; deutlich wird aber wohl allen Beteiligten die gemeinsame geistige Auf-

[83] V. P. Il'inskij, Novoe napravlenie v nemeckom bogoslovii (Eine neue Richtung in der deutschen Theologie). In: Pravoslavnoe Obozrenie 1889, Nov./Dez.; V. A. Kerenskij, Škola ričlianskago bogoslovija v ljuteranstve, Kazan' 1903 (Die Schule der ritschlschen Theologie im Luthertum).

[84] R. Slenczka, aaO. 128–133; P. Scheibert, Die Petersburger religiös-philosophischen Zusammenkünfte von 1902 und 1903. In: JGO NF Bd. 12, 1964, 513–560; J. Scherrer, Die Petersburger Religiös-Philosophischen Vereinigungen. Die Entwicklung des religiösen Selbstverständnisses ihrer Intelligencija-Mitglieder (1901–1917) (= Forschungen zur osteuropäischen Geschichte, Bd. 19), Berlin/Wiesbaden 1973.

[85] Zapiski Peterburgskich Religiozno-filosofskich Sobranij (1902–1903 ff). SPB 1906 (Aufzeichnungen der Petersburger Religiös-philosophischen Versammlungen). In den insgesamt 20 Sitzungen wurden folgende Themen behandelt: 1. Über die Beziehung der Kirche zur Intelligenz; 2. Lev Tolstoj und die Russische Kirche (es ging um seine Exkommunikation); 3. Über die Gewissensfreiheit; 4. Geist und Fleisch; 5. Über die Ehe; 6. Über die Dogmenentwicklung.

[86] Zapiski, 7. [87] Ebd. 9. [88] Ebd. 75.

[89] Ebd. 421ff. [90] Ebd. S. 427. [91] Ebd. 436 und 472.

gabe und soziale Verantwortung, und dabei ergibt sich eine enge Verbindung von religiöser Philosophie und kirchlicher Theologie.

‚Die neue Theologie': M. M. Tareev

Ein Beispiel dafür ist die „neue Theologie" oder „Philosophie des Herzens", wie sie von Michail M. *Tareev* (1866–1934) temperamentvoll vorgetragen wurde[92]. „Unsere Zeit interessiert nicht, was sich hinter Klostermauern ereignet, in der Einsamkeit einer Klause, in der Zelle eines Asketen, sondern was das Christentum für alle Aspekte des gegenwärtigen Lebens beizutragen hat – für wirtschaftliche Bedürfnisse, soziale Forderungen, eheliches Leben, Arbeiterkommunen, für ein brüderliches Leben in der Gesellschaft."[93] Er nimmt Gedanken aus dem amerikanischen Social Gospel auf sowie Anregungen aus der deutschen Lebensphilosophie (W. Dilthey) und von Kierkegaard. Den marxistischen Sozialismus jedoch lehnt er energisch ab[94].

Die *„Philosophie des Herzens"* tritt an die Stelle eines starren Traditionalismus; denn „das Christentum existiert als Realität, nicht bloß als Begriff, sondern als lebendiges Erleben, nur im Bewußtsein des Menschen, nur in einem dialektischen Durchgang zu ihm aus dem natürlichen Bewußtsein in der Wiedergeburt des Menschen"[95]. Die Kenose erfährt in diesem Existentialismus eine so weitgehende Zuspitzung, daß die Versuchung Jesu Mt 4 zum Zentrum der Erlösung wird[96]. Jesus hat die Versuchung bestanden, an der der erste Adam gescheitert ist. Für den Christen aber ist die Versuchung nicht nur ein moralisches, sondern ein religiöses Problem, weil sie gerade dort aufbricht, wo die Gottebenbildlichkeit des Menschen in seinem Ursprung und die Gottessohnschaft in dem Gottmenschen offenbar ist. Die Schärfe der „gottmenschlichen Versuchung" besteht in dem Entschluß und Verlangen, „die Gesetze dieser (irdischen) Begrenztheit im Namen ihres göttlichen Grundes zu durchbrechen, um damit das eigene unendliche Sehnen zu stillen und auf diese Weise eine Bestätigung für die eigene göttliche Würde in der gegebenen begrenzten Exklusivität zu liefern". Dieser „religiöse Protest" ist Ausdruck der Selbstrechtfertigung und Selbstbehauptung; er kann nur durch den Glauben an das Werk Christi und die Demut überwunden werden, „durch den Glauben an den Wert des Menschen als Kind

---

[92] „Novoe Bogoslovie" – „Neue Theologie" war der Titel seiner Antrittsvorlesung als Professor für Ethik an der Moskauer Geistlichen Akademie (in: Bogoslovskij Vestnik 1917, II, 1–53, 168–224). Sein Hauptwerk: Osnovy Christianstva. Sistema religioznoj mysli (Grundlagen des Christentums. Ein System des religiösen Denkens), 5 Bde., Sergiev-Posad 1908–1911. Die Titel der Bände: I – Christus (1. Die Erniedrigung Christi, 2. Philosophie der evangelischen Geschichte), II – Das Evangelium, Glaube und Leben nach dem Evangelium, III – Die christliche Weltanschauung (1. Ziel und Sinn des Lebens, 2. Die Versuchung Christi im Zusammenhang mit der Geschichte der vorchristlichen Religionen und der christlichen Kirche), IV – Die christliche Freiheit (1. Wahrheit und Symbol im Bereich des Geistes, 2. Das christliche Problem und das russische religiöse Denken), V – Das religiöse Leben. – Über Tareev: G. Florovskij, Puti..., S. 439–444; N. Gorodetzky, The Humiliated Christ..., S. 139–156.

[93] Osnovy Christianstva, V, 5.

[94] M. M. Tareev, Iz istorii etiki: Socializm: Socializm: ego ekonimičeskoe učenie (Aus der Geschichte der Ethik: Sozialismus: seine ökonomische Lehre). Sergiev Posad 1913.

[95] Bog. Vestnik 1917, 31.

[96] Iskušenie Bogočeloveka (Die Versuchung des Gottmenschen), 1892, war schon das Thema seiner im Westen nicht zugänglichen Dissertation. (Ergänzung im Anhang)

Gottes, der auch durch die Begrenztheit der gegebenen Wirklichkeit seines Lebens nicht aufgehoben wird“[97].

Ein Motiv, dem wir schon (S. 537ff.) bei Solov'ev begegneten, ist hier fortgeführt. Zugleich wird in eindrucksvoller Weise gerade in der Öffnung für die soziale Verantwortung der Christen die darin eingeschlossene Versuchung gezeigt, das Werk Christi durch die Werke der Christen zu ersetzen. In seiner eigenen Kirche trifft Tareev auf erhebliche Kritik, weil er sich von der patristischen Überlieferung zu lösen scheint, vor allem aber weil er – wie vor ihm Antonij Chrapovickij – „Golgatha durch Gethsemane“ ersetzt, wodurch eben auch Kreuz und Auferstehung völlig zurücktreten[98].

‚Ein christlicher Materialismus‘: S. N. Bulgakov

Bei Tareev wie bei manchen anderen Theologen zeigt sich die Aufgeschlossenheit für die geistigen Strömungen und sozialpolitischen Aufgaben jener Zeit in christlicher Verantwortung. Der pauschale Vorwurf, die orthodoxe Kirche habe nur auf der Seite von Restauration und Reaktion gestanden, trifft so nicht zu. Vieles ist abhängig von dem Spielraum, den die Bindung an den Staat gewährt; manches bleibt aber auch durch die strengen Zensurbestimmungen der Geschichtsforschung verborgen[99]. Interessant aber ist, wie es in den Weglosigkeiten der geistigen und sozialen Situation auch zu einer Hinwendung zum christlichen Glauben und zur Kirche kommt in der Erwartung, hier einen tragenden Grund zu finden, wo andere Grundlagen sich als nicht tragfähig erwiesen haben. Das Beispiel dafür ist die Theologie von *Sergej N. Bulgakov* (1871–1944) mit ihrer Weiterführung der Sophiologie V. S. Solov'evs[100]. In der orthodoxen Theologie wird dieses System zwar sehr kontrovers beurteilt; mehrfach ist es von kirchlichen Instanzen verurteilt worden[101]. Neben der Originalität des Entwurfs hat dieses System eine nicht geringe Bedeutung für die Behandlung sozialethischer Probleme heutiger Zeit.

Bulgakov war ursprünglich Professor für politische Ökonomie und gehörte zu der Gruppe der sog. ‚legalen Marxisten‘ (P. Struve, N. Berdjaev u. a.)[102]. Sein Weg führte „Vom Marxismus zum Idealismus“[103] neukantianischer Prägung bzw. vom wissenschaftlichen Empirismus zum transzendentalen Kritizismus

[97] G. FLOROVSKIJ, Puti..., 439f. [98] So P. V. GNEDIČ, ŽMP 1962, H. 8, 71.

[99] Vgl. jetzt z.B. JULIA OSWALT, Kirchliche Gemeinde und Bauernbefreiung. Soziales Reformdenken in der orthodoxen Gemeindegeistlichkeit Rußlands in der Ära Alexanders II. (= KiO Monographienreihe Bd. 12), Göttingen 1975.

[100] L. A. ZANDER, Bog i Mir. Mirosozercanie otca Sergija Bulgakova (Gott und Welt. Die Weltanschauung von Vater Sergij Bulgakov), 2 Bde., Paris 1948 (Lit.); R. SLENCZKA, aaO. 149–170; W. F. CRUM, The Doctrine of Sophia according to Sergius N. Bulgakov, Cambridge/Mass. 1965; CH. GRAVES, Die Theologie des Hl. Geistes bei S. Bulgakov. Diss. Basel 1971; J. PAIN, N. ZERNOV (Hg.), Sergius Bulgakov. A Bulgakov Anthology, London 1976; H. J. RUPPERT, Die Kosmodizee S. N. Bulgakovs als Problem der christlichen Weltanschauung (ungedr. Diss.), Heidelberg 1978.

[101] 1927 durch die Russische Synodale Auslandskirche und 1935 durch das Moskauer Patriarchat. Dazu: S. BULGAKOV, O Sofii premudrosti božiej, Paris 1935; deutsch in: Orient und Okzident, März 1936, 11–27. Eine ausführliche Auseinandersetzung mit der Sophiologie gibt ARCHIEPISKOP SERAFIM SOBELEV, Novoe učenie o Sofii Premudrosti Božiej, Sofia 1935.

[102] R. KINDERSLEY, The first Russian Revisionists. A Study of ‚Legal Marxism‘ in Russia, Oxford 1962.

[103] So der Titel der diesen Weg darstellenden Aufsatzsammlung: S. BULGAKOV, Ot marksizma k idealizmu. Sbornik statej (1896–1903). SPB 1903, Nachdruck Frankfurt 1968.

und schließlich zu einer christlich begründeten Metaphysik. Nach der Revolution ließ er sich in Moskau 1918 zum Priester weihen; 1923 wurde er ausgewiesen, und 1925 gehörte er zu den Mitbegründern des Instituts für orthodoxe Theologie St. Sergius in Paris und lehrte dort Dogmatik.

Bulgakov hat sein System neben einer ganzen Reihe von Einzelveröffentlichungen in zwei dogmatischen Trilogien entfaltet, die letzte und größte unter dem bezeichnenden Thema „Vom Gottmenschentum“[104]. Der Zugang erschließt sich am besten von den frühen Arbeiten, in denen er noch als Wirtschaftswissenschaftler die soziale Frage als ein im Grunde religiöses Problem auffaßt, das nicht nur das christliche Handeln, sondern das christliche Denken betrifft, weil in diesem Bereich bereits andere Vorstellungen mit eigenem religiösem Gehalt Platz gegriffen haben. So schreibt er in der Einleitung zu seiner Wirtschaftsphilosophie: „Eine eigenartige Schärfe bekommt das Problem einer Wirtschaftsphilosophie auch für das moderne religiöse Bewußtsein. In einer Epoche der Dekadenz des dogmatischen Selbstbewußtseins, da die Religion immer häufiger auf die Ethik reduziert wird, lediglich verziert mit ein paar pietistischen ‚Erlebnissen‘, ist es von besonderer Wichtigkeit, die ontologische und kosmologische Seite des Christentums auszuführen, die z. T. auch in einer Wirtschaftsphilosophie entfaltet wird. Freilich ist dies völlig unmöglich mit den Mitteln der derzeitigen kantianisierenden und metaphysisch entleerten Theologie. Vielmehr muß man sich dafür zurückwenden zu einer religiösen Ontologie, Kosmologie und Anthropologie des hl. Athanasius von Alexandria, des Gregor von Nyssa und anderer alter Lehrer der Kirche. Heutzutage liegen diese Lehren in der Dogmatik philosophisch als ein totes Kapital, oft werden sie direkt abgelehnt, und auf den Ruinen eines christlichen religiösen Materialismus erhebt sich ein philosophischer und ökonomischer Materialismus auf der einen Seite und ein idealistischer Phänomenalismus auf der anderen.“[105]

Der Marxismus, von dem er selbst ausgegangen war, ist für ihn nicht nur eine Ideologie, sondern in jeder Hinsicht Symptom der Zeit eines geistig-geistlichen Zerfalls, aber auch eines theologischen Versagens. Wissenschaftlich wird ihm der Marxismus bei seinen Arbeiten über „Kapitalismus und Landwirtschaft“[106] problematisch, als er feststellt, daß der Anspruch der Marxschen Theorien auf Allgemeingültigkeit der empirischen Wirklichkeit nicht standhält. Noch wichtiger aber ist für ihn die Einsicht, daß der wissenschaftliche Absolutheitsanspruch dieser Theorie letztlich ein religiöses Phänomen ist: „Der Marxismus gibt seinen Anhängern mehr als irgendeine wissenschaftliche Theorie zu geben vermag, welche Vorzüge sie auch haben mag; er hat viele Züge einer rein religiösen Lehre und, obwohl er im Prinzip die Religion als bourgeoise ‚Ideologie‘ ablehnt, er-

[104] Die erste, kleine Trilogie: Kupina neopalimaja (Der nicht verbrennende Busch. Versuch einer dogmatischen Interpretation einiger Züge in der orthodoxen Verehrung der Gottesmutter), Paris 1927. Drug Ženicha (Joh 3,28–30) (Der Freund des Bräutigams. Von der orthodoxen Verehrung des Vorläufers), Paris 1927; Lestvica Iakovlja (Die Jakobsleiter. Von den Engeln), Paris 1929. Die große Trilogie: O bogočelovečestve: I – Agnec Božij (Das Lamm Gottes), Paris 1933 (franz.: Du Verbe Incarné, Paris 1943), II – Utešitel' (Der Paraklet), Paris 1936 (franz.: Le Paraclet, Paris 1946), III – Nevesta Agnca (Die Braut des Lammes), Paris 1945.

[105] S. Bulgakov, Filosofija Chozjajstva. Č.I. Moskau 1912, Nachdruck 1971, III.

[106] S. Bulgakov, Kapitalizm i zemledelie. I i II. SPB 1900. Einige Texte zu Bulgakovs theologischer Auseinandersetzung mit dem Sozialismus liegen in deutscher Übersetzung vor: S. N. Bulgakov, Sozialismus im Christentum? Hg. und übers. von H. J. Ruppert, Göttingen 1977.

scheinen doch gewisse Seiten selbst als unbestreitbarer Religionsersatz (surrogatom religii)."[107] Der dahinterstehende Ernst des sozialen Anliegens, dem Bulgakov selbst immer verbunden blieb, wird damit keineswegs bestritten, wenn er z.B. sagt: „Wir wissen, daß es Menschen geben kann, die zwar Christus nicht kennen, ihm aber gleichwohl dienen und seinen Willen tun, und umgekehrt andere, die sich zwar als Christen bezeichnen, ihm aber in ihrem Tun fremd sind..."[108] Und: „Das Mißfallen gegenüber dem Bösen ist gewiß ein hohes und sogar heiliges Gefühl... Indes gibt es eine feine, kaum greifbare, doch nicht minder im höchsten Grade reale Grenze; wenn man sie überschreitet, verwandelt sich das heilige Gefühl in ein völlig unheiliges."[109] Hinter der Maske eines kalten Rationalismus und theoretischer Härte spürt er „den Schmerz des Menschen über sich selbst, die Sehnsucht des ‚Herrn der Schöpfung', in der Gefangenschaft unter den Prinzipien eben dieser so gleichgültigen, ja sogar feindlichen Natur"[110].

Mit dem Ruf zur Rückkehr im Sinne einer Buße und geistlichen Erneuerung steht Bulgakov nicht allein. Drei Sammelbände sind Dokumente dieser Bemühungen: „Probleme des Idealismus" (1902), „Wegzeichen"/„Vechi" (1909)[110a] und schließlich, nach Datum und Titel bezeichnend, „Aus der Tiefe" (1921)[111]. Vor allem der zweite Band fand enormen Widerhall bei Gegnern und Freunden, weil mit aller Schärfe in der ‚Krise der Intelligencija' nach 1905 die Frage nach den tragenden Werten gestellt und beantwortet wurde. Dies sind die zentralen Thesen: An die Stelle der *Wahrheit* sei der soziale Utilitarismus und Opportunismus getreten (*N. Berdjaev*). Das *Recht* werde von der Intelligencija verachtet und als ethisches Minimum bzw. als ein Element von Zwang und Nötigung disqualifiziert (*B. A. Kistjakovskij*). Der *Glaube* an Gott sei durch den Glauben an den Menschen und den Fortschritt ersetzt worden (*S. N. Bulgakov*). Selbstvergottung des Menschen (čelovekobožie) gegen Menschwerdung Gottes (bogočelovečestvo) in Christus, darin sieht Bulgakov das Problem seiner Zeit und den Weg seiner Bewältigung. Der überheblichen Selbstvergottung des Menschen tritt die Selbsterniedrigung Gottes entgegen[112]; das ist der Sinn der Sophiologie und das Ziel eines „christlichen religiösen Materialismus".

Entfaltet wird die Sophiologie von Bulgakov zuerst im Rahmen der Wirtschaftsphilosophie (1912), dann in „Licht ohne Untergang" (1917)[113] und

---

[107] Ot markzisma..., IX.

[108] Karl Marx als religiöser Typ. In: S. Bulgakov, Dva Grada (Zwei Reiche. Untersuchungen zur Natur sozialer Ideale), I u. II, Moskau 1911, Nachdruck 1971, I, 69.

[109] Ebd. I, 103.

[110] Filosofija Chozjajstva, I, 321.

[110a] Deutsche Ausgabe. Wegzeichen. a.d. Russ. übers. von Karl Schlögel, Frankfurt 1991.

[111] Problemy Idealizma. Hg. von P. I. Novgorodcev, Moskau 1902. Vechi. Sbornik statej o russkoj intelligencii, Moskau 1909, Nachdruck Frankfurt 1967. Iz Glubiny. Sbornik statej o russkoj revolucii, Moskau (1918) 1921, Nachdruck Paris 1967. Mitarbeiter waren u.a.: S. Bulgakov, N. Berdjaev, P. Struve, S. Frank. Dazu: Gisela Oberländer, Die Vechi-Diskussion (1909–1912). Diss. Köln 1965. Die heutige Aktualität der damaligen Auseinandersetzungen macht deutlich: Bastiaan Wielenga, Lenins Weg zur Revolution. Eine Konfrontation mit Sergej Bulgakov und Petr Struve im Interesse einer theologischen Besinnung, München 1971. Bewegt ist diese in der Materialzusammenstellung gute, in der Bewertung jedoch problematische Berliner Dissertation von der Frage nach gemeinsamer revolutionärer Aktion bei ideologischer Differenz von Christen und Atheisten.

[112] Vechi, 50; Filosofija Choz. I, S. 145.

[113] S. Bulgakov, Svet nevečenij. Sozercanija i umozrenija, Moskau 1917, Nachdruck 1971.

schließlich in den beiden Trilogien[114]. Eng verbunden ist Bulgakov in diesen Überlegungen mit seinem Freund Pavel A. Florenskij (1882–1943)[115].

Thema der *Sophiologie* ist das Sein Gottes in der Welt nicht nur im Zusammenhang von Gnade und Erlösung, sondern von Schöpfung und Erhaltung[116]. Den Erkenntnisgrund dafür bildet das Wesen des dreieinigen Gottes als Liebe. Ähnlich wie bei Solov'ev enthält bei Bulgakov die Sophiologie platonische Elemente und visionäre Erfahrungen. Aber neben die Erfahrung des Schönen (die Sixtina in Dresden und die Hagia Sophia in Konstantinopel) tritt auch die Erfahrung von Leiden und Leidensbereitschaft. Die Sophia ist die *Weltseele* als transzendentales Subjekt, das in verschiedenen Bereichen menschlichen Schaffens erscheint: „... über der Welt unten erstrahlt die erhabene Sophia; sie strahlt auf in ihr als Vernunft, als Schönheit ... als Wirtschaft und Kultur" ... „Das menschliche Schaffen – in Wissenschaft, Wirtschaft und Kultur – ist sophianisch." Der Mensch hat so teil an der Sophia, die ihre Wirksamkeit an der Grenze von Kosmos und Chaos hat[117]. Die Sophia ist ‚natura naturans'; sie ist der göttliche Logos als ontologisches Prinzip. Nach ihrer Funktion treten diese Vorstellungen an die Stelle des säkularen Fortschrittsgedankens.

Hinter der Sophiologie steht das allgemeine philosophische Thema der *Ontologie*, das von der christlichen Offenbarung her behandelt wird. Die Abgrenzung erfolgt gegenüber einem Akosmismus mit seiner Entweltlichung Gottes sowie gegenüber einem Kosmismus mit seiner Vergottung bzw. Verabsolutierung der Welt. Das systematische Problem besteht nun darin, bei der Sophia als Offenbarung des Wesens Gottes in dieser Welt festzuhalten, daß sie seiend und nicht nur gedacht ist[118], daß sie Gottes Sein in der Welt ist, ohne daß die Realdistinktion von Schöpfer und Geschöpf pantheistisch aufgehoben wird. An die Stelle der nur negativen Bestimmungen für das Verhältnis von Göttlichem und Menschlichem in der christologischen Formel von Chalcedon möchte Bulgakov auf diese Weise zu positiven Bestimmungen kommen.

Wie die Offenbarung des dreieinigen Gottes den Erkenntnisgrund bildet, so wird auch die systematische Bestimmung mit Hilfe der trinitarischen Terminologie vorgenommen. Die Sophia wird dabei von Bulgakov wie von Florenskij als eine weitere, *vierte Hypostase* – gelegentlich auch als weibliche – bezeichnet[119].

---

[114] S. Anm. 104. Eine freilich sehr kurze Darstellung in deutscher Sprache: S. N. BULGAKOV, Zur Frage nach der Weisheit Gottes. In: Kyrios 1, 1936, 93–101.

[115] P. A. FLORENSKIJ, Stolp i utverždenie istiny. Opyt pravoslavnoj theodicej (Pfeiler und Grundfeste der Wahrheit. Versuch einer orthodoxen Theodizee), Moskau 1914, Nachdruck 1970. Deutsch in Auszügen in: Östliches Christentum. Hg. N. VON BUBNOFF u. H. EHRENBERG, II, München 1925. Bes. 12. Brief: Die Sophia. (Ergänzende Literatur im Anhang)

[116] Dies zeigt BULGAKOV z. B. beim Palamismus und sagt, die Lehre von den göttlichen Energien im Bereich der Schöpfung sei hier auf die Gnade beschränkt. Da sie aber eine welterschaffende und welterhaltende Kraft darstelle, müßte noch eine ‚sophiologische' Interpretation und Anwendung des Palamismus erfolgen (Nevesta Agnca, 23).

[117] Filosofija Choz. I, 138f.

[118] Bulgakov verweist ausdrücklich auf die Schwierigkeit, dafür einen angemessenen Begriff zu finden, der die Realität des gedachten Seins als „ens realissimum" zum Ausdruck bringt. „Und als Liebe der *Liebe* und *Liebe* zur Liebe, besitzt die Sophia Persönlichkeit und Gestalt; sie ist Subjekt, Person oder, sagen wir es mit dem theologischen Fachausdruck, Hypostase." Svet nevečernij, 212.

[119] Vor allem Florenskij, in seiner großen Trilogie dann auch Bulgakov, hat sich um eine Verankerung der Sophiologie nach Begriff und Sache in der dogmatischen Tradition bemüht. Die Exkurse zu Gregor von Nyssa, zur Trinitätslehre Augustins etc. sind dabei sehr hilfreich.

Damit soll funktional ihr von Gott wie von der Welt unterschiedenes Sein zum Ausdruck gebracht werden, das nicht nur auf Beziehung und Eigenschaft beschränkt ist. Oder – so kann es Bulgakov auch kenotisch formulieren: „Das Leben der Hl. Trinität ist der vorewige Akt der Selbsthingabe, der Selbstaufgabe der Hypostasen in der Göttlichen Liebe. Auch die Hl. Sophia gibt sich selbst der göttlichen Liebe hin und empfängt ihre Gaben..." Doch diese Hingabe ist rein empfangend, daher „ewige Weiblichkeit"[120].

Wird der Begriff der Hypostase nicht, wie es Bulgakov meint, funktional, sondern konstitutiv verstanden, dann ergeben sich natürlich Schwierigkeiten mit dem trinitarischen Dogma, und darauf richtete sich die Kritik an seiner Sophiologie. Daher hat Bulgakov in der späteren Fassung seiner Lehre die Sophia von dem Wesen (ousia) Gottes, von der Gottheit her bestimmt und als „Selbstoffenbarung Gottes" der zweiten Person als Weisheit (nach 1.Kor 1,24) und der dritten als Herrlichkeit (nach Kol 2,9) zugeordnet[121]. Zugleich wird die Unterscheidung von göttlicher/himmlischer Sophia und irdischer/kreatürlicher Sophia betont, die ihre Gemeinschaft im Leib des Gottmenschen, d.h. in der Kirche finden[122].

Die kurzen Hinweise können nur andeuten, aus welcher Situation und mit welchen Mitteln Bulgakov das Problem eines *„christlichen Materialismus"* anzugehen versucht hat. Zum Verständnis des Anliegens wäre es wichtig, eine Brücke zu schlagen zu den Auseinandersetzungen um eine „natürliche Theologie", zu den Entwürfen zu einer Theologie der Natur, der Geschichte, der Gesellschaft im Westen und zumal in der evangelischen Theologie. Was hier vorwiegend unter kognitiven und praktischen Aspekten geschieht, ist bei Bulgakov spekulativ ontologisch vertieft. Es geht ihm um eine positive Überwindung der negativen Erscheinungen in dieser Welt durch die Liebe zu ihr, „durch die sophianische Aufnahme der Welt als der Offenbarung der Weisheit Gottes... Die Sophiologie enthält den Knoten aller theologischen und praktischen Probleme der gegenwärtigen christlichen Dogmatik und Asketik. Sie ist im wahren Sinne des Wortes die Theologie der *Krisis* – nicht der Auflösung, sondern des Heils"[123].

Die ‚theologische Meinung' eines höchst orginellen orthodoxen Dogmatikers bildet in diesem Kapitel den Abschluß einer Epoche, die durch die Oktoberrevolution von 1917 abgebrochen worden ist. Die größere Ausführlichkeit gerade in den letzten Abschnitten mag dazu beitragen, daß damit die geistige Kontinuität nicht unterbrochen wird.

---

[120] Svet nevečernij, 213.

[121] Agnec Božiej, 131ff.

[122] So schon mit bezeichnendem Hinweis auf Schelling in ‚Filosofija Chozjajstva' I, 150f.; dann ‚Agnec Božiej'. Dazu: *L. A. Zander*, Bog i Mir, I, 194f.

[123] Zur Frage nach der Weisheit Gottes. In: Kyrios 1, 1936, 100f.

Kapitel IV: Orthodoxe Theologie der Gegenwart

In der zeitlichen Abfolge der drei vorangehenden Kapitel zeichnet sich bereits die geographische Verlagerung der Zentren orthodoxer Theologie ab: von Kleinasien über die Moldau und Ukraine nach Rußland. Der Zerfall des osmanischen Reiches führt seit dem vorigen Jahrhundert zum Entstehen bzw. zur Wiedererrichtung weiterer selbständiger Nationalkirchen. Die Loslösung von der Mutterkirche vollzieht sich bisweilen erst in langen jurisdiktionellen Auseinandersetzungen. Im Streit um die Autonomie der bulgarischen Kirche wird von einem Konzil in Konstantinopel 1872 der „*Phyletismus*“, d.h. die Bestimmung der Kirchengemeinschaft nach nationalen und kulturellen Gesichtspunkten, verurteilt[1]. Doch die damit verbundenen Probleme brechen immer von neuem auf bei der Verselbständigung der Balkankirchen und ebenso im Zusammenhang mit den riesigen Emigrantenströmen, die in diesem Jahrhundert aus östlichen Staaten vor allem nach Westeuropa und Nordamerika kommen. In der nationalen und kulturellen Abgrenzung bekommt auch die Theologie ihr eigenes Gepräge in den verschiedenen Sprachen bis hin zu einer sog. „Westlichen Orthodoxie“ in englischer, französischer oder auch deutscher Sprache. Die Gründungsdaten einiger theologischer *Schulen* bzw. *Fakultäten* können am besten diesen raschen Prozeß der Ausbreitung orthodoxer Theologie veranschaulichen: Athen 1837, Chalki (Prinzeninseln) 1844 (heute geschlossen), Bukarest 1887/94, Belgrad 1900, St. Sergius/Paris 1925, Holy Cross/Brookline Mass. 1937 (griech.), St. Vladimir's/jetzt Crestwood N. Y. 1938 (russ.), Saloniki 1942.

Durch die Veränderungen der politischen Verhältnisse haben inzwischen die orthodoxen Kirchen überall ihre privilegierte Stellung als Staatskirche verloren[2] und damit auch die byzantinischc „Symphonia“ von geistlicher und weltlicher Gewalt. Sie leben in pluralistischen, säkularisierten oder militant-atheistischen Gesellschaftsordnungen, und daraus erwachsen völlig neue theologische Aufgaben. Die orthodoxe Kirche versteht sich insgesamt als die alte ungeteilte Kirche der sieben ersten Ökumenischen Konzile. Den politischen Rahmen dafür bildete die Einheit des byzantinischen Reiches in seiner christlichen Prägung nach Konstantin. Im weiteren Gang der Geschichte steht die Orthodoxie vor der Frage, wie diese Einheit heute theologisch bestimmt und kirchenpolitisch praktiziert werden kann. Ihre wichtigsten Elemente sind der nicht unangefochtene Ehrenprimat des Ökumenischen Patriarchen von Konstantinopel[3], die liturgische Gemeinschaft, die auch das Amt einschließt, sowie, schwerer zu fassen, eine gemeinsame Frömmigkeit oder Spiritualität.

Die aus dieser kirchlichen Situation sich heute ergebenden theologischen Aufgaben sollen an folgenden Beispielen gezeigt werden: 1. Die ‚Philokalia‘ – mystische Theologie und ihre Probleme; 2. panorthodoxe Theologie und ökumenisches Konzil; 3. ökumenische Begegnung.

---

[1] Mansi, Vol. 45, bes. Sp. 531–538.

[2] Die einzige Ausnahme bildet zur Zeit noch die orthodoxe Kirche Griechenlands, bei der jedoch ebenfalls ihre Stellung als Staatskirche heftig umstritten ist.

[3] Zu den damit verbundenen dogmatischen und kanonischen Fragen vgl. Maximos, Metropolit

§ 1 Die ‚Philokalia' – mystische Theologie und ihre Probleme

„Die mystische Theologie der Kirche des Ostens", so lautet der Titel eines weitverbreiteten Buchs von *Vladimir N. Lossky* (1903–1958), und damit wird gern, wenn auch bisweilen nur sehr vage, ein unterscheidendes Merkmal orthodoxer Theologie bezeichnet. Lossky gibt folgende Bestimmung: „Der Begriff ‚mystische Theologie' bezeichnet hier nichts weiter als eine Spiritualität, die eine dogmatische Haltung zum Ausdruck bringt."[4] Wenn Mystik etwas mit Schauen zu tun hat, mit ‚theoria' im ursprünglichen Sinne, dann geht es bei mystischer Theologie zweifellos um den elementaren Zusammenhang von Gottesschau und Reden von Gott sowie darum, daß das Reden von Gott nicht nur eine Sache von Sprache und Texten ist, sondern die Begegnung mit der Wirklichkeit Gottes in dieser Welt. Ob diese Auffassung allein auf die östliche Theologie beschränkt und von einer bestimmten Mentalität geprägt ist, mag dahingestellt bleiben. Sicher aber ist, daß überall und zu allen Zeiten die Gefahr besteht, daß die Theologie die Realität ihrer geistlichen Dimension verliert. Viele Vorbehalte in der Ostkirche gegenüber einer akademischen Theologie haben darin ihren Grund, daß der Buchstabe geistlos wird. Umgekehrt besteht aber auch die Gefahr, daß die Spiritualität eine eigene Offenbarungsqualität bekommt und sich vom Buchstaben der Schrift löst. Das Verhältnis von Geist und Buchstaben ist ein altes und allgemeines christliches Thema.

Die ‚Philokalia'

Das bedeutendste neuere Dokument mystischer Theologie ist die „*Philokalia*", im Slawischen „Dobrotoljubie", d. h. die Liebe zum Schönen und Guten, was sowohl im religiösen wie im sittlichen Sinne zu verstehen ist. „Philokalia" war zuerst der Titel der von Basilius dem Großen und Gregor von Nazianz zusammengestellten Anthologie aus den Schriften des Origenes[5]. Unter demselben Titel erschien 1782 in Venedig die „Philokalia der heiligen Nüchternen, zusammengestellt aus den heiligen und inspirierten Vätern, worin durch eine das Handeln wie das Schauen betreffende ethische Philosophie der Verstand geläutert, erleuchtet und vollendet wird"[6]. Verfasser dieser Anthologie aus Schriften von Mönchsvätern zwischen dem 4. und 14. Jahrhundert waren Makarios Notaras, Bischof von Korinth (1731–1805) und Nikodemos der Hagiorit (Athosmönch) (1749–1809). Große Verbreitung im slawischen Bereich fand die 1793 gedruckte Übersetzung von Paisij Veličkovskij (1722–1794)[7]. Seither sind zahl-

von Sardes, Das Ökumenische Patriarchat in der Orthodoxen Kirche. Freiburg, Basel, Wien 1977 (griech. 1973).

[4] W. L. Lossky, Die mystische Theologie der morgenländischen Kirche. Graz-Wien-Köln 1961 (a. d. Frz.).

[5] J. A. Robinson, The Philocalia of Origen, Cambridge 1953.

[6] Philokalia tōn ierōn nēptikōn syneranistheisa para tōn agiōn kai theophorōn paterōn en ē dia tēs kata tēn praxin kai theōrian ēthikēs philosophias o nous kathairetai, phōtizetai kai teleioutai. Zitiert wird im folgenden nach der letzten Ausgabe in 5 Bänden, Athen 1974–1976.

[7] Aus der Fülle der Literatur: I. Smolitsch, Russisches Mönchtum. Entstehung, Entwicklung und Wesen 988–1917, Würzburg 1953; Prot. Sergij Četverikov, Starec Paisij Veličkovskij. Ego žizn', učenie i vlijanie na pravoslavnoe monašestov, Paris 1976; J. Meyendorff, St. Gregory Palamas and Orthodox Spirituality. St. Vladimir's Seminary Press 1974 (a. d. Franz. 1959). Ein ein-

reiche weitere Übersetzungen und Auswahlausgaben erschienen, die dem Werk auch in der westlichen Christenheit eine bemerkenswerte Verbreitung verschafft haben[8].

Die Philokalie ist eine Sammlung von Anweisungen aus der östlichen hesychastischen Tradition, deren Mittelpunkt eine christliche Meditationstechnik für das „Beten ohne Unterlaß" (1.Thess 5,17) bildet, nämlich das „Jesusgebet". Der Text ist die erweiterte Form des Gebetsrufs „kyrie eleison", der auch in der orthodoxen Liturgie ständig wiederholt wird: „Herr Jesus Christus, Sohn Gottes, erbarme dich über mich Sünder!" Dieses Gebet wird mit bestimmter Körperhaltung und Atemtechnik „unablässig" gesprochen. Das Ziel ist der Empfang bzw. das Wiederfinden der göttlichen „energeia", die, wie es in den verschiedensten Texten heißt, „wir in der Taufe mystisch empfangen haben"[9]. So wird das Gebet als „die ständig bewegte geistige Wirkung (noera energeia) des Heiligen Geistes"[10] verstanden, und in diesem Sinne ist es „proseuchē noera", ein geistiges und vom Geist gewirktes Gebet.

Die christliche Füllung der aus nichtchristlichen Ursprüngen stammenden *Meditationstechnik* geschieht über die Verbindung von göttlichem Geist und Atem, wie es schon durch das griechische „pneuma" nahegelegt wird[11]. Mit dem Einatmen soll der „Name" Jesu Christi in dem Herz als dem Lebenszentrum eingepflanzt werden. „Daß der Name des Herrn Jesus in die Tiefe des Herzens herabsteige und den Drachen, der das Feld beherrscht, erniedrige, die Seele aber heile (rette) und lebendig mache. Unablässig bleibe bei dem Namen des Herrn Jesus, damit das Herz den Herrn eintrinke und der Herr das Herz, damit die beiden eins werden. Und wiederum, trennt euer Herz nicht von Gott, sondern bewahrt und bewacht es mit dem Gedächtnis unseres Herrn Jesus Christus allezeit, bis der Name des Herrn inwendig in dem Herzen eingepflanzt ist und es keine anderen Gedanken mehr hege, auf daß Christus in euch groß (gepriesen) werde."[12]

Das in der theologischen Kontroverse oft so schwer zu behandelnde Thema ‚Glaube und Werke' findet in diesen Texten seinen Sitz im Leben des Glaubens. So wird z.B. auf die Anfechtungserfahrung eingegangen, daß es offenbar unmöglich sei, „mitten in der Welt gerettet zu werden und alle Gebote zu halten". In solcher Lage wird folgendes Gebet empfohlen: „Warum bist du betrübt, meine Seele? Warum bist du so unruhig in mir? Harre auf Gott, denn ich werde ihm noch danken, daß meines Angesichts Hilfe nicht meine Werke sind, sondern mein Gott ist (Ps 43,5). Wer sollte auch aus Werken des Gesetzes gerecht wer-

---

drucksvolles Zeugnis von der hesychastischen Gebetspraxis aus der zweiten Hälfte des vorigen Jahrhunderts sind die 1884 anonym erschienenen „Otkrovennye rasskazy strannika duchovnomu svoemu otcu". Letzte russ. Ausgabe Paris 1973. Deutsche Ausgabe: E. Jungclaussen (Hg.), Aufrichtige Erzählungen eines russischen Pilgers, Freiburg-Basel-Wien 1974; S. a. I. Hausherr SJ, Direction spirituelle en Orient autrefois: OrChrA 144, Roma 1955, Nachdruck 1968.

[8] Letzte deutsche Auswahlübersetzung: Kleine Philokalie. Belehrungen der Mönchsväter der Ostkirche über das Gebet. Ausgewählt und übersetzt von Matthias Dietz. Eingeleitet von Igor Smolitsch. Zürich, Einsiedeln, Köln 1976².

[9] Z.B. Philokalia, Bd. 3, 250, 74; 258, 109 u. 110; Bd. 4, 67.

[10] Bd. 4, 68.

[11] Bd. 4, 222f.

[12] Bd. 4, 221.

den? Vor dir wird kein Lebender gerecht (Röm 3,20), sondern aus Glauben an ihn, meinen Gott, hoffe ich gerettet zu werden durch die unaussprechliche Gabe seiner Barmherzigkeit…"[13]

In den hesychastischen Texten ist es eine oft gestellte Frage, welche sinnlichen Erscheinungen beim Gebet wie etwa Licht, Wärme etc. als Gottbegegnung aufgefaßt werden dürfen oder aber als nichtgöttliche, teuflische Vorspiegelungen zurückzuweisen sind[14]. Damit stellt sich zugleich die Grundfrage, inwieweit überhaupt eine Begegnung mit dem Göttlichen im Kreatürlichen möglich und denkbar ist.

Der Streit um die Göttlichkeit des Namens 1910–1913

In der orthodoxen Theologiegeschichte begegnet dieses Problem in verschiedenen Zusammenhängen, z.B. im Bilderstreit des 8. Jahrhunderts[15], in den hesychastischen (palamitischen) Streitigkeiten des 14. Jahrhunderts[16], wo zur Klärung die „energeia" als das Handeln Gottes im Kreatürlichen von der „ousia" als dem Wesen Gottes unterschieden wird. Dieses Problem bricht erneut auf in dem Streit um die Göttlichkeit des Namens Jesu in den Jahren 1910 bis 1913[17]. Ausgelöst wurde dieser Streit durch das Buch des kaukasischen Einsiedlers, *Schimonach* (Mönch der großen Weihe) *Ilarion*, „Auf den Höhen des Kaukasus. Gespräch zweier Einsiedlerstarzen über die innere Einung unserer Herzen mit dem Herrn durch das Gebet zu Jesus Christus…"[18]. Publizistisch verbreitet wurden die Vorstellungen Ilarions, die besonders unter den russischen Athosmönchen großen Anklang fanden, von dem Mönch und früheren Garderittmeister *Antonij Bulatovič* (1870–1919).

Die theologische Begründung für die Praxis des *Jesusgebets* wird aus den zahlreichen biblischen Stellen hergeleitet, in denen der Name Gottes bzw. Jesu Christi für die Person selbst steht in ihrer Wirkung wie in ihrer Verehrung, so daß in dem Namen die wirksame Gegenwart und wirkliche Gemeinschaft gesetzt wird[19]. Von Ilarion wird das geradezu inkarnatorisch aufgefaßt: „Der Name des Herrn Jesus Christus wird sozusagen gleichsam Fleisch, der Mensch fühlt deutlich mit dem inneren Gefühl seiner Seele im Namen Gottes Gott selbst. Dieses Erfühlen des Herrn selbst und seines Namens verschmilzt zur Identität, derzufolge es unmöglich ist, eins vom anderen zu unterscheiden. Dies wird aber seinerseits verständlich, wenn man erwägt, daß, wenn der Herr Jesus Christus in seine göttliche Persönlichkeit unsere Natur aufnahm und mit einem einzigen Namen Gottmensch heißt, weil ‚in seinem Fleische die ganze Fülle der Gottheit wohnte' (Kol 2,9), dann zweifellos diese Fülle seiner göttlichen Vollkommenheiten auch in seinem hochheiligen Namen Jesus Christus wohnt. Man könnte so

[13] Bd. 3, 244f.

[14] Bd. 3, 268, 150; Bd. 4, 67.

[15] Beitrag Wessel: Bd. 1.

[16] Beitrag Wessel: Bd. 1.

[17] G. Florovskij, Puti russkago bogoslovija, Paris 1937, 502f. und 571f. (Lit.). Die ausführlichste Darstellung mit Belegen, an die wir uns halten, ist: B. Schultze S.J., Der Streit um die Göttlichkeit des Namens Jesu in der russischen Theologie. In: OrChrP 17, 1951, 321–394. Geschichtl. Darstellung, Dokumentation und Bibliographie jetzt bei K. K. Papoulidis, Oi Rōsoi Onomatolatrai tou Agiou Orous, Thessaloniki 1977.

[18] Ilarion, Na gorach kavkaza… Batalpašinsk 1907, 1910, Kiew 1912³.

[19] Z.B. Mt 18,20; 6,9; Phil 2,9f.; Apg 4,12; Ps 54,3; 89,25. Zur Sachfrage vgl. H. Bietenhard, Art. „onoma" in ThWB V, 242–283.

sagen: Wenn sie im Fleische sichtbar wohnte – ‚leiblich', dann wohnt sie in seinem heiligen Namen nicht sichtbar, sondern geistig und nur durch das Herz oder durch den Geist erfühlbar" – wozu auf 1.Joh 5,10 verwiesen wird[20].

Antonij Bulatovič stellt den Namen in den Zusammenhang der Offenbarung des göttlichen Wortes, das die göttliche Tätigkeit (energeia) umschließt und ist: „In diesem Sinne haben wir das Recht, den Namen Gottes Gott selbst zu nennen, denn in ihm nehmen wir die Gottheit der göttlichen Energie auf, und in dieser Energie der Gottheit nehmen wir in unbegreiflicher und unausdenklicher Weise Gott selbst in uns auf. Gerade im streng dogmatischen Sinne ist Gottes Namen, verstanden im Sinne der göttlichen Offenbarung, die Energie der Gottheit und die Gottheit."[21]

Gegenüber der apophatischen, negativen Theologie, von der die totale Differenz zwischen Bezeichnetem und Bezeichnung im Reden von Gott hervorgehoben wird, kommt es hier unter dem Aspekt der Offenbarung und in der geistlichen Erfahrung zu einer Identität. Durch den Hinweis auf die Geistigkeit des Geschehens im Glauben und nach der Taufe soll allerdings die Differenz zwischen Schöpfer und Geschöpf durchaus gewahrt bleiben.

Der Streit zwischen den „*Verehrern*" bzw. „Vergöttlichern des Namens" (imjaslavcy, imjabožniki) und den „*Bekämpfern des Namens*" (imjaborcy) verlief sehr heftig. Er führte zu einer Verurteilung der Lehren Ilarions und Antonijs durch verschiedene kirchliche und theologische Instanzen[22], ohne daß man den Eindruck gewinnt, das dahinterstehende theologische Problem sei wirklich bewältigt worden.

So ist es nicht überraschend, wenn in der russischen Theologie die Vertreter der Sophiologie wie P. A. Florenskij, S. N. Bulgakov u. a. mit ihrem identitätsphilosophischen Realismus diesen Gedanken aufnehmen und verteidigen[23]. Weder innerhalb der orthodoxen Theologie und noch weniger im Gespräch zwischen östlicher und westlicher Theologie sind die hier aufbrechenden Probleme geklärt, die in ihrer Abgründigkeit erschreckend und anziehend zugleich sind[24]. Im Blick auf die „mystische Theologie" mag sich jedoch zeigen, wie auch in der Orthodoxie geistliche Erfahrung und theologische Verantwortung verbunden sind.

---

[20] Ilarion, Na gorach kavkaza, 2. Aufl. 1910, 12; Schultze, aaO. 327f.

[21] Nach Schultze, aaO. 347.

[22] Verurteilungen wurden ausgesprochen durch den Ökumenischen Patriarchen Joachim III. (2. 9. 1912), durch die Theologische Schule von Chalki, die den Vorwurf eines Pantheismus erhob (30. 3. 1913), besonders ausführlich durch den Synod der Russischen Orthodoxen Kirche (18. 5. 1913) u. a. Vgl. Schultze, aaO. 365–369.

[23] S. N. Bulgakov war Sekretär und Referent der Unterkommission, die sich auf dem Moskauer Landeskonzil 1917/18 mit diesem Problem befassen sollte. Daraus ist sein posthum veröffentlichtes Buch hervorgegangen: S. N. Bulgakov, Filosofija Imeni (Philosophie des Namens), Paris 1953. Es enthält philosophisch und theologisch die ausführlichste Erörterung des Problems.

[24] Vgl. z. B. die Kontroverse: J.-M. Garrigues, L'énergie divine et la grâce chez Maxime le Confesseur. In: Istina 19, 1974, 272–296, und Chr. Yannaras, The Distinction between essence and energies and its importance for theology. In: St. Vladimir's Theological Quarterly 19, 1975, 232–245.

§ 2 Panorthodoxe Theologie und ökumenisches Konzil

Die nationale Aufgliederung und universale Ausbreitung der Orthodoxie in der Gegenwart führt beim Bemühen um gegenseitige Verständigung und gemeinsame Entscheidungen innerhalb der kirchlichen Einheit zu manchen Schwierigkeiten. Seit dem letzten Jahrhundert hat sich mit den nationalen Kirchen entsprechend auch deren Theologie verselbständigt. Diese in einigen Fällen sehr lebendigen, in anderen Fällen durch äußere Umstände stark behinderten Theologien können leider hier nicht mehr vorgeführt werden[25], wohl aber die intensiven Bestrebungen um gemeinsame theologische Arbeit und Entscheidung.

Panorthodoxe Bestrebungen

In erster Linie sind die Beziehungen zwischen den orthodoxen Schwesterkirchen nicht eine Sache der Theologie, sondern der *politischen Verhältnisse*. Daß gemeinsame Stellungnahmen grundsätzlich möglich sind, zeigt die ununterbrochene Reihe von Erklärungen, Enzykliken und Synoden, in denen sich die orthodoxe Kirche zu bestimmten Fragen geäußert hat. Freilich gibt es keinen Fall einer wirklichen panorthodoxen Repräsentation, wohl aber gibt es wichtige Beispiele einer nachfolgenden Rezeption solcher Stellungnahmen. Dazu gehören z.B. die ‚orthodoxen Bekenntnisse' aus den antilukaristischen Streitigkeiten des 17. Jahrhunderts[26]. Ein Beispiel aus dem vorigen Jahrhundert ist die „Antwort der orthodoxen Patriarchen des Ostens" auf die Enzyklika von Papst Pius IX. „Literae ad Orientales" von 1848, die mit ihrer theologischen Begründung für die Ablehnung des päpstlichen Primats und Lehramtes für die orthodoxe Ekklesiologie wichtig gewesen ist[27]. Aus diesem Jahrhundert ist die Enzyklika des Ökumenischen Patriarchats von 1920 „An die Kirchen Christi in aller Welt" zu nennen, mit der die Bereitschaft zur ökumenischen Zusammenarbeit und zur Bildung eines Kirchenbundes erklärt wurde[28].

Es ist kein Zufall, wenn sich gerade in diesem Jahrhundert die Bemühungen um ein panorthodoxes oder gar um ein *achtes Ökumenisches Konzil* verstärkt haben. Den ersten Vorstoß unternahm der Ökumenische Patriarch Joachim III. (1878–84 und 1901–1912) im Jahr 1902 mit einer Enzyklika an alle orthodoxen Kirchen. In dieser Enzyklika, den darauf eingegangenen Antworten und einer weiteren Enzyklika 1904 wurde zum ersten Mal ein Themenkatalog für gesamtorthodoxe Entscheidungen aufgestellt. Dazu gehören u.a. folgende Fra-

---

[25] Übersicht zu den nationalkirchlichen Theologien bieten: für Griechenland: F. Gavin, some Aspects of Contemporary Greek Orthodox Thought. Milwaukee-London 1923; D. Savramis (Hg.), Aus der Neugriechischen Theologie, Würzburg 1961. Für Rußland und Bulgarien: A. Johansen, Theological Study in the Russian and Bulgarian Orthodox Churches under Communist Rule, London 1963. Für Rumänien: De la Théologie Orthodoxe Roumaine des Origines à nos jours. Hg. Institut Biblique et de Mission Orthodoxe, Bukarest 1974. A. Scherrer-Keller, Wesen und Auftrag der Kirche aus der Sicht der neueren rumänisch-orthodoxen Theologie. (Diss. Basel) Zürich 1972.

[26] S. o. Kap. I, 3, 16f.

[27] Text bei I. Karmiris, Ta dogmatika kai symbolika mnēmeia..., Bd. II, 902–925.

[28] Text griech. ebd. 957–960; deutsch: H.-L. Althaus (Hg.), Ökumenische Dokumente. Quellenstücke über die Einheit der Kirche, Göttingen 1962, 139–142.

gen: Wie sind gesamtorthodoxe Entscheidungen am besten durchführbar? Das Verhältnis zu den nichtorthodoxen Kirchen. Reform des kirchlichen (julianischen) Kalenders[29]. Wie dieser, so scheiterte auch der nächste Versuch des Ökumenischen Patriarchen Meletios IV. (Metaxakis) (1921–23), der für das Jubiläumsjahr des Konzils von Nicäa ein achtes Ökumenisches Konzil für 1925 einberufen wollte. Der Patriarch mußte vor der Revolution von Kemal Atatürk fliehen.

Erfolgreicher war die „interorthodoxe *Präliminarkonferenz*", die vom 8.–23. Juni 1930 im Kloster Vatopedi auf dem Athos tagte und für das Jahr 1932 eine „Prosynode" zu einem späteren Ökumenischen Konzil vorbereiten sollte. In einem Berichtsband wurden detaillierte Themenvorschläge zusammengestellt[30], die aber erst über dreißig Jahre später unter Patriarch Athenagoras (1948–72) von den panorthodoxen Rhodoskonferenzen 1961, 1963 und 1964 zur Vorbereitung eines Konzils aufgegriffen wurden[31]. Eine vierte Konferenz in Genf 1968 hat dann die Fülle der Themen auf sechs reduziert, die von einzelnen Kirchen behandelt und an eine regelmäßig tagende Vorbereitungskommission übergeben werden. Diese Themen sind bezeichnend für die theologischen Aufgaben der Orthodoxie von heute: 1. Die Offenbarungsquellen (d.h. Schrift und Tradition). 2. Stärkere Beteiligung des Laienelements am Gottesdienst sowie am übrigen Leben der Kirche. 3. Anpassung der kirchlichen Fastenvorschriften an die Erfordernisse der heutigen Zeit. 4. Die Ehehindernisse. 5. Die Kalenderfrage. 6. Die Anwendung der ‚oikonomia'[32] in der Orthodoxen Kirche[33].

Bei diesen Vorbereitungen für ein Konzil geht es nicht nur um die Bearbeitung theologischer und kirchlicher Fragen, sondern das Konzil selbst ist ein theologisches Problem. Die *Siebenzahl* der altkirchlichen Konzile besitzt schon eine gewisse Verbindlichkeit. Gleichwohl sind auch nach dem siebten Ökumenischen Konzil von 787 weitere Konzile als ökumenische einberufen worden, nämlich 879 und 1341, in der Planung auch das von Jassy 1642 (s. o. S. 509). Sie wurden aber nicht als ökumenische Konzile rezipiert. In der theologischen Diskussion werden vor allem zwei Fragen gestellt: Ist ein weiteres ökumenisches Konzil überhaupt *nötig* im Blick auf die anstehenden Probleme – was schwerlich zu bestreiten ist; und ist ein ökumenisches Konzil überhaupt *möglich*, solange die christlichen Kirchen getrennt sind[34]. Darin liegt ein ekklesiologisches Problem, von dem das kirchliche Selbstverständnis der Orthodoxie gegenüber den anderen Kirchen berührt wird. Um in der Bezeichnung kein Präjudiz zu schaffen, spricht man jetzt von einer „heiligen und großen Synode der Orthodoxen Kirche" (agia kai megalē synodos).

---

[29] Franz. Text in: Istina 2, 1955, 78–93.

[30] Praktika tēs prokatarktikēs Epitropēs tōn Agiōn Orthodoxōn Ekklesiōn tēs synelthousēs en tē en Agiō Orei Iera Megistē Monē tou Vatopediou. En K-polei 1930.

[31] Catalogue des thèmes du pro-synode projeté. In: Istina 9, 1963, 49–53.

[32] „Oikonomia" entspricht im östlichen Kirchenrecht der lateinischen ‚dispensatio'. Gegenüber der ‚akribeia' als strenger Anwendung kanonischer Bestimmungen werden „kat'oikonomian" Ausnahmen ohne Aufhebung der Regel bewilligt. Praktische Bedeutung hat dieses Verfahren vor allem bei der Anerkennung heterodoxer Sakramente. Dazu: R. Slenczka, Ostkirche und Ökumene, 234–257 (Lit.).

[33] Die Materialien für das geplante Konzil erscheinen jetzt in der Reihe „Synodika", Chambesy-Genf, Bd. I, 1976 (griech.). Der Themenkatalog dort 18 f.; Bd. II, 1979.

[34] Dazu: R. Slenczka, aaO. 232 ff.

(Ergänzende Literatur im Anhang)

Die Kongresse für orthodoxe Theologie 1936 und 1976

Einen guten Einblick in den gegenwärtigen Stand und die Aufgaben orthodoxer Theologie vermitteln die *Kongresse für orthodoxe Theologie,* von denen im Rahmen der panorthodoxen Bestrebungen bisher zwei stattgefunden haben. Der erste Kongreß tagte vom 29. 11. bis 6. 12. 1936, der zweite vom 19.–29. 8. 1976, beide in Athen. Die Entwicklung zeigt sich auch an den Teilnehmerzahlen: 1936 waren acht Fakultäten mit 39 Delegierten vertreten, 1976 waren es 16 Fakultäten mit 98 Delegierten.

Der erste Kongreß, organisiert von dem orthodoxen Vorkämpfer der ökumenischen Bewegung, *A. S. Alivisatos* (1887–1969), befaßte sich mit der Stellung der theologischen Wissenschaft in der Kirche sowie mit theologischen Überlegungen zu Fragen des kirchlichen Lebens[35].

Bei dem ersten Themenkreis bemühte man sich um eine vorsichtige Aufnahme der historisch-kritischen Methode in Exegese und Dogmengeschichte. Dabei stellte sich vor allem die Frage nach dem Verhältnis von Schriftprinzip und Schriftkritik sowie nach dem Verhältnis von kirchlicher Lehrentscheidung und geschichtlicher Lehrentwicklung. Der Entwicklungsgedanke der religionsgeschichtlichen Schule wird eindeutig zurückgewiesen; betont wird dafür immer wieder der „consensus ecclesiae" in der geschichtlichen Überlieferung und gegenwärtigen Gemeinschaft der Kirche.

Programmatisch aber ist die Forderung, die sog. ‚westlichen Einflüsse' in der orthodoxen Theologie zu erkennen und auszuscheiden und zu dem zu gelangen, was von G. Florovskij und anderen als *„neopatristische Synthese"* bezeichnet wird. Indirekt wird dies gegenüber der Harnackschen These von der „akuten Hellenisierung des Christentums" vertreten, und man spricht dann von einem „kanonisierten Hellenismus", einem „christlichen Hellenismus", der eine bleibende Bedeutung habe und nicht nur ein Durchgangs- oder gar Verfallsstadium sei[36]. So heißt es dann: „Nicht darin liegt die Überwindung des westlichen Ärgernisses für die orthodoxe Theologie, daß man die westlichen Ergebnisse ablehnt oder gar umstößt, sondern darin, daß man sie überwindet und in neuer schöpferischer Tätigkeit übertrifft ... Die orthodoxe Theologie ist berufen, auf die westlichen Fragen aus den Tiefen ihrer ununterbrochenen Erfahrungen zu antworten und den Schwankungen des westlichen Gedankens die unveränderliche Wahrheit der väterlichen (i. e. patristischen; R. S.) Orthodoxie gegenüberzustellen."[37] Unter den Fragen des kirchlichen Lebens tritt besonders hervor die Auseinandersetzung um die Einberufung eines ökumenischen Konzils, die Kodifizierung des östlichen Kirchenrechts, die seit jeher äußerst heikle Revision der liturgischen Formulare sowie Aufgaben einer inneren und einer äußeren Mission.

Die Themen des zweiten Kongresses von 1976 zielten in etwas andere Richtung[38]. Das Hauptthema lautete: „Die Theologie der Kirche und ihre Verwirklichung." Damit sollte eine Verständigung über die Stellung der Theologie in

---

[35] H. S. Alivisatos (Hg.), Procès-Verbaux du Premier Congrès de Théologie Orthodoxe, Athènes 1939.

[36] Procès-Verbaux, 241.

[37] Ebd. 231.

[38] Konferenzbericht erscheint noch. Das Einleitungsreferat von N. A. Nissiotis, Die Aufgabe einer Theologie der Kirche, in: KuD 23, 1977, 41–59.

der Kirche und gegenüber den Problemen des Säkularismus und der ökumenischen Bewegung herbeigeführt werden. Dies geschah unter drei Themenkreisen: 1. Die Theologie als Ausdruck des Lebens und des Bewußtseins der Kirche, 2. die Theologie als Ausdruck der Gegenwart der Kirche in der Welt, 3. die Theologie in der Erneuerung des kirchlichen Lebens.

Die Spannung von „theosis" als Vergottung und Gottesschau auf der einen Seite und von „Theologie" im Sinne eines wissenschaftlich begründeten Redens von Gott auf der anderen Seite durchzog den Kongreß, bestimmt von der Sorge, daß die Theologie sowohl durch ihre Methoden wie auch durch die ökumenische Begegnung ihre Verwurzelung im geistlichen Leben der Kirche verlieren könnte. Um diese Spannung zu überwinden, berief man sich immer wieder auf Worte wie das des Evagrius Ponticus († 399): „Bist du ein Theologe, dann mußt du recht beten; und wenn du recht betest, dann bist du ein Theologe."[39] Oder, wie es in dem Einführungsvortrag von N. A. Nissiotis hieß: „... daß eine theologische und prophetische Kritik immer eine Kritik und Reinigung der eigenen Person zur Voraussetzung hat. In einer Theologie der Erneuerung ist die Grundkategorie des Erkennens nicht die ‚dianoia', sondern die ‚metanoia'."[40]

§ 3 Ökumenische Begegnung – Epilog

Im Januar 1920 veröffentlichte das Ökumenische Patriarchat von Konstantinopel seine „Synodale Enzyklika der Kirche von Konstantinopel an die Kirchen Christi in aller Welt"[41]. Daß eine Enzyklika (egkyklios synodikē), wie sie auch in der Orthodoxie nur innerhalb der Kirchengemeinschaft üblich ist, an andere Kirchen Christi in aller Welt gerichtet wird, bildet einen Präzedenzfall; in späteren Dokumentationen wird das Schreiben daher lieber als „Botschaft" (diaggelma) bezeichnet. Davon wird der Inhalt nicht berührt, wenn die Enzyklika mit dem Motto aus 1.Petr 1,22 und den Worten beginnt: „Die Kirche bei uns ist der Meinung, daß eine gegenseitige Annäherung und ein Bund der verschiedenen christlichen Kirchen nicht durch die zwischen ihnen bestehenden dogmatischen Differenzen ausgeschlossen wird..."

Die Enzyklika des Ökumenischen Patriarchats von 1920

Mit dieser Enzyklika beginnt die Mitarbeit der Orthodoxen Kirche in der organisierten ökumenischen Bewegung, an der sie von den Anfängen an beteiligt ist, auch wenn einige Gliedkirchen aus politischen Gründen erst bzw. wieder 1961 dem Ökumenischen Rat beitreten konnten. Nach dem Vorbild des Völkerbunds (koinōnia tōn ethnōn) wird die Bildung eines Kirchenbunds (koinōnia tōn ekklēsiōn) vorgeschlagen. Außerdem werden elf konkrete Anregungen für

[39] MPG 79, 1180B. [40] KuD 23, 1977, 57.

[41] S. o. Anm. 28. C. G. Patelos (ed.), The Orthodox Church in the Ecumenical Movement. Documents and Statements 1902–1975, Geneva 1978; J. A. Hebly, The Russians and the World Council of Churches. Documentary survey of the accession of the Russian Orthodox Church to the World Council of Churches, with commentary, Belfast-Dublin-Ottawa 1978.

die Begegnung und Zusammenarbeit gemacht: 1. Ein einheitlicher Kirchenkalender soll die gemeinsame Feier der christlichen Feste möglich machen; 2. Austausch von Bruderbriefen (adelphika grammata) – von altersher Ausdruck praktizierter Kirchengemeinschaft; 3. vertrautere Beziehungen zwischen den Repräsentanten der verschiedenen Kirchen; 4. Beziehungen der Theologischen Fakultäten durch den Austausch von theologischen Wissenschaftlern und von Fachliteratur; 5. Studentenaustausch; 6. „allchristliche Konferenzen" zur Behandlung von Problemen, die im gemeinsamen Interesse der Kirche liegen; 7. „eine unparteiische und in stärkerem Maß historische Prüfung der dogmatischen Differenzen"; 8. Achtung der Sitten und Gebräuche der jeweiligen Kirchen; 9. wechselseitige Erlaubnis zur Benützung von Kapellen und Friedhöfen für die Beisetzung und Bestattung von im Ausland verstorbenen Angehörigen des anderen Bekenntnisses; 10. Vereinbarung über das Problem der Mischehen; 11. gegenseitige Unterstützung der Kirchen in den Werken der religiösen Stärkung, der Liebestätigkeit und dergleichen.

Auf die Mitarbeit der orthodoxen Kirchen in der ökumenischen Bewegung soll in dem dieses Handbuch abschließenden Beitrag über „Dogma und Kircheneinheit" eingegangen werden[42]. Mit dem Hinweis auf den grundlegenden Text der Enzyklika von 1920 soll dieser Teil über „Lehre und Bekenntnis der Orthodoxen Kirche" abgeschlossen werden, um deutlich zu machen, daß die ökumenische Begegnung keineswegs einen Umbruch, sondern eine Folge in der bisherigen Entwicklung darstellt. Seit dem Fall von Konstantinopel 1453 gilt die Bezeichnung „*Ost*kirche" eigentlich nur noch für Ursprung und Herkunft, nicht aber mehr für die geographische und kulturelle Verbreitung dieser Kirche.

Theologische Begegnung und kirchliches Zusammenleben

Die theologische Begegnung ist weithin schon eine Sache des kirchlichen Zusammenlebens geworden, und das hat seine Möglichkeiten wie auch seine Schwierigkeiten. Denn die Begegnung bringt für die orthodoxen Kirchen zugleich die Nötigung, ihre Eigenart zu wahren.

Gegenüber den reformatorischen Kirchen hat es niemals eine definierte dogmatische Abgrenzung gegeben, sondern es gab nur, wie manche der ausgewählten Beispiele zeigen können, Auseinandersetzungen mit mehr oder minder indirekten Einflüssen protestantischen Ursprungs innerhalb der orthodoxen Theologie. Gewiß steht auch die Reformation unter dem Vorzeichen der Trennung von östlicher und westlicher Christenheit. Ausgegangen war die Begegnung der Reformatoren mit der orthodoxen Kirche von der Erwartung, nach Beseitigung

---

[42] Bd. 3. Zur Literatur und Übersicht vgl.: R. SLENCZKA, Ostkirche und Ökumene, Göttingen 1962; F. J. ALBERT, A Study of the Eastern Orthodox Church in the Ecumenical Movement, Cambridge/Mass. 1964; D. SAVRAMIS, Ökumenische Probleme in der neugriechischen Theologie (= Ökumenische Studien VI), Leiden-Köln 1964; L. A. ZANDER, Einheit ohne Vereinigung. Ökumenische Betrachtungen eines russischen Orthodoxen, Stuttgart 1959; A. JOHANSEN, Survey of Writings of Theologians of the Moscow Patriarchate on Ecumenical Themes. In: Journal of Ecumenical Studies 15, 1978, 291–300; V. MEHEDINȚU, Offenbarung und Überlieferung. Neue Möglichkeiten des Dialogs zwischen der orthodoxen und der evangelisch-lutherischen Kirche, Göttingen 1980; CHRISTOPH KÜNKEL, Totus Christus. Die Theologie Georges V. Florovskys (= FSÖTh 62), Göttingen 1991.

der Irrtümer und Mißbräuche, die Einheit des Glaubens in der Verschiedenheit der Zeremonien zu entdecken (s. o. S. 501 ff.). Mag diese Erwartung sich auch nicht unmittelbar erfüllt haben und vielfach enttäuscht worden sein – gibt es einen anderen Weg?

Orthodoxe Kirchen haben in den letzten Jahren zunehmend und neben der ökumenischen Begegnung auf den großen Konferenzen bilaterale theologische Gespräche mit einzelnen Kirchen des Westens aufgenommen[43]. Die Erfahrungen aus diesen Gesprächen zeigen, wie notwendig das Kennenlernen ist und welche Chancen in einer Zusammenarbeit liegen. Es ist nicht zuletzt eine Frage an die evangelische Theologie, inwieweit sie in der Lage ist, diese Gesprächsbereitschaft in angemessener Weise aufzunehmen.

---

[43] Eine Zusammenstellung und Übersicht zu den bilateralen orthodox-protestantischen Gesprächen enthält: The Orthodox Church and the Churches of the Reformation. A survey of Orthodox-Protestant dialogues (N. Ehrenström und L. Vischer, Hg.) (= Faith and Order Paper 76), Genf 1975. Aus dem Bereich der EKD liegen die ausführlichen Berichte von den Gesprächen mit dem Moskauer Patriarchat seit 1959 und mit dem Ökumenischen Patriarchat von Konstantinopel seit 1969 vor, veröffentlicht als Studienhefte des Kirchlichen Außenamtes.

Sechster Teil

Die Lehre außerhalb der Konfessionskirchen

Von Gustav Adolf Benrath

Kapitel I: Die Lehre der Spiritualisten

§ 1 Allgemeines. Übergreifende Darstellungen

Bibliographie: K. Schottenloher, Bibliographie zur deutschen Geschichte im Zeitalter der Glaubensspaltung 1517–1585, 1 (1933)–6 (1940), ND 1956–1958, 7 (1966) = Schottenloher vgl. Abkürzungsverzeichnis; ARG Literaturbericht Beihefte 1–9, Gütersloh 1972–1980.

Ältere Literatur: H. W. Erbkam, Geschichte der protestantischen Sekten im Zeitalter der Reformation. Hamburg 1848; F. C. Baur, Zur Geschichte der protestantischen Mystik; die neueste Literatur derselben, in: ThJb 7(1848)453–528; 8(1849)85–143; Ludwig Keller, Die Reformation und die älteren Reformparteien, Leipzig 1885; J. H. Maronier, Het inwendig woord, Amsterdam 1890; A. Hegler, Beiträge zur Geschichte der Mystik in der Reformationszeit, ARG Ergänzungsband 1, Berlin 1906; R. H. Grützmacher, Wort und Geist, Leipzig 1902; Paul Tschackert, Die Entstehung der lutherischen und der reformierten Kirchenlehre samt ihren innerprotestantischen Gegensätzen, Göttingen 1910, ND 1979; Ernst Troeltsch, Die Soziallehren der christlichen Kirchen und Gruppen (1912), in: Gesammelte Schriften II [3]Tübingen 1923, 794–964; W. Dilthey, Weltanschauung und Analyse des Menschen seit Renaissance und Reformation (1913), in: Gesammelte Schriften II, Leipzig/Berlin 1921 (ND 1960); E. Seeberg, Gottfried Arnold, Meerane i. Sa. 1923 (ND 1964), darin: Die neuere Mystik und die neueren Sekten…: S. 327–431; K. Holl, Luther und die Schwärmer, in: Gesammelte Aufsätze I (Tübingen 1923) 420–467; Johannes Kühn, Toleranz und Offenbarung, Leipzig 1923; Rufus M. Jones, Spiritual Reformers in the 16th and 17th Centuries (1914), deutsch: Geistige Reformatoren des 16. und 17. Jh., 1925; H. Bornkamm, Mystik, Spiritualismus und die Anfänge des Pietismus im Luthertum, Gießen 1926. *Neuere Literatur:* J. Lindeboom, Stiefkinderen van het Christendom, Den Haag 1929; Erich Seeberg, Zur Frage der Mystik (1921), in: ders., Menschwerdung und Geschichte (Stuttgart 1938) 98–137; F. Heyer, Der Kirchenbegriff der Schwärmer, 1939; Walter Köhler, Das Täufertum in der neueren kirchenhistorischen Forschung, IV: Die Spiritualisten, in: ARG 41 (1948) 164–186; ders., Dogmengeschichte als Geschichte des christlichen Selbstbewußtseins, Leipzig [2]1951; A. Koyré, Mystiques, spirituels, alchimistes du XVIe siècle allemand, Paris 1955; K. G. Steck, Luther und die Schwärmer, München 1955; Hayo Gerdes, Luthers Streit mit den Schwärmern um das rechte Verständnis des Gesetzes Mosis, Göttingen 1955; E. Staehelin, Die Verkündigung des Reiches Gottes IV, Basel 1957, Kap. 18; George Huntston Williams, Spiritual and Anabaptist Writers, London 1957; ders., Studies in the Radical Reformation (1517–1618). A Bibliographical Survey of Research since 1939, in: ChH 27 (1958) 124–160; ders., The Radical Reformation, Philadelphia 1962; H. Fast, Der linke Flügel der Reformation, Bremen 1962; R. Friedmann, Art. Spiritualismus, in: ML 4 (1967) 223 ff. = ME 4, 1959, 596–599; W. Klaassen, Spiritualization in the Reformation: MQR 37 (1963); B. Lohse, Die Stellung der „Schwärmer“ und „Täufer“ in der Reformationsgeschichte, in: ARG 60 (1969) 5–26; F.-W. Wentzlaff-Eggebert, Deutsche Mystik zwischen Mittelalter und Neuzeit, (1943) [3]1969; L. Kolakowski, Chrétiens sans Église. La conscience religieuse et le lien confessionel au XVIIe siècle, Paris 1969; Norman Cohn, The Pursuit of the Millennium, London [2]1970 ([1]1957; dt. u. d. T.: Das Ringen um das tausendjährige Reich, Bern 1961); Wilhelm Mau-

RER, Luther und die Schwärmer (1952), in DERS., Kirche und Geschichte I (Göttingen 1970) 103–133; H. J. GOERTZ, (Hrsg.), Radikale Reformatoren, München 1978; A. SÉGUENNY, Spiritualistische Philosophie als Antwort auf die religiöse Frage des XVI. Jahrhunderts, Wiesbaden 1978.

(Ergänzende Literatur im Anhang)

Seit HEINRICH BORNKAMM in seinen Überblick über „Mystik, Spiritualismus und die Anfänge des Pietismus im Luthertum" (1926) einen knappen, aber deutlich akzentuierenden Forschungsbericht einschloß, ist die ins einzelne weiterschreitende Erforschung der Reformationszeit auch den Vertretern des Spiritualismus, obschon aus verschiedenen Motiven und in unterschiedlichem Ausmaß, zugute gekommen. Abschließende Ergebnisse wurden dabei nicht erzielt, doch ist hier Endgültiges vielleicht weniger zu erwarten als anderswo. Die vergleichende Beurteilung der einzelnen spiritualistischen Lehren und ihre Einordnung in die Gesamtgeschichte des christlichen Denkens wird wohl stets unterschiedlich ausfallen, und zwar um so mehr, als es sich hier nicht um eine konfessionell festgelegte, schulmäßig vermittelte, in sich geschlossene Lehrtradition handelt. Innerhalb des vom Katholizismus wie von den reformatorischen Kirchen sich absondernden Protestantismus[1], der von JOHN T. MC NEILL (1940) und ROLAND BAINTON (1941) mit dem Sammelbegriff „Der linke Flügel der Reformation"[2], von G. H. WILLIAMS als „Die radikale Reformation" bezeichnet wurde (1962), dürfte namentlich die Zuordnung von Spiritualismus und frühem Täufertum mehrdeutig bleiben, denn Trennendes und Verbindendes liegt hier besonders eng beisammen, während gleichzeitig auch in den Anfängen der reformatorischen Lehrbildung die spiritualistischen Elemente nicht fehlen. „Die Unterschiede und die gleichwohl doch nicht zu leugnenden Beziehungen zwischen diesen beiden Gruppen sind eines der wichtigsten Probleme der neuen Forschung."[3] Der reformatorische Durchbruch Luthers hat zunächst als eine die geschichtliche Lage und das Bewußtsein der Zeitgenossen tief verändernde Tat gewirkt und die Freiheit eines vom katholischen Dogma abweichenden christlichen Denkens und eigener Gemeinschaftsbildung ermöglicht. Darüber hinaus hat Luther mit seiner reformatorischen Neufassung der biblischen Heilslehre den „linken Flügel" auch unmittelbar, obschon in unterschiedlichem Grade, beeinflußt. Daneben war es dann aber vor allem eigenartiger Weise eine kleine Anzahl spätmittelalterlicher mystischer Schriften, die auf den Spiritualismus nachhaltig eingewirkt haben, so vor allem die Predigten Taulers, die von Luther herausgegebene und vorübergehend hochgeschätzte „Theologia Deutsch" und die „Imitatio Christi" des Thomas von Kempen. Die vielfache Rezeption dieser Schriften ist ein Band, das die Mehrzahl der Vertreter des sogenannten *mystischen Spiritualismus* miteinander verbindet, mögen sie auch nach außen als selbständige Einzelgestalten hervortreten. Ihnen ist, mit Recht, die erhöhte Aufmerksamkeit der Forschung zuteil geworden. Die unmittelbar kaum greifbare Lehre einer anderen, kleinen Zahl von Vertretern eines *libertinistischen Spiritualismus* kann mit den Anschauungen verglichen werden, die bei den auch noch vom Verfasser der „Theologia Deutsch" bekämpften mittelalterlichen

[1] Dieser Sammelbegriff für die gesamte vom römischen Katholizismus dissentierende westliche Christenheit kam im 2. Drittel des 17. Jh. in England in Gebrauch, vgl. W. MAURER, Protestantismus, in: W. Maurer, Kirche und Geschichte II, Göttingen 1970, 109.

[2] Vgl. GEORGE H. WILLIAMS, Spiritual and Anabaptist Writers, 1957, S. 20, Anm. 2.

[3] B. LOHSE in: ARG 60 (1969), S. 7.

„Brüdern und Schwestern des freien Geistes“ lebendig waren; doch wird man hierbei vielleicht eher an Analogie als an Tradition und Rezeption zu denken haben. Dieser libertinistische Spiritualismus, der sich von Wort und Sinn der biblischen Heilsbotschaft ebenso sehr entfernte wie von der ihn umgebenden geschichtlichen Wirklichkeit, ist zwar als Phänomen beachtenswert, im Blick auf die Gesamtgeschichte der christlichen Lehre jedoch von geringer Bedeutung, auch wenn einzelne seiner Gedankenelemente zu Zeiten gesteigerter Naherwartung über seine winzigen Kreise hinaus wirksam geworden sind. Die zu ihrer Zeit das größte Aufsehen erregende, wegen ihres Anspruchs und ihres dramatischen Scheiterns bekannteste Ausprägung des Spiritualismus war der *apokalyptische Spiritualismus,* der das Ende der gegebenen politischen Ordnungen ankündigte oder sie, zur Tat und zum Umsturz schreitend, durch die neue Ordnung eines Reiches Gottes auf Erden zu ersetzen trachtete. Der Sammelbegriff ‚Spiritualismus‘ umfaßt also sehr verschiedenartige Lehren. Was sie eint, ist die gemeinsame Berufung auf die übernatürliche unmittelbare Offenbarung des göttlichen Geistes, so daß man, angesichts der von allen Spiritualisten erklärten Priorität des Geistes vor der Heiligen Schrift, im Unterschied zum evangelischen Schriftprinzip und zum katholischen Traditionsprinzip von einem gemeinsamen Geistprinzip sprechen darf. In dieses Geistprinzip ist der Gegensatz, zumindest aber die Gleichgültigkeit gegenüber der Heilsvermittlung durch ein eigenes kirchliches Lehramt eingeschlossen. Was die Spiritualisten dann aber augenblicklich wieder voneinander scheidet, ist ihr Verständnis vom Wesen dieses göttlichen Geistes und ihre unterschiedliche Anschauung vom Verhältnis zwischen Geist und Schrift, ihre Lehre vom Heilsweg und ihre Stellung zur Welt. Ihr Geistprinzip kann im Einzelfall von der äußersten Vernachlässigung der Hl. Schrift bis zur engen Verklammerung von Geist und Schrift reichen. Ihre Lehre vom Heil kann sich, von dem Glauben an eine neue, maßgebliche, die Aussagen der Hl. Schrift noch übertreffende prophetische Inspiration und Legitimation getragen, bis zur Verkündigung eines besonderen, an die Person des Propheten gebundenen Heilsweges steigern; es kann auch, in Anlehnung an die genannten mystischen Schriften, zur Verkündigung des die Hl. Schrift relativierenden und ihre Aussagen reduzierenden mystischen Heilsweges führen; es kann sich aber auch zu der bloßen Forderung der Verinnerlichung der biblischen Aussagen in einem persönlichen Leben „im Geist“ und in der Wiedergeburt ermäßigen. Ja, die Offenheit und Wandlungsfähigkeit des Spiritualismus ist um so größer, als er in der von ihm behaupteten und nicht wieder preisgegebenen Freiheit der Gedankenbildung auch mit den gedanklichen Elementen des Humanismus in Verbindung treten kann. In diesem Fall kann von einem *humanistischen Spiritualismus* gesprochen werden.

So wird, ähnlich wie bei den Humanisten, auch bei den Vertretern des Spiritualismus des 16. Jahrhunderts als Möglichkeit sichtbar, was für die Geschichte der christlichen Lehre in der Neuzeit weithin zur Voraussetzung geworden ist: die vom Wortlaut des überlieferten kirchlichen Dogmas sich lösende, freie Verbindung heterogener Gedanken zur individuellen Aneignung und Ausgestaltung des christlichen Glaubens und Denkens. Dieser wichtige Umstand ist es, der bei der Suche nach den geschichtlichen Ursprüngen des an Kirche und Dogma nicht mehr gebundenen modernen Denkens gelegentlich zur Hochschätzung und zur

Überschätzung der gedanklichen Leistung einzelner Spiritualisten geführt hat[4]. In jedem Fall hat dieser Umstand aber zur Folge, daß die Lehren des Spiritualismus in seinen einzelnen Vertretern vorgestellt werden müssen, – was indessen die Berechtigung, ja Notwendigkeit von übergreifenden Teil- und Gesamtdarstellungen nicht in Frage stellt.

Eine bis heute nicht mehr wiederholte Gesamtdarstellung dieser Art legte J. LINDEBOOM vor (1929), der innerhalb der langen Reihe der christlichen „Ketzer" vom Manichäismus bis auf Labadie, die er als „Stiefkinder des Christentums" bezeichnete, drei Typen unterschied: den intellektualistischen, den mystischen und den sozialistischen Typus. Die Kontinuität der Ketzergeschichte betonend, zog er die Verbindungslinien vom Mittelalter her und schloß die Loisten (s. RE ³11,614f.) und die „Libertiner" Calvins an die mittelalterlichen „Ketzereien des freien Geistes" an, desgleichen Müntzer an die Sozialrevolutionäre des 15. Jh. und die „humanistischen Ketzer" und Paracelsus an die Renaissancephilosophie[5]. In dogmengeschichtlicher Absicht und auf das 16. Jh. beschränkt, zugleich unter Verwendung des der konfessionellen Polemik entstammenden Begriffs „Schwärmer", stellt FRITZ HEYER „die Kirche der Schwärmer und die Kirche der Reformatoren als zwei gegeneinander abgeschlossene Möglichkeiten"[6] dar und erblickte im Lehrstück von der Kirche die wichtigste Unterscheidungslehre. Darüber hinaus behauptete er die Einheitlichkeit des Kirchenbegriffs der Täufer und Spiritualisten unter sich aufgrund ihrer gemeinsamen eschatologischen Erwartung, wovon freilich Franck und Schwenckfeld ausgenommen werden mußten.

Seine in sich abgerundeten älteren Einzelstudien über Schwenckfeld (1932), Franck (1922), Paracelsus (1933) und Weigel (1930) gab ALEXANDRE KOYRÉ gesammelt, aber unverändert heraus (1955). In seiner englischen Quellenpublikation (Spiritual and Anabaptist Writers, 1957) setzte dann GEORGE HUNTSTON WILLIAMS die von ihm sogenannte „Radical Reformation" von der Reformation im Luthertum, Calvinismus und Anglikanismus unter der Bezeichnung „vierte Reformation" ab, innerhalb deren er Täufer, Spiritualisten und „Evangelische Rationalisten" unterschied. Als wichtigstes Unterscheidungsmerkmal der „Radikalen Reformation" bezeichnete er ihren gemeinsamen Widerstand gegen die ältere kirchliche Tradition und gegen die obrigkeitliche Reformation („Magisterial Reformation")[7]. WILLIAMS legte dann auch die umfassende Darstellung vor (The Radical Reformation, 1962), die bis heute das historische Standardwerk über den gesamten, von den reformatorischen Kirchen abweichenden Protestantismus des 16. Jh. geblieben ist. Er stellte sich die riesige Aufgabe, nicht nur die Vertreter der „Radikalen Reformation" zwischen 1520 und 1580 mit ihren Lehren vorzuführen und ihre geographischen Zentren von Spanien bis Polen und Siebenbürgen und von Italien bis in die Niederlande zu verfolgen, sondern auch die geschichtlichen Vorgänge der Auseinandersetzung

---

[4] So z. B. Sebastian Franck bei WILHELM DILTHEY, Ges. Aufsätze II, S. 85: „Vorläufer oder Begründer der modernen Religionsphilosophie".

[5] Besprochen von BRUNO BECKER, HZ 147 (1932) 409ff.

[6] Heyer, S. 4.

[7] Introduction, S. 21f. – Den Begriff „Magisterial Reformation" hat, wie es scheint, Williams selbst geprägt; er hat sich seither im amerikanischen Sprachgebrauch überall durchgesetzt, – eine unglückliche Prägung, denn er ist sprachlich aus „magisterium" (Lehramt) abgeleitet, während er auf „magistratus" (Behörde) verweisen will.

mit der obrigkeitlichen Reformation selbst zu schildern. Obwohl WILLIAMS die mannigfachen Lehrunterschiede aufzeigte, betonte er die Einheitlichkeit der Bewegung: „The Radical Reformation, despite its inherent divergencies, was in fact a historic entity", ... „a coherent, gripping, and dramatic unity."[8] Das Einheitsband des Spiritualismus erblickte er dabei in der Unmittelbarkeit zu Gott („the divine immediacy"), mochte sie nun durch das himmlische Fleisch Christi, das innere Wort oder durch die Geistbegabung verbürgt sein[9]. Im übrigen unterschied WILLIAMS, im Blick auf ihre Stellung zu den Großkirchen und zur Welt, drei oder auch, je nach ihren inneren Motiven und Zielen, vier spiritualistische Gruppen, ohne daß es ihm gelungen wäre, eine restlos überzeugende Typologie zu entwerfen[10]. Allgemeinhin wurde sein großer Versuch der Zusammenschau positiv aufgenommen; im einzelnen wurden auch begründete Bedenken geltend gemacht[11]. HEINOLD FAST ordnete in seiner deutschen Ausgabe zeitgenössischer Quellenstücke die von ihm ausgewählten Vertreter des „Linken Flügels der Reformation" (1962) in vier Gruppen, wobei er den Täufern, den Spiritualisten und den Antitrinitariern die revolutionären Spiritualisten und Täufer (z.B. Müntzer und Rothmann) noch einmal unter dem alten polemischen Sammelbegriff „Schwärmer" gegenüberstellte. Ihm hierin beistimmend, stellte BERNHARD LOHSE (1969) die Einheitlichkeit der Radikalen Reformation aber wieder in Frage; er erinnerte an die „ungeheure Mannigfaltigkeit der damaligen Richtungen" und an die Relativität der bei der Beurteilung und Zuordnung angewandten Kriterien. Erst die geschlossene Ablehnung durch die Großkirchen habe den linken Flügel der Reformation „zu einer gewissen Einheit" werden lassen[12]. Im Längsschnitt zog F.-W. WENTZLAFF-EGGEBERT, „die Einheit von Mittelalter und Neuzeit in der Bewegung der Mystik" betonend, die für den mystischen Spiritualismus wichtige Verbindungslinie von der deutschen Mystik der „Meister" (u.a. Taulers), der „Devotio moderna" und der „Theologia Deutsch" über Paracelsus, Weigel und Böhme bis zur „Neumystik des 17. Jh." (u.a. Angelus Silesius) und von da bis zur Romantik (1969). Der apokalyptische, revolutionäre Spiritualismus des 16. Jh. (Müntzer; Täuferreich von Münster) wurde von NORMAN COHN (The Pursuit of the Millennium, 1970) auf ähnliche Weise in die Gesamtgeschichte der Naherwartung des Tausendjährigen Reiches und des Weltendes eingefügt. Der jüngst erschienene Sammelband „Radikale Reformatoren" (hg. von H.-J. GOERTZ, 1978) enthält biographische Einzelskizzen ausgewählter Repräsentanten aller Richtungen unter Einschluß der Spiritualisten; ihre Gedanken treten hier auffallend zurück. Aufs Ganze gesehen, zeigt es sich, daß sich die Gedankenwelt des Spiritualismus einer systematisierenden Darstellung weitgehend entzieht. Gerade in der freien Aneignung, Anwendung und selbständigen Fortbildung bestimmter mittelalterlicher und reformatorischer Lehren erweisen sich die Spiritualisten als frühe Vertreter eines neuzeitlichen, individuellen christlichen Denkens; sie bedürfen daher der Einzelbetrachtung in besonderem Maße.

---

[8] The Radical Reformation, S. 852f. [9] Ebda S. 855.

[10] Man vgl. S. 855 mit S. 909 Sp. 1; ebda S. 855, Anm. 7. Selbstkorrektur gegenüber „Spiritual and Anabaptist Writers", Introduction.

[11] Man vgl. die temperamentvolle Rezension von GORDON RUPP, in: JThSt, N.S. 15 (1964) 204–208; S. 205: „like some wonder drug, it is to be used with caution."

[12] ARG 60 (1969), S. 22, 24.

§ 2 Mittelalterliche Quellen und reformatorische Motive des mystischen Spiritualismus

Literatur: Zu Tauler: JOSEF ZAHN, Taulers Mystik in ihrer Stellung zur Kirche, in: Ehrengabe deutscher Wissenschaft für Johann Georg von Sachsen, hg. von FRANZ FESSLER (Freiburg 1920) 125–146; P. POURRAT, Art. Tauler, DThC 15 (1943) 66–79; E. KREBS, Art. Tauler DLM 4 (1943) 375–386; E. FILTHAUT (Hg.), Johannes Tauler, ein deutscher Mystiker. Gedenkschrift, Essen 1961; IGNAZ WEILNER, Johannes Taulers Bekehrungsweg, Regensburg 1961; ST. E. OZMENT, Homo spiritualis, A comparative study of the anthropology of Johannes Tauler, Jean Gerson and Martin Luther, Leiden 1969; WINFRIED ZELLER, Der Baseler Taulerdruck von 1522 und die Reformation, in: DERS., Theologie und Frömmigkeit, hg. von B. JASPERT 1, (Marburg 1971) 32–38; GÖSTA WREDE, Unio mystica. Probleme der Erfahrung bei Johannes Tauler, Uppsala 1974. – *Zur Theologia Deutsch:* BRUNO BECKER, De Theologia Deutsch in de Nederlanden der 16e eeuw, in: NAKG 21 (1929) 161–190; E. KREBS, Theologia Deutsch, in: DLM 4 (1953) 426–430; G. BARING, Neues von der „Theologia Deutsch" und ihrer weltweiten Bedeutung, in: ARG 48 (1957) 1–10; DERS., Bibliographie der Ausgaben der Theologia Deutsch, Baden-Baden 1963. – *Zu Thomas von Kempen:* AUGUSTIN DE BACKER, Essai bibliographique. Le livre De Imitatione Christi. Liège 1864; M. LÜCKER, Thomas von Kempen, DLM 4 (1953) 455–464; E. ISERLOH, Die Kirchenfrömmigkeit in der „Imitatio Christi", in: Sentire ecclesiam, hg. von J. DANIÉLOU und HERBERT VORGRIMLER, Freiburg i. Br. 1961, 251–267. – *Reformatorische Motive:* RUDOLF OTTO, Die Anschauung vom heiligen Geiste bei Luther, Göttingen 1898; REGIN PRENTER, Spiritus Creator. Studien zu Luthers Theologie, München 1954; ABEL E. BURCKHARDT, Das Geistproblem bei Huldrych Zwingli, 1932; GORDON RUPP, Word and Spirit in the First Years of the Reformation, in: ARG 49 (1958) 13–26; CHRISTOPH GESTRICH, Zwingli als Theologe. Glaube und Geist beim Zürcher Reformator, Zürich 1967; W. P. STEPHENS, The Holy Spirit in the Theology of Martin Bucer, Cambridge 1970; H. BORNKAMM, Äußerer und innerer Mensch bei Luther und den Spiritualisten, in: DERS., Luther, Gestalt und Wirkungen (SVRG 188) 1975, 187–211. (Ergänzende Literatur im Anhang)

Ganz im Rahmen der Kirche und ihrer Heilsvermittlung[1] rief der Dominikaner *Johann Tauler* (ca. 1300–1361) in seinen Predigten unermüdlich zur Verwirklichung des wahren innerlichen, des mystischen Heilsweges auf. Indem er die ältere Seinsmystik und ihre Theorie vom göttlichen Seelengrund, vom dreistufigen Aufstieg der Seele und von ihrer Einung mit Gott *(unio mystica)* mit dem Aufruf zur Nachfolge Christi verband, vereinfachte und verkirchlichte er ihre Grundgedanken auf wirksame Weise. Seine Verkündigung zielte auf die Überwindung des an die äußeren Dinge gebundenen „äußeren Menschen" samt seinem „natürlichen Licht", seinem Eigenwillen und seiner äußeren Übung durch die Hinkehr zum „inneren Menschen", zum „göttlichen Licht", zur Gelassenheit und zur inneren Übung. Zwischen Zeit und Ewigkeit steht der Mensch, das Leben seiner Seele ist der Heilige Geist; sie ist mit Gott nahe verwandt[2]. „Das Reich Gottes ist inwendig in euch" (Lk 17,21)[3]. Wir sind nicht zu kleinen, sondern zu großen Dingen geschaffen: Gott selbst will sich uns schenken[4]! Tag und Nacht soll die Seele auf den Heiligen Geist achten. In ihren Grund gekehrt, soll sie mit Gott zu einem Geist werden[5]. Gott in der Seele, das ist nicht nur das geistliche Ziel des Lebens im Orden[6], sondern das Wesen des Christentums. Der wahre Christ war hiernach der Gottesfreund, und Christus war der

---

1 Insofern ist dem stark apologetisch motivierten Aufsatz von Zahn grundsätzlich zuzustimmen, nicht so seiner Akzentuierung und seinem Endergebnis.

2 Die Predigten Taulers, hg. von FERDINAND VETTER (1910) S. 202, 13f.; 208, 13f.; 261, 34ff.

3 Mehrfach, z.B. 144, 3; 236, 13.

4 122, 5–9.

5 244, 16; 382, 32.

6 58, 30–34.

Inbegriff der mystischen Tugenden. Theologie wurde hier zur Mystik, die Verkündigung Anweisung zum geistlichen mystischen Leben, und im Geist, in der Gottinnigkeit der einzelnen Seele, kam das Christentum zu seiner Vollendung. Das feindliche Gegenüber dieses wahren Christentums war daher nicht nur die Welt, sondern das Christentum der kirchlichen Mehrheit mit ihren Führern, den vernünftigen „Schriftgelehrten" und den kultbeflissenen „Pharisäern"[7], die Gott gegenüber auf ihre Werke vertrauen wie einst die Juden[8]. Anstatt Gott zu lieben und seine Gnade wirken zu lassen, entspringt ihr Tun der Eigenliebe und dem eigenen Willen. Dagegen kommt alles auf die innere, nicht auf die äußere Beichte an, auf den inneren, nicht den äußeren Empfang des Sakraments, auf das Gebet des Herzens, nicht des Mundes; nur der „Lebemeister", nicht der „Lesemeister" vermag dieses Leben zu erfassen und zu erwecken[9]. Der wahre, mystische Heilsweg ist der enge Pfad, den die Kirchenfrommen ebenso verfehlen wie die „freien Geister"; er ist der Weg des Leidens, der durch die Höllenqual der Gottesferne emporführt[10], der Weg des Geistes hier und jetzt, denn nach dem Tode kann der Seele selbst die Fürbitte der Gottesmutter und aller Heiligen nicht mehr zu Hilfe kommen[11]. Über diejenigen, die ihn beschreiten, hat der Papst keine Gewalt. Gott selbst hat sie freigesprochen[12]. Diese „göttlichen Menschen" sind die Säulen der Welt und der heiligen Kirche[13].

So wenig die äußere Kirchentreue Taulers anzuzweifeln ist, so wenig die Überlegenheit und der erklärte Vorzug, den er der kleinen, innerlich abgesonderten Schar der Gottesfreunde zuerkannte. Als die Bindungen an das kirchliche Lehramt erschüttert waren, wurde seine andringende Verkündigung von der Einwohnung Gottes, der Geburt Christi und dem Einsprechen des Geistes in der Seele, losgelöst von der Frömmigkeit seines Ordens und seiner Kirche, zum wichtigen Element der Botschaft des mystischen Spiritualismus.

Die „*Theologia Deutsch*" (so der Titel erstmals 1518; entstanden um 1400), faßte die Grundgedanken dieser Mystik wie in einer kleinen Summe zusammen. Obgleich selbst geschulter Theologe, betonte ihr Verfasser, daß man „zu Christus Leben mit viel Fragen oder Hörensagen oder mit Lesen oder Meisterschaft" nicht gelangen kann[14]. Auch ihm ist die Gottesgeburt in der Seele das höchste Ziel des Christen, der „Vorgeschmack der ewigen Seligkeit", dessen er auf der obersten der drei Stufen (Reinigung, Erleuchtung, Einung) des mystischen Aufstiegs teilhaftig wird[15]. Liegt die Sünde des Menschen an seiner „Ichheit" und „Selbheit" und an der Abkehr seines Willens von Gott, so ist sein Heil die in der Gelassenheit des Selbstverzichts verwirklichte Einheit des Willens mit ihm[16]. Der Weg zum Heil ist das Leben Christi, dessen göttliche Hoheit und irdische Niedrigkeit unübertreffliches Urbild und Vorbild bleibt[17]. Ein Christentum knechtischer Furcht und die berechnende Frömmigkeit der „Lohner" weist die „Theologia Deutsch" ebenso entschieden von sich wie den Vollkommenheitswahn der bösen, falschen „freien Geister". Die wahren Gottesfreunde halten

---

[7] S. 41, 6–21.
[8] 64, 19–24.
[9] 203, 10–12; 126, 1–9; 421, 20–25; 78, 8–13; 421, 1–18.
[10] 315, 25f.
[11] 340, 13ff.
[12] 258,16f.
[13] 80, 14–19.
[14] Theologia Deutsch, hg. von Gottlob Siedel (Gotha 1929) c. 17, S. 149.
[15] c. 8, S. 137; c. 12, S. 143f.
[16] c. 1, S. 131f.; c. 32, S. 167.
[17] c. 43, S. 185f.

zwischen ihnen „das Mittel und das Beste. Denn ein Liebhaber Gottes ist besser und Gott lieber denn hunderttausend Löhner“[18]. Die Bindung an die Kirche trat hier noch stärker zurück als bei Tauler. Im 16. Jahrhundert fand die „Theologia Deutsch“ weite Verbreitung: 45 Ausgaben sind bekannt[19].

In der berühmten Schrift *„De imitatione Christi“* des Augustinerchorherrn Thomas von Kempen († 1471) ist vom Seelengrund, vom Nichts und von der beseligenden Höhe der „unio mystica“ als Heilsziel schließlich nicht mehr die Rede. Aber auch die Tiefe des Erleidens der Gottesferne ist als solche nicht mehr erfaßt. Um so eindringlicher ruft seine von der *„Devotio moderna“* geprägte Spiritualität zur Reinigung und Bereitung der Seele zum geistlichen Leben auf. Jesus ist der treue, vertraute Freund der Seele, der ihr in den Widrigkeiten des Erdenlebens, in ihrem Kreuz, von innen her Trost zuspricht[20]. Denn den Gegensatz zur Kreatur und den Sinnen erfährt sie nicht erst im Aufbruch zum mystischen Ziel, sondern bereits in den niederdrückenden Erfahrungen des äußeren, irdischen Alltags[21]. Die Frömmigkeit wird zur Vorsicht im Verkehr mit der Welt, ja zur Flucht vor ihr und zum Ringen mit den großen und kleinen Untugenden des eigenen Selbst. Zur Summe der Weisheit wird es, „per contemptum mundi tendere ad regna coelestia“[22]. Demut, Gehorsam, Duldsamkeit, Gottesfurcht und ein gutes Gewissen begleiten den inneren Menschen auf dem richtigen Weg, dem Weg des Kreuzes zum Frieden auf Erden, und zur Belohnung nach dem Tode im Jüngsten Gericht[23]. Hier war der Weg des Heils der Weg der Heiligung und des Sieges des Geistes über das Fleisch[24]. Mit der Dynamik des mystischen Geistchristentums hatte die devote Frömmigkeit nur noch die strenge Konzentration auf Gott und die Seele gemein. Der Individualismus der Heiligung lockerte aber auch hier die Bindung an die Heilsvermittlung der Kirche[25], so daß die „Imitatio Christi“, über ihre Breitenwirkung in der katholischen Kirche hinaus, das Heiligungsstreben des Spiritualismus des 16. Jahrhunderts tief zu prägen vermochte[26].

Von der deutschen Mystik, insbesondere von den Predigten Taulers und von der „Theologia Deutsch“ war *Luther* vorübergehend stark beeindruckt. Durch seine Edition der „Theologia Deutsch“ (1516; vollständig 1518) machte er diese Schrift auch den Vertretern des Spiritualismus zugänglich. Sie brachten ihr seitdem hohe Wertschätzung entgegen, während sich der Reformator von der Mystik bald wieder abwandte. Aus den Elementen der evangelischen Theologie hat vor allem der neugefaßte Glaubensbegriff auf die Vertreter des Spiritualismus eingewirkt: Rechtfertigender Glaube ist mein Glaube, der mit beharrlicher Zuversicht darauf vertraut, daß Christus auch für meine Sünden dahingegeben ist. Nur in diesem persönlich und lebendig ergriffenen Glauben wird der Mensch seines Heils gewiß sein[27]. Anklang fand bei ihnen auch der Gedanke der geistlichen Freiheit des Christen: „daß ein Christenmensch durch den Glauben so

---

[18] c. 37, S. 173.
[19] Nach BARING, S. 27–72.
[20] „De imitatione Christi“ Buch II, c. 8, Nr. 2; III/1/2.
[21] III/20/13–16.
[22] I/1/12.
[23] II/12/1.
[24] III/48/33–39.
[25] Zur Sache vgl. ISERLOH, bes. S. 261, 266f.
[26] Hier wurde Buch IV (De sacramento altaris) meist abgetrennt.
[27] Z.B. Kleiner Galaterkommentar, WA 2, 458.

hoch erhaben wird über alle Dinge, daß er aller ein Herr wird geistlich, denn es kann ihm kein Ding nit schaden zur Seligkeit"[28].

Dieses vertiefte Gottesverhältnis sah die Mystik in der geheimen Verwandtschaft zwischen Gott und der Seele, die Spiritualisten im göttlichen Geist begründet, während es für Luther im Wort Gottes verbürgt war. Angesichts der hier wie dort gemeinsam betonten Unmittelbarkeit und Innerlichkeit des Gottesverhältnisses traten die von Anfang an bestehenden Unterschiede jedoch nicht sogleich hervor.

Darüber hinaus dürfte Luther mit der Erneuerung des Begriffs der unsichtbaren Kirche auf den Spiritualismus eingewirkt haben: Nur die Gemeinschaft der wahrhaft Glaubenden ist die Kirche; ihr geistliches Haupt ist Christus. Bis zur Auseinandersetzung mit Karlstadt und den Zwickauer Propheten hob auch der junge *Melanchthon* das Wirken des Heiligen Geistes an den Glaubenden hervor: der vom Gesetz befreiende Glaube ist zugleich der Geist, der durch seine wachsende Wirkung das Fleisch in uns tötet[29]. Bei *Bucer* nahm die Lehre vom Heiligen Geist und von der Heiligung zeitlebens einen besonderen Rang ein. Besonders eng war und blieb die Gemeinsamkeit der Lehre der meisten Spiritualisten und Täufer mit dem Spiritualismus *Zwinglis*, der in mancher Hinsicht selbst geradezu als Spiritualist verstanden werden kann[30]. So war es nicht allein der befreiende Durchbruch der reformatorischen Verkündigung im allgemeinen, sondern eine Anzahl von Prinzipien und besonderen Elementen der frühen evangelischen Lehre, die auf den Spiritualismus eingewirkt haben und als Motive in Betracht zu ziehen sind.

§ 3 Thomas Müntzer

Quellen: C. HINRICHS, Thomas Müntzers politische Schriften hgg., Halle 1950; S. STRELLE, Thomas Müntzer, Die Fürstenpredigt hgg. u. eingeleitet, Leipzig 1958; G. FRANZ (Hg.) Thomas Müntzer, Schriften und Briefe. Kritische Gesamtausgabe (1968); S. BRÄUER, W. ULLMANN (Hg.), Theologische Schriften aus dem Jahr 1523, Berlin 1975.

Literatur: SCHOTTENLOHER; H. J. HILLERBRAND 2011–2137a; RE³ 13 (1903) 556–566; P. WAPPLER, Thomas Müntzer in Zwickau und die „Zwickauer Propheten" 1908, ND 1966; K. HOLL, Luther und die Schwärmer, Ges. Aufsätze zur Kirchengeschichte I, Tübingen ²,³1923, 420–467, bes. 425–435; H. BOEHMER, Thomas Müntzer und das jüngste Deutschland (1925), zuletzt in: DERS., Studien zur KG (1974) 157–184; A. LOHMANN, Zur geistigen Entwicklung Thomas Müntzers, 1931, ND 1972; F. DOBRATZ, Der Einfluß der deutschen Mystik auf Thomas Müntzer und Hans Denck, Münster 1960; C. HINRICHS, Luther und Müntzer, ihre Auseinandersetzung über Obrigkeit und Widerstandsrecht, (AKG 29) Berlin (1952) ²1962; E. GRITSCH, Thomas Müntzer and the Origins of Protestant Spiritualism, in: MQR 37, (1963) 172–194; TH. NIPPERDEY, Theologie und Revolution bei Thomas Müntzer, ARG 54 (1963) 145–179, auch in: W. HUBATSCH (Hg.), Wirkungen der deutschen Reformation bis 1555 (1967) 236–285; H. J. GOERTZ, Innere und äußere Ordnung in der Theologie Thomas Müntzers (1967); E. GRITSCH, Reformer without a Church (1967); G. RUPP, Thomas Müntzer, in: DERS., Patterns of the Reformation (London 1969) 157–353; K. EBERT, Theologie und politisches Handeln. Untersuchungen zur marxistischen Interpretation der Theologie Thomas Müntzers. Diss. phil. Frankfurt/M. 1971; H. O. SPILLMANN, Un-

---

[28] Von der Freiheit eines Christenmenschen, WA 7, 27.

[29] „Loci communes" (1521), CR 21, 205f.; so sind die Glaubenden „partim spiritu iusti, partim carne peccatores", ebda 107.

[30] So GESTRICH im Anschluß an Fritz BLANKE.

tersuchungen zum Wortschatz in Thomas Müntzers deutschen Schriften (1971); E. ISERLOH, Sakraments- und Taufverständnis bei Thomas Müntzer, in: Studien zu Taufe und Firmung, Balthasar Fischer zum 60. Geburtstag, 1972; G. MARON, Thomas Müntzer als Theologe des Gerichts. Das Urteil – ein Schlüsselbegriff seines Denkens, in: ZKG 83 (1972) 195–225; W. ROCHLER, Ordnungsbegriff und Gottesgedanke bei Thomas Müntzer. Ein Beitrag zur Frage Müntzer und die Mystik, in: ZKG 85 (1974) 369–382; R. DISMER, Geschichte, Glaube, Revolution. Zur Schriftauslegung Thomas Müntzers. Theol. Diss. Hamburg 1974; S. BRÄUER, Thomas Müntzers Liedschaffen, in: LuJb 41 (1974) 45–102; W. ELLIGER, Thomas Müntzer. Leben und Werk, Göttingen 1975, ³1976; DERS., Außenseiter der Reformation: Thomas Müntzer, Göttingen 1975 (Kl. Vandenhoeck Reihe 1409); HANS J. HILLERBRAND, Thomas Müntzer. A Bibliography. St. Louis/Missouri 1975; R. SCHWARZ, Die apokalyptische Theologie Thomas Müntzers und Taboriten, Tübingen 1977; A. FRIESEN und H. J. GOERTZ, Thomas Müntzer, Wege der Forschung 491, Darmstadt 1978; S. BRÄUER, Müntzerforschung von 1965 bis 1975, in: LuJb 44 (1977) 127–141; 45 (1978) 102–139.

(Ergänzende Literatur im Anhang)

Bei *Thomas Müntzer* (1488–1525; Priester seit 1514), der die alttestamentliche prophetische Gerichtspredigt mit der apokalyptisch bestimmten Verkündigung des nahen Endes der Welt verband, erlangte der Spiritualismus unmittelbare geschichtliche Stoßkraft. Er blieb hier nicht auf die Relativierung kirchlicher Heilsvermittlung und die Verwerfung äußerer Ordnungen oder gar auf den Ruf zur Verinnerlichung und Absonderung von der Welt beschränkt, sondern zielte, zum Geistprinzip gesteigert und zugleich nach außen gewendet, auf das Strafgericht mit der gewaltsamen Scheidung zwischen Auserwählten und Verdammten, auf die Errichtung der zukünftigen, endzeitlichen Kirche und auf den Beginn der sichtbaren Gottesherrschaft über die Welt hier und jetzt. Nach dem Durchbruch Luthers, dem er sich Anfang 1518 anschloß, war für Müntzer, wie für Karlstadt, ein Rückweg zur römischen Kirche für immer undenkbar[1]. Indessen ließ sich Müntzer schon als Prediger in Zwickau (1520/21), im Streit mit dem humanistisch gebildeten lutherischen Pfarrer Johannes Egranus[2], vor allem aber in der Begegnung mit den Zwickauer Propheten und ihrem Zeugnis gegenwärtigen Geistempfangs[3] von der grundlegenden Bedeutung des Hl. Geistes für christliches Glauben und Handeln überzeugen. Wichtige Gedanken über den Heilsweg entnahm er der Mystik Taulers. Mit einer von der lutherischen bereits verschiedenartigen Lehre und mit einem eigenartigen prophetischen Selbstbewußtsein trat Müntzer in Prag auf (Herbst 1521) und übte seit 1522 Kritik an der Wittenberger Theologie. Als Pfarrer in Allstedt (1523/24) brach er mit den sächsischen Landesfürsten jedoch erst, als sie sich seinem Aufruf zur Durchsetzung seiner Reformation (Fürstenpredigt, 13. 7. 1524) versagten, und mit Luther schließlich, als dieser sich gegen ihn erklärte („Brief an die Fürsten von Sachsen von dem aufrührerischen Geist", 1524; WA 15, 210–221). Aus Mühlhausen i. Th. (1524) vorübergehend ausgewiesen, bestärkte ihn der Gedankenaustausch mit den Züricher Täufern und mit den Bauernführern am Hochrhein (Winter 1524/25) darin, daß nunmehr das arme, vom Klerus um sein Christentum betrogene Volk selbst zum Vollzug des gottgewollten Strafgerichts und zu seiner politischen Befreiung berechtigt sei, einer Befreiung, die er jedoch niemals als Selbst- und Endzweck ansah, sondern als die notwendige Voraussetzung für

---

[1] ELLIGER, Außenseiter 5.

[2] HUBERT KIRCHNER, Johannes Sylvius Egranus, Diss. phil. Berlin 1961 (Masch.); zu dem aus Eger stammenden Johannes Wildenauer (Sylvius) s. auch RGG ³II 313.

[3] ELLIGER 74–180, bes. 121–126 (über Storch) und 132–166 (Die propositiones Egrans).

eine wirksame Verkündigung, für das richtige Verständnis der christlichen Botschaft und für den Aufbau des Gottesreiches. Nach dem blutigen Ende (Schlacht bei Frankenhausen, 15. 5. 1525) wurden mitsamt der Person und dem Namen des Empörers auch seine ursprünglichen theologischen Motive verworfen und in den Untergrund abgedrängt[4].

Bereits in seinem Klage und Anklage verbindenden prophetischen Prager Manifest (1521)[5] erblickt Müntzer das Wesen des „heyligen, unuberwintlichen christenglaubens" in der zu allen Zeiten lebendig wirksamen, unmittelbaren Offenbarung Gottes an seine Auserwählten, die Gotteskinder oder Freunde Gottes. Gott spricht „in eigner person mit dem menschen". Er schweigt nicht; er ist kein stummer Götze: „Thomas Muntzer will keynen stümmen, sunder eynen redenden Got anbeten."[6] Das Alte Testament, das Müntzer unter diesem Gesichtspunkt liest und bevorzugt, bezeugt es, daß der Christ siebenfach den Geist besitzen muß (Jes 11,2), und an vielen Stellen lehrt Paulus (z.B. Rö 8; 2.Kor 3), „wye freuntlich Got, ach so hertzlich gerne, mit allen seynen auserwehlten redet"[7]. Selbstverständlich gilt insbesondere, „das eyn prediger sal aufenbarung haben, anderst mag er das wort nit predigen". Doch ein jeder Christ darf und muß erkennen, „daß sye sollen alle offenbarunge haben"[8]. Müntzers hauptsächlicher Vorwurf gegen den Klerus besteht eben darin, daß er dem Volk den Weg zu diesem, dem wahren, gewissen, wesentlichen Glauben vorenthalten habe. Wer nämlich das „rechte, lebendige" Gotteswort nicht hört und die Nähe Gottes nicht erfährt und verspürt, ist nicht nur einfach „ein todt ding", er ist des Teufels[9]! Der Geistbesitz des Christen ist also keineswegs nur eine Zugabe – über ein Mehr oder Minder oder über die Verschiedenheit der Geistesgaben spricht Müntzer nicht –, er ist vielmehr die Bürgschaft für die Heilsgewißheit des Glaubenden, er ist konstitutiv für das Christsein. Die Lehre vom Hl. Geist bildet das „heuptstück der seligkeit, welches ist der glaube... zu Gott..., das er unser schulmeister [= innerer Lehrer] sein will". „Christus... ist umb der eynigen orsach mensch worden, auff das der heylige geyst in den hertzen der auserwelten solt erclert [= verklärt] werden."[10] Die Realität dieser besonderen Beziehung zwischen Gott und Mensch ist es, aufgrund deren sich die Wahrheit des Christentums gegen Zweifel und Spott der nichtchristlichen Menschheit einwandfrei erweisen läßt[11]. Das Christentum ist wahr und überzeugend, weil und insofern es Geist-Christentum ist.

Damit wird sogleich die theologische Gegenfront Müntzers deutlich: ein unlebendiger und unerlebter, geist- und wesenloser, rückwärts gewandter, an die Vergangenheit geketteter, vergänglicher Buchstabenglaube, der sich auf die Bibel nur als äußere Offenbarungsurkunde stützen kann und gleichzeitig behauptet, seit der Apostelzeit seien Offenbarungen des Geistes gar nicht mehr

---

[4] Max Steinmetz, Das Müntzerbild von Martin Luther bis Friedrich Engels (1971). – Müntzers beachtliche liturgischen Reformen lebten anonym weiter. Über sie vgl. Karl Honemeyer, Thomas Müntzer und Martin Luther. Ihr Ringen um die Musik des Gottesdienstes, Berlin 1974, sowie Elliger 251–339, Henning Frederichs, ebenda 339–360.

[5] Vgl. Thomas Müntzer, Prager Manifest, Einführung von Max Steinmetz..., Leipzig 1975.

[6] Franz 495, 11; 498, 23; 505, 5.

[7] Franz 496, 8; 494, 14.

[8] Franz 493, 16; 501, 17.

[9] Franz 501, 28; 492, 17.

[10] Franz 23, 15; 520, 29.

[11] Franz 493, 8–14.

möglich[12]. Dagegen weist doch z.B. schon das alttestamentliche „*praesens propheticum*" auf die ununterbrochene Fortdauer der Offenbarung hin. Das lebendige Wort Gottes wäre nicht lebendig, nicht ewig und nicht das Wort Gottes, wenn es der Vergangenheit angehörte[13]. Die Vertreter zumal des lutherischen Schrift-Christentums schätzen die Bibel zwar hoch, erfassen aber – ohne Geist – das lebendige Wort nicht. Sie reden zwar von und mit den Worten der Bibel, verstehen aber nicht deren geistliche Botschaft, weil sie, wie Bileam (Num 22), „den armen buchstab ym maul haben unde das hercz ist wol uber hundert tausend meylen dar von"[14]. Weil ihnen die eigene Erfahrung des Geistes fehlt, „stehlen" diese nur schrift- statt geistgelehrten „doctorculi" das Wort der Schrift, d.i. das Geistzeugnis anderer, das ihnen selbst fremd bleiben muß. So werden sie zu Verbrechern am Wort und zu Verrätern an den Seelen ihrer Hörer[15]. Gegenüber den Nichtchristen aber wissen sie nichts zu sagen, „denn alleyn, das sie [die Hl. Schrift] vom alten herkumen, also durch vil menschen angenumen ist. Eine solche affenschmaltzische weyß hat auch der Jud, Türck und alle völcker, iren glauben zu bestetigen"[16].

Die *Priorität des Geistes* vor der Hl. Schrift steht damit fest. Einzig der Geist ist Grund, Kraft und Ziel des Glaubens, nicht die Schrift. Da aber die Hl. Schrift die Zeugnisse von Glauben und Geistbesitz anderer Glaubenszeugen enthält, ist sie nicht bedeutungslos. Sie erhält eine den Glauben vorbereitende und eine ihm nachfolgende, ihn überprüfende Funktion. Die Hl. Schrift vernichtet, indem sie demjenigen, der zum Glauben kommen soll, den gekreuzigten Christus vor Augen stellt. So dient sie ihm, „do sie zu geschaffen ist: zu tödten... und nicht lebendig zu machen"[17]. Wer aber dann durch die Belehrung des Geistes zum lebendigen Glauben gelangt ist – was Müntzer freilich in der Theorie grundsätzlich auch ohne Bibelwort für möglich hält[18], muß nachträglich, sobald er vom Glauben Rechenschaft ablegt, auf die Schrift zurückgreifen; er muß seine und die Offenbarungen anderer von ihr kontrollieren lassen. Dabei darf er die Schriftaussagen nicht stückweise verstehen. Er muß sie, vom Geist Christi belehrt, als ein Ganzes erfassen und in einen einhelligen Zusammenhang bringen[19], wobei es vor allem auf die „geheymnus und urteyl Gottes" ankommt.

Der Geist ist nun aber vornehmlich „der Geist der Furcht Gottes"[20]. Der Weg zum Glauben und zum Leben im Geist ist ein *Weg des Leidens*. Diese Lehre vom leidvollen Heilsweg war für Müntzer von seinem Geistprinzip unabtrennbar. Mit wachsender Schärfe kehrte er sich gegen die reformatorische Theologie: indem sie dem bloßen Vertrauen (fiducia) auf das stellvertretende Sühneleiden Heilswirkung zuschreibt, laufe sie auf einen „honigsüßen Christum"[21] und auf ein leichtfertiges, unwürdiges Christentum hinaus. Wahr ist hingegen, daß niemand Christus erkennen und Christ werden kann, dessen Wille nicht dem des Gekreuzigten gleichförmig geworden ist und der nicht wenigstens zeitlich leidet wie er, der nicht wider alle Hoffnung zu hoffen gelernt, dessen Seele Gott nicht mit der scharfen Pflugschar durchfurcht, dem Gott nicht selbst die Disteln und

12 Franz 498, 13, 22.
13 Franz 493, 27–30; 19f.
14 Franz 493, 1.
15 Franz 496, 17–24.
16 Franz 280, 3–8.
17 Franz 220, 23.
18 Franz 277f.
19 Franz 268.
20 Franz 491, 10.
21 Franz 234, 23.

Dornen seines Inneren, d.i. die Weltlust, gerodet, den das „Werk Gottes" nicht von den Kreaturen abgezogen hat[22]. Schwer ist es, zum Glauben zu kommen, denn nur der enge Weg über den „bitteren Christus" führt dahin, „in leiden und nicht anders"[23]. So gilt es: durch Leid zur Freude, durch Sterben zum Leben, durch Not zu Gott. Auf diese Weise verfuhr Gott von Anbeginn an, so daß „...alle vether, die patriarchen, propheten und sunderlich die aposteln schwerlich zum glawben kommen seint"[24]. Aber nach dem langen und bangen Harren setzt mit der gottgewirkten Wende das *frohe geistliche Wachstum* ein „biß zum ende deß gantzen Wuchers des geistes". Nun kann sich der Erwählte „nach der hertzlichen betrübnuß auch auß gantzem hertzen frewen in Gott, seynem heyland"[25]. Von dem dreistufigen mystischen Heilsweg (Reinigung, Erleuchtung und Vereinigung der Seele mit Gott) ist hier nur wenig übrig geblieben: Eine selbstgeschaffene reinigende Bereitung lehnt Müntzer ab, denn Gott allein ist am Werk. Gott führt sodann nicht aufwärts zur Erleuchtung, sondern abwärts in Qual und Dunkelheit. Am Schluß aber steht nicht der momentane seltene Untergang des Selbst in der Einung mit Gott (unio mystica), sondern die beständige Unterweisung des Gottesfreundes im Heiligen Geist. Zahlreich sind allerdings die begrifflichen Anklänge an jene Variante der zweiten Stufe des Aufstiegs, mit der Tauler die äußerste Gottesferne der Seele beschrieb. Gelegentlich faßt auch Müntzer das Heil als „vergottet seyn", doch meist umschreibt er es mit biblischen Wendungen als Leben im Geist, in der Freiheit und in der Gewißheit des Heils[26]. Den paulinischen und reformatorischen Begriff der Rechtfertigung meidet er, als hätte er ihn nicht kennengelernt. Auch der reformatorische Sündenbegriff fehlt bei ihm. Müntzer hat sich jenseits der umkämpften Alternative niedergelassen. Denn die Erneuerung im Geist, wie er sie lehrt, ist weder menschlichem Glauben noch menschlichen Werken zuzuschreiben, sie ist allein das „Werk Gottes".

Die allgemeine Stoßrichtung gegen das unernste, wertlose Christentum führte bei Müntzer auch zu einem veränderten *Sakramentsverständnis*. Die Siebenzahl gab er im Gefolge Luthers ohne weiteres preis. Die Taufe behielt er bei, ihren Ritus nur wenig, ihre Sinngebung aber von seinem Geistprinzip her stärker verändernd. Die verderbliche Entartung des Christentums, greifbar im Überhandnehmen von „heidenischen ceremonien oder geperden des gantzen grewels" schon zur Zeit der Alten Kirche, ließ die Taufe zum „vihischen affenspiel" werden, als man die Erwachsenen-(Katechumenen-)Taufe durch die Kindertaufe ersetzte, die es anfänglich nicht gab[27]. Selbst die äußere Wassertaufe der Erwachsenen war zur Apostelzeit entbehrlich: weder Maria noch die Jünger unterzogen sich ihr. Sie trägt zur Seligkeit nicht bei[28]. An der *Geisttaufe* hingegen, d.i. am leidvollen Weg zum Heil und am Leben im Geist, ist alles gelegen. Von hier aus wurde die Säuglingstaufe für Müntzer sinnlos, zumal er die von Luther gebilligte Theorie des Petrus Lombardus (des „magister aus der dornhecken"!) von dem fremden stellvertretenden („fantastissen"!) Glauben der Paten (fides aliena) strikt ablehnte. Müntzer schlug vor (1524), zweimal im Jahr

[22] Franz 390, 17–23; 218, 10; 234, 3; 233, 30; 234, 9.
[23] Franz 235, 1; 222, 22; 222, 5.
[24] Franz 219, 16; 220, 3.
[25] Franz 237, 17; 229, 2.
[26] Franz 281, 28; 302.
[27] Franz 229, 18; 228, 14; 229, 10.
[28] Franz, 228, 7–9.

die größeren Kinder zu taufen, bei denen er Verständnis für seine Sinngebung der Taufe, eigenen Glauben (fides propria), einen bleibenden Eindruck und lebenslange Erinnerung an diese Feier voraussetzen durfte[29]. Auch Müntzers *Abendmahlsverständnis* ist schließlich von seinem besonderen Geistprinzip bestimmt. Sein Sinn liegt in der Mahnung zur opferwilligen Nachfolge im Leiden und Sterben Christi. Es erschöpft sich aber nicht im zeichenhaften Hinweis der Elemente auf Fleisch und Blut Christi, vielmehr strömen im Vollzug Geist und Kraft Christi in die Herzen der Auserwählten ein[30].

Die Geschichte der *Kirche* ist die Geschichte ihrer fortschreitenden Veräußerlichung und Verirrung. Dieser schon von den oppositionellen kirchlichen Gemeinschaften des Mittelalters vertretenen Geschichtsanschauung („Verfallstheorie") gab Müntzer seine eigene Begründung vom Geistprinzip her. Der geistliche Ehebruch der Kirche begann bereits nach dem Tode der Apostelschüler, als man auf den Konzilien nicht mehr das „rechte, lebendige Wort Gottes", sondern Fragen des Ritus behandelte: „eytel kinderschwengk". Vor allem aber: „Sie haben den geyst Christi vor eynen spotvogel gehalten und thun es noch."[31] Diese Verkennung des Geistes war es, was schon damals zum Abfall von Gott und zur Abgötterei geführt hat, so wie vordem zur Zeit der „lieben propheten" des Alten Bundes. Wer das Wesen des Christentums als Offenbarung des Geistes erfahren hat, kann nur darüber ergrimmen, „wie fern die welt noch vom christenglauben sey"[32]. So wird das Gericht Gottes notwendig und unausweichlich: „eine treffliche unuberwintliche zukunfftige reformation", die einem das Alte stürzenden, grundlegenden Neuanfang gleichkommt[33].

Seine *Naherwartung* (1521), bald werde „dye newe apostolische kirche angehen", untermauerte Müntzer in der Fürstenpredigt (1524) mit Hilfe des weltgeschichtlichen Schemas aus Dan 2: Das Ende des fünften Weltreichs und damit das Ende der Welt ist gekommen. Christus ist der rollende Stein, ihr Zertrümmerer. Der Geist aber wird (nach Joel 2) der bestimmende Träger der großen „voranderung der welt" sein[34]. Sie ist jedoch nicht möglich, ohne daß die ihres göttlichen Auftrags bewußte weltliche Macht, seien es die Fürsten oder schließlich das Volk, die blutige Ausrottung der Gottesfeinde, der Verdammten, vollzieht. Nur vorübergehend einmal warnte Müntzer, mit dem Hinweis auf die Notwendigkeit des Harrens und Leidens, vor unzeitigem Aufruhr (1523)[35]. Dann drängte ihn sein vom Geistprinzip bestimmtes, von der leidvollen Bitterkeit des Heilsweges überzeugtes und von der Erwartung des nahen Endes durchglühtes prophetisches Sendungsbewußtsein zur Tat der Gewalt „mit dem schwert Gedeonis": „Der wil das regiment selbern haben, dem alle gewalt ist gegeben im hymmel und auff erden."[36]

---

[29] Franz 526.
[30] Franz 522, 9f., 13–17, 22f.
[31] Franz 504, 8–11; 245, 5f.
[32] Franz 242, 17–26; 251, 20.
[33] Franz 255, 23–26.
[34] Franz 494, 17f.; 255, 30; 256, 25–29; 255, 15f.
[35] Franz 21–24.
[36] Franz 469, 6; 263,5f.

§ 4 Andreas Karlstadt, Hans Denck, Sebastian Franck

Quellen und Literatur zu Karlstadt: H. BARGE, Art. Karlstadt, RE³ 10 (1901) 73–80, 23 (1913) 738–742; E. FREYS u. H. BARGE, Verzeichnis der gedruckten Schriften des Andreas Bodenstein von Karlstadt, Zentralblatt für Bibliothekswesen 21 (1904) 153–179, 209–243, 305–331, = ND Nieuakoop 1965 im folgenden = Verz.; H. BARGE, Andreas Bodenstein von Karlstadt, 2 Bde., Leipzig 1905, dazu W. KÖHLER, GGA 174 (1912) 505–550, bes. 541–550; G. WOLF, Quellenkunde der dt. Reformationsgeschichte II/2, Gotha 1922, ND 1965 § 113, S. 77–89; E. HERTZSCH, Karlstadt und seine Bedeutung für das Luthertum, Gotha 1932; E. KÄHLER, Karlstadt und Augustin. Der Kommentar des Andreas Bodenstein zu Augustins Schrift De spiritu et littera, Halle 1952; E. HERTZSCH (Hg.) Karlstadt Schriften aus den Jahren 1523–25, Halle 1 (1956), 2 (1957); F. KRIECHBAUM, Grundzüge der Theologie Karlstadts, 1967; G. RUPP, Andrew Karlstadt, in: DERS., Patterns of the Reformation, London 1969, 49–153; J. S. PREUS, Carlstadt's „Ordinaciones" and Luther's Liberty, Cambridge Mass., USA, 1974; R. SIDER, Andreas Bodenstein von Karlstadt, Leiden 1974; BBKL 1 (1975) 652–655; DERS., Karlstadt's Battle with Luther: Documents in a Liberal-Radical Debate, 1977; U. BUBENHEIMER, Consonantia Theologiae et Iurisprudentiae, Tübingen 1977; M. A. SCHMIDT, Karlstadt als Theologe und Prediger in Basel, in: ThZ 35 (1979) 155–168. – Zu *Denck:* HILLERBRAND 1350–1402; E. TEUFEL, Täufertum und Quäkertum im Lichte der neueren Forschung III, in: ThR, N.F. 13 (1941) 183–196; A. HEGE, Hans Denck (1495–1527), Theol. Diss. Tübingen 1942, Masch.; G. BARING und W. FELLMANN, Hans Denck, Schriften 3 Bde. QFRG 24–26, Gütersloh 1955–1960; B. LOHSE, Hans Denck und der „linke Flügel" der Reformation, in: Humanitas – Christianitas, Festschrift Walter von Loewenich, Witten 1968, S. 74–83; G. GOLDBACH, Hans Denck und Thomas Müntzer, Theol. Diss. Hamburg 1969; BBKL 1, 1236f.; J. ORCIBAL, Hans Denck et la conclusion apocryphe de la Théologie Germanique, in: RHPhR 57 (1977) 141–151; A. SÉGUENNY, Hans Denck et ses disciples, in: Humanisme allemand (Paris/München 1979), 441–454; G. SEEBASS, Hans Denck, in: Fränkische Lebensbilder 6, 1979, 107–129. – Zu *Hätzer:* J. F. G. GOETERS, Ludwig Hätzer, QFRG 27, Gütersloh 1957; G. BARING, Ludwig Hätzers Bearbeitung der „Theologia Deutsch", Worms 1528, in: ZKG 70, 1959, 218–230; HILLERBRAND, 1350–1402. – Zu *Franck:* A. HEGLER, Geist und Schrift bei Seb. Franck, Freiburg 1892; DERS., Seb. Francks lateinische Paraphrase der deutschen Theologie und seine holländisch erschienenen Traktate, Tübingen 1901; DERS., Beiträge zur Geschichte der Mystik in der Reformationszeit, ARG, ErgBd. 1, Berlin 1906; R. KOMMOSS, Seb. Franck und Erasmus von Rotterdam. GS 153, Berlin 1934, ND 1967; E. TEUFEL, Die „Deutsche Theologie" und Sebastian Franck im Lichte der neueren Forschung, in: ThR, NF 11 (1939) 304–315, 12 (1940) 99–129; DERS., „Landräumig", Seb. Franck, ein Wanderer an Donau, Rhein und Neckar, Neustadt a.d. Aisch 1954; DSp 5, 1964, 1011–1014; HILLERBRAND, 1453a–1457; M. BARBERS, Toleranz bei Seb. Franck, 1964; S. FRANCK, Paradoxa, hg. von S. WOLLGAST, 1966; SEB. FRANCK, Chronica 1969 (= ND von Chronica Zeitbuch vnnd Geschichtbibell, ²Ulm 1536); S. L. VERHEUS, Zeugnis und Gericht. Kirchengesch. Betrachtungen bei Seb. Franck und M. Flacius, 1971; S. WOLLGAST, Der deutsche Pantheismus im 16. Jh., 1972; H. WEIGELT, Seb. Franck und die lutherische Reformation, SVRG 186, Gütersloh 1972; SEB. FRANCK, Sprichwörter (1548) ND 1972; U. MEISSER, Die Sprichwörtersammlung Seb. Francks von 1541. Amsterdam 1974; G. ZAEPERNICK, Welt und Mensch bei Seb. Franck, in: Pietismus und Neuzeit 1 (1974) 9–24; SEB. FRANCK, Das verbütschiert mit siben Sigeln verschlossen Buch (1539) ND 1975; SCHOTTENLOHER; K. KACZEROWSKY, Sebastian Franck. Bibliographie, 1976; J. LECLER, La liberté de conscience chez S. Franck et Schwenckfeld, in: RHPhR 57 (1977) 183–193; C. DEJUNG, Wahrheit und Häresie; eine Untersuchung zur Geschichtsphilosophie bei Seb. Franck, Phil. Diss. Zürich 1979.

(Ergänzende Literatur im Anhang)

Unter den reformatorischen Theologen, die sich nach dem Bruch mit der römischen Kirche von Luther ab- und dem Spiritualismus zuwandten, gehört *Andreas Bodenstein gen. Karlstadt* (ca. 1477–1541) als dessen Repräsentant in die erste Reihe. Ursprünglich Thomist, vollzog er 1517 „eine bekehrungsartige Wendung vor allem zum antipelagianischen Augustin"[1] (151 Thesen, 26. 4.

[1] ERNST KÄHLER, NDB 2 (1955) 356.

1517) und war 1517–1522 ein Hauptvertreter des erneuerten Augustinismus und der Reformation Luthers[2], bis er sich nach dem Scheitern seiner Wittenberger Reformen (1522) auf mystische Gedankengänge zurückzog. Im Abendmahlstreit (1524/25) erregte er mit eigenwilligen spiritualisierenden Traktaten den Zorn Luthers (Wider die himmlischen Propheten, 1525; s. o. S. 50) und den – geteilten – Beifall Zwinglis und der schweizerischen Reformierten, zu denen er schließlich überging (1530; 1534 Professor in Basel). – Innerhalb seines Biblizismus[3] (De canonicis scripturis libellus, 1520) immer mehr den Geist vor dem Buchstaben betonend (Kommentar zu Augustin, De spiritu et littera, 1519; De legis littera sive carne et spiritu, 1521)[4], brach Karlstadt mit Universität und gelehrtem Studium, um als „ain newer lay" im Anschluß an die „Theologia Deutsch" den *Heilsweg der Mystik* zu empfehlen (Was gesagt ist: Sich gelassen, 1523). Ohne die Theorie vom göttlichen Seelenfunken und die ganze Lehre vom mystischen Heilsweg zu erneuern, sprach er von der Stiftung einer „gaistlichen ee" zwischen Gott und der Seele, die sich durch Gelassenheit (= Verzicht auf alles irdische Gut, Selbstpreisgabe, Entwerden) hierfür bereiten soll. Das Ziel ist die das Urteil der Welt verachtende Willenseinheit der Seele mit Gott, wie Christus sie vorgelebt hat (= Christförmigkeit). Sie ist erreicht, „wann aygner will verschmiltzt vnnd gottes will sein werck in der creatur bekompt"[5]. Dabei ließ Karlstadt die sonst von ihm hochgepriesene Bedeutung des Kreuzestodes Christi zurücktreten, und selbst die Bibel relativierte er jetzt, weil „ain recht gelaßner mensch die haylig schrifft muß gelasen [= hinter sich lassen] vnd nicht vmb buchstaben wissen, sonder eingeen in die macht des herren"[6]. Biblische Weisungen bestätigen dann nur noch, was Gott dem Menschen unmittelbar offenbaren kann.

Diese Hervorhebung des innerlichen, unmittelbaren, geistlichen Charakters des Gottesverhältnisses – „Durch eusserliche dingk kan sich nymand mit Gott vereynenn"[7] – kehrte sich alsbald auch gegen das geistliche Amt und gegen die sakramentale, heilsvermittelnde Bedeutung von *Taufe* und *Abendmahl*[8]. Ohne Kenntnis des Lehrbriefs des Honius (s. o. S. 53 f.) wie es scheint, zog Karlstadt seine Folgerungen, zumal nach der Herausforderung durch Luther (Gespräch von Jena, 22. 8. 1524), selbständig und unerschrocken[9]. Auf die innere Vergegenwärtigung des Kreuzestodes kam ihm beim Abendmahl alles an: Das Sakrament „ist vil zu grob, daß es den grundt der selen anrür, ich geschweyg, lere"[10]. Unruhige Gewissen mit den Sakramenten befrieden zu wollen, verurteilte er daher als Verstoß wider die Hl. Schrift und als Lästerung des Hl. Geistes, ja als Ab-

---

[2] Im Zusammenhang: KARL BAUER, Die Wittenberger Universitätstheologie und die Anfänge der deutschen Reformation, Tübingen 1928.

[3] Für die Unterschiede gegenüber Luther vgl. Barge I, 186–200, 236ff.

[4] Ein weiteres Exemplar des sehr seltenen Kommentars (Verz. S. 320f.) findet sich UB Heidelberg, Sal. 78, 2. Die Selbständigkeit der zweiten Schrift erscheint mir überschätzt bei BARGE I, 304–310.

[5] Was gesagt ist: Sich gelassen (1523) (Verz. Nr. 104) S. d IV a.

[6] Ebenda S. d. ij.

[7] Von manigfeltigkeit des eynfeltigen eynigen willen gottes (1523) (Verz. Nr. 102) S. G ij v/G iij.

[8] BARGE II, 79–84; 84f. und 219; 85–89. [9] BARGE II, 150.

[10] Die Titel der sieben, nach BARGE sämtlich zwischen Ende Aug. und Ende Okt. 1524 verfaßten und vor 7. 12. 1524 in Basel gedruckten Traktate: Verz. Nr. 124, 126, 129, 131, 135, 138, 139, dazu S. 323–331. – Nr. 138 und 139 behandeln das Abendmahl nicht thematisch.

götterei. Die ernste und zugleich tief beseligende Betrachtung der Liebestat Christi am Kreuz war ihm das Entscheidende: „... da müssen wir jnen mit seligen augen ansehen, das ist, an jnen glawben vnd gewißlich wissen, daß er vns erloset..., so seind wir rechtfertig in vns"[11]. Das Sakrament war damit überflüssig. Jedwede direkte, selbst zeichenhafte Verbindung zwischen den Abendmahlselementen und der Sündenvergebung mußte hinfällig sein. Karlstadt suchte dies u.a. mit dem Argument zu stützen, Christus habe während der Einsetzungsworte beim letzten Passahmahl nicht aufs Brot, sondern auf seinen Leib gedeutet: τοῦτο [Lc 22,19c] könne sich nur auf τὸ σῶμά μου beziehen, nicht aber auf ἄρτον [Lc 22,19a], sonst wäre die Formulierung οὗτος ὁ ἄρτος erforderlich gewesen[12]. Diese – mit dem Kontext unvereinbare – Deutung wurde zwar allgemein abgelehnt. Aber die spiritualisierenden Grundgedanken Karlstadts fanden Beifall, weil sie sich abwandeln und mannigfach verwenden ließen. Karlstadt gab indessen die vollen Konsequenzen seiner Lehre von 1523–1525 wieder auf und vermochte sich damit, ohne förmlichen Widerruf oder besonderes Bekenntnis, in das theologische Lehramt der reformierten Kirche einzugliedern[13]. Er behandelte aber bis zuletzt die Selbstverleugnung (abnegatio) als grundlegendes Thema[14].

Ohne das prophetische Feuer Müntzers und ohne die theologische Fundierung Karlstadts gewann der Spiritualismus bei dem humanistisch gebildeten Lehrer und Verlagskorrektor *Hans Denck* (um 1500–1527) eine einfache, schriftnahe, eindrucksvolle Ausprägung. Von einigen Grundsätzen der lutherischen Reformation, deren mangelndes Ethos er kritisierte, abgerückt und seines Amtes entsetzt (Nürnberg 1525), trat Denck vorübergehend zu den Täufern über, in deren Kreis er die zweite Taufe empfing und spendete (Augsburg 1526), um sich schließlich auf die ursprüngliche Selbständigkeit seines Glaubens zurückzuziehen (1527). Denck stellte das Reden Gottes und das Wirken des Hl. Geistes im Inneren des Menschen über den Wert der Hl. Schrift und der Predigt[15]: Gott ist in dir! Das Reich Gottes ist in euch (Lc 17,21)[16]! Ein Auserwählter kann selig werden ohne Predigt und ohne die Schrift[17], deren widersprüchliche Aussagen allein der Hl. Geist in einer höheren Einheit des Sinnes aufzulösen vermag[18]. Wie bei der Schrift, so kommt es bei der Taufe einzig auf den notwendigen geistlichen Vorgang der Heiligung an[19], im Abendmahl auf die Gesinnung der Liebe und die Vereinigung mit Gott[20]. Die *Kindertaufe,* gegen die er eine Zeitlang polemisierte[21], stellte Denck schließlich wieder frei: „Kindertauff ist eyn menschengebott und der christen freiheyt."[22] Gegenüber der verkehrten

---

[11] Von dem widerchristlichen mißprauch (Verz. Nr. 136) S. C ij v.

[12] Ebenda S. C ij.

[13] Mehrfach, z.B. Dialogus (Hertzsch II, 1957) S. 14–18. Ähnlich übrigens sein Verwandter und Gesinnungsfreund *Georg Westerburg* aus Köln (ca. 1500–1558?), 1534 in Münster wiedergetauft, 1543 in Ostfriesland; ADB 42, 1897, 182ff.

[14] Karlstadts „Loci Communes" vom Jahre 1540 bei Barge II, 611ff.

[15] Schriften II, 59, 61.

[16] Ebda. II, 32, 34; vgl. 101, Z. 28ff.

[17] II, 106.

[18] Wer die Wahrheit wahrlich lieb hat, II, 67–74; S. 68: Zwu gegenschrifft müssen bayde war sein. Aber eine wirdt in der anderen verschlossen, als das minder im merern, als zeyt in der ewigkait, stat [= Stätte, Raum] in der entlichait." [unentlichait?]

[19] II, 23f., 81.

[20] II, 25f., 81, 101, 110.

[21] II, 83; III, 111–125.

[22] II, 109.

Überschätzung solcher „Sitten“[23] ist Denck darauf bedacht, das Wesen und den Weg der Erlösung richtig zu fassen: Gott ist die vollkommene Liebe. Je größer die Liebe zu ihm, desto größer die Seligkeit. In der Einheit der Liebe mit dem sündlosen Menschen Jesus von Nazareth hat Gott seine Liebe zu den Menschen im Höchstmaß zu erkennen gegeben: Jesu Tun ist Gottes Tun, Jesu Leiden ist Gottes Leiden[24]. Das neue Gesetz ist die *Gotteskindschaft*[25]. Durch die Liebe Gottes soll der Mensch zur Gegenliebe erweckt werden, die den Verzicht auf den Eigenwillen und auf die Liebe zu den Kreaturen in sich schließt[26] und, wie bei Christus selbst, zur Hingabe und Selbstaufopferung führt. So kann dem Christen selbst die tägliche Mahlzeit zum Sinnbild für die Liebe Gottes werden und zum Aufruf zum Opfer, wird er doch „kainen bissen brot essen, darbey er nit betrachte, wie lieb in Gott habe, und wie lieb er Got haben soll, nemlich: das Got nach seiner weyse im zugut wie das brot breche, und er Gott zu eer wie das brot brechen soll; das sich Got seiner gothait verzeyhe [= entäußere], und er sich seiner menschait verzeyhen soll, auff das das opffer volkommen sey, und die lieb ains werd, wie in Christo Jesu…“[27] Liebe und Gegenliebe sind für Denck der Kern seines *Geistchristentums*, ja sie sind ihm das Christentum selbst[28]. Von hier aus genügte ihm die lutherische Rechtfertigungslehre nicht mehr[29]: Echter Glaube ist Gehorsam gegen Gott in der Übereinstimmung von Herz, Mund und Tat[30]. Christus, unser Vorbild, hat das Gesetz erfüllt, damit wir ihm Nachfolge leisten[31]. Es kann kein Heil geben ohne Heiligung des Willens[32]. Den Erleuchteten sind die Gebote der Liebe nicht schwer, und der rechte Schüler Christi hält das ganze Gesetz Moses, indem er sich nach dem Leben Jesu richtet[33]. Wer aber Gott nicht liebt, sündigt in allen Dingen[34]. Desgleichen verwarf Denck die Lehre von der Prädestination und vom unfreien Willen (Was geredet sey… 1526), indem er die Sünde als Gottes Zulassung verstand: Gott war ihm nicht nur der liebevolle Vater, sondern auch der lenkende und strafende Erzieher[35].

Die *Vorherbestimmung* ordnete er dem Vorherwissen Gottes unter[36]. Gegen den leichtfertig gepredigten „falschen Frieden“ gewandt[37], hob er von dem universalen guten (ewigen) Heilswillen Gottes die (zeitliche) Heilsordnung Gottes ab: Der Mensch hat die Wahl, entweder in seiner selbstverschuldeten Hölle und im Tod zu versinken oder sich im Leiden zu opfern und der Barmherzigkeit Gottes anheimzugeben[38], um den geistgewirkten Frieden mit Gott zu erlangen. Dieser aber entsteht aus der Vereinigung des göttlichen und des menschlichen Willens in der Liebe[39]: „wer seinen willen in Gottes willen gibt, der ist wol frei und

---

[23] Vgl. die Unterscheidung von dreierlei Gesetz: Gebot, Sitten und Recht, II, 62f., – Zeremonien: II, 109.

[24] II, 77f. (59) II, 80.

[25] II, 46, Z. 12f., S. 80.

[26] II, 64.

[27] II, 36, Z. 28–30.

[28] Die (von Seb. Franck, Chronica 1536, fol. CXCVII v bezeugte) Erneuerung der Lehre von der „Apokatastasis panton“ durch Denck konnte sich hieraus unschwer ergeben. Vgl. auch die sieben Thesen des Wormser Täufers Jakob Kautz, die Dencks Grundsätze spiegeln (bei M. Krebs, Hg., Täuferakten IV Baden und Pfalz, QFRG XXII, S. 113f.).

[29] II, 97, 107.

[30] II, 53.

[31] II, 56, Z. 21f.; 106, 107.

[32] II, 54, 58, 62.

[33] II, 63, Z. 30ff.

[34] II, 62, Z. 29.

[35] Entsprechende Vergleiche: II, 30, Z. 16f.; ain schulmaister II,29f.; 40f.; „Gleich wie ain vatter mit ainem bösen kindt umbgeet“ II, 45.

[36] II, 90f.

[37] II, 102.

[38] II, 92f.

[39] II, 97.

ist wol gefangen, wer aber nit, der ist ubel frei und ubel gefangen“[40]. Die an Gottes Liebeswillen gebundene Freiheit des Christen wirkt sich schließlich nicht nur als Freiheit gegenüber den Zeremonien aus[41], sondern auch als Freiheit gegenüber der Glaubenserkenntnis seiner Mitchristen. Dieselbe Freiheit, die Denck ihnen beließ[42], nahm er für sich selbst in Anspruch, um die köstliche Perle „frei und unverhindert“ zu suchen[43]. Hoch über der Einheitlichkeit der religiösen Formen und Lehren stand ihm die *Einheit des Geistes:* „alle christen, das saind die den hailigen Gaist empfanngen haben, seind in Gott mit Christo ains und Christo glaich“[44], seien sie auch „wie frembdling auf erden“[45].

Von Denck gewonnen, wandte sich auch der ehemalige Kaplan *Ludwig Hätzer* aus Bischofszell (ca. 1500–1529), der gleichfalls vorübergehend dem Täufertum beigetreten war, dem Spiritualismus zu. Denck und Hätzer übersetzten und veröffentlichten zusammen die „Wormser Propheten“ (1528)[46]. Hätzer gab außerdem die „Theologia Deutsch“ neu heraus (1528). Er äußerte erste Kritik an der Lehre von der Gottheit Christi und am trinitarischen Personbegriff[47]. In enger Anlehnung an Denck brachte *Hans Bünderlin* aus Linz (ca. 1500–1533), auch er zeitweilig ein Vertreter des Täufertums (Augsburg 1526), die spiritualistischen Grundgedanken in Umlauf: die Lehre vom inneren Wort, von der Liebe und Allversöhnung, vom freien Willen, von der rein geistlichen Kirche und von der Bedeutungslosigkeit der äußeren Sakramente[48]. Schließlich wandte sich auch *Christian Entfelder* (†1544), täuferischer Prediger in Eibenschitz in Mähren (1526/27), vom Täufertum wieder ab, um seinerseits auf der Linie von Denck und Bünderlin den Spiritualismus weiterzutragen[49].

Bei dem Theologen *Sebastian Franck* aus Donauwörth (1499–1542) kam die spiritualistische Opposition gegen die Kirchen der Reformation zu ihrer klarsten Entfaltung[50]. Priester in der Diözese Augsburg und evangelischer Pfarrer in der Markgrafschaft Brandenburg-Ansbach (1526), brach Franck nach seiner Abkehr vom Luthertum (1528) mit Kirche, Dogma und jeder Art äußerer Heilsvermittlung, um fortan als freier Literat (Straßburg 1529, Esslingen 1531, Ulm 1533, Basel 1539) seinen deutschen Lesern aus den verschiedensten Traditionen Wissen und Lebensweisheit zu erschließen und ihnen damit den Blick für die

---

[40] II, 107. Die Rede vom freien oder unfreien Willen wird damit gegenstandslos, II, 96.

[41] II, 109, Z. 4.

[42] II, 50. „Also sundere ich mich ab von etlichen [= den Täufern], ... auff daß ich den edlen berlin frei und unverhindert suchen mög“, II, 108, Z. 16–18.

[43] Siehe Anm. 42.

[44] II, 37.

[45] II, 42, Z. 33.

[46] Vgl. Goeters, 126–132.

[47] Goeters, 134f., 138f., 141ff.

[48] Seine vier Schriften sind verzeichnet: Index Aureliensis I/5, 1974, S. 573f., auch BBKL 1, 1976, 1801; eine von ihnen „Aus was Ursach ...“ in englischer Übersetzung bei Claude R. Foster jr. und Wilhelm Jerosch in MQR 42, 1968, 260–284; A. Nicoladoni, Johannes Bünderlin von Linz, 1893; Jones, S. 31–45; NDB 2, 1955, 740; ME 1, 1955, 469f.; Claude R. Foster jr., Hans Denck and Johannes Bünderlin, a comparative study, in: MQR 39, 1965, 115–124; Ulrich Gäbler, Zum Problem des Spiritualismus im 16. Jh. Das Glaubensverständnis bei Johannes Bünderlin von Linz, ThZ 29, 1973, 334–343; J. MacLean, Jean Buenderlin, théoricien du christianisme non institutionel, in: RHPhR 57 (1977) 153–166.

[49] Jones, S. 39–45; NDB 4, 1959, 540f.; ME 2, 1956, 116f.; BBKL 1, 1976, 1517. – A. Séguenny, A l'origine de la philosophie et de la théologie spirituelle en Allemagne au 16e siècle: Christian Entfelder, in: RHPhR 57 (1977) 167–181; ders. (Hg.), Bibliotheca Dissidentium I (1980) 37–48.

[50] A. Ségvenny, Art. Franck, in: TRE 11 (1983) 309–312.

Einheit hinter der widersprüchlichen Vielheit der Dinge und Gedanken zu öffnen und den Sinn für das Leben im Geist zu wecken, – ein Skeptiker im Blick auf Welt, Menschheit und Kirche, so wie sie waren, ein beredter Zeuge für das unsichtbare, universale Reich des Geistes und für die Freiheit des Glaubens und Denkens, den kirchlichen Lehrern seiner Zeit verhaßt, gerühmt von allen späteren spiritualistischen Gegnern des orthodoxen Systems.

Wo Denck vorsichtig endete, setzte Franck mit Entschiedenheit ein[51]. Ohne seine spiritualistischen Grundgedanken nach 1531 noch nennenswert zu verändern[52], suchte er sie lebenslang nur immer vielfältiger zu begründen. Der Blick in seine Zeit ebenso wie in die geschichtliche Überlieferung war für Franck ein Blick in die Finsternis, die Torheit und die Widersprüchlichkeit des Denkens und Meinens der Welt, die ihrem Ende entgegenging; es war ihm hier, „als hab man die blinden an eynander gehetzet, in der finsternüs zufechten, da einer eben alsbald sein freund trifft als sein feind"[53]. Die Christenheit bot ihm ein Bild der Verwüstung, war doch ihr Glaube, ja „wol tausend Christlich glauben", „in sovil sect und ketzerei zerrissen als kaum ein anderer"[54], – eine Folge nicht etwa nur menschlichen Unvermögens[55], sondern das Werk des Teufels und seines Antichrists[56]. Es gab in der Christenheit keine reine Lehre, sondern nur „Ketzerei"; es gab seit den Tagen der Apostel keine Kirche mehr, sondern nur „Sekten"[57]. Denn auch die Kirchenlehrer unterlagen dem Irrtum[58], und die äußere Geschichte der Christenheit ist die Geschichte ihrer Zwietracht. Der ausschließliche Anspruch auf die rechte Lehre war und ist nichtig, wo immer er auftrat. *Verbindliche Dogmen kann es nicht geben.* Franck verzweifelte indessen nicht völlig: „Denn es ist kein sect so böß, die nit etwan ein gut stuck errathen hab. Also wirfft Gott seine gütter... auch under die ketzer und Heyden..."[59] Der Christ muß daher aus der Wirrnis der Lehren das Richtige selbständig herausfinden: „selig, der das best darauß lesen künd"[60]. Zu diesem Zweck sind die Hauptschriften Francks[61] großenteils antithetisch angeordnete „paradoxe" Kompilationen, die, selbst „unparteiisch", an den Leser das Ansinnen richten: Urteile du[62]! An die Stelle des Dogmas rückt Franck das Problem, und an die Stelle der Wahrheit die Wahrheitssuche.

Denn auch die *Reformation,* so Franck, vermochte zwar den päpstlichen Antichrist zu entlarven, aber das Übel der Ketzerei und der Sekten hat sie nicht beseitigt, sondern vermehrt. Die Lutheraner sind „evangelische Ketzer"[63], welche

---

[51] Schon 1530 ist er nicht nur mit der römischen Kirche, sondern auch mit Lutheranern, Zwinglianern und Täufern fertig, HEGLER, S. 49f.

[52] HEGLER, S. 53. Francks Grundsätze enthält der Brief an Campanus, bei FAST, S. 219–233, vgl. auch das „Lied von vier zwieträchtigen Kirchen" zuletzt bei FAST, S. 246ff.

[53] Chronica, Zeitbuch vnnd Geschichtbibel (1531) 1536, ND 1969, Papstchronik Bl. CCXXXV v.

[54] Ebda. Geschichtbibel, Vorrede in dise gantze Chronica, S. 9f. (unbez.).

[55] Hierüber z.B. ebda. S. 5 und Vorrede zur Papstchronik Bl. IV v.

[56] Vorrede zur Papstchronik Bl. III r; Papstchronik Bl. XCII v/XCIII r.

[57] Papstchronik Bl. XCV r; vgl. den Brief an Campanus bei FAST, S. 220; Papstchronik Bl. CCIII r.

[58] Papstchronik Bl. LXXI v.

[59] Ebda. Bl. CC v.

[60] Ebda. Bl. II v; vgl.: „Nimm, was gut ist auß einer yeden sect", ebda. Bl. CC v.

[61] Dies gilt namentlich von den drei umfangreichen Hauptwerken: Paradoxa ducenta octoginta (1534), Die Guldin Arch (1538) und Das verbütschierte Buch (1539), vgl. KACZEROWSKY S. 84–88, 95–102, 109–112.

[62] Häufig, z.B. Geschichtbibel, Vorrede in dise gantze Chronica, S. 4 (unbez.).

[63] Vgl. die ausführliche Abrechnung mit ihnen: Papstchronik Bl. CXLIIII r bis CXLVII r.

„die schrifft halbieren“[64] und den Glauben ohne die Werke predigen, den unnützen „Christus für uns“ anstatt des „Christus in uns und wir in ihm“[65]. Aber auch die Täufer – „wol zehenerley Teüffer, das niemant nichts gwiß von jnen schreiben oder sagen kan“[66] – haben nur neue Sekten erzeugt und die Zerrissenheit der Lehre noch gesteigert. Hier wie dort ist ein verstümmelter Buchstabenglaube daran schuld: *„haereses et sectae ex secta litera scripturae“*[67]. Denn während der Antichrist einstmals infolge der Mißachtung der Heiligen Schrift zur Herrschaft gelangte, hat er sich in diesen letzten Zeiten in die Schrift selbst verkappt und setzt von hier aus sein Werk der Verwirrung fort[68]. Die Wurzel allen Übels ist in der Gegenwart die abgöttische Hochschätzung des äußeren Bibelwortes[69].

Der Ketzerei und allen Sekten, denen Gott feind ist[70], stellt Franck seinen Spiritualismus und seinen religiösen Individualismus entgegen. Der Glaube der Christen darf gar nicht am Buchstaben der Schrift haften: *„Der recht glaub hört und lert [= lernt] alleyn von Gott vnnd sihet alleyn auf sein vnsichtbares wort, welches Christus ist.“* Er ist ein „in Gott erwesen sein, daß der jm eynfließ vnd jm sein kunst lerne [= lehre]“[71]. Seine Frucht ist die Liebe. Aber als Glaube steht er für sich allein, und an der unantastbaren Selbständigkeit des glaubenden Gewissens findet der Anspruch des Mitmenschen stets seine Grenze, – ganz wie bei Denck. Wir dürfen uns nicht umsehen wie Petrus nach Johannes (Joh 21,20ff.), sondern müssen für uns selbst „sorgfeltig vor Gott wandlen, in forcht und zittern vnser heyl wircken... eben auff vns selbs mercken, was Gott in vns zu allen dingen sagt, vnd... wider vnser gewissen nicht[s] verstehn, thun, lassen, handlen oder annemmen“[72].In Dogma und Kirche, Ketzerei und Sekte, Irrtum und Streit kann das Wesen des Christentums nicht beschlossen sein. Es besteht im freien, geistgewirkten Glauben des einzelnen Christen: „Dann das Christenthumb ist gar kein sect, orden, stand, regel auf erden..., sunder ist nichts dann ein freier auffrichtiger glaub, der durch die lieb wirckt, außbricht und frucht bringt.“[73] Die Kirche ist eine rein geistliche Größe, die unsichtbare Diaspora der vom Geist Begabten aller Zeiten und Zonen[74]. Dieses freie Christentum in eine äußerliche Einheit der Lehre und Gemeinschaft zu zwingen, wäre nicht nur vergeblich, sondern dem Willen Gottes zuwider. Es müßte alsbald in Judentum und Papsttum versinken und hörte auf zu sein, was es sein soll[75]. Daher hat auch jeder Versuch einer Wiederherstellung der ursprünglichen apostolischen Gestalt der Kirche zu unterbleiben. Christus selbst ist es vorbehalten, sie bei seiner Wiederkunft zu erneuern.

---

[64] Ebda. Bl. CXLIIII v.
[65] Ebda. Bl. CXCVII r.
[66] Ebda. Bl. IV r.
[67] Paradoxa, hg. von WOLLGAST, S. 3.
[68] Häufig, z.B. Papstchronik Bl. XCIII r.
[69] „Also machen vil yetz ein Abgott auß der schrifft“, ebda. Bl. LXXXIIII r.
[70] Ebda. Bl. CXCIII v., CCr.
[71] Ebda. Bl. III r; III v/IV r.
[72] Ebda. Bl. CC v; CCI r.
[73] Ebda. Bl. CCI v.
[74] Ebda. Bl. CCII r, CCXII r; vgl. Brief an Campanus, bei FAST, S. 222.
[75] Darumb so bald man auß dem freien Christenthumb ein reguliert müncherei macht vnd dem heyligen geyst ein ordnung fürschreibt, ... so hört es auff ein Christenthumb zusein vnd wirt ein lauter Judentumb, Papstchronik Bl. CCXIII r; CCXXXVI r.

Der Spiritualismus und der religiöse Individualismus Francks führt folgerichtig zur *Toleranz* gegenüber Andersdenkenden[76]. Nicht nur bedarf der Glaube des Christen, von der Ketzerei rings umgeben und an sich selbst stets vom Irrtum bedroht, der Nachsicht seiner Mitmenschen; die gegenseitig gewährte Freiheit bildet vielmehr erst die Voraussetzung dafür, die Wahrheit zu finden und zu bewähren: „Darumb laß man alle sect und kätzerei nur frei gehn...“; sie dienen dem Christen zur Übung seiner Ritterschaft und zum gewaltlosen, geistlichen Sieg zum ewigen Leben[77]. Die Wirklichkeit der alten und die Möglichkeit neuer Ketzerei ist damit nicht beseitigt, wohl aber der Zwang und die Zwietracht der Sekten. Der weite Raum dieser Freiheit erlaubt es dann aber auch, die Weisheiten der „Notstücke“ des christlichen Glaubens (Gott, Christus, Hl. Geist, Seele, Sünde, Gesetz, Mensch, Gottes Wort, Glaube, Werke, Liebe, Hoffnung, Kreuz)[78] nicht nur aus der Heiligen Schrift und den Kirchenvätern, sondern ebensowohl auch aus den Ketzern, aus den Philosophen der heidnischen Antike und dem Sprichwörterschatz des Volkes in der Gegenwart zu entnehmen[79], läßt sich doch die Wahrheit selbst bei gottesfürchtigen, vom Geist gelehrten Türken und Heiden finden: sie waren für Franck Brüder im Geist[80]. So endete schließlich der ursprünglich am Wort der Schrift entzündete Spiritualismus Francks in pantheistischer Ferne, und sein Geistchristentum verflüchtigte sich zu einer universalen Religion des Geistes.

§ 5 Theophrastus Paracelsus von Hohenheim

Bibliographien: K. Sudhoff, Bibliographia Paracelsica 1, Berlin 1894; 2, Berlin 1899; ND 1958; ders., Nachweise zur Paracelsus-Literatur, Beilage zu den Acta Paracelsica 1–5, München 1930–1932; K.-H. Weimann, Paracelsus-Bibliographie 1932–1960, Wiesbaden 1963. – *Quellen:* Paracelsus, Sämtliche Werke II. Abt. 1, 1923; 2, 1965; 4 bis 7, Wiesbaden 1955–1961 sowie Supplement 1973, hg. von K. Goldammer (Übersicht über die Schriften in Band 6, S. 237–240; die Bände 3 und 8–12 stehen noch aus); W.-E. Peuckert, Theophrastus P., Werke, Band IV, Darmstadt ²1967. – *Literatur:* H. Urner, Paracelsus als Christ, EvTh 8, N.F. 3, 1948/49, 289–307; K. Goldammer, Paracelsische Eschatologie, Nova Acta Paracelsica 5, Basel-Einsiedeln 1948, 45–85; 6, 1962, 68–102; ders., (Hg.), Paracelsus, Sozialethische und sozialpolitische Schriften, Tübingen 1952; ders., Paracelsus. Natur und Offenbarung, Hannover-Kirchrode 1953; ders., Friedensidee und Toleranzgedanke bei P. und den Spiritualisten, ARG 46, 1955, 20–46; 47, 1956, 180–211; H. Bornkamm, Paracelsus, in: Das Jahrhundert der Reformation, 1961, 162–177; E. W. Kämmerer, Das Leib-Seele-Geist-Problem bei Paracelsus und einigen Autoren des 17. Jh., Wiesbaden 1971; S. Wollgast (Hg.), Zur Friedensidee in der Reformationszeit. Texte von Erasmus, Paracelsus, Franck, 1968; H. Rudolph, Kosmosspekulation und Trinitätslehre. Zur Beziehung zwischen Weltbild und Theologie bei Paracelsus, in: Salzburger Beiträge zur Paracelsusforschung 21 (Wien 1980). (Ergänzende Literatur im Anhang)

---

[76] Ebda. Bl. CXV v; vgl. Brief an Campanus, bei Fast, S. 222, 227f.

[77] Hierzu am ausführlichsten: Das verbütschierte Buch (1539), ND 1975, Beschluß; auch bei Barbers, S. 180–187.

[78] Papstchronik Bl. CCXXXVI r/v.

[79] Vgl. Die Guldin Arch (1538).

[80] Brief an Campanus, bei Fast, S. 228.

In der dynamischen Anschauung von Gott und Welt, zu welcher der geniale Arzt und Naturforscher *Paracelsus* (1494–1541), lebenslang streitbar suchend, gelangte, sind die Aussagen der biblischen Offenbarung mit den Kenntnissen und Erfahrungen, die er aus der Beobachtung des Geschehens in der belebten und unbelebten Natur gewann, auf ursprüngliche Weise verknüpft. Seine umfassende Anschauung war zwar nicht vom Spiritualismus motiviert, hat aber wichtige Züge mit ihm gemeinsam: die Gottunmittelbarkeit des Glaubenden unter entschiedener Ablehnung jeder unbiblischen kultischen Heilsvermittlung, die Notwendigkeit selbständiger Bildung und freier Verbreitung der Glaubensüberzeugung unter Verwerfung äußerer kirchlicher Autorität und die Forderung und Erfüllung bedingungslosen Glaubensgehorsams in der Nachfolge Christi unter Verzicht auf alle selbsterdachten menschlichen Erleichterungen. Ein „Lutherus medicorum", erregte Paracelsus zu seinen Lebzeiten als selbstbewußter Erneuerer der Heilkunde durch seine Zusammenstöße mit der medizinischen Schulwissenschaft Aufsehen[1]. Seine von prophetischem Sendungsbewußtsein als „der heiligen geschrift doctor", wie er sich selbst nannte[2], getragene Bemühung um die Erneuerung des Christentums und der Christenheit wirkte hingegen über den rasch wechselnden Kreis seiner Zuhörer und Schüler (in Salzburg 1524, Straßburg 1526, Basel 1527, St. Gallen 1531, Wien 1537/38) nicht hinaus. Die Grundgedanken seiner Theologie sind erst in den letzten Jahrzehnten dank der Edition und Erforschung seiner Schriften allmählich bekannter geworden[3]. Sie waren mit der Lehre der römisch-katholischen Kirche, die er äußerlich nicht verließ, so wenig vereinbar wie mit der Lehre der Reformatoren, von denen er nach vorübergehender Hinneigung wieder Abstand nahm.

So eifrig wie die geheimnisvollen Wunderwerke Gottes in der Natur, so eifrig durchforschte Paracelsus die *Heilige Schrift*. Hier suchte und fand er „prophetische kreft, apostolische kreft, das seindt die wunder gottes"[4]. Aber ebenso wie jene von Gott stammen und nur mit der von ihm geschenkten Erkenntnis zu entschlüsseln sind, so ist es der Heilige Geist, der die Heilige Schrift erschließen muß: „niemants verstehet das wort gottes, allein der geist sei mit ihm"[5]. Den kirchlichen Schriftauslegern fehlt aber der Geist, mögen sie nur immer behaupten: „do stets, der geist des herrn ist weit von ihnen". Ja, „die prediger liegen [= lügen] vier wochen; wann es alles kompt, ist nit 4 minuten warheit ausgelegt worden"[6]. Paracelsus versteht die Schrift als das umfassende, verpflichtende Gesetz Gottes für die Menschheit, dessen alttestamentlicher Teil von der Erlösung und dem Heilsweg Christi her zu verstehen ist. Die kirchlichen Gebote und Zeremonien sind nichtig daneben: „die gottlichen gesatz sollen wir halten und kein mentschlichs nit"[7]. Einen Gegensatz zwischen Gesetz und Evangelium kennt er nicht. Eine Bevorzugung einzelner Ausleger oder biblischer Schriften, wie er sie Luther vorwerfen mochte, läßt er nicht zu: „... Paulus über Christum, David über Esaiam und dergleichen. solche urteil sollen alle nit bei uns also sein,

---

[1] Vgl. die Skizze von PAUL DIEPGEN, P., in: Die großen Deutschen I, 1956, 460–470.

[2] Vgl. z.B. Paracelsus, Sämtliche Werke IV, S. XXV und V, S. 244, dazu K. GOLDAMMER, Neues zur Lebensgeschichte und Persönlichkeit des Paracelsus, ThZ 3 (1947) 191–221.

[3] Dies ist wesentlich der gelehrten Arbeit von Kurt Goldammer zu verdanken.

[4] Paracelsus, Sämtliche Werke VI, S. 34. [5] Ebenda V, 125.

[6] V, 203; IV, 185. [7] VI, 82.

sunder wir durchlesens und erfahrens."[8] Gottes Wahrheit lebt „in der kilchen seiner heiligen, das ist in den herzen der heiligen" des Alten und Neuen Bundes, und die Gemeinschaft der Christen in der vom Antichrist beherrschten Finsternis der Gegenwart kommt dadurch zustande, daß diejenigen, die auf dem „Wege Gottes" gehen, den Heiligen Geist erflehen und erlangen: „das anruefen macht ein weizen aus den verfuerten und verloren schafen"[9]. Sie „seindt die kirchen, nicht der steinhauf", die äußere „Mauerkirche", wie Paracelsus oft sagt, wo „...sie singen, sie plerren, sie kreuzgengen, sie messen und vespern und primen... und ist nix dann abgotterei"[10].

Tiefer als seine Zeitgenossen verstand und pries Paracelsus Gott als den Herrn der *Schöpfung*. Mit der glaubenden Anerkennung Gottes war ihm sogleich die Pflicht gegen Gott gegeben. Schon als Geschöpf Gottes ist der Mensch zu vollem Gehorsam verbunden: „dein gelupt [= Gelübde] hastu geton, ee du in mutter leip bist kommen"[11]. Seinem Herrn steht und fällt der Mensch unmittelbar; einen irdischen Stellvertreter Gottes kann es nicht geben[12]. Der Papst, der sich dazu aufwirft, ist „der irdische Lucifer", ein Abgott, der Zaubergott, ja der Teufel auf Erden[13]. Kirchliche Traditionen gelten Gott nichts, denn tausend Jahre sind vor ihm wie ein Tag (Ps 91)[14]. So bleibt dem Menschen einzig die Furcht vor Gott – „die got erwelt hat, die forchten ihn" – und die Erfüllung seines Gesetzes: „so wir in gottes forcht wandlen, so last uns got nit fallen"[15]. Gott ist aber auch unser Erlöser und Arzt, der die Sünden heilt, die Krankheiten der Seele[16]. Auch hier gilt nur der Gehorsam in der Gestalt unbedingten Vertrauens, „denn gott will ungemurmlet sein und ungebocht"[17]. Eine *Erlösung* durch die Vermittlung jenes „irdischen gottes" ist wiederum ausgeschlossen. Sie wäre ebensoviel, als glaubte man Gott im Traum, nicht von Herzen[18]; sie wäre Abgötterei. Es ist allein „Christus am kreuz, in dem wir all unser hofnung, herz, vertrauen, glaube, liebe etc. setzen sollen, und mit keim menschen weiter zu handlen"[19]. Verderblich ist es daher, sich mit der römischen Kirche sicher zu wähnen: „er ist in unser hand, wir haben sein schlussel, wir haben ihn gar, er ist unser"[20]. Jedoch ebenso vermessen ist die „milte, guete, sanftmuete lehr und guete, suße gespräch" der verführerischen Prediger der Reformation[21]. Sie verkennen den „großen Ernst" in der Erlösung durch Christi Leiden und Sterben: „es ist nit so ein scherzliche verkundung, got unsern schopfer zu predigen, sein tod, sein marter...!"[22] Die Sünde wider den dreieinigen Gott besteht in dem dreifachen falschen Vertrauen auf eine Vermittlung der Erlösung durch irdische „Väter", auf eine Selbsterlösung durch eigenes Tun und auf das Vermögen der eigenen Vernunft[23].

So wie dort die Anerkennung Gottes des Schöpfers und Erlösers mit dem Gehorsam und dem Vertrauen, so ist hier der Glaube an Christus mit der Forderung der *Nachfolge* im Tun und Leiden aufs engste verknüpft. „Christus ist allein der, der die [Gesetze] erfüllet hat, in dem sollen wir wandeln, gehn und

[8] V, 201. [9] IV, 184; VII, 81. [10] V, 185; VII 9.
[11] VII, 18. [12] VI, 159. [13] IV, 203; V, 276.
[14] IV, 214. [15] VI, 185; V, 151 wie auch 149–154 insges.; IV, 278, 294.
[16] IV, 336. [17] IV, 48. [18] VII, 233f.; VI, 103.
[19] V, 199. [20] IV, 61. [21] IV, 72.
[22] V, 114. [23] VII, 127.

sein."[24] Zur Nachfolge im Leiden bedarf es aber keines besonderen Suchens, „dann einem iedlichen ist sein kreuz geben"[25]. Die Nachfolge im Tun erweist sich in der Liebe hier und jetzt: „nach dem ist kein liebe; was uf erden nit anfacht, das facht nach dem tod nimermehr an"[26]. Und diese Liebe kommt allen Menschen zugute: „so sollen sie Christo sein kinder, gleubig vnd ungleubig, lieben als got seinen sun Christum und Christus sein apostl – fur sie leip und leben geben"[27]. Die Liebestat jedoch, die Paracelsus für die höchste Form der Nachfolge Christi hielt und die ihm selbst am meisten am Herzen lag, war die Wortverkündigung „mit wandern und in armut". Arzt der Armen und Ärmsten, selbst ehelos, heimatlos, machtlos und vielgeschmäht, stand ihm das Bild und Vorbild des wandernden und predigenden armen Heilands lebendiger vor Augen als seinen Zeitgenossen, zumal den lässigen Priestern und Pfarrern, die er darum mit Ingrimm schalt: „sie zeigen [den Weg] nur, gent aber nit"[28]. Vor allem die Vernachlässigung der Heidenmission machte er ihnen zum Vorwurf[29]. Ohne vollen Verzicht und Askese erschien ihm die Wortverkündigung unmöglich.

Doch so ausgeprägt seine spiritualisierenden und moralisierenden, rigoristischen Grundgedanken auch sind, in seiner *Sakramentslehre* unterscheidet sich Paracelsus von den Spiritualisten prinzipiell. Von ihrer wie von der Lehre der Täufer war sie gleichweit entfernt. In mancher Hinsicht am ehesten noch mit Schwenckfelds (s. u. S. 588f.) Ansicht vergleichbar, war sie allenfalls mit der katholischen und der lutherischen Sakramentslehre in Einklang zu bringen. Die Lehre von den sieben Sakramenten lehnte zwar auch Paracelsus ohne weiteres ab. Auch die Buße war ihm kein Sakrament mehr; er erklärte die Reue für das Hauptstück der Buße und befürwortete die öffentliche Beichte im Kreise der Brüder. Eine priesterliche Absolution kam für ihn nicht in Betracht[30]. Dem Sakrament der Taufe und dem Abendmahl aber gab er im Zusammenhang seines Naturverständnisses einen eigenen Sinn. Die *Kindertaufe* verstand er als heilsnotwendiges, verpflichtendes, vor den Dämonen schützendes Unterpfand der Seligkeit, dessen Wirksamkeit vom getreuen Wandel des Heranwachsenden in Buße und Glauben abhängig ist[31]. Auch hier gilt „wissen Christum und glauben in ihn, ihn lieben und ihm folgen[32]. Aber weit wichtiger, ja entscheidend war ihm an der Taufe die wesenhafte Verbindung, in die der Getaufte mit dem limbus Christi, dem verklärten Leib Christi, gelangt[33]. Durch sie erst wird der Christ zum Christen. Diese für sein Heil und ewiges Leben notwendige Verbindung mit dem Fleisch und Blut Christi muß im *Abendmahl* fortgeführt und gestärkt werden[34]. Sie ist leibhaft. Denn so wie der alte, irdische Mensch „materialisch" ist, so ist auch der neue, in Christus wiedergeborene geistliche Mensch

[24] II, 159. [25] II, 146. [26] V, 41; 27.
[27] „Christum verkunden (das mehr ist dann das alles)" II, 41; V, 127.
[28] V, 103. [29] Z.B. IV, 284, 286f.
[30] De confessione, poenitentia et remissione peccatorum, II, 379–404; Liber de poenitentiis, ebenda 407–419.
[31] Vom tauf der christen II, 329–366, bes. 331–333, 356, 363; Libellus de baptismate Christiano, ebenda 369–377.
[32] II, 339. [33] II, 346 mit Anm. r., 347.
[34] II, 352f, 354.

„materialisch"[35]. Grundsätzlich gilt: „*nichtz kombt gehn himmel. Es sey dann vom himmel... Allso müesßen wir durch Christi carnem et sanguinem auch vom himmel sein yhn crafft deß heylligen geysts*"[36]. Diese Leibhaftigkeit des Heils entspricht dem Handeln Gottes in der Natur: „also daß got sein gedechtnus mit dem werk vnd mit dem leip und mit der substanz beweist... greiflich, sichtlich, entpfintlich und nieslich..., das wir sehen im leib, greifen in leip, schmecken und horen... als ir in allen geschepfen sehen"[37]. Eine bloße Erkenntnis des vergotteten Fleisches Christi oder eine rein geistliche Nießung seines Leibes genügte auf keinen Fall. Christus wohnt nicht etwa nur geistlich in uns, sondern „mit blut und fleisch". So wie unser Leib seinem Leib in der Taufe, so muß im Abendmahl sein Leib unserem Leib einverleibt werden: „one den leib ist kein Glaube, liebe, hoffnung etc. nichts nütze"; nur ein himmlischer Leib, der doch Fleisch und Blut hat, kann das Himmlische empfangen; leiblich muß der Mensch in den Himmel kommen, nicht wie ein Engel[38]. Die Wiedergeburt und der Anfang des ewigen Lebens vollzieht sich demnach in der Verleihung des neuen himmlischen Leibes in der Taufe, in seiner Speisung im Abendmahl und in seiner Vollendung nach dem Tod in der Auferstehung. So erscheint Paracelsus mit seiner aus der Heiligen Schrift geschöpften, die kirchliche Tradition betont ablehnenden, zugleich biblizistisch-gesetzlichen, spiritualisierenden und materialisierenden Lehre in vielen Punkten als selbständiger Theologe und, nimmt man seine ungewöhnlichen sozialethischen Vorschläge zur Reform des „Corpus Christianum" hinzu[39], als ein Reformator eigener Prägung, der mehr Aufmerksamkeit verdient, als ihm die Theologen seiner Zeit schenkten.

§ 6 David Joris und Heinrich Niclaes

Literatur zu Joris: F. NIPPOLD, David Joris, in: ZhistTh 33, 1863, 3–166; 34, 1864, 483–673; 38, 1868, 475–591; A. VAN DER LINDE, David Joris. Bibliografie, Den Haag 1867; A. HEGLER, Art. Joris, in: RE³ 9, 1901, 349–352; J. P. DE BIE/J. LOOSJES, Art. David Joris, in: Biogr. Woordenboek van Prot. Godgeleerden van Nederland, 4, 1931, 575–582; R. H. BAINTON, David Joris, ARG Erg-Bd. 6, Berlin 1937; E. TEUFEL, Täufertum und Quäkertum im Lichte der neueren Forschung I, in: ThR, NR 13 (1941) 29–41; HILLERBRAND, 1300–1347; NDB 10, 1974, 608f. (Stupperich). – *Zu Niclaes:* F. NIPPOLD, Heinrich Niclaes und das Haus der Liebe, in: ZhistTh 32, 1862, 323–402; 473–563; F. LOOFS, Art. Familisten, in: RE³ 5, 1898, 750–755; H. DE LA FONTAINE VERWEY, De geschriften van Hendrik Niclaes, Prolegomena eener bibliographie, in: Het Boek, N. R. 26, 1941, 161–221; HILLERBRAND, 2160–2168; W. KIRSOP, The Family of Love in France, in: Journal of Religious History 3 (1964/65) 103–118; I. SIMON, Hendrik Niclaes und das Haus der Liefde. Ein Überblick, in: D. HOFMANN (Hg.), Gedenkschrift für William Foerste, Köln 1970, 432–453; DIES., Hendrik Niclaes. Biographische und bibliographische Notizen. Emden (1540–1560), in: Niederdeutsches Wort 13 (1973) 63–77; H. DE LA FONTAINE VERWEY, The Family of Love, in: Quaerendo 6 (1976) 219–271. (Ergänzende Literatur im Anhang)

[35] K. SUDHOFF, Bibliographia Paracelsica II, 273f.
[36] Ebenda 357.
[37] Paracelsus, Sämtliche Werke V, 144; vgl. 143–149 insges.
[38] SUDHOFF, II, 288.
[39] Vgl. K. GOLDAMMER in seiner Ausgabe: Sozialethische und sozialpolitische Schriften, 1952, S. 1–102.

Ähnlich wie sich Denck und seine Freunde nach der Abkehr vom Täufertum auf den Spiritualismus zurückzogen, so war es nach der Katastrophe von Münster i. W. (1535) erneut der Spiritualismus, der sich dem Täufertum als bleibende Alternative christlichen Denkens und Lebens anbot. Während der Täuferführer Obbe Philips (ca. 1500–1568), mit den Schriften Francks bekannt, auf seine ursprüngliche Absicht zurückkam, „Gott in stiller Einfalt in der Weise der Vorväter und Patriarchen zu dienen“[1], trat in den Niederlanden der Glasmaler *David Joris* aus Delft (1501–1556), von Visionen getrieben, zunächst als neuer Herold eines irdischen Reiches Christi auf (1537). Schweren Verfolgungen vermochte er mit seiner Familie nach Basel zu entkommen (1544), wo er zeitlebens unerkannt und unbehelligt blieb. Unter anderem trugen die Gedanken Francks und der „Theologia Deutsch“ dazu bei, daß hier „sein Messianismus gemäßigt“ wurde[2]. Während er sich äußerlich dem reformierten Bekenntnis fügte, milderte sich sein Sendungsbewußtsein, ohne daß er es preisgegeben hätte. Unter seinen über 230 Traktaten[3] ragt das „Wunderbuch“ (Twonderboek [1]1542, [2]1551) durch seinen Umfang und die wunderliche Fülle seiner aus phantastischen Allegoresen genommenen Offenbarungen von Gott, Christus und Weltvollendung hervor. Die Ablehnung der Kirche und ihrer Heilsvermittlung, die spiritualistische Relativierung der Hl. Schrift, die Betonung des Geistes und der inneren Erfahrung, die eigenartige (sabellianisierende) Trinitätslehre und der Heilsweg des Leidens und der Liebe waren überall mit dem Anspruch des geistbegabten neuen „David“ selbst verknüpft: Ihm kam an der Schwelle des dritten und letzten Weltalters die Schlüsselstellung zu[4]. Zumindest in den Anfangsjahren waren außerdem sowohl Askese als auch Libertinismus in die Lehre und das Leben der Joristen verwoben[5]. Nach Joris' Tod hielten sich einzelne Anhänger noch bis ins 17. Jh. hinein in Delft und in Emden.

Die gleichfalls auf ihren Stifter ausgerichtete spiritualistische Heilslehre des Kaufmanns *Heinrich Niclaes* (1502 bis nach 1570; in Amsterdam 1531, Emden 1540, in den Niederlanden 1560) stand mit der Lehre der Reformation und des Täufertums nicht in Verbindung[6]. Von Jugend an visionär veranlagt, verblieb Niclaes lebenslang äußerlich in der römischen Kirche, während er sich seit 1540 aufgrund besonderer Eingebung als „vergotteten Menschen“ und zur Offenbarung des wahren Heilsweges, des „Dienstes der Liebe Christi“, und zur Sammlung einer neuen, der einzig wahren Gemeinschaft der Gläubigen, der „Familie Christi“ oder des „Hauses der Liebe“, berufen fühlte. Dem kirchlich verkündigten Weg zum Heil sprach er jede Bedeutung ab. In seinen Hauptschriften, „Den spigel der gerechtigcheit“ (1556, [3]1578) und, noch deutlicher, in dem „Evangelium offte eine fröliche bodeschop des rijcke Godes“ (zw. 1555 und 1562, 2.

[1] Vgl. sein Bekenntnis bei FAST, S. 319–340; hier S. 320.

[2] BAINTON, S. 13f.; 22; 34f. – B. spricht wiederholt von „Spiritualisierung der Eschatologie“, so S. 36f., 47.

[3] Über van der Linde hinaus vgl. BAINTON, S. 108.

[4] Skizze seiner Lehre bei BAINTON, S. 71–89; doch ist in jedem Fall auch Nippold noch heranzuziehen. Zu Joris' Plädoyer für Gewissensfreiheit im Zusammenhang mit dem Fall Servet vgl. BAINTON, S. 74–76 und: Concerning Heretics..., ed. R. H. BAINTON, New York 1935, S. 305–307.

[5] Der Libertinismus wird gegenüber Nippold verharmlost bei Bainton, S. 30, 67f.

[6] KARL MÜLLER, Kirchengeschichte II/2 (1919) § 240 S. 117 deutet auf „vielfache Verwandtschaft“ mit den von Calvin bekämpften Libertinern, die ihrerseits „ganz wie die mittelalterlichen Brüder des freien Geistes“ lehrten (ebda. S. 116).

Aufl. ca. 1572) ließ er die biblische Heilsgeschichte in seiner selbsteigenen Botschaft an alle Menschen einschließlich Juden, Türken und Heiden gipfeln und enden. Das Heil, wie es die Jünger einst verkündigten, besteht im geistlichen Mitsterben und Mitauferstehen mit Christus, in der geistlichen Einleibung in ihn und im Gehorsam der Liebe. Der Abfall der römischen Kirche zum äußeren Zeremoniendienst ebenso wie der Streit der Reformation um die Hl. Schrift war der Untergang des Heils. Erst der „Dienst der Liebe" eröffnet den richtigen Weg zum Heil. In ihm allein ist die Rettung[7]. Mit der geheimen Verbreitung seiner moralisierenden allegorischen Aufschlüsse nicht zufrieden, gab Niclaes seiner Gemeinschaft eine besondere hierarchische Ordnung, eigene Riten und einen neuen Kalender. Den sieben Klassen seiner „Priester" machte er Eigentumsverzicht und Askese zur Vorschrift[8]. Über die Niederlande hinaus gewann er Anhänger auch in England. Die Gedanken der „Family of Love" fanden dort noch im enthusiastischen Spiritualismus der Revolutionszeit vorübergehenden Widerhall[9].

§ 7 Kaspar von Schwenckfeld

Quellen: Corpus Schwenckfeldianorum (= CSchw) I, 1907 bis XIX, 1961. – *Literatur:* R. H. GRÜTZMACHER, Art. Schwenckfeld, RE³ 18 (1906) 72–81; E. SEEBERG, Der Gegensatz zwischen Zwingli, Schwenckfeld und Luther, in: Reinhold-Seeberg-Festschrift (Leipzig 1929) 43–80; SELINA G. SCHULTZ, Caspar Schwenckfeld von Ossig (1489–1561), Norristown, Pennsylvania 1946; H. J. SCHOEPS, Vom himmlischen Fleisch Christi, eine dogmengeschichtliche Untersuchung, Tübingen 1952; EM. HIRSCH, Schwenckfeld und Luther, in: DERS., Lutherstudien 2 (1954) 35–67; PAUL L. MAIER, Caspar Schwenckfeld on the Person and the Work of Christ, Assen 1959; G. MARON, Individualismus und Gemeinschaft bei Caspar von Schwenckfeld, Stuttgart 1961; E. A. FURCHA, Schwenckfeld's Concept of the New Man, Pennsburg Pa., USA, 1970; H. WEIGELT, Spiritualistische Tradition im Protestantismus. Die Geschichte des Schwenckfeldertums in Schlesien, Berlin 1973 (AKG 43); A. SCIEGIENNY, Homme charnel, homme spirituel, Étude sur la christologie de C. S., 1975. (Ergänzende Literatur im Anhang)

Von der Offenheit des Franckschen Denkens weit entfernt, vielmehr ganz auf die Grenzen der biblischen Offenbarung beschränkt, gelangte der Spiritualismus durch den gebildeten adeligen Laien *Kaspar Schwenckfeld von Ossig* (1489–1561) zu tiefer, nachhaltiger Wirkung. Schwenckfeld gab ihm mit seiner eigentümlichen spekulativen Christosophie einen festen Mittelpunkt. Von Luther (seit 1526) und bald von sämtlichen kirchlichen Gemeinschaften geschieden, war auch Schwenckfeld mit seinen Grundsätzen bereits fertig, als er aus seiner schlesischen Heimat nach Süddeutschland auswich (Straßburg 1529, Ulm 1535, Justingen 1540, Esslingen 1547), um hier ganz in der Stille, aber mit unermüdlichem Eifer durch Gespräche, ausgedehnte Korrespondenzen und viele erbauliche Schriften einzelne Gleichgesinnte zu „Liebhabern der Glorie Christi" zu gewinnen.

In einer aufschlußreichen Kritik an der „Confessio Augustana" (1530)[1] betonte auch Schwenckfeld, „daß im Christenthumb für allen dingen ob Christli-

[7] Referat bei Nippold, S. 484–497; Niclaes' Fassung des Apostolicums: S. 545–549.
[8] Ebda. S. 549–563. [9] Vgl. VERWEY, Nr. 4–6, 11f., 20f., usw.
[1] Der LVIII. Sendbrieff (1530), Corpus Schwenckfeldianorum III, 862–940.

cher freiheit soll gehalten werden“, da der christliche Glaube nicht an Äußerlichkeiten hängt, sondern „ein gab des heiligen Geists vnnd ein frey geschenck Gottes“ ist[2]. Auf „das innerlich werck Gottes“ und auf „die innerliche Vereinigung des heiligen Geists der Hertzen, Seel vnnd Gewissen in Christo vnd seinem erkantnus“[3] kommt alles an, während die Reformation, ganz wie die katholische Kirche, das Heil an irdische, „elementische“, vermeintliche Gnadenmittel knüpft und es damit verfälscht. Gegen diese Verfälschung ist festzuhalten, daß einzig der innerlich hier und heute wahrgenommene Glaube im Geist zum Heil führt, kein auf die Vergangenheit gerichteter historischer, vernünftiger, fleischlicher Glaube; die wesentliche, nicht die zugesprochene Gerechtigkeit; Gnade, Wiedergeburt und neuer Mensch, nicht aber Natur, erste Geburt und alter Mensch. Alle äußeren Dinge und Dienste, die Predigt des Evangeliums ebenso wie die Sakramente, sind an sich wertlos, ja sie werden sogar schädlich für den, der nicht weiß, daß sie nach Art aller Zeichen stets von sich selbst auf das wahre, innere Heil verweisen[4]. Die Seligkeit vermitteln sie nicht. Hierfür gilt vielmehr: „Sursum corda“! So ist die Taufe das äußere Zeichen, das auf die Wiedergeburt hinweist, jene Taufe, die „im Heilligen gaist vnd feuer Innerlich geschicht Inn der Christglaubigen seel“[5].

Da dieser Vorgang das Bewußtsein der Erwachsenen voraussetzt, lehnt Schwenckfeld die *Kindertaufe* ab. Weil er nun aber die Erwachsenentaufe für nicht heilsnotwendig ansieht, ist er auch mit den Täufern nicht einig[6]. Am *Abendmahl* unterschied er nach seiner gewöhnlichen dualistischen Methode zwischen dem äußeren und dem inneren Menschen, den Elementen und der Seelenspeise, dem irdischen und dem himmlischen Vorgang, „auf das ich... den leib des, der da Got ist, nit der irdischen verrucklichen creatur gleich achte, das ich jn nit damit vermenge noch ainigerlay weiß verainige oder daraus wesentlich emphan vnd darinn hie vnd da anbetten wolle“[7]. Wenn er beteuerte, die Einsetzungsworte Jesu „bringen den leib vnd blut Christi wesendtlich vnd warhafftig mit jnen“[8], so war das nur von der geistlichen Realität im inneren Leben der Gläubigen zu verstehen. Diese war einzig entscheidend: Seit 1525 übte Schwenckfeld den „Stillstand“ und enthielt sich des Abendmahls bis an sein Lebensende[9].

Auch bei Schwenckfeld verbindet sich der Spiritualismus mit der *ethischen Forderung*. Erst der in der Liebe tätige Glaube ist rechtfertigender Glaube. Nur die reine, sündlose Kirche ist Kirche; Ungläubige und Unheilige kann es in ihr nicht geben; ihr Dienst wäre unwirksam. Nicht rückblickende Reue ist echte Buße, sondern die Bekehrung zum frommen Leben. Aus göttlicher Gnade wird der Wille des Menschen frei, Gutes zu tun. Gott belohnt auch gute natürliche Werke, und ein ehrbares bürgerliches Leben ist nicht geringzuschätzen[10]. Das neue geistliche Leben aber ist geprägt von der Wiedergeburt aufgrund recht-

---

[2] Ebda. 873, 869.
[3] Ebda. 897, 906.
[4] Ebda. 894.
[5] CSchw IV, 789.
[6] MARON, S. 93; CSchw III, 925.
[7] Bekandtnuß vom hailigen Sacrament dess Leybs vnd Bluts Christi (1535) CSchw V, 167–209, hier S. 194.
[8] Ebda. 209.
[9] MARON, S. 89.
[10] Im LVIII. Sendbrieff, s.o. Anm. 1.

schaffener Buße in der Nachfolge Christi[11]. „‚Mir nach', ist der Reim Christi."[12] Denn Christus ist beides, sowohl „gehaimnuß und geschenck" (sacramentum) als auch „fürbild" (exemplum). Die Lutheraner, die ihn nur zum Geschenk haben wollen, verfehlen die Wiedergeburt ebenso wie die Katholiken, die ihn nur zum Vorbild nehmen. Dagegen „am mittel weg an der kindtlichen strassen... wer gut wandeln"[13]. So betont Schwenckfeld zeitlebens die Notwendigkeit der Nachfolge Christi im Kreuz und Leiden, wie sie dem „Christus humilis" im Stand seiner Erniedrigung entspricht. Es gibt kein Christenleben ohne die tätige und geduldige Bewährung der „christlichen Ritterschaft"[14].

Das Besondere an Schwenckfelds Spiritualismus ist in seiner *Christosophie* zu erblicken, im Glauben an den „Christus glorificatus", genauer: in der richtigen Erkenntnis der Person Christi im Stande ihrer Erhöhung und Vergottung. Denn erst hier, in diesem ganz bestimmten, tieferen Wissen von dem besonderen Wesen und von der Heilsbedeutung Christi erlangt der Glaube seine Heilsgewißheit und gewinnt der Christ wesenhaften Anteil am göttlichen Leben. Erst der „Liebhaber der Glorie Christi" ist der wahre, vollkommene Christ. Diese von Schwenckfeld unter emsigem Studium der Kirchenväter breit entfaltete heilsnotwendige Glaubenserkenntnis[15] hat anthropologische und soteriologische Motive: „Gott ist ins Fleisch kommen auff daß das fleisch widerumb in Gott käme. Also richtet Er vnser fleisch an durch sein Göttlichs fleisch, daß es demselbigen möge gleichförmig werden zum ewigen Leben."[16] Schon früh wird es ihm wichtig, nicht nur „Gott im Fleisch", sondern auch „das Fleisch in Gott" zu erkennen, ja, Christus „wil viel mehr nach dem Geist vnd seinem newen glorificierten gantz himmlischen wesen gelernt vnd bedacht werden"[17]. Die Verklärung, Verherrlichung und Vergottung Christi und seines menschlichen Fleisches und Blutes ist es, was die Erlösung und das neue Wesen des wiedergeborenen Christen verbürgt. Das vergottete Fleisch Christi allein vermag die Vermittlung zwischen Gott und Mensch wiederherzustellen. Es überbrückt die Kluft zwischen Himmel und Erde und eröffnet dem Heiligen Geist den Einfluß in die Herzen der Gläubigen: „Gewiß ists das kain mensch den H. Geist empfahen Kan denn vom Fleisch Christi in der Glorien..."[18] Das in der Glorie nunmehr vergottete, göttliche Fleisch Christi ist das einzige, nicht-kreatürliche Gnadenmittel, das es gibt. Es ist für Schwenckfeld Angelpunkt und Herzstück des Glaubens. Das Christsein wird damit zu dem aus der Vergottung des Fleisches Christi ermöglichten Leben in der Glorie Christi, ja es wird zum Leben in der Vergottung selbst: „Alle Christen werden vom menschen Christo gottes kinder, gottlicher Natur mittgenoß vnd, wie die schrifft sagt: götter."[19] Die Kenntnis des „Christus glorificatus" verleiht damit dem Leben in der Nachfolge des „Christus humilis" erst seinen vollen Sinn. Ähnlich wie in der deutschen Mystik der dreistu-

---

[11] Catechismus von ettlichen Hauptartickeln des Christlichen Glaubens (1531) CSchw IV, 216–238 (überarbeitet u. d. T. Deütsche Theologia, 1562, in: CSchw XVII, 59–147); S. 219, 221.

[12] Ebda. 225 (am Rand).

[13] Ebda. 226f.

[14] Vgl. Schwenckfelds Edition der „Imitatio Christi" 1531, CSchw IV, 278–413; Summarium des Christlichen streyts, 1533, ebda. 675–746; dazu Maron, S. 47–52, 120f., 143f.

[15] Hauptschrift: Confession vnnd Erklerung vom Erkandtnus Christi (1541) CSchw VII, 486–884.

[16] CSchw VIII, 254; Maron, S. 52–66.

[17] CSchw III, 889; 888.

[18] CSchw XI, 916.

[19] CSchw VIII, 405.

fige Heilsweg zur „unio mystica“, so wird hier der „Christus humilis et glorificatus“ zum geheimen Skopos und Kanon der biblischen Botschaft. Wie dort, so führt auch hier der Spiritualismus zur Spiritualisierung und Entgeschichtlichung der Heiligen Schrift[20].

Obgleich Schwenckfeld dem Spiritualismus damit, im Unterschied zu Franck, einen eindeutigen, lehrbaren Mittelpunkt gab, verstand er seinen Dienst stets nur als ein Hinweisen auf Christus, den inneren Lehrer des Christen. Das Heilsgeschehen vollzieht sich zwischen Gott und jeder einzelnen aus der Schar der von ihm erwählten gläubigen Seelen *(numerus praedestinatorum)*, die im Geist mit ihm verbunden sind, nicht aber zu einer äußeren Gemeinschaft zusammengefaßt werden können und sollen. Patienten des Arztes Christi sind sie, die sich untereinander kaum kennen: „sie kennen aber alle den arzt vnd seine artzney“[21]. Ihre Zerstreuung schließt indessen nicht aus, daß sich diese Gleichgesinnten, – „eigentlich nichts den arme bettler vor der thür des Reichen manns Christi vnsers Herren, doch, als wir hoffen, seine schüler“[22] – gelegentlich zum gemeinsamen Gebet und Gedankenaustausch zusammenfinden. Bestimmend blieb jedoch auch hier der religiöse Individualismus. Am Ende seines Lebens erklärte Schwenckfeld, *„Das wir keine versammelte, abgesonderte Cetus noch Kirche haben, Wie auch vnser, die sich diser lere von Christo seiner glorien... halten, gar wenig ist, die wir wissen oder kennen.“*[23] Aus dem Standpunkt der Unparteilichkeit[24] jenseits der „vier Partheien“ folgerte er schließlich wie Franck, jedoch mit quietistischem Unterton, die Gewährung und Forderung gegenseitiger *Toleranz*.

Unter den zeitgenössischen Anhängern Schwenckfelds[25] in Süddeutschland[26] und in Schlesien[27] tat sich der Theologe *Valentin Krautwald* (1490–1545) als „Melanchthon Schwenckfelds“[28] und der theologisch gebildete Laie *Adam Reissner* aus Mindelheim (um 1500–1582) als Liederdichter und als Übersetzer und Herausgeber der Schriften Schwenckfelds hervor[29]. Reissner griff zur Verteidigung der Christologie Schwenckfelds sogar auf die monophysitisch ge-

---

[20] Maron, S. 80 urteilt sogar: „Schwenckfelds ‚Religion‘ steht nicht auf dem Fundament der hl. Schrift.“

[21] Rechenschafft von Caspar Schwenckfelds Vocation, beruff, Lauff vnd Lere, (1562) CSchw XVII, 816–828; 821.

[22] CSchw IX, 606, vgl. Von der himmlischen artzney des waren Artztes Christi (1545) CSchw IX, 524–623; im Zusammenhang Maron, S. 116–138.

[23] CSchw XVII, 824.

[24] Vgl. z.B. ain recht vnpartyisch büchlin... in yetzigem zwispallt des glaubens, CSchw IV, 216; Maron, S. 134–138.

[25] Außer den Angaben im CSchw (Reg.) vgl. G. Arnold, KKH II/XVI/20, § 14 und 15 sowie Anhang zu II/XVI Nr. 73, 74, 76 am Ende; zu Friedrich: E. Eylenstein, Daniel Friedrich (1930); dazu neuerdings: Claus-Peter Clasen, Schwenckfeld's Friends. A Social Study, in: MQR 46, (1972) 58–67.

[26] Vgl. Franz Michael Weber, Kaspar Schwenckfeld und seine Anhänger in den freybergischen Herrschaften Justingen und Oepfingen, Stuttgart 1962.

[27] Vgl. zuletzt: H. Weigelt, Spiritualistische Traditionen im Protestantismus. Die Geschichte des Schwenckfeldertums in Schlesien (AKG 43) 1973.

[28] Schimmelpfennig, Art. Crautwald, in: ADB 4, (1876) 570f.; G. Eberlein, Zur Würdigung des Valentin Krautwald, in: Correspondenzblatt des Vereins für Geschichte des ev. Kirche Schlesiens 8 (1902) 268–286.

[29] O. Bucher, Adam Reissner, Ein Beitrag zur Gesch. der deutschen Reformation, Kallmünz 1957.

stimmte Christologie des Patriarchen Kyrill von Alexandrien († 444) zurück. In der nächsten Generation vertiefte der gelehrte Dichter *Daniel Sudermann* (1550–1631)[30] das geistliche Erbe Schwenckfelds durch lebenslanges Studium der Schriften Taulers: In seiner „Harmonia“ (1613) suchte er die Lehraussagen der drei Konfessionen im Spiritualismus zu höherer Einheit zusammenzuführen.

§ 8 Juan de Valdés

Bibliographie: E. BOEHMER, Bibliotheca Wiffeniana: Spanish Reformers of two centuries from 1520, Straßburg-London, I, 1874; II, 1883 ND 1962.

Literatur: J. HEEP, Juan de Valdés, Leipzig 1909; EDMONDO CIONE, Juan de Valdés, Bari 1938 (Bibliographie: S. 115–181); DOMINGO DE STA. TERESA, Juan de Valdes 1489 (?)–1541, Su pensiamento religioso y las corrientes espirituales do su tiempo. Rom 1957 (AnGr 85); G. H. WILLIAMS (s. § 1), S. 295–390; J. N. BAKHUIZEN VAN DEN BRINK, Juan de Valdés, reformateur en Espagne et en Italie, 1529–1541, Genève 1969; JOSE C. NIETO, Juan de Valdes and the Origins of the Spanish and Italian Reformation, Genève 1970; A. MARQUEZ, Art. Valdes, Juan de, in: Diccionario de historia ecclesiastica de España IV (Madrid 1975) 2685 f. (Ergänzende Literatur im Anhang)

Trotz der kurzen Blütezeit und nur geringen Entfaltungsmöglichkeit, die ihm beschieden war, verdient der eigenartige Spiritualismus des *Juan de Valdés* (ca. 1509–1541) Beachtung, zumal er am Beginn des Protestantismus in Italien und Spanien stand. Nicht mehr katholisch – und daher von der römischen Inquisition als häretisch unterdrückt–, jedoch auch von der deutschen Reformation kaum oder gar nicht berührt, zeigt Valdés manche Übereinstimmung mit ihr, ohne daß im Protestantismus eine dogmengeschichtliche Nachwirkung seiner Gedanken feststellbar wäre. Von den Bibelauslegungen des Alumbrado Pedro Ruiz de Alcaras († 1529) und seiner „Hingabe an die Liebe Gottes“ *(dejaimento al amor de Dios)* beeinflußt[1], zog sich Valdés bereits während seines Studiums in Alcala mit einem erasmianisierenden Katechismus (Diálogo de Doctrina Cristiana, 1529) die Anklage der spanischen Inquisition zu, so daß er nach Italien (Sekretär in Rom 1531; Neapel 1535) ausweichen mußte, wo er ohne äußeren Bruch mit der römischen Kirche[2], jedoch innerlich entschieden, unter den evangelisch gesinnten Reformkatholiken in Bibelauslegungen und erbaulichen Schriften[3] seine Lehre vom geistlichen Christentum zur Entfaltung brachte, das bei ihm an die Stelle eines Christentums des Aberglaubens und der Zeremonien getreten war.

In seinem Diálogo[4] erwartete er die *Reform des Christentums* noch von den

---

[30] AUG. FRIEDR. HCH. SCHNEIDER, Zur Literatur der Schwenckfeldischen Liederdichter bis Daniel Sudermann, Programm Königl. Realschule Berlin 1857. G. H. SCHMIDT, Daniel Sudermann. Diss. phil. Leipzig 1923 (Masch.); HANS HORNUNG, Der Handschriftensammler Daniel Sudermann..., in: ZGO 107 (1959) 338–399.

[1] Nieto, S. 60–80, bes. S. 70.

[2] Ebda., S. 181.

[3] Hauptschriften sind: Alfabeto Cristiano (1546), Ziento i diez Consideraziones, erstmals span.: Madrid 1863 (Reformistas antiguos españoles XVII), engl. bei BENJAMIN B. WIFFEN, Life and Writings of Juán de Valdés (London 1865) II. The hundred and ten Considerations...; italienisch: Le cento e dieci divine considerazioni (Basel); Tratátidos (1545), ed. EDUARD BOEHMER, Bonn 1880.

[4] Juan de Valdés, Dialogo de doctrina Cristiana, ed. MARCEL BATAILLON, Coimbra 1925; vgl. Nieto, S. 114–141, bes. s. 120f., 125.

Oberen der Kirche, während er in deutlicher Unterscheidung daran erinnerte, man müsse durch die Kirche Gott dienen, der Kirche aber nur um Gottes willen. Innerhalb der Sakramentslehre berücksichtigte er schon damals nur noch Taufe und Abendmahl. In seinen späteren Schriften erwähnt Valdés die Hierarchie und die verfaßte Kirche nicht mehr. Hier ist nur noch vom Reich Gottes, vom Leben im Geist und vom geistlichen Leben die Rede[5]. Das Haupt der Kirche ist Christus, die Kraft (virtú), welche die Glieder des Leibes durchströmt und ihnen die Gaben Gottes mitteilt. Die Glieder des Leibes aber sind diejenigen, die Gott berufen und zur Erkenntnis Christi gezogen hat[6]. Die frommen, wahren Christen und ihr Heil stehen im Mittelpunkt der Betrachtungen[7]. Von den fälschlich für fromm und geistlich gehaltenen Gegnern, die in Wahrheit abergläubische Zeremoniendiener sind (las personas superstiziosas i zeremoniosas), soll man sich fernhalten, wo sie böse Absichten hegen; im übrigen fällt kaum ein heftiges Wort gegen sie[8]. Es gibt Namenchristen, die im Vertrauen auf ihren Verstand und auf den Wortlaut der Heiligen Schrift von Gott, Christus, Christenstand und Christenleben Irrtümer lehren: sie vereinen das Schriftverständnis der Juden mit der törichten Bemühung um die verkehrte Weisheit der Heiden[9]. Doch sie wissen es nicht besser. Wahres Christentum ist Leben im Heiligen Geist, und alles an ihm, Heilsgrund, Heilserkenntnis und Heiligung sind vom Geist gewirkt, getragen, bestimmt.

Die Erkenntnis des Heils ist der Vernunft zu hoch, das natürliche Licht kann es nicht fassen[10]. Aber auch das *Studium der Heiligen Schrift* reicht dazu keineswegs aus. Es wäre ebensoviel, als wollte einer im Dunkeln mit einer Kerze in der Hand das Licht der Sonne entdecken. Erst wenn die alles überstrahlende Sonne, der Heilige Geist, aufgeht, kommt volles Licht über die Schrift. Bis dahin ist sie in der Finsternis menschlicher Weisheit und Vernunft nur ein Notbehelf, und ihr Licht ist vom Erlöschen bedroht. Wer das Licht der Sonne hat, bedarf der Kerze nicht mehr. Niemand wird sie darum wegwerfen, wird sie doch denen, die da suchen, immer noch nützlich sein. Aber dem wahren Christen hat sie dann ihren Dienst getan. Die richtige Erkenntnis der Schrift im Heiligen Geist erschließt ihm freilich nur das, was Gott ihm erschließen will. Auch sind die verschiedenen Schriften der Bibel verschieden, weil ihre Verfasser vom Heiligen Geist unterschiedlich begabt worden sind[11]. Vernunft und jede irdische Wißbegier schaden dem Verständnis der Schrift also nur. Hingegen sind Gebet und Betrachtung die besten Kommentare der Bibel[12]. Im Gebet wirkt der Geist, und in der Betrachtung richtet sich der Christ auf seine innere Erfahrung. Auf jeden Fall entsteht der Glaube an die Heilige Schrift aus dem (inneren) Licht und nicht aus dem (äußeren) Bericht („por revelazión, i no por relazión“)[13]. Es geht im Christentum nicht um (äußeres) Wissen, sondern um (innere) Erfahrung: „el negozio cristiano, non es zienzia, sino experienzia“[14].

In dem bemerkenswerten selbständigen *Glaubensbekenntnis* des Valdés ist

---

[5] Das Folgende nach den „Ziento i diez Consideraziones“. [6] Consid. LXXV.
[7] c. IV (u. ö.): los pios; c. XLII (u. ö.): una persona pia; c. LX (U. ö.): los cristianos verdaderos.
[8] c. LX. [9] c. LXVIII. [10] c. XII. [11] c. LXIII.
[12] c. LIV: „Que la orazión i la considerazión, son dos libros, o intérpretes, segurisimos para entendér la santa Escritura...“
[13] c. X. [14] c. LVII.

der Heilige Geist nicht als dritte Person neben Gott Vater und Christus genannt, sondern als die göttliche Kraft, mit der Christus den Erwählten, die ihm eingeleibt sind, die Schätze der Gottheit mitteilt zum geistlichen Leben, so daß sie durch ihn mit Gott und untereinander eins sind (Joh 17,11); in dieser Einheit besteht die christliche Vollkommenheit[15]. Rechtgläubig zeigt sich Valdés im Blick auf die *Taufe*. Sie ist als Zugeständnis Gottes an unsere menschliche Schwachheit ein Mittel unserer Erlösung, dem wir Glauben schenken. Als Kinder getauft, sind wir einem Menschen vergleichbar, der im Schlaf von Noah in die rettende Arche getragen wurde. Sollte er ihm nach seinem Erwachen nicht dafür dankbar sein[16]? Das Wesen Gottes ist Güte und Liebe. Menschliche Philosophie, Aberglaube und falsche Religion behaupten, Gott sei zornig, rachsüchtig, unmenschlich, ein Tyrann. Aber aufgrund des Evangeliums und ihrer inneren Erfahrung wissen es die Gotteskinder besser: Gott ist geduldig, barmherzig und menschlich (humano), denn er hat sie durch Christus erlöst[17]. Gott sucht den Menschen der Welt abspenstig zu machen, so wie ein edler Liebhaber eine Frau ihrem minderwertigen Liebhaber abgewinnt[18]. Gott liebt den Menschen wie ein guter Vater seinen ungeratenen Sohn; seine Liebe ist größer als die Liebe selbst des besten Sohnes zu seinem Vater[19]. Gott will die Menschen zu sich ziehen und verändern, so wie ein Gutsherr die verwerflichen Kinder einer verwerflichen Sklavin – der menschlichen Natur – aus besonderen Gründen – der Rechtfertigung durch Christus – zu Kindern annimmt, damit sie die schlechten Eigenschaften ihrer Mutter allmählich verlieren und seine eigenen Wesenszüge annehmen[20].

In Anlehnung an verschiedene biblische Aussagen und in eigenen, selbstgeprägten Vergleichen beschreibt Valdés das *Heil* vorzugsweise als die Wiederherstellung des göttlichen Ebenbildes in uns, in der Gegenüberstellung von Adam und Christus, als Rechtfertigung, als Einleibung in Christus und als Wiedergeburt[21]. Indem Christus die den Menschen gebührende Strafe auf sich nahm, hat er den dreifachen Bund zwischen Gott und den Menschen geschlossen, den Bund der Rechtfertigung durch Glauben (el pacto de la justificazion por la fé), der Auferstehung und des ewigen Lebens[22]. Die Vergebung und der Bund der Rechtfertigung ist unter den christlichen Wahrheiten diejenige, die am schwersten zu glauben ist, denn die Menschen vertrauen sich selbst und suchen die Rechtfertigung durch ihre eigenen Werke. Wer hingegen Christus glaubt, erfreut sich der Rechtfertigung und der Erneuerung seines Wesens und Wollens in der vom Geist gewirkten Wiedergeburt[23]. Die wahren Christen sind, wie Gott ihr Vater, barmherzig und mitleidsvoll. Sie tun in christlicher Freiheit das Gute weder aus Furcht vor Strafe noch im Blick auf den Lohn, sondern um seiner selbst willen[24].

Das neue Leben in der *Heiligung* ist ein Prozeß zunehmender Bewährung der Frömmigkeit (la piedád), die sich in der Abtötung der Welt (la mortificazión) und in der Übergabe des eigenen Willens an Gott vollzieht[25]. Der Fromme hat nun Lust an allem, was geistlich ist, vornehmlich an der Hl. Schrift und am Gebet; streng meidet er alle ungeistlichen Menschen und Schriften[26]. Er faßt seine

---

[15] c. CIX. [16] c. CIV. [17] c. XXVIII. [18] c. XXIII.
[19] c. XXIV. [20] c. XXXIV. [21] c. I, L; c. CVIII; c. XLIII; c. LXXXIV; c. XXVI.
[22] c. VIII. [23] c. XXXVI. [24] c. XIV; c. XXI. [25] c. XXVI.
[26] c. XLVII.

guten Vorsätze und wiederholt sie und hütet sich, wie ein von Krankheit Genesener, vor jedem Rückfall[27]. Er lebt ein Leben in der Nachfolge, indem er „im Angesicht Christi" (2 Kor 4,6) wandelt und alles tut, was Christus tut, und alles läßt, was Christus unterlassen würde. Er handelt jedoch nicht wie der Knecht des Gesetzes, der fragt, was erlaubt ist, sondern wie das Gotteskind, das tut, was da frommt (1 Kor 6,12)[28]. Auf diesem Weg zur christlichen Vollkommenheit (la perfección cristiana) stehen Glaubenserkenntnis und Heiligung in einem sich gegenseitig steigernden Wechselverhältnis[29].

§ 9 Valentin Weigel und der Weigelianismus

Quellen: VALENTIN WEIGEL, Sämtliche Schriften, hg. von W. E. PEUCKERT und W. ZELLER, 1, Stuttgart-Bad Cannstatt 1962 bis 7, 1978.

Literatur: J. O. OPEL, Valentin Weigel, Leipzig 1864; A. ISRAEL, Valentin Weigels Leben und Schriften, Zschopau 1888 (dazu vgl. Kawerau ThLZ 1888, 594ff.); Hans MAIER, Der mystische Spiritualismus Valentin Weigels, 1926; W. ZELLER, Die Schriften Valentin Weigels. Eine literarkritische Untersuchung, Berlin 1940, ND 1964; F. LIEB, Valentin Weigels Kommentar zur Schöpfungsgeschichte und das Schrifttum seines Schülers Benedikt Biedermann, Zürich 1962; G. BARING, Valentin Weigel und die Deutsche Theologie, in: ARG 55, 1964, 5–7; B. GORCEIX, La Mystique de Valentin Weigel, 1533–1588, et les origines de la théosophie allemande, Lille 1972; W. ZELLER, Der frühe Weigelianismus, in: DERS. Theologie und Frömmigkeit, hg. von B. JASPERT, 1, Marburg 1971, 51–84; DERS. Luthertum und Mystik, ebda 2, 1978, 35–54; DERS., Der ferne Weg des Geistes. Zur Würdigung Valentin Weigels, ebda 2, 1978, 89–102; DERS., Naturmystik und spiritualistische Theologie bei V. W., in: Epochen der Naturmystik, hg. von ANTOINE FAIVRE und R. CHR. ZIMMERMANN, 1980, 105–124. (Ergänzende Literatur im Anhang)

Trotz der genauen Durchbildung, schulmäßigen Lehrtradition und strengen Überwachung, mit der die protestantische Orthodoxie die Theologie der Reformation zu festigen und zu sichern bemüht war, vermochte der lutherische Theologe *Valentin Weigel* (1533–1588), der in Gegensatz zu ihr trat, die mystische Lehre vom Heilsweg und die von Franck und Paracelsus vertretenen spiritualistischen Lehren von der Heilserkenntnis und Heilsvermittlung heimlich ins Luthertum einzuschleusen[1]. In der Mischung der Elemente steigerte sich ihre Sprengkraft noch. Doch ihre Wirkung verzögerte sich zunächst. Denn obgleich mit der Lehre seiner Kirche zerfallen, vermochte Weigel seine Abweichung zu verheimlichen und sein Pfarramt (seit 1567 in Zschopau) weiterzuführen. Erst nach seinem Tode erreichten seine Werke, z.T. zusammen mit paracelsischen Schriften und um Arbeiten seines Anhängers Benedikt Biedermann (ca. 1545–1621) vermehrt, einen größeren Kreis von Lesern, Anhängern und Bestreitern.

Unbefriedigt von dem bloß lehrhaften Glaubensverständnis der Orthodoxie und angewidert von ihrer Polemik fand Weigel, was er suchte, in der „Theologia Deutsch", bei Tauler und bei Thomas von Kempen[2]: eine vertiefte Auffassung

[27] c. XX. [28] c. XC. [29] c. CX.

[1] ZELLER möchte dabei drei Perioden unterscheiden: Mystik der Frühzeit, Spiritualismus seiner mittleren Jahre und paracelsistische Kirchenkritik seiner Spätzeit, vgl. Theologie und Frömmigkeit I, 84.

[2] Valentin Weigel, Sämtliche Schriften 3, 125; daneben sind hier auch Staupitz und Bünderlin genannt; vgl. aber außerdem S. 138, 143.

vom Glauben und Glaubensleben. Er machte sie sich mitsamt ihrer Begrifflichkeit zu eigen, um damit „zu reinigen die Artickel des Glaubens“[3], wie sie ihm in der Fassung der melanchthonischen Schultheologie beigebracht worden waren. Daß der Glaube keine bloße Einsicht sei, sondern eine Wesensverwandlung des Menschen bewirkt, und daß das Glaubensleben kein Besitz war, sondern ein fortwährendes Ringen des Willens mit dem Unglauben und der Selbstsucht, übernahm er von dort. Das Wesen der Sünde ist Eigenwille und Selbstliebe, der Inbegriff der Tugend aber ist die Gelassenheit, die rückhaltlose Selbstpreisgabe an Gottes Willen, selbst wenn Gott in die Hölle hineinführte *(resignatio ad infernum)*[4]. Das Vorbild dieser Gelassenheit ist Christus[5]. Zeit seines Lebens ist der Mensch in den Gegensatz zwischen Adam und Christus, Fleisch und Geist, Zeit und Ewigkeit gespannt, um sich für die eine, die richtige Richtung des Willens frei zu entscheiden[6]. Von diesem polaren Gegensatz spricht die ganze Heilige Schrift. Er muß in uns „erkennet, geübet, gebrauchet vnd angeleget“ werden[7]. „Der tote Wahn“ des bloßen Fürwahrhaltens des Heils (fides historica) macht so wenig selig wie die Wassertaufe: sie „ist nichts als eine Bedeuttung auswendigk“[8]. Die richtige, innere Entscheidung führt zur Willenseinheit mit Gott, auf deren Erhaltung der Mensch ängstlich bedacht sein muß[9]. In diesem, dem lebendigen Glauben, der mitsamt seiner „Crafft vnd Wirckung im Herzen“ „Christum nicht alleine zum Geschenckh..., sondern auch zum Fürbilde vnd Muster“ nimmt, ist der Gegensatz zwischen Glauben und Werken aufgehoben[10]. Es sind die bekannten Gedankengänge jener mystischen Schriften, die hier Weigel, mit entsprechenden Lutherzitaten untermauert[11] und zum Gegensatz zugespitzt, für die notwendigen Elemente des „wahren, seligmachenden“ Glaubens erklärt.

Von beachtlicher Konsequenz sind die spekulativen *kosmologischen Gedanken,* mit denen Weigel die von ihm rezipierte mystische Heilslehre weiterführte und tiefer begründete. Er überwand damit die Vorstellung von Raum und Zeit im Blick auf den Glauben und das Heil. Außerhalb der sichtbaren, aus dem Nichts erschaffenen, dereinst sich wieder ins Nichts auflösenden und daher letztlich nichtigen Welt (Erde und Himmelssphären), die in der Unendlichkeit schwebt, gibt es keinen Raum[12], denn dieser ist mit ihrer Endlichkeit gegeben. Gott freilich umgreift die Welt samt allen guten und bösen, unsichtbaren und sichtbaren Geistern, Engeln, Teufeln und Menschen; ja, mehr noch, Gott ist in der Welt und in ihnen allen. Himmel und Hölle bezeichnen keine Orte, sondern die Willensrichtung der in der Welt befindlichen Geister in ihrem Verhältnis zu Gott. Gott ist zwar in ihnen allen (mit seinem Wesen), aber sie sind nicht alle (mit ihrem Willen) in Gott. Denn im Unterschied zu den Engeln, die mit ihm gleichen Willens und damit „im Himmel“ sind, befinden sich die Teufel in der Abkehr ihres Willens von Gott „in der Hölle“, gepeinigt von dem unaufhebbaren Widerstreit zwischen ihrem Haß gegen Gott und ihrer ungestillten Sehnsucht nach ihm. Mit dem freien Willen begabt, hat der Mensch jedoch die Möglich-

---

[3] Ebda., 3, 8. [4] 3, 110; 3, 55; 3, 85f. [5] 3, 15.
[6] 3, 34; 3, 43; 3, 105; 5, 14; 5, 37. [7] 5, 15.
[8] 3, 20. [9] 3, 86; 3, 61. [10] 5, 48ff.
[11] Z.B. 5,24; 5, 33; 5, 43–50; 5, 60; 5, 76f.; 5, 79.
[12] Vom Ort der Welt, Sämtliche Schriften 1, S. 36f.

keit, diesen Widerstreit in sich aufzulösen: „so tragen die Gottlosen ir Hell bey ihnen selbst, gleich wie die Frommen den Himmel auch“[13]. Die Entscheidung für Gott ist hier und jetzt von uns selbst und in uns selbst zu treffen, immer wieder und für immer. Sie wird nicht außerhalb von uns gefällt, und das Jüngste Gericht wird sie nur endgültig bestätigen[14].

Wenn dereinst die Welt zerbrechen und im Feuer zerschmelzen wird, hat dies für den in Gott gelassenen Menschen keine entscheidende Bedeutung mehr. Er schwebt in Gott jetzt wie dann, wenn „die gantze Welt mit[samt] der Zeit hinweg ist“[15]. Auf die Vorstellung eines neuen, raumlosen Leibes des Menschen mochte Weigel dabei jedoch nicht verzichten. Die *ewige Seligkeit* war ihm nur denkbar „mit einem vbernatürlichen newen himlischen verklerten Leibe“ und mit einem in der Wiedergeburt durch den Hl. Geist geschaffenen Fleisch[16]. Auch die Verdammten müssen die Qual des ewigen Feuers in ihren ewigen Leibern erleiden. Im übrigen werden in der Seligkeit zusammen mit Raum und Zeit auch Sprache und Wissen, Herrschaft, Titel und Namen des Menschen abgetan sein[17]: „Im rechten Vaterland in mir selbst wird nicht betrachtet terminus a quo und terminus ad quem…, auch nicht die Eigenschafft des Ortes…, sondern es ist ein stilles süsses Rasten vnd Friede in einem ewigen Sabbath, da Gott alles in mir ist worden.“[18] Hier war aus jener Mystik die Folgerung mit aller Schärfe gezogen: Die kirchliche Lehre vom Heil und von der Heilsvermittlung ist „ein Irrtum“, wenn sie meint, das Himmelreich sei an Ort, Personen, Gebärden oder äußerliche Zeremonien gebunden[19]. Himmel, Reich Gottes, Christus und Paradies stehen „allein im Geiste“[20]. Christus wird zum Inbegriff des Willens Gottes; der Glaube an ihn ist dasselbe wie Gottgelassenheit[21]. Christi Höllenfahrt bedeutet sein Leben und Leiden auf Erden. Seine Himmelfahrt ist nicht „localiter“ geschehen[22]. „Oben“ und „unten“ sind unsachgemäße Redensarten der Heiligen Schrift. Die Bibel wurde, wie alle Bücher, zum sekundären bloßen „Memorial“ fremder Erfahrung und wies, wie alles Äußere überhaupt, von sich weg, „daß es nur deute, zeige vnd einleite in den ewigen Grund“[23]. In einer Ausschließlichkeit, wie sie in der mittelalterlichen Mystik noch nicht erreicht war, wurde hier *„Gott und die Seele“* zum wirklich einzigen Thema.

Außer mit kosmologischen Beweisen stützte Weigel seine mystisch-spiritualistische Botschaft vom Vaterland in uns selbst zusätzlich auch noch mit *erkenntnistheoretischen Argumenten*. Zur Erkenntnis bedarf es selbstverständlich sowohl des „Gegenwurffs“, des zu erkennenden Objekts, als auch des Auges, des erkennenden Organs. Aber die Erkenntnis, meinte er, ist nicht vom Objekt bewirkt und bestimmt, sondern vom erkennenden Subjekt, wie es ihm die unterschiedliche Wahrnehmung ein und desselben Gegenstandes durch verschiedene Menschen zu beweisen schien: „ein jedes obiectum ist einem jeden wie er selber ist“[24]. Das Objekt dient einzig der „Erweckung“ der aktiven („wirklichen“), kreativen Erkenntnis des Erkennenden. Für die übernatürliche Erkenntnis Got-

---

[13] 1, 58.
[14] Vgl. 4, 149f.
[15] 1, 79; vgl. 1, 100.
[16] 1, 76; 1, 77.
[17] 1, 84; 1, 87.
[18] 1, 100.
[19] 1, 8.
[20] 1, 57.
[21] 1, 59; 1, 61.
[22] 1, 58.
[23] 1, 57; vgl. V. Weigel, Der güldene Griff, c. 16 (Neustadt 1617) S. 49–51.
[24] Der güldene Griff, S. 26.

tes, des Heils und des ewigen Lebens ist das natürliche menschliche Erkenntnisvermögen jedoch nicht geeignet. Hier muß es sich passiv („leidenlich") verhalten, weil „die vbernatürliche Erkenntnis nicht herfleust von dem Auge, sondern vom Objecto als von Gott selber durchs Auge"[25]. Der verkehrte Versuch der „Literanten", der „buchstäbischen Theologi"[26], die Bibel mit ihrer natürlichen Vernunft auf natürliche Weise zu verstehen, kann daher nur zu widersprüchlichen Ergebnissen, Zank und Zwietracht führen. Die einzig richtige, übernatürliche Erkenntnis der Heiligen Schrift mit Hilfe des Heiligen Geistes hingegen bewirkt Eintracht unter den Erkennenden, selbst bei unterschiedlichem Grad ihrer Erkenntnis[27].

Ohne Rückgriff auf die Terminologie der Gottesmystik Taulers und der „Theologia Deutsch" widerlegte Weigel schließlich klar und entschieden die melanchthonische Rechtfertigungslehre seiner Kirche, indem er in seinem *Dialogus de Christianismo* (1584)[28] durch einen Laien alle Argumente des lutherischen Predigers, seines Gesprächspartners, zerpflücken ließ. Nicht die äußere Predigt macht uns selig, sondern das innere Wort, nicht „ein eusserliches buchstabisch Wissen" (externa literalis cognitio), sondern eine „innerliche Erfahrenheit oder Befindung" (interna experientia), nicht die von außen angerechnete Gerechtigkeit Christi (iustitia imputativa), sondern Christus in uns (Christus inhabitans) und die wesentliche Vereinigung mit ihm (unio essentialis)[29], – mag diese Lehre auch noch so sehr als Enthusiasmus und Schwärmerei verketzert werden[30]. Müntzer, Osiander, die Täufer und die Schwenckfelder sind hier im Recht[31]! Melanchthon dagegen war – im Unterschied zu Luther – „kein Theologus, sondern nur ein Grammaticus Graecus, aristotelischer Philosophus"[32]. Den nicht-kognitiven, existentiellen Charakter von Glaube und Unglaube, Heil und Unheil unterstrich Weigel am Ende dadurch, daß er das Streitgespräch durch den Spruch des Todes, des Repräsentanten Christi, entscheiden ließ: Christus muß während unseres irdischen Lebens in uns die Tötung der Sünde (mortificatio in nobis) bewirken, damit bei unserem irdischen Tod in uns sein ewiges Leben Wirklichkeit werden kann[33]. Das Christentum ist also keine Sache „ab extra", sondern „ab intra", es ist Sache des inneren Mitlebens, Mitleidens und Mitsterbens mit Christus: „Es lieget alles an dem inwendigen Menschen, darauf allein Gott siehet."[34]

Es gibt kaum eine unter den Schriften Weigels, die nicht zwischen 1588 und 1620 durch Auszüge, Ergänzung, Kombination und Umgestaltung benutzt und verändert worden wäre. So entstand gleichzeitig und in Verbindung mit der handschriftlichen und der 1606 einsetzenden gedruckten Überlieferung der echten Schriften Weigels eine große Anzahl von *Pseudo-Weigeliana,* die man erst in der neueren Forschung (Fritz Lieb, Winfried Zeller) abzugrenzen vermochte, während ihre Zuweisung an bestimmte Verfasser z. T. unlösbar bleibt[35]. Unter den Schülern und – epigonenhaften – Verbreitern seiner Lehre steht sein Diaconus und Nachfolger im Pfarramt *Benedikt Biedermann* (ca. 1545–1621) in

---

[25] Ebda., S. 38.
[26] Ebda., S. 45, 73.
[27] Ebda., S. 43, 44f.
[28] Sämtliche Werke 4 (1967).
[29] 4, 43; 4, 51; 4, 34; 4, 123.
[30] 4, 40; 4, 21.
[31] 4, 90f.
[32] 4, 47.
[33] 4, 8; 4, 32; 4, 126.
[34] 4, 123; 4, 139.
[35] Übersicht bei W. Zeller, Der frühe Weigelianismus, s. o. im Literaturverzeichnis.

Zschopau (seit 1571; nach Neckanitz strafversetzt 1599) an erster Stelle. Ihm wird neuerdings eine größere Anzahl dieser Schriften, vor allem die „Theologia Weigelii" (1584; gedruckt 1618, 1699), zugeschrieben[36]. „Dabei darf freilich die erschreckende Ferne nicht übersehen werden, die Biedermanns Denken von dem Weigels trennt" (ZELLER)[37]. Biedermann teilte die Lehre Weigels vom himmlischen Fleisch Christi und der Seligen nicht. Auch bildete er Weigels Lehre, z. T. unter Rückgriff auf den Gedanken der *Coincidentia oppositorum* des Nikolaus von Kues, auf seine eigene Weise fort[38]. In mehreren deutschen Städten (Görlitz, Halle, Magdeburg, Nürnberg, Augsburg, Marburg, Worms) gab es um 1620 Sammler und Vermittler der Schriften Weigels[39]. Die protestantische Orthodoxie prägte damals den Begriff „Weigelianismus" als polemischen Sammelnamen für spiritualistische Abweichungen verschiedener Art und Herkunft.

§ 10 Johann Arndt und der Spiritualismus im 17. Jahrhundert

Literatur zu Arndt: Bibliographie in Gesamtkatalog der preußischen Bibliotheken, Berlin 7 (1935) 1–32; W. KOEPP, Johann Arndt. Eine Untersuchung über die Mystik im Luthertum, Berlin 1912, ND 1973; H. J. SCHWAGER, Johann Arndts Bemühen um die rechte Gestaltung des Neuen Lebens der Gläubigen. Theol. Diss. Münster/W., 1961; EDMUND WEBER, Johann Arndts vier Bücher vom wahren Christentum, 1969; Art. Buch der Natur, HWPh 1, 1971, 957ff. (H. M. NOBIS); Art. Arndt, Johann, TRE 4, 1979, 121–129 (MARTIN SCHMIDT). *Sonstige Literatur:* L. J. MOLTESEN, Frederik Brekling, Kopenhagen 1893; E. EYLENSTEIN, Ludwig Friedr. Gifftheil. Zum mystischen Separatismus des 17. Jh. in Deutschland, in: ZKG 41, 1922, 1–62; A. SCHLEIFF, Selbstkritik der lutherischen Kirchen im 17. Jh., 1937; Art. Betke, NDB 2, 1955, 194 (M. SCHMIDT); Art. Breckling, ebda 566f. (P. MEINHOLD);EVAMARIE GRÖSCHEL-WILLBERG, Christian Hoburg und Joachim Betke. Phil. Diss. Erlangen 1955 (Masch.): M. BORNEMANN, Der mystische Spiritualist Joachim Betke und seine Theologie. Theol. Diss. Kirchl. Hochschule Berlin 1959; DIES., Art. Betke, TRE 5, 1980, 763 ff.; Art. Felgenhauer, NDB 5, 1961, 69f. (P. POSCHARSKY); MARTIN SCHMIDT, Wiedergeburt und neuer Mensch, Witten 1969, darin: Christian Hoburgs Begriff der „mystischen Theologie" S. 51–90; Die spiritualistische Kritik Christian Hoburgs an der luth. Abendmahlslehre, S. 91–111; Art. Hoburg, NDB 9, 1972, 282f. (W. ZELLER); Art. Breckling, BBKL 1, 1976 736f. (BAUTZ); E. BENZ, Wenn Christus heute wiederkäme ... Zur Eschatologie des deutschen Spiritualismus, in: ZKG 53 (1934) 494–541.
(Ergänzende Literatur im Anhang)

Obwohl des Weigelianismus bezichtigt und jahrelang heftig umstritten, gelang es um dieselbe Zeit dem führenden lutherischen Theologen *Johann Arndt* (1555–1621; Generalsuperintendent in Celle 1611) durch die vorsichtigere, großenteils verdeckte Art der Rezeption, die er in seinem vielgelesenen Hauptwerk „Vom wahren Christentum" (I 1605, I–IV 1610) vornahm, die Grundgedanken derselben mystischen und spiritualistischen Tradition zu verkirchlichen und ihnen ein Heimatrecht im Luthertum zu verschaffen. Seine Kritik an der Lehre und am Leben seiner Kirche war die eines Freundes. Er war mit ihr nicht zerfallen wie Weigel. Auch verzichtete er auf jede eigene Spekulation. Statt dessen brachte Arndt, wo immer nötig und möglich, das fremdartige Gedankengut,

---

[36] Durch FRITZ LIEB (s. o.): Übersicht S. 151f.
[37] ZELLER (s. o.), S. 80.
[38] Lieb (s. o.), S. 146–149.
[39] Vgl. OPEL (s. o.), S. 71–87; ZELLER (s. o.), S. 79–84; zur Nachwirkung OPEL, S. 275–329.

das er in großem Umfang ausschrieb, mit dem lutherischen Dogma in Einklang, indem er seine anstößigsten Begriffe und Wendungen entweder eliminierte oder im orthodoxen Sinn kommentierte oder aber durch die Verknüpfung mit biblischen Aussagen korrigierte. Auf diese Weise erreichte er sein Ziel: die Verschmelzung jener Elemente mit der evangelischen Lehre in erbaulicher, asketischer Absicht für einen breiten Leserkreis aus allen drei Ständen. Sein Erfolg führte schließlich zu einer eigenen Traditionsbildung innerhalb der Theologie des Luthertums, auf der später der Pietismus aufbauen konnte.

An Fragen der Medizin und Naturwissenschaft interessiert, lernte Arndt in jungen Jahren durch Selbststudium die Schriften des Paracelsus, des „fürtrefflichen Teutschen Philosophi"[1], schätzen, und in seiner Vorliebe für die spätmittelalterliche Mystik veröffentlichte er später die „Theologia Deutsch" (1597, 1605) und die „Imitatio Christi" von neuem (1605). Motive und Zielsetzung der Mystiker wie der Spiritualisten sind mit den seinen vergleichbar. Gaben jene dem „Lebemeister" den Vorzug vor dem „Lesemeister" und hatten sich diese immer wieder an dem mangelhaften Lebenswandel der großen Kirchen und Gemeinschaften gestoßen, so fand auch Arndt, das bloße Wissen vom Christentum und die Reinheit der Lehre genüge nicht: „Ohn ein heilig Christlich Leben ist alle Weißheit, Kunst und Erkänntniß umsonst, ja auch die Wissenschafft der gantzen heiligen Schrifft vergeblich" – „Es hilfft die reine Lehre denen nicht, welche nicht ziehret ein heilig leben."[2] Mit gewissem Recht hielt Arndt seinen Kritikern entgegen, er mache ja nur das christliche Leben zu seinem Thema. Aber was er schuf, war eine aus jenem alten Gut geschöpfte, neuartige Lebenslehre für den evangelischen Christen. Das Ausmaß dessen, was er seinen verdächtigen Quellen entnahm, war größer, als seine Zeitgenossen es ahnten: es reicht von der Mystikerin Angela von Foligno († 1309) über Tauler, Thomas von Kempen und die „Theologia Deutsch" bis zum „Liber creaturarum" des Raimund von Sabunde († 1436) und bis hin zu Paracelsus und Weigel[3].

Ursprünglich nur als mahnende Unterweisung „vom wahren Christenthumb, heilsamer Busse, wahrem Glauben, heyligem Leben und Wandel der rechten wahren Christen" gedacht[4] (1605), stellte Arndt sein vermehrtes, vierteiliges Werk (1610) unter den Gesichtspunkt einer vierfachen Quelle der Heilserkenntnis: Die Heilige Schrift (liber scripturae), Christus (liber vitae), das menschliche Gewissen (liber conscientiae) und die Natur (liber naturae) erklärte er zu vier Büchern der einen und gleichartigen Offenbarung vom Ursprung, Weg und Ziel des christlichen Heils, jedoch ohne damit eine echte Systematisierung des unausgeglichenen Sammelwerks anzustreben. Ähnlich wie in der Mystik und zugleich verändert durch sie, waren hier alle Aussagen auf die Lehre von der Heilserkenntnis und vom Heilsweg reduziert und konzentriert. Nicht anders als im Spiritualismus fehlten die Einzelheiten der Heilsgeschichte und die Lehre von der Heilsvermittlung (Kirche, geistliches Amt, Sakramente) fast ganz, – nur daß sie Arndt als Mann der Kirche, ohne sie zu bekämpfen, mit Stillschweigen überging. An die biblische Geschichte, das Kirchenjahr und den Gottesdienst der

[1] Vom wahren Christentum IV/I, 4. Dieser Ehrentitel ist demnach nicht erst von den Schülern Böhmes für Böhme geprägt worden.

[2] I, 35; II Beschluß.

[3] Eingehende Nachweise bei Weber, 42–177.

[4] Titel des wiederaufgefundenen Erstdrucks bei Weber, S. 13.

Gemeinde erinnerte nichts. Diese *lutherische Lebenslehre* wiederholte, wie die mystische, nur immer wieder die Heilsnotwendigkeit und die Kennzeichen des inwendigen Lebens des einzelnen Christen, wobei sie freilich die mystische Lehre vom gottverwandten Seelengrund ausließ, die Dreistufenlehre umging und die „unio mystica" nur gelegentlich und nur als Einheit mit Gott im Glauben an Christus oder als Einheit des Willens mit Gott in Betracht zog, während sie die vom Spiritualismus betonten Grundgedanken desto breiter entfaltete: den ins Ethische gewandten metaphysischen Dualismus (Gott/Satan, Geist/Fleisch, Licht/Finsternis), den Glauben als Einkehr in sich selbst oder als Leben in der Wiedergeburt und Christus als die Norm des wahren Christenlebens (regula vitae)[5].

Die Grundgedanken des *„liber conscientiae"* und des *„liber naturae"* in ihrer Gesamtheit waren es, die auf die Dauer auf Leben und Lehre des Luthertums verändernd eingewirkt haben, vor allem die Gedanken vom Adel der Seele, vom Reich Gottes in ihr und von ihrer Schönheit und Seligkeit in der Vereinigung mit Gott. „Am meisten innerlich", so lautete die Unterschrift zu einem der illustrierenden Sinnbilder, das einen glühend heißen rauchenden Vulkan zeigte. „Eines Menschen Seele ist edler und besser als die ganze Welt."[6] Ja, „Gott hat die gläubige Seele also lieb, die ist gleich als Gottes Kammer-dienerin, die darf zu Gott hinein ohne Anklopfen"[7]. Damit wurde der religiöse Individualismus und Subjektivismus, bis dahin das Merkmal spiritualistischen Einzelgängertums, geradezu zur heilsnotwendigen Eigenschaft eines jeden frommen evangelischen Christen erklärt. Darüber hinaus wurde die paracelsische Lehre von der Gleichartigkeit und Entsprechung von Welt und Mensch, Makrokosmos und Mikrokosmos, mit anthropozentrischer Tendenz um den erhebenden Gedanken bereichert, daß *„der Mensch die vortrefflichste und schönste Creatur sey. Ja, weil er ist die kleine Welt und aller Creaturen Beschluß und Epitome; so folget nothwendig, daß er aller Dinge Vollkommenheit in sich begreiffe"*[8]. Schließlich nahm der *„liber naturae"* das fast unerschöpfliche Thema und die einfache Methode der Physikotheologie des folgenden Jahrhunderts vorweg, indem er darlegte, „wie das grosse Welt-Buch der Natur nach Christlicher Außlegung von Gott zeuget und zu Gott führet", denn es „sollen die Creaturen unsere geistlichen Brillen seyn, durch welche wir sollen auf ihren Schöpfer sehen"[9]. So erschloß Arndt der Frömmigkeit und Theologie seiner Zeit nicht nur den vertiefenden Blick nach innen, sondern auch den erweiternden Blick nach außen. Indem er das Erbe der spätmittelalterlichen Mystik, des Spiritualismus und der religiösen Naturphilosophie des Reformationsjahrhunderts verkirchlichte, bereicherte er das Denken des Luthertums unabsehbar.

Angesichts der Verheerungen des Dreißigjährigen Krieges verbreitete und verschärfte sich der Spiritualismus mitsamt seiner Kritik an der Kirche. Aus den Niederlanden, der Freistätte des Freisinns, drang er schließlich in alle protestantischen Konfessionen ein. Hier ging der böhmische lutherische Pfarrerssohn *Paul Felgenhauer* (1593–ca. 1677; in Amsterdam 1623, in Norddeutschland

---

[5] Vom wahren Christentum I, 3; vgl. den (älteren) Vers: „Omnia nos Christi vita docere potest", I, 17; zu einem „lebendigen Exempel, daß er in uns leben soll" I, 31.

[6] Ebda., III, 18; I, 13.

[7] Ebda., II, 39;

[8] Ebda., IV/I/6.

[9] Ebda. IV (Titel) und IV/II/13 Ende.

1635) in vielen volkstümlichen Schriften mit Kirche und Pfarrerschaft scharf ins Gericht[10]. Für ihre sanfte, heuchlerische Predigt bei fortwährender Zwietracht nicht nur unter den drei großen Konfessionen, sondern auch unter den Täufern und Antitrinitariern, und für ihre Verfolgung Andersdenkender hatte er nur ein Wort: Babel, Verwirrung[11]. Die Großkirche selbst ist Sekte, „sectirische Babel", und die Verfolger in ihr sind die wahren Ketzer[12]. Den Hl. Geist besitzen sie nicht. Sie glauben nur an einen „animalischen" Christus, und ihre Sakramente sind die „Malzeichen des Tieres" (Apok. 14,9)[13]. Wer selig werden will, muß „von dieser allgemeinen sectirischen Babel ausgehen"[14]! Denn gewiß ist, „dass dich Christus an jenem Tage nicht wird fragen, ob du bist Catholisch gewesen oder Lutherisch oder Reformirt oder ein Wiedertäuffer oder ein Photinianer oder ein Jud oder Mahometist..."[15] Ein Christ ist nur, wer den Geist Christi hat und sich von der Kirche trennt zu einem Leben in frommer Gelassenheit[16]. Die wahre Kirche ist die unsichtbare „Gemeine Gottes im Geist zu Philadelphia, die da haben Christi Sinn"[17].

Ohne seine Kirche zu verlassen, bestritt ihr auch der lutherische Pfarrer *Joachim Betke* (1601–1663; 1628 in Linum bei Fehrbellin) die Christlichkeit und Apostolizität („Mensio Christianismi", 1636)[18]. Ein Liebhaber von Tauler, Thomas von Kempen und Staupitz, Kenner der Chronik Sebastian Francks[19], Ireniker und Pazifist, begründete er seine Kirchenkritik wie die ältere spiritualistische Geschichtsschreibung, mit Parallelen aus dem Alten Bund: So wie einst Israel, so ist die christliche Kirche Gott untreu geworden. Ihre Geschichte ist die Geschichte ihres Abfalls und ihres geistlichen Verfalls. Ihr bloß äußerer glaub-, lieb- und friedeloser Gottesdienst hat von der Vereinigung mit Gott, von der Wiedergeburt und von der Zucht des Kreuzes Christi keine Ahnung („Mysterium Crucis", 1637). Darum ist der große Krieg, den die Pfarrer segneten, zu ihrer Strafe geworden („Excidium Germaniae", 1640, gedr. 1666). Betke forderte von ihnen öffentliche Buße, Rückkehr zur Lehre und zum Leben des Urchristentums, geistliches Verständnis der Hl. Schrift, die Erneuerung des allgemeinen Priestertums („Sacerdotium", 1640) und strenge Kirchenzucht.

Der lutherische Pfarrer *Christian Hoburg* (1607–1675; seit 1654 in den Niederlanden zeitweise reformierter Prediger) machte die spiritualistischen Grundsätze noch deutlicher sichtbar: Der biblische „Krafft-weg" des Geistes und der inneren Erfahrung (via experientiae) steht zum „Schul-weg" (via scholastica)

---

[10] Schriftenverzeichnis bei Gottfried Arnold, KKH III/5, § 13; Übersicht über seine Lehre, ebda. § 16–20; eine moderne Bibliographie fehlt.

[11] Das Geheymnus vom Tempel des Herrn, o.O. 1631, I., S. 37, 153f.

[12] Palma fidei et veritatis in cruce Christi, o. O. 1656, S. 77–89.

[13] Das Geheymnus vom Tempel des Herrn, I, 169; II, 207.

[14] Ebda. I, 207. [15] Ebda. I, 227.

[16] Ebda. II, 118.

[17] So im Untertitel des „Christianus Simplex" gedruckt o. O. 1656, aber vor 1631 entstanden, vgl. Das Geheymnus vom Tempel des Herrn, I, 174.

[18] Übersicht über den Inhalt der Schriften bei Bornemann, S. 13–60. Das ebda. S. 57 erwähnte „Irenicum" Betkes, das ihm sowohl Breckling (vgl. dessen „Religio libera", S. 22, 87), als auch Arnold, KKH III, c. 13, § 11, zuschreiben, ist bei Bornemann nicht berücksichtigt, ebensowenig die Schrift „Christianismus ethnicus" (Arnold aaO.; auch NDB 2, 1955, 194).

[19] Bornemann, S. 10.

und zum äußerlichen Weg der Kirche (via ecclesiastica) im Gegensatz[20]. Mit der Rückkehr zu Aristoteles und zur Scholastik vollzogen die Lutheraner den Abfall von Luther[21]. Ihre leichtfertige, irrige Lehre von der forensischen Rechtfertigung und von den Sakramenten hat nur lasterhafte Selbstsicherheit erzeugt[22], ihre Lehre vom Widerstand – ihr „Müntzern" – hat nur den Krieg geschürt[23]. Polemisch vorgetragen, ist das Mahl der Liebe bei ihnen zum „Zanckmahl" geworden, und mit der Theorie von der „manducatio impiorum" haben sie den Bußernst und das Leben in der Wiedergeburt verhindert[24]. Kurz: Christus ist ihnen unbekannt („Der unbekannte Christus", 1669?), „die gantze Christenheit voller Lügner"[25]. Hoburg suchte daher, pseudodionysische Gottesmystik und bernhardinische Christusmystik verbindend, sein Heil in dem alten dreistufigen Heilsweg der Mystik („Theologia Mystica", 1655/56), wobei er die Aussagen der „Altväter"[26] von Augustin über Tauler, Thomas von Kempen[27], die „Theologia Deutsch" und Staupitz bis hin zu Arndt überall ins Ethische wendete: Auf der ersten ebenso wie auf der dritten Stufe bedarf es der „Herzensbusse" und täglicher Erneuerung, während die Seele auf der zweiten Stufe, wie bei Tauler, auch die Entbehrung erfährt[28]. So erblickte der erbitterte Gegner der „Articuls-Religion"[29] seiner Zeit das Wesen des Christentums im zeitlosen geistlichen Leben der Mystik, und die Theorie dieses geistlichen Lebens erhob er zur Theologie.

Von Arndt begeistert, mehr aber noch von den jüngsten spiritualistischen „Zeugen der Wahrheit" eingenommen, schleuderte schließlich auch der lutherische Pfarrer *Friedrich Breckling* (1629–1711; in Amsterdam 1660, Den Haag 1690) Bußruf, Scheltwort und Gerichtsdrohung wider Kirche und Welt[30], und an die evangelischen Regierungen in Europa richtete er zugunsten derer, die als „Creutz-träger mit Christo auff seinen engen Creutz-weg durch die Wüsten dieser Welt... nach dem Himmlischen Canaan fortwandelen", einen biblisch begründeten Appell („Religio libera", 1663) für die Gewissensfreiheit und das Asylrecht und gegen den Gewissenszwang der „Antichristlichen Cainitischen Heuchelkirchen"[31]. Sogenannte Ketzer soll man „alein mit dem Fewer der Liebe verbrennen"[32]. In seiner Korrespondenz mit Gottfried Arnold schlug Breckling eine Brücke zwischen Spiritualismus und Pietismus[33].

---

[20] Eine moderne Bibliographie fehlt; Schriftenverzeichnis bei Arnold, KKH III, c. 13, § 21. „Theologia Mystica" I (Amsterdam 1655), Vorrede (20. 3. 1650).

[21] „Apologia Praetoriana..." von Elia Praetorio, o. O. 1653, S. 76; vgl. auch Register unter D. Luther.

[22] Ebda., S. 438–451. [23] Ebda., 290f. [24] Ebda., 308; 439.

[25] Der unbekannte Christus (Ausg. Frankfurt 1700) c. 42, S. 141.

[26] „Theologia Mystica" I, II (Amsterdam 1655), III (Amsterdam 1656; Vorrede: 20. 4. 1650); vgl. hier I, 30; III 128, 132; 214.

[27] „Dessen Büchlein ein Christ alle Tage gebrauchen soll, weil nechst Heiliger Schrifft kein bessers", ebda., III, 356.

[28] Ebda., II, c. 13, S. 211–228. [29] „Apologia Praetoriana" (s. o. Anm. 21), S. 375.

[30] „Speculum seu Lapis Lydius Pastorum", Amsterdam 1660; Ankündigung des Rachtags und Gerichts Gottes, Amsterdam 1660; „Anatomia Mundi", Amsterdam 1661); Schriftenverzeichnis bei G. Arnold, KKH, c. 15, § 128, (hier 56 Titel), Abdruck von 5 Schriften ebenda Nr. 33–36.

[31] „Religio libera", S. 50. [32] Ebda., S. 28.

[33] Die Nachrichten von den spiritualistischen Wahrheitszeugen bei G. Arnold, KKH, IV, Nr. 32 stammen von Breckling.

§ 11 Jakob Böhme

Quellen: W. BUDDECKE, Verzeichnis von Jakob Böhme-Handschriften, 1934; DERS., Die Jakob Böhme-Ausgaben 1, 1937; 2, 1937; Jacob Böhme, Sämtliche Schriften, neu hg. von W. E. PEUKKERT, Stuttgart 1, 1955 bis 11, 1961 (10 enthält: „De vita et scriptis Jacobi Böhmii"); Jacob Böhme, Die Urschriften, hg. von W. BUDDECKE, Stuttgart 1, 1963, 2, 1966.

Literatur: ÜBERWEG III, [12]1924 (M. Frischeisen-Köhler), 135–138, 144–153, 646; H. BORNKAMM, Luther und Böhme, 1925; F. VOIGT, Das Böhmebild der Gegenwart, in: Neues Lausitzisches Magazin 102, 1926, 252–312 (Forschungsbericht); H. BORNKAMM, Renaissancemystik, Luther und Böhme, in: Lutherjahrbuch 9, 1927, 156–197; A. KOYRÉ, La philosophie de Jacob Böhme, 1929 (ND 1958); W. STRUCK, Der Einfluß Jakob Böhmes auf die englische Literatur des 17. Jahrhunderts, 1936; N. THUNE, The Behmenists and the Philadelphians, Uppsala 1948; NDB 2, 1955, 368ff. (W. Buddecke); H. GRUNSKY, Jacob Boehme, Stuttgart 1956; E. BENZ, Der Prophet Jakob Boehme, Mainz 1959; M. LACKNER, Geistfrömmigkeit und Enderwartung, Studien zum preußischen und schlesischen Spiritualismus, dargestellt an Christoph Barthut und Quirin Kuhlmann, 1959; SERGE HUTIN, Les disciples anglais de J. Boehme aux 17e et 18e siècles, Paris 1960; W. E. PEUCKERT, Das Leben Jacob Böhmes, [2]1961, in: Jacob Böhme, Sämtliche Schriften (s. o.) 11, 1961; E. METZKE, Von Steinen und Erde und vom Grimm der Natur in der Philosophie Jacob Böhmes, in: DERS., Coincidentia oppositorum, hg. von K. Gründler, 1961, 129–157; E. H. PÄLTZ, Jakob Boehmes Hermeneutik, Geschichtsverständnis und Sozialethik (Theol. Habil.schrift Jena) 1961 (ungedr.); H. BORNKAMM, Jakob Böhme, Leben und Wirkung, in: DERS., Das Jahrhundert der Reformation, Göttingen [2]1966, 315–331; DERS., Jakob Böhme, Der Denker, ebda. 331–345; F. W. WENTZLAFF-EGGEBERT, Deutsche Mystik zwischen Mittelalter und Neuzeit, [3]1969; E. LEMPER, Jakob Böhme, Leben und Werk, Berlin 1976; Jacob Boehme ou l'obscure lumière de la connaissance mystique. Hommage à Jacob Boehme dans le cadre du C.E.R.I.C., Paris 1979.

(Ergänzende Literatur im Anhang)

Obschon manche ihrer Wendungen aufgreifend, ragt die Naturdeutung und Theosophie des lutherischen Laien *Jakob Böhme* (1575–1624; Schuster in Görlitz seit 1599) über eine bloße neuerliche Rezeption der mystischen und spiritualistischen Tradition weit und grundsätzlich hinaus. Da Böhme eine Zuordnung von Gott, Welt und Mensch, wie sie die orthodoxe lutherische Schultheologie und – auf seine neue Weise – Johann Arndt vornahm, nicht nachzuvollziehen vermochte, sondern vielmehr als quälendes Problem empfand, wurde sein religiöses Denken über die Hl. Schrift und das aristotelische Weltbild hinaus auf eine selbständige Bahn gedrängt und zu tiefsinniger Spekulation angeregt. Ungeschult, aber meditativ veranlagt und von gesteigertem, prophetischem Sendungsbewußtsein durchdrungen, entwarf Böhme in eigenwilliger, schwieriger Begrifflichkeit und Bildersprache eine urtümlich anmutende Anschauung von der Natur, von Gott und vom Menschen. Er sah Gott und die Welt in einem unablässigen Ringen widerstrebender schöpferischer Kräfte begriffen. Diese von Paracelsus und Luther herkommende, aber gnostisch-mystische, kabbalistische, alchemistische und astrologische Gedanken verwertende, umfassende Spekulation Böhmes wurde von den lutherischen Theologen seiner Zeit, voran von seinem Gegner, Pastor Gregor Richter in Görlitz, entschieden abgelehnt. Trotzdem verbreitete sie sich unter den Spiritualisten in Schlesien, in den Niederlanden und in England, um später über das 18. Jh. hinweg in der Romantik und bei Hegel von neuem Beachtung zu finden.

Ähnlich wie Paracelsus, jedoch weniger der einzelnen Erscheinung zugewandt als vielmehr auf der Suche nach umgreifenden Prinzipien, richtete sich Böhmes Denken auf die elementare, überlegene *Gewalt der Natur*. Einfache Rückschlüsse vom Geschöpf auf den jenseitigen Schöpfer zu ziehen, eine Analogie zwischen Gottes Güte in der Natur und in seinem Verhältnis zur menschlichen Seele darzutun und eine harmlos herrliche Harmonie in der Schöpfung festzustellen, war Böhmes Sache nicht. „Die grosse Tieffe dieser Welt“ und die Kleinheit des Menschen in ihr verwehrten es ihm. Güte und Gerechtigkeit in ihr auszumachen, war ihm unmöglich, da er Böses und Gutes in allen Elementen und Kreaturen verquickt fand, während die Ungerechtigkeit in der Welt wohl gar überwog. Aus der Schwermut, die ihn befiel, vermochte ihn, wie er in seinem Erstlingswerk („Morgenröthe im Aufgang“, 1612) berichtet, einzig die Erleuchtung des Hl. Geistes herauszureißen, ein Erlebnis des Durchbruchs, das er nur der Geburt oder der Auferstehung von den Toten vergleichen konnte[1]. Es eröffnete ihm den Durchblick durch die Natur zu Gott, so daß er „an allen Creaturen, so wol an Kraut und Gras Gott erkant, wer der sey, und wie der sey, und was sein Wille sey“[2]. Auch weckte es in ihm den Trieb, seine Einsichten aufzuzeichnen. Die wahre Erkenntnis Gottes führte jedenfalls über die Erkenntnis der Natur, aus der Gott nicht zu trennen war: *„So man aber will von Gott reden, was Gott sey, so muss man fleißig erwegen die Kräfte in der Natur...“* – *„Gott ist ein Geist, so wir ihn nicht aus der Schöpfung kenneten, wüsten wir nichts von Ihme.“* Ja, selbst„so man will Gott den Sohn sehen, so muss man allemal natürliche Dinge anschauen“[3]. Die Lehre Christi war wohl bekannt, Luther hatte sie gereinigt. Aber „die Philosophia und der tieffe Grund Gottes..., die Schöpfung dieser Welt, der tieffe Grund und Geheimniß des Menschen und aller Creaturen in dieser Welt...“ war erst noch zu enthüllen[4].

Das *Andersartige,* dem Menschen Fremde und ihm Widerstrebende war es, was Böhme überall in der Natur auffiel und ihn bedrängte[5]. Ihre Erscheinungen abwertend der geringsten, wirklichkeitsärmsten Stufe des Seins zuzuordnen, wie es dem beherrschenden christlich-scholastischen Denken entsprach, das dem Geistigen und dem Geist das höchste Sein zuerkannte, war für Böhme ebenso unmöglich wie die Deutung des Bösen als des Nichtseienden. Das Wuchtige, Spröde und Böse an der Natur war ihm vielmehr volle Realität; eine Schöpfung aus dem Nichts vermochte er sich nicht vorzustellen. Gestein, Gebirge, Gestirn ließen sich in ihrem Wesen auf Geistiges nicht zurückführen. In ihrer Eigenmacht wirkten sie vielmehr feindlich, todbringend: in allen Dingen „ist Gift und Bosheit“, ein jedes Element „ist des andern Tod und Zerbrechen“[6]. In dieser ihrer dynamischen Widrigkeit, in ihrem „Grimm“ erblickte Böhme das Wesen der Natur und zugleich den Ursprung alles Lebendigen und „die erste Geburt alles Wirklichen“. Denn der „Grimm“ war ihm nicht etwa nur eine neue Chiffre für die alte Teilwahrheit des dualistischen Weltbildes, sondern der Schlüsselbegriff für den Quellgrund des einen, umfassenden ewigen Werdens aller Dinge. In seiner drängenden Kraft bleibt der „Grimm“ nämlich nicht allein, sondern er treibt

---

1 Autobiographischer Bericht: Morgenröte im Aufgang 19, 1–22.
2 Ebda., 19, 13.
3 Ebda., 1, 1; De tribus principiis 4, 13; Morgenröte 3, 13.
4 Morgenröte 9, 8.
5 Diesem Erleben gibt E. METZKE die Priorität, während DILTHEY (Gesammelte Schriften II, 1914, S. 345) von der „Projektion der moralischen und religiösen Verhältnisse in den Weltzusammenhang, wie sie damals Jakob Böhmes lutherische Philosopheme noch einmal vollzogen haben“, sprach. Ähnlich KARL HOLL und H. BORNKAMM, vgl. METZKE, S. 129.
6 De tribus principiis, Vorrede 13; De signatura rerum 15, 4.

den Gegensatz aus sich heraus, so wie die Nacht den Tag aus sich entläßt, der zuvor in ihr verschlossen war. So ist, wie Böhmes zweite Hauptschrift ausführt („De tribus principiis", 1619) „der Grimm die Wurtzel aller Dinge, darzu des Lebens Urkund"[7]. Zwar bedarf er dazu seines Gegensatzes, der Sanftmut, „... aber die Grimmigkeit in allen Kräften macht alles... gebärend"[8]. In diesem erweiterten, umgreifenden, naturhaften Sinn ist auch das ethische Begriffspaar Gut und Böse gebraucht: „Es ist nichts in der Natur, da nicht Gutes und Böses innen ist, es wallet und lebet alles in diesem zweyfachen Trieb."[9] – „Also befinden wir, daß das Böse muss dem Guten zum Leben dienen,... denn der Grimm muss des Lebens Feuer seyn."[10] Die Natur war für Böhme demnach keine ruhende Ordnung, kein Kosmos. Die Natur ist das sich aus dem notwendigen Gegensatz fortwährend unter Widerstand und Schmerzen gebärende allumfassende Leben.

Gott und Natur sind innig miteinander verknüpft: Gott der Schöpfer durchdringt sie wie der Saft den Baum, dessen Stamm die Sterne, dessen Äste die Elemente und dessen Früchte die Menschen sind[11]. Wichtiger als dieser mißverständliche Vergleich ist es, daß Böhme den in der Natur entdeckten Lebensprozeß entschlossen in Gott selbst hineinverlegt. Denn jenes Leben in der Natur ist der Lebensvorgang Gottes; auch in ihm ist „ewige Natur". Wohl ist Gott Geist, aber anders als es die aristotelische Schultheologie und der Spiritualismus meinte: „Ein Geist... thut nichts, denn dass er aufsteige, walle, sich bewege und sich selbst immer gebäre."[12] In Gott hat daher die Dynamik der Natur ihren eigentlichen Grund. Doch zugleich steht ihr Gott in Freiheit unerschließbar gegenüber: Gott ist „Ungrund". Darum gilt beides: „Er ist der Ungrund und Grund aller Wesen, ein ewig Ein, da kein Grund noch Stätte ist."[13] Auch in Gott sind die beiden „Prinzipien" oder besser „Geburten"[14] lebendig: der Vater als der eifrige, zornige Gott der Bibel, und der Sohn, „welcher des Vaters Hertze, Liebe, Licht, Schöne und sanftes Wolthun ist, in seiner Geburt ein ander principium aufschleust, und den zornigen grimmigen Vater... versöhnet, lieblich und... barmhertzig machet"[15]. So ist „Gott das Wesen aller Wesen, darinnen sind zwey Wesen in einem:... das ewige Licht, das ist Gott oder das Gute und... die ewige Finsterniss, das ist die Qual"[16]. Das dritte Prinzip aber führt infolge von Lucifers Fall zur Entstehung der irdischen „materialischen" Welt, in der sich Gott zugleich offenbart und verborgen bleibt. Immerhin ist sie noch „das Gleichniß der paradeisischen unbegreiflichen Welt"[17]. Angesichts des ewigen innigen Ineinanders der drei Prinzipien ist die Scheidung Gottes von der Welt, wie sie die Schultheologie mit ihrer Lehre von der Wohnung Gottes „im obern eingesperreten Himmel" vornahm, verkehrt, ja eine Erfindung des (kirchlichen) Antichrists, der sich damit nur selbst zum Gott auf Erden aufschwingen will[18]. „*Der rechte Himmel, da Gott innen wohnet, ist überall an allen Orten, auch mitten in der Erden; er begreift die Hölle, da die Teufel wohnen, und ist nichts ausser Gott: denn da Er gewesen ist vor der Welt Schöpfung, da ist Er noch...*"[19].

7 De tribus principiis 21, 14–16; Zitat aus 14. 8 Morgenröte 2, 3.
9 Ebda., 2, 5. 10 Sex puncta mystica (1620) 3, 26. 11 Morgenröte, Vorrede 8.
12 De tribus principiis 1, 2. 13 Theosophische Briefe 47, 34.
14 „ein Principium ist anders nichts als eine neue Geburt, ein neu Leben"; De tribus principiis 5, 6.
15 4, 58. 16 Ebda. 9, 30. 17 Ebda. 5, 9. 18 Ebda. 7, 18f.

Der Mensch ist Bürger dieser drei Welten, der ewigen, finsteren Welt, der ewigen Lichtwelt und der irdischen Welt[20]. Die Lebensbewegung jener drei Prinzipien setzt sich in ihm fort. „Darum so man redet vom Himmel und der Geburt der Elementen, so redet man nicht von fernen Dingen..., sondern so in unserem Leib und Seele geschehen.“[21] Ursprünglich ein engelgleiches, androgynes Geistwesen, fiel auch Adam, wie Lucifer, von Gott ab, indem er sich an die Dinge der sichtbaren Welt verlor. Doch es verbleibt dem Menschen die Freiheit des Willens, entweder zum Teufel oder aber zum Engel zu werden. Denn wie Gottes Wesen Freiheit ist, so auch das Wesen des Menschen. Seine auf Erden zu fällende Entscheidung ist unwiderruflich, sie hat endgültige, ewige Kraft. Gnadenwahl und Jüngstes Gericht gibt es nicht[22].

Dieser die Vision und den Mythos, Naturkunde und Geheimwissenschaft zusammenzwingenden Spekulation Böhmes liegt letztlich wohl unableitbares Erleben zugrunde; ihre Motive und ihre Entfaltung haben mit dem Spiritualismus nichts gemein. Die *Lehre vom Heilsweg* des Menschen hingegen, in der sie gipfelt, zeigt nicht nur Anklänge an Grundgedanken Luthers, sondern vor allem, so z.B. die Schriftensammlung „Weg zu Christo“ (1624), an die des Spiritualismus: Der richtige Weg des Sünders zum Heil führt nicht nach außen, sondern nach innen[23]. Seine Selbsterkenntnis ist nicht Theorie, sondern Reue, ernster, strenger Vorsatz zur Umkehr und beständige Buße. Sein Glaube ist nicht Fürwahrhalten, sondern „ein Hunger und Durst nach Christi Geist“, „eine Begierde zu Gott“ und Vertrauen auf seine Verheißung[24]. Seine Rechtfertigung besteht nicht in äußerer Hinnahme, sondern in der Wiedergeburt und in der Gnade der Gotteskindschaft, – wobei die Forderung der Nachfolge Christi bei Böhme auffallend zurücktritt. Im Gefolge der spiritualistischen Polemik wider „Babel und Fabel“, die „äußere, steinerne Mauerkirche“ und ihre leichtfertige, unernste Gnadenpredigt, die nur „Maulchristen“ schafft, kommt erneut auch der Individualismus zur Geltung: „Der Heilige... hat seine Kirche an allen Orten bei sich und in sich... Der Hl. Geist predigt ihme aus allen Kreaturen.“ – „Ein Christ aber hat keine Secte... und hangt... keiner Secte an; er hat nur eine einzige Wissenschaft, die ist Christus in ihme.“[25] So ging schließlich Böhmes seherisch geniale Deutung der Naturwirklichkeit mit der älteren Botschaft des Spiritualismus und mit dessen Kirchenkritik ein ungleichartiges Bündnis ein, dessen Elemente dann auch unabhängig voneinander in verschiedene Richtungen weiterzuwirken vermochten. Dabei wurde seine Lehre in der Rezeption wie vordem der Weigelianismus (s. o. S. 598) zu einem neuen „Sammelbecken für jene Kräfte, die noch über das Reformationsjahrhundert die spiritualistische Tradition fortsetzten“[26].

---

[19] Ebda. 7, 21.
[20] De Regeneratione (1622) in: Der Weg zu Christo 4,1,19.
[21] Ebda. 7, 6.
[22] Von der Gnadenwahl (1623).
[23] Vgl. De Regeneratione oder von der neuen Wiedergeburt (1622), in: Der Weg zu Christo 4.
[24] Ebda. 4,4,2; 4,7,6. [25] Ebda. 4,6,14; 4,7,5.
[26] MARTIN LACKNER, Geistfrömmigkeit und Enderwartung, Studien zum preußischen und schlesischen Spiritualismus, dargestellt an Christoph Barthut und Quirin Kuhlmann, Stuttgart 1959, S. 26, hier auch Angaben über die Böhme-Rezeption S. 54–76; W. ZELLER, Augustin Fuhrmann und Johann Theodor von Tschesch, in: DERS., Theologie und Frömmigkeit 1 (1971) 117–153.

Verbunden mit der Mystik Taulers und der „Theologia Deutsch" fand sie eine poetische Fassung bei *Daniel Czepko*[27] (1606–1660) und ihre unübertroffene dichterische Zuspitzung bei *Angelus Silesius* (Johann Scheffler, 1624–1677), dessen „Cherubinischer Wandersmann" (1657) eine Quintessenz der mystischen und spiritualistischen Tradition darstellt[28]. In den Niederlanden brachte Heinrich Betke die Schriften Böhmes zum Druck (Amsterdam 1658–1682), während andere deutsche Anhänger, wie Johannes Werdenhagen („Psychologia vera J[acobi] B[oehmii] T[eutonici] ... explicata", Amsterdam 1632), Quirinus Kuhlmann („Neubegeisterter Böhme...", Leiden 1674), J. G. Gichtel („Theosophia practica") und Peter Poiret („Idea theologiae Christianae iuxta principia Jacobi Bohemi", Amsterdam 1687) einzelne spekulative Elemente Böhmes selbständig fortbildeten[29]. Inzwischen wirkten sie in England auf die „Behmenists" ein, insbesondere auf die Philadelphische Sozietät (1670) unter John Pordage († 1681) und Jane Leade († 1704)[30].

§ 12 Das Quäkertum

Quellen: GEORGE FOX, Aufzeichnungen des ersten Quäkers, übers. von M. Stähelin, Tübingen 1908; The Journal of George Fox, ed. JOHN L. NICKALLS, Cambridge 1952.

Bibliographie: JOSEPH SMITH, A Descriptive Catalogue of Friends Books, 2 Bde., London 1867; DERS. Bibliotheca Anti-Quakeriana, London 1873, ND: New York 1968; F. LOOFS, Art. Barclay, in: RE³ 2, 1897, 398–400; R. BUDDENSIEG, Art. Quäker, in: RE³ 16, 1905, 356–380.

Literatur: W. C. BRAITHWAITE, The Beginnings of Quakerism, 1912, Cambridge ²1955; DERS., The Second Period of Quakerism, 1919, Cambridge ²1961; TH. SIPPELL, Zur Vorgeschichte des Quäkertums, Gießen 1920; LUELLA M. WRIGHT, The Literary Life of the Early Friends, New York 1932; H. EBBINGHAUS, Das Verhältnis von innerem Licht und Heiliger Schrift bei George Fox, dargestellt auf Grund seiner Autobiographie. Phil. Diss. Münster/Westf., Emsdetten 1934 (Teildruck); TH. SIPPELL, Werdendes Quäkertum, Stuttgart 1937; RACHEL H. KING, George Fox and the Light within, Philadelphia 1940; H. J. DUMMER, Die Toleranzidee in William Penns Schriften, Lengerich/Westf. 1940; GEOFFREY F. NUTTALL, Studies in the Christian Quakerism, Wallingford, Pa. 1948; LEIF EEG-OLOFSSON, The Conception of the Inner Light in Robert Barclay's Theology, Lund 1954; T. CANBY JONES, George Fox's Teaching on Redemption and Salvation, 1955; HUGH BARBOUR, The Quakers in Puritan England, New Haven/London 1964; D. ELTON TRUEBLOOD, Robert Barclay, New York 1968; HELMUT SCHMIDT, Die Formen des religiösen Selbstverständnisses und die Struktur der Autobiographie in George Fox' Journal, Marburg 1971; MELVIN B. ENDY Jr., William Penn and Early Quakerism, Princeton 1973. (Ergänzende Literatur am Anhang)

Während der Spiritualismus in England im Reformationsjahrhundert nur wenige Vermittler fand, wie z.B. den gelehrten Theologen *John Everard* (ca. 1580–1640), den Kenner und Übersetzer Taulers, der „Theologia Deutsch" und Sebastian Francks[1], nahm er in der Revolutionszeit (1637–1689) einen unge-

---

[27] Über ihn zuletzt ANNEMARIE MEIER, Daniel Czepko als geistlicher Dichter, Bonn 1975.

[28] HORST ALTHAUS, Johann Schefflers „Cherubinischer Wandersmann", Mystik und Dichtung, Gießen 1956; E. O. REICHERT, Johannes Scheffler als Streittheologe, Gütersloh 1967 (Lit.).

[29] Über Werdenhagen vgl. RE³ 21 (1908) 103ff. (MIRBT); über Gichtel RE³ 6 (1899) 657–660 (HEGLER); zu den Böhme-Ausgaben vgl. BUDDECKE.

[30] Frühe englische Übersetzungen seit 1647 bei BUDDECKE 2; vgl. außerdem STRUCK und THUNE; ODCC ²1974, 1078f. und DSp. 9 (1976) 441f.

[1] SIPPELL, Werdendes Quäkertum, S. 1–41, bes. S. 6. Man beachte aber die Einwirkung der Familisten und der Schriften Böhmes.

ahnten stürmischen Aufschwung, indem er zeitweise die über die Staatskirche und den Puritanismus hinausdrängende Reformbewegung erfaßte[2]. Zu seinem überragenden Vertreter wurde *George Fox* (1624–1690), und gemeinschaftsbildende Kraft entfaltete er unter den Quäkern, den „Freunden der Wahrheit" (Friends of the Truth). Ohne Kenntnis der spiritualistischen Vorgänger, allein an der Hl. Schrift gebildet, begriff und verkündigte Fox, wie sie, als das Prinzip des Christentums den Hl. Geist und das Erleben unmittelbarer innerer Erleuchtung. Echtes Christentum war auch für ihn Geistchristentum. In diesem allein lag das Heil; die angemaßte Heilsvermittlung durch die Kirche aber war Abfall von ihrem ursprünglichen apostolischen Wesen. Im Kampf mit dem Wort wider Kirche und Priestertum scharf und schonungslos wie einst Müntzer, bewährten Fox und die Freunde, anders als er, ihr Tatbekenntnis zum geduldigen Leiden in jahrzehntelanger Verfolgung. Mit ihrem Prinzip des inneren Lichts (the Inner Light) wurden sie zu Bahnbrechern der Gewissensfreiheit im Protestantismus, ohne ihn mit ihrer Lehre durchdringen zu können. Nach dem Schwinden seiner prophetischen Kraft öffnete sich ihr Spiritualismus vielmehr dem vernünftigen Denken des neuen Jahrhunderts[3].

Dem puritanischen Heiligungsstreben des jungen Fox gaben Lehre und Leben der Kirche Anstoß, bis er i.J. 1648, in der Absonderung von Welt und Kirche und in der Übergabe an Gott, über die Priorität der Erleuchtung durch Christus und über die innere Salbung des Geistes Gewißheit und zugleich damit sein besonderes Sendungsbewußtsein empfing[4]: „this inward life did spring up in me to answer all the professors [= den Frommen] and priests"[5]. Die öffentliche Verbreitung des neuentdeckten *Geistprinzips* (nach Joh 1,9) verband Fox mit der Predigt von der innerlich zu empfindenden Versöhnung durch Christus, mit der Mahnung zur Buße unter Androhung des Gerichts und mit heftiger Polemik gegen die äußere Kirche und ihre Amtsträger. Seine Aufgabe sah er darin, die Christenheit vom Buchstaben zum Geist, von ihren Kirchen, den bloßen Turmhäusern („steeple-houses"), zur wahren Kirche, der ewigen Gemeinde der Heiligen, zu bekehren und von der Welt zur wahren Religion (nach Jak 1,27), vom äußeren Gottesdienst zur Gemeinschaft in und mit dem Heiligen Geist und zur lebendigen Erkenntnis der Liebe Gottes zu führen[6]. Vor allem aber prangerte er den schändlichen Handel an, den die Priester der Staatskirche mit dem Evangelium trieben, indem sie es, als ob sie das Studium in Oxford und Cambridge zur Schriftauslegung befähigen könnte, äußerlich und zum Gelderwerb predigten: Baalspriester, Zehntenkrämer, Menschenfresser schalt er sie[7]. Fox trat ihnen gegenüber wie Jesus den Pharisäern[8]. Es war, als wäre das Urchristentum wiedergekehrt. So rief Fox sein „Wehe" über die Städte Derby und Lichfield, so predigte und so heilte er[9]. Die Quäker, so beteuerte er, leben das Leben der Pro-

[2] Vgl. noch F. Kattenbusch, Art. Seekers in RE³ 18, 1906, 126ff. und 24, 1913, 486–500; zuletzt Endy, S. 8–53.

[3] Zur kirchengeschichtlichen Einordnung: H. W. Krumwiede, Geschichte des Christentums III, Stuttgart 1977, 54–56 (Lit.).

[4] The Journal of George Fox, ed. Nickalls, S. 3, 10, 11, 34.

[5] Ebda. S. 13.

[6] Ebda. S. 34f.

[7] Ebda. S. 7, 11 u.ö.; insges. vgl. Index S. 774 s.v. „ministers paid".

[8] Ebda. S. 187.

[9] Ebda. S. 69, 71; Mt 7,29 auf Fox angewandt: ebda. S. 127; vgl. Index, S. 770f., außerdem George Fox's Book of Miracles, ed. Henry J. Cadbury, Cambridge 1948.

pheten und der Apostel; es ist die Erfüllung des Christentums: „It is not a sect nor opinion, but the good of all“[10]. Dieselbe Kraft wie zu Jesu Zeiten war jetzt offenbar. Vordem redete man von Christus, jetzt ist Christus da, und man besitzt ihn[11]. Die Gegenwart ist der Anbruch der Heilszeit. Sie bringt das geistliche Leben in der Einheit mit Gott, mit den Aussagen der Schrift und im Zusammenleben der Menschen[12]. Die Grundgedanken dieser prophetischen Botschaft blieben einfach und konstant: freie, unentgeltliche Verkündigung des Heils für und durch alle Christen[13], Gerechtigkeit vor Gericht und im Leben der Gemeinschaft[14], Leben nach dem Vorbild Jesu und der Apostel[15], Christus als der innere Lehrer und das innere Licht des Gewissens[16], Rechtfertigung im Licht[17], Wandel im Licht[18], Leben in der Kraft Gottes, im „Samen Gottes“ (Seed of God) und im Kreuz Christi[19], Buße und Gericht[20], Friedfertigkeit und Gewaltlosigkeit in religiösen Dingen (Peace Testimony) bei Anerkennung der obrigkeitlichen Strafgewalt[21], Ablehnung der Kindertaufe zugunsten der Geistestaufe[22], Verwerfung des Eidschwurs[23] und Mißachtung der Standesunterschiede und der Menschenverehrung (hat-honour)[24]. Erst nach Jahrzehnten trat bei Fox die Polemik zurück[25]. Bei *William Penn* (1644–1718) hingegen trug der Spiritualismus von Anfang an mildere, gemäßigte Züge[26].

Die theologische Begründung, lehrhafte Fassung und apologetische Abrundung der Lehre des Quäkertums war das Werk des gelehrten Adeligen *Robert Barclay* (1648–1690), dessen 15 Thesen erläuternde „Theologiae vere Christianae Apologia“ (Amsterdam 1676) maßgebliches Ansehen erlangte[27]. Die Priorität der Glaubenserkenntnis schrieb auch Barclay der unmittelbaren inneren Offenbarung zu, jedoch mit der bezeichnenden Einschränkung, sie könne weder dem äußeren Zeugnis der biblischen Schriften – den Begriff „sacra scriptura“ vermied er – noch der Vernunft (sana ratio) widersprechen (Th. 2). Der Geist steht als „primaria regula fidei et morum“ über der Schrift. Denn der Glaube richtet sich auf die Schriften (als die „regula secundaria“), weil sie aus dem Geist kommen, nicht umgekehrt; sie sind nur „Erläuterung der Quelle, nicht die Quelle selbst“ (declaratio fontis et non ipse fons; Th. 3). Seit dem Fall Adams sind die Menschen infolge des „Samens der Sünde“ (semen peccati) – den Begriff

[10] Ebda. 576; The Quakers are not a sect but are in the power of God before sects were and witness the election before the world began and come to live in the life as the prophets and apostles did, ebda. 380.

[11] The same power now is made manifest and doth overturn the world... Christ has been talked of, but now he is come and is possessed, ebda. 204; ähnlich S. 603: He it is that is now come and hath given us an understanding...

[12] (An Cromwell 1655): The stage of this present age is, that the Lord is bringing his people into the life the Scriptures were given forth from, in which life people shall come to have unity with God, with Scriptures and one with another... ebda. 194f. – Ähnlich R. Barclay in seiner Apologia (s.u.) These 11: ...nunc in die spiritualis resurrectionis.

[13] Journal, S. 53, 163, 207; 69, 417.

[14] Ebda. S. 54, 221, 364, 470.

[15] Ebda. 55, 59.

[16] Ebda. 237; 205, 309.

[17] Ebda. 175, 283.

[18] Ebda. 60, 143.

[19] Ebda. 194; 437; 283.

[20] Ebda. 68, 144, 311, 473.

[21] Ebda. 197f., 263, 357f., 398–404, 417.

[22] Ebda. 134 u.ö.

[23] Ebda. 221, 244f., 381, 422f., 693.

[24] Ebda. 356; vgl. 771 s.v. „hat-honour“.

[25] Vgl. das Bekenntnis von 1671: Journal, S. 602–606.

[26] Vgl. Endy, bes. S. 245–261: „Penn's Religious Rationalism“.

[27] Englisch 1678, deutsch 1684 und (nach der zweiten lat. und neunten englischen Ausgabe): Germantown, Pa. 1776.

„peccatum originale" lehnte Barclay als „inscripturalis barbarismus" ab – des ursprünglichen inneren Geisteszeugnisses beraubt; ihr natürliches Licht (lumen naturale) reicht zur Erkenntnis des Heils nicht mehr aus (Th. 4). Aber die Erleuchtung Gottes konnte dennoch grundsätzlich allen, die ihr gehorsam waren, an der Wohltat des Todes Christi, an der Gemeinschaft mit dem Vater und dem Sohn und an der Heiligung, deren Summe in der Goldenen Regel (Mt 7,12) besteht(!), Anteil geben, auch ohne äußere Kenntnis des Leidens und Sterbens Christi. Gegen die calvinische Prädestinationslehre ist mit Entschiedenheit an der allumfassenden Liebe und Barmherzigkeit Gottes gegenüber allen Menschen (universalitas amoris et misericordiae divinae) festzuhalten (Th. 6). In der Aufnahme und ungehinderten Wirkung dieser Erleuchtung vollzieht sich die Rechtfertigung, Wiedergeburt und Heiligung ohne unsere Werke durch Christus, die Gabe, den Geber und die Wirkursache des Heils (qui est donum et donator ac causa producens effectus; Th. 7). Die Vollkommenheit der Heiligung ist indessen nicht derart, daß sie keiner Steigerung fähig wäre oder der Sündlosigkeit gleichkäme (Th. 8); andererseits ist die Möglichkeit des Beharrens im Heil, der calvinischen Lehre „de perseverantia" gemäß, nicht ausgeschlossen (Th. 9).

Die Berufung der Diener des Evangeliums ist allein Sache des Geistes: äußere Gebote oder mangelnde Ausbildung dürfen und können sein Wirken nicht hindern (Th. 10). Auch wahrer, gottgefälliger Gottesdienst ist einzig der vom Geist angeregte: festgesetzte Tage und liturgische Formulare sind Elemente abscheulichen Götzendienstes (Th. 11). Wahre Taufe ist nur die Taufe des Geistes und der Bund eines guten Gewissens mit Gott (1 Pt 3,21); die Kindertaufe wird als Menschensatzung ohne Schriftbeweis abgetan (Th. 12). Auch das Abendmahl ist etwas Geistliches, Innerliches (est quid spirituale et internum), es ist Teilhabe am Fleisch und Blut Christi (1 Kor 10,16) und geistliche Nahrung des inneren Menschen. Doch letzten Endes stehen diese beiden Zeremonien auf derselben Stufe wie der biblische Brauch des Brotbrechens, die Enthaltung von Ersticktem und vom Blut, die Fußwaschung und die Ölung der Kranken: schwindende Schatten sind sie für den, der das Wesen besitzt, den Geist (Th. 13). Da allein Gott dem Gewissen des Menschen gebietet, ist jeder irdische Zwang in religiösen Dingen unerlaubt, er ist Geist vom Geiste des Brudermörders Kain (Th. 14). Die quäkerische Verweigerung ehrerbietiger Begrüßung und die Ablehnung von Spiel und Sport wird schließlich damit begründet, daß diese Gebräuche der Hoffart der gefallenen Welt entstammen und der Verwirklichung der Religion, der inneren Gemeinschaft mit Gott, hinderlich sind (Th. 15).

Bei dieser Umsetzung der prophetischen Botschaft von Fox in theologische Sätze ging die von den ersten Freunden lebendig erfahrene Überzeugung von der Wiederkehr der Heilszeit verloren. Die geistgewirkte Unmittelbarkeit des Heils ließ sich hier nur noch behaupten. Die geschichtliche Einmaligkeit Jesu und seiner Botschaft war verkannt. Ähnlich wie bei Sebastian Franck, drohte hier dem Geistchristentum die Gefahr der Verflüchtigung zu einer universalen Religion des Geistes der Menschen: „Enthusiasmus und Rationalismus reichen sich die Hand in einem Subjektivismus, der überall die entscheidende Macht wird."[28]

---

[28] KARL MÜLLER, Kirchengeschichte II/2, 1919, S. 490. – Eine ältere ausführliche Kritik der Apologia Barclays findet sich bei H. WEINGARTEN, Die Revolutionskirchen Englands, 1868, S. 364–396.

Kapitel II: Die Lehre der Täufer

§ 1 Allgemeines. Die Erforschung der Lehre der Täufer

Quellen: H. Bullinger, Der Widertöufferen ursprung, fürgang, secten, wäsen, fürneme und gemeine jrer leer Artickel (Zürich ^{2}1561) ND 1975. – *Oesterreich:* J. Beck, Die Geschichts-Bücher der Wiedertäufer in Oesterreich-Ungarn, Wien 1883, ND 1965; R. Wolkan, Geschichtsbuch der Hutterischen Brüder, Wien 1923; A. J. F. Zieglschmid, Die älteste Chronik der Hutterischen Brüder, Ithaca, N.Y. 1943; ders., Das Klein-Geschichtsbuch der Hutterischen Brüder, Philadelphia, Pa. 1947. – *Niederlande:* S. Cramer (Hg.), Het Offer des Heeren, Den Haag 1904 (BRN 2); ders. (Hg.), Nederlandsche Anabaptistica, 1909 (BRN 5); ders., Zeventiende-eeuwsche schrijvers over de geschiedenis der oudste Doopsgezinden, 1910 (BRN 7); F. Pijper, De geschriften van Dirk Philips, 1914 (BRN 10). – *Deutschland und Oesterreich:* G. Bossert (Hg.), Quellen zur Geschichte der Täufer (= QGT) Bd. 1: Württemberg, 1930 (QFRG 13); K. Schornbaum (Hg.) QGT 2: Markgraftum Brandenburg, 1934 (QFRG 16); Lydia Müller (Hg.) QGT [3]: Glaubenszeugnisse oberdeutscher Taufgesinnter 1, 1938 (QFRG 16); M. Krebs (Hg.) QGT 4: Baden und Pfalz, 1951 (QFRG 22); K. Schornbaum (Hg.) QGT 5: Bayern II (QFRG 23); W. Fellmann (Hg.) QGT 6: Hans Denck, Schriften, 3 Teile, 1955–1960 (QFRG 24); M. Krebs und H. G. Rott (Hg.) QGT 7: Elsaß I, 1959 (QFRG 26); M. Krebs und H. G. Rott (Hg.) QGT 8: Elsaß II, 1960 (QFRG 27); G. Westin und T. Bergsten (Hg.) QGT 9: Balthasar Hubmaier, Schriften, 1962 (QFRG 29); G. Mecenseffy (Hg.) QGT 11: Oesterreich I, 1964 (QFRG 30); R. Friedmann (Hg.) QGT 12: Glaubenszeugnisse oberdeutscher Taufgesinnter II, 1967 (QFRG 32); G. Mecenseffy (Hg.) QGT 13: Oesterreich II, 1972 (QFRG 31); dies., QGT 14: Oesterreich III, 1980 (QFRG 48); G. Franz (Hg.), Urkundliche Quellen zur hessischen Reformationsgeschichte Bd. 4: Wiedertäuferakten (Marburg 1951). – *Niederlande:* A. F. Mellink, Documenta Anabaptistica Neerlandica 1 (Leiden 1975). – *Schweiz:* L. von Muralt und Walter Schmid (Hg.), Quellen zur Geschichte der Täufer in der Schweiz (= QGTS) 1 (1951): Zürich; H. Fast [Hg.] QGTS 2: Ostschweiz, 1973; M. Haas (Hg.) QGTS 4: Drei Täufergespräche, 1974. – *Texte in Auswahl:* G. H. Williams, Spiritual and Anabaptist Writers, London 1957; N. van der Zijpp, Anabaptisten en doopsgezinden in de zestiende eeuw, in: Documenta Reformatoria 1 (1960) 42–75; H. Fast, Der linke Flügel der Reformation, Bremen 1962; W. R. Estep jr., Anabaptist Beginnings (1523–1533), a Source Book (Nieuwkoop 1976). – *Lexika:* ML = Mennonitisches Lexikon, Weierhof 1 (1913), 2 (1937), 3 (1958), 4 (1967); ME = The Mennonite Encyclopedia, Hillsboro, Kan., 1 (1955), 2 (1956), 3 (1957), 4 (1959). – *Bibliographien:* K. Schottenloher, Bibliographie zur deutschen Geschichte im Zeitalter der Glaubensspaltung 1517–1585. 1 (1933) – 6 (1940) ND 1956–1958; 7 (1966); H. S. Bender, Art. Bibliographies, Mennonite, in: ME 1 (1955) 334–337; C. Krahn, Doktorarbeiten über das Täufertum, in: MGB 15 (1958) 20–28; H. J. Hillerbrand, Bibliographie des Täufertums 1520–1630. Gütersloh 1962 (= QFRG 30); ders., A Bibliography of Anabaptism 1520–1630. A Sequel 1962–1974, St. Louis/Mo. 1975; ARG.B 1 (1972)–9 (1980); J. P. Jacobszoon, Beknopte bibliografie van doperse literatur (1945–heden); in: Doopsgezinde Bijdragen NR 1 (1975)–4 (1978); N. P. Springer and A. J. Klassen (Hg.), Mennonite Bibliography 1631–1961, 2 Bde Scottdale, Pa., 1977; E. C. Starr, A Baptist Bibliography. 1 (1947)–25 (1976). – *Forschungsberichte:* H. S. Bender, Recent Progress in Research in Anabaptist History, in: MQR 8 (1934) 3–17; C. Hege, Art. Geschichtsschreibung, in: ML 2 (1937) 96–101; E. Teufel, Täufertum und Quäkertum im Lichte der neueren Forschung, in ThR.NF 13 (1941) 21–57, 103–127, 183–197; 14 (1941) 27–52, 124–153; 15 (1943) 56–80; 17 (1948) 161–181; 20 (1952) 361–370; W. Köhler, Das Täufertum in der neueren kirchenhistorischen Forschung, in: ARG 37 (1940) 93–107; 38 (1941) 349–364; 40 (1943) 246–270; G. Westin, Döparrörelsen som forskningsobjekt. Ett reformationshistoriskt problem, in KHÅ 52 (1951) 52–92; R. Friedmann, Recent Interpretations of Anabaptism, in: ChH 24 (1955) 132–151; H. S. Bender/C. Krahn, Art. Historiography, in: ME 2 (1956) 751–765; G. H. Williams, Studies in the Radical Reformation (1517–1618), in: ChH 27 (1958) 46–49, 124–160; H. Fast, Europäische Forschungen auf dem Gebiet der Täufer- und Mennonitengeschichte 1962–1967, in MGB 24 (1967) 19–30; H. J. Hillerbrand, Die neuere Täuferforschung, in: VuF 13 (1968) 95–110; C. P. Clasen, Anabaptist Sects in the Sixteenth Century. A Research Report, in MQR 46 (1972) 256–279; H. W. Meihuizen, De beoefening van de doperse geschiedenis in Nederland, in: Doopsgezinde Bijdragen NR 1 (1975) 9–29. – *Probleme der Forschung:* H. J. Hillerbrand, Die gegenwärtige Täuferforschung – Fortschritt oder Dilemma? in: BZRGG 4 (1959) 48–65; DERS., Anabaptism and the Reformation: Another Look, in: ChH 29 (1960) 404–424; G. MECENSEFFY, Probleme der Täuferforschung, in: ThLZ 92 (1967) 641–648; R. L. RAMSEYER, The Revitalization Theory applied to the Anabaptists, in: MQR 44 (1970) 159–180; A. FRIESEN, The Marxist Interpretation of Anabaptism, in: CARL S. MEYER (Hg.), Sixteenth Century Essays and Studies, St. Louis/Mo. 1 (1970) 17–34; H.-J. GOERTZ, Die ökumenische Einweisung der Täuferforschung, in: NZSTh 13 (1971) 363–372; H. J. YODER, Der Kristallisationspunkt des Täufertums, in: MGB 24 (1972) 35–47; S. F. ROMANO, Temi e problemi di storia dell'anabattismo italiano del cinquecento, in: Nuova rivista storica 58 (1974) 44–63; I. B. HORST, Brandpunten in de studie van de Radikale Reformatie, in: Doopsgezinde Bijdragen NR 1 (1975) 36–53; J. M. STAYER/W. O. PACKULL/K. DEPPERMANN, From Monogenesis to Polygenesis: The Historical Discussion of Anabaptist Origins, in: MQR 49 (1975) 83–122; H.-J. GOERTZ (Hg.), Umstrittenes Täufertum, Göttingen (1975) ²1977; DERS., History and Theology: A Major Problem of Anabaptist Research Today, in: MQR 53 (1979) 177–188, dazu die Beiträge 189–218.

Allgemeines und Grundsätzliches: P. TSCHACKERT, Die Entstehung der lutherischen und der reformierten Kirchenlehre samt ihren innerprotestantischen Gegensätzen, Göttingen 1910, ND 1979; E. TROELTSCH, Die Soziallehren der christlichen Kirchen und Gruppen (1912), in: DERS., Gesammelte Schriften II, Tübingen ³1923; K. HOLL, Luther und die Schwärmer, in: DERS., Gesammelte Aufsätze I, Tübingen ²,³1923, 420–467; L. VON MURALT, Zum Problem: Reformation und Täufertum, in: Zwingliana 6 (1934) 65–85; R. FRIEDMANN, Conception of an Anabaptist, in: ChH 9 (1940) 341–365, auch in: DERS., Hutterite Studies, Goshen, Ind., 1961, 1–21; J. C. WENGER, Glimpses of Mennonite History and Doctrine, Scottdale/Pa. (1940) ³1959; R. H. BAINTON, The Left Wing of the Reformation (1941), in: DERS., Studies on the Reformation (1963) 119–129; H. S. BENDER, The Anabaptist Vision, in: ChH 12 (1944) 341–365, dt. u. d. T.: Das täuferische Leitbild, in: G. F. HERSHBERGER, 1963 (s. u.) 31–54; J. C. WENGER, Doctrines of the Mennonites, Scottdale/Pa. (1950) ²1952; R. FRIEDMANN, Anabaptism and Protestantism, in: MQR 24 (1950) 12–24; W. KÖHLER, Dogmengeschichte als Geschichte des christlichen Selbstbewußtseins, Leipzig [2] 1951; F. H. LITTELL, The Anabaptist View of the Church, New York 1952, Boston ²1958, dt. u. d. T.: Das Selbstverständnis der Täufer, Kassel 1966; G. F. HERSHBERGER (Hg.), The Recovery of the Anabaptist Vision, Scottdale/Pa., 1957, dt. u. d. T.: Das Täufertum. Erbe und Verpflichtung, Stuttgart 1963; J. C. WENGER, Even unto Death, Richmond, Va., 1961, dt. u. d. T.: Die dritte Reformation. Kurze Einführung in Geschichte und Lehre der Täuferbewegung, Kassel 1963; G. H. WILLIAMS, The Radical Reformation, Philadelphia, Pa., 1962; H. FAST, Art. Täufer, in: RGG³ 6 (1962) 601–604; R. FRIEDMANN, Das täuferische Glaubensgut, in: ARG 55 (1964) 145–161; K. KILSMO, Den tredje Reformationen, Falköping 1 (1967), 2 (1974); H. S. BENDER/G. HEIN/N. VAN DER ZIJPP, Art. Theologie des Täufermennonitentums, in: ML 4 (1967) 305–309 (= ME 4, 1959, 704–707); E. BERNHOFER-PIPPERT, Täuferische Denkweisen und Lebensformen im Spiegel oberdeutscher Täuferverhöre, Münster 1967; B. LOHSE, Die Stellung der „Schwärmer" und „Täufer" in der Reformationsgeschichte, in: ARG 60 (1969) 5–26; H. FAST, Von den Täufern zu den Mennoniten, in: H. J. GOERTZ (Hg.), Die Mennoniten, Stuttgart 1971, 11–27; U. GASTALDI, Storia dell' Anabattismo dalle origine a Münster (1525–1535), Turin 1972; C. P. CLASEN, Anabaptism, a Social History 1525–1618, Ithaca, N.Y./London 1972; R. FRIEDMANN, The Theology of Anabaptism. An Interpretation. Scottdale, Pa. 1973; W. KLASSEN, Anabaptism: Neither Catholic nor Protestant. Waterloo, Ont., 1973; H.-J. GOERTZ (Hg.), Radikale Reformatoren, München 1978; K. R. DAVIS, Anabaptism as a Charismatic Movement, in: MQR 53 (1979) 219–234.

(Ergänzende Literatur im Anhang)

Die Lehre der Spiritualisten, die als Lehre von Einzelgängern mit ihren heterogenen Gedankenelementen von verschiedenen Geistern rezipiert und besonders leicht absorbiert werden konnte, blieb auf die Dauer, sofern sie nicht in späteren Gedankenbildungen aufging und ihre Selbständigkeit verlor, weithin auf die literarische Wirksamkeit beschränkt. Im Unterschied dazu wurde die Lehre des Täufertums trotz anhaltender heftiger Verfolgung in der lebendigen Verkündigung kirchlicher Gemeinschaften überliefert. Auf diese Weise blieb sie in einer bis heute fortdauernden Kontinuität selbständig wirksam. Mit einer Lehrtradition dieser Art war eine gewisse theologische Abrundung und Verfestigung wie von selbst gegeben, und die Lehrbildung des Täufertums ist mit derjenigen der „Konfessionskirchen" durchaus vergleichbar. Aber zur Ausbildung einer Orthodoxie wie bei ihnen konnte es im Täufertum schon deswegen nicht kommen, weil hier die Lehre, infolge der Trennung der Gemeinden vom Staat, von Anfang an auf den inneren Bereich der Gemeinden beschränkt blieb. Hier konnten zwar konfessionelle Abgrenzungen zur Spaltung der Gemeinden untereinander führen, und solche Spaltungen hat das mennonitische Täufertum während des 16. und 17. Jahrhunderts in reichlichem Maße erlebt. Man hat daher mit Recht auch von einem *„mennonitischen Konfessionalismus"* gesprochen und die fortdauernde Neigung zur Spaltung geradezu als „mennonitische Krankheit" bezeichnet[1]. Aber zu den scharfen Konsequenzen des territorialen Konfessionalismus und der landeskirchlichen Orthodoxie kam es dabei nicht[2]. Mit der teils freiwillig bejahten, teils durch die Verfolgung erzwungenen Trennung von der „Welt" fehlte der Lehre des Täufertums außerdem aber auch die Beziehung zur allgemeinen weltlichen Wissenschaft, wie sie in den weiterhin von den großen Kirchen bestimmten Schulen und Universitäten gelehrt wurde. Versteht man unter Theologie im engeren Sinn diejenige christliche Lehrbildung, die sich in der Verbindung und Auseinandersetzung mit dem wissenschaftlichen Denken zu bewähren hat, dann hat das Täufertum bis ins 17. Jahrhundert hinein zwar eine kirchliche Lehre ausgestaltet, aber keine Theologie getrieben. Seine Lehre beschränkte sich auf die Auslegung und Anwendung der Hl. Schrift im Leben der Gemeinde und hielt sich nicht nur von jeder weiterreichenden theologischen Spekulation, sondern auch von den allmählich aufkommenden Problemen der Naturwissenschaft und der geschichtlichen Überlieferung absichtlich, ja mit Mißtrauen fern. „Selbstverständlich beruhte die täuferische Lehre... auf einem System miteinbegriffener, wenngleich nicht immer ausdrücklich benannter Voraussetzungen... So kam es doch zu einer Lehrbildung... in umfassenden Arbeiten, die das Ganze der Lehre in systematische Form zu bringen versuchten. Diese Lehre war freilich großenteils eine Entfaltung der ‚biblischen Lehre' und nicht bewußt Theologie im klassischen Sinn."[3] Durch Einfachheit und Einfalt, die für das Leben des Einzelnen wie der täuferischen Gemeinde insgesamt bestimmende Werte geblieben sind[4], sollte auch die Lehre ausgezeichnet sein.

Die starken konfessionellen Gegensätze und Vorurteile gegenüber der Lehre des Täufertums sind zwar im Laufe des 18. Jahrhunderts allmählich zurückgetreten. Aber eine objektivierende historische Erforschung bahnte sich erst seit der Mitte des 19. Jahrhunderts unter den niederländischen Taufgesinnten an. In Österreich, in Deutschland und in der Schweiz wurde sie bald danach von Historikern und Theologen in Angriff genommen, die in überwiegender Zahl dem Täufertum nicht angehörten. Einen großen Aufschwung nahm die Forschung in den USA, wo sich seit ca. 1925 die dem Mennonitentum entstammenden Gelehrten auf die Geschichte ihrer Kirche und ihres theologischen Erbes konzen-

---

[1] H. Fast, Von den Täufern zu den Mennoniten, S. 24 f.

[2] Zutreffend R. Friedmann, The Theology of Anabaptism (1973) 45: „... there was hardly ever a tendency toward a doctrinal orthodoxy, inasmuch as there was no explicit theology. But legalism or formalism was certainly a temptation..."

[3] H. S. Bender, Art. Theologie des Täufermennonitentums, in: ML 4 (1967) 305 f.

[4] Ders., Art. Simplicity, in: ME 4 (1959) 529.

trierten; neuerdings haben sich auch dort Historiker und Theologen verschiedener Denominationen beteiligt[5]. Im Rahmen des neuerwachten Interesses an den von der kirchlichen Generallinie abweichenden „häretischen“, philosophischen und religiösen Strömungen Italiens im 16. Jahrhundert haben sich in den letzten beiden Jahrzehnten einige italienische Historiker auch der Täuferforschung zugewandt[6]. Die Grundlage dieser Forschungen bildet die Edition der vorwiegend handschriftlich überlieferten geschichtlichen Quellen – eine Arbeit, die im Blick auf die äußere Geschichte des Täufertums in Mitteleuropa inzwischen verhältnismäßig weit gediehen ist. Die Erschließung der lehrhaften Schriften der Täufer befindet sich dagegen noch im Rückstand, was sich für die Darstellung ihrer Lehre vorerst nachteilig auswirkt.

Ähnlich wie innerhalb des Spiritualismus des 16. und 17. Jahrhunderts, so sind auch innerhalb des Täufertums verschiedene Richtungen zu unterscheiden. Während die kurzlebige Spielart eines libertinistischen Täufertums bedeutungslos blieb[7], hat der apokalyptische Spiritualismus Thomas Müntzers (s. o. S. 568–573) nicht nur im deutschen Bauernkrieg seine revolutionären Ideen und Kräfte freigesetzt; im Untergrund durch seinen Schüler Hans Hut zum *apokalyptischen Täufertum* fortgebildet, hat er auch die Lehre des gewaltlosen evangelischen Täufertums für lange Zeit in Verruf gebracht. Seit dem Beginn der modernen Erforschung des Täufertums sind die verschiedenartigen geschichtlichen Ursprünge, Zielsetzungen und Zusammenhänge des gewaltsamen und des gewaltlosen Täufertums Gegenstand wissenschaftlicher Auseinandersetzung geblieben. Der einst von Heinrich Bullinger († 1575) zur Bloßstellung in polemischer Absicht behauptete ursächliche Zusammenhang zwischen Thomas Müntzer und dem Züricher Täufertum wurde auch noch in diesem Jahrhundert für geschichtliche Wahrheit gehalten. Hingegen ergab sich aus neueren Arbeiten (u. a. von Walter Köhler und Fritz Blanke) der eigene, selbständige Ursprung des Züricher Täufertums, das mehr und mehr als Weiterbildung des Zwinglianismus (s. o. S. 197 ff.) bewertet wurde – ein Ergebnis, das namentlich die Theologen des Mennonitentums begrüßten, schienen doch damit die Anfänge ihrer pazifistischen Freikirche auf dem Boden einer konsequent biblischen, friedlichen Erweckungsbewegung gesichert zu sein[8]. Diese Lösung hat sich nach neuesten Untersuchungen zwar als unzureichend erwiesen: auch innerhalb des Züricher Täufertums selbst ist zwischen einem volkskirchlichen, die Gewaltanwendung nicht scheuenden, obschon nicht apokalyptischen Täufertum und einem freikirchlichen, wehrlosen Täufertum zu unterscheiden, wie es die Schweizer Brüder späterhin vertraten. Die Zusammenhänge lassen sich demnach in den Anfängen nicht reinlich voneinander scheiden[9]. Doch bleibt

[5] Übersicht über die ältere Forschungsgeschichte bei Hege, in: ML 2 (1937) 96–101 und Bender/Krahn in: ME 2 (1956) 751–765.

[6] Angesichts seiner engen Verbindung mit dem Antitrinitarismus (vgl. H. A. DeWind, Art. Italy, in: ME 3, 1957, 55 f.) ist das italienische und das polnische Täufertum im Zusammenhang mit der Lehre der Antitrinitarier (vgl. Band 3 dieses Handbuchs) zu berücksichtigen.

[7] Vgl. H. Fast, Die Sonderstellung der Täufer in St. Gallen und Appenzell, in: Zwingliana 11 (1960) 223–240, bes. 232–235.

[8] Von einem „geistlichen Erwachen von ergreifender Tiefe“ und von einer „Bußbewegung in Zollikon“ sprach Fritz Blanke, Täufertum und Reformation, in: G. F. Hershberger (1963) 60.

[9] J. M. Stayer, Die Anfänge des schweizerischen Täufertums im reformierten Kongregationalismus, in: H.-J. Goertz, Umstrittenes Täufertum, 19–49.

Zürich (mit Grebel, Manz, Reublin und Brötli) neben Mitteldeutschland (mit Müntzer und Hans Hut) als eigener, zweiter Ursprungsort des Täufertums unbestritten.

Ein ähnlich enger Zusammenhang besteht zwischen dem gewaltsamen apokalyptischen Täufertum und dem gewaltlosen evangelischen Täufertum in den Niederlanden und in Nordwestdeutschland. Als Begründer des dortigen apokalyptischen Täufertums gilt seit jeher Melchior Hoffman, der es von Straßburg ausgehend in Friesland verbreitete (1530). Sieht man von einer möglichen Beeinflussung Hoffmans durch Müntzer und Hut ab, so ist neuesten Forschungsergebnissen zufolge die Stadt *Straßburg* als eigener, dritter Ursprungsort des Täufertums anzusehen[10]. Gegen Hoffmans eigene Erwartungen wurde seine apokalyptische Botschaft im Täuferreich von Münster in die Tat umgesetzt (1534/35). Nach der Katastrophe aber sammelte Menno Simons die Reste der Melchioriten erneut um die Lehre eines gewaltlosen evangelischen Täufertums, das nach der Ausscheidung der apokalyptischen Elemente trotz schwerer Verfolgung zu überleben vermochte, bis es wenigstens in den *Niederlanden* begrenzte Duldung erlangte (1577) und eine verhältnismäßig weite Verbreitung erfuhr. Hier im Kreis der „Konfessionskirchen" wurde das Täufertum selbst zur konfessionellen kirchlichen Gemeinschaft. Es ist verständlich, daß Menno Simons und die Mennoniten ihren ursprünglichen Zusammenhang mit dem gewaltsamen Täufertum der Melchioriten in apologetischer Absicht zu verdecken versuchten[11]. Doch hat die moderne Forschung auch hier eine unbefangenere Betrachtung eingeleitet. In jedem Fall ergibt es sich, daß für das Verständnis zumindest der Anfänge der täuferischen Lehrbildung die Zusammenhänge zwischen der Verkündigung und den äußeren geschichtlichen Vorgängen in höherem Maß berücksichtigt werden müssen, als das für die Lehre der Spiritualisten und für die schulmäßig internierte Lehre der reformatorischen „Konfessionskirchen" zu gelten hat.

Während eine Behandlung der Lehre des Täufertums in den älteren evangelischen Dogmengeschichten (z.B. LOOFS, HARNACK, SEEBERG, OTTO RITSCHL, H. E. WEBER) fehlt[12], ging bereits P. TSCHACKERT (1910) ein erstes Mal auf sie ein, wobei er zwar Hubmaier (mit Recht) einen hervorragenden Platz einräumte, insgesamt aber das schweizerische und oberdeutsche Täufertum allzu eng mit der Mystik und dem Spiritualismus verknüpfte[13]. Anhangsweise skizzierte er die Lehre der Mennoniten als „eine durchaus achtbare und liebenswürdige Erscheinung, eine versöhnende Ablösung des rebellischen Täufertums"[14]. Um dieselbe Zeit lenkte ERNST TROELTSCH die Aufmerksamkeit auf das Täufertum, das er

---

[10] K. DEPPERMANN, Melchior Hoffman, 342.

[11] Ein Beweis dafür, daß sich Menno Simons schon 1535 von Jan van Leiden polemisch distanziert hätte, läßt sich bisher nicht erbringen, vgl. I. B. HORST, A Bibliography of Menno Simons, 117f.

[12] HARNACK meinte sogar (Lehrbuch der Dogmengeschichte, Tübingen 1910, III, 768): „Die mennonitische Kirchenbildung gehört nicht in die Dogmengeschichte, weil sie in der Glaubenslehre – anders verhält es sich mit der Ethik – wesentlich zu den Bestimmungen der alten Kirchen zurückgekehrt ist oder doch nichts Selbständiges dauernd bei sich durchgesetzt hat."

[13] Zusammenfassende Überschrift: „Die Lehrsysteme der spiritualistischen Gegner Luthers", S. 121. – „Dogmatische Interessen haben sie gar nicht"; „mystisches Christentum" der Täufer ebda 133, 154.

[14] Ebda 446–457; Zitat: 457.

vom Spiritualismus grundsätzlich unterschied und unter Einschluß der Baptisten als die Verwirklichung des Sektentypus auf protestantischem Boden verstand, ohne freilich dessen Lehre mit der reformatorischen Theologie in Vergleich zu setzen[15]. Selbst in der Dogmengeschichte von WALTER KÖHLER (1951), der sich im übrigen um die Täuferforschung große Verdienste erwarb[16], ist die Lehre des Spiritualismus und des Täufertums zwar regelmäßig, aber doch nur in recht bescheidenem Umfang herangezogen. Die Ursache dafür ist wohl darin zu sehen, daß für beide Gelehrten das Täufertum nicht so sehr im Zusammenhang der Dogmengeschichte des 16. Jahrhunderts als vielmehr in seiner Bedeutung für den modernen Protestantismus interessant war: für TROELTSCH, indem er vornehmlich auf das durch die Baptisten mitbestimmte englische und nordamerikanische Freikirchentum des 17. Jahrhunderts blickte, das für die drei Grundsätze des modernen Protestantismus – (1) Unabhängigkeit der Kirche vom Staat, (2) Toleranz und (3) Freiwilligkeit der Kirchenzugehörigkeit – eingetreten war, während KÖHLER solche Zukunftswirkungen bereits dem Täufermennonitentum zuschrieb[17]. Erst H. S. BENDER, ein Schüler Köhlers, bemühte sich zusammen mit anderen mennonitischen Theologen um die Einzelheiten der Geschichte der täuferischen Lehre und um das Verständnis des Wesens der täuferischen Theologie. In seinem vielbeachteten Aufsatz „The Anabaptist Vision" (1944), in welchem er nach seiner eigenen Abgrenzung das ursprüngliche, echte und eigentliche „evangelische und konstruktive" Täufertum „als den Höhepunkt der Reformation, als Erfüllung der ursprünglichen Schau Luthers und Zwinglis" und „als den konsequenten evangelischen Protestantismus" bewertete, sah er das täuferische Leitbild durch drei Hauptlehren bestimmt: durch ein neues Verständnis (1) von der Nachfolge Christi (Discipleship), (2) von der Kirche als Bruderschaft der Gläubigen und (3) von der Ethik der Liebe und Wehrlosigkeit[18]. Ohne damit den Gedanken der Nachfolge in seiner Bedeutung schmälern zu wollen[19], erblickte F. H. LITTELL (1951) das Zentralmotiv des Täufertums in der von einem „Primitivism" (= Vorstellung eines vorbildlichen Urzustands) geleiteten Restitution der wahren Kirche, die von den Merkmalen der Gläubigentaufe, der Gemeindezucht, der Gütergemeinschaft, des (symbolisch verstandenen) Herrenmahls und des passiven Gehorsams gegenüber der Obrigkeit gekennzeichnet und zugleich von der Erneuerung des Missionsbefehls inspiriert gewesen sei. Dabei setzte LITTELL die isolierende Konzentration auf das „evangelische" Täufertum fort, während er innerhalb dieses evangelischen Täu-

[15] Vgl. R. FRIEDMANN, Art. Troeltsch, in: ML 4 (1967) 359.

[16] Vgl. C. NEFF/H. S. BENDER, Art. Köhler, in: ME 4 (1957) 212.

[17] „Dieser Independentismus selbst aber war aufs stärkste mit Einflüssen des Täufertums durchsetzt, die von den Resten des alten englischen Täufertums, von Holland ... und von den amerikanischen Flüchtlingen her auf England wirkten ... Hier haben diese Stiefkinder der Reformation überhaupt endlich ihre große weltgeschichtliche Stunde erlebt." E. TROELTSCH, Die Bedeutung des Protestantismus für die Entstehung der modernen Welt (1912) ³1924. – „Die Mennoniten dürfen ohne Überhebung einen Platz in der Weltgeschichte beanspruchen als Bahnbrecher der modernen Weltanschauung mit ihrer Glaubens- und Gewissensfreiheit." WALTHER KÖHLER, zit. nach H. S. BENDER, Das täuferische Leitbild, in: G. F. HERSHBERGER (1963) 31. – „In Zollikon trat 1525 die erste protestantische Freikirche in Erscheinung. Das war eine Wende von historischem Ausmaß." FRITZ BLANKE, Täufertum und Reformation, ebenda 60.

[18] H. S. BENDER, Das täuferische Leitbild, ebda 37 f., 44.

[19] Vgl. F. H. LITTELL, Der täuferische Kirchenbegriff, ebda 115–129.

fertums eine Verallgemeinerung der Lehren der unter sich verschiedenen Richtungen vornahm. „Um die Zeit von Mennos Tod (1561) waren alle notwendigen Züge der täuferischen Kirchenlehre vorhanden.“[20] Zutreffend brachte LITTELL die Anpassung des niederländischen Täufertums an die Welt und an die übrigen protestantischen Kirchen mit dem Erlahmen des ursprünglichen missionarischen Antriebs in Verbindung.

Seither hat sich hier bei verschiedenartiger Akzentuierung ein gewisser Konsens in der Forschung herausgebildet: „Die Lehre von der Gemeinde steht für die Täufer im Mittelpunkt der Theologie“ (J. C. WENGER)[21]. „So entpuppt sich der eigenartige Dualismus von Gemeinde und ‚Welt‘ als das kennzeichnendste Merkmal täuferischen Glaubens“, in welchem sich der täuferische Biblizismus, der Gedanke der Nachfolge und der Gemeindebegriff treffen (H. FAST)[22]. Die täuferische Lehre von der Kirche wird dementsprechend auch als das hauptsächliche Unterscheidungsmerkmal gegenüber der Reformation angesehen. „Am einschneidendsten aber wichen die Täufer in ihrer Lehre von der Kirche bzw. der Gemeinde von der offiziellen protestantischen Theologie ab, obwohl ihre Haltung in anderen Fragen wie Eidesverweigerung, Ablehnung von obrigkeitlichen Ämtern, strikte Kriegsdienstverweigerung, Bestehen auf Trennung von Staat und Kirche und Einstehen für die Gewissensfreiheit ebenfalls auffallende Abweichungen waren“ (H. S. BENDER)[23]. Eine umgreifende Geschichte der Lehre des frühen Täufertums hat R. FRIEDMANN († 1970) als Frucht und Vermächtnis seiner lebenslangen historisch-theologischen Forschungen vorgelegt: The Anabaptist Theology (1973). FRIEDMANN weist in eine ähnliche Richtung. Das apokalyptische Täufertum ebenso wie die Lehre der Mennoniten ausklammernd und konzentriert allein auf die Schweizer Brüder, die oberdeutschen Täufer sowie die Hutterischen Brüder, erblickte er den Mittelpunkt der „impliziten“, aus den Quellen nur mittelbar zu erhebenden, ihrem Wesen nach „existentiellen“ Lehre der Täufer in ihrer Theologie des Reiches Gottes, die nicht sowohl die Dialektik von Gesetz und Evangelium als vielmehr den Dualismus Christus/Welt voraussetzend, in der Nachfolge der Gemeinde der Getauften und Wiedergeborenen ihre Verwirklichung erfährt[24]. Obwohl er Melchior Hoffman und Bernd Rothmann außer Betracht ließ und die apokalyptische Komponente bei Hut unterschätzte, hob FRIEDMANN doch zutreffend die starke eschatologische Komponente der frühen täuferischen Theologie hervor, mit welcher übrigens auch der unerhörte Bekehrungseifer der Täufer in engem Zusammenhang steht: „Eschatology is part and parcel of the ‚theology of the Kingdom‘ which represents the very center of anabaptist thinking and believing.“[25] Von hier aus rückte er die Theologie der frühen Täufer von der Reformation jedoch wieder weiter ab, als das zuletzt z. B. bei H. S. BENDER und F. BLANKE der Fall gewesen

---

[20] DERS., Das Selbstverständnis der Täufer (1966) 75.
[21] Die dritte Reformation (1961) 71.
[22] Der linke Flügel der Reformation (1962) S. XXI.
[23] Art. Theologie des Täufermennonitentums, in: ML 4 (1967) 307.
[24] Zustimmende Bezugnahme auf F. H. LITTELL's Begriff „realized eschatology“ durch FRIEDMANN, The Anabaptist Theology (1973) 117.
[25] Ebda 109 f.

war[26], – ein Ergebnis, das neuerdings dazu beitragen mag, das Gefühl der Eigenständigkeit des Mennonitentums im gegenwärtigen ökumenischen Gespräch zu verstärken[27], das aber u.a. die Geschichte der täuferischen Lehre im 17. Jahrhundert ungebührlich außer acht läßt. Eine auch das niederländische Täufertum einbeziehende theologiegeschichtliche Gesamtdarstellung fehlt bisher.

§ 2 Die Lehre der älteren Schweizer Brüder

Allgemeines: E. EGLI, Die Züricher Wiedertäufer zur Reformationszeit. Nach den Quellen des Staatsarchivs, Zürich 1878; DERS., Actensammlung zur Geschichte der Zürcher Reformation in den Jahren 1519–1533, Zürich 1879, ND 1973; L. VON MURALT, Glaube und Lehre der schweizerischen Wiedertäufer in der Reformationszeit, Zürich 1938; F. BLANKE, Brüder in Christo; Die Geschichte der ältesten Täufergemeinde (Zollikon 1525), Zürich 1955, ND 1975; JOHN H. YODER, Täufertum und Reformation in der Schweiz. I: Die Gespräche zwischen Täufern und Reformierten in der Schweiz 1523–1538, Karlsruhe 1962; H. S. BENDER, Art. Schweizer Brüder, in: ML 4 (1967) 132f.; JOHN H. YODER, Täufertum und Reformation im Gespräch. Dogmengeschichtliche Untersuchung..., Zürich 1968; J. F. G. GOETERS, Die Vorgeschichte des Täufertums in Zürich, in: Studien zur Geschichte und Theologie der Reformation, Festschrift für Ernst Bizer, hg. von L. ABRAMOWSKI und J. F. G. GOETERS, Neukirchen 1969, 239–281; H.-J. GOERTZ (Hg.), Umstrittenes Täufertum 1525–1975, Göttingen (1975) ²1977. – Zu *Grebel:* L. VON MURALT und W. SCHMID (Hg.), Quellen zur Geschichte der Täufer in der Schweiz. I, Zürich 1952, passim (vgl. Register), bes. S. 14–21, 29ff., 78f.; Konrad Grebel und Genossen an Thomas Müntzer, in: G. FRANZ (Hg.), Thomas Müntzer, Schriften und Briefe, 1968 (QFRG 33) S. 437–447; Übertragung in modernes Deutsch bei H. FAST, Der linke Flügel der Reformation, Bremen 1962 (KlP 4) S. 12–17; HAROLD S. BENDER, Conrad Grebel, c. 1498–1526, Goshen/Indiana 1950, ND 1971; DERS., Art. Grebel Conrad, in: ME 2 (1956) S. 566–575; H. FAST, Art. Grebel, Konrad, in: NDB 7 (1966) S. 15f. – Zu *Manz:* [FELIX MANZ], Protestation und Schutzschrift [an den Rat von Zürich], in: Huldreich Zwingli, Sämtliche Werke 3 (1914) S. 368–372; zuletzt in: L. VON MURALT und W. SCHMID (s. o. zu Grebel) S. 28–38, anderes ebenda passim (vgl. Register), moderne deutsche Übertragung bei H. FAST (s. o. zu Grebel) S. 28–35; E. KRAJEWSKI, Leben und Sterben des Täuferführers Felix Mantz, Kassel 1958; CHR. NEFF/H. S. BENDER, Art. Manz, Felix, in: ME 3 (1957) S. 472–474; CHR. NEFF, Art. Manz, Felix, in: ML 3 (1958) S. 22ff.; E. KRAJEWSKI, The Theology of Felix Manz, in: MQR 36 (1962) S. 76–87. – Zu *Sattler:* W. KÖHLER (Hg.), Brüderlich Vereinigung etzlicher Kinder Gottes sieben Artikel betreffend. Item ein Sendbrief Michael Sattlers an eine Gemeine Gottes... (Flugschriften aus den ersten Jahren der Reformation II/3) Leipzig 1908; H. BÖHMER (Hg.), Urkunden zur Geschichte des Bauernkriegs und der Wiedertäufer (KlT 50/51), Berlin (1910, ²1921) ³1933; H. FAST (Hg.), Quellen zur Geschichte der Täufer in der Schweiz 2 (1973) S. 26–36; moderne deutsche Übertragung bei H. FAST (s. o. zu Grebel) S. 60–71. – G. BOSSERT, Art. Sattler, Michael, in: RE³ 17 (1906) S. 492ff.; F. BLANKE, Beobachtungen zum ältesten Täuferbekenntnis, in: ARG 37 (1940) S. 240–249; BEATRICE JENNY, Das Schleitheimer Täuferbekenntnis, in: Schaffhauser Beiträge zur vaterländischen Geschichte 28 (1951) S. 5–81; G. BOSSERT/H. S. BENDER, Art. Sattler, Michael, in: ME 4 (1959) S. 427–434; G. BOSSERT jun./G. HEIN, Art. Michael Sattler, in: ML 4 (1967) S. 29–38; J. C. WENGER, Art. Schleitheimer Bekenntnis, in: ML 4 (1967) S. 70f.; JOHN H. YODER, The Legacy of Michael Sattler, Scottdale, Pa. (1973) ²1974; R. STAUFFER, Zwingli et Calvin, Critiques de la confession de Schleitheim, in: M. LIENHARD (ed.), The Origins and Characteristics of Anabaptism, Den Haag 1977, S. 126–147. (Ergänzende Literatur im Anhang)

Der in langjährigem Studium (Basel, Wien, Paris 1514–1520) humanistisch gebildete KONRAD GREBEL (1498–1526), Sohn eines Zürcher Landvogts und

[26] „It is therefore not allowable to interpret Anabaptism as a sort of radicalized Protestantism or even as Protestantism plus more emphasis on ethics", ebda 159.

[27] W. KLAASSEN, Anabaptism: Neither Catholic nor Protestant (1973); DERS., The Modern Relevance of Anabaptism, in: H.-J. GOERTZ, Umstrittenes Täufertum ²1977, 290–304.

Ratsherrn, wurde nach seinem Übergang zur Zürcher Reformation und nach seinem Bruch mit Zwingli (Ende 1523) zum ersten aktiven Täufer und Begründer des Täufertums (Jan. 1525). In seinem (zugleich im Namen von sechs Mitbrüdern verfaßten) Brief an Thomas Müntzer (5. 9. 1524) treten deutlich die einfachen Grundgedanken der über den gemeinsamen bisherigen theologischen Lehrer Zwingli hinausgreifenden täuferischen Reformation hervor, die sich als die wahrhaft folgerichtige, schriftgemäße, Gott gehorsame und Gott gefällige Reformation verstand. Ohne daß eine (nicht nachweisbare) Beeinflussung von anderer Seite, sei es von vorreformatorischen „älteren Reformparteien" oder vom Humanismus, anzunehmen wäre[1], beruft sich Grebel auf ein enger und strenger gefaßtes Schriftprinzip, von dem her die bei Luther und Zwingli tatsächlich, möglicherweise aber auch noch bei Müntzer vorhandenen Halbheiten, ja vielmehr päpstischen und antichristischen Greuel mit scharfen Worten verworfen werden. Was in der Bibel nicht ausdrücklich geboten ist, gilt Grebel bereits als verboten[2]. Von hier aus kritisiert er vor allem Müntzers Verdeutschung der Messe, um ihr das wahre Abendmahl gegenüberzustellen. Dies ist das „nachtmal der vereimbarung" (Vereinigung), das Gemeinschaftsmahl der Brüder, welches einem jeden von ihnen das Testament Christi am Kreuz und damit die Verpflichtung ins Gedächtnis ruft, „daß er vmb Christi und der brůderen, deß houptes vnd glideren willen, läben und liden well" (Müntzer, Schriften 440). Das Brot bleibt dabei Brot, ist aber, im Glauben genossen, der Leib Christi und die Einleibung mit Christus und mit den Brüdern. Liturgie, Gesang, Konsekration, Kelch, Einzelkommunion, Einschluß in die Monstranz, Anbetung, Meßgewand und jeder unbiblische „Zusatz", vor allem aber das irrtümliche Verständnis des Abendmahls als Messe und Sakrament fallen hier fort (439 f.). Das „nachtmal der Vereimbarung" ist ohne festgelegten Termin möglichst oft, wegen der Gefahr eines „falschen andachts" aber nicht „in templen" zu feiern, und zwar unter Anwendung der brüderlichen Zurechtweisung und nötigenfalls des Banns nach der „Regel Christi" (Mt 18, 15–18), jedoch ohne jede Erweiterung der biblischen Einsetzungsworte. Führen auch schon diese letzten Wendungen über die noch deutlich erkennbare zwinglische Grundauffassung (s. o. S. 193 f.) weit hinaus, so wird in der Lehre von der Taufe der Gegensatz zum Katholizismus und zur Reformation unüberbrückbar: Gegen die Kindertaufe – „ein unsinniger gotzlesteriger grewel wider alle gschrift" (443, 30) – ist als die wahre, schriftgemäße Taufe die Taufe derjenigen Erwachsenen aufzurichten, die sich nach der „Regel Christi" der Bußzucht unterwerfen. Diese Taufe gibt zu erkennen, daß dem, der getauft ist, der Buße tut und glaubt, seine Sünden vergeben sind. Der Sünde abgestorben, muß der Getaufte in der Erneuerung des Lebens und Geistes wandeln und darf, sofern er seinen im „inneren touff" gründenden Glauben im Leben bewährt, seines Heils gewiß sein (443, 4–9). Die ungetauften Kinder werden ohne diesen Glauben selig (443, 24 ff.)[3].

Obschon von Grebel nicht systematisch entfaltet, tritt hinter der in betonter

---

[1] Zu Grebels Quellen vgl. Bender, 191–203.

[2] „waß wir nit gelert werdend mit claren sprüchen und bispilen, sol unß alß wol verbotten sin, als stůnd eß gschriben: daß tů nit..." Müntzer, Schriften 439, 27.

[3] Zu dem verlorenen „Taufbüchlein" Grebels von 1526, dessen Argumente z. T. in Zwinglis „Elenchus" enthalten sind, vgl. Zwingli SW 6 (1961) 30–96 f., dazu Bender, 1950, 186–191.

Verbindung mit der Bußzucht angestrebten Erneuerung von Abendmahl und Taufe die eigentliche Absicht der Brüder gleichwohl klar hervor. In dem vollen Bewußtsein, dadurch die Verfolgung auf sich zu ziehen, selbst aber wehrlos bleiben zu müssen[4], war ihr Ziel die Errichtung der kleinen, aber reinen[5] Gemeinde der „rechten gläubigen Christen" (442,29): „Eß ist fil weger [= viel besser], daß wenig recht bericht werdind durch daß wort Gottes, recht gloubind und wandlind in tugenden und brüchen [= Gebräuchen], denn daß fil uß vermischter ler falsch hinderlistig gloubind."

Felix Manz (1480–1527, hingerichtet), Grebels ältester Freund und Mitbegründer des Täufertums, bemühte sich in seiner Protestation und Schutzschrift (vor Jan. 1525), unter dem Hinweis darauf, daß dies die bürgerlichen und städtischen Rechte nicht schmälere, um die Freigabe der täuferischen Predigt von der Taufe. Aus mehrfachen Schriftbeweisen folgerte er, die Taufe sei von den Aposteln nur aufgrund vorherigen Unterrichts, klarer Kenntnis und eigener Entscheidung der erwachsenen Taufbewerber erteilt worden. Christus selbst wurde erst als Dreißigjähriger getauft.

Grundlegende und nachhaltige Bedeutung für Lehre und Leben der Schweizer Brüder erlangte das von *Michael Sattler* verfaßte, in Schleitheim (bei Schaffhausen) verabschiedete Schleitheimer Täuferbekenntnis (24. 2. 1527)[6]. Ehemals Prior des Benediktinerklosters St. Peter im Schwarzwald, hatte Michael Sattler (1490–1527, hingerichtet) nach seiner Ausweisung als Täufer aus Zürich (1525) gegenüber Capito (o. S. 205 f.) und Bucer (o. S. 209 f.) in Straßburg seinen Gegensatz in der Lehre von der Taufe, vom Abendmahl, Schwert, Eid und Bann mit der Forderung der Gleichförmigkeit der Gläubigen mit Christus und mit der schlechthin notwendigen Abkehr der Christen von der Welt begründet: „In summa: es ist nichts gmein Christo vnd Belial" (2 Kor 6, 15)[7]. Diesen seinen Grundsätzen schlossen sich bald darauf die Brüder an.

In den sieben *Schleitheimer Artikeln* ist die Erwachsenentaufe (Art. 1) als wichtigster Lehrpunkt an den Anfang gerückt. Sie wird nur an denjenigen vollzogen, die durch Buße zum Glauben an die Vergebung ihrer Sünden durch Christus gelangt und zum Wandel in der Auferstehung Christi bereit sind. Diese ihre Bereitschaft ist, wie auch bei Grebel (1524) und Hubmaier[8], gleichbedeutend mit der Unterwerfung unter die Bußzucht der Gemeinde (Art. 2, Von dem Bann). Die Bußzucht (nach Mt 18, 15–18) besteht in der brüderlichen Zurechtweisung und gegebenenfalls im Bann und ist jeweils vor dem gemeinsamen Abendmahl auszuüben, damit die Eintracht der Gemeinde verbürgt ist. So wird der Bann zum Bindeglied zwischen Taufe (Art. 1) und Abendmahl (Art. 3) und zu einem bestimmenden Moment im Leben der Gemeinde. Zum Abendmahl (Art. 3, Vom Brotbrechen) werden nur die Getauften zugelassen, die aus der Welt herausgerufen sind und mit den Werken der Finsternis, dem Teufel und der

[4] Gegen Müntzer gerichtet: 442, 27–37; 445, 27–31.

[5] „... so wirst du gar rein werden", Z. 31.

[6] Gedruckt 1533 u. d. T. „Brüderlich vereynigung etzlicher kinder Gottes sieben Artickel betreffend"; Zitate im Text nach H. Fast (Hg.) QGTS 2 (1973) 26–36.

[7] Ende 1526/Anfang 1527; M. Krebs und H. G. Rott (Hg.), Quellen zur Geschichte der Täufer, Elsaß I, 1959 (QFRG 26) 68 ff. – Zu anderen, Sattler nicht mit voller Sicherheit zuschreibbaren Schriften vgl. John H. Yoder, 1973.

[8] Schon 1525.

Welt keine Gemeinschaft mehr haben[9]. Erst nach diesen kurzgefaßten, inzwischen schon festgefügten täuferischen Grundsätzen wird der eigentliche Leitgedanke Sattlers mitsamt seinen schwerwiegenden Folgesätzen in voller Deutlichkeit und Ausführlichkeit zur Geltung gebracht: der Gedanke der *Absonderung von der Welt* (Art. 4)[10] einschließlich der Ablehnung der zwingenden Strafgewalt (Art. 6) und des Eides (Art. 7). In dem umfassenden scharfen Dualismus zwischen Gut und Böse, Gläubig und Ungläubig, Licht und Finsternis, außerhalb der Welt und in der Welt, Tempel Gottes und Götzen, Christus und Belial sind die Täufer im Glaubensgehorsam auf die Seite Gottes getreten und stehen nun im Gegensatz zur Welt mit ihrem gottwidrigen Greuel, der sich sowohl im päpstischen als auch im widerpäpstischen (= reformatorischen) Tun enthüllt und der selbst bei Versammlungen, beim Kirchgang, im Weinhaus und in allem bürgerlichen Wesen mit seinen Rechten und Pflichten „des Unglaubens" einschließlich Waffendienst für Verbündete oder gegen Feinde als Greuel aufgedeckt und unbedingt gemieden werden muß (FAST, S. 30)[11].

In dem *Artikel von dem Schwert* (Art. 6) wird die zwingende Strafgewalt zur (minderen) „Gottes Ordnung außerhalb der Vollkommenheit Christi" erklärt; sie kommt für den Christen und für die christliche Gemeinde, die in der Vollkommenheit wandelt, auf keinen Fall in Betracht. Denn die Gemeinde nimmt die brüderliche Zurechtweisung vor und gewährt Vergebung, sofern sie nicht den Bann, den allerdings gewaltlosen Ausschluß aus ihrer Mitte, zu vollziehen genötigt wird. Christus hat keine Waffe getragen; er hat es abgelehnt, Erbschichter zu sein und König zu werden. Ein Christ darf daher weder Soldat[12] noch Richter noch Obrigkeit sein. „In summa: Was Christus, unser houpt, uff uns gesynnet ist, das alles sollen die glider des lips Christi durch inn gesinnet sin" (FAST, S. 32f.). In diesem Sinn ist den Christen schließlich auch die Eidesleistung verboten (Art. 7, Von dem Eid), denn Christus hat sie (nach Mt 5,37) nicht zugelassen, sondern untersagt, ja noch viel mehr: Christus selbst ist (nach 2Kor 1,19) „einfaltig ja und nein, und alle, die in einfaltig suchen, werden syn wort verstan" (FAST, S. 34).

Zu diesen Grundgedanken bekannten sich die Täufer in den folgenden Jahren in den Verhören, denen man sie unterwarf, und in den zahlreichen Religionsgesprächen, zu denen man ihre Führer zuließ[13]. An ihrem exklusiven Schriftprinzip hielten sie fest. Eine echte Weiterbildung der Lehre war auf diese Weise, abgesehen von der breiteren Beweisführung aus der Hl. Schrift, nicht gegeben, obwohl die Täufer von den evangelischen Theologen, die nicht nur Ort und Dauer

---

[9] Im Verhör gestand Sattler, „daß im Sacrament nit sei der wesentlich leip Christi deß herrn". Er begründete das, wie Zwingli und Hubmaier (s. u. S. 626f.), mit dem Hinweis auf den Wortlaut des Apostolicums; KÖHLER (1908) 327.

[10] Aussage Sattlers im Verhör: „... sagen wir, daß wir die heyligen seint, die da leben vnd glauben", Köhler, 1908, 328.

[11] Der wie ein Einschub wirkende Art. 5, Von den Hirten, handelt von der Befähigung, den Aufgaben, dem Unterhalt, der Bestrafung und dem Ersatz der Leiter der Gemeinden, FAST 31.

[12] Aussage Sattlers im Verhör: „Wenn der Türck kompt, sol mann ihm keyn widerstand thun, dann geschriben stat: Du solt nit tödten. Wir sollen vns deß Türcken vnd anderer verfolger nit erweren, sonder mit strengem gebet gegen Gott anhalten, daß er weer vnd widerstandt thů"; KÖHLER (1908) 329.

[13] YODER, 1968, 97, zählt deren 28 allein in der Schweiz bis 1543.

der Religionsgespräche, sondern auch die Auswahl und Reihenfolge der Verhandlungspunkte festsetzten, genötigt wurden, aus ihren Grundsätzen weitere Folgerungen zu ziehen. Die Überlieferung ihrer Lehre vollzog sich, oft unter bedrückenden Umständen, in den kleinen Gemeinden selbst. Nachdem in der ersten Generation den ausgebildeten ehemaligen Klerikern die führende Rolle zugefallen war, wurde die biblische Lehre der späteren Täufer immer mehr zur Laientheologie. Beim *Religionsgespräch von Zofingen (1532)* verblieben die Täufer, ohne den schroffen Dualismus Sattlers, auf der Linie der Brüderlichen Vereinigung[14]. Als man auf reformierter Seite mit der Gottes- und Nächstenliebe als Grund und Ziel der christlichen Lehre begann, beeilten sie sich, diese Liebe sogleich (nach Joh 14) durch den Gehorsam gegenüber den Geboten der Hl. Schrift zu überbieten: „Die annder, so nit gschriftlich, bekennent wir uß dem tuffel syn" (Haas 78). Wie Sattler, so betrachteten auch sie als ihre Sendung die Verkündigung eines bußfertigen Wandels, die Absonderung von der Welt[15] und die Errichtung einer auf der freiwilligen Erwachsenentaufe aufgebauten „gottseligen" Gemeinde, die Gott fürchtet. Die reformierte Kirche lehnten sie ab, „diewyl daselbst das wältlich regiment und die christlich kilch undereinanderen ist" (95). „Die glöubigen sind aber die kilchen, wo man christenlich handlet" (100). Zum Gehorsam gegen die Obrigkeit und zur Zahlung von Zins und Zehnten an sie erklärten sie sich nach dem Vorbild Jesu (Mt 22,17–22) bereit (197, 199), während sie die Entlohnung der reformierten Pfarrer aus Pfründengut als Götzenopfer verwarfen (223). Beim *Religionsgespräch von Bern (1538)*[16] bekannten sie sich auch zum Alten Testament, wo es zum Glauben, Liebe und christlichen Leben dienlich, nicht aber etwa durch das Neue Testament aufgehoben sei, das z.B. die Todesstrafe nicht mehr kennt (272f.). Die Schwertgewalt „usserthalb der gemeind Christi" bejahten sie (aufgrund von Rö 13) erneut (422, 424), und sie gaben zu, daß auch Ungläubige Gutes tun können (432f., 437).

§ 3 Balthasar Hubmaier

Quellen: Balthasar Hubmaier, Schriften hg. von Gunnar Westin und Torsten Bergsten, 1962 (QFRG 29). – *Literatur:* Johann Loserth, Doctor Balthasar Hubmaier und die Anfänge der Wiedertaufe in Mähren, Brünn 1893; Alfred Hegler, Art. Hubmaier, Balthasar, in: RE³ 8 (1900) 418–424; Carl Sachsse, D. Balthasar Hubmaier als Theologe, Berlin 1914; Johann Loserth, Art. Hubmaier, Balthasar, in: ML 2 (1937) 353–363; Torsten Bergsten, Balthasar Hubmaier. Seine Stellung zu Reformation und Täufertum 1521–1528, Kassel 1961; Franz Lau, Luther und Balthasar Hubmaier, in: Humanitas-Christianitas, FS für W. von Loewenich (1968) 63–73; David C. Steinmetz, Scholasticism and Radical Reform: Nominalist Motifs in the Theology of Balthasar Hubmaier, in: MQR 45 (1971) 123–144; Bernd Moeller, Art. Hubmaier, in: NDB 9 (1972) 703; Christof Windhorst, Wort und Geist. Zur Frage des Spiritualismus bei Balthasar Hubmaier im Vergleich zu Zwingli und Luther, in: MGB 31 (1974) 7–24; ders., Das Gedächtnis des Leidens Christi und Pflichtzeichen brüderlicher Liebe. Zum Verständnis des Abendmahls bei Balthasar

[14] Die Themen waren: 1. Gottes- und Nächstenliebe, 2. Sendung der Täufer, 3. Kirche, 4. Bann, 5. Obrigkeit, 6. Zins und Zehnten, 7. Eid, 8. Sendung der reformierten Prediger, 9. Unterhalt der Prediger, 10. Zinsnehmen, 11. Taufe, Haas (QGTS 4, 1974; vgl. o. S. 611) 69.

[15] Haas, 83, 85, 91f., 93, 97, vgl. 482: Trennung von der Welt.

[16] Themen: 1. Altes und Neues Testament, 2. Sendung, 3. Kirche, 4. Taufe, 5. Eid, 6. „Ob ein christ ein oberer sin möge", 7. Bann, Haas 268f.

Hubmaier, in: Umstrittenes Täufertum, Göttingen (1975) ²1977, 111–137; DERS., Täuferisches Taufverständnis. Balthasar Hubmaiers Lehre zwischen traditioneller und reformatorischer Theologie, Leiden 1976; DERS., Anfänge und Aspekte der Theologie Hubmaiers, in: MARC LIENHARD (éd.), The Origins and Characteristics of Anabaptism, Den Haag 1977, 148–168.

(Ergänzende Literatur im Anhang)

Unter den führenden Köpfen des Täufertums nahm der Theologe *Balthasar Hubmaier* aus Friedberg bei Augsburg eine hervorragende Stellung ein. Wenig jünger als Luther und Zwingli, war er im Blick auf sein Theologiestudium seinem Freund und späteren Gegner Zwingli überlegen. Nach dem Studium der „artes liberales" (seit 1503) und der Theologie (in Freiburg im Breisgau) zum Dr. theol. promoviert (Ingolstadt 1512), wirkte er in Ingolstadt an der Seite seines Lehrers Johann Eck als Professor der Theologie (1512–1516), sodann als Domprediger in Regensburg (1516–1521), wo er an dem Judenpogrom von 1516 und an der aufsehenerregenden Wallfahrt zur Schönen Maria maßgeblich beteiligt war, und schließlich als Pfarrer in der vorderösterreichischen Stadt Waldshut am Rhein (1521). Mit Luthers Schriften und mit Erasmus persönlich bekannt geworden (1522), schloß sich Hubmaier Zwingli an (1523) und reformierte die Stadt Waldshut 1523/24 nach den Grundsätzen der Zürcher Reformation. Über der Frage der Schriftgemäßheit der Kindertaufe mit Zwingli (s. o. S. 195f.) zerfallen, nahm er an Ostern 1525 von Wilhelm Röubli die Glaubenstaufe an und führte Waldshut dem Täufertum zu. Nach der Rückeroberung der Stadt (Dez. 1525) zeitweise auf der Flucht (bis April 1526 in Zürich in Haft), gelang es ihm, die täuferische Reformation in Nikolsburg in Mähren einzuführen (1526/27). Doch schon bald nach diesem zweiten großen Erfolg für das Täufertum wurde er ausgeliefert und in Wien zum Tode verurteilt und verbrannt (10.3.1528). In den Anfangsjahren ein kaum profilierter Anhänger der eklektischen Theologie Ecks, war Hubmaier nach seinem Übergang zur Reformation ein Zwingli gleichgesinnter und ebenbürtiger Reformator. Seine selbständige, für das Täufertum grundlegende theologische Bedeutung erlangte er vor allem durch die wirksame literarische Bestreitung der Kindertaufe und die biblische Begründung der Glaubenstaufe, die er in enger Verbindung mit der Lehre vom Abendmahl als Gedächtnismahl und mit der Einführung der christlichen Gemeindezucht zur dreifachen unerläßlichen Voraussetzung der gottgewollten Erneuerung der Kirche erklärte. In der kurzen Wirkungszeit, die ihm beschieden war, gewann seine betont unscholastische, biblische Theologie eine selbständige Prägung und eine bemerkenswerte Geschlossenheit.

Nachdem Hubmaier die Grundsätze der Reformation kennengelernt hatte, erschien ihm das katholische System alsbald nicht nur entstellt und sinnlos, sondern sinnwidrig, verkehrt[1]. Der Wert von Philosophie und Theologie, Priestertum und Kirche brach ihm zusammen angesichts der Wiederentdeckung der richtigen Heilsordnung[2] und des einfachen Weges zum Heil, das im göttlichen Wort seinen ausschließlichen Grund und, im Glauben persönlich ergriffen, in der Gnade Gottes in Christus seinen Gegenstand und sein Ziel hat. Dieser

---

[1] Achtzehn Schlußreden, 1524; Schriften 72–74.

[2] „rechte ordnung ains gantzen Christenlichen lebens"; vgl. Eine Summe eines ganzen christlichen Lebens, 1525, in: Schriften 113, Z. 10; ähnlich: „ordnung einer Christenlichen frombmachung", Schriften 157.

Glaube „muß außbrechen gegen Gott in dancksagung vnd gegen den menschen in allerley werck brüderlicher liebe", wie er wiederholt betont (z. B. Schriften 72, 112, 122). Die Schritte auf dem Weg zum Heil, allein auf die Heilige Schrift, vorwiegend auf das Neue Testament gestützt, sind einfach: (1) Wer den Bußruf Jesu (Mk 1, 15) beherzigt, muß an sich selbst verzweifeln. (2) Dem von Reue erfüllten Sünder tritt dann im Evangelium Christus als Arzt entgegen. Der Heiland verpflichtet den Geheilten zur Heiligung: „Vnd yetz ergibt sich der mensch inwendig im hertzen vnd fürsatz in ain neu leben nach der regel vnd der leer Christi deß artztes, der in hat gesund gemacht, vnnd von dem er hat das leben" (Schriften 111). (3) Diesen seinen Glauben und seinen Vorsatz zur gottgewollten Besserung seines Lebens muß der Christ aber auch vor der christlichen Gemeinde öffentlich kundtun. Das äußere Zeichen dafür ist die *Taufe*. Und mit der Taufe ist für Hubmaier die Unterwerfung unter die „brüderliche straff", d. i. unter die Bußzucht der Gemeinde[3], (nach Mt 18) unzertrennlich verbunden. (4) Dieser nicht auf vermessenes Selbstvertrauen, sondern auf den Namen (d. i.: die Kraft) des Dreieinigen gegründete neue Wandel in Wort und Tat vor der Welt wird sich freilich sogleich der Verfolgung ausgesetzt sehen. (5) Bei der Feier des *Abendmahls* erinnern wir uns im Glauben dankbar an die Güte Gottes in Christus, und wir übernehmen von neuem die Pflicht, den Willen Christi mit Gottes Hilfe zu erfüllen, „das wir auch also vnserem nächsten thun sollen vnd vnser leyb, leben, gut vnd blut von desselben wegen dar spannen" (Schriften 114). War der Weg zum Heil nach der schlichten, „ainfeltigen Regel Christi" (Schriften 112 f.) auf diese Weise richtig „geordnet"[4], dann lag allerdings die Glaubenstaufe in unausweichlicher Konsequenz.

Die Kindertaufe hatte hier keinen Sinn und keinen Platz mehr. Zu ihrer Widerlegung argumentiert Hubmaier zunächst mit eben dieser Ordnung, die er im einzelnen im Wortlaut der biblischen Belegstellen für die Taufe Johannes des Täufers und für die christliche Taufe unwiderleglich verbürgt findet (Von der christlichen Taufe, 1525). Schon bei Johannes ging der Taufe stets die Predigt voran. Johannes übte sein dreifaches Amt (123–127) – (1) Predigt des Gesetzes, (2) Taufe mit Vermahnung der reumütigen Hörer zu einem bußfertigen Leben und (3) Hinweis auf Christus – in fester, gleichbleibender Reihenfolge der einzelnen Teilstücke aus[5]. Dem gepredigten Wort entsprach die Einsicht der Hörer; solche Hörer konnten nur Erwachsene sein (129). Christus selbst hat zwar während seiner irdischen Lebenszeit nicht getauft, sondern die Sündenvergebung jeweils „mit eym euangelischen wort" ausgesprochen. Aber nach der Auferstehung erteilte er seinen Jüngern die Vollmacht der Sündenvergebung (125). Das dreifache Amt der Apostel bestand seitdem, hinsichtlich der Reihenfolge vergleichbar, in der Predigt (1) von Christus und (2) vom glaubenden Vertrauen auf die Sündenvergebung sowie (3) in der vollgültigen christlichen Taufe (= „der Tauff Christi"), als deren Sinn wiederum das öffentliche Zeugnis des Glaubens, die Verpflichtung zum neuen Leben „nach der Regel Christi" und der Unterwerfung unter die christliche Bußzucht bestimmt wird (136, 139, 145). Die äußerliche Wassertaufe besitzt als solche keine reinigende Kraft. Konstitutiv ist viel-

[3] Strafe = Tadel, Zurechtweisung; wie: „correptio fraterna".
[4] Die Heilsordnung kehrt öfter wieder, z. B. 122, vor allem aber 118–163; 110–115 = 157–163.
[5] Schriften 127–134, vgl. die Randnoten.

mehr das vorangegangene „Ja eins gutten gewissens mit Gott" im Inneren des Glaubenden selbst[6], so daß bereits von hier aus die Theorien vom zukünftigen Glauben des getauften Kindes, von der Taufe als „anheblichem Zeichen" (Zwingli), vom stellvertretenden Glauben der Eltern und Paten und vom eingegossenen Glauben hinfällig werden (137f., 156). So bilden für Hubmaier auch hier „die schonen vnd göttlichen ordnung, wie die schrifft so gar ordenlich alle staffelen erzelet" (150f.), – das sind: Wort der Predigt, Sündenbekenntnis, Glaube, Taufe, Werke[7] – das schlechthin durchschlagende Argument gegen die Kindertaufe und für die Wiederaufrichtung der echten Taufe Christi. Die Kindertaufe ist einfach verboten, und ihre kirchliche Übung, wann immer sie begonnen haben mag, ist unmaßgeblich (151–154). Gott kann die unmündigen Kinder auch ohne Taufe seligmachen (155). In jedem Fall muß man dem ausdrücklichen Wort der Heiligen Schrift gehorsam sein, „dann ernstlicher beuelh bringt mit jm ein ernstliche gehorsame vnd volgung" (140).

Im *Streit mit Zwingli* trat zumal das Schriftprinzip Hubmaiers noch klarer zu Tage: „Ist nun khinder tauffen ein warhait, so zeigs an in dem klaren wort Gottes", forderte er seinen Gegner heraus (175)[8]. Zwinglis typologische Analogie zwischen Beschneidung und Taufe ließ er, wiewohl selbst kein strenger Gegner der Allegorie (vgl. z.B. 336, 387), nicht gelten (175f.). Er erinnerte an die gemeinsame reformatorische Grundüberzeugung: „Die kirch ist auff das wort gebauen vnnd nit das wort auff die kirchen" (177). Daher „gilt nit ermessen, mainen oder geduncken. Es gilt wissen vnd glauben" (201). Nur so kann das Gewissen des Menschen zur Ruhe kommen[9]. Und daher geht es so ausschließlich um „Wort, Wort, Wort. Schrift, Schrift, Schrift". In diesem, auf die Heilige Schrift und das Wort Gottes zu beziehenden Sinn war auch der Wahlspruch gemeint, den Hubmaier seinen Schriften so oft beidrucken ließ: „Die Wahrheit ist untödlich" (206), d.h. die einzige Wahrheit der Schrift läßt sich durch die prangende Rhetorik ihrer Gegner nicht zu Fall bringen (259, vgl. 269 unten)[10]. Dabei gab er dem Schriftprinzip eine strikte, enge Anwendung: Er hielt nicht nur ein ausdrückliches göttliches Verbot in der Hl. Schrift für verbindlich, sondern auch ein fehlendes Gebot, wie im Falle des Taufbefehls: „Christus spricht nit: Alle pflantzung die mein Himmelischer Vatter verbottenn hatt, soll außgereüt werdenn, sonnder er sagt: Alle pflantzung, die mein Himmelischer Vater nit gepflanntzt hat, sollen außgereüt werden." (178). Auf Schritt und Tritt hielt er Zwingli vor, eben dieses Prinzip noch jüngst gegen die Katholiken, insbesondere gegen Johann Faber von Leutkirch, angewendet zu haben[11], während er es jetzt im Blick auf die Taufe preisgebe: „bist du nit ain newer Bäbstler, so redstu doch wie ein alter Bäbstler" (180). Auf diese Weise gab sich Hubmaier als folgerichtiger Zwinglianer. Bliebe man nämlich auf dem Standpunkt Zwinglis, den dieser im übrigen mit gelegentlichen Zweifeln an der Rechtmäßigkeit der Kindertaufe

---

[6] 137; vgl. 143, desgl. 151: „den innwendigen tauff, der dem Wassertauff muß vorgan".

[7] 146–169; vgl. die Randnoten.

[8] Ein Gespräch auf Zwinglis Taufbüchlein, 1526; Schriften 167–214.

[9] „Wann der Geyst des Menschen wirdt nit růwig dann allain durch ein klar wort Gottes, on wölches kain glaub ist, noch friden", 206.

[10] Als Motto bereits am Ende der Achtzehn Schlußreden, 1524, Schriften 74.

[11] Z.B. 175f., 179f., 183, 186, 199; zu Johann Fabri (†1541), damals Generalvikar von Konstanz vgl. RGG[3] II, 856.

selbst schon einmal überwunden zu haben schien (186), stehen und wollte man, wie er, z. B. aus der Segnung der Kinder (Mt 19,13 ff.), aus 1 Kor 1,16 und 1 Kor 7,14 ableiten, daß die Kindertaufe erlaubt sei (201, 204 f.), dann müßte man die Kinder schließlich auch zum Abendmahl zulassen[12]! Aber alle diese und ähnliche Worte, insbesondere aber der Taufbefehl Jesu (Mt 28,19) (188 ff., 209), sind auf Kinder nicht anwendbar. Das „kinderbad" ist keine Taufe. Wer als Kind getauft worden ist, hat die wahre Taufe Christi, die Glaubens- und Verpflichtungstaufe, gar nicht empfangen, so daß daher auch der verleumderische Vorwurf, als übten die Täufer die schon in der Alten Kirche verurteilte „Wiedertaufe", gegenstandslos ist (198).

Obwohl Zwingli die Verfolgung der Täufer bereits in Gang gesetzt hatte (177), hoffte Hubmaier noch, Zwingli werde sich von seinem „Fall" erholen und sich umbesinnen (213 f.). Er war davon überzeugt, nur die Glaubens- und Erwachsenentaufe sei die wahre christliche Taufe und ihr gehöre nach Gottes Willen die Zukunft[13]. Mit dem Schriftbeweis allein nicht zufrieden, stellte Hubmaier auch noch die für die Glaubens- und Erwachsenentaufe sprechenden Aussagen der Kirchenväter und der Reformfreunde und Reformatoren (von Erasmus bis Ludwig Hätzer (s. o. S. 578) und Martin Borrhaus zusammen[14]: Gegen Ökolampad (s. o. S. 200 f.), der zeitweise die fehlende Schriftgrundlage der Kindertaufe zugegeben (Schriften, 234, 250, 269), dann aber die Tradition für sie in Anspruch genommen hatte (260 ff., 267), sammelte Hubmaier seine Argumente schließlich in einer eigenen kleinen Schrift[15]: *„Augustin hin, Concilium her… Was nit gebotten ist in der schrifft, ist schon verboten in den dingen, so die eer Gottes vnd vnser seel selikait betreffen"* (261). Hier führte er auch die „Ordnung der Kirche" noch einmal ins Feld: „1. Christus. 2. Wort. 3. Gelaub. 4. Bekentnuß. 5. Wassertauff. 6. Kirch." (264).

Während der *Abendmahlslehre* Hubmaiers der lutherische Gedanke der Stärkung des Glaubens an die Sündenvergebung fehlt, hat er aus der dreifachen zwinglischen Fassung (s. o. S. 193 f.) als Gedächtnis-, Bekenntnis- und Verpflichtungsmahl vor allem die Sinngebung des Gedenkens und der Verpflichtung (Sacrament = aydspflicht, 358) übernommen[16]. In seiner Auslegung der Einsetzungsworte[17] hob Hubmaier auf die einfache zusammenhängende Wortfolge ab, die er von der Schlußklausel „in meiner gedechtnuß" her verstand. Von hier aus verwarf er nicht nur summarisch 15 Varianten der scholastischen Abendmahlstheorie (290 f.), sondern im einzelnen auch die Deutungen Karlstadts, Zwinglis (est = significat; 291 f., vgl. 212) und Luthers (est = adest; 294, 295 f., vgl. dazu o. S. 50 ff.), während er mit dem zusätzlichen Argument, Christus sei zwischen seiner Himmelfahrt und seiner Wiederkunft gar nicht „wesent-

---

[12] „Ich muß dirs in ein ore raunen, mein Zwingle. Alle Argument, die du brauchst, das man khindertauffen solle, die selben werden dich auch zwingen, das du sy must khummen lassen zum Nachtmahl", 199.

[13] „Dann er waiß, daß der Kindertauff vns beraubt des Rechten Tauffs Christi, vnnd das jn Got wird lassen abgeen vnd den rechten Tauf Christi wider aufgeen", 209.

[14] Der uralten und gar neuen Lehrer Urteil, 1526: zwei Fassungen: Schriften 227–240, 241–255.

[15] Von der Kindertaufe, 1527, Schriften 258–269; man vgl. außerdem: Eine Form zu taufen, 1527, 348–352.

[16] Vgl. auch die (agendarische) Form des Nachtmahls, 1527; Schriften 355–365, bes. 361 ff.

[17] Ein einfältiger Unterricht, 1526; Schriften 286–304.

lich" auf Erden, sondern im Himmel, erneut Zwingli folgte (297, 303). Obgleich das Brot demnach „der Leib Christi ist in der gehaltnen gedechtnuß", bleibt es im Abendmahl Brot. Ebenso bleibt der Wein „das Gewächs des Weinstocks" (Mt 26, 28), obschon er gleichzeitig zum „Blut in der gehaltnen gedechtnuß" erklärt ist: ja, er bleibt es um so mehr, als er zum „Blut in der gehaltnen gedechtnuß" am „hohen Donstag" noch gar nicht werden konnte, bevor Christus am Karfreitag den Tod am Kreuz erlitten hatte (298). „Christus hat einfeltigklich geredt" (293). Darum fallen die scholastischen Theorien und die entsprechenden kirchlichen Gebräuche wie Krankenabendmahl und Winkelmesse, Konsekration, Meßopfer, Elevation und Monstranzen dahin (297f., 302f.).

Die Lehre und Übung der christlichen *Gemeindezucht* verknüpft Hubmaier aufs engste mit der in der Taufe abgelegten Verpflichtung zur Heiligung[18]: „Ja es ist auch der Wassertauff vnd die Brechung des brots eyttel, vmbsonst vnd on frucht, wo die Briederlich straff vnd der Christenlich Bann nit bey vnd mit lauffent" (339, vgl. 346). Mit der Taufe hat sich jeder Christ der „brüderlichen Strafe" (= Zurechtweisung, Tadel; wie: *correptio fraterna*) durch seinen Mitbruder unterworfen, so wie er seinerseits aufgrund der Taufe zur Zurechtweisung seines Bruders verpflichtet ist (345). Der Öffentlichkeit bekannte Sünden wie z.B. Ehebruch und Wucher (Zinsnehmen über 5%) sind vor versammelter Gemeinde zu tadeln, geheime Sünden aber im Gespräch unter Brüdern (341f.). Beugt sich der Sünder der wiederholten Zurechtweisung nicht, so ist er nach dem Urteil der Gemeinde durch den „christlichen Bann" auszuschließen und strengstens zu meiden[19], bis er öffentlich Buße tut und wieder aufgenommen werden kann (377f.). Das Ziel ist nicht allein die Besserung des Bruders, sondern vor allem auch die Wahrung der Heiligkeit der Gemeinde, die, ausgerichtet „auff den liechten und klaren sternen des Götlichen worts" (378), unter den Täufern nunmehr sichtbar hervorgetreten ist, denn „yetzund ist... ein newe tochter geboren jrer mutter der allgmainen Christenlichen Kirchen" (339).

Im Streit um die *Freiheit des Willens* und die Notwendigkeit der guten Werke verurteilte Hubmaier das lutherische „sola gratia" als verlogene halbe Wahrheit. Wie Hans Denck (o. S. 576ff.), nahm er einen eigenen Standpunkt ein[20]. Von der biblischen Trichotomie des Menschen ausgehend, erklärte er, beim Fall Adams sei das Fleisch unwiederbringlich verlorengegangen, während der Geist, obgleich „wie ein gefangner im leib", „richtig, gantz vnnd gut belibenn" sei (386). Die „Bildung Gottes [imago Dei] oder sein angeystüng" [Geisteshauch] war auch nach dem Fall im Menschen vorhanden, obschon „als ein feürlein zugedeckt mit kaltem eschen [Asche]" (322)[21]. Die Seele hingegen, die zwischen Geist und Fleisch steht (390, 391) und sich dem Fleisch angeschlossen hatte, verlor die Erkenntnis des Guten und Bösen und wurde im Tun des Guten kraftlos (386). „Yedoch ist diser fal der Seelen wiederbringlich" (387). Durch das Wort

---

[18] Von der brüderlichen Strafe, 1527; Schriften 330–346; vorher in: Christliche Lehrtafel, 1526, ebda 314, 316f.; Verankerung in der Taufliturgie: 350, in der Abendmahlsliturgie: 362, 363.

[19] Von dem christlichen Bann, 1527; Schriften 367–378; hierin die agendarische Form des Banns vor der Kirchen, 371f. – Selbst der Gruß ist dem Gebannten zu verweigern, 372.

[20] Mögliche Abhängigkeit und Unterschiede, vgl. Bergsten, 444ff. – Von der Freiheit des Willens, 1527; Das andere Büchlein von der Freiwilligkeit, 1527; Schriften 380–397, 400–431.

[21] „Allein der geist hatt sein erbgerechtigkait, in der er erstlich erschaffen, erhalten", 389.

der Erlösung zur Wiedergeburt auferweckt und durch den Heiligen Geist erleuchtet, hat der Geist seine Freiheit wiedererlangt, und die Seele hat ihre früheren Fähigkeiten zurückgewonnen. Sie vermag es nunmehr von neuem, dem Geist gehorsam zu sein und dem Fleisch zu befehlen. Kurz: Durch Erlösung und Wiedergeburt ist die Freiheit menschlichen Willens zum Guten und Bösen wiederhergestellt[22], und wir können, obwohl nur gegen den bleibenden Widerstand des Fleisches (391, 392, 411), die von Gott geforderte Nachfolge Christi leisten (413). Tückisch, falsch, treulos wäre Gott, wenn er nicht wollte, daß allen Menschen geholfen werde (1 Tim 2,4). Gewiß ist es, daß Gott einen jeden nach seinen Werken belohnen wird (Rö 2,6) (430). Nur an den in Christus geoffenbarten Willen Gottes sollen wir uns halten, den verborgenen Willen und die Frage der Prädestination aber unergründet lassen[23].

Gegen die Absonderung vom Staat, wie sie in den Schleitheimer Artikeln (1527; s. o. S. 621) ausgesprochen war und wie man sie ihm als einzig schriftgemäß vorhielt[24], bekannte sich Hubmaier zur gottgewollten Schwertgewalt der Obrigkeit[25]. Der christliche Bann und die obrigkeitliche Strafe mit dem Schwert entsprechen beide dem in der Bibel bezeugten Willen Gottes (442 f.), und die Untertanen sind (nach Rö 13) ihrer Regierung, „sy sey glaubig oder vnglaubig" Gehorsam schuldig (455). Das gilt auch im Falle eines Krieges, sofern er „auß liebe des gmainen nutzs vnnd landßfriedens" der Verteidigung dient. Der Untertan soll den Befehl auf dieses Motiv hin überprüfen, aber daß er gegebenenfalls zur Verweigerung seiner Gehorsamspflicht berechtigt sei, spricht Hubmaier nicht ausdrücklich aus. Mit der mittelalterlichen Theorie meint er, ein untauglicher Regent dürfe abgesetzt werden; wenn eine Absetzung jedoch ohne Schaden und Aufruhr nicht möglich ist, muß man seine Bosheit als Strafe Gottes für die Sünde des Volkes geduldig hinnehmen (455).

§ 4 Die Lehre der Hutterischen Brüder

Allgemeines (Quellen und Literatur): R. Friedmann, Die Schriften der Huterischen Täufergemeinschaften. Gesamtkatalog ihrer Manuskriptbücher, ihrer Schreiber und ihrer Literatur 1529–1667. Denkschriften der Oesterreichischen Akademie der Wissenschaften, phil. hist. Klasse 86, Wien 1965; R. Wolkan, Geschichts-Buch der Hutterischen Brüder, Wien 1923; Lydia Müller, Der Kommunismus der mährischen Wiedertäufer, 1927 (SVRG 142); F. Hruby, Die Wiedertäufer in Mähren, in: ARG 30 (1933) 1–36, 170–211; 32 (1935) 1–40; Chr. Hege, Art. Huterische Brüder, in: ML 2 (1937) 378–384; A. J. F. Zieglschmid, Die älteste Chronik der Hutterischen Brüder, Ithaca, N.Y. 1943; ders., Das Klein-Geschichtsbuch der Hutterischen Brüder, Philadelphia 1947; F. Heimann, The Hutterite doctrine of church and common life, in: MQR 36 (1952) 22–47, 142–160; R. Friedmann, Art. Hutterian Brethren, in: ME 2 (1956) 854–865 (vgl. Querverweise 859); ders., Hutterite Studies, ed. by Harold S. Bender, Goshen, Ind. 1961; Victor Peters, All things common. The Hutterian Way of Life, Minneapolis 1967; H. D. Plümper, Die Gütergemein-

---

[22] Gegen Luther, bes. 396.

[23] „Wer mit diser antwürt nit ersettigt ist, namlich, das die barmhertzigkayt Gottes ain vrsach ist vnser seligmachung, vnd vnser boßhayt ain schuld ist vnserer verdammnung, der frage Gott selber. Ich bin nit sein Cantzler gewesen, noch bey jm in dem ratt gesessen", 414.

[24] Vgl. Bergsten, 465 f.

[25] Von dem Schwert, 1527; Schriften 434–457.

schaft bei den Täufern des 16. Jahrhunderts, Göppingen 1972; J. A. HOSTETLER, Hutterite Society, Baltimore 1974. – Zu *Hutter:* Schriften von Jacob Hutter, in: LYDIA MÜLLER, Glaubenszeugnisse oberdeutscher Taufgesinnter I, 1939 (QFRG 20) 148–165 (dazu FRIEDMANN, Die Schriften... [s. o.] 118 f.); J. LOSERTH, Art. Huter, Jakob, in: ML 2 (1937) 375–378 (= ME 2, 1956, 851–854); HANS FISCHER, Jacob Huter. Leben, Frömmigkeit, Briefe, Newton, Kansas 1956; GRETE MECENSEFFY, Art. Hu(e)t(t)er, Jakob, in: NDB 10 (1974) 91 f. – Zu *Ridemann:* Die erste Rechenschaft, Gmunden (zw. 1529 und 1532), in: R. FRIEDMANN, Glaubenszeugnisse oberdeutscher Taufgesinnter II, 1967 (QFRG 34) 4–47; P[eter] R[idemann], Rechenschafft vnserer Religion, Leer vnd Glaubens, o. O. o. J. [um 1545] (= Die sog. Zweite oder auch Große Rechenschaft) Exemplar: ZB Zürich; dazu DERS., Die Schriften... (s. o.) 91 f., 99, 123 ff.; DERS., Art. Riedemann, Peter, in: ML 3 (1958) 500–505 (= ME 4, 1959, 326–328). – Zu *Walpot:* Peter Walpot, Das Große Artikelbuch, 1577, in: R. FRIEDMANN, Glaubenszeugnisse oberdeutscher Taufgesinnter II, 1967 (QFRG 34) 59–317; DERS., Art. Walpot, Peter, in: ME 4 (1959) 880 ff. (= ML 4, 1967, 460 f.); dazu DERS., Die Schriften... (s. o.) 128–130. (Ergänzende Literatur im Anhang)

Die überlieferten (8) Briefe des Tirolers *Jakob Hutter* (1536 hingerichtet) spiegeln die Ausnahmesituation des in beständiger Lebensgefahr schwebenden Begründers der nach ihm benannten mährischen Täufergemeinschaft, der die kleine Schar der Auserwählten zum Beharren ermahnen und die gefangenen Mitbrüder tröstend aufrichten muß, der vor dem Landhauptmann von Mähren unter dreifachem Wehe Klage und Anklage führt und der die noch in Tirol verweilenden Brüder zum Auszug aus dem „sodomitischen Land" aufruft. Vor allem aber zeugen seine Briefe von dem Sendungsbewußtsein dieses eher urchristlichen als reformatorischen Propheten, der das Leben und Leiden der ihm anvertrauten „Schäflein Christi" von Gottes Wundern und Zeichen begleitet sieht und, selbst vom Geist erfüllt, die Gabe der Unterscheidung der Geister zu besitzen vermeint, dessen Gesinnung und Wort bis ins letzte durchglüht ist von apostolischem Selbstgefühl, dem der Glaube an Christus gleichbedeutend ist mit der unbedingten, völligen Abkehr seiner Gemeinde von der Welt und den seine Naherwartung „in diesen allerletzten Tagen vor der Zukunft Christi" zur stürmischen Rettung der Seelen antreibt. Nicht einmal die grundlegenden täuferischen Lehrartikel sind in diesen Briefen erwähnt, und selbst die zur innertäuferischen Lehrdifferenz führende Erneuerung der urchristlichen Gütergemeinschaft durch Hutter ist in ihnen mehr angedeutet als ausgesprochen[1].

Im Unterschied zu Hutter legte um dieselbe Zeit *Peter Ridemann* (1505–1556), der spätere Mitvorsteher der Hutterischen Brüder (seit 1542), Verfasser zahlreicher Briefe und geschätzter Liederdichter[2], während seiner ersten Gefängnishaft (in Gmunden 1529–1532) eine (erste) Rechenschaft seines Glaubens ab, indem er bei der Schöpfung, dem Fall und der Erlösung der Menschheit beginnend, die grundlegenden täuferischen Unterscheidungslehren (Taufe, Abendmahl, Kirche, Ehe) mit einer Auslegung des Apostolicums zu verweben suchte. Die Liebe Gottes überwog den Zorn Gottes über den Fall Adams. Diese Liebe hat sich in der Sendung Christi offenbart und spornt uns zur Gegenliebe und zur Erfüllung des doppelten Liebesgebotes an, um in der Feindesliebe ihre Erfüllung zu finden (FRIEDMANN, Glaubenszeugnisse II, 7–14). Die Menschen haben indessen die „rechte Ordnung" Gottes[3] von Predigt und Er-

---

[1] Vgl. FISCHER, Anhang 1–71.
[2] FRIEDMANN, Die Schriften..., 123–125, zählt 35 Briefe und 47 Lieder.
[3] Vgl. HUBMAIER, o. S. 623 f.

wachsenentaufe umgestoßen und die „unnütze waschung" der Kindertaufe an ihre Stelle gesetzt (16–21). Unter Ablehnung der Lehre von der leiblichen Gegenwart Christi (27f.) bestimmt Ridemann das Abendmahl als Mahl der Liebe, als Mahl der Vereinigung mit Christus und mit den Brüdern und als Mahl der Verpflichtung, „unsern Leib auch darzüegeben aus Lieb ... für unsere Brüeder" (34). Ein Freund des bildhaften Vergleichs und der Allegorie, bezeichnet er die abgesonderte heilige Gemeinde als das in Verfolgung und Trübsal wohlbehauene Haus Gottes, das auf den sieben Pfeilern der siebenfachen Gabe des Hl. Geistes (Jes 11,2ff.) ruht; der siebente Pfeiler ist die Gottesfreundschaft: Wer aber „Gottes freind sein will, der mueß der welt feindt sein" (47)[4].

In der (zweiten, sog. Großen) „Rechenschaft unserer Religion, Lehr und Glaubens", die er während einer zweiten Gefängnishaft (in Marburg und Wolkersdorf, 1540–1542) für Landgraf Philipp von Hessen verfaßte, setzte Ridemann mit einer noch breiteren Auslegung des Apostolicums ein (Rechenschaft 5–48), wobei er in die Erläuterung des dritten Artikels („Gemeinschaft der Heiligen") nun schon die hutterische Sonderlehre von der *Gütergemeinschaft* miteinflocht: „daß die so gemeinschafft haben, alles gemein, und zuo gleich mit ein haben, keiner jm selber nichtz, sonder alles einer dem andern hat" (44). Über die bekannten Unterscheidungslehren hinaus sind hier jedoch auch die wichtigsten Punkte der Heilsgeschichte und der Heilsordnung berührt und die Lebensregeln der von der Welt abgesonderten Gemeinde mitsamt ihrer biblischen Begründung dermaßen entfaltet, daß ein vollständiges kleines Lehrbuch entstanden ist. Die Artikel von der Taufe, Abendmahl, Absonderung, Obrigkeit und Bann lagen nunmehr fest. Den Gegnern gab Ridemann ihren Vorwurf mit der Behauptung zurück: „das nit wir, sondern alle kindsteuffer die kirchen vnd gemein Christi verlassen und sich von der selbigenn abgesündert haben" (111), und die lutherische Ubiquitätslehre verwarf er ebenso wie die katholische Meßopferlehre als „Greuel vor Gott" (98–101).

In der Lehre von der Sünde und vom Heil erscheinen die Differenzen zur Reformation gering: Den Vorwurf der Werkgerechtigkeit weist Ridemann zurück (34), die Erbsünde bejaht er (62). Trotzdem tritt bei ihm die Rechtfertigung des Sünders wie ein bloßes Durchgangsstadium auf dem Heilsweg hinter der Forderung der Heiligung zurück. Am stärksten kommt jedoch der Artikel von der *Absonderung* mit neuen Folgerungen zur Geltung: die schroffe Verachtung des kirchlichen Gottesdienstes, der „ein Rott vnnd versamlung... aller vnreinen geister ist, die Got hasset" (113v), das Vermeiden selbst des bürgerlichen Umgangs mit den „Pfaffen", da sie „des geists art" und die Ordnung der Lehre Christi nicht haben, sondern Diener des Buchstabens seien (117f.), desgleichen – bei äußerer Anerkennung und Gehorsamsbezeugung – die unverhohlene Verurteilung der Obrigkeit, ist sie doch von Gott nur „im Zorn gegeben" und „ist kein Christ ein oberkeit vnnd kein oberkeit ein Christ"(130). Die Ablehnung des Waffendienstes reicht bis zur Verweigerung der Zahlung von Kriegssteuern (234v). Über das Verbot hinaus, weltliche Gerichte anzurufen oder ein Richter-

---

[4] Über die Ehe, S. 37f.; „das weib fürchte den man, aber nit der man das weib; dan es ist nit der man vmb des weibs willen, sunder das weib vmb des man willen erschaffen; so hat auch nit Adam am ersten, sunder Eva übertreten und die vermaledeiung eingfirt", 38.

amt zu übernehmen, sind inzwischen[5] bestimmte weltliche Berufe schlechthin der Ächtung verfallen; Waffenschmied, Modeschneider, Kaufmann oder Wirt darf ein Christ nicht sein (136–140). Und nicht nur die Eidesleistung, sondern selbst der tägliche Gruß ist zum ernsten Problem geworden, weil er als Zuspruch des Gottesfriedens und Ausdruck der Bruderschaft genommen wird, die man den Weltkindern, streng genommen, versagen muß. Die gesamte Tracht (= Betragen, Haltung), Wandel, Schmuck und Zier des Christen darf nichts Weltliches an sich haben (166 v–170)[6].

Derselbe Geist der Strenge, zugleich aber auch das seit der „Goldenen Zeit" der Bruderschaft zusehends gefestigte, überlegene konfessionelle Sonderbewußtsein spricht schließlich aus dem sog. Großen Artikelbuch des Lehrers und Vorstehers *Peter Walpot* (1521–1578) von 1577[7]. Walpot beschränkt sich darin zwar ohne jede systematische Verknüpfung auf die „fünf Artikel des größten Streits zwischen uns und der Welt" (1. Taufe, 2. Abendmahl, 3. Gütergemeinschaft, 4. Schwert, 5. Ehescheidung)[8]. Aber die zahlreichen Schriftbeweise sind hier, vermehrt und geordnet, zu erschöpfender Entfaltung gebracht. Die Erwachsenentaufe gilt auch Walpot als der Inbegriff des richtigen Gottesverhältnisses; sie ist „ein abwaschung, absagung und absterbung sein selbst und begebung Gottes, und gleich als ein underschreibung, vereinigung oder vermehellung [= Vermählung] der glaubigen mit Christo" (Friedmann, Glaubenszeugnisse II, 61), während er die Kindertaufe nicht nur als nichtiges Affenspiel ansieht, sondern als widerliche antichristliche Verkehrung der wahren Taufe und „allerdings ein widertauff wider die kindlen" (64, 73). Das Abendmahl außerhalb der Bruderschaft ist in seinen Augen mehr ein „zanckherment" als ein Sakrament (164), ja das Malzeichen des Tieres (Offb 13,16) schlechthin, bei den „wahren Christen" (!) hingegen das Zeichen dafür, daß „sie ein leib, ein brodt und ein bundt in Christo seyen" (168).

Der großen Bedeutung entsprechend, welche die *Gütergemeinschaft* für die Hutterischen Brüder inzwischen erlangt hatte, wurde die biblische und theologische Begründung dieses Artikels zur Mitte und zum Hauptstück des Artikelbuchs[9]. Die zahlreichen neutestamentlichen Aussagen von der Besitzlosigkeit Jesu und der Apostel, von der Nachfolge Christi in der Selbstverleugnung, vom gemeinsamen Beutel der Jüngerschar und von der Gütergemeinschaft der Urgemeinde (Apg 2.4) bildeten das breite Fundament des Schriftbeweises; es waren dieselben Worte, von denen einst die mittelalterliche Armutsbewegung ausgegangen war. Außerdem zog Walpot aber auch die alttestamentlichen Bestimmungen vom Halljahr („freyjar"; Lev 25), das Wort vom Verzicht der Leviten auf eigenen Grundbesitz (Dt 10,9) – „das ist ein concordantzia auff das gantz volck in Christo Jesu" (177) – und die Weissagung des Propheten Sacharja heran: „Auf dieselbe Zeit wird im Haus des Herrn kein Krämer oder Kaufmann

[5] Wie übrigens schon einst bei den Lollarden.

[6] Der zweite Teil der zweiten Rechenschaft enthält eine selbständige Abhandlung über 1. Absonderung, 2. Kirche, 3. Taufe, 4. Abendmahl, 5. Eidesleistung, 6. Obrigkeit, 170 v–288.

[7] Unter dem Titel „Ein schön lustig Büchlein etlicher Hauptartikel unseres christlichen Glaubens" handschriftlich verbreitet, vgl. FRIEDMANN, Die Schriften…, 129.

[8] So der Titel der Vorform von 1547, ebda.

[9] Art. 3: Von der waren Gelassenheit und christlichen gmainschaft der Güetter, ebda 175–238.

mehr sein" (Sach 14) (175–180). Selbst auf entsprechende Aussagen der Kirchenväter mochte er nicht verzichten (234–237). Der „Theologia Deutsch" (s. o. S. 566f.) entnahm er schließlich die Verurteilung von Eigenschaft und Eigentum, und ihren Begriff der Gelassenheit verstand er als Preisgabe des Privatbesitzes, verwirklicht im Gemeineigentum der Brüder (237).

Es waren also nicht äußere, innerweltliche oder wohl gar nur wirtschaftliche, sondern überweltliche, religiöse Motive, die zur Begründung der Hutterischen Brüderhöfe (Haushaben) führten. Nach Walpot würden die Menschen das allerheiligste Leben führen, „wan sie die zwey wort ausser der ding nattur[10] hinlegten, das ‚mein' und ‚dein'." Denn Krieg, Zank, Neid und Uneinigkeit rühren vom Eigentum und von der Aneignung her (176). Der Verzicht auf Eigentum ist jedoch keineswegs nur ein Ratschlag für einen höheren Grad der Vollkommenheit, sondern ein Gebot der Bibel, ein christlicher Glaubensartikel! „Wer im aigenthumb lebt, der ist falsch in der bekanntnus seines glaubens" (184). Die christliche Kirche ist die Gemeinschaft der Heiligen. Die Verwirklichung dieser Gemeinschaft nach dem Vorbild der Apostel schließt das Leben in der Gütergemeinschaft unbedingt ein, denn es „ist ein götlicher ernst, und yetz [eben] sowoll recht und gebierlich als zu Jerusalem und anderstwo" (184). Gütergemeinschaft ist die Konsequenz des christlichen Liebesgebots, sie gehört zum Wesen der christlichen Kirche in ihrer Besonderheit und ihrem Gegensatz zur Welt und zum Heidentum. Ja, letztlich ist sie schon vom göttlichen Recht der Schöpfung gefordert: „ware gmainschafft der güeter gehört under die glaubigen, den aus götlichen rechten sollen alle ding gmain sein..., also auch die zeitlichen güeter... nit sollen und mögen aygen gmacht werden... nach götlichen und christlichen rechten. Dan das aigen und aigenthumb wider die nattur und aygenschafft seiner erschaffung ist..." (231)[11].

Auch für die *Lehre vom Schwert* (Art. 4) zog Walpot das Alte Testament zur Beweisführung heran. Die von Gott gebotene Absonderung betrifft aber nicht nur das Verhältnis der Gemeinde zur Welt, zur Großkirche, zur Obrigkeit, zum Besitz und zum Waffendienst. Auch für die Gemeinschaft der Eheleute gilt sie (Art. 5), wenn diese ihren Eintritt in die Gemeinde nicht gemeinsam vollziehen, „dan der bundt mit Got tausentmall meer gilt als der bundt mit dem menschen... Die pflicht im christlichen tauff ist... weit fürzusetzen der eusserlichen ehe" (304). Wenn sich ein ungläubiger Ehepartner nicht für die Taufe gewinnen läßt, sondern dem gläubigen zum Hindernis seines Glaubens wird, muß sich dieser um Christi willen von ihm trennen (307) und ledig stehen wie jene, „die sich um des Himmelreichs willen verschnitten haben" (Mt 19,12) (306). Diese Trennung ist weder als Ehebruch noch als Scheidung der Ehe zu betrachten; eine anderweitige Wiederverheiratung der so Getrennten ist unmöglich[12].

---

[10] = die zum Wesen der Dinge selbst nicht gehören.

[11] Unter den Menschen ist es jetzt aber „layder dahin komen, so sy möchten son und mondt erlangen und die allemendt einthun, sie machtens inen zu aygen und verkaufftens umbs geldt" (232).

[12] „So ist es doch kein ehebruch und denocht nit gantz geschaiden" (315).

§ 5 Pilgram Marbeck

Quellen: Pilgram Marbeck, Rechenschafft meines Glaubens (1531/1532), in: M. KREBS und H. G. ROTT, Quellen zur Geschichte der Täufer, Elsaß I, 1959 (QFRG 26) 416–518; CHR. HEGE, Pilgram Marbecks Vermahnung. Ein wiedergefundenes Buch, in: Gedenkschrift zum 400jährigen Jubiläum der Mennoniten oder Taufgesinnten, Ludwigshafen a. Rh. 1925, 178–282 (Abdruck der ‚Vermahnung' von 1542: 185–282); J. LOSERTH, Pilgram Marbecks Verantwortung auf das Judicium Schwenckfelds über das Taufbuch von 1542, Wien 1929; [Pilgram Marbeck] Testamenterleütterung. Erleütterung durch auszug aus Heiliger Biblischer schrifft, tail und gegentail sampt ains tails beireden zu dienst und fürderung ains klaren urtails von wegen underschaid Alts und New Testaments, o. J., vgl. HILLERBRAND, Bibliographie Nr. 2976; WILLIAM KLASSEN (ed.), The Writings of Pilgram Marpeck, Scottdale, Pa., 1977. – *Literatur:* J. LOSERTH, Studien zu Pilgram Marbeck, in: Gedenkschrift (s. o.) 134–178; W. WISWEDEL, Die Testamentserläuterung. Ein Beitrag zur Täufergeschichte, in: Blätter für württ. Kirchengeschichte N.F. 41 (1937) 64–76; J. C. WENGER, Life and Work of Pilgram Marpeck, in: MQR 12 (1938) 137–166; DERS., Pilgram Marpeck's Confession of Faith..., ebda, 167–202; DERS., Theology of Pilgram Marpeck, ebda 205–256; H. FAST, Pilgram Marbeck und das oberdeutsche Täufertum. Ein neuer Handschriftenfund, in: ARG 47 (1956) 212–242; F. J. WRAY, The ‚Vermanung' of 1542 and Rothmann's ‚Bekenntnisse', ebda, 243–251; J. LOSERTH, J. C. WENGER, H. S. BENDER, Art. Marpeck, Pilgram, in: ME 3 (1957) 491–502; J. J. KIWIET, Pilgram Marbeck, Kassel 1957; TORSTEN BERGSTEN, Pilgram Marbeck und seine Auseinandersetzung mit Caspar Schwenckfeld, in: Kyrkohistorisk Aarsskrift 57 (1957) 39–100; 58 (1959) 53–87; J. LOSERTH, Art. Marbeck, Pilgram, in: ML 3 (1958) 25–43; W. KLASSEN, Covenant and Community. The Life, Writings and Hermeneutics of Pilgram Marpeck, Grand Rapids/Mich. 1968.

(Ergänzende Literatur im Anhang)

Zwischen den Hutterischen Brüdern und den Schweizer Brüdern nahm der Ingenieur *Pilgram Marbeck* (ca. 1495–1556, seit 1544 in Augsburg) in enger Verbindung mit dem Lehrer und Ältesten Leopold Scharnschlager (ca. 1490–1563, seit 1546 in Ilanz, Graubünden[1]) eine eigene theologische Stellung ein, mit der er auf das oberdeutsche Täufertum eine ähnlich ausgleichende Wirkung ausübte wie Menno Simons (s. u. S. 640 f.) auf das niederdeutsche. Eine Zeitlang von Luther geprägt, willigte Marbeck in die von den Schweizer Brüdern geforderte Absonderung von Welt und Obrigkeit nicht völlig ein, während er andererseits zu dem Spiritualismus Schwenckfelds (s. o. S. 587 ff.) eine klare Grenzlinie zog. Als er in Straßburg (1528–1532) in seiner „Rechenschafft" gegen Bucer (o. S. 215 f.) für die Erwachsenentaufe eintrat (1531/32), begründete er dies, über die täuferische Einzelexegese hinaus, in erster Linie mit der Besonderheit und Überlegenheit des Neuen Bundes und mit der Einzigartigkeit der Erlösung in Christus. Gegen die oberdeutsche reformatorische Theologie, welche die innere Einheit beider Testamente so stark betonte, wies er auf den tiefen Unterschied zwischen Altem und Neuem Testament, Gesetz und Evangelium, Verheißung und Erfüllung hin. Der Glaube der alttestamentlichen Väter war nur Hoffnung, nur Erwartung, nur Zuversicht; die Kraft der „freyen fromkeit" und die Sündenvergebung ging ihnen ab (Krebs-Rott 417). Die Erlösung brachte ihnen erst Christus. Erst am Kreuz geschah die Vollendung des Heils, und erst die Verleihung des Geistes Christi befähigte die Apostel zur Nachfolge Christi (440). In der Offenbarung Christi „hat sich got erst zuerkennen geben". Der In-

[1] Vgl. G. HEIN, WILLIAM KLASSEN, Art. Scharnschlager, Leupold, in: ME 4 (1959) 443–446 = ML 4 (1967) 47–49. Von seinen Werken ist gedruckt: Schriftliche Verantwortung seines Glaubens, in: M. KREBS und H. G. ROTT, Quellen zur Geschichte der Täufer, Elsaß II (1960) 346–353; in moderner Übersetzung bei H. FAST, Der linke Flügel der Reformation, 1962 (Kl Prot 4) 119–130. Noch Ungedrucktes im sog. Kunstbuch, vgl. H. FAST, Pilgram Marbeck (s. o.).

begriff des Bundes zwischen Gott und den Menschen war kein anderer als Christus (430f.)! Durch ihn wurde die Gotteskindschaft eröffnet, und erst infolge seiner Erlösung ist in den Gläubigen zugleich Können und Wollen des Guten vorhanden (418): „da gieng erst die frommachung an nach dem hertzen" (435). Das Alte Testament läßt sich daher mit dem Neuen nur schwerlich oder gar nicht vergleichen (436), seine Hochschätzung „wurd der menschwerdung Cristi, seinem leiden und sterben, ain mergklich schmach vnd abpruch sein" (439). Ist aber der Unterschied zwischen beiden Testamenten derart groß und ihre Vergleichbarkeit dermaßen gering, dann trägt auch die von den Reformatoren behauptete Parallele von Beschneidung und Kindertaufe nichts aus. Im Gegenteil, so wie einst die Beschneidung nur ein von außen aufgeprägtes Bundeszeichen ohne persönliches Zeugnis gewesen ist, so fehlt der Kindertaufe gerade das entscheidende Moment: die auf der Unterweisung beruhende freie Glaubensentscheidung des Täuflings: „wo kein glauben ist, da ist alle ler kain ler vnd tauff kain tauff" (421; 512)[2]. War ihre besondere sakramentale Selbstwirksamkeit preisgegeben, so schien die Kindertaufe kaum noch begründbar zu sein.

Marbeck gab Bernhard Rothmanns „Bekenntnis von den beiden Sakramenten" (1533), ins Hochdeutsche übersetzt, als „Vermahnung" heraus (1542). Als Schwenckfeld, der den wahren Autor der Schrift nicht kannte, Marbeck den Vorwurf machte, mit dieser Sakramentslehre eine neue Gesetzlichkeit aufzurichten, das Wesen der Sünde zu unterschätzen und überhaupt das Mysterium der Hl. Schrift mit einem bloßen „vernunft verstandt" meistern zu wollen[3], griff Marbeck in einer ausführlichen „Verantwortung" auf seine früheren Antithesen zwischen dem Alten und dem Neuen Testament und zwischen „Gestern und Heute" zurück, die er in einer eigenen breiten „Testamentserläuterung" vervielfacht hatte und gewissermaßen zu seinem theologischen Prinzip erhob[4]. Auch die Gedanken seiner erbaulichen Sendschreiben pflegte Marbeck mit Vorliebe antithetisch zu entfalten[5].

§ 6 Hans Hut, Melchior Hoffmann und das Täufertum in Münster

Literatur zu Hans Hut: A. Hegler, Art. Hut, Hans, in: RE³ 8 (1900) 489–491; W. Neuser, Hans Hut, Leben und Wirken bis zum Nikolsburger Religionsgespräch, Theol. Diss. Bonn 1912; J. Loserth, Art. Hut, Hans, in: ML 2 (1937) 370–375 (= ME 2, 1956, 846–850); H. C. Klassen, The Life and Teachings of Hans Hut, in: MQR 33 (1959) 172–205, 267–304; W. Klaassen, Hans Hut und Thomas Müntzer, in: The Baptist Quarterly 19 (1962) 209–227; W. M. Stoesz, At the Foundation of Anabaptism: A Study of Thomas Müntzer, Hans Denck and Hans Hut. Phil. Diss. Columbia Univ., New York 1964 (Masch.); G. Rupp, Thomas Müntzer, Hans Huth and the ‚Gospel of all Creatures', in: ders., Patterns of Reformation, London 1969, 325–353; Hans-Dieter Schmidt, Das Hutsche Täufertum, in: HistJb 91 (1971) 327–344; G. Seebass, Müntzers Erbe. Werk, Leben

[2] Im Blick auf die Taufe: „Man sol sich fursehen in solchen ernstlichen sachen gottes, so der menschen seligkhait vnd verdammnus darauf steet", 489.

[3] Über das neu Büchlin der Taufbrüder im 1542 Jahr ausgangen Judicium, in: CSchw 8, 1927, 168–214.

[4] Loserth, Studien zu Pilgram Marbeck, bes. 155–173.

[5] So z. B. in „Von der Liebe Gottes in Christo" im Kunstbuch von 1561 [Handschrift Nr. 646 der Burgerbibliothek Bern], S. 129–143.

und Theologie des Hans Hut († 1527). Theol. Habilitationsschrift Erlangen 1972 (Masch; grundlegend); DERS., Das Zeichen der Erwählten. Zum Verständnis der Taufe bei Hans Hut, in: H.-J. GOERTZ, Umstrittenes Täufertum 1525–1975, Göttingen (1975) ²1977, 138–164; W. O. PACKULL, Gottfried Seebaß on Hans Hut. A Discussion, in: MQR 49 (1975) 57–67. – *Zu Melchior Hoffmann:* W. J. LEENDERTS, Melchior Hofmann, Haarlem 1883; F. O. ZUR LINDEN, Melchior Hofmann, ein Prophet der Wiedertäufer, Haarlem 1885; A. HEGLER, Art. Hoffmann, Melchior, in: RE³ 8 (1900) 222–227; P. KAWERAU, Melchior Hofmann als religiöser Denker, Haarlem 1954; K. DEPPERMANN, Melchior Hoffman, Göttingen 1979 (grundlegend). – *Täufertum in Münster:* C. A. CORNELIUS, Geschichte des Münsterischen Aufruhrs, Leipzig 1 (1855), 2 (1860); P. BAHLMANN, Die Wiedertäufer zu Münster [Bibliographie] (1894), ND 1967; CHR. SEPP, Kerkhistorische Studien, Leiden 1885, 1–90 [über Hendrik Roll]; K. REMBERT, Die Wiedertäufer im Herzogtum Jülich, Berlin 1899; WALTHER KÖHLER, Art. Münster, Wiedertäufer, in: RE³ 13 (1903) 539–553; H. VON SCHUBERT, Der Kommunismus der Wiedertäufer in Münster und seine Quellen: SHA phil-hist. Kl. 1919, Abh. 11; H. RITSCHL, Die Kommune der Wiedertäufer in Münster, Bonn 1923; K. H. BECKER, Die Reformatoren und das Reich Christi zu Münster, München 1939; R. STUPPERICH, Das münsterische Täufertum. Ergebnisse und Probleme der neueren Forschung. Münster i. W. 1958; J. W. PORTER, Bernhard Rothmann (1495–1535), Royal Orator of the Münster Anabaptist Kingdom, Phil. Diss. Univ. of Wisconsin, Madison, Wisc. 1964; G. BRENDLER, Das Täuferreich zu Münster 1534/35, Berlin 1966; K. H. KIRCHHOFF, Neue Arbeiten zum münsterischen Täufertum, in: Westfälische Forschungen 20 (1967) 229–233; R. STUPPERICH, Die Schriften Bernhard Rothmanns, Münster 1970; H. W. MEIHUIZEN, The Concept of Restitution in the Anabaptism of Northwestern Europe, in: MQR 44 (1970) 141–158; R. VAN DÜLMEN, Das Täuferreich zu Münster 1534–1535. Dokumente. München 1974; DERS., Reformation als Revolution. Soziale Bewegung und religiöser Radikalismus in der deutschen Reformation, München 1977. (Ergänzende Literatur im Anhang)

Der autodidaktisch gebildete Buchführer *Hans Hut* aus Haina in Franken († 1527) erneuerte die apokalyptische Verkündigung Thomas Müntzers (s. o. S. 568 ff.). Von Hans Denck (s. o. S. 576 ff.) in Augsburg getauft (Mai 1526), taufte er seine Anhänger seinerseits mit einer neuartigen, der Firmung ähnelnden Versiegelungstaufe, um sie auf die Leidenszeit und auf die danach folgende Durchführung der von ihm auf Pfingsten 1528 errechneten gottgewollten Revolution und Erneuerung der Christenheit zuzurüsten; ihr Ausbleiben erlebte er nicht mehr. Über die kurze Spanne seiner von der Naherwartung getriebenen Missionstätigkeit (Juni 1526 bis Sept. 1527) hinaus trugen seine Schüler, bes. Lienhard Schiemer und Hans Schlaffer, seinen Widerspruch gegen die Reformatoren weiter, während die von ihm für die Zeit der Vollendung geforderte Gütergemeinschaft der Christen von den Hutterischen Brüdern verwirklicht wurde.

Hut hielt sich wie ein Elia für unmittelbar von Gott selbst zum Bußpropheten berufen. Seine Verkündigung konzentrierte er auf den Ruf zur Umkehr, auf die Vorgänge des nahenden apokalyptischen Dramas und auf seine Folgerungen und Folgen für die Gläubigen und die Gottlosen. Dabei griff er wie Müntzer und Karlstadt über die Lehre der Reformatoren hinweg auf die pseudojoachimitischen Weissagungen und auf Tauler und die „Theologia Deutsch" (s. o. S. 566 f.) zurück. So wurde sein Täufertum „eine ganz eigene Bildung auf dem Boden von Mystik und Apokalyptik – ein Kind des Spätmittelalters"[1]. Die katholische Kirche mit ihren Dogmen und Riten galt ihm bereits als erledigt. Dagegen bekämpfte er, wie Müntzer, die evangelische Lehre von der Hl. Schrift und vom Glauben, während ihm die Verwirklichung des evangelischen Gesetzes der Bergpredigt in der Absonderung von der Welt, wie die Schweizer Brüder sie lehrten, fremd blieb. Allein aus dem Ende der Welt und aus der umfassenden Verän-

[1] SEEBASS I, S. 566.

derung ihrer Ordnungen konnte das Heil noch hervorgehen. So lauten die „sieben Urteile", die hauptsächlichen Themen seiner Predigt: (1) Bund Gottes (2) Leib Christ (3) Ende der Welt (4) Zukunft (= Wiederkunft Christi) und Gericht (5) Auferstehung (6) Reich Gottes (7) Ewiges Urteil. „Mit den siben urteln wirt die ganz geschrift des alten und neuen testamentes recht tractirt, so man darauf achtung hat."[2]

(1) Der Heilsweg zu Gott führt über das Leiden. Dies offenbart nicht erst das – von Hut unterschiedslos bald buchstäblich, bald allegorisch ausgelegte – „Buch der Schrift" und vor allem das Beispiel Christi darin, sondern das predigt auch schon das „Buch der Kreaturen", die Welt. Denn überall in der Welt kann das Untergeordnete dem Übergeordneten nur durch Leiden dienstbar sein: das Tier dem Menschen, der Mensch aber Gott. Das „Evangelium aller Kreatur", wie es Hut in der Weiterführung Müntzers nennt, heißt daher: Leiden[3]. Die Unterwerfung unter den Willen Gottes ist der Kern des Glaubens und der Gegenstand des Bundes zwischen Gott und Mensch, in welchem Gott den Glaubenden durch das Leiden rechtfertigt (= gerechtmacht) und ihn in der Trübsal tröstet und schützt. Das äußere Zeichen dieses Bundes ist die Wassertaufe, der die innere und wahre Geistestaufe, die Bewährung in der „Langeweile" des reinigenden Leidens, nachfolgen muß. Auf diese Weise wird die Gleichförmigkeit mit Christus erreicht. Zugleich damit wird der Glaubende (2) in die Gemeinschaft des Leibes Christi und in den Bund der Erwählten aufgenommen, die nach ihrem auf die kurze Zwischenzeit bis zum Ende der Welt beschränkten Stillehalten (3) bei der Wiederkunft Christi (4) das blutige Strafgericht an den Gottlosen mitzuvollstrecken haben. Danach soll (5) die Auferstehung der verstorbenen Frommen stattfinden und (6) der Beginn der Herrschaft aller Erwählten im irdischen Tausendjährigen Reich Gottes. Erst am Ende ergeht im Jüngsten Gericht (7) das ewige Urteil über die Sünder.

Auch in der scharf polemischen Verkündigung des Kürschners *Melchior Hoffman* aus Schwäbisch-Hall (†1543), der als Reformprediger in Livland (1523–1525), in Stockholm (1526/27), in Holstein (1527–1529) und in Ostfriesland wirkte, bevor er in Straßburg zum Täufertum überging (1529/30), treten die Prinzipien des Spiritualismus und der aus der biblischen Apokalyptik geschöpften Verheißung des nahen Weltendes beherrschend hervor. Ohne erkennbar von Thomas Müntzer beeinflußt zu sein, erfüllte Hoffman das Täufertum durch seine öffentlichen Predigten in Nordwestdeutschland und in den Niederlanden (1530–1533) mit ähnlichen Hoffnungen wie Hut zuvor im Süden und Südosten. Während seine Anhänger diese Hoffnungen ohne sein Zutun in die verheerenden Taten des Täuferreichs von Münster umsetzten (1534/35), gedachte Hoffman den Anbruch des irdischen Reiches Gottes mit der tatkräftigen Hilfe einer von Gott dazu berufenen weltlichen Obrigkeit von Straßburg aus einzuleiten, – eine Hoffnung, die er, bis an sein Lebensende in Haft (seit 1533), nicht aufgab.

Die Übereinstimmung mit der evangelischen Lehre, die ihm Luther noch 1525 bestätigte, war nur partiell und nur von kurzer Dauer. Denn noch während sich Hoffman zu Luthers Lehre von der Rechtfertigung, von der Prädestination und

---

[2] Seebass I, S. 451; II, S. 3f., 10ff.

[3] Seebass I, S. 432–447.

vom Gehorsam gegen die weltliche Obrigkeit bekannte, vertrat er (mit Karlstadt, s. o. S. 575f.) eine spiritualistische Abendmahlslehre (1526): Bei der Kommunion findet zwischen Christus und der Seele eine durch das Wort und den Glauben gewirkte geistliche Vereinigung statt; das Fleisch ist (nach Joh 6,63) „nichts nütze"[4]. Vor allem aber versetzte Hoffman, auch er von prophetischem Selbstbewußtsein erfüllt, seine Hörer und Leser in Hochspannung, indem er in seinem Kommentar zu Daniel 12 (1526), an Aussagen Luthers anknüpfend[5], den Anbruch des Endes auf das Jahr 1533 weissagte. Doch predigte er zunächst noch, ähnlich wie ursprünglich auch Müntzer und Hut, die rechte Bereitung auf die Endzeit bestehe in der mystischen Tugend der Gelassenheit, die der vergottete Mensch im Leiden bewähren muß. In der Auseinandersetzung um seine Prophezeiungen mit Amsdorf (1528) und um seine spiritualistische Abendmahlslehre mit Bugenhagen (1529) wurde Hoffmans Bruch mit der Lehre der lutherischen Reformation offenkundig. In seiner „Außlegung der heimlichen Offenbarung Joannis" (1530), mit der Hoffman – so ähnlich wie Müntzer mit seiner Fürstenpredigt dic sächsischen Landesherren (s. o. S. 573) – König Friedrich I. von Dänemark noch einmal für sich zu gewinnen suchte, verglich er Luther mit dem Verräter Judas, denn der „Apostel des ersten Anfangs" habe sich inzwischen als bloßer Schriftgelehrter und als Verfolger der „geistgelerten" erwiesen[6]. Luther und die Seinen „wolten junckern sein über alle leer"[7], so daß Luther ein neuer Papst, ja „ein neüwer Gott worden ist, der verdamen kan vnnd selig machen"[8]. Die gottwidrigen und antichristlichen Mächte der Apokalypse setzte Hoffman überall mit dem Papsttum und seinem Anhang gleich. Aber die Rettung der Kirche aus ihrem Verfall, der einst schon nach der Märtyrerzeit begann, ist sowohl Hus, „dem edlen Boten und Zeugen Gottes", als auch Luther mißlungen. Sie steht aber nahe bevor, und die „apostolischen Propheten" leiten sie mit ihrer Predigt ein: „Yetz gat das gericht über die welt durch den gottes geist ... vff das letste des Jüngsten tags."[9]

Die Erwachsenentaufe bildete demnach auch für Hoffman nicht den Ausgangspunkt. Wohl aber wurde sie zum Kern- und Höhepunkt, als seine Lehre in *Straßburg* ihre abschließende „Verschmelzung von Apokalyptik, Spiritualismus und Täufertum" erfuhr (1530)[10]. In der Begegnung mit der Theologie von Hans Denck[11] löste sich Hoffman von der lutherischen Prädestinationslehre, um von nun an, ohne die Allversöhnungslehre Dencks zu übernehmen, den Universalismus der Gnade und die freie Willenentscheidung des Menschen gegenüber dem Heilsangebot zu betonen[12]. Im Gedankenaustausch mit Schwenckfeld (s. o. S. 587ff.) sah sich Hoffman in seiner spiritualistischen, monophysitischen Chri-

---

[4] Deppermann, S. 64.
[5] Vgl. Deppermann, S. 346, Nr. 3 und S. 67ff.
[6] Außlegung O2b; genauer Titel bei Deppermann, S. 347, Nr. 11.
[7] Ebd. R4a.
[8] Ebd. K7b.
[9] Ebd. O5b/6a; Einzelheiten der Geschichtsdeutung H.s bei Deppermann, S. 217–226.
[10] Deppermann, S. 139. Über den möglichen Einfluß von Gedanken Huts vgl. S. 174, 177f., doch ist nach Deppermanns These (S. 342) vielmehr „neben den Zürcher und den mitteldeutschen Anfängen (Schweizerbrüder und Hans Hut) ein dritter Ursprung des europäischen Täufertums in Melchior Hoffman gegeben."
[11] S. o. S. 576ff.
[12] Vgl. hierzu ergänzend I. B. Horst, Dirk Visser: Een tractaat van Melchior Hoffman üit 1531, in: Doopsgezinde Bijdragen N.R. 4 (1978), S. 66–81.

stologie bestätigt: Da unser Heil wesenhaft geistlich ist, muß auch Christus der Heiland seinem Wesen und seiner Herkunft nach ganz und gar unirdisch, geistlich, himmlisch sein. Er ist zwar wahrhaft Mensch geworden. Aber von dem Fleisch und Blut seiner Mutter Maria nahm er nichts an. Er war nicht „von ihr", sondern durch sie hindurch wurde er Mensch[13]. Das wichtigste war für Hoffman jedoch die Bestätigung und Aktualisierung seiner Apokalyptik durch die Gesichte und Offenbarungen des Straßburger Prophetenpaars *Ursula* und *Lienhard Jost*[14] und der Prophetin Barbara Rebstock. Hier schien ihm die den Erwählten verheißene Geistausgießung schon vorweggenommen. Das apokalyptische Drama um Gott, die Welt und die Feinde Gottes war bei Ursula Jost „im Schein des Herrn" bereits gegenwärtig, und die sie begleitenden Ängste angesichts der Zerstörung und des Gerichts ebenso wie die Beseligung nach der Befreiung wurden von ihr schon erlebt und durchlitten[15].

Im Kreis der Straßburger Täufer ließ sich Hoffman schließlich auch von der Notwendigkeit der *Erwachsenentaufe* überzeugen. Bald darauf spendete er sie seinen „apostolischen Sendboten" und Anhängern in Ostfriesland nach der „Ordnung Gottes" als Bundeszeichen ihrer endzeitlichen Erwählung und ihrer Verpflichtung zum Kampf und zum Leiden[16]; die Kindertaufe verwarf er nunmehr. Die letzte öffentliche Darlegung seiner Lehre in Straßburg (1533) beschränkte sich auf die fünf Artikel seiner Heilslehre[17]: (1) seine soteriologisch motivierte Christologie – Christus ist das „pur ewig wort on alle vermischung", „wer er auß der wellt, so möcht er die welt nit erlößt haben"[18] – und auf seine Lehren (2) vom Universalismus der Gnade, (3) von der Willensfreiheit der Erlösten, (4) von der Erwachsenentaufe und (5) von der Unvergebbarkeit der Sünde der Geistbegabten. Ohne Zweifel geht die (der Aufspaltung des Hussitentums vergleichbare)[19] geschichtliche Doppelwirkung der prophetischen Botschaft des sich zuletzt selbst so bezeichnenden „Zeugen des Allerhöchsten" und „rechten Elia" auf die spannungsreiche Unausgeglichenheit seiner Gedanken zurück: Sowohl der apokalyptische Umsturz der Täufer von Münster (Jan Matthijs, Jan Beukelsz van Leiden) als auch das loyale stille Täufertum im Gefolge von Menno Simons (s. u. S. 640f.) schöpften Geist vom Geist seiner Lehre[20].

Zum führenden Theologen und ernannten „Worthalter" (= Sprecher) des münsterischen Täuferreichs wurde der ehemalige Kaplan (bis 1532) *Bernd Rothmann* aus Stadtlohn (†1535), der sich in rascher Folge der Lehre Luthers und Zwinglis und von da dem Täufertum zugewandt hatte. Noch vor dem Zuzug der Wassenberger Prädikanten[21] und der niederländischen Melchioriten

---

[13] Zur Linden, S. 436f.; Deppermann, S. 186–191, 197–202.

[14] Hoffman veröffentlichte sie; vgl. Deppermann, S. 347, Nr. 12 und S. 184, Anm. 179.

[15] Deppermann, S. 180–185, 226–231.

[16] Die Ordonnantie Godts, 1530: Bibliotheca Reformatoria Neerlandica V (1909) 147–170; zum Taufstillstand seit Ende 1531 vgl. zuletzt Deppermann, S. 286.

[17] M. Krebs und H. G. Rott, Quellen zur Geschichte der Täufer, Elsaß II (1960), S. 101–110.

[18] Ebd. S. 104.

[19] Man denke an die kämpferische Apokalyptik der Taboriten und an den leidenden Pazifismus der Böhmischen Brüder. Hoffman selbst verglich die „Behemen" mit der Gemeinde von Thyatira, vgl. Deppermann, S. 221.

[20] Deppermann, S. 33, 228–231, 334.

[21] An ihrer Spitze stand Heinrich Roll; vgl. Henrick Rol, Die Slotel van dat Secreet des Nacht-

veröffentlichte Rothmann sein täuferisches „Bekenntnis von den beiden Sakramenten" (1533), in welchem er sowohl das Verhältnis zwischen Gott und dem Gläubigen als auch das der Gläubigen untereinander als Bund („dat verbundt") begriff. Die Taufe der Kleinkinder vor dem 7. Lebensjahr *(annus discretionis)* lehnte er als schriftwidrig und als unnötig ab, da Gott sie bis dahin bei ihrer ursprünglichen Einfalt und Unschuld erhalte. Ein Gnadenzeichen ist die Taufe keinesfalls. An der Erwachsenentaufe hob Rothmann den Verpflichtungscharakter hervor. Entsprechend faßte er das Abendmahl, wie Zwingli und die Schweizer Brüder, als Gedächtnis- und Verpflichtungsmahl auf[22], so daß die Gläubigen beide Sakramente *(sacramentum* = Fahneneid) „glick als mit edes verpflichtinge vnd verbyndinge, ock myt hoegesten ernste sollen gebruken vnd hanthauen"[23]. Als „eyne leeflycke bykumpst der chrystgheloeuighen" komme im Abendmahl nicht nur die geistliche Gemeinschaft mit Christus zum Ausdruck, sondern auch die Pflicht zu der besonderen Form derjenigen Bruderliebe, die, wie Rothmann unter Berufung auf Sebastian Franck betont, „vnder ennen als [= alles] dinck gemein maket"[24], – ein erster Ansatz für die kurz darauf vollzogene Abschaffung des Privateigentums und die Aufrichtung der „christlichen" Gütergemeinschaft in der Stadt. In dem „Bekenntnis des Glaubens und Lebens der Gemeinde Christi zu Münster" (1534) vertritt Rothmann die monophysitische Christologie Melchior Hoffmans und die Lehre von der Unvergebbarkeit der Sünde der Geistbegabten[25].

In seiner Hauptschrift „Restitution rechter und gesunder christlicher Lehre" (1534) preist er Melchior Hoffman, Jan Matthijs und Jan van Leiden als die Fortsetzer und Vollender der von Erasmus, Luther und Zwingli begonnenen „Restitution" der Christenheit[26]. Während die Papisten die Erlösung durch Christus geringgeschätzt haben und meinten, sie durch gute Werke ergänzen zu müssen, haben die Evangelischen sie zum Nachteil der guten Werke mißverständlich überschätzt[27]. Die Lehre Christi aber – „eine slichte einfoldige leer" – ist in Ps 34,15 zusammengefaßt: Meide das Böse und tue das Gute[28]. Abgesehen von dem Glauben an die Erlösung und (einmalige) Sündenvergebung durch Christus ist eben dies der Inhalt des Glaubens. Der (ersten) Rechtfertigung aus Glauben muß jedenfalls die (zweite) Rechtfertigung aus den Werken folgen. Die heilige Kirche ist dementsprechend als die Gemeinschaft derjenigen definiert, die Gottes Gebote erfüllen[29], und zwar unter Einschluß der Gütergemeinschaft nach dem Vorbild von Apg 2 und 4[30]. Höhepunkt und Vollendung der Restitution bildet jedoch die Lehre von der Herrschaft Christi auf Erden – „de gantze schrift löpt dar vp vth", „de heele schrift ys vul vnde vul daruan"[31] –, wobei Rothmann den Kanon der Hl. Schrift, „de principael vngetwiuelde schrift, dar na alle schrift möthen gerichtet werden", in Mose und den Propheten erblickt[32].

maels, hg. von S. Cramer, in: Bibliotheca Reformatoria Neerlandica 5 (1903) 41–94; vgl. dazu die Einleitung und N. van der Zijpp, Art. Slotel, Die ..., in: ME 4 (1959) S. 544f.

22 Ebd. S. 181f. 23 Rothmann, Schriften, S. 141. 24 Ebd. S. 177, 184f.

25 Ebd. S. 203, vgl. auch S. 233; Schriftbeleg: Mt 12,31/Lk 12,10.

26 Ebd. S. 209. Zum Begriff vgl. C. Neff, E. Crous, R. Friedmann, Art. Restitution, in: ME 4 (1959) S. 302–304, und zuletzt Meihuizen.

27 Ebd. S. 213f. 28 Ebd. S. 236. 29 Ebd. S. 241.

30 Ebd. 225f. 31 Ebd. S. 270, 276.

32 Von der Verborgenheit der Schrift des Reiches Christi, 1535; Schriften, S. 302.

Ihre Verheißungen müssen hier auf Erden erfüllt werden[33], verkehrte, unzulässige rhetorische „Lodderkunst der gelerden“ wie z.B. Melanchthons ist es, ihre Aussagen zu spiritualisieren und zu allegorisieren[34]. Vielmehr steht jetzt der dritte Äon („den derde werlt“, 360) und mit ihm der Beginn des Reiches Christi vor der Tür, nachdem am Ende des zweiten Äons die Restitution ihren Anfang genommen hat. Die „dritte Welt“ wird eingeleitet durch den „Tag der Rache“ an den Gottlosen, zu dessen Verwirklichung Rothmann nach der Hinrichtung der aus Münster ausgesandten 27 apostolischen Sendboten offen aufrief[35]. Den Übergang vom leidenden Stillehalten zur Gewaltanwendung begründete er damit, daß die seit König Nimrod am Beginn des zweiten Äons usurpierte, unrechte, „babylonische“ weltliche Gewalt nunmehr von Christus übernommen und schließlich Gott übergeben werden müsse[36].

§ 7 Menno Simons und die Mennoniten

Allgemeine Literatur: W. E. KEENEY, The Development of Dutch Anabaptist Thought and Practice from 1539–1564, Nieuwkoop 1968. – *Menno Simons:* S. CRAMER, Art. Menno Simons, in: RE³ 12 (1903) 586–594; K. VOS, Menno Simons (1496–1561), Leiden 1914; J. E. BURKHART, Menno Simons on the Incarnation, in: MQR 4 (1930) 113–129, 178–207; 6 (1932) 122 f.; H. S. BENDER/J. HORSCH, Menno Simons' Life and Writings, Scottdale/Pa. 1936; C. KRAHN, Menno Simons (1496–1561). Ein Beitrag zur Geschichte und Theologie der Taufgesinnten, Karlsruhe 1936; DERS., Menno Simons' Lebenswerk (1937) North Newton/Kan. ²1951; F. C. PETERS, The Ban in the Writings of Menno Simons, in: MQR 29 (1955) 16–33; C. KRAHN, Art. Menno Simons, in: ME 3 (1957) 577–584; DERS., Menno Simons Research 1910–1960, in: ChH 30 (1961) 473–480; F. H. LITTELL, A Tribute to Menno Simons, Scottdale/Pa. 1961; H. W. MEIHUIZEN, Menno Simons, Haarlem 1961; J. A. OOSTERBAAN, The Theology of Menno Simons, in: MQR 35 (1961) 187–196; C. J. DYCK, A Legacy of Faith. The Heritage of Menno Simons, Newton/Kan. 1962; I. B. HORST, A Bibliography of Menno Simons, ca. 1496–1561, Nieuwkoop 1962; J. A. BRANDSMA, Menno Simons von Witmarsum, Vorkämpfer der Täuferbewegung in den Niederlanden, Kassel 1962; MENNO SIMONS, Dat Fundament des Christelycken Leers, hg. von H. W. MEIHUIZEN, Den Haag 1967; C. BORNHÄUSER, Leben und Lehre Menno Simons', Neukirchen 1973. – *Dirk Philips:* De geschriften van Dirk Philips, hg. von F. PIJPER, in: Bibliotheca Reformatoria Neerlandica 10 (1914); W. KEENEY, Dirk Philips' Life, in: MQR 32 (1958) 171–191; J. TEN DOORNKAAT KOOLMAN, Dirk Philips. Vriend en Medewerker van Menno Simons 1504–1568, Haarlem 1964; MARJA KEYSER, Dirk Philips 1504–1568. A Catalogue of his Printed Work in the University Library of Amsterdam, Nieuwkoop 1975. – *Adam Pastor*: Schriften, hg. von S. CRAMER, in: BRN 5 (1909) 315–381; C. NEFF, Art. Adam Pastor, in: ML 3 (1958) 336 f. (= ME 1, 1955, mit H. S. BENDER).

(Ergänzende Literatur im Anhang)

Das Fortbestehen und die Ausbreitung des Täufertums nach 1535 war der konzentrierten Kraft der Verkündigung von *Menno Simons* aus Witmarsum (1496–1561) zu verdanken, der nach langen Jahren innerer Entwicklung sein Priesteramt aufgab (1536), um nach der Katastrophe von Münster unter entschiedener Abkehr von der melchioritischen Apokalyptik zu den Grundsätzen des Täufertums zurückzulenken, die großenteils der Lehre der Schweizer Brüder (s.

[33] Ebd. S. 339; er berief sich hierfür, außer auf die Propheten, den Psalter, die Gleichnisse Jesu und die Apokalypse, auch auf IV. Esra, Schriften, S. 355.

[34] Ebd. S. 338, 343, 346.

[35] Bericht von der Rache, 1534: Schriften S. 285–297.

[36] Von irdischer und zeitlicher Gewalt, 1535 (Vorrede an Philipp von Hessen): Schriften S. 373–404.

o. S. 618 ff.) entsprachen[1]. Die Ankündigung des Tausendjährigen Reiches und die gewaltsame Restitution in Gestalt einer irdischen Theokratie nach dem Vorbild Moses und der Propheten unter Verwirklichung der Mehrehe der Patriarchen und der Gütergemeinschaft der Apostel verurteilte Menno als Irrweg. Die Zeit der Gnade und der Buße leitete er erneut vom Bußruf Jesu ab, und zum Vorbild erhob er die Nachfolge der Jünger im Kreuz und im Leiden[2]. „Alle wahren Christen sind geistliche Könige, und ihr Regiment ist geistlich."[3] So folgte der extremen Verdiesseitigung des Heils die Rückkehr zu der einst auch von den Schweizer Brüdern nach ihren bewegten Anfangsjahren erreichten Verinnerlichung: „*Der ganze Handel und die Summe des wahren Christentums ist die Wiedergeburt oder neue Kreatur, wahre Buße, Absterben von Sünde und neuer Wandel, Gerechtigkeit, Gehorsam, Seligkeit und das ewige Leben in einem aufrichtig tätigen Glauben.*"[4] Die Verwerfung des Jakobusbriefs durch Luther kritisierend, hielt Menno dem selbstsicheren leichtfertigen Leben der lutherischen Christen den dynamischen, Liebe und Heiligung umschließenden Glaubensbegriff entgegen. Einen echten Glauben ohne Glaubensfrüchte kann es nicht geben. Denn Glaube ist „een lief-hebbende vreese en vreesende liefde", liebende Frucht und fürchtende Liebe zugleich[5].

Den Vorzug gibt Menno indessen dem Begriff *Wiedergeburt*. Die Kirche definiert er als die Gemeinschaft der Wiedergeborenen und Gerechten unter ihrem geistlichen König, als Kinder des Friedens mit dem Schwert des Geistes; sie halten die Einehe, und ihr Reich ist das Reich der Gnade; ihre Bürgerschaft ist im Himmel, ihre Lehre ist das unverfälschte Wort Gottes, ihre Taufe die Glaubenstaufe, und ihr Abendmahl dient der Erinnerung an die Wohltaten Christi und der Erweckung der Bruderliebe; ihr Bann oder Absonderung ergeht gegen alle Verächter ohne Ansehen der Person[6]. Ohne Wiedergeburt keine Seligkeit: „Die Geburt von oben und die aufrichtige Buße müssen da sein." Vor Gott kann nichts bestehen als die neue Kreatur, der Glaube, der durch die Liebe wirkt, und die Einhaltung der Gebote[7]. Damit wird der Glaubensgehorsam betont, und neben der schriftgemäßen Lehre und Sakramentsspendung wird bei Menno die Wiedergeburt zum Erkennungsmerkmal der wahren Kirche. In diesem stark ethisch bestimmten Sinn der Wiedergeburt wird die Taufe zum Zeugnis des Glaubens, der Übergabe des Willens an Gott und der Auferstehung zum neuen Leben. Die Wiedergeburt als Veränderung des inneren Lebens ist Unmündigen unmöglich; die Kindertaufe ist daher ein Greuel, „een schendige afgod"[8]. Innerhalb der Lehre vom Abendmahl rückt Menno, das spiritualistische Verständnis

---

[1] In der Christologie folgte Menno jedoch Melchior Hoffman, vgl. z.B. schon sein frühes Hauptwerk: Dat Fundament des Christelycken Leers (1539; sog. Fundamentbuch), (ed. MEIHUIZEN) S. 26; Zu den Veränderungen des Textes in den verschiedenen Auflagen vgl. W. E. KEENEY, The Development.

[2] Ebd. S. 9–25.

[3] Van het rechte Christen Geloove (1542), in: Menno Symons, Opera omnia theologica (Amsterdam 1681), S. 74.

[4] Ebd. S. 75.

[5] Ebd. S. 78 f., 82; vgl. auch: Dat Fundament..., S. 26–29.

[6] Van de nieuwe Creatuere (1539), in: Opera omnia, S. 175 f.

[7] Ebd. S. 126 f.

[8] Dat Fundament, S. 36–77; bes. S. 53; Erasmus, Seb. Franck, Zwingli, Cellarius als Zeugen gegen die Kindertaufe: S. 71.

wie selbstverständlich voraussetzend, den Blick ebenfalls auf den Empfänger und auf die Gemeinde[9]. So wenig wie die Taufe ein Gnadenzeichen ist, so wenig hat das *Abendmahl* mit der Vergebung der Sünde zu tun[10]. Es ist das Gedächtnismahl dankbarer Erinnerung an die Erlösungstat Christi und das Verpflichtungsmahl zur Erneuerung der Nachfolge Christi und der Bruderliebe. Eben darum darf es nur den Wiedergeborenen gereicht werden. Der Vorwurf gegen die Großkirchen richtet sich darauf, daß es bei ihnen aus der Hand irdisch gesinnter Diener jedermann gereicht wird; das ist „der Tisch des Teufels". Derselbe ethische Rigorismus wird von Menno auch für die Amtsträger, die Prediger, geltend gemacht. Von Gott berufen, von seinem Geist bestimmt und von der Gemeinde der Frommen gewählt, begreifen sie ihr Amt als Dienst, nicht als „weldige heerlicheit"[11].

Dieselbe Strenge, mit welcher Menno die Notwendigkeit der „Meidung Babels", die *Absonderung* der frommen Gemeinde von der Welt, proklamierte[12], kehrte er auch gegen die Gemeinde selbst: gegenüber ungetreuen, gefallenen Mitgliedern muß sie durch den Bann ebenfalls die „Meidung" vollziehen. Ohne den Bann haben Lehre und Leben der Kirche keinen Bestand, daher ist die „rechte apostolische Absonderung in christlicher Bescheidenheit mit Ernst" durchzuführen. Selbst die Schärfe des Ausschlusses aus der Gemeinschaft gilt es letztlich noch aus der Liebe Gottes zu begreifen. Keinesfalls ist der Bann aber nur Zuchtmittel der Gemeinde, er eröffnet vielmehr dem unbußfertigen Sünder den ewigen Tod seiner Seele! Eine Aufhebung kommt nur nach strenger Prüfung in Betracht[13]. Die Distanz der Gemeinde zur Welt steigerte Menno jedoch nicht bis zur Ablehnung der Obrigkeit. Diese ist Ordnung Gottes, so daß ihr die Täufer nicht nur den Gehorsam, sondern auch ihre Fürbitte schuldig sind. Einen Eidschwur in weltlichen Angelegenheiten dürfen sie jedoch so wenig leisten wie den Kriegsdienst[14].

Unter den Mitarbeitern und Schülern Mennos ragt der ehemalige Franziskaner *Dirk Philips* (1504–1568; getauft 1533) als Theologe hervor. Wie er sich zu der heterodoxen monophysitischen Christologie Mennos bekannte, so betonte er, wie Menno, die Wiedergeburt und das geistliche Wesen der Restitution[15]. Aber die spiritualistischen, subjektiven und individuellen Momente treten bei ihm zurück zugunsten der ethisch-moralischen, die auf die Gemeinschaft bezogen sind: „wie recht doet, die is wt Got gheboren". Die Sammlung und Reinhaltung der sichtbaren Gemeinde mit Hilfe des Banns führte er noch unnachgiebiger durch als Menno[16]. Der christlichen Gemeinde der Wiedergeborenen hat Christus sieben verpflichtende Ordnungen – „ordonantien ende getuychenissen

---

[9] Ebd. S. 77–104; bes. S. 83–91; gegen die Wandlungslehre: „den soen Godes wil den fabulosen Proteo niet gelyck syn", S. 96f.

[10] Ebd. S. 48, 100f. [11] Ebd. S. 107–158; bes. S. 132. [12] Ebd. S. 104–107.

[13] Een Grondelyck Onderwys ofte Bericht van de Excommunicatie (1558), in: Opera omnia theologica 1681, S. 185–214; vgl. auch die Wismarer Beschlüsse (1555), in: ML 3 (1958) S. 86f.

[14] Een grondelicke en klare bekentnisse der armen Christen (1552), in: Opera omnia theologica, 1581, S. 470–473.

[15] Van der wedergeborte ende nieuwe Creature, ebd. S. 313–337; Van de geestelijcke Restitution, in: BRN 10 (1914) S. 339–376. Beide Schriften sind seinem vielgelesenen „Enchiridion ofte Handboexcen" (1563) einverleibt, vgl. C. Krahn, in: ME 2 (1955) S. 213.

[16] Vgl. neuerdings auch ten Doornkaat, S. 193–199.

eens waerachtighen Christendoms" – auferlegt[17]: (1) die reine unverfälschte Verkündigung des Wortes Gottes durch rechte, vom Herrn und von der Gemeinde ordentlich berufene und erwählte Diener, die an ihrem frommen Wandel, an ihren Glaubensfrüchten und an ihrer Leidenswilligkeit zu erkennen sind, (2) die schriftgemäße Durchführung von Taufe und Abendmahl, – sie werden, im Unterschied zu Menno, als sichtbare Zeichen der Gnade und des Bundes Gottes bezeichnet –, (3) die Fußwaschung zum Zeichen der immer vollkommeneren Reinigung – „Wer rein ist, werde noch reiner, wer heilig, noch heiliger, wer gerecht, noch gerechter" (Offb 22, 11) – und der Demütigung unter die Mitbrüder, (4) den Bann, „die evangelische Absonderung", (5) die Bruderliebe als untrügliches Merkmal des rechten Glaubens und des wahren Christentums, (6) gottseliges Leben, freimütiges Bekenntnis, Selbstverleugnung und Nachfolge, (7) Erleiden der Verfolgung, ohne selbst zu verfolgen. Mit Nachdruck verwarf er den Spiritualismus Sebastian Francks[18]. Mit Recht hat man von einer gewissen „Verkirchlichung" bei Philips gesprochen[19].

Mit Menno Simons und Dirk Philips war ihr Mitältester *Adam Pastor* (Priester in Aschendorf an der Ems, bis 1533; † nach 1570) in den meisten Grundsätzen einig. Auch er distanzierte sich von der „falschen Freiheit" des Täuferreichs in Münster. Zur antithetischen, alternativen Zuspitzung neigend, legte er aber nicht nur die Lehre der friedlichen Täufer im Unterschied zu ihren Gegnern dar[20]. Vielmehr behauptete er mit biblischen Argumenten, im Gegensatz zu der melchioritischen monophysitischen Lehre Mennos vom himmlischen Fleisch Christi, Christus habe Fleisch und Blut von seiner Mutter Maria angenommen. Nicht sein vermeintliches himmlisches Fleisch sei das Unterpfand der Erlösung, sondern das schuldlose „Wort" und die göttliche Natur in ihm[21]. Noch weiter ging er mit seiner scharfen Unterscheidung zwischen Gott dem Vater, dem Ewigen und einzig Unsterblichen, und Christus dem Sohn und Mittler[22]. Den johanneischen Begriff „Wort Gottes" bezog er nicht auf Christus, sondern auf die mündliche Rede Gottes, und die volle Gottheit und das Personsein im Sinne des trinitarischen Dogmas sprach er Christus und dem heiligen Geist ab[23]. Ohne Rücksicht auf den von Menno ausgesprochenen Bann (1547) verbreitete er mit der täuferischen Lehre auch diesen seinen subordinatianischen, dynamischen Monarchianismus.

---

[17] Van de Gemeynte Godts, in: BRN 10 (1914) 377–414; „wahres Christentum": S. 408 u. ö.

[18] Verantwoordinghe ... op twee Sendtbrieven Sebastiani Franck, in: BNR 10 (1914) 481–508; deutsch bei H. Fast, Der linke Flügel der Reformation, S. 171–188; zu S. Franck s. o. S. 578 ff.

[19] W. Köhler, in: ThLZ 41 (1916) S. 470 f.

[20] Vnderscheit tusschen rechte leer vnde valsche leer, (gedr. nach 1552), in: BRN 5 (1909) S. 361–516; dazu die Einleitung von S. Cramer, S. 317–359.

[21] Ebd. S. 374–386, bes. S. 378, 382.

[22] Disputation van der Godtheit des Vaders, des Soens vnde des hilligen Geistes [Lübeck 1552], ebd. S. 517–581, bes. S. 518, 544.

[23] Ebd. S. 530, 540, 560–581.

§ 8 Die täuferische Verkündigung

Literatur: W. FELLMANN, Art. Gute Werke, in: ML 2 (1937) 211 ff.; C. NEFF, Art. Heiligung, ebda 277 ff.; U. BERGFRIED, Verantwortung als theologisches Problem im Täufertum des 16. Jh., Wuppertal 1938; W. KÖHLER, Die Verantwortung im Täufertum des 16. Jh., in: Mennonitische Geschichtsblätter 5 (1940) 10–19; J. C. WENGER, Two Early Anabaptist Tracts, in: MQR 22 (1948) 34–42; H. W. MEIHUIZEN, Doopsgezinde kenmerken en eigenaardigheiden, Amsterdam 1948; R. FRIEDMANN, Mennonite Piety through the Centuries, Goshen, Ind., 1949; H. S. BENDER, The Anabaptist Theology of Discipleship, in: MQR 24 (1950) 25–32; R. FRIEDMANN, Art. Concerning a True Soldier of Christ, in: ME 1 (1955) 664 f.; Devotional Literature, ebda 2 (1956) 46–49; Epistles, Anabaptist, ebda 230–233; Geistliches Blumengärtlein, ebda 446 f.; Gelassenheit, ebda 448 f.; Güldene Aepffel in Silbern Schalen, ebda 609 f; H. FAST, Pilgram Marbeck und das oberdeutsche Täufertum. Ein neuer Handschriftenfund, in: ARG 47 (1956) 212–242; H. S. BENDER, Art. Nonconformity, in: ME 3 (1957) 890–895; C. NEFF/N. VAN DER ZIJPP, Art. Pietersz, Pieter, ebda 4 (1959) 174 ff.; H. S. BENDER, Art. Prayer Books, Mennonite, ebda 211 f.; Sanctification, ebda 424 ff.; H. S. BENDER/N. VAN DER ZIJPP, Art. Simplicity, ebda 529 f.; R. FRIEDMANN, Art. Verantwortung, ebda 806 f.; H. S. BENDER/N. VAN DER ZIJPP, Art. Worship, Public, ebda 984–986; H. S. BENDER, Art. Discipleship, ebda 1076 f.; J. L. B. Art. Ethics, ebda 1079–1083; J. C. WENGER, Grace and Discipleship in Anabaptism, in: MQR 35 (1961) 50–69; H.-J. HILLERBRAND, Die politische Ethik des oberdeutschen Täufertums, Leiden/Köln 1962; J. L. BURKHOLDER, Nachfolge in täuferischer Sicht, in: G. F. HERSHBERGER (Hg.), Das Täufertum. Erbe und Verpflichtung (Stuttgart 1963) 131–145; H. S. BENDER/G. HEIN/N. VAN DER ZIJPP, Art. Theologie des Täufermennonitentums, in: ML 4 (1967) 305–309 (vgl. ME 4, 1959, 704–707); G. H. WILLIAMS, Sanctification in the Testimony of Several So-called Schwärmer, in: MQR 42 (1968) 5–15; R. FRIEDMANN, The Theology of Anabaptism, Scottdale, Pa., 1973; J. H. YODER, The Legacy of Michael Sattler, Scottdale, Pa., 1973; K. R. DAVIDS, Anabaptism and Asceticism, Scottdale, Pa. 1974; A. J. BEACHY, The Concept of Grace in the Radical Reformation, Nieuwkoop 1977. (Ergänzende Literatur im Anhang)

Über die Unterschiede der Lehre, des Gemeindeaufbaus und des Verhältnisses zur Welt und zum Staat hinweg waren sich die verschiedenen Richtungen des Täufertums einig in der Forderung der unbedingten Nachfolge Christi in der Liebe und im Leiden. Das Tun des Guten konnte nicht bloße Folge oder nur Beiwerk des Glaubens sein; es war Ziel des Glaubens. Die Bewährung in der Heiligung war höchste Pflicht. Eben das Ausbleiben der ethischen Erneuerung auf seiten der Reformation war es, was deren Irrtum und Verkehrtheit in den Augen der Täufer bewies. So konnte ihnen die evangelische Verkündigung der Erlösung durch Christus im Glauben, so sehr auch sie darauf fußten, allein nicht genügen; sie erschien ihnen als verwerfliche Halbheit. Auf das neue Leben der Gemeinde und des Einzelnen kam alles an. Einer über die biblisch bezeugten Heilstatsachen hinausgreifenden Theologie waren und blieben sie abgeneigt; die Lehre hatte dem Leben zu dienen. Der Sinn des Glaubens lag im Glaubensgehorsam. Sieht man von den Unterscheidungslehren einmal ab, dann erblickte die täuferische Verkündigung und Theologie ihre Aufgabe darin, von Glauben und Liebe Rechenschaft abzulegen. In ihrer biblischen Verkündigung waren Dogmatik und Ethik reduziert und konzentriert aufgehoben.

Predigten als Zeugnisse der täuferischen Verkündigung sind aus der älteren Zeit kaum erhalten; die Auslegung der Hl. Schrift wurde frei vorgetragen und nicht aufgezeichnet. Dabei dürfte die biblische Vermahnung überwogen haben[1]. Mit der Betonung der Paränese konnten gesetzliche Züge Eingang finden. In der

[1] Vgl. den fragmentarischen „Anonymous Anabaptist Sermon" (1527) bei J. C. WENGER (1948) 36–40.

Art der Darbietung ergab sich die Anknüpfung an die vorreformatorische deutsche Volkspredigt wie von selbst, doch es fiel mit ihrer Verankerung im System der römischen Kirche zugleich auch der alte, unterhaltsam unernste Predigtstil mit seinen „exempla“ und kurzweiligen Predigtmärlein völlig dahin.

Ebenso wie die Predigten spielten schon während der Verfolgungszeit Sendbriefe und Traktate eine wichtige Rolle für die täuferische Verkündigung in der weiten Diaspora. Doch auch hier ist bei der meist kurzen Behandlung ausgewählter wichtiger Heilsartikel hinter dem maßgebenden, beherrschenden biblisch-apostolischen Muster, das man sich zum Vorbild nahm, auch die Anknüpfung an die ältere kirchliche Tradition noch zu erkennen, so vor allem in den Auslegungen der katechetischen Hauptstücke (Zehn Gebote, Apostolicum, Vaterunser). Abgesehen von dem geistlichen Kirchenbegriff und von den Anspielungen auf die „Pharisäer“ (= die weltliche Obrigkeit) und die „Schriftgelehrten“ (= die reformatorischen Theologen), könnte der *Michael Sattler* († 1527) zugeschriebene Traktat „Von zweyerley gehorsam“ ein Stück spätmittelalterlicher Bibelauslegung sein[2]. In Sattlers Traktat „Von der Genugtuung Christi“ ist der täuferische „Mittelweg“ dann aber nicht nur gegen die werkheiligen Katholiken, sondern vor allem gegen die evangelischen Schriftgelehrten klar abgegrenzt: Gottes Sohn sollte den Gehorsam oder die Gerechtigkeit des Vaters nicht nur in Worten, sondern in Werken kundtun. Sie aber machen aus Christus ein goldenes Kalb und beten ihn an, ohne ihm nachzufolgen. Sie verdammen die Werke ohne Glauben, um den Glauben ohne Werke auf ihre Fahne zu schreiben[3]. Auch für *Lienhard Schiemer* († 1528) besteht das Evangelium nicht in der Botschaft der Sündenvergebung aus Gnaden, sondern in der Verkündigung des Rufs zur Buße und zur Nachfolge Christi[4]. Ein das Apostolicum paraphrasierendes Glaubensbekenntnis (1554) des *Jörg Maler,* eines Anhängers von Pilgram Marbeck (s. o. S. 633 f.), das zusammen mit zahlreichen anderen Sendbriefen und Traktaten der Erbauung der Gemeinden diente, enthält als Summe den Aufruf zum ritterlichen Standhalten in der Anfechtung: „Wer gottselig leben will in Christo, muß Verfolgung leiden.“[5] Als zum neuen Leben Wiedergeborene in der Nachfolge Christi zu handeln und zu leiden, – das war von Anfang an der Inbegriff der täuferischen Verkündigung. In diesem Rahmen bewegte sich auch *Pilgram Marbeck* († 1556), i es, daß er in Anlehnung an den Wortlaut des Hohenliedes die Liebe „als ein wahre Dienerin und Erfüllerin aller Werke der Gnad“ pries, die ihm „das Gebot selber, ja in allem Gott selbst“ war[6], oder daß er den wahren Beweis für den Empfang der Sündenvergebung in der fünffachen rechtschaffenen Frucht der Buße erblickte: in der Furcht vor dem

---

[2] Engl. bei John H. Yoder, The Legacy of Michael Sattler (1973) 121–124; es liegt die alte Unterscheidung zwischen „timor servilis“ und „timor filialis“ zugrunde.

[3] John H. Yoder (1973) 116f.

[4] Ein wahrhaftigs kurz Evangelium heute der Welt zu predigen (1527), in: Kunstbuch (Burgerbibliothek Bern Cod. 464) Bl. 109b–111b; vgl. H. Fast, in: ARG 47 (1956) 212–242. „Kunstbuch“ ist im Sinne der wahren, einfachen „ars credendi et vivendi“ zu verstehen, die der verkehrten Kunst der Scholastiker und falschen Schriftgelehrten (Bl. Va, VIIa, b, IXb, Xa) entgegensteht: „Alle gute Kunst und Gottesgaben,/Glehrte zum Reich Gottes soll man loben“ (Bl. IXb); „Er (= Christus) ist die rechte Kunst zum Leben,/ wer anderst sucht, geht weit daneben“ (Bl. XIb/XIIa); „der kann alein den Glauben geben,/ die rechte Kunst zum ewigen Leben“ (Bl. 203a/b).

[5] Ein Bekenntnis des Glaubens (1554) ebda Bl. 331b–335b; Zitat: 335a.

[6] Von der Liebe, in: Kunstbuch (s. Anm. 4) Bl. 8b–10b; Zitat: 8b.

göttlichen Gericht, dem geduldigen Harren auf Gnade, der reuevollen Bereitschaft zum Leiden, der Unterwerfung unter den göttlichen Willen und der Übernahme der vollen Verantwortung für die eigene Schuld[7]. Ein Traktat (um 1533) des aus der Gemeinschaft der Hutterer ausgetretenen Philippiten Hans Haffner beschrieb als die vier Waffen des christlichen Ritters (nach Eph 6) Glaube, Liebe, Hoffnung und Gelassenheit. Als wahrer Glaube galt Haffner einzig und allein der Glaube, der in der Liebe tätig ist (Gal 5,6). Liebe und Hoffnung verstand er im Sinn der Gelassenheit als Hingabe des Eigenwillens, als Geduld und Leidensbereitschaft[8]. In einem im Marbeck-Kreis überlieferten Traktat unbekannter Herkunft war die Belehrung über die geistliche Ritterschaft des Christen in die Form eines sog. Himmelsbriefes gefaßt: Der himmlische Kaiser wirbt die Christen zum Kriegsdienst unter seinem „Bundzeichen" und sichert ihnen als Sold das ewige Leben zu. Ihre Waffen sind alle Arten von Selbstverleugnung; zugleich müssen sie ihren Herrn „bloß und einfältig bekennen mit Worten und Werken"[9]. Daß Marbecks Freund *Leopold Scharnschlager* († 1563) gegen die Schweizer Brüder die lutherische Rechtfertigungslehre als Grundlage des Täufertums verteidigte, blieb eine Ausnahme[10].

Auch *Jakob Hutter* († 1535) ließ seine Verkündigung, wie seine Sendschreiben zeigen, von der Vermahnung bestimmt sein: „Habt Gott von Herzen lieb und haltet seine Gebote, so werdet ihr selig." – „Habt Freude und Wollust allein in ihm und seinem heiligen Gesetz."[11] Als Kinder Gottes und Nachfolger Christi rief er sie zur Standhaftigkeit in der Verfolgung auf. Das hochzeitliche Kleid der Heiligen war ihm nicht so sehr das Zeichen des Geschenks ihrer Erwählung und Erlösung in Christus, es war ihm vielmehr ein Zeichen ihrer Aufgabe, der Nachfolge Christi. Grund und Kraft seines Aufrufs schöpfte er aus dem Glauben an das nahe bevorstehende göttliche Strafgericht, das der jetzt unterdrückten heiligen Gemeinde, wofern sie nur ihrem heiligen Bund mit Gott treubleibt, die Herrlichkeit bringen wird[12]. Im übrigen überspringt er, „Jakob, ein Knecht Gottes und Apostel Jesu Christi und ein Diener aller seiner auserwählten Heiligen im Mährerland", jeden Abstand zur Urchristenheit. Sein Selbstverständnis als Apostel und Märtyrer teilte sich seinen Gemeinden, dem „heiligen Jerusalem", entsprechend mit[13]. Die Verkündigung der Hutterischen Brüder, wie sie in der reichhaltigen, bisher kaum ausgeschöpften handschriftlichen Überlieferung ihrer Predigten enthalten ist, bewegte sich während der Verfolgungszeit auf derselben Linie der apostolischen Vermahnung ihrer Vorsteher und Sendboten wie auch des geistlichen Vermächtnisses ihrer verhafteten Bekenner und Märtyrer,

[7] Von fünferlei Früchten wahrer Buße (1550), in: H. FAST, Der linke Flügel der Reformation (1962) 105–117.

[8] Von einem wahrhaften Ritter Christi, und womit er gewappnet muß sein, damit er überwinden möge die Welt, das Fleisch und den Teufel (zw. 1533 und 1535); Inhalt bei R. FRIEDMANN, MQR 5 (1931) 87–99.

[9] (Kriegsordnung des himmlischen Kaisers), in: Kunstbuch (s. Anm. 4) Bl. 187a–194b.

[10] Meldung vom wahren Glauben und gemeinsamen Heil in Christo, ebda Bl. 254a–263b.

[11] HANS FISCHER, Jakob Huter (1956), Briefe V/31–42; seine „Vermahnung": 39–43; Zitat: 39, 40.

[12] Ebda. 40–42.

[13] „ich hab mein Leib und mein Leben dem Herrn ganz und gar geschenkt, ergeben und aufgeopfert und hab mich von ganzem Herzen eingewilligt zu leiden und zu sterben um des Herrn und seiner Wahrheit willen", ebd. 35.

die sich und ihren Mitbrüdern Standhaftigkeit zusprachen. Doch ist aus der Predigttradition erkennbar, daß sich ihre Verkündigung seit der Festigung ihrer Gemeinschaft und ihres Gottesdienstes schon seit 1560 nach einer Perikopenordnung und nach bestimmten Regeln richtete: Der „Vorrede", die jeweils einen einzelnen Bibelvers zum Thema erhob, schloß sich in Form einer Homilie die „Lehre" an, die Auslegung eines bestimmten biblischen Kapitels Vers für Vers. Insbesondere aber erstarrte die Verkündigung im Taufgottesdienst schon damals zu einem bis in die Gegenwart hinein beachteten Ritus der Verlesung von im Wortlaut unveränderten Predigten: erste Taufrede (Gen 1–19), erste Lehre (Joh 3,3); zweite Taufrede, Bußpredigt, zweite Lehre (Röm 6); dritte Taufrede (über die Kirche und ihre Ordnung), dritte Lehre (Mt 28,16–20)[14]. So trat bereits in der nächsten Generation nach Hutter die freie und ursprüngliche, missionarisch und endzeitlich bestimmte prophetische Verkündigung zugunsten der regelmäßigen innergemeindlichen Mahnreden in den Hintergrund[15].

Der Inbegriff der älteren mennonitischen Verkündigung ist auf indirektem Wege den in den Märtyrerbüchern gesammelten *Märtyrerbriefen* zu entnehmen. Von der Briefliteratur der Hutterer unabhängig, unterscheidet sie sich von ihr nur gelegentlich durch einen spiritualistischen Unterton. Die Vermahnung gilt auch hier den Brüdern und Schwestern als den „bußfertigen und gehorsamen Kindern Gottes, die ihr Leben gebessert haben", damit sie ihren Glauben im Tun und im Leiden bis in den Tod bewähren, in Worten, Werken und Gedanken Christus gleichförmig bleiben und Taten der Liebe vollbringen, „ten is niet genoech dat wy veel in Christus naem gedoopt zijn"[16]. In dem Bewußtsein, Babel verlassen und Jerusalem erreicht zu haben, werden sie an den Sinn der Sündenvergebung und der Erlösung erinnert: dem Herrn in Heiligkeit und Gerechtigkeit zu dienen. Obwohl „Gefangene im Herrn", sind die Märtyrer nicht eigentlich die „Gebundenen", sie folgen vielmehr dem Herzog ihres Glaubens als christliche Ritter und führen mutig seinen Krieg unter dem blutigen Fähnlein Christi[17].

Mit dem Ende der Verfolgungszeit verlor sich die existentielle Unmittelbarkeit dieser Botschaft; sie wurde vergeistigt und moralisiert[18]. Seit dem Beginn des toleranteren 17. Jahrhunderts, als die niederländischen Mennoniten mit den übrigen Konfessionen in eine einigermaßen friedliche, offene Konkurrenz eintreten konnten, wurde ihre Verkündigung durch ihre *gedruckten Predigtsammlungen* auch außerhalb ihrer Gemeinden bekannt. Freie Rede war nun nicht mehr die Regel. Selbst das früher ausschließlich übliche freie Gebet wurde jetzt von agendarischen Formularen verdrängt. Mit der dem Wandel der Frömmigkeit entsprechenden bevorzugten Anwendung der biblischen Botschaft auf den einzelnen Gläubigen verlegte sich die Verkündigung, um in diesem Sinne erbau-

---

[14] R. Friedmann: ME 4, 1959, 686f.

[15] R. Friedmann, ebda 505: „more hortatory than edificatory."

[16] S. Cramer (Hg.), Het Offer des Heeren (1904) 136; Der Blutige Schau=Platz oder Martyrer=Spiegel (Pirmasens 1780) 128.

[17] Hendrick Verstralen an die Brüder und Schwestern (1571), in: Het Offer 639–641; Martyrer = Spiegel 544f.

[18] „The advance of toleration in many a country threatened this original life and spirit more than had been the case with the severest persecution of earlier days." R. Friedmann, Mennonite Piety, 1949, 92.

lich (stichtelijk) zu sein, auf neue biblische Themen. In der aufkommenden Erbauungsliteratur, welche die Grenzen der Konfessionen überstieg und ihre Unterschiede allmählich verwischte, wurde auch das täuferische Glaubensleben in zeitgemäße Beleuchtung gerückt[19]. So kleidete der Älteste Pieter Pietersz (1574–1651) seine Belehrung über das taufgesinnte Christentum in seinem vielgelesenen „Wegh na Vredenstadt" (1625) in einen Dialog zwischen zwei Wanderern, die sich auf der Reise nach dem himmlischen Jerusalem befinden, wo das täuferische Gemeindeideal verwirklicht ist[20]. Großer Beliebtheit erfreuten sich jetzt auch die „Gespräche der wandernden Seele" in dem „Lusthof des Gemoeds" (1635, ²1638) des Ältesten Jan Philipsz Schabaelje († 1656), eine romanhaft ausgestaltete biblische Geschichte, die sich mit ihrer Mischung von geistlicher Unterhaltung und moralischer Belehrung von den ursprünglichen Grundlagen und Zielen der täuferischen Verkündigung weit entfernte[21].

§ 9 Die Theologie des Märtyrertums

Literatur: Etliche schöne Christliche Geseng... zu Passaw... von den Schweitzer Brüdern geticht vnd gesungen (1564) ND Amsterdam o. J.; Ausbund, Das ist: Etliche schöne Christliche Lieder (Germantown 1742) ND Amsterdam o. J.; PH. WACKERNAGEL, Das deutsche Kirchenlied 3 (Leipzig 1870) Nr. 166, 498–542, 962; 5 (1877) Nr. 1006–1131; F. VAN DER HAEGHEN, Bibliographie des Martyrologes Protestants Néerlandais, 2 Bde, Den Haag 1908; R. WOLKAN, Die Lieder der Wiedertäufer, Berlin 1903, ND 1965; S. CRAMER (Hg.) Het Offer des Heeren, Den Haag 1904 (BRN 2); Die Lieder der Hutterischen Brüder... hg. von den Hutterischen Brüdern in Amerika, Scottdale, Pa. 1914; E. STAUFFER, Märtyrertheologie und Täuferbewegung, in: ZKG 52 (1933) 545–598 (engl. in: MQR 19 (1945) 179–212); C. NEFF, Art. Gesangbücher, in: ML 2 (1937) 86–90; Liederdichtung, ebda 652 f.; A. J. F. ZIEGLSCHMID (Hg.), Die älteste Chronik der Hutterischen Brüder, Ithaca N.Y. 1943; G. C. STUDER, History of the Martyrs' Mirror, in: MQR 22 (1948) 163–179; A. O. SWARTZENTRUBER, The Piety and Theology of the Anabaptist Martyrs in van Braght's Martyrs' Mirror, in: MQR 28 (1954) 5–26, 128–142; R. FRIEDMANN, Art. Ausbund, in: ME 1 (1955) 191 f.; H. S. BENDER, Art. Hymnology of the Anabaptists, in: ME 2 (1956) 859–871, Hymnology of the Mennonites in the Netherlands, ebda 873 ff.; R. FRIEDMANN, Art. Lieder der Hutterischen Brüder, in: ME 3 (1957) 339 f.; C. NEFF, Art. Martyr Books, ebda 517–519; R. FRIEDMANN, Art. Martyrdom, Theology of, ebda 519–521; N. VAN DER ZIJPP/H. S. BENDER, Art. Martyrs' Mirror, ebda 527 ff.; P. SCHOWALTER, Art. Märtyrer, in: ML 3 (1958) 44–49 (= ME 3, 1957, 521–525); C. NEFF, Art. Märtyrerbücher, in: ML 3 (1958) 49–52; R. R. DUERKSEN, Doctrinal Implications in Sixteenth Century Anabaptist Hymnody, in: MQR 35 (1961) 38–50; Dies., Dutch Anabaptist Hymnody of the Sixteenth Century, in: C. J. DYCK (ed.), A Legacy of Faith, (Newton, Kansas, 1962) 103–118; H. S. BENDER/G. HEIN, Art. Schon Gesangbüchlein, in: ML 4 (1967) 85 f.; C. HEGE/N. VAN DER ZIJPP, Art. Offer des Heeren, in: ME 4 (1959) 22; C. NEFF/E. CROUS/R. FRIEDMANN, Art. Restitution, ebda 302–304; F. H. LITTELL, Das Selbstverständnis der Täufer, Kassel 1966; W. SCHÄUFELE, Das missionarische Bewußtsein und Wirken der Täufer, dargestellt nach oberdeutschen Quellen, Neukirchen 1966; H. W. MEIHUIZEN, The Concept of Restitution in the Anabaptism of Northwestern Europa, in: MQR 44 (1970) 141–158; T. J. VAN BRAGHT, the Bloody Theater or Martyrs Mirror, Scottdale Pa., 1975; A. OOSTERBAAN, De reformatie der Reformatie. Grondslagen van de doperse theologie, in: Doopsgezinde Bijdragen N. R. 2 (1976) 36–61. (Ergänzende Literatur im Anhang)

[19] „Thus by mutual adaptation, the spiritual life of Protestantism and Mennonitism converged toward a certain uniformity which could be characterized best by the term „Pietism", ebda 100.

[20] R. FRIEDMANN, Mennonite Piety, 1949, 106–111.

[21] Ebda. 111–115; deutsch: Die Wandlende Seel, Das ist: Gespräch der Wandlenden Seele mit Adam, Noah und Simon Cleophas" Verfasset die Geschichten von Erschaffung der Welt an, bis zu und nach der Verwüstung Jerusalem, Basel 1811.

Lange Zeit bevor sich die reformierte Kirche gegenüber dem Luthertum rühmte, die gründlichere, vollkommene Reformation durchgeführt zu haben, machten die Täufer gegenüber allen Evangelischen geltend, mit ihrer Lehre und mit ihrer Forderung der unbedingten Nachfolge Christi in der Liebe und im Leiden die wahrhaft schriftgemäße, gottgewollte Gemeinde Christi auf Erden zu verwirklichen. Sie waren davon überzeugt, ihre ernsthafte und folgerichtige Restitution übertreffe die Reformation, deren Grundlage verfehlt sei und die ihr Ziel nicht erreicht habe. Soweit ihr missionarischer Eifer nicht zusätzlich von der apokalyptisch bestimmten Naherwartung des Weltendes bestimmt war, gründete er sich auf dieses Bewußtsein, die echte Jüngerschaft im Sinne Jesu und der Urgemeinde wiederaufzurichten. Aber das täuferische Zeugnis wider die Welt und die großen Kirchen zog sogleich die Verfolgung nach sich wie das Licht den Schatten. Zwar gab es in den Anfangsjahren der evangelischen Bewegung auch in Deutschland evangelische Märtyrer, und die Reformation in Westeuropa ist gekennzeichnet von einer Welle blutiger Verfolgungen und Martyrien. Aber auf die Täufer richtete sich die Verfolgung ungemildert und allgemein, und der Zustand ihrer Rechtlosigkeit dauerte am längsten an. Sie galten nicht einfach als eine unter anderen Kampfparteien, sondern wurden gemeinhin als „Schabab“[1] verachtet, gehaßt, unterdrückt. So bildete sich, ihrem gemeinsamen Schicksal entsprechend, alsbald ihr Märtyrerbewußtsein und ihre biblisch und späterhin auch historisch begründete Theologie des Märtyrertums heraus. Ebenso wie die Begründung und Zielsetzung der täuferischen Verkündigung ist diese Theologie des Martyriums zum gemeinsamen Bestand täuferischen Denkens zu zählen. Schon die frühesten Verhöre, insbesondere aber die z.T. von den Bekennern selbst, z.T. von ihren Glaubensbrüdern verfaßten Märtyrerlieder und -berichte enthalten die Elemente dieser Lehre. In den frühen Liedersammlungen tritt das Märtyrertum stark hervor. Dasselbe ist in den Märtyrerbüchern der niederländischen Mennoniten und in den Chroniken der Hutterischen Brüder der Fall.

In dem ältesten *Liederbuch* der Schweizer Brüder (1564), dessen Gesänge in der Gefängnishaft entstanden sind: „in Thürnen und in blöcken,/ darein man uns thut stecken“, vergleichen sich die Täufer in der Welt mit der Eule, die bei Tag ausfliegen will, und mit dem Hirschen, den die Schützen jagen: „Wer den Tauff nimpt,/ zu hand jm kömpt/ creutz, trübsal vnd das leyden“[2]. Wer dem Wort Gottes entschieden nachleben will, wird nach dem blutigen Gesetz der Welt „geschlachtet“[3]. Das „Leid Christi“ ist auf die Täufer gekommen. Aber sie wissen es: „Das Creutz Christi mußt tragen, wann du Gottes wort außerwölst.“[4] Die Worte Jesu von der Nachfolge im Leiden und der Gedanke der Gleichförmigkeit mit ihm, der Psalm von der Hoffnung der Gefangenen Zions auf ihre Befreiung (Ps 126)[5] ebenso wie das Wort des Apostels vom Sterben als Gewinn (Phil 1.21)[6] und die Aussicht auf den ewigen Lohn und die himmlische

[1] Abgeschabtes; schmutziger Rest. Wiederholt so in: Etliche schöne christliche Geseng (1564).
[2] Zitate: ebda 28v, 108v, 72r, 64r. [3] 30v.
[4] 93v, 91v, 90r: Dann uns ist hie auff Erden/ anderst nichts zugeseyt/ dann Feuwr, Wasser vnd schwerdte,/ Creutz, trübsal, trauwrigkeit,/ dann Christus ist uns geben nit/ alleyn an ihn zu glauben,/ sonder auch zleyden mit.
[5] 70r. [6] Leiden mit Christus: 10v, 84v, 84r.

Krone gewinnen bei ihnen volle Aktualität: „Ja, welcher mit jm erben wil,/ muß hie haben des leydens vil.“[7] Neben den Gedanken der Nachfolge Christi treten aber auch allgemeinere Vorstellungen. Gott unterwirft seine Gemeinde der Bewährungsprobe: „Elend, armut ängstigs leben/ thut Gott seinem volck hier geben,/ damit wil er sie probieren.“ Wie Gold im Feuer läutert er sie. Er prüft ihre Gesinnung wie der Bräutigam die Gesinnung seiner Braut prüft[8]. Ganz allgemein aber gilt: „zum ersten das leyden,/ danach die freuden.“[9] So verfuhr Gott mit den Seinen von Anbeginn; wiederholt wird an die „successio martyrum“ von Abel über die Propheten bis auf Christus erinnert[10]. Die Verfolgten müssen fliehen wie Jakob vor Esau, David vor Saul, Susanna vor den bösen Ältesten[11]. So gesehen, erscheint den Täufern ihr Verfolgtwerden nicht nur als der gehässige Lauf der Welt, sondern als die überweltliche Anordnung Gottes. Doch so sehr sie sich in ihrem Leiden von Gottes Bestimmung umschlossen wissen „wie die kernen im Apffel“, ist die Übernahme der Trübsal doch gleichzeitig auch eine Entscheidung ihres freien Willens und die Tat ihrer Liebe[12], so ähnlich wie mit dem Glauben an die Gnade der Sündenvergebung durch das Blut Christi die Pflicht zur Nachfolge nicht nur vereinbar, sondern unzertrennlich verbunden ist; ihr Leiden besitzt dabei aktiv sühnende Kraft[13]. Darüber hinaus wird das Leiden aber auch in apokalyptische Perspektive gerückt: Die Verfolgung der Gegenwart, ein Gottesgericht wie es einst zur Zeit Noahs und später über Sodom erging, ist ein Anzeichen der nahenden Endzeit „in diesen letzten tagen“[14]. Mehr noch, sie ist ein erster Akt des Endgerichts selbst: Das reine Blut der Heiligen muß fließen, damit die Verfolger belangt werden können und das Vollmaß der Strafe an ihnen vollstreckt werden kann[15]. Ungeduldiges Aufbegehren des Gottesvolks wider das Leiden wäre Schuld, denn es verzögerte das Gericht. Aber wiederum schließt diese die göttliche Aktion vorbereitende Passion der Märtyrer deren freie Entscheidung nicht aus. Ihre Leidensbereitschaft gründet in ihrem Willensentschluß, sich selbst Gott darzubringen. Der freiwillig bejahte Taufbund schließt ihre Selbstaufopferung in sich ein, die dem Opfer Christi vergleichbar ist[16]. „Pharao“ hat dieses Opfer und den geplanten Auszug des Gottesvolks aus „Ägypten“ bisher zu verhindern versucht[17]. So wie Gott einst dem Volk Israel bei seinem Durchzug durchs Rote Meer beistand[18], so soll er den Seinen jetzt die Kraft verleihen, damit sie sich ihm zum Opfer bringen können[19]. Glaubenstaufe, Martyrium und Opfer gehören zusammen. Die ältere Theologie des Märtyrertums gipfelt in der Lehre vom Opfer. So trägt auch das erste nieder-

---

[7] 8v.
[8] 23v, 32r.
[9] 23v/24r; vgl. 70r: „zum ersten in dem leyden.“
[10] 86r, 105r.
[11] 82r.
[12] 74r.
[13] 13v, 79v.
[14] Lied 25: 47r–50r.
[15] 68r.
[16] So halt nun Gott,/ was du jm hast/ in dem Tauff thun verheissen./ Nach seim befelch/ nimm an den Kelch,/ thu jm das opffer leisten,/ wie uns dann ist/ in Jesu Christ/ drey zeugniß hie bescheiden,/ die zwo man heißt/ wasser vnd Geist,/ die dritt blut, das ists leiden./ 23r; eine weitere Anspielung desselben Dichters auf das Comma Johanneum: 64v.
[17] 10r, 39r/v, 87r.
[18] Lied 39: 85r–87v. Der in Lied 37 (82r–83v) geschilderte Weg des Schreckens, den die Gemeinde durch die Welt zur Himmelspforte zurückzulegen hat, erinnert von ferne schon an Bunyans Pilgerreise (hier freilich individualisiert).
[19] Also ist vnser wille,/ wie jetzt gemeldet ist,/ wir wöllen halten stille/ dem Herren Jesu Christ,/ das Opffer wölln wir bringen/ auff disen Altar schon/, 40r. – Opfergedanke auch 42r, 78v.

ländische Märtyrerbuch den bezeichnenden Titel „Het Offer des Heeren om het inhout van sommighe opgeofferde kinderen Gods" (1562). Es bildete den Grundstock einer reichen martyrologischen Überlieferung, die das historische und aktuelle konfessionelle Selbstbewußtsein der Täufer nachhaltig bestimmte.

In diesem Sinn hob die „einfältige, aber doch gründliche Geschichtbeschreibung" der ältesten *Chronik der Hutterischen Brüder* (um 1570) die Taufe Jesu durch Johannes, Jesu Ordnung (Einsetzung) der Taufe und sein Leiden hervor, „dergleichen es den Seinen auch geet in der welt"[20]. Die älteste Kirchengeschichte mit ihren Verfolgungen und Martyrien kam dem täuferischen Geschichtsverständnis durchweg entgegen. Der Verfall der Kirche setzte ihm zufolge unter Konstantin dem Großen und Papst Silvester ein, als „das Creutz auffgehebt vnd an das Schwert geschmidet worden". Im Mittelalter aber hat man „an stat des leidens oder Creutz, so die Kirchen hie in der welt auff sich nemmen vnd tragen mueß,... das Creutz zu oberst hinauff auff ir stainene Kirchen... gesetzt". Wer wider den wuchernden Greuel der Verwüstung seine Stimme erhob, wurde verketzert und zu Tode gebracht. Die Gesamtzahl der Märtyrer in der Geschichte der Kirche ist größer als die Bevölkerung der Erde in der Gegenwart[21]! Luther und Zwingli haben zwar den Kampf gegen das Papsttum eröffnet. Aber sie setzten nichts Besseres an seine Stelle, sondern taten sich erneut mit der weltlichen Gewalt zusammen, anstatt zu leiden, und ihr „stolz auffgeblasen wissen" hatte für alle anderen nur Verachtung übrig[22]. Vor allem aber verharrten sie verstockt bei dem falschen Eingang ins Christentum, indem sie „den rechten tauf Christi" verwarfen, „der das Creutz gewiß mit jm bringt"[23]. Erst mit der Wiederaufrichtung der Erwachsenentaufe in der Schweiz „aus sonderlicher erweckung vnd anrichtung Gottes" gelangte der göttliche Wille, die Absonderung seines Volkes von der Welt, zu seinem Ziel[24]. So begann als die Fortsetzung der Geschichte der alten Bekenner und Märtyrer die Geschichte der Täufer.

Von den Hutterern unabhängig, erweiterte auch die mennonitische Historiographie die Geschichte der wahren Kirche, und ähnlich wie einst Flacius (s. o. S. 110) für die lutherische Kirche und ihre Lehre, so suchte Hans de Ries im Martelaers Spiegel der werelose Christenen (Haarlem 1631) über die „successio martyrum" hinaus eine kontinuierliche Überlieferungskette der mennonitischen Lehre von der Glaubenstaufe, vom Abendmahl und von der Ablehnung des Eides aus der älteren Kirchengeschichte wenigstens an einzelnen Beispielen aufzuzeigen. In jedem Fall erklärte er die taufgesinnten Märtyrer für „einen Leib" mit den christlichen Märtyrern aller Zeiten[25]. Den Ausbau dieser Theorie vollendete schließlich Tieleman Jansz van Braght (1625–1664) in seinem Bloedig

---

[20] Zieglschmid, Die älteste Chronik (1943) 1, 27 ff.; Erwähnung der urchristlichen Gütergemeinschaft: 29 f.

[21] Ebda. 34, 36, 38, 40.

[22] Ebda. 43 f.

[23] Ebda. 44; Zwingli ließ sich nicht überzeugen, weil ihm „vor Christi Creutz, Schmach vnd vervolgung grauset", die Täufer hingegen machten sich auf das Leiden gefaßt, 46 f.

[24] Ebda. 45 47.

[25] Maertelaers Spiegel, Einleitung, S. 22 ff., 32; Hans de Ries als Verfasser: van den Haeghen, Bibliographie II, 528, hier auch alle übrigen einzelnen Nachweise.

Tooneel of Martelaersspiegel (1660)[26]. Er dehnte die „successio martyrum" auf die Blutzeugen des Alten Bundes von Abel bis zu den Makkabäern aus: „Ja die ganze H. Schrift scheinet nichts anders als ein Martyrer Buch zu seyn."[27] Weitherzig genug zählte er dabei jeden Blutzeugen, der „den wahren Grund der Seligkeit, das ist Christum, behalten, in einem guten Vorsatz zur Ehre Gottes, Erbauung seiner Brüder und über alles zur Erhaltung seiner eigenen Seele" litt, der Schar der wahren Märtyrer bei[28]. Vor allem aber unternahm er es, die „successio martyrum" nun durch den vollen, ins einzelne gehenden Nachweis der „successio anabaptistica" für jedes christliche Jahrhundert zu ergänzen. – ein Verfahren, das bei der Beurteilung der alten und der mittelalterlichen Kirche wie von selbst eine Annäherung an das Geschichtsverständnis der protestantischen Orthodoxie mit sich brachte. Die Theorie von der „successio anabaptistica" stand in der angelsächsischen baptistischen Geschichtsschreibung z. T. noch bis ins 20. Jahrhundert hinein in geradezu kanonischer Geltung[29].

§ 10 Die Bekenntnisbildung bis 1700

Literatur: Allgemeines: De Algemeene Belydenissen der Vereenighde Vlaemsche, Vriesche, en Hooghduytsche Doopsgesinde Gemeynte Gods, Amsterdam 1665; J. C. KOECHER, Catechetische Geschichte der Waldenser, Böhmischen Brüder, Griechen, Socinianer, Mennoniten, und andere Secten und Religionspartheyen (Jena 1768) 152–206; W. J. MCGLOTHLIN, Baptist Confessions of Faith, Philadelphia, Pa. (1911); W. L. LUMPKIN, Baptist Confessions of Faith, Philadelphia, Pa. (1959) ²1969; C. NEFF, Art. Bekenntnisse des Glaubens, in: ML 1 (1913) 157–161; W. J. KÜHLER, Geschiedenis der Nederlandsche Doopsgezinden in de zestiende Eeuw, Haarlem 1932; K. VOS, Glaubensbekenntnisse, in: ML 2 (1937) 119 f.; C. NEFF, Art. Katechismen, in: ML 2 (1937) 469 ff.; J. H. WESSEL, Den leerstellige strijd tusschen Nederlandsche Gereformeerden en Doopsgezinden in de zestiende eeuw, Assen 1946; J. C. WENGER, The Doctrines of the Mennonites, Scottdale, Pa. 1952; N. VAN DER ZIJPP, Geschiedenis der Doopsgezinden in Nederland (1952) Amsterdam ²1980; DERS., The Confessions of Faith of the Dutch Mennonites, in: MQR 29 (1955) 171–187; C. NEFF/ J. C. WENGER/H. S. BENDER, Art. Confessions of Faith, in: ME 1 (1955) 679–686; R. FRIEDMANN, Doctrinal Writings of the Anabaptists, in: ME 2 (1965) 77–79; H. J. HILLERBRAND, Remarkable Interdependencies between certain Anabaptist Doctrinal Writings, in: MQR 33 (1959) 73–76; J. YODER, Die Gespräche zwischen Täufern und Reformatoren in der Schweiz 1523–1538, Karlsruhe 1962; J. S. OYER, Lutheran Reformers against Anabaptists. Den Haag 1964; A. J. KLASSEN, Anabaptist and Mennonite Confessions of Faith, in: Journal of Church and Society 2 (1966) 47–64; C. KRAHN, Dutch Anabaptism. Origin, Spread, Life and Thought (1450–1600), The Hague 1968; DIRK VISSER, A Checklist of Dutch Mennonite Confessions of Faith to 1800, in: Commissie tot de uitgave van Documenta Anabaptistica Neerlandica, Bulletins 6/7 (1974/75). – *Einzelnes:* W. WISWEDEL, Art. Nikolsburger Artikel, in: ML 3 (1958) 260 ff. (= ME 3, 1957, 886 ff.); R. FRIEDMANN, The Nikolsburg Articles, a Problem of Early Anabaptist History, in: ChH 36 (1967) 391–409; C. J. DYCK, The first Waterlandian Confession of Faith, in: MQR 36 (1962) 5–13; C. HEGE, Art. Concept of Cologne, in: ME 1 (1955) 663 f. (= ML 2, 1937, 545 ff.); N. VAN DER ZIJPP, Corte Belijdenisse des Geloofs..., in: ME 1 (1955) 719; C. NEFF/N. VAN DER ZIJPP, Art. Olijftacxken, in: ME 4 (1959) 54 f. (= ML 3, 1958, 301 f.); J. C. WENGER, Art. Dordrecht Confession of Faith, in: ME 2 (1956) 92 f.; N. VAN DER ZIJPP, Art. Verbondt van Eeniheydt, in: ME 4 (1959) 810; R. FRIEDMANN, Art. Christliches Gemütsgespräch, in: ME 1 (1955) 585 f. – *Personen:* N. VAN DER ZIJPP, Art. Hans de Ries, in: ME 4 (1959) 330 ff. (= ML 3, 1958, 509 ff.); C. J. DYCK, Hans de Ries: Theologian and

---

[26] deutsch: Der Blutige Schau=Platz oder Martyrer=Spiegel der Taufs=Gesinnten oder Wehrlosen Christen (Ephrata, Pa. 1748) Pirmasens 1780.

[27] Ausgabe 1780, Anrede an die Leser, S. 10.

[28] Ebda. 16.

[29] Vgl. hierüber W. M. PATTERSON, Baptist Successionism, Valley Forge, Pa., 1969.

Churchman. Phil. Diss., Univ. of Chicago 1962; N. VAN DER ZIJPP, Art. Outerman, Jacques, in: ME 4 (1959) 98f. (= ML 3, 1958, 330); H. WESTRA/N. VAN DER ZIJPP, Art. Braght, in: ME 1 (1955) 400f., E. CROUS, Art. Roosen, Gerrit, in: ML 3 (1958) 533f. (Ergänzende Literatur im Anhang)

In den Täuferakten findet sich eine Fülle von Glaubensbekenntnissen, die den einzelnen Täufern von den sie verfolgenden Behörden als Geständnisse im Verhör abgenötigt wurden. In ihnen spiegelt sich der Erfolg der täuferischen Verkündigung, die jeden einzelnen Gläubigen dazu fähig und bereit machte, von seinem Glauben selbständig Rechenschaft abzulegen. Für die Geschichte der Bekenntnisbildung sind vor allem diejenigen Bekenntnisse in Betracht zu ziehen, die nicht nur die durch Fragen der Inquisitoren veranlaßten Aussagen Einzelner enthalten, sondern die als *freie Formulierung* ihrer Ältesten z. T. in gemeinsamer Verantwortung erarbeitet und verbreitet wurden und für die Gemeinden einigermaßen verbindliche Geltung erlangten. Die Motive und Absichten derartiger Bekenntnisse waren unterschiedlich: sie dienten z. T. der polemischen oder apologetischen Auseinandersetzung mit der reformatorischen Theologie, z. T. der aufbauenden Belehrung der Gemeinden, z. T. der Abgrenzung der einzelnen Zweige des Täufertums unter sich, späterhin gelegentlich auch der Verteidigung gegenüber den staatlichen Behörden, verbunden mit der Bitte um Duldung; oft verbinden sich die Motive miteinander.

Zu den frühesten Bekenntnissen gehören die spiritualistisch getönten Sieben Thesen, mit denen *Jakob Kautz* die lutherischen Theologen in Worms zur Disputation herausforderte (1527)[1], und die maßgeblichen *Schleitheimer Artikel*, in denen sich Michael Sattler und die Schweizer Brüder von „falschen Brüdern" distanzierten[2]. Auch die wichtigen *Nikolsburger Artikel* von 1527 dienten der Abgrenzung; hier schieden sich Balthasar Hubmaier und Hans Hut voneinander[3]. Spätere Bekenntnisse zeigen eine bezeichnende zunehmende Neigung zur Vervollständigung. Das Bekenntnis der hessischen Täufer von 1538, das der evangelischen Lehre entgegenkommt, bezieht sich ausdrücklich auf das Apostolicum[4], ein weiteres von 1578 formuliert zunächst, ebenfalls in Anlehnung an das Apostolicum, die gemeinsame evangelische Lehre, bevor es auf die Lehrunterschiede eingeht[5]. Beide gewannen keine größere Bedeutung, während umgekehrt das Einzelbekenntnis des Blutzeugen Thomas von Imbroich (1558), das sich nur auf die Glaubenstaufe bezieht, veröffentlicht wurde und weithin Beachtung fand[6]. Auch die *Religionsgespräche*, z. B. von Frankenthal (1571) und von Emden (1578), förderten die Bekenntnisbildung, obschon hinsichtlich der zumeist von den evangelischen Theologen bestimmten Themen eine Annäherung nicht erzielt werden konnte[7].

---

[1] M. Krebs, Quellen zur Geschichte der Täufer 4: Baden und Pfalz, 1951 (QFRG 22) 113f.

[2] S. o. § 7, vgl. dazu H. W. Meihuizen, Who were the „False Brethren" mentioned in the Schleitheim Articles?, in: MQR 41 (1967) 200ff.

[3] Vgl. neuerdings G. SEEBASS, Müntzers Erbe (1972) (s. o. S. 634f.) S. 261–279.

[4] G. FRANZ (Hg.), Urkundliche Quellen zur hessischen Reformationsgeschichte. Wiedertäuferakten 1527–1626, 1951, 247–257; bes. 255.

[5] Ebda. 404–424, 424–440.

[6] C. NEFF, Art. Imbroich, in: ME 3 (1957) 12f.

[7] JESSE YODER, The Frankenthal Debate with the Anabaptists in 1571, in: MQR 36 (1962) 14–35; K. VOS, Art. Emdener Religionsgespräch, in: ML 1 (1913) 573f.

Den Beginn einer besonders lebhaften Phase der Bekenntnisbildung in den Niederlanden hat man mit Recht in dem von Hans de Ries mitverfaßten *Bekenntnis der Waterländer* von 1577 gesehen, in welchem ohne Veranlassung theologischer Gegner 24 Artikel der Lehre in heilsgeschichtlicher Anordnung und unter Anwendung theologischer Begrifflichkeit entfaltet sind. Die Trinitätslehre und die Zweinaturenlehre war hier rechtgläubig gefaßt (Art. 1–5), die Prädestinationslehre abgelehnt (Art. 6). Innerhalb der Anthropologie wurde die Unsterblichkeit der Seele behauptet (Art. 9). Die Erbsünde hat die Gottebenbildlichkeit des Menschen nur geschwächt; dem ihm noch verbliebenen Funken seines inneren Lichtes gehorchend kann der Mensch Gott immerhin näherkommen (Art. 11)[8]. Die Kirche ist definiert als die Diaspora der Wiedergeborenen (Art. 12). Neben der Erwachsenentaufe wird das Abendmahl als göttliches Gnadenzeichen und Siegel des ewigen Bundes bezeichnet (Art. 17). Die Kirchenzucht sollte nicht bis zur bedingungslosen Meidung des Sünders (Art. 20) oder gar bis zur Ehemeidung (Art. 22) ausgedehnt werden, so wie auch der Eid nicht schlechthin verboten war (Art. 23), – ein erstes Zeugnis einer irenischen, freieren, in die Zukunft weisenden theologischen Richtung des Mennonitentums. Das kurze *Konzept von Köln* (1591), eine Vereinbarung zwischen den friesischen Mennoniten und den oberdeutschen Brüdern, verurteilt die kompromißlose Meidung des Sünders und die Ehemeidung ebenfalls, da der Sinn der Strafe in der Besserung des Gebannten liege. Es verlangte jedoch die Meidung von „ketzerischen Menschen“ und erlaubte die Ehe nur unter Mitgliedern der Gemeinde. Eidesleistung und Gegenwehr (auch mit Scheltworten) sind untersagt[9]. Eine breitere Entfaltung des Bekenntnisses von 1577 stellten die 40 Artikel des *Kurzen Bekenntnisses des Hans de Ries* von 1610 dar, die in der Lehre von dem universalen gnädigen Ratschluß Gottes (Art. 7) und vom dreifachen Amt Christi (Art. 11–14) mit der Lehre der Arminianer (s. o. S. 335 ff.) übereinkommen und dem Anschluß der in die Niederlande geflüchteten, von John Smyth wiedergetauften englischen Kongregationalisten dienen sollten. Hier ist der in der Liebe tätige Glaube (Art. 20, 23), die Wiedergeburt (Art. 22) und – in auffallender Weise – das kirchliche Lehramt betont (Art. 25–29). Die beiden Sakramente sind Gnadenzeichen und Pflichtzeichen zugleich (Art. 30–35). Ein Bannspruch muß mit der Hl. Schrift begründbar sein (Art. 35). Die Ehemeidung ist unzulässig (Art. 36), der Kriegsdienst, die Eidesleistung und die Eheschließung mit einem Nichtmitglied der Gemeinde ist verboten (Art. 37–39)[10]. Um sich von dem auf ihren Ältesten Jacques Outerman gefallenen Verdacht des Antitrinitarismus zu reinigen, legten mehrere niederländische Gemeinden dem Hof von Holland ein rechtgläubiges Bekenntnis von der Einheit Gottes in der Dreiheit von Vater, Sohn und Geist und von der Menschwerdung Christi vor (1626). Eine über die biblischen Aussagen hinausgehende Gotteslehre erklärten sie für nicht heilsnotwendig und für „meer curieusheyt als simpel eenvoudigheyt“; daher vermie-

---

[8] Die Einheit des Wesens von Gott Vater, Sohn und Hl. Geist wurde, obschon unter Vermeidung des Personbegriffs, ausdrücklich bejaht.

[9] De Algemeene Belydenissen, Amsterdam 1665, 2–6; deutsch: C. HEGE, Die Täufer in der Kurpfalz, 1908, 150 ff.

[10] Lat. bei H. SCHYN, Historia Christianorum qui in Belgio Faederato inter Protestantes Mennonitae appellantur, Amsterdam 1723, 172–220.

den sie nichtbiblische theologische Begriffe wie „Wesen“, „Dreifaltigkeit“, „Person“. Unter Umgehung der Terminologie der orthodoxen Zweinaturenlehre bekannten sie sich zur ewigen Sohnschaft Christi und zu seiner Menschwerdung; die melchioritische, von Menno Simons rezipierte monophysitische Christologie teilten sie nicht mehr[11].

Unter den miteinander eng verwandten, zur innermennonitischen Einigung bestimmten Bekenntnissen (Ölzweig, Amsterdam 1627; Bekenntnis des Jan Cent, ebenda 1630)[12] fand das 18 Artikel in heilsgeschichtlicher Anordnung umfassende *Dordrechter Glaubensbekenntnis* von 1632 die weiteste Anerkennung[13]. Nach den unumstrittenen heilsgeschichtlichen Artikeln (Art. 1–5, auch 18) werden Buße und Besserung des Lebens als die „erste Lektion“ des Neuen Testaments bezeichnet. Für das richtige Gottesverhältnis sind Glaube und Wiedergeburt entscheidend: Taufe, Abendmahl und andere „äußerliche Zeremonien“ (!) sind ohne sie wertlos (Art. 6). Die klassischen Unterscheidungslehren sind unpolemisch, ohne Anknüpfung an die Tradition oder Abgrenzung von der gleichzeitigen katholischen oder evangelischen Schultheologie in enger Anlehnung an die biblischen Belege vorgetragen: die Taufe der Bußfertigen (Art. 7) und das Brotbrechen als Mahl des Gedächtnisses, der Liebe und der Gemeinschaft (Art. 10), die Fußwaschung (Art. 11), die Lehre von der Obrigkeit, vom Kriegsdienst, vom Eid und vom Bann (Art. 13–17). Diese Artikel erscheinen nun überall präzisiert und zugleich auch gemildert: Der positive Gehorsam gegenüber der Obrigkeit einschließlich Steuerzahlung und Fürbitte für sie findet seine Grenze nur noch in der (vom Staat inzwischen längst geduldeten) Verweigerung des Kriegsdienstes und der Eidesleistung. Zwar ist der Bann zur Reinhaltung der Gemeinde von „Bösen“ unerläßlich, aber die brüderliche Zurechtweisung hat mit Sanftmut zu geschehen (Art. 16), und die Meidung des Gebannten darf keinesfalls in Feindschaft ausarten, sondern hat seine Wiedergewinnung zum Ziel (Art. 17). Als gottgefällige Ehe „im Herrn“ (1 Kor 7,39) gilt nur die Ehe unter den gleichgesinnten gläubigen Gemeindegliedern (Art. 12). Die Kirche ist als die Gemeinschaft der wahrhaft bußfertigen und richtig getauften Gläubigen definiert (Art. 8), in der zur Leitung, zur Predigt und Sakramentsspendung Älteste, zur Armenversorgung Diakone und zum Hausbesuch Witwen als Dienerinnen zu ordinieren sind.

Diese lebhafte Phase der Bekenntnisbildung kam zum Höhepunkt und Abschluß, als sich die Frage nach Bedeutung und Geltung der Bekenntnisse unausweichlich auch im Mennonitentum stellte. Hierüber sollte die zuvor weitgehend erreichte Einheit der Gemeinden erneut zerbrechen. Im sog. Lämmerkrieg („Lammerenkrijgh“) seit 1650 trennten sich in Amsterdam die freier gesinnten Mennoniten der Gemeinde „zum Lamm“ („Lammisten“) unter *Galenus Abrahamsz* (1622–1706), der einer bindenden Autorität der Bekenntnisse entgegentrat (vgl. § 11), von ihren konservativen Brüdern, die 1664 unter Samuel

---

[11] Algemeene Belydenissen, 8–16.

[12] Algemeene Belydenissen, 17–54; 55–90; deutsch: T. van Braght, Märtyrerspiegel, 1780, 23–28; 28–32.

[13] Algemeene Belydenissen, 91–126; deutsch: Christliche Glaubens-Bekentnus der waffenlosen und fürnehmlich in den Niederländern (unter dem nahmen der Mennonisten) wohlbekanten Christen (Amsterdam 1664) 1–36, van Braght, 32–37.

Apostool (1638–1699) im Versammlungshaus „zur Sonne“ eine eigene Gemeinde bildeten („Sonnisten“), – ein neues, tiefgehendes Schisma, das auf fast alle taufgesinnten Gemeinden der Niederlande übergriff und sie für eineinhalb Jahrhunderte, bis zur Union von 1801, in zwei große Gemeinschaften, die „Lamistische“ und die „Zonistische Sociëteit“ auseinanderführte. Die „Sonnisten“ erhoben das Konzept von Köln (1591) sowie das Bekenntnis Outermans (1626), den Ölzweig, („Olijftacxke“, 1627), das Kurze Glaubensbekenntnis des Jan Cent (1630) und das Dordrechter Bekenntnis (1632) im *Oprecht Verbondt van Eenigheydt* (1664) zur Grundlage ihrer Lehre, auf die sie ihre Prediger und Kandidaten verpflichteten.

Die meisten dieser Bekenntnisschriften gewannen auch außerhalb der Niederlande maßgebenden Einfluß: „These confessions have undoubtedly done much to preserve the doctrinal and ethical homogeneity of the total Mennonite brotherhood in absence of formal works of theology.“[14] Auf ihrer Linie lag schließlich auch das *Bekenntnis von Altona* (1702), in dessen zwölf Artikeln Gerrit Roosen (1612–1711) die Lehre von Gott Vater, Sohn und Hl. Geist gemeinsam „mit allen rechtgläubigen Christen“ bekannte (Art. 1–3) und den Unterscheidungslehren die neutestamentlichen Prinzipien voranstellte, so z.B. das Gebot der Liebe dem Bann und der Meidung (Art. 8), das Gesetz der Bergpredigt dem Verbot der Eidesleistung (Art. 9), den Grundsatz des Friedens dem Gebot der Gewaltlosigkeit (Art. 10). Die Verheißung der Sündenvergebung knüpfte er an Bekehrung, öffentliches Glaubensbekenntnis, Besserung des Lebens und Empfang der Taufe (Art. 5)[15]. Ein gewisses Maß innerer Annäherung an die evangelischen Konfessionen wird hier ebenso sichtbar wie eine gewisse mennonitische Rechtgläubigkeit[16].

Hand in Hand mit der Entstehung der Bekenntnisschriften ging die Abfassung von *Katechismen*. Die ursprüngliche Unterweisung der Kinder durch ihre Eltern wurde im 17. Jh. allmählich durch den Taufunterricht der Prediger abgelöst. Auch hier waren die Niederlande führend: Unter den niederländischen Katechismen erlebte die „School der zedelijke deugd“ (Schule der sittlichen Tugend) von Tieleman Jansz van Braght (1657) 18 Auflagen, das „Christliche Gemüthsgespräch von dem geistlichen und seligmachenden Glauben“ (1702) von Gerrit Roosen brachte es in einer bis ins 19. Jh. andauernden Nachwirkung auf deren 22, – beide Werke bezeichnend für die Betonung der Frömmigkeit und des Ethos, hinter dem die ursprüngliche Schärfe und Präzision der Unterscheidungslehren zurücktrat[17].

---

[14] ME 1 (1955) 686.

[15] Ein Artikel über die Fußwaschung fehlt.

[16] „So vertritt Gerrit Rosen ... eine konservative Orthodoxie, die sich dabei zunehmend der umgebenden Welt anpaßt.“ E. Crous, in: ML 3 (1958) 534.

[17] „Mennonites have become the ‚Stillen im Lande‘“: R. Friedmann, Mennonite Piety, 142–148; Zitat: 146.

§ 11 Die Anfänge einer freieren Lehrentwicklung in den Niederlanden

J. C. VAN SLEE, De Rijnsburger Collegianten (Haarlem 1895); K. MEINSMA, Spinoza en zijn kring Den Haag 1896; W. GOETERS, Die Vorbereitung des Pietismus in der reformierten Kirche der Niederlande bis zur labadistischen Krisis 1670, Leipzig 1911; WALTER SCHNEIDER, Adam Boreel, sein Leben und seine Schriften, Theol. Diss. Bonn, Gießen 1911 (Teildruck); RUFUS M. JONES, Spiritual Reformers in the 16th and 17th Centuries (1914) ND 1959; J. LINDEBOOM, Geschiedenis van het vrijzinnig Protestantisme 1, 1929; C. B. HYLKEMA, Galenus Abrahamsz de Haan, in: ML 2 (1937) 26–29; H. W. MEIHUIZEN, Galenus Abrahamsz 1622–1706, Haarlem 1954; J. TEN DOORNKAAT KOOLMAN/N. VAN DER ZIJPP, Amsterdam Mennonite Theological Seminary, in: ME 1 (1955) 108ff.; N. VAN DER ZIJPP, Art. Apostool, Samuel, in: ME 1 (1955) 142f.; C. NEFF, Art. Boreel, Adam, in: ME 1 (1955) 389 (= ML 1, 1913, 246); N. VAN DER ZIJPP, Art. Collegiants, in: ME 1 (1955) 639f. (= ML 2, 1937, 521f.); H. W. MEIHUIZEN, Art. Galenus Abrahamsz de Haan, in: ME 2 (1956) 431–435; N. VAN DER ZIJPP, Art. Klaasz, Jan, in: ME 3 (1957) 190; ferner Artt.: Lamist Mennonite Church; Lamists; Lamerenkrijgh, ebda 270f. (= ML 2, 1937, 606); Liberalism, ebda 332ff., Sonnisten, in: ML 3 (1957) 208f. (= Art. Zonists, in: ME 4, 1959, 1038f.); Verduin, Abraham, in: ME 4 (1959) 811; A. F. MELLINK, Amsterdam en de Wederdoopers in de zestiende Eeuw, Nijmegen 1978. (Ergänzende Literatur im Anhang)

Ein selbstgenügsames Verharren und Erstarren in diesem spät entstandenen Konfessionalismus verhinderte der gelehrte Arzt *Galenus Abrahamsz de Haan* (1622–1706), Prediger und Ältester der Mennonitengemeinde in Amsterdam (seit 1648), der sich mit seiner Hinwendung zu den Rijnsburger Kollegianten neuen Fragestellungen öffnete und zum Begründer einer freieren Richtung des niederländischen Mennonitentums wurde. Im Kreise der gebildeten Kollegianten kam es bei regelmäßigen überkonfessionellen Versammlungen im Zusammenhang mit dem Bibelstudium und der religiösen Erbauung auch zur Aussprache über die Autorität der Kirche und ihres Dogmas, des Gottesdienstes und der Sakramente, ja selbst der Hl. Schrift. Wie auf einem geistigen Umschlagplatz wurden hier die verschiedensten Lehrmeinungen ausgetauscht. In freier Erörterung kamen die Zielsetzungen tätiger christlicher Nächstenliebe ebenso zur Sprache wie der kirchenkritische Spiritualismus, Gedanken des offenbarungsgläubigen christlichen Rationalismus ebenso wie die Grundsätze des natürlich-vernünftigen Denkens und der aufkommenden neuen Philosophie (Descartes, Spinoza). Zeitweise wurde die Erwartung einer kommenden umfassenden Veränderung von Kirche und Menschheit und selbst des nahen Weltendes wieder wach. Keines der religiösen Zeitprobleme (Judentum, Quäkertum) blieb grundsätzlich außer Betracht. Von dem theologischen Privatgelehrten Adam Boreel († 1666) gewonnen, der in seiner anonymen Schrift „Ad legem et testimonium" (1645) alle kirchlichen Einrichtungen einschließlich des Menschenworts der Predigt verwarf, um außer und unter dem Bibelwort nur noch eine Interimskirche und freie Prophetie (nach 1 Kor 14,26) gelten zu lassen, begann auch Abrahamsz die werdende Gesetzlichkeit der mennonitischen Tradition einschließlich ihres Banns in Frage zu stellen und jeden Gewissenszwang zu bekämpfen. Über der Lektüre der Schriften von Entfelder (s. o. S. 578), von Obbe Philips (s. o. S. 586) und von Dirk Coornhert († 1590) wurde der alte Spiritualismus und seine Kirchenkritik in ihm lebendig. In den 19 Artikeln seiner „Bedenckingen over den toestant der sichtbare Kercke Christi op aerden" (1657) bestritt Abrahamsz sogar seiner eigenen Kirche die göttliche Legitimation ihres Dienstes, ihrer Lehre und ihrer Ordnungen. Von dem Verdacht des Sozinianismus vermochte er sich immerhin zu reinigen. In seinem katechetischen Lehrbuch „Anleyding tot de kennis van de Christelijke Godsdienst“ (1677) erklärte er zum Ziel christlichen Lebens die Nachfolge Christi, die sich äußerlich vor allem in der Mäßigung, innerlich in der ungefärbten Gottesliebe zu verwirklichen hat, um „die Teilnahme an der göttlichen Natur“ zu gewinnen[1].

Nach der Trennung von den „Sonnisten“ im „Lämmerkrieg“ (1664) (s. o. S. 655 f.) begründeten die „Lammisten“ unter Galenus für ihre Prediger eine eigene Ausbildungsstätte (1692), die Vorläuferin des 1735 endgültig errichteten Doopsgezinde Seminaar in Amsterdam. Damit stellten sie sich der Auseinandersetzung mit dem Denken und der Theologie der Zeit, und bald entstand eine den Schriften des Galenus verpflichtete, der Theologie der Arminianer (s. o. S. 335 ff.) verwandte, eigene *taufgesinnte Schultheologie,* die, frei vom Bekenntniszwang, auf der Grundlage der Hl. Schrift einen inzwischen gelinderten Spiritualismus und einen milden Rationalismus miteinander verband und in den Dienst der Tugendlehre und der gelebten Frömmigkeit stellte. In den „Korte Grundstellingen van hun gelove en leere“ (Kurzgefaßte Grundsätze) von 1699 waren ihre Prinzipien zusammengefaßt: Bevorzugung des Neuen Testaments vor dem Alten, das Apostolicum als Grundbekenntnis, Freiheit und Toleranz für die darüber hinausgehende christliche Lehrbildung, biblizistische Gotteslehre (ohne trinitarische und christologische Terminologie), universalistische Versöhnungslehre; die Kirche war definiert als die (vorwiegend unsichtbare) Gemeinschaft der Wiedergeborenen, die sich im Glaubensgehorsam bewähren, geleitet von dem im Geist gegenwärtigen lebendigen Christus; die Taufe galt als Bekenntnis zum Christentum allgemein, nicht zu einer seiner konfessionellen Ausprägungen, das Abendmahl aber vermittelte die besondere Erfahrung der geistlichen Gegenwart des Herrn[2].

§ 12 Die Lehre der Baptisten in England und Nordamerika

Bibliographie und Allgemeines: W. T. WHITLEY, A Baptist Bibliography, London I (1916), II (1922); E. C. STARR, A Baptist Bibliography 1 (1947) bis 25 (1976); W. J. MCGLOTHLIN und W. L. LUMPKIN, s. § 8; S. L. STEALEY, A Baptist Treasury, New York 1958 (Quellensammlung); J. D. HUGHEY, Die Baptisten, Kassel 1959; DERS., Die Baptisten, Stuttgart 1964; R. G. TORBET, A History of the Baptists (1950), Valley Forge, Pa. ³1973; HENRY SMITH, Art. Baptists, in: ME 1 (1955) 228–230; J. D. HUGHEY/R. THAUT, Art. Baptisten, in: TRE 5 (1980) 190–197. – *England:* A. C. UNDERWOOD, A History of the English Baptists, London 1947; E. A. PAYNE, Contacts between Mennonites and Anabaptists, in: Foundations 4 (1961); DERS., Baptists and 1662, London 1962; L. D. KLIEVER, General Baptist Origins: The Question of Anabaptist Influence, in: MQR 36 (1962) 291–321; MARTIN SCHMIDT, Der englische Kongregationalismus (Independentismus) und die radikalen deutschen Täufer, in: XIIᵉ Congrès International des Sciences Historiques. Rapports. Wien 1965, 117–133; B. R. WHITE, The English Separatist Tradition, Oxford 1971; I. B. HORST, The Radical Brethren, Anabaptism and the English Reformation to 1558, Nieuwkoop 1972; K. SPRUNGER, English Puritans and Anabaptists in Early Seventeenth Century Amsterdam, in: MQR 46 (1972) 113–128. – *Personen:* H. W. BURGESS, John Smyth, The Se-Baptist, Thomas Helwys and the first Baptist Church in England, London 1911; W. T. WHITLEY (ed.), The Works of John Smyth, 2 Bde, Cambridge 1915; J. BAKKER, John Smyth, de stichter van het Baptisme, Wageningen 1964 – THOMAS HELWYS, The Mistery of Iniquity (1612) ND London 1935; DERS., Obiections Answered

[1] MEIHUIZEN (1954) 57 ff., 121 f.

[2] MEIHUIZEN (1954) 175–179.

(1625) ND Amsterdam 1973; E. A. PAYNE, Thomas Helwys and the First Baptist Church in England, London 1963 – JOHN BUNYAN, The Complete Works, Philadelphia 1871; JOHN BROWN, John Bunyan, his life, times and work, London 1928; W. Y. FULLERTON, The Legacy of Bunyan, London 1928; G. THIEL, Bunyans Stellung innerhalb der religiösen Strömungen seiner Zeit, Breslau 1931; F. M. HARRISON, A Bibliography of the Works of John Bunyan, London 1932; A. SANN, Bunyan in Deutschland. Studien zur literarischen Wechselbeziehung zwischen England und dem deutschen Pietismus, Gießen 1951; R. SHARROCK, John Bunyan, London 1954; W. ISER, Bunyan's Pilgrim's Progress. Die kalvinistische Heilsgewißheit und die Form des Romans, in: H. R. JAUSS und D. SCHALLER (Hg.), Medium Aevum Vivum, Festschrift für Walther Bulst (1960) 279–304; R. L. Greaves, John Bunyan and Covenant Thought in the Seventeenth Century, in: ChH 36 (1967) 151 ff.; DERS., John Bunyan, Appleford, Berksh. 1969; DERS., An Annotated Bibliography of John Bunyan, Pittsburg, Pa. 1972; M. FURLONG, Puritan's Progress: A Study of John Bunyan, London 1975; R. SHARROCK (ed.), The Miscellaneous Works of John Bunyan, Oxford 1 (1980), 2 (1976), 6 (1980), 8 (1979), – *Nordamerika:* J. W. PLATNER, The Religious History of New England, Cambridge, Mass. 1917; M. CALAMANDREI, Neglected Aspects of Roger Williams' Thought, in: ChH 21 (1952) 239–258; PERRY MILLER, Roger Williams (Indianapolis 1953) 1962; J. L. BOYDE, A History of Baptists in America prior to 1845, New York 1957; ROGER WILLIAMS, Complete Writings, 7 Bde, New York 1963; E. S. MORGAN, Roger Williams. The Church and the State, New York 1967; K. D. ERDMANN, Roger Williams. Das Abenteuer der Freiheit, Kiel 1967; J. GARRETT, Roger Williams, Witness beyond Christendom 1603–1683, New York 1970; W. G. MCLOUGHLIN, New England Dissent 1630–1833, 2 Bde, Cambridge, Mass. 1971; W. C. GILPIN, The Millenarian Piety of Roger William, Chicago 1979. (Ergänzende Literatur im Anhang)

Mit der aus der spätmittelalterlichen, von den Lollarden herrührenden Tradition des in der englischen Staatskirche zwar verbleibenden, aber von ihr abweichenden Laientums verband sich unter Königin Elisabeth I. (1558–1603) die Opposition der calvinischen Theologen, welche am katholisierenden Ritus und an der hierarchischen Verfassung ihrer Kirche Kritik übten, um sie nach dem Vorbild der Urgemeinde zu reinigen und umzugestalten (Puritaner, Presbyterianer)[1]. Nach dem Vorgang von Robert Browne († 1633), dem ersten Vertreter des Kongregationalismus, schritt der Geistliche *John Smyth* (1554–1612) in Gainsborough bis zur separatistischen, unabhängigen Gemeindebildung vor und noch darüber hinaus: Von der Regierung verfolgt, vollzog er im Exil in den Niederlanden an sich und seiner kleinen Gemeinde die zweite Taufe zum Zeichen des Neubeginns der Heiligen und Bekenner (1609). Mit dieser ersten Baptistengemeinde suchte er nachträglich den Anschluß an den Waterländer Zweig der Mennoniten, indem er das Kurze Bekenntnis des Hans de Ries von 1610 unterzeichnete[2]. Sein Freund und Mitarbeiter *Thomas Helwys* (1550–1616) verfaßte eine „Declaration of Faith" (1611) in 27 Artikeln, in welchen er neben der Bekenntnistaufe (Art. 10, 13, 14) gegen die calvinistische Prädestinationslehre den Heilsuniversalismus vertrat (Art. 5–7). Die Einheit der Kirche sah er verwirklicht in der Vielzahl der voneinander unabhängigen, gleichberechtigten Gemeinden („divers particular congregacions"; Art. 11 f., 22), deren Mitglieder sich gegenseitig persönlich kennen (Art. 16) und die ihre Beauftragten und Diener selbst wählen (Art. 21)[3]. Im Unterschied zu den Mennoniten betonte Helwys

[1] „The essentially learned character of early Elizabethan Puritanism was transformed into a popular movement". ROGER SHARROCK (1954) 20.

[2] S. o. § 10, allerdings ohne dessen spiritualisierende Artikel 19 (Von der Erkenntnis Christi nach dem Geist) und 22 (Von der Wiedergeburt); englisch bei Lumpkin, 102–113.

[3] „A Church ought not to consist off such a multitude as cannot have particular knowledge one off another"; LUMPKIN, 121.

die Verpflichtung des Christen, die gottgewollte Schwertgewalt der rechtmäßigen Obrigkeit gegebenenfalls auch mit Leib und Leben zu verteidigen (Art. 24); auch erklärte er die Eidesleistung für erlaubt (Art. 25). In seiner „Short Declaration of the Mistery of Iniquity" (1612) ging Helwys mit den Vertretern aller jener Standpunkte ins Gericht, die er selbst durchlaufen hatte: mit der englischen Kirche als dem zweiten „Tier" (Apok 13) nach jenem ersten, der römischen Kirche, und ebenso sehr auch mit den Puritanern und den Kongregationalisten, denen er sündhafte Inkonsequenz vorwarf. Vor allem aber bestritt er in kühner Offenheit den Supremat des englischen Königs über die Kirche und das Gewissen des einzelnen Christen: „mens religion to God is betwixt God and themselves; the King shall not answer for it, neither may the King be iugd betwene God and man. Let them be heretikes, Turcks, Jewes, or what soever..."[4] So wurde Helwys, nach England zurückgekehrt (1612), nicht nur zum Haupt der universalistisch lehrenden englischen *General Baptists,* sondern zu einem frühen Bekenner der uneingeschränkten neuzeitlichen Religionsfreiheit. Von Helwys beeinflußt, setzte der gelehrte englische Geistliche *Roger Williams* (1603–1683) diese Gedanken in die Tat um, indem er nach seiner Wiedertaufe in Providence (Neu-England) die erste baptistische Gemeinde auf amerikanischem Boden begründete (1639). Zwar löste er sich bald wieder von ihr, um als spiritualistischer Einzelgänger nach Art der „Seekers" die wahre Reformation nur noch als Neubegründung der Kirche von der demnächst einbrechenden Wiederkunft Christi zu erhoffen. Doch gelang es ihm, der baptistischen Forderung nach Religions- und Gewissensfreiheit in seinem an das englische Parlament gerichteten Dialog „The Bloody Tenent of Persecution" (1664) mit den religiösen Argumenten der biblischen Typologie und unter Berufung auf Luthers Schrift „Von weltlicher Obrigkeit" (1523)[5], vom natürlich-vernünftigen Denken indessen noch weit entfernt[6], wirksam Gehör zu verschaffen: „God requireth not an uniformity of Religion to be inacted in any civill state; which inforced uniformity... is... persecution of Christ Jesus in his servants."[7]

Als in der Englischen Revolution (1640–1660) die Theorien und Zielsetzungen des Puritanismus, des Kongregationalismus (Independentismus) und des mächtig aufbrechenden Spiritualismus (Quäkertum) in freie Konkurrenz traten, erhielt auch die Lehre der Baptisten Auftrieb und weitere Verbreitung. Dem Ziel einer engeren Verbindung der gleichberechtigten Gemeinden untereinander diente die vermehrte Zahl ihrer Bekenntnisse. Nach den sieben Gemeinden der *„Particular Baptists"*, welche in den 53 Artikeln ihres ersten Londoner Bekenntnisses von 1644 (First London Confession, gedruckt 1646) die calvinistische Prädestinationslehre beibehielten, traten dreißig Gemeinden der *„General Baptists"* mit einem Lehre und Leben umfassenden Bekenntnis in 75 Artikeln hervor (The Faith and Practise of Thirty Congregations, London 1651)[8]: Hier war in die Gotteslehre bereits die Erkenntnis und das Lob Gottes aus den Wer-

---

[4] A short Declaration (1935) 69; iugd = iudge.

[5] The Bloody Tenent of Persecution for Cause of Conscience discussed in a Conference between Truth and Peace (1644) in: The Complete Writings of ROGER WILLIAMS 3, 1963, 35 f., 202.

[6] „Idee und Begriff der Menschenrechte sucht man aber bei ROGER WILLIAMS vergeblich". K. D. ERDMANN, S. 20.

[7] Ebda. 3,3 f.

[8] LUMPKIN, 174–187.

ken der Schöpfung eingerückt (Art. 4–10), und die Pflicht zur Nutzung und Vermehrung der göttlichen Gnadengaben durch Glaubensgehorsam wurde betont (Art. 25–45). Die Taufe wird nicht durch Besprengung, sondern durch Untertauchen vollzogen (Art. 48). In dem Kurzen Bekenntnis von 1660 (Brief Confession or Declaration of Faith; sog. *Standard Confession*) der „General Baptists" war das Heil auch den ungetauften Kindern zugesprochen, die Kindertaufe („that Scriptureless thing of Sprinkling of Infants") verworfen und der Ritus der Handauflegung bei der Erwachsenentaufe gefordert (Art. 10–12). Vor allem aber wurde die religiöse Gewissensfreiheit zum Glaubensartikel erhoben (Art. 24): „That it is the will and mind of God... that all men should have the free liberty of their own Consciences in matters of Religion, or Worship, without the least oppression or persecution."[9]

Die gemeinsame Bedrohung nach der Restauration des Königtums und der Staatskirche (1660) führte die Baptisten mit den Presbyterianern und den Kongregationalisten, von denen sie sich einst separiert hatten, wieder enger zusammen. So folgten die 32 Artikel des wichtigen Zweiten Londoner Bekenntnisses der „Particular Baptists" von 1677 (Second London Confession; sog. *Assembly Confession*) weithin der Anordnung und dem Wortlaut der „Westminster Confession" der Presbyterianer von 1647 (s. o. S. 351 ff.). Die calvinistische Lehre von der doppelten Prädestination wurde hier nur wenig gemildert[10]. Zwar wiederholte man die Mahnung: „The Doctrine of this high mystery of predestination is to be handled with special prudence and care" (Art. 3.7). Aber selbst die Lehre vom Beharren der Heiligen im Gnadenstand (Art. 17, „Of Perseverance of the Saints") wurde übernommen, desgleichen die Lehre vom Gnadenbund („covenant of grace", Art. 7), von der puritanischen Sabbatheiligung (Art. 11) und von der weltlichen Obrigkeit (Art. 24). Die calvinische Lehre von der Kirche („The Catholick or universal Church... consists of the whole number of the Elect"; Art. 24.1) ist ergänzt durch die Bestimmungen für die „particular Church gathered": Der Einzelgemeinde kommt jeweils die volle, unteilbare Autorität zu (Art. 24.8), in ihr ist auch die Laienpredigt zugelassen (Art. 24.11). Der Begriff „Sakrament" wird vermieden; Taufe und Abendmahl sind als Anordnungen („ordinances") des Gesetzgebers Christus bezeichnet (Art. 28). Für den richtigen Vollzug der Bekenntnis- und Glaubenstaufe an Erwachsenen ist das Untertauchen (immersion or dipping) unerläßlich (Art. 29.2 und 4)[11]. Während das Zweite Londoner Bekenntnis grundlegende, bis in die Gegenwart fortdauernde Bedeutung erlangen sollte, blieben die 50 Artikel des *Orthodox Creed* der „General Baptists" von 1678 auf eine lokale Wirkung beschränkt. Auch sie lehnten sich an die Westminster Confession von 1647 an, grenzten sich aber darüber hinaus, unter ausdrücklichem Rückgriff auf die drei altkirchlichen Bekenntnisse und unter Rezeption der scholastischen Terminologie, von monophysitisch lehrenden Gegnern („new Eutychians") ab[12].

---

[9] Biblische Begründung: Mt 7,12 und Mt 13,29 ff.; LUMPKIN, 224–234; Zitat: 233.

[10] Text bei LUMPKIN, 241–495; Westminster Confession Art. 3.7 hat keine Entsprechung in der „London Confession".

[11] Gegen Westminster Confession Art. 28.3 und 4.

[12] An Orthodox Creed or a Protestant Confession of Faith, Being an Essay to Unite and Confirm all True Protestants in the Fundamental Articles of the Christian Religion against the Errors and

Ein wichtiger, nachhaltig wirksamer Beitrag aus der Vielfalt des in der Englischen Revolution aufgebrochenen religiösen Denkens stammt von dem Laienprediger *John Bunyan* (1628–1688), dem Mitglied (1653), Prediger (1656) und Vorstand (1672) der Baptistengemeinde in Bedford, die trotz grundsätzlicher Ablehnung der Kindertaufe auch nichtwiedergetaufte bekehrte Mitglieder in ihre Gemeinschaft aufnahm („open communion“)[13]. Bunyan repräsentierte und vertiefte den Puritanismus auf seine besondere Weise. Ohne Kenntnis der theologischen Tradition und ohne Schulung, bewandert nur in der englischen Literatur des „Dissent“, wurde er mit seiner Verkündigung zu dem, was er war, allein durch seine intensive Lektüre, Reflexion und Anwendung der Bibel auf sich selbst. Von der Frage nach der Sündenvergebung und nach der Heilsgewißheit erschüttert, fand Bunyan, von den Grundsätzen der strengen calvinistischen Theologie angeleitet, die allmähliche, befreiende Lösung in der durch Luther erläuterten paulinischen Botschaft von der Rechtfertigung des Sünders allein aus Gnaden um Christi willen durch den Glauben. Schon vor Bunyan wurde das theologische System des Calvinismus im Puritanismus einer auf die Heilsfrage reduzierten, subjektiven Anwendung und Umgestaltung unterworfen: „Gods Majesty and Mans Misery... the first and chiefest grounds of the practice of piety.“[14] Dabei hatten die Aussagen der Schultheologie über die Heilsordnung, ähnlich wie später im deutschen Pietismus, der Darstellung der Vorbereitung, des Beginns, der einzelnen Stufen und des Ziels des Erlösungsvorgangs zu dienen[15]. Aber Bunyan beteiligte sich nicht nur mit großem Erfolg an dieser neuartigen Umsetzung der Theologie in Traktate, Verkündigung und Aktion. In seiner während jahrelanger Gefängnishaft (1660–1672) verfaßten geistlichen Autobiographie (Grace Abounding to the chief of Sinners, 1666) legte er seinen eigenen, einmalig schweren Weg zur Vergebung und zum Heilsbewußtsein in einer ursprünglichen, ungekünstelten, über seine Zeit hinaus überzeugenden Weise dar, die andere puritanische Bekehrungsberichte weit hinter sich läßt. Und in seinem bekanntesten Werk „*The Pilgrim's Progress*“ (I 1678, II 1684) gelang es ihm, die calvinisch-puritanische Lehre vom Heilsweg mit seiner Erfahrung zu verschmelzen und in die damals weite Leserkreise ansprechende Form der Allegorie zu überführen.

In seinem Frühwerk „The Doctrine of the Lawe and Grace unfolded“ (1659) stellte Bunyan dem Werkbund Gottes mit Adam den ihn übertreffenden, auf Golgatha vollzogenen Gnadenbund Christi gegenüber, wobei er, um die Heilsgewißheit zu unterstreichen, in lebendiger Dialektik nicht nur die gleichsam rechtlichen Bedingungen des Bundes, seine Unabänderlichkeit, Privilegien und vielfachen Nutzen sowie das dreifache Amt Christi, sondern auch den ewigen innergöttlichen Bundesschluß zwischen Gott Vater und Christus dem Mittler entfaltete: „Methinks it is wonderful... to consider that... he would covenant with his Son Jesus for the security of them.“[16] Die Fülle der Schriftbeweise er-

---

Heresies of Rome, London, gedruckt 1679; Text bei Lumpkin, 297–334. Die „Sommerset Confession“ von 1691 im Auszug ebd. 336–340.

[13] R. Sharrock (ed.), John Bunyan, Grace Abounding, 1962, S. XVIII.

[14] Lewis Bayly, The Practice of Piety, ^{3}1613, Anfang.

[15] „The preachers turned from technical theology to a descriptive psychology of the process of conversion; it was all English and very empirical.“ R. Sharrock (1954) 20.

[16] Misc. Works 2 (1976) 95–100; Zitat: 97f.

gänzte er durch den Erfahrungsbeweis: „... the power of the blood of his Cross upon my soul... I saw... as really with the eyes of my soul as ever... I had seen a penny-loaf bought with a penny."[17] Nicht zufällig läßt der Kinderkatechismus Bunyans (Instruction for the Ignorant, 1675) die Erklärung der katechetischen Hauptstücke beiseite[18]. Sein hauptsächliches Thema ist die Gottesverehrung (worship of God), die sich im Sündenbekenntnis und im Glauben an Christus, im Gebet und in der Selbstverleugnung vollzieht[19], wobei den Kindern die Lehre von der Sünde mitsamt Erbsünde und Höllenstrafe in ausführlicher Breite eingeprägt wird[20]. Wahre Gotteserkenntnis setzt die Selbsterkenntnis voraus, diese aber ist wesentlich Sündenerkenntnis, die angesichts der Höllenstrafen zu Christus hintreibt[21]. Der Christ ist der Wiedergeborene, der Erlöste, und wahrer Glaube ist Glaube an die Erlösung durch Christus: „Thou must be born twice befor thou canst truely believe once."[22] Einzig und allein von Sünde und Gnade handelt dieser Katechismus, – von der Kirche, von den Sakramenten und vom christlichen Handeln sagte er nichts[23]. Selbst die Frage nach Gottes Dasein kann nur der begnadete, wiedergeborene Christ beantworten, und ohne Glauben ist das Tun der Menschen eitel Sünde, „whether their actions be civil or religious"[24].

In „Grace Abounding to the chief of Sinners" (1666) konzentriert sich dann die Heilslehre völlig auf das Gnadenwerk der eigenen Bekehrung („his gracious work of conversion upon my Soul")[25]. Nach der Überwindung religiöser Gleichgültigkeit durch fromme puritanische Gesetzlichkeit („legality") setzte Bunyans religiöse Krise erst richtig ein. Unter Visionen und Auditionen, nur von gelegentlichen Tröstungen (comforts) unterbrochen, steigerte sie sich bis zum Zweifel an Gottes Dasein und an der Wahrheit der Hl. Schrift und selbst bis zu der satanischen Versuchung, den Heiland preiszugeben („Sell him!")[26]. Erst in der durch die Lektüre von Luthers Kommentar zum Galaterbrief vorbereiteten[27] bedingungslosen Annahme der in Christus geschenkten Gerechtigkeit erlebte Bunyan die ihn erlösende Rechtfertigung[28] – „which is Lutheran rather than Calvinist"[29].

In „The Pilgrim's Progress from this world to the world which is to come" (I, 1678; II 1684)[30] ist schließlich jene Lehre von Gesetz und Gnade mit dieser selbstdurchlittenen Erfahrung zusammengenommen und als die Situation des Christen schlechthin verstanden. Das christliche Leben wird als fortwährender Aufbruch vom Unheil zum Heil beschrieben. Von der Androhung der ewigen

---

[17] Ebda., 156–160; Zitat: 159; „Reader these things be not fancies, for I have smarted for this experience", 160.

[18] Misc. Works 8 (1979) 7–44. Die Hauptstücke hat BUNYAN später für Kinder in Reime gebracht: A Book for Boys and Girls, in: Misc. Works 6 (1980) 197, 204, 208.

[19] Misc. Works 8 (1979) 18, 21–26; 26–38; 38–43.

[20] 11–17; ebenso, sehr bemerkenswert, auch in Misc. Works 6 (1980) 197–202.

[21] Misc. Works 8 (1979) 21, 27, 43 f.

[22] Ebda., 9; Zitat: 26.

[23] Über die Sakramente vgl. den abwertenden Vers: „Bread, Wine, nor Water me no Ransom bought": Misc. Works 6 (1980) 213.

[24] Misc. Works 8 (1979) 9, 30.

[25] R. SHARROCK (ed.) (1962) S. 5, Nr. 3.

[26] S. 41–48, Nr. 132–159.

[27] S. 40 f., Nr. 129 f.; „I do prefer this book of Mr. Luther upon the Galathians (excepting the Holy Bible) before all the books that ever I have seen, as most fit for a wounded Conscience", S. 41.

[28] S. 72 ff., Nr. 229–235.

[29] R. SHARROCK (1954) 34.

[30] Eine kritische Neuausgabe liegt noch nicht vor.

Verdammnis aufgeschreckt, löst sich „Christian“ aus der Welt („city of destruction“), um im unausgesetzten dramatischen Wechsel von Anfechtungen und Tröstungen im Wort und Erlebnis schließlich die in seiner Prädestination verbürgte Seligkeit zu erreichen, – eine Allegorie, die Heilslehre, Tugendlehre und religiöse Psychologie so treffend und einprägsam miteinander verbindet, daß sie einer späteren Zeit geradezu als „Summa theologiae evangelicae“ (Coleridge) gelten konnte[31].

[31] R. Sharrock (1954) 76, 104, Anm. 8.

Anhang

Zweiter Teil
Dogma und Bekenntnis in der Reformation: Von Zwingli und Calvin bis zur Synode von Westminster
von Wilhelm Neuser

Seite 267
Die Entzifferung und Edition der Protokolle der Kirchenzuchtsbehörde (Consistoire) bringt überraschende Erkenntnisse über die *Praxis der Kirchenzucht* in Genf. Waren bisher nur die großen spektakulären Fälle (Ami Perrin usw.) bekannt, so zeigt sich nun, daß Calvin die ‚kleinen Leute' seelsorgerlich und milde behandelt. Das Consistoire erscheint in einem neuen Licht; es war nicht Inquisitionsgericht, sondern eher Ausgleichsinstanz. Es war 1. Gutachter in Eheangelegenheiten für den Rat, 2. Sittengericht mit Exkommunikationsrecht, 3. Versöhnungsinstanz bei Streitigkeiten. Im zweiten Fall wurde der wegen öffentlichem Ärgernis Vorgeladene ermahnt. Sah er sein Unrecht ein, erfolgte eine Schlußermahnung (Absolution), die meistens von Calvin ausgesprochen wurde; dann war der Fall erledigt. Andernfalls erfolgte Ausschluß vom Abendmahl. Bei familiären und nachbarlichen Streitigkeiten suchte das Consistoire zu versöhnen. Hatte es Erfolg, wurde die Versöhnung in einem gottesdienstlichen Akt besiegelt. Es ist zu hoffen, daß die vollständige Edition weitere Einzelheiten aufdeckt, auch in Bezug auf die Aufhebung der Exkommunikation.

Fünfter Teil
Lehre und Bekenntnis der Orthodoxen Kirche: Vom 16. Jahrhundert bis zur Gegenwart
von Reinhard Slenczka

Seite 499
Gesamtdarstellungen: Karl Christian Felmy, Orthodoxe Theologie. Eine Einführung. Darmstadt 1990.
Quellensammlung: Nikolaus Thon, Quellenbuch zur Geschichte der orthodoxen Kirche (= Sophia. Quellen östlicher Theologie. Hg. Julius Tyciak und Wilhelm Nyssen, Bd. 23), Trier 1983. Peter Hauptmann, Gerd Stricker (Hgg.), Die Orthodoxe Kirche in Rußland. Dokumente ihrer Geschichte (860–1980), Göttingen 1988.

Seite 503
Dorothea Wendebourg, Reformation und Orthodoxie. Der ökumenische Briefwechsel zwischen der Leitung der Württembergischen Kirche und Patriarch Jeremias II. von Konstantinopel in den Jahren 1573–1581 (= FKDG 37), Göttingen 1986.

Seite 536, Anm. 52
Erg.-Bd.: Ludolf Müller, Irmgard Wille (Hgg.), Solowjews Leben in Briefen und Gedichten, München 1977. Martin George, Mystische und religiöse Erfahrung im Denken Vladimir Solov'evs (= FSÖTh 54), Göttingen 1988.

Seite 543, Anm. 96
Vollständiger Titel: Iskušenie Bogočeloveka, kak edinyj iskušitel'nyj podvig vsej zemnoj žizni Christa, s svjazi s istorieju dochristiankich religij i christianskoj Cerkvi (Die Versuchung des Gottmenschen als das eine Erlösungswerk des ganzen Erdenlebens Christi, im Zusammenhang mit der Geschichte der vorchristlichen Religionen und der christlichen Kirche), Moskau 1892.

Seite 547, Anm. 115
Zu Biographie und Bibliographie s.: MICHAEL HAGEMEISTER, NINA KAUTSCHISCHWILI (Hgg.), P.A. Florenskij i kultura ego vremeni/P.A. Florenskij e cultura della sua epoca. Atti del Convegno Internazionale Università degli Studi di Bergamo 10–14 gennaio 1988, Marburg 1995.

Seite 555, Anm. 33
Dazu: ANNE JENSEN, Die Zukunft der Orthodoxie. Konzilspläne und Kirchenstrukturen (= ÖTh 14), Zürich etc. 1986.

Sechster Teil
Die Lehre außerhalb der Konfessionskirchen
von Gustav Adolf Benrath

Kapitel I: Die Lehre der Spiritualisten

Seite 560 *§ 1 Allgemeines. Übergreifende Darstellungen*

Bibliographie: A. SEGUENNY (Hg.), Bibliotheca dissidentium; répertoire des non-conformistes religieux des seizième et dix-septième siècles (= BiDi). Baden-Baden 1 (1980)-4 (1985), 6 (1985), 7 (1986), 9 (1988). – *Literatur:* H.-J. GOERTZ, W. KLAASSEN (Hgg.), Profiles of Radical Reformers; Biographical Sketches from Thomas Müntzer to Paracelsus, Scottdale 1982; M. LIENHARD (éd.), Les dissidents du XVIe siècle entre l'humanisme et le catholicisme, Baden-Baden 1983; A. FRIESEN, The Radical Reformation Revisited, in: JMS 2 (1984) 124–176; C. GILLY, Spanien und der Basler Buchdruck bis 1600, Basel/Frankfurt/M. 1985; A. PROSPERI, A. BIONDI (Hgg.), Libri, idee e sentimenti religiosi nel Cinquecento italiano, Ferrara 1987; J.-G. ROTT, S.L. VERHEUS (Hgg.), Anabaptistes et dissidents au XVIe siècle, Baden-Baden 1987; H.J. HILLERBRAND (Hg.), Radical Tendencies in the Reformation; Divergent Perspectives, Kirksville 1988; S. WOLLGAST, Philosophie in Deutschland zwischen Reformation und Aufklärung 1550–1650, Berlin 1988; M.G. BAYLOR (Hg.), The Radical Reformation, Cambridge 1991; W. KLAASSEN, Living at the End of the Ages; Apocalyptic Expectation in the Radical Reformation, New York 1992; S. SEIDEL MENCHI (Hg.), Ketzerverfolgung im 16. und frühen 17. Jh., Wiesbaden 1992; G.H. WILLIAMS, The Radical Reformation, Kirksville ^{3}1992; M. BRECHT, Die deutschen Spiritualisten des 17. Jahrhunderts, in: DERS. (Hg.), Geschichte des Pietismus 1 (Göttingen 1993) 205–240; H.-J. GOERTZ, Religiöse Bewegungen in der Neuzeit, München 1993; S. WOLLGAST, Philosophische Strömungen in Deutschland im 17. Jahrhundert, einige Grundlinien, in: DERS., Vergessene und Verkannte. Zur Philosophie und Geistesentwicklung in Deutschland zwischen Reformation und Frühaufklärung (Berlin 1993) 10–67; H.-J. DIEKMANNSHENKE, Die Schlagwörter der Radikalen in der Reformationszeit; Spuren utopischen Bewußtseins, Frankfurt/M. u.a. 1994; M. BRECHT, Der Beitrag des Spiritualismus der Reformationszeit zur Erneuerung der lutherischen Kirche im 17. Jahrhundert, in: G. VOGLER, (Hg.), Wegscheiden der Reformation, Weimar 1994 (369–379); J. DIERKEN, Art. Spiritualismus, in: EKL^{3} 4 (1996) 398–402.

Seite 565 *§ 2 Mittelalterliche Quellen und reformatorische Motive des mystischen Spiritualismus*

Tauler: L. GNÄDINGER, Johannes Tauler; Lebenswelt und mystische Lehre, München 1993; H.-P. HASSE, Karlstadt und Tauler; Untersuchung zur Kreuzestheologie, Gütersloh 1993. – *Theologia Deutsch:* A.M. HAAS, Die „Theologia Deutsch", in: FZPhTh 25 (1979) 304–350; W. VON HINTEN, „Der Franckforter" („Theologia Deutsch"); Kritische Textausgabe, München 1982; L. ABRAMOWSKI, Bemerkungen zur „Theologia Deutsch" und zum „Buch von geistlicher Armut", in: ZKG 97 (1986) 85–104. – *Thomas von Kempen:* E. ISERLOH, Thomas von Kempen und die Devotio moderna, Bonn 1976; H.N. JANOWSKI (Hg.), Geert Groote, Thomas von Kempen und die Devotio moderna, Olten 1978; A.G. WEILER, Art. Grote, Gerhard, in: TRE 14 (1985) 274–277; J. WALLMANN, Johann Arndt und die protestantische Frömmigkeit. Zur Rezeption der mittelalterlichen Mystik im Luthertum, in: D. Breuer, Frömmigkeit in der frühen Neuzeit. Chloe 2 (1984) 50–74.

Seite 568 *§ 3 Thomas Müntzer*

Quellen: G. FRANZ, (Hg.) Thomas Müntzer: Die Fürstenpredigt. Stuttgart 1983; S. BRÄUER (Hg.), Thomas Müntzer. Deutsche Evangelische Messe 1524, Berlin 1988; P. MATHESON (Hg.), Thomas Müntzer. The collected works of Thomas Müntzer, Edinburgh 1988; TH. MÜNTZER, Schriften, Liturgische Texte, Briefe ausgew. v. R. BENTZINGER, S. HOYER, Berlin 1990. – *Literatur:* S. BRÄUER, H.-J. GOERTZ, Thomas Müntzer, in: GdK 5 (1981) 335–352; J.M. STAYER, Thomas Müntzer's Protestation and Imaginary Faith, in: MennQR 55,2 (1981) 99–130; T. GEORGE, The Spirituality of Radical Reformation, in: J. RAITT (Hg.), Christian Spirituality. High Middle Ages and Reformation (London 1987) 334–371; M.G. BAYLOR, Theology and Politics in the Thought of Thomas Müntzer, the Case of the Elect, in: ARG 79 (1988) 81–102; U. BUBENHEIMER, Thomas Müntzers Wittenberger Studienzeit, in: ZKG 99 (1988) 168–213; A. FRIESEN, Thomas Müntzer und Martin Luther, in: ARG 79 (1988) 59–80; T. SCOTT, From Polemic to Sobriety. Thomas Müntzer in Recent Research, in: JEH 39 (1988) 557–572; G. SEEBASS, Artikelbrief, Bundesordnung und Verfassungsentwurf. Studien zu drei zentralen Dokumenten des südwestdeutschen Bauernkrieges (AHAW.PH 1988,1) Heidelberg 1988; S. BRÄUER, H. JUNGHANS (Hgg.), Der Theologe Thomas Müntzer. Untersuchungen zu seiner Entwicklung und Lehre, Göttingen 1989; U. BUBENHEIMER, Thomas Müntzer. Herkunft und Bildung, Leiden 1989; H.-J. GOERTZ, Thomas Müntzer. Mystiker, Apokalyptiker, Revolutionär, München 1989; E.W. GRITSCH, Thomas Müntzer, a tragedy of errors, Minneapolis 1989; DERS., Thomas Müntzers Weg in die Apokalyptik, in: Luther.Zs. der Luther-Gesellschaft 60 (1989) 53–65; K.H. ZUR MÜHLEN, Heiliger Geist und Heilige Schrift bei Thomas Müntzer, in: Luther 60 (1989) 131–150; R. SCHWARZ, Thomas Müntzers Prinzip der Schriftvergleichung, in: LuJ 56 (1989) 11–25; T. SCOTT, Thomas Müntzer. Theology and Revolution in the German Reformation, London 1989; G. VOGLER, Thomas Müntzer, Berlin 1989; K. EBERT (Hg.), Thomas Müntzer im Urteil der Geschichte. Von Martin Luther bis Ernst Bloch, Wuppertal 1990; A. FRIESEN, Thomas Muentzer, a Destroyer of the Godless. The Making of a Sixteenth-Century Religious Revolutionary, Berkeley u.a 1990; J.M. STAYER, Thomas Müntzer in 1989. A Review Article, in: SCJ 21 (1990) 655–670; H. JUNGHANS, Die Theologie Thomas Müntzers. Die Bibel als Spiegel der Zeit, in: ARG 82 (1991) 107–122; B. LOHSE, Thomas Müntzer in neuer Sicht, Göttingen 1991; G. SEEBASS, Reich Gottes und Apokalyptik bei Thomas Müntzer, in: LuJ 58 (1991) 75–99; D. FAUTH, Thomas Müntzer in bildungsgeschichtlicher Sicht, Köln u.a. 1993; D. HEINZ, Art. Müntzer, in: BBKL 6 (1993) 329–345 (Lit.); I. WARNKE, Wörterbuch zu Thomas Müntzers deutschen Schriften und Briefen, Tübingen 1993; H.J. HILLERBRAND, Bundesbegriff und Bundestheologie bei Thomas Müntzer und den frühen Täufern, in: G. VOGLER (Hg.), Wegscheiden der Reformation (Weimar 1994) 85–98; G. SEEBASS, Art. Müntzer in: TRE 23 (1994) 414–436.

Seite 574 *§ 4 Andreas Karlstadt, Hans Denck, Sebastian Franck*

Karlstadt: C. LINDBERG, Karlstadt's Dialogue on the Lord's Supper, in: MennQR 53 (1979) 35–77; W. MERKLEIN, Andreas Bodenstein von Karlstadt 1480–1541, Karlstadt 1980; U. BUBENHEIMER, Andreas Bodenstein von Karlstadt, in: GdK 5 (1981) 105–116; M. BRECHT, Luther und Karlstadt. Der Beginn des Abendmahlsstreits 1524/1525 und seine Bedeutung für Luthers Theologie, in: ZSRG 70 (1984) 196–216; C.A. PATER, Karlstadt as the Father of the Baptist Movements, Toronto 1984; U. BUBENHEIMER, Art. Karlstadt, in: TRE 17 (1988) 649–657; A. KRAUSE, Zur Sprache des Reformators Andreas Bodenstein von Karlstadt, Stuttgart 1990; A. ZORZIN, Karlstadt als Flugschriftenautor, Göttingen 1990; U. LEU, Art. Karlstadt in: BBKL 3 (1992) 1167–1171 (Lit.); H.-P. HASSE, Karlstadt und Tauler. Untersuchungen zur Kreuzestheologie, Gütersloh 1993; R. PONADER, Die Abendmahlslehre des Andreas Bodenstein von Karlstadt in den Jahren 1521–1524, Geifswald 1993. – *Denck:* W.O. PACKULL, Art. Denck, in: TRE 8 (1981) 488f; E.J. FURCHA, Selected Writings of Hans Denck 1500–1527, Lewiston 1990; C. BAUMAN (Hg.), The Spiritual Legacy of Hans Denck. Interpretation and Translation of Key Texts, Leiden 1991; A. SEGUENNY, Le Christ des spirituels allemands, autour de Hans Denck et de Sebastian Franck, in: N. BLOUGH et coll., Jesus-Christ aux marges de la Réforme, Paris 1992, 91–115. – *Franck:* H. WEIGELT, Sebastian Franck, in : GdK 6 (1981) 119–128; A. SEGUENNY, Art. Franck, Sebastian, in: TRE 11 (1983) 307–312; C. DEJUNG, Sebastian Francks nachgelassene Bibliothek, in: Zw 16,4 (1984) 315–336; C. DEJUNG, Sebastian Franck, in: BiDi 7 (1986) 39–119; S. FRANCK, Sämtliche

Werke, Band 1, Text-Redaktion P.K. Knauer, Bern 1993; J.D. MÜLLER, Sebastian Franck (1499–1542), Wiesbaden 1993.

Seite 581 *§ 5 Theophrastus Paracelsus von Hohenheim*

Bibliographie: R. DILG-FRANK, Paracelsus-Bibliographie, Stuttgart 1996; K.-H. WEIMANN, Paracelsus-Lexikographie in vier Jhh., in: Med. hist. J. 16 (1981) 167–195. – *Quellen:* PARACELSUS, Mikrokosmos und Makrokosmos. Okkulte Schriften, hg. von H.Werner, München 1989; PARACELSUS, Werke. Studienausgabe ausgew. und hg. von W.-E. Peuckert Bd. 4: Theologische, religionsgeschichtliche und philosophische Schriften [2]1976, ND 1991; K. BIEGGER (Hg.), Paracelsus, Vom glückseligen Leben. Ausgew. Schriften zu Religion, Ethik und Philosophie, Salzburg 1993. – *Literatur:* Paracelsus in der Tradition. Vorträge/Paracelsustagung 1978, hg. von der INTERNATIONALEN PARACELSUSGESELLSCHAFT ZU SALZBURG, Wien 1980; H. RUDOLPH, Einige Gesichtspunkte zum Thema „Paracelsus und Luther“, in: ARG 72 (1981) 34–54; DERS., Schriftauslegung und Schriftverständnis bei Paracelsus, in: Med.hist.J. 16 (1981) 101–124; L. BRAUN, Studia Paracelsica, Grundsätzliche Einführung in Hohenheims Gedankenwelt, Straßburg 1983; J.-P. FUSSLER, Les idées éthiques, sociales et politiques de Paracelse (1493–1541) et leur fondement, Straßburg 1986; K. GOLDAMMER, Paracelsus in neuen Horizonten. Ges. Aufs., Wien 1986; K. BIEGGER, „De invocatione Beatae Mariae Virginis“. Paracelsus und die Marienverehrung, Stuttgart 1990; K. BLÜMLEIN, Naturerfahrung und Welterkenntnis. Der Beitrag des Paracelsus zur Entwicklung des neuzeitlichen naturwissenschaftlichen Denkens, Frankfurt a.M. 1992; K. GOLDAMMER, Aufgaben der Paracelsus-Forschung, in: J. TELLE (Hg.), Parerga Paracelsica (Stuttgart 1992) 1–26; U. BENZENHÖFER (Hg.), Paracelsus, Darmstadt 1993; P. DILG, H. RUDOLPH (Hgg.), Resultate und Desiderate der Paracelsus-Forschung, Stuttgart 1993; PARACELSUS, Theophrast von Hohenheim, Naturforscher, Arzt, Theologe, hg. von U. Fellmeth und A. Kotheder, Stuttgart 1993; U. GAUSE, Paracelsus (1493–1541). Genese und Entfaltung seiner frühen Theologie, Tübingen 1993; J. SCHABER, Art. Paracelsus, in: BBKL 6 (1993) 1502–1527 (Lit.); H. RUDOLPH, Art. Paracelsus, in: TRE 25 (1995) 699–705; P. DILG, H. RUDOLPH, Neue Beiträge zur Paracelsus-Forschung, Stuttgart 1995; V. ZIMMERMANN (Hg.), Paracelsus. Das Werk – die Rezeption, Stuttgart 1995.

Seite 585 *§ 6 David Joris und Heinrich Niclaes*

Joris: D. JORIS, Eeen geestelijck liedtboecxken, ND Nieuwkoop 1972; S. VOOLSTRA, Het woord is vlees geworden. De melchioritisch-menniste incarnatieleer, Kampen 1982; J.A.L. LANCEE, Art. Joris, in: BLGNP 2 (1983) 159–162; S. ZIJLSTRA, Niclaas Meyndertszon van Blesdijk. Een bijdrage tot de geschiedenis van het Davidjorisme, Assen 1983; J.M. STAYER, Art. Joris, David, in: TRE 17 (1988) 238–242; G. WAITE, Writing in the Heavenly Language. A Guide to the Works of David Joris, in: RenRef 26 (1990) 297–319; DERS., David Joris and Dutch Anabaptism 1524–1543, Waterloo, Ont. 1990; I. WILHELM-SCHAFFER, Art. Joris, in: BBKL 3 (1992) 654ff. (Lit.); G. WAITE, The Anabaptist Writings of David Joris 1535–1543, Scottdale, Pa. 1994. – *Niclaes:* A. HAMILTON, Three epistles by Hendrik Niclaes, in: Quaerendo 10 (1980) 47–69; DERS., The Family of Love, Cambridge 1981; J. DIETZ MOSS, „Godded with God“? Hendrik Niclaes and his Family of Love, Philadelphia 1981; J.A. LANCEE, Art. Niclaes, in: BLGNP 2 (1983) 341–343; C.W. MARSH, The Family of Love in English Society 1550–1630, Cambridge 1994.

Seite 587 *§ 7 Kaspar von Schwenckfeld*

W. BERGSMA, Aggaeus von Albada (ca. 1525–1587), Schwenckfeldiaan, staatsman en strijder voor verdraagzaamheid, Meppel 1983; R.E. MC LAUGHLIN, The Genesis of Schwenckfeld's Eucharistic Doctrine, in: ARG 74 (1983) 94–121; H. WEIGELT, Valentin Krautwald, der führende Theologe des frühen Schwenckfeldertums, in: M. LIENHARD (éd.), Les dissidents (s.o. zu § 1) 175–190; P.C. ERB, A. SKURA, Valentin Crautwald, in: A. SEGUENNY (éd.), BiDi 6 (1985) 9–70; M. PIEPER, Daniel Sudermann (1550-ca. 1631) als Vertreter des mystischen Spiritualismus, Stuttgart 1985; P.C. ERB (Hg.), Schwenckfeld and Early Schwenckfeldianism, Pennsburg, Pa., USA 1986; R.E.MC LAUGHLIN, Caspar Schwenckfeld. Reluctant Radical. His Life to 1540, New Haven Conn., USA 1986; A. SEGUENNY, The Christology of Caspar Schwenckfeld. Spirit and Flesh in the Process of Life Transformation, New York 1987; K. ECKE, Fortsetzung der Reformation: Kaspar von Schwenckfelds Schau einer apostolischen Reformation, erw. Aufl. der Neubearb., Neukirchen-Vluyn 1988; R.S. HVOLBECK, Being and Knowing: Spiritualist Epistemology and Anthropology from Schwenckfeld to Böhme, in: SCJ 22 (1991) 97–110; D.H. SHANTZ, The Role of Valentine Crautwald in the Growth of Sixteenth-Century Schwenckfeldian Reform, in: MennQR 66 (1991) 287–307; DERS., Crautwald and Erasmus, Baden-Baden 1992; G. MÜHLPFORDT, Schwenkfeld und die Schwenkfelder – ihr „Mittelweg" als Alternative, in: G. VOGLER (Hg.), Wegscheiden der Reformation, Weimar 1994, 115–150; U. BUBENHEIMER, Art. Schwenckfeld, in: BBKL 9 (1995) Sp. 1215–1235; TH. GANDLAU, Art. Sudermann, Daniel, in: BBKL 11 (1996) 166–169 (Lit.).

Seite 591 *§ 8 Juan de Valdés*

T. BOZZA, Scritti pseudovaldesiani, in: Critica Storica 18 (1981) 360–418; J.C. NIETO (Hg.), Valdés' Two Catechisms: The Dialogue on Christian Doctrine and the Christian Instruction for Children, Lawrence 1981; C. BARBOLANI (Hg.), Juan de Valdés. Diálogo de la Lengua, Madrid 1982; C. GILLY, Juan de Valdés, Übersetzer und Bearbeiter von Luthers Schriften in seinem Diálogo de doctrina, in: ARG 74 (1983) 257–305; C. OSSOLA (Hg.), Juan de Valdés, Lo evangelio di San Matteo, Testo critico di Anna Maria Cavallarin, Rom 1985; A.G. KINDER, Juan de Valdés, in: A. SEGUENNY (Hg.), BiDi 9 (1988) 111–195; W. OTTO, Juan de Valdés und die Reformation in Spanien im 16.Jh., Frankfurt 1989; M. FIRPO, Tra Alumbrados e „Spirituali". Studi su Juan de Valdés e il Valdesianesimo , Florenz 1990; D.A CREWS, Juan de Valdés and the Comunero Revolt, in: SCJ 22 (1991) 233–252; P. FERNANDEZ, Recensión bibliographica en torno a Juan Valdés, in: Diálogo de la Lengua 1 (1992) 39–69; M. FIRPO (Hg.), Juan de Valdés: Alfabeto cristiano; Domande e risposte; Della predestinazione; Catechismo, Turin 1994.

Seite 594 *§ 9 Valentin Weigel und der Weigelianismus*

Quellen: V. WEIGEL, Vom Gesetz oder Willen Gottes (kurz nach 1570). Gnothi seauton (um 1571), hg. von H. Pfefferl, Stuttgart 1997. – *Literatur:* H. PFEFFERL, Valentin Weigel und Paracelsus, in: Salzburger Beiträge zur Paracelsus-Forschung 26 (1988) 77–95; DERS., Die Überlieferung der Schriften Valentin Weigels, Diss.phil. Marburg 1991 (Teildruck); S. WOLLGAST, Valentin Weigel und seine Stellung in der deutschen Philosophie- und Geistesgeschichte, in: DERS., Vergessene und Verkannte; Zur Philosophie und Geistesentwicklung in Deutschland zwischen Reformation und Frühaufklärung (Berlin 1993) 229–253.

Seite 598 *§ 10 Johann Arndt und der Spiritualismus im 17. Jahrhundert*

F.E. STOEFFLER, Johann Arndt, in: GdK 7 (1982) 37–49; C. BRAW, Bücher im Staube. Die Theologie Johann Arndts in ihrem Verhältnis zur Mystik, Leiden 1985; J. WALLMANN, Johann Arndt und die pietistische Frömmigkeit, in: DERS., Der Pietismus (Göttingen 1990) 12–24; M. BRECHT, Johann Arndt und das Wahre Christentum, in: DERS. (Hg.), Geschichte des Pietismus 1 (Göttingen 1993) 130–151; D. BLAUFUSS, Art. Breckling, in: TRE 7 (1981) 150–153; G. DÜNNHAUPT, Bibliographisches Handbuch der Barockliteratur 2 (1981) 865–882; M. BRECHT, Die radikalen Arndtianer, in: DERS. (Hg.), Geschichte des Pietismus 1 (Göttingen 1993) 221–232.

Seite 603 *§ 11 Jakob Böhme*

G. DÜNNHAUPT, Bibliographisches Handbuch der Barockliteratur 1 (Stuttgart 1980) 384–413. – *Literatur:* E.H. PÄLTZ, Art. Böhme, Jakob, in: TRE 6 (1980) 748–754; DERS., Jakob Böhme, in: GdK 7 (1982) 79–98; B. ANDERSON, „Du Solst wissen es ist aus keinem stein gesogen." St. zu Jakob Böhmes „Aurora oder Morgen Röte im auffgang" (AUS. Stockholmer Germanistische F. 33), Stockholm 1986; G.R. HAENSCH, Eine Untersuchung von Mystik und Pantheismus unter bes. Berücksichtigung der Dialektik und Zeitkritik im mystischen Pantheismus J. Böhmes, Diss. Dresden 1992; J. SCHULITZ, Jakob Böhme und die Kabbalah, Frankfurt/M. 1993; A. GAUGER, Jakob Böhme und das Wesen seiner Mystik, Diss. Dresden 1995.

Seite 607 *§ 12 Das Quäkertum*

Literatur: D. C. Bales, Barclay's Apology in Context. The Quaker Understanding of Revelation in Seventeenth-Century England, Diss. Chicago 1980; D. V. Steeve, (ed.), Quaker Spirituality, 1984; P. Brodin, Les quakers en Amerique du Nord, au XVIIe siècle, et au debut du XVIIIe, Paris ³1985; R. Dunn, M. Dunn, The world of William Penn, 1985; H. Barbour, J. W. Frost, The Quakers, New York 1988 (Lit.); H. Barbour (Hg.), William Penn on Religion and Ethics, 2 Bde., Lewiston 1991; J. Punshon, Art Quäker, in: EKL 3 (³1992) 1409–1412; H.H. Ingle, George Fox, millenarian, in: Albion 24 (1992) 261–278; Th.N. Corns (ed.), The Emergency of Quaker Writing. Dissenting Literature in 17th-century England, 1995.

Seite 611 *Kapitel II: Die Lehre der Täufer*
§ 1 Allgemeines. Die Erforschung der Lehre der Täufer

Quellen: W. Klaassen (Hg.), Anabaptism in Outline. Selected Primary Sources, Scottdale 1981; R. Stupperich, Schriften von evangelischer Seite gegen die Täufer, Münster 1983; D. Liechty (Hg.), Early Anabaptist Spirituality, New York 1994. – *Oesterreich:* G. Mecenseffey (Hg.) QGT 14: Oesterreich III, Gütersloh 1983. – *Niederlande:* A.F. Mellink (Hg.), Documenta Anabaptistica Neerlandica 2 (Leiden 1980); W.F. Dankbaar (Hg.), Documenta Anabaptistica Neerlandica 3 (Leiden 1980); A.F. Mellink (Hg.), Documenta Anabaptistica 5 (Leiden 1985). – *Elsaß:* M. Lienhard, u.a., QGT 15: Elsaß III, Gütersloh 1986; QGT 16: Elsaß IV, 1988. – *Bibliographie:* H.J. Hillerbrand, Anabaptist Bibliography 1520–1630, St. Louis 1991. – *Forschungsberichte:* J.M. Stayer, The Anabaptists, in: S.E. Ozment (Hg.), Reformation Europe. A Guide to Research (St. Louis 1982) 135–159; A. Friesen, The Radical Reformation Revisited, in: J. Menn. St. 2 (1984) 124–176; W.O. Packull, Between Paradigms: Anabaptist Studies at the Crossroads, in: The Conrad Grebel Review 7 (1990) 1–22. – *Allgemeines: Lexika:* F.W. Bautz, Biographisch-Bibliographisches Kirchenlexikon (= BBKL) 1 (1976)-11 (1996); BLGNP 1 (1978) (²1983), 2 (1983), 3 (1988); The Mennonite Encyclopedia (ME) 5 (1990); Evangelisches Lexikon für Kirche und Gemeinde (= ELKG), Wuppertal 1(1992)-3 (1994). – *Zeitschrift:* Freikirchenforschung 1 (1991)-6 (1996), hg. von G. Balders (mit lfd. Bibliographie). – *Allg. Literatur:* H.-J. Goertz, Die Täufer. Geschichte und Deutung, München 1980 (²1988); M. Mullet, Radical Religious Movements in Early Modern Europe, London 1980; U. Gastaldi, Storia dell'anabattismo 2: da Munster ai giorni nostri, Turin 1981; W. Klaassen (Hg.), 16th Century Anabaptism, Waterloo 1982; J.-G. Rott, S. Verheus (Hgg.), Anabaptistes et dissidents au XVIe siècle, Baden-Baden 1987; D. Weaver, Becoming Anabaptist. The Origin and Significance of 16th Century Anabaptism, Scottdale 1987; W.O. Packull, Rereading Anabaptist Beginnings, Winnipeg 1991; W. Klaassen (Hg.), Anabaptism Revisited, Scottdale 1992; P.A. Dykema, H. Oberman (Hgg.), Anticlericalism in Late Medieval and Early Modern Europe, Leiden u.a. 1993; H.-J. Goertz, Religiöse Bewegungen in der frühen Neuzeit, München 1993; G.H. Williams, The Radical Reformation, 2 Bde., Kirksville ²1993; G. Vogler, Wegscheiden der Reformation. Alternatives Denken vom 16. bis zum 18. Jh., Weimar 1994; H.-J. Goertz, Antiklerikalismus und Reformation. Sozialgeschichtliche Untersuchungen, Göttingen 1995; H. Fast, Art. Täufer, in: EKL³ 4 (1996) 682–686. – *Einzelnes:* W. Balke, Calvin und die Täufer, 1985; C.W. Redekop, Mennonite Identity, Waterloo 1988; H.W. Pipkin (Hg.), Essays in Anabaptist Theology, Elkhart 1994; J.-H. Hong, Luthers Auseinandersetzung mit dem täuferischen Taufverständnis, Diss. Bonn 1995. – *Deutschland:* H. Bentshausen, Die Geschichte der osthessischen Täufergemeinden, 2 Bde., Gießen 1981; G. Seebass, Luthers Stellung zur Verfolgung der Täufer und ihre Bedeutung für den deutschen Protestantismus, in: MGB 40 (1983) 7–24; H. Guderian, Die Täufer in Augsburg, Pfaffenhofen 1984. – *Niederlande:* A.F. Mellink, Amsterdam en de Wederdopers in de zestiende eeuw, Nijmegen 1978; S. Groenveld u.a. (Hgg.), Wederdopers, menisten, doopsgezinden in Nederland, 1530–1580, Zutphen 1980; N. van der Zijpp, Geschiedenis der Doopsgezinden in Nederland, Amsterdam 1982; I.B. Horst (Hg.), The Dutch Dissenters. A critical Companion to their History and Ideas, Leiden 1986; A. Fix, Radical Reformation and Second Reformation in Holland, in: SCJ 18 (1987) 63–80; S. Voolstra, Mennonite Faith in the Netherlands. A Mirror of Assimilation, in: Conrad Grebel Review 9 (1991) 278–299; A. Hamilton u.a. (Hgg.), From Martyr to Muppy, Amsterdam 1994. – *Oesterreich:* W.O. Packull, Die Anfänge des Täufertums in Tirol, in: G. Vogler (Hg.), Wegscheiden der Reformation (Weimar 1994) 179–209. – *Polen:* J. Tazbir, Das Täufertum im polnischen Bekenntnisleben im 16.Jh, in: ebd., 211–233. – *Sabbatarier:* W. URBAN, Andreas Fischer, in: A. SEGUENNY (Hg.), BiDi 6 (1985) 71–88; H. WEIGELT, Die Auseinandersetzung V. Krautwalds mit dem sabbatistischen Täufertum in Schlesien, in: J.-G. ROTT, S. VERHEUS (éd.), Anabaptistes et dissidents au XVIe siècle (Baden-Baden 1987) 361–369; D. LIECHTY, Andreas Fischer and the Sabbatarian Anabaptists, Scottdale 1988; DERS., Sabbatarianism in the Sixteenth Century, Berrie Springs, Michigan 1993; J. KAISER, Das neue Zeichen der Erwählten. Zur Entstehung des täuferischen Sabbatismus, in: MGB 52 (1995) 40–51.

Seite 618 *§ 2 Die Lehre der älteren Schweizer Brüder*

Allgemeines: H.P. JECKER, Die Basler Täufer, in: BZGAK 80 (1980) 6–131; W. KLAASSEN, Die Taufe im Schweizer Täufertum, in: MGB 46 (1989) 75–89; The Swiss Anabaptists. A Brief Summary of their History and Beliefs. Lititz, Pa. 1990; M. BAUMGARTNER (Hg.), Die Täufer und Zwingli. Eine Dokumentation, Zürich 1993; H.J. HILLERBRAND, Bundesbegriff und Bundestheologie bei Thomas Müntzer und den frühen Täufern, in: G. VOGLER (Hg.), Wegscheiden der Reformation (Weimar 1994) 85–98; C.A. SNYDER, The Life and Thought of Michael Sattler, Scottdale u.a. 1984; K. DEPPERMANN, Michael Sattler. Radikaler Reformator, Pazifist, Märtyrer, in: MGB 47/48 (1990/91) 8–23.

Seite 622 *§ 3 Balthasar Hubmaier*

C. WINDHORST, Balthasar Hubmaier, in: GdK 5 (1981) 217–231; DERS., Art. Hubmaier, Balthasar, in: TRE 15 (1986) 611 ff.; A. SEIFERT, Reformation und Chiliasmus. Die Rolle des Martin Cellarius-Borrhaus, in: ARG 77 (1986) 226–264; I. BACKUS, „Corpus – anima – spiritus". Spiritual Renewal in the theology of Hubmaier and Borrhaus, in: J.-G. ROTT, S. VERHEUS (Hgg.), Anabaptistes et dissidents au XVIe siècle (Baden-Baden 1987) 121–130; H.W. PIPKIN (Hg.), Balthasar Hubmaier. Theologian of Anabaptism, Scottdale 1989; F.W. BAUTZ, Art. Hubmaier, in: BBKL 2 (1990) 1109–1114 (Lit.); J.D. WEAVER, Hubmaier versus Hut on the Work of Christ, in: ARG 82 (1991) 171–192; J.D. REMPEL, The Lord's Supper in Anabaptism. A Study in the Christology of Balthasar Hubmaier, Pilgram Marpeck and Dirk Philips, Scottdale, 1993; E. MABRY, Balthasar Hubmaier's doctrine of the Church, Lanham 1994.

Seite 628 *§ 4 Die Lehre der Hutterischen Brüder*

L. GROSS, The Golden Years of the Hutterites, 1565–1578, Scottdale 1980; J. RUNZO, Hutterite Communal Discipline, 1529–1565, in: ARG 71 (1980) 160–179; H.-J. GOERTZ (Hg.), Alles gehört allen. Das Experiment Gütergemeinschaft vom 16. Jh. bis heute, München 1984; H. FAST, Art. Hutterische Brüder, in: TRE 15 (1986) 752–756; J. HOFER (Hg.), Die Hutterischen Episteln 1525 bis 1767, Elie, Man., 1987; V. PETERS, Die Hutterischen Brüder. 1528–1992, Marburg 1992; J.D. REMPEL, The Lord's Supper in Anabaptism. A Study in the Christology of Balthasar Hubmaier, Pilgram Marpeck and Dirk Philips, Scottdale 1993; R.W. SCRIBNER, Konkrete Utopien. Die Täufer und der vormoderne Kommunismus, in: MGB 50 (1993) 7–46; W.O. PACKULL, Zwietracht in der „Gemeinde Gottes". Die hutterischen Spaltungen von 1531 und 1533, in: MGB 51 (1994) 7–23; DERS., Hutterite Beginnings, Baltimore 1995.

Seite 633 *§ 5 Pilgram Marbeck*

N. BLOUGH, Christologie Anabaptiste. Pilgram Marpeck et L'humanité du Christ, Genf 1984; S.B. BOYD, Pilgram Marpeck. His life and social theology, Durham 1992; W. KLAASSEN, Art. Marpeck, Pilgram (ca. 1495–1556), in: TRE 22 (1992) 174–177; N. BLOUGH, Le Christ glorifié et le Christ humilié. Le debat christologique entre Pilgram Marpeck et Caspar Schwenckfeld, in: DERS. (u.a.), Jesus Christ aux marges de la Réformation, Paris 1992 (141–162); J. D. REMPEL, Christology and Lord's Supper in Anabaptism. A Study in the Theology of Balthasar Hubmaier, Pilgram Marpeck and Dirk Philips, Scottdale 1993; D. SKALA, Art. Marbeck, in: BBKL 5 (1993) 753 ff. (Lit.); S. BOYD, Pilgram Marpeck, Hans Schlaffer, Leonhard Schiemer, in: A. SEGUENNY (Hg.), BiDi 17 (1995) 33–117.

Seite 634 *§ 6 Hans Hut, Melchior Hoffmann und das Täufertum in Münster*

Literatur zu Hans Hut: G. SEEBASS, Art. Hut, Hans, in: TRE 15 (1986) 741–747; W. O. PACKULL, The Sign of Thau. The Changing Conception of the Seal of God's Elect in Early Anabaptist Thought, in: MQR 61 (1987) 363–374. – *Zu Melchior Hoffmann:* K. DEPPERMANN, Melchior Hoffman in: GdK 5 (1981) 323–334; K.-H. KIRCHHOFF, Utopia 1534/35. Entstehung und Untergang der „Gemeinde Christi", der sog. Wiedertäufer, Münster 1979, [3]1983; K. DEPPERMANN, Art. Hoffman, Melchior (1500?-1543), in: TRE 15 (1986) 470–473; F. W. BAUTZ, Art. Hoffmann, Melchior, in: BBKL 2 (1990) 974–978 (Lit.). – *Täufertum in Münster:* M. HENNIG, Askese und Ausschweifung. Zum Verständnis der Vielweiberei im Täuferreich zu Münster 1534/35, in: MGB 40 (1983) 25–45; M. BRECHT, Die Theologie Bernhard Rothmanns, in: Jb. f. westfälische KG 78 (1985) 49–82; B. HALLER, Bernhard Rothmanns gedruckte Schriften. – Ein Bestandsverzeichnis, in: ebd., 83–102; J. F. G. GOETERS, Taufaufschub, Endzeiterwartung und Wiedertaufe. Erwägungen zur Vorgeschichte des Täuferreichs von Münster, in: Calvin. Erbe und Auftrag. FS W. H. Neuser, hg. von W. VAN'T SPIJKER (Kampen 1991) 305–317; W. GROSCH, Art. Knipperdolling, in: BBKL 4 (1992) 135–138 (Lit.); R. KLÖTZER, Die Täuferherrschaft von Münster. Stadtreformation und Welterneuerung, Münster 1992; T. SEIFERT, Die Täufer zu Münster, Münster 1993.

Seite 640 *§ 7 Menno Simons und die Mennoniten*

Menno Simons: I. B. HORST, Art. Menno Simons, in: BLGNP 2 (1983) 318–322; J. C. WENGER (Hg.), L. VERDUIN (Übers.), The Complete Writings of Menno Simons, Scottdale 1984; H.-J. GOERTZ, Der fremde Menno Simons, in: MGB 42 (1985) 24–42; V. DOERKSEN, H. JOLDERSMA (Bearb.), Menno Simons on the Triune God. The Hamburg Manuscript, in: MQR 60 (1986) 509–547; W. KLAASSEN, Menno Simons. Research 1937–1986, in: ebd., 483–496; H. LOEWEN, Der wahre Glaube. Zum Glaubensverständnis bei Menno Simons, in: J.-G. ROTT, S. VERHEUS (Hgg.), Anabaptistes et dissidents au XVI siècle, Baden-Baden 1987, 191–199; S. VOOLSTRA, True Penitence. The Core of Menno Simons' Theology, in: MQR 62 (1988) 387–400; MENNO SIMONS, Opera Omnia Theologica (Amsterdam 1681) ND 1989; G. R. BRUNK (Hg.), Menno Simons. A Reappraisal, Harrisonburg, Va., 1992; H.-J. GOERTZ, Art. Menno Simons/Mennoniten, in: TRE 22 (1992) 444–457; E. GRISLIS, Menno Simons on Satisfaction, in: MQR 89 (1994) 226–246; M. KOBELT-GROCH, Art. Menno Simons, in: NDB 17 (1994) 85 f; I. B. HORST, Neuer Mensch – neue Gemeinschaft. Eine Schrift des frühen Menno Simons, in: MGB 53 (1996) 34–43; W. O. PACKULL, Menno Simons und die Auslegung der Heiligen Schrift, in: ebd., 44–61. – *Dirk Philips:* C. J. DYCK u.a. (Übers.), The Writings of Dirk Philips (1504–1568), Scottdale 1992; D. HEINZ, Art. Philips, Dirk, in: BBKL 7 (1994) 512 ff.

Seite 644 *§ 8 Die täuferische Verkündigung*

D. WEAVER, Discipleship Redefined. Four Sixteenth Century Anabaptists, in: MennQR 54 (1980) 255–279; O. H. DE VRIES, Leer en praxis van de vroege dopers uitgelegd als een theol. van de geschiedenis. With a summary in English, Leeuwarden 1982; W. KLAASSEN, Visions of the End in Reformation Europe, in: Visions and Realities (Winnipeg 1985) 13–85; D. WEAVER, The Work of Christ. On the Difficulty of Identifying an Anabaptist Perspective, in: MennQR 59 (1985) 107–129; C. WIEBE, Die Taufe im Täufertum, in: Menn.Jb. (1987) 32–38; W. KLAASSEN, Living at the End of Ages. Apocalyptic Expectation in the Radical Reformation, Lanham, Md., 1992; G. L. DIPPLE, Humanists, Reformers and Anabaptists on Scholasticism and Deterioration of the Church, in: MQR 68 (1994) 461–482; A. FRIESEN, History and Renewal in the Anabaptist/Mennonite Tradition, North Newton, Kan. 1994.

Seite 648 *§ 9 Die Theologie des Märtyrertums*

C. J. DYCK, The Suffering Church in Anabaptism, in: MennQR 59 (1985) 5–23; S. B. J. ZILVERBERG, Art. Braght, T. J. van, in: BLGNP 3 (1988) 55 f.; U. LIESEBERG, Studien zum Märtyrerlied der Täufer im 16. Jahrhundert, Frankfurt a.M. 1991.

Seite 652 *§ 10 Die Bekenntnisbildung bis 1700*

Allgemeines: G.C. STUDER, The Dordrecht Confession of Faith 1632–1982, in: MQR 58 (1984) 503–519; H. FAST, Wie sind die oberdeutschen Täufer „Mennoniten" geworden?, in: MGB 43/44 (1986/87) 80–103; H.-J. GOERTZ, Zwischen Zwietracht und Eintracht. Zur Zweideutigkeit täuferischer und mennonitischer Bekenntnisse, in: ebd., 16–45; D.G. LICHDI, Pietistische Einflüsse bei Täufern/Mennoniten im 17./18. Jh., in: MGB 45 (1988) 26–43; H. JECKER, Das Dordrechter Bekenntnis und die Amische Spaltung, in: MGB 50 (1993) 81–104. – *Einzelne:* J. COGGINS, A Short Confession of Hans De Ries. Union and Separation in Early 17th-Century Holland, in: MQR 60 (1986) 128–138; C.J. DYCK, Hans de Ries und das Vermächtnis von Menno Simons, in: MGB 45 (1988) 7–25; C.J. DYCK, Art. Ries, Hans de, in: BLGNP 3 (1988) 307–310; S. VOOLSTRA, The Path to Conversion. The Controversy between Hans de Ries and Nittert Obbes, in: W. KLAASSEN (Hg.), Anabaptism Revisited, (Scottdale 1992) 98–114; F. MULLER, Jacob Kautz, in: A. SEGUENNY (Hg.), BiDi 17 (Baden-Baden 1995) 7–31.

Seite 657 *§ 11 Die Anfänge einer freieren Lehrentwicklung in den Niederlanden*

W.M. ZIPSER, Art. Galenus, A. de Haan, in: BLGNP 3 (1988) 126–129; S. VOOLSTRA, Mennonite Faith in the Netherlands. A Mirror of Assimilation, in Conrad Grebel Review 9 (1991) 278–299.

Seite 658 *§ 12 Die Lehre der Baptisten in England und Nordamerika*

Allgemeines: J.D. HUGHEY, R. THAUST, Art. Baptisten, in: TRE 5 (1980) 190–197; B.R. WHITE, The English Baptists of the 17th Century London 1983; J.F. MCGREGOR, B. REAY, Radical Religion in the English Revolution, Oxford 1984; E. SCHUTZ, Art. Baptisten, in: EKL^3 1 (1986) 355–360. – *Einzelne:* G. RUPP, Art. Bunyan, in: TRE 7 (1981) 416–419; C. HILL, A Turbulent, Seditious and Factitious People. John Bunyan and his Church, Oxford 1988; J.R. COGGINS, John Smyth's Congregation. English Separatism, Mennonite Influence, and the Elect Nation, Scottdale 1991; D. HEINZ, Art. Smyth, in: BBKL 10 (1995) 708–711 (Lit.); L.R. CAMP, Roger Williams, Leviston 1989; H. SPURGIN, Roger Williams and Puritan Radicalism in the English Separatist Tradition, Leviston 1989; E.S. GAUSTAD, Liberty of Conscience. Roger Williams in America, Grand Rapids 1991.

Begriffsregister

Vorbemerkung: Um einer Ausweitung vorzubeugen, wurden die Anmerkungen nur in Ausnahmefällen berücksichtigt; dies gilt auch für das Namenregister

A

C

D

E

Namenregister

N

O

P

Abkürzungsverzeichnis
für Lexika, Quellenwerke, Serien, Standardwerke, Zeitschriften

(Alternativ gebrauchte Abkürzungen werden eingeklammert; für allgemeine und sonstige Abkürzungen s. *S. Schwertner*, Abkürzungsverzeichnis zur „Theologischen Realenzyklopädie", Berlin ²1994; bei geringfügigen Abweichungen zwischen beiden Abkürzungssystemen wird auf die entsprechende Abkürzung bei Schwertner mit → hingewiesen)

AAMz	→ AAWLM
AbA	→ ADAW
ACO(e)	→ ACO
AEKZ	→ AELKZ
AHA	→ AHAW
A(B)MA	→ AHKBAW
ASS(a)	→ ActaSS
AAS(e)	→ AAS
Barge	*H. Barge*, Andreas Bodenstein von Karlstadt, Leipzig 1905 (2 Bde.)
Barth, PrTh	*K. Barth*, Die protestantische Theologie im 19. Jahrhundert, Zürich (1947), ⁶1994
BEvTheol	→ BEvTh
BFChrTh	→ BFChTh
BGPHMA	→ BGPhMA
BhEvTheol	→ BhEvTh
BhistTh	→ BHTh
BuA	*E. Stähelin*, Briefe und Akten zum Leben Oekolampads, Bd. 1.2, Leipzig 1927/1934 Ndr.
BW	Martini Buceri opera omnia, edd. F. Wendel, R. Stupperich et alii, Paris-Gütersloh 1955ff.
By(z)Z	→ ByZ
CA	Confessio Augustana = Confessio fidei exhibita invictissimo Imperatori Carolo V. Caesari Augusto in comitiis Augustae Anno MDXXX, in: BSLK S. 33ff.; Sonderausgaben
Caspar	*E. Caspar*, Geschichte des Papsttums von den Anfängen bis zur Höhe der Weltherrschaft, Tübingen 1930/1933 (2 Bde.; weitere nicht erschienen)
Catholica	→ Cath(M)
CatRom	Catechismus Romanus; Textauszüge in: Mirbt 957–1094
CC	Corpus Confessionum, Berlin 1928–1943
Chalkedon	Das Konzil von Chalkedon, Geschichte und Gegenwart, hg. v. *H. Bacht*/*A. Grillmeier*, Würzburg (1951–1954) ⁵1978
ChH	Church History, Chicago u.a. 1932ff.
ChrW	Christliche Welt, Gotha 1886–1941
CO	= *im Beitrag Neuser*: Calvini opera quae supersunt omnia, edd. G. Baum et alii, Braunschwei-Berlin 1863–1900
CO	= *im Beitrag Slenczka:* „Confessio orthodoxa" des Petrus Mogilas
CO(e)D	→ COD
CW	Confessio Wirtembergica 1536
DC	Doctor communis. Acta et commentationes Pontificiae academiae S. Thomae Aquinatis, Roma 1948ff.
DEK	Deutsche Evangelische Kirche
DENZ	A. Denzinger, Enchiridion symbolorum et definitionum ... (wie DS [D-S], D-H, aber nach Numerierung an der Innenmarginalie)
DG	Dogmengeschichte

dla		Erasmus, de libero arbitrio
dsa		Luther, de servo arbitrio
DtTheol	→	DTh
E(v)L(uth)KZ	→	ELKZ
E(v)S(oz)L	→	ESL
EvTh(eol)	→	EvTh
FC		Formula concordiae, in: BSLK S. 734ff.
F&O		Faith and Order, s. Sachregister
F(reib)ThSt	→	FThSt
F(r)S(t)	→	FrS
GA		Gesammelte Aufsätze
GdKG	→	GK
GS(chr)		Gesammelte Schriften
GW		Gesammelte Werke
Hillerbrand		*H. J. Hillerbrand*, Bibliographie des Täufertums 1520–1630, Gütersloh 1962
Hirsch		*E. Hirsch*, Geschichte der neuern evangelischen Theologie, Gütersloh ^{5}1975 (5 Bde.)
HK		Heidelberger Katechismus
Holl		*K. Holl*, Gesammelte Aufsätze zur Kirchengeschichte, Tübingen 1928 (3 Bde.; Bd. 1 ^{7}1948)
IMR		Internationaler Missionsrat
Inst		„Institutio christianae religionis“ (s. S. 240ff.)
Jedin, Hdb		*H. Jedin* (Hg.), Handbuch der Kirchengeschichte, Freiburg $^{1\text{-}3}$1973–1979 (7 Bde.)
Jugie		*M. Jugie*, Theologia dogmatica Christianorum orientalium ab Ecclesia catholica dissidentium I–V, Paris 1926–1935
KG		Kirchengeschichte
KHA		Kyrkohistorisk årsskrift, Uppsala 1900ff.
KiG	→	KIG
KKH		*G. Arnold*, Unparteiische Kirchen- und Ketzerhistorie von Anfang des NT bis 1688, Frankfurt 1699/1700; in Auswahl hg. v. *E. Seeberg*, München 1934
KlP	→	KlProt
KThQ		Kirchen- und Theologiegeschichte in Quellen, Neukirchen (1977–1981), $^{4\text{-}6}$1994ff. (5 Hefte)

Kuttner		*S. Kuttner*, Repertorium der Kanonistik, Rom 1937
Loofs		*F. Loofs*, Leitfaden zum Studium der Dogmengeschichte, hg. v. K. Aland, Tübingen ^{7}1968
LThK^{2}Vat II		Lexikon für Theologie und Kirche. Das Zweite Vatikanische Konzil. Konstitutionen, Dekrete und Erläuterungen, a.a.O. 1966–1968 (3 Bde.)
ME		Mennonite Encyclopedia, Hillsboro/Kan. 1955–1959
Michalcescou		*J. Michalcescou*, Die Bekenntnisse und die wichtigsten Glaubenszeugnisse der griechisch-orientalischen Kirche im Originaltext, nebst einleitenden Bemerkungen, Leipzig 1904
Mirbt		*C. Mirbt*, Quellen zur Geschichte des Papsttums und des römischen Katholizismus, Tübingen ^{5}1934
Mirbt-Aland		Dasselbe, Tübingen ^{6}1967 hg. v. *K. Aland*
ML		Mennonitisches Lexikon, I–IV, Frankfurt 1913–1967
MPG	→	PG
MPL	→	PL
MPL S	→	PLS
MQR		The Mennonite Quarterly Review, Goshen/Indiana 1927ff.
MS		Mysterium Salutis, Grundriß heilsgeschichtlicher Dogmatik, hg. v. *J. Feiner*/*M. Löhrer*, Bd. 1–5, Zürich-Einsiedeln-Köln 1965–1976
M(ü)		Die Bekenntnisschriften der reformierten Kirche, hg. v. *E. F. K. Müller*, Leipzig 1903
N		Bekenntnisschriften und Kirchenordnungen der nach Gottes Wort reformierten Kirche, hg. v. *W. Niesel*, Zollikon u.a. 1938
NDR		Nach- bzw. Neudruck, Reprint
NGG	→	NGWG
NHC		Nag Hammadi Codex
NHS(t)	→	NHS
NkZ	→	NKZ

NovTest	→	NT
Ö(kum)R	→	ÖR
Oec(umenica)	→	Oec.
ÖRK	→	Ökumenischer Rat der Kirchen
ÖS	→	OeS
OS		Calvini opera selecta, edd. P. Barth/W. Niesel/D. Scheuner, München 1926/1952
Pastor		*L. Frh. v. Pastor*, Geschichte der Päpste seit Ausgang des Mittelalters (Freiburg, 1886–1928), Freiburg-Basel-Wien, [11]1958–1959 im NDR (16 Bde.)
Ritschl		*O. Ritschl*, Dogmengeschichte des Protestantismus, Leipzig-Göttingen 1908–1927 (4 Bde.)
S(P)A(W)B	→	SDAW, → SPAW
Saec(ulum)	→	Saec.
SAH	→	SHAW
SAM	→	SBAW
Schmidt		*K.D. Schmidt*, Studien zur Geschichte des Konzils von Trient, Tübingen 1925
Schmidt, Reform		*K.D. Schmidt*, Die kath. Reform und die Gegenreformation, Göttingen 1975 (= KGesch.fasc. L 1)
Schottenloher		*O. Schottenlohers* Bibliographie zur Deutschen Geschichte im Zeitalter der Glaubensspaltung 1517–1585, Leipzig 1 (1933)–6 (1940); ND 1956–1958; 7 (1966)
S(Ö)AW	→	SÖAW
SD		Solida declaratio, in: BSELK S. 828ff.
Seeberg, DG		*R. Seeberg*, Lehrbuch der Dogmengeschichte, Leipzig [2/4]1917–1933; NDR. Bd. 3: Darmstadt [5]1974; Bd. 4, 1: a.a.O. [6]1959; 4,2: a.a.O. [5]1959
Sehling		*E. Sehling*, Die evangelischen Kirchenordnungen des 16. Jahrhunderts, Leipzig 1902–1913 (5 Bde.); fortgeführt v. Institut f. ev. KR, Tübingen 1955ff.
SS		Schuler-Schulthess, Huldreich Zwinglis Werke, Zürich 1826ff.
ThPh(i)	→	ThPh
ThW(NT)	→	ThWNT
TKThG	→	TKTG
Totok		*W. Totok* (Hg.), Handbuch der Geschichte der Philosophie, Frankfurt/Main 1964/1973/1980f (4 Bde.)
Verz.		Verzeichnis der gedruckten Schriften des Andreas Bodenstein von Karlstadt: Zentralblatt f. Bibliothekswesen 21, 1904; ND: E. Freys/H. Barge, Nieuwkoop 1965
V(u)F	→	VF
WM		„Wort und Mysterium". Der Briefwechsel über Glauben und Kirche 1573 bis 1581 zwischen den Tübinger Theologen ...
WtKG		Wörterbuch der Kirchengeschichte, hg. v. C. *Andresen*/ *G. Denzler*, München (Kösel) 1982; dtv [4]1993
YMCA		Young Men's Christian Association
Z		Huldrych Zwinglis Sämtliche Werke, Zürich-Berlin-Leipzig 1905ff. = Corpus Reformatorum 88–101ff.
ZhistTh	→	ZHTh
ZkTh	→	ZKTh
ZS(av)RG	→	ZSRG
ZsystTh	→	ZSTh
Zw(ingl[iana])	→	Zwing.
Z(d)Z	→	ZZ